THE SARVĀṄGĪ OF GOPĀLDĀS

A 17th Century Anthology of Bhakti Literature

THE SARVĀ̊GĪ OF GOPĀLDĀS

A 17th Century Anthology of Bhakti Literature

WINAND M. CALLEWAERT

MANOHAR
1993

Uitgegeven met de steun
van de Universitaire Stichting België

ISBN: 81-7304-045-1

First Published 1993

Published by
Ajay Kumar Jain,
Manohar Publishers & Distributors
2/6 Ansari Road
Daryaganj
New Delhi - 110 002

Printed at
Rajkamal Electric Press
G.T. Karnal Road
Delhi-110 033

For

Mieke,

Winand Jr, Tijl and Lieven

CONTENTS

TRANSLITERATION

Most scholars publishing Hindī' Bhakti texts of the 16-18th centuries agree on one point: it is difficult to find a system of transliteration that is acceptable to all. I have tried to introduce a system that more or less reflects the non-Sanskrit orthography in the manuscripts. For the 'nasalized' vowels not represented by a vowel + half consonant (as it would be in Sanskrit) I have created a new sign: a *bindī* on top of the vowel, thus distinguishing the 'Hindī' *pådit* or पंडित from the Sanskrit *paṇḍit* or पण्डित . Thus also *Sarvågī* for सर्वांगी .

I gratefully acknowledge the help of Bart Op de Beeck, Vinay Jain and Anuradha Patni for the input of the text, Mr. Pankaj for his help in the revision and Mukund Lath for his suggestions and revision of the Sanskrit texts. Adishvar Rao read or sang the whole text with me for a final, meticulous revision.

I decided only to print the text, without a word-index. If for any research purpose, the word-index for the literature of a particular poet is required, or his complete oeuvre in the *Sarvågī,* you can contact me and I shall see what we can ask the computer to select for us.

Winand M. Callewaert
Dept. Oriental Studies
Blijde Inkomststraat 21
3000 Leuven Belgium
Tel. 32/16/284945; fax 32/16/285025

INTRODUCTION

1. Structure of the *Sarvågī* of Gopāldās

The book before you is not only a fascinating product of a 17th century memory, or a marvellous synthesis of Bhakti literature: it is a wonderful experience if you can sing it -in long sessions- or have someone to sing it for you. As we sang, immediately the good songs stood out, even before we saw the *bhanitā*: Sūrdās, Kabīr, Dādū.

When I first discovered this huge manuscript in Jaipur in 1973, I was baffled by its size -364 folios or 1.6 Mbyte, i.e. more than half of the size of the *Ādi Granth-*, the neatness of its handwriting and the immense variety of the Bhaktas quoted in it[1]. Only when the input of the text in the computer was completed, could I grasp the importance of this document: 1,669 Pads and 6,568 Sākhīs of 138 identified Bhaktas, and ca. 640 Śloks. Of Kabīr only, the compiler Gopāldās quotes 360 Pads and 609 Sākhīs, of Dādū 403 Pads and 1,453 Sākhīs[2].

The variety of Songs makes one wonder how a person could be acquainted with so many repertoires. Of the total of ca. 26,800 lines in the complete work, ca. 13.900 lines are with Pads of 138 identified Bhaktas. Of course, a high proportion of the quoted literature is of

Ḍādū (6,061 lines)	Nānak (496)
Kabīr (3,917)	Gorakh (455)
Nāmdev (847)	Rajab (467)
Sūrdās (759)	Bājīd (433)
Raidās (592)	Bakhnā (422) etc.

There are further 4,413 lines with literature of (so far) unidentified poetry (of which some Sākhīs are no doubt of Dādu and Kabīr, but without a *bhaṇitā*).

It has taken me years to discard the notion that Gopāldās compiled his anthology from existing manuscripts lying on the floor in front of him. It was hard to imagine that without manuscripts a person could produce such a wonderful selection of Pads and Sākhīs and classify them according to theme. But slowly, as I made progress in the wonderful world of per-

(1) The results of the first analysis of this manuscript were published in 1974: 'A 17th c. Anthology of Hindī Poetry', in Orientalia Lovaniensia Periodica, 5, 1974, 187-196.

(2) The standard edition by P.N. Tivari of the *Kabīr-granthāvalī* gives 200 Pads (for an analysis see further, under Kabīr) and 737 Sākhīs. The standard edition of the *Dādūdayāl* (*granthāvalī*) by P. Caturvedī (Varanasi, 1966) gives 443 Pads of Dādū and 2,453 Sākhīs. See also W.M. Callewaert & B. Op de Beeck, *Nirguṇ Bhakti Sāgar. Devotional Hindī Literature,* Heidelberg, Delhi, 1991.

formers rising before me from the manuscripts, I started to imagine a Bhakta of the Dādūpantha with a fabulous memory. He must have spent many days of many months listening to travelling singers and storing in his memory whatever he heard. In the colophon of his *Sarvåṅgī* Gopāldās states that he was 37 years of age when he completed the collection and wrote it down on paper (in 1627 AD). He must have been 14 when Dādū died in 1603, and he declares himself to be a disciple of Santadās, a disciple of Dādū. If he does not call himself a disciple of Dādū, we may perhaps presume that Gopāldās was initiated into the Dādūpanth after 1603. In his *Śrī dādū panth paricay* Svāmī Nārāyaṇdās[3] suggests that Gopāldās may have been "of the family" of his guru Santadās. There is otherwise no information available about Gopāldās.

It is not only amazing that Gopāldās could store such an amount of literature in his memory. How could he make a selection based on 126 different themes? It is clear that he received his material from the singers' repertoires: (with only two exceptions) all Pads have the *rāg* to which a singer would perform the Pad. We have shown in our studies of Nāmdev and of Raidās[4] that the *rāg*-tag was an essential part of the 'text' of a Pad, and that variations in the *rāg* take the researcher back to the period of oral transmission. In the singers' repertoires Pads appear to have been classified in *rāg*-clusters: in Gopāldās's *Sarvåṅgī* too the *rāg*-tag is preserved, but the Pads do not appear in clusters of identical *rāg*s. On the contrary, we often find in one chapter as many *rāg*s as there are Bhaktas quoted (e.g. see chapters 8 and 20). Only towards the end of the work (chapter 109 etc.) Gopāldās seems to copy more directly from a single singer's repertoire: more songs of a particular Bhakta are given under the same *rāg*. It is also amazing how the compiler remembered, according to the content, songs which in existing repertoires must have been classified under a different *rāg*. For one of the numerous such examples see chapter 61: Gopāldās quotes 8 Pads of Sūrdās, and each Pad has a different *rāg*, which each must originally have belonged to a different *rāg*-cluster. It is further to the credit of Gopāldās's memory that -as far as I could see- not a single line is given twice!

---

(3) Jaipur, 1979; 3 vols; vol. 2, p. 399.

(4) W.M. Callewaert & Mukund Lath, *The Hindī Songs of Nāmdev*, Orientalia Lovaniensia Analecta 29, Leuven, 1989, 432 pp. W.M. Callewaert & P. Friedlander, *The Life and Works of Raidās,* Delhi, 1992, 335 pp.

Below I give the list of *rāg*s, with the number of occurrence in the complete work. A total of 37 (main) *rāg*s seem to have been used (with a number of variant spellings).

२०९ राग गौडी
१ राग गोडी
१ राग गांड
१ राग गौडी
१४० राग आसावरी
११८ राग रांमग्री
४९ राग रांमगरी
३ राग रांमकली
१ राग रांमग्री प्रज्यौ
११३ राग धनाश्री
८९ राग टोडी
९१ राग भैरूं
९७ राग केदारौ
९५ राग बिलावल
२ राग बिलावरी
९९ राग सोरठि
४९ राग मारू
४३ राग गुंड
१ राग गुंड केदारौ
१ राग गुंड सोरठि
१ राग गुंड सारंग
१ राग गुडी
४२ राग सारंग
३९ राग कनडौ
१ राग कांनडौ
२३ राग बसंत
१५ राग माली गौडी
१ राग माले गौडी
१२ राग जंगली गौडी
१ राग जंगली गौरी
१० राग ललित

१० राग मलार
१ राग मलार काफी
१० राग नटनारांइण
३ राग नट
६ राग सूहौ
१ राग सूहै
१ राग सहांनौं सूहौं
८ राग सीधूडौ
७ राग कल्यांण
७ राग जैतश्री
५ राग काफी
४ राग देवगंधार
१ राग गंधार
४ राग अडांणौ
१ राग आडांणौ
३ राग गूजरी
३ राग भांणमली
२ राग परजियौ
१ राग परज्यौ रांमग्री
१ राग प्रज्यौ
१ राग परजीयौ
२ राग बिभास
२ राग षंभाइची
१ राग काल्हेरौ
१ राग कालेरौ
१ राग हुसेनी बंगाली
१ राग षमाइची मारू
१ राग जषडी । राग रांमगरी
१ राग बिहाडौ
१ राग आसा

There seems to be a regular pattern in the way Gopāldās arranged the material available to him. The basic frame is a selection of Pads, interspersed in most chapters with Sākhīs. However, there are also chapters with only Sākhīs[5].

Not all chapters are equally long. Chapter 12 has only 44 lines and chapter 82 has 18 lines, while chapter 17, *Sādh mahimā*, has 33 Pads and 83 Sākhīs or Śloks. Similarly, chapter 35 is very small but chapter 36 is huge. Chapters 62-64 are again huge and chapter 78 has 94 Pads of 15 Bhaktas. Often Gopāldās gives first a Pad of Kabīr, followed by one of Dādū. If Gopāldās was a Dādūpanthī, this would confirm how high the esteem for Kabīr was in the early Panth.

There is also the relatively high number (1,300 or 4.8%) of lines in Sanskrit or pseudo-Sanskrit, often at the end of a chapter. No doubt, the presence of Sanskrit quotations (from the *Bhagavad Gītā* and the *Bhāgvat* mainly?) was meant to enhance the status of an anthology in the vernacular. But it raises questions. Who created the numerous lines in 'hybrid' Sanskrit? Should we have -around 1627, i.e. one generation after Dādū- in the early Panth the traces of brahmanization as is seen in the enlarged versions of the Biography of Dādū? In manuscripts of the *Dādū janma līlā* (dated 1654, 1739 AD etc.) I noted additions and changes of the text not found in the earlier manuscripts (1653, 1658, 1666): these changes and interpolations were clearly meant to underline the non-muslim origin and occupation of Dādū[6]. From that account it appears that Dādū was several times at loggerheads with the Brahmans. Would Gopāl's generation have tried to soften the rough edges by giving the Dādūpanthī literature a firm footing in Sanskrit? Was that a local trend meant to please the Brahmans, or is it part of a more general phenomenon of looking for authority by adding Sanskrit?

It would appear that the person dictating to the scribe of the manuscript consulted for this edition, or that the scribe himself, did not know Sanskrit well. In chapter 25.48 we read in the manuscript *pūrnā | stribhuvan,* separated by a bar (*virām*), instead of *pūrnā*s *tribhuvan.* Again, in chapter 63.112, a bar is given in *nirākārnih | parapåco,* instead of *nirākār nihp(a)rapåco.*

Very frequently one can discover a kind of mnemonic device in the fact that a similar keyword occurs in consecutive Pads or Sākhīs of different poets. Without trying to be exhaustive I give below a few examples:

- *dhrigate* in 10.9 and 10.11 (Nāmdev and Mohan).
- *mer ulanghī* in Sākhīs 14.3 (Kabīr)[7] and 14.4 (Dādū).
- *param puriṣ* in Sākhīs 15.27-31 (Kabīr, Jaimal, Dādū).

---

(5) E.g. chapters 26-28, 30-31, 33-34, 38-39, 43 etc.

(6) For more details see Winand M. Callewaert, *The Hindī Biography of Dādū Dayāl,* Leuven, 1988, pp. 18ff.

(7) Sākhī 14.3 is not found in the *Kabīr-granthāvalī*; 14.4 is *Dādū-granthāvalī* 12.90.

- *ṣīr nīr* in Pad 16.18 (Kabīr) followed by Sākhī 16.18 of Dādū.
- *jogī* in the *ṭek* of Pads 20.23-34 (Kabīr 2, Hardās 3, Narsyangh Bhārtī, Laghu Bīṭhal, Lāḍan, Bhāṇ, Bījhal, Beṇī).
- *bhāṭhī* in Pads 21.1-2, 6-8 (Kabīr, Dādū, Kānhaiyā, Kabīr 2); *ṣumār* too seems to be a linking device in this context.
- *phaṭak* in Pad 23.3 (Kabīr), followed by Sākhīs 23.1-3 of Dādū.
- *pāḍe* in Pad 45.5-9 (Kabīr 3, Hardās, Kabīr).
- *citra māhi* in Sākhīs 49.25-28 (Mohan).
- *belī* in Pads 57.13-17 (Nāmā, Gorakh, Hanūnta, Kabīr, Dādū).
- *bājīgar* in Pads 67.40-45 (Nāmdev, Dādū 2, Ṭīlā, Nāmdev, Pīpā, Raidās).
- *jhilimili* in Pads 73.1-8 (Dādū 5, Nāmdev, Garībdās, Agad), while at the same time the word (and theme) of *nūr* is carried through to the next Pads.
- *naukā, khevaṭ, bohith..* in chapter 78 (Pads 51, 55, 59, 66).
- Chapter 84 has the context of a 'cow grazing somewhere else'; see also *kāmdhenu.*
- *jāgi re* in 111.5-8 (Dādū, Nāmdev, Kabīr). See also 113.82-83, 92-93 etc.

It would appear also that at times the *rāg* is the mnemonic device, especially when the *rāg* is otherwise not found frequently; e.g. *rāg sīdhūrau* rāg in 58.8-11: Dādū, Sojhā and Bakhnā. Without these obvious devices, one keeps wondering how Gopāldās could link one Pad to another.

In not a few chapters Gopāldās gives subtitles. This is clearly the result of scribal editing as singers would not have used subtitles during their performances. Could it be that the sections with subtitles are copied from existing manuscripts? These subtitles are listed below:

- *Baishnau mahimā*: 16.4 (Chaturbhuj)
- *Baishnau mahimā kā slok*: 18.24-82
- Chapter 19 has four subtitles:

  Nām mālā granth: 1-166; 1-19 (Nānak); *Avalisilūk granth*: 167 (Gorakh) *Nar baibodh granth*: 168 (Gorakh); *Caupāī atīt ke ang kī*: 169-196; *Abhay mātrā granth*: 197 (Gorakh; see variants in *Gorakh-bānī*, pp. 179-180);
- Chapter 41: *Svāmī dādūjī qāzī ajmerī kī gośṭhī*

  Verses 41.5-11 = DJL[8] 2.11-18 (additional *dohā* in *Dādū janma līlā* [DJL] 2.11.1). In line 41.15 we read *seṣ mumāraṣ* for *sāmbhari mai kājī* in the DJL. Further, verses 41.15-18 = DJL 3.1-5
- *Shrī krishnārjun samvād*: 41.84-114 (*pācamo adhyāy*)
- *Karm bipāk gītā granth*: 41.115-145
- *Bipramatā kau gyān granth*: 44.11 (see *jangopāl* at the end of the section)
- *Jain bodh granth*: 44.12 (see *jagiyā* in the last line)

---

(8) *DJL* stands for *Dādū janma līlā*: Winand M. Callewaert, *The Hindī Biography of Dādū Dayāl,* Leuven, 1988.

- *Tribhågī chand*: 44.13 (Dādū)
- *Bhagati vaikuṇṭhā granth*: 47.76
- *Parcaī gopīchand*: ch. 54:49.41-49
- *Sutridhaṇī kartā kathi granth*: 62.31.
- *Sankarācārya kau Brahma satotar niråjan aståga*: 63.2-10
- *Bārah padī granth kabīrjī kī ramainī*: 63.74
- *Niråjan hairān granth*: 65.1-21 (Dadu)
- *Guṇ niråjan nāmā*: 65.26-50
- *Kāyā belī granth*: 67.53-60 (Dādū)
- *Upkhānā kundaliyā*: 102.55-57
- *Kāyā prāṇ samvād*: 108.1..
- *Banjāriyā liṣyā*: 108.11..
- *Kabīrjī satvadī candāiṇī granth*: 112.19
- *Hardāsjī kī tīspadī granth*: 112.20
- *Chītamjī kī jaṣarī*: 112.21
- *Cāṇak updeś*: 113.1..
- *Kabīrjī kī ramaiṇī aṣṭapadī granth*: 114.2..
- *Guntūtī nāmā*: 119.1..
- *Hadīs*: 122.55..

The *Sarvågī* of Rajab

During the same period of search for manuscripts in 1973 I managed to copy four manuscripts with the *Sarvågī* of Rajab[9]. In this work Rajab has grouped thematically, in 144 *å*gas, Sākhīs and Pads from his own *vāṇī* and of 88 identified Bhaktas[10] in Hindī, Persian and Sanskrit. About 102 titles are identical with titles of chapters in the *vāṇī* of Rajab[11]. In the colophon the work is said to contain 8,000 verses[12].

---

(9) See Winand M. Callewaert, *The Sarvāngī of the Dādūpanthī Rajab,* Orientalia Lovaniensia Analecta 4, Leuven, 1978, 446p.

(10) Not '66' Bhaktas as is said in P. Tivārī, *Kabīr-granthāvalī,* p. 143 and in C. Vaudeville, *Kabīr,* Oxford, 1974, p. 59.

(11) V. Varmā, *Rajjab-Bānī,* Kanpur, 1963.

(12) For more details about the date of composition and for the Table of contents, see W. M. Callewaert, *The Sarvāngī of the Dādūpanthī Rajab,* Leuven, 1978, p. 73 and pp. 402-438.

This compilation has recently been edited by S. Iraqi, *The Sarbangi of Rajjabdas,* Aligarh, 1985, 632 p. The edition is not a faithful or accurate reprint of the manuscripts consulted. It should be noted that the editor also gives *candra-bindus,* which are totally missing in the manuscripts. Unfortunately, there is no detailed index or table of contents. For a few samples from the Iraqi edition of Rajab's *Sarvāgi,* see the quotations in section 2 below.

A comparison of the two *Sarvåṅgīs* confirms the notion that early in the 17th century the Dādūpanth was an important nucleus of literary activity in northern India. The results of that activity were rivalled only by the endeavours of Guru Arjan in Panjab, but the relevance of both traditions for later generations is equal. In the *Sarvåṅgīs* we find a treasure-trove of, to a great extent, unpublished material; for the material that was already published I found the recension of both *Sarvåṅgīs* to be very accurate and well preserved[1].

If we accept that a copying tradition may undergo fewer intentional changes in a work of compilation than in a sectarian text of just one poet, it becomes evident that the *Sarvåṅgīs* are important for a text-critic wishing to study a Bhakta of the period. It is a well-known fact that for modern editions of Bhakti literature, often only a few and not the oldest manuscripts have been consulted. In these anthologies we have (in an 18th century manuscript) a text reflecting a particular set of singers' repertoires written down early in the 17th century.

When we look at the structure of the two *Sarvåṅgīs*, we note that both works are independent products of compilation, differing both in the amount and the choice of the material and in the way it has been arranged. From the quotations below (see: 2. List of identified Bhaktas) it is clear that the *Sarvåṅgī* of Gopāldās is based on sources which are very different from those underlying the *Sarvåṅgī* compiled by Rajab.

A detailed study of the Pads of e.g. Nāmdev reveals that amazingly few Pads of Nāmdev appear under the same thematic heading in the two *Sarvåṅgīs* (only 10 out of the 34 Pads common in both *Sarvåṅgūs*). As an illustration I give below the number of the Pad of Nāmdev[2], the title of the chapter in the *Sarvåṅgī* of Gopāldās and in the *Sarvåṅgī* of Rajab.

Pad of Nāmdev	*åg* in Gopāldās	*åg* in Rajab
71	*Prīti saneh surati*	*Sumiraṇ*
19	*Prīti saneh surati*	*Sumiraṇ*
136	*Prīti saneh surati*	*Virah*
61	*Sevā pūjā ārtī*	*Jhūṭhnī*
144	*Sevā pūjā ārtī*	*Ārtī*
145	*Sevā pūjā ārtī*	*Ārtī*
22	*Bheṣ*	*Bheṣ*
26	*Bheṣ*	*Bheṣ*
142	*Bheṣ*	*Bheṣ*

(1) See Winand M. Callewaert & Mukund Lath, *The Hindī Songs of Nāmdev*, Leuven, Delhi, 1989, p. 125.

(2) See W.M. Callewaert & Mukund Lath, *The Hindī Songs of Nāmdev*, Orientalia Lovaniensia Analecta 29, Leuven, 1989, 432p.

224	*Bheṣ*	*Bheṣ*
43	*Asādh bheṣ*	*Bheṣ*
64	*Cāṇak*	*Bheṣ*
82	*Sādh*	*Māyā madhya mukti*
109	*Māyā*	*Māyā madhya mukti*
39	*Māyā*	*Māyā*
18	*Milāp måṅgal*	*Sādh milāp uchāh*
96	*Karuṇā binti*	*Karunā*
73	*Kasturiyā mrig*	*Parcā*
148	*Kasturiyā mrig*	*Apārikh*
30	*Ān dev*	*Patibrat*
97	*Sikār sågrām*	*Belī*
78	*Man*	*Updes citāvanī*
44	*Kāl*	*Kāl*
67	*Ātam ārambh jog*	*Anabhai*
11	*Javāb su milat..*	*Nirpakhi madhi*
63	*Nāv mahimā*	*Tīrath taskār*
91	*Nāv mahimā*	*Tīrath taskār*
138	*Nāv mahimā*	*Tīrath taskār*
99	*Pīv pichān*	*Tīrath taskār*
100	*Pīv pichān*	*Anabhai*
108	*Tap tīrath taskār..*	*Tīrath taskār*
121	*Malintā cāṇak*	*Tīrath taskār*
20	*Bharam bidhåsan*	*Bharam bidhåsan*
3	*Bharosā besās*	*Besās santos*

I have reprinted the manuscript exactly as it appears on the paper, even if at times I could clearly see that a consonant or a vowel was missing due to a scribe's error. Only, when the *rāg* mentioned in the manuscript was the same as for the previous song, I have not reprinted the name of the *rāg*.

The division of words was sometimes very difficult. I leave it to the meticulous translator to establish the text, for those poets whose songs have not yet been edited.

Only two manuscripts of this work came to my notice. One was (Nov. 1973) with Svāmī Mangaldās, then Kucaman City, Rajasthan, dated VS 1785 (1728 AD), with 385 folios[3]. I

(3) Apparently, this is the manuscript consulted by Sv. Nārāyaṇdās, when he refers to it in his *Śrī dādū panth paricay,* Jaipur, 1979, vol. 2, p. 400. The *lipikartā* is Sahajrām, disciple of Śivdāsjī. It was written in Sultānpuri, Hariyāṇā.

made three (difficult) journeys to the Ashram in Kucaman City, but never managed to see the document. It may well (still) be there, if ever it was.

The second manuscript, copied for this edition, was in 1973 in the Dādū Mahāvidyālay, Jaipur. It is dated VS 1781 (1724 AD; see colophon at the end of the edition), with 364 folios, of ca. 15x27 cms. Each page has about 32 lines, of ca. 12 cms long. The scribe is Khānezād Gulām, disciple of Mohan Bābā Kisandār, disciple of Jaitarām.

In the manuscript folio 244 is numbered as 243, with the result that the total has one page more. Folios 71a and 71b are missing in the film copied in 1973. Consequently, Pads 20.12-20 are missing. At the end of chapter 47 (of this edition) we read in the manuscript: "*åg* 54".

At the end of chapter 77 (fo. 250) a kind of colophon is given, saying that "84 (in fact only 77) chapters are completed".

A scribe often marks at the end of the line that he 'hyphenates' the word; this is done with a curbed, vertical line. It happens that such a line must have been given in the original from which the present manuscript was copied. There are several instances where the copyist of the present manuscript must have found such a mark at the end of the line and copied it into his copy, even if the word occurs in the middle of a line.

It is interesting to note that a long *ā*, when missing in the first transcript, is often inserted in the text by adding a curl on top of the letter where the *ā* was omitted. This may have been done by a later 'corrector'. The manuscript at hand is clearly a copy from an earlier manuscript, as appears from the following indications:

a) an end-of-the-line sign, usually indicating that the letter should be joined to the first letter of the next line, is often found in the middle of a line;

b) there are regularly additions of a few words or even a complete line in the margin.

In the list below I give the titles of *å*gas in the *Sarvågī* of Rajab (left) and of Gopāldās (right). A comparison reveals how little similarity there is in the choice and classification of themes.

Rajab	Gopāldās
1. *Astuti*	1. *Gurdev*
2. *Bhẽṭ*	2. *Gur govinda kī mahimā*
3. *Gurudev*	3. *Sācā jhūṭhā gur kau pārikh*
4. *Gur siṣya nidān nirṇay*	4. *Sācā gur kā ghāṭ gharibā*
5. *Gur mukhi kasauṭī*	5. *Kasauṭī*
6. *Āgyākār*	6. *Bhaybhīt bhayānak ḍar*
7. *Āgyābhågī*	7. *Gur kā sabad*
8. *Såjog viyog mahātam*	8. *Sumiraṇ*
9. *Virah*	9. *Nå̃v pratāp*
10. *Virah vibhåg visūrau*	10. *Nå̃v mahimā nå̃v bin akārtha janma*
11. *Brahma agani*	11. *Nå̃v mahimā*
12. *Virakta*	12. *Mūl dharma*
13. *Sūkhim tyāg*	13. *Tap tīrath taskār patibrat*
14. *Rat virakta*	14. *Bharma bidhå̃saṇ*
15. *Sumati kumati*	15. *Bheṣ*
16. *Sakti ubhayaguṇī*	16. *Sādh*
17. *Sumiraṇ*	17. *Sādh mahimā*
18. *Bhajan bhed*	18. *Milāp mågal*
19. *Ajapājāp*	19. *Nridoṣ sāc atīt ke laṣyani kī pārakh*
20. *Nå̃v mahimā*	20. *Ātam āråbh jog*
21. *Nå̃v nirūpaṇ*	21. *Mativāli*
22. *Bhajan pratāp*	22. *Apārakh pārakh*
23. *Sādh pārikh*	23. *Sādh asādh kī pārakh*
24. *Sādh asādh parakhyā*	24. *Asādh lek*
25. *Sādh mahimā*	25. *Sādh sågati*
26. *Sādh sågati param lābh*	26. *Sajan dujan kī pārakh*
27. *Tīrath satsåg*	27. *Sajan sādh durjan duṣṭ doū*
28. *Miharī muhūrti*	28. *Man bhakh vikritāī*
29. *Prasidh sādh*	29. *Kusågati kukarnī̊ taskār*
30. *Māyā madhya mukti*	30. *Asādhi rog agyān såg chāḍibā*
31. *Sampati vipati madharan*	31. *Āgyā bhāgī agyå̃nī siṣ*
32. *Sādh milāp mågal uchāh*	32. *Guṇ cor nirguṇå̃*
33. *Parsād caraṇodik*	33. *Gurdev kā guṇ saguṇā sādh*

Rajab	Gopāldās
34. *Sādh sāĩ here*	34. *Gur updeś āgyākārī*
35. *Dās dīragh*	35. *Patibrat*
36. *Bhagati nirmal nihagrab*	36. *Prem viyog saguṇ saneh prīti*
37. *Garab gåjan*	37. *Nindyā*
38. *Laghutā*	38. *Asārgrāhī*
39. *Karuṇā bīntī*	39. *Sārgrāhī*
40. *Šanta sahāi raksā*	40. *Apārakh nindyā*
41. *Bhagati pasāv*	41. *Jaisā karai so taisā pāvai krit kamāī*
42. *Sūkhim ṣevā*	42. *Avicār apalahit aprādh*
43. *Pīv pichāṇ*	43. *Avicār dehlā apārakh*
44. *Bal bamek*	44. *Sāc cāṇak*
45. *Avtār atīt mahātam*	45. *Malīntā cåṇak*
46. *Sākhībhūt*	46. *Cāṇak updeś*
47. *Samrathāī*	47. *Cāṇak*
48. *Āgyā sāhib*	48. *Sācī anbhai*
49. *Parcai*	49. *Jhūṭhī anabhai karṇī binā kathaṇī*
50. *Parcai parachyā*	50. *Kāl båcnā jarṇå updeś*
51. *Parcī bhole bhāv*	51. *Krodh*
52. *Madhi mārag nij sthān nirṇay*	52. *Dīn garībī laghutā*
53. *Hairān*	53. *Sådriṣṭi*
54. *Pār apār*	54. *Madhi*
55. *Thakit nihacal*	55. *Sāc*
56. *Prīti akhaṇḍit*	56. *Dayā nrabairtā*
57. *Atkāl åtarāī byore*	57. *Sikār sågrām*
58. *Pativrat*	58. *Sūrātan*
59. *Śrabågī pativrat*	59. *Jvābsu milat aḍig upajaṇi*
60. *Ras*	60. *Bharosā*
61. *Prem*	61. *Bharosā bīntī*
62. *Belī*	62. *Saguṇ sādh milat gobindjī kā guṇåh*
63. *Sūrātan*	63. *Pīv pichåṇṇ*
64. *Sikār*	64. *Sākhībhūt samrathāī*
65. *Pārikh*	65. *Hairān*
66. *Apārikh*	66. *Āndev taskār*
67. *Āsai āsaṇ*	67. *Kistūriyā mrigh*
68. *Bhaybhīt bhayānak*	68. *Ghaṭ mẻ niråjan kī rahāsi*

Rajab

69. *Updes citāvaṇī*
70. *Kāl*
71. *Såjīvan*
72. *Anbhai*
73. *Gyān kī āndhī*
74. *Pārågat bamek*
75. *Jīv brahma antarāī nirṇay*
76. *Nirpakhi madhi*
77. *Bamek samitā*
78. *Dayā nirbairtā*
79. *Duṣṭa dayā*
80. *Sukrit*
81. *Dilbī̊ dil saude saudā*
82. *Dān nidān puni pravīntā*
83. *Kavalā kathā*
84. *Sevā*
85. *Sevā sumirān*
86. *Sat jat sumiraṇ miśrat*

87. *Kripan*
88. *Sāc cānāk*
89. *Sevā nirphal*
90. *Bakhyat byore*

91. *Mūḍh karmī*
92. *Nindyā*
93. *Kritaghanī̊ niguṇā*
94. *Nindyȧ*
95. *Kritaghanī̊ niguṇā*
96. *Bheṣ*
97. *Tīrath taskār*
98. *Agyān kasauṭī*
99. *Bharam siddhānta*
100. *Jhūṭhanī*
101. *Acār uthel*
102. *Bharam vidhūsan*
103. *Bed bikār*
104. *Nītagī*

Gopāldās

69. *Śrabåg rahāsi kau åg hairān parcau*
70. *Niråjan kā dhyān kī bidhi*
71. *Prīti sūrti saneh syābati dhyān*
72. *Birah*
73. *Parcā*
74. *Sevā pūjā ārtī*
75. *Nihikam bhagati*
76. *Akartā sākhībhūt*
77. *Jaraṇålåbī*
78. *Karuṇā bintī*
79. *Man*
80. *Man kī mūl tithi biśrām kā vicār*
81. *Karm nakhed bicār*
82. *Sūkhim janma*
83. *Jīv sūrti kī thiti biśrām*
84. *Mansā gāvtrī*
85. *Māyā*
86. *Māyā kau tyāg sīl kau ḍiḍhāv sīlvant sādh*
87. *Bikratāī*
88. *Mahābikratāī miṭhās man uṭāv*
89. *Nrimoh bepravāh bikratāī*
90. *Ātmå kau biśråm adhār ādi ghar kaḍūbā īmān*
91. *Bepravāh*
92. *Besās*
93. *Bakhat likhant besās*
94. *Ajācik besās*
95. *Patibrat besās*
96. *Bharosā besās*
97. *Beparvāh besās*
98. *Såjam sādh*
99. *Lobh triṣnā*
100. *Kabit māyā triṣnā*
101. *Sukrit pratāp mahimā*
102. *Sukrit updes*
103. *Garba gåjan citāvaṇī kāl*
104. *Kāl*

Rajab	Gopāldās
105. *Gurmat gat sati*	105. *Sajīvnī*
106. *Sārgrāhī*	106. *Ci̊tāvanī kā sabad mārya*
107. *Asārgrāhī*	107. *Bikal buḍhāpā*
108. *Śrab ṭhaur sāvdhān*	108. *Ci̊tāvanī kā pado̊*
109. *Akali cetani*	109. *Dūsrau åg ci̊tāvanī*
110. *Agyān acet*	110. *Tīsrau åg ci̊tāvanī*
111. *Dalidra*	111. *Cauthī åg ci̊tāvanī*
112. *Man*	112. *Påcvau åg ci̊tāvanī*
113. *Sūkhim janma*	113. *Sajan dūjan kā milāp kī pārakh*
114. *Biṣai*	114. *Tīspadī granth ci̊tāvaṇī bi̊ntī*
115. *Kām*	115. *Guṇ jhūlnā updes ke åg kā*
116. *Rahati*	116. *Mehālā horījī kau gråth ci̊tāvaṇī*
117. *Mansā gāvatrī*	117. *Kabīrjī kī sākhīkāl*
118. *Māyā*	118. *Svāmī dādūjī kī sākhīkāl*
119. *Sakati sīv sodh*	119. *Kāl kau åg bājīdjī kau dohare*
120. *Svārath*	120. *Kā̊m*
121. *Abeṣās triṣṇā*	121. *Budhi prakas*
122. *Triṣṇā besās*	122. *Viṣaī nar*
123. *Besās santoṣ*	123. *Sīl siromaṇi*
124. *Nirihāī nirbān*	124. *Nā̊v mahātam jan*
125. *Bamek besās madhukarī*	125. *Birah kā åg kau pad*
126. *Såjam kasauṭī*	126. *Birah bīntī*
127. *Sahaj kasauṭī nirṇay*	
128. *Mritag*	
129. *(Jhūṭh) sāc nirṇay*	
130. *Param sāc*	
131. *Karaṇī binā gyān*	
132. *Gyān binā karaṇī*	
133. *Nāv bamek*	
134. *Krodh*	
135. *Hi̊syā doṣ*	
136. *Jarṇā*	
137. *Param jarṇā dusṭa dātār*	
138. *Śrabaguṇ āratī*	
139. *Pirathī pustak kāyā kurān*	
140. *Sadgati sejhe*	141. *Lā̊bī* ; 142. *Dhīraj sahaj śānti*
143. *Bibhacār baradāī*	144. *Āratī*

2. List of identified Bhaktas

In the list below I give the list of Bhaktas quoted in the *Sarvågī* of Gopāldās, and between brackets the references to the *Sarvågī* of Rajab. I reprint here the references to the Bhaktas in the latter anthology as I have given earlier in *The Sarvāṅgī of the Dādūpanthī Rajab,* pp. 434ff. After a study of several manuscripts of the *Sarvågī* of Rajab, I based my Table of Contents on manuscript *E* (dated 1744) and manuscript F (1760; see *Ibidem,* pp. 81ff.). Since the text-edition *The Sarbangi of Rajjabdas* by S. Iraqi, Aligarh, 1985, seems to be based on manuscript *F,* I hope that all references to the *Sarvågī* of Rajab (R) correspond to the printed edition by Iraqi. If the number of the *åg* in that edition does not correspond to my reference, it may be useful just to look at the title of the *åg*.
The sign * refers to Sākhīs, Arillas etc. If there is no sign, the figure refers to a Pad, unless otherwise indicated,

The first poet who may be listed is Adhār (Pad 17.3), who is also quoted in the *Sarvågī* of Rajab (22.12, different chapter). In the *Ādi Granth* this Pad appears on p. 858[4].

1. Agardās: 11.13, 17, 53; 17.11-13; 75.21; 78.62, 68; 84.1; *87.12-17; 107.9; 110.17-18; 125.37 (Rajab: 20.9; 22.14; 39.10; 41.6; 94.4; 143.2)
2. Ahmad: *89.11 (Rājab: *9.23; *12.59; *61.11)
3. Akū: Kavitta 121.15-27; *kahai akū* in 121.20 is metrically redundant.
4. Alam: 112.18
5. Agad: *25.53; 63.9; 73.8; 76.7, 16; 87.17; 104.6 (Rajab: 43.4; 49.2; 76.4)
6. Asog (?) *26.30; *27.12
7. Bābā Zindapīr (Bājind?): *14.67-69; *76.30
8. Bachanāgar: 8.48; 78.86; 125.23 (Rajab: 39.45)
9. Bahamaldās: 56.8; *Jakharī* 62.6,1-4; 67.1-4 (Rajab: 78.4)
10. Bājīd: Pads 13.9; 96.4; Sākhīs 9.14, 22; 11.35;16.108, 110; 19.169-170, 175-177, 180-188, 190-191, 194-196; 27.37; 28.29; 29.3, 46; 30.30; 40.44; 46.58; 50.98; 52.17-18; 56.2-5, 15, 71-72; 59.28-29; 65.44-49; 76.18; 89.14-16, 18; 94.20; 97.3; 100.14-15, 17-18; 102.5, 84-97; 106.1-55; 109.1; 113.1, 3, 11, 22, 39, 57, 61-63, 79, 88; 115.1-19; 119.1-30 (see Bābā Zindapīr)
    (Rajab: Pad 20.3-4; 39.7, 37; 53.11; 58.7; 63.5-8; 68.4; 72.79-80; 73.2; 76.9; 118.9, 16; 123.9; Sākhī: 22.4; 25.13; 48.14; 69.6; 77.18, 20, 24-25; 78.7-9, 11; 80.38, 43-44, 46; 87.5, 19; 91.9-10, 14, 19, 21-22; 98.8; 114.14, 19; *Granth* 43.1)

---

(4) This is Pad 106 with the *bhaṇitā* of Raidās, in W.M. Callewaert & P. Friedlander, *The Life and Works of Raidās,* Delhi, 1992.

11. Bakhnā: Pads 1.21; 4.3; 7.15-16; 10.3; 11.6-7, 12; 13.17; 14.11, 18; 17.2, 9, 20; 22.4; 29.6; 32.4; 37.5; 46.7; 54.12; 56.5; 58.11; 60.5; 65.25; 67.33, 36; 72.33; 75.39; 84.6; 92.3; 102.8; 103.7; 113.1;
    Sākhī 18.20; 22.61-62; 24.7; 25.59; 26.77; 27.14; 31.22-23, 25; 46.53, 56; 50.84; 57.11; 65.8; 101.13; 102.9; 113.125
    Pad 17.2 is a curious case: it has three *antarā*s in the manuscript, but *antarā* three is clearly a *dohā,* with the *bhaṇitā* of Bakhnā. The song is not found in the *Baṣnājī kī vāṇī,* ed. by Sv. Maṅgaldās, Jaipur, 1937.
    In Pad 46.7 *antarā* 5 is in fact a *dohā*; in the edition I have numbered it as a Sākhī, because the *bhaṇitā* of Bakhnā is given in *antarā* 4.
    (Rajab: Pad 9.29; 17.4; 32.12; 34.5; 40.6; 41.7; 43.7-8; 56.3; 60.12; 76.8; 92.4; 97.17; 102.9; 103.6-7; 118.17, 19; 78.7-8; Sākhī: 17.28-30, 32-33; 76.17)
12. Benidās: 8.46; *8.32; 20.33, 34-35; 75.29
13. Bhairū: 1.7 (=Rajab: 4.1); 92.21 (Pad given under the title *kavitta*); 103.56
14. Bhāṇ: 20.31 (=Rajab: 73.125, different chapter; see below Bījhal)
15. Bharathari (Rājā?): *24.63; *51.2; *52.5; *59.33; *63.17; 87.5; *87.26
16. Bhavanā: 22.5; Bhuvan: 56.6; 57, 2; 63.40, 51; 76.17; 111.26(?) (Rajab?: Bhavan 64.6)
17. Bhīkham: 25.2 (=Rajab: 23.8; different chapter and *rāg*)
18. Bhīm: *8.1-2; 8.51; 29.5; 109.6
19. Bījau: Kavitta 11.34
20. Bījhal: 20.32 (=Rajab: 72.53; different chapter and *rāg*; see above: Bhāṇ)
21. Bīsau: 16.3 (=Rajab: 23.6; different chapter); see variant reading in *antarā* 2: this is one of the numerous examples suggesting that both *Sarvåṅgī*s relied on different oral repertoires; 75.14 *गोपालदास सर्वांगी १६;३ साध कौ अंग*

राग रामग्री

• अम्हनैं ते बैस्नौं को दाषै रे । रूंडूं रांम रिदा मैं राषै रे ।
अनदि न अषिर अस्त न भषै । सब घट बीठल पेषै रे ॥ टेक ॥
१ कांम कलप नां ममिता मूंकै । राग दोष दवि आंणैं रे ।
आतम ग्याता प्रांणीं पेषै । बांणीं बिमल बषांणैं रे ॥
२ भगति अभिअंतरि करै निरंतरि । बाहरिबौ न जणावै रे ।
एकाएकी अथवा सतसंगति । गोबिंद का गुण गावै रे ॥
३ तन धन साजन चीति न आंवैं । नांरी नेह न भावै रे ।
बीसौ भणैं ते बैस्नव नैं दरसणि । दुक्रित कोटि दहावै रे ॥

रजब सर्वांगी २३;६ साध पारिख कौ अंग (पृ १८०)

राग रामकली

अम्है ते कोई बष्णौं दाखै रे रूडो रांम रिदा मैं राखै रे ।
अनदिन आखिर अष्यन अस्ति न भाखै सब घटि बीठल पी पैखै रे । टेक ।
कांम कलप नांम मि तासूं कै राग दोष नंहीं आंणै रे ।
आत्म ग्याता प्रांणी पेखै वांणी विमल वषांणैं रे ॥ १
भगति अभिअन्तरि करै निरंतरि बाहरि सो न जनावै रे ।
एका एकी अथवा सत संगति हरि कीरति बिस्तारै रे ॥ २
तन धन साजन चीति न आवै नारि नेह न भावै रे ।
बीसौ कहै ते बैष्णौं नै दर्शनि दुक्रित कोटि दहावै रं ॥ ३

22. Bohithadās 71.12; 108.19 (=Rajab: 69.44)
23. Byās: 8.50; 9.16; 11.9; 59.15; 62.15; *69.19; *91.14 (Rajab: 89.4)
24. Cain: *24.8; *32.43; *41.24; *49.69; *80.94; *122.19
25. Caraṇdās: 21.21
26. Carpaṭ[5]: Sākhīs 14.62-63; 19.82-84, 172; 20.17; 24.5, 26-29, 31-37, 39-40, 43, 60; 49.16; 86.42, 65; 89.38; 98.20; 122.59, 65, 79
27. Catrabhuj: *10.8; 16.4; 24.10; 110.8
28. Chīhal: Kavitta 11.33; 60.1-2
29. Chītam: 10.12; Kavitta 50.5; Pads 89.10; 93.1; 108.9; 112.21 (unusual structure)
30. Dādū: see further, section 4.2
31. Damau: 49.10
32. Deīdās: 10.8
33. Deśram: 16.21
34. Deval: *22.38-41; 63.6 (=Rajab: 73.5, different chapter, different *rāg*; see variants)

गोपालदास सर्वांगी ६३;६ पीव पिछांणण कौ अंग

राग रांमग्री

• अवधू सबद निरंतरि रहिये । तहां कछू दिवस न रैंणीं कहिए ॥ टेक ॥
१ तहां माय न बाप जाति कुल नांहीं । सुषमन नांहीं सथूलं ॥
उतपति परलै नादबिंद नहीं । बृछ छाया नहं मूलं ॥
२ तहां चंद न सूर पवन नहीं पांणीं । हिंदू नहीं मुसलमांनं ।
महमद कलमां रांम नांम नहीं । भिस्ति दोजग नहीं गिनांनं ॥
३ द्वादस देवल कहै सुणौं अनभुई । सुणि नैंसुणि पयांनं ।
पांणीं लूंण बूंद मैं दरिया । तत्व हि तत्व समांनं ॥

रजब सर्वांगी ७३;५ अनभै कौ अंग (पृ ३६५)

राग गौडी

अवधू सबद निरंतर गहिये तहां दिवस न रजनीं कहिये । टेक ॥
जहां माइ न बाप जाति कुल नांहीं सूक्ष्मि नंहीं म्स्थूल ।
उतपति परलै नाद ब्यंद नहीं वृछ छाया नंही मूलं ॥ १
जहां चंदन सूर पवन नहीं पांणीं हिंदु न मुंसलमांन ।
महमद कलमा रांम नहीं भिस्त दोजग नहीं जांनं ॥ २
देवल कहै सुनौं अनभव पद सुनहि सुँनि पयांनां ।
पांणीं मैं लूँण लूँण मैं पांणीं यूँ तत ततहि समांना ॥ ३

35. Dhanā:[6] 9.39; 61.16; 92.2 (Rajab: 124.12; different *rāg*)
36. Dīp (svāmī): 67.28 (=Rajab: 39.27; see variant in *bhaṇitā*; different chapter, different *rāg*)
37. Divākar: 16.7 (?Rajab: 30.3; see note, p. 199)
38. Dūngar: 92.6; 105.12 (29.59?)

---

(5) In 87.6 Gorakh is said to be the *guru* of (Mātā) Mainǡvantī (see below, ,81) and Carpaṭ the *gurubhāi*.

(6) For Dhūlmekh, see Sākhī 83.6 (?).

39. Ganga (kavi): *94.21

40. Garībdās: Pads 7.5; 18.6, 8-9; 20.37-38; 33.2; 36.1, 13-15; 49.14; 62.5; 62.14; 63.23, 46; 67.16, 21; 72.29; 73.7; 78.57-58, 85, 91-92; 110.6, 21; 112.17; 125.20-21 Sākhī 79.29-31; 116.1-72
(Rajab: 32.10; 39.30; 43.5; 56.4; 72.7, 42, 64, 78, 84, 86, 111, 127-130)

41. Ghāṭam: 17.1, 8; 24.11; 27.1; 96.9

42. Ghor Colī: *94.12 ('Machindra kā dās')

43. Gopāl: *2.36-37, 48; *33.39; 65.19; 72.30-32; 86.24; *99.26; 102.9; 108.8; 110.19

44. Gopīchand (Rājā): *Parcaī* (?) *50.40..; *63.18; 87.3-4; *98.(1-10?) 11, 26

45. Gorakhnāth: 1.8, 14-15; *13.46; 14.1, 23; *16.42-46; *17.35; *19.167 (1-12)-168 (1-14), 197 (*Abhay mātrā granth*; see variants in *Gorakh-bānī*, pp. 179-180); 20.11, 54, 57; *22.37; *24.25; *26.63; *31.26; *37.3, 15; *49.17, 125; *50.32-34, 85, 91; 53.9, 18; 56.7, *23; 57.7, 14, 19; 58.14, *26; 63.8; 67.29, *85; *75.74-75; *80.85; *83.17; 84.7; 85.13, 16, *31; *86.1; 86.3, 5, 7-9, 13-15, 19, 21; 88.1; *89.50; *98.13-16, 31, 34, 40-41, 68; *105.19; 108.2; *113.20, 25, 101
(Rajab: 17.10; 62.1; 69.50; 72.37, 83; 78.3; *78.15; 102.11; 114.16-18; 117.5; 118.1; Granth 42.2)

46. Hālīpāv: 20.56; *63.20

47. (Śrī) Hanvanta (or Hanūnta) (Bīr): *49.47-48; *50.92; 57.15; 63.15; 86.6

48. Hardās[7]: 1.4, 17; 3.10; 8.18, 37; 9.6, 28; 10.28; 14.15; 15.1, 11-12; 16.22-23; 20.25-27, 46-47; 21.18-19; 22.1; 30.2; 32.1; 40.9; 45.8; 46.8-9; 48.3, 4, 6-8[8]; 49.6, 12; 50.8, *23; 55.7; 58.3, 5; 59.43; 63.10, 37, 50; 66.6; 67.13, 25, 35; 74.17; 78.32; 79.32-33; 86.10; 89.14, 16; 90.7; 91.2; 94.2; 98.105; 110.7; 111.2-4; 112.7 *Tīspadī granth* 112.20 (Rajab: see note)

49. Hartālī (Siddha?): *63.19

50. Harirām: *103.58

51. Īsar (Īsvar?): 20.8; *53.31; *76.28; *80.19; *98.106

52. Jagjīvan(dās): *10.70; *26.62; *38.12; *42.10; *46.57; *49.112; *62.7; 62.3; 65.12; *75.35; *80.55; 89.15; *90.1-2; 90.10; *91.21-22; *98.46; *99.14; *101;6; *102.33; *113.116; *121.2
(Rajab: 22.11; *43.63; 118.5)

---

(7) For more details on Hardās, see Winand M. Callewaert & B. Op de Beeck, *Nirguṇ Bhakti Sāgar. Devotional Hindī Literature,* Heidelberg, Delhi, 1991, pp. 31ff., 453ff.

(8) Pad 48.6 of Hardās appears in the manuscript under the heading *sākhī,* and it has no *ṭek*. In chapter 50, two lines (23) are also given as a *sākhī,* although they are *antarā* 3 of the same Pad[9].

(9) This is Pad 50 in the edition of Hardās; see Winand M. Callewaert & B. Op de Beeck, *Nirguṇ Bhakti Sāgar. Devotional Hindī Literature,* Heidelberg, Delhi, 1991, pp. 31ff., 453ff. For similar cases, see under Kabīr.

53. Jagannāth: Pads 7.6; 17.17, 28; 25.1; 79.18.0; 85.15; Sākhīs 1.18; 2.11-12; 3.35-36; 7.3-8; 8.17, 18-20; 10.16, 26-27, 58, 71-73; 11.26-29; 13.37-39; 15.67; 16.47-51, 59; 22.28; 23.9-10; 25.50, 81-83; 26.40,47, 65, 67; 27.11; 29.7-9; 32.25; 32.47-48; 33.26-31 38.7-8; 39.8; 40.16-19; 46.35; 50.79; 55.11-12, 14; 56.22; 62.9-11; 64.66-68; 67.80; 79.7-42; 80.11, 16-17, 48, 69; 83.25-26, 28-31; 90.12, 24; 93.2, 17; 94.19; 95.25; 97.5-7; 98.27-28, 30, 45, 52, 56-57, 65, 85; 99.15; 101.10; 102.7, 25; 110.1; 113.31, 39; 119.14-16; 122.75-76, 88, 95 (Rajab: 22.23; 25.5; 39.13)
54. Jagiyā: 10.2; 15.21(1-26); 25.3; *41.20; 41.2; 59.19; 61.22; 85.12; 86.25; 90.9
55. Jaimal: Pad 10.19; 92.4; Sākhī 1.19; 2.5; 3.2-5, 12-16, 24, 26-30, 32, 38, 43, 55, 57-60, 73; 8.29-30; 10.37-44, 64, 66-69, 74-75; 14.76; 15.28, 47, 49-50; 16.58; 17.75-78; 23.19; 25.72-73; 26.79; 30.25, 27-28; 33.43; 34.18-19; 36.30-31; 37.22-25; 39.3-7; 40.21, 23, 46-47; 41.61; 45.6; 50.99-100, 140-141; 52.13; 58.46-49; 59.22; 62.14; 63.54-58; 64.56; 66.9-13; 76.33; 80.43-44; 83.12; 91.7, 9-10, 16; 95.2-3, 21; 97.1; 98.97; 99.8; 103.21-22, 33-40, 46-47, 63; 104.1; 107.3; 113.17, 57-58; 122.5-6, 100; 123.38
    (Rajab: Pad 62.6; 64.4; 70.6; 72.14, 20, 27, 29, 32, 43-47, 110; 77.10; 92.6; 114.15; 117.4; 118.12, 15; 123.5 Sākhī 39.2-3; 43.57-62; 70.1; 98.7, 9)
56. Jamāl: *26.52-53; *86.14
57. Jan: 108.12 (*banijārā* song)
58. Jangopāl: 11.14; 18.5; 36.10; *41.5-19, 23, 28; *51.13; 95.3; *122.63
59. Kabīr: see further, section 4.1
60. (Gir) Kalyān: 10.13
61. Kamac: Kavitta 10.47, 49; *27.38-39; *29.14; *40.26; *86.46; *102.69; *103.14
62. Kaṇerī: 79.16 (Rajab: *12.61)
63. Kānhā: 20.59-60 (= Rajab: 55.5; see variant *na phūsik* in *antarā* 1); 21.4-6; 46.1; *49.54 (Kavitta); 63.41; 65.7; 75.16; 126.25

गोपालदास सर्वांगी २०;६० आतम आरंभ जोग कौं अंग

राग गौडी

• सहज फकीरा आलसी । ल्यौ लागी अलसांनां ।
बिषिया षीण देह सुधि बिसरी । मन अनंद मगन समांनां ॥ टेक ॥
१ पाप पुंन्य का उठै न उदिम । श्रबनृ उदमीं होइ ।
जनम मरण थैं भये निपूसिक । तिन तैं बहुरि न उपजै कोई ॥
२ त्रिगुण का बल चलै न कोई । मन चंचल बिरधांनां ।
इंद्री का बल फुरै न कोई । कांन्हां यौं अलसांनां ॥

रजब सर्वांगी ५५;५ थकित नहचल कौ अंग; (पृ २६४)

राग गौडी

सहज फकीरी आलसी । लै लागी अलसानां ।
बिषिया षीण देह बुधि बिसरी । मन आनंद मगन समानां । टेक ।
पाप पुंनि का उठै न उदिम । श्रवनन उदमीं होई ।
जनम मरण तैं भये न फूसिक । तिन तैं बहुडि न उपजै कोई । १ ।
गुण का बल चलै नंही कोई । मन चंचल बिरधांनां ।
इंद्री का बल फुरै न कोई । यौं कांन्हां अलसानां । २ ।

64. Karamcanda: 7.4
65. Karamāṇanda: Sākhī 28.14, 22; 30.54; 64.57 (=Rajab: 48.23; Iraqi missed the *bhaṇitā*); 66.22; 86.52; 107.11; 122.35
66. Kavidās: *26.23, 55, 81
67. Khem: 9.40; *93.19; *102.68; *103.53, 62 (Rajab: 39.17)
68. Khojī: Sākhī 6.14; 22.66 (=Rajab: 81.39, variant); 31.33 (=R: *6.6)-34 (=R: 7.1), 40; 32.10-11, 45, 50-51; 113.54-55 (Rajab: *89.2, *khojī* in footnote)

गोपालदास सर्वांगी २२;६६ अपारष पारष कौ अंग

माया अबल अतीत की । षोसि लियां सिरि पाड ।
षोजी कूवै काछिबौ । करिसी बहुत उजाड ॥

रजब सर्वांगी ८१;३९ सुकृत कौ अंग (पृ ४३७)

खोजी अबल अतीत ह्वै । फल सैं बूझै आइ ।
जाहि बतावैं गाव के । सो घर बस्ती न्याइ ।

69. Kīlha(karaṇ, Kalhakaraṇ): 20.9-10; 21.16 (=Rajab: 73.138; different chapter and different *rāg*; see variants); 47.32 (=Rajab: 73.136; different chapter and different *rāg*; see variants); *50.66, 72-73; 57.4, 12; 58.6 (=Rajab: 73.133; different chapter and different *rāg*; see variants)-7 (=Rajab: 73.131; different chapter and different *rāg*; see variants); 74.19; 79.35; *89.40; *94.25
(Rajab: 73.132, 134-135; 137, 139)

गोपालदास सर्वांगी २१;१९ मंतिवालि कौ अंग

राग कनडौ
• तत निरंजन रूप तैं रहता । ध्यांन महारस मदि मैमंता ॥ टेक ॥
१ सुरति सूंडि भरि पीव घुमंता । उदमदिमंता गज गाजंता ॥
२ पावन पूंछ सीस नहीं दंता । कील्ह करण काया बिन कुंजर ।
३ चले हैं सुंन्य कजली बन मुकता ॥

रजब सर्वांगी ७३;१३८ अनभै कौ अंग (पृ ४०९)

राग असावरी
तत निरंतर रूपते रहिता । ध्यान महारस मदि मैं मंता । टेक ।
सुरति सूंडि भरिपी घूमंता । उदमति माता गज गाजंता ।१ ।
पवन पूछ सीस नही दंता ।
कील्ह करण काया बिन कुंवर । चरै सुन कजली बनि मुक्ता । २ ।

गोपालदास सर्वांगी ४७;३२ चाणक कौं अंग

राग गूजरी
• नमो नमो देव रांम । सुर नर गण सकल लोक बंधे बिन दांमं ॥ टेक ॥
१ पंडित पढि पढि ग्रंथ । भाजै नहीं भ्रांमं ।
जोगी जोग भेष ग्रब धरि कैं । तेऊ बंधे अधिक तामं ॥
२ राइ रांणां जेते तेते । मूंसे श्रब बांमं ।
कल्हकरण परम दीन । रहौ किंन धांमं ॥

रजब सर्वांगी ७३;१३९ अनभै कौ अंग (पृ ४०५)

राग असावरी

नमो नमो रामं । सुर नर गण सकल लोक । बांधे बिन दामं । टेक ।
पंडिता पदि ग्रंथ गर्बित । भागे नहीं मांमं ।
जोगी भिख भेख ग्रबित । अधिक विकि तांमं । १ ।
राइ रानां जिते किते । श्रब मुसे बांम ।
कील्ह करण परम दीन । हरहु किन धांमं । २ ।

गोपालदास सर्वांगी ५८;६ सूरातन कौ अंग

राग गौडी

• सुरही डभगभ हूंकि । ना गहि गहि गिलवै ।
सुर कसींन बाज । संध बंध कौंण मिलवै ॥ टेक ॥
१ मैरी सर संधि बंधि । अनल कवल षिलवै ।
तिहि मधि कोकिला सुर । चक्रवाकि भिलवै ॥
२ तिहि मधि जोति अप्रमेव । उनमनीं कि झिलवै ।
कील्ह करण भ्रंग राज । तत थेई ढिलवै ॥

रजब सर्वांगी ७३;१३३ अनभै कौ अंग (पृ १३३)

राग विलावल

मुरही डभ गभ हूंकि । नागहि गहि गिलवै ।
श्रुक सेनि बाज स्यंध । बंध्य कौन मिलिवै । टेक ।
मैरी सर संध्य बंध्य । अनल कवल खिलबै ।
तहां मध्य कोकिल सुर । चक्र बाक मिलवै । १ ।
तहि मधि जोति अप्रमेव । उन मनीकलि झिलवै ।
कील्ह करण भृग राज । तित थेंई ढिलवै । २ ।

70. Kisavā: *26.29; *102.98-101
71. Kītā (thorī): 16.5
72. Krisnadās: 40.7 (Rajab: 3.6, Kīlha?; 73.56)
73. Krisnānanda(dās): 47.25; 58.4
74. Lāḍaṇ: 20.30
75. Lāl(ā): *103.59, 61
76. Laghu Bīṭhal: 20.29
77. Machindra: *16.56; *20.1; *50.118; 58.13; *71.2; *74.11
78. Mādhau(dās): 3.4; 8.4, 23; 9.7, 13, 23; *10.46; 11.4; *41.36; 46.3; 49.19-20, 23; 60.17; 77.5; 78.2, 39-40, 59 (=Rajab: 39.12; different *rāg*; see variants); 79.36; 85.22; *91.39; *102.55-60, 65-67 (Rajab: 73.82)

गोपालदास सर्वांगी ७८;५६ करुणां बीनती कौ अंग

राग कल्यांण

• कांन्ह मोहि पारि करौ बलि जांउं ।
कालंद्री भैभीत भयांनक । संकट देषि डरांउं ॥ टेक ॥
१ जा जरी नाव डुलाइ पचन बसि । त्रिश्नां लहरि झकोरै ।
अब की बेरक निहार होह हरि । मोहि अबला बुधि बोरै ॥
२ तट नहीं निकट घाट नहीं औघट । कालंद्री गमि भारी ।
माधौदास कुसल तिनकैं ग्रिह । जो कै षेवनहार मुरारी ।

रजब सर्वांगी ३६;१२ करुणा बीनती कौ अंग (पृ २२७)

राग रामकली

राम मोहि पार करौ बलि जाऊं ।
अबकी बेर कनिहा रहोह हरि । भौजल देखि डराऊं । टेक ।
तट नही निकट घाट नहीं औघट । पूरन लहरि झकोरै ।
कालन्द्री भैभीत भयानक । मोहि अवरा मति बोरै । १ ।
जर जरी नाव डुलाइ पवन बसि । खेल रच्यौ बनवारी ।
माधौदास कुसल जिनकै ग्रिह । खेवनहार मुरारी । २ ।

79. (Qāzī) Mahmad (Mahmūd): *50.115; *55.3; 59.28-29; 72.16 (=Rajab: 9.14, see variants),

गोपालदास सर्वांगी ७२;१६ बिरह कौ अंग

राग केदारौ

• कोई कहियौ रे मेंरे मींत संदिसा । पीव परदेसि लुभांनां कैसा कोई ॥ टेक ॥
१ जब थैं संईयां तुम्ह थैं बिछोही । रोइ रोइ सब मैं सुधि बुधि षोई । इन दोइ नैंनहुं चलिया लोही ॥
२ इक जीय रहता दोइ घट मांहीं । बिच मैं हार समाता नांहीं । वै दिन सालैं मेंरे हियडें मांहीं ॥
३ जोई जोई हूं कहती सोई पीव करता । औगुण मेंरे मन मैं न धरता । वै दिन एदिन अंतर केता ॥
४ महमूंद प्यारा किया मेरी माई । साहिब न फरि कै सीस गाई । कर्म करौ तौ तेरी बडाई ॥

रजब सर्वांगी ९;१४ बिरह कौ अंग (पृ १२६)

राग केदारौ

कहियौ रे मेंरे मीत संदेशा ।
पिय परदेशि लुभांनीं कैसा । टेक ।
जब थैं सैंया तुम थैं बिछोही । रोइ रोइ मैं सब सुधि बुधि खोई।
इन दोइ नैनूं चलिया लोही ।१ ।
इक जीव रहता दोइ घर मांहीं । विच मैं हार समाता ना नांहीं ।
वै दिल सालैं मेंरे हियरे मांहीं ।२ ।
जो हूं कहती सो पीव करता । औगुण मेंरे मनह न धरता ।
वै दिन ए दिन अन्तर केला ।३ ।
महमूद प्यारा कीया मेरी माई । साहिब न फरैं कैसी सगाई ।
करम करौं तौ तुम्हारी बडाई ।४ ।

19, 26; 87.16 (=Rajab: 12.1; different *rāg*, see variants);

गोपालदास सर्वांगी ८७;१६ बिक्रताई कौ अंग

राग धनाश्री

• अला भठि पए सब रत डे मंजे । कंडे भये इन फूल डे हुंजे ॥ टेक ॥
१ रूप रंग सब सारे सजे । नैंननि भांवनि कजल अंजे ॥
२ बिहुथी लगनि मन न रंजै । काजी महमूंद डूरौं भंजै ॥

रजब सर्वांगी १२;१ बिकताई कौ अंग (पृ १३६)

राग काफी

या अला भठि पये सब रतडे मंजे । कडि भय इन कूलडे हदि । टेक ।
रूप रंग इनि सारे सजे । नैननि भांमनि काजर अंजे ।१ ।
बिहूं थी लगनि मन न रंजै । काजी महमूद डूरूं भंजै ।२ ।

*90.18; 101.1; 103.1-2 (=Rajab: 70.12; different chapter, see variants); 109.5; 125.3, 11 (=Rajab: 9.13, see variants), 14-15, 19, 22 (=Rajab: 9.11; different *rāg*); 126.20-21, 43 (Rajab: 9.12)

80. (Kavi) Malha: Sākhī 15.43; 26, 15, 17; 27.41; 62.16; 89.41; 94.43-44; 97.10, 25; 120.2, 5
81. (Mātā) Maiṇāvantī: *87.4-11 (?)[1]
82. Māṇikdās: 36.9
83. Matisundar: 11.8; 75.34; 92.7
84. Mohan[2]: *1.14; 1.5, 20; *2.38; *3.34; 7.7; 8.15; *8.23, 26, 28; 9.29; 10.7, 11; *10.51, 56; 11.15; *11.30-31; 13.8; *14.16, 50; *15.69, 73; *16.21; 18.4; 19.1; 21.9; *23.18; *25.74-75; *27.31; *31.28-29; *32.5, 37, 49; *33.25, 40-42; 36.2; *36.71; *37.6; *41.3-4; 41.1, 3; *43.5; 47.8, 26, 29-30; *49.25-28; 56.9; *56.51, 53-54; 62.4, 7; 63.33; *63.46; *64.24, 79; *70.31-32; 75.20; 78.70, 94; 79.39; *85.40; *91.42; 92.5; *94.33; *102.18; *113.56, 61; *120.8-9
85. Mukanda (Bhārthī): * 13.24; *14.64; *18.17; *32.3; *49.6, 20; 63.48 (= Rajab: 43.17, see variants in *antarā* 3); *71.4; 125.27 (Rajab: 11.1; 73.51, 85)
86. Nalha(bhāṭ): Kavitta 30.52
87. Nāmdev[3]
88. Nānak[4]: 1.3; *2.2; *5.11; *6.12-13; *8.11-15; 9.31; *10.9-10, 63; 10.24; *13.47-49; *15.38, 45; *19.1-19; 21.17; *22.59; *23.51, 86; *24.10-12; 37.4; *41.80-81; *45.7-8; 49.16; *49.89, 101-102; *50.121, 125; *52.4; *55.1-2; *57.10; *58.3, 34; *59.19; 59.30, 33; *62.30; 63.1; *64.50; 65.26; *74.2; 74.12; *75.12; 75.11; 76.19; *80.70; *86.19-20; *87.32; 87.14; *89.52-53; *90.25; *91.5; *92.8; *97.13-14, 17; *98.98-100, 108; *99.16; *103.16-17, 25; 104.17-19; 108.11, 16, 18; *109.3; *122.7
(Rajab: 12.3; *22.1; *99.22; 145.7)
89. Nanda: (*29.1?); 86.20
90. Nāpā (Nāpaiyā, Nāpiyā): 4.2; 8.40; 9.14-15, 34; 13.28; 14.6, 10, 13; 15.7-8, 17; 16.24-25; 17.5-6, 18; 22.2; 24.5; 37.3; 45.10; 47.27; 49.7, 9, 11; 57.8; 59.23-24, 44; 60.12; 61.2; 63.38; 64.11; 65.9-10, 13, 20; 66.7; 75.30 (= Rajab: 36.2; different chapter; see wrong *bhaṇitā* in the Iraqi edition, p. 214), 75.31-32 (= Rajab: 36.3; different chapter, wrong *bhaṇitā* in the Iraqi ed., p. 214); *75.67; 79.25; *83.13; 85.23; 91.1; 109.31
(Rajab: 5.3; 9.28; 22.6, 8-10; 42.8; 43.9; 53.17-19; 58.4, 6; 63.4; 64.5; 66.4, 6; 69.47; 72.5, 8; 73.8, 35, 65, 69; 78.16; 79.6; 89.3; 97.16-17; 98.20; 101.3; 103.6-7; 115.7)

---

(1) In 87.6 Gorakh is said to be the *guru* of (Mātā) Maināvantī, Carpaṭ the *gurubhāī*.

(2) Dādū is said to be his *guru* (see e.g. 75.20). It is not certain that the *bhaṇitā 'mohan'* in a single Sākhī should also refer to the disciple Mohan.

(3) For a detailed study of Nāmdev, see W.M. Callewaert & Mukund Lath, *The Hindī Songs of Nāmdev,* Orientalia Lovaniensia Analecta 29, Leuven, 1989, 432p.

(4) I am comparing the numerous songs and *saloku*s of Nānak found in the Rajasthani repertoires and manuscripts with the version in the *Ādi-granth+ ;* forthcoming.

91. Narasī: 49.25; 59.27 (=Rajab: 63.10; different chapter, different *rāg*; vary variant reading); 75.7 (=Rajab: 41.1; different chapter, different *rāg*; see variants); 87.19; 125.25
92. Narsyangh (Bhārtī): 20.28 (=Rajab: 73.50; different chapter, different *rāg*; variant); 78.50
93. Nāth: 8.1; *86.27; *87.21; *122.54
94. Nathmal: Kavitta 94.23
95. Naval: 13.32; *26.14, 85; *59.14, 16
96. Nāyak: 125.24
97. Net: 56.4
98. Nihāl (?): *103.15
99. Paramānanddās: 8.19; 9.37-38, 41-42; 10.17, 27; 16.16; 24.7, 9; 49.28; 59.7-9, 11, 13; 65.14, 16; *65.36; 78.25; 86.12; 87.2, 6, 11; 88.7; 94.3; 107.2; 125.26, 36 (Rajab: 9.23; 22.15; 34.7; 36.9; 39.26; 43.14; 89.13; 115.11-12; 122.2; 124.11 (see Śrīrām)
100. Paras(ā): 8.38-39; 9.43; 13.13; *13.28; 13.16, 31; *14.54-56; *15.52; *17.38-40; 17.33; 18.11; *22.67(?); 24.6; *24.55-58; *25.76-79; *31.35-37; *32.46; *40.24; *64.59; 65.11; *66.16; 70.2; *83.11(Parasrām?); *91.17(?); 96.8; 107.11; 111.25; *113.51, 59(?)
(Rajab: 23.7; *26.17-18; 69.39
101. Pharīd(ā): Sākhīs 3.22; 10.55; 15.14; 18.19; 25.88; 29.56; 50.120, 126; 56.47; 58.35; 62.47; 79.9; 80.58; 86.30, 51; 95.10-11; 98.109-111; 102.12; 103.41-43, 48; 107.9-10, 21, 35; 113.73
(Rajab: Sākhī 36.6; 69.31-32; 79.32; 81.33; 115.6; 127.6
102. Pīpā: 8.30, 45; 9.30; 13.5, 19, 21-22; 14.9; *14.72; *15.5, 51; *25.3; *26.90; 46.4; 63.26; *64.65; *66.14; 67.44; 75.24; *75.53; 78.74; 79.11; *86.56-57; *91.29; *96.8; 104.4-5; *122.34, 45; *124.10
(Rajab: 22.2; *36.2; *48.6; 103.5; *125.5
103. Prithīnāth[5]: *3.63-65; *10.1-3; 13.30; *15.1-3; *16.22-34; 20.36; *22.63-65; *23.36; *25.38-40; *27.13; *30.35, 37-40; *32.12-14; *40.28-40, 45; *47.1-13, 22, 28-73; 49.13; *50.86-89; *54.32; *58.10-19, 27, 30-33; *62.31-44; *63.12-16, 35-37, 86-98; *65.20-22; *74.12; *75.64; 79.10-15, 21-28; *80.87; *83.7; 84.8; *86.15; *102.34-39; *110.3
(Rajab: *27.15, 20; *77.1; 118.1)
104. Prithīrāj: 63.45; 67.14, 21; 92.9
105. Pūrna: 89.9; *102.45(?)
106. Raidās[6]: 9.32, 35-36; 13.6; 14.14; 17.7; 18.12; 21.20; 24.8; 32.5; 46.2, 5; 47.19-21; 50.10; 54.2-3; 55.2; 59.42; 61.11, 13, 18; 63.17, 28-29; 64.9; 67.45-48; 70.7; 71.8; 72.18; 74.5,

(5) There seems to be a regular pattern -of six lines- in the metrical structure of the verses of Prithīnāth.

(6) For a complete study of Raidās, see W.M. Callewaert & P. Friedlander, *The Life and Works of Raidās*, Delhi, 1992.

15-16; 75.35-36, 38, 40-43; 76.4, 18; 78.24, 33, 35-36, 41, 49, 60, 73, 75-76, 93; 79.24, 52; 85.7-8, 11; 90.1; 109.7; 111.16, 22; 112.9; 126.29

Eleven Pads (out of 68) are quoted in chapter 78: *karuṇā bīntī* (which has a total of 76 Pads).

107. Rajab: Kavitta (mainly) 1.12; 2.45-47, 49; 3.1, 70-71; 5.26-28; 6.5; 7.1; 9.9; 11.20-22, 36-39; 15.21-25; 16.19-20; 17.41-43, 51-57; 18.1-2; *22.9; 23.12-15; *24.3; 25.13; *26.46; 29.39; *30.20, 58; 31.38; *32.36; *34.9; 35.4-6; 38.2, 9; *41.78; 42.1; *43.15-16; 44.15-17; 45.1, *21; 50.51, 67; 51.3; 52.16; 53.4; *54.25, 26; 57.11 (Pad); 63.110; 76.21; *80.31, 33, 91-92; *85.3-4, 21; *92.1-2; *99.35; *113.38; *120.1; *122.77
(Rajab: numerous quotations)

108. Rāmdat (?): *56.70

109. Rāmānanda: 14.12; 63.3; 87.18 (Rajab: 69.1; 98.1)

110. Rāṇā: 65.6; 67.30; 75.17

111. Raṅgau (Raṅgī): 8.13; 103.3

112. Santoṣo(?): *94.28

113. Sārī: 110.14

114. Sāvaliyo: 104.11; Sāvaliyau: 107.7 (= Rajab: 70.27; different chapter, different *rāg*, variants)

115. Seṣ Bahāvadī: 59.5; 89.3; 95.2 (= Rajab: 124.6, different chapter, different *rāg*); 108.7; 109.25; 126.42

116. Sain: 78.87 (= Rajab: 39.46); (Sā̊ī 108.17)

117. Sīhā: 61.14; 104.3, 12; 110.22

118. Siv: *67.88-89

119. Sivśramdās: 67.17 (= Rajab: 73.122, different chapter, Syauśramdās); 70.9 (= Rajab: 73.123, different chapter, Syauśramdās); (Rajab: 73.124)

120. Sojhā (Sojhaīyā): 8.33; 13.18 (= Rajab: 98.19); 49.17; 58.10; 58.16; 109.23

121. Som: 25.6 (= R. 23.10, different chapter, different *rāg*; repeated with some variants in Rajab: 23.10, different chapter, different *rāg*); 63.49 (= Rajab: 43.1, different *rāg*; several lines extra); 86.2, 23; 103.8 (= Rajab: 43.2, different chapter, same *rāg*)

122. Śrībhaṭ: 17.14

123. Śrīmān: *49.56

124. Śrīrām: 78.8 (Paramānanda?)

125. Śrīraṅga: 8.20; 50.13; 87.9; 89.11

126. Sukhānanda: 21.10 (= Rajab: 60.4, different chapter); 78.88; 125.32

127. Sūrdās: 8.2-3, 12, 24, 53; 9.12, 26; 10.6, 16, 18, 29, 32; 11.10-11, 16; 14.19; 17.3-4, 15, 29; 30.1; 36.5-8, 11-12, 16; 49.21; 50.2; 56.10; 59.6, 10, 14, 25; 60.7, 11; 61.3-9, 17, 19-21; *61.1; 62.8, 10-13; 64.5; 66.3; 67.15, 37-38; 74.13; 77.3; 78.3-4, 18, 20-23, 27-30, 37-38,

42, 63-65, 69, 71, 83-84, 89; 79.34, 37-38, 40-50; 84.2-3; 85.10; 88.6; 93.3; 96.2; 107.1, 3, 10; 109.26-27; 110.16, 23-25; 112.8; 125.38-39
(Rajab: 9.24-26; 20.7, 12; 22.13; 23.5; 25.4; 39.21-22. 25, 28, 35, 38-39, 41-42, 50-51, 53, 54, 62; 40.9-11, 13; 43.13; 49.11; 55.6-7; 56.6, 8; 60.13; 69.23-26, 30, 40-41, 45; 77.11, 14; 88.6, 11, 12; 94.2; 113.8-9; 115.8; 122.3; 124.7; 142.5; 145.8
In both *Sarvångīs*, the chapter entitled *karuṇā bintī* has most Pads of Sūrdās.

128. Svāmīdās (nirånjanī): *37.12
129. Syaurandās: 15.20
130. Tejānanda: 79.17
131. Ṭīlā: (often referred to as a disciple of Dādū) 1.18-19; 16.26; 18.7; 32.3; 33.1; 36.3-4; 37.6; 40.4; 42.2; 48.5; 49.15; 50.12; *52.15; 56.2; 59.18; 61.15; 62.19 (is a perfect *caupāī*); 67.42; 74.6; 78.43, 90; 79.12, 20, 51; 102.5-7; 110.20; 126.41
132. Tilok: 8.25; 47.31; 59.12; (Rajab: 17.11; 69.46)
133. Trilocan: 17.19; 75.2; 86.22; 89.12 (Rajab: 63.9; 73.76)
134. Tursī: 8.14; *11.62; *39.14; *40.52; *95.20
135. Vālmīk (?Gvālmī): 8.5; 75.37
136. Vidyādās: 110.15 (=Rajab: 70.2)
137. Vidyāpati: 8.47
138. Viṣnudās: 8.8; 76.11

Out of a total of 26,800 lines, we find 4,413 lines with Pads, Sākhīs etc. which have no clear *bhaṇitā* and 1300 lines in 'Sanskrit'. No doubt, in the context of Sākhīs of e.g. Dādū, some unidentified Sākhīs in between may be of Dādū etc. Pad 59.11 seems to be written by a female disciple of Paramānanda. Pad 59.12 seems to be by a female disciple of Tilok, while unidentified Pads (126.23-24) have feminine verbal forms. For some lines there may be doubt, as e.g. 26.84; 29.58, 68. The following 17 Pads have no clear *bhaṇitā*: 3.1-3; 3.5-9; 8.6-7; 8.28; 9.44; 10.10,14; 75.13; 126.23-24.

3. Kabīr in the *Sarvåṅgī*

When we look at the Sākhīs with the *bhaṇitā* of Kabīr, it is striking in how many of them the *bhanitā* is metrically redundant. When we compare these lines with the Sākhīs in the Tivārī edition, we find in most cases that the *bhaṇitā* found in the *Sarvåṅgī*) is missing in the Tivari edition. I give here a few examples of Sākhīs which in the *Sarvåṅgī* of Gopāldās have a metrically redundant *bhaṇitā,* that is *not* in the Sākhī found in the Tivārī text:

7.9 = KG 2.12; 7.10 = KG 14.22; 10.12 = KG 3.9; 10.15, 17 = KG 15.57, 56. See also 10.29-36 = KG 15.58, 18, 68, 19 and the amazing order of these quotations. Further 13.26 = KG 4.23; 13.27 = KG 26.6; 13.30 = KG 26.11; 14.33 = KG 26.1.

In not a few cases Gopāldās quotes a Sākhī 'of Kabīr', which is not found in the *Kabīr-granthāvalī* or the *Bījak*: 9.3, 44, 1-4; 10.4, 15, 25, 26; 14.3, 73; 15.6

I should also refer to a Sākhī in the Gopāldās *Sarvåṅgī* without *bhaṇitā,* but found as Sākhī 15.14 in the *Kabīr-granthāvalī.* Several times, we find parts of a Pad of Kabīr under the heading *'sākhī'*: e.g. 50.70 is *antarā* 3 in Pad 114 of the *Kabīr-granthāvalī,* or 50.103 is *antarā* 3 of Pad 3.

The phenomenon of a metrically redundant *bhaṇitā* is also noticed in lines of e.g. Pīpā (14.72; 15.5 etc.), Nānak (15.38, 45; 64.50 etc.), Mohan (15.73; 56.57), Prithīnāth (27.13), Jaimal (3.2, 15-16, 24, 28; 10.69, 74; 14.76 etc.; Bājīd 19.169-170, 182-184 etc.; Pharīd 15.14; 56.47). An interesting case is Pad 11.8 of Mati Sundar, where *mati* is metrically redundant.

Amazingly, the 'addition' of a *bhaṇitā* is not a consistent pattern. When e.g. a set of Sākhīs have a metrically redundant *bhaṇitā* for several Sākhīs, there may in between be a Sākhī of the poet which is metrically allright (see e.g. Dādū in 53.19, - *20*-, 21, 22, 23, - *24,25*-, 26).

3.1. First line index of the Pads of Kabīr in the *Sarvåṅgī*

In the list below I give the first lines of the 360 Pads with the *bhaṇitā* of Kabīr, along with the reference to the Pad in the *Kabīr-granthāvalī,* (Tivārī:1961, who gives 200 Pads and the *Bījak* (*ba*), Sukhdev Singh:1972). Not all Pads found in the *Sarvåṅgī* of Gopāldās could be located in these two editions. No doubt, some may be found in the Śyānı Sundar Dās edition of the *Kabīr-granthāvalī* (Benares, 1928), reprinted in C. Vaudeville, *Kabīr-Vāṇī,* Pondichéry, 1982 (Pads, pp.113-223). I did not compare the text of Gopāldās with that edition.

रांम मोहि सतगुर मिले अनेक कला निधि परम तत सुषदाई १;६
बाबा करहु क्रिपा जन मारगि लावो ज्यूं भव बंधन षूटे १;१२
ब ६८ चरषा जिनि जरै का तूंगी हजारी का सूत १;१६
सति रांम सतगुर की सेवा पूजौ रांम निरंजन देवा २;१
मेंरे तन मन लागी चोट स ठौरी ७;२
जौ पैं कोऊ निर्गुण पद लषि आवै ७;८
संतौ आई ग्यांन की आंधी ७;९
अब हम सकल कुसल करि मांनां ७;१०
रे मन जाहु जहां तोहि भावै अब न कोई तेरै अंकुस लावै ७;१२
अब हम सहजि निरंजन चीन्हां ७;१३
अब की धरी मेरौ ग्रिह करिसी साध संगति ले मोकूं तिरिसी ७;१४
रसनां रांम गुण रमि रस पीजै गुण अती निरमोलिक लीजै ८;१६
मनां रे रांम सुमरि रांम सुमरि रांम सुमरि भाई ८;२१
हरि कैं नांइग हर जिनि करऊ रांम नांम चित मुषां न धरऊ ८;२६
रांम भणि रांम भणि रांम चिंतामनि ८;३२
हरि नांमैं दिन जाइ रे जाकौ सोई दिन लेषै लाइ रे ताकौ ८;४१
सुमिरंन रांम को नित कीजै ८;४४
भजि नारदादि सुकादि बंदित चरन पंकज भांमिनीं ९;३
रांम नांम हिरदै धरि निरमोलिक हीरा ९;४
है हरि भजन कौ परवांन ९;२५
जरि जाहु अैसा जीवनां राजा रांम सूं प्रीति न होई १०;४
रांम बिनां धृग धृग नर नारी कहा तैं आइ कीयौ संसारी १०;१५
भगति बिन भौ जल डूबत है १०;२१
जा नरि रांम भगति नहीं साधी सो जनमत काहे न मूवौ अपराधी १०;२३
रांम न जपहु कवन भ्रमि लागे मरि जाहुगे का करहु अभागे १०;२५
हमारै कौन सहै सिरि भारा सिर की सोभा सिरजनहारा १०;२६
६६; ब ७२ चलत कत टेढौ टेढौ रे १०;३१
मन रे जब तैं रांम कह्यौ पीछैं कहिबे कूं कुछ न रह्यौ ११;१८
हरि कौ नांव तत त्रीलोक सार लैलीन भये ते उतरे पार ११;२०
अैसौ देषि चरित मन मोह्यौ मोर ११;२१
का सिधि साधि करूं कुछ नांहीं रांम रसांइन मेरी रसनां मांहीं ११;२२
१७४ का नागैं का बांधैं चांम जौ नहीं चिन्हिसि आतम रांम ११;२४
बाबा पेड छाडि सब डाली लागे मूढे जंत्र अभागे १३;११
१८६ जीयरा जाहिगौ मैं जांनां रे जो देष्या सो बहुरि न पेष्या १३;१५
रे मन बैठि कितै जिनि जासी १३;२०
परीयत प्रांणियां रे धोइ काया कापडूं कुसमल मैल उतारि रे १३;२४
बिस्न ध्यांन स्नांन करि रे बाहरि अंगम धोइ रे १३;२५
१७१ काया मंजिसि कौंन गुनां घट भीतरि है मलनां १३;२६
कौंन बिचार करत हौ पूजा आतम रांम अवर नहीं दूजा १४;२
१८७ भूली मालनीं है गोबिंद जाग तौ जग देव तूं करै किस की सेव १४;५
सेइ मन समझि संम्रथ सरणां गता जाकी आदि अंति मधि कोई न पावै १४;७
देवल देषि लै हो तामैं सति सरूप निरंजन देव १४;१७
रांम राइ भई बिकल मति मेरी कै यहु दुनीं दिवांनां तेरी १४;२१

रांम राइ इहि सेवा भल मानैं जौपैं रांम नांम तत जांनैं १४;२२
रांम बिन संसार धंध कुहेरा सिरि प्रगट्या जंम का पेरा १४;२४
कैसैं तूं हरि कौ दास कहायौ करि बहु भेष रु जनम गंवायौ १५;३
जौ पैं पीय के मन नहीं भांयैं तौ का पारोसनि कैं दुलरांयैं १५;५
कहा भयौ तिलक गरैं जपमाला मरम न जांनैं मिलन गोपाला १५;६
कहा भयौ रचि स्वांग बनायौ अंतरजांमीं निकटि न आयौ १५;१०
ते हरि के आंवहिं किहि कांमां जे नहीं चीन्हैं आतमरांमां १५;१३
जौ मैं बौरा तौ रांम तोरा लोक मरम का जांनैं मोरा १५;१६
रांम भजै सो जांनियैं जाकै आतुर नांहीं १६;२
३२ तेरा जन एक आध है कोई १६;१०
२८; ब ३४ हरिजन हंस दसा लीयैं डोलैं निर्मल नांउ चवैं जस बोलैं १६;१८
३० निर्मल निर्मल रांम गुन गावै सो भगता मेरे मनि भावै १६;१६
रांम चरण जाकै हिरदै बस्त है ता जन कौ मन क्यूं डोलै १६;२०
अरे जंम नांहि नवै ब्यौपार जे धरहिं जगति तुम्हारी १७;२७
लोका मति के भोरा १७;३०
२७ झगरा एक नबेरौ रांम जे तुम्ह अपनां जन सूं कांम १७;३२
आतमां आनंदी जोगी पीवै महारस अंमृत भोगी २०;१
बाबा जोगी एक अकेला जाकै तीर्थ ब्रत न मेला २०;३
एक को सबन मिलांनन्य मेला २०;४
१४२ अवधू जांनि राषि मन ठाहरि २०;२१
अवधू नादैं बिंदैं गगन गाजै सबद अनाहद बोलै २०;२२
जोगिया तन कौ जंत्र बजाइ ज्यूं तेरौ आवागवन मिटाइ २०;२३
जुगिया सो जो जुगति पिछांनैं भेष बणांयां क्यूं मन मांनैं २०;२४
अैसी रे अवधू की बांणीं ऊपरि कूवटा तलि भरि पांणीं २०;३६
मैं डोरैं डोरैं जांऊंगा तौ मैं बहुरि न भौजलि आंऊंगा २०;४२
१२७ हरि कौ बिलोवनौं बिलोइ मेरी माई २०;४३
आवध रांम सबै क्रम करिहूं सहज समाधि न जमतैं डरिहूं २०;४४
१३६ मन मेरौ रहटा रसनां पुवरीया २०;४५
भाई रे सकहु ततणि बुणि लेहु रे २०;४८
तेरा हरि मैं जुलाहा मेरै रांम रमण का लाहा २०;४६
साधन कंचू हरि न उतारै अनभै ह्वै तौ अर्थ बिचारै २०;५२
पारब्रह्म देष्यौ हो तब बाडी फूली फल लागे बड हूली २०;५५
कबीरा प्रेम की कूल- ढरै रे हमारैं रांम बिनां न सरै २०;५८
एक अंचंभा अैसा भया करणीं थैं कारण मिटि गया २०;६३
अब घटि प्रगट भये रांम राई सोधि सरीर कनक की नाई २०;६४
५६ अवधू मेरा मन मतिवाला रे २१;१
छाकि परचौ आतम मतिवारा पीवत रांम रस करत बिचारा २१;३
५१ है कोई संत सहज सुष उपजै जांकूं जप तप देऊं दलाली २१;७
कोई पीवै रे रस रांम नांम का जो पीवै सो जोगी रे २१;८
बोलो भाई रांम की दुहाई २१;१२
अवधू गगन मंडल घर कीजै रे २१;१३
का सूं कहिये सुनि रंमां तेरा मरम न जांनैं कोइ जी २२;३
६६ भाई रे बिरले दोसत कबीर के यहु तत बार बार कासूं कहिए २३;१
संतौ दुनिया भेषि भुलांनी तेरी गति किनहूं न जांनीं २३;२
दास रांमहि जांनि है रे और न जांनैं कोइ २३;३
माधौ सो न मिलै जासौं मिलि रहिये २३;४

मन कौ मैलौ बाहरि ऊजलौ किसौ रे २४;१
२९ चलन चलन सब को कहै तहै नां जांनूं बैकुंठ कहां है २५;५
अब न बसूं इहि गांइ गुसांई २९;१
सुणि सुणिहो संत जनां २९;७
१८६ रांम रांम रांम रांम रमि रहिये साषित सेती भूलि न कहिये ३०;३
जाइ परौ हमारौ का कारिहै आप करै आपैं दुष भरिहै ३२;२
भलैं नींदौ भलैं नींदौ भलैं नींदौ लोग तन मन रांम पियारे जोग ३७;१
१६७ अैसे लोगनि सूं का कहिए ४०;३
१६६ है हरि जन सूं जगत लरत है फुनिगा कैसैं गरड भषत है ४०;६
रांम निरंजन न्यारा रे अंजन सकल पसारा रे ४५;२
अंजन अलप निरंजन सार इहै चींन्हि नर करहु बिचार ४५;३
पांडे सोचि पिवो तुम्ह पांणीं छोति कहां सूं आंणीं ४५;५
१९२ कहु पाडे कैसी सुचि कीजै सुचि कीजै तौ जनम न लीजै ४५;६
कहु पांडे सुचि कौंन ठांउं जिहि घरि भोजन बैठि षांउं ४५;७
काहे कूं कीजै पांडे छोति बिचारा छोति हीं तैं उपनां संसारा ४५;९
अैसा तेरा झूठा मीठा लागा ताथैं साचे सूं मन भागा ४५;११
ताथैं कहिये लोकाचार बेद कतेब कथैं ब्यौहार ४५;१२
हरि कौ नांव न लेहिं गंवारा का सोचै बारंबारा ४७;१
अंधे हरि बिन को तेरा कवन सूं कहत मेरी मेरा ४७;२
८६ मन रे सरचौ न एकै काजा जौ तैं भज्यौ न रघपति राजा ४७;३
१७२ आसन पवन कीयैं द्रिढ रहु रे मन कौ मैल छाडि दे बौरे ४७;६
१७३ सार सुष पाईये रे रंगि रमहु आतमांरांम ४७;७
७७ चतुराइ न चतुरभुज पइये जब लग मन माधौ न लगईए ४७;९
क्या होइ तेरे न्हांई धोई जौ आतमरांम न चीन्हां होई ४७;१०
हरि बिन झूठे सब ब्यौहारा केते कोऊ करौ गंवार ४७;१२
जौ पैं रसनां रांम न कहिबौ उपजत बिनसत भर्मत रहिबौ ४७;१३
तन षोजौ नर न करौ बडाई जुगति बिनां भगति किनि पाई ४७;१४
राजा रांम बिनां तकती धो धो ४७;१५
ब ३८ हरि बिन भ्रंमि बिगूते गंदा ४७;१६
चलौ बिचारी रहौ संभारी कहता हूं जु पुकारी टेक ४७;१७
१९८ सब मदिमाते कोई न जाग ताथैं संग हीं चोर घर मुसन लाग ४७;१८
सो कुछ बिचारहु पंडित लोई जाकै रूप न रेष बरण नहीं कोई ४७;२२
ताथैं मोहि नाचिबौ न आवै मेरौ मन मंदला न बजावै ४७;२३
१८८ मेरी जिहिब्या बिश्न नैंन नारांइन हिरदै जपूं गोबिदा ४७;२४
मैं बड मैं बड मैं बड माटी मण दसना जट कादस गांठी ४७;२८
अंतरगति अंन्यं न बांणीं ४८;१
कथणीं बदणीं सब जंजाल भाव भगति अरु रांम निराल ४९;२
रांम राइ तेरी गति जांणीं न जाई ४९;३
अकथ कहांनीं प्रेम की कछू कही न जाई ४९;४
है कोई रांम नांम बतावै बस्त अगोचर मोहि लषावै ४९;५
४०; ब ४० पंडित बाद बदैं ते झूठा ४९;८
हरि हिरदै रे अनत कत चाहौ भूले भ्रम दुनीं कत बाहौ ४९;१८
रांम राइ सो गति भई हमारी मोपैं छूटत नहीं संसारी ४९;२२
है हरि अधिक कवन तोरी सेवा सो संमझाइ कहौ मोहि देवा ४९;२७
रांम रइ भई बिगूचनि भारी भले इनि ग्यांनिन थैं संसारी ४९;२९
कहूं रे जे कहिबे की होइ ५०;४

संतौ सुरतैं नाद उतारै ४०;५
रांम सनेही साधवा मुषि पाट न षोलै ४०;९
बोलणां क्या कहिये रे भाई बोलंत बोलत तत नसाई ४०;११
अजहूं न संक्या गई तुम्हारी नाहि निसंक मिले बनवारी ४३;४
१८५ लोका जांनि न भूलौ भाई ४३;५
जब तैं आतम तत बिचारा ४३;६
सोहं हंसा एक समांन काया के गुन आंन हीं आंन ४३;८
७६ हम तौ एकै करि जांनां ४३;१०
जो नि पाइ रची ह्वै धरनीं दीन एक बीच भई करनीं ४३;११:१
अरे भाई दोइ कहां सो मोहि बतावो ४३;११
१८२ जौपैं करता बरण बिचारै तौ जन मत तीनि डांडि किन सारै ४३;१२
पांणीं तैं प्रगट भई चतुराई गुर प्रसादि परम निधि पाई ४३;१३
उतिम कोई न मधिम कोइ मधिम जा मुषि रांम न होई ४३;१४
१८१ अैसा भेद बिगूचनि भारी ४३;१५
अपनैं बिचारी असवारि कीजै सहज कै पाइडै पाव जब दीजै ४४;१
१७७ अलह रांम जीऊं तेरे नांई बंदि परि मिहरि करौ मेरे सांई ४४;४
एक निरंजन अलह मेरा हिंदू तुरक दहूं नहीं नेरा ४४;५
हमारै रांम रहींम करींमां केसौ अलह रांम सति सोई ४४;८
अला अलष निरंजन देव किहि बिधि करूं तुम्हारी सेव ४४;९
१८४ मींयां तुम सूं बोल्यां बनि नहीं आवै ४५;३
रे दिल षोजि दिल हर षोजि नां परि पिरेसांनीं मांहि ४५;४
पढि ले काजी बंग निमाजा एक मसीति दसूं दरवाजा ४५;५
मुलां कहां पुकारै दूरि रांम रहींम रह्या भरपूरि ४५;६
१२८ है हजूरि क्या दूरि बतावै दूंदर बांधैं सुंदर पावै ४५;८
८४ काजी कौंन कतेब बषांनैं ४५;९
पाडि कौंन कुमति तोहि लागी तूं रांम न जपहि अभागी ४६;१
मुलां करि ल्यौ न्याव षुदाई इहि बिधि जीव का भर्म न जाई ४६;३
१२१ गोबिंदि तुम्हारे बंन कंदलि मेरौ मन अहेरा षेलै ४७;१
१३८ इहि तति रांम जपहु रे प्रांनीं बूझौ अकथ कहांनीं ४७;३
आवो मृघा बसि नग्री हमारी तन धन जीव करूं बलिहारी ४७;५
जीवत जिनि मारै मुवौ मति ल्यावै ४७;६
संतनि एक अहेरा लाधा म्रिघनि षैत सबनि का षाधा ४७;९
९१ जतन बिन म्रिघंनि षेत बिगारे ४७;१०
रांम गुन बेलडी रे अवधू गोरषनाथ जांणीं ४७;१६
५८ डगमग छाडि देहु मन बौरा रे अब तौ जरे बरें बनि आवै ५८;१
२५ क्यूं लीजै गढ बंका रे भाई दोवड षोट अरु तेवड षाई ५८;१२
२६ नहीं छाडूं बाबा रांम नांम मोहि और पढण सूं कौंन कांम ५९;३
१६६ कबीरौ बिगरच्यौ रांम दुहाई तुम्ह जिनि बिगरौ मेरे भाई ५९;१६
सब दुनीं सयांनीं मैं बौरा हम बिगरे बिगरौ जिनि औरा ५९;१७
रांम ठगारै हूं ठगि लीनीं ५९;२२
अब हम जगत गौंहन तैं भागे जग की देषि जुगति रांमहि ढुरि लागे ५९;२६
६ बहुत दिनन थैं मैं प्रीतम पाये भाग बडे घर बैठें ही आये ५९;३१
७ अब तोहि जांन न दैंहूं रांम प्यारे ज्यूं भावै त्यूं होह हमारे ५९;३२
मेरी अंषियां जांन सुजांन भई ५९;३४
रांम नांम रंग लागौ कुरंग न होई हरि रंग सौ रंग और न कोई ५९;३६
अपनैं मैं रंगि अपनपौ जांनौं जिहि रंग जांनि ताही कूं मांनौं ५९;३७

कबीर रंग लागा रे तार्थें मन का संसा भागा रे ५९;३८
काहे बीहौ मेरे साथी हूं हाथी हरि केरा ६०;२
अहो मेरे गोबिंद तुम्हारा जोर काजी बकिबा हस्ती तोर ६०;३
२४ मन न डिगै तार्थें तन न डराइ केवल रांम रहे ल्यौ लाइ ६०;४
३८ अब मोहि रांम भरोसौ तेरौ और कून कौ करौं निहोरौ ६०;१४
मैं गुलांम मोहि बेचि गुसांई तन मन धंन मेरा रांम जी कै तांई ६०;१५
रांम रमत सब जरि किनि जाइ काकौ जरै कौंन पछिताइ ६०;१६
अजहूं बीचि कैसैं दर्शन तोरा बिन दरसन मंन मांनैं क्यूं मोरा ६१;१०
गोबिंदि तुम्ह थैं डरपौं भारी ६१;१२
गोबिंदि तूं निरंजन तूं निरंजन तूं निरंजन राया ६३;२
रांम कै नांइ नीसांन वागा ताका मरम न जांनैं कोई ६३;१८
१५३ निर्गुणां रांम निर्गुणां निर्गुण रांम जपहु रे भाई ६३;२२
संतौ सो अनभै पद गहिये ६३;२४
जस तूं तस तोहि कोई न जांन लोक कहैं सब आंन हीं आंन ६३;३०
११९ जाइ पूछौ गोबिंद पढिया पंडित तेरा कौंण गुरू कौंण चेला ६३;३१
केते एक सिवसंकर गए उठि रांम समाधि अजहूं नहीं छूटि ६३;३२
अचिंत चिंतए माधौ सो सब मांहि समांनां ६३;३४
१५४ लोका तुम्ह जु कहत हौ नंद कौ नंदन नंद कहौ धूं का कौ ६३;३६
१८० जौपैं बीज रूप भगवांनं तौ पंडित का कथिसि गियांनं ६३;३९
मन रे आइ र कहां गयौ तार्थें मोहि बैराग भयौ ६३;४२
९२ ता मन कौं षोजौ रे भाई तन छूटै नन कहां समाई ६३;४४
लोक कहैं गोवरधन धारी ताका मोहि अचंभा भारी ६३;४७
या करींम बलि हिकमति तेरी षाक एक सूरति बहुतेरी टेक ६४;१
रांम राइ अबिगत बिगति न जांनौं कहि किम तोहि रूप बषांनौं ६४;३
६९ जंत्री जंत्र अनूपम बाजै ताकौ सबद गगन मैं गाजै ६४;१०
बाजै जंत्र बजावै गुनीं रांम बिनां सब भूली दुनीं ६४;१२
लाधौ है कछू लाधौ है ताकी पारिष कोन लहै रे ६५;२
४२ तहां मुझ गरीब की को गुदरावै मजलसि दूरि महल को पावै ६५;१७
१५५ जौ जाचौं तौ केवल रांम आंन देव सूंनाहीं कांम टेक ६५;२४
रांम गति पार न पावै कोई ६७;११
राजा रांम कवन रंगैं जैसैं परिमल पहुप संगै ६७;३४
इहि बिधि रांम सूल्यौ लाइ ७०;१
अैसा ध्यांन धरू नरहरी सबद अनाहद चिंतवन करी ७०;८
अैसैं मन लाइ लै रांम सनां कपट भगति कीजै कौंन गुनां ७१;२
बिरहनि फिरै हो नाथ अधीरा ७२;१
वाल्हा आया हमारे ग्रेह रे तुम्ह बिन दुषिया देह रे ७२;१०
जीयरा मेरा फिरै रे उदास ७२;११
हो बलिया ल्यूं कब देषूंगी तोहि ७२;२०
कब देषूं मेरे रांम सनेही जा बिन दुष पावै मेरी देही ७२;२१
सो मेरे रांम कबैं घरि आवै जा देषे मेरौ जीय सचु पावै ७२;२२
वै दिन कब आंवैंहिगे माइ ७२;२३
तहां जौ रांम नांम ल्यौ लागै तौ जुरा मरण छूटै भ्रंम भागै ७३;१८
अैसी आरती त्रिभुवन तारै तेज पुंज तहां प्रांण उतारै ७४;२
गोपाल राइ नैं आरती ए करैं हैं संत ल्यौ लाइ ७४;४
जाइबौ हो कवल नैंन राजा रांम कै पहाऊ ७५;१
५४ रांम मोहि तारि कहां लै जैहौ ७६;२३

हिंडोलनां तहां झूलैंहि आतमां रांम ७५;२६
७१ अैसा ग्यांन बिचारी मनां रांम न सुमिरै दुष भंजनां ७६;६
काहे री नलनी तू कुमिलांनी तेरैंहि नालि सरोवर पांनी ७६;८
सरवर तटि हंस णींति साई जुगति बिनां हरि जल पीयौ न जाई ७६;९
दूभर पनियां भरनां न जाई अधिक तृषा हरि बिन न बुझाई ७६;१०
सब भूले हो पाषंडि रहे तेरा बिरला जन कोई रांम कहै ७६;१२
पर्मगुर देषहु रिदै बिचारी कछू करहु सहाइ हमारी ७६;१५
प्यारे रांम मनहीं मनां ७६;२१
रांम राइ का सनि करूं पुकारा ७८;५
मैं जन भूलौ तूं समझाइ ७८;६
३९ कहा करूं कैसैं तिरूं भौजल अतिभारी ७८;७
३६ माधौ कब करि हौ दया ७८;९
४३ माधौ दारन दुष सह्यौ न जाइ मेरी चपल बुधि तातैं कहा बसाइ ७८;१३
उकरी डर क्यौं न करौ गुहारि तुव बिन पंचांननि श्री मुरारि ७८;१४
माधौ मैं अैसा अपराधी तेरी भगति हेत नहीं साधी ७८;२६
सुक नल- बंध क्रंम पास आंन उपाधि उपज्यौ दुरास ७८;३४;
मोहि तारि माधौ अब की बार ७८;३४
ता भै थैं मन लागौ रांम तोही करहु क्रिपा जिनि बिसरहु मोही ७८;४६
षालिक हरि कहीं दरहाल ७८;४८
१२० कैसैं नगरि करूं कुट वारी चंचल पुरिष बिच षिन नारी ७८;५१
संईयां मेरे साजि दई एक डोली हस्त लोक अरु मैं तैं बोली ७८;५३
बीनती एक रांम सुनि थोरी अब न नचाइ राषि पति मोरी ७८;७२
३७ हरि जननीं मैं बालिक तेरा काहे न औगुन बक सहु मेरा ७८;८२
मन थिर रहै न घर ह्वै मेरा इन मन घर जा रे बहुतेरा ७९;१
थिर न है चित थिर न रहै चिंतामनि तुम्ह कारंनि हो ७९;३
धीरौ मेरे मनवां तोहि धरि टांगूं ७९;७
कैसैं होइगा मिलावा हरिसनां रे तूं बिषै बिकार न तजि मनां ७९;१०
रंजसि मींन देषि बहु पांनीं ७९;२७
काहे रे मन दह दिसि ध्यावै ७९;२९
संतौ धागा तूटा गगन बिनसि गया सबद जु कहां समाई ८३;१
अवधू कांमधेन गहि बांधी रे ८४;४
माया तजूं तजी नहीं जाइ फिरि फिरि माया मोह लपटाइ ८५;२
माया मोहि हित कीन्ह ताथैं मेरौ ग्यांन धन हरि लींन्ह ८५;६
तूं माया रघुनाथ की बौरी षेलण चढी अहेड ८५;१४
१६० अवधू अैसा ग्यांन बिचारी ताथैं भई पुरिष थैं नारी ८५;१७
लावो बाबा आगि जरावो घरा रे ८५;१८
१६२ एक सुहागनि जगत पियारी सकल जीव जंत की नारी ८५;१९
नैंक निहारि हो माया बींनती करै ८५;२०
मींठी मीठीं माया रे तजणीं न जाइ अग्यांनीं पुरिष कूं भोले भोले षाई ८५;२१
हड हड हड हड हस्ती है दिवांनपनां क्या करती है ८५;२४
नकटी कौठि न गिन बांडांडूं कुणैं सपूतैं कीटी तूं ८५;२५
तुम्ह घरि जांउ हमारी बहनां बिष लागैं तुम्हारे नैंनां ८६;१
मन पतंग चेलै नहीं जल अंजुरी समांन ८६;१६
भाई रे चूंन बिलूंटा षाई ८६;१७
१५९ बिषिया अजहूं सुरति सुष आसा हूंण न देई हरि के चरण निवासा ८६;१८
ग्रिह जिनि जांनौं रू रौ रे ८७;१

अरे सुष इब मोहि बिष भरि लागा ८७;८
मन बरज्यौ सौ बार सुवा जिनि होइ सैं बर कौ ८७;१२
रांम अैसौ हीं जानि पहु नरहरी माधव मदसूदन बनवारी ८७;१३
चलौ सषी जाइये जहां तहां गयैं पाइये परमांनंद ८८;४
जैसैं बहु कंचन के भूष एकैहि गालि तवांवहिगे ८८;८;२
४७ बहुरि हम काहे कूं आंवहिगे ८८;८
कबीरा संत नदी गयौ बहिरे ८८;६
जग सूं प्रीति न कीजिये संमझि मन मोरा ८६;४
दिन दुहूं चुहु कै कारनैं जैसैं सैंबल फूले ८६;५
रे यामैं क्या मेरा क्या तेरा लाज न मरहि कहत घर मेरा ८६;७
तन राषनहारा को जांहीं तुम्ह सो बिचारि देषौ मन मांहीं ८६;८
५५ रांम रस पाइया रे ताथैं बिसरि गए रस और ८६;१३
भाई रे मेरी मेरी सब जग करता मोह मछर तन धरता ८६;१७
४६; ब ३६ हरि ठगि जग कूंठगौरी लाई ८६;१६
१२ तननां बुननां तज्या कबीर रांम नांम लिषि लिया सरीर ६३;१०
६५ मन रे अहरषि बाद न कीजे अपनां सुक्रित भरि भरि लीजे ६३;२
४५ दरमादे ठाढे दरबार ६५;१
सो धन मेरे हरि कौ नांव गांठि न बांधूं बेचिन षांऊं ६६;७
माया का रस षांण न पाया तब लग जंम बिलवा ह्वै धाया १०२;१
काहे कूं माया दुष करि जोरी हाथि चूंन गज पांच पिछोरी टेक १०२;२
रांम थोरे दिनन कूं का धन करणां धंधा बहुत निहा इति मरणां १०२;३
का मांगूं कछू थिर न रहाई देषत नैंन चल्या जगु जाई १०२;४
१०२ कुसल षेम अरु सही सलामति ए द्वै काकूं दीन्हां रे १०४;७
कौंण कौंण गया रांम कौंण कौंण जासी १०४;१०
१०१ ताथैं सेइये नारांइणां प्रभू मेरौ दीन दया करणां १०४;१६
१०६ हम न मरैं मरि है संसारा हम कूं मिल्या जिलांवनहारा १०५;१
१६४ कौंण मरै कौंण जन मैं जाई श्रग नर्क कौंनैं गति पाई १०५;५
हम सब मांहि सकल सम मांहीं हम थैं और दूसरा नांहीं १०५;६
५३ मैं सबनि मैं और न मैं हूं सब मेरी बिलगि बिलगि बिलगाई हो १०५;७
कथता बकता सुरता सोई आप बिचारै सुग्यांनीं होई १०५;१३
जे कोई मरै मरण है मीठौ गुरि परसादि जिनिहीं मरि दीठौ १०५;१४
८३ मेरी मेरी करतां जनम गयौ जनम गयौ परि हरि न कह्यौ १०७;८
१३६ यहु ठग ठग तस कल जग डोलै गवन करै तब मुषहि न बोलै १०८;१
७५ चलि चलि रे भवरा कवल पास भवरी बोलै अति उदास १०८;४
भीयादि मेरे तूंहीं मिलणां नहीं बिछोहा १०८;५
नल पछिताहुगे रे अंधा १०८;१०
जपि जपि रे जीयरा गोबिंदो हित चित परमांनंदो रे १०६;८
जल अंजुरी जीवन जैसा ताका है किसा भरोसा १०६;१०;
धंन धंधौ ब्यौहार सब माया मिथ्या बाद १०६;१०
न कछू रे न कछू रांम बिना १०६;११
मन रे अपनां रांम संभाली मन रे चल्या बजावत ताली १०६;१२
नौ मण सूत उरझि नहीं सुरझै जनमि जनमि उरझेर १०६;१३;५
८६ झूठा लोक कहैं घर मेरा १०६;१३
हावडि धावडि जनम गंवावै कबहूं न रांम चरण चित लावै १०६;१४
चेति न देषै रे जग धंधा १०६;१५
६८ जाइ रे दिनहीं दिन देहा करि लै बौरी रांम सनेहा १०६;१६

जाहु जंती नांव न लीया फिरि पछितावै गौरे जीया १०६;१७
जौ मैं ग्यांन बिचार न पाया तौ मैं यौंहीं जनम गंवाया १०६;१८
६० प्रांणीं काहे कै लोभि लागि रतन जनम षोयौ १०६;१६
चलि मेरी सषी हे वो लग रांमराया जब तब काल बिनासै काया १०६;२२
सुवटा डरपत रहु रे भाई तोहि डराई दैंत बिलाई १०६;२४
जौ तैं रसनां रांम न कह्या बे तौ उपहुत बिनसत भ्रमत रह्या बे १०६;३२
रांम न जपहु कहा भये अंधा रांम बिनां जंम मेलैगौफंधा १०६;३३
इब क्या सोचै आइ बणीं सिर परि साहिब रांम धणीं १०६;३४
हरि गुण सुमरि रे नर प्रांणीं १०६;३५
काहे कूं भींति बनावत टाटी का जांनूं कहां परिहै माटी १०६;३८
७० रैंनि गई मति दिन भी जाइ भवर उडे बग बैठे आइ १०६;३६
बिनसि जाइ कागद की गुडिया जब लग पवन तबैं लग उडिया १०६;४०
मन रे तन कागद का पुतरा १०६;४१
रे कारंनि कौंन संवारै देही यहु तन जरि बरि ह्वै है षेही १०६;४२
देषहु यहु तन जरता है घडी पहर बिलंबौ रे भाई जरता है १०६;४३
नर जांगौं अंमर मेरी काया घर घरवा तहु पहरी छाया १०६;४४
अैसा औसर बहुरि न आवै रांम मिलै पूरौ जन पावै ११०;३
जागि रे जीव जागि रै इब क्या सोवै जागि रे १११;११
जागहु रे नर सोवहु कहा जंम बटपारे रूंधे पहा १११;१२
जाग्यौ रे जन नींद नसाई चित चेत्यौ च्यंतामनि पाई १११;१३
मन बनिजारा जागि न सोई लाहा कारनि मूल न षोई १११;१४
८३ भजि गोबिंद भूलि जिनि जाहु मनिषा जनम कौ एही लाहु १११;१८
चोषौ बणिज ब्यौपार करीजै रे १११;२०
नर देही बहुरि न पाईये १११;२१
तब काहे भूलौ बणिजारे अब आयौ चाहै संगि हमारे १११;२३
मेरे अैसे बनिज सौं कौंन काज मूल घटै सिरि बंधै ब्याज १११;२४
मन रे कागद कीरि परायौ ११२;५
मन रे रांम नांमहि जांनि ११२;१०
प्रांणीं लाल औसर चल्यौ रे बजाइ ११२;११
अरे परदेसी पीव पिछांणि ११२;१३
भयौ रे मन पांहुं नडौ दिन चारि ११२;१५
मुकति सोई जु आपा पर जांनैं सो पद कहा जाहि भरि भुलानैं ११४;२;७
जातनि बिरहा जांनैं जन सोई सो राम रम र जांनैं रांम कोई १२५;१
तुम्ह बिन रांम कवन सूं कहिये लागी चोट बहुत दुष सहिये १२५;२
रे हूं क्यूं करि कागद लिषि र पठांऊं लिषतां एकै गति न पांऊं १२५;७
कहि माई माधौ कब मिलै मेर हीयरा कौ प्रांन अधार १२५;३१
रांम बांन अनियारे तीर जाहि लागे सो जांनैं पीर १२५;३३
आस नहीं तूरिया रे रांम बिन को क्रंम काटनहार १२५;३४
रांम बिन तन की ताप न जाई जल मैं अगनि उठी अधिकाई १२५;३५
११; ब ३५ हरि मेरा पीव माई हरि मेरा पीव हरि बिन रहि न सकै मेरा जीव १२६;२
कांन्ह कहो हौंनां अजहूं केते दिनां जब होइ है प्रांण प्रभू तुम्ह लीनां १२६;६

3.2. First line index of Kabīr's Pads (alphabetical)

अंजन अलप निरंजन सार इहै चींन्हि नर करहु बिचार ४५;३
अंतरगति अंन्यं न बांणीं ४८;१
अंधे हरि बिन को तेरा कवन सूं कहत मेरी मेरा ४७;२
अकथ कहांनीं प्रेम की कछू कही न जाई ४६;४
अचिंत चिंतए माधौ सो सब मांहि समांनां ६३;३४
अजहूं न संक्या गई तुम्हारी नाहि निसंक मिले बनवारी ५३;४
अजहूं बीचि कैसैं दर्शन तोरा बिन दरसन मंन मांनैं क्यूं मोरा ६१;१०
अपनैं बिचारी असवारि कीजै सहज कै पाइडै पाव जब दीजै ५४;१
अपनैं मैं रंगि अपनपौ जांनौं जिहि रंग जांनि ताही कूं मांनौं ५६;३७
अब की धरी मेरौ ग्रिह करिसी साध संगति ले मोकूं तिरिसी ७;१४
अब घटि प्रगट भये रांम राई सोधि सरीर कनक की नाई २०;६४
अब तोहि जांन न दैंहूं रांम प्यारे ज्यूं भावै त्यूं होह हमारे ५६;३२
अब न बसूं इहि गांइ गुसांई २६;१
अब मोहि रांम भरोसौ तेरौ और कूंन कौ करौं निहोरौ ६०;१४
अब हम जगत गौंहन तैं भागे जग की देषि जुगति रांमहि ढुरि लागे ५६;२६
अब हम सकल कुसल करि मांनां ७;१०
अब हम सहजि निरंजन चीन्हां ७;१३
अरे जंम नांहि नवै ब्यौपार जे धरहिं जगति तुम्हारी १७;२७
अरे परदेसी पीव पिछांणि ११२;१३
अरे भाई दोइ कहां सो मोहि बतावो ५३;११
अरे सुष इब मोहि बिष भरि लागा ८७;८
अलह रांम जीऊं तेरे नांई बंदि परि मिहरि करौ मेरे सांई ५४;४
अला अलष निरंजन देव किहि बिधि करूं तुम्हारी सेव ५४;६
अवधू अैसा ग्यांन बिचारी ताथैं भई पुरिष थैं नारी ८५;१७
अवधू कांमधेन गहि बांधी रे ८४;४
अवधू गगन मंडल घर कीजै रे २१;१३
अवधू जांनि राषि मन ठाहरि २०;२१
अवधू नादैं बिंदैं गगन गाजै सबद अनाहद बोलै २०;२२
अवधू मेरा मन मतिवाला रे २१;१
अहो मेरे गोबिंद तुम्हारा जोर काजी बकिबा हस्ती तोर ६०;३
आतमां आनंदी जोगी पीवै महारस अंमृत भोर्गा २०;१
आवध रांम सबै क्रम करिहूं सहज समाधि न जमतैं डरिहूं २०;४४
आवो मृघा बसि नग्री हमारी तन धन जीव करूं बलिहारी ५७;५
आसन पवन कीयैं द्रिढ रहु रे मन कौ मैल छाडि दे बौरे ४७;६
आस नहीं तूरिया रे रांम बिन को क्रंम काटन्हार १२५;३४
इब क्या सोचै आइ बणीं सिर परि साहिब रांम धणीं १०६;३४
इहि तति रांम जपहु रे प्रांनीं बूझौ अकथ कहांनीं ५७;३
इहि बिधि रांम सूल्यौ लाइ ७०;१
उकरी डर क्यौं न करौ गुहारि तुव बिन पंचांननि श्री मुरारि ७८;१४
उतिम कोई न मधिम कोइ मधिम जा मुषि रांम न होई ५३;१४
एक अंचंभा अैसा भया करणीं थैं कारण मिटि गया २०;६३
एक को सबन मिलांनन्य मेला २०;४
एक निरंजन अलह मेरा हिंदू तुरक दहूं नहीं नेरा ५४;५

एक सुहागनि जगत पियारी सकल जीव जंत की नारी ८५;१६
अैसा औसर बहुरि न आवै रांम मिलै पूरौ जन पावै ११०;३
अैसा ग्यांन बिचारी मनां रांम न सुमिरै दुष भंजनां ७९;९
अैसा तेरा झूठा मीठा लागा तार्थं साचै सूं मन भागा ४५;११
अैसा ध्यांन धरू नरहरी सबद अनाहद चिंतवन करी ७०;८
अैसा भेद बिगूचनि भारी ५३;१५
अैसी आरती त्रिभुवन तारै तेज पुंज तहां प्रांण उतारै ७४;२
अैसी रे अवधू की बांणीं ऊपरि कूवटा तलि भरि पांणीं २०;३६
अैसे लोगनि सूं का कहिए ४०;३
अैसें मन लाइ लै रांम सनां कपट भगति कीजै कौंन गुनां ७१;२
अैसौ देषि चरित मन मोह्यौ मोर ११;२१
कथणीं बदणीं सब जंजाल भाव भगति अरु रांम निराल ४६;२
कथता बकता सुरता सोई आप बिचारै सुग्यांनीं होई १०५;१३
कब देषूं मेंरे रांम सनेही जा बिन दुष पावै मेरी देही ७२;२१
कबीर पहली पंक्ति
कबीर रंग लागा रे तार्थं मन का संसा भागा रे ५६;३८
कबीरा प्रेम की कूल ढरै रे हमारै रांम बिनां न सरै २०;५८
कबीरा संत नदी गयौ बहिरे ८८;६
कबीरौ बिगरचौ रांम दुहाई तुम्ह जिनि बिगरौ मेंरे भाई ५६;१९
कहा करूं कैसें तिरूं भौजल अतिभारी ७८;७
कहा भयौ तिलक गरैं जपमाला मरम न जांनैं मिलन गोपाला १५;६
कहा भयौ रचि स्वांग बनायौ अंतरजांमीं निकटि न आयौ १५;१०
कहि माई माधौ कब मिलै मेर हीयरा कौ प्रांन अधार १२५;३१
कहु पांडे सुचि कौंन ठांउं जिहि घरि भोजन बैठि षांउं ४५;७
कहु पाडे कैसी सुचि कीजै सुचि कीजै तौ जनम न लीजै ४५;९
कहूं रे जे कहिबे की होइ ५०;४
कांन्ह कहो हौंनां अजहूं केंते दिनां जब होइ है प्रांण प्रभू तुम्ह लीनां १२९;६
काजी कौंन कतेब बषांनैं ५५;६
का नागैं का बांधैं चांम जौ नहीं चिन्हिसि आतम रांम ११;२४
का मांगूं कछू थिर न रहाई देषत नैंन चल्या जगु जाई १०२;४
काया मंजिसि कौंन गुनां घट भीतरि है मलनां १३;२६
का सिधि साधि करूं कुछ नांहीं रांम रसांइन मेरी रसनां मांहीं ११;२२
का सूं कहिये सुनि रंमां तेरा मरम न जांनैं कोइ जी २२;३
काहे कूं कीजै पांडे छोति बिचारा छोति हीं तैं उपनां संसारा ४५;६
काहे कूं भींति बनावत टाटी का जांनूं कहां परिहै माटी १०६;३८
काहे कूं माया दुष करि जोरी हाथि चूंन गज पांच पिछोरी टेक १०२;२
काहे बीहौ मेंरे साथी हूं हाथी हरि केरा ९०;२
काहे री नलनी तू कुमिलांनी तेरैंहि नालि सरोवर पांनी ७९;८
काहे रे मन दह दिसि ध्यावै ७६;२६
कुसल षेम अरु सही सलामति ए द्वै काकूं दीन्हां रे १०४;७
केंते एक सिवसंकर गए उठि रांम समाधि अजहूं नहीं छूटि ९३;३२
कैसें तूं हरि कौ दास कहायौ करि बहु भेष रु जनम गंवायौ १५;३
कैसें नगरि करूं कुट वारी चंचल पुरिष बिच षिन नारी ७८;५१
कैसें होइगा मिलावा हरिसनां रे तूं बिषै बिकार न तजि मनां ७६;१०
कोई पीवै रे रस रांम नांम का जो पीवै सो जोगी रे २१;८
कौंण कौंण गया रांम कौंण कौंण जासी १०४;१०

जौ जाचौं तौ केवल रांम आंन देव सूंनांहीं कांम टेक ६५;२४
जौ तैं रसनां रांम न कह्या बे तौ उपहुत बिनसत भ्रमत रह्या बे १०९;३२
जौपैं करता बरण बिचारै तौ जन मत तीनि डांडि किन सारै ४३;१२
जौ पैं कोऊ निर्गुण पद लषि आवै ७;८
जौ पैं पीय के मन नहीं भांयैं तौ का पारोसनि कैं दुलरांयैं १५;६
जौपैं बीज रूप भगवांनं तौ पंडित का कथिसि गियांनं ६३;३९
जौ पैं रसनां रांम न कहिबौ उपजत बिनसत भर्मत रहिबौ ४७;१३
जौ मैं ग्यांन बिचार न पाया तौ मैं यौंहीं जनम गंवाया १०९;१८
जौ मैं बौरा तौ रांम तोरा लोक मरम का जांनैं मोरा १५;१९
झगरा एक नबेरौ रांम जे तुम्ह अपनां जन सूं कांम १७;३२
झूठा लोक कहैं घर मेरा १०९;१३
डगमग छाडि देहु मन बौरा रे अब तौ जरे बरें बनि आवै ४८;१
तननां बुननां तज्या कबीर रांम नांम लिषि लिया सरीर ९२;१०
तन राषनहारा को जांहीं तुम्ह सो बिचारि देषौ मन मांहीं ८९;८
तन षोजौ नर न करौ बडाई जुगति बिनां भगति किनि पाई ४७;१४
तब काहे भूलौ बणिजारे अब आयौ चाहै संगि हमारे १११;२३
तहां जौ रांम नांम ल्यौ लागै तौ जुरा मरण छूटै भ्रंम भागै ७३;१८
तहां मुझ गरीब की को गुदंरावै मजलसि दूरि महल को पावै ६५;१७
तार्थैं कहिये लोकाचार बेद कतेब कथैं ब्यौहार ४५;१२
तार्थैं मोहि नाचिबौ न आवै मेरौ मन मंदला न बजावै ४७;२३
तार्थैं सेइये नारांइणां प्रभू मेरौ दीन दया करणां १०४;१६
ता भै थैं मन लागौ रांम तोही करहु क्रिपा जिनि बिसरहु मोही ७८;४६
ता मन कौं षोजौ रे भाई तन छूटै मन कहां समाई ६३;४४
तुम्ह घरि जांउ हमारी बहनां बिष लागैं तुम्हारे नैंनां ८६;१
तुम्ह बिन रांम कवन सूं कहिये लागी चोट बहुत दुष सहिये १२५;२
तूं माया रघुनाथ की बौरी षेलण चढी अहेड ८५;१४
तेरा जन एक आध है कोई १६;१०
तेरा हरि मैं जुलाहा मेरै रांम रमण का लाहा २०;४९
ते हरि के आंवहिं किहि कांमां जे नहीं चीन्हैं आतमरांमां १५;१३
थिर न है चित थिर न रहै चिंतामनि तुम्ह कारंनि हो ७९;३
दरमादे ठाढे दरबार ९५;१
दास रांमहि जांनि है रे और न जांनैं कोइ २३;२
दिन दुहुं चुहु कै कारनैं जैसैं सैंबल फूले ८९;५
दूभर पनियां भरनां न जाई अधिक तृषा हरि बिन न बुझाई ७६;१०
देवल देषि लै हो तामैं सति सरूप निरंजन देव १४;१७
देषहु यहु तन जरता है घडी पहर बिलंबौ रे भाई जरता है १०९;४३
धंन धंधौ ब्यौहार सब माया मिथ्या बाद १०९;१०
धीरौ मेरे मनवां तोहि धरि टांगूं ७९;७
न कछू रे न कछू रांम बिना १०९;११
नकटी कौठि न गिन बांडांडूं कुणैं सपूतैं कीटी तूं ८५;२५
नर जांगौं अंमर मेरी काया घर घरवा तहु पहरी छाया १०९;४४
नर देही बहुरि न पाईये १११;२१
नल पछिताहुगे रे अंधा १०८;१०
नहीं छाडूं बाबा रांम नांम मोहि और पढण सूं कौंन कांम ४९;३
निर्गुणां रांम निर्गुणां निर्गुण रांम जपहु रे भाई ६३;२२
निर्मल निर्मल रांम गुन गावै सो भगता मेरे मनि भावै १६;१९

नैंक निहारि हो माया बींनती करै ८५;२०
नौ मण सूत उरझि नहीं सुरझै जनमि जनमि उरझेर १०६;१३;५
पंडित बाद बदैं ते झूठा ४६;८
पढि ले काजी बंग निमाजा एक मसीति दसूं दरवाजा ५५;५
परीयत प्रांणियां रे धोइ काया कापडूं कुसमल मैल उतारि रे १३;२४
पर्मगुर देषहु रिदै बिचारी कछू करहु सहाइ हमारी ७६;१५
पांडे कौंन कुमति तोहि लागी तूं रांम न जपहि अभागी ५६;१
पांडे सोचि पिवो तुम्ह पांणीं छोति कहां सूं आंणीं ४५;५
पांणीं तैं प्रगट भई चतुराई गुर प्रसादि परम निधि पाई ५३;१३
पारब्रह्म देष्यौ हो तब बाडी फूली फल लागे बड हूली २०;५५
प्रांणीं काहे कै लोभि लागि रतन जनम षोयौ १०६;१६
प्रांणीं लाल औसर चल्यौ रे बजाइ ११२;११
प्यारे रांम मनहीं मनां ७६;२१
बहुत दिनन थैं मैं प्रीतम पाये भाग बडे घर बैठें ही आये ५६;३१
बहुरि हम काहे कूं आंवहिगे ८८;८
बाजै जंत्र बजावै गुनीं रांम बिनां सब भूली दुनीं ६४;१२
बाबा करहु क्रिपा जन मारगि लावो ज्यूं भव बंधन षूटै १;१२
बाबा जोगी एक अकेला जाकै तीर्थ ब्रत न मेला २०;३
बाबा पेड छाडि सब डाली लागे मूढे जंत्र अभागे १३;११
बिनसि जाइ कागद की गुडिया जब लग पवन तबैं लग उडिया १०६;४०
बिरहनि फिरै हो नाथ अधीरा ७२;१
बिषिया अजहूं सुरति सुष आसा हूंण न देई हरि के चरण निवासा ८६;१८
बिस्न ध्यांन स्नांन करि रे बाहरि अंगम धोइ रे १३;२५
बीनती एक रांम सुनि थोरी अब न नचाइ राषि पति मोरी ७८;७२
बोलणां क्या कहिये रे भाई बोलत बोलत तत नसाई ५०;११
बोलो भाई रांम की दुहाई २१;१२
भगति बिन भौ जल डूबत है १०;२१
भजि गोबिंद भूलि जिनि जाहु मनिषा जनम कौ एही लाहु १११;१८
भजि नारदादि सुकादि बंदित चरन पंकज भांमिनीं ६;३
भयौ रे मन पांहुं नडौ दिन चारि ११२;१५
भलैं नींदौ भलैं नींदौ भलैं नींदौ लोग तन मन रांम पियारे जोग ३७;१
भाई रे चूंन बिलूंटा षाई ८६;१७
भाई रे बिरले दोसत कबीर के यहु तत बार बार कासूं कहिए २३;१
भाई रे मेरी मेरी सब जग करता मोह मछर तन धरता ८६;१७
भाई रे सकहु ततणि बुणि लेहु रे २०;४८
भीयादि मेरे तूंहीं मिलणां नहीं बिछोहा १०८;५
भूली मालनीं हे गोबिंद जाग तौ जग देव तूं करै किस की सेव १४;५
मन कौ मैलौ बाहरि ऊजलौ किसौ रे २४;१
मन थिर रहै न घर ह्वै मेरा इन मन घर जा रे बहुतेरा ७६;१
मन न डिगै ताथैं तन न डराइ केवल रांम रहे ल्यौ लाइ ६०;४
मन पतंग चेलै नहीं जल अंजुरी समांन ८६;३६
मन बनिजारा जागि न सोई लाहा कारनि मूल न षोई १११;१४
मन बरज्यौ सौ बार सुवा जिनि होइ सैं बर कौ ८७;१२
मन मेरौ रहटा रसनां पुवरीया २०;४५
मन रे अपनां रांम संभाली मन रे चल्या बजावत ताली १०६;१२
मन रे अहरषि बाद न कीजै अपनां सुक्रित भरि भरि लीजै ६३;२

सब भूले हो पाषंडि रहे तेरा बिरला जन कोई रांम कहै ७६:१२
सब मदिमाते कोई न जाग तार्थें संग हीं चोर घर मुसन लाग ४७:१८
सरवर तटि हंस णींति साई जुगति बिनां हरि जल पीयौ न जाई ७६:९
साधन कंचू हरि न उतारै अनभै ह्वै तौ अर्थ बिचारै २०:५२
सार सुष पाईये रे रंगि रमहु आतमांरांम ४७:७
सुक नल बंध क्रंम पास आंन उपाधि उपज्यौ दुरास ७८:३४;
सुणि सुणिहो संत जनां २९:७
सुमिरंन रांम को नित कीजै ८:४४
सुवटा डरपत रहु रे भाई तोहि डराई दैंत बिलाई १०९:२४
सेइ मन समझि संम्रथ सरणां गता जाकी आदि अंति मधि कोई न पावै १४:७
सो कुछ बिचारहु पंडित लोई जाकै रूप न रेष बरण नहीं कोई ४७:२२
सो धन मेरे हरि कौ नांव गांठि न बांधूं बेचिन षांऊं ६६:७
सो मेरे रांम कबैं घरि आवै जा देषे मेरौ जीय सचु पावै ७२:२२
सोहं हंसा एक समांन काया के गुन आंन हीं आंन ५३:८
हड हड हड हड हस्ती है दिवांनपनां क्या करती है ८५:२४
हम तौ एकै करि जांनां ५३:१०
हम न मरैं मरि है संसारा हम कूं मिल्या जिलांवनहारा १०५:१
हम सब मांह्रि सकल सम मांहीं हम थैं और दूसरा नांहीं १०५:६
हमारै कौन सहै सिरि भारा सिर की सोभा सिरजनहारा १०:२६
हमारै रांम रहींम करींमां केसौ अलह रांम सति सोई ५४:८
हरि कैं नांइग हर जिनि करऊ रांम नांम चित मुषां न धरऊ ८:२९
हरि कौ नांव तत त्रीलोक सार लैलीन भये ते उतरे पार ११:२०
हरि कौ नांव न लेहिं गंवारा का सोचै बारंबारा ४७:१
हरि कौ बिलोवनौं बिलोइ मेरी माई २०:४३
हरि गुण सुमरि रे नर प्रांणीं १०९:३६
हरि जननीं मैं बालिक तेरा काहे न औगुन बक सहु मेरा ७८:८२
हरिजन हंस दसा लीयैं डोलैं निर्मल नांउ चवैं जस बोलैं १६:१८
हरि ठगि जग कूंठगौरी लाई ८९:१९
हरि नांमैं दिन जाइ रे जाकौ सोई दिन लेषै लाइ रे ताकौ ८:४१
हरि बिन झूठे सब ब्यौहारा केते कोऊ करौ गंवार ४७:१२
हरि बिन भ्रंमि बिगूते गंदा ४७:१६
हरि मेरा पीव माई हरि मेरा पीव हरि बिन रहि न सकै मेरा जीव १२६:२
हरि हिरदै रे अनत कत चाहौ भूले भ्रम दुनीं कत बाहौ ४९:१८
हावडि धावडि जनम गंवावै कबहूं न रांम चरण चित लावै १०९:१४
हिंडोलनां तहां झूलैंहि आतमां रांम ७५:२६
है कोई रांम नांम बतावै बस्त अगोचर मोहि लषावै ४९:५
है कोई संत सहज सुष उपजै जांकूं जप तप देऊं दलाली २१:७
है हजूरि क्या दूरि बतावै दूंदर बांधैं सुंदर पावै ५५:८
है हरि अधिक कवन तोरी सेवा सो संमझाइ कहौ मोहि देवा ४९:२७
है हरि जन सूं जगत लरत है फुनिगा कैसैं गरड भषत है ४०:६
है हरि भजन कौ परवांन ९:२५
हो बलिया ल्यूं कब देषूंगी तोहि ७२:२०

3.3. Comparing the Pads of Kabīr in the *Sarvåṅgī*, the *Kabīr-granthāvalī* and the *Bījak*

As an illustration for the difference between the readings in the Gopāldās *Sarvåṅgī* and in the *Kabīr-granthāvalī* and/or the *Bījak*, I quote the following Pads:

Sarvåṅgī 1.16 = *Bījak* 68

• चरषा जिनि जरै का तूंगी हजारी का सूत ।
नणद के भईया कीसूं ॥
१ जलि जाई थलि ऊपनी । आई नगर मैं आप ।
एक अंचभा देषिया । बिटिया जायौ बाप ॥
२ बाबल मेरौ ब्याह करि । बर उतिम ले चाहि ।
जब लग बर पावै नहीं । तौ लौं तूंहीं ब्याहि ॥
३ सुबधी कै घरि लुबधी आयौ । आंन बहू कैं भाइ ।
चूलहै अगनि बताइ करि । फल सौ दियौ ठटाइ ॥
४ सब जगहीं मरि जाइयौ । एक बढपइया जिनि मरै ।
सब रांडनि कौ साथ । चरषा को घरै ॥
५ कहै कबीर सो पंडित ग्याता । जो याप दही बिचारै ।
पहलै परचै गुर मिलै । तौ पीछैं सतगुर तारै ॥

बीजक ६८

• जो चरषा जरि जाय बढैया ना मरै
मै कातों सूत हजार चरषुला जिन जरै
१ बाबा ब्याह कराय दे अच्छा बरहि ताकहु
जौ लों अच्छा बर न मिलै तौ-लों तूं-ही ब्याहु
२ प्रथमै नगर पहुंच ते परिगौ सोक संताप
एक अचम्भौ हमने देषा जो बिटिया ब्याहल बाप
३ समधी क घर लमधी आये आये बहू के भाय
गोडे चूल्हा देहि दे चरषा दियो दृढाय
४ देव-लोक मरि जायेंगे एक न मरै बढाय
यह मन रंजन कारने चरषा दियो दृढाय
५ कहैं कबीर सुनो हो संतो चरषा लषै न कोय
जो यह चरषो लषि परे तो आवागमन न होय

Sarvåṅgī 10.31 = *Kabīr-granthāvalī* 69; *Bījak* 72

• चलत कत टेढौ टेढौ रे ।
नऊं दुवार नरक धरि मूंदि । तूं दुरंग धिकौ बेढौ रे ॥ टेक ॥
१ जे जारचौ तौ होइ भसम तन । रहें किरम जल षाई रे ।
सूकर स्वांन काग कौ भषिन । तामैं कहा भलाई ॥
२ फूटै नैंन हिरदै नहीं सूझै । मति एकौ नहीं जांनीं रे ।
माया मोह ममिता कौ बांध्यौ । बूडि मुवौ बिन पांनी ॥
३ बारू के घरवा मैं बैठौ । चेतत नहीं अयांनां रे ।
कहै कबीर एक रंम भगति बिन । बूडे बहुत सयांनां रे ॥

ग्रंथावली ६९

• चलत कत टेढपे टेढपे टेढैप
नऊं दुवार नरक धरि मूंदि दुरगंधि-ही के बेढपे
१ ज जारै तौ होइ भसम तन गाडे क्रिमि कीट षाई
सूकर स्वांन काग कौ भक्षिन तामैं कहा भलाई
२ फूटे नैन हिरदै नहिं सूझै मति एकौ नहिं जांनीं
कांम-क्रोध तिसनां के मारे बूडि मुएहु बिनु पांनीं
३ रांम न जपहु कवन भ्रम भूले तुम तैं काल न दूरी
कोटि जतन करि यहु तन राषहु अंत अवस्था धूरी
४ बालू के घरवा महिं बैसे चेतत नांहिं अयांनां
कहै कबीर एक रांम भजे बिनु बूडे बहुत सियांनां

बीजक ७२

• चलहु क्या टेढो टेढो टेढो
दसहूँ द्वार नरक भरि बूडे तू गंधी को बेडो
१ फूटे नैन हृदय नहिं सूझै मति एकौ नहिं जानी
काम-क्रोध-तृस्ना के माते बूडि मुये बिनु पानी
२ जो जारे तन होय भस्म धुरि गाडे कीटहि षाई
सूकर स्वान काग का भोजन तन का इहै बडाई
३ चेति न देष मुग्ध नर बौरे तोहते काल न दूरी
कोटिक जतन करो यह तनकी अंत अवस्था धूरी
४ बालू के घरवा मैं बैठे चेतत नाहिं अयाना
कहैं कबीर एक राम भजे बिनु बूडे बहुत सयाना

Sarvåṅgī 55.9 = *Bījak* 84

• काजी कौंन कतेब बषांनैं ।
पढत गुनत केते दिन बीते । मति एको नहीं जांनैं ॥ टेक ॥
१ सकति सनेह पकरि करि सुंनत । यहु न बदूंरे भाई ।
जौ र षुदाइ तुरक मोहि करता । तौ आपैं कटि किनि जाई ॥
२ हूंतौ तुरक किया करि सूंनति । और तिसूं क्या कहिये ।
अरध सरीरी नारि न छूटै । आधा हिंदू रहिये ॥
३ छाडि कतेब रांम कहि काजी । षून करत है भारी ।
पकरी टेक कबीर भगति की । काजी रहे झषमारी ॥

बीजक ८४
• काजी तुम कौन किताब बषानी
झंषत बक्त रहो निसि बासर मति एकौ नहिं जानी
१ सक्ति अनुमाने सुनत करत हौं मैं न बदोंगा भाई
जो षोदाय तेरा सुनति करत है आपहि काटि न आई
२ सुनति कराय तुर्क जो होना औरत को क्या कहिये
अर्ध सरीरी नारि बषानी ताते हिंदुइनि रहिये
३ पहिर जनेउ जो ब्राह्मन होना मेहरि क्या पहिराया
कीय जन्म की सुद्रिन परसै तुम पांडे क्यों षाया
४ हिंदू तुर्क कहां ते आया किन्ह यह राह चलाई
दिल में षोज देष षुजादे भिस्त कहां-से आई
५ कहैं कबीर सुनो हो संतो जोर करतु है भाई
कबिर न ओट राम की पकरी अंत चले पछ्हारी

Sarvåṅgī 64.10 = *Bījak* 69

• जंत्री जंत्र अनूपम बाजे । ताकौ सबद गगन मैं गाजे ॥ टेक ॥
१ सुर की नालि सुरति का तूंबा । सतगुरि साज बनाया ।
सुर नर गंण गंध्रप ब्रह्मादिक । गुर बिन तिनहूं न पाया ॥
२ जिह्वा तांति नासिका करही । माया का मैंण लगाया ।
गंमां बतीस मोरणां पांचूं । नींका साज बनाया ॥
३ जंत्री जंत्र तजै नहीं बाजै । तब बाजै जब बावै ।
कहै कबीर सोई जन साचा । जंत्री सूं प्रीति लगावै ॥

बीजक ६९
• जंत्री जंत्र अनूपम बाजै वाके अस्ट गगन मुष गाजै
१ तूही बाजै तूही गाजै तुही लिये कर डोलै
एक सब्द में राग छतीसौ अनहद-बानी बोलै
२ मुष के नाल स्रवन के तुंबा सतगुरु साज बनाया
जिभ्या तार नासिका चरई माया मोम लगाया
३ गगन मँदिल में भयो उजियारा उलटा फेर लगाया
कहैं कबिर जन भये बिबेकी जिन्ह जंत्री मन लाया

Sarvåṅgī 49.8 = *Kabīr-granthāvalī* 179; *Bījak* 40

• पंडित बाद बदैं ते झूठा ।
रांम कहैं दुनियां तिरि जैहै । तौ षांड कह्यां मुह मीठा ॥ टेक ॥
१ पावक कहैं पाव जे दाझै । जल कहि त्रिषा बुझाई ।
भोजन कहैं भूष जे भाजै । तौ सब कोई तिरि जाई ॥
२ नर कै साथ्य सूवा हरि बोलै । हरि परताप न जांनैं ।
जे कबहूं उडि जाइ जंगल मैं । बहुरि न सुरतैं आंनैं ॥
३ साची प्रीति बिषैं माया सौं । हरि भगतनि सूं हासी ।
कहै कबीर प्रेम नहीं उपज्यौ । बांध्यौ जंमपुरी जासी ॥

ग्रंथावली १७६

• पंडित बाद बदै सो झूठा
रांम कहें दुनियां गति पावै षांड कहें मुष नीठा
१ पावक कहें पांव जे दाझै जल कहें त्रिषा बुझाई
भोजन कहें भूष जे भाजै तौ सब कोई तिरि जाई
२ नर कै संगि सुवा हरि बोलै हरि परताप न जांनैं
जौ कबहूं उडि जाइ जंगल मैं बहुरि सुरति नहिं आंनैं
३ बिनु देषें बिनु अरस परस बिनु नांम लिएं का होई
धन के कहें धनिक जौ होई तौ निरधन रहै न कोई
४ सांची प्रीति बिषै माया सौं हरि भगतन सौं हांसी
कहै कबीर प्रेम नहिं उपजै तौ बांधे जमपुर जासी

बीजक ४०

• पंडित बाद बदै सो झूठा
राम कहे जगत गति पावै षांड कहे मुष मीठा
१ पावक कहे पांव जो डाहै जल कहे तृषा बुझाई
भोजन कहै भूष जो भाजै तो दुनिया तर जाई
२ नर के संग सुवा हरि बोलै हरि प्रताप नहिं जानै
जो कबहीं उडि जाय जंगल को तौ हरि सुरति न आनै
३ बिनु देषे बिनु दरस परस बिनु नाम लिये का होई
धन के कहे धनिक जो होवै निर्धन रहै न कोई
४ सांची प्रीति विषय माया सो हरि भक्तन को हांसी
कहैं कबीर एक राम भजे बिनु बांधे जमपुर जासी

Sarvåṅgī 89.19 = *Kabīr-granthāvalī* 49; *Bījak* 36

• हरि ठगि जग कूं ठगौरी लाई ।
हरि कै बिवोग कैसैं जीऊं मेरी माई ॥ टेक ॥
१ कौंन पूत को काकौ बाप । कौंन मरै कौंन करै संताप ॥
२ कौंन पुरिष को काकी नारी । अभि अंतरि तुम्ह लेहु बिचारी ॥
३ कहै कबीर ठग सूं मन मांनां । गई ठगौरी ठग पहिचांनां ॥

ग्रंथावली ४६;

• हरि ठग जगत ठगौरी लाई हरि के बियोग कैसै जियौं मेरी माई
१ कौंन पुरिष को काकी नारी अभिअंतरि तुम्ह लेहु बिचारी
२ कौंन पूत को काकौ बाप कौंन मरै को सहै संताप
३ कहै कबीर ठग सौं मन मांनां गई ठगौरी ठग पहिचांनां

बीजक ३६

• हरि ठग जगत ठगौरी लाई हरि के वियोग कस जियेहु रे भाई
१ को काको पुरुष कवन काको नारी अकथ कथा यम दृष्टि पसारी
२ को काको पुत्र कवन काको बापा कोरे मरै को सहै संतापा
३ ठगि ठगि मूल सबन को लीन्हा राम ठगौरी काहु न चीन्हा
४ कहैं कबीर ठग सो मन माना गइ ठगौरी जब ठग पहिचाना

Sarvåṅgī 126.2 = *Kabīr-granthāvalī* 22.11?; *Bījak* 35

• हरि मेरा पीव माई हरि मेरा पीव । हरि बिन रहि न सकै मेरा जीव ॥ टेक ॥
१ हरि मेरा पीव मैं हरि की बहुरिया । रांम बढे हम छुटक लहुरिया ॥
२ कीया सिंगार मिलण कै तांई । काहे न मिलौ राजा रांम गुसांई ॥
३ इब की बेर मिल्लण जौ पाऊं । कहि कबीर भौजलि नहीं आंऊं ॥

ग्रंथावली २२:११?
• हरि मोरा पिउ मैं हरि की बहुरिया रांम बडे मैं तनक लहुरिया
१ किएउं सिंगारु मिलन कै तांई हरि न मिले जग जीवन गुसांई
२ धनि पिउ एकै संगि बसेरा सेज एक पै मिलन दुहेरा
३ धन्नि सुहागिनि जो पिय भावै कह कबीर फिरि जनमि न आवै

बीजक ३५
• हरि मोर पीव मैं राम की बहुरिया राम मोर बडो मैं तन की लहुरिया
१ हरि मोर रहटा मैं रतन पिउरिया हरि को नाम लै कतती बहुरिया
२ मास तागा वरष दिन कुकुरी लोग कहैं भल कातल बपुरी
३ कहैं कबीर सूत भल काता चरषा न होय मुक्तिकर दाता

Sarvåṅgī 16.18 = *Kabīr-granthāvalī* 28; *Bījak* 34

• हरिजन हंस दसा लीयैं डोलैं । निर्मल नांउ चवैं जस बोलैं ॥ टेक ॥
१ मांनसरोवर तट के बासी । रांम चरन चित आंन उदासी ॥
२ मुकताहल बिन चंच न लावैं । मौंनि गहै कै हरि गुन गावैं ॥
३ कहै कबीर सोई जन तेरा । षीर नीर का करै नबेरा ॥

ग्रंथावली २८
• हरिजन हंस दसा लिएं डोलै निरमल नांव चवै जस बोलै
१ मांन सरोबर तट के बासी रांम-चरन चित आंन उदासी
२ मुकताहल बिनु चंचु न लावै मौंनि गहै कै हरि गुन गावै
३ कउवा कुबुधि निकटि नहिं आवै सो हंसा निज दरसन पावै
४ कहै कबीर सोई जन तेरा षीर नीर का करै निबेरा

बीजक ३४
• हरिजन हंस दसा लिय डोलैं निर्मल नाम चुनि चुनि बोलैं
१ मुक्ताहल लिये चोंच लोभावैं मौन रहै कि हरि जस गावै
२ मानसरोवर तट के वासी राम-चरन चित अंत उदासी
३ काग कुबुद्धि निकट नहिं आवै प्रतिदिन हंसा दर्सन पावै
४ नीर छीर का करै निबेरा कबीर सोइ जन मेरा

4. Dādū in the *Sarvåṅgī*

Reading Dādū only in the anthology of Gopāldās is a pleasant experience by itself, for it looks as if the compiler has been able to seek out the best from Dādū. As you go through the chapters, you encounter a great variety of meters. E.g. in the beautiful song 16.14, there are three rhymes in each line (see also 20.41; 44.13; 72.7; 73.5). In other Pads we seem to have a *dohā*-structure: 20.65 (= *Dādūdayāl-granthāvalī*[1] 135); 21.11 (=49); 54.10 (=217). On the other hand the Sākhīs 30.48-50, 31.9, 40.15, 17 are not *dohā*s.

१६;१४;० कोई रांम का राता रे । कोई प्रेम का माता रे ॥ टेक ॥
१ कोई मन कूं मारै रे । कोई तन कूं तारै रे । कोई आप उबारै रे ॥
२ कोई जोग जगंता रे । कोई मोष मुकता रे । कोई है भगवंता रे ॥
३ कोई सदगति सारा रे । कोई तारणहारा रे । कोई पीव का प्यारा रे ॥
४ कोइ पार का पाया रे । कोई मिलि करि आया रे । कोई मन का भाया रे ॥
५ कोई है बडभागी रे । कोइ सेज सुहागी रे । कोई है अनरागी रे ॥
६ कोई सब सुषदाता रे । कोई रूप बिधाता रे । कोई अंमृत षाता रे ॥
७ कोई नूर पिछांणैं रे । कोई तेज कूं जांणैं रे । कोई जोति बषांणैं रे ॥
८ कोई साहिब जैसा रे । कोई सांई तैसा रे । कोई दादू अैसा रे ॥

५४;१०;० बाबा नांहीं दूजा कोई ।
एक अनेक नांव तुम्हारे । मोपैं और न होई ॥ टेक ॥
१ अलष इलाही एक तूं । तूंहीं रांम रहींम ।
तूंहीं मालिक मोहनां । केसव नांव करींम ॥
२ सांई सिरजनहार तूं । तूं पांवन तूं पाक ।
तूं कांइम करतार तूं । तूं हरि हाजिर आप ॥
३ रमिता राजिक एक तूं । तूं सारंग सुबहांन ।
कादिर करता एक तूं । तूं साहिब सुलितांन ॥
४ अबिगति अलह एक तूं । गनीं गुसांई एक ।
अजब अनूपम आप है । दादू नांव अनेक ॥

---

(1) *DG* or *Dādū-dayāl granthāvalī*, edited by P. Caturvedī, Benares 1966; reprint in W.M. Callewaert & B. Op de Beeck, *Nirguṇ Bhakti Sāgar. Devotional Hindī Literature,* Heidelberg, Delhi, 1991, 1175 p.

Pad 76.20 is a curious case. *Antarās* 1-4 are found in Pad 215 of the *Dādū-granthāvalī,* but *antarās* 5-6 are in fact *dohās*, found in the *Sākhī-bhāg* (16.3 and 5) of the *Granthāvalī.* The mnemonic association is possibly through the string *sukh-dukh.* Similarly, in Pad 54.10, the lines of the *antarās* are *dohās* (*Dādū-granthāvalī* Pad 217). See also Pad 78.80 (=401), where in *antarā* 4, *dādū* is metrically redundant. I should further point out that Caupāīs 13.2-9 and 60.13 in the Gopāldās *Sarvåṅgī* are given as Pads 198 and 367 in the *Dādū granthāvalī.*

७६;२०;० सुष दुष संसा दूरि किया । तब हम केवल रांम लिया ॥ टेक ॥
१ सुष दुष दोऊ भूंम बिचारा । इन सूं बंध्या है जग सारा ॥
२ मेरी मेरा सुष कै तांई । जाइ जन मन रचे तै नांहीं ॥
३ सुष कै तांई झूठा बोलै । बांधै बंध न कबहूं न षोलै ॥
४ दादू सुष दुष संगि न जाई । प्रेम प्रीति पीव सूं ल्यौ लाई ॥

५ सुष दुष मनि मांनैं नहीं । रांम रंगि राता ।
दादू दूजा छाडि सब । प्रेम रसि माता ॥
६ दादू सुष दुष मनि मांनैं नहीं । आपा परसमि भाइ ।
सो मन मन करि सेइए । सब पूरन ल्यौ लाइ ॥

When we look at the Sākhīs with the *bhaṇitā* of Dādū, there too it is amazing in how many of them the *bhaṇitā* is metrically redundant. Comparing these lines with the Sākhīs in the Caturvedī edition, we find there too often a redundant *bhaṇitā.* Only a few examples are given:

13.1 and 9 = DG 8.4 and 12; 13.16, 18, 22 = DG 8.62, 64, 68;
14.42, 44-46 = DG 12.92, 132-134; 15.54-57 = DG 1.65-68.

There are also many Sākhīs which in the *Sarvåṅgī* of Gopāldās have a metrically redundant *bhaṇitā,* that is *not* found in the Sākhī of the Caturvedī edition:

13.23 = DG 8.69; 14.47-48 = DG 12.135-136; 15.7-8 = DG 13.71-72;
15.11-12 = DG 13.75, 77; 15.36 and 37 = DG 8.35 and 30.25.

In a few rare cases Gopāldās quotes a Sākhī 'of Dādū', but that Sākhī could not be found in the DG (e.g. 17.59).

4.1. First line index of the Pads of Dādū in the *Sarvåṅgī*

In the list below I give the first lines of the 403 Pads with the *bhaṇitā* of Dādū, along with the reference to the Pad I found in the *Dādū-dayāl Granthāvalī* (*DG*). Five Pads 'of Dādū' in the *Sarvåṅgī* could not be located in the *Granthāvalī.* It is also striking how little similarity there is in the order of classification in the *Sarvåṅgī* and in the *Granthāvalī.*

९९ भाई रै अैसा सतगुर कहियें भगति मुकति फल लहियें १;१
३५३ सतगुर चरनां मस्तक धरणां रांम रांम कहि दूतर तिरणां १;२
२२५ मेरा गुरू अैसा ग्यांन बतावै १;९
२४४ हो अैसा ग्यांन ध्यांन गुर बिनां क्यौं पावै १;१०
९८ बाबा गुरमुषि ग्यांनां रे गुरमुषि ध्यांनां रे १;११
१०० भाई रे भांनि घडै गुर मेरा मैं सेवग उस केरा टेक ४;१
१७५ सांई कूं साच पियारा ५;१
४४२ डरिये रे डरिये तार्थें रांम नांम चित धरियें टेक ६;१
१५१ सबदि समांनां जे रहै गुर बाइक बीधा ७;१
१६७ संतौ रांम बांन मोहि लागे ७;३
२१८ जीवत मारे मुये जिलायेबोलत गूंगि गूंग बुलाए टेक ७;११
३६४ रांम नांम तत काहे न बोलै रे मन मूंढ अनंत जिनि डोलै ८;२२
१५२ हो नर नीका है हरि नांम ८;२७
३८६ वाल्हा माह्ला प्रेम भगति रस पीजियें रमियें रमिता रांम माहुरा वाल्हा रे ८;३४
३८७ हमारौ मन माई रांम नांम रंगि रातौ ८;३५
४३६ माधइयौ माधइयौ मीठौ री माइ ८;३६
हम तुम मांहिं बसै सो स्वांमीं साचे सौं सच लहियें ८;४३
४३८ मेरे मन भईयां रां कहौ रांम नांम मोहि सहजि सुनावो ८;४९
२५४ नांव रे नांव रे सकल सिरोमनि नांव रे मैं बलिहारी जांव रे ९;१
७१ गोबिंदि नाव तेरा जीवनि मेरा तारण भौ पारा ९;२
२७२ ताकूं काहे न प्रांन संभालै ९;८
३०४ संम्रथ मेरा सांईया सकल अघ जारै ९;९
१६६ हरि के चरन पकरि मन मेरा यहु अबिनासी घर तेरा टेक ९;१०
३५६ निर्गुण रांम रहै ल्यौ लाइ सहजैं सहज मिलै हरि जाइ टेक ९;११
२ रांम नांम जिनि छाडै कोई रांम कहत जन नृमल होई टेक ९;१८
१२८ मनां भजि रांम नांम लीजै ९;२२
२७६ तुम बिन अैसैं कौंन करै ९;३३
२८७ भाई रे अैसा एक बिचारा यूं हरि गुर कहै हमारा १०;१
३० क्या कीजै मनिषा जनम कौं रांम न जपहि गवारा १०;५
११९ जात कत मद कौ मातौ रे १०;३०
२८८ रांमजी नांव बिना दुष भारी तेरै साधूं कह्यौ बिचारी टेक ११;१९
२३ का जीवनां का मरनां रे भाई जौ तैं रांम न रमसि अघाई टेक ११;२३
१९७ तूंहीं मेरे रसनां तूंहीं मेरे बैंनां १३;१
१९९ हरि केवल एक अधारा सोई तारण तिरण हमारा टेक १३;२
९४ तूंहीं तूं गुरदेव हमारा सब कुछ मेरे नांव तुम्हारा टेक १३;३
रांमराइ जिनि भरमावै हम कूं तार्थें करूं बीनती तुम कूं टेक १३;७
३२७ मूल सींचि बधै ज्यूं बेला सोई तत तरवर रहै अकेला टेक १३;१२
२८९ साधौ हरि सूं हेत हमारा जिनि यहु कीन्ह पसारा टेक १३;१४
१८० साचा रांम न जांणैं रे सब झूठा बषांणैं रे १४;८
२९१ सोई देव पूजूं जे टांकी नहीं घडिया १४;१६
५२ भेषि न रीझै मेरा निज भरतार तार्थें कीजै प्रीति बिचार टेक १५;४
५४ सोई सुहागनि साच सिंगार तन मन लाइ भजै भरतार टेक १५;१५
३२८ सोई साध सिरोमनीं गोबिंद गुन गावै १६;१

३१० तूं राषै त्यूं हीं रहैं तेई जन तेरे १६;६
१४८ आप निरंजन यूं कहै कीरति करतार १६;८
१८३ निरंजन नांव के रसि माते केई पूरे प्रांणी राते टेक १६;११
१४६ सदगति साधवा रे सनमुष सिरजनहार १६;१३
१४८ कोई रांम का राता रे कोई प्रेम का माता रे टेक १६;१४
१४० अम्ह घरि पांहुंनां ए आव्या आत्मरांम टेक १८;२
१८२ आज हमारै रांम जी साध घरि आए १८;३
२१४ जोगिया बैरागी बाबा रहै अकेला उनमनि लागा २०;२
४४० अैसा अवधू रांम पियारा प्रांण प्यंड थैं रहै नियारा २०;५
१६३ बाबा को अैसा जन जोगी २०;६
१६४ जोगी जांनि जांनि जन जीवै २०;७
१६५ इहै परम गुर जोगं अंमीं महारस भोगं टेक २०;४०
८३ अैसा रे गुर ग्यांन लषाया आवै जाइ सु दिष्टि न आया टेक २०;४१
२७६ कोली साल न छाडै रे सब घाबर काढै रे टेक २०;५०
६३ नीकैं रांम कहत है बपुरा २०;५१
१३५ पंथीडा पंथ पिछांणीं पीव की गहि बिरहा का बाट २०;६५
५० मेरा मन मतिवाला मधु पीवै पीवै बारंबारो २१;२
४६ रांम रस मीठा रे कोई पीवै साध सुजांन २१;११
२२३ मैं अमली मतिवाला माता प्रेम मगन मेरा मन राता २१;१४
३५२ मतिवाले पाचूं प्रेम पूरि निमष न इत उत जाइ दूरि टेक २१;१५
२६४ निर्पष रहणां रांसं रांम कहणां कांम क्रोध मैं देह न दहणां २६;२
१०१ भाई रे तेन्हैं रूडूं थाए जे गुरमुषि मारगि जाए २६;४
३११ निंदक बाबा बीर हमारा बिनहीं कौडां बहै बिचारा ३७;२
३७५ को स्वांमीं को सेष कहै इस धुनियां का मरम न कोई लहै टेक ४०;१
३७६ निदत है सब लोक बिचारा हमकूं भावै रांम पियारा ४०;२
१७३ झूठा कलिजुग कह्या न जाइ अंमृत कूं बिष कहैं बनांइ टेक ४०;५
२१६ बाबा कहौ दूजा क्यूं कहिये तार्थैं इहि संसै दुष सहिये टेक ४२;१
१४६ निरंजन अंजन कीन्हां रे सब आतम लीनां रे टेक ४५;४
१७७ पंडित रांम मिलै सो कीजै ४६;६
२८३ मन रे देषत जनम गयौ तार्थैं काज न कोई भयौ टेक ४७;४
१६ कौंण भांति भल मांनैं गुसांई जे तुम्ह भावै सो मैं जांणत नांहीं टेक ४७;१६
१४७ अैंन बैंन चैंन होवै सुणतां सुष लागै ४८;२
१७६ बातैं बादि जांहिगी भइये तुम्ह जिनि जांनौं बातनि पइये टेक ४६;१
३०६ करणीं पोच सोच सुष करई लोह की नांव कैसैं भौजलि तिरई टेक ४६;२४
२६२ काहे रे बकि मूल गंवावै रांम कै नांइ भलैं सचु पावै टेक ५०;३
२६६ अैसैं बाबा रांम रंमीजै आतम सौं अंतर नहीं कीजै टेक ५३;१
३७८ कांम क्रोध न आवै मेरै तार्थैं गोबिंद पाया नेरैं टेक ५३;२
३३० इन बातनि मेरा मन मांनैं ५३;३
५५ तब हम एक भये रे भाई मोहन मिलि साची मनि आई टेक ५३;७
५६ अलह रांम छूटि गया भ्रंम मोरा ५३;१६
५७ भाई रे अैसा पंथ हमारा ५३;१७
३७४ हिदू तुरक न जांनूं दोइ साईं सबनि का सोई है रे ५५;६
३७३ अलह कहौ भावै रांम कहौ डाल तजौ सब मूल गहौ टेक ५५;७
२१७ बाबा नांहीं दूजा कोई ५५;१०
२६७ एकहि एकैं भया अनंद एकहि एकैं भागे दंद टेक ५५;११
१८१ मैं पंथि एक अपार के मनि और न भावै ५५;१३

३२४ जब मैं रहते की रह जांनीं ५४;१४
३२५ जब मैं साचे की सुधि पाई ५४;१५
२६३ हुसियार हाकिम न्याव है सांई के दीवांन ५५;१
१८६ बेली आनंद प्रेम समाइ ५७;१७
१७२ हरि मारगि मस्तक दीजिये तब निकटि परम पद लीजिये टेक ५८;२
२३४ क्यूं भाजै सेवग तेरा अैसा सिरि साहिब मेरा टेक ५८;८
२३५ हरि भजतां किम भाजिये रे भागां भल नांहीं ५८;६
८१ बाबा मर्द मर्दां गोइ ए दिल पाक करि दंम धोइ टेक ५८;१५
१ रांम नांम नहीं छाडूं भाई प्रांण तजूं निकटि जीव जाई टेक ५९;१
३७७ तूं साहिब मैं सेवग तेरा भावै सिर दे सूली मेरा टेक ५९;२
३९१ रंग लागौ रे रांम कौ सो रंग कदे न जाई रे ५९;३५
४२२ इब तौ मोहि लागी बाइ उनि निहचल चित लियौ चुराइ टेक टेक ५९;३६
६२ इब तौ अैसी बनि आई रांम नांम बिन रह्यौ न जाई ५९;४०
५९ भाई रे घर ही मैं घर पाया ५९;४१
१७४ दादू मोहि भरोसा मोटा ६०;१
९२ पीव तैं अपनें काज संवारे ६०;८
१६३ एह्वौं एक तूं रांम जी नाम रूंडूं ताहरा नांम बिनां बीजौं सबहि कूडूं टेक ६०;६
१६५ जै जै जै जगदीस तूं तूं संम्रथ सांई ६०;१०
३६७ निरभै नांव निरंजन लीजै इन लोकनि का भै नहीं कीजै टेक ६०;१३
४०२ बिषम बार हरि अधार करुणां बहु नांमीं ६१;१
२० अहोगुन तोर औगुन मोर गुसांई ६२;१
३८८ मिहरवांन मिहरवांन ६२;२
१४ जौ रे भाई रांम दया नहीं करते र ६२;१६
१५९ सरणि तुम्हारी केसवा मैं अनंत सुष पाया ६२;१७
३५७ धंनि धणीं तूं धंनि धणीं तुम सूं मेरी आइ बणीं टेक ६२;१८
१९१ तहां आपैं आप निरंजनां तहां निसबासुरि नहीं संजमां टेक ६३;४
१९२ अबधू बोलि निरंजन बांनीं तहां एकै अनहद जांनीं टेक ६३;५
२२४ कासूं कहूं हो अगम हरि बाता गगन धरनि दिवस नहीं राता टेक ६३;७
२२० हरे हरे सकल भुवन भरे जुगि जुगि सब करै ६३;११
२७७ नमो नमो हरि नमो नमो अकल निरंजन नमो नमो ६३;१२
४०४ कांइमां कीरति करौंली तूं मोटौ दातार ६३;१३
८५ नृमल तत नृमल तत नृमल तत अैसा ६३;१४
२११ अैसा तत अनूपम भाई मरै न जीवै काल न षाई टेक ६३;१६
३०० निरंजन यौं रहै काहू लिपत न होइ ६३;१९
२१३ निरंजन जोगी जांनि ले चेला सक्ल बियापी रहे अकेला ६३;२०
२१२ मन रे सेइ निरंजन राई ताकूं सुमिरौ रे चित लाई टेक ६३;२१
३२३ सोई रांम संभालि जियरा प्रांण प्यंड जिनि दीन्हां रे ६३;५२
४४ कादिर कुदरति लषी न जाइ कहां तैं उपजै कहां समाइ टेक ६४;२
२१९ क्यौं करि यहु जग रच्यौ गुसांई तेरे कौंन बिनोद बसे मन मांहीं टेक ६४;४
२२६ मेरा गुरू आप अकेला षेलै ६४;७
१२५ सिरजनहार थै सब होइ ६४;८
४५ अैसा रांम हमारै आवै वार पार को अंत न पावै टेक ६५;१
२२९ एहूं बूझि रही पीव जैसा है तैसा कोन कहै ६५;३
२२८ अबिगति की गति कोन लहै सब अपनां उनमांन कहै टेक ६५;४
२७८ हम थैं दूरि रही गति तेरी ६५;५
२२७ थकित भयौ मन कह्यौ न जाई सहज समाधि रह्यौ ल्यौ लाई टेक ६५;८

२६२ रांम राइ मोकूं अचिरज आवै तेरा पार न कोई पावै टेक ६५;१५
३६० तहां मुझ कर्मींन की कौंन चलावै जाकौ अजहूं मुनि जन महल न पावै टेक ६५;१८
३६८ अैसौ अलष अनंत अपार तीनि लोक जाकै बिसतार टेक ६५;२१
३६६ अैसौ राजा सेऊं ताहि और अनेक सब लागे जाहि टेक ६५;२२
१७६ जग अंधा नैंन न सूझै जिनि सिर जेताहि न बूझै टेक ६६;५
१३ क्यूं करि मिलै मोकूं रांम गुसांई यहु मनसा मेरे बसि नांहीं टेक ६७;६
३१ षालिक जागै जीयरा सोवै क्यूं करि मेला होवै टेक ६७;१०
२३८ सरणि तुम्हारी आइ परे ६७;१२
७७१ आप आपन मैं षो रे भाई बस्त अगोचर गुरू लषाइ टेक ६७;१८
१२६ देहुरे मंझैं देव पायौ बस्त अगोच लषायौ टेक ६७;१९
१४५ मन बावरे हो अनंत जिनि जाइ ६७;२०
१३६ साध कहैं उपदेस बिरहनीं ६७;२२
३७६ हाजिरां हजूरि सांई है हरि नडा दूरि नांहीं टेक ६७;२३
८४ बंदि हाजिरां हजूर वे अलह आले नूर वे ६७;२४
३८० रांम रंमत है देषै न कोइ जे देषै सो पांवन होइ टेक ६७;२६
१२२ कोई जानैं रे मरम माधइया केरौ ६७;२७
३३३ आसंण रंमिता रांमदा इथां अबिगत आप वे ६७;३१
३३२ अरस इलाही रबु दा ला इथांई रहिमांन वे ६७;३२
२८५ मन रे तूं देषै सो नांहीं है सो अगंम अगोचर मांहीं टेक ६७;३६
२८६ भाई रे बाजीगर नट षेला अैसैं आपैं रहै अकेला टेक ६७;४१
१०४ भाई रे तब का कथिसि गियांनां जब दूसर नांहीं आंनां टेक ६७;४६
३३६ साचा सतगुर संम मिलावै सब कुछ काया मांहि दिषावै टेक ६७;५३
३३७ काया मांहैं षेल पसारा काया मांहैं प्रांन अधारा ६७;५४
३३८ काया मांहैं सागर सात काया मांहैं अबिगत नाथ ६७;५५
३३९ काया मांहैं बिषमीं बाट काया मांहैं औघट घाट ६७;५६
३४० काया मांहैं सब कुब जांणि काया मांहैं लेहु पिछांणि ६७;५७
३४१ काया मांहैं अनभै सार काया मांहैं करै बिचार ६७;५८
३४२ काया मांहैं तारणहार काया मांहैं उतरे पार ६७;५९
३४३ काया मांहैं देष्या नूर काया मांहि रह्या भरपूर ६७;६०
४१३ रांम तहां प्रगट रहे भरपूर ६८;१
२२१ पीव पीव आदि अंति पीव ६८;२
१८८ मधि नैंन निरषूं सदा सो सहज सरूप ६८;३
६९ मैं मेरे मैं हेरा मधि मांहि पीव नेरा टेक ६८;४
७० मेरे मनि लागा सकल करा हम निसदिन हिरदै सो धरा टेक ६८;५
४८ अलष देव गुरदेवहु बताइ कहां रहै त्रिभुवनपति राइ टेक ६९;१
४७ मैं नहीं जांनूं सिरजनहार ज्यूं है त्यूं हीं कहौ करतार टेक ६९;२
१०७ अरे मेरे सम्रथ साहिब रे अला नूर तुम्हारा टेक ६९;३
२२२ नूर नूर अवलि आषिर नूर ६९;४
२५३ सो तत सहजैं सुष मन कहनां पेड पकरि मन जुगि जुगि रहणां टेक ७०;३
३५४ तनहीं रांम मनहीं रांम रांम रिदै रंमि राषी ले ७०;४
३८१ मन पवन ले उनमनि रहैं आगंम निगंम मूल सो लहै टेक ७०;५
४०६ मनसा मन सबद सुरति पंचौ थिर कीजै ७०;६
३०८ मेर सिषर चढि बोलि मन मोरा रांम जल बरिषै सबद सुणि तोरा टेक ७०;१०
३०७ मेरे मन के मन सूं मन लागा चित के चित सूं नाद बागा टेक ७०;११
३५५ अैसी सुरति रांम ल्यौ लाइ हरि हिरदै जिनि बीसरि जाइ टेक ७१;१
२६७ इहि बिधि बेध्यौ मोर मनां ज्यूं लै भृंगी कीट तनां टेक ७१;६

३९२ लागि रह्यौ मन रांम सूं अब अनतैं नहीं जाये रे ७१;१०
२८० बिरहुंनि बपु न संभारै ७२;२
८ बिरहुंनि कूं सिंगार न भावै है कोई अैसा रांम मिलावै टेक ७२;३
२९८ आवहु रांम दया करि मेंरे बारबार बलिहारी तेंरे टेक ७२;४
२७३ गोबिंद कबहूं मिलै पीव मेरा ७२;५
३९० मेंरे जीय की जांनैं जांन राइ तुम्ह थैं सेवग कहा दुराइ टेक ७२;६
८८ दे दरसंन देषन तेरा तौ जीय जक पावै मेरा टेक ७२;७
२९४ तूं आपैं हीं बिचारि तुम्ह बिन क्यूं रहूं ७२;८
१०८ हाल असां जौ लालडे तो केसब मालूंमडे टेक ७२;९
१३१ कोई कहौ रे मार्हा नाथ नैं नारी नैंन निहारै बाट टेक ७२;१२
११२ पिय हूं कहा करू पाइ परूं कै प्रांन हरू रे ७२;१३
१३३ कबहूं अैसा बिरह उपावै रे पीव बिन देषें जीव जावै रे टेक ७२;१४
१३४ पंथीडा बकै बिरहनीं कहि नैं पीव की बात पंथीडा ७२;१५
१११ मरिये मींन बिछोहै जीयरा जाइ अंदोहै टेक ७२;१७
३४९ तूं घरि आवै नैं माह्ले रे हूं जांऊं वारणैं ताह्ले रे टेक ७२;२४
५ अजहूं न निकसै प्रांन कठोर ७२;२५
३९३ मनमोहन हो कठिन बिरह की पीर सुंदर दरस दिषाइये ७२;२७
३९४ कतहूं रे हो बदेसि हरि नहीं आए हो ७२;२८
१५३ कब आवैगा कब आवैगा पीव प्रगटि आप दिषावैगा ७२;३४
७ सो दिन कबहूं आवैगा दादूडा पीव पावैगा टेक ७२;३५
४११ प्रेम भगति बिन रह्यौ न जाई प्रगद दर्शन देहु अघाई टेक ७२;३६
२५८ तूं साचा साहिब मेरा ७२;३७
९९ नूर नैंन भरि देष न दीजै अंमीं महारस भरि भरि पीजै टेक ७३;१
२४३ नूर रह्या भरपूर अंमींरस पीजिये रे ७३;२
९८ तौ काहे की परवाह हमारै राते माते नांइ तुम्हारे टेक ७३;३
८७ जग सूं कहा हमारा देष्या नूर तुम्हारा टेक ७३;४
९७ अैंन येक सो मींठा लागै जोति सरूपी ठाढा आगै टेक ७३;५
२९९ सुंदर रांम राया ७३;६
४१४ गोबिंद पाया मन भाया अंमर कीए संग लीये ७३;१०
४१५ रांम की राती भई माती लोक बेद बिधि न षेद ७३;११
३४९ तहां षेलूं पीय सूंनि तहीं फाग देषि सषी री मेंरे भाग टेक ७३;१२
३३१ ए मन मेरा पीव सूं औरनि सूं नांहीं ७३;१३
२३० हंस सरोवर तहां रमैं सुभ र हरि जल नीर ७३;१४
२३१ सुष सागर मैं झूलिबौ रे कुसमल झडै हो अपार ७३;१५
३८२ जीवनि मूरी मेंरे आतम रांम भाग बडे पायौ निज ठांम टेक ७३;१६
३८४ रांम तूं मोरा हूं तोरा पांई न परत निहोरा टेक ७३;१७
४१६ बाबा इहि बिधि आर्ती रांम की कीजै आतमां अंतरि वारणां लीजै टेक ७४;१
४१७ आरती जग जीवन तेरी तेंरे चरन कवल परिवारी फेरी टेक ७४;३
४१८ अबिचल आरती देव तुम्हारी जुगि जुगि जीवनि रांम हमारी ७४;७
४२० तेरी आरती ए जुगि जुगि जै जै कार टेक ७४;८
८२ ए सब चरित तुम्हारे मोहनां मोसे सब ब्रह्मंड षंडा ७४;१०
४१९ निराकार तेरी आरती ए अनंत भुवन के राइ टेक ७४;११
१२४ धरणीं धरि बाह्या धूतारै अंग परस नहीं आपै रे ७५;३
१३७ गोबिंदा गाइबा दे रे गाइ बादे आडडी आंन निवारि रे ७५;४
१३८ गोबिंदा जोइबा दे रे जोइ बादे जे बरजैं ते वारि रे ७५;५
१३९ तुम सरसी रंगि रंमाडि ७५;६

१६२ भगति मांगूं बाप भगति मांगूं मूं नैं ताहरा नांम नौं प्रेम लागुं ७५;८
३६७ अला आसिकां ईमांन ७५;९
२९३ दरसंन दे दरसन दे हूं तौ थारी मुकति न मांगूं रे टेक ७५;१०
१६४ नांम देहु निरंजन तेरा हरि हरषि जपै जीव मेरा टेक ७५;१२
३३४ तुम्ह बिचि अंतर जिनि परै माधव भावै तन धंन लेहु ७५;१५
४६ कौंन सबद कौंन परषनहार कौंन सुरति कहि कौंन बिचार टेक ७५;२७
२७० अषिल भाव अषिल भगति अषिल नांमदेवा ७५;२८
१२७ रांम रिसालू है रे ७५;३३
३१४ दया तुम्हारी दरसन पइये ७६;१
४१ तूं है तूं है तूं है तेरा मैं नहीं मैं नहीं मैं नहीं मेरा टेक ७६;२
३७२ माहरौ स्यूं जे हूं आपूं ताहरौ छै तूं नैं थापूं टेक ७६;३
३७० जब यहु मैं मेरी मिटि जाइ तब देषत बेगि मिलै रांम राइ टेक ७६;५
१७८ हरि रांम बिनां सब भ्रंमि गए कोई जन तेरा साच गहै टेक ७६;१३
२४७ अैसैं ग्रिह मैं क्यूं न रहै मनसा बाचा रांम कहै टेक ७६;१४
२१५ सुष दुष संसा दूरि किया तब हम केवल रांम लिया टेक टेक ७६;२०
६७ गुरमुषि पाईयै रे अैसा ग्यांन बिचार ७७;१
६६ रमइया यहु दुष सालै मोहि ७७;२
२३९ बौरी तूं बार बार बौरांनीं ७७;४
२९ मन मूरिषा तैं क्या किया कुछ पीय कारंनि बैराग न लीया ७७;६
७७ मुझ थैं कछु न भया रे यहु यौंहीं गया रे ७७;७
१६० गोबिंद राष हु अपनी वोट ७८;१०
११६ हमारे तुम्हीं हौ रषि पाल ७८;११
३४६ मोहन दुष दीरघ तूं निवार मोहि संतावै बार बार टेक ७८;१२
३४४ निर्मल नांव न लीयौ जाइ ७८;१५
३५९ का जांनूं रांम को गति मेरी मैं बिषई मनसा नहीं फेरी टेक ७८;१६
२५६ ते मैं की धलां रांम जी ७८;३१
४०० हाथ दे हो रांमां तुम्ह सब पूर्न कांमां ७८;४४
१०५ माह्ला नाथ जी तारूहू नांव लिवाइ रे ७८;४५
३१५ मालिक मिहरवांन करींम ७८;४७
३१६ कौंन आदमीं कमींन बिवारा किस कूं पूजै गरीब पिंजारा टेक ७८;५२
३०३ निरंजन काइर कंपै प्रांनियां देषि यहु दरिया ७८;५४
७२ गोबिंदि कैसैं तिरियै ७८;५५
१० रांम संभालिये रे बिषम दुहेली बार टेक ७८;६६
११ पार नहीं पाईये रे रांम बिन को निरबांहनहार ७८;६७
९ तूं जिनि छाडै केसवा मेरे वोर निबांहन हार हो टेक ७८;७७
२४५ तौ निबहै जन सेवग तेरा अैसैं दया करि साहिब मेरा टेक ७८;७८
१२ क्यूं हम जीवहि दास गुसांई जे तुम्ह छाड हु संम्रथ सांई टेक ७८;७९
४०१ जिनि छाडै हों रांम जिनि छाडै ७८;८०
१६१ रांम क्रिपा करि होहु दयाला दरसन देहु करहु प्रतिपाला टेक ७८;८१
३२० मन चंचल मेरौ कह्यौ न मांनैं दसौं दिसा दौरावै रे ७९;२
३६५ मन मैला मनहीं सूं धोइ उनमनि लागै न्रिमल होइ टेक ७९;४
२२ मन निर्मल तन निर्मल भाई आंन उपाइ बिकार न जाई टेक ७९;५
३६६ रहु रे रहु मन मारूंगा रती रती करि डारूंगा टेक ७९;६
११७ ए मन माधौ बरजि बरजि ७९;८
१०२ बाबा मन अपराधी मेरा कह्या न मांनैं तेरा टेक ७९;९
३०२ मेरे तुम्ह हीं राषनहार दूजा को नहीं ७९;१३

२८१ मन रे रांम रटत क्यूं रहिये यहु तत बार बार क्यूं न कहिये टेक १०७;६
२४६ माया संसार की सब झूठी १०८;३
हरि आराधी लै रे पायौ मैं भ्रमतां भ्रमत संजोग १०८;६
३६ मेरी मेरी करत जग षीणां देषत हीं चलि जावै १०९;१
३७ मैं मैं करत सबै जगु जावै अजहूं अंध न चेते १०९;२
७८ मेरा मेरा छाडि गंवारा सिर परि तेरे सिरजनहारा १०९;३
१७० मेरा मेरा काहे कूं कीजै जे कुछ संगि न आवै १०९;४
२३६ सुणि तूं मनां रे मूरिष मूंढ गंवार टेक १०९;२०
४०६ काल कया गढ भेलिसी छीजैं दसौं दुवारो रे १०९;२१
४२३ जीयरा हो मेरे सुमरि सार कांम क्रोध मद तजि बिकार टेक १०९;२९
४२४ जीयरा चेति रे जिनि जारै १०९;३०
२६० नेटि रे माटी मैं मिलणां मोरि मोरि देही काहे कूं चलणां टेक १०९;३५
३६२ कागा रे करंक परि बोलै षाइ मास अरल गहीं डोलै टेक १०९;३७
१०३ भाई रे यौं बिनसै संसारा कांम क्रोध अहंकारा टेक ११०;१
२८ कौंन जनम कहां जाता है रांम छाडि कहा राता है टेक ११०;२
२७ अैसा जनम अमोलिक भाई जामैं आइ मिलै रांमराई टेक ११०;४
३१८ बार बार तन नहीं बावरे काहे कूं बादि गंवावै रे ११०;५
२४२ वारी वार कहूं रे गहिला रांम नांम कांइ बिसारचूं रे ११०;६
२०२ रे मन गोबिंद गाइ रे गाइ तेरौ जनम अब्रिथा जाइ रे जाइ टेक ११०;१०
२६१ जाइ रे तन जाइ रे ११०;११
२५९ कछु चेति रे कहु क्या आया ११०;१२
३१९ रांम बिसारचौ रे जगनाथ ११०;१३
२१ कैसैं जीविये रे साई संग न पास १११;१
२०३ मन रे सोवत रैंनि बिहांनीं तैं अजहूं जात न जांनीं टेक १११;५
१२१ सजनीं रजनीं घटती जाइ १११;६
१४० जागि रे किस नींदडी सूता १११;७
१४१ जागि रे सब रैंनि बिहांनीं जाइ जनम अंजुरी कौ पांनीं टेक १११;८
३१७ जागहु जियरा काहे सोवै सेइ करी मांतौ सुष होवै टेक १११;१५
७९ दादू दास पुकारै रे सिरि काल तुम्हारै रे १११;१७
३६३ जपि गोबिंद बिसरि जिनि जाइ जनम सुफल करिये ल्यौ लाइ टेक १११;१९
३४८ बहुरि न कीजै कपट कांम हिरदै जपिये रांम नांम टेक ११२;१
४०८ डरिये रे डरिये परमेस्वर थैं डरिये ११२;२
१४४ मन वाल्हा हो कछू बिचारी षेल पडिसी रे गढ भेल टेक ११२;३
१४३ तो कूं केता कहूं मन मेरे ११२;४
४०५ जीयरा रांम भजन करि लीजै ११२;६
११८ बटाऊ चलनां आजि कि काल्हि ११२;१२
१६९ साथी सावधांन ह्वै रहीये ११२;१४
१६८ मन रे बहुरि न अैसैं होई ११२;१६
वहला पधारौ ग्रेह हो माह्ला नाथ जी ११४;१
१५४ पिरी तूं पांण पसाइडे मूंतनि लगी भाहिडे टेक १२५;४
१५५ को मडी दो सजणां सुहारी सूरति केला लगे डीहु घणां टेक १२५;५
७५ दरबारि तुम्हारे दर वंद पीव पीव पुकारै १२५;६
१३२ अम्हे बिरहुणियां रांम तुम्हारडियां १२५;८
१०६ अरे मेरे अमर उपांवनहार रे षालिक आसिक तेरा टेक १२५;९
४३२ अरे मेरा सदा संगाती कारंनि तेरे टेक १२५;१०
२५७ कहौ क्यूं जन जीवै सांईयां दे चरन कवल आधार हो १२५;१२

१०९ मेरे पीय जी सेती नेह नवेर अति मींठा मोहि भावै रे १२५;१३
११० माह्ला रे वाल्हा नैं काजैं हूं रिदै जोई बानैं ध्यांन धरूं १२५;१६
११३ वाल्हा हूं जांणूं जे रंगभरि रंमियैं नाथ निमष नहीं मेल्हूं रे १२५;१७
११४ तूं छै माह्लौ रांम गुसांई पालवि ताहरै बांधी रे १२५;१८
३ कवन बिधि पाईये रे मींत हमारा सोइ टेक १२५;२८
४ जीयरा क्यूं रहै रे तुम्हारे दरसन बिन बेहाल टेक १२५;२९
३९५ मोहन माधौ कब मिलै सकल सिरोमनि राइ १२५;३०
६ मो धन पीय जी साजि संवारी इव बेगि मिलौ तन जाइ बनबारी टेक १२६;१
४२१ तैं मन मोह्यौ मोर रे रहि न सकूं हूं रांमजी टेक १२६;३
१५ तौ लग तूं जिनि मारै मोहि जौ लग मैं देषूं नहीं तोहि टेक १२६;४
१६ संग न छाड़ूं मेरा पांव न पीव मैं बलि तेरे जीवनि जीव टेक १२६;५
१७ नहीं मेल्हं रांम नहीं मेल्हूं मैं सोधी लाधौं नहीं मेल्हूं १२६;६
१२३ मन बैरागी रांम कौ संगि रहें सुष होइ हो टेक १२६;७
१८ रांम सुनहुं न बिपति हमारी हो तेरी मूर्ति की बलिहारी हो टेक १२६;८
१५६ हरि हां दिषावहु नैंनां १२६;१०
२४१ वाल्हा हूं ताहरी तूं माहरौ नाथ १२६;११
२४९ माह्ल वाल्हा रे ताह्लैं सरणि रहेस १२६;१२
२५० चरण दिषाडि तौ परमांन १२६;१३
२५१ ते हरि मेलौ माहरौ नाथ १२६;१४
२५२ ते किम प्रांमियैं रे दुरलभ जे आधार १२६;१५
७३ पीव आव हमारे रे मिलि प्रांन पियारे रे बलि जांऊं तुम्हारे रे टेक १२६;१६
७४ वाल्हा सेज हमारी रे तूं आव हूं वारी रे हूं दास तुम्हारी रे टेक १२६;१७
८९ आव सलूंनें देषन दे रे बलि बलि जांऊं बलिहारी तेरे टेक १२६;१८
९१ आव वे सजण आव सिर परि धरि पाव वे सजण आव १२६;१९
दयाल अपनें चरननि मेरौ चित लगावो नींकैं हीं करी टेक १२६;२२
१३० क्यूं बिसरै मेरा पीव पियारा जीव की जीवनि प्रांन हमारा १२६;२६
२५५ राइ रे राइ रे सकल भुवनपति राइ रे १२६;२७
४३७ आदि है आदि अनादि मेरा संसार सागर भगति भेरा १२६;२८
२९५ हूं जोइ र ही रे बाट तूं घरि आदिनैं १२६;३०
२९६ पिय देषें बिन क्यूं रहूं जीव तलपै मेरा १२६;३१
२९९ निरंजन क्यूं रहै मूंनि गहें बैराग केते जुग गये टेक १२६;३२
३०१ जगजीवन प्रांन अधार बाचा पालनां १२६;३३
३१२ देहुजी देहुजी प्रेम पियाला देहुजी १२६;३५
३१३ बरिषहु रांम अंमृत धारा झिलिमिलि झिलिमिलि सींचन हारा टेक १२६;३६
३६१ तुम्ह बिन कहि क्यूं जीवन मेरा अजहूं न देष्या दरसन तेरा टेक १२६;३७
३८९ तेरे नांउ की बलि गांउ जहां रहै जिस ठांउं टेक १२६;३८
४१० गोबिद के चरनूं हीं ल्यौ लांऊं १२६;३९
३९९ मुषि बोलि स्वांमीं अंतरजांमीं तेरा सबद सुहावै रांमजी टेक १२६;४०

4.2. First line index of the Pads of Dādū (alphabetical)

१६३ एह्वौं एक तूं रांम जी नाम रूंडूं ताहरा नांम बिनां बीजौं सबहि कूडूं ६०;६
१४७ अैंन बैंन चैंन होवै सुणतां सुष लागै ४८;२
६७ अैंन येक सो मींठा लागै जोति सरूपी ठाढा आगै ७३;५
४४० अैसा अवधू रांम पियारा प्रांण प्यंड थैं रहै नियारा २०;५
२७ अैसा जनम अमोलिक भाई जामैं आइ मिलै रांमराई ११०;४
२११ अैसा तत अनूपम भाई मरै न जीवै काल न षाई ६३;१६
४५ अैसा रांम हमारै आवै वार पार को अंत न पावै ६५;१
८३ अैसा रे गुर ग्यांन लषाया आवै जाइ सु दिष्टि न आया २०;४१
३५५ अैसी सुरति रांम ल्यौ लाइ हरि हिरदै जिनि बीसरि जाइ ७१;१
२४७ अैसैं ग्रिह मैं क्यूं न रहै मनसा बाचा रांम कहै ७६;१४
२६६ अैसैं बाबा रांम रंमींजै आतम सौं अंतर नहीं कीजै ५३;१
३६८ अैसौ अलष अनंत अपार तीनि लोक जाकै बिसतार ६५;२१
३६९ अैसौ राजा सेऊं ताहि और अनेक सब लागे जाहि ६५;२२
२५९ कछु चेति रे कहु क्या आया ११०;१२
३६४ कतहूं रे हो बदेसि हरि नहीं आए हो ७२;२८
१५३ कब आवैगा कब आवैगा पीव प्रगटि आप दिषावैगा ७२;३४
१३३ कबहूं अैसा बिरह उपावै रे पीव बिन देषें जीव जावै रे ७२;१४
३०६ करणीं पोच सोच सुष करई लोह की नांव कैसैं भौजलि तिरई ४९;२४
३ कवन बिधि पाईये रे मींत हमारा सोइ १२५;२८
२५७ कहौ क्यूं जन जीवै सांईयां दे चरन कवल आधार हो १२५;१२
४०४ कांइमां कीरति करौंली तूं मोटौ दातार ६३;१३
३७८ कांम क्रोध न आवै मेरै ताथैं गोबिंद पाया नेरैं ५३;२
३६२ कागा रे करंक परि बोलै षाइ मास अरल गहीं डोलै १०९;३७
३५९ का जांनूं रांम को गति मेरी मैं बिषई मनसा नहीं फेरी ७८;१६
२३ का जीवनां का मरनां रे भाई जौ तैं रांम न रमसि अघाई ११;२३
४४ कादिर कुदरति लषी न जाइ कहां तैं उपजै कहां समाइ ६४;२
३४१ काया मांहैं अनभै सार काया मांहैं करै बिचार ६७;५८
३४२ काया मांहैं तारणहार काया मांहैं उतरे पार ६७;५९
३४३ काया मांहैं देष्या नूर काया मांहि रह्या भरपूर ६७;६०
३३६ काया मांहैं बिषमीं बाट काया मांहैं औघट घाट ६७;५६
३३७ काया मांहैं षेल पसारा काया मांहैं प्रांन अधारा ६७;५४
३४० काया मांहैं सब कुब जांणि काया मांहैं लेहु पिछांणि ६७;५७
३३८ काया मांहैं सागर सात काया मांहैं अबिगत नाथ ६७;५५
४०६ काल कया गढ भेलिसी छीजैं दसौं दुवारो रे १०९;२१
२२४ कासूं कहूं हो अगम हरि बाता गगन धरनि दिवस नहीं राता ६३;७
९३ काहू तेरा मरम न जांनां रे सब भये दिवांनां रे ८५;४
३४ काहे रे नर करहु झफांण अंतकालि घर गोर मसांण १०४;९
२६२ काहे रे बकि मूल गंवावै रांम कै नांइ भलैं सचु पावै ५०;३
२६ काहे रे मन रांम बिसारै ७९;३१
२१ कैसैं जीवियै रे साई संग न पास १११;१
१३१ कोई कहौ रे मार्‌हा नाथ नैं नारी नैंन निहारै बाट ७२;१२
१२२ कोई जानैं रे मरम माधइया केरौ ६७;२७
१४८ कोई रांम का राता रे कोई प्रेम का माता रे १६;१४
१५५ को मडी दो सजणां सुहारी सूरति केला लगे डीहु घणां १२५;५
२७९ कोली साल न छाडै रे सब घाबर काढै रे २०;५०
३७५ को स्वांमीं को सेष कहै इस धुनियां का मरम न कोई लहै ४०;१

११८ बटाऊ चलनां आजि कि काल्हि ११२;१२
३१३ बरिषहु रांम अंमृत धारा झिलिमिलि झिलिमिलि सींचन हारा १२६;३६
३४८ बहुरि न कीजै कपट कांम हिरदै जपिये रांम नांम ११२;१
१७६ बातैं बादि जांहिगी भइये तुम्ह जिनि जांनौं बातनि पइये ४९;१
४१६ बाबा इहि बिधि आर्ती रांम की कीजै आतमां अंतरि वारणां लीजै ७४;१
२१६ बाबा कहौ दूजा क्यूं कहिये तार्थें इहि संसै दुष सहिये ४२;१
१९३ बाबा को अैसा जन जोगी २०;६
६८ बाबा गुरमुषि ग्यांनां रे गुरमुषि ध्यांनां रे १;११
२१७ बाबा नांहीं दूजा कोई ५४;१०
१०२ बाबा मन अपराधी मेरा कह्या न मांनैं तेरा ७९;९
८१ बाबा मर्द मर्दां गोइ ए दिल पाक करि दंम धोइ ५८;१५
३१८ बार बार तन नहीं बावरे काहे कूं बादि गंवावै रे ११०;५
८ बिरहुंनि कूं सिंगार न भावै है कोई अैसा रांम मिलावै ७२;३
२८० बिरहुंनि बपु न संभारै ७२;२
४०२ बिषम बार हरि अधार करुणां बहु नांमीं ६१;१
१८६ बेली आनंद प्रेम समाइ ५७;१७
२३९ बौरी तूं बार बार बौरांनीं ७७;४
१६२ भगति मांगूं बाप भगति मांगूं मूं नैं ताहरा नांम नौं प्रेम लागुं ७५;८
२८७ भाई रे अैसा एक बिचारा यूं हरि गुर कहै हमारा १०;१
५७ भाई रे अैसा पंथ हमारा ५३;१७
५९ भाई रे घर ही मैं घर पाया ५९;४१
१०४ भाई रे तब का कथिसि गियांनां जब दूसर नांहीं आंनां ६७;४९
१०१ भाई रे तेन्हैं रूडूं थाए जे गुरमुषि मारगि जाए २९;४
२८६ भाई रे बाजीगर नट षेला अैसैं आपैं रहै अकेला ६७;४१
१०० भाई रे भांनि घडै गुर मेरा मैं सेवग उस केरा ४;१
१०३ भाई रे यौं बिनसै संसारा कांम क्रोध अहंकारा ११०;१
९९ भाई रै अैसा सतगुर कहिये भगति मुकति फल लहिये १;१
५२ भेषि न रीझै मेरा निज भरतार तार्थें कीजै प्रीति बिचार १५;४
३५२ मतिवाले पांचूं प्रेम पूरि निमष न इत उत जाइ दूरि २१;१५
१८८ मधि नैंन निरषूं सदा सो सहज सरूप ६८;३
८६ मन कछू भी चेति गंवार ७९;२३
३२० मन चंचल मेरौ कह्यौ न मांनैं दसौं दिसा दौरावै रे ७९;२
२२ मन निर्मल तन निर्मल भाई आंन उपाइ बिकार न जाई ७९;५
३८१ मन पवन ले उनमनि रहैं आगंम निगंम मूल सो लहै ७०;५
१४५ मन बावरे हो अनंत जिनि जाइ ६७;२०
१२३ मन बैरागी रांम कौ संगि रहें सुष होइ हो १२६;७
२०७ मन माया रातौ भूले ८५;५
२९ मन मूरिषा तैं क्या किया कुछ पीय कारंनि बैराग न लीया ७७;६
२४० मन मूरिषा यौंहीं जनम गंवायौ ७९;२१
३६५ मन मैला मनहीं सूं धोइ उनमनि लागै न्रिमल होइ ७९;४
३९३ मनमोहन हो कठिन बिरह की पीर सुंदर दरस दिषाइये ७२;२७
२८४ मन रे अंतकाल दिन आया तार्थें यहु सब भया परा १०७;५
२८५ मन रे तूं देषै सो नांहीं है सो अगंम अगोचर मांहीं ६७;३९
२८२ मन रे तेरा कौंन गंवारा जपि जीवनि प्रांन अधारा ८९;१८
२८३ मन रे देषत जनम गयौ तार्थें काज न कोई भयौ ४७;४
१६८ मन रे बहुरि न अैसैं होई ११२;१६

5. Contents of the *Sarvāṅgī*

१ गुरदेव कौं अंग

साषी दादू १-११
कवित रजब १२
साषी दादू १३
मोहन १४
दादू १५
राग अडांणौ दादू १-२
नानक ३
राग गौडी हरदास ४
अरिल्ल दादू १६
राग माली गौडी मोहन ५
राग रामग्री कबीर ६
राग भैरूं भैरूं ७
राग आसावरी गोरषनाथ ८
दादू ९
राग सारंग दादू १०
राग गौडी दादू ११
राग रामगरी कबीर १२
राग टोडी नामदेव १३
राग आसावरी गोरषनाथ १४
राग गौडी गोरषनाथ १५
कबीर १६
हरदास १७
श्लोक १-४
? १७
साषी जगनाथ १८
जैमल १९
? २०
राग भैरूं टीला १८-१९
मोहन २०
राग सारंग बषना २१

२ गुर गोविंद की महिमा कौं अंग

साषी दादू १
नानक २
दादू ३-४
जैमल ५
कबीर ६-७
? ८-१०
जगनाथ ११-१२
राग भैरूं कबीर १
चौपाई ? १३-३५
सवैये गोपाल ३६-३७
मोहन ३८
? ३९-४४
कवित रजब ४५-४९
कबीर ५०

३ साचा झूठा गुर की पारिष कौं अंग

साषी रजब १
कबीर २-५
? ६-७
दादू ८-११
कबीर १२-१६
दादू १७-१९
कबीर २०-२१
फरीद २२
दादू २३
जैमल २४
दादू २५
जैमल २६-३०
दादू ३१
जैमल ३२
दादू ३३
मोहन ३४
जगनाथ ३५-३६
? ३७
जैमल ३८
? ३९-४१
श्लोक ४२
साषी
जैमल ४३
? ४४-४५
दादू४६-५४
जैमल ५५
? ५६
जैमल ५७-६०
दादू ६१-६२
प्रिथीनाथ ६३-६५
? ६६-६९
कवित्त
रजब ७०-७१
कबीर ७२
जैमल ७३
राग मारू ? १-३

माधौ ४
? ५-६
हरदास १०

४ साचा गुर का घाट घडिबा कौं अंग

राग अडांणौ दादू १
साषी दादू १-२
कबीर ३
दादू ४-८
राग टोडी नापा २
साषी दादू ६
राग रांमग्री बषना ३
साषी दादू १०-१५

५ कसौटी कौं अंग

कबीर १
दादू २-६
? ७-८
राग रांमग्री दादू १
साषी दादू ६-१०
नानक ११
? १२-१३
दादू १४-१८
कबीर १६
? २०-२५
कवित रजब २६-२८

६ भयभीत भयानक डर कौं अंग।

राग धनाश्री दादू १
साषी दादू १
कबीर २-४
रजब ५
कबीर ६
दादू ७-८
? ६-११
नानक १२-१३
? १४-१५

७ गुर का सबद कौं अंग

राग रांमगरी दादू १
राग केदारौ कबीर २
राग रामग्री दादू ३
राग केदारौ करमचंद ४
राग धनाश्री गरीबदास ५
राग केदारौ जगनाथ ६
राग धनाश्री मोहन ७
कवित्त रजब १
राग नट नारांइण कबीर ८
राग गौडी कबीर ६
साषी कबीर २
राग गौडी कबीर १०
राग आसावरी दादू ११
राग गौडी कबीर १२-१३
राग आसावरी कबीर १४
राग धनाश्री बषना १५
साषी जगनाथ ३-८
कबीर ६-१६
दादू २०-२६
कबीर २७
? २८-३१
राम रामग्री बषना १६

८ सुमिरण कौं अंग

राग केदारौ ? १
सूरदास २
राग कांनडौ सूरदास ३
राग रामगरी माधौ ४
राग माली गौडी ग्वालमी ५
? ६
राग रामगरी ? ७
राग गौडी बिष्णुदास ८
राग गुड नामदेव ६
राग माली गौडा नामदेव १०-११
राग कनडौ सूरदास १२
साषी भीम १-२
राग मारू रंग १३
राग भैरू तुरसी ? १४
मोहन १५
कबित्त ? ३-४
? ५

६ नांव प्रताप कौ अंग।

राग टोडी नामदेव २४
राग केदारौ कबीर २५
सूरदास २६
राग गुंड नामदेव २७
राग आसावरी हरदास २८
राग भैरू मोहन २९
राग रामगरी पीपा ३०
राग बिलावल नानक ३१
राग सोरठि रैदास ३२
राग नट दादू ३३
राग भैरू नापा ३४
राग आसावरी रैदास ३५
राग बिलावल रैदास ३६
राग कनडौ परमानंद ३७
राग बिलावल परमानंद ३८
धना ३९
राग मारू षेम ? ४०
राग सोरठि परमानंद ४१
राग सारंग परमानंद ४२
कवित्त ? २३
राग बिलावल परसा ४३
? ४४

१० नांव महिमा नांव बिन अकार्थ जन्म कौ अंग

साषी प्रिथीनाथ १-३
राग सोरठी दादू १
साषी दादू ४-६
? ७
चत्रभुज ८
नानक ९-१०
? ११
कबीर १२-१५
जगनाथ १६
कबीर १७
दादू १८-१९
? २०
दादू २१-२४
कबीर २५
जगनाथ २६-२७
अरिल सोम २८
कबीर २९-३६
राग टोडी जगिया २
राग केदारौ बषना ३
राग गौडी कबीर ४
दादू ५
साषी जैमल ३७-४४
राग धनाश्री सूरदास ६
राग केदारा मोहन ७
राग गौडी देईदास ? ८
राग टोडी नामदेव ९
? १०
मोहन ११
राग धनाश्री छीतम १२
अरिल ? ४५
कवित्त माधौ ४६
कमच ४७
? ४८
कमच ४९
राग काफी कल्यांन १३
राग कनडौ ? १४
साषी ? ५०
मोहन ५१
? ५२-५४
फरीद ५५
मोहन ५६
? ५७
जगनाथ ५८
? ५९-६०
राग गौडी कबीर १५
राग सारंग सूरदास १६
परमानंददात १७
राग धनाश्री सूरदास १८
राग गौडी जैमल १९
राग भैरू नामदेव २०
राग केदारौ कबीर २१
राग रामग्री नामदेव २२
राग गौडी कबीर २३
? ६१-६२
नानक ६३
जैमल ६४
दादू ६५
जैमल ६६-६९
जगजीवनदास ७०
जगनाथ ७१-७३
जैमल ७४-७५
राग धनाश्री नानक २४
राग गौडी कबीर २५

११ नांव महिमा कौ अंग

१२ मूल धर्म कौ अंग

१३ तप तीर्थ तसकार पतिव्रत कौ अंग

राग आसावरी पीपा २१-२२
श्लोक ४०-४२
राग आसावरी नामदेव २३
कबीर २४
माली गौडी कबीर २५
साषी दादू ४३
? ४४-४५
गोरष ४६
राग कनडौ नामदेव २६
राग भैरू नामदेव २७
नापा २८
राग सोरठि कबीर २९
नानक ४७-४९
? ५०
राग भैरू प्रिथीनाथ ३०
परसा ३१
राग आसावरी नवल ३२

१४ भर्म बिधांसण कौ अंग

राग आसावरी गोरषनाथ १
राग गौडी कबीर २
राग टोडी नामदेव ३-४
राग रामगरी कबीर ५
राग गौडी नापा ६
राग रामकली कबीर ७
राग रांमकली दादू ८
पीपा ९
नापा १०
राग टोडी बषना ११
साषी ? १-२
राग बसंत रामानंद १२
राग आसावरी नापा १३
राग सोरठि रैदास १४
राग भरू हरदास १५
राग सोरठि दादू १६
राग रांमगरी कबीर १७
राग आसावरी बषना १८
राग टोडी सूरदास १९
नामदेव २०
राग सोरठि कबीर २१-२२
राग आसावरी गोरषनाथ २३
राग केदारौ कबीर २४
राग कल्याण नामदेव २५

साषी कबीर ३
दादू ४
? ५-१३
दादू १४-१५
मोहन १६
? १७-३२
कबीर ३३
दादू ३४-४९
मोहन ५०
? ५१-५३
परस ५४-५६
? ५७
कबीर ५८
दादू ५९-६०
? ६१
चरपट ६२-६३
मुकंद ६४
? ६५-६६
बाजिंद
? ७०-७१
पीपा ७२
कबीर ७३
? ७४-७५
जैमल ७६

१५ भेष कौ अंग

प्रिथीनाथ १-३
? ४
राग रांमगरी हरदास १
राग धनाश्री नामदेव २
साषी पीपा ५
कबीर ६
राग सोरठि कबीर ३
साषी दादू ७-१३
फरीद १४
राग गौडी दादू ४
राग टोडी नामदेव ५
राग गौडी कबीर ६
राग बिलावल नापा ७
राग आसावरी नापा ८
राग गौडी कबीर ९
? १७
राग गौडी कबीर १०

१६ साध कौ अंग

मछिंद्र ४६
? ४७
जैमल ४८
जगनाथ ४६
श्लोक ६०-७६
प्रथमे ग्यांन परछ्या ८०-८१
साषी ? ८३-१०७
बाजीद १०८
? १०६
बाजीद ११०
१७ साध महिमा कौं अंग
राग बिलावल घाटम १
राग सारग बषना २
राग विलावल अधार ३
सूरदास ४
राग टोडी नापा ५
राग विलावल नापा ६
राग सोरठि रैदास ७
राग धनाश्री घाटम ८
राग सूहौ बषना ६
श्लोक १-८
राग टोडी नामदेव १०
साषी ? ६-१८
श्लोक १६
कबीर २०
राग धनाश्री अगरदास ११-१२
? २१
अगरदास १३
राग बिलावल श्रीभट १४
राग कनडौ सूरदास १५
श्लोक २२
? २३-२४
राग भैरूं नामदेव १६
साषी ? २५
कबीर २६
दादू २७-२६
राग गौडी जगनाथ १७
? ३०-३४
गोरषनाथ ३५ (गोरख बानी १:१)
कबीर ३६
दादू ३७
राग सारंग नापा १८
साषी परस ३८-४०
कबित रजब ४१-४३
कबीर ४४
? ४५-५०
कबित रजब ५१
राग गुंड त्रिलोचन १६
राग गौडी बषना २०
राग कनडौं नामदेव २१
राग ललित नामदेव २२
राग गुंड नामदेव २३
राग टोडी नामदेव २४
राग रामगरी नामदेव २५
राग भैरू नामदेव २६
कबित रजब ५२-५७
? ५८-५६
राग आसावरी कबीर २७
? ६०
दादू ६१-६२
राग टोडी जगनाथ २८
साषी दादू ६३
? ६४-६६
दादू ६७
? ६८-७०
राग मारू सूरदास २६
राग धनाश्री कबीर ३०
राग सोरठि कबीर ३१
साषी दादू ७१
राग गौडी कबीर ३२
श्लोक ७२
? ७३
साषी दादू ७४
जैमल ७५-७८
? ७६-८०
कबीर ८१
नामदेव ८२
श्लोक ८३
राग सारंग परस(रांम) ३३

१८ मिलाप मंगल कौं अंग

नामदेव १
राग षमाइची मारू दादू २
राग रांमगरी दादू ३
राग सारंग मोहन ४
जनगोपाल ५
राग आसावरी गरीबदास ६
राग कनडौ मारू टीला ७

१६ त्रिदोष साच अतीत के लष्यनि की पारष कौ अंग

२० आतम आरंभ जोग कौं अंग

राग गौडी हरदास ४६
राग रांमगरी हरदास ४७
राग सोरठि कबीर ४८-४९
दादू ५०
राग गौडी दादू ५१
राग आसावरी कबीर ५२
राग टोडी नामदेव ५३
राग आसावरी गोरषनाथ ५४
मछिंद्र १
राग आसावरी कबीर ५५
राग परज्यौ रांमग्री हालीपाव ५६
राग रांमगरी गोरषनाथ ५७
राग आसावरी कबीर ५८
राग गौडी कांन्हां ५९-६०
राग रांमगरी नामदेव ६१
राग गुंड नामदेव ६२
राग भैरू कबीर ६३
राग गौडी कबीर ६४
दादू ६५
साषी सबदी ? २-६
कबीर ७
दादू ८-११
? १२-१६
चरपट १७
? १८-२१
श्लोक २२-३६

२१ मतिवालि कौ अंग

राग गौडी कबीर १
दादू २
कबीर ३
राग रांमग्री कांन्हईया ४-६
कबीर ७
राग गौडी कबीर ८
राग आसावरी मोहन ९
साषी कबीर १-५
दादू ६-१०
राग गौडी सुषानंद १०
दादू ११
कबीर १२-१३
राग आसावरी दादू १४
राग बसंत दादू १५
राग कनडौ कील्ह १६
राग बिलावल नानक १७
राग रांमग्री हरदास १८
राग भरूं हरदास १९
राग आसावरी रैदास २०
राग मारू चरंणदास २१

२२ अपारष पारष कौ अंग

राग रांमग्री हरदास १
राग गौडी नापा २
कबीर ३
साषी ? १-३
दादू ४-७
राग टोडी बषना ४
साषी ? ८
रजब ९
? १०-१५
दादू १६-१९
साध कौ प्रसंग दादू २०
? २१-२३
दादू २४
कबीर २५-२७
जगनाथ २८
दादू २९-३०
बैत ? ३१-३४
कबीर ३५-३६
गोरषनाथ ३७
दंवल ३८-४१
राग धनाश्री भवनां ५
साषी दादू ४२
श्लोक ४३-४६
कबीर ४७
? ४८-५०
कबीर ५१-५२
? ५३
नानक ५४
कबीर ५५-५७
? ५८
नानक ५९
दादू ६०
बषना ६१-६२
प्रिथीनाथ ६३-६५
षोजी ६६
परसरांम ६७

२३ साध असाध की पारष कौ अंग

२४ असाध लेक कौ अंग

२५ साध संगति कौ अंग

कबीर १-२
पीपा ३
? ४
दादू ५-१०
कबीर ११
? १२
कबित रजब १३
कबीर १४
(श्लोक) १५-१६
कबीर २०
दादू २१
? २२
दादू २३-२७
नामदेव २८-२९
? ३०-३७
प्रिथीनाथ ३८-४०
दादू ४१-४६
राग गुंड जगनाथ १
श्लोक ४७-४९
राग रांमग्री भीषम २
जगनाथ ५०
दादू ५१
राग आसावरी जगिया ३
राग टोडी नामदेव ४
? ५२
राग गौडी कबीर ५
अंगद ५३
राग मारू सोम ६
साखी ? ५४
दादू ५५
? ५६-५८
बषना ५९-६७
संकर सजन ६८
बैंन ६९
संकर सजन ७०
? ७१
जैमल ७२-७३
मोहन ७४-७५
परसा ७६
परसरांम ७७-७९
? ८०
जगनाथ ८१-८३
? ८४-८७
फरीद ८८
कबीर ८९
? ९०-९१

२६ सजन द्रुजन की पारष कौ अंग

कबीर १-३
दादू ४
कबीर ५
? ६-१३
नव्ल १४
मल्ह १५
? १६
मल: १७
? १८-२२
कविदास २३
? २४-२७
कबीर २८
किसवा २९
असोग ३०
संकर ३१
कबीर ३२
? ३३-३७
दादू ३८-३९
जगनाथ ४०
? ४१-४५
रजब ४६
जगनाथ ४७
? ४८-५०
दादू ५१
जमाल ५२-५३
? ५४
कबिदास ५५
दादू ५६-५७
? ५८
कबीर ५९
? ६०-६१
जगजीवनदास ६२
गोरषनाथ ६३
? ६४
जगनाथ ६५
दादू ६६
जगनाथ ६७

२७ सजन साध दुर्जन दुष्ट दोऊ कौ अंग

२८ मन भष विकृताई कौ अंग

२९ कुसंगति कुकरनीं तसकार कौ अंग

राग गौडी कबीर ७
कबीर ५२
? ५३-५५
फरीद ५६
कबीर ५७
? ५८-८२

३० असाधि रोग अग्यान संग छाडिबा कौ अंग

राग सारंग सूरदास १
राग आसाचरी हरदास २
कबीर ३
श्लोक १-३
? ४-९
दादू १०-१४
कबीर १५-१९
रजब २०
? २१-२२
दादू २३-२४
जैमल २५
दादू २६
जैमल २७-२८
? २९
बाजीद ३०
दादू ३१-३२
? ३३-३४
प्रिथीनाथ ३५-४०
? ४१-४७
दादू ४८-५१
नल्ह भाट ५२
? ५३
करमानंद ५४
? ५५-५७
रजब ५८
? ५९-६१

३१ आग्या भंगी अग्यांनी सिष कौ अंग

दादू १-१३
कबीर १४-१५
दादू १६
कबीर १७
श्लोक १८
दादू १९-२१
बषना २२-२३
? २४
बषना २५
गोरषनाथ २६
? २७
मोहन २८
? ३०-३२
षोजी ३३-३४
परसा ३५-३७
रजब ३८
? ३९

३२ गुण चोर निगुणां कौ अंग

राग केदारौ हरदास १
राग गौडी कबीर २
साषी दादू १-२
मुकंद ३
दादू ४
राग धनाश्री टीला ३
राग टोडी बषना ४
मोहन ५
? ६-७
राग गौडी रैदास ५
? ८-९
षोजी १०-११
प्रिथीनाथ १२-१४
कबीर १५-१६
दादू १७
कबीर १८-१९
दादू २०-२२
कबीर २३
दादू २४
जगनाथ २५
दादू २६-३५
रजब ३६
मोहन ३७
? ३८-४२
चैन ४३
? ४४
षोजी ४५
परसा ४६

३३ गुरदेव का गुण सगुणां साध कौ अंग

३४ गुर उपदेस आग्याकारी कौ अंग

३५ पतिब्रत कौ अंग

३६ प्रेम वियोग सगुण सनेह प्रीति कौ अंग

? ७२-७४
राग सारंग सूरदास १६
? ७५-७७
कबीर ७८-७६
? ८०-८३

३७ निंद्या कौं अंग

राग भैरूं कबीर १
राग गुंड दादू २
साषी दादू १-२
राग टोडी नापा ३
गोरषनाथ ३
कबीर ४-५
मोहन ६
दादू ७-८
? ६-११
राग भैरूं नानक ४
राग गौडी बषना ५
राग टोडी टीला ६
सवैईया स्वांमींदास १२
? १३-१४
गोरषनाथ १५
? १६-१७
कबीर १८
? १६
कबीर २०-२१
जैमल २२-२५

३८ असारग्राही कौं अंग

? १
रजब २-३
दादू ४
कबीर ५
? ६
जगनाथ ७-८
? ६-११
जगजीवनदास १२
? १३

३६ सारग्राही कौं अंग

दादू १-२
जैमल ३-७
जगनाथ ८
रजब ६
दादू १०-११
? १२
दादू १३
तुरसी १४

४० अपारष निंद्या कौं अंग

राग भैरूं दादू १-२
राग गौडी कबीर ३
राग टोडी टीला ४
साषी दादू १-१०
राग रांमगरी दादू ५
दादू ११-१५
जगनाथ १६
दादू १७-१८
जगनाथ १६
? २०
जैमल २१
? २२
जैमल २३
परसा २४
? २५-२६
कमच २६
? २७
प्रिथीनाथ २८-४०
दादू ४१
? ४२-४३
बाजीद ४४
प्रिथीनाथ ४५
जैमल ४६-४७
? ४८-५०
राग गौडी कबीर ६
? ५१
राग सारंग क्रिस्नदास ७
राग धनाश्री ?
राग रांमगरी हरदास ६
तुरसी ५२
? ५३

४१ जैसा करै सो तैसा पावै क्रित कमाई कौं अंग

४२ अविचार अपलहित अपराध कौं अंग

४३ अविचार देहला अपारष कौं अंग

४४ साच चांणक कौं अंग

४५ मलींनना चांणक कौं अंग

राग भैरूं नामदेव १
कबीर २-३
राग मारूं दादू ४
कबित रजब १
राग आसावरी कबीर ५-७
राग रांमग्री हरदास ८
राग गौडी कबीर ९
साषी दादू १-५
जैमल ६
नानक ७-८
? ९
दादू १०-१३
? १४
कबित ? १५
राग भैरूं नापा १०
? १६
राग आसावरी कबीर ११
राग भैरूं कबीर १२
? १७
?१८-२०
रजब २१

४६ चाणक उपदेश कौं अंग

राग रांमग्री कान्हा १
साषी श्लोक ? १-२
दादू ३
राग कनडौ रैदास २
कबीर ४-५
? ६-८
कबीर ९
? १०-११
दादू १२
? १३
कबीर १४-१५
दादू १६
? १७
दादू १८-२२
? २३-२४
दादू २५-२६
? २७-३०
श्लोक ३१-३४
जगनाथ ३५
श्लोक ३६-४२
दादू ४३-४४
? ४५-४६
श्लोक ४७-५०
राग आसावरी माधौदास ३
राग सारंग पीपा ४
? ५१
राग सारंग रैदास ५
राग रांमग्री दादू ६
राग आसावरी बषना ७
? ५२
राग गौडी हरदास ८
दादू ५३
? ५४
बषना ५४
राग बिलावल हरदास ९
राग आसावरी दादू १०
जगजीवनदास ५६
बाजीद ५७
? ५८-६३

४७ चाणक कौं अंग

राग सोरठि कबीर १-३
दादू ४
राग गुंड नामदेव ५
राग भैरूं कबीर ६
राग केदारौ कबीर ७
राग बिलावल मोहन ८
राग गौडी कबीर ९
राग भैरूं कबीर १०
राग टोडी नामदेव ११
राग आसावरी कबीर १२
राग गौडी कबीर १३-१४
राग आसावरी कबीर १५
राग गौडी कबीर १६-१७
राग बसंत कबीर १८
राग रांमग्री रैदास १९
चौपई प्रिथीनाथ १-१३
राग गौडी दादू १६
साषी दादू १४
? १५
राग गौडी रैदास २०
राग गौडी रैदास २१

? ९३-९७
दादू ९८
चैन ९९
? ७०-७१
कबीर ७२
? ७३-७४
दादू ७५
? ७६
कबीर ७७
दादू ७८-७९
? ८०-८१
दादू ८२
? ८३
रैदास ८४
? ८५
दादू ८६-८८
नानक ८९
कबीर ९०-९१
? ९२
राग केदारौ नरसई स्वांमीं २५
राग रांमग्री नामदेव २६
राग गुड कबीर २७
राग टोडी परमांनंद दास २८
साषी ? ९३-९६
सुषदेव-प्रिथीनाथ ९७-१००
नानक १०१-१०२
? १०३
राग सोरठि कबीर २९
दादू १०४-१०५
कबीर १०५-१११
जगजीवनदास ११२-११३
कबीर ११४-११७
? ११८-११९
? १२०
दादू १२१
कबीर १२२-१२३
दादू १२४
गोरषनाथ १२५

५० काल बंचना जरणां उपदेश कौ अंग

राग रांमग्री नामदेव १
? १-४
राग धनाश्री सूरदास २
दासनिदास ५
कबीर ६
राग टोडी दादू ३
? ७
राग केदारौ कबीर ४
साषी ? ८
दादू ९-१०
राग गौडी कबीर ५
दादू ११
? १२-१४
दादू १५
? १६
दादू १७-१८
? १९-२०
राग धनाश्री नामदेव ६
राग भरूं नामदेव ७
दादू २१
? २२
राग रांमग्री हरदास ८
राग बिलावल कबीर ९
राग रांमगरी रैदास १०
हरदास २३
? २४-२५
दादू २६
बैत २७
राग गौडी कबीर ११
श्लोक २८-२९
दादू ३०
? ३१
गोरषनाथ ३२-३४
? ३५-३६
परचै गोपीचंद ४१-४५
? ४६-५०
कबित रजब ५१
? ५२-५९
दादू ६०
? ६१-६२
कबीर ६३-६४
? ६५
कील्हकरण ६६
कबित रजब ६७
कबीर ६८-७०
? ७१
कील्हा ७२-७३
? ७४-७८

४८ साची अनभै कौं अंग

४९ झूठी अनभै करणी बिना कथणी कौ अंग

५१ क्रोध कौं अंग

५२ दीन गरीबी लघुता कौ अंग

५३ समद्रिष्टि कौ अंग

दादू १-३
राग गौडी कबीर ८
कबित रजब ४
श्लोक ५
दादू ६
राग रांमग्री गोरषनाथ ६
राग गौडी कबीर १०-१२
साषी दादू ७-६
? १०
राग भैरूं कबीर १३
राग माली गौडी कबीर १४
राग गौडी कबीर १५
दादू १६-१७
राग आसावरी गोरषनाथ १८
साषी दादू ११-१२
? १३
नामदेव १४
श्लोक १५-१६
दादू १७-३०
ईसर ३१
श्लोक ३२-३३
? ३४-३५

५४ मधि कौ अंग

राग गौडी कबीर १
रैदास २
राग रांमगरी रैदास ३
राग आसावरी कबीर ४
राग भैरूं कबीर ५
दादू ६-७
कबीर ८-६
साषी ? १-६
दादू ७
कबीर ८
राग आसावरी दादू १०
दादू ६-११
राग टोडी दादू ११
राग सींधडौ बषना १२
साषी दादू १२-२२
कबीर २३
दादू २४
राग रांमग्री दादू १३
राग बिलावल दादू १४-१५
राग टोडी नामदेव १६
कबित रजब २५-२६
बैत २७
कबीर २८
दादू २६-३०
कबीर ३१
प्रिथीनाथ ३२
दादू ३३-३६
? ३७-३६
दादू ४०
कबीर ४१

५५ साच कौ अंग

राग टोडी दादू १
राग आसावरी रैदास २
साषी नानक १-२
महमद ३
राग आसावरी कबीर ३-४
साषी ? ४-६
राग गौडी कबीर ५
दादू ७
? ८-६
राग गौडी कबीर ६
साषी ? १०
जगनाथ ११-१२
? १३
जगनाथ १४
दादू १५
? १६-२२
राग भैरूं हरदास ७
कबीर ८
दादू २३-२७
बैत २८-२६
कबीर ६ (पद)
? ३०
दादू ३१

५६ दया न्रबैरता कौ अंग

राग आसावरी कबीर १
राग टोडी टीला २
राग गौडी कबीर ३
राग रांमगरी नेत ४

५७ सिकार संग्राम कौ अंग

५८ सूरातन कौ अंग

राग केदारौ क्रिस्नानंददास ४
राग रांमग्री हरदास ५
राग गौडी कील्हकरण ६
राग बिभास कील्हकरण ७
राग सींधूडौ दादू ८-९
साषी दादू ७
? ८
राग सींधूडौ सोझा १०
बषना ११
राग भैरूं कबीर १२
दादू ६
राग आसावरी मछिंद्रनाथ १३
गोरषनाथ १४
प्रिथीनाथ १०-१५
राग माली गौडी दादू १५
सब्दी साषी प्रिथीनाथ १६-१९
? २०-२५
गोरषनाथ २६
प्रिथीनाथ २७-३३
नानक ३४
फरीद ३५
कबीर ३६
? ३७
दादू ३८-४२
कबीर ४३-४५
जैमल ४६-४९
राग धनाश्री सोझा १६
साषी दादू ५०-५९
श्लोक ६०-६४

५९ ज्वाबसु मिलत अडिग उपजणि कौ

राग गौडी दादू १
राग भैरूं दादू २
साषी कबीर १
दादू २-६८
? ९-१३
नवल १४-१६
राग बसंत कबीर ३
साषी ? १७
दादू १८
राग सोरठि नामदेव ४
नानक १९
? २०
दादू २१
जैमल २२
? २३-२४
दादू २५
? २६
कबीर २७
बाजीद २८-२९
? ३०
दादू ३१
कबीर ३२
भरथरी ३३
दादू ३३
राग धनाश्री सेष बहावदी ५
राग केदारौ सूरदास ६
राग सारंग परमांनंददास ७
राग कनडौ परमांनंद
राग सारंग परमांनंद
सूरदास १०
राग धनाश्री परमांनंद ११
राग केदारौ तिलोक १२
राग मारूं परमांनंद १३
राग धनाश्री सूरदास १४
राग सारंग ब्यास १५
राग सोरठि कबीर १६
राग गौडी कबीर १७
साषी दादू ३५-३९
राग गौडी टीला १८
राग आसावरी जगिया १९
साषी दादू ४०-४४
राग गुंड नामदेव २०
राग टोडी नामदेव २१
राग गौडी कबीर २२
राग रांमग्री नापा २३
राग गौडी नापा २४
राग बिलावल नापा २५
राग टोडी कबीर २६
कबीर ४५
राग मारूं नरसईया २७
राग काफी काजी महमूद २८
साषी कबीर ४६-४७
दादू ४८
कबीर ४९
बैत ? ५०
दादू ५१-५२
राग केदारौ महमूंद २९

६० भरोसा कौं अंग

६१ भरोसा बीनती कौं अंग

६२ सगुण साध मिलत गोबिंदजी का गुणांह कौ अंग

राग धनाश्री सूरदास ८
राग मारू नामदेव ६
राग धनाश्री सूरदास १०
सवईयौ ? १५
मल्ल १६
साषी ? १७-२८
राग सारंग सूरदास ११
राग सारंग सूरदास १२
राग नट नारांइण सूरदास १३
राग मलार गरीबदास १४
राग धनाश्री ब्यास १५
राग गौडी दादू १६
राग रांमग्री दादू १७
राग भरूं दादू १८
तिलोक १६
साषी नानक २६-३०
सुत्रीधणीं करता कथि ग्रंथ। प्रिथीनाथ ३१-४४
? ४५-४६
फरीद ४७
दादू ४८

६३ पीव पिछांणण कौ अंग

श्लोक १-१०
नानिकजी कौ सोलहौ
राग मारू नानक १
कबीर ११
राग आसावरी कबीर २
राग बसंत रामांनंद ३
राग रांमग्री दादू ४-५
देवल ६
राग आसावरी दादू ७
गोरषनाथ ८
साषी सबदी प्रिथीनाथ १२-१६
भरथरी १७
गोपीचंद १८
हरताली १६
हालीपाव २०
? २१-२६
राग गौडी अंगद ६
राग गुंड हरदास १०
? २७
राग आसावरी दादू ११
श्लोक २८-२६
? ३०-३२
राग नट नाराइण दादू १२
राग धनाश्री दादू १३
साषी दादू ३३-३४
राग माली गौडी दादू १४
राग रांमग्री हणवंत १५
राग आसावरी दादू १६
साषी प्रिथीनाथ ३५-३७
दादू ३८
राग रांमग्री रैदास १७
राग आसावरी कबीर १८
राग गुंड दादू १६
राग आसावरी दादू २०-२१
राग गौडी कबीर २२
राग आसावरी गरीबदास २३
राग रांमग्री कबीर २४
नामदेव २५
राग आसावरी पीपा २६
राग गुंड नामदेव २७
राग रामग्री रैदास २८-२६
राग गौडी कबीर ३०
राग रांमग्री कबीर ३१
राग गौडी कबीर ३२
साषी दादू ३६-४०
राग आसावरी मोहन ३३
राग गौडी कबीर ३४
राग रांमग्री नामदेव ३५
श्लोक ४१-४५
राग धनाश्री कबीर ३६
हरदास ३७
साषी मोहन ४६
? ४७-५३
जैमल ५४-५८
राग भरूं नापा ३८
साषी दादू ५६-६३
? ६४
दादू ६५-७३
राग सूहौ
बारह पदी ग्रंथ कबीरजी की रमैणी ७४:१-१३
दादू ७५-७८
राग गौडी कबीर ३६
ज्वाब की साषी दादू ७६
८०
दादू ८१-८५

६४ साषीभूत संम्रथाई कौ अंग लिष्यते

६५ हैरांन कौ अंग

साषी दादू २२-२५
राग गौडी परमांनंद १४
? २६
राग सोरठि दादू १५
राग सारंग परमांनंद १६
साषी कबीर २७
दादू २८
कबीर २९-३३
(धनाश्री) ? ३४-३५
बछल ३६
कबीर १७
दादू १८
राग टोडी गोपाल १९
राग भैरू नापा २०
साषी दादू ३७
राग भैरूं दादू २१-२२
राग गुंड नामदेव २३
राग भैरूं कबीर २४
राग मारू बषना २५
राग जंगली गौरी नानक २६
निरंजन हैरांन ग्रंथ दादू १-२१
ब्रह्म स्तुति ? २२-२५
गुन निरंजन नांमौं ? २६-२७
चौपाई ? २८-३६
दोहरा ? ३७
छंद ? ३८-४२
दोहरा ? ४३
बाजीद ४४-४७
अरिल बाजीद ४८-४९
दोहा ? ५०

६६ आंनदेव तसकार कौ अंग

राग भैरूं नामदेव १
राग टोडी नामदेव २
साषी ? १-४
राग धनाश्री सूरदास ३
साषी रैदास ५
कबीर ६
दादू ७-८
जैमल ९-१३
पीपा १४
? १५
परस १६
? १७
राग टोडी नामदेव ४
राग रांमग्री दादू ५
राग गौडी हरदास ६
राग सोरठि नापा ७
साषी दादू १८-२१
करमांणंद २२
? २३-४३

६७ किस्तूरिया म्रिघ कौ अंग

राग धनाश्री बहमल १-४
राग गौडी दादू ६-१०
साषी दादू ४२
कबीर ४३
राग केदारौ कबीर ११
राग देवगंधार दादू १२
साषी ? ४४
राग सोरठि हरदास १३
राग रांमग्री प्रिथीराज १४
राग नट नाराइंण सूरदास १५
श्लोक ४५
राग गौडी गरीबदास १६
साषी दादू ४६-४९
? ५०-५१
राग रांमग्री सिवश्रमदास १७
राग भैरूं दादू १८
दादू ५२-५३
राग केदारौ दादू १९
राग मारू दादू २०
राग रांमग्री प्रिथीराज २१
राग केदारौ गरीबदास ६७
दादू २२
राग भैरूं दादू २३
राग माली गौडी दादू २४
राग आसावरी हरदास २५
राग भैरूं दादू २६
राग केदारौ दादू २७
राग गौडी दीपस्वामी २८
श्लोक ५४
राग रांमग्री गोरषनाथ २९
राग आसावरीत रांणां ३०
राग बिलावल दादू ३१-३२
दादू ५५-५६

राग कल्याण कबीर २
राग टोडी नामदेव ३
राग सोरठि नामदेव ४
राग गुंड नामदेव ५
राग भैरूं नामदेव ६
राग गुंड नामदेव ७
राग रांमग्री रैदास ८
राग गुंड दादू ९
राग धनाश्री दादू १०
दादू ३
राग परजीयौ नामदेव ११
मुकंद ४
राग मारूं बोहिंथदास १२

७२ बिरह कौ अंग

राग सोरठि कबीर १
दादू २
राग गौडी दादू ३
राग गुंड दादू ४-५
राग धनाश्री दादू ६
राग कनडौ दादू ७
राग गुंड दादू ८
राग केदारौ दादू ९
कबीर १०
राग गौडी कबीर ११
राग मारू दादू १२
राग केदारौ दादू १३-१४
राग मारू दादू १५
राग केदारौ महमूंद १६
राग केदारौ दादू १७
राग बिावल रैदास १८
राग धनाश्री महमूंद १९
राग केदारौ कबीर २०
राग आसावरी कबीर २१-२२
राग केदारौ कबीर २३
राग बसंत दादू २४
साषी कबीर १
दादू २
राग गौडी दादू २५
राग गौडी महमूंद २६
राग धनाश्री दादू २७-२८
राग मलार गरीबदास २९
राग मारू गोपाल ३०
राग मलार काफी गोपाल ३१
राग सहांनौं सूहौं गोपाल ३२
राग बिलावल बषना ३३
राग रांमग्री दादू ३४
राग गौडी दादू ३५
राग धनाश्री दादू ३६
राग टोडी दादू ३७

७३ परचा कौं अंग

राग कनडौ दादू १
राग परजियौ दादू २
राग कनडौ दादू ३
राग कल्याण दादू ४
राग कनडौ दादू ५
राग आसावरी नामदेव ६
राग कनडौ गरीबदास ७
राग जैतश्री अंगद ८
राग टोडी दादू ९
राग जैतश्री दादू १०-११
राग बसंत दादू १२
राग बिलावल दादू १३
दादू १
राग सीधूडौ दादू १४-१५
राग भैरूं दादू १६
राग ललित दादू १७
राग भैरूं कबीर १८
राग रांमग्री नामदेव १९

७४ सेवा पूजा आरती कौ अंग

दादू १
नानक २
श्लोक ३
राग धनाश्री दादू १
कबीर २
दादू ३
कबीर ४
रैदास ५
टीला ६
साषी ? ४
दादू ५-१०
मछिंद्र ११
प्रिथीनाथ १२

७५ निहिकम भगति कौ अंग

७६ अणकरता साषीभूत कौ अंग

राग बिलावल दादू १
साषी दादू १-२
कबीर ३
दादू ४-६
(राग?) दादू २
कबीर १०
राग भैरूं दादू ३
साषी दादू ११-१२
राग जैतश्री रैदास ४
दादू १३-१४
? १५
दादू १६-१७
बाजीद १८
राग भैरूं दादू ५
कबीर ६
राग गौडी अंगद ७
कबीर ८
राग सोरठि कबीर ९
राग गौडी कबीर १०
? १९
राग रांमग्री बिष्णदास ११
साषी ? २०
राग रांमग्री कबीर १२
दादू १३
राग सारंग दादू १४
कबित्त रजब २१
श्लोक २२
दादू २३-२४
? २५-२६
राग सोरठि कबीर १५
राग भैरूं अंगद १६
राग धनाश्री भुवन १७
? २७
ईसर २८
राग आसावरी रैदास १८
साषी दादू २९
बाबा जिंदपीर (?) ३०
? ३१
राग आसावरी नानक १९
साषी ? ३२
जैमल ३३
दादू ३४-४१
कबीर ४२
दादू ४३-४६
? ४७
कबीर ४८
राग आसावरी दादू २०
राग गौडी कबीर २१

७७ जरणांलांबी कौ अंग

राग गौडी दादू १
साषी दादू १-४
राग गौडी दादू २
साषी दादू ५-१०
श्लोक ११
दादू १२-१४
कबीर १५
दादू १६-२७
राग नट नारांइण सूरदास ३
दादू २८-२९
राग गूजरी दादू ४
राग धनाश्री माधौ ५
राग गौडी दादू ६
दादू ३०-३१
राग माली गौडी दादू ७

७८ करुणां बीनती कौ अंग

गुंण संबूह की पुकार

राग रांमग्री नामदेव १
माधौ २
राग धनाश्री सूरदास ३
राग आसावरी सूरदास ४
राग रांमग्री कबीर ५
राग केदारौ कबीर ६
राग रामंग्री कबीर ७
राग धनाश्री श्रीरांम ८
राग केदारौ कबीर ९
राग मलार दादू १०
राग केदारौ दादू ११
राग बसंत दादू १२
कबीर १३-१४
दादू १५
राग भैरूं दादू १६

७६ मन कौ अंग

राग बिलावल दादू २
साषी दादू ३४-४०
राग गौडी कबीर ३
राग भैरूं दादू ४
दादू ४१
राग गौडी दादू ५
राग भैरूं दादू ६
राग आसावरी कबीर ७
राग केदारौ दादू ८
राग आडांणौ दादू ९
राग जंगली गौडी कबीर १०
राग गुडी पीपा ११
राग भैरूं टीला १२
राग गुंड दादू १३
दादू ४१
राग बसंत दादू १४
राग गुंड दादू १५
कणेरी १६
राग गौडी तेजानंद १७
राग भैरूं जगनाथ १८
राग गौडी दादू १९
जगनाथ ४२
राग बिलावल टीला २०
राग गूजरी दादू २१
राग सीधूडौं दादू २२
राग कल्यांण दादू २३
राग सोरठि रैदास २४
राग गौडी नापा २५
दादू २६
कबीर २७
राग गुंड नामदेव २८
राग गौडी कबीर २९
नामदेव ३०
दादू ३१
राग आसावरी हरदास ३२-३३
राग धनाश्री सूरदास ३४
राग गौडी कील्ह ३५
साषी दादू ४३
राग धनाश्री माधौदास ३६
सूरदास ३७-३८
राग गौडी मोहन ३९
सूरदास ४०
राग सारंग सूरदास ४१-४३
राग धनाश्री सूरदास ४४
राग नट सूरदास ४५-४९
राग गौडी सूरदास ५०
कबित ? ४४
राग भैरूं टीला ५१
राग धनाश्री रैदास ५२

८० मन की मूल तिथि बिश्रांम का बिचार कौ अंग

उपदेश चिंतावनी
? १
दादू २-४
कबीर ५-६
दादू ७
कबीर ८
? ९
दादू १०
जगनाथ ११
दादू १२-१५
जगनाथ १६-१७
? १८
ईसर १९
? २०-२६
दादू २७
कबीर २८
? २९
दादू ३०
रजब ३१-३३
दादू ३४
कबीर ३५-३६
? ३७(३८)-४०
दादू ४१-४२
जैमल ४३-४४
दादू ४५
? ४६-४७
जगनाथ ४८
दादू ४९-५२
? ५३
कबीर ५४
जगजीवनदास ५५
कबीर ५६-५७
फरीद ५८
कबीर ५९
? ६०
दादू ६१

८१ कर्म नषेद बिचार कौ अंग

८२ सूषिम जन्म कौ अंग

८३ जीव सुरति की थिति बिश्रांम कौ अंग

८४ मनसा गावत्री

८५ माया कौ अंग

राग आसावरी गोरषनाथ १३
दादू २४-२६
राग रांमग्री कबीर १४
दादू २७-२८
राग रांमग्री जगनाथ १५
राग परजियौ गोरषनाथ १६
राग आसावरी कबीर १७
श्लोक २६
? ३०
गोरषनाथ ३१-३२
राग आसा कबीर १८
? ३३
दादू ३४
राग बिलावल कबीर १६
? ३५-३६
मोहन ४०
राग सोरठि कबीर २०
दादू ४१
राग आसावरी कबीर २१
राग गौडी माधौ २२
राग सारंग नापा २३
राग गौडी कबीर २४
राग आसावरी कबीर २५

८६ माया कौ त्याग सील कौ डिढाव सीलवंत साध कौ अंग

राग सोरठि दादू १
गोरषनाथ १
राग भाणमली सोम २
श्लोक २-६
? १०-१२
राग आसावरी गोरषनाथ ३
राग बिलावरी दादू ४
दादू १३
राग रांमग्री गोरषनाथ ५
हणवंत ६
राग रांमग्री गोरषनाथ ७
राग रांमग्री गोरषनाथ ८-६
जमाल १४
राग आसावरी हरदास १०
राग गुंड दादू ११
राग कनडौ परमांनंद १२
राग रांमग्री गोरषनाथ १३
राग आसावरी गोरषनाथ १४
प्रिथीनाथ १५
राग आसावरी गोरषनाथ १५
रांग बिलावल कबीर १६
राग गौडी कबीर १७-१८
राग रांमकली गोरषनाथ १६
राग टोडी नंद २०
दादू १६
१७
राग रांमग्री गोरषनाथ २१
राग रांमग्रीत्रिलोचन २२
राग बसंत सोम २३
साषी नानक १६-२०
राग रांमग्री गोपाल २४
राग मारूं जगिया २५
साषी श्लोक २१-२२
दादू २३-२४
? २५
दादू २६
नाथ २७
कबीर २८
दादू २६
फरीद ३०
३१-४०
कबीर ४१
चरपट ४२
? ४३-४४
कबीर ४५
कमच ४६
४७-५०
फरीद ५१
करंमांनंद ५२
कबीर ५३-५४
? ५५
पीपा ५६-५७
कबीर ५८
? ५६
कबीर ६०-६१
दादू ६२
कबीर ६३
? ६४
चरपट ६५
दादू ६६-६८
६६-७१
? ७२-७५

८७ बिक्रताई कौ अंग

८८ महाबिक्रताई मिठास मन उटाव कौ अंग

८९ त्रिमोह बेप्रवाह बिक्रताई कौ अंग

कबीर ३६-३७
चरपट ३८
राग गौडी कबीर १६
? ३९
कल्ह ४०
मल्ह ४१
श्लोक ४२-४४
? ४५-४६
४७-४६
गोरषनाथ ५०
? ५१
नानक ५२-५३
श्लोक ५४-५६
? ६०-६४

६० आतमां कौ बिश्रांम अधार आदि घर कडूबा ईमान कौ अंग

राग गौडी रैदास १
साषी जगजीवन १-२
राग हुसेनी बंगाली दादू २
दादू ३-४
बैत दादू ५-६
राग धनाश्री दादू ३
दादू ७
राग गौडी दादू ४
दादू ८
राग ललित दादू ५
राग कनडौ दादू ६
दादू ६
राग भैरूं हरदास ७
राग टोडी नामदेव ८
राग रांमग्री जगिया ६
राग आसावरी जगजीवनदास १०
साषी दादू १०
कबीर ११
जगंनाथ १२
दादू १३-१४
कबीर १५
दादू १६
कबीर १७
काजी महमूंद १८
कबीर १६
दादू २०-२२
कबीर २३
जगनाथ २४
नानक २५
कबीर २६-२७
दादू २८-३७

६१ बेप्रवाह निर्दावा कौ अंग

राग गौडी नापा १
साषी ? १
कबीर २
? ३-४
नानक ५
कबीर ६-७
? ८
जैमल ६-१०
? ११-१२
१३
ब्यास १४
? १५
जैमल १६
परसरांम (?) १७
दादू १८
? १६-२०
जगजीवन २१-२२
कबीर २३
? २४-२५
दादू २६
कबीर २७
दादू २८
पीपा २६
? ३०
दादू ३१
? ३२
कबीर ३३
? ३४
कबीर ३५
? ३६-३८
माधौ ३६
? ४०-४१
मोहन ४२
? ४३-४५
राग भैरूं हरदास २
श्लोक ४६-४७

९२ बेसास कौ अंग

९३ बषत लिषंत बेसास कौ अंग

९४ अजाचीक बेसास कौ अंग

९५ पतिब्रत बेसास कौ अंग

राग बिलावल सेष बहावदी २
जैमल २-३
दादू ४
अरिल ? ५-६
कबीर ७-८
९
फरीद १०-११
? १२-१७
कबीर १८
? १९
तुरसी २०
जैमल २१
राग मारू जनगोपाल ३
कबीर २२-२३
दादू २४
जगंनाथ २५

९६ भरोसा बेसास कौ अंग

राग टोडी नामदेव १
साषी दादू १-२
कबीर ३
दादू ४-५
कबीर ६
दादू ७
राग बिलावल सूरदास २
राग गौडी दादू ३
राग रांमग्री बाजीद ४
राग भैरू नामदेव ५
राग टोडी नामदेव ६
राग भैरू कबीर ७
राग गांड परस ८
राग धनाश्री घाटम ९
पीपा ८

९७ बेपरवाह बेसास कौ अंग

जैमल १
? २
बाजीद ३
कबीर ४
जगनाथ ५-७
? ८-९
मल्ह १०
? ११
कबीर १२
नानक १३-१४
कबीर १५
दादू १६
नानक १७
? १८
१९-२१
? २२
दादू २३
? २४
मल्ह २५
? २६-२८

९८ संजम साध कौ अंग

चितांवणी उपदेस १-१०
गोपीचंद ११
? १२
गोरषनाथ १३-१६
? १७-१८
१९
चरपट २०
? २१-२५
गोपीचंद २६
जगनाथ २७-२८
दादू २९
जगनाथ ३०
गोरषनाथ ३१
? ३२-३३
गोरषनाथ ३४
? ३५-३७
३८
? ३९
गोरषनाथ ४०-४१
दादू ४२-४४
जगनाथ ४५
जगजीवनदास ४६
? ४७-५१
जगनाथ ५२
कबीर ५३
? ५४
दादू ५५
जगनाथ ५६-५७

९९ लोभ त्रिश्नां कौ अंग

१०० कबित माया त्रिष्ना कौ अंग का

१०१ सुक्रित प्रताप महिमा कौ अंग

१०२ सुक्रित उपदेस कौ अंग

कबीर १४
दादू १५
कबीर १६
? १७
मोहन १८
? १६
कबीर २०-२१
दादू २२-२३
? २४
जगनाथ २५
? २६-२७
श्लोक २८-३१
दादू ३२
जगजीवन ३३
राग गौडी कबीर १-४
साषी प्रिथीनाथ ३४-३६
राग गौडी टीला ५-६
राग टोडी टीला ७
? ४०-४४
(पूर्ण ४५)
? ४६-४७
श्लोक ४८
कबीर ४६
? ५०-५१
श्लोक ५२
? ५३-५४
माधौ ५५-६०
श्लोक ६१
कबीर ६२
? ६३-६४
माधौ ६५-६७
सवईया षेम ६८
कमच ६६
राग धनाश्री बषना ८
राग सोरठि गोपाल ६
दादू ७०
कबीर ७१
७२
? ७३
अरिल ? ७४
श्लोक ७५
? ७६-७७
कवित ? ७८-८२
श्लोक ८३
बाजीद ८४-६७
सवईया किसवा ६८-१०१
कबित ? १०२-१०४

१०३ गर्ब गंजन चिंतावणी काल कौ अंग

दादू १-३
राग रांमग्री काजी महमूद १
? ४
राग आसावरी काजी महमूद २
राग धनाश्री रंगी ३
राग आसावरी नामदेव ४
राग गौडी दादू ५
राग धनाश्री नामदेव ६
राग आसावरी बषना ७
साषी दादू ५-६
? ७-१०
राग टोडी सोम ८
राग धनाश्री दादू ६
श्लोक ११-१३
कबित कमच १४
कबि निहाल १५
साषी नानक १६-१७
दादू १८-२०
जैमल २१-२२
? २३-२४
नानक २५
दादू २६-२७
कबीर २८-३१
दादू ३२
जैमल ३३-४०
फरीद ४१-४३
कबीर ४४-४५
जैमल ४६-४७
फरीद ४८
दादू ४६
? ५०-५१
दादू ५२
सवईयौ षेम ५३
? ५४-५५
कबित भैरूं ५६
? ५७
हरिराम ५८
लाला ५६
? ६०

१०४ काल कौ अंग

१०५ सजीवनी कौ अंग

१०६ चिंतावनी का सबद मारच।

श्री गुन उतपति नांमौं

१०७ बिकल बुढापा कौ अंग

? १८-२०
फरीद २१
दादू २२-२३
? २४
सोरठा ? २५-३१
३२
? ३३-३४
फरीद ३५
? ३६-३६

१०८ चिंतावनी का पदो कौ अंग

काया प्रांण संवाद
राग सारंग कबीर १
राग आसावरी गोरषनाथ २
राग सारंग दादू ३
राग बसंत कबीर ४
राग जंगली गौडी कबीर ५
राग आसावरी दादू ६
साषी दादू १
राग धनाश्री सेष बहावदी ७
राग गौडी गोपाल ८ (१-८)
राग धनाश्री छीतम ६ (१-४)
कबीर १०
बणजारिया लिष्या
राग जंगली गौडी नानक ११
राग जंगली गौडी जन १२
राग जंगली गौडी ? १३
राग जंगली गौडी दादू १४
राग जंगली गौडी रैदास १५
राग जषडी । राग रांमगरी नानक १६
राग जंगली गौडी सांई १७
नानक १८
बोहिथ १६

१०६ दूसरौ अंग चिंतावनी

सवईया बाजीद १
राग गौडी दादू १-३
राग रांमग्री दादू ४
काजी महमूद ५
राग सोरठि भीम ६
रैदास ७
राग धनाश्री कबीर ८
राग सोरठि नामदेव ६
कबीर १०
राग धनाश्री कबीर ११
राग आसावरी कबीर १२-१३
राग आसावरी कबीर १४-१६
राग सीधूडौ दादू २०
राग धनाश्री दादू २१
कबीर २२
राग सीधूडौ सोझा २३
राग गौडी कबीर २४
राग असावरी सेष बहावदी २५
राग केदारौ सूरदास २६
साषी कबीर १-२
नानक ३
राग केदारौ सूरदास २७
राग गौडी दादू २८-३०
नापा ३१
कबीर ३२-३४
राग टोडी दादू ३५
राग मलार कबीर ३६
राग भैरू दादू ३७
कबीर ३८-३६
राग गौडी कबीर ४०-४१
राग सोरठि कबीर ४२
राग गौडी कबीर ४३-४४

११० तीसरौ अंग चिंतांवनी कौ

राग अडांणौं दादू १
राग गौडी दादू २
कबीर २
दादू ३
साषी जगनाथ १
? २
प्रिथीनाथ ३
? ४-६
राग बिलावल दादू ५
राग सारंग गरीबदास ६
राग आसावरी हरदास ७
साषी कबीर १०-११
दादू १२
कबीर १३-१४
राग भांणमली चत्रभुज १५
राग काल्हेरौ दादू ६

१११ चौथौ अंग चिंतांवणी कौ

११२ पांचवौ अंग चिंतांवनी कौं

११३ सजन द्रुजन का मिलाप की पारष कौ अंग

षोजी ५४-५५
मोहन ५६
जैमल ५७-५८
परस ५६
? ६०
मोहन ६१
? ६२-६८
कबीर ६६-७१
? ७२
फरीद ७३
दादू ७४
? ७५
अरिल ? ७६
दादू ७७
कबीर ७८-७६
दादू ८०-८१
कबीर ८२
दादू ८३
कबीर ८४-८६
? ८७
कबीर ८८
दादू ८६
? ६०-६१
नामदेव ६२
कबीर ६३
? ६४-१००
गोरषनाथ १०१
दादू १०२
? १०३-११५
जगजीवन १६
? ११७-११६
दादू १२०-१२४
बषना १२५
? १२६-१३७
राग टोडी बषना १
श्लोक १३८
गुंन गोरूनांमां ग्रंथ (१-८८; बाजीद?)

११४ तीसपदी ग्रंथ चिंतांवणी वींनती

राग मारू दादू १ (१-३१) तीसपदी ग्रंथ
कबीरजी की रमैंणीं अष्टपदी ग्रंथ २ (१-८)

११५ गुण झूलनां उपदेस के अंग का

बाजीद १-१६

११६ मेहाला होरीजी कौ ग्रंथ चिंतावणीं

गरीबदास १-७२

११७ कबीरजी की साषीकाल कौ अंग

कबीर १-४३

११८ स्वांमीं दादूजी की साषी काल कौ अंग

दादू १-८३

११६ काल कौ अंग बाजीद कौ दोहरे

बाजीद १-२६
गुंनतूती नांमां ? १-१३
साषी जगनाथ १४-१६
चौपई ? १७-२५
अरिल बाजीद २६
दोहरा बाजीद २७-३०

१२० कांम कौ अंग

कबित रजब १-
साषी मल्ह २ (३-४?) ५
श्लोक ६-७
मोहन ८-६
दादू १०-१३
कबीर १४
श्लोक १५-१८

१२१ बुधि प्रंकास कौ अंग

१
जगजीवनदास २
? ३-१४
कबित सील का अकू १५-२७

१२२ विषई नर कौ अंग

१२३ सील सिरोमणि अंग

१२४ नांव महातम जन कौ अंग

पीपा १०
? ११-२३

१२५ बिरह का अंग कौ पद

राग सोरठि कबीर १-२
राग कनडौ काजी महमूद ३
राग रांमग्री दादू ४-५
राग माली गौडी दादू ६
राग सोरठि कबीर ७
राग मारू दादू ८
राग केदारौ दादू ९-१०
काजी महमूद ११
राग टोडी दादू १२
राग केदारौ दादू १३
राग धनाश्री काजी महमूद १४-१५
राग केदारौ दादू १६-१८
राग धनाश्री काजी महमूद १९
राग जैतश्री गरीबदास २०
राग मारू गरीबदास २१
राग रांमग्री काजी महमूद २२
राग आसावरी बछनागर २३
राग केदारौ नायक २४
नरसई २५
राग बसंत परमानंद २६
राग केदारौ मुकंद भारथी २७
राग गौडी दादू २८-२९
राग धनाश्री दादू ३०
कबीर ३१
राग मारू सुषानंद ३२
राग गौडी कबीर ३३-३६
परमानंद ३७
राग काफी अगर ३८
राग सारंग सूरदास ३८
राग बिलावल सूरदास ३९

१२६ बिरह बीनती का पद

राग गौडी दादू १
कबीर २
दादू ३-६
राग केदारौ दादू ७
राग गौडी दादू ८
कबीर ९

राग रांमग्री दादू १०
राग कालेरौ दादू ११
राग भांणमली दादू १२-१४
राग माली गौडी दादू १५-१७
राग कनडौ दादू १८-२०
राग रांमग्री काजी महमूद २०
राग कनडौ काजी महमूद २१
दादू २२
राग असावरी ? २३-२४
राग मारू कान्हां २५
दादू २६
राग टोडी दादू २७-२८
राग बिलावल रैदास २९
राग गुंड दादू ३०-३३
राग गुंड नामदेव ३४
दादू ३५-३६
राग भैरूं दादू ३७
राग जैतश्री दादू ३८
राग धनाश्री दादू ३९-४०
टीला ४१
राग रांमग्री सेष बहावदी ४२
काजी महमूद ४३

१ गुरदेव कौं अंग

साषी

१ दादू नमो नमो निरंजनं । नमसकर गुरदेवतह ॥
बंदनं सर्ब साधवा । प्रणामं पारंगतह ॥

२ परब्रह्म परापरं सो मंम देव निरंजनं ॥
निराकार निर्मलं । तस्य दादू बंदनं ॥

३ निरवैरी निर्विकारी । परमोधते परमारथः ।
तास पिंड भवे मुक्ता । ता संगति हो पारथः ॥

४ ततवेता तपोश्रेष्ट । निभ्रमीं निरलोभिता ।
सुभाष्यतं सास्त्रमार्थक । कर्तव्यं गुर पार्थः ॥

५ दादू दीन गरीबी गहि रह्या । गरवा गुरू गंभीर ।
सूषिम सीतल सुरति मति । सहज दया गुर धीर ।

६ सोधी दाता पलक मैं । तिरैं तिरांवण जोग ।
दादू अैसा परम गुर । पाया किहि संजोग ॥

७ दादू सतगुर अैसा कीजिये । रामरस माता ।
पारि उतारै पलक मैं । दरसन का दाता ॥

८ देवै किरका दरद का । तूटा जोडै तार ।
दादू सोधै सुरति कौं । सो गुर पीर हमार ॥

९ सतगुर गरवा बैरागर षांनि ।
गुर उस्ताद सुतधार पिछांनि ।
मुरसिद पीर सिकलीगर सार । गंभीर सुबुधी साह्व सुनार ॥

१० सतगुर चंदन च्यांतामणि नाव ।
कांमधेन कलपबिरछ भाव ।
रवि ससि कवल पारस अरु हीरा । कहिए बैद जु मेटै पीरा ॥

११ अनल पंषि पार जातिक भृंग । मेघ नदी सूर अरु सिंघ ।
हंस भवर धर पवन अकास । कुसमल धोवैं करै उजास ॥

कवित्त

१२ गुरू हंस मधु रिष पुनह चंबक ज्यूं सारा ।
तनमन काढहि सोधि कि रचि कंचन ज्यू पारा ॥
करहि सु दाई करम नितहि यारे ज्यौं धोवैं ।
रज लागी पट प्रांन । रहु क ज्यूं कुसमल षोवैं ॥
गुरू बैद रोगहि हरैं । मरजीवे ल्यावैं सु धन ॥
जन रजब बलि बलि सदा । भ्रिंगी ज्यूं पलटै सुतन ॥

साषी

१३ अषंड मंडलं निराकारं । ब्यापते स चराचरः ।
तत्व पद दर्सते जे न । तस्मै श्री गुर ल्यौ नमः ॥

१४ गुर दादू सेया निरकार । जिस साहिब का वार न पार ।
सब तैं न्यारा है सब मांहि । मोहन सिष सौंपि तिहि बांह ॥

१५ सतगुर मिले तौ पाईए । भगति मुकति भंडार ।
दादू सहजैं देषिये साहिब का दीदार ॥

राग अडांणौ

१:० भाई रै अैसा सतगुर कहिये ।
भगति मुकति फल लहिये ॥ टेक ॥
१ अबिचल अमर अबिनासी । अठ सिधि नव निधि दासी ॥
२ अैसा सतगुर राया । चारि पदारथ पाया ॥
३ अंमीं महा रसि माता । अमर अभैपद दाता ॥
४ सतगुर त्रिभुवन तारै । दादू पारि उतारै ॥

राग भैरूं

२:० सतगुर चरनां मस्तक धरणां ।
रांम रांम कहि दूतर तिरणां ॥ टेक ॥
१ अठ सिधि नव निधि सहजैं पावै । अंमर अभैपद सुष मैं आवै ॥
२ भगति मुकति बैकुंठहि जाइ । अंमरलोक फल लेवै आइ ॥
३ परम पदारथ मंगल चार । साहिब के सब भरे भंडार ॥
४ नूर तेज है जोति अपार । दादू राता सिरजनहार ॥

राग आसावरी

३:० सतगुरि पूरै साच कह्या ।
जम का मारग दूरि रह्या ॥ टेक ॥
१ जिहि पैंडै लटी पनिहारी । सो पैंडा संत ज दुरारी ॥
२ जहा लालच जगाती घाट । दूरि रही संतन थैं बाट ॥
३ चित्र बिचित्र बहि लिषते लेष । संत जनां कूं द्रिष्टि न पेष ॥
४ कहु नानक जिनकै सतगुर पूरा । तिनके बाजे अनहद तूरा ॥

राग गौडी

४:० संतौ सतगुर की सहजांणीं ।
पारिष पडी परम पद पंथ वै । अनभै की अहनांणीं ॥ टेक ॥
१ सुरति सबद के परचै सब सुधि । पांगैं घर मैं पाई ।
बाहरि फिर तब हरमुष बूडे । तिनकै निकटि न जाई ॥
२ गाफिल अकलि बहुत गुर कीये । पूछि पूछि पचिहारे ।
दूरि दिषाइ बहुत दुष देते । मुगध सकल सिरि मारे ॥
३ सील संतोष परम सुष पूर्न । काछ बाद कंप नांहीं ।
श्रीपति सहित कलपब्रिछ केवल । अर्थ उदै की छांहीं ॥
४ पावक पवन सूर बसि ससिहर । अडिग ईस अबिनासी ।
कहै हरदास सिंध सरनागति । त्रिबिधि ताप तनि नासी ॥

अरिल्ल

१६ रतन पदारथ माणिक मोती । हीरौं का दरिया ।
चिंतामणि चित रांम धन । घट अंमृत भरिया ॥
संम्रथ सूरा साध सो । मन मसतकि धरिया ।
दादू दर्शन देषतां । सब कारिज सरिया ॥

राग माली गौडी

५:॰ पर्म गुर ग्यांनी । जाकी अनभै अम्रित बांनी ।
लोचन अनंत नूर निज निरषत । अलष निरंजन ध्यांनीं ॥ टेक ॥
१ प्रेमी प्रांन रंग्यौ हरि कैं रंग । भगति मुकति जिहि जांनीं ।
बिरह प्रेम अर प्रीति मगन मन । हरि रस रस रुचि मांनीं ॥
२ अडिग अंग अबिनासी सूरत । कलपबृछ निज थांनीं ।
गुर दादू इंछ्या सब पूरवन । जनमोहन कुरबांनीं ॥

राग रामग्री

६:॰ रांम मोहि सतगुर मिले अनेक कला निधि । परम तत सुषदाई ।
कांम अगनि तन जरत रही है । हरि रस छिरकि बुझांई ॥ टेक ॥
१ दरस परस तैं डुमति नासी । दीन रटनि ल्यौ आई ।
पाषंड भरम कपाट षोलि कैं । अनभै कथा सुनाई ॥
२ यहु संसार गंभीर नीर जल । को गहि लावै तीरा ।
नाव जिहाज षेवईया सतिगुर । उतरे दास कबीरा ॥

राग भैरूं

७:॰ अैसा सतगुर न मोरे प्रांनीं । आप तिरै बलि तारै ।
हेला मुकति अनत सुष आपै । न रैनि गोद निवारै ॥ टेक ॥
१ पांचौं इंद्री गहै सुदि टकरि । पंचा चार न चूकै ।
पंच सुमति तिहूं गुपतैं गुपता । ?गाछ तीस न मूंकै ॥
२ पंचौ इंद्री करै आप बसि । नौ ?म बाडि न मूंकै ।
चारिक षाइ लोभ मद माया । क्रोध कदे न विपोषै ॥
३ भैरूं भणैं सुणैं भवि यण जण । और मिथ्या न बषांणौं ।
अरहंत देवनि ग्रंथ साध । धर्म केवल भाषित जांणौं ॥

राग आसावरी

८:॰ अैसा रे उपदेस दाषै श्री गुर राया ।
जिनि जगु चत्र बरण रह लाया ॥ टेक ॥
१ पढि लै ससंमबेद करि लै बिधि न षेध ।
जांनि लै भेदां निभेद । पूरि लै आसा उमेद ॥
२ जपि लै अजपाजाप । बिचारी लै आपैं आप ।
छूटि लै सबै बियाप । लिपै नहीं पुंनि न पाप ॥
३ बिषमीं संधि मंझार । सइ्या पांचूं बषत सार ।
रहि बाद सवैं दुवार । सेइबा पद निराकार ॥
४ अहो निस समो ध्यांन निरंतरि रमेबा रांम ।
कथै गोरषनाथ ग्यांन । पाइबा पद निरबांन ॥

९:॰ मेरा गुरू अैसा ग्यांन बतावै ।
काल न लागै संसा भागै । ज्यूं है त्यौं समझावै ॥ टेक ॥
१ अमर गुरू कै आसनि रहिये । परम जोति तहां लहिये ।
परम तेज सो दिढ करि गहिये । गहिये लहिये रहिये ॥
२ मन पवनां गहि आत्म षेला । सहज सुंनि घर मेला ।
अगम अगोचर आप अकेला । अकेला मेला षेला ॥
३ धरती अंबर चंदन सूरा । सकल निरंतर पूरा ।
सबद अनाहद बांजहि तूरा । तूरा पूरा सूरा ॥
४ अबिचल अमर अभैपद दाता । तहां निरंजन राता ।
ग्यांन गुरु ले दादू माता । माता राता दाता ॥

राग सारंग

१०:॰ हो अैसा ग्यांन ध्यांन गुर बिनां क्यौं पावै ॥
वार पार पार वार दूतर तिरि आवै ॥ टेक ॥
१ भवन गवन गवन भवन । मनहीं मन लावै ।
रवन छवन छवन रवन । सतगुर समझावै ॥
२ षीर नीर नीर षीर । प्रेम भगति भावै ।
प्रान कवल बिगसि बिगसि । गोबिंद गुन गावै ॥
३ जोति जुगति बाट घाट । लै समाधि धावै ।
परम नूर परम तेज । दादू दिषलावै ॥

राग गौडी

११:॰ बाबा गुरमुषि ग्यांनां रे । गुरमुषि ध्यांनां रे ॥ टेक ॥
१ गुरमुषि दाता गुरमुषि राता । गुरमुषि गवनां रे ।
गुरमुषि भवनां गुरमुषि छवनां । गुरमुषि रवनां रे ॥
२ गुरमुषि पूरा गुरमुषि सूरा । गुरमुषि बांणीं रे ।
गुरमुषि देणां गुरमुषि लेणां । गुरमुषि जांणीं रे ॥
३ गुरमुषि गहिबा गुरमुषि रहिबा । गुरमुषि न्यारा रे ।
गुरमुषि सारा गुरमुषि तारा । गुरमुषि पारा रे ॥
४ गुरमुषि राया गुरमुषि पाया । गुरमुषि मेला रे ।
गुरमुषि तेजं गुरमुषि सेजं । दादू षेला रे ॥

राग रामगरी

१२:॰ बाबा करहु क्रिपा जन मारगि लावो । ज्यूं भव बंधन षूटै ।
जुरा मरण दुंष फेरि करण सुष । जीव जनम थैं छूटै ॥ टेक ॥
१ सत गुर चरन लागि यौं बिनऊं । जीवनि कहां तैं पाई ।
जाका रनि हम उपजैं बिनसैं क्यूं न कहौ समझाई ॥
२ आसा पासि षंड नहीं पाडै । यौं मन सुंनि न लूटै ।
आपा पर आनंद न बूझै । बिन अनभै क्यूं छूटै ॥
३ कह्यां न उपजै उपज्यां हीं जांणैं । भाव अभाव बिहूंणां ।
उदै अस्त जहां मति बुधि नांहीं । सहां जरां मल्यौ लीनां ॥

४ ज्यूं प्रतिबिंब प्रतिब्यंबहि समानां । उदिक कुंभ बिगरानां ।
कहै कबीर जांनि भ्रम भागा । सीवहि जीव समानां ॥

राग टोडी

१३:० रांम नांम नरहरि श्री बनवारी ।
सेइये निरंजन चरन मुरारी ॥ टेक ॥
१ गुर कौ सबद बैकुठ निसरनीं । ह्रिदै प्रीयाग प्रेम रस बहनीं ॥
२ जा कार्नि त्रिभुवन फिरि आए । सो निधांन घट भीतरि पाए ॥
३ नांमदेव कहै कहूं आइए न जाइए । अपनौ रांम घरि बैठां गाइए ॥

राग आसावरी

१४:० मेरा गुरू तीन छंद गावै ।
नां जांनौं गुरू की धागैला । मुझ नींदडीं न आवै ॥ टेक ॥
१ कुंभ राकै घरि हांडी आछै । अही राकै घरि सांडी ।
बभण कै घरि रांडी आछै । रांडी सांडी हांडी ॥
२ तेली कै घरि तेल आछै । राजा कै घरि सेल ।
जंगल मध्यो बेल आछै । बेल सेल तेल ॥
३ मैंषी कै सिरि स्यंग आछै । देवल मध्ये लिंग ।
बाती मध्ये ह्यंग आछै । ह्यंग लगि स्यंग ॥
४ एकैं सुत्रैं नैंनां मनियां । बहु भांती दिषलावै ।
बढंत गोरषनाथ त्रिगुणीं माया । सतगुरू होइ सु लषावै ॥

१५:० गुरू कीजै गहला निगुरा नर हिला ।
गुर बिन ग्यांन न प्रामियै रे चेला ॥ टेक ॥
१ दूधैं धोया कोइ लाउ जला न होइला ।
कागैं कंठैं पहुप माला । हंसला न भईला ॥
२ आभा जे वीरो टली । कागा ले पजाइला ।
बूझौ माह्रा गुरू नैं कहां बैसि षाइला ॥
३ उत्तर दिसा आंबिला । पछिम दिसा डारीला ।
बूझ्या माह्रा गुरू नैं तहां बैसि षाइला ॥
४ चींटी कै नेत्र मैं गज्यंद्र समाइला ।
गावडी का मुष मैं बाघला ब्याइला ॥
५ बरा बरसां बांझ ब्याई । हाथां पावां टूटा ।
बदंत गोरषनाथ मछिंद्रना पूता ॥

राग गौडी

१६:० चरषा जिनि जरै का तूंगी हजारी का सूत ।
नणद के भईया कीसूं ॥
१ जलि जाई थलि ऊपनी । आई नगर मैं आप ।
एक अंचभा देषिया । बिटिया जायौ बाप ॥
२ बाबल मेरौ ब्याह करि । बर उतिम ले चाहि ।
जब लग बर पावै नहीं । तौ लौं तूंहीं ब्याहि ॥
३ सुबधी कै घरि लुबधी आयौ । आंन बहू कैं भाइ ।
चूलहै अगनि बताइ करि । फल सौ दियौ ठटाइ ॥
४ सब जगहीं मरि जाइयौ । एक बढपइया जिनि मरै ।
सब रांडनि कौ साथ । चरषा को घरै ॥
५ कहै कबीर सो पंडित ग्याता । जो याप दही बिचारै ।
पहलै परचै गुर मिलै । तौ पीछैं सतगुर तारै ॥

१७:० बाबल मेरौ ब्याह करीजै । सतगुर बूझि लिषावो साहौ ।
निरमल बर कूं दीजै ॥
१ देषि दिसंतर लोग सबाया । कीजै समझि सगाई ।
बोलत लाज नहीं बाबल सूं । बर प्रापति ह्वै आई ॥
२ पल पल मैं पांचौं परमोधै । करहु चीत कछू मेरी ।
बिन आंणीं नहीं आऊं बाबलु रहि स्यूं पीय थैं नेरी ॥
३ गगन मंडल मैं मड पछ्वावौ । नैंननि नेरै राजा ।
कहै हरदास ब्याह बंधि आयौ । बाजै अनहद बाजा ॥

श्लोक

१ सरीरं सर्बविद्यानां सरीरं सर्वदेवता ।
सरीरं सर्वतीर्थांनि गुरुभक्तिषू लभ्यते ॥
२ जावत गुरू न कर्तव्यं तावतु मुक्ति न लभ्यते ।
तसमात गुरू करतव्यं विनां गुरू न सिधिते ॥
३ चंद्रहीने जथा रात्रि रविहीने तथा दिन ।
नृपहीने जथा संन्या गुरूहींने तथा नरा ॥
४ बिनां दीपे जथा गृहे गुरू विनां तथा नरा ।
अठस्य गुरू कर्तव्यं ग्यांन द्रिष्टी च लभ्यते ॥

१७ ज्यूं देवल मूरति कलस बिन । ऊजड ढूंढां मांहि ।
यौं नर देही गुर रांम बिन । किसै कांमि कुछ नांहि ॥

साषी

१८ लोइण हैं सूझै नहीं । जे निस दीप न जोइ ।
जगंनाथ गुर ग्यांन बिन । रिदै उजास न होइ ॥
१६ जैमल गुर बिन ग्यांन न ऊपजै । गुर बिन बिरह न होइ ।
गुर बिन भगति न पाईये । कोटि करै जे कोइ ॥
२० जैमल गुर बिन बाट न पाइये । गुर बिन सरै न कांम ।
गुर बिन सहज न ऊपजै । गुर बिन मिलै न रांम ॥
२१ गुर माता गुर पिता गुर देव महेस्वरः ।
सर्बे रुष्टे गुरू स त्राता । गुरु रुष्टे सर्बे न क्यं ॥

राग भैरूं

१८:० गुर बिन क्यों गोबिंद पाईये । जासूं मन चित हेत
लाइए ॥
१ गुर बिन कोई न पावै बाट । क्यूं करि लंघै औघट
घाट ॥
२ गुर बिन क्यों करि लागै नेह । साहिब जी सूं अधिक
सनेह ॥
३ गुर बिन क्यूं करि बंचै काल । साहिब संम्रथ होइ
दयाल ॥
४ गुर दादू आगैं करि चाल । टीला साहिब करै निहाल ॥

१९:० गुर कै द्वारै क्यूं न कमाइजे । जिहि कौ सदि कौ
बैठां षाइजे ॥
१ जीवरां कथैं छत्रपति कीयौ । माथै हाथ देस रणैं लीयौ ॥
२ सोच बिचार करै जिनि कोइ । रांम न मांनैं भला
न होइ ॥
३ सेवा करी तिनहुं फल पाया । साहिब जी का रजमां
आया ॥
४ गुर दादू साहिब कौ अंग । टीला ताकौ करि लै संग ॥

२०:० गुर की सेवा करि मन मेरा । निज घर मांहीं लहै
बसेरा ॥
१ गुर की सेवा जिनि जिनि कीन्हीं । भगति मुकति
तिनकूं हरि दीन्हीं ॥
२ गुर सेवा कीयैं गोबिंद रीझै । गुर सेवा सब कारिज
सीझै ॥
३ गुर सेवा गोबिंद मिलावै । बिन गुर सेवा कोई न
पावै ॥
४ गुर सेवा सब साध दिढावैं । गोरष नांम कबीरा गावैं ॥
५ गुर दादू के बहु उपगारा । मोहन सेवा चोर तुम्हारा ॥

राग सारंग
२१:० दीन कौ दयाल दादू कब मिलै मोहि ।
जिस घडी तुझै देषूं । मुझ कूं सुष होइ ॥
१ तरवर रूप फल अनूप । पंथी टाल न घांम ।
सब काहू परि छाया करणां । पंथ्या कौ बिश्रांम ॥
२ आंधां नैं दे आंषडी । पांगुलां कूं पाव ।
पैलै पारि उतारणहारौ । भौसागर की नाव ॥
३ जिहि संगि बहै मुकति कौ मारग । अनभै को भै नांहि ।
जाकौ ग्यान गगन नीसर्णी । चढि साधू जन जांहि ॥
४ पारस रूप तत अनूप । परस्यां पलटै भाव ।
दर्शन परि बषनौं बलिहारी । बदि छुडांवण आव ॥
इति गुरदेव कौं अंग संपूर्न भवेत ॥

२ गुर गोविंद की महिमा कौं अंग

साषी
१ दादू नमो नमो निरंजनं । नमसकार गुरदेवतह ॥
बंदनं सर्ब साधवा । प्रणामं पारंगतह ॥
२ जे सव चंदा उगवैं । सूरिज चढणि हजार ।
एते चांदिण नांनिका । गुर बिन घोर अंधार ॥
३ इक लष चंदा आंणि घरि । सूरिज कोटि मिलाइ ।
दादू गुर गोबिंद बिन तौभी तिमर न जाइ ॥
४ अनेक चंद उदै करै । असंषि सूर प्रकास ।
एक निरंजन नांव बिन । दादू नहीं उजास ॥
५ ससि रूपी बसुधा करै । रवि रूपी आकास ।
जैमल एक अगाध बिन । नहीं तिमर का नास ॥
६ कबीर चौसठि दीवा जोइ करि । चौदह चंदा मांहि ।
तिहि घरि किसा कौ चांदिर्णौ । जिहि घरि गोबिंद
नांहि ॥
७ कबीर निस अंधियारी कारणैं चौरासी लष चंद ।
अति आतुर उदै भई तउ द्रिष्टि नहीं मंद ॥
८ लषि असमेद करै दिन भीतरि । बसतर कंचन दांन ।
कोटिक गऊ उदिक नित दीजै हित ऊन पावै ग्यांन ॥
९ बनषंड रहै एका एकी । घर करि बसै पताल ।
आपा काटि अगनि मुष होमैं । तऊ न छोडै काल ॥
१० आसण मांडहि बनि बनि हांटहि । भावै दर्सन लेई ॥
तूटै बंध षिसै तन काचा जै गुर गांठि न देई ॥
११ गुर बिन गति गोबिंद की । पावै नांहीं कोइ ।
अठसठि अर नव निरषि करि । फिरि आवै सब लोइ ॥
१२ पंच अगनि धुव ऊंध मुष । कुल त्यागै पष दोइ ।
जगंनाथ नहीं पाईये । गुर बिन दुलंभ सोइ ॥

राग भैरूं
१:० सति रांम सतगुर की सेवा ।
पूजौ रांम निरंजन देवा ॥ टेक ॥
१ जल कै मंजनि जौ गति होई । मींनां नितही न्हावैं ।
जैसे मींना तैसे नरा । फिरि फिरि जोनी आवै ॥
२ मन मैं मैला तीरथि न्हावै । तिनि बैकुंठ न जांनां ।
पाषंड करि करि जगत भुलांनां । नांहि न रांम अयांनां ॥
३ हिरदै कठोर मरै बांणारसि । नरक न बंच्या जाई ।
हरि कौ दास मरै जे मगहर । सेन्या सकल तिराई ॥
४ पाव पुरांन वेद नहीं सुमृत । तहां बसै निरकारा ।
कहै कबीर एकहीं ध्यांवो । बावलिया संसारा ॥

चौपाई
१३ प्रसिध मारग बहै गुहज्य बिरला लहै । साध संगति तजि
आंन ध्यावै ।

गुरू पूरा नहीं भ्रंमि भूले कहीं । बहर षोजंत नहीं थांन
पावै ॥
१४ दर्शन मता महीं । मन परचा नहीं ।
भेष डर देषि नहीं काल जाई सबद साचा कहीं ।
१५ प्यंड सीझै नहीं । दिन दिन जुरा तन मीच षांई ॥
जनम कोटि तपस्या करै । देह उरधैं धरै ।
१६ असष गऊ प्रब दांन दीजै । कोटि तीरथ फिरै ।
कमल पूजा करै । गुरू पूरा बिनां प्रांण षीजी ॥
१७ सीस करवत धरै कोटि झंपा मरै । कोटि जग्य अस्वमेध
कीजै ।
कोटि हेमं गलै । बर्ग गाडू ढलै परम गुरू बिनां देह
छीजै ॥
१८ असंष हसी धरै । धरणि दानं करै कोटि मेर हेम दांन
दीजै ।
सर्ब लषिमीं धरै । सर्ब धर्मे करै । सिध गुरू बिनां जनम
षीजै ॥
१९ कोटि निगमं पढै । सर्ब मंत्रा रठै । सब देवं घरि नुजि
कीजै ।
सर्ब बिद्या धसी । कोटि एकादसी । ग्यांन गुरू बिनां आत्म
छीजै ॥
२० कोटि सेवा करै । दलं तुलसी धरै । कोटि आचार करि
भोग लावै ।
जाइ बनषंड रहै । मुनि ब्रतं गहै । गुरू गोबिंद बिनां तन
जावै ॥
२१ नित प्रति गीता रटै । कोटि सास्त्रं पढै । गुरू सेवा बहु
भांति कीजै ।
अनेक कष्ट करै । नष अगनी धरै । सति गुरू बिनां बृथा
कीजै ॥
२२ गाइत्री जाप्यं रटै । अनेक कब्यं पढै । कोटि तारंज जनेऊ
लीजै ।
सनांन गंगा करै । कोटि संझ्या धरै । ब्रह्म भगती बिनां
प्यंड छीजै ॥
२३ अनेक छापा धरै । कोटि तिलक करै । मंत्र माला लेई
ध्यान मांडै
हंस बांनां गहै । इसी धारा बहै । ब्रह्म भगती बिनं
हीं काल छाडै ॥
२४ षडग धारा मरै । अगनि सती करै । गुरू बिनां नहीं मुकति
पावै ।
अनेक पुंन्य जसै । सर्ब तीरथ बसै । ब्रह्म नांम बिनां
काल षवै ॥
२५ अनेक करणीं रहै । ज्यूं नभ तारा बहै । पुनि चंदनां चंद
बिनां न थावै ।
सर्ब आरंभ करै । ज्यूं अनंत दीपक धरै । सूरिज बिनां
नहीं रैणि जावै ॥
२६ अनेक रोजा धरै । बंग कलमां भरै । अनंत बषत निवाज
सारै ।
कोटि मंका करै । सर्ब थानं फिरै । पीर पूरा बिनां जुरा
मींच मारै ॥
२७ कतेब अनतैं पढै । कुरांन सर्ब रटै । आरबी पारसी पूरि
साधै ।
मुसाफ अलिमां पढै । नांम देसं चढै । सिधात बुधी बिनां
नहीं मन बाधै ॥
२८ नवाकार फासूं करै । सील धरमैं धरै । लौंचि सिर केस
मुष चीर बांधै ।
एक ब्यंदं झरै । अंनंत जीवं मरै पोसा अनेक कहा ब्रत
साधै ॥
२९ अनेक तिथी करैं । पचूसन कोटंर धरैं । कथा अनेक बहु
भांति कीजै ।
कोटि छंद पढै । सहंस कृतं रटै । ब्रह्म सेवा बिनां
पुदगल छीजै ॥
३० मन मुषी ग्यांन जहां । सर्ब भूला तहां । अकलि बिचार न
गंमि सोधी ।
गुरू परष्या नहीं । मन भरम्यां कहीं । ग्यांन गुरू घरि
परम बुधी ॥
३१ केई करम बाधी करैं । द्रिष्टि नवली धरैं । लंबि का उर्ध
अभ्यास कीजै ।
केई पषाल मलं चरैं । उषाल न्रिमल करैं । ब्रह्म ग्यांनं
बिनां कंध छाजै ॥
३२ रेचक पूरक करैं । कूंभक त्राटक धरैं । केई नाद धुनि
सुणि करि चित लावैं ।
केई करम चाकी करै । अपांण उद्रं भरैं । नाद अनहद बिनां
थोथ जावैं ॥
३३ केई सूरज ध्यांनं धरैं । सुंन्य झिलिमिलि करैं । केई गदंत
उडंत गोडक साधैं ।
केई द्रिष्टि अग्रे धरैं । ध्यांन त्रिकुटी करैं । ब्रह्म ध्यांन
बिनां नहीं पंच बांधैं ॥
३४ अनाद प्याला करैं । इष्ट मंत्रं धरै । नाटिक चेटक अनंत
कीधा ।
धात रसांइंणं । कंद मूलायणं । जोग बिनां नहीं प्यंड
सीधा ॥
३५ बसि सीहा करै । स्यंघ रूपं धरै । भैरवं बीर मंत्र
चलावै ।
मसांण सेवा करैं । कपाल आसंण धरैं । गुरू सबद बिनां
नहीं जोगं पावै ॥

सवैये

३६ द्वादस ब्रष बनारसी सेइये । द्वादस द्वारिका जाइ
रहै रे ।
द्वादस तीर्था और करैं सब । द्वादस तप कैं देह दहै
रे ।

३७ द्वादस राजस जगि करैं बहु । अंतकी बेर बैकुंठ लहै रे ।
पूजै न एक पलक सर भरि । दादू दरिस गोपाल कहै रे ॥
३८ गुर समांन दाता नहीं । गुर समांन नहीं देव ।
गुर क्रिपा थैं पाइयै मोहन अलष अभेव ॥
३९ गुर दाता गुर देवता । गुर थैं बडा न कोइ ।
गुर परचै बैकुंठ मैं । आपण दासावंत होइ ॥
४० गुर पाद प्रसादेन । बिभ्रां तोहि सदा सिव ।
गुरू आदि आदि अनाद्यंच । गुरू त्रैलोक तारकं ॥
४१ गुरू ब्रह्मा गुरू बिष्नु । गुरू देव महेस्वरं ।
गुरू एक पारब्रह्म । तस्मै श्रीगुरवे नमः ॥
४२ गुरू राज प्रसादेन निसतरि तो हंसु दुःस्तरं ।
भव सागर मतिगः मनंजः गौपदं जथा ॥
४३ गुरू समो नहीं दातार धरणीं महीं । गुरू समो नहीं देव सरणं ।
गुरू समो नहीं तीरथ करणीं कहीं । गुरू समो नहीं पद चरणं ॥
४४ गुरू समो नहीं कल्यांण जाऊं जहीं । गुरू समो नहीं मुकति धरमं ।
गुरू समो नहीं त्रिलोक थानं महीं । गुरू समो नहीं बैकुंठ परमं ॥

कवित्त

४५ परम पद गुरदेव । परम सो प्रांन प्रमांनं ।
परम पिता पर प्रांन । परम सो मीत बषांनं ॥
४६ परम निधि दातार । परम भंडार लुटावै ।
परम सुष देस बनि । परम सोभेद बतावै ॥
४७ परम सिधि षांनि नषिता । परम मुकति मुकती करै ।
परम सुरीती ठौर पर । गुरू रहम रजब भरै ॥
४८ मणि पन्यंग पत्री बिहंग । उडहि गुटिका मुषि धारं ।
अति रहिति राव तुबी सुनाव । पेषि पाषांण सुपारं ॥
४९ सिध सु बिचार पर प्यंड धार । अचि रंज है रानं ।
मुहरै सु ताग नहीं अगनि लाग । दिब देत न पानं ।
५० गुरदेव साथ दीजै सुनाथ । यहु मांग तकां मष्टिका ।
रजब बंधति गुर ग्यांन मति । कर बांवन जम लष्टिका ॥
५१ गुर कूं दीजै कहा पर्म निधि जिनतैं पाई ।
भाव भगति भल भीष । गिरा गोरष जगाई ॥
५२ साच सील संतोष । द्रिष्टि दीरघ दत दीनां ।
जीव जड्या जग मांहि । काटि क्रम मुकता कीनां ॥
५३ सकल अंग सांई सहित । कौंन मौज अैसी करै ।
दादू दीनदयाल बिना रजब रीता को भरै ॥
५४ कनक भोमि सब करौं । धरूं पारस के परबत ।
सायर नदी निवांन । अमीं पीव न कूं सरबत ॥
५५ बृछ अठारह भार । फलैं मुकताहल मोती ।
सीस सिंघासन दैनं । वारनैं आतम जोती ॥
५६ गोपाल लाल मंदिर रचूं । हीरे नगिन जारा व करि ।
गुर चरन भेट धरियै इती । सुतु लैन एकहि नांव सरि ॥
५७ बैरागर मैं बिभौ । अष्ट कुल पारस धरियें ।
कलपबृछ बनराइ । फूल फल अंमर सु भरियैं ॥
५८ सपत समुंद हुं सुधा । सोई सलिता सुत लावहुं ।
पीवन कौं सु पिउष । कहीं मारगि गुर आंवहुं ॥
५९ नग्र पुरी वैकुंठ बिधि । चांतामणि घर दरचिणें ।
रजब गुर पूजा सुजीव । नांव सर भरि नांगिणें ॥
६० कबीर रांम नांम कै पटंतरै । देबे कूं कुछ नांहि ।
क्या ले गुरू संतोषिये हौंस रही मन मांहि ॥
इति गुर गोविंद की महिमा कौं अंग संपूर्न भवेत ॥

३ साचा झूठा गुर की पारिष कौं अंग

१ चंदक मोद अचाह । अलिहि कदि कवल बुलावै ।
दीपक दिल न पतंग । आप अहि चंदनि आवै ॥
सलितहुं संमद निरास । धूंम आकास न आसा ।
धर उर ध्यांन न धाम । हुंहि घर बडा तमासा ॥
मुकर मनोर्थ कौं न मुष । पाठौं पाठ न भावई ।
रजब गुरू बेसास बिधि । सिरज्या सिरि सो आवई ॥
२ जैमल सकल सिरोमनि रांमधन । ह्वै तौ दीया न जाइ ॥
जल प्यासा कै जाइ घरि । कै प्यासा पीवै आइ ॥
३ दुरभिषि बहुत षुध्यार्थी । कहूं अंन पूरै घरि दोइ ।
जैमल छांदै पाइये । दे तन फिरई कोइ ॥
४ सुफल बिरष ताहि अमर फल । जैमल लागा होइ ।
ब्रिष घरि घरि देता फिरै । क ढूंढें पावै कोइ ॥
५ मांणिक मोती नीपजैं । जैमल संमदर मांहि ।
समंद काहू कूं आंणि दे । केई लेबा जांहि ॥
६ दूतर दरिया ले तिरै । नाव उतारै पार ।
कोई आइ बैठै ताहि ले तिरै । कि लागी डोलै लार ॥
७ घरि घरि कहा ता ना फिरै । पारस पूरा साध ।
छींवत लोहा कनक ह्वै । कटैं बहुत अपराध ॥
८ मांनसरोवर मांहि जल । प्यासा पीवै आइ ।
दादू दोसन दीजिये । घरि घरि कहण न जाइ ॥
९ एकै सबद अनंत सिष । जब सतगुर बोलै ।
दादू जडे कपाट सब । दे कूंची षोलै ॥
१० बिनहीं कीया होइ सब । सनमुष सिरजनहार ।
दादू करि करि को मरै । सिष साषा सिरि भार ॥
११ सूरिज सनमुष आरसी । पावक कीया प्रकास ।
दादू सांई साध बिचि । सहजैं निपजैं दास ॥
१२ पर उपगारी गुर भला । सिष सनमुष ह्वै लेइ ।
जैमल दावा नां करै । ज्यूं बृष फल देइ ॥
१३ पर उपगारी गुर भला । चेला चेतनि लेइ ।
जैमल दावा नां करै । संमदर हीरा देइ ॥

१४ पर उपगारी गुर भला । चेला चेतनि होइ ।
जैमल दावा नां करै । जल तृषा मल षोइ ॥
१५ जैमल पर उपगारी गुर भला । सिष सनमुष ल्यौ लाइ ।
पारस दावा नां करै । कोइ परसौ आइ ॥
१६ दावा बंधी नित दुषी । परबसि परलै जाइ ।
जैमल मन मुषि मूल तजि । बिचिहीं गए बिकाइ ॥
१७ गुर अपंग पग पंष बिन । सिष साषां का भार ।
दादू षेवट नांव बिन । क्यूं उतरैंगे पार ॥
१८ दादू संसा जीव का । सिष साषां का साल ।
दून्यूं कूं भारी पडी । ह्वैगा कौंन हवाल ॥
१९ अंधे अंधा मिलि चले । दादू बंधि कतार ।
कूप पडे हम देषतां । अंधे अंधालार ॥
२० कबीर जाका गुर आंधला । चेला षरा निरंध ।
अंधै अंधा ठेलिया । दून्यूं कूप पंडत ॥
२१ कबीर नां गुर मिल्या न सिष भया । लालचि षेल्या डाव ।
दून्यूं बूडे धार मैं । चढि पाथर की नाव ॥
२२ फरीदा कुलह दें दें बावरे । लें देषा रे निलज ।
चूहा षड न मावई । पूंछडि बंधे छज ॥
२३ सोधी नहीं सरीर की । औरौं कूं उपदेस ।
दादू अचिरज देषिया । ए जांहिगे किस देस ॥
२४ जैमल आपण बहिया जात है । और न कूं कहै आव ।
गुर सिष बूडे देषतां । लेस भरणीं नाव ॥
२५ दादू माया मांहैं काढि करि । फिरि माया मैं दीन्ह ।
दोऊ जन समझैं नहीं । एको काज न कीन्ह ॥
२६ जैमल उलझ्या आपही । सो क्या सुलझावै मोहि ।
साचे गुर कूं सोधि लै । ज्यूं साच बतावै तोहि ॥
२७ आपणहीं समझै नहीं । सो क्या संमझावै मोहि ।
जैमल सो गुर सोधि लै । पार गहावै तोहि ॥
२८ जैमल जो गुर पारंगति भया । सो काटे गहि हाथ ।
बह्या जाइ संसार मैं । तिन सूं कैसा साथ ॥
२९ ओषदि तिसकी लीजिये । जे आपनि रोगा होइ ।
जैमल बैद बियाधि सूं । षोटी ओषद सोइ ॥
३० अंजन ताका लीजिये । जाहि नैंनौ सूझै ।
जैमल आंधा आपहीं । ताकूं जिनि बूझै ॥
३१ दादू सो गुरू किस कांम का । गहि भरमावै आंन ।
तत बतावै निर्मला । सो गुर साध सुजांन ॥
३२ गुर पाया सब को कहै । आया नहीं बमेक ।
जैमल सो गुर जिनि करै । जो न बतावै एक ॥
३३ दादू झूठा बदलिये साच न बदल्या जाइ ।
साचा सिर परि राषिये साध कहैं समझाइ ॥
३४ मोहन टूटै साच सूं । तौ गंदा ह्वै जाइ ।
झूठ त्यागि साचहि भजैं । तौ हरि करै सहाइ ॥
३५ निर्धन धनवंत सोधि ले । सो मोटा परबींन ।
धनवंत तजि निरधन भजै । जगंनाथ मतिहींन ॥
३६ सतगुर संग परहरि कै प्रांणीं ।
मन मुष भटकि करी तन हांणीं ।
बैरागर आगर सो त्यागै । जगंनाथ जन घरि घरि मांगै ॥
३७ षोटा नांणां राषतां । बस्त न आवै हाथ ।
झूठे गुर कूं दूरि करि । साचे कागहि साथ ॥
३८ जैमल झूठे गुर कूं नमसकार । साचे गुर की सेव ।
झूठ न षावै साच दे । सो कहिये गुरदेव ॥
३९ सतगुर बृछि कहां रूप्या । चेला देषि बिचार ।
कै बिकार बसुधा महीं । कि ब्रह्म भोमि निज सार ॥
४० बिषिया धरती षार मैं । जे गुर ऊग्या होइ ।
सिष फल षारा जाल पिवै । निपजैं नांहीं कोइ ॥
४१ गोबिंद गोर्ब गुर बिटप । सुरति रूपी ता मांहि ।
रस पीवैं सूफल सदा । गुर सिष अंमृत षांहि ॥

श्लोक

४२ गुरू बहुवेदि संति पारबती सिष बित्वामुपासिकं ।
सो गुर द्रुलभ देवी । सिस निसंताप भै नासनं ॥

साषी

४३ जैमल दष्या दे स्वांमीं हुवा । मांनि भई उन मांहि ।
निर्मल जन सूं बैरता । साच सुहावै नांहि ॥
४४ महाराज कौ मिस करैं । मूंढ मठी रै आप ।
पेट काजि पासौ लियौ । जीभ स्वाद कौ जाप ॥
४५ पापीनैं पूजा किसी । किसौ बधि कनैं जाप ।
सुन हांनैं सांटल मिल्यौ । तौ ईसर तूठौ आप ॥
४६ तूं मेरा हूं तेरा । गुर सिष कीया मंत ।
दूंन्यूं भूले जात हैं । दादू बिसरया कंत ॥
४७ तूं मुझ कूं मोटा कहै । हूं तुझै बडा ईमांन ।
सांई कूं संमझैं नहीं । दादू झूठा ग्यांन ॥
४८ आतम लावैं आप सूं । साहिब सेती नांहि ।
दादू को निपजै नहीं । दून्यूं निर्फल जांहि ॥
४९ दुहि दुहि पीवैं ग्वाल गुर । सिष हैं छेली गाइ ।
यहु औसर यौंहीं गया । दादू कहि समझाइ ॥
५० सिष गो रू गुर ग्वाल है । रष्या करि करि लेइ ।
दादु राषै जतन करि । आणि धणीं कूं देइ ॥
५१ झूठे अंधे गुर घणें । भरम दिढावैं आइ ।
दादू साचा गुर मिलै । जीव ब्रह्म ह्वै जाइ ॥
५२ झूठे अंधे गुर घणें । बंधे बिषै बिकार ।
दादू साचा गुर मिलै । सनमुष सिरजनहार ॥
५३ झूठे अंधे गुर घणें ! भरम दिढावैं कांम ।
बंधे माया मोह सौं । दादू मुष थैं रांम ॥
५४ झूठे अंधे गुर घणें । भटकैं घर घर बारि ।
कारिज को सीझै नहीं । दादू माथै मारि ॥
५५ जैमल जग परमोधि करि । कीया बहूतक टूंब ।
स्वांमीं सिष सोधत फिरै । ज्यूं जजमांनां डूंम ॥

५६ स्वांमीं सिष सेवग गुरू । दौडया द्वारै जाइ ।
पावै एक पईसडौ । षड एक रोटी षाइ ॥
५७ जैमल हरि कौ दास कहावतां । क्यूं न मरै ही लाज ।
डोलै घरि घरि मांगतौ । वैडा अर मौताज ॥
५८ जैमल स्वांमीं घरि घरि देवैं । दष्या होह हमारे सिष ।
गहिए रंड का आसिरा । परहरि कलपबिरष ॥
५९ जैमल दष्या नांहीं न्हान्हरौ । पैकैं ही आवै ।
देहि संन्यासी बैश्नौं । ल्यौ जिहि नैं भावै ॥
६० दष्या बिचारी रद भई । जैमल देषि बिचारि ।
देहि संन्यासी बैश्नौं । नाषैं घरि घरि बारि ॥
६१ दादू पंथ बतावै पाप का । भर्म कर्म बेसास ।
निकटि निरंजन जे रहै । क्यूं न बतावैं तास ॥
६२ भर्म कर्म जग बंधिया । पंडित दीया भुलाइ ।
दादू सतगुर नां मिलै । मारग देइ दिषाइ ॥
६३ चेला दुषीत गुर पीर लाजा ।
बांह का झूठा न सेवियै राजा ।
सबदहींन बिंदे तौ पढिबे का षोटा ।
ऊठि बैठि न सकै तौ किस कांमि मोटा ॥
६४ जौ परि मरि जाइबा तौ जलि जाव माया ।
आप न संमझ्या तौ मिथ्या यहु काया ॥
६५ प्रिथीनाथ ते कत सेइये । जिनकैं पासि गयां सचु नांहि ।
ज्यूं पंषी षाली पडै । ऊजड नग्री मांहि ॥
६६ जै गुर मिलै तौ दर्शन साचा । नहीं तौ क्या पचि मरणां ।
नाव चढे परि षेवट नांहीं । किस बिधि पार उतरणां ॥
६७ बाजंति बाजा जीतंति राजा । डिंब अडंब रषाली ।
बाडी है परि बीजि न जांनहि । कहा निपावै माली ॥
६८ बिन परचै सब धंधा धोषा । पाषंड का उपदेसा ।
मुवां मुकति का किसा भरोसा । कोई न कहै संदेसा ॥
६९ आगैं गया स कोई न बहुड्या । पीछैं रह्या न जाई ।
षंड बिहंड नदी नहीं नाला । धोषैं दुनी बहाई ॥

कवित्त

७० भोगी जोग बषांन । सील गनिका जु सुनावै ।
सूंम दिढावै पूंनि । कौंन कै हिरदै आवै ॥
अंध अंध कर गहै । नारि रोगी जुट टोरै ।
अति रति रावै अतिर । बूडि सोई औरहि बोरै ॥
सकल अंग भंग सु गुरू । कीयैं काजा कहु कौंन सिधि ।
आप मरै औरहि अंमर । रजब करै सु कौंन बिधि ॥

७१ बस्ती पूजै आस सरणि जिहि धका न आवै ।
सो राजा प्रतिपाल । सकल परजा सुष पावै ॥
बैद सु षोवै रोग । राग जिहिं दीपक जागै ।
सोई तीरंदाज । चोट नीसांन सु लागै ॥
षोजी षोजन चूकई । सो सराफ परषै षरा ।
आतमरांम मिलावई । रजब सो गुर सिरि धरा ॥

७२ कबीर कहै मैं कथि गया । कथि गया ब्रह्म महेस ।
रांम नांम ततसार है । सब काहू उपदेस ॥
७३ जैमल हरि उपदेशा साध कह्या । प्रगट बताया रांम ।
षूंणैं बैसि र कहा कहै । जे निर्मल नि:कांम ॥

राग मारू

१:० सुरता सुणि इक भेद सुणांऊं । कर पुटां केवल रस पाऊं ॥
१ जिहि रस पीया रांम भणींजै ।
निरति पडचां थैं कांठौ दीजै ॥
२ गिरहीनैं गिरही उपदेसै । ठगण मतैं क्यूं षासा षेसै ॥
३ दाधानैं जे मत रै दाधौ । औरां छोडै आपण बाधौ ॥
४ अवसि जुहा थांऊ तरी । पावकि पैठौ पूस्प ॥
पांणीं पाषैं क्यूं बूझै । ग्यांन गया यौं रूसि ॥
२:० पीछैं रहिया रोझ अग्यांनीं ।
जिहि ज्यौं कही तिहीं त्यूं मांनीं ॥ टेक ॥
१ पुषता होइ त फेरै पाछी । अरथ बिनां क्यूं लागै आछी ॥
२ भूलानैं बूझै जग भूलौ । गाइ किसै जास्यौ जिनि फूलौ ॥
३ रीता मैंले रीता ओजै । षाक पडी मुष यौं हीं षोजै ॥
४ पाषंडि प्रिथमीं धीजि गई । एक बडौ हैरांन ।
सूंनां सो धीका नहीं । किहि बिधि ओडैं कांन ॥
३:० ब्यौरा बिन ले ओडै आगैं ।
थाकि रहैं पणि पहलैं न थाघैं ॥
१ घरि ऊंणां बाहरि परमोधैं ।
त्रिसौ फिरि फिरि ससा सोधैं ॥
२ मन जांणैं कोई मोटौ मांनैं ।
भारी भूष पडै क्यूं पांनैं ॥
३ नवता देषि नवै जे औरा ।
तौ पालै परिवार स दौरा ॥
४ जबही मृग न मारियौ । तबही पड्यौ दुकाल ।
मंछां कारनि मांडियौ । कीरहु बुधी जाल ॥
४:० आक पलासी अडवा घातै । जाडी जिग दैजी वनि पातै ॥
१ बधिक बृति ली चेला चांटी ।
अपस बधैं यौं बिहचैं बांटी ॥
२ कारिज सरिया कावडि टेरी ।
एक लंगूरौ सतरा सेरी ॥
३ इहि बिधि छेंडी जाइ न छापी ।
दोहरा टालैं दुष सरापी ॥
४ हारि गया हरि थैं बिमुष । कुलह कुटंब की चींत ।
सिष साषां सारा हुवा । माधौ किया न मींत ॥
५:० देव दिहाडी दोस्त दूजा । पूगी आस चढी जब पूजा ॥
१ मुसि मुसि तुरत करै मुंहुं मीठौ ।
भौ भारी आगैं किनि दीठौ ॥
२ बाट पाडि बेसासै द्रोही ।
नाव निगरि ले सीहरि वोही ॥

३ कूवै बाहि बरत जे बाढे ।
तौ ऊतर दे आघौ किनि काढे ॥
४ सौ दोसां यकौ हडे । नानोडौ हथियार ॥
कू किरकहि छूटै नहीं । निपट न जांणैं सार ॥
६:० तृष्णां पीड आपणीं तोडै । सो न्याइ पराई पाटी छोडै ॥
१ बिचरै बैद बिथा भौ भागौ ।
नील जले नाडी निरषण लागौ ॥
२ सगै सरीर ओत नहीं ओसै ।
बादि बिरांणीं बरतणि षोसै ॥
३ सदा दई नैं साच पियारौ ।
लालच गैल षांड गुड षारौ ॥
४ जंन थैं जाचिग ह्वै गया । कुलणि न भागी कांम ।
औरां कीतौ क्यूं नहीं । पणिवै क्यूं कहिसी रांम ॥
७:० श्रीपति छाडि स्वादि चित दीयौ ।
कदरि नहीं पणि कीये लीयौ ॥
१ गोरू गति न लहै करता की ।
नाव संमद सर्वै बिचि थाकी ॥
२ पारं न पहुंचै हाथ पसारै ।
आपण तिरै न औरां तारै ॥
३ भौ जभि बैठा भूछ अफेरू ।
बेऊ बूडा अधम अतेरू ॥
४ पछितांणां पंथ को नहीं । प्रथमि न बांधी पाज ।
फाटै डूंडे डूबिसी । जिनि गह्या न रांम जिहाज ॥
८:० जदि तदि जासी ताला बोली । दंद भरोसै परजा दोली ॥
१ अंध लकुटिया गहिलै अंधा ।
समझि नहीं पणि सूंणौं कंधा ॥
२ भेडां ओट भेड नित षाधी ।
भेष धरचौ पणि भगति न साधी ॥
३ मूसा सरणि न छूटै मूंसौ ।
श्रप गिलण कौ यौही हूंसौ ॥
४ गोरी पींडा बीकर्णं । गुर गंमि कियौ न गाह ।
निरभैपद नेडौ नहीं । भावै तेती जाह ॥
९:० बातौं ही बूहा बैरागी । अंतरि आगि अणेरी लागी ॥
१ उरैं कह कूंए का एकी ।
सेन्या भाहि सरीरी सेकी ॥
२ हरडें हरडै फिरिया हूंछै ।
ओछी आव अधूरा मूंछै ॥
३ जिहि औता कि बधेरौ आदर ।
सिर कूटै ज्यूं षूंमीं चादर ॥
४ स्वांग काछि सो द्रा हुवा । चरि चित दीन्हां पेटि ।
जातां जातां द्यूं हडा । निपज न लागी नेटि ॥
१०:० कांधै षडिया काष अधारी ।
मांगण मतै बगल मैं मारी ॥
१ भूंचै भाव दुनी कौ फिरिया ।
चाल अचोषी चींचड टिरिया ॥
२ परचाहींण हुसांई मोडा ।
देषा देषी होडी होडा ॥
३ काग आडि की कथा बिचारैं ।
कलि का कीट कि सीझ मारै ॥
४ दुरगंधि द्वारै दीजिसी । लजासी जमदूत ।
तब हरदास तमास गीर । बिच के बेस्वां पूत ॥
इति साचा झूठा गुर की पारिष कौं अंग संपूर्न भवेत ॥

४ साचा गुर का घाट घडिबा कौं अंग

राग अडांणौ
१:० भाई रे भांनि घडै गुर मेरा ।
मैं सेवग उस केरा ॥ टेक ॥
१ कंचन करि ले काया । घडि घडि घाटनि पाया ॥
२ मुष द्रपन मांहिं दिषावै । पीव प्रगट आंणि मिलावै ॥
३ सतगुर साचा धोवै । तौ बहुरि न मैला होवै ॥
४ तनमन फेरि संवारै । दादू कर गहि तारै ॥

साषी
१ फूटा फेरि संवारि करि । ले पहुचावै ओर ।
अैसा कोई नां मिलै । दादू गई बहोर ॥
२ दादू अैसा कोई नां मिलै । तन फेरि संवारै ।
बूढे थैं बाला करै । षै काल निवारै ॥
३ कबीर सतगुर अैसा चाहिये । जैसा सिकलीगर होइ ।
सबद मसकला फेरि करि । देह द्रपन करै सोइ ॥
४ साचा सतगुर जे मिलै । सब साज संवारै ।
दादू नाव चढाइ करि । ले पारि उतारै ॥
५ दादू बिष का अंमृत करि लीया । पावक का पांणीं ।
बंका सूधा करि लीया । सो साध बिनांणीं ॥
६ दादू ऊरा पूरा करि लीया । षारा मीठा होइ ।
फूटा सारा करि लीया । साध बमेकी सोइ ॥
७ बंध्या मुकता करि लीया । उरझ्या सुरझि समांन ।
बैरी मींता करि लीया । दादू उतिम ग्यांन ॥
८ झूठा साचा करि लीया । काचा कंचन सार ।
मैला नृमल करि लीया । दादू ग्यांन बिचार ॥

राग टोडी
२:० मन टेढील करि ग्यांन रंगेरा ।
धनि सतगुर काढचा बल मेरा ॥ टेक ॥
१ हेत हुतासन अबुधि बलीता ।
लागी सुरति मुहरि सूं चीता ॥
२ बल अहंकार गांठि तेतीसा ।
समझि सुधि करि भजि जगदीसा ॥
३ नापा तजि मीत सारंग श्रंगा ।

मन बिषई रंगि हरि कैं रंगा ॥

साषी

६ मन भुवंग यहु बिष भरचा । निरबिष क्यूंही न होइ ।
दादू मिल्या गुर गारडी । निरबिष कीया सोइ ॥

राग रांमग्री

३:॰ म्हारौ गारडू गुरदेव ।
रांम नांम मंत्र जाकै अलष अभेव ॥ टेक ॥
१ भांमिनीं भुजंग लागै । तीनि डाढां डंक जागै ॥
बिषै बिकराल ताकी लहरि आवै ।
अंमर ओषदि षावाडे । अकाले मरता जीवाडे ।
गाडूडौ ढोलै रे बाबौ । अमृत पावै ॥
२ श्रप की सहकुली जांणैं । बांबी मै थैं बाहरि आंणैं ।
नाद अनहद पूरि बाबौ । बेण पणि बावै ॥
एक अष्यर मंत्र दाषै । पिटारा मैं कीलि राषै ॥
डाढ पणि बांधै रे । बाबौ चौडे षिलावै ॥
३ तीनि अष्यर मंत्र मारै । चौथा टाकर बिष उतारै ।
आतम अचेत चेतै । आपौ संभारै ।
बिष रहै नहीं बाकी । अमीं बसै जीभ जाकी ।
ब्रह्म बांणी बोलि । बाबौ सींचौ सो डारै ॥
४ कांवरू करतारि पढायौ । सो हमारै भागि आयौ ।
बिष कौ पालण । बाबै अंमृत पायौ ।
अमर जडी एक जाकै । सीस ऊपरि सदा राषै ।
बषनां गुरदेव दादू जगत सब ज्यायौ ॥

साषी

१॰ पहली लोचन दीजियै । पीछैं ब्रह्म दिषाइ ।
दादू सूझै सार सब । सुष मैं रहै समाइ ॥
११ दादू पहली प्रांन पसू नर कीजै । साच झूठ संसार ।
नीति अनीति भला बुरा । सुभ असुभ नृधार ॥
१२ दादू सब तजि देषि बिचारि करि । मेरा नांहीं कोइ ।
अनदिन राता रांम सूं । भाव भगति रत होइ ॥
१३ अंबर धरती सूर ससि । सांई सब ले लावै अंग ।
जस की रति करुणां करै । तनमन लागा रंग ॥
१४ परम तेज तहां गया । नैनहुं देष्या आइ ।
सुष संतोष पाया घणां । जोतिहि जोति समाइ ॥
१५ अरथ चारि असथांन का । गुर सिष कह्या समझाइ ।
मारग सिरजनहार का । भाग बडे सो जाइ ॥
इति साचा गुर का घाट घडिबा कौं अंग संपूर्न भवेत ॥

५ कसौटी कौं अंग

१ कबीर सतगुर मेरा सूरिवां । तातै लेहि लुहार ।
कसणीं दे कंचन किया । ताइ लिया ततसार ॥
२ सोनैं सेती बैर क्या । मारै घण के घाइ ।
दादू काटि कलंक सब । राषै कंठि लगाइ ॥
३ दादू मांहीं मीठा हेत करि । ऊपरि कडवा राषि ।
सतगुर सिष कूं सीष दे । सब साधौ की साषि ॥
४ पांणीं मांहैं राषिए । कनक कलंक न जाइ ।
दादू गुर के ग्यांन सूं । ताइ अगनि मैं बाइ ॥
५ कारिज को सीझै नहीं । मीठा बोलैं बीर ।
दादू साचे सबद बिन । कटै न तन की पीर ॥
६ साधौं का अंग निर्मला । तामैं मल न समाइ ।
परम गुरू परगट कहै । तार्थै दादू ताइ ॥
७ गुर षांड षुलावै सिष कूं भावै । कदे न होइ निरोग ।
नींब नांव बिन क्यूं कटैं । दीरघ दुरमति रोग ॥
८ सुत माटी षावै मनि सुहावै । माय दिढावै पोष ।
मन की भावडि गुरू दिढावै । दूंन्यूं कै सिरि दोष ॥

राग रांमग्री

१:॰ सांई कूं साच पियारा ।
साचे साच सुहावै देषौ । साचा सिरजनहारा ॥
१ ज्यूं घण घावां सार घडीजै । झूठ सबै झडि जाई ।
घण के घांऊं सार रहैगा । झूठ न मांहि समाई ॥
२ ज्यूं घृत कूं लेता कीजै । ताइ ताइ तत कीन्हां ।
ततैं तत रहैगा भाई । झूठ सबै जलि षीनां ॥
३ कनक कसौटी अगनि मुषि कीजै । कंप सबै जलि जाई ।
यौं तौ कसणीं साच सहैगा । झूठ सहै नहि भाई ।
४ यौं तौं कसणीं साच सहैगा । साचा कसि कसि लेवै ।
दादू दरसंन साचा पावै । झूठे दर्शन देवै ॥

साषी

६ षोता षरा परषिये । दादू कसि कसि लेइ ।
साचा है सो राषिये । झूठा रहन न देइ ॥
१॰ दादू कसि कसि लीजियें । यहुं ताते परवांन ।
षोटा गांठि न बांधिये । साहिब के दीवांन ॥
११ षोटे फेरि उस टिये । षरियां नौं साबास ।
नांनिक सचे नांव बिन । केते गये निरास ॥
१२ कठिन कसौटी पीव की । सुष जिनि जांनौं कोइ ।
पहल जहर जो जी रवै । अंमृत पीवै सोइ ॥

१३ प्रथमिह तं पुनिह तं । प्रछालि पादऊ करं ।
पुनि च ईव चक्रह धरं । भवर करछीनं गलं दोदलं ॥
तस्म लिलाटह ततं । पुनि प्रधूकरं ।
रे रे चित किम भ्रमसि । आप बिण रजिता । कलो न बंचिसि ॥

१४ सांई कारनि मास का । लोही पांणीं होइ ।

सूकै आटा आस्त का । दादू पावै सोइ ॥
१५ तनमन मैदा पीसि करि । छांणि छांणि ल्यौ लाइ ।
यौं बिन दादू जीव का । कबहूं साल ना जाइ ॥
१६ पीसे ऊपरि पीसिये । छांणे ऊपरि छांणि ।
तौ आतम कण ऊबरै । दादू अैसी जांणि ॥
१७ पहली तनमन मारिए । इनका मरदै मान ।
दादू काढै जंत्र मैं । पीछैं सहजि समांन ॥
१८ काटे ऊपरि काटिये । दाधे कूं दौं लाइ ।
दादू नीर न सींचिए । तौ तरवर बधता जाइ ॥
१९ कबीर इस मन कूं मैदा करूं । नांन्हां करि करि पीसि ।
तब सुष पावै सुंदरी । ब्रह्म झलकै सीसि ॥
२० सुह रायां ऊंस न्हडौ । जां तन कीयौ न तींय ।
तो के अंषडियंन मैं । पिरी पयंदौ कींय ॥
२१ सरफा अषै मींत सुनि । सची बात कहांउं ।
कज लजे हाजै जलहि । तौं नैंनौं मैं ठांउं ॥
२२ महदी पीय के पाइ लगि । क्यूं पहुचे प्यारा ।
दुहुं सिल मांहै पैसि करि । तन पीसा सारा ॥
२३ तिली कियौ तपु घांन चढि । भयौ पहुप सूं मेल ।
ईबा दुई दुराइ कैं । निकस्यौ नांव फुलेल ॥
२४ ब्याह समैं सिष सबद न लोप्या ।
सतगुरि कोकिलिया नहि कोप्या ॥
गयौ बंदे सिर छिकरी दयाल ।
यौं गुरदेव सदा प्रतिपाल ॥
२५ ज्यूं गुरि सात घडा सिरि फोडया ।
देषि सुबुधी अंग न मोडया ॥
तनमन सीस सहित सब दीन्हां ।
तब गुरदेव आपणां कीन्हां ॥

कवित्त

२६ महिंदी चंदन चाहि । संमझि सुरमां कस केसरि ।
कंचन पनींक पास । कसें कष्ट कंगही सिर ॥
मसि कागद तिल ईष । तीर पारै पच पेषं ।
अस कसि उजल केस । काच कसि चसमां देषं ॥
लोह तार अंन कन कणिक । सकल कसौटी करि भले ।
यौ रजब रांमहि मिलैं । जे गुरमुषि कसणी ह्वै चले ॥
२७ करहुं भार कस षाइ । पहम पात्र ह्वै आई ।
लेषनि सीस कटाइ । कांन कर ठौर सु पाई ॥
जंतरि चढे सु तारनि कसि जंतर मैं सारे ।
जिभ्या बाज ऊरंग । पाठ पीडा सह प्यारे ॥
लाल कंठि बीधे बंधैंहि । सतजुग अगनि सु सोलहा
रजब निपजैं सिष गुरि कठिन कसौटी ह्वै जहां ॥
२८ मारया पारा सार । रोग रोगी काटारै ।
बैठैं मृतक जहाज । अतिर आतम ह्वै पारै ॥
जीवत बूडैं जलहि । मूंवां तिरि ऊपरि आवै ।
मिर्तगि महातम देषि । कंध कपड प्यंड सु पावैं ॥

सुरगन देषै मीच बिन । आदि सबद अैसैं कहै ।
रजब रमियैं रैंनि ज्यूं । सांई सूरी जतौ लहै ॥
इति कसौटी कौं अंग संपूर्न भवेत ॥

६ भयभीत भयानक डर कौं अंग

राग धनाश्री

१:० डरिये रे डरिये । तातैं रांम नांम चित धरिये ॥ टेक ॥
१ जिनि ए पंच पासारे रे । मारे रे ते मारे रे ॥
२ जिनि ए पंच समेटे रे । भेटे रे ते भेटे रे ॥
३ कछिब ज्यूं करि लीए रे । जीये रे ते जीये रे ॥
४ भ्रिंगी कीट समांनां रे । ध्यांनां रे यहु ध्यांनां रे ॥
५ अज्या सिंघ ज्यूं रहिए रे । दादू दरसन लहिये रे ॥

साषी

१ सांई तेरे डरि डरूं । सदा रहूं भैभीत ।
अज्या स्यंघ ज्यूं भै घणां । दादू लीया जीत ॥
२ कबीर सुपिनैं हरि मिल्या । सूता लीया जगाइ ।
आंषि न मींचौं डरपता । मति सुपिनां ह्वै जाइ ॥
३ कबीर हरि के डरपतां । ऊंन्हां धांन न षांउ ।
हिरदा भीतरि हरि बसै । तातैं षरा डरांउं ॥
४ कबीर गोबिंद के रे बहुत गुण । लिषे जु हिरदे मांहिं ।
डरता पांणीं नां पिउं । मति वै धोया जांहि ॥
५:१ करैं बरत परि बाट । निरषि नटनीं भै मेला ।
बांइस बैंठि जहाज । रह्या उडिबे का षेला ॥
२ उभै सिंघ बिचि अजा । अहारि सो पोष न पावै ।
नमो नमो डर रूप । क्रीट भृंगी ह्वै आवैं ॥
३ चोर जार भै राज नित । सिरन उकासै सो सही ।
रजब सांई सोच मधि । गुण इंद्री अैसैं रहीं ॥

६ कबीर भली भई ज भै पडया । गई दसा सब भूलि ।
पाला गलि पांणीं भया । ढुलि मिलिया उस कूलि ॥
७ मरणां भागा मरण थैं । दुषैं नाठा दुष ।
दादू भै सूं भै गया । सुषै छूटा सुष ॥
८ प्रीतमि मारे प्रेम सूं । तिनकूं क्या मारै ।
दादू जारे बिरह के । तिनकूं क्या जारै ॥
राजा देष्यां डूंदर कंपै । जोगी देष्यां कालं ।
सतगुर देष्यां चेला कंपै । जिनि छोडि दीया बिष जालं ॥
१० बाचा बंध्या बिस हर आवै । परघर बीधी नारी ।
सुरति संभाल्या सेवग आवै । जिनि तज्या भरम संसारी ॥
११ डडा डर उपजें डर जाई । डरही मैं डर रह्या समाई ।
जे डर डरै तौ फिरि डर लागै ।
निडर होइ तौ उरि डर भागै ॥
१२ जिन्हां भौ तिन्हा नांहि भौ । अर मुचि भौनि भुइयां ।

किस कूं कहिये नांनिका । दीसैगा दरियां ॥
१३ दरद रवांनी सो करै । दरदी लाइक होइ ।
दरदी सार न जांणहीं । नांनिक धके षासी सोइ ॥
१४ डर पारस डर परम गुर । डर करणीं मैं सार ।
षोजी डरे सुऊ कु बरे । गाफिल षासी मार ॥
१५ जौ बबिभौ अति बहुत है । तौ यह राषी चीत ।
ए तीन्यूं न बिसारियैं । हरि अरि अपनां मींत ॥
इति भयभीत भयानक डर कौं अंग संपूर्न भवेत ॥

७ गुर का सबद कौं अंग

राग रांमगरी
१:० सबदि समांनां जे रहै । गुर बाइक बीधा ।
उनहीं लागा एक सौं । सोई जन सीधा ॥ टेक ॥
१ अैसी लागी मरम की । तन मन सब भूला ।
जीवत म्रितक ह्वै रहे । गहि आतम मूला ॥
२ चेतनि चितह न बीसरै । महारस मीठा ।
सबद निरंजन गहि रहे । उनि साहिब दीठा ॥
३ एक सबदि जन उधरे । सुनि सहजैं जागे ।
अंतरि राते एक सौं । सर सनमुष लागे ॥
४ सबदि समांनां सनमुष रहै । पर आतम आगे ।
दादू सीझे देषतां । अबिनासी लागे ॥

राग केदारौ
२:० मेरे तन मन लागी चोट स ठौरी ।
बिसरचौ ग्यांन बुधि सब नाठी ।
भई बिकल मति बौरी ॥ टेक ॥
१ देह बदेह गलित गुन तीन्यूं । चलत अचल भये ठौरी ।
इत उत जित कित द्वादस चितवत । यहु भई गुपत ठगौरी ॥
२ सोई पै जानैं पीर हमारी । जिहि सरीर यहु ब्यौरी ।
जन कबीर ठग ठग्यौ है बापुरौ । सुंनि समांनीं त्यौरी ॥

राग रामश्री
३:० संतौ रांम बांन मोहि लागे ।
मारत म्रिग मर्म जब पाया । सब संगी मिलि जागे ॥ टेक ॥
१ चित चेतनि च्यंतामनि चीन्हें । उलटि अपूठा आया ।
मंदरि पैसि बहुरि नहीं निकसै । परम तत घर पाया ॥
२ आवै न जाइ जाइ नहीं आवै । तिहि रसि मनवां माता ।
पांन करत परमांनंद पाया । थकित भये चलि जाता ॥
३ भयौ अपंग पंक नहीं लागै । निर्मल संगि सहाई ।
पूरनब्रह्म अष्याल अबिनासी । तिहि तजि अनत न जाई ॥
४ सो सर लागि प्रेम प्रकासा । प्रगटी प्रीतम बांणीं ।
दादू दीन दयाल हि जानैं । सुष मैं सुरति समांनीं ॥

राग केदारौ
४:० मेरे भाई हो मोहि बिषम सर लाग्यौ ।
माया मांहि मगन सोवत हौ । गुर कौ सबद सुनि जाग्यौ ॥ टेक ॥
१ पंच संगी मिलि परपंच करते । तिनहूं कौ संग तजि भाज्यौ ।
भयौ अतीत गुन न थैं न्यारौ । तबहि गगन चढि गाज्यौ ॥
२ नहीं तन नहीं मन नांहीं आपा पर । हूं का कौ को मेरौ ।
करमचंद प्रभू करम गलित भयौ । बहुरि न कीन्हौं फेरौ ॥

राग धनाश्री
५:० पीव कै नेह भूली देह । जग ब्यौहार तजि संसार ।
कौंण सहै सीसि भार । मन मांनैं बिधि एह ॥ टेक ॥
१ साची सब रही रीति । और मिटी सब अनीति ।
बिरहा बैराग चीति । निसदिन सुष लेह ।
भाव भगति प्रीति प्रांन । ग्यांन ध्यांन लै समांन ।
पायौ निज रूप थांन । भावै नही ग्रेह ॥
२ दादू गुरि भुर की नाषी । सुमिरन सूं सुरति राषी ।
संगति जिनि जिनैं चाषी । लींन भये तेह ।
छाडचौ सब माया कांम । बिष संमांन लाग्यौ धांम ।
गरीबदास रटै रांम । पीव परम प्रेह ॥

राग केदारौ
६:० गुर दादू सिरि भुर की मेली ।
रांम नांम पढि मंत्र मोहनीं । भाग बडे जिनि सनमुष झेली ॥ टेक ॥
१ सुधि बुधि स्वाद सबद सुष भूली । परसे आइ आतम संगि षेली ।
मगन भए दिसि देषत इकटग । आप बिसरि छबि रही अकेली ॥
२ नांइ रत अनरत माया सूं । भरम करम जग करणीं पेली ।
जगंनाथ गुर परि बलिहारी । जा प्रसादि सब सुषी सहेली ॥

राग धनाश्री
७:० हरि संम्रथ गुर की बलिहारी ।
माया गलि न बिषै मैं बूडत ।
काढि लियो बल भुजा पसारी ॥ टेक ॥
१ महा मोहमत कांम क्रोध रत । त्रिया बिषै तैं मनसा मारी ।
कठिन कर्म तैं कर गहि राषै । अब तौ मोहि भरोसौ

भारी ॥
२ ग्यांन ध्यांन बैराग बिरह जत । भाव भगति हित सब सुष कारी ।
भरम भेद जीय के सब जारे । हरि सन लाई प्रीति करारी ॥
३ पारस रूप चरन परसत हीं कंचन भई आतमां सारी ।
गुर दादू सब बिधि करि मोहन । सरन लिये की लज्या पारी ॥

कवित्त

१ कूप छांह गज पंक । मूंस पारा पीय पंगुल ।
साधन समीर नर नींद । सधैं सर कैं नहीं अंगुल ॥
अनगहणूं मिरचनि कपूर । चंबक असनालै ।
अहम न चका बूह । जहाज न बांइ सचालै ॥
गुरू बैद पारा सुमन । गरङ भवंगम कर गह्या ।
निधि सु पाज तो रे भवर । रजब परि पंषी रह्या ॥

राग नट नारांइण

८:॰ जौ पैं कोऊ निर्गुण पद लषि आवै ।
बसत समीप जांन जौ पावै । कपट अमल बिसरावै ॥ टेक ॥
१ काजी हाथि कतेब न बांचै । मुल नहि बांगि न आवै ।
सुमृत बेद त्यागि दिज चलि हैं । रजपति राज न भावै ॥
२ बिन करताल पषावज बाजै । बिन रसनां गुन गावै ।
कहै कबीर अनभै जिनि पेष्यौ । कोऊ संम्रथ गुर समझावै ॥

राग गौडी

९:॰ संतौ आई ग्यांन की आंधी ।
भरम की टाटी सबै उडांणीं माया रहै न बांधी ॥ टेक ॥
१ हित चित की द्वै थूंनीं गिरांनीं । मोह बलीडा तूटा ।
तृष्ना छांनि परी धर ऊपरि । कु बुधि का भांडा फूटा ॥
२ आंधी पीछैं जो जल बूठा । प्रेम हरी जल भीनां ।
कहै कबीर भांन के प्रगटें । उदित भया तम छींनां ॥

साषी

२ कबीर सतगुर हम सूं रीझि करि । एक कह्या परसंग ।
बरस्या बादल प्रेम का । भीजि गया सब अंग ॥

राग गौडी

१०:॰ अब हम सकल कुसल करि मांनां ।
स्वांति भई तब गोबिंद जांनां ॥ टेक ॥
१ तन मैं होती कोटि उपाधि ।
उलटि भई सुष सहज समाधि ।
बैरी उलटि भये हैं मीता ।
साकत उलटि सजन भये चीता ॥
२ जम थैं उलटि भया है रांम ।
दुष बिसरचा सुष कीया बिश्रांम ।
आपा जांनि उलटी ले आप ।
तौ नहीं ब्यापैं तीन्यूं ताप ॥
३ इब मन उलटि सनातन हूवा ।
तब हम जांन्यां जीवत मूवा ।
कहै कबीर सुष सहजि समांऊं ।
आप न डरूं न और डरांऊं ॥

राग आसावरी

११:॰ जीवत मारे मुये जिलाये ।
बोलत गूंगे गूंग बुलाए ॥ टेक ॥
१ जागत निस भरि सेई सुलाए ।
सोवत रैंनी सेई जगाए ॥
२ सूझत नैंनौं लोइ न लीए ।
अंध बिचारे तिन मुषि दीए ॥
३ चलते भारी ते बिठलाए ।
अपंग बिचारे सोई चलाए ॥
३ ऐसा अद्भुद हम कुछ पाया ।
दादू सतगुरि कहि समझाया ॥

राग गौडी

१२:॰ रे मन जाहु जहां तोहि भावै ।
अब न कोई तेरै अंकुस लावै ॥ टेक ॥
१ जहां जहां जाइ तहां तहां रांमां ।
हरि पद चीन्हि कीया बिश्रांमां ॥
२ तन रंजित तब देषियत दोई ।
प्रगटचौ ग्यांन जहां तहां सोई ॥
३ लींन निरंतर बपु बिसराया ।
कहै कबीर सुष सागर पाया ॥
१३:॰ अब हम सहजि निरंजन चीन्हां ।
गुर गंमि ग्यांन बिचारि परमपद । तनमन हरि कूं दीन्हां ॥ टेक ॥
१ बिगसत कवल अनंत धुनि गरजत । तब मनि भया अनंदा ।
जोति सरूप सकल मैं देष्या । ज्यूं पांणीं मैं चंदा ॥
२ प्रगट प्रकास प्रगट पद सुंदर । तहां दास कबीर कौ स्वांमीं ।
बिन करबे न मधुर धुंनि बाजत । सुनीं अनूपम बांनीं ॥

राग आसावरी

१४:॰ अब की धरी मेरौ ग्रिह करिसी ।
साध संगति ले मोकूं तिरिसी ॥ टेक ॥
१ पहल कौ घाल्यौ भर मत डोल्यौ । सच कबहूं नहीं

पायौ ।

अब की धरणि धरी जादि न थैं । सग लौ भरम गंमायौ ॥

२ पहल की नारी स्वादि बिभचारनि । बासण धरयौ उघाडै ।

चंचल पंच लियैं संगि डोलै । अपणौं कारिज मारैं ॥

३ पहल की नारि सदा कुलवंती । सासू सुसरा मांनैं ।

देवर जेठ सबनि की प्यारी । पीव कौ मरम न जांनैं ॥

४ इब की धरनि धरी जादि न थैं । पिय सूं बांन बन्यूं रे ।

कहै कबीर साधूं कै सरनैं । आइ र रांम सुन्यूं रे ॥

राग धनाश्री

१५:० तहां मन भयौ रे अडोल ।

म्हारै मनि बस्यौ गुर माहरा कौ बोल ॥ टेक ॥

१ थिति माँहैं थिति पाई । अगम थी सो गुरि बताई ।

तहां लागौ मन लाई । जहां ऊपजै नहीं और काई ॥

२ तहां चंचल था सो निहचल कीया ।

जाइ था सो फेरि लीया ।

अैसा गुरि उपदेश दीया । तिहि अवलंबनि लागि जीया ॥

३ सबद मांहि संतोष पाया । मन था सो तहां लाया ।

कह्या था सो हाथि आया । रांम रंमि सहजैं समाया ॥

४ तहां गुरि थापना थापी । जप करैं तहां पंच जापी ।

प्रगट्यौ तहां आप आपी । निरषि बषनां सकल ब्यापी ॥

साषी

३ बिन कर बांणक सीस करि । सतगुरि मारया मांहि ।

जगंनाथ उर बेधिया । बाहरि दीसै नांहि ॥

४ बांण बमेकी बाहिया । गुरि कमणैति सुजांणि ।

जगंनाथ जिहि लागिया । सो चोट न सकै बषांणि ॥

५ लेषा होइ तौ गुण गिणूं । गुण अलेष नहीं अंत ।

जगंनाथ गुर बांण सूं । लागत मेला कंत ॥

६ जगंनाथ सर बहुत करि । षपि षिजि एक मरंत ।

गुर दादू सर एक सूं । घाइल किये अनंत ॥

७ गुर दादू सर सबद सूं । बेध्या तन मन प्रांन ।

जगंनाथ घाइल किया । निमष न पावै जांन ॥

८ सार सबद सर साध का । जबही लागै आइ ।

जगंनाथ अचेत कूं । चेतनि करै चिताइ ॥

९ कबीर मारया है जे मरैगा । सर सूं तीषी भालि ।

पड्या पुकारै बिरष तलि । आजि मरै कै काल्हि ॥

१० कबीर ज्यूं ज्यूं हरि गुण सांभलौं । त्यूं त्यूं लागै तीर ।

सांठी सांठी झडि पडी । भलका रह्या सरीर ॥

११ भलका भाव सुर्ति की सांठी । चोट करी गुरि दीठैं ।

सांठी सुरति अपूठी आई । भलका रह्या उहींठै ॥

१२ कबीर सतगुर लई कमांण कर । बाहण लागा तीर ।

एक ज बाह्या प्रीति सूं । भीतरि रह्या सरीर ॥

१३ दादू घाइल ह्वै रहे । सतगुर के मारे ।

दादू अंगि लगाइ करि । भौसागर तारे ॥

१४ कबीर सतगुर साचा सूरिवां । सबद जु बाह्या एक ।

लागत ही भैं मिलि गया । पड्या कलेजै छेक ॥

१५ कबीर सतगुरि मारया बांण भरि । धरि करि सूंधी मूंठि ।

अंगि उघाडै लागिया । गया दवा सू फूटि ॥

१६ सारा बहुत पुकारिया । पीड पुकारै और ।

लागी चोट मरम की । रह्या कबीरा ठौर ॥

१७ हसै न बोलै उनमनीं । चंचल मेल्हा मारि ।

कहै कबीर भीतरि भिद्या । सतगुर के हथियारि ॥

१८ कबीर गूंगा हूवा बावला । बहिरा हूवा कांन ।

पावा थैं पंगुल भया । सतगुरि मारया बांन ॥

१९ कबीर जिनि पांऊं भैं कतर । हांढया देस बदेस ।

तिनि पांऊं थिति पकडी । आंगण भया बदेस ॥

२० दादू बाहरि सारा देषिये । भीतरि कीया चूर ।

सतगुरि सबदूं मारिया । जांण न पावै दूर ॥

२१ दादू सतगुरि मारे सबद सू । निरषि निरषि निज ठौर ।

रांम अकेला रहि गया । चीति न आवै और ॥

२२ दादू हमकूं सुष भया । साध सबद गुर ग्यांन ।

सुधि बुधि सोधी समझि करि । पाया पद निरबांन ॥

२३ दादू सबद बांण गुर साध के । दूरि दिसंतरि जाइ ।

जिहि लागे सो ऊबरे । सूते लिये जगाइ ॥

२४ सतगुरि सबद मुष सौं कह्या । क्या नेडै क्या दूर ।

दादू सिष श्रवन हुं सुण्यां । सुमिरण लागा सूर ॥

२५ साचा सहजैं ले मिलै । सबद गुरू का ग्यांन ।

दादू हमकूं ले चल्या । जहां प्रीतम का अस्थांन ॥

२६ दादू सबद बिचारि करि । लागि रहै मन लाइ ।

ग्यांन गहै गुर देव का । दादू सहजि समाइ ॥

२७ कबीर सती संतोषी सावधांन । सबद भेद सु बिचार ।

सतगुर के प्रसाद सूं । सहज सील सतसार ॥

२८ सबद हीं ताला सबद हीं कूंची । सबद ही सबद जगाया ।

सबद हीं सबद परचा हुवा । सबद हीं सबद समझाया ॥

२९ सबद बिंदौ रे अवधू सबद बिंदौ । सबदे सीझंति काया ।

निनांणवै कोडि राजा मस्तक मुडाया ले । परजा का अंत न पाया ॥

३० सबद बिंदौं अवधू सबद बिंदौ । अर्थ न मांन सब धंधा ।

आतमां मधे प्रम आतमां दीसै । ज्यूं जल दीसै चंदा ॥

३१ अभ्र छाया यथा भांनु । जोति सरूप न दृस्यते ।

तथा ग्यांन प्रग्राह्यं । गुरूरवा क्यंच निर्मलं ॥

राग रामग्री

१६:० म्हारै गुरि कहियौ सो करिस्यूं ।

षार समंद मैं मींठी बेरी करिसू धौं घडी लौ

भरिस्यूं ॥ टेक ॥
१ इहि कूवै कौंण कौंण पणिहारी । कौंण कौंण ले जन तूटी ।
पांणीं लागूं पहूंती नांहीं । ठाली ठिलिया फूटी ॥
२ आगैं जे पनिहारी हूंती । त्यांह नैं गुरि भरि दीतौ ।
निगुणीं नारी पांणींहारी । रह्यौ परहंडौ रीतौ ॥
३ पांच तिसाया कूवै षंदाया । त्यांह की त्रिष्नां भागी ।
गुर कौ सबद ले छेहडै बांध्यौ । तब लेज पहूंचण लागी ॥
४ अैसा पांणीं और न जांणीं । जिहि पीयां तिस भागै ।
बषनां नैं गुरि दादू पायौ । पीवत मीठौ लागै ॥
इति गुर का सबद कौं अंग संपूर्न भवेत ॥

८ सुमिरण कौं अंग

राग केदारौ
१:• नारांइण नौं नांव लीयंतां । आलस कांई करै काल्हा रे ।
जेणीं बेलां जंम क्यंकर लेसी । ता ह्वै कौंण मिल्हावै सेवा ल्हा रे । टेक ॥
१ नांमैं नारांइण नरक निवारै । नांमैं अबिचल पद आपै ।
नांम लीयंतां नांणौं न लागै । मूरिष रिदै न जागै ॥
२ बहु परिवार प्रेम सूं पोषै । संतन सहजै उबेषै ।
दूध पिवै पणि डांग न देषै । एक लंडौ दुष सहि सें ॥
३ जे जन जप तप जागि न जांणैं । तेन्हां बंधण कापै ।
नाथ भणौं स्वांमीं संप्रांणौं । संभारयां सुष आनैं ॥
२:• अब तुम रांम कहौ मन नागर ।
ज्यूं तुभ काल अगनिते बांचौ । सदा रहौ सुष सागर ॥ टेक ॥
१ किरिया करम करत निस बासुरि । भगति कौ पंथ उजागर ।
सोचि बिचारि सकल श्रुति सुम्रिति । हरि ते और न आगर ॥
२ मारि न सकै बिघन नहि ग्रासै । जम न चढावूत कागर ।
सूरदास प्रभू इहि औसर जपि । उतरि गए भव सागर ॥

राग कांनडौ
३:• मनबचक्रम मन गोबिंद सुधि करि ।
सुचि रुचि साहजि समाधि साधि सठ । दीन बंध करू नांमै उर धरि ॥ टेक ॥
१ मिथ्या बाद बिबाद छाडि तूं । बिषै लोभ मद मोहैं परहरि ।
चरन प्रताप आंनि उर अंतर । और सबै सुषया सुषतर हरि ॥
२ संतनि कह्यौ निगम हूं भाष्यौ । पांव न पतित नांव निज हरि हरि ।
जिन कौ सुजस सुनत अरु गावत । जैहैं पाप बिरंद भजि भर हरि ॥
३ दीनदयाल स्वांमि घन सुंदर । सुषदाइ कसंत निहित हरि हरि ।
परम क्रिपाल गुपाल गोप पति । गावत गुन आवत ढिग ढर हरि ॥
४ अजहूं चेति मूंढ चहुं दिसि ते । उपजी काल अगनि झष झर हरि ।
जब जंमजाल जंजाल परैगौ । हरि बिन कौंन करैगौ धर हरि ॥
५ अति भैभीत निरषि सागर तैं । घन ज्यूं आंणि रहैगौ घर हरि ।
सूर काल बर ब्याल ग्रसित है । श्री पति चरन परै किन फर हरि ॥

राग रामगरी
४:• रे मन रांम रंमत अलसासी ।
पर उपवाद बदत सुष मांनत । तजि अम्रित बिष षासी ॥ टेक ॥
१ सुष कारनि बहु जतन करत है । पायस्य दुष की रासी ।
श्रीपति गति बिपरीति न जांनस्य । मगहर मरसि तजि कासी ॥
२ साध संगति तजि करत कुसंगति । बिपति तिरस्य किहि टेकी ।
महा समुंद्र नांव नौका भजि । तजि पद षर अब बेकी ॥
३ जब लग इहि तनि ताप न ब्यापै । तब लग करि हरि सेवा ।
जब ग्रिह जलै कूप षनि सींचै । उदिम हुसी नहीं केवा ॥
४ नैंनां निरषि रांम निज सुंदर । श्रवणां सुणि हरि गाथा ।
माधौंदास भव न गवन करि । श्री जगनाथ नाइ माथा ॥

राग माली गौडी
५:• भजौ रे मन गोबिंद चरनारबिंद । गोबिंद भरोसा ।
संपति गोबिंद नांमे बिपति बिनासा ॥ टेक ॥
१ पुंन्य पुंन्य जनमई । पुंन्य पुंन्य मरी ।
पुन्यौं पुन्यौं गतागती । नां भजी लौंहरी ॥
२ बंधू बांधव भावी रे ।
दिन्यें दिन्यें प्रांन पयांनौं कालो । बिमुष जनैं जनैं ।
३ नां भावी नां भावी रे । संजोग गई लौं दूर ।

जोबन संपदा गरब्यौ । श्रबैं भै लौं चूर ॥
४ दीन ग्वालमी कहै सुणौं साधू जन ।
अहलोके परलोके बंधू नाराइनं ॥

६:० हरि चरन चित न छाडिये । ब्याधि नीपरि राषि रे ॥टेक ॥
बैकुंठ मैं सांसौ नहीं । जांनीं साध बोलैं साषि रे ॥
१ कपट मत मन छाडि दे रे । माया रूप न रचि रे ।
इक ईस चौगुण लषि घर फिरि । निहिचै छूटिसि साचि रे ॥
२ जटा मुंद्रा सोभ माला । भेष रंजन बुधि रे ।
मन सुध केवल करसि प्रांणीं । ग्रिह मधि बैठैं सिधि रे ॥
३ संसार सागर किम तिरिसि । नव छिद्र द्वार झरंत रे ।
रिषीकेस प्रभू रांम नांम भेला । ऊतरे बहु संत रे ॥

राग रामगरी

७:० भजि रांम नांम मनो रमे । बद अंम्रित तत मयं ।
नित नेत जे श्रणें सुणैं । ते जुरा न मरन भयं ॥ टेक ॥
१ हरि भगति जदि निह केवलं । हिरदै क्रमना बचसारं ।
जोगेन किं जग्येन किं । दानेंन किं तपसार ॥
२ परमादि पुरिस अलपमं । सत्याध भाव रते ।
परकीरते परमदभुतं । हरि च्यंतते सर्बे गतं ॥
३ लोभादि करम पह्या क्रितं । जीवनि बिरूधि सकलं ।
सकल कारन छाडि दुर्मति । गहि त्रिलोक धरं न सरनं ॥
४ हरियं छित्ते पारो भये । क्रिश्न भगति क्रितं ।
भाव भगति न मद भुयं । परस न परमंगतं ॥
५ द्रिष्टवा करम पर तज्यं । आद्रिष्टि भाव रतं ।
तजि क्रम बिक्रम दुक्रितं । रहु क्रिष्न चरणं रतं ॥
६ गोबिंदि गोबिंद जपि नर सकल सिधि निधं ।
जैदेवया हित पठवै । संसार भूत म्रितं ॥

राग गौडी

८:१ सुष सागर हरि कौ नांव है । जीव मेरे संभलि भाई ।
देत अभैपद दास कूं । जैतूं रांम रमाइ ।
इक रमहु रांम त्रिलोक सुंदर । निराकार निरंजनो ।
जस अंत ब्रह्मादिक न पावै ।
चवै संनक सनंदनो गुण गीत चारयौं बेद गावै ।
प्रेमरस पीवै हरो । मन मूंढ अजहू प्रतीति नांहीं
रांम रमो सुष सागरो ॥
२ दुतनिही हितकारि को । जीय मेरे क्यूं न पत्याई ।
स्वारथ के सब को सगे । अंतहि कोन सहाई ।
इक अंत अवर सहाइ नांहीं । रांम बिन जांणीं जीया ।
तिस नांइ कोटि कलेस नासैं । पुरुष अथवा ल्यौ त्रीया ।
दस आठ चारि बिचारि साषी । छाडि मन मिथ्या मती ।
इक रांम परम दयाल पाषै । नहि हितकारी दुती ॥
३ जनम ब्रिथा जिनि षोवै रे । रे मन मूंढ हमारा ।
हरि बिन षिन सुष नां लहै । रे जीव करहुं बिचारा ।
बिचार जीयरा करहु मेरा । रांम बिन तिरिबौ नहीं ।
जप तप कोटि कलेस साधैं । आगैं काल तही तहीं ।
बिष छाडि छमद छयल नित प्रति । पीयौ हरि अंम्रित कथा ।
तिहि रांम परम दयाल पाषै । जनम मति षोवौ बृथा ॥
४ जुग जागै जीय सोवौ रे । जुग सूवै जीय जागौ रे ।
निसदिन रांम संभालिये । चरणां हरिजी कां लागौ रे ।
इक चरण सरण संभालि अनुदिन । प्रीति करि ज्यूं पाईये ।
भजि साध संगति पाप तजि मति । निर्मल हरि गुण गाइए ।
इक भगत बछल क्रिपा कोमल । तास पद राषौ हीया ।
बिष्नुदास रांम संभालि आतुर । जुग सोवै जागौ जीया ॥

राग गुंड

६:० इतनां कहत तोहि कहा लागत ।
रांम नांम लै सोवत जागत ॥ टेक ॥
१ ध्रूं प्रहिलाद इहीं गुनि तारे ।
रांम नांम अषिर हिरदै बिचारे ॥
२ रांम नांम सनकादिक राता ।
रांम नांम निरभैपद दाता ॥
३ भणत नांमदेव भाव अैसा ।
जैसी मनसा लाभ तैसा ॥

राग माली गौडा

१०:० जपि रांम महामंत्र रांम महा । रांम रमैं रंमि रांम महा ॥
१ महादेव उपदेशी गौरी । रांम महामंत्र लेसनि बौरी ॥
२ जिहि मंत्र नारद ध्रूवहि पढावा । सत संगति मिलि दासनि गावा ॥
३ आदि गुरू रघुनाथ उधरनां । सकल अघ द्रुमति दल हरनां ॥
४ नांमौं भणैं रांम नांम पवित्रा । रांम बिनां नांहीं मुकति अनंता ॥

११:० कहि मन गोबिंद गोबिंद गोबिंदा ।
चरन कवल चितवनि जिनि बिसरौ । गोबिंद गोबिंद गोबिंदा ॥
१ अंतरि ग्रभ सहे दुष भारी ।
आवत जात परयौ मैं हारी ॥
२ ताथैं नांमौं हरि गुण गावै ।
बहुरि न भौजलि नियरे आवै ॥

राग कनडौ

१२:० लै रे मन रांम नांम निर्मल जल ।
धोवै रे मन के मल तब भलै सच पावै ॥ टेक ॥

१ हरि रस मैं बोरि बोरि । पाप मैंल डारि निचोरि ।
इद्री निग्रह करि त्यूं । इहै घांम दै रे ॥
२ जब जै है तन घटि । जैसें जीरण पाट जांत हैं फटि ।
अनेक जतन कीयें रे । तेरैं बहुरचौं हाथि न आइ है ।
३ सूरदास मदन मोहन । जसन वतन अमल सदा ।
यातैं तौं यहु मल जै है ।

साषी

१ रांम सरीषौ रंग । जब लग चित चिव हुटै नहीं ।
तब लग दुष अभंग । भींम भणैं भाजै नहीं ॥
२ काया का पङ रांम जल । जे नर नहीं धोवंत ।
भींम भणैं ते मांनवीं । भै भै मैंला हुंत ॥

राग मारू

१३:० रांम जपौं रे रांम जपौ । रांम आपै रे निरभैपद बास ॥ टेक ॥
१ प्रांणीं मोह लागौ मंदिर करै । जांणौं भोग वीसै गौष अवास ।
हरि नीं भगति बिनां भूलौ भमै । मेल्ही नैं जाइसि निरास ॥
२ प्रांणीं कारवीं काया सोधतौ । दिन प्रतै धो तौ दस बार ।
हिद्रङानौ मैल न छाडियौ । किम प्रांमि सिरे सिरजनहार ॥
३ प्रांणीं आंछा अंबर ओढणैं । हींडतौ अति मोङा मोङि ॥
हरि चरणां सेव्या नहीं । तेन्हैं आभङें उपजे छे षोङि ॥
४ प्रांणीं नारी नैं मूकलै मोहि रह्यौ । हसतां नवि कह्यौ हरि ।
जुरा रे जोबन बाही गयौ । तेन्हीं छूटि बांनी के ही परि ॥
५ प्रांणीं आपणौं आप बिचारियौं । छूटिबौ नौं एह रे अपार ।
रंगौ भणैं हरि सेवियै । परहरियै झूठौ संसार ।

राग भैरूं

१४:० रांम रांम रांम रांम जौ न तूं जपिहै ।
जहां जैहै तहां तूं तीन्यूं ताप तपिहै ॥ टेक ॥
१ सुरसुरी तीर बिनां नीर दुष पैहै ।
सुर तरतर तोहि दलिद्र संतैहै ॥
२ छूटिबे के जतनि बसेषैं बांध्यौ जाइगौ ।
ह्वै है बिष भोजन । जौ सुधा सांनि षाइगौ ॥
३ रांम सौ पुनीत कोऊ और नांहीं दूसरौ ।
सुमिरि सु भोमि भयौ । तुरसी सौ ऊसरौ ॥

१५:० हरि हरि हरि हरि जौ न तूं कहिहै ।
सुष कें निकट बसैं अति दुष दहिहै ॥ टेक ॥
१ इद्र कै असथांनि बैसि । देह पीर पैहै ।
बसि है अमरपुर । मरि मरि जैहै ॥
२ चितामनि कर चढै । न चिंतन ही होइगौ ।
पारस सौ पाइ कैं परष बिनां षोइगौ ॥
३ कांमधेनि भुवन मैं कांम नांन पूरि है ।
रसोई मैं पाक पूरि षैबे कूं झूरि है ॥
४ हरि सौ दयाल नांहीं गुरि कही पारिषा ।
मोहन बिकारी बपु । भजैं सुधा सारिषौ ॥

कबित्त

३ रांम का नांव बिन मुगध नर । दुष इतनौं भूचिसि दुनी ।
भूष मरण भै परण । स्वाद नहीं संसारा ।
टुकङा कारणि फिरिसि । दवा देतो दरबारां ।
झंझि मारतौ झुल्यौ । तरसि करि काया त्रासी ।
पीटि काढि द्यौ परहौ । चोर चोरी करि जासी ।
जगत गुर कांइ जाच्यौ नहीं । सबद पषै काया सुनी ।
४ रांम का नांव बिन मुगध नर । दुष इतनौं भूचिसि दुनीं ।
भूलिसि नांम भूधर तणौं । तौ ऊंणां रति इतनीं सहिसि ।
माता पिता नांल हसि । बालापणि बुरौ दिषाइसि ।
दङवङि जीया पछैं । भलौ भोजन नहीं षाइसि ।
अंगि बेदनि ब्रेष रच सदा सु गल्यौही साल्यौ ।
बोङौ अर झांफलौ पति पचासूं टाल्यौ ।
५ पायतण नहीं गलि गूदङौ । राति दिवस रांमैं रहसि ।
भूलिसि नांम भूधर तणौं । तौ ऊंणां रति इतनी सहसि ।

राग ललित

१६:० रसनां रांम गुण रमि रस पीजै ।
गुण अती निरमोलिक लीजै ॥ टेक ॥
१ निर्गुण ब्रह्म जपौ रे भाई ।
जिहि सुमिरत सुधि बुधि मति पाई ॥
२ बिष तजि रांम न जपिसि अभागे ।
का बूडे लालच के लागे ॥
३ ते सब तिरे रांम रस स्वादी ।
कहत कबीर बूडे बकबादी ॥

राग भैरूं

१७:० हरि भजि हरि भजि हरि भजि मूल ।
बिन हरि भजन परै मुष धूल ॥ टेक ॥
१ अनेक बार पसू ह्वै अवतरचौ ।
लष चौरासी भ्रमत फिरचौ ।
पायौ नहीं कहीं बिश्रांम ।
सतगुरि सरणि कह्यौ नहीं रांम ॥
२ राज काज सुत बित सब जाइ ।

अबिनासी सौं प्रीति लगाइ ।
इहि उनमांन भगति ब्रत धरै ।
जुरा मरण भौ संकुट टरैं ॥
३ गुण सागर गोबिंद गुण गाइ ।
अपणौं बिड्द बिसरि जिनि जाइ ।
प्रणवंत नांमदेव संत सधीर ।
चरण सरण राषौ हरि नीर ॥

राग रामग्री

१८:० हरि पषैं नेटि निस्तार नांहीं ।
मन मरण बांचि रे मुगध नेड्रौ बहै । सकै तौ सूत करि सोचि मांही ॥ टेक ॥
१ आपणौं इष्ट रघुनाथ रम यादि करि । ऊबरै अमरफल अवसि षांहीं ।
कोटि कारिज सरै कलपबृछि कनैं रहु । भ्रमैं मति भूलिया छाडि छांहीं ॥
२ बिश्न सुर साध सिव सकल जोगी जिके । त्रिषा रूचि प्रेम सूं पीयौ तांहीं ।
सुतौ हरदास कहै अगम ऊंचौ उहां । भवर ह्वै भेद ले भलैं जांहीं ॥

राग सारंग

१९:० क्रिष्न कथा बिनि क्रिष्न नांम बिनु । कृश्न भगति बिन दिवस जात ।
ते प्रांणीं काहे कूं जीवत नांहीं क्रिस्न मिलन की बात ॥ टेक ॥
१ हरि हरि कृष्न कृष्न कहि माधौ । रांम कृष्न रसनां असफूट रट ।
मानुष जनम कहां पांवहिगे । ध्यांन करहि घन स्वांमि चतुर नट ॥
२ जौ इहि लोक परम सुष राषत । अरु परलोक करति प्रतिपालु ।
परमांनंददास कौ ठाकुर । आरति भंजन दीनदयालु ॥

राग मारू

२०:० मन तैं रांम नांम सुमरणां बिन । जनम बाहि षोयौ ।
रंचक सुष कारणैं । तैं अंत काल बिगोयौ ॥ टेक ॥
१ साध संगति भगति बिनां । जनम अकारथ जाई ।
जुवारी ज्यूं हाथ झारि । चाल्यौ छिटकाई ॥
२ कांम क्रोध लोभ मोह । माया मन मोघौ ।
गोबिंदा गुण चिति बिसारि । कवन नींद सोयौ ॥
३ कहै श्रीरंग सोचि बिचारि । भरमि भूलौ अंधा ।
निज करनीं रांम नांम । अवर सकल धंधा ॥

२१:० मनां रे रांम सुमरि रांम सुमरि रांम सुमरि भाई ।
रांम नांम सुमरे बिनां । बूडत है अधिकाई ॥ टेक ॥
१ दारा सुत ग्रेह नेह । संपति अधिकाई ।
यामैं कछू नांहि तेरौ । काल अवधि आई ॥
२ अजामेल गज गनिका । पतित करम कीन्हां ।
ते ऊतिरि पार गए रांम नांम लीन्हां ।
३ स्वांन सूकर काग कीनौं तऊ लाज न लाई ।
रांम नांम अंमृत छाडि काहे बिष षाई ॥
४ तजि भर्म कर्म बिधि निषेद । रांम नांम लेही ।
जन कबीर गुर प्रसाद । रांम करि सनेही ॥

राग भैरूं

२२:० रांम नांम तत काहे न बोलै ।
रे मन मूंढ अनंत जिनि डोलै ॥
१ भूला भरमत जनम गंमावै ।
यहु रस रसनां काहे न गावै ॥
२ क्या झषि औरै परत जंजालै ।
बांनीं बिमल हरि काहे न संभाले ॥
३ रांम बिसारि जनम जिनि षोवै ।
जपिलै जीवनि साफिल होवै ॥
४ सार सुधा र सदा रस पीजै ।
दादू तन धरि लाहा लीजै ॥

राग धनाश्री

२३:० पायौ पायौ धन निर्धन ज्यूं । बारंबार संभारूं ।
गोबिद के चरनांरबिंद । अब न जीय बिसारूं ॥ टेक ॥
१ सुधा लबधः भंजन भरि । करथैं कत डारूं ।
रंचक सुष काच लागि हेम टूक हारूं ॥
२ दुर्लभ तन सुलभ पायौ । सो कत बृथा हारूं ।
निरषत निज अपनैं पाइ । कत कुठार मारूं ॥
३ माधौदास जगनाथ । चित न बिसारूं ।
आंन आस दार न दुष । काहे न निवारूं ॥

राग केदारौ

२४:० रह्यौ हरि सुमिरन कौ पछितायौ ।
यहु मन राचि राचि अर बिरच्यौ । कियौ आपनौं भायौ ॥ टेक ॥
१ मम क्रित दोष अथाहत रंगनि । तिरि नहि सक्यौ रे सवायौ ।
डारचौ जाल काल गहि षैच्यौ । भयौ मींन कौ हायौ ॥
२ पुत्र कलित्र सजन बंध बिग्रह तिनि मिलि आप बंधायौ ।
ममता लोभ स्वाद कै लालचि रसनां रांम न गायौ ॥
३ कीर पढावत गनिका तारी । ब्याध परम पद पायौ ।
ऐसौ सूर नहीं कोई संम्रथ । मिटत महा जम दायौ ॥

राग बिलावल

२५:० काहे कूं होत तिन हूति हरवा ।

नां सुर नेह देह के दाहक । अजहूं तूं संमझि अरे मन
भरवा ॥ टेक ॥
१ ताके चरन कवल किन सेवै । जाके सिव सनकादिक
बरवा ।
निगम नेति जाहि रटत रैंनि दिन । हरि समांन नांहि न
को गरवा ॥
२ क्यूं गज त्रिषा जात बिन सलिता । जौ जल पीयौ तनक
भरि नरवा ।
जन तिलोक सुष सकल भजन बिन । ज्यूं सिसु रचे रेत
के घरवा ॥

राग रामग्री

२६:॰ रांम नांम सुमिरी रे मनां ।
भव बधन छूटै या तनां ॥ टेक ॥
१ रांम नांम भौजल तारिका ।
रांम बांचूं नैंनैंणें आंन का ॥
२ रे मन रांम बिसारिका ।
हीरा कौडी बरै हारि मां ।
३ रांम नांमांची करि नाव री ।
ता चढि भौसागर तिरी ॥
४ रांम नांमांची मजया गोडी ।
गूंगा की जैसी साकरी ॥
५ रांम नांमांचा करि अभ्यासा ।
रांम सुमिरै नांमदेव दासा ॥
२७:॰ हो नर नीका है हरि नांम ।
दूजा नहीं नांव बिन नीका । कहि ले केवल रांम ॥ टेक ॥
१ निर्मल सदा एक अबिनासी । अजर अकल रस अैसा ।
दिढ गहि राषि मूल मन मांहीं । निरषि देषि निज
कैसा ॥
२ यहु रस मीठा महा अमींरस । अमर अनूपम पीवै ।
राता रहै प्रेम सूं माता । अैसैं जुगि जुगि जीवै ॥
३ दुजा नहीं और को अैसा । गुर अंजन करि सूझै ।
दादू मोटे भाग हमारे । दास बमेकी बूझै ॥

बिलावल

२८:॰ जल की बूंद तैं रच्यौ अैसौ नीकौ साज ।
चेति रे अचेत प्रांणीं । षोवत है कौंनैं काज ।
उठि कैं आतुर जपि अपनौं सिर कौ ताज ।
तासमि और नहीं राजनि कौ राज ॥ टेक ॥
१ मनिषा जनम पायौ । साधनि सब निगायौ ।
बारबार कैसैं पावै उतिम जिहाज । षेवट गुर तारै ।
भौजल बिषम आरै । पतित पावन नांव गरीब निवाज ॥

राग गौडी

२९:॰ हरि कैं नांइग हर जिनि करऊ ।
रांम नांम चित मुषां न धरऊ ॥
१ जैसैं सती तजै सिंगार ।
अैसैं जीयरा करम निवार ॥
२ राग दोष दहूं मैं एक न भाषि ।
कदाचि उपजै तौ चितां न राषि ॥
३ भूलैं बिसरि गहर जौ होई ।
कहै कबीर हरि का कसि हौ मोही ॥

राग टोडी

३०:॰ तौ जीजौ गोबिंद चरणां ।
नहींतर जनम बृथा जगि भरणां ॥
१ जा दिन भजिसि न गोबिंद नांमां ।
ता दिन प्रांण पतन करि रांमां ॥
२ आपा उधारि लै यहू मत नीका ।
रांम नांम जपि प्रणवैं पीपा ।

राग गौडी

३१:॰ रांम नांम बोलि निरबांण बांणीं ।
जिभ्या आंन मिथ्या करि जांणीं ॥
१ को को न तारे को न उधारे ।
बैकुंठनाथा षसम हमारे ॥
२ सोने की भालि पाषांण बेधीला ।
झींझ फूटी रांम नाम अकेला ॥
३ सप्त पुरी नौ ऊषर भाई ।
रांम बिनां कौणें गति पाई ॥
४ माटी देषि माटी कहा भुलांनां ।
कहि समझावै दास नांमां ॥
३२:॰ रांम भणि रांम भणि रांम चिंतामनि ।
तेरे भाग बडे पायौ छाडै जिनि ॥ टेक ॥
१ असंत संगति जिनि जाइ रे भुलाइ ।
साध संगति मिलि हरि गुन गाइ ॥
२ रिद्य कवल मैं राषि लुकाइ ।
प्रेम गांठि दे ज्यूं छूटि न जाइ ॥
३ अष्ट सिधि नव निधि नांव मंझारि ।
कहै कबीर भजि चरन मुरारि ॥

साषी

६ साहिबजी के नांव मैं । बिरहा पीड पुकार ।
तालाबेली रोवणां । दादू है दीदार ॥
७ साहिबजी के नांव मैं । भाव भगति बिसवास ।
लै समाधि लागा रहै । दादू सांई पास ॥
८ साहिबजी के नांव मां । मति बुधि ग्यांन बिचार ।
प्रेम प्रीति सनेह सुष । दादू जोति अपार ॥
९ साहिबजी के नांव मां । सब कुछ भरे भंडार ।
नूर तेज अनंत है । दादू सिरजनहार ॥

१० जिसमैं सब कुछ सो लिया । निरंजन का नांव ।
दादू हिरदै राषिये । मैं बलिहारी जांउं ॥

राग आसावरी

३३:० मिल्यौ रे चाहिये । तासूं इब मिलि रहिये ।
करम करींदो जारि बिभूति करिये ॥ टेक ॥
१ काया मेरी मधु पुरी जिम जल छइये ।
आतमां बिरोलि रसनां रांम नांम कहिये ॥
२ काष्ट ग्रभ बैसांदर रहिये ।
मंथ न करत पूरब जनम कूं दहिये ॥
३ कागद कदली फलहि बिनासा ।
सोझइया संगति आवागवन कौ नासा ॥

राग ललित

३४:० वाल्हा माह्वा प्रेम भगति रस पीजिये । रमिये रमिता
रांम माहरा वाल्हा रे ।
रिदा कंवलं मै राषिये । उतिम एहज ठांम माह्वा
वाल्हा रे ॥ टेक ॥
१ सतगुर सरणैं अनसरै । साध समागम थाइ माह्वा
वाल्हा रे ।
बांणीं ब्रह्म बषांणियैं । आनंद मां दिन जाइ माह्वा
वाल्हा रे ॥
२ आतम अनभै ऊपजै । उपजै ब्रह्म गियांन माह्वा
वाल्हा रे ।
सुष सागर मैं झूलिये । साचौ ए अस्नांन माह्वा
वाल्हा रे ॥
३ भव बंधन सब छूटिये । करम न लागै कोइ माह्वा
वाल्हा रे ।
जीवन मुकति फल प्रांमियैं । अभै अमरपद होइ माह्वा
वाल्हा रे ॥
४ अठ सिधि नव निधि आंगणैं । परम पदारथ चार माह्वा
वाल्हा रे ।
दादू जन देषै नहीं । राता सिरजनहार माह्वा
वाल्हा रे ॥

३५:० हमारौ मन माई रांम नांम रंगि रातौ ।
पीव पीव करै पीव कौं जांनैं मगन रहै रसि
मातौ ॥ टेक ॥
१ सदा सील संतोष सुहावत । चरन कवल मन बाधौ ।
हिरदा मांहि जतन करि राषूं । मांनूं रंक धन लाधौ ॥
२ प्रेम भगति प्रीति हरि जांनैं । हरि सेवा सुषदाई ।
ग्यांन ध्यांन मोहन कौ मेरै । कंप न लागै काई ॥
३ संगि सदा हेत हरि भागै । अंगि और नहीं आवै ।
दादू दीन दयाल दमोदर । सार सुधारस भावै ॥

राग टोडी

३६:० माधइयौ माधइयौ मीठौ री माइ । माहवौ माहवौ
भेटियौ आइ ॥ टेक ॥
१ कान्हइयौ कान्हइयौ करतां जाइ । केसवौ केसवो केसवो
धाइ ॥
२ भूधरौ भूधरौ भूधरौ भाइ । रांमइयौ रांमइयौ रह्यौ
समाइ ॥
३ नरहरि नरहरि नरहरि राइ । गोबिंद गोबिंद दौ दादू
गाइ ॥

राग गुंड

३७:० रांमजी कौ नांव पियारौ मोहि । चिंतामनि ज्यूं राषूं
पोइ ॥ टेक ॥
१ बिसरि न जांउं न मेल्हूं षोइ । गुर प्रासादैं पाया सोइ ॥
२ भागा भर्म परम सुष होइ । सिंध बूंद अंतर नहीं कोइ ॥
३ मिलि गई बूंद अपनपौ षोइ । तब हरदास कहन कूं
दोइ ॥

३८:० मीठौ लागै माहुवौ । निज नांव तुम्हारौ ।
दीन दयाल दया करौ । भौ पारि उतारौ ॥ टेक ॥
१ रस रसनां साकर मिल्यौ । सतगुरि ले पायौ ।
अंगि अंमीं रस संचरयौ । रांम नांम दिढायौ ।
२ ज्यूं पांन तंबोली सारवै । त्यूं हिरदै संभारूं ।
प्रेम नीर ले भीजऊं । बिसरूं तौ हारूं ॥
३ क्रित करणीं कूंडी सबै । सति नांव तुम्हारौ ।
परस कहै मेल्हूं नहीं । मोनैं षरौ पियारौ ॥

३९:० साचौ रे धन रांम नांम ।
आदि अंति सो आवै कांम ॥ टेक ॥
१ साधू जन की सेवा करौ । रांम रसांइन पीवो तिरौ ।
२ रांम नांम है असा बली । लष चौरासी षङ भङ टली ॥
३ परस कहै रिण मोटौ टल्यौ । जम दांनीं नौ कागद
बल्यौ ॥

४०:० रांम चिंतामणि जै कोई च्यंतै । इहि बिधि सो त्रिहूं
लोकहि जीतै ॥ टेक ॥
१ जौ जीय थैं उपजै बेसास ।
धरनि गगन बिचि फलै अकास ॥
२ ब्रह्म धरणि तहां ल्यौ जङ लागी ।
सुमिरण जल बुधि कूं पल जागी ॥
३ रांम चिंतामणि चित दे गाई ।
अष्ट महा सिधि लागै पाई ॥
४ कहि नापा असैं जन जीवै ।
बिण मुष विरष धरणि रस पीवै ॥

राग रामगरी

४१:० हरि नांमैं दिन जाइ रे जाकौ ।
सोई दिन लेषै लाइ रे ताकौ ॥ टेक ॥

१ हरि नांमैं जन जागै । जाकै गोबिंद साथी आगै ॥
२ दीपक एक अभंगा । तामैं सुर नर पडैं पतंगा ॥
३ ऊंच नीच सम सरिया । ताथैं जन कबीर निसतरिया ॥

४२:॰ लाधौ तौ लाधौ रे मैं रांम रसांइन लाधौ ।
॰ प्रेमैं पाटैं सुत्रैं पोयौ । कंवलै बाधौ ॥ टेक ॥
१ रांम नांम तत सार । सुमरि सुमरि जन उतरे पार ॥
२ कृष्न जननीं कृश्न पिता । कृस्न बंधू भौ तारिता ॥
३ भणत नांमदेव हरि हरि गाऊं । बहुरि न जोनीं संकुट आऊं ॥

४३:॰ संतौ और कहौ क्या कहिये ।
हम तुम सीष इहै सतगुर की । निकटि रांम कै रहिये ॥ टेक ॥
१ हम तुम मांहिं बसै सो स्वांमीं । साचे सौं सच लहिये ।
दरसन परसन जुगि जुगि कीजै । काहे कूं दुष सहिये ॥
२ हम तुम संगि निकटि रहै नेरैं । हरि केवल कर गहिये ।
चरन कवल छाडि करि अैसे । अनत काहे कूं बहिये ॥
३ हम तुम तारण तेज घन सुंदर । नीके सौं निर बहिये ।
दादू देषु और दुष सबही । तामैं तन क्यूं दहिये ॥

राग सारंग

४४:॰ सुमिरंन रांम को नित कीजै ।
निर्मल हरि जस साध संगति मिलि । प्रेम सहित रस पीजै ॥ टेक ॥
१ झूठी माया मोह बिषै रस । सो मन तैं त्यागीजै ।
हिरदै कवल मै निसदिन हरि हरि । यह अवलंबन जीजै ॥
२ तन मन धन सब मनसा बाचा । रांम समरपन कीजै ।
कहै कबीर कछू और न जाचूं । चरण सरण दत दीजै ॥

राग गौडी

४५:॰ भाई रे रांम अमलि मेरां मन राता । बिसरौं तौ बायडि आवै ।
आवागवन बिथा मेरे तन की । हरि बिन कौंण छुडावै ॥ टेक ॥
१ जोनी फिरै तोहि नहि पूजौं जपूं अजोनीं संभा ।
चंद सूर दोइ दीपक जोया । गगन रच्या बिन थंभा ॥
२ मनि हरि जांन्यां हरि मन जान्यां । पूरब प्रीति सगाई ।
हरि रंगि राच्य रह्या मेरा मन । सो रंग कबहूं न जाई ॥
३ मन की चिंता सबही डहक्या । भरम भूत होइ लाग्या ।
पीपौ कहै सकल जग सोवै । हरि सुमिरै ते जाग्या ॥

राग बसंत

४६:॰ काटयौ चाहै बिषम ब्याधि ।
तौ रांम नांम निज ओषदि साधि ॥ टेक ॥
१ छाडि बया रे पंच कंद ।
कांम क्रोध लोभ मोह मंद ।
भवन गही दिढ साध संग ।
ज्यूं बाइ न कबहूं परसै अंग ॥
२ या ओषदि गुरि दई बताइ ।
ए अनेक निरभै भये साधि ताहि ।
नांम कबीरा अरु जैदेव ।
कहि बेणीं तिनि लह्या भेव ॥

राग कनडौ

४७:॰ अैसैं हरि के सरन आव रे ।
जा सुमिरत सीतल तात नमैं । कबहूं न लागत तात बावरे ॥ टेक ॥
१ सिव बिरंचि सुर नर मुनि सेवा । सकल बियापी जांन रावरे ।
सो ठाकुर इंछा सब पूरन । राषत जन कौ मांन भाव रे ॥
२ भगति हेति नर देही पाई । भलौ बन्यूं है इहै बनाव रे ॥
धू प्रहिलाद अटर जिनि राषे । बिद्यापति तूं ताहि गाव रे ॥

राग गौडी

४८:॰ रांम संभालिये रे । प्रभू मेरौ दीनांनाथ दयाल ॥ टेक ॥
१ करता सबका रांम है रे । भरता सबका रांम ।
हरता सबका रांम है । तहां दूजे का नहीं कर्म ॥
२ आदि सकल का एक है रे मधि सकल का एक ।
अंति सकल का एक है । बछनागर बझा बबेक ॥

४९:॰ मेरे मन भईयां रां कहौ ।
रांम नांम मोहि सहजि सुनावो । उन चरननि मन की न रहौ ॥ टेक ॥
१ रांम नांम लेहि संत सुहावै । कोई कहौ सब सीस सहौ
वाही सूं मन जोरें राषौ । नीकैं रासि लियैं निबहौ ॥
२ कहत सुनत तेरौ कछू न जावै । पापनि छेदनि सोई लहौ ।
दादू रे जन हरि गुन गावौ । कालैं जालैं फेरि दहौ ॥

राग गंधार

५०:॰ रसनां तूं रांमहि नैंक गाव री ।
चढि बैकुंठ निसरनी हरि पद । प्रेम प्रसाद पाव री ॥ टेक ॥
१ छाडि पराई निंद्या ब्यंद्या । भगवंत सुजस सुनाव री ।
इहि कलिकाल गुपाल भजन बिन । सुपिनैं हूं सुष न पाव री ॥
२ इहि देही षेही कैं करन छिन छिन घटत आव री ।

भौसागर तिरिबे के कारंन पावन नांव नाव री ॥
३ हरि बिमुषनि कौ अंन पांनीं आजते । काली धार बहाव री ।
दास अनिन की जूठनि ऊपरि । ब्यासहि रुचि उपजाव री ॥

राग बिलावल

५१;० जननीं तूं जोबन हरिबा । सूं आव्यौ तूं करिबा ।
सारंगधरनी सेवा न कीधी । फोकट फेरौ फिरिबा ॥टेक ॥
१ दस मास ऊंधै मुष रहिनैं । मंल मुंत्र बहु पीधां ।
इटलां कष्ट षवीनैं आव्यौं । केहा सुकृत कीधां ॥
२ भाव भगतें साध न पूज्या । चरणांम्रित नहीं प्रस्या ।
पापीनीं तां संगति करी नैं । परपातिग परकास्या ॥
३ अंतरजांमीं छतौ न जांण्यौं । कां हींडे मोह बाह्यौ ।
भीम भणैं हरि नांम बिनां रे । किम छूटिसि जंम साह्यौ ॥

साषी

११ मारगि माल्हंतां । सेज सुवंतां । भावै जार भणींजै ।
नांम लीयां तूंसै नाराइंण । सो नांमडौ कांइ न लीजै ॥
१२ नारांइण कौ नांमडौ भूं छांहीं भल बैंण ।
चोपड थैं चंगौ थयौ । जेहूं तेहूं षैंण ॥
१३ सुतौ बैठौ उठियौ । गाल्ही दौगैं दौ ।
असां तुसां जी तांतडी । बाटडि यैं बैंदौ ॥
१४ जे घुरघडी न कीन्ह । सांई तो दीदार के ।
केहीहु जकरींन्ह । सोपै पंजूर बदा ॥
१५ झालगि उठि नांव जपि । निसबासुरि आराधि ।
काढा तुझैं न ब्यापई । नांनिका मिटै उपाधि ॥
१६ मसांणेषु पुरांणेषु कामांती जा मती ।
सा मती स्त्रब कालेषु । नर ते पाप न लिपते ॥
१७ सुमिरण सूं संसा मिटै । सुमिरण सूं दुष जांहि ।
सुमिरण सूं सुष ऊपजै । जगंनाथ जक मांहि ॥
१८ भजन करत भौ भ्रम सब । जांहि जनम के पाप ।
जगंनाथ जीय की जलणि । मिटैं सकल संताप ॥
१९ स्वास एक हरि नांव सूं । सकल सुरति मन लाइ ।
कर्म कालिमां जीव की । जगंनाथ सब जाइ ॥
२० सासैं सास सुमिरण करै । जपै धणीं का जाप ।
जगंनाथ संसार की । कछू न ब्यापै ताप ॥
२१ ज्यूं महषी जल मांहीं पैसै । मांछर निकटि न आइ ।
यौं गुण क्रम ब्याप्रति जीव की । नांव लेत मिटि जाइ ॥
२२ बहुत भजौ थोडा भजौ । सुमिरन थैं अघ जांहि ।
जौ लग जड धरती महैं । तरवर सूकै नांहि ॥
२३ बहुत करौ थोडी करौ । सेवा मुजरै होइ ।
मोहन अंगुरी कंपतां । दाग न देवै कोइ ॥
२४ सुत की आरत्य माता जांनीं । अस्थनि पांन्हौं आइ ।
यौं अंतरजांमीं प्रगटै । जे जीव भजन कराइ ॥
२५ टोटी टोटी मांगतां । माता रोटी देइ ।
षिजमति षाली नां पडै । जीव नांव धणीं का लेइ ॥
२६ कह्या करि र जु प्रीति सूं । लीया अउह का नांव ।
मोहन मांनीं बंदिगी । जांन राइ बलि जांउं ॥
२७ सींग सींग करि उधरचा । सुधि साच सनेह ।
संम्रथ पूरै कामनां । जीव नांव निरंजन लेह ॥
२८ मोहन रोटी षांड की । मिसरी रस दीठा ।
असा हरि का नांव है । सब ही दिसि मीठा ॥
२९ प्यासे कूं सायर मिलै । तौ क हाथा घण जाइ ।
जैमल प्यासा नीर का । तौ पीवत बार लाइ ॥
३० भूषे कूं भोजन मिलै । तौ बेगि न काहे षाइ ।
जैमल ढील न कीजिये । मति षुध्या मिटि जाइ ॥
३१ जैसैं रे षांड की पोली । षीरैं घ्रितैं माहैं बोली ।
होता होती सनमुष । भ्रम न कीजे ।
३२ गावै कृत बेणींदास । वोषद सहजैं प्रकास ।
अंम्रित पीया पछैं बिष न पीजै ॥
३३ जितं तेन जितं तेन जितं तेन निश्चतं ।
जिह्विग्रे बर्तते यस्य । हरिरताक्षरछ्यं ॥
३४ हरेर्नामैंव हरेर्नामैव । हरेर्नामैव ममजीवनं ।
कलौर्नास्तिव नास्तेव गत्यर्निथा ॥
३५ आसारे घोर संसारे । सारमेकं निर्ष्यतं ।
समस्त लोक पालानां । सारमाराधनंहरी ॥
३६ रांम रांम रामेतरांम । रमो रांम मनोरमे ।
सहश्र नाम समंतुल्यं । श्रीरांम नांम बारांगणे ॥
३७ कबीर कहता जात हौं । सुनता है सब कोइ ।
रांम कहैं भला होइगा । नहींतर भला न होइ ॥
३८ साहानितदिमः दछिंद्रं । साचांधंवडमुकतकं ।
जिन महूरत छिन ब्याधी । बासुदेवं न च्यंतये ॥

राग ललित

५२;० लै हरि नांम लै हरि नांम ।
रसनां रंगि ल्यौ सरै सव कांम ॥
१ जिभ्या हैया अलष भाषणीं ।
रांम न सुमिरै है पापणीं ॥
२ जिभ्या तोपैं मांगूं दांन ।
गाइलै गोबिंद छाडि दे आंन ॥
३ जिभ्या काटि करूं नौ षंड ।
जपिलै अनंत कोटि ब्रह्मंड ॥
४ जप तप तीरथ भये सकांम ।
नांमदेव कहै मोहि तारैगौ रांम ॥

राग टोडी

५३;० सुन्यौं मैं दीन कौ दयाल देव परम दांनि दाता ।

जैसी है बिदावली । जगत कौ पित माता ॥ टेक ॥
१ ब्याध गीध गज गनिका । इनमैं कौंन ग्याता ।
रांम कहत आंम कह्यौ । जान्यूं नहीं जाता ॥
२ मागिये प्रभू सूर त्याग । तन मन दोऊ राता ।
अपनी मोहि भगति दीजै । राषिये यह नाता ॥
इति सुमिरन कौ अंग संपूरनं भवेत् ॥

६ नांव प्रताप कौ अंग

१ वे पंडते हुरि तांनु मोह महिमां संमूह ।
मा जंम ते सातकं मषि रंजनियंकलयति श्रीचित्रगुपतः ॥
कृती संनंद्य मधुपर्कसंम्रित बिधू बिधाकरोति मुदिमं ।
बकत्वं नांम त्रुये भि सुराभि लिषतेः बूमि हं कांमं नितफलं ॥
२ त्रिगुणं नांमं मई । रिदै भाव प्रब्रतितं ।
भर्मं कर्मं कलिबिषं । माया मोहं कंपितं ॥
कालं जालं सोचितं । भयांनकं जम क्यं करं ।
रहरिषं गुवितं सतगुरं । दादू अबिगत दरसनं ॥
३ कल्याणांनांनिधांनं कलिमलं । मथनं पावनं पावनानां ।
पाथेयें जन मुमुष्यौ । सपदपरपद प्राप्तये ।
प्रस्थितस्य बिश्रांम स्थांनमेकं । कबिबर बचसां जीवनं जीवनांनां ।
बीजं ध्रुमंद्रुमस्यप्रभवनुभवतां । भूतये रांम नांमं ॥
४ अंधकारं महा घोरं । दुर्ग संसार सागरं ।
श्रुणु कृष्ण महा ग्यांनं । महापातक नासनं ॥
५ ब्रह्म हत्या सुरापानं । मात्रीगवनं च कलिबिषं ।
मुचाते सर्ब पापेभ्यौ । ध्यांनमेकं ततध्यणं ॥
६ सरिसोगवाश्टगे । तावनु निःश्चलतोमनः ।
तारंतउभ्योयष्यां । कुलमेकोतरंसतु ॥
७ रांम नांम भवे बहनीं । सर्ब पापेभवेत्रिणं ।
दहते षिनमात्रेन । बैसाषे पावको जथा ॥
८ अणुमात्र जथा बनौदाः जोगे संम्रथता ।
सुल्पायाबिस्नभक्तिश्च पापंताचसंम्रथिता ॥

कवित्त

९ सूरतेजतमतारं मोर चंदन सु भुजंगा ।
सुनतैंउपक त्रास । बिरष सब तजैंहिं बिहंगा ॥
सात कोट ज्यूं भांन । जांन जागे ज्यूं सुपिनां ।
गरड छार बिष दूरि । ओषदी रोग सु अपनां ।
स्यंध हेरि सुरही गई । वोले आदित देषि करि ।
रजब अघ ऐसैं रमहि । हिरदै आवत नांव हरि ॥

१० जनम लगैं बिभचारणीं । नषसष भरी कलंक ।
पलक एक सनमुष जरी । दादू धोये अंक ॥

११ कबीर पहली बुरा कमाइ करि । बांधी बिष की मोठ ।
कोटि क्रम फिल पलक मैं । जब आया हरि की वोट ॥
१२ कबीर कोटि क्रंम पेलै पलक मैं । जे रंच एक आवै नांव ।
अनेक जुग जे पुनि करै । नांही रांम बिन ठांव ॥
१३ दादू सांई कूं संभालतां । कोटि बिघन टलि जांहि ।
राई मांन बैसंदरा । केते काठ जलांहि ॥
१४ बाजीद पाप करै परबत जिते । लेऊ एक ही नांव ।
जैसैं चिनगी अगनि की । जालै सारौ गांव ॥
१५ एकै नांव अनंत का । पालै पाप प्रचंड ।
जौ तिल जेहौ ज्वालनल । षोडि दहै बणषंड ॥
१६ सिंघ भयणि म्रिग ज्यूं चालै । तिमर पुलै ज्यूं भांरण भुयें ।
अगनि उकवै ज्यूं जल धारा । रांम नांम यौं पाप षये ॥
१७ एक महूरत मन रहै । नांव निरंजन पास ।
दादू तब ही देषतां । सकल कर्म का नास ॥
१८ सहजैं हीं सब होइगा । गुण इंद्री का नास ।
दादू रांम संभालता । कटे करम के पास ॥
१९ दादू रांम नांम निज ओषदी । काटै कोटि बिकार ।
बिषम ब्याधि थैं ऊबरै । काया कंचन सार ॥
२० जेता पाप सब जग करै । तेता नांव बिसारें होइ ।
दादू रांम संभालिये । तौ एता डारै धोइ ॥
२१ कबीर रांम नांम सूं दिलि मिली । जंम हंम परी बिराइ ।
मोहि भरोसा इष्ट का । बंदा नरकि न जाइ ॥
२२ बाजीद हौं बलि हरि के नांव की कलि बिष डारे धोइ ।
धरती अभु पयाल बिचि । पला न पकरै कोइ ॥

राग टोडी

१;० नांव रे नांव रे सकल सिरोमनि नांव रे । मैं बलिहारी जांव रे ।
दूतर तारै पारि उतारै । नरक निवारै नांव रे ॥ टेक ॥
१ तारण हारा भौ जल पारा । निर्मल सारा नांव रे ॥
२ नूर दिषावै तेज मिलावै । जोति जगावै नांव रे ॥
३ सब सुष दाता अंमृत राता । दादू माता नांव रे ॥

राग माली गौडी

२;० गोबिंदे नाव तेरा जीवनि मेरा । तारण भौ पारा ॥
आगैं इहि नांइ लागे । संतनि आधारा ॥ टेक ॥
१ करि बिचार तत सार । पूर्न धन पाया ।
अषिल नांव अगम ठाउ । भागि हमारे आया ॥
२ भगति मूल मुकति मूल भव जल निसतरणां ।
भरम करम भंजना भै । कलि बिष सब हरणां ॥
३ सकल सिधि नवै निधि । पूर्न सब कांमां ।
रांम रूप तत अनूप । दादू निज नांमां ॥

राग गौडी

३;० भजि नारदादि सुकादि बंदित । चरन पंकज भांमिनीं ।
भजि भजिसि भूषंन पीय मनोहर । देव देव सिरोमंनी ॥
टेक ॥
१ बहु नाभि चंदन चरिचिता । तन ह्रिदा मंदिर भीतरा ।
रांम राजिसि नैंन बांणीं । सुजांन सुंद सुंदरा ॥
२ बहु पाप परबत छेदनां । भौ ताप दुरित निवारणां ।
कहै कबीर गोबिंद भजि । परमांनंद बंदित कारणां ॥

राग मारू
४;० रांम नांम हिरदै धरि निरमोलिक हीरा ।
सोभा तृहूं लोक तिमर जाइ त्रिबिधि पीरा ॥ टेक ॥
१ तृष्नानैं लोभ लहरि । कांम क्रोध नीरा ।
मद मंछर कछ मछ हरिष सोक तीरा ॥
२ कांमिनी अरु कनक भुवन । बोये बहु बीरा ।
जन कबीर नवका हरि । षेवट गुर कीरा ॥

राग गौडी
५;० एवडी सी मूंनै बुधि आवडी ।
रांम न बिसरौं एकौ घडी ॥ टेक ॥
१ हरि हरि कहतां जे नर लाजै ।
जंम कीडां गति नैं सिरि बाजै ॥
२ हरि हरि कहतां कीजै बुता ।
गयौ पाप जे पोतै हुता ॥
३ नांमदेव कहै मैं हरि हरि भणूं ।
कटै पाप और लाभ होइ घणूं ॥

राग सोरठी
६;० रांम राइ सरणि इसौ बनवारी ।
करम बांधणीं काटण कारणि कृष्न करद भलैं सारी
॥ टेक ॥
१ सुपिनैं तसकर बांधि चलायौ ज्यूं जागै त्यूं छूटै ।
त्यूं तुम्ह नांइ तुरत नारांइण पाप पासि पल टूटै ॥
२ ज्यूं ह्वै द्वार मूंदि नर्मरतां । ओषदि आंणि पहूंचै ।
सासति भई देह सुष पायौ । घर मैं राषी रूचै ॥
३ बीज प्रकास बार नहीं लाजै । यौं दुष बन दहतां देवा ।
कहै हरदास निडर जन सोई । सुष निधि तजै न सेवा ॥

राग आसावरी
७;० हरि हरि हरन बिषम बिषाद ।
दवन इंद्री दुष दारन श्रवन मन ठदमाद ॥ टेक ॥
१ दीनबंधू दयासिंधू दालिद दलन सधीर ।
क्रोध करिषण लोभ धरिषंण मोह भंजन भीर ॥
२ सुमति कारन कुमति बारन बिपति तारंन नांम ।
पाप षंडण प्रीति मंडण भगत जन बिश्रांम ॥
३ भगत बछल क्रिपा कोमल अभै दांनि मुरारि ।
जगंनाथ संम्रथ सुनहूं बीनती माधौदास पुकार ॥

राग नट
८;० ताकूं काहे न प्रांन संभालै ।
कोटिक बिघन कलप के लागे मांहि महूरत टालै ॥ टेक ॥
१ अनेक जनम के बंधन काटै बिन पावक फंध जालै ।
असौ है मन नांम हरी कौ कबहूं दुष न सालै ॥
२ च्यंतामणि जुगति सूं राषै ज्यूं जननी सुत पालै ।
दादू देषि दया करै असी जन कूं जाल न रालै ॥

राग गुंड
९;० संम्रथ मेरा सांईया सकल अघ जारै ।
सुषदाता मेरे प्रांन का संकोच निवारै ॥ टेक ॥
१ त्रिबिधि ताप तन की हरै चौथै जन राषै ।
आप समागम सेवगा साध यूं भाषै ॥
२ आप करै प्रतिपालनां दांरन दुष टारै ।
इछ्या जन की पूरवै सब कारिज सारै ॥
३ कर्म कोटि भै भंजनां सुष मंडण सोई ।
मनह मनोरथ पूर्णां असा और न कोई ॥
४ असा और न देषिहूं सब पूर्ण कांमां ।
दादू साध संगी कीये उनि आतम रांमां ॥

राग रामग्री
१०;० हरि के चरन पकरि मन मेरा ।
यहु अबिनासी घर तेरा ॥ टेक ॥
१ जब चरन कवल रज पावै । तब काल ब्याल बौरावै ।
तब त्रिबिधि ताप तनि नासै । तब सुष की रासि
बिलासै ॥
२ जब चरन कवल चित लागै । तब माथै मीच न जागै ।
तब जनम जुरा सब षीनां । तब पद पांवनु उरि लीन्हां ॥
३ जब चरन कवल रस पीवै । तब माया न ब्यापै जीवै ।
तब भरम करम भै भाजै । तब तीन्यूं लोक बिराजै ॥
४ जब चरन कवल रुचि तेरी । तब चारि पदारथ चेरी ।
तब दादू और न बांछै । जब मन लागै साचै ॥

राग भैरूं
११;० निर्गुण रांम रहै ल्यौ लाइ ।
सहजैं सहज मिलै हरि जाइ ॥ टेक ॥
१ भौजल ब्याधि लिपै नहीं कबहूं । करम कोई लागै आइ ।
तीन्यूं ताप जरै नहीं जीयरा । सो पद परसै सहज
सुभाइ ॥
२ जनम जुरा जोनि नहीं आवै । माया मोह न लागै ताहि ।
पंचौं पीड प्रांण नहीं ब्यापै । सकल सोधि सब इहै
उपाइ ॥
३ संकट संसा नरक न नैंनौं । ताकूं कबहूं काल न षाइ ।

कंपन काई भै भरम भागै । सब बिधि अैसी एक लगाइ ॥
४ सहज समाधि गह्यौ जे दिढ करि । जासौं लागै सोई आहि ।
भृंगी होइ कीट की नांईं । हरिजन दादू एक दिषाइ ॥

राग बिहाडौ

१२:० जौ कबहूं मन हरि कूं जाचै ।
आंन प्रसंग करै नहि कबहूं । मन बच करम आंनि उरि साचै ॥ टेक ॥
१ सीत उष्न सुष दुष नहि ब्यापै । आंयैं गयैं सोग नहि साचै ।
यहु व्रत लियै लोक मैं बिचरै । कौंन कहै कंचन धूं काचै ॥
२ निस दिन नांव लेइ जस गावै । पुलिकत रहै प्रेम रस माचै ॥
जाइ समाइ सूर वा निधि मैं । बहुरि न आइ जगत मैं नाचै ॥

राग धनाश्री

१३:० हरि हरि उचरसि हो । हरि हरत त्रिबिधि ताप ।
पदम पत्र पांनीं ज्यूं । परसत नहीं पाप ॥ टेक ॥
१ भांन किरणि अंधकार । पावक त्रिण जैसैं ।
अघनु षलि नास्त हैं रांम नांम अैसैं ॥
२ जब लग अघ महापातिग । गज गरजत तन मांहीं ।
तब लग हरि रांम नांम । सिंध की धुनि नांहीं ॥
३ पर उपवाद बिष समांन । जावत बदन भाषै ।
माधौदास रांम नांम । तावत रस न चाषै ॥

राग रामग्री

१४:० अैसा एक रांम नांम निस्तारै ।
सुमृत अधम अछोप नींच पसु तिनहूं कूं पारि उतारै ॥
१ अस्थन अबुधि अनंत अवनी बपु । अदपै पीवत पंषी ।
पचत पेटि बिष पुष्टि करत है । ग्यांन गरड मुनि साषी ॥
२ ध्यांन धनंतर प्रगट्यौ अंतरि । बिष की लहरि उतारै ।
अैसैं रांम सजीवति मूरी । जरे बरे मुये जिवारै ॥
३ ज्यूं पावक मुष रहत सुन्य बप । त्रिण द्रुम काठ संघारै ।
कहि नापा यूं भरम करम भुस । जालि अरु नरक निवारै ॥

राग भैरू

१५:० अैसा रांम जे कोई करै बिचारा ।
जैसैं निर्भांर पावक । श्रब भार जारा ॥ टेक ॥
१ सुष कौ सागर अघ दहिबे कूं ।
रांम बिनां कुछ नहीं कहिबे कूं ॥
२ सेतन पीत अणीं नहीं धारा ।
निहि क्रम रांम करम सब जारा ॥
३ कहि नापा सोई सुष पावै ।
मूल डाल फल बीज समावै ॥

राग बसंत

१६:० एक बार भरचा रे भौउ मांहीं । जौ रे जिभ्या नूं रांम कहै ।
कोटि कल्यांण उदै तहां प्रांमैं । पाप बापुडा किहां रहै ॥
१ सिंघ दीठां जम म्रिघ त्रासैं । दिनकर ऊगैं तिमर टलै ।
परबत पै पौढे रां पातिग । हरि नांमैं तहू रिपुलैं ॥
२ रांम नांमनौं महिमां छै मोटै । कांई एक संकर जांनैं ।
अजामेल गनिका रत पापी । हरि नांमैं ते बैकुंठ प्रांमैं ॥
३ सब साधन मैं नांम सिरोमनि । श्रीपति श्रीमुषरांइ कह्यौ ।
सतगुर बचने बेद पुराने ब्यास आसा धरैंइ मलह्यौ ॥

राग रांमग्री

१७:० जब तब रांम नांम निसतारै ।
साठि घडी मैं एक घडी रे । सोई सकल अघ जारै ॥ टेक ॥
१ कासीपुरी मंझि गौरांपति । अहिनिसि सदा पुकारै ।
कीट पतंग सुनत गति पावै । गोबिंद जस बिसतारै ॥
२ अजामेल गनिका सुष पंषी । रसनां नांम उचारै ।
गज पसु ब्याधि तिरे हरि सुमरत । महिमां ब्यास बिचारै ॥
३ परम पुंनींत नांव निसबासुर । निज जन हरि ब्रठ धारै ।
नांमदेव कहै सोई दास कहावै । जीवतैं छिनन बिसारै ॥

राग गौडी

१८:० रांम नांम जिनि छाडै कोई ।
रांम कहत जन नृमल होई ॥ टेक ॥
१ रांम कहत सुष संपति सार ।
रांम नांइ तिरि लंघे पार ॥
२ रांम कहत सुधि बुधि मति पाई ।
रांम नांम जिनि छाडहु भाई ॥
३ रांम कहत जन निर्मल होइ ।
रांम नांम कहि कुसमल होइ ॥
४ रांम कहत को को नहीं तारे ।
यहु तत दादू प्रांन हमारे ॥

(पद १९-२१ उपलब्ध नहीं हैं - पत्र २०)

राग मारू

२२:० मनां भजि रांम नांम लीजै ।
साध संगति सुमरि सुमरि । रसनां रस पीजै ॥ टेक ॥

१ साधू जन सुमरंन करि केते जपि जागे ।
अगम निगम अमर कीये । काल कोई न लागे ॥
२ नीच ऊंच चिंतन करि सरणांगति लीये ।
भगति मुकति आपनीं गति । अैसैं जन कीये ॥
३ केते तिरि तीर लागे बंधन भौ छूटे ।
कलिमल बिष जुग जुगां के रांम नांम षूटे ॥
४ भर्म कर्म सब निवारि जीवनि जपि सोई ।
दादू दुष दूरि करन दूजा नहीं कोई ॥

राग नट नाराइन

२३:० भजि मन सकल सिरोमणि करण ।
बिजै पंजर पोत भैपद । सिंध तारण तिरण ॥ टेक ॥
१ सदाचार बिचार जाकै । पतित पांवन करण ।
अधम उधारण दींनबंधू । बिरद असरण सरण ॥
२ जिनि भजे सो अटलहीं । मिटे जांमण मरण ।
साषि श्रुति सम्रिति पुकारैं । कोटि कलिमल हरन ॥
३ श्री जगनाथ अंनाथ बंधू । बिस्व पोषण भर्ण ।
सोई दास माधौ हरि भजन तैं । सुध अंतहकरण ॥

राग टोडी

२४:० कौंनैं कै कलंक रह्यौ रांम नांम लेत हीं ।
पतित पांवन भए रांम कहत हीं ॥ टेक ॥
१ रांम संगि नांमदेव जिनहु परतीति आई ।
एकादसी ब्रत करै । काहे कूं तीरथ जाई ॥
२ भणत नांमदेव सुमृत सुकृत पाई ।
रांम कहत जन को को न मुकति जाई ॥

राग केदारौ

२५:० है हरि भजन कौ परवांन ।
नींच पावैं ऊंच पदई । बाजते नीसांन ॥ टेक ॥
१ भजन कौ परताप अैसौ । तिरे जल पाषांन ।
अधम भील अजाति गनिका । चढे जात बिवांन ॥
२ नव लष तारा चलैं मडल । चलैं ससि हर भांन ।
दास धूकूं अटल पदई । रांम कै दीवांन ।
३ निगम जाकी साषि बोलैं । कहैं संत सुजांन ।
जन कबीर तेरे सरणि आयौ । राषि लेहु भगवांन ॥

२६:० है हरि नांव कौ आधार ।
और इहि कलि काल मांहीं । मिट्यौ बिधि
ब्यौहार ॥ टेक ॥
१ नारदादि सुकादि सिव मिलि । कियौ इहै बिचार ।
सकल श्रुर्ति दधि मथत पायौ । इतौ ही घृत सार ॥
२ दसौं दिसि सब कर्म बंधन । मींन कूं ज्यूं जार ।
सूर प्रभू कौ सुजस गावत । मिटियौ भू भार ॥

राग गुंड

२७:० हरि नांव गाजै हरि नांव राजै ।
हरि कौ नांव लेतां कांइ लाजै रे ॥ टेक ॥
१ हरि मेरे मात पिता गुरदेवा ।
अपने रांम की करिहूं सेवा ॥
२ हरि नांमैं निज कवला दासी ।
हरि नांमैं संकर अबिनासी ॥
३ हरि नांमैं धू निहचल करिया ।
हरि नांमैं प्रहलाद उधरिया ॥
४ हरि मेरे जीवन मरन के साथी ।
हरि जल मगन उधरयौ हाथी ॥
५ हरि मेरे संग सदा सुष दाता ।
हरि नांमैं नांमदेव रंगि राता ॥

राग आसावरी

२८:० हरि हरि हरि हरि हरि हरि हरि हरि ।
हरि सुमिर जन गये निसतरि तरि ॥ टेक ॥
१ हरि कै नांइ कबीर उजागर ।
जनम मरन के छेके कागर ॥
२ मिमति नांमदेव घरि पीव पाया ।
बहुरि न जोनी संकुटि आया ॥
३ जन रैदास रांम रंगि राता ।
हरि परसादि नरकि नहीं जाता ॥
४ धू सुणि साषि अंमर पद अंजे ।
नषि प्रहलाद पिसन सब गंजे ॥
५ मन प्रतीत प्रेम ल्यौ लागी ।
रटि हरदास रसन अनरागी ॥

राग भेरू

२९:० सुमिरन सार सुमिरण सार ।
सुमरि सुमरि जन उतरे पार ॥ टेक ॥
१ सुमिरन सिव सनकादिक तारे ।
सुमिरन जन प्रहिलाद उधारे ।
सुमिरन सेस सहंसमुष भीनां ।
सुमिरन थैं धू निहचल कीनां ॥
२ सुमिरन गोरष गोबिंद पाया ।
निराकार मिलि बहुरि न आया ।
दत्त दिगंबर सुमिरन लागे ।
ह्वै लै लींन आदि थैं जागे ॥
३ रांमांनंद गुर गंमि पहिचांनां ।
आंतमरांम निकट मन मांनां ।
सुमिरन नांमदेव जित तित पेषा ।
रमिता रांम सबन मैं देषा ॥
४ सुमिरन दास कबीर निवाजे ।
सकल लोक मैं अनहद बाजे ।
सुमिरनि राते दादू दास ।

तेजपुंज मैं सदा निवास ॥
५ सुमिरन जन रैदास उजास ।
हरि हरदास मिटी जम त्रास ।
नानिक सुमिरन साचा पाया ।
पीपा सोझा हरि गुन गाया ॥
६ सकल साध सुमिरन जस गावा ।
अजपा जपत पार नहीं पावा ।
आदि अंति सब संत उधारे ।
सुमिरन रांम पतित बहु तारे ॥
७ सुमिरन महिमां कही न जावै ।
निगम नेति नेति जस गावै ।
अबगति की गति कहत न आवै ।
सनकादिक नारद सुष पावै ॥
८ मैं बुधिहींन अलप मति मेरी ।
साहिब रांम अगम गति तेरी ।
दादू सतगुरि सुमति बताई ।
सुमरन महिमां मोहन गाई ॥

राग रांमगरी
३०:० मनां भजिसे रे हरि चरन । परम पुंनींत आरति हरन ।
और जंजाल सब तजिसि लोई ।
बेद पुरांन जे कोटि सास्त्र पढै । बिनां भगवंत नहीं
मुकति होई ॥ टेक ॥
१ जिनि भजे हरि चर्ण जीते चारचौं बरण
जास की जाति अछोप छींपा ।
ब्यास मैं लेषिये सनक मैं पेषिये
नांमां कीनां मनां सप्त दीपा ॥
२ जाकै ईदि बकरीदि अरु गऊ रह बध करैं
मांनियैं सेष सहीद पीरा ।
बापि वैसी करी पूति अैसी धरी
नांव नवषंड प्रसिधि कबीरा ॥
३ जाके कुटंब केढे ढोर ढोवत फिरैं अजहूं बांणांरसी
आस पासा ।
षटक्रम सहित बिप्र डंडब्रत करैं प्रगट नीसांन
रैदास दास ॥
४ जपत जे नरा चरण कवलापती तास सम तुलि नहीं
और कोई ।
आपहै एक अनेक ह्वै बिसतरचौ अंति एक ह्वै
रह्यौ सोई ॥
५ दसूं दिसा छाइ जम रह्यौ भरपूरि करि कूंण मारग
गए षोज न पाऊं ।
दास पीपौ कहै कठिन कलि काल मैं भगत भगवंत भजि
पार पाऊं ॥

राग बिलावल
३१:० धीरौं देषि तुम्हारे रंगा ।
तुम्ह हौ स्वांमीं अंतरजांमीं । तुमहि बसौ साधू कै
संगा ॥ टेक ॥
१ छिन मैं थापि करै मेरौ ठाकुर । कीरति नीच करहि
राजंगा ॥
२ निमष न बिसरौ मेरे जीयरे तैं । नांनिकदास इहै दांन
मंगा ॥

राग सोरठि
३२:० अैसी मेरी जाति बिष्यात चमारं । हिरदै रांम गोबिंद
गुण सारं ॥ टेक ॥
१ सुरसुरी जल लीया क्रित बारुणीं रे । जिसैं संत जन
करत नहीं पानं ।
सुरा अपवित्र नित गंगजल मांनियैं । सुरसुरी मिलत
नहीं होत आंनं ॥
२ ततकरा अपवित्र करि मांनियैं रे । जैसैं कागद करत
बिचारं ॥
भगत भगवंत ज बहु परैं लेषियैं । तब पूजिये करि
नमसकारं ॥
३ अनेक अधम जीव नांव गुणि उधरे । पतित पांवन भये
परसि सारं ।
भणंत रैदास ररंकार गुण गावतां । संत साधू भये
सहजि पारं ॥

राग नट
३३:० तुम बिन अैसैं कौंन करै ।
गरीब निवाज गुसांई मेरौ । माथै मुकट धरै ॥
१ नींच ऊंच ले करै गुसांई । टारचौ हूं न टरै ।
हसत कवल की छाया राषै । काहू थैं न डरै ॥
२ जाकी छोठि जगत कूं लागै । तापरैं तूं हीं ढरै ।
अमर अपले करै गुसांई । मारचौ हू न मरै ॥
३ नांमदेव कबीर जुलाहौ जन रैदास तिरै ।
दादू बेगि बार नहीं लागै । हरि सूं सबै सरै ॥

राग भैरू
३४:० चंदन राम नींब सब लोई
औरन पलटै आपन सोई ॥ टेक ॥
१ साध साषि सुणि भये उमाहा ।
पलटे छींपा जाट जुलाहा ॥
२ लघु लघु बन बेध्यौ सब बास ।
दीरघ कुल उधरचौ नहीं बांस ॥
३ कहि नापा कुल कौ नहीं कारण ।
चढै जिहाज ताही कौं तारण ॥

राग आसावरी

३५:० माधौ संगति सरन तुम्हारी । जगजीवन कृस्न मुरारी ॥
१ तुम मषतूल गुलाल अनंत भुज । मैं बपुरौ जस कीरा ।
पीवत डाल फूल रस अंम्रत । संगति भए मुकीरा ॥
२ तुम चंदन मैं एरंड बपुरौ । निकटि तुम्हारी बासा ।
नींच बिरष थैं ऊंच भय । तेरी बास सुबास निवासा ॥
३ जाति भी वोछी जनम भी वोछा । वोछा करम हमारा ।
हम सरनागति रांमराइ की । कहै रैदास बिचारा ॥

राग बिलावल

३६:० ताथैं पतित नहीं को पांवन । हरि तजि आंनहि ध्यावै रे ।
हम अपूजि पूजि भए हरि थैं । नांव अनूपम गावै रे ॥
१ अष्टादस ब्याकरन बषानैं । तीनि काल षट जीता रे ।
प्रेम भगति अंतरगति नांहीं । ताथैं धांन कनीका रे ॥
२ ताथैं भलौ स्वांन कौ सत्र । हरि चरनां चित लावै रे ।
मुवां मुकति बैकुंठां बासौ । जीवत इहां जस पावै रे ॥
३ हम अपराधी नीच घरि जनमें । कुटंब लोक करैं हासी रे ।
कहै रैदास रांम जपि रसनां । काटै जम की पासी रे ॥

राग कनडौ

३७:० माधौ तुम्हारी क्रिपा को को न बढे ।
मन बच क्रम नांम जिनि लीनौं । ऊंची ऊंची पदई तेऊ तौ चढे ॥ टेक ॥
१ तुम जु कहत धू आदि भगत सब । तिनकौं नीसांन बाजे बिनहीं मढे ।
गनिका जु ब्याधि गजिंद्र अजामेल । तिन ब कहा काहू बेद पढे ॥
२ जिनकूं महल दियौ जगजीवन । ते काहू पैं कढे न कढे ।
यहु जीय जांनि दास परमांनंद । ताही तैं रसनां नांम रढे ॥

राग बिलावल

३८:० कांमधेन हरि नांव लियौ ।
मन बच क्रम की कौंन चलावै । परम पतित दिज अभै कियौ ॥ टेक ॥
१ द्रोपतसुता हारि मांनि जीय । निरपति नगिन बपु क्यूं न छियौ ।
अस्वरत्रास सब लोक की संक्या । तऊ न सुत कौ पोच हियौ ॥
२ कौंन निर्पति की हुती कुलबधू । गनिका कहा पवित्र हियौ ।
कौंन जग्य कीनौं नघुराजा । कौंन बेद गज ग्राहि गियौ ॥
३ भौजल ब्याधि असाधि रोग मैं । जप तप ब्रत ओषद न बियौ ।
गुर प्रसाद साध की संगति । रटि परमांनंद रांम जियौ ॥

३९:० ते उधरे जिनि रांम कहे ।
तिनके दुष दारन आप दहे ॥ टेक ॥
१ ते उधरे ऊधौ नारद नांमां ।
अंबरीक प्रहलाद सुदांमां ॥
२ उधरे सिव सनकादिक ।
सनक सनंदन चरन परापति ॥
३ दास धनां हरि के गुन गावै ।
गुर परसादि परम पद पावै ॥

राग मारु

४०:० गोबिंद नांव तैं तिरे ।
परबत पाषांन सिंध पार उतरे ॥ टेक ॥
४०:१ अजामेल गज गनिका सुक्रित कौंन करे ।
सुत कैं हित अंतकाल रसनां उचरे ॥
४०:२ सुत कौं दई तात त्रास सासनां न जरे ।
षंभ फारि उदरि बदारि प्रगट रूप धरे ॥
४०:३ नेत नेत निगम कहत अगम गुन भरे ।
रस्य कराइ सरनागति षेम सें उधरे ॥

राग सोरठि

४१:० जाको मन रांम चरण अनरागी ।
जीवन जनम सुफल भयौ ताकौ । सोई परम बडभागी ॥ टेक ॥
१ जोग जग्य जप तप तिनि कीनौं । सोई सूर सोई त्यागी ।
सुर नर अस्वर सबनि की सिरोमनि । जाकी रसनां रांम ल्यौ लागी ॥
२ हरि गुण कथा सुनत साधन पैं । संत संगति मति जागी ।
परमांनंद पायौ रांम सजीवनि । और कहा करूं मांगी ॥

राग सारंग

४२:० जाकैं मन बसे पीव माधौ ।
सो सुंदरु सो धनी दक्षसो सो कुलींन सो साधौ ॥
१ सो पंडित सो गुनीं पूजि सोई । जो गोपालहि गावै ।
कोटि प्रकार धंनि सोई नरु । जो न हरिहि बिसरावै ॥
२ सो बड सूर बेद बिद्या रत । सो भूपति सो ग्यांनीं ।
परमांनंद धंनि सोई सम्रथु । जिनि रांम चरन रति मांनी ॥

कवित्त

२३ वोही जु बीर वो धीर । वोही ज रागी बडभागी ।
बलिवंतौ सतवंत । वो ज पूरौ बैरागी ।
दियें सु परदषिणां । इला अठसठि औगाहै ।
इकोतर उधरै । सहजि संगति संबाहै ।
जग सफल तास जीवन जनम । लोई सपद निरभै लहै ।
नर नारि अलू उतिम अधम । रांम जपाइ लगी रहै ॥
नद गिरधर नांम का । जडिया जिहीं जरद ।
पाय भलका तेणि प्यंडि । हूई सला गणहद ॥

राग बिलावल

४३:० हरि रांम क्रिश्न मूल मंत्र । साधै जौ कोई ।
मनसा मन करि मिलाप । भजिये निज सौंपि आप ।
व्यापै नहीं त्रिबिधि ताप । जीवै सुषि सोई ॥ टेक ॥
१ अचवै सुधा सु वोक । निर्मल जल पेम पोष ।
व्यापति संताप सोक । ताकैं नहीं होई ॥
२ ओषदि हरि नांव सार । ताकै डरि डुरैं बिकार ।
तिरियें भौ जल अपार । देषत गति होई ॥
३ निर्भै निर्बांन जाप । मेटै दुष सुष संताप ।
संकि तप पुंन्य पाप । डारै बिष धोई ॥
४ जाकै प्रगट भये अपार । परम भांन अति उदार ।
तहां न तिमर अंधकार । सूझै निस षोई ॥
५ हरि समि सुष नांहि और । देष्यौ भूमि ठौर ठौर ।
जहां तहां जंजाल झौर । पावक मुषि छोई ॥
६ अकल पघर परम नांम । अस्थर बेसास ठांम ।
परसा बिश्रांम रांम । तामैं बसि जोई ॥

४४:१ कबीर जाकैं हिरदै हरि बसै । एकादसी अभंग ।
ताका पातिग यौं कटैं । ज्यूं कांचली भुवंग ॥
२ तीन दीहाडा बिरष तलि । किया धणीं का जाप ।
टिकुल्यां सूंही राहुवा । अैसा भजन प्रताप ॥
३ पणिहारी की ले जसूं । पाथर घस ताजा ।
हरि जौ जीरा हरि हरि करै । तौ पाप कहां ठहराइ ॥
४ बिघन बंचै हरि नांव सूं । ब्याधि बिकार सब जाइ ।
अैसा सरनां नांव का । सब दुष सहजैं जाइ ॥

इति नांव प्रताप कौ अंग संपूर्न भवेत ॥

१० नांव महिमा नांव बिन अकार्थ जन्म कौ अंग

१ आंष्या का आंधा । जो धात हीं न परषै ।
कांनां का बहरा । जो सबद ही न दरसै ।
हिरदा का आधा । जो पुर्रष ही न मांनैं ।
जिह्वा का गूंगा । जो स्वाद हीं न जांनैं ॥
२ बांह का झूठा जो दांन करि षूंटा ।
पांवां का लूला । जिनि संतन टूंटा ।
भगति का हीन जिनि रांम न पाया ।
जनम बृथा संसार मैं आया ॥
३ कहि प्रिथीनाथ ते यौंहीं गऐ । जिनहुं न पाया भेव ।
जे समझ्या ते निसतरचा । हुवा निरंजन देव ॥
ते लोयण जे सतगुर चीन्है । ते श्रवण जिनि ग्यांन ।
नहीं तौ मूरिष सींग बिबर्जित । प्रगट पसू समांन ॥

राग सोरठी

१:० भाई रे अैसा एक बिचारा । यूं हरि गुर कहै हमारा।
॥ टेक ॥
१ जागत सूते सोवत सूते । जब लग रांम न जांनां ।
जागत जागे सोवत जागे । जब रांम नांम मन मांनां ॥
२ देषत अंधे अंध भी अंधे जब लग सति न सूझै ।
देषत देषै अंध भी देषै जब रांम सनेही बूझै ॥
३ बोलत गूंगे गूंग भी गूंगे । जब लग तत न चीन्हां ।
बोलत बोले गूंग भी बोले । जब रांम नांम कहि लीन्हां ॥
४ जीवत मुये मुये भी मुये । जब लग नहीं प्रकासा ।
जीवत जीये मुये भी जीये । दादू रांम निवासा ॥

साषी

५ क्या जीये मैं जीवनां । बिन दरसन बेहाल ।
दादू सोई जीवनां । प्रगट प्रसन लाल ॥
६ इहि जगि जीवन सो भला । जब लग हिरदै रांम ।
रांम बिनां जे जीवनां । सो दादू बेकांम ॥
७ अर्ध षिन जीवन भलौ । भगवंत भगति सहेत ।
कोटि कलप जीवन बृथा । जौ नांहिन हरि सूं हेत ॥
८ चत्रभुज कहै दिन चारि । स्वार्थि ही हरि सेइये ।
सहंस बरष संसारि जीवै । हरि भगति बिनां बादि ॥
९ नांनिक जले कूं जालि । इनि जलि गये नांव बिसारिया ।
दिन दिन पडै दुरालि । सचा चिति न आवई ॥
१० नांनिक भठि तिन्हांदा जीवनां जिन्हूं बिसारचा नांव ।
षेत तिन्हूं देउ जडैं । षलवाडे कित ठांव ॥
११ अलाहू बेजारियां । दीनौं हुंबी फरियां ।
क्या लाहा जीवं दियां । क्या छीजियैं मुवांह ॥
१२ कबीर जिहि घटि प्रीति न प्रेम रस । फुनि रसनां नहीं
रांम ।

ते नर आइ संसार मैं । उपजि षपे बेकांम ॥
१३ कबीर प्रेम न चषिया । चषि न लीया साव ।
सूना घर का पांहुनां । ज्यूं आया त्यूं जाव ॥
१४ कबीर इस संसार मैं । घणां मनिष मतिहींन ।
रांम नांम जानैं नहीं । आये टापा दींन ॥
१५ कबीर आया ही अणआया भया । जे बहु रता संसारि ।
पड्या भुलावा गाफिलां । गए क बुधी हारि ॥
१६ रांम बिनां जीयरा दुषी । मनिष पसू की देह ।
जंगनाथ संसार सूं । फिरि फिरि मांडै नेह ॥
१७ कबीर कहा कियौ हम आइ करि । कहा कहैंगे जाइ ।
इत के भये न उत के । चाले मूल गवाइ ॥
१८ सो कछु हम थैं नां भया । जापरि रीझै रांम ।
दादू इस संसार मैं । हम आये बेकांम ॥
१९ क्या मुह ले हसि बोलिए । दादू दीजै रोइ ।
जनम अमोलिक आपणां । चले अक्यारथ षोइ ॥
२० हसहि कित सह जडै । रोवै की नांहीं ।
पिरियां पसण जोगियां । अंषीं तो नांहीं ॥
२१ कीया मन का भावता । मेटी आग्याकार ।
क्या ले मुह दिषलाइये । दादू उस भरतार ॥
२२ इंद्री स्वांरथ सब कीया । मन मांगै सो दीन्ह ।
जा कारनि जगि सिरजिया । सो दादू कछू न कीन्ह ॥
२३ कीया था इस कांम कूं । सेवा कारनि साज ।
दादू भूला बंदिगी । सरचा न एको काज ॥
२४ जां कारनि जगि सिरजिया । सो पद हिर्दै नांहि ।
दादू हरि की भगति बिन । धृग जीवन कलि मांहि ॥
२५ कबीर हरि की भगति बिन । धिग जीवन संसार ।
धूंवां केरा धौ लहर । जात न लागै बार ॥
२६ ग्यांन न जान्यां ध्यांन न जान्यां । जोग जुगति नहीं जांनी ।
जगनाथ मन माया माहैं । भूलि रह्यौ अभिमांनीं ॥
२७ भाव भगति कछू नहीं कीनीं । गोबिंद गुन नहीं गाया ।
जगनाथ जगि जानमि कैं । कीया मन का भाया ॥

अरिल

२८ कहा कियौ कलि जाइ । कहा लै जाहुगे ।
वहु मारग अगम अगाध अंति पछिताहुगे ।
सब जीवनि कौ जीव जगत अधार रे ।
परिहां सो भज्यौ नहीं भगवंत छठी परचौ छार रे ॥
२९ कबीर जां हरि की चोरी करी । गए रांम गुन भूलि ।
ते बिधनां बागुलि किय । रहे अरधमुषि झूलि ॥
३० कबीर इहि औसरि चेत्यौ नहीं । पसू ज्यूं पाली देह ।
रांम नांम जान्यौं नहीं । अंति पडी मुषि षेह ॥
३१ कबीर रांम नांम जान्यौं नहीं । लागी मोटी षोडि ।
काया हांडी काठ की । नांऊं चढै बहोडि ॥
३२ कबीर रांम नांम जांण्यौं नहीं । बात बिनठी मूलि ।
हरत इहां हीं हारियौ । पारति पडि मुषि धूलि ॥
३३ कबीर रांम नांम जान्यौं नहीं । मेल्या मनहि बिसारि ।
ते नर हाली पाली बालदी । सदा पराये बार ॥
३४ कबीर रांम नांम जान्यौं नही । ता मुषि आंनहि आंन ।
कै मूसा कै कातरा । षातां गया जनंम ॥
३५ कबीर रांम नांम जान्यूं नहीं । हुवा बहुत अकाज ।
बूडैलौ रे बापडा । बडा बूढां की लाज ॥
३६ कबीर रांम नांम जान्यूं नहीं । पाल्यौ कटक कटूंब ।
धंधा हीं मैं मरि गयौ । बाहर हुई न बूंब ॥

राग टोडी

२:० आठ पहर लौं धंधा ही धंधा ।
कबहूं हरि सुमिरत नहीं अंधा ॥ टेक ॥
१ बालापण मैं बाला धंधा । तरणांपा मैं तरणां ।
बुढापा मैं बूढा धंधा । पहर पलक मैं मरणां ॥
२ बैठां धंधा ऊंभा धंधा । चलतां धंधा होई ।
लेतां धंधा देतां धंधा । रांम न जांणैं कोई ॥
३ सोवत धंधा जागत धंधा । धंधा हरि बिन भारी ।
षातां धंधा पीतां धंधा । साधूं कह्यौ पुकारी ॥
४ जांमत धंधा मरतां धंधा । धंधा ऊंमरि सारी ।
तिनकूं धंधा थोडा ब्यापै । जिनि हरि की भगति बिचारी ॥
५ तब धंधा काछे वड आवै । संत कहैं त्यूं कीजे ।
मनसा बाचा रांम भणींजै । तौ जगिया जुगि जुगि जीजै ॥

राग केदारौ

३:० दिन जाइ अहिला रांम बिनां ।
सो दिन लेषै लाइ । जो दिन रांम बिनां ॥ टेक ॥
१ बालापण यौंहीं गयौ । तरना पै बुहु चींतो ।
पछैं बुढापौ आइयौ । नां धंन हूठो न मीतो ॥
२ रैंनि गमाई सोइ करि । दिन ग्रिह कै ब्यौहारे ।
और जनम कब आवैगा । यहु तौ बैठा हारे ॥
३ मूंढे रांम न जांणियौं । धंन जोबन उदमादे ।
बषनां बारौ बहि गयौ । जनम गंवायौ बादे ॥

राग गौडी

४:० जरि जाहु अैसा जीवनां । राजा रांम सूं प्रीति न होई ।
जनम अमोलिक जात है । चेति न देषै कोई ॥ टेक ॥
१ मधुमाषी धंन संग्रह्यौ । मधिया मधु ले जाइ रे ।
गयौ गयौ धंन मूंढ जनां । फिरि पीछैं पछिताई ॥
२ बिषिया सुष कै कारनैं । जाइ गनिका सूं प्रीति बढाई ।
अंधे कूं आगि न सूझई । पढि पढि लोक बुझाई ॥
३ एक जनम कै कारनैं । कत पूजौ देव सहंसो ।
काहे न पूजौ रांमजी । जाकौ भगत महेसौ ॥
४ कहि कबीर चित चंचला । सुनहुं मूंढ मति मोरी ।
बिषिया फिरि फिरि आवई । राजा रांम न मिलहि बहोरी ॥
५:० क्या कीजै मनिषा जनम कौं । रांम न जपहि गवारा ।

माया के मदिमातौ बहै । भूलि रहे संसारा ॥ टेक ॥
१ हिरदै रांम न आवई । आंवहि बिषै बिकारा ।
हरि मार सूझै नहीं । कूप परत नहीं बारा ॥
२ आपा अगनि जु आप मैं । अह निसि जरै सरीरा ।
भाव भगति भावै नहीं । पीवै न हरि जल नीरा ॥
३ मै मेरी सब सूझई । सूझै माया जालो रे ।
रांम नांम सूझै नहीं । अंध न सूझै कालो रे ॥
४ अैसैं जनम गंवाइया । जित आया तित जाये रे ।
रांम रसांइन नां पीया । जन दादू हेत लगाए रे ॥

साषी

३७ क्या जे चंदन चरचि तन । क्या जे पावक मांहि ।
जैमल दोऊ दुष है । जे हरि सुमरै नांहि ॥
३८ क्या जे सुषासणि चढि चलै । क्या पाला सिरि पोट ।
जैमल दोऊ दुष हैं । बिनां रांम की ओट ॥
३९ क्याजे साहिब सबनि का । क्याजे सबनि गुलाम ।
जैमल दोऊ दुष हैं । जे नहीं सुमिरैं रांम ॥
४० क्या जे सेजहिं डोलहट । क्याजे धरती लेट ।
जैमल दोऊ दुष हैं । जे हरि चरणां नहीं भेट ॥
४१ क्या बहु सपति परग्रिह । क्या बहु दालिद दुष ।
जैमल हरि का नांव बिन । दहूं घर मोटी भुष ॥
४२ क्या जग की ईस रांहणां । भावै नीदौ कोइ ।
जैमल हरि का नांव बिन । क्यूं ही सुष न होइ ॥
४३ भावै सब मिलि आदर करौ । भावै कोई न बूझौ बात ।
जैमल हरि का नांव बिण । दून्यूं परलै जात ॥
४४ जैमल क्या मूवा क्या जीवता । रांम बिमुष कूं रोइ ।
कीया था जिस कांम कौं । सो नहीं आया होइ ॥

राग धनाश्री

६:० जनम सिरांनौं अटकैं अटकैं ।
राज काज सुत बित की ढौरी । बिन बबेक फिरचौ भटकैं ॥ टेक ॥
१ कठिन फंध परचौ माया कौ । तोरचौ जाइ न तटकैं ।
नां हरि भजन न साध समागम । रह्यौ बीचि ही लटकैं ॥
२ बहु बिधि कला काछि दिषलावै । लोभ न छूटैं नटकैं ।
सूरदास सोभा क्यूं पावै । पीव बिहूंन धन मटकैं ॥

राग केदारा

७:० हरि बिन धृग जीवन कलि मांहि ।
औसर बीचत आव घटत नित । प्रीतम पाये नांहि ॥ टेक ॥
१ स्वारथ आइ कीयौ कहा जग मैं । जप्यौ नहीं चित लाइ ।
साध संगति हरि गुन नहीं गाये । जनम अमोलिक जाइ ॥
२ करवत लेइ तुला तप बैठे । कष्ट करै किन कोइ ।
और अनेक जोग जप साधन । कहूं नहीं सचु होइ ॥
३ भेष अनेक बरन धरि चारचौं । कोटि करौ किन और ।
जन मोहन हरि चरन बिमुष नर । कहूं न पावै ठौर ॥

राग गौडी

८:० अजहूं न चेतौ रांम सुमिरौ । ब्रिथा जाइ घटियां ।
• तेज तेजैं पवन पवनैं । देह ह्वैगी मटियां ॥ टेक ॥
१ मन रे अहंबोध प्रमाद अनंगतं । नरकि जात ब बारयां ।
१ दीपक द्रिष्टि पतंग ज्यूं । तूं बिषै सुषमैं जरियां ॥
२ मन रे अनेक जोनि भ्रमत आयौ । कहूं सच न पायौ रतियां ।
२ गोपालजी की भगति बिण । तैं आपहीं आपण हतियां ॥
३ मन रे अनेक जगि फल करत आयौ । तेरी करम पासि न कटियां ।
३ देईदास हरि की भगति गहि । जग मोह्यौ माया नटियां ॥

राग टोडी

९:० धिगते बकता धृगते सुरता ।
प्रांननाथ कौ नाव न लेता ॥ टेक ॥
१ नाद बेद सब गलि पुरांनां ।
रांम नांम कौ मरम न जांनां ॥
२ पंडित होइ सु बेद बषांनैं ।
मूरिष नांमदेव रांमहिं जांनैं ॥

१०:० रांम नांम बिनां बांणीं रांम नांम बिनां कथा ॥ टेक ॥
१ रांम नांम बिनां लोके । बृथा बांणीं बृथा कथा ॥
२ आपा नरकिं परा नर्कि । नर्कि आसा तृष्णा जाचन्या ॥
३ बकता सुरता दोय नर्कयं । अकथ कथा हो पार्थ ॥

११:० धिगते रसनां धृगते ते बांणीं ।
धिगते श्रवनां धिगते प्रांणीं ॥ टेक ॥
१ जिनि हरि कौ रस नांव बिसारचौ ।
रांम रटणि मोटौ बित हारचौ ॥
२ धृग धृग जिनहुं नहीं हरि लोक्यौ ।
धृग ते आतम हरि नहीं कोक्यौ ॥
३ धृग सुत जनम धृग पित माता ।
हरि साधन तजि माया राता ॥
४ धृग धृग जाति पांति कुल काया ।
मोहन हरि सौ मीत भुलाया ॥

राग धनाश्री

१२:० हे बुधि बावली रांम बिसारचौ कांइ ।
रसनां लोभणीं गुण गोबिंद का गाइ ॥ टेक ॥
१ मूंदूं ताका श्रवणां । फोडौं ताका नैण ।
काटौं ताकी जीभडी । हरि बिन गावै दूजा बैंण ॥
२ दिन दस दौलति देषि करि । गरब्यौ कहा गंवार ।
जोडत लागे बरस सौ । जात न लागै बार ॥
३ सोई पंडित सो गुणीं । सोई चतुर सुजांण ।
दीपक जोवै ग्यांन कौ । षोजै पद नृबांण ॥
४ जन छीतम यौं बीनवैं । असडौ मिल्यौ न कोइ ।
रांम सुधा रस पीय करि । रहै निरालौ होइ ॥

अरिल

४५:१ कहा गरवा तन बिन ग्यांन ग्यांन बिन गुरूव कहा ।
कहा दया बिन धर्म धर्मु बिन ध्यांनु का ।
कहा भाव बिन भगति भगति बिन भाव का ।
परिहां कहा एक बिनां जगदीस जगत बहु आव का ॥
२ कहा जटा जौ केस बिभूति लगाईये ।
कहा सुषासन सेज मुकति न पाईये ।
कहा मौंदि रहै मुष मौंन कहा बहु बोलिये ।
परिहां कहा मंदिर मध्य निवास कहा बन डोलिये ॥
३ कहा राज काज तप तेज छांह जौ छत्र की ।
कहा चौंर ढुलायें सीस लछि जौ बहुत की ।
अंत होइ बनबास जोरि पुनि जाइ है ।
परिहां हरि सौ हितू अयांन बहुरि कहां पाइ है ॥

कवित्त

४६ कहा षट दरसन पढें । कहा बिधि बिबिधि बिचारें ।
कहां पढित प्रतिबाद । कीयें जीतें और हारें ।
कहा नांव परसिधि । जुगति जानें अनजानें ।
कहा निर्धन धन भयौ । कहा राजा सनमांनें ।
पढि गुनि सोचि बिचारिकें । केवल रांम न चितयौ ।
माधौदास बबेक बिन । सु जीवन जनम बृथा गयौ ॥
४७ जौ न चत्रभुज चिंतयौ । तौ चतुर ह्वै कहा कियौ कलि ।
जौ निर्गुण नहीं गुण गुण्यौं । तौ गुणवंता गुण जाहु गलि ।
जौ न निरूपन निरषियौ । तौ रूपवंतें ह्वै कहा लियौ ।
जा न भज्यौ अकुलींन । तौ कुलवंतें ह्वै कहा कियौ ।
कहि कमच अजित न जितियौ । बिषै राचि बिष रस पीयौ ।
नारांइन नांव बिसारि नर । सु जनम हारि जमहि हथ दीयौ ॥
४८ जीवन धन जोबन बृथा । बिन जानें भगवंत ।
कौंन काज के चतुर हैं । जपहि न कवलाकंत ।
जपहि न कवलाकंत । संत संगति न सुहावै ।
बिषै कुमति मन बसै । अलष हिरदै नहीं आवै ।
अति अयांन अभिमांन । ताहि हरि मिलि हैं पीव न ।
सरषी के प्रभू रहित । बृथा जोबन धन जीवन ॥
४९ चरन ति गहि कटि यंहि । जिहि न हरि पंथ गवन कीय ।
हस्त ति गहि कटि यंहि । जिहि न हरि सीस पुहप दीय ।
श्रवन ति गहि कटि यंहि । जिहि न हरि सुजस सुनीजै ।
जिभ सु गहि कटिये । जिहि न हरि नांम गुणींजै ।
कहि कमच सोई सिर कटिये । नवें न हरि पद पंकजहुं ।
कहिबौ सुन रसत षंड करि । सु भगतिहींन भगवंत कहुं ॥

राग काफी

१३:० जा मुष रांम न गावै ।
ते मुष जांनहु काल ब्याल कौ । बांबी देह दिषावै ॥ टेक ॥
१ जिनि श्रवनन हरि मंत्र सुन्यूं नहीं । नां हरि चरचा भावै ॥
जिन हस्तन हरि चरचा नांहीं । नां संबल करि आवै ।
२ तेनहीं हाथ मसांन लाकरी । काहू कांम न आवै ॥
जिन चरनन चलि जाहु तहां नहीं । जहां साधू कोई आवै ।
३ तेनही चरन मेष ज्यूं गाडी । अैसौ अधमु दिषावै ॥
जिनि हिरदै हरि ग्यांनु ध्यांनु नहीं । नांम न मनहि लगावै ।
४ गिर कल्यांन स्वांन सूकर ज्यूं । हीरा जनमु नसावै ॥

राग कनडौ

१४:० रसना बिषबेली । जौ न रटत हरि नांम ।
श्रवन षजूरन के ग्रिह जैसै । सुनत कथा नहीं रांम ॥ टेक ॥
१ नैंनष षोडर बिरष न में मांनौं । सति सरूप न पेषैं ।
नासिका धवनि लुहार की जैसें । सास नहीं हरि लेषैं ॥
२ कर मसांन की लकरी मोहन । सुकृत कियौ न दांन ।
निरफल सौंज भई बिन सुमिरन । संत कहै परवांन ॥

साषी

५० आपन जांनें कह्या न मांनें । हठ करि आप गमाया ।
जिसा मडा सुपिनां में देष्या । तैसी पद बिन काया ॥
५१ जो नर हरि के नांव बिन । सो नर मृतक थूल ।
जिन सिरज्यौ ताथैं बिमुष । मोहन षोयौ मूल ॥
५२ जा नर कै हरि नांव सूं । भाव नहीं मन मांहि ।
सो नर मृतक सारिषौ । जीवन का फल नांहि ॥
५३ नर देही हरि नांव बिन । जैसा षारड षेत ।
ते घट गोर मसांन ज्यूं । जीयरा भूत परेत ।
५४ जिनकै हिरदै हरि नही । तिनकें बडे अभाग ।
जैसे सिंघ रु श्रप हैं । बीछी मकरी काग ॥
५५ उठि फरीदा फजर हुई । बंग निवाज गुजारि ।
जो सिर अलह नां नवै । सो सिर कपि उतारि ॥
५६ मनिषा देहि आइकैं । जौ हरि कौं नयौ न सीस ।
सो सिर डेलौ षेत कौ । मोहन बिसवा बीस ॥
५७ मनिषा देही पाइकैं । जप्यौ न केवल रांम ।
जैसें कूवा जलु बिनां । षन्यूं तौ कौंनें कांम ॥
५८ ज्यूं देवल मूरति बिनां । अरु देही बिन हंस ।
यौं जगनाथ नर नांव बिन । ज्यूं राजा बिन अंस ॥
५९ काया हंस बिनां नदी जल बिनां । दाता बिना जाचिक ।
भ्राता सनेह बिनां बृछ फल बिणां । धेन च दूध बिनां ।
दीपं च तेल बिनां । भार्ज्या पुत्र बिनां । बिप्र बेद बिनां ।
जोगिनं च ग्यांन बिनां । षित्रीयौ रज बिनां ।
नरानांमं च हरि बिनां । एवं जनम बिटं बनां ॥
कांती बिनां जथा कंत । कुसमं सोरभं बिनां ।
जथा घ्राण बिनां हसती । तथा भक्ति बिनां नरा ॥
६० चष्य बिन मनिष । चंद्र बिन रैंनी । बिन दीपक मंदिर

निकांम ।
बिनां लूंन अंन पांक आधारचौ । बृथा जनम बिन भगति रांम ॥

राग गौडी

१५:॰ रांम बिनां धृग धृग नर नारी ।
कहा तैं आइ कीयौ संसारी ॥ टेक ॥
१ रज बिनां कैसौ रजपूत ।
ग्यांन बिनां फोकट अवधूत ॥
२ गनिका कौ पूत पिता कासौं कहै ।
गुर बिन चेलौ ग्यांन न लहै ॥
३ कवारी कन्यां करै सिंगार ।
सोभ न पावै बिन भरतार ॥
४ कहै कबीर हूं कहता डरूं ।
सुषदेव कहै तौ मैं क्या करूं ॥

राग सारंग

१६:॰ भगति बिन कूकर सूकर जैसैं ।
ज्यूं बगुला अरु गीध गहद्वुवा । आए तनु धरि तैसे ॥ टेक ॥
१ ज्यूं बिलाव लोषरी रु न्यौरा । रहत अंदरै बैसे ।
उनहूं कै ग्रह सुत दारा है । इन उन भेद न कैसे ॥
२ जीव मारि वैं उदर भरत हैं । रहत ब सुष न अनैंसे ।
सूरदास भगवंत भजन बिन । ज्यूं ब ऊंट षर भैंसे ॥
१७:॰ हरि की भगति बिनां नर अैसे ।
निस दिन उदर भरत रुति पोषत । सूकर कूकर जैसे ॥ टेक ॥
१ कहा भयौ पट भूषन पहरैं । भार भरैं जैसैं रास बसे ।
कहा भयौ नर सास लैत हैं । सुसति धवनि ता तैसे ॥
२ माया मोह बढावत निसदिन । धावत कबहूं न बैसे ॥
परमांनंद वै हरि तैं बिमुष भये । बहुरि नरक परिपैसैं ॥

राग धनाश्री

१८:॰ जिहि तन हरि भजनैं न कियौ ।
सूकर स्वांन मींन मृघ मधुकर । इहि सुष कहा जियौ ॥ टेक ॥
१ जो जगदीस ईस सबहिनि कौ । ताहि न लग्यौ हियौ ।
निकट जांनि जगनाथ बिसारचौ । माया मदु जु पीयौ ॥
२ चारि पदारथ कौ प्रभु दाता । चरननि चितु न दियौ ।
सूरदास अपनैं रसनां बस । टेरि न नांमु लियौ ॥

राग गौडी

१९:॰ संतौ नर थैं पसवो नीकौ ।
घास षाइ ढुरि पांणी पीवै । ले घर हेरि धणीं कौं ॥ टेक ॥
१ गऊ रूप ह्वै षीर उतारै । बैल रूप हलि चालै ।
जीवै जौ लग ए गुणकारी । मूंवां कारिऊ षालै ॥
२ नर कौ घर गोबिंदराइ हरि । पूरिदियां दिन जाई ।
नर कौ कांमि कछू नहीं आवै । समझे देषि रे भाई ॥
३ नर की काछ चिडौ चिडिया चित । पलकैं पलक बिकारी ।
जनम अमोलिक कंचन काया सो । ले बिष मैं डारी ॥
४ एक पसु प्यंड और जाति कारि । तिकौ दांन बिचारै ।
जैमल जती स्वांन की सरभरि । और नहीं संसारै ॥

राग भैरु

२०:॰ जे न भजैं नर नारांइणां । ताका मैं न करूं दरसनां ॥ टेक ॥
१ जांहि सवारा आंवहि सांझ । ते नर गिणियैं पसूवा मांझ ॥
२ जिनकै हरि नहीं अभिअंतरा । जैसै पसुवा तैसे नरा ॥
३ जैसी संतौ बिष की डरी । तैसी पर घर की सुंदरी ॥
४ परधन परदारा परहरी । तिनके निकटि बसै नरहरी ॥
५ प्रणवंत नांमदेव नाकी बिनां । ना सोहै बतीस लषणां ॥

राग केदारौ

२१:॰ भगति बिन भौ जल डूबत है ।
बोहिथ छाडि बैसि करि मूंडै । बहुतक दुष सहै ॥ टेक ॥
१ बारबार जंम पैं डहिकावै हरि कौ ह्वै न रहै रे ।
चेरी के बालिक की नांई कासूं बाप कहै रे ॥
२ नलनी के सुवटा की नांई । जग सूं राचि रहै रे ।
बंसा अगनि बंस कुल निकसै । आपहीं आप दहै रे ॥
३ यहु संसार धार मैं डूबै । अध पर थाकि रहै रे ।
षेवट बिनां कवन भौ तारै । कैसैं पार गहै रे ॥
४ दास कबीर कहै समझावै । हरि की कथा जीवै रे ।
रांम कौ नाम अधिक रस मीठौ । बारंबार पीवै रे ॥

राग रामग्री

२२:॰ रांम भगति बिन गति न तिरन की । कोटि उपाइ जौ करही रे नर ।
जल सींचै करि जतन प्रवालौ । आंब बंबूल न फलहीं रे नर ॥ टेक ॥
१ आपा थापि अवर कूं नींदै । ग्रब मांन के मारे ।
फिरि पीछैं पछितावोगे बौरे । रतन न मिलहि उधारे रे नर ॥
२ यहु ममता अपणीं जिनि जांणौं । धन जोबन सुत दारा ।
बालू के मंदिर बिनसि जांहिगे । झूठा करहु पसारा रे नर ॥
३ जोग न भोग मोह नहीं माया । का भयौ बन मैं बासा ।
चरण कवल अनराग न उपज्यौ । तब लग झूठी आसा रे नर ॥
४ मनिषा जनम आइ नहीं चेते । अंधे पसू गवारा ।
तेरे सिरि काल सदा सर साधै । नांमदेव करत पुकारा

तेरे सिरि काल सदा सर साधै । नांमदेव करत पुकारा
रे नर ॥

राग गौडी

२३:० जा नरि रांम भगति नहीं साधी ।
सो जनमत काहे न मूवौ अपराधी ॥ टेक ॥
१ ग्रभ मुचे मुचि भई किन बांझ ।
सूकर रूप फिरैं कलि मांझ ॥
२ जिहि कुलि पुत्र न ग्यांन बिचारी ।
वाकी बिधवा काहे न भई महितारी ॥
३ कहै कबीर नर सुंदर सरूप ।
रांम भगति बिन कुचिल करूप ॥

६१ सुमृत बेद सबै सुण्यां । नहीं आवै कृत काज ।
नहीं जैसें कुंडल बनित मुष । मुष सोभित बिन राज ॥
६२ सरीरं स्वरूपं तथा बा कलत्रं । बश्वचार चित्रंधनं
मेरतुल्यं ।
हरे रंघृ जुगमे मनश्वेनदत्वुं । ततः किं ततः किं
ततः किं ॥
६३ अति सुंदर सोभा कुलींन । मुषि गांइण धनवंत ।
मृतक कहिये नांनिका । जे प्रीति नहीं भगवंत ॥
६४ चतुर बिचिषण जांण राइ । सुंद्र सुघड सवोल ।
जैमल हरि का नांव बिन । ए सब कौडी मोल ॥
६५ रांम बिनां किस कांम का । नहीं कौडी का जीव ।
सांई सरिषा ह्वै गया । दादू परसें पीव ॥
६६ गुणीं बबेकी बहु बुधी । ग्याता पंडित सोइ ।
जैमल हरि के नांव बिन । कारिज सिधि न होइ ॥
६७ दाता मंत्री भागवंत । सोभावंत सरीर ।
जैमल हरि का नांव बिन । कटैं लागा नीर ॥
६८ सांवत सूर झुझार नर । नेजै पाडण चोट ।
जैमल हरि का नांव बिन । सब कागद का कोट ॥
६९ जैमल जा घटि बिरह न ऊपजै । पीव सूं प्रीति न होइ ।
सो घट मुरदा मधिम है । जै सब तीरथ धोइ ॥
७० रांम कहैं तेई भला । कुल तारण सपूत ।
जगजीवन हरि नां भजै । सो माथै मारि कपूत ॥
७१ हेमकुंभ रतनूं जडचा । मांहि हलाहल पूरि ।
यौं तन सुंदर बिष आतमां । जगनाथ जन दूरि ॥
७२ मधिम करणीं ऊंच कुल । तासूं सबै लजाइ ।
जगनाथ सो बादिही । जग मैं जनम्यां आइ ॥
७३ उतिम करणीं नीच कुल । हरि सुमिरै लै लाइ ।
जगनाथ उस साध के । सुर नर बंदैं पाइ ॥
७४ जैमल बोलत षरा सुहांवणां । देषत षरा सरूप ।
जाकै हिरदै हरि बसै । सो तीन्यूं लोक अनूप ॥
७५ प्यारा तीन्यूं लोक मैं । जाकै हिरदै रांम ।
जैमल हरि का नांव बिन । सब दुनियां बेकांम ॥

राग धनाश्री

२४:० हरि बिसरत सदा षुवारी रे ।
तिनकौं धोषा कहा बियापै । जे जन सरनि
तुम्हारी रे ॥ टेक ॥
१ नवां षंडां कौ माल उगाह्यौ । अंति चल्यौ सब हारी ।
बिन सुमिरन कैसौ जीवनौं । रे बलमां श्रप जिसी
अरजारी रे ॥
२ गुण निधांन तेरे गुण गाये । जन परि कृपा धारी ।
धंनि सोई सुषिया धनि तिस जनमां । जन नांनिक ता
बलिहारी ॥

राग गौडी

२५:० रांम न जपहु कवन भ्रमि लागे ।
मरि जाहुगे का करहु अभागे ॥ टेक ॥
१ रांम न जपहुं कहा करौ बैसे ।
भेड कसाई कै घरि जैसे ॥
२ रांम न जपहु कहा गरबांनां ।
जंम के घर आगै ह्वै जांनां ॥
३ रांम न जपहु कहा मुसकहु रे ।
जंम के मुदिगिर गिनि गिनि षहु रे ॥
४ कहै कबीर चतुरन के राइ ।
चतुर बिनां को नरकहि जाइ ॥

राग सोरठि

२६:० हमारै कौन सहै सिरि भारा ।
सिर की सोभा सिरजनहारा ॥ टेक ॥
१ टेढी पाग बड जूरा । जरि भये भसम का कूरा ॥
२ अनहद की गरी बागी । तब काल द्रिष्टि भै भागी ॥
३ कहै कबीर रांमराया । हरि कैं रंगैं मूंड मुडाया ॥

राग कनडो

२७:० माधौ तुम्हारौं भजन है सबहींन कौ सिंगार ।
जे कोई प्रीति करै पद अंबुज । उर मंडण निरमोलिक
हार ॥ टेक ॥
१ कंकन नूपर पाट पटंबर । मांनौं लीयैं बहत षरभार ।
मनिषा जनम पूर्ब पुंनि पाइयत । रांम बिनां मिथ्या
अवतार ॥
२ जननीं बांझ भई नहीं काहेनि । गर्भ मुचे मुचि मुवो
न गंवार ।
परमांनंद रघुनाथ भजन बिन । मांनौं सूकर स्वांन
सिकार ॥

राग विलावल

२८:० हरि न भजे ताकै मुषि छार ।
कवल नयन बिन क्यूं नर जीवैं । किहि बिधि पापी
लंघै पार ॥ टेक ॥
१ अपस अंबुधी आप घातकी । कूकरि निगुरै लोपी
कार ।

नीच त्रिबंसी रांम न जांणैं । इहि बिधि बूडा कालीधार ॥
२ मुसकै कहा मूंढ मायारत । मुगध बिगूते षाधी मार ।
छूटंण कहां कबज बसि कीया । लुबध्यौ काल न मेल्है लार ॥
३ पूत कलित बसि कायर काचौ । बृष बाहत ज्यूं षैंचै भार ।
पुडै पुरांणीं पांण न लागै । कहै हरदास सहै सुषिआर ॥

राग केदारौ
२९:॰ किते दिन हरि सुमिरन बिन षोये ।
परनिंद्या रसनां के रस मैं । अपनें हीं परतर बोये ॥ टेक ॥
१ बिबधि बसन अंग अंग के भूषन । बसतर मलि मलि धोये ।
तिलक बनाइ चले स्वांमीं ह्वै । बिषियन के मुष जोये ॥
२ कंपत ए जगु सकल मुन्येस्वर । ब्रह्मादिक हूं रोये ।
सूर अधम की कौंन गति ह्वै है । उद्र भरे भरि सोये ॥

राग केदारौ
३०:॰ जात कत मद कौ मातौ रे ।
तन धन जोबन देषि गरबानौं । माया रातौ रे ॥ टेक ॥
१ अपनौं हीं रूप नैंन भरि दषै । कांमनि कौ संग भावै रे ।
बारंबार बिषै रुचि मांनैं । मरिबौ चीति न आवै रे ॥
२ मैं बड आगैं और न आवै । करत केत अभिमांनां रे ।
मेरी मेरी करि करि फूले । माया मोह भुलांनां रे ॥
३ मैं मैं करत जन सब षोयौ । काल सिर्‌हांणैं आयौ रे ।
दादू देषु मूंढ नर प्रांणीं । हरि बिन जनम गंवायौ रे ॥

राग केदारौ
३१:॰ चलत कत टेढौ टेढौ रे ।
नऊं दुवार नरक धरि मूंदि । तूं दुरंग धिकौ बेढौ रे ॥ टेक ॥
१ जे जारचौ तौ होइ भसम तन । रहें किरम जल षाई रे ।
सूकर स्वांन काग कौ भषिन । तामैं कहा भलाई ॥
२ फूटे नैंन हिरदै नहीं सूझै । मति एकौ नहीं जांनीं रे ।
माया मोह ममिता कौ बांध्यौ । बूडि मुवौ बिन पांनी ॥
३ बारू के घरवा मैं बैठौ । चेतत नहीं अयांनां रे ।
कहै कबीर एक रंम भगति बिन । बूडे बहुत सयांनां रे ॥

राग धनाश्री
३२:॰ जाकौ करत गुमांन । रे नर देह न काहू कांम की ।
वाकौ है तुम्ह ताहि बिचारौ । जाहि सु आग्या नांम की ॥
१ सीस पाव कर बदन अंगुरिया । नैंन नासिका कांन की ।
मंझा रुध असत मल जामैं । चादरि वोढैं चांम की ॥
२ जनम भयौ तब मंगल गायौ । नाचि कूदि ढंम ढांम की ।
ताहि जराय न्हाइ घरि आये । भीति जु धोवैं धांम की ॥
३ अैसैं हीं सब जनम गंवायौ । भगति न कीन्हीं रांम की ।
सूरदास प्रभू सकल सिरोमनि । हरि भजि पद बिश्रांम की ॥

राग रामगरी
३३:॰ काहे भूले मूढि जनां । चांमद करवा नहीं आपनां ॥
१ लोही रकता मंझा घणां । तुम्ह जिनि जांनौं तन आपणां ॥
२ भणत नांमदेव नारांइणां । रांम नांम बिन धिग आत्मां ॥
नांव महिमा नांव बिन अकार्थ जन्म कौ अंग संपूरण भवेत ॥

११ नांव महिमा कौ अंग

१ गौ कोटि दांनं गहणें त कासी । मक्र प्रागे जदि कल्पबासी ।
जिग्यन्यायतं मेर सोवर्न दांनं । श्रीगोबिंदनांमानि समेर न तुल्यं ॥
२ असंष्य ब्रह्मा संत कोटि स्यंभू । षटपंचास द्रुगा पद्मगणेसं अनेकदेवं ।
नांनां रांम तिहं एकोपि ब्रह्म नहीं समतुल्यं ॥
३ जदा प्रागे बपुनेससहंस्नेषु । भवेत कासी सतकोटिमृत्यु ।
अनेकतीर्थांनि पीवते तोयं । श्रीरांमनांमांनि न भवंति तुल्यं ॥

राग रामगरी
१:॰ छाडि छाडि रे मुगध नर कपट न कीजे ।
गोबिंदा नारांइण नांम मुषां लीजै ॥
१ कोटि जौ तीर्थ करै । तन जौ हिवाले गलै ।
प्रिथी सकल प्रदछन दीजै । करवत कासी मैं लीजै ।
स्यौ कूं जे सीस दीजे । रांम रांम रांम सरि तऊ न तुलै ॥
२ बानारसी तप करै । पलटि तीरथ फिरै ।
काया जे अगनि मुष कलेस कीजै । हिरणग्रभ दांन दीजै ।
अस्वमेध जग्य कीजै । रांम रांम रांम सरि तऊ न तुलै ॥
३ मांन जौ सरोवर जइये । गया जौ कुरषेत्र न्हइये ।
गोमती अस्नांन गऊ कोटि दीजै । कुंभ जौ केदार जइए ।
स्पंघहस्त गोदावरी न्हइये । रांम रांम रांम सरि तऊ न तुलै ॥
४ असदांन गजदांन । भोमिदांन कन्यांदांन ।
गृहदांन सिज्यादांन दांन दीजै ।
तन तोला तोलि दीजै । मन जौ निर्मल कीजै ।
रांम रांम रांम सरि तऊ न तुलै ॥
५ जमहि न दीजै दोस मनहि न कीजै ।
रोस निर्षि निर्बांण पद रांम नांम लीजै ।

भणत नांमइयौ छींपौ अंमृत पीजै ॥

राग गुंड

२:॰ सुणि भाई महिमां नांम तणीं ।
माह्हा सतगुर पासैं जो मैं सुणीं ॥
१ कोटि कोटि बार जौ पढिये बेद ।
सब सास्त्र कौ लीजै भेद ।
पुरांण अठारह कौ मत जोइ ।
रांम नांम समि तुलै न कोइ ॥
२ कोटि कोटि कूप षणावै बाइ ।
कोटि कोटि कन्यां दे परणाइ ।
कोटि कोटि बार जौ कीजै जगि ।
तुलै न नांम सहंश्र मैं भगि ॥
३ बिस्व सगलीजौ दीजै दांन ।
कोटि कोटि तीर्थ कीजै अस्नांन ।
कोटि जप तप साधै पांन ।
तऊ न आवै नांव समांन ॥
४ गज गनिका गोतम बध तरी ।
निर्मल नांम एहौं छै हरी ।
पतित अजामेल सरणैं गयौ ।
भाव कुभाव जिनि हरि नांम लयौ ॥
५ सुष नारद प्रहिलाद अभ्यास ।
सुमिरयौ ध्रू सति करि बिसवास ।
तिनका हरि काटे भौ फंद ।
ते न चलैं चलैं रवि चंद ॥
६ हिरदै सति करि सुमरयौ रांम ।
आंन धरम सब तजि बेकांम ।
भणत नांमदेव हरि सरणां ।
आवा गवन मेटि मरणां ॥

३:॰ अपनें रांम कूं भजिये रे मन आलसिया ।
रांम बिनां जम जाल सिया ॥ टेक ॥
१ प्रांनीं अस्वमेद जग्यने । तुलापुरिष दाने ।
१ हरि हरि प्राग स्नानि । तऊ न तुलै हरि कीरति नांमां ॥
२ प्रांणीं गया प्यंड भरता । बाणांरसियैं बस्ता ।
२ मुषि बेद पुरांण पढता । तऊ न तुलै हरि कीरति नांमां ॥
३ प्रांणीं सकल धरम अछता । गुरग्यांन इंद्री दिढता ।
३ षटक्रम सहित रहिता । तऊ न तुलै हरि कीरति नांमां ॥
४ प्रांणीं सकल सेवा श्रम बादं । छाडि छाडि बहुभेदं
४ सुमरि सुमरि गोबिंदं । नांमदेव नांइ तिरै भौ स्यंधं ॥

राग रांमगरी

४;॰ नांहि नांहि रे अवर गति छाडि रे कुटिल मति । करिसि
चरन रिति गाइसि गुनां ।
तप जौ तपै अनेक बहुत करै बबेक । न छूटिसि न
छूटिसि रांम बिनां ॥ टेक ॥
१ द्वादस सकल दांन पढिसि बहु पुरांन । कथिसि आतमां
ग्यांन ध्यांन धरी ।
जीतै जौ मन पवन आकासां करै गवन । न छूटसि मरण
बिन सरण हरी ॥
२ न करसि पाप संचन सुनिलै संत बचन । नारांइण रांम
नांम मुषां भणीं ।
रसनां रस भरी रहै जैसैं सुरसुरी बहै । माधौदास कत
कूप षणीं ॥

राग सारंग

५:॰ भया कोई तूलै रे रांम नांम ।
जोग जग्य तप होम नेम बरत । ए सब कौनैं कांम ॥ टेक ॥
१ एक पलै सब बेद पुरांनां । एक पलै अर्ध नांम ।
तीरथ सकल अहंडै दीन्हां । तऊ न होत समांन ॥
२ भणत नांमदेव अंतरजांमीं । संतौ लेहु बिचारि ।
रांम नांम समि कोई न तूलै । तारण तिरण मुरारि ॥

राग टोडी

६:॰ जोषीला सब जोईला । कोई नांव समांन न होइला
॥ टेक ॥
१ अठसठि तीरथ बेद पुरांनां ।
तुलै नहीं कोई नांव समांनां ॥
२ दांन पुंनि तप तुला बईठा ।
कोई नांव बराबरि तुलत न दीठा ॥
३ नेम धर्म सब जप तप भैला ।
नांव समांन कोई हूवा न ह्वैला ॥
४ नौषंड प्रिथी जोषी जोई ।
बषनां नहीं बराबरि होई ॥

राग मारू

७:॰ हरि रस महगै मोलि लियौ रे ।
तन मन धन जोबन सिर साटै । साधां आघ कियौ रे
॥ टेक ॥
१ दूधाधारी पवन अहारी । षणि षाइ कंद जियौ रे ।
रांम रसांइन लियौ न जाई । बिडवा रस पियौ रे ॥
२ लुंचित मुंडित मूंनि जटाधर । हिवालै धसियौ रे ।
पणमेसुर नैं जांणैं नांहीं । बनषंड कौ बसियौ रे ॥
३ करवत घाती झंपा पाती । लेकरि मुवा हीयौ रे ।
जोग जग्य जप तप कै बदलैं । देषण हूं न दीयौ रे ॥
४ हैंवर गैंवर भोमि तुला तन । एतौ देन कह्यौ रे ।
ताकै बदलै रांम रसांइण । मासौहू न लह्यौ रे ॥
५ दिली दलाल दरीबै मिलिया । चोषै बणिज कीयौ रे ।
गुर परसाद साध की संगति । बषनैं मागि पीयौ रे ॥

राग मारू

८:॰ रांम नांम परम लाभ । जाणैं जै कोई ।
धरम अरथ कांम मोछि । सो कहा जु न होई ॥ टेक ॥

१ जोग जग्य जप तप तीरथ बरत पूजा ।
रांम नांम सम सरि । कोऊ और नहीं दूजा ॥
२ मतिसुंदर कहै रांम नांम बारंबार लीजै ।
एतौ उपगार जांनि । बहुत कहा कीजै ॥

४ न च बिस्नपरं ध्यानं । न च बिस्न परं तपः ।
न च बिस्न परं ग्यानं । न च बिस्न परं गति ॥
५ न च बिसन परं तत्वं । न च बिस्न परं देवं ।
न च बिस्न परं तेजं । श्रुणु देवी बारांगणे ॥
६ न च बिस्न परं तीर्थ । न च बिस्न परं जप ।
न च बिस्न परं जात्रा । न च बिस्न परं ब्रतः ॥
७ सोव्रनतुला गऊ प्रिथमीं दांन । दीधां अंन उदिक बहुमांन ।
श्रुग भोग बी सकुष्टि पडचा ।
अषै पद बिनां ते रडवडचा ॥
८ बेद पुरांन पढी गयां पार । क्रीधां जगि ब्रत्यां आचार ।
स्वर्ग भोग वी संकुष्टि पडचा ।
अषै पद बिनां ते रडवडचा ॥
९ कीधौ तप जतन बहु काल । घरनूं छाड्यौं माया जाल ।
स्वर्ग भोग वी संकुष्टि पडचा ।
अषै पद बिनां ते रडवडचा ॥
१० साधै एक अध्यातम जोग । छाडैं मुष परमल रस भोग ।
स्वर्ग भोग वी संकुष्टि षडचा ।
अषै पद बिनां ते रडवडचा ॥
११ सतिसऊ निरतां आचरै । ध्यांन सहित सुर पूजा करै ।
स्वर्ग भोग वी संकुटि पडचा ।
अषै पद बिनां ते रडवडचा ॥
१२ सेवैं माइ बाप गुर चरण । षिमां दया ब्रत्यां आचरण ।
स्वर्ग भोग वी संकुटि पडचा ।
अषै पद बिनां ते रडवडचा ॥
१३ तीर्थ ब्रत उपवासैं क्रंम । अतीत भगति जीव दया धर्म ।
स्वर्ग भोग वी संकुटि पडचा ।
अषै पद बिनां ते रडवडचा ॥
१४ छाडैं परनिंद्या अपवाद । आप बषांनैं मिथ्या बाद ।
स्वर्ग भोग वी संकुटि पडचा ।
अषै पद बिनां ते रडवडचा ॥
१५ काम क्रोध मंछर परहरै । परपीडा केन्हैं नहीं करै ।
स्वर्ग भोग वी संकुटि पडचा ।
अषै पद बिनां ते रडवडचा ॥
१६ सति सरूप इंद्री नौग्रहे । लंघण सीत तपझड सहे ।
स्वर्ग भोग वी संकुटि पडचा ।
अषै पद बिनां ते रडवडचा ॥
१७ चहूं षांणिनीं षडभड भूष । धर्म उपचारण सांभलि सूष ।
अबिचल मिल्यौ टली सब ऊष ॥
१८ जप तप कोटि जग्य करै । तीरथ सकल पलटि तन हरै ।
तुला धर्म दांन बहु दीजै । तऊ न नांव सर भरि कीजै ॥
१९ पंचा अगनि अष्टांग जोग । साधैं पवन करैं रस भोग ।
लुंचित कथा उपवास बहु राषैं ।
नांव पटंतर साधन भाषैं ॥

कबित्त
२० कनक तुला चढि दांन । दांन पुनि गुपता दीजै ।
है गै पट परवाह । बिधि सु बेदो गति कीजै ।
कोटि गऊ कुरषेत । देइ दिनकर प्रब देषै ।
अठसठि तीरथ न्हाइ । दांन जग्य करै अलेषै ।
भोजन भोमि भंडारदे । सुत नारी उदिकै धर्म ।
सुमिरण बिन सीझै न जीव । जन रजब पाया मरम ॥
२१ देइ रसांइण दांन । पुनह पारस पुंनि कीजै ।
पोरिस करै प्रवाह । दत्त गिर कंचन दीजै ।
सपत धात की षांनि । देइ बैरागर संगा ।
तोयं निधि सब त्याग । जहां निपजैं बहुनंगा ।
अवनि उदिक औतार बिधि । अब बिन दीनीं क्या रही ।
परि रजब हरि नांव बिन । जीवन सीझै सो सहीं ॥
२२ करामाति देंहि दांनि सिध घरि सिधि सु दीजै ।
नौनिधि का परवाह । कहीं ठाहर यहू कीजै ।
कांमधेन का पुंनि । दत दीरघ करि देषै ।
चिंतामणि मन मिंत । उदिक कीजहि सु अलेषै ।
कलप बृछ संकल्प करि । कवला सहित सु दीजिये ।
रजब नांव अराध बिन । दांन असंषि न सीझिये ॥
२३ सेवा सार रांम हम पायौ । बिन सेवा फोकट करंत ।
तुस आकाहि उपणैं प्रांणीं । कंण बिहूंण थोथरा उडंत ॥
२४ लोह काठ संगि तिरै नीर निधि । बांण चलै मृत पंष संग ।
लट होइ भवर भवर ले तारै । यौं भौ तिरियै कृस्न संग ॥

राग धनाश्री
९:० साचौ गोपाल गोपाल रढिबौ ।
रूप सील गुन कौंन कांम के । रांम भगति बिन पढिबौ ॥
टेक ॥
१ जैसैं अंन बिन भुस कूटत है । बारू मैं तेल न कढिबौ ।
ऐसैं भरम करम सब हरि बिन । बिन बैसंदरि जढिबौ ॥
२ जोग जग्य जप तप तीरथ बरत । कलई केसौ मढिबौ ।
नांव कुठार बिनां को काटै । पाप बृंद कौ बढिबौ ॥
३ परदारा सूं रुचि मांनत है । पति बिन रासिब चढिबौ ।
ऐसैं ब्यास निरास भये सब । का बातनि कौ गढिबौ ॥

राग कनडौ
१०:० सोई तौ भलौ जो रांम हि गावै ।
सुपच बरिष्ट होत रज बंदित । बिन गुपाल दिज जनम
नसावै ॥ टेक ॥
१ जोग जग्य जप तप तीरथ ब्रत । जहां जहां जाइ तहां
डहकावै ।
होइ अचल भगवंत भजन ते । अनैंआस चारचूं फल
पावै ॥
२ कहूं न थाह हरि चरन कवल बिन । भवसागर सबहि
फिरि आवै ।

सूरदास मिलि साधु समागम । अभै अनंद नीसांन बजावै ॥

राग कनडौ

११;॰ तुम्हारौ नांम तजि प्रभु जगदीस । सुधौं कहौ मेरैं और कौंन बल ।
बुधि बबेक उनमांन आपनैं । सोधि लियौ सब सुकृत कौ फल ॥ टेक ॥
१ बेद पुरांन सुनत संतनि मुषि । इहै अधार मींन कै ज्यूं जल ।
भर्मत अनंत निसिबासुर सब गत । कन बिन तुषै कहूं न कछू लल ॥
२ अजामेल गज गनिका पूतनां । सुमिरत तिरे जहां अैसे षल ।
सोई प्रसाद दीजै अब सूरहि । बहुत नहीं तौ अंत एक पल ॥

राग सोरठ

१२;॰ भाई रे नांव लियैं निसतारा यौं हरि गुर कहै हमारा ॥ टेक ॥
१ जोग जग्य है जेता तप तीरथ है तेता ।
पढ्या गुण्यां जे गाया सब एक नांव मैं आया ॥
२ सेवा संजम पूजा देव दिहाडी दूजा ।
धर्म ध्यांन बिसतारा सबै नांव की लारा ॥
३ सो नांव छाडि का कीजै अैसी काहि बडाई दीजै ।
और सबै ही फीका हरि नांव सबनि मै टीका ॥
४ मेरैं तौ नांव अधारा नहीं और का सारा ।
सो नांव सहज घरि आंनैं रटि बषनां और न जांणैं ॥

कबित्त

२५ इहे ग्यांन ए ध्यांन । इहे पंडित अरु चातुर ।
इहे कर्म ए धर्म । इहे जप तप ब्रत आतुर ।
इहे कर्न पित दांन । इहे कासी पुनि करवत ।
ए महेस ए ब्रह्मा । इहि बिधि बेद भेद मत ।
बकसा सुजांन बिरीति कलि । पंथ एक षटु पंथ किय ।
जुगि जुगि सजीह जपहि अमर । जै हरि जै हरि नांव हरि ॥

राग काफी

१३;॰ मेरैं सब धर्म नैंम हरि नांम जप तप आचार कै ।
हूं पंथ न नीयरौ जांव ॥ टेक ॥
१ करतब कुल करणीं इहै । इहै मुकति थिति नांव ।
अगरदास पावै इहै । हू बिमल बिमल गुन गांव ॥

राग बिलावल

१४;॰ रांम कह्यौ तिनि सब कीयौ ।
जोग जगि जप तप तीर्थ ब्रत । ततसार निज सोधि लियौ ॥ टेक ॥
१ चारचौं बेद पढे मानौं मुष । अष्टादस षट ग्यांन गियौ ।
धरती सहित सुमेर कनकमय । धर्म षेत प्रब दांन दियौ ॥
२ अस्वमेद राजसू जिग करि । देवलोक स्वरपांन पियौ ।
सुमिरण साषि निगम संतनि मुषि । बिन सुमिरन कहु कौंण जियौ ॥
३ मुषि प्रहिलाद भगत अधिकारी । जल थल गिरडो ल्यौ न हियौ ।
जनगोपाल दयाल भजन करि । भौ संमुद्र नौका नबियौ ॥

राग धनाश्री

१५;॰ जान रि रसनां हरि रस चाष्यौ ।
षोजि बूझि गुर ग्यांन नांव निधि । अंतरगति मैं राष्यौ ॥ टेक ॥
१ तीरथनि के सब जल मैं न्हायौ । बसुधा अरपन दीन्हीं ।
अषिला मषिला जगि करि बिधि सूं । पूजा सुरनि की कीन्हीं ॥
२ बूडत नरक मांहि तैं काढे । परिया सकल उधारे ।
सोई सपुत्र पुजि त्रिहूं लोकैं । जनम के कारिज सारे ॥
३ पूर्न ब्रह्म बिचारि अस्थिर मन । निमष एक आराधे ।
गुर दादू क्रिया तैं मोहन तिनि सब सुक्रित साधे ॥

राग बिलावल

१६;॰ जब तैं रसनां रांम कह्यौ ।
मांनूं धर्म साधि सब बेठे । पढिबे मैं धूं कहा रह्यौ ॥ टेक ॥
१ हिरदै प्रकास ग्यांन गुर गंमितैं । दधि मधि घ्रित लै तज्यौ मह्यौ ।
सार कौ सार सकल सुष कौ सुष । हनूं सेस सिव जानि गह्यौ ॥
२ नांव प्रतीति भई जाजन कैं । सब सुष लै दुष दूरि दह्यौ ।
सूरदास धंनि धंनि ते देही । जो हरि कौ ब्रत लै निबह्यौ ॥

राग धनाश्री

१७;॰ हरि जांन्यूं तिहि सबही जांन्यूं ।
बाजीगर की बिद्या बेटा । झूठ साच पहिचांन्यूं ॥
१ सारासार बबेक हंस मनौं । षीर लियौ तजि पांनूं ।
दधि मथित संचित नहीं । मांषन सौं मन मांन्यौ ॥
२ परष्यौ जगत ऊष छोई लौं । सितासिता मिसरी स्वस्वादहि तांन्यूं ।
अगरदास तनधारी ते धनि । रांम रसन जिनि गांन्यूं ॥

साषी

२६ जप तप जोग जग्य साधन ब्रत । धर्म नेम सब कीया ।
जगंनाथ मन थिर करि पवनां । जब नांव नाथ का लीया ॥

राग सोरठि

१८:० मन रे जब तैं रांम कह्यौ ।
पीछैं कहिबे कूं कुछ न रह्यौ ॥ टेक ॥
१ का जोग जपि तप दांनां । जौ तैं रांम नांम नही जांनां ॥
२ कांम क्रोध दोऊ भारे । तार्थं गुर प्रसादि सब जारे ॥
३ कहै कबीर भ्रमनासी राजा रांम मिले अबिनासी ॥

१६:० रांमजी नांव बिना दुष भारी ।
तेरे साधूं कह्यौ बिचारी ॥ टेक ॥
१ केई जोग ध्यांन गहि रहिया । केई कुल कै मारगि बहिया ।
केई सकल देव कौं ध्यांवैं । केई रिधि सिधि चांहैं पांवैं ॥
२ केई बेद पुरांमौं मति । केई माया कै संगि राते ।
केई देस दिसंतर डोलैं । केई ग्यांनीं ह्वै बहु बोलैं ॥
३ केई काया कसैं अपारा । केई मरैं षडग की धारा ।
केई अनंत जीवन की आसा । केई करैं गुफा मैं बासा ॥
४ आदि अंति जे जागे । सो तौ रांम नांम ल्यौ लागे ।
इब दादू इहै बिचारा । हरि लागा प्रांन हमारा ॥

राग बसंत

२०:० हरि कौ नांव तत त्रीलोक सार ।
लैलीन भये ते उतरे पार ॥
१ इक जंगम इक जटाधार ।
इक अंगि बिभूति करैं अपार ।
इक मुनियर इक मनहुं लींन ।
असैं होत होत जग जात षीन ॥
२ इक आराधैं सकति सीव ।
इक परदादे बंधैं हि जीव ।
इक कुलदेब्या कौं जपहिं जाप ।
त्रिभुवनपति भूले त्रिबिधि ताप ॥
३ इक अंनहि छाडि अरु पीवहि दूध ।
हरि न मिलै बिन हिरदै सूध ।
कहि कबीर असैं बिचार ।
रांम बिनां को उतरचौ पार ॥

साषी

२७ जे कुछ करणीं नांव बिन । जप तप करैं सु बादि ।
जगंनाथ जग मैं भले । छारि न पांवैं दादि ॥
२८ जप करि तप ब्रत करि तीरथ । परदष्यण फिरि धरणीं ।
जगंनाथ बेसास नांव बिन । सुक सैं बल ज्यूं करणीं ॥
२९ जगंनाथ कहै हम षोजिया । बेद कतेब सबाया ।
साध सबद सिधांत की बांणीं । निज तत नांव बताया ॥
३० जैसैं जीय बिन काया सूंनी । बारि मथैं क्यूं निकसै लूंनी ।
लूंण बिनां भोजन नहीं नीका । यौं मोहन हरि बिन सब धर्म फीका ॥
३१ मोहन रांम नांम निज छाडि करि । कीजहि आंन धर्म ।
ज्यूं पारस बिन लोहका कदे न कटैं कर्म ॥
३२ पारस रूपी रांम है । लोह सकल जीय जांनि ।
उतिम मधिम पर्सि करि । भये कनक सामांनि ॥

राग बसंत

२१:० असौ देषि चरित मन मोह्यौ मोर ।
तार्थं निस बासुरि गुन रमूं तोर ॥ टेक ॥
१ इक पढहि पाढ इक भ्रमैं उदास ।
इक नगिन निरंतरि रहैं निवास ।
इक जोग जुगति तन हूंहि षींन ।
असैं रांम नांम संगि रहैं न लींन ॥
२ इक हूंहि दींन इक देहि दांन ।
इक करहिं कलाप सुरापांन ।
इक तंत मंत वोषद बांन ।
सकल सिधि राषैं अपांन ॥
३ इक तीर्थ ब्रत करि काया जीत ।
रांम नांम सूं करैं न प्रीत ।
इक धूंम घोटि तन हूंहि स्यांम ।
यूं मुकति नहीं बिन रांम नांम ॥
४ सतगुरि तत कह्यौ बिचारि ।
मूल गह्यौ अनभै बिसतार ।
जुरा मरण थैं भये थीर ।
रांम कृपा भई कहि कबीर ॥

राग गौडी

२२:० का सिधि साधि करूं कुछ नांहीं ।
रांम रसांइन मेरी रसनां मांहीं ॥ टेक ॥
१ नहीं कछू ग्यांन ध्यांन सिधि जोग ।
ता थैं उपजैं नांनां रोग ॥
का बन मैं बसि भयैं उदास ।
जे मन नहीं छाडै आसापास ॥
२ सब कृत काच हरी हित सार ।
कहि कबीर तजि जग ब्यौहार ॥

२३:० का जीवनां का मरनां रे भाई ।
जौ तैं रांम न रमसि अघाई ॥ टेक ॥
१ का सुष संपति छत्रपति राजा ।
बनषंड जाइ बसे किहि काजा ॥
२ का बिद्या गुन पाठ पुरांनां ।
का मूरिष जौ तैं रांम न जांनां ॥
३ का आसन करि अहिनिस जागे ।
का फिरि सोवत रांम न लागे ॥
४ का मुकता का बधें होई ।
दादू रांम न जांनां सोई ॥

२४:० का नागैं का बांधैं चांम ।
जौ नहीं चिन्हिसि आतम रांम ॥ टेक ॥

१ नागैं फिरैं जोग जे होई ।
बन का मृग मुकति गया कोई ॥
२ मूंड मुंडायैं जौ सिधि होई ।
श्रगहि भेड पहूंती कोई ॥
३ बिंदराषि जे षेलहिं भाई ।
तौ षुसरैं कौंन परम गति पाई ॥
४ पढें गुनें उपजै अहंकार ।
अधधर डूबे वार न पार ॥
५ कहै कबीर सुनहु रे भाई ।
रांम नांम बिन किनि गति पाई ॥

कबित्त

३३ अहनिसि मंजन मंछर कछ जल मांहि रहैं नित ।
मूंलि सहत बग ध्यांन । रहिं लिवलाइ इक चित ।
मूंसा गुफा निवास । मुंड गडरी मुंडावै ।
पवन अहारी श्रप भसम गदहौ लगावै ।
या मैं कहु किनि पाइ पद । कहा जोग साधैं जुगति ।
छीहल कहै बृथा स ह्वै । हरि नांव बिनां नांहीं मुकति ॥
३४ कांइ कोऊ पग ठवैं । कांइं कूंडी कोरावै ।
कांइं हिंवालै गलै कांइं करवत मेल्हावै ।
किसै पंथि क्रंम करै । नीर ठंढै कांइं न्हावै ।
सीस भद्र कांइं करै । लोह तता कांइं लावै ।
प्रहिलाद अंमर जिनि कीन्ह पति । ध्रू जगि अबिचल की धजिहि ।
मांनव अवर बीजौ भणि । भणैंत हरि भगवंत भणि ॥
३५ इकु अहिंनिसि तपु करैंहि । इकु कंकरि लोटहि ।
इकु जल महि जोगवहि । इकु पुंनि धूंवा घोटहि ।
इकु बिरकत बन बसहि । इकु आंछहि घरबारी ।
इकु अराधहि पवन । इकु दीसंहि ब्रह्मचारी ।
एकौं न जुगति जीय उधरहि जन बाजीद सु मोहि कहि ।
निहि केवल निज नांव बिन । भर्म भूलिव संसार सहि ॥
३६ एक दिगंबर फिरहि । एक पहरैं सु बघंबर ।
एकहु पट पटकूल । एक दीसैं सेतंबर ।
एकसु भगवें करहि । एक पहरैं पट नीला ।
एक कयथि यहु मांहि । एक मैलहु मधि क्रीला ।
एक कंथा मुंडित जटा । एकौं षुसी षुसांवहीं ।
रजब कीयें बरन बहु । आतमरांम न पांवहीं ॥
३७ एकस भूषौं मरैं । इक षाइक ह्वैं भारी ।
एक सु बजरी भषैंहि । एक ह्वैं पवन अहारी ।
एक सु नीली तजैंहि । एक कंद मूल सु षांही ।
एक सु पीवहि दूध । एक मन मेवहुं मांहीं ।
इक रूषा इक तेंल लेहि । सुमिरन सूधि न ठाहरे ।
मनोबृति जग ठगन की । रजब बहु पाषंड भरे ॥
३८ पंच अगनि तन सहैं । सीत बरिषा जल मांहीं ।
ऊभे छादस बरष । बसेष सु बैठें नांहीं ।
औधे घूंटहि धोम । नगिन ह्वै देह संतांवैं ।
अठसठि तीर्थ करैं । देइ दहणां रथ आंवे ।
अग्यांन कष्ट आतमपरी । गुफा सु बन कूं धाइये ।
जन रजब निज नांव बिन । निरालंब नहीं पाइये ॥
३९ हेरि हिवालै गलैं । हूंहि पुनि झंपा पाती ।
संकर सेव स करैं । सीस काटैं निज काती ।
कासी करवत लेही । कठिन कुंडी सुकुरांवैं ।
काष्ट भष भैभीत । देषि देही सु जरावैं ।
सकल कष्ट हृद मींच लग । आदम सो सब आदरै ।
रजब रांम न पाइये । बिन अष्यर एक सुररै ॥

श्लोक

४० ज्वालाभिसुलभा । जलैरजलचरा । सुफरजरजटाबिरबटा ।
मूंडिरूरणका । समस्त पसुवो नग्नैं । षराभसमिनां ।
४१ कष्टांगीकरणेद्रुम । सुषबरा पाठेयं । अरबाका ध्यांनंतः
किं सिध्या तनभाव बिसुनि बिकला सिध्या ते सदभावतः ॥
४२ किं सिंनासमुपास मंडणं कृतं । बस्तरे च बलकलै ।
किं नग्नोपि जटा च मूंन्यूं । पठणं देवार्चणं ।
४३ किं कथापि तथापि श्रोत्रमुंदितं ।
किं तपं दिसांतर किं दरं रे रे लोकमचेत ।
४४ ब्रह्म न बिद्यते । अन्योपि किं ध्यायते ॥
किं जदि पठस्य पुराणं । बेद सिध्या तै ततू ।
४५ किं जदि बस्त गुहायं । बृछमूले सिलायं ।
किं जदि बहति त्रिडंड । नग्न मूडं जटं बा ।
४६ जदपि हिरदै न सुधं । सर्बमेतत न किंचितः ॥
सिंगारे त सिषरे । स्वरे त प्रभूता ।
४७ बहुबागीत कुहुकुटा । बहुत्रीयाबलभ अजु ।
बहुभोमी त पारास्वर । बहुबक्ता त सरोल ।
४८ सूरो त कुहडो । बहू बासी तमंक्रे दातारो त बिटप इ तं ।
श्रबगता धंनिधंनि ते पुरषा जे पारब्रह्मरता ॥
४९ कुचित बीणांनादः कुचित हाहे रुदिनं ।
कुचित रम्या ह रामाः । कुचित बिद्वदगोष्टि ।
५० कुचित सुरा मतषिलये । कुचित जरा जरजर बपुः ।
न जाणे संसार अंमृतमयः किं बिषमयः ॥
५१ कुचित भोमौ सज्या । कुचित प्रजंग सयनं ।
कुचित साक अहारं कुचित सालोदनंलुची ।
५२ कुचित कंथाधारी । कुचित दिब्याबरंधरं ।
तपस्वी कार्जार्थी । न गिणंत दुःषं न सुषं ॥
५३ स्नांनं सध्या जापं होमं । काष्टपाषांण पुजनं ।
ब्रह्मग्यांनबिहूंनस्य । सर्बे भवंति निरफलं ॥
५४ स्नांनं दानं तपं तीर्थं । कृत कोटी मनमंत्तरं ।
तावतू गर्भ न मुच्यते । यावत ब्रह्म न बिद्यते ॥
५५ अनेक कर्म कर्त्ता च । भ्रांती भेदन याति ।
ब्रह्मग्यांन बिहूंनस्य । सर्बे भवंति निर्फलं ॥
५६ ष्नांन दानं कृते जग्यं । प्रात पूजा पित्र कार्यम् ।
ममो भक्ति न यानामि । सर्ब कार्ज निनार्थकं ॥
५७ श्नान दांन कृते जग्यं । कोटि दानेषु कांचनं ।
तस्य तत्व न जांनामि । सर्बकार्य निनार्थकं ॥

४८ कोटि कोटि कृते जग्यं । कोटि दाने गजहयं ।
कोटि सहस्र दानिन । मनो भक्ति बिना न मुक्ति ॥

४९ दादू रांम बिनां सब फीके लागैं । करणीं कथा गियांन ।
सकल अबृथा कोटि करि । दादू जोग धियांन ॥
५० अगर्दास हरि धर्म संमि । और धरम को नांहि ।
ज्यूं हाथी के षोज मैं । सबही षोज समाहि ॥
५१ पीछैं इक समर्थ कै सबै दस गुन सुंन ।
कोटि न हूंहीं काज के । इकै बरन बिहूंन ॥
५२ तुरसी श्रीबर अंक निधि । साधन की सब सुंनि ।
जो निधि निज हिरदै बसै । तौ बधै दस गुनी सुंनि ॥
इति नांव महिमा कौ अंग संपूर्न भवेत ॥

१२ मूल धर्म कौ अंग

१ गंगा माहैं जल मिलै । सो तौ पावन होइ ।
गंगा काका नीर सूं । पांवन कहिये सोइ ॥
२ बंदन करिबा देहु रै । सब कोई उठि जाइ ।
देवल काकी बंदना । करतौ डोलै राइ ॥
३ नान्ही मोटी नापिका । मिलैं समंद मैं जाइ ।
सरवर कौ जल नापिका । क्यूं करि सकै समाइ ॥
४ सूरिज का प्रकास सूं । सब कूं सूझै अैंन ।
सूरिज काकी जोति सूं । षोलै अपनां नैंन ॥
५ छाया बैसैं बृछ की । पंषी पंथी आइ ।
तरवर छाया कौंन की । कहां बैसिबा जाइ ॥
६ परबत माहैं पाथर ले । करि सब को महल चिणाइ ।
परबत पाथर लेण कूं । काकै द्वारै जाइ ॥
७ हस्ती ऊपरि बैठि करि । सब को चालैं राह ।
हस्ती काकी पीठि परि । बैठै बेपरवाह ॥
८ नाव ऊपरैं बैसि करि । सब को तिरैं परांण ।
नाव तिरै जल ऊपरैं । सो हरि साध सुजांण ॥
९ गोबिंद कौ धर्म लेइ करि । बैठे हरि के दास ।
ताहि धर्म कूं देषि करि । करैं साध की आस ॥
१० भार अठारा बिरष सब । ससि सूं सीतल होइ ।
ससि सीतल होइ कौंन सूं । कहि समझावो कोइ ॥
११ जलनि बुझावै और की । धरम बांचनां सार ।
और धर्म किहि कांम का । छूटैं नहीं बिकार ॥
१२ चंदन सेती और बिरष का । अंग पलट ह्वै जाइ ।
चंदन चाहै कौंन कौं । काकी बास भिदाइ ॥
१३ कलप बृषं सूं कलपनां । दुष दालिद्र नसाइ ।
करामाति कूं मांगिबा । कलप बिरष कहां जाइ ॥
१४ लोहा सूं सोनां करै । अैसा पारस अंग ।
पारस चाहै कौंन कौं । जामैं सकति अभंग ॥
१५ और जीव की चिंता षोवै । सो चिंतामणि सार ।
सो चिंतामणि चिंतै काकूं । जामैं सकति अपार ॥
१६ धर्म ध्यांन गुर सो भला । जासूं उतरै पार ।
गोता लागै प्रांण कौं । तौ षोटा षेवणहार ॥
१७ जिहि ओषदि सूं दुष टलै । ब्याधि बिकार नसाइ ।
धर्म ध्यांन गुर सो भला । करम जीव का जाइ ॥
१८ अंजन सूं उघडैं नयन । कुछ सूझै दुष जाइ ।
सांम्हौं आंधां ह्वै गयां । तौ अंजन नहीं बलाइ ॥
१९ बांन बगावै बार बार । नीसांना सूं दूरि ।
तौ धर्म ध्यांन किहि कांम का । हरि सूं नहीं हजूरि ॥
२० बाजीगर षेलै कला । मति षुसी होइ दातार ।
त्यूं धर्म ध्यांन गुर सो भला । जिहि रीझै करतार ॥
२१ हरि रीझे की यहु सहिनाणीं । छूटै सकल बिकार ।
कर्म कलपनां बिघन बुराई । ब्यापै नहीं लगार ॥
२२ दुबिध्या मिटै एक करि जांनैं । दूजा दिष्टि न आवै ।
हरि रीझे की यहु सहिनांणीं । हरि बिन कछू न सुहावै ॥
इति मूल धरम कौ अंग संपूर्ण भवेत् ॥

१३ तप तीर्थ तसकार पतिव्रत कौ अंग

राग आसावरी
१:० तूंहीं मेरे रसनां तूंहीं मेरे बैंनां ।
तूंहीं मेरे श्रवनां तूंहीं मेरे नैंनां ॥ टेक ॥
१ तूंहीं मेरे आतम कवल मंझारी ।
तूंहीं मेरे मनसा तुम परिवारी ॥
२ तूंहीं मेरे मनहीं तूंहीं मेरे सासा ।
तूंहीं मेरे सुरतैं प्रांण निवासा ॥
३ तूंहीं मेरे नषसिष सकल सरीरा ।
तूंहीं मेरे जीयरे ज्यूं जल नीरा ॥
४ तुम्ह बिन मेरे अवर को नांहीं ।
तूंहीं मेरी जीवनि दादू मांहीं ॥

२:० हरि केवल एक अधारा । सोई तारण तिरण हमारा
। टेक ॥
१ नां मैं पंडित पढि गुनि जांनूं । नां कुछ ग्यांन
बिचारा ।
नां मैं अगमीं जोतिग जांनूं । नां मुझ रूप सिंगारा ॥
२ नां तप मेरे इंद्री निग्रह । नां कुछ तीरथ फिरणां ।
देवल पूजा मेरे नांहीं । ध्यांन कछू नहीं धरणां ॥
३ जोग जुगति नांहीं कुछ मेरे । नां मैं साधन जांणौं ।
वोषदि मूली मेरे नांहीं । नां मैं देस बषांणौं ॥
४ मैं तौ और कछू नहीं जांनूं । कहौ और क्या कीजै ।
दादू एक गलित गोबिंद सूं । इहि बिधि प्रांन पतीजै ॥

१ दादू सिधि हमारै सांईयां । करामाति करतार ।

रिधि हमारै रांम है । आग्म अलष अपार ॥
२ गोबिंद गुसांई तुम्हे अंम्हचा गुरू । तुम्हे अंम्हचा ग्यांन ।
तुम्हे अंम्हचा देव । तुम्हे अंम्हचा ध्यांन ॥
३ तुम्हे अंम्हची पूजा । तुम्हे अंम्हची पाती ।
तुम्हे अंम्हचा तीर्थ । तुम्हे अंम्हचा जाती ॥
४ तुम्हे अंम्हचा नाद । तुम्हे अंम्हचा भेद ।
तुम्हे अंम्हचा पुरांण । तुम्हे अंम्हचा बेद ॥
५ तुम्हे अंम्हची जुगति । तुम्हे अंम्हचा जोग ।
तुम्हे अंम्हचा बैराग । तुम्हे अंम्हचा भोग ॥
६ तुम्हे अंम्हची जीवनि । तुम्हे अंम्हचा जप ।
तुम्हे अंम्हचा साधन । तुम्हे अंम्हचा तप ॥
७ तुम्हे अंम्हचा सील । तुम्हे अंम्हचा संतोष ।
तुम्हे अंम्हची मुकति । तुम्हे अंम्हचा मोष ॥
८ तुम्हे अंम्हचा सिव । तुम्हे अंम्हची सकति ।
तुम्हे अंम्हचा आगम । तुम्हे अंम्हची उकति ॥
९ तूं सति तूं अबिगति । तूं अपरंपार तूं निराकार ।
तुम्हचा नांम दादूचा बिश्रांम । देहु देहु अवलंबन रांम ॥
१० तुम्हारी नांइ लागि हरि जीवनि मेरा ।
मेरे साधन सकल नांव निज तेरा ॥
११ दांन पुंनि तप तीर्थ मेरे । केवल नांव तुम्हारा ।
ए सब मेरे सेवा पूजा । ऐसा बरत हमारा ॥
१२ ए सब मेरे बेद पुरानां । सुचि संजम है सोई ।
ग्यांन ध्यांन एई सब मेरे । और न दूजा कोई ॥
१३ कांम क्रोध काया बसि करनां । ए सब मेरे नांमां ।
मुकता गुपता परगट कहिये । मेरे केवल रांमां ॥
१४ तारण तिरण नांव निज तेरा । तुमहीं एक अधारा ।
दादू अंग एक रस लागा । नांव गहैं भौ पारा ॥

राग कनडौ

३:० तूंहीं तूं गुरदेव हमारा ।
सब कुछ मेरे नांव तुम्हारा ॥ टेक ॥
१ तुमहीं पूजा तुमहीं सेवा ।
तुमहीं पाती तुमहीं देवा ॥
२ जोग जग्य तूं साधन जापं ।
तुमहीं मेरे आपै आपं ॥
३ तप तीरथ तूं ब्रत स्नानां ।
तुमहीं ग्यांनां तुमहीं ध्यांनां ॥
४ बेद भेद तूं पाठ पुरानां ।
दादू के तुम प्यंड परानां ॥

राग टोडी

४:० माइ गोबिंदि बाप गोबिंदा ।
जाति पांति गुरदेव गोबिंदा ॥ टेक ॥
१ गोबिंद ग्यांन गोबिंद ध्यांन ।
सदा अनंदी राजारांम ॥
२ गोबिंद गावै गोबिंद नांचै ।
गोबिंद भेष सदा निरति काछै ॥
३ गोबिंद पाती गोबिंद पूजा ।
नांमों भणैं मेरै देव न दूजा ॥

राग सोरठि

५:० तूं मेरा तरवर मैं जन पंषी ।
अंबरीक धू नारद साषी ॥ टेक ॥
१ जे तुम्ह गिरवर तौ मैं मोरा ।
जौ तुम्ह चंदा रांम तौ मैं चकोरा ॥
२ जे तुम्ह सरवर तौ मैं मंछा ।
जे तुम्ह गऊ रांम तौ मैं बंछा ॥
३ जे तुम्ह तीरथ तौ मैं जाती ।
जे तुम्ह देवा रांम तौ मैं पाती ॥
४ पीपौ प्रणवैं अंतरजांमीं ।
मैं तेरौ सेवग तूं मेरौ स्वांमीं ॥
६:० जौ तुम तोरौ रांम मैं नहीं तोरौं ।
तुम्ह सूं तोरि कवन सूं जोरौं ॥ टेक ॥
१ तीरथ ब्रत का न करूं अंदेसा ।
तुम्हरे चरण कमल का भरोसा ॥
२ जहां जहां जांऊं तहां तुम्हारी पूजा ।
तुम्हसा देव और नहीं दूजा ॥
३ मैं अपनौं मन हरि सूं जोरचौ ।
तुम्ह सूं जोरि सबनि सूं तोरचौ ॥
४ सब प्रकार तुम्हारी आसा ।
मन क्रम बचन कहै रैदासा ॥
७:० रांमराइ जिनि भरमावै हम कूं ।
तार्थैं करूं बीनती तुम कूं ॥ टेक ॥
१ चरन तुम्हारे सबहीं देषूं । तप तीर्थ ब्रत दांनां ।
गंग जमुन पासि पाइनिके । तहां देहु स्नांनां ॥
२ संगि तुम्हारे सबहीं लागे । जोग जगि जे कीजै ।
साधन सकल एई सब मेरे । संग आपनां दीजै ॥
३ पूजा पाती देवी देवल । सब देषूं तुम मांहीं ।
मोकूं ओट आपनीं राषौ । चरन कवल की छांहीं ॥
४ ए अरदासि दास की सुनियें । दूरि करौ भर्म मेरा ।
दादू तुम्ह बिन और न जांनैं । राषौ चरनहुं चेरा ॥

राग टोडी

८:१ रांम नांम तिलक हरि रांम नांम माला ।
रांम नांम छापा सिंगार गोपाला ॥
२ रांम नांम ब्रत रांम नांम पूजा ।
रांम नांम तीरथ और न दूजा ॥
३ रांम नांम पुरांन रांम नांम बेदं ।
रांम नांम बिद्या रांम नांम भेदं ॥
४ रांम नांम बैकुंठ रांम नांम राजा ।
और देव मेरै नांहीं काजा ॥
५ रांम नांम बंधव रांम नांम माता ।
रांम नांम गुरदेव रांम नांम ताता ॥
६ रांम नांम रांम नांम अहोनिसि करिये ।

मोहनदास कहै इनि बिधि तिरिये ॥

राग भैरू

९:० नांव लै रे नांव लै रे नांव लै रे लोई ।
हरि नांव पटंतर नहीं दूजा कोई ॥ टेक ॥
१ नांव देवा नांव सेवा । नांव संजम सार ।
नांव जपहि जे उतरहि पार ॥
२ नांव जोग नांव भोग नांव ध्यांन धारनां ।
नांव जप नांव तप नांव न बिसारनां ॥
३ नांव दांन नांव पुंनि नांव मुकति होइला ।
नांव कै परसादि बाजीद सुषि सोइला ॥

१०:० नांइ तिरूं तेरे नांइ तिरूं। नांइ तिरूं हो बाप रांम देवा ॥ टेक ॥
१ नित अमावस नितैं पूंन्यूं । नितैं हीं रवि चंदां ।
गंगा जमनां संगमि देषूं । आनंद लहरि तरंगा ॥
२ घटहीं बेणीं तीरथ आछै । मरम न जांणैं कोई ।
चित बिहंगम चेतिनि देषै । लिपत न काहू होई ॥
३ ग्यांन सरोवर मन मंजन मंज्या । सहजैं छूटिलै भ्रमां ।
नांमां संगैं रांम बोलै । रांम नांम निहिक्रमां ॥

राग रामग्री

११:० बाबा पेड छाडि सब डाली लागे । मूढि जंत्र अभागे ।
सोइ सोइ सब रैंनि गंवाई । भोर भयौ तब जागे ॥ टेक ॥
१ देवल जांऊं तौ देवी देषूं । तीरथि जांऊं तौ पांणीं ।
वोछी बुधि अगोचर बांणी । नहीं परम गति जांणीं ॥
२ साध पुकारैं समझत नांहीं । आंन जनम के सूते ।
बांधे ए अरहट की घडि ज्यूं । आवत जात बिगूते ॥
३ गुर बिन इत जगि कौंन भरोसा । काकै संगि ह्वै रहिये ।
गनिका कै घरि बेटा जायौ । पिता नांम किस कहिये ॥
४ कहै कबीर यहु चित्र बिरोध्या । बूझी अंमृत बांणीं ।
षोजत षोजत सतगुर पाया । मिटि गई आंवण जांणीं ॥

राग बिलावल

१२:० मूल सींचि बधै ज्यूं बेला ।
सोई तत तरवर रहै अकेला ॥ टेक ॥
देवी देषत फिरहिं ज्यूं भूले ।
षाइ हलाहल बिष कूं फूले ।
१ सुष कूं चाहैं पडै गलि पासी ।
देषत हीरा हाथ थैं जासी ॥
केई पूजा रचि ध्यांन लगावैं ।
देवल देषैं षबरि न पावैं ।
२ तोरैंहि पाती जुगति न जांनीं ।
इहिं भ्रमि भूलि रहे अभिमांनीं ॥
तीरथ ब्रत न पूजै आसा ।
बनषंडि जांहि रहैं उदासा ।
३ यौं तप करि करि देह जलावैं ।
भर्मत डोलैं जनम गंवावैं ॥
सतगुर मिलै न संसा जाई ।
ए बंधन सब देइ छुडाई ।
४ तब दादू परम गति पावै ।
सो निज मूरति मांहि लषावै ॥

राग गुंड

१३:० भली भई भवनि पधारे राजारांम ।
सहर सुबस बस्यौ । सारे सब कांम ॥ टेक ॥
१ हरि आए के ए सहनांण । मिटि गयौ तिमर उदित भयौ भाण ॥
२ जब हरि हिरदै कीन्हौं बास । छूटि गई सब आसा पास ॥
३ परस कहै हरि दीनदयाल । मूल गह्यौ तब छूटी डाल ॥

साषी

१४ मूल सींचौ रे अवधू मूल सींचौ । ज्यूं तरवर मेल्हंत डालं ।
अम्हे तौ चौरंगी मूल सींचिया । यौं अनभै उतरिया पारं ॥
१६ दादू मूल गहै सो निहचल बैठा । सुष मैं रहै समाइ ।
डाल पांन भर्मत फिरै । बेदूं दीया बहाइ ॥
१७ साहिब का दर छाडि करि । सेवग कहीं न जाइ ।
दादू बैठा मूल गहि । डालौं फिरै बलाइ ॥
१८ दादू जब लग मूल न सींचिये । तब लग हस्या न होइ ।
सेवा निर्फल सब गई । फिरि पछितांनां सोइ ॥
१९ दादू सींचे मूल के । सब सींच्या बिस्तार ।
दादू सींचे मूल बिन । बादि गई बेगार ॥
२० सब आया उस एक मैं । डाल पांन फल फूल ।
दादू पीछै क्या रह्या । जब निज पकड्या मूल ॥
२१ षेत न निपजै बीज बिन । जल सींचें क्या होइ ।
सब निर्फल दादू रांम बिन । जांनत है सब कोइ ॥
२२ दादू जब मुष मांहैं मेल्हिये । तब सब हीं त्रिपता होइ ।
मुष बिन मेल्हें आंन दिसि । त्रिपति न मांनैं कोइ ॥
२३ दादू जब देव निरंजन पूजिये । तब सब आया उस मांहि ।
डाल पांन फल फूल सब । दादू न्यारे नांहिं ॥
२४ तरवर पेड सींचि घण प्रांणीं । ज्यूं सब साषा मांनैं अनंद ।
पारब्रह्म पूजा निधि पावै । सुर तेतीसूं मणि मुकंद ॥
२५ दादू टीका नांव कौं । दूसर दीजे नांहि ।
ग्यांन ध्यांन तप भेष पष । सब आया उस मांहि ॥

राग सोरठि

१४:० साधौ हरि सूं हेत हमारा ।
जिनि यहु कीन्ह पसारा ॥ टेक ॥
१ जा कारनि ब्रत कीजै । तिल तिल ए तन छीजै ।
सहजैं हीं सो जांनां । हरि जांनत हीं मन मांनां ॥
२ जा कारनि तप जइये । सीत घांम सिरि सहिये ।
सहजैं हीं सो आवा । हरि आवत हीं सचु पावा ॥
३ जा कारनि बहु फिरिये । करि तीर्थ भरमि भरमि मरिये ।

सहजैं हीं सो चीन्हां । हरि चींन्हि सबै सुष लीन्हां ॥
४ प्रेम भगति जिनि जांनीं । सो काहे भरमैं प्रांनीं ।
हरि संहजैं हीं भल मांनैं । ताथैं दादू और न जांनैं ॥

राग गौडी
१८:० जीयरा जाहिगौ मैं जांनां रे ।
जो देष्या सो बहुरि न पेष्या । माया सूं मन मांनां ॥
टेक ॥
१ बाकुल बस्तर किता पहरिबा । का तप बंनषंड बासा ।
कहा गुमध रे पांहन पूजैं । का जल डारें गाता ॥
२ कहै कबीर सुर मुनि उपदेसा । लोका पंथ लगाई ।
सुणौं संतौ सुमिरौ भगता जन । हरि बिन जनम गंवाई ॥

साषी
२६ कबीर मथुरा जावो भावै द्वारिका । भावै जावो जगनाथि ।
साध संगति हरि भगति बिन । कछू न आवै हाथि ॥
२७ कबीर जप तप दीसैं थोथरा । तीरथ ब्रत बिसास ।
सूवै सैंबल सेविया । यौ जग चल्या निरास ॥
२८ परस कहै मैं पारषू । परष्यौ रांम रतंन ।
तप तीरथ ब्रत काचमणि । त्यांह क्यूं मांनैं मन ॥
२९ तीर्थ ब्रत सब बेलडी । सब जग मेल्यौ छाइ ।
कबीरै मूल निकंदियै । कौंण हलाहल षाइ ॥
३० कबीर मन मथरा दिल द्वारिका । काया कासी जांणि ।
दसवां द्वारा देहुरा । तामहि जोति पिछांणि ॥
३१ कबीर तीरथ करि करि जग मूवा । कुंडै पांणीं न्हाइ ।
रांम हीं रांम जपंतडां । काल घसीटचां जाइ ॥

३२ पांणीं कूं तीरथ करि मांनहि । पांहन कूं कहि देवं ।
प्रगट पुरिस सनमुषा ठाढा । अंध न जांनहि भेवं ॥
३३ पूजनहारा ताहि न पूजहि । जांहि जपैं निसतारं ॥
अठसठि तीर्थ काया भीतर । भूंदू बहे अंधियारं ॥
३४ ऊंचैं नींचै पर्बत चढणां । तूंटि गया सब पवनं ।
इहै बस्त हेले मैं षोवहि । आगैं जपै स कवनं ॥
३५ चालंत पंथा तूटंत कंथा । उडंति षेहा बिचलंति देहा ॥
पंथा तूटंति कंथा । नाद बिंद अरु बाई ।
३६ अठसठि तीरथ घट ही भीतरि । कहा भरमैं रे भाई ॥

राग सारंग
१६:० जोइ जोइ मोहि अचिरज होइ । नेडौ रांम न देषै कोइ ॥
१ येक न सेठू फिरि फिरि थाके ।
एकूं एकूं ऊंचे ऊंचे परबत ताके ॥
२ नीर प्रवेस करैं जल जोवैं ।
तप तीरथ ब्रत काया षोवैं ॥
३ लुंचित मुनि इक जटा बधावैं ।
एक उरध मुषि अंग झुलावैं ॥
४ भेष अनेक एक नहीं जांन्यौं ।

आतमां सरूप धरि प्रभू न पिछांन्यूं ॥
५ साची कहूं न मांनैं कोइ ।
परस सकल मैं देष्या सोइ ॥

राग रांमगरी
१७:० नेडौ ही रे रांम ताकौ मारग भूला रे ।
कोऊ गवनि केई आंथवनि । भर्म भर्मि डूला रे ॥ टेक ॥
१ लोह पारसि सदा लायौ । पलटचौ कांहीं रे ।
जे यहु लोह कौ लोह रह्यौ । तौ यहु पारस नांहीं रे ॥
२ आपणीं उणहारि भूला । भूला अजपा कौ जाप रे ।
सकति लोकां मारि कीयौ । सींदरी थैं सांप रे ॥
३ तीनि गुन की ताप जदि की जीव कै जागी रे ।
मृघ जल धाइ धाइ पीयौ । कहीं कीं प्यास पणि भागी रे ॥
४ मकडाणां षाटू बिचैं । जग षोदि बाधायौ रे ।
बषनां गुर भेद तैं । धन घर मांहैं पायौ रे ॥

साषी
३७ चंदा सिषर समांन सिर । धरती धन धरिया ।
गाडि गाइ करि राषिया । ससि साषी करिया ॥
३८ चाहि भई तब चेतिया । सोम सुधा पांतरिया ।
षोदि षोदि षाली पडचा । जगनाथ कहै पचिमरिया ॥
३९ ग्यांन गुरू का चंद्रमां । काया धरणीं जांणि ।
जगनाथ उरि रांम धन । चितवंनि तहां पिछांनि ॥

रांमगरी
१८:० अभेदी नौं भेद पायौ । उधरिया लोइ रे ।
आकार नाटिक झूठा । सु लहैगा सोइ रे ॥ टेक ॥
१ भर्मि भर्मि तीरथ न्हावै । आत्मां सचु न पावै ।
पूठैं रोटी बांधें प्रांणीं षुध्या न जावै ।
लाइ लै अनभै सूं ध्यांन । तृबेणीं करिलै अस्नांन ।
रांम जी कौ नांव लै ज्यूं पावै रे परम निधांन ॥
२ बिन दीठौ रूप ध्याइ । सुंनि मैं समाधि लाइ ।
बिन हीं पैडी चढि रे प्रांणीं गगन चै ठांइ ।
धूप ध्यांन दीप ग्यांन । सबद ची घंटा बाइ ।
करिलै रे आतमां पूजा । भूलौ रे मुगध कांइ ॥
३ बिनही परचै भिष्या षाइ । जरैं न उदर ठांइ ।
जांणैं लौ अंत कै कालि । चेति रे अहेला जंजाल ।
जीव कौ काल । सुकालां करै दुकाल ।
नेडौ ही परम पद करि । किलोल केलि ॥
४ तंत मंत झूठ जांणि । मुलमां ऊघडै न्यांणि ।
करिये रे कंचन जामैं रती नहीं बांणि ।
सोझईया रांमप्रसाद । नहीं रे आंन सूं बाद ।
कहा रे तवै ठणकार कहां रे नीसांण नाद ॥

सोरठि
१९:० हरि का मरम न जांणैं कोई ।
जैसा भाव तैसी सिधि होई ॥

१ घरि बैठां तीरथ कूं धावै । तीर्थ जाइ पछितावै ।
तिहि तीर्थ कूं चलि मेरे जीयरा । पुंनिरपि जनमि न आवै ॥
२ तीर्थ करि करि जगत भुलाया । षोज्या तिनि हरि पाया ।
कष्ट पषांण सबनि मैं केसौ । अैसा तृभुवण राया ॥
३ बिद्या अष्यर देव । दिज पूजा इहि बेसासि बिगूता ।
पीपौ कहै प्रगट परमेस्वर । जन जागे जग सूता ॥

२०:॰ रे मन बैठि किते जिनि जासी ।
हिरदै सरोवर है अबिनासी ॥
१ काया मधे कोटि तीरथ । काया मधे कासी ।
काया मधे कवलापती । बैकुंठ बासी ॥
२ उलटि पवन षट चक्र निवासी ।
तीर्थराज गंग तट बासी ।
३ गगन मंडल रवि ससि दोइ तारा ।
उलटि कूंचीं लाग किवारा ॥
४ कहै कबीर मनि भई उजियारी ।
पंच मारि एक रह्यौ निनारी ॥

राग आसावरी

२१:॰ तूं मेरे तीर्थ तूं मेरे कासी ।
सेइये गोबिंद राइ सकल निवासी ॥ टेक ॥
१ गगन गंगा भुवन गंगा । बिबिधि गंगा नाराइंण संगा ॥
२ अठसठि तीर्थ जौ मन चंगा । रांम कै नांइ पषांलि ले अंगा ॥
३ पीपौ कहै जोगेस्वर सोई । मुषि हिरदै जाकै एकै होई ॥

२२:॰ काया गढ षोजतां । मैं नो निधि पाई ।
अनत न जाऊं राजा रांम की दुहाई ॥ टेक ॥
१ काया देवल काया देव । काया पूजा पाती ।
काया धूप दीप नइबेद । काया तीर्थ जाती ।
२ काया मां हैं अठसठि तीर्थ । काया मां हैं कासी ।
काया मां हैं कवलापती । बैकुंठ बासी ॥
३ जे ब्रह्मंडें सोई प्यंडि । जो षोजै सो पावै ।
पीपौ प्रणवैं परम तत रे । सतगुर मिलै लषावै ॥

श्लोक

४० बहुतांनि बहुतीर्थांनि । किंबा जई सत योबनं ।
सरीरानि सर्बतिर्थांनि । जस्य बुधि निःश्चलमन ॥
४१ किं गते कुरषेत्रे । नाना तिर्थेषु सेविते ।
सा ग्रिहे बिंद्यते च आतमांः । मुकति गछंति निर्मला ॥
४२ इदं तीर्थमिदं तीर्थ । भ्रंमते मांनसा नरा ।
आतमां तीर्थ न जानामि । तेषां तीर्थ निनार्थकं ॥

राग आसावरी

२३:॰ तृबेणीं पिराग करौ मन मंजन ।
सेवो राजा अलष निरंजन ॥ टेक ॥
१ पुरी द्वारिका निकटि गोमती ।
गंग जमन बिचि बहै सरस्वती ॥
२ अठसठि तीर्थ मधि सरोवर ।
एक तपौ तामैं ताकौ घर ॥
३ भणत नांमदेव सुणहूं तिलोचन ।
ए तीर्थ सब अघ के मोचन ॥

२४:॰ परीयत प्रांणियां रे धोइ काया ।
कापडूं कुसमल मैल उतारि रे ।
हरि हरि सबदैं झींक दे झाझी ।
श्री रांम नैं नांइ पषालि रे ॥ टेक ॥
१ सुकृत सौंदणीं करै बासनां ।
चैतनि चूंनूं मांहि रे ।
षिमिया षार निर्मल मति नीली ।
सौंदणीं सहजि सु भाइ रे ॥
२ निरवरति नदी संतोष सरोवर ।
सुपरि सिला सत पाले रे ।
साबू सतगुर ग्यांन निर्मल जल ।
पांचे बस्तर पषाले रे ॥
३ जप तप संजमि ताप बिभाई ।
आवै अति उजाल रे ।
निज घूंट घडी घडी घूंटा रे ।
सौंपे श्रीगोपाल रे ॥
४ धर्म ध्यांन धरि धोनूं धोबी ।
मक रिसि कूडा कांम रे ।
चारि पदार्थ चत्रभुज आपै ।
कबिरे कांन्हइया स्वांमि ॥

माली गौडी

२५:॰ बिस्न ध्यांन स्नांन करि रे । बाहरि अंगम धोइ रे ।
साच बिनां सीझसि नहीं । कांई ग्यांन द्रिष्टैं जोइ रे ॥ टेक ॥
१ जंजाल माहैं जीव राषै । सुधि नहीं सरीर रे
अभिअंतरि भेदै नहीं । कांई बाहरि न्हांवैं नीर रे ॥
२ निहिक्रम नदी ग्यांन जल । सुंनि मंडल मांहि रे ।
अवधूत जोगी आतमां । कांई एणैं संजमे न्हांइ रे ॥
३ इला प्यंगुला सुषमनां । कांई पछिम गंगा भालि रे ।
कहै कबीर कुसमल झडैं । मांहि लौ अंग पषालि रे ॥

साषी

४३ सरीर सरोवर रांम जल । माहैं संजम सार ।
दादू सहजैं सब गए । मन कै मैल बिकार ॥
४४ रांम नांम जल कृता । स्नांनं सदाजितह ।
तन मन आतम निर्मलं । पंच भू पापंगतह ॥
४५ सतंसीलंद्वैस्नांनं । त्रितिये गुरबाय कं ।
चतुर्थेगिनां न स्नांनं । जलस्नांनं दिनेदिने ॥
४६ अवधू मन चंगा तौ कठौती गंगा । बांधै पेल्हा तौ जगत्र चेला ।
बदत गोरषनाथ सति सरूप । तत बिचारै तौ रेष न रूप ॥

राग कनडौ

२६:० हरि नांव अंमृत पषालि मुषा थे ।
बहुत ते पांणीं कीं करै रे ॥ टेक ॥
१ आसत्या चा मल लागिले जिभ्या ।
ते न छूटंति हरि नांव बिणां ॥
२ हरि कथा गगिव अस्नांन जला ।
नांमां नां स्वांमीं ची एही रजा ॥

राग भैरू

२७:० रांम नांमैं प्यंड पषाल ।
मल नहीं लागे जपत गोपाल ॥ टेक ॥
१ रांम नांम डूंगर सी सिला ।
धुबिया धोवै अंतरि मला ॥
२ बर्णा आश्रंम नांनां मती ।
नांमदेव कौ स्वांमीं कवलापती ॥

२८:० काया डंड मन मैं हरि गुनां ।
जल बिन निर्मल हरि के जनां ॥ टेक ॥
१ काली कोइल अंब अहार ।
उजल बग बहु जीव संघार ॥
२ बुधि बिन बांइसि सबै अहार ।
षीर नीर का हंस बिचार ॥
३ कहि नापा हरि करणीं सार ।
बरण बांनैं को उतरचौ पार ॥

राग सोरठि

२६:० काया मंजिसि कौंन गुनां ।
घट भीतरि है मलनां ॥ टेक ॥
१ जौ तूं हिरदै सुध मनि ग्यांनी ।
तौ तूं कहा बिरोलै पांनीं ॥
२ तूंबी अठसठि तीरथ न्हाई
कडवापण तऊ न जाई ॥
३ कहै कबीर बिचारी
भौसागर तारि मुरारी ॥

४७ न्हांवण चले त्रे जणें । दिलि षोटे मन चोर ।
बाहरि धुती तूंवडी । अंदरि बिस ति कोर ।
४८ दोइ भाल थीन्हां दियां । दस भालगी होर ।
साध भले अणन्हां दियां । नांनिका चोर स चोरै चोर ॥

४६ न्हाऐं धोयैं पुंनित मींडक मंछियां ।
जतियां बहुला पुंनित बलदां षसियां ।
मूंड मुडांयैं पुंनित भेडां ससियां ।
सेवा सुमिरण सार सदा बिगसियां ।
नांनिक रते नांइ गल्हीं सचियां ॥

५० जल बिन झूले चैंन कहि । भूले मारग जोग ।
जैसैं कोली कांस मैं । तिरैं अग्यांनीं लोग ॥

राग भैरू

३०:० धोइ मेरे धोबिया मंझ की धारा ।
निर्मल नीझर घाट हमारा ॥ टेक ॥
१ जे मल भरे ते षरे बिगूते ।
निर्मल भये ते पार पहूते ॥
२ जनम मरण के संसै टूटे ।
हरि रस पीवत सकल मल छूटे ॥
३ कहि प्रिथीनाथ मन इहि रस मेलू ।
प्रगट गोपाल संमीप हि षेलूं ॥

३१:० हरि हिरदै तब बिघन न कोई ।
हरि सूं प्रीति बुधि बल सोई ॥ टेक ॥
१ हरि बल बुधि हिरदै बसै ।
परम बमेक बिचार ।
सदा सु चिंता दास कै ।
हरि मंजन आचार ॥
२ परसा पांणीं न्हाइ करि ।
पतित न पांवन होइ ।
पांवन करसी हरि भजन ।
साषि सुणौं सब कोइ ॥
३ परसा मैली देह कौं ।
मल धोवण कूं नीर ।
मन मंजन कूं हरि भजन ।
प्रगट प्रेम की सीर ॥

राग आसावरी

३२:० हरि के धोबिया मन धोइ ।
अैसैं दाग पुरातन षोइ रे ॥ टेक ॥
१ सध साबण सुरति तपणा ।
पंचौं ठांव संजोइ रे ।
निर्मल नीर भरचौ रांम सागर ।
मल नहीं लागै कोइ रे ॥
२ सिलह साच रे वसुधि बुधी ।
सींटी स्वांति भजि सोइ रे ।
इसी कि सबति करणीं चालै ।
ताहि न पूजै कोइ रे ॥
३ महज ?क्रपला कबज कुंदी रे ।
षिमां षूम समोइ रे ।
अति उजास अमोल कपडा ।
नित पहरण होइ रे ॥
४ षर कूं बंधिलै गांमि गंठडी ।
प्रीति पैंडौ जोइ रे ।
कहत नवल सो धोबिया कारीगर ।
ताकूं बैकुंठ मंजूरी होइ रे ॥

इति तप तीर्थ तसकार पतिव्रत कौ अंग संपूर्न भवेत् ॥

१४ भर्म बिधांसण कौ अंग

राग आसावरी

१:० कैसैं बोलौं पंडिता देव कौंनैं ठांई ।
निज तत निहारतां अम्हे तुम्हे नांहीं ॥ टेक ॥
१ पाषांणची देऊरी पाषांणचा देव ।
पाषांण पूजीला कैसैं फीटीला सनेह ॥
२ सरजी तोडीला निरजीव पूजीला ।
पापची करणीं कैसैं तिरण तिरीला ॥
३ तीरथ तीरथ स्नांन करीजै ।
बाहरि पषालीला भींतरि कैसैं भीजै ॥
४ आदिनाथ नाती मंछिंद्रनाथ पूता ।
निज तत्व निहारै गोरष अवधूता ॥

राग गौडी

२:० कौंन बिचार करत हौ पूजा ।
आतम रांम अवर नहीं दूजा ॥ टेक ॥
१ बिन परतीतैं पाती तोडै । ग्यांन बिनां देवल सिर फोडै ॥
२ लूचरी लपसी आप सघारै । द्वारै ठाढा रांम पुकारै ॥
३ पर आतम जो तत बिचारै । कहि कबीर ताकै बलिहारै ॥

राग टोडी

३:० रांमची भगति दुहेली रे बापा ।
सकल निरंतरि चीन्हि ले आपा ॥ टेक ॥
१ बाहरि उजल भीतरि मैला ।
पांणीं प्यंड पषालि न गहिला ॥
२ पूतली देव कि पाती देवा ।
इहिं बिधि नांमदेव न जांणैं सेवा ॥
३ षाषंड भगति रांम नहीं रीझै ।
बाहरि अंध्य लोक पतीजै ॥
४ नांमदेव भणैं मेरा नेत्र पलटचा ।
रांम चरणां चित चिहुंटचा ॥
४:० का नाचीला का गाईला ।
का घसि घसि चंदन लाईला ॥
१ जे तैं आपा पर नहीं चीन्हींला ।
तौ चित चितारै डहकीला ॥
२ क्रितम आगै नाचै लोई ।
स्यंभ देव चीन्हैं नहीं कोई ॥
३ जे तूं स्यंभ देव की सेवा जांनैं ।
तौ दिब द्रिष्टी ह्वै सकल पिछांनैं ॥
४ नांमदेव भणैं मेरे एहीं पूजा ।
आतम रांम अवर नहीं दूजा ॥

राग रामगरी

५:० भूली मालनीं है गोबिंद जाग तौ जग देव ।
तूं करै किस की सेव ॥ टेक ॥
१ भूली मालनि पाती तोडै ।
पाती पाती जीव ।
जा मूरति कूं पाती तोडै । सो मूरति निरजीव ॥
२ टांचणहारै टांचिया । दे छाती ऊपरि पांव ।
जे तूं मूरति सकल है । तौ घडणहारे कूं षाव ॥
३ लाडू लांवण लापसी । पूजा चटी अपार ।
पूजि पुजारा ले गया । दे मूरति कै मुहि छार ॥
४ पाती ब्रह्मा पहुपे बिश्न । मूल फलं महादेव ।
तीनि देवौं एक मूरति । करै किस की सेव ॥
५ एक न भूला दोइ न भूला । भूला सकल संसारा ।
एक न भूला दास कबीरा । जाकै रांम अधारा ॥

राग गौडी

६:० कृतम रूप मैं कौंण समावैं । अंतकालि दोऊ दुष पावै ॥
टेक ॥
१ जिहि घरि बसै बटाऊ आइ । लागै लाइ दोऊ जलि जाइ ॥
२ पांहण बूडै टांकी जरै । घडै सिला ?वट सो पणिं मरै ॥
३ जिहि निरूप सब रूप उपंनां । कहि नापा सो चीन्हि रे
मनां ॥

राग रामकली

७:० सेइ मन समझि संम्रथ सरणां गता । जाकी आदि अंति
मधि कोई न पावै ।
कोटि कारिज सरैं देह गुन सब जरैं । नैंक जौं नांव
पतिब्रत आवै ॥ टेक ॥
१ आकार की वोट आकार नहीं ऊबरै । सिव बिरंचि अरु
बिस्न तांई ।
जास का सेवग तास कूं पाइ है । इष्ट कूं छाडि आगैं
न जांहीं ॥
२ गुणमई मूरति सेइ सब भेष मिलि । निर्गुण निज रूप
बिश्रांम नांहीं ।
अनेक जुग बंदगी बिबधि प्रकार की । अंति गुण का
गुणहीं समांहीं ॥
३ पांच तत तीनि गुण जुगति करि सांनियां । अष्ट बिन
होता नहीं क्रंम काया ।
पाप पुंनि बीज अंकूर जांमैं मरै । उपजि बिनसै जेती
श्रब माया ॥
४ क्रितम कूं करता कहैं । परमपद क्यूं लहै । भूलि भरम
मैं पडचा लोक सारा ।
कहै कबीर रांम रंमिता भजैं । केई एक जन गए उतरि
पारा ॥

राग रांमकली

८:० साचा रांम न जांणैं रे । सब झूठा बषांणैं रे ॥ टेक ॥
१ झूठे देवा झूठी सेवा । झूठा करैं पसारा ।
झूठा पूजा झूठी पाती । झूठा पूजणहारा ॥
२ झूठा पाक करै रे प्रांणीं । झूठा भोग लगावै ।

झूठा आडा पडदा देवै । झूठा थाल बजावै ॥
३ झूठे बकता झूठे सुरता । झूठी कथा सुणावै ।
झूठा कलि जुग सब को मांनैं । झूठा भ्रम दिढावै ॥
४ थावर जंगम जल थल महियल । घटि घटि तेज समांनां ।
दादू आतमरांम हमारा । आदि पुरिष पहिचांनां ॥
९:० पूजा कौंन करौं जगजीवन । पाती कौंण चहोडूं ।
सर्ब जीव मैं तूंहीं बरतै । ताकूं मैं नहीं तोडूं ॥
टेक ॥
१ बिनसि जाइ जाकूं नहीं पूजूं । अबिनासी नहीं पाऊं ।
बेदूं थरपि देहुरै आंण्यां । ताकूं मैं नहीं ध्यांऊं ॥
२ सालिगरांम न पूजूं स्वांमीं । यहु तौ देव न होई ।
सो पूजूं जे रहे निरंतर । अबिगत लषै न कोई ॥
३ अलष निरंजन तूं अबिनासी । तेरी गति किनहू न जांणीं ।
पीपा पूजि पूजि जग षीणां । कै पाथर कै पांणीं ॥
१०:० यामैं जै देव जागौ रे । तौ सेवग पूरौ मांगै रे ॥
१ लाष टकां देहुरौ निपायौ । नर गुर जाकौ रे ।
पांच टकां परमेसुर आंण्यौं । तृभुवन ताकौ रे ॥
२ बिन टांची संसार उपायौ । ताहि कों टांचै रे ।
भेद छिपाइ भ्रम किया प्रगट । आगैं पातुरि नाचै रे ॥
३ जाकौ करता जो है भाई । सो ताही कूं सेवे ।
नापौ कहै सुनार सिलावट । मिलि जग बोवै रे ॥

राग टोडी
११:० ऊपिलौ मारै न मांहिलौ तारै ।
पंडित होइ सो अरथ बिचारै ॥ टेक ॥
१ स्यंघ कहैं पणि पोरिस नांहीं ।
बसैं पंषेरूवा मुहडा मांहीं ॥
२ साध कहैं सो तौ यहु नांहीं ।
घडियौ बैठौ घडिया मांहीं ॥
३ घर मैं दुहै काठ की गाइ ।
भाव फलै तौ कांइ ल्हूषा षाइ ॥
४ अलष निरंजन की करि आस ।
बषनां इहि कौ किसौ बेसास ॥

साषी
१ फिरि फिरि तीरथ करैं अयांणां । जहां जाइ तहां नीर
पषांणां ।
फूटे लोइण अंध अजांणां । घरिही देषूं नीर पषांणां ॥
२ नीरि पषांणि न सीधौ कोई । गोडा फोडि मुवा बहु लोई ।
हरि गुंण च्यंति ग्यांनि नित न्हावो । जनसंगति अमरा पद
पावो ॥

राग बसंत
१२:० कहां जइये घरि हीं लागौ रंग ।
मेरौ चित न चलै मन भयौ अपंग ॥ टेक ॥
१ जहां जांऊं तहां जल पषान । पूरि रहे हरि श्रब समान ।
बेद सुमृत सब मेले जोइ । उहां तौ जाइये हरि इहां
न होइ ॥
२ एक बेर मन भया उमंग । चोवा चंदन चरचे अंग ।
पूजन चाले ठांइ ठांइ । सोई ब्रह्म बतायौ गुरि आप
मांहि ॥
३ सतगुर मैं बलिहारी तोर । जिनि सकल बिकल भर्म जारे
मोर ।
रांमांनंद रमैं एक ब्रह्म । गुर कै एक सब कटे कोटि
क्रम ॥

राग आसावरी
१३:० भूला रे जग पाथर पांणीं ।
अघट ब्रह्म ताकी षबरि न जांणीं ॥ टेक ॥
१ जे यहु पाषांण कहावै देवा ।
तौ सेवग बुलाइ करावै सेवा ॥
२ जे यहु पांणीं तीरथ कहावै ।
जग कूं बोलि हत्या क्यूं लावै ॥
३ सब जग भूला मन कै धोषै ।
संक्या डांइणि सब कूं सोषै ॥
४ राज सर तांमस सांति गडारी ।
नापा चौथै मिलै मुरारी ॥

राग सोरठि
१४:० बापुरौ सति रैदास कहै ।
ग्यांन बिचारि नांइ चित राषै ।
हरि कै सरणि रहै ॥ टेक ॥
१ पाती तोडैं पूज रचावैं ।
तारण तिरण कहै रे ।
मूरति मांहि बसै परमेस्वर ।
तौ पांणीं मांहि तिरै रे ॥
२ तृबिधि संसार कवन बिधि तिरिबौ ।
जे दिढ नाव गहै रे ।
नाव छाडि जे डूडै बैठै ।
तौ दूणां दुष सहै रे ॥
३ गुर कौ सबद अरु सुमति कुदाली ।
षोदत कोई लहै रे ।
रांम काहू कै बांटै न आयौ ।
सोनैं कूल बहै रे ॥
४ झूठी माया जग ही काया ।
तौ तनि ताप दहै ।
कहै रैदास रांम जपि रसनां ।
माया काहू कै संगि न रहै ॥

राग भैरू
१५:० रे मन गोबिंद रसनां रटिये ।
समझि सनेही आतुर अटिये ॥ टेक ॥
१ चरण सहाई करि चित चेरा ।
भौसागर का फीटै फेरा ॥

२ पूजा पाती लोक दिषाई ।
तिल भरि तन की ताप न जाई ॥
३ जैसे कुल के देवी देवा ।
तैसी रे मूरिष याहपणि सेवा ॥
४ लालच लोभ बिषै बिधि फंदा ।
तामैं गडि गये गो भू गंदा ॥
५ कोई हरदास बिलग जिनि मांनैं ।
अपस अलूधा पाथर पांनैं ॥

राग सोरठि

१६:० सोई देव पूजूं जे टांकी नहीं घडिया ।
ग्रभवास नांहीं औतरिया ॥ टेक ॥
१ बिन जल संजम सदा सोई देवा ।
भाव भगति करूं हरि सेवा ॥
२ पाती प्रांण हरि देव चढाऊं ।
सहज समाधि प्रेम ल्यौ लाउं ॥
३ इहि बिधि सेवा सदा तहां होई ।
अलष निरंजन लषै न कोई ॥
४ यहु पूजा मेरे मनि मानैं ।
जिहि बिधि होइ सु दादू न जांनैं ॥

राग रांमगरी

१७:० देवल देषि लै हो । तामैं सति सरूप निरंजन देव ।
रूप बरणवा कै कछु नांहीं । अैसा अलष अभेव ॥ टेक ॥
१ बिन टांकी जिनि देवल निपायौ । तामैं देव अभंगी ।
अकल सरूप कल्यान हीं जावै । ब्याप कहै सरबंगी ॥
२ अकल सरूपी बिनहीं मूरति । जांनैं कोई जन सारा ।
जेती मूरति जग मैं दीसैं । तेती सकल पसारा ॥
३ प्रेम सरोवर मंजन करि कैं । इहि बिधि निर्मल होई ।
ध्यांन धोवती करि लै अैसैं । चीन्हैं बिरला कोई ॥
४ चित करि चंदन तन मन तुर्सी । भाव भगति करि पूजा ।
सेवग स्वांमीं सनमुष रहिबा । कबहूं न होवै दूजा ॥
५ त्रिगुण तेल करि दिल का दीपक । ब्रह्म अगनि प्रजाली ।
अंतरगति मैं भया उजाला । सुंनि मंडल मैं ताली ॥
६ नाद बिंद थैं रहै अगोचर । सुर नर थैं गति न्यारी ।
ब्रह्मा रिषि मुनि जन हूं न जांनां । संतौ लेहु
बिचारी ॥
७ सतगुर मिलि करि आप बताया । काटे भ्रम के पासा ।
मूंवां पीछैं जिस घरि जाता । जीवत कीया बासा ॥
८ कहै कबीर सुनहुं रे संतौ । निज तत सूं मन लावो ।
समझे पद का करहु न बेरा । नहीं आवो नहीं जावो ॥

राग आसावरी

१८:० वारी रे अणघडिया देवा । तेरी पूजा तेरी सेवा ॥ टेक ॥
१ वारी रे अणघडिया देवा । मोहि बरांसा पडिया ।
सकल संसार संवारचा तेरा । तूं क्यांह सेती घडिया ॥
२ आपै आप अधर अबिनासी । सूंर्ति मूरति सारा ।
कांनां सुन्यां न आंष्यां देष्या । कोई तेरा घडणहारा ॥
३ दस औतार कहैं औतरिया । यहु तौ रांम न होई ।
इन्हूं कमाई आपणीं पाई । करता औरै कोई ॥
४ का कौ पूत पिता कौंण वा कौ । कहौ कौंन सूं लडिया ।
कहै बषनौं जिनि रांम कह्यौ । सो कोई झूठि न
पडिया ॥

राग टोंडी

१९:० ते थै देव कहींचा भगत कहींचा ।
आपो पेनैंणे बंध जन मंचा ॥ टेक ॥
१ अरचनां लागुनीं मांडी ले गूंडा ।
आपाणौं आपण बाची ले भूंडा ॥
२ बिधि पूर्ब कैं बांनीली पूजा ।
भाव आरा पुनी जाला दूजा ॥
३ आतमां अनभव लूकी ले बरवैं ।
संकलप बिकलप बांधी ले कर मैं ॥
४ नांनां उपंचारैं कलपी ले मनैं ।
आपणौं आपण केलि बंधांणौं ॥
५ सूरियौदास भणैं नाथी ले देवा ।
भगति नहीं ते थैं भाव कहींचा ॥
२०:० बोलिधौं निर्बाण पद रांम नांम । ठाली जिभ्या कौंण
कांम ॥
१ सेवा पूजा सुमिरण ध्यांन । झूठा कीजै बिन भगवांन ॥
२ तीर्थ ब्रत जगत की आस । फोकट कीजै बिन बेसास ॥
३ एकादसी जगत की करणीं । नांव बिनां सब झूठी
बरणीं ॥
४ भणत नांमदेव तुम्ह रैं सरणां । मुंझा मनवां तुझा
चरणां ॥

राग सोरठि

२१:० रांम राइ भई बिकल मति मेरी ।
कै यहु दुनीं दिवांनां तेरी ॥
१ जे पूज हरि नहीं भावै । सो पूजणहार चढावै ।
जिहि पूजा हरि भल मांनैं । सो पूजनहार न जांनैं ॥
२ भाव प्रेम की पूजा । ताथैं भयौ देव थैं दूजा ।
का कीजै बहुत पसारा । पूजीजै पूजणहारा ॥
३ कहै कबीर मैं गावा । मैं गावा आप लषावा ।
जो इहि पद मांहि समानां । सो पूजनहार सयांनां ॥
२२:० रांम राइ इहि सेवा भल मानैं ।
जौपै रांम नांम तत जांनैं ॥ टेक ॥
१ रे नर कहा पषालै काया ।
सोई तत चीन्हि कहां थैं आया ॥
२ कहा बिभूति जटा पट बांधैं ।
जल मैं पैसि हुतासन साधैं ॥
३ ररौ मर्मौ दोइ अष्यर सारा ।
कहै कबीर तिहूं लोक उजियारा ॥

राग आसावरी

२३;० पंडित जण जण बाद न होई । अणबोल्या अवधू सोई ॥ टेक ॥

१ पात्रे ब्रह्मा कली बिश्न । फल मधे रुद्र देवा ।
प्रथमे तीनि लिंग का छेद कीया । तुम्हे करौ कौण की सेवा ॥
२ एक डांडी द्वै डांडी । तीनि डांडी भगवांन हूवा ।
बिश्न कौ तिन्हि पार न पायौ । तीरथे भ्रमि भ्रमि मूवा ॥
३ एकं काल मुहांनैं जटा धारी । लिंग उपासि कहूवा ।
महादेव कौ तिन्हैं पार न पायौ । राष रोले रोले मूवा ॥
४ एक मुलानां दोइ कुरानां । अग्यारै षुरा सांणी हूवा ।
अलह कौ तिन्हैं पार न पायौ । बांग देई देई मूवा ॥
५ चारि महाधर बारह चेला । एकं कारी हूवा ।
कांइम कौ तिन्हैं पार न पायौ । जोति बाले बाले मूवा ॥
६ एक अमावसि यान्हैं चवदसिया । जैंन ब्रत ध्यरी हूवा ।
अरिहंत कौ जिन्हैं पार न पायौ । केस लुंचे लुचि मूवा ॥
७ नौ नाथ नैं चौरासी सिधा । आसण धारी हूवा ।
नाथ कौ जिन्हैं पार न पायौ । प्रषंडे भ्रमें भ्रमे मूवा ।
८ पंच तत्व की काया बिनसी । राषि न सक्या कोई ।
काल दवन जिन्हैं ग्यांन प्रकास्या । बदंत गोरष सोई ॥

राग केदारौ

२४;० रांम बिन संसार धंध कुहेरा ।
सिरि प्रगटचा जंम का पेरा ॥ टेक ॥
१ देव पूजि पूजि हिंदू मूये । तुरक मुये हज जाई ।
जटा बांधि बांधि जोगी मुये इन मैं किनहूं न पाई ॥
२ कवि कवी नैं कविता मूये । कपडी केदारौं जाई ।
केस लूंचि लूंचि मुये बरतिया । इन मैं किनहूं न पाई ॥
३ धन संचते राजा मुये । अरु कंचन ले भारी ।
बेद पढे पढि पंडित मुये । रूप भूले मुई नारी ॥
४ जे नर जोग जुगति करि जानैं । षोजैं आप सरीरा ।
तिनकूं मुकति का संसा नांहीं । कहै जुलाह कबीरा ॥

राग कल्याण

२५;० नाचि रे मन रांम कै आगै । ग्यांन बिचार जोग बैरागै ॥
१ नाचै ब्रह्मा नाचै इंद । सहंस कला नाचै रवि चंद ॥
२ रांम कै आगै संकर नाचै । काल अकाल बिकलहि बांचै ॥
३ नारद नाचै दोइ कर जोडि । सुर नाचैं तेतीसौं कोडि ॥
४ भणत नामदेव मनहि नचाऊं । मन के नचायें परमपद पांऊं ॥

साषी

३ कबीर ऊंचा चढि असमांन कूं । मेर उलंघी उडि ।
पसू पंषेरु जीव जंत । सब रहे मेर मैं बूडि ॥
४ अनल पंषि आकास कूं । माया मेर उलंघि ।
दादू उलटे पंथि चढि । जाइ बिलंबे अंगि ॥
५ यूं रांम कहै ते रांमैं होई । दुष कलेस घालै सब षोई ।
जनम के कल्विष जांहि बिलाई । भर्म कर्म का कुछ न बसाई ॥
६ भर्म कर्म दोऊ बरतैं लोई । इनका चरित न जांनैं कोई ।
इन दोऊ संसार भुलावा । इन के लागें ग्यांन गंवावा ॥
७ इनकौ मरम पै सोई बिचारी । सदा अनंद लैलींन मुरारी ।
ग्यांन द्रिष्टि निज पेषै जोई । इनका चरित जांनैं पै सोई ॥
८ ज्यूं रजनीं रज देषत अंधियारी । डसे भुवंगम बिन उजियारी ।
तारे अगिनत पुनहि अपारा । तऊ कछू नहीं होत अधारा ॥
९ झूठ देषि जीव अंधिक डराई । बिनां भुवंगम डसी दुनियाई ।
झूठै झूठ लागि रही आसा । जेठ मास जैसैं कुरंग पियासा ॥
१० इक तृषावंत दह दिसि फिरि आवै । झूठै लागा नीर न पावै ।
इक त्रिषावंत अरु जार जराई । झूठी आस लागि मरि जाई ॥
११ नीझर नीर जांनि परहरिया । करम के बांधे लालच करिया ।
कहै मोर कुछ आहि न वाहि । भरम करम दोऊ मति गंवाई ॥
१२ भरम करम दोऊ मति परहरिया । झूठै नांव साच ले धरिया ।
रजनी गत भई रवि प्रकासा । भर्म कर्म धूंके रबिनासा ॥
१३ रवि प्रकास तारे गुन षींनां । आचार ब्यौहार सब भये मलीनां ।
बिष के दाधें बिष नहीं भावै । जरत जरत सुष सागर पावै ॥
१४ ब्रह्म भगति मनि ऊपजै । तब माया भगति बिलाइ ।
दादू निर्मल मल गया । ज्यूं रवि तिमर नसाइ ॥
१५ दादू पडदा भर्म का । रह्या सकल घट छाइ ।
गुर गोबिंद कृपा करै । तौ सहजैं हीं मिटि जाइ ॥
१६ प्यासा सूता सुपिन मैं । पीया अंबु अनेक ।
मोहन प्यास सु नां गई । सति जल बिनां बमेक ॥
१७ जब जाग्या निज देह मैं । सुपिनां गया बिलाई ।
सति जल पाया त्रिषा मिटी । तपति गई तनि लाइ ॥
१८ मृघ जल चिलका देषि करि । मन मैं किया बिसास ।
यौं पांहण पूजें प्रांण का । क्यूं दुष जावै त्रास ॥
१९ काठ पूतली प्रकट मन मैं । सति करि जांणीं जोइ ।
यौं चेतनि पूजै जढ कूं । भला कहां थैं होइ ॥
२० नारी बंझड हीज नर । दून्यूं निर्फल सोइ ।
प्रांण कुबधी पांहण जढ सूं । क्रम दूरि क्यूं होइ ॥
२१ पांहण पूजे प्रांणियां । बहै बिषै की धार ।
बहता जीव तिणां गहै । क्यूं करि उतरै पार ॥
२२ नांव नरांइण नाव गहि । साचा सिरजनहार ।

ता परि प्रांणीं बैठि करि । केते उतरे पार ॥
२३ पांहण पूजे पाप करि । धणीं न कीया आदि ।
सांवण केरा भुणक ज्यूं । गोली गुडाई बादि ॥
२४ सूका अस्त भंभोडि करि । मौंह तुडाया स्वांनि ।
सेवा सुकृत तौ लगै । जे सुणता होवै कांनि ॥
२५ चारि बाह देऊ सर मांहैं । कहा बीज बहु नांष्यां ।
प्रांण की पूजा तौ लगै । जे देषत होवै आंष्यां ॥
२६ सिष स्वांमीं नांरी पुरिष । राजा चाकर जोई ।
प्रीति परस रे प्रांणियां । मुषि बोलै तौ होई ॥
२७ चौरासी लष जीव का । इंद्रयां बरण मिलाप ।
प्रतिमां कै तौ बरण न इंद्री । क्यूं करि कीजै जाप ॥
२८ प्रिथी अप तेज बाइ आकास । पंच तत की देह ।
पांहण कै तौ तत न देही । का सूं कीजै नेह ॥
२९ प्रिथी का तत प्रिथी सोष्या । पांणी का तत पांणी ।
बाय का तत बाय गरास्या । अग्नि सु अग्नि समांणीं ॥
३० आकास का तत आतमां । सो तौ गई बिलाइ ।
घडचा घाट जिहि भांनियां । ताहि धणीं कूं ध्याइ ॥
३१ सिकंदरि भोवा की कथा । सति मांनीं मन मांहि ।
करणहार सब कुछ करै । कीया सु करता नांहि ॥
दिष्टांत
३२ पारस सूं लोहा कनक । करन न लागै बार ।
सोना सूं लोहा कनक । होवै नहीं लगार ॥
३३ कबीर पांहण केरा पूतला । करि पूजैं करतार ।
इहि र भरोसै जे रहे । ते बूडे काली धार ॥
३४ कांमधेनि कै पटंतरै । करै काठ की गाइ ।
दादू दूध दूझै नहीं । मूरिष देइ बहाइ ॥
३५ चिंतामणि कंकर किया । मगिं कछू न देइ ।
दादू कंकर डारि दे । चिंतामणि कर लेइ ॥
३६ पारस किया पषांण का । कंचन कदे न होइ ।
दादू आतमरांम बिन । भूलि पडचा सब कोइ ॥
३७ सूरिज फटक पषांण का । तासूं तिमर न जाइ ।
साचा सूरिज प्रगटै । दादू तिमर नसाइ ॥
३८ मूरति घडी पषांण की । कीया सिरजनहार ।
दादू साच सूझै नहीं । यौं बूडा संसार ॥
३९ पुरिष बदेसि कांमनि किया । उसही के उण हारि ।
कारिज को सीझै नहीं । दादू माथै मारि ॥
४० कागद का मांणस किया । छत्रपती सिरिमौर ।
राजपाट साधै नहीं । दादू परिहरि और ॥
४१ सकल भवन भानैं घडै । चतर चलांवणहार ।
दादू सो सूझै नहीं । जिस का वार न पार ॥
४२ दादू माया आगै जीव सब । ठाढे रहे कर जोडि ।
जिनि सिरजे जल बूंद सूं । तासूं बैठे तोडि ॥
४३ माया रूपी रांम कूं सब कोई धावै ।
अलष आदि अनादि है । सो दादू गावै ॥
४४ दादू ब्रह्मा का बेद बिस्न की मूरति । पूजै सब संसार ।
महादेव की सेवा लागे । कहां है सिरजनहार ॥
४५ दादू माया का ठाकुर कीया । माया की महामाइ ।
अैसे देव अनंत करि । सब जग पूजण जाइ ॥
४६ दादू माया बैठी रांम ह्वै । कहै मैं हीं मोहन राइ ।
ब्रह्मा बिस्न महेस लौं । जोनीं आवै जाइ ॥
४७ दादू माया बैठी रांम ह्वै । ताकूं लषै न कोइ ।
सब जग मांनैं सति करि । बडा अचंभा मोहि ॥
४८ दादू अंजन कीया निरंजनां । गुन निरगुंन जांनैं ।
धरचा दिषावैं अधर करि । कैसैं मन मांनैं ॥
४९ निरंजन की बात कहि । आंवैं अंजन मांहि ।
दादू मन मांनैं नहीं । श्रग रसातलि जांहि ॥
५० अंजन कूं ठाकुर कहैं । तज्या निरंजन रांम ।
ए सुंदरि बिभचारणीं । मोहन सब बेकांम ॥
५१ पतिबरता कौ बरत गहि । रहै साच कै साथि ।
जोगी कौ कूकर भयैं । कछू न आवै हाथि ॥
५२ दीपक मेल्ह्या चौबटै । जोति न ले बिश्रांम ।
ठौर ठौर तर रोपिए । क्यूं करि पावै ठांम ॥
५३ घरि घरि ठाकुर पूजिये । घरि घरि कीजै सेव ।
अंतरजांमीं रांम का । कोई बिरला जांणैं भेव ॥
५४ रे सुपिनंतर संसार । तास की आसा मांडी ।
जीव जास कै हाथि । तास की सेवा छाडी ।
५५ रे मन मूंढ मुगध जाचंध । जगि जगदीस न जांणहीं ।
देव जग मांनवीं । तास तजि सिला बषांणहीं ।
५६ कहै परस परिहरि पह्या । कंणह काच तुलि तोलतां ।
निज नारांइण परहरचौ । दुष देषै माया रता ॥
५७ अचिर्ज एक द्रिस्टा मयं । स्वयं चष्य भर्म ते नरा ।
सरजीव मन ष्यानां । निरजीव पुजि ते सिला ॥
५८ कबीर पथर कूं का पूजिये । जे जनम न देई ज्वाब ।
आंधा नर आसामुषी । यूंही षोवै आब ॥
५९ दादू पथर पीवैं धोइ करि । पथर पूजैं प्रांन ।
अंतकालि पथर भये । बहु बूडे इहि ग्यांन ॥
६० दादू जिनि कंकर पथर सेइया । सो अपनां मूल गवाइ
अलष देव अंतरि बसै । क्या दूजि जाइ गह जाइ ॥
६१ पूजि पूजि भाठा सब जग घाठा । निज तत रहि गया निरालं ।
जोति सरूपि संगि हीं आछै । तिस का करौ बिचारं ॥
६२ एका गूंडा ऊपरि पाव । दूजा गूंडा ऊपरि भाव ।
तीजा आगैं बाजै नूरा । चरपट कहै बिगोवा पूरा ॥
६३ एकैं पाथर ऊपरि पाव । दूजा पाथर ऊपरि भाव ।
चरपट कहै दुनीं का भेव । यहु क्यूं पाथर वहु क्यूं देव ॥
६४ काची गच कौ देहुरौ । बिन अंषियन कौ देव ।
कहि मुकंद जग भरमियौं । देव स अलष अभेव ॥
६५ अनंत मूरति अनंत छाया । अगम अगोचर यौं रह भाया ।
देव न देहुरा मसीति न मुनारा । श्रब निरंतर ॥
६६ पथर कंकर फोडचा फूटै । तोडचा टूटै ।
अधिक तंत थैं अंतरा । लेटां की ऊपरि चढचा ।
पैरूं दाबे हाथूं घडै । पांणीं पासि ईट भी गलै ॥
६७ अगनि पांणीं नहीं जंत्र का डर ।

अैसा है बाबा जिंदपीर अलेष पुरिष का घर ॥
६८ धंन का धणीं उठावै नांम ।
यहु है परदेसी का बिश्रांम ।
६६ चूंनौं पाथर बनियांदम की करणीं ।
हमें तुम्हे जाइ रहैं बाबा जिंदपीर । अलेष पुरिस की सरणीं ॥
७० अषंड षंडे त मूंढा । मृत सिला दार चित्रता ।
भावेन भिंनबुधि स्यदगनानी पातिगी अहापांन ॥
७१ मूरिषस्य प्रतिमां देव । ब्राह्मण देव हुतासनं ।
गिनानी च आत्मां देव । सर्बे देव निरंजनं ॥
७२ पीपा दोइ न चांहियें भगत कै । एक ऊंट र सालिगरांम ।
वहु तौ तोडै पीपलां । वहु तुलसी का पांन ॥
७३ कबीर जेती देषूं आतमां । तेती सालिगरांम ।
साधू प्रतष्य देव है । नहीं पाथर सूं कांम ॥
७४ न हज्या मया तीर्थानि । न देवा मृता सिला मया ।
ते पुनीत न कले । दरसन देव साधवा ॥
७५ देवल जात्रा सुंन्य जात्रा । तीर्थ जात्रा पांणीं ।
अतीत जात्रा सुफल जात्रा । बोलै अंमृत बांणीं ॥
७६ जैमल ज्यूं दीठा त्यूं हीं कह्या । नींद्या कोई नांहि ।
जैसे कू तैसा कह्या । तौ क्यूं दूषै मांहि ॥
इति भर्म निधांसण कौ अंग संपूर्न भवेत् ॥

१५ भेष कौ अंग

१ क्या जप क्या तप क्या आचार ।
क्या तीर्थ क्या मींडे छारं ।
जै परि क्रिस्न सबनि मैं कहिये ।
कौंण काज कहु दरसन बहिये ॥
२ भूले सु भूले इबहि फिरि चेतणां ।
संसे के लोहा सूं आपा नरे तणां ।
भेष तजि भर्म तजि राषि निज सोई ।
आपि आपा मिलै देवता होई ॥
३ कथणीं कहि राता रे पंडित त्यूं करणीं न पाई ।
आचार गहि बंध्या मनसा गवाई ।
कथंत श्री प्रिथीनाथ समझि रे लोई ।
भर्म मैं बूडा बहुडया न कोई ॥
४ ब्रह्म निरोधहु आपा सोधहु । सहजि बिलंबै जोती ।
काया मांहि मनमांणिक निपजै । धूंधल बरसहि मोती ॥

राग रांमगरी
१:० संतौ इनि बातनि डर डरिये ।
ताथैं रांम नांम चित धरिये ॥ टेक ॥
१ मंजन मूंडि मारिलै अपनैं । चूल्है दे चतुराई ।
मूरिष ह्वै नांमां की नांई । दूंदर दूरि नसाई ॥
२ भसम लगायैं जौ भौ तिरिये । तौ षरया ही अधिकारी ।
पूजा ध्यांन पवन मति पाषंड । मूसा हेत मंजारी ।
२ भेड मुंडावत जनम बदीतौ । तौ बकहा सिधि पाई ।
तन मन स्वांमि सरीर न सौंप्या । सांसौ सींति न जाई ॥
३ ए नवनाथ सिध चौरासी । प्रेम भजन करि पावै ।
कहै हरदास भेषि मति भूलौ । साच दई दरि भावै ॥

राग धनाश्री
२:० कपटैं नहीं मिलै रे गोबिंदौ गुण सागर गोपाल ।
गोपी चंदन तिलक बणावै । कंठि रु लावै माल ॥ टेक ॥
१ मन परतीति नहीं रे प्रांणीं । औरन कूं समझाइ ।
लोकंनि कूं बैकुंठ बतावै । आपुण जमपुरि जाइ ॥
२ अणजांणत बिष पाइयौ रे । अंधे अंधा हाथि ।
देषत ही कूवै पडै । अंधौ अंधा साथि ॥
३ जोग जग्य जप तप तीर्थ ब्रत । मन राषैं इनि पास ।
दांन पुंनि धर्म दया दीनता । हरि की भगति उदास ॥
४ भजि भगवंत भगत भजि प्रांणी । छाडि अनेरी आस ।
बरणांबरण सुभासुभ भजि करि । कौंण भयौ निज दास ॥
५ कोमल बिमल संत जन सूरा । करैं तुम्हारी आस ।
तिन परि क्रिपा करौ तुम्ह केसौ । प्रणवैं नांमदेव दास ॥

साषी
५ पीपा दास कहाइबौ कठिन है । मन नहीं छाडै मांनि ।
सतगुर सूं परचौ नही । कलिजुग लागौ कांनि ॥
६ कबीर स्वांमीं हूणां सोरहा । दोहा हूंणां दास ।
गाडर आंणीं कुंन कूं । बांधी चरै कपास ॥

राग सोरठि
३:० कैसैं तूं हरि कौ दास कहायौ ।
करि बहु भेष रु जनम गंवायौ ॥ टेक ॥
१ सुध बुध होइ भज्यौ नहीं सांई ।
काछ्यौ डिंभ उद्र कै तांई ॥
२ हिरदै कपट हरि सूं नहीं साचौ ।
कहा भयौ जे अनहद नाचौ ॥
३ झूठे फोकट कलू मंझारा ।
रांम कहैं ते दास नियारा ॥
४ भगति नारदी मगन सरीरा ।
इहि बिधि भौ तिरि कहै कबीरा ॥

साषी
७ दादू भगत कहावैं आप कूं । भगति न जानैं भेव ।
सुपिनैं ही संमझै नहीं । कहां बसै गुरदेव ॥
८ दादू सेवग नांव बुलाईये । सेवा सुपिनैं नांहि ।
नांव धरायैं का भया । जे एक नहीं मन मांहि ॥
९ नांव धरावैं दास का । दासा तण थैं दूरि ।
दादू कारिजं क्यूं सरै । हरि सूं नहीं हजूरि ॥
१० भगत न होवै भगति बिन । दासातण बिन दास ।
बिन सेवा सेवग नहीं । दादू झूठी आस ॥
११ दादू रांम भगति भावै नहीं । अपणीं भगति का भाव ।

रांम भगति मुष सूं कहै । षेलै अपणां डाव ॥
१२ दादू सो दसा कतहूं रहीं । जिहि दिसि पहुंचे साध ।
मैं तैं मूरिष गहि रहे । लोभ बडाई बाद ॥
१३ दादू रांम बिसारि करि । कीये बहु अपराध ।
लाजौं मारै संत सब । नांव हमारा साध ॥
१४ फरीदा काली तेरी कांबली । मैला तेरा भेस ।
गुनहीं भरिया तूं फिरै । लोक कहैं दरवेस ॥
१५ कबीर सतगुर नां मिल्या । रही अधूरी सीष ।
स्वांग जती का का पहरि करि । घरि घरि मांगै भीष ॥
१६ कबीर सतगुर नां मिल्या । सुणीं अधूरी सीष ।
मुंड मुंडावैं मुकति कूं । चालि न सकहीं बीष ॥

राग गौडी
४:० भेषि न रीझै मेरा निज भरतार ।
तार्थैं कीजै प्रीति बिचार ॥ टेक ॥
१ दुराचारणीं रचि भेष बनावै ।
सील साच नहीं पिय क्यूं भावै ॥
२ कंत न भावै करै सिंगार ।
डिंभपणैं रीझै संसार ॥
३ जौपैं पतिब्रता ह्वैहै नारी ।
सो धन भावै पीयहि पियारी ॥
४ पिय पहिचांनैं आंन नहीं कोई ।
दादू सोई सुहागनि होई ॥

राग टोडी
५:० सांई मेरौ रीझै साचि ।
कूडै कपटि न जाई राचि ॥ टेक ॥
१ कोई बहु गावौ कोई बहु नाचौ ।
जब लग नांहीं हिरदै साचौ ॥
२ अनेक सिंगार करै बहु कांमनि ।
नांहिंन पीव मनि भावै भांमनि ॥
३ पतिब्रता पति हीं कूं जांनैं ।
नांमदेव कहै हरि ताही की मांनैं ॥

राग गौडी
६:० जौ पैं पीय के मन नहीं भायें ।
तौ का पारोसनि कैं दुलरायें ॥ टेक ॥
१ का चूरा पाइल झंमकायें ।
कहा भयौ बिछुवा ठमकायें ॥
२ कहा काजल सिंदूर कैं दीयें ।
सोलह सिंगार कहा भयौ कीयें ॥
३ अंजन मंजन करै ठगौरी ।
का पचि मरै निगौडी बौरी ॥
४ जौ पैं पतिब्रता ह्वैहै नारी ।
तौ कैसैंहीं रहौ सो पीवहि पियारी ॥
५ तन मन सौंपै सकल सरीरा ।
ताहि सुहागनि कहै कबीरा ॥

राग बिलावल
७:० पीव कूं पूठि दे सो मदभागंनि ।
कुलवंती जौ कलप बीति जाइ । आंन न भजै रहै अनरागनि ॥ टेक ॥
१ आंन पुरिष जंबक संमि लेषै । कैसैं रुचै स्वांन संगि बाघनि ।
साच सील तैं पियहि पियारी । दुतीय न भजै न होइ दुहागनि ॥
२ अधर चार उर सौंपि स्वामि कूं । हिलि मिलि रहै सकल भर्म त्यागनि ।
कहि नापा हरि सूं लपटांनीं । ज्यूं ग्रीषम चंदन रुति नागनि ॥

राग आसावरी
८:० कहा दुहागनि भेष बनावै ।
प्रेम बिनां पीव कौ महल न पावै ॥ टेक ॥
१ रचि रचि तिलक बनावै माला ।
हिरदै कपट कैसैं मिलहि गुपाला ॥
२ काटक टूंनर कांमनि कीन्हां ।
कहा सिंगार बषत गुन हींनां ॥
३ जै मन परचै पीय सूं आवै ।
तौ अंजन मंजन कहा दिषावै ॥
४ नापा हरि हिरदै मति जीजै ।
केवल रांम रसांइन पीजै ॥

राग गौडी
९:० कहा भयौ तिलक गरैं जपमाला ।
मरम न जांनैं मिलन गोपाला ॥ टेक ॥
१ दिन प्रति पसू करै हरिहाई ।
गलै काठ वाकि बांनि न जाई ॥
२ स्वांग सेत करणीं मनि काली
कहा भयौ गलि माला घाली ॥
३ बिनहीं प्रेम कहा भयौ रोयें
भीतरि मैल बाहरि कहा धोयें ॥
४ गलगल स्वांद भगति नहीं धीर
चीकन चंदवा कहै कबीर ॥

१७ बैरागी आछा बण्यां । चोषा चितरचा चांम ।
कांमणि देष्यां कलमलै । ते बैरागी बेकांम ॥

राग गौडी
१०:० कहा भयौ रचि स्वांग बनायौ ।
अंतरजांमीं निकटि न आयौ ॥ टेक ॥
१ बिषई बिषै दिढावै गावै ।
रांम नांम मनि कबहू न आवै ॥
२ पापी परलै जांहि अभागे ।

अंमृत छाडि बिषै रसि लागे ॥
३ कहै कबीर हरि भगति न साधी ।
भग मुषि लाग मुये अपराधी ॥

राग सोरठि
११:० संतौ सो दरसन क्यूं कीजै ।
कांम क्रोंध बिषै बिभचारी । बादि कहा बित लीजै ॥ टेक ॥
१ भेद बतांवणि नीच न जांणै । सोई नीच अनीता ।
षैंचातांणि षेह षर बूकै । रांम न जांणैं पीता ॥
२ गादह कहा ग्यांन गति जांणैं । अबुधि लियैं अपराधी ।
चीन्हां चीत किया नर चूसा । मति माया षणि षाधी ॥
३ सुधि बिण संष फिरै सूतकनां । निसदिन दुष सरापी ।
कहै हरदास कौंन वै कांमीं । परलै गया पसु पापी ॥
१२:० भाई रे कहा भयौ गलि काठ रुलांयैं । भूंछ भर्म झष मारै ।
ताज कुलहता कै सिरि सोहै । जो जगपति रूप बिचारै ॥
१ पाक कियां क्यूं पांतिग तूटै । पूजा पीड न जाई ।
जीव जगत मां आसनु ?ह्लीलै । बूडौ षाइ बकाई ॥
२ गांठि षुसीजे पचि पद कीया । तांन सहित तंगि गायौ ।
कवल कोस मैं बास बडी निधि । भूलै भेद न पायौ ॥
३ मिंथ्या मूरष मूंड मुंडाया । वोछी मति अभिमांनीं ।
जाकौ बींद साथ रै सोवै । षाड पडौ षणि जांनीं ॥
४ तिलक दीयौ तऊ तापति तीही । गुर सिष का चाकरणीं ।
कहै हरदास चढौ नर चेतनि । गगन ग्यांन नीसरणीं ॥

राग गौडी
१३:० ते हरि के आंवहिं किहि कांमां । जे नहीं चीन्हैं आतमरांमां ॥ टेक ॥
१ थोडी भगति धणां अहंकारा । अैसे भगता मिलहि अपारा ॥
२ भाव न चीन्हैं हरि गोपाल । जांनि कि अरहट कै गलि माल ॥
३ कहै कबीर जिनि गये अभिमांन । ते भगता भगवंत समांन ॥
१४:१ हम पाया हम पाया रे भाई । भेष बनाइ अैसी मनु आई ॥
२ भीतर का यहु भेद न जांनैं । कहै सुहागनि क्यूं मन मांनैं ॥
३ अंतरि पीय सूं परचा नांहीं । कहै सुहागनि लोकनि मांहीं ॥
४ सांई सुपिनैं कबहूं न आवै । कहिबा अैसैं महलि बुलावै ॥
५ इन बातनि मोहि अचिरज आवै । पटम कीयैं कैसैं पीव पावै ॥
६ दादू सुहागनि अैसैं कोई । आपा मेटि रांम रत होई ॥
१५:० सोई सुहागनि साच सिंगार ।
तन मन लाइ भजै भरतार ॥ टेक ॥
१ भाव भगति प्रेम ल्यौ लावै ।
नारी सोइ सार सुष पावै ॥
२ सहज संतोष सील जब आया ।
तब नारी नाह अमोलिक पाया ॥
३ तन मन जोबन सौंपि सब दीन्हां ।
तब कंत रिझाइ आप बसि कीन्हां ॥
४ दादू बहुरि बिवोग न होई ।
पिय सूं प्रीति सुहागनि सोई ॥

राग टोडी
१६:० साच कहूं तौ जी जग मारै ।
एक अनेक आगैं नित हारै ॥ टेक ॥
१ साचै आषरि गोठि बिणासै ।
भाजै हाड अभावै हासै ॥
२ मन मैलै की सुधि न जांणीं ।
साबण सिला सरांहै पांणीं ॥
३ ऊजल बांनौं नींचस गाई ।
पाषंड भेष कीयें पति जांई ॥
४ अपस अग्यांनीं उजल हूवा ।
संसै गांठि पडी गलि मूवा ॥
५ नांमदेव कहै ए संष सरापी ।
प्रांणनाथ नहीं सुमिरैं पापी ॥

राग गौडी
१७:० गंदी देही सूं मन मांन्यां ।
हरि सूरसाह अचल ठकुराई ।
ताका मरम न जांन्यां ॥ टेक ॥
१ दरपन मांहैं बिंब निहारि ।
लाल तिलक भल बांन्यां ।
कनंक कलस जैंसै भरचा हलाहल ।
मृगतृश्नां का पांन्यां ॥
२ ज्यूं आषेट नाद निस म्रिघी ।
रीझत काल न जांन्यां ।
अरि सोई कपट स्वांग सोई सस्त्र ।
भेष कपट कूं ठांन्यां ॥
३ बांनां पहरि दुरैहैं पीछैं ।
हरि सूं नांहीं छांनां ।
कहि नापा परतीति भजन बिन ।
भेषि भर्म नहीं भांन्यां ॥

राग टोडी
१८:० एकै बीठुला सरणैं जा रे ।
जनम बाया का दौडा रे ॥ टेक ॥
१ तीरथैं तीरथैं कांहीं डारे ।
लटकै डोया कां तूंबा रे ॥
२ फोचाचया तुलछी बाहा रे ।

धू सारीषा पद जोडा रे ॥
३ नांमौं भणैं तूं देव पहारे ।
केसौ भगता चा रणियां रे ॥

श्लोक

१८ संष चक्र बिभू देहे । लिलाटे हरिमंदिरं ।
तुलसी ग्रीवांषु माला । इति सर्बे निनार्थकं बिना हरि ॥
१६ अमूल मुद्रा क्रित बाहडंडो । प्रचंड पाषंड श्रुति साध निंद्या ।
रहि संकमाला क्रित बालरंडा । कलौ बैश्नव भवष्यत भंडा ॥

राग भैरू

१६:० जौ मैं बौरा तौ रांम तोरा ।
लोक मरम का जांनैं मोरा ॥ टेक ॥
१ माला तिलक पहरि मन मांनां ।
लोकनि रांम षिलौंनां जांनां ॥
२ चिंतामनि क्यूं पाईए तोली ।
मन दे रांम लियौ निरमोली ॥
३ लोक कहैं कबीर बौरांनां ।
कबीरा का मरम रांम भल जांनां ॥

राग आसावरी

२०:० अब मेरी नाचै गावै बलईया ।
जौ तौ श्रगुण निर्गुण मिलि गइया ॥ टेक ॥
१ सुमिरण भजन करत हूं जाकौ । सो ठाकुर पहिचांन्यौं ।
सोलह सिंगार करूं काहे कूं । पीय धन कौ मन मांन्यौं ॥
२ स्यंध मिल्या नदी का पांनी । इत उत मन न चलावै ।
वामैं बढिवाही मांझ समांना । बाहरि निकसि न आवे ॥
३ जब दस मास उदर मैं रहिया । षटक्रम कहा कमाया ।
जा जल कूं जग ढूंढत डोलै । तिस जल मंदिर छाया ॥
४ जो माली मंदिर मैं बैठा । जिनि तरवर सींचि बढाया ।
जा तरवर की छाया बैठरौ । अंमृत फल मैं पाया ॥
५ द्वादस तिलक करूं नहीं अपनै । गलै न मेल्हूं माला ।
न्हांइ न्हाइहूं धरूं न ध्यांनां । चलूं न बेद की चाला ॥
६ तीरथ करूं न बरत उपासूं । होइ सु होइ अनि आसा ।
सरन रहूं मांगूं नहीं कछुवै । कहै जन स्यौरनदासा ॥

कवित्त

२१ ब्यौम बाइ ससि सूर । सलिल धरणीं मत लीया ।
षटदरसन ए आदि । इनहुं कोई बरन न कीया ।
सेस भेस कहि कौंन । कौंन सुषदेव सुबांनां ।
दत देह नहीं दरस । गुरु चौबीस न छांनां ।
सकल सुरन गुर बृहसपति । सुक्र जती सादे सदा ।
रजब नर नग छाप बिन । पेषि प्रांण पाया मुदा ॥
२२ चंदनि सरप सुजाइ । पंषि पत्री घरि आंनहि ।
मधुरिष मधु ले सोधि । हंस पै पांनी छांनहि ।
ज्यूं जोतिग जीव पैठि । गह- -ति ग्राह जिआई ।
जांन जौंहरी अधिक । रतन की पारिष पाई ।
नट अ-सन देषहु अधर । सिसु सुरही क्यूं थण लीया ।
रजब सादे साधयौ । कहु किंनि किंनि बांनां कीया ॥
२३ बिनस नाह मरि सूर । पहरि बगतर पुनि अंगा ।
तजि सिंगार जरि सती । करैं नौसत तन भंगा ।
मांडे मैं गल मल । सोई सादहुं बल होई ।
षडग सपनें बहैंहि नकस का फेर न कोई ।
रहिति सहिति कंठ लै सुसुत । पूत पियारे बाप कूं ।
रजब सोनां साध सुध । छोडैं नहीं सु छाप कूं ॥
२४ सादी सहित सिंगार । नारि नर मिलि फल पांवहि ।
नालिहि रंग न रंग । जंत्र घटितांन न आंवहि ।
ह्वै अकुत घरि पूत । दुहुं दुष संधि सु संधी ।
माला बंदरवालि । बारि बंदी अंनबंधी ।
घटा से तबहु बरन की । बरषत बादल सब भले ।
रजब सीझहि साच मैं । बिन दरसन दरसन चले ॥
२५ गनिका सजहि सिंगार । भेष बहु करहि भवईये ।
चित्रे हसती बैल । नांहि साधू पव पइये ।
बांनैंरा सिब देव पीर । कहिये लील्हरिया ।
वह कुंभार घरि बहै । वहि सुकाष्ट क्रित करिया ।
मुहर छाप पीतलि धरी । कली लोह परि कीजिये ।
रजब धारे रूप जे । तिन समांन नहीं लीजिए ॥
२६ सांई कारनि सेज संवारी । सब थैं सुदर ठौर ।
दादू नारी नाह बिन । आनि बिठाये और ॥
२७ कबीर जै कोई सुंदरी । जांनि करै बिभचार ।
ताहि न कबहूं आदरै । परम पुरिष भरतार ॥
२८ जैमल ऊंचा कुल की आतमां । नीचा कै संगि जाइ ।
परम पुरिष यौं परहरी । कदे न अंगि लगाइ ॥
२६ दादू तजि भरतार कूं । पर पुरिषा रत होइ ।
अैसी सेवा सब करैं । रांम न जांनीं सोइ ॥
३० पर पुरिषा रत बंझडी । जांणौं जे फल होइ ।
जनम बिगोवै आपणां । दादू निर्फल सोइ ॥
३१ पर पुरिषा सब परहरै । सुंदरि देषै जागि ।
अपणां पीव पिछांणि करि । दादू रहिये लागि ॥
३२ कबीर जै सुंदरि सांई भजै । तजै आंन की आस ।
ताहि न कबहूं परहरै । पलक न छाडै पास ।
३३ जिसकी षूबी षूब सब । सोई षूब संभारि ।
दादू सुंदरि षूब सूं । नषसष साज संवारि ॥
३४ दादू पंच अभूषन पीव करि । सोलह सबहीं ठांव ।
सुंदरि यहु सिंगार करि । ले ले पीव का नांव ॥
३५ यहु ब्रत सुंदरि ले रहै । तौ सदा सुहागनि होइ ।
दादू भावै पीव कूं । ता समि और न कोइ ॥
३६ दादू जब तन मन सौंप्या रांम कूं । तासनि का बिभचार ।
सहज सीस संतोष सत । प्रेम भगति लै सार ॥
३७ दादू नींच ऊंच कुल सुंदरी । सेवा सारी होइ ।
सोई सुहागनि कीजिए । रूप न पीजै धोइ ॥
३८ नांनिक सेवा करै जु कंत की । कंत तिसै का होइ ।

गरबि कंत न पाईए । जे रूप सवाल्या होइ ।

३९ जे सांई का ह्वै रहै सांई तिस का होइ ।
दादू दूजी बात सब । भेषि न पावै कोइ ॥

४० कबीर भोलै भूली षसम कै । बहुत कीया बिभचार ।
सतगुरि सरू बताईया । पूरिबला भरतार ॥

४१ कबीर जब लग पीव परचा नहीं । कंन्यां कवारी जांणि ।
हथ लेवौ हौसां गह्यौ । मुसकल पडी पिछांणि ॥

४२ अपनैं रसि आपैं गरबांनीं । सांई सेव न सुंदरि जांनीं ।
तूं मति जांनैं हासी षेला । सेज एक परि मिलणहु हेला ॥

४३ काहे परि कवि मल्ह कहि । सुंदरि सजति सिंगार ।
जे घरि कंत न आवई । तौ सबै सिंगार अंगार ॥

४४ कबीर नवसत साजे कांमणीं । तन मन रही संजोइ ।
जे पीव कै मन मांनैं नहीं । तौ पटम कीयैं क्या होइ ॥

४५ बांहीं चूडा सिरि घडी । मांगी लाइ सिंदूर ।
सेजैं गई न मांनियैं । नांनक सभे अडंबर कूड ॥

४६ नित संवारी सिकरी उंजाल्यं दीदंत ।
भेष करे करि थकिये अजौं न भांणीं कंत ॥

४७ जैमल साहिब सूं आई गई । पडच्या स्वांग सूं कांम ।
भेष धरच्या सिर ऊपरैं । कौंण कहैगा रांम ॥

४८ केसौ गल मैं पहरे हाड रांड के । करम रांड कौ मैल ।
माथै चोटी रांड की । भयौ रांम कौ बैल ॥

४९ जैमल मनहुं की सोधी नहीं । बस्ता है किस ठांव ।
इतनां हीं मैं रंजि गया । स्वांमीं पाया नांउं ॥

५० जैमल दमडी लागै भद्र की । चंदन पै का दोइ ।
षुडदा की माला लई । दुकडै स्वांमीं होइ ॥

५१ पीपा भाव जु भगति मैं । बुधि सो कलि का देष ।
भुर की नाषी भरम की । पडच्या भगति मैं भेष ॥

५२;१ गुण गावै बावै करताला ।
जांणैं नहीं रूप गोपाला ।
जांण्यां पछैं बहुत सुष जाणीं ।
अणजांणत का कहै कहांणी ।

२ माला तिलक बिंब तजि मूंका ।
होइ सोभ पणि करणीं चूका ।
करणीं करम बंधण नहीं छूटा ।
तौ रसनां रांम जपै क्या झूठा ।

३ भीतरि धोइ म धोइसि काया ।
लंपट कपट रूप चित लाया ।
आतम रांम अवर नहीं दूजा ।
करिये कहौ कवन की पूजा ।

४ जोगी जती तपी सिंन्यासी ।
यां देष्यां क्यूं छूटै भौ पासी ।
एक सरूप सकल मैं दीठा ।
तब मन मांन्यां यहु रस मीठा ।
समदरसण पहरसि जपमाला ।
कहै परस मिलिसी गोपाला ॥

श्लोक

५३ हे भगत बिरंचि तु कतई करकतमतई ।
गुंथितं नांममाला किं भ्रंम भ्रंमति ।
काष्ट अगोपिकर्पलव आश्चिर्ज कर्म बंधनई ।
किं करोति हरि चर्णकवल नेत्रैतांमृतोपि संगनास्ति ॥

५४ दादू मन माला तहां फेरिये । जहां दिवस न परसै रात ।
तहां गुरि बांनां दीया । सहजैं जपिये तात ॥

५५ दादू मन माला तहां फेरिये । जहां प्रीतम बैठे पास ।
आगम गुर तैं गमि भया । पाया नूर निवास ॥

५६ दादू मन माला तहां फेरिये । जहां आपै एक अनंत ।
सहजैं सो सतगुर मिल्या । जुगि जुगि फाग बसंत ॥

५७ दादू सतगुरि माला मन दीया । पवन सुरति सूं पोइ ।
बिन हाथूं निसदिन जपै । परम जाप यौं होइ ॥

५८ कबीर माला काठ की । कहि समझावै तोहि ।
मन न फिरावै आपणां । कहा फिरावै मोहि ॥

५९ कबीर माला काठ की । मेल्ही मुगधि झुलाइ ।
सुमिरण की सोधी नहीं । जाणूं डींगरि घाली गाइ ॥

६० कबीर माला तौ मन की । और संसारी भेष ।
माला पहरच्यां हरि मिलै । तौ अरहट कै गलि देष ॥

६१ कबीर माला पहरच्यां मन षुसी । तायैं कछू न होइ ।
मन माला कै फेरतां । जुगि उजियारा होइ ॥

६२ कबीर बैश्नौं भया तौ का भया । जे बूझ्या नहीं बमेक ।
छापा तिलक बणाइ करि । दगध्या लोक अनेक ॥

६३ कबीर कर सेती माला जपै । हिरदै बहै डंभूल ।
पग तौ पला मैं गल्या । भाजण लागी सूल ॥

६४ कबीर कर पकरैं अंगुरी गिनैं । मन धावै चहुं ओर ।
जाहि फिरायें हरि मिलै । सो भयौ काठ की ठौर ॥

६५ कर मांहैं माला फिरै । जीभ फिरै मुष मांहि ।
मन तो भरमैं दह दिसा । यहु तौ सुमिरण नांहि ॥

६६ कबीर अंगुरी रेषा गिणैं । कै गहि फेरै मनका ।
मांहि भूष तिहूं लोक की । बाहरि त्यागै तिनका ॥

६७ सुमिरन यहु मन थिर नहीं । मता मतै ज्यूं गनिका ।
जगंनाथ ताकि गति अैसी । जैसैं चींचड थनिका ॥

६८ कबीर माला पहरच्यां क्या भया । जौ भगति न आई हाथि ।
दाढी मूंछ मुंडाइ करि । चल्या जगत कै साथि ॥

६९ दया दीनता हरि भगति । लै लायैं भौ पार ।
मोहन माला तिलक सूं । काकौ भयौ उधार ॥

७० भोजन सूं षुध्या हरै । बस्तर सूं सीजाइ ।
पग पनहीं कांटा टलै । मूंडे सुरमन साइ ॥

७१ कमडल सूं जल पीजिये । अंतरि तृषा बुझाइ ।
कर लकुटि कूता टलै । झोली बरतणि माइ ॥

७२ उडियांनीं बांधै कमर । पोथी मैं निधि सार ।
दोति लेषि हरि जस लिषैं । बांनैं क्या उपगार ॥

७३ मोहन जे यहु बांनां हंस का । तौ मोती क्यूं न चुगांहि ।

मोती परहरि मलु चुगैं । तौ ए हंसा नांहि ॥
७४ काया तरवर माकड चित । डालौं पांन भवैं नित नित ।
कलपै झलपै दह् दिसि जाइ । तिस कारणि कोइ सिध न थाइ ॥

राग आसावरी

२१:० भाई रे भेषि अलेष न पाईए ।
ताथैं साहिब सूं ल्यौ लाईए ॥ टेक ॥
१ केई कहैं हम एकमुंद्रिया । केई डोलैं नागा ।
केई मडा मसांण जगावैं । केई धूंई लागा ॥
२ केई कहैं हम आसणधारी । काहू बसुधा हेरी ।
केई अंध अघोर कमावैं । केई देवैं फेरी ॥
३ केई कहैं हम रूंषां ब्रिषां । केई जडियां लागा ।
केई राजदुवारां डोलैं । पणि गोरष का घर आघा ॥
४ तजि आरंभ अलेष गहि भाई । साहिब सूं ल्यौ लाई ।
तौ तैं जोग जुगति सब जांणीं । गोरष की गति पाई ॥
५ केई गुपती चक्र सूं लागा । केई नागा केई पहरैं बागा ।
केई देवी कै मारगि भागा । सांई संगि न जागा ॥
६ केई अंगीठी देह जलावैं । केई बैठा कोऊ षावैं ।
केई मूंनी केई बोलैं ग्यांनीं । पणि हरि की भगति न जांनीं ॥
७ केई जटा बिभूति लगावैं । केई देवी का गुण गावैं ।
केई सींगी सेली सौदा सूं लागा । पणि दत का घर आघा ॥
८ सिंन्यासी सो साहिब कूं जांणैं । भगवांन सोजे भगति बषांणैं ।
परमहंस जे पाप न छीपै । पारब्रह्म पति और न भाई ।
तौ तैं दत की गति पाई ॥
९ केई देवी की पोथी गावैं । केई गहण ह्वै तब धावैं ।
केई थावर दीतवार मनावैं । केई सराध नाडां कूं जावैं ।
१० केई होम जग्य पढावैं । केई मडा की माया षावैं ।
केई बार हौ का रटौ तीयौ जाचैं । सांई संगि न राचैं ॥
११ केई घरि घरि पतडा बांचैं । केई नौ ग्रिह की बांणीं बांचैं ।
केई पाप पुंनि निरूपैं मागा । केई कोडि तेतीसूं लागा ।
१२ पणि ब्रह्मां का घर आघा ॥
ब्राह्मण सो जे ब्रह्म कूं जांणैं । ब्रह्मा जी कहै सो मांनैं ।
१३ भर्म कर्म का भेद न भाई । तौ तूं ब्राह्मण भगत कहाई ।
तौ तैं ब्रह्मां की गति पाई ॥
१४ केई कहैं हम क्रिश्न उपासिक । केई कहैं रघुनाथी ।
केई कहैं हम राधाबलभी । केई कहैं जगनाथी ॥
१५ तिहि साहिब नैं जांणैं नांहीं जे लीयां डोलै साथी ॥
केई तीरथ बरतां दौडया । केई प्रतिमां लागा ।
१६ केई माला तिलक बषांणैं । केई पाऊं नागा ।
केई कहैं हम लीलाधारी । केई पाकौं लागा ।
१७ केई त्रिकाल षटक्रम पूजा । पणि कबीर का घर आघा ॥
तजि भेष भ्रम भगवंत भजि भाई । धरे ध्यांन न लाई ।
तौ तूं जन रांम कौ कहावै । कबीर की गति पाई ॥
१८ केई बैठा कतेब बषांणैं । केई पढणैं लागा ।
केई सोफी सेष दरवेस दर तजि । पालै मीढा माघा ॥
१९ केई पैकंबर पीर मनावैं । केई मकै मदीनैं जावैं ।
केई आब जमजमां जनति हूर बषांणैं । सांई संगि ताकूं नहीं जांणैं ॥
२० केई तौ हज काबै दौडया । केई रोजां लागा ।
केई उजू ईदि निमाज कलमां । पणि महमद का घर आघा ॥
२१ तजि लबेस लाल गहि भाई । हेडै हेत न लाई ।
बगनी भूका भांगि न छांणीं । तौ तैं महमद की गति पाई ॥
२२ केई बैठा मूंड षुसावैं । केई न कपटी साधैं ।
केई धोवण धांवण पीवैं । केई पीछीं बांधै ॥
२३ केई तौ नागा होइ र जीवैं ।
केई ऊन्हां सोधैं केई मूंत बषेरैं माघै । केई बैठा लांघै ॥
२४ केई बैठा पतडा लिषैं । केई नीली त्यागा ।
केई अंगार अछूति सोधै । केई पढांवण लागा ।
२५ इनहीं लागि रहे हैं अग्यांनी । पणि नेम अरिहंत का घर आघा ॥
नेम अरहंत अलेष मनाया । तिन्हूं सबै सिधि पाई ।
२६ ए मूंढा मूरिष मरम न जांणैं । भेषां बीधा भाई ॥
जंगम बोध सिंन्यासी ऊंधा । सबह भेषां रूधा ।
जन जगिया की इहै बीनती । साहिब सुमिरौ सूधा ॥
इति भेष कौ अंग सम्पूर्न समाप्तः

१६ साध कौ अंग

राग बिलावल

१:० सोई साध सिरोमनीं गोबिंद गुन गावै ।
रांम भजै बिषिया तजै । आपा न जणावै ॥ टेक ॥
१ मिथ्या मुषि बोलै नहीं । परनिंद्या नांहीं ।
औगुण छाडै गुण गहै । मन हरि पद मांहीं ॥
२ निरबैरी सब आतमां । पर आतम जांनैं ।
सुषदाई समिता गहै । आपा नहीं आंनैं ॥
३ आपा पर अंतर नहीं । निर्मल निज सारा ।
सतवादी साचा कहै । लैलींन बिचारा ॥
४ निरभै भजि न्यारा रहै । काहू लिपत न होई ।
दादू सब संसार मैं । ऐसा जन कोई ॥
२:० रांम भजै सो जांनियैं । जाकै आतुर नांहीं ।
सत संतोष लीयैं रहै । धीरज मन मांहीं ॥ टेक ॥
१ जन कूं कांम क्रोध ब्यापै नहीं । त्रिश्नां न जरावै ।

प्रफुलित आनंद मैं । गोबिंद गुण गावै ॥
२ जन कूं परनिंद्या भावै नहीं । अरु अस्ति न भाषै ।
काल कलप नां मेटि करि । चरणूं चित राषै ॥
३ जन समद्रिष्टी सीतल सदा । दुबिध्या नहीं आंनैं ।
कहै कबीर ता दास सूं । मेरा मन मांनैं ।

राग रामग्री

३:० अम्हनैं ते बैस्नौं को दाषै रे । रूंडूं रांम रिदा मैं राषै रे ।
अनदि न अषिर अस्त न भषै । सब घट बीठल पेषै रे ॥ टेक ॥
१ कांम कलप नां ममिता मूंकै । राग दोष दवि आंणैं रे ।
आतम ग्याता प्रांणीं पेषै । बांणीं बिमल बषांणैं रे ॥
२ भगति अभिअंतरि करै निरंतरि । बाहरिबौ न जणावै रे ।
एकाएकी अथवा सतसंगति । गोबिंद का गुण गावै रे ॥
३ तन धन साजन चीति न आंवैं । नांरी नेह न भावै रे ।
बीसौ भणैं ते बैस्नव नैं दरसणि । दुक्रित कोटि दहावै रे ॥

बश्नौ महिमा

राग आसावरी

४:० ना सांभलै नां करै परताति । रांम रिदै राषै दिन राति ।
इंद्री निग्रह पंच बसि करै । करै सिष्या जे सतगुर कहै । टेक ॥
१ आपा पर न आंणैं भरम । पीडा षमैं न छाडै धर्म ।
चिहन चत्रभुज कहै ते साध । तिनि दीठां दहैं कोटि अपराध ॥ टेक ॥
बैश्नौंनी महिमां बषांणौं । मति माहरी जे ह्वौं जांणौं ।
बैस्नवनीं इहै परष्या । मन बांणीं क्रम सरष्या ।
२ निद्या अस्तूंति तोलै आंणैं । मनि माहरौ ताहरौ न जांणैं ।
सारीषौ मनि सोनैं लोहडा । ससि सूर एकटौ जोहडा ।
सत्र मित्र नहीं को अंतर । धरणीं धर ध्यांन निरंतर ।
सब जीव बसै मनि समिता । मद मंछर मोह न ममिता ।
३ हिरदै राग दोष रहंता । ब्रह्मग्यांनैं देह दहंता ।
निज गिर्गुण रूप जु निरषै । हरि गुण सांभल तौ हरिषै ।
भणैं भावै सुणैं गुण गावै । प्यंड पुलिकि रोमावली थावै ।
केसौ कदे रिदै न बिसारै । प्रेमैं परब्रह्म बिचारै ।
४ धर्म दीन दया ब्रत पाली । मावत्री सबै परनारी ।
बसि राषै पांचूं इंद्री । नहीं जाचै जाइ निरंद्री ।
इंद्री द्रिढ मन बैरागी । फल कर्म सुभासुभ ह्वै त्यागी ।
बैस्नवनीं संगति वाल्ही । रिधि मंदिर आवै चाली ।
५ सति बोलै बचन संतोषै । संसार थको निरदोषै ।
कबहूं धर्म न लोपै । काहू परि कदे न कोपै ।
न बाझै बालि कबइ रैं । घरि रहैं पांहुंणां नीपइ रैं ।
बैस्नवनां इहै आचारा । बेत्वा जन करहु बिचारा ।
६ बैस्नवनां इहै लष्यण । बलि जांणैं जेह बिचष्यण ।
मनि मांनि चत्रभुज बोलै । ते बैस्नव त्रीकंम तोलै ।
सांभालौ बैइस्नवनी महिमां । बंदैं अस्वर स्वर ईस्वर ब्रह्मां ।
समि तीर्थ रूप जु साधा । तिनि दीठां दहै कोटि अपराधा ।
७ तीर्थ सेयां फल आपै । साध सेयां सकल अघ कापै ।
काल तणीं परिबाधै । साध सेयां सकल अघ कापैं ।
जोवो बैस्नव ऊपरि भावं । हिरदै भगति मुकति नौ दावं ।
तिन सूं कीजे उपगारं । भरचा भूधरनां भंडारं ।
८ बैस्नौं पूज्यां हरि पूज्या । तब रांम रिदा मां रीझ्या ।
बैस्नवनू ठांहरि तूठां । तहैं स्यूं करिसी जंम रूठा ।
बैश्नौंनैं दीजे साई । बिचि आइ मिलै रांम राई ।
बैश्नौं सूं कीजै बाता । भगति मुकति दोऊ दाता ।
९ बैश्नौंनैं दीजे हाथा । ते ग्रहिया श्रीजगनाथा ।
बैश्नौंनैं ग्रिह जे जीमियैं । जम चारचौं षांनि न भ्रमियैं ।
अथवा कीजै जलपांनां । अठसठि तीरथ स्नांनां ।
साध संगति सुलप सनेहा । पुनरपि धरिये न देहा ।
१० साध सांम्हौं भरै परक्रमां । ह्वै अस्वमेध दस धमां ।
धंनि साध समागम बेलां । जे रहिये बैश्नौं भेलां ।
त्रीकंम तुव चरणूं लागूं । साध संगति भवि भवि मांगूं ।
साध चरण चत्रभुज चाकर । बैश्नौंव जन माहरै ठाकुर ।
११ गाइसी सुणिसी नर नारी । बांह देसी देव मुरारी ।
बैश्नव जन की रति बेली । चत्रभुज सकै न मेल्ही ।
चत्रभुज कहै दिन चारि । स्वार्थ ही हरि सेवियै ।
सहंस बरिष संसारि । जीवै हरि भगति बिनां बादि ॥

राग सोरठि

५:० भाई रे रांम जन ह्वैबा मतै । तौ एहडी मति साहि रे ।
सत्र मित्र एक जांणीं । द्वै नहीं मन मांहि रे ॥ टेक ॥
१ धरणीं सौ धीरौ थयौ । जोइये हरि नौ दास ।
भोमि सौ भारी षमौं । कोई करै मरदनी आस ।
बैश्नौं ते बसुधा सरिषौ । जेन्हौं गयौ कांम करोध रे ।
मही नां गुण ग्रही ग्याता । इसौ निज परमोध रे ॥
२ आभनीं मति जोइ जीवडा । नहीं नेडौ नहीं दूरि ।
प्रिथी ना पुडल ऊपरैं । नारियंण रह्यौ भरपूरि ।
अधिकौ त अधिक आकास ऊंचौ । बिनां थंभ रहंत रे ।
आभनीं मति जोइ जिवडा । जन कै मति अनंत रे ॥
३ बाव बाजे सयल छाजे । सकल एकंकार ।
कांई मधि मनैं पंकै नहीं । न क्यूं उतिम सूं अधिकार ।
बाव बिहरौ नां करै । निर्बैरी निरकार ।
इसौ हरिजन जोइयै । जेन्हौं संगौ सब संसार रे ॥
४ मेहनी मति जोइ जिवडा । बरसतां नहीं बांणि ।
जिसौ अंन मैं तिसौ बन मैं । तिसौ नदी निवांणि ।
तिसौ मढुली तिसौ मालिये । नहीं काहू की कांणि ।
तोया सरीषौ होइ लषणे । सोई भगत बषांणि रे ॥

५ सूर सौ सरिषौ तपै । क्रांत एकै भाइ ।
गुणचास कोटि जाकी किरणि पसरै । सरद सरिसौ जाइ ।
राजा त परजा एक सौ । हरि पंतरौ नहीं थाइ रे ।
देवतां दुतिया नहीं । नर थे करौ सो कांइ रे ॥
६ चंदनीं मति महा चोषी । इक सीलौ अरु संत ।
सीस सोषै सयल पोषै । सकल सींचै जंत ।
सिव नेत सिरि ले मयंक मूंक्या । कालकुष्ट नैं कांम रे ।
सागर सुत श्रवैं अंमीं । इम सुमरीजै रांम रे ॥
७ षटदर्शन नौं भाव ले करि पूजा करि जन तास ।
पहलैं पांणीं गुर करि पवन गुर करि । एम गुर आकास ।
धरणि गुर करि सूर गुर करि । चंद गुर नी ताप ।
जन कीतौ थोरी इम भणैं । रांम सुमिरंतां इसा होईए आप ॥

राग गुंड

६:॰ तूं राषै त्यूं हीं रहैं । तेई जन तेरे ।
तुम बिन और न जांनहीं । सो सेवग नेरे ॥ टेक ॥
१ अंबर आपैं हीं धरचा । अजहूं उगगारी ।
धरती धारी आप तैं । सबहीं सुषकारी ॥
२ पवन पासि सबकै चलै । जैसैं तुम्ह कींन्हां ।
पांनीं प्रगट देषिहूं सब सूं रहै लीनां ॥
३ चंद चिरा की चहुं दिसा । सब सीतल जांनैं ।
सूरिज भी सेवा करैं । जैसैं भल मांनैं ॥
४ ए निज सेवग तेरडे । सब आग्याकारी ।
मो कूं अैसैं कीजिये । दादू बलिहारी ॥

साषी

१ धरती आकास पवन पांणीं । चंद सूरज षटदर्शन जांणीं ।
ऊंकार का जांणैं मंत । अैसा सिधा अलष अनंत ॥

राग सारंग

७:॰ संतति संत सकल सुषकारी ।
गुणग्राही अवगुन न बिचारत । रांम चरण चित पर उपगारी ॥ टेक ॥
१ घंन पवन सुषद प्रकासि करबि यवन । ससि यव सकल सुष के कारी ।
पांवन कर गंगोदिक तव गुन । गिर भुव स्पंध सुरतरु उनिहारी ॥
२ निरापेछि निरजवति मधुबृति । हरि पद कवल कोस के चारी ।
दीन दयाल दिवाकर प्रभु जन । सब ही वोपम के अधिकारी ॥

राग रांमगरी

८:॰ आप निरंजन यूं कहै । कीरति करतार ।
मैं जन सेवग द्वै नहीं । एकै अंग सार ॥
१ मम कारनि सब परहरै । आपा अभिमांन ।
सदा अषंडित उरि धरै । बोलै भगवांन ॥
२ अंतरपट जीवै नहीं । तब ही मरि जाइ ।
बिछुरें तल पैं मींन ज्यूं । जीवै जल आइ ॥
३ षीर नीर ज्यूं मिलि रहै । जल जलहि समांन ।
आतम पांणीं लूंण ज्यूं । दूजा नहीं आंन ॥
४ मैं जन सेवग द्वै नहीं । मेरा बिश्रांम ।
मेरा जन मुझ सारिषा । दादू कहै राम ॥

साषी

२ रांम जपै रुचि साध कूं । साध जपै रुचि रांम ।
दादू दून्यूं एक टग । यहु आरंभ यहु कांम ॥
३ आत्म आसण रांम का । तहां बसै भगवांन ।
दादू दून्यूं परसपर । हरि आतम का थांन ॥
४ जहां रांम तहां सत जन । जहां साधू तहां रांम ।
दादू दून्यूं एक ठे । अरस परस बिश्रांम ॥
५ दादू हरि साधू यौं पाइये । अबिगति के आराध ।
सधू संगति हरि मिलै । हरि संगति थैं साध ॥
६ दादू रांम मिलन के कारनैं । जे तूं षरा उदास ।
तौ साधू संगति सोधि ले । रांम उनहुं के पास ॥
७ नां हम बसंति बैकुंठ । जोगिनां हिरदै पिनां ।
मम भगता जत्र गाइति । तत्र तिष्टंति नार्दः ॥

राग रांमगरी

६:॰ बैष्नव ते मैं मैं ते बैष्नौं । सुनि नारद रिषि सांच ।
जे भगता मेरे गुंण गावै । ताकै अंतरि थकौ मैं नाचौं नारद ॥ टेक ॥
१ नारद कहै सुणौं नारांइन । बैकुंठ बसौ कि कविलासं ।
जहां मम कथा तहां मैं निहचल । बैश्नौं मंदिर बासं नारद ॥
२ गंगा आदि सकल तीरथ करै । गुणचास कोटि फिरि आवै ।
एकादसी सहित संजम करै । ते मोहि सुपिनैं कदे न पावै नारद ॥
३ जोगी जपी तपी सन्यासी । इक मुनि ध्यांन बईठा ।
जजै जग्य बेद धुनि उचरैं । तिनिहूं कदे न दीठा नारद ॥
४ जग्य जोग ब्रत धर्म नेम करै । जब लग इनकी आसा ।
बसुधा आदि दींहि दांनादिक । नहीं मम चरण निवासा नारद ॥
५ जे भगता निर्मल जस गावैं । ते भगता मम सारं ।
बैश्नौं जीयां जीऊं पीयां पीऊं । बैश्नौं मम परिवारं नारद ॥
६ बिसवा बीस आगैं बरतांऊं । निज जन नांव सूं राता ।
नांमदेव नौ स्वांमीं पर्म पद आपै । भगति मुकति दोऊ दाता ॥

राग रांमग्री

१०;० तेरा जन एक आध है कोई ।
कांम क्रोध अरु लोभ बिबरजित । हरि पद चीन्हैं सोई ॥ टेक ॥
१ राजस तांमस सातिग तीन्यूं । ए सब तेरी माया ।
चौथे पद कूं जे जन चीन्हैं । तिनहि परम पद पाया ॥
२ निंद्या अस्तुति रहै बिबर्जित । तजै मांन अभिमांनां ।
लोहा कंचन समि करि जांणैं । सो मूरति भगवांनं ॥
३ चितै तौ माधौ चिंतामणि । हरि पद रमैं उदासा ।
त्रिश्नां अरु अभिमांन रहित है । कहै कबीर सो दासा ॥

११;० निरंजन नांव के रसि माते ।
केई पूरे प्रांणी राते ॥ टेक ॥
१ सदा सनेही रांम के । सोई जन साचे ।
तुम्ह बिन और न जांनहीं । रंगि तेरे हीं राचे ॥
२ आंन न भावै एक तूं । सति साधू सोई ।
प्रेम पिया से पीव के । अैसा जन कोई ॥
३ तुमहीं जीवनि उरि रहै । आंनद अनरागी ।
प्रेम मगन पीव प्रीतडी । लै तुम सूं लागी ॥
४ जे जन तेरे रंगि रंगे । दूजा रंग नांहीं
जनम सुफल करि लीजिए । दादू उन मांहीं ॥

राग गौडी

१२;० अैसैं जग थैं दास नियारा ।
बेद पुरांन पढौ कि न सोचौ । पंडित करौ बिचारा ॥ टेक ॥
१ दधि बिलोइ जैसैं घ्रित लीजै । बहुरि न एकठ थाई ।
पावकदार जतन करि काढ्यौ । बहुरि न कष्ट समाई ॥
२ पारस परसि होइ जैसैं कंचन । बहुरि न त्रंबक होई ।
आक पलास बेधिया चंदन । कष्ट कहै नहीं कोई ॥
३ रांमहि भजै रांम हीं जांनैं । छाडि कर्म की आसा ।
रांमहि जपै रांम हीं होई । प्रणवैं नांमदेव दासा ॥

साषी

८ जिन्हीं जांन जुदा कीं । तुमूं हुं तिन्हीं पसु ।
लताडे न लतंनि के । अठे पहर अरसु ॥
९ बाहि दहंदै दाई रै । हे कडियौं पेही ।
जिन्हीं जांन जुदा कीं । पसंदौ सेई ॥
१० अठे पहर अरस मैं । बेठा पिरी पसंनि ।
दादू पसे तिनके । जे दीदार लहंनि ॥
११ अठे पहर अरस मैं । उभोई आहे ।
दादू पसे तिनके । अला गाल्हाये ॥
१२ अठे पहर अरस मैं । जिन्हीं रूह रहंनि ।
दादू पसे तिनके । गुझ्यूं गाल्हीं कंनि ॥
१३ अठे पहर अरस मैं । लुडंदा आहींन ।
दादू पसे तिनके । असां षबरि डींन्ह ॥
१४ अठे पहर अरस के । वंजीजे गाहींन ।
दादू पसे तिनके । कितीई आहींन ॥
१५ प्रम कथा उस एक की । दूजा नांहीं आंन ।
दादू तन मन लाइ करि । सदा सुरति रसपांन ॥
१६ दादू प्रेम कथा हरि की कहैं । करैं भगति ल्यौ लाइ ।
पीवैं पिलावैं रांम रस । सो जन मिलवो आइ ॥

राग मारू

१३;० सदगति साधवा रे । सनमुष सिरजनहार ।
भौजल आप तिरैं ते तारैं । प्रांन उधारनहार ॥ टेक ॥
१ पूर्न ब्रह्म रांम रंगि राते । निर्मल नांव अधार ।
सुष संतोष सदा सति संजम । मति गति वार न पार ॥
२ जुगि जुगि राते जुगि जुगि माते । जुगि जुगि जु संगति सार ।
जुगि जुगि मेला जुगि जुगि जीवै । जुगि जुगि ग्यांन बिचार ॥
३ सकल सिरोमनि सब सुष दाता । दुर्लभ इहि संसार ।
दादू हंस रहैं सुषसागर । आये परउपगार ॥

साषी

१७ कोई साधू जन उस देस का । आया इहि संसार ।
दादू उस कूं पूछिये । प्रीतम के समाचार ॥

राग मारू

१४;० कोई रांम का राता रे । कोई प्रेम का माता रे ॥ टेक ॥
१ कोई मन कूं मारै रे । कोई तन कूं तारै रे ।
कोई आप उबारै रे ॥
२ कोई जोग जगंता रे । कोई मोष मुकता रे ।
कोई है भगवंता रे ॥
३ कोई सदगति सारा रे । कोई तारणहारा रे ।
कोई पीव का प्यारा रे ॥
४ कोइ पार का पाया रे । कोई मिलि करि आया रे ।
कोई मन का भाया रे ॥
५ कोई है बडभागी रे । कोइ सेज सुहागी रे ।
कोई है अनरागी रे ॥
६ कोई सब सुषदाता रे । कोई रूप बिधाता रे ।
कोई अंमृत षाता रे ॥
७ कोई नूर पिछांणैं रे । कोई तेज कूं जांणैं रे ।
कोई जोति बषांणैं रे ॥
८ कोई साहिब जैसा रे । कोई सांई तैसा रे ।
कोई दादू अैसा रे ॥

राग रांमगरी

१५;० अैसे कैसैं न मिलंत ते साधू रे । ज्यांचा अंतरक तरकै न बोधू रे ।
ज्यांचा निज आंणंद उदबोधू रे । ज्यांचा परम आंणद अहलादू रे ॥ टेक ॥
१ ब्रह्म श्रबगती सदा समि जास आंन नहीं बिसंमि ।
ते जांणंति अति दूरि गंमि । ते भेटति भागि परंम ॥

२ जप तप करवील नुष्टांन । धईये धाता धरवील निज
ध्यांन ।
गईए गाता बिबरीरजित ग्यांन । ग्यांनां ध्यांनां चा फल
ते सजण रे ॥
३ पवनां घालवील पलांण । पांऊं चालवील गगन ।
भूत भवीस कलवील बरतमांन । पै त्या साधू चैं न
होईल समांन ॥
४ चंद्रा अंमृत सुषैं सेवील । बाहि सागर हेला तरवीली ।
अस्त जाता रवि धरवील । पै त्या साधू ची भट न होईल ॥
५ निज ब्रती चा करावैं निरोधू । जीवा सीवा चा
भुगावैं आंणंहू ।
नांमदेव भणैं मिलैं ते साधू । ता चै दरसणैं छूटे
भव बधू ॥

राग धनाश्री

१६:० अैसेहूं मधुप की बलि जांउं ।
मधुबन की बात कहैं । लै लवांवैं नांउं ॥ टेक ॥
१ जाकौ दरिसनीं कौ रूप नींकौ हरि के गुंन गांवैं ।
जदपि हम प्रेमहींन बहुरचौं उपजांवैं ॥
२ कहत कथा हरि की । सुनि श्रवननि सुष जीजै ।
परमांनंद प्रभू आंवैंगे । पैवै जांन न दीजै ॥

राग गौडी

१७:० सहज बोलणैं बोल बोलीजै ।
पै अनभै बिनां न नीपजै ॥ टेक ॥
१ राजहंस चालिबौ कौंणैं सीकवीला ।
सांगि मौरुला कौंणैं नांचवीला ।
चंदण सीतल कौंणैं कैला ।
पैल सियांना दिढ कौंणैं कैला ॥
२ पहु पास कौंणैं दीधली प्रमला ।
सांगि मांगि कास कौंणैं दीधला क्रीला ।
सुरैं आथी कोकिला ।
पैब संत बिनां नई बे रसाला ॥
३ अंम्रितास कौंणैं दीधली गौडी ।
जिभ्या नी बडी वलवती सबो बडी ।
नांमदेव भणैं सत संगति फली ।
मज केसौ चरणां नी बडी ॥

राग भैरू

१८:० हरिजन हंस दसा लीयैं डोलैं ।
निर्मल नांउ चवैं जस बोलैं ॥ टेक ॥
१ मांनसरोवर तट के बासी ।
रांम चरन चित आंन उदासी ॥
२ मुकताहल बिन चंच न लावैं ।
मौंनि गहै कै हरि गुन गावैं ॥
३ कहै कबीर सोई जन तेरा ।
षीर नीर का करै नबेरा ॥

१८ षीर नीर का संत जन । न्याव नबेरै आइ ।
दादू साधू हंस बिन । भेल सभेलै जाइ ॥

राग गौडी

१९:० निर्मल निर्मल रांम गुन गावै ।
सो भगता मेरे मनि भावै ॥
१ जे जन लेहि रांम कौ नांव ।
ताकी मैं बलिहारी जाउं ॥
२ जा घटि रांम रहे भरपूरि
ताके मैं चरननि की धूरि ॥
३ जाति जुलाहौ मति कौ धीर ।
हरिषि हरिषि गुण रमैं कबीर ॥

राग बिलावल

२०:० रांम चरण जाकै हिरदै बस्त है ।
ता जन कौ मन क्यूं डोलै ।
मानूं अठसिधि नौनिधि जाकै ।
हरषि हरषि जस बोलै ॥ टेक ॥
१ जहां जहां जाइ तहां सचु पावै ।
माया ताहि न झोलै रे ।
बारंबार बरजि बिषिया तैं ।
लै नर जौ मन तोलै रे ॥
२ अैसी जे उपजै या जीय कै ।
कुटिल गांठि सब षोलै रे ।
कहै कबीर जब मन परचौ भयौ ।
तब रहै रांम कै वोलै रे ॥

राग धनाश्री

२१:० सुणौं मेरे भाई । गुरदेव कहै समझाई ॥ टेक ॥
१ संत ते जे साच ब्यौहारै । कूंड काल स परहरै ।
दीठूं अदीठूं सुण्यौं अणसुण्यौं । करत नर जीवत मरै ॥
२ अभष भषै नैं अजर जरै । अपीव पीवै अगमां गमैं ।
दस दोस सांषैं नैं भ्रांत भाजै । संत सूं सूधा मिलै ॥
३ अतीथ नैं आतमां लेषै । मन देई मनवर मिलै ।
संत सूं सगपण मांडे । कूड संगति परहरै ॥
४ अबल दांन हाथ वोडावै । तेन्हैं अंगि जरणा अति घणीं ।
देश्रम कहै ते संत साचा । तिणैं पांमियौं त्रिभुवन धणीं ॥

राग बिलावल

२२:० हरि जन नीति अनीति बिचारै ।
गोबिंद जीवनि राषि जतन सूं । अरि सब औधा मारै ॥
टेक ॥
१ हिरदै हेत निरंतर गावै । भूलि न दूजी भासै ।
स्वांति समोधि सदा सीतलता । प्रीति पडी गुण पासै ॥
२ पोथी प्रांण पवन थिर थांभै । आंक अपूठा बांचै ।
कपट कथा सुणि भ्रंमि न भूलै । सूति सलूधौ सांचै ॥

३ अरथ उजास प्रगटि पहुफाटी । दीप दसूं दिसि पाई ।
पढि हरदास प्रेंम रुचि पांनै । यहु मन अनत न जाई ॥

२३:० तब थैं हरि कहि सो जन जांणैं ।
रांम क्रिपा रटि भजि मन भीनौं । साषि अनूपम आंणैं ॥
टेक ॥
१ जाति बरण की नीब न वेषै । पुषतै रावि पुकारै ।
सोधि सरीर सनेही बूझै । क्यूं बूझै कुल गारै ॥
२ कांनैं मात पिता परि कांनैं । सकल सहोदर कांनैं ।
न्यानि निसा प्रीति पहांसी । संगि सदा रुचि मांनैं ॥
३ राग रहारि सपत सुर बांधै । सुरति धरें सब टालै ।
कहै हरदास कवल बसि बिगसै । जीत्यौ जनम न हारै ॥

राग रांमगरी

२४:० बाट तौ ताही कूं चहिये । जो धरनी पाव धरै ।
आकास पंषि उडै । ताकौ घाटि कंटक कहा करै ॥ टेक ॥
१ निगम मारग बहै करम कंटक दहै ।
घाटी माटी पाप पुनि । ताकौ ताही कूं दहै ।
अग्नि न जारै तन डोलै न बाजै पवन ।
जल थल ब्यापै नहीं अमर रहै ॥
२ बाजती रंगमि नांहीं परै न मेघ की छांहीं ।
अकल अंमर जाकी अजर काया ।
चंद सूर रथ नींचै ताहू थैं अगंम ऊंचै परै ।
न काल की राल । तहां थिर रहाया ॥
३ परब्रति तन धरै निरब्रति घर करै ।
संसार सुफल फल्यौ फल न षाई ।
सुभ असुभ नां डरै म्रितक भोजन करै ।
भणत नापइया ते जन मुकत भाई ॥

२५:० ऐसौ जन काहे कूं लीपै काहे कूं छीपै । यहु साध त
अधिकाई ।
कांम क्रोध ब्यापत सब बेदन । काल सहित सब षाई
॥ टेक ॥
१ बादल गगन रहे बहु पूरिक । पवनां नहीं प्रकासा ।
उलटयौ पवन बिलांनौं बादल । रहि गयौ निर्गुन
अकासा ॥
२ बेध्यौ बास मधुर धुनि उपजी । गगन पटल गये भागी ।
रवि ससि उदित प्रकास तपंजर । गोष्टि ब्रह्म सूं लागी ॥
३ मन थिर मगन गगन मैं रहि गयौ । ज्यूं जल जल
समि होई ।
बिषै बिकार दरद दुष रहिता । कहि नापा जन सोई ॥

राग गुंड

२६:० ऐसौ साध मिलै म्हारै आनंद होइ ।
रांम रांम कहि काया धोइ ॥ टेक ॥
१ नींकौ दीसै रूंडा चालै ।
बस्त कहूं की हाथ न घालै ॥
२ अति सीतल आनद घट मांहीं ।
तिनकै दुबिध्या दुरगति नांहीं ॥
३ तिहिनैं मिलि जै सौंहां जाइ ।
भाव भगति करि हेत लगाइ ॥
४ टीला चरणांवहि कां चाल ।
एक पलक मैं करै निहल ॥

राग रांमगरी

२७:० आज कोई मूनैं मिलिसि रे रांम सनेही ।
तब सुष पावै हमारी देही ॥ टेक ॥
१ भाव भगति मन मैं उपजावै ।
प्रेम प्रीति हरि अंतरि आवै ॥
२ आपा पर दुबिध्या सब नासै ।
सहजैं आतम ग्यांन प्रकासै ॥
३ जन नांमा मन षरा उदास ।
तब सुष पावै मिलै हरि दास ॥

सवईया

१६:१ साध मिलै तौ सुधा रस पीजैये ।
आतमां आंनंद होइ अपारौ ।
ज्यूं ससि देषि मुदित कमोदनी ।
कूंची कूं लागि षुलै ज्यूं किवारौ ।
२ सीप कौ संपट स्वांति तैं ऊघरै ।
रोजौ षुलै जब देषिये तारौ ।
हो रजब रैंनि गई चकवा कीजी ।
आइ मिल्यौ मन सूर पियारौ ॥

२०:१ दादुर पिक सोम सीप । इंद्र आस सकल दीप ।
चाहैं सब सुष समीप । जीवनि जगि भावै ।
२ तिण तरु बेल्यौं बिलास । किरणि कुसम कुष्ट नास ।
चाहैं ज चकोरदास । कब मयंक आवै ।
३ चकवा चकई सुमिंत । द्रिष्टि द्रष्ट कवलकंत ।
रवि प्रकास रैंनि अंत । जगत कूं जगावै ।
४ तैसैं दादू दयाल । कीजै सबकी संभाल ।
दरस परस ह्वै निहाल । रजब सुष पावै ॥

२१:१ पूजिये सील संतोष दया धर्म ।
पूजिये नांव निरंजन सारौ ।
पूजिये प्रीति भजन रु आरति ।
पूजिये भाव भगति भंडारौ ।
२ पूजिये ग्यांन बिचार बबेक जु ।
पूजिए प्रेम कौ पुज पगारौ ।
हो पूजिये संत जिन्हौं निज लछिन ।
मोहन पूज्यौ न भेष पसारौ ॥

साषी

२२ सबै परष आसांन । साध की परष न आवै ।
हीरा ही की परष । जुगति जौंहरी बतावै ॥
२३ दरिया ही की परष । तहां मोती क बासा ।
चंद सूर की परष । गहण गति लषी आकासा ॥
२४ रस बास की परष सोज इंद्री धरि चाषी ।
परबत ही की परष । धात जिनि गुपता राषी ॥
२५ जल थल ही की परष । परष सबहिन की आई ।
पनि प्रिथीनाथ अचंभ गति । साध गति लषी न जाई ॥
२६ साध पुरिष चीन्ह्यां नहीं । ते बहि पडे जंजाल ।
परष बिहूंणीं इहै गति । ज्यूं बलि ले दिया पताल ॥
२७ प्रिथीनाथ साध पुरिष की इहै परछ्या ।
तन मन जीतें फिरै । रहै ज्यूं अपनीं इंछ्या ॥
२८ वै मलिन रूप कबहीं नहीं । दिन दिन उजल हूंत ।
अंम्रित रस भोगवंत । सुषमैं सदा बिहंत ॥
२९ उदिम करत न देषिये । निसदिन सोवत जाइ ।
इहै अचंभा जगत मैं । ए भिष्या किस घरि षाइ ॥
३० जै मांगै तौ कलपनां । दे तन दीसै कोइ ।
जिनकै धन ते दुबले । उह दिन दिन मोटा होइ ॥
३१ नष रता चछू निर्मला । चिलकंत दीसै देह ।
अकथ अनिंछर मुषि बसै । पुरिष परछ्या एह ॥
३२ हस्तक मसतक पादुका । दिन दिन अवरै जोति ।
अवर तौ दरसण जांणियैं । एहु पुरिष परछ्या होति ॥
३३ जै बैठे तौ बज्र ह्वै । चलै तौ जैसा बाज ।
पंछी पवन न संचरै । तिस गढ निःश्चल राज ॥
३४ कमल नयन ढिग कजली । सोवत स्वास न होइ ।
प्रिथीनाथ परष मुनि । बिरला चीन्हैं कोइ ॥
३५ बैठा अवधू लोह की षूंटी । चालता अवधू पवन की मूंठी ।
बोलता अवधू पंजरै सूवा । सोवता अवधू जीवता मूवा ॥
३६ ऊपर मूरिष रहैं । बुधि पूरी कहैं । जोग लछेण गुर ग्यांन मांडे ।
भरया थीरं रहै । झलकि आधा बहै । गुरमुषी होइ ते बाद छाडै ॥
३७ उचकि बोलै नहीं । ग्यांन न पायौ तहीं । ध्यांन प्रसिध बांवन बीरं ।
बुधि पूरा रहै जुगति बूझ्यां कहै । महापुरिष गंभीर धीरं ॥

३८ कबीर हरि का भांवता । दूरै थैं दीसंत ।
तनि षीनां मनि उनमनां । जगि रूठडा फिरंत ॥
३९ कबीर हरि का भांवतां । झीणां पंजर तास ।
रैंनि न आवै नींदडी । अंगि न बाढै मास ॥
४० कबीर निहिकांमीं निरलोभिता । सांई सेती नेह ।
बिषिया थै न्यारा रहै । संतनि का अंग एह ॥
४१ गरथ न बांधै गांठडी । नहीं नारी सूं नेह ।
मन इंद्री असथिर करै । छाडि सकल गुन देह ।
निराकार सूं मिलि रहै । अषंड भगति करि लेह ।
दादू क्यूं करि पाईये । उन चरनूं की षेह ॥
४२ अहनिसि मन ले उनमनि रहै । गंम की छाडि अगम की कहै ।
आसा छाडै रहै निरास । कहै ब्रह्मां हूं ताकौ दास ॥
४३ अरधैं जाता उरधैं धरै । कांम दगध जे जोगी करै ।
तजै अल्यंगन काटै माया । ताका बिश्न पषालै पाया ॥
४४ अजपा जपै सुनि मन धरै । पांचौं इंद्री निग्रह करै ।
ब्रह्म अगनि मैं होमैं काया । तिस महादेव बंदै पाया ॥
४५ धन जोबन की करै न आस । चित न राषै कांमणि पास ।
नाद बिंद जाकै घटि जरै । ताकी सेवा पारबती करै ॥
४६ बालै जोबनि जे नर जती । काल दुकाले जे नर सती ।
फुरतै भोजन अलप अहारी । कहै गोरषनाथ सो काया हमारी ॥
४७ इला पिंगुला उलटी ताणैं । सुषमन तहां सहज घरि आंणैं ।
चलता थिहर करि राषै बाव । जगंनाथ कहै ता परसूं पाव ॥
४८ बंक नालि गहि सोधै मूल । सूषिम पवन कमावै थूल ।
सिव धरि करै सकति का मेला । कहै जगंनाथ ताका मैं चेला ॥
४९ अरध बहंता उरध जमावै । झरै अरध सो उरध चढावै ।
नदी बहंती बंधै पारा । जगंनाथ कहै सो गुरू हमारा ॥
५० क्रोध कलप नां छाडै बाद । इंद्री भोग न जिभ्या स्वाद ।
काल करम काटै सब फंदा । जगंनाथ जन ताका बंदा ॥
५१ अलष षुरिस सुं लावै ताली । इकवीस सहंस छ सै जप माली ।
निसदिन सुमिरै सासैं सास । जगंनाथ है ताकौ दास ॥
५२ काग द्रिष्टी बको ध्यांनां । बाल अवस्था भुवंग अहारी ।
सो अवधूत बैरागी पार्बती । दूजा श्रब भेष धारी ॥
५३ रूंष बृष गिर कंदल बास । निर्गुण कंथा रहै उदास ।
भिष्या भोजन सहज मैं फुरै । ताकी सेवा पारबती करै ॥
५४ फाटी कंथा षांडी डीब । आपौ राष्यां फिरै गरीब ।
रूंष बृष एकांत र बास । इहि बिधि रहिबा जोग अभ्यास ॥
५५ अवधू रहिबा हाटे बाटे । रूंष बृष की छाया ।
तजिबा कांम क्रोध संसार की माया ॥
आपसूं गोष्टि अनंत बिचार । षंडित निंद्रा सुछिम अहार ॥
५६ अवधू अबंधमुषि रहणीं सक्तिमुषि ध्यांन ।
गगनमुषि अंमींरस चितमुषि प्रांन ॥
आसा मुष छेदै बिदेही रहै । अैसा बिचार मछिंद्र कहै ॥
५७ पहलै पहरै सब को जागै । दूजै पहरै भोगी ।
तीजै पहरै तसकर जागै । चौथै पहरै जोगी ॥
५८ जैमल कांमीं जागै कांम बसि । चोरी जागै चोर ।
साधू जागै रांम सूं । मति कछू ब्यापै और ॥
५९ दुंनियां जागै कांम दंद । साधू जन ल्यौ नांइ ।
जग करणीं जगनाथ तजि । गाफिल सोवै कांइ ॥

श्लोक

६० निर्लोभी च निःक्रोधीः चः सतिवादी अजाचिकं ।
इंद्रीयानिग्रहं ध्यानं सः द्वितीयो परमेस्वरः ॥
क्रिपालोरकृतदोहाततष्यउश्रबदेहना ।
सतिसारो न बिदि आतमां समि श्रबेउपकारकः ॥

६१ कामै रहित धीर दींतो मृद सुचीर कंचनं ।
अनेहो मितिभुषः । सांतिस्थो रोमत सरणो मुनिः ।
अप्रमतो गंभीर आतमां । पृतिमांन जित षडगुणः
अमांनी मांनदः । कलपो म्यंत्र कारुणीं कवि ।

६२ सतवादी षिमांधारी । सुंनिसमाधी सदालयं ।
सर्बसंसै परंत्यागं । सकारायतस्य लछिनं ।
सत्यवादी सुबुधी सारग्राही सुची सदा ।
सतगुनांन भवते नित्यं । सुभा वसंत परब्रतते ॥

६३ नास्ति क्रोध बिषै नास्ति । नासित लोभ स कांमकः ।
सत रज तमो नास्ति । बैश्नौं बिश्न परांयणं ॥
अक्रोध बैरागि निर्बिकार जितिइंद्रीयं ।
षिमां दया भावः सर्ब आतम जन पृयतं ॥
त्रिलोभ दाता भै सोक रहिता । इत ग्यांन प्रकास दस
लष्यनं ॥

६४ ग्रब नो कुरते न निंदते परः । न भाषिते बा इकनिस्वुरं ।
उचिरते किंचित पृयह कलपो निश्चलाइते ।
श्रुत्वा सास्त्रमार्थकं । संतुष्ट मुकवत दौषं ।
छाजैते स्वयं न क्रियाइते । इदं गिनान लछिनं ।
बिश्रिजिता परं दोषं । बिक्रिता मैं मोहकं ॥

६५ बिचरता संतसगिणि । बिश्नहित चित ध्याइतं ।
समि सत्रो मिंत्रो च । जथामांन अपमांन यः ।
सीत उस्न सुषदुषेषु । समि संगबिबर्जितः ।
बैश्नौंव नांमं च बिस्ननांम । अंमृत हितकारि ॥

६६ कः पस्या तु ग्यांन दीपेनः । नारांइण परांइणं ।
निरगंथ सांति सांति देहो ।
जीवनि मुकति सुभावतः । बांणोपि इंद्रबांणां ।
चित्र दीपक अस्तथा ॥

६७ निरवरति जग राग दोषं । सारं तत बिलंबनं ।
सरीर आसा नासाय । श्री संसै परसै एतु कस्य ॥
सब्दातीतं त्रिगुणरहितं पाइते आतमां तत बोधं ।
लोका बिचरंचि सदा निरासी । तब को बिधि को नषेधं ॥

६८ बैरभाव परं तजितं । मित्रो न लिपिते चितं ।
रंमिते महा आकासं । तदि बै नांम उचिते ॥
गलितः कांमगिनां न प्रकीरति न ईवकारए ।
रंमिते महा आकासं । तदि बै नांम उचिते ॥

६९ कांम जित्वा क्रोध जित्वा । लोभं जित्वा तथीव चः ।
सर्ब इंद्री मनं जित्वा । बैस्नवा तस्य उचते ।
बैस्नवा ते जे भवे लीनं । हिरदै हरि जस मगन भीनं ।
षिम तस्य ममिता बहु बिस्तारं । कांम क्रोधः गिनांन
प्रहारं ॥

७० भक्ता संतोषी च ग्यांन इंद्रीनिग्रहं ।
मांन अपमांन दोयं नास्ति । सुषं भोगं न बांछितः ॥
निरासी निसप्रेही नित्यं । कांम क्रोध न बांछितः ।
सहजानंद आनंद । भेदाभेद बिबरजितः ॥

७१ सकल मिंत्रो न सत्रो च । हिताहित न बंधेषु ।
कांम क्रोध बिबरजितं च न सुभं न असुभं च ।
य भक्ता पारथ । न मे भक्ता सुषं बाछिंत ।
न बाछिं धन जोषिता । न बांछित पुंन्य पापानि भक्ति
बाछिंत पार्थ ॥

७२ सिध बतीस लषणा

ग्यांन परछ्या । बमेक परछ्या । बिचार परछ्या ।
सील परछ्या । संतोष परछ्या ।
निरबैर्परछ्या । सहज परछ्या । सुंनि परछ्या ॥

१ प्रथमे ग्यांन परछ्या ।
१ निरारंभ । २ निहभ्रम । ३ निर्बासीक । ४ निःसबद ।
इति ग्यांन परछ्या ।

२ दुतियं बमेक परछ्या ।
१ सावधांन । २ श्रबंगि । ३ सारग्राही । ४ सत्यं ।
इति बमेक परछ्या ।

३ त्रितियं बिचार परछ्या ।
१ निरमोहीक । २ त्रिबंध । ३ निसंक । ४ निबांण ।
इति बिचार परछ्या ।

४ तुरथे सील परछ्या ।
१ सुच्य । २ संजम । ३ स्वांति । ४ सरोत्र ।
इति सील परछ्या ।

५ पंचमे संतोष परछ्या ।
१ अजाचीक । २ अबांछींक । ३ अमांनींक । ४ अस्थिर ।
इति संतोष परछ्या ।

६ षष्टमे निरबैर परछ्या ।
१ समिता । २ सुहिरद । ३ सुषदाई । ४ सीतल ।
इति निरबैर परछ्या ।

७ सप्तमे सहज परछ्या ।
१ निहपरपंच । २ निहतरंग । ३ निरसंसै । ४ निरलेप ।
इति सहज परछ्या ।

८ अष्टमे सुंनि परछ्या ।
१ लय । २ लकस । ३ ध्यांन । ४ समाधि ।
इति सुंनि परछ्या ।

इति अष्टांग जोग सिध बतीस लष्यण संपूर्न समाप्तः ॥

७३ नर बतीस लषण के नांम
१ प्रमांण २ सुक्रितं ३ रूपं ४ सीलं ५ कुलं च ६ पराक्रमं
७ सत्यं ८ सौच्यं ९ बिनय १० बंदित ११ बुधिवंतो
१२ बिचष्यणं १३ क्रीया १४ बैश्नव १५ बिद्यावंतो १६ स्वजनो
१७ सास्त्रग्यांनं १८ षित्रियो १९ गुणसपुन्यौ २० त्रिलोभी च
२१ दयाल २२ बिस्वासी २३ परोउपकारी २४ जितेइंद्री

२५ दातारो २६ धरमिष्टो २७ सुल्यकांमश्च २८ अल्पआहार
३६ सुल्यनिंद्रा ३० गुरुभक्ता ३१ मातापिताभक्ता
३२ बुधिप्रकासवंतो ।
इति नर बतीस लष्यण संपूर्न समाप्त

साषी
७४ न्रिबैर रहै तौ डर मिटै । न्रिबिकार रहैं संक जाइ ।
७४ निहक्रोध रहै सुष ऊपजे । निरलोभ रहैं पद पाइ ॥
७५ न्रिदंद रहैं तौ तन सुषी । निःचाहि रहै तौ चैंन ।
७५ न्रिमोह रहैं न्रिबंध ह्वै । निहकल्प रहै तौ अैंन ॥
७६ निहिभर्म रहैं आतम सुषी । निहकर्म रहैं दुष जाइ ।
७६ निहतरंग रहैं चित थिर ह्वै । निहिच्यंत रहैं गति पाइ ॥
७७ हिरसि मिटैं हरि पाइए । अदया मिटैं दयाल ।
७७ अंतरगति की कांमनां । मिटैं तब त्रैकाल ॥

श्री मुषनांमौं
७८ सांधनि संगि सदा रहौं । सुंनहुं सयानैं लोइ ।
७८ मन बच कर्म मोकूं भजै । ताहि गंजि न सकै कोइ ॥
७६ षंभा मांझ नर स्यंघ ह्वै । प्रगट्यौ जन कै काज ।
७६ हरनकसिब कूं लै गयौ । ज्यूं तीतर कूं बाज ॥
८० भगत सुमेरी आतमां । जाकौं जाइ बिरोध ।
८० सुरपुर नरपुर नागपुर । जहां तहां मारौं सोध ॥
८१ आंनदेव की सेव तजि । मोहि नवावै माथ ।
८१ मेरे दिस अंगुरी करै । ताकौ काटौं हाथ ॥
८२ सौंह कीयैं तो सौं कहत । यहु जांनी जीय मांहि ।
८२ बांधी मेरे दास की । मोपैंहि छूटति नांहि ॥

साषी
८३ बेद पुरांन सब कहैं । राषी जन की रेष ।
उदर बिदार्‌यौ असुर कौ । नार सिंघ ह्वै देष ॥
८४ भगति करीलै लींन ह्वै । तजि ब लोक की लाज ।
देवल फेर्‌यौ देषि मैं । केवल नांमां काज ॥
८५ छत्रपति कोप्यौ काल ह्वै । करि न सक्यौ कछू अंत ।
राष्यौ दास कबीर मैं । गहि गैंवर के दंत ॥
८६ दुबासा जिय दोष धरि । गयौ बंदैं न सराप ।
लयौ अंबरीष उबारि कैं । मन बच क्रम मैं आप ॥
८७ देषी अनदेषी करूं । जन की दैंउ न दादि ।
भगति मांझ भार्गौं परै । करै मोहि कों यादि ॥
८८ यहु दुष सह्यौ सुनां परै । साध संतावै कोइ ।
लोही पींउं पछारि कैं । त्रिपति सुतऊ न होइ ॥
८६ मेरे जन तन जौ कोऊ । चितवै कररी दीठि ।
चाबक तोरौं चौहटैं । गुनहगार की पीठि ॥
६० जो ब संतावै साध कूं । सो दोषी है मोर ।
गहि कैं गरदनि मारिहौं । कबहूं न बकसूं चोर ॥
६१ मोही तैं उतपंनि ह्वै । मोही मांझ समांहि ।
मैं बिन मेरे दास कूं । ठौर लोक त्रिय नांहि ॥
६२ पसहूं कूं प्यारौ लगै । न्यारौ कीयौ न जाइ ।
आगैं आगैं बछरा । पीछैं पीछैं गाइ ॥
६३ हौंहों माता हौं पिता । मो बिन ठौर न कोइ ।
साहिब सेवग बिसरई । प्रिथी प्रलौ होइ ॥
६४ गुन अतीत निरधार हौं । निगम कहत मोहि नेत ।
छूट्यौ अबहि सुनां परै । बांध्यौ साध कैं हेत ॥
६५ धरतीं अंबर आदि दै । रवि ससि पांनीं पौंन ।
साधनि लगि एतौ रच्यौ । न तौ ब कारिज कौंन ॥
६६ निःस्वादी निरबैरता । निरलोभी निहकांम ।
अंनत न मोकौं जांनि यहु । साध मेरौ निज धांम ॥
६७ जल थल महियल सोधि सब । अबसु रह्यौ इहि ठांउं ।
मोहि समरपै जौ कोउ । साधनि मुषि ह्वै षांउं ॥
६८ हमहि इनहि अंतर नहीं । सति कहत सुनि तोहि ।
साध सुषी तौ हौं सुषी । साध दुषी दुष मोहि ॥
६६ साध सु मेरो सरीर है । हौं संतनि कौ जीव ।
स्वांमीं सेवग यौं मिले । ज्यूं ब दूध अरु घीव ॥
१०० जनमि न जूयें जांनि यहुं । मोतैं मेरे दास ।
मन बच कर्म अब यौं मिले । ज्युं ब फूल अरु बास ॥
१०१ निसि बासुरि सुमिरत हैं । महा निर्मल करि मन ।
सो बस्त कहि कौंन है । लै गुदरांऊं जंन ॥
१०२ अबहि सुआ संगु नां परति । सोचत हौं दिन राति ।
कहा दै भलै मनाइये । भगत हमारी जाति ॥
१०३ जोई जोई आवै सरन तकि । सोई अपनौं करि लैउं ।
भगत बछल यहु नैंम मम । करतैं छाडि न दैंउं ॥
१०४ सनमुषि आयौ चाहिये । हौं क्यूं छाडौं हाथ ।
सुरपुर नरपुर नागपुर । तीनि लोका कौ नाथ ॥
१०५ जोगी जंगम तपसी । सिव बिरंचि महामुनि ।
हस्त कवल की छांह मैं । राषे जुगंनि जुगंनि ॥
१०६ आप सरीषे करि लिये । धरि मस्तक पर हाथ ।
संग बिराजैं साध कैं । कबहूं न छाडौं पास ॥
१०७ दुरी बात यह जीय की । प्रगट कहत हौं तुझ ।
धू धरती ज्यूं अटल है । जे बल गेहैं मुझ ॥
१०८ - । तें मेरे प्रांन हैं ।
जन बाजीद बिचारि न अैसे आंन हैं ।
१०६ अष्ट सिधि नव निधि न राषत दास तैं ।
परिहां मुष देषत सुष मोहि उठौं नहीं पास तैं ॥
११० तौ पास न छाडौं दास कौ । मुष देषत सुष मोहि ।
बाजीद बिबेकी जीव जे । बहुत कहा कहौं तोहि ॥
इति साध कौं अंग संपूर्ण भवेत ॥

१७ साध महिमा कौं अंग

राग बिलावल

१:॰ जौ जन रसनां रांम संभारै ।
किती एक बात आपनां तन की । कोटि पतित
निस्तारै ॥ टेक ॥
१ कांम क्रोध अहंकार मोह तजि । जीव दया प्रति पारै ।
तीर्थ जिते किते बसुधा परि । तिनहूं के अघ टारै ॥
२ मीणौं जाति जदपि कुल नीचौ । सतगुर सबद बिचारै ।
घाटमदास रमैं जौ परचै । तीनि लोक कूं तारै ॥

राग सारंग

२:॰ जा दिन तैं हरि दास कहायौ ।
धर्मराइ तब थैं ता नर कौ । कागद छेकि बहायौ ॥ टेक ॥
१ देवी देवा पुत्र पिता मिलि । सबहिन कैं मनि भायौ ।
बंस उधर अनेक कोटि कुल । अभै नलसांन बजायौ ॥
२ सबहि संत मिलि साध संगति थैं । सतगुर भेद बतायौ ।
गोइंद प्रभु हरि आप दया करि । बांह पकरि अपणायौ ॥
३ जिहि कुलि चंदन ऊपनौं । आनंदी बणराइ ।
संगति का महगा किया । बषना बास लगाइ ॥

राग बिलावल

३:॰ जिहि कुलि साध भागवत होई ।
गिणियैं न अबर्न बरन रांम धन । बिमल बंस मांनियैंब
सोई ॥ टेक ॥
१ ब्राह्मण षत्री बैंस सुद्र लौं । नारि चंडाल मलेछौ होई ।
हूंहि पुंनींत भजैंहि भगवंतहि । आप तारि तारैं कुल
दोई ॥
२ गांव ठांउ देस सोई पांवन । हूंहि पुंनींत संग के लोई ।
सुर पंडित निर्प पातिसाह कबि । दास बराबरि और न
कोई ॥
३ लैंहि सार रस भगति ग्यांन फल । तजहि संसार जानि ज्यूं
छोई ।
परवनि पांन समांन रहैं नित । कहि अधार जग मैं जन
सोई ॥

४:॰ सोई सर्बग्य सुजांन कुलींन ।
हरि कूं भजै सु पंडित ग्याता । चारि बरन सोई अति
परबींन ॥ टेक ॥
१ छत्री बैस सुद्र दिज महियां । सोई भलौ जु होइ हरि
लींन ।
ग्यांन बडौ ताकी जगत बडाई । का कुल बडे जु ग्यांन
मलींन ॥
२ अजामेल गज गनिक पूतनां । संकट परें उधारे दींन ।
सूरदास इक रांम नांम बिन । मूंढ बंधे बनसी ज्यूं
मींन ॥

राग टोडी

५:॰ जाति हीं तैं राति ऊंची ।
हरि जोई भजै सोई कुल दीरघ । ब्याध गज्यंद्र कहा हुते
सूची ॥ टेक ॥
१ घटि घडि ग्यांन गोपि बिन गुरगंमि । प्रक्रिति कपाट न
लागत कूंची ।
अंकूर न जाइ पारस बिन परसें । ज्यूं बिष बेलि अंम्रित
रस सींची ॥
२ लघु कुलींन कुल भगति भजन बिन । प्रगटै न बुधि
बिषै की भूंची ।
कहि नापा सलिता सागर कूं । सहजि मिलैं आंवहि नहीं
अैंची ॥

राग बिलावल

६:॰ कउवा की बीठि मैं मलिन का गंदा ।
तामैं तेरौ नांव बृछि ऊपज्यौ सुरबंदा ॥ टेक ॥
१ गुर के सबद परसि जब पावा ।
अगम ठौर धरि ध्यांन लगावा ॥
२ ऊगि हिरदै निकस्यौ मुष द्वारा ।
तीनि लोक जाकौ बिस्तारा ॥
३ कउवा कूं मारि बृष जौ पूजै ।
कहि नापा ताहि तृभुवन सूझै ॥

राग सोरठि

७:॰ रे चित चेति चेति अचेत काहे बालमींकूं देष रे ।
जाति थैं कोई पद न पहूच्यौ । रांम भगति बसेष
रे ॥ टेक ॥
१ षटक्रम सहित जु बिप्र होते । हरि भगति चित दिढ नांहि
रे ।
हरि कथा सूं हेत नांहीं । सुपच तुलै ताहि रे ॥
२ स्वांन सत्र अजाति सब थैं । अंतरि लावै हेत रे ।
लोक वाकी कहा जांनैं । तीनि लोक पवित रे ॥
३ अजामेल गज गनिका तारी । काटी कुंजर की पासि रे ।
अैसे द्रुमती मुकति कीये । क्यूं न तिरै रैदास रे ॥

राग धनाश्री

८:॰ हरि के चरन सदा सुष चैंनां ।
हरि कौ दास सुपच किन आवो । चरन परसि ढिग लैंनां
॥ टेक ॥
१ ऊच नीच का भरम न कीजै । संत कौ आदर दैंनां ।
जात पाप दोष जुग जुग के । अचवत ही पग रैंनां ॥
२ इहि रसि लागि तिरे ध्रू नारद । प्रीपौ नांमौं सैंनां ।
घाटमदास कहै जन तेरौ । अधम जाति कौ मैंनां ॥

राग सूहौ

९:॰ नींच ऊंच अंतर नहीं कोइ । हरि कूं भजै सु हरि कौ

होइ ॥
१ आसंक्या एक उपजी मन मांहि । अरजन कही क्रिश्न सूं जाइ ।
ब्रांह्मण कोडि जग्य मैं जीयां । पूरचौ नहीं सु कौंनैं भाइ ॥
२ कहियौ कृस्न सुण्यौं सो अरजन बात कही एक ब्यौरि बिचारि ।
जिहि जीयां संष पचांइण बाजै । सु कोई साधन जीयौं थांकै बारि ॥
३ म्हे तौ पूजि पूजि जांणि पूज्या । म्हे जांण्यां ए निर्मल भाइ ।
इन थैं और निर्मल छै कोई । म्हे भूला तूं कहि संमझाइ ॥
४ सुतौ साध पणि सुपच सरगरौ । तिहि कै अरजन तूं आप पधारि ।
तिहि आंयां जग्य पूरौ होसी । बाजा बाजैं देव दुवारि ॥
५ अरजन भीम निकुल अर सहदेव । राजा सहित पधारे धाइ ।
साध सनमुष ठाढा हूवा । बालमींक कै लागा पाइ ॥
६ हूंतौ नींच नीच कुलि उपनौं । तुम ऊंचा ऊंची पदइ मांहि ।
ऊंच नींच तुम्हारै आवै । तौहू कुल ऊंचा कै चालौं नांहि ॥
७ तुम साध तुम सकल सिरोमणिं । तुम समतुलि और नहीं कोइ ।
तुम हरि भगत हमारै आवौ । तुम आंयां जग्य पूरौ होइ ॥
८ बालमीक राजा कै आयौ । भोग लगाइ र लियौ अहार ।
जेता ग्रास जींमतां उचाया । संष बाजियौ तेती बार ॥
९ भूधर कहै हाथ थें भंजिसि । रूडां न बाज्यौ मति कारूंड ।
भगत जींमतां ग्रासैं बज्यौ । कणि कणि क्यूं नहीं बाज्यौ कूड ॥
१० देव देव मोहि दोस न दीजै । दोस ज क्यूं द्रोपती मांहि ।
नींच ऊंच की इहि कै आई । ताथैं कणि कणि बाज्यौ नांहि ॥
११ पारष करी पारीष्या लाधी । जगि मैं ज्यौंति जिमाया दोइ ।
जिहि जींयां संष पंचांइण बाज्यौ । बषनौं कहै सिरोमणि सोइ ॥

श्लोक
१ द्वादस कोडि बिप्रानां । नाती कोडि सतांनि च ।
असंषि कोडि केदार पुत्रा । मेकौ सुपच बैसनवा ॥
२ त्रीकोटि बेद बिप्रानां । सप्तकोटि मुषी द्विजा ।
षोहिणीं संषि सुद्रानां । न तुल्यं ब्रह्मग्यांनीं च ॥
३ सप्तदीपावती प्रिथ्वी । मणिरत्नं पूरितं ।
तत्वदानं समौ पुंन्य । ब्रह्मग्यांनीं च दर्शनं ॥
४ जेनी केनीषु बर्णेषु । ब्रह्मग्यांनीं बिनां पृये ।
तस्य दानं महापुन्यं । तारंति भवनं त्रियं ॥
५ चांडालो उत्यमं पात्र । ब्रह्मग्यांनी च पुज्यते ।
उधारंति कल्प कोटि । पुंनिर्जनम न बिद्यते ॥
६ जांनि कांणि बरणांनि । ग्यांन देहेषु प्रतिष्टंति ।
तस्य दासस्य दासोहं । भवेत जनम जनमांणि ॥
७ न मे प्रीयो चतुर्बेदा । मम भक्ता सुपचो प्रीयौ ।
मम भक्ति बिहूंनस्य । ब्राह्मणे सुपचाधिकं ॥
८ जे सौद्रा भगवांनु भगक्ता । बिप्र भागवत समृता ।
सर्ब बर्ण भवे सौद्रा । जे न भक्ता जनार्दनं ॥

राग टोडी
१०:० लोक कहै लौकांइ रे नांमां ।
षडदर्शन कै नेडै न जाइबौ । भगति जाइगी जाइ रे नांमां ॥ टेक ॥
१ षटक्रम सहित बिप्र आचारी । तिन सूं नांहिन मेरौ कांमां ।
जौ हरि दास सबनि थैं नीचे । तऊ कहैगे केवल रांमां ॥
२ अधम असोच बिष्ट बिभचारी । पंडरीनाथ कौ लेहि जु नांमां ।
वै सब बंधबरग मेरी जीवनि । तिन कैं संगि कह्यौ मैं रांमां ॥
३ गऊ लछि बिप्र कूं दीजै । मनबंछित सब पुरवैं कांमां ।
दास पटंतर तऊ न तूलै । भगत हेत जस गावै नांमां ॥

साषी
९ हेम होइ जे ढेढ कै । तऊ बांणीं अधिकाई ।
जै होइ साध कुठांइ । तऊ क्या महिमां जाई ॥
१० सब काहू कै पुज्य जुगति अपनी करि ध्यावै ।
जे यहु मधिम ठांइ । तऊ देवता कहावै ॥
११ साध पुरिष नित उजला । मल नहि करै पवित्र ।
महापुरिष तिस घरि नहीं । जिन कै धोषै बिलंब्या चित ॥
१२ धन षरचै मैं नांहि । बेद भागवत बषांणैं ।
तिस ठांइ पुरिष नहीं मिलै । अधिक चतुराई ठांणैं ॥
१३ साध पुरिष इनकै जाति कुजाति न पुछिये । पढि मति गरबौ कोइ ।
तिस ठांइ पुरिष नहीं पाइये । जिन कै धोषा दुबिध्या होइ ॥
१४ क्या बहु बिद्या पढैं । कहा उपदेसैं दीन्हैं ।
यहु सब मिथ्या जांणि । बिना साध के चीन्हैं ॥
१५ सब जग कलपत फिरै । पुरिस का चित न डोलै ।
संसै सूल न रहै । जबै मुषि अंमृत बोलै ॥
१६ सींचत ही फल देइ । बिप्र ह्वै तजै न छाया ।
तिस ठाहरि साध रमैंहि । जहां बाचा सचु पाया ॥
१७ भोजन भाव बिनां बिष लागै ।
षीर षांड घृत तंदुल मेवा । जरजोधन का त्यागै ॥
१८ भींषम दुव न प्रतज्यं । मम परतज्यं केसव: ।
बिषलीपति भोजनं । किमर्थं जनार्दनं ॥

श्लोक

१६ भोजनं किं पुछिते राजा । आदरं किं न पुछते ।
भोजनं गता जीरणं । आदरं अजरा अमरं च ॥
२० कबीर जिहि घरि साध न पूजिये । हरि की सेवा नांहि ।
ते घर मडहट सारिषा । भूत बसैं तिन मांहि ॥

राग धनाश्री

११:० जिन कैं हरि बलभ नहीं आवत ।
सिंघ श्रप के आले वै ग्रह । मरहट सदृस जनावत ॥ टेक ॥
१ संपतिहींन मलींन दीन । छुदयारत दहदिसि धावत ।
सोग संताप आपदा निसिदिन । सुपिनैंहूं सुष नहीं पावत ॥
२ दरस परस अंति जु तुलि उनकौ । कुल कहुं कलंक लगावत ।
अगरदास दासनि की महिमां । साषि श्री सुष गावत ॥
१२:० जिन कैं भगत भुवन मैं आवत ।
हरत बिषाद अबिद्या आमैं । तीर्म्यौं ताप नसावत ॥ टेक ॥
१ तीरथ सकल संपदा सुषनिधि । हठि हरि भगति बसावत ।
जैसैं गऊ बछ कैं गौंहन । अैसैं हरि कूं ल्यावत ॥
२ जनम कर्म गुन गाइ परम रुचि । सति हरि सरन बतावत ।
अगरदास संसार संमुद्र तैं । तत षिण पार लंघावत ॥

२१ जस्य गृहे जती भुक्ता तस्य । तस्य गृहे हरी सोयं ।
हरी जस्य गृहे भुक्ता । तस्य गृहे भवनं तृयं ॥

१३:० सोई सुभ लगन बार तिथि उत्तम । श्री गुर सरनैं आवै ।
मंगल उदै मनोरथ पूर्न । असुभ निरोधइ बहावै ॥ टेक ॥
१ पारस परसि लोह ज्यूं कंचन । दिब्य सरूप दिषावै ।
देह बदल नर होत तिहीं छिन । निज जन मांहि जनावै ॥
२ देस काल कुल नैंम नहीं कछु । सनमुष हरि पद पावै ।
अगरदास आनंद जोग सब । जब गोबिंद गुन गावै ॥

राग बिलावल

१४:० अब गोपाल सरनि तेरी आयौ ।
चरन कवल की सेवा दीजै । लौंडौ करि राषौ घर जायौ ॥ टेक ॥
१ जे नर बिमुष भये गोबिंद तैं । जनम जनम तिनहीं दुष पायौ ।
श्रीभट कूं हरि देहु अभै पद । जम डरप्यौ जब दास कहायौ ॥

राग कनडौ

१५:० जो सुष होइ साधनि कैं भेटैं ।
का सुरनागत भूतल पदई । हरि जस गाइ सकल दुष मेटैं ॥ टेक ॥
१ सो का जानैं संतन की महिमां । जे माया जंजार लपेटे ।
दिसि अरु बिदिसि कछू नहीं सूझत । ज्यूं तेली कौ बैल संकेटैं ॥
२ रांम नांम जाकै हिरदै है । का कुल ऊंच कहा भयो छोटै ।
सूरदास गरजत हरि कैं बल । मांनहुं चारि पदारथ फेटैं ॥

श्लोक

२२ बैश्नवा दर्शनं पुंन्यं । परसनं पाप नासनं ।
चर्णोदकं सर्बतीर्थाणि । नैबेद्यं परंम पदं ॥
२३ जेता अंतर भगत सूं । तेता हरि सूं होइ ।
नांम कहैता दास कूं । मुकति कहां थैं होइ ॥
२४ बैस्नवा बिश्नु देही । भ्यंनि जानंत जे नरा ।
ते नरा नरके जांति । जवत चंद देवाकरा ॥

राग भैरूं

१६:० भगत भगवंत नहीं अंतरा ।
द्वै करि जांणैं पसु वानरा ॥
१ छाडि परतीति बेद बिधि करै । दाझै भूजै जांमैं मरै ॥
२ कथणीं बदणीं सब को कहै । सो साचा जे रहणीं रहै ॥
३ कहत नांमदेव ममता जाइ । तौ साध संगति मैं रहै समाइ ॥

साषी

२५ करणीं करि उतिम भये । कुल उतिम गति नांहि ।
कनक पात्र कौ मद तज्यौ । काग बिष्ट पूजांहि ॥
२६ कबीर ऊंचै कुलि जनमें का भयौ । जे करणीं ऊंच न होइ ।
सोवन कलस सुरा भरचौ । साधनि नींद्या सोइ ॥
२७ दादू कनक कलस बिष सुं भरचौ । सो किस आवै कांम ।
सो धनि कूंटा चांम का । जामैं अंमृत रांम ॥
२८ दादू करणीं ऊंपरि जाति है । दूजा सोच निवारि ।
मैली मधिम ह्वै गये । उजल ऊंच बिचार ॥
२९ उजल करणीं रांम है । दादू दूजा धंध ।
का कहिये संमझै नहीं । चारचौं लोचन अंध ॥

राग गौडी

१७:० भाई रे चारि बरण मैं उतिम कहियें । साध संगति जिस होई ।
हरि भजि हरै कुबुधि कुल कारण । संत कहावै सोई ॥ टेक ॥
१ सारसंबाहि संनमुषा झूझै । षत्री अथवा कोई ।
दोइ दल मांहि गला रै मुहुकम । सूर कहावै सोई ॥
२ नींच ऊंच कुल की को कांमणि । करनाले रच लावै ।
ढोल ढमंकै लोक दसौं दिसि । सती सती करि धावै ॥

३ चतुर यष्ट नव पढै अर्थ सुध । सकल पुरांण बषांनैं ।
बांभण सुद्र नांव फिरि पंडित । ब्यास कहैं सब मांनैं ॥
४ पांणीपात अहार बसै बनि । सीत घांम झड साधैं ।
जनम जाति को पूछै नांहीं । तपा नांव आराधैं ॥
५ नगर गली बरिषा रुति पांणीं । बहैं न कोई छींवैं ।
एकमेक गंगा मैं उदिक । बेद अभ्यासी पीवैं ॥
६ भार अठारह बन मैं जेती । जुई जुई दिषलावै ।
चंदन पासि रुंष जौ होवै । चंदन नांव कहावै ॥
७ मलियागर अरु आक आदि दे । अग्नि मांहि ले नाषै ।
जाति बरण कुल जाइ सबै मिटि । अग्नि नांव कहि
भाषै ॥
८ असैं संत संग ह्वै साधू । कुल कारण कुछ नांहीं ।
इक टग सदा रहै ल्यौ लागी । पुजि लोक सब मांहीं ॥
९ परापरी पद मांहि समावै । रेष नहीं मरि जीवै ।
नीर षीर मिलि लूंण उदिक ज्यूं । जगंनाथ रस पीवै ॥

३० हम सुद थैं ब्रह्मा भया । जैसैं बणहीं थैं चौतारं ।
लोहा थैं कंचन हूवा । असा जनम हमारं ॥
३१ जाति हमारी कुल करि वोछी । सबद हमारा पूरा ।
जा पद षोजत सब जग बिनस्या । हम तहां बजाया तूरा ॥
३२ चंद सूर सूं षेला मांड्या । गोरष बचन औगाही ।
जिसं पूंजी का कोई मरम न जांणैं । सो हम बस्त बिसाही ॥
३३ जप तप सेती सब जग लागा । पुंनि ब्रत की आसा ।
तन मन सेती जोगी लागा । जहां केवल पद का बासा ॥
३४ निसि अंधियारी भगति उलबे । रवि उदैत गुण गावै ।
इस रहणीं धरि पूजा मंडे । अनहद सबद बजावै ॥
३५ बस्ती न सुंन्यं सुंन्यं न बस्ती । अगम अगोचर असा ।
गगन सिषर मैं बालिक बोलै । ताका नांव धरोगे कैसा ॥
३६ कबीर गुर गरवा मिल्या । रलि गया आटै लूंण ।
जाति पांति सब कुल मिटे । नांव धरौगे कौंण ॥
३७ दादू गुर गरवा मिल्या । जाथैं सब गमि होइ ।
लोहा पारस परसतां । सहजि समांनां सोइ ॥

राग सारंग

१८:० बलि जांउ रांम के नांउ कूं । श्रब तत मैं सारो रे ।
जिनि जिनि कै हिरदै बस्यौ । ते जन उतरे पारो रे ।
मेरौ मन भमरौ हरि रस पीवै । रुचै न और बिकारो रे ॥
टेक ॥
१ ज्यां ईषां गुड नीपजै । गुड थैं षांड कराई रे ।
सतगुर मिलि मिसरी भई । बहुरि न ईष समाइ रे ॥
२ ज्यां दूधां दधि नीपजै । दधि मथि मांषण कराई रे ।
कसणीं कसियौ घ्रित भयौ । बहुरि न छाछि समाई रे ॥
३ जैसैं चंदन बांवनौं । और सकल बनराई रे ।
अवर गुणां लीपै नहीं । अपणां गुणां समाई रे ॥
४ जैसैं सीप समंद की । जल सूं नांहीं नेह रे ।
आई रुति आसौज की बूंदां कीयौ सनेह रे ॥
५ कथि पांन की प्रीतडी । चूंनां उजल भाइ रे ।
बलिहारी तिहि दास की । जाति बरण कुल जाइ रे ॥
६ केई बनषंडां तप करैं । केई धूंवां षाइ रे ।
केई कासी करवत लेवैं । केई गलैं हिंवाले जाइ रे ॥
७ साई सती जो हरि भजै । हरि भजि तजै बिकारा रे ।
सासणीं कुल कारणैं । जलै मडा की लार रे ॥
८ गुरमुष कसणीं जे कस्या । कहि नापा ते सार रे ।
बाप बनौरौ बापडौ । पूत भयौ चौतार रे ॥

साषी

३८ परस कहै रे प्रांणिया । कुल कारण नहीं कोइ ।
तवै कटारी आरसी । कुल एकै ही होइ ॥
३९ परसै कहै रे प्रांणियां । कुल कारण नहीं कोइ ।
आक धतूरा आंब फल । कुल एकै हीं होइ ॥
४० परस कहै रे प्रांणियां । कुल कारण नहीं कोइ ।
चडस करौती पांणहीं । कुल एकै ही होइ ॥

कबित

४१ मुषि ब्रह्मा कुलि कवल । मींडकी मांडि पजाया ।
बेद ब्यास सु मछिंद्र । उभै मछी ग्रभि आया ।
सारंगी कै पेटि साध सींगी रिष होई ।
हणूं अंजनीं मधि कुल स कारण नहीं कोई ।
बालमींक बंबई जनम । गरड जती पंषी कुले ।
रजब जांणीं जाति सब । ब्रह्म भजन सारे भले ॥
४२ रंका नांम कबीर सेनि सधनां कुलहीनें ।
पदम परस रैदास धनां नापा सु कमींनें ।
चौगू दीप सु कौंन । कौंन की तासु कणेरी ।
बिद्रु बांदरा बैंस जाति । सबही जगि हेरी ।
सुकल हंस से गोत गत । नींच न को इनतैं करे ।
रजब भजन प्रताप तैं । सकल बंस सिर परि धरे ॥
४३ षार समंद कुल सुधा । सहत अजरीमधि जाया ।
अहिमुषि मणि उतपति । पटकहि ठाहर आया ।
मंजारी कुलमेद पदमणीं नींच घरांणैं ।
सूरबीर कोई जाति । अपछरा बरबरि आंणैं ।
सीसै सुत रू पाजण्यां । कागद निपजैहि टाट के ।
रजब हरि भजि गोत गत । पलटे अंक लिलाट के ॥

४४ कबीर कुल तौ सोभला । जिहि कुलि उपजै दास ।
जिहि कुलि दास न ऊजै । सो कुल ढाक पलास ॥

४५ किं कुलेन बिसालेन । बिद्याहीनेन देहीनं ।
अकूलीनोपि बिद्वांसो । देवता सह पुजिते ॥
४६ कागबिष्टा समोउतपन्यं । अस्योपिते महामुन्य ।
गुनपुज्यते लोका । कुलं क्यं परोजनं ॥

४७ गुण क्यूं नषै देव गति । कुल कहा देषै साध ।
किस्तूरी का कुनि कुछ गुण क्रम बहुत अगाध ॥
४८ कुल कूं कहा बषांणई । गुणक्रम क्यूं न बषाण ।

पारस हीरा गुण करि महगा । कुल तौ कहा पषांण ॥

४९ नाव आरसी मेद मधु । गुण करि प्यारा होइ ।
कुल कहाव कोई नहीं । गुण मांनैं सब कोई ॥

५० पांन फूल घृत माया ओषद । गुण करि महगा होइ ।
कुल कहाव कोई नहीं । गुण मांनैं सब कोइ ॥

कबित

५१ कौंन कुलीन कौ देवल फेरचौ ज । कौंन कुलींन कैं बारदि आई ।
कौंन कुलींन कौं संष बजायौ रे । कौंन कुलींन के बेर सुषाई ।
कौंन कुलींन कैं गात जनेऊ जु । कौंन कुलींन सु देषि कसाई ।
हो रजब रांम रचै नहीं जातिन । प्रीति प्रसंग मिलैहै रे भाई ॥

राग गुंड

१९:० तापिया लोधिया नौं मन साचौ रे । साच बिना मत का चौरे ।
लोधियौ आवे लोध करंतौ । तापियौ तौ तप रातौ रे ॥ टेक ॥

१ कहां तेरी धुनहीं कहां तेरी सुनहीं । कैतैं हाटडे सुरति बिसारी रे ।
कै तेरा काप कउवा ले गइया । कै घरि रूठी नार रे ॥

२ दोइ जीव तूंनैं जीवता आपौं । दोइ जीव चूं मारी रे ।
चारि काप तूंनैं आछा आपूं । धुनहीं सुनहीं नारी रे ॥

३ मूंनि ब्रत छाडि करि तापियौ बोलियौ । लोधियौ थापियौ भाई रे ।
संष चक्र गदा पदम आवध जाकै । सो सावज द्यौ साही रे ॥

४ डूंगरां परबतां लोधियौ पुलांण्यौं । लोधिये देव न लाधौ रे ।
काप काढि गलै सारिबा लागौ । त्यारैं कृस्न बाचा बली बाधौ रे ॥

५ आगैं लोधियौ लारैं नारांइण । तापिया थांनि पहूंता रे ।
त्रिलोचन नौं स्वांमीं सारंगधर । बेऊ बराबरि कीधा रे ॥

राग गौडी

२०:० असौ गरीब निवाज रमइयौ गाईये रे ।
अभै अनभै दांन तिहि घरि पाईये रे ॥ टेक ॥

१ ऊपरवासी तागूतागू । निचवासी रइयौ न्हाइ ।
चरनां थैं गंगा फिरी । जल बिप्रां मैं जाइ ॥

२ उतिम बांभण बांणियां रे । उतिम हरि कौ थांन ।
जामैं मधिम नांमदेव । जिनि मिल्यौ बिप्रां कौ मांन ॥

३ अष्टादस ब्याकरण बषांणैं । अैसा जीमणहार ।
संष पचांइण बाजियौ । बालमीक की बार ॥

४ वै जालैं वै गाडण लागा । दुहूं मैं झगडौ एह ।
अदग कबीरौ राषियौ । ताकी दगी न देह ॥

५ ज्यां हरि गयौ त्यांह फल पायौ । निरफल रह्यौ न कोइ ।
बषनां रमईयौ गाइये । गायांया गति होइ ॥

राग कनडौं

२१:० तूं मेरौ ठाकुर तूं मेरौ राजा । हूं तेरे सरणैं आयौ हो ।
जस तुम्हारौ गावत गोबिंद । इनि लोगनि मारि उठायौ हो ॥ टेक ॥

१ आलम दुनीं आवती देषी । साइर पडि कोपिला हो ।
सुद्र सुद्र करि मारि उठायौ । कहा करौं मेरे बाबला हो ॥

२ प्रांण गयैं जे मुकति कहत हैं । सो तौ मुकति न जांनैं कोई हो ।
ए बांम्हण मोहि सुद्र कहत हैं । तेरी पैज पिछौंडी होई हो ॥

३ भई चहूं दिसि अचिरज भारी । अदबुद बात आपारा हो ।
दास नांमां कूं भयौ दुवारौ । पंडित कूं पछिवारा हो ॥

राग ललित

२२:० बापजी एतलौं अंतरौं कीधूं ।
जनम नांव दरजीनौं दीधूं ॥ टेक ॥

१ बांम्हण उचरैं बेदनैं बांणीं ।
जेतलौं अंतरौं दूध नैं पांणीं ॥

२ जाग्रनैं आब्या ब्यास नैं भाटा ।
ऊठौ नांमदेव नांषियैं छांटा ॥

३ अम्हारी भगति न जांणीं हो रांमां ।
हसि करि क्रिस्न बुलाये नांमां ॥

राग गुंड

२३:० अनबोलतां चरन नहीं छांडूं ।
मोहि तुम्हारी आंन बाबा बीठला ॥ टेक ॥

१ टगमग टगमग क्या चोधता ।
एक बोल बौलो बोलता ॥

२ कहिंधूं कूंतल कहिधूं बली ।
प्रंणवंत नांमदेव पुरवौ रली ॥

राग टोडी

२४:० मंझा प्रांण तूं बीठला ।
पैडी अटकी हो बाबुला ॥ टेक ॥

१ कलि षोटी कुसमल कलि काल ।
मेरे बंधन मो चहु श्रीगोपाल ॥

२ काटि नरांइन भव चे फंध । संम्रथ द्रिढ करि औडौ कंध ॥
३ नांमदेव की नरांइण कीन्ही सार । चले प्रोहन उतरे पार ॥

राग रामगरी

२५:॰ तुम्ह देवा हरि तुम्ह देवा ।
मेरें तुम्हहीं सजण बंधवा ॥ टेक ॥
१ आंब बडौ जगनाथ देवा । जहां का भगत नांमां ।
बालपणां कौ मींत मिल्यौ । हम घरि राघौ पाहुंणां ॥
२ लोग बोलैं नांमां नांमां । ए बोल लागै हांमां ।
अंगुरी दिषायें कुहडा न जीवे । मैं कैसें जीवूं परसोतमां ॥
३ घाट कालंद्री डोल आछै । वोपम सोहै भला ।
नैंन निरषि छीपी मिल्यौ । कुटंब नास भैला ॥
४ कंबली पटोलै गांठि पडी है । कृस्न देवा तेरी रावलियां ।
मूवल बंभन पंग दिषावै । षंभ षाऊं तेरी देहुरियां ॥
५ बोलत चालत सरूप आयो । भेष धरें बांलवंडा ।
नांमां छींपी कौ भाग पलटचौ । मिल्यौ रांम मनोहरा ॥

राग भैरू

२६:॰ हाल बाबा हाल बाबा षुसषबरी ।
नहीं तौ पकडि मारूं करूं बिगरी ॥ टेक ॥
१ कुजा अमदी कुजा रफती कुजा महरबी ।
द्वारके नगर बाबा रास मे गोई ॥
२ लाल तेरा तकस षूब तेरे बोल ।
द्वारके नगर बाबा कहां के मुगोल ॥
३ असपती गजपती नर नंदू ।
नांमदेव कौ स्वांमीं मीर मुकंदू ॥

कबित

४२ पूजा पाजन आज । समंदि सोसिला तिराई ।
दार देव नहीं सेव हरी सूली ह्वै आई ।
षेत हेत नहीं कोइ । धनहि सब कोई जांनैं ।
रांम नांम निज ठौर । करहु मूरति पै पांनैं ।
रजब मृतक धें न जिय । जग पग लगै न गाइ कै ।
छाप सु छींपै की परी । हिरदै रांनां राइ कै ॥
४३ मनिष भये पाषांन । सिधि गोरष सु पाई ।
भई भरथरी भाइ । हरी सूली ह्वै आई ।
लह्या जलंधी जोग । पहुम माँहैं प्रतिपालै ।
अजै पाल के चक्र । कौंन करणीं जगि चाले ।
षेडे उलटे धूंधली । चौरंगी कारिज सरहि ।
जन रजब वोह बसत बल । दरस दसा बहुतैं करैं ॥
४४ जल जोष्यूं नहीं साच । पहुमि प्रहिलाद न पीरा ।
गिरवर गिरत न मींच । बिबधि संकट नहि नीरा ।
गरड द्वारि मुषि नांव । जहर बिष जोरन हूवा ।
कंचन बिधि प्रहिलाद । अगनि घूघच तन भूवा ।
षडग षभ माँहैं निकसि । बैरी बाप सु मारिये ।
रजब कहि दरसन दसा । बालक लघु सु उबारिये ॥
४५ मूरति दूध पिवाइ । गाइ जन नांम जिवाई ।
देवल फेरि सु द्वार । पुनह घरि छांनि छवाई ।
अंतरजांमीं लष्या । स्वांन मधि सांई जांन्यां ।
मुगल रूप ह्वै मिल्या । सोई छींपैं पहिचांन्यां ।
अतुल राषि रंकार निधि । सलिता सेज मंगाइये ।
रजब कहि दरसन दसा । ग्यारसि बिप्र जिवाइये ॥
४६ बारदि द्वारि कबीर । आवती जगि सब जांनीं ।
तारकंधि रैदास । जनेऊ जग तिन छांनीं ।
पीपै चंदवा बुझै । भुवनि षांडै पति राषी ।
बिन बीजहि ह्वै षेत । धनां के साध सु साषी ।
नाई ऊबरचा नांव बलि । सति न दिब देही जरहि ।
रजब सीझे साचि सब । स्वांग झूठ तब अब करहि ॥
४७ बिलंद षांन की बेर । दुंनीं दादू ह्वै देषे ।
साहपुरे कै समै । उभै ठाहर पुनि पेषे ।
चीरी पलटे अंक जिहाज । सुजल निधि काढे ।
सांभरि षाटू हस्ति । रहै मैमंत सु गढे ।
कौं सलाइ काजी मुवा । अर उलमांइ न घर जरे ।
रजब साचे साधके । बिन बानैं कारिज सरे ॥
४८ पाताल अचिरज भया । मृत देवं दया श्रुग हैरांन कहा षेल मांडचा ।
ब्रह्म लोकं कहै । बिश्न अचिरज रहै । सिवपुरी बात दुष क्रम छांडचा ॥
४९ सुर लोक ध्यांन धरै । इंद्र अचिरज करै । चंद्र सूरज रहे रथ षांचे ।
जम लोक अचिरज भया । द्रिष्टि देषत रह्या । दादू अवधूत तत्व पंच नांचे ॥

राग आसावरी

२७:॰ अरे जंम नांहि नवै ब्यौपार । जे धरहिं जगति तुम्हारी ॥
१ बसुधा छाडि बणिज कीन्हौं । लाद्यौ हरि कौ नांऊं ।
रांम नांम की गूंणि भराऊं । हरि कैं टांडै जाऊं ॥
२ जिनिके तुम्ह अगिवांनीं कहियत । सो पूंजी हम पासा ।
अबै तुम्हारा कुछ डर नांहीं । कहै कबीरा दासा ॥

६॰ पंथ चलत उपजाई अैसी । बाहरि द्रिष्टि सो भीतरि पैसी ।
देष्यौ ब्रह्म जोति परकासू । आतमरांम हि भयौ निवासू ॥
६१ पीछैं बोली अकासबांणीं । धंनि धंनि दादू जगि जांणीं ॥
६२ षंड षंड प्रकास है । जहां तहां भरपूर ।
दादू करता करि रह्या । अनहद बाजहि तूर ॥

राग टोडी

२८:॰ धणीं धणीं धुनियां घटि धुनीं ।
सो धुनि सकल लोक मैं सुनीं ॥
१ धणीं धणीं धरणीं सब गाजी ।

सो धुनि सुणि माया अति लाजी ॥
२ धर्णीं धर्णीं आकास अनंदा ।
सो धुनि सुणिं थिरक्या रवि चंदा ॥
३ धर्णीं धर्णीं अगनी भई ठाढी ।
सो धुनि सेसि सुनि रुचि गाढी ॥
४ धर्णीं धर्णीं मारुत फिरि बसिया ।
सो धुनि सुणि संकर हरि हसिया ॥
५ धर्णीं धर्णीं जल थिर न उदंगल ।
सो धुनि सुणि ब्रह्मा कै मंगल ॥
६ गुर दादू धुनि मांहि समाया ।
जगंनाथ सुणि साहिब आया ॥

साषी

६३ दादू रांम नांम निज मोहनीं । जिनि मोहे करतार ।
सुर नर संकर मुनि जनां । ब्रह्मा सिष्टि बिचार ॥
६४ बाजै संष सबद धुनि बेनां ।
तन मन चित हरि गोबिंद लीनां ।
चल अचल सललि पांइन पंगुरनीं ।
मधुकर जुथ लेहि आघरनीं ॥
६५ सावज सींह रहे सब मांची ।
चंद रु सूर रहे रथ षांची ।
गंण गंधप मुनि जोवैं देवा ।
आरती करि करि बिनवैं सेवा ॥
६६ बासिग इंद्र ब्रह्मा करैं आसा ।
हमकिं चित दुलभ रांम दासा ।
भगति हेत रांम गुन गावैं ।
सुर नर मुनि दुलंभ पद पावै ॥
६७ धरती अंबर राति दिन । रवि ससि नावैं सीस ।
दादू बलि बलि वारनैं । जे सुमिरैं जगदीस ॥
६८ साध चर्णं जहां सर्ब तीर्थं तहां । होम जग्य अनेक बैकुंठ थानं ।
सर्ब देवत रहैं । दुलंभ दरसंन लहैं । ब्रह्मा बिस्न रुद्र पुज्यमांनं ॥
६९ साध दरसंण जहां । सर्ब कथा तहां । अनेक बांणीं धुनि ब्रह्म ग्यांनं ।
अनेक मुक्ती रहै । सर्ब सिधि निधंचहै । साध समांन नहीं दरसनं थानं ॥
७० चारि बरणं तजै । अबरण बरणं भजै । षटदर्शन भिंनि अतीत प्रांनं ।
कुलं आदि त्यागै । दोऊ पष भागै । तुरकहीं दूर हित ब्रह्मग्यांनं ॥

राग मारू

२९:० हरि के जन की अति ठकुराई ।
महाराज रिषि राजदेव मुनि । निरषत रहे लुभाई ॥टेक ॥
१ निसपृह देस राज करै तहां कौ । लोगनि परम उछाह ।
कांम क्रोध मद लोभ मोह सब । भये चोर तैं साह ॥
२ द्रिढ बिसवास कीयौ स्यंघासंन । ता परि बैस्यौ भूप ।
हरि जस बिमल छत्र सिर सोभित । राजित परम अनूप ॥
३ अर्थ कांम दोऊ भागि गए दुरि । धर्म मोष्य सिर नायौ ।
सुनि बबेक पाइ परौं पौरिया । समै न कबहूं पायौ ॥
४ अष्ट महासिधि द्वारैं ठाढी । कर जोरैं डरु लींनीं ।
छरीदार बैराग बिनोदी । झरकि बाहरी कीनी ॥
५ हरि पद पंकज प्रीति पृया अति । ताही सूं मन रातौ ।
मंत्री ग्यांन न औसर पावै । कहत बात सकुचातौ ॥
६ माया षलु ब्यापै नहि ताकौं । जो यारी तिहि जांनैं ।
सूरदास प्रभु नरतनु यह फल । गुरु प्रसाद पहिचांनैं ॥

राग धनाश्री

३०:० लोका मति के भोरा ।
जौ कासी तन तजै कबीरा । तौ रांमहि कहा निहोरा ॥ टेक ॥
१ तब हम वैसे अब हम अैसे । इहै जनम का लाहा ।
ज्यूं जल मैं जल पैसि न निकसै । यूं ढुरि मिल्या जुलाहा ॥
२ रांम भगति परि जाकौ हित चित । ताकौ अचिरज काहा ।
गुर प्रसाद साध की संगति । जुग जीतें जाइ जुलाहा ॥
३ कहत कबीर सुनहुं रे संतौ । भरमि परै जिनि कोई ।
जस कासी तस मगहर ऊषर । हिरदैं रांम सति होई ॥

राग सोरठि

३१:१ वै क्यूं कासी तजहि मुरारी ।
तेरी सेवा चोर भए बनवारी ॥
२ जोगी जती तपी संन्यासी ।
मठ देवल बसि परसै कासी ॥
३ चरन ब्यर्द कासी कूं न दैहूं ।
कहै कबीर भल नरकहि जैहूं ॥

साषी

७१ कासी तजि मगहर गया । कबीर भरोसै रांम ।
सैं दे ही सांई मिल्या । दादू पूरे कांम ॥

राग गौडी

३२:० झगरा एक नबेरौ रांम ।
जे तुम्ह अपनां जन सूं कांम ॥
१ ब्रह्मा बडा कि जिनि रु उपाया ।
बेद बडा कि जहां थैं आया ।
१ यहु मन बडा कि जहां मन मांनैं ।
रांम बडा कि रांमहि जांनैं ॥
२ कहै कबीर हूं षरा उदास ।
तीर्थ बडे कि हरि के दास ॥

श्लोक

७२ जाहर्नई हरिचर्नं च । मेकोपि समैं दृस्यते ।
पुन: चर्ण न पस्यामि । भृत्येव गगिवमुत्यमं ॥
७३ मेर बडौ अति कहैं । मेर पुनि रहै पुहिमपर ।
पुहिम बडी अति कहैं । सेष पुनि रहै एक धर ।
सेष बडौ अति कहैं । स्यंभु उरि हार कियौ मरि ।
स्यंभु बडौ अति कहैं । कोटि सिव रोम एक हरि ।
जग सकल बडौ हरि कौं कहैं । पार गंभीर न को लहै ।
सब छाडि बडौ हरि भगत है । जास हिरदा मैं हरि रहै ॥

साषी

७४ धनि सो मंडल देस धनि । धंनि वै साधू गांव ।
ज्यांह देसां दादू बसै । लीजै हरि का नांव ॥
७५ जैमल धंनि बिलाइति देस धंनि । धंनि पटण धंनि बास ।
धंनि कुल घर माता पिता । साधू उतपति तास ॥
७६ धंनि बरस वोह मास धंनि । धंनि पष दिन वो बार ।
कहि जैमल वो बंस धंनि । जहां साधि लीया औतार ॥
७७ धंनि निस दिन वै पहर धंनि । धंनि घडी महूरत सोइ ।
कहि जैमल वा पलक धंनि । जहां साधू उतपति होइ ॥
७८ धंनि ठाहर जहां पग धरैं । धंनि रज बंदणहार ।
कह जैमल वै मनिष धंनि । जहां साधू दीदार ॥
७९ धंनि सुषेत्र धंनि ते नर । जहां पुरिष बिलैंबे आइ ।
जिस धोषै लागा जग जलै । तातहि षिन मांहि तपति बुझाइ ॥
८० जोग धर्मेषु जो लीनां । धंनि बस कुलोत्तमं ।
धंनि माताप्रसुतां च । जस्य पुत्रोहि योगेस्वरं ॥
८१ कबीर धंनि ते सुंदरी । जिनि जाया बैस्नौं पूत ।
रांम सुमरि निरभै हूवा । सब जग गया अऊत ॥
८२ बालपनैं थैं हरि भज्या । जग थैं भए निरास ।
नांमदेव ?दंन भया । सीतल सबद निवास ॥

श्लोक

८३ ब्रह्मा सु उर्बसी भार्ज्या । तास पुत्र बसिष्टिस्य ।
बसिष्टिस्य कंडणीं भार्ज्या । तास पुत्र सक्ति नांमां ।
सक्ति नांमां सुपचणीं भार्ज्या । तास पुत्र पारास्वर ।
पारास्वर मछोद्री भार्ज्या । तास पुत्र ब्यास ।
ब्यासो तीन्य पुत्र । धृत्राष्ट पंड बिद्र ।
जत्र जत्र क्रीया श्रेष्ट । तत्र तत्र कुल उतिमं ॥

राग सारंग

३३:० हरि सुमिरौ सोई सति बिचारौ ।
और तन मव्वे कांम रांम बिन । कोटि जनम जीवन सोई डारौ ॥ टेक ॥
१ ज्यूं बरिषा रुति बूंद सिंध मैं । आइ मिलै सोई जल षारौ ।
ता साइर संगि सीप स्वांति रति । तासुत निपजि नीर तैं न्यारौ ॥
२ ज्यूं मधु करत एकतर । तब देषत सब प्रगट उघारौ ।
नर बनचर पंषी पसु काहू । यहु न समझि षोज्यौ षल सारौ ॥
३ बहु षगवै षग सूंर सर्ग समि । नहीं गमि षीर नीर निरवारौ ।
हंसहि इहैं सुभाव सहजहीं । सूषिम सुरति समझि ब्यौहारौ ॥
४ श्रिक चंदन संगति अहि सीतल सरस सुगंध देव गति प्यारौ ।
और सबै पावक कैं तांई । अगिनत कष्ट अठारह भारौ ॥
५ नहीं कुछ मेर सुमेर महागिर । अतिर अभषिर बूडनहारौ ।
ताकी गति प्रापति का कीमति । पारस परसि मिटै कुल कारौं ॥
६ मन कर्म बचन अबी सुरपति कूं । हेत भजै तजि आस ·· पसारौ ।
परस रांम ता संमि कोई नांहीं । जाकै निसदिन अगम उज्यारौ ॥

साध महिमा कौ अंग संपूर्न ॥

१८ मिलाप मंगल कौं अंग

१:० धनि दिहाडौ धंनि घडी ए ।
साधौ भाई गोबिंद जी घरि आव्या ए ॥ टेक ॥
१ चंदनि चौक पुराविज्यौ ए ।
साधौ भाई पांच सषी बधावो ए ॥
२ गगन मंडल म्हारौ बैसणौ ए ।
साधौ भाई बाजैं अनहद तूरो ए ॥
३ आंबरी लागी बादली ए ।
साधौ भाई झिरि मिरि बरिषैं मेहो ए ॥
४ गरीब नांमदेव हरि भज्या ए ।
साधौ भाई लोक हसेबा दीज्यौ ए ॥

राग षमाइची मारू

२:० अम्ह घरि पाहुंनां ए । आव्या आत्मरांम ॥ टेक ॥
१ चहुं दिसि मंगल चार । आनंद अति घनां ए ।
बरत्या जैजैकार । बिरधि बंधावणां ए ॥
२ कनक कलस रस मांहि । सषी भरि ल्याविज्यौ ए ।
आनंद अंगि नसाइ । अम्हारैं अविज्यौ ए ॥
३ भावै भगति अपार । सेवा कीजियै ए ।
सनमुष सिरजनहारा । सदा सुष लीजियै ए ॥
४ धनि हमारा भाग । आव्या अम्ह भणीं ऐ ।
दादू सेज सुहाग । तूं तृभुवन धणीं ऐ ॥

राग रांमगरी

३:० आज हमारै रांम जी साध घरि आए ।

मंगल चार चहुं दिसि भए । आनंद बधाए ॥ टेक ॥
१ चौक पुराऊं मोतियैं । घसि चंदन लाऊं ।
पंच पदारथ पोइ करि । यहु माल चढाऊं ॥
२ तन मन धन करुं वारणैं । परदषिण दीजै ।
सीस हमारा जीवले । नौछांवरि कीजै ॥
३ भाव भगति करूं प्रीति सूं । प्रेम रस पीजै ।
सेवा बंदन आरती । यहु लाहा लीजै ॥
४ भाग हमारा हे सषी । सुषसागर पाया ।
दादू का दरसन किया । मिले तृभुवनराया ॥

राग सारंग
४:० आए मेरे रांम सनेही साध ।
दर्शन देषत भयौ परम सुष । मिटे सकल अपराध ॥ टेक ॥
१ जिनकै प्रेम प्रीति हरि सेती । निहकांमीं निज सार ।
पाषंड तजैंहिं भजहि भगवंतहि । परहरि बिषै बिकार ॥
२ राजस तांमस सातिग परहरि । निर्गुन कौ नित ध्यांन ।
तन मन बिलै करत यौं सेवा । हिरदै ब्रह्म गियांन ॥
३ तेज पुंज के रस के माते । बिष सुष दीन्हें डारि ।
दादू संत सिरोमणि ऊपरि । मोहन तन मन वारि ॥
५:० मेरे नैंन सुफल आजु भये । चरन परसि देहा ।
दरस देषि पाप गयैं । आयें गुर ग्रेहा ॥ टेक ॥
१ कीन्हें डंडौत जाइ । कनक डंड जैसैं ।
परदछिन दे पांइनि परि । चींटी षगु तैसैं ॥
२ बांनीं सुनि श्रवन सुफल । प्रांण मन जगाए ।
भर्म तिमर भाजि गए । प्रगट भांन दिषाए ॥
३ त्रिबिधि ताप दूरि गए । सुषन स्यंध न्हवाए ।
रोम रोम अति उछाह । मंगला पद गाए ॥
४ दीनदयाल दादू गुर । दे प्रसाद तारे ।
दासनि दास चरन रेंनि । जनगोपाल वारे ॥

राग आसावरी
६:० जबहि तुम्ह दरसन पायौ ।
० सकल बोल सिधि आजु भलैं दिन आयौ ॥ टेक ॥
१ तन मन धन नवछावरि अरपन । दरपन दर्शन परसन पैंमु बढायौ ॥
२ सब दुष गए हुते जे जीय मैं । प्रीतम पेषत भायौ ॥
३ गरीबदास सोभा कहा बरनैं । आनंद अंगि नमायौ ॥

राग कनडौ मारू
७:० नैंननि देषि देषि देषि । सोभित सुंदर सुष पायौ ।
सबहिन के जीवनि प्रांन सो मेरैं ग्रिह आयौ ॥ टेक ॥
१ मुधुर बैंन निर्मल नैंन । सुंदर सुषदाई ।
अंतरगति सूं रत । रहे रांम समाई ॥
२ परम भाग उदै जाग । चिनवत सोई पायौ ।
निर्षि नैंन मुदित बैंन । आनंद बधायौ ॥
३ जीवनि के भाग देषौ । साहिब रांम पठायौ ।
टीला गुर दादू देषि । साधनि सुष पायौ ॥

राग कनडौ
८:० आज उछाह मेरैं ।
मंगल चार अपार भये मनि । परगट दरसन हेरैं ॥ टेक ॥
१ रोम रोम सुष सरीर ।
आनंद अंतरि बिगसि बिगसि करि । तन मन छांवरि फेरैं ॥
२ निर्मल नूंर निहारत नैंनि । सोई दिन घरी महूरत बेरैं ।
गरीबदास सुष सरस परस रस । जिय मैं रहौ नित नेरैं ॥

राग केदारौ
९:० प्रीतम आए सुने तब जीय मैं करार ।
सब सुष की निधि मेरैं ॥ टेक ॥
१ अंग प्रफुलित मन मैं आनंद । नैंननि सीरक देषत ही दीदार ॥
२ मन की इंछ्या पूरी मेरै तौ जीव निमूरी । द्रिगनि मैं राषूं नित इहै बिचार ॥
३ गरीबदास मन बच क्रंम अैसैं भाषै । यहु उर अंतरि है निसबासुरि सकल सिरोमनि यार ॥

राग टोडी
१०:० जा दिन भगता आईला । चारचूं मुकति पाईला ॥
१ दर्सन धोषा भागीला । कोई आदू सुकृत जागीला ॥
२ संनमुष दर्शन देषीला । तब जनम सुफल करि लेषीला ॥
३ बैश्नौं रिदै समाईला । जन नांमदेव आनंद गाईला ॥

राग गुंड
११:० आज नां द्यौंस नैं भावनैं जांउं ।
मिलैं संत जन लें हरि नांउं ॥ टेक ॥
१ जो दिन सो दिन अैसौ दिन होइ ।
पंथ निहारत मिलिया सोइ ॥
२ मंगल कोटि करैं ग्वालणीं ।
रांम भगति रुचि मांनैं घंणीं ॥
३ मन के मनोरथ पुरवे घनां ।
कहै परस मिले हरि के जनां ॥
१२:० आज नां द्यौंस नां ल्यू बलिहारा ।
मेरे ग्रिह आये राजारांमजी का प्यारा ॥
१ आंगण बगड भुवन भयौ पांवन ।
हरि जन बैठे हरि जस गांवन ॥
२ करूं डंडोत र चरन पषालूं ।
तन मन धन उन ऊपरि वारूं ॥
३ कथा कहैं अर अरथ बिचारैं ।
आपन तिरैं और कूं तारैं ॥
४ कहै रैदास मिले निज दास ।
जनम जनम के काटे पास ॥

कबित

१ आज दिवस धंनि उदित । आज दरवें जगदीसं ।
आज दलिद्र दुष दूरि । आज दीरघ दत दीसं ।
आज भाव करि भगति । आज पुंनि प्रेम प्रकासं ।
आज अगम सब सुगम । आज रस रांम बिलासं ।
आज काज सारे सरहि । आतम आष्यौ पेषिया ।
जन रजब साफिल जनम । दरसन साध सोई देषिया ॥
२ आज अगम आनंद । आज उरि पूरी आसं ।
आज सकल संतोष । आज बिचि ब्रह्म सुबासं ।
आज परम पुंनींत । आज आतम मधि एकं ।
आज गुपत बित प्रगट । आज अंकूर अनेकं ।
आज नींच ऊंचे निरषि । लाभ जनम फल लेषिया ।
रे रजब साधू दरिस । दुषभंजन सुष लेषिया ॥

३ स्वांमीं संकर अद्यमे सुफलं जनमं । अद्यमे सुफलं तपः ।
आद्य मे सुफलं जात्रा । अद्य मे सुफलं जपः ॥

४ कबीर सोई दिन भला । जा दिन संत मिलांहि ।
अंक भरे भरि भेटिये । पाप सरीरौं जांहि ॥
५ कबीर बन बन मैं फिरचा । कारणि अपणें रांम ।
रांम सरीषे जन मिले । तिनि सारे सब कांम ॥
६ साध मिले तब हरि मिले । सब सुष आनंद मूर ।
दादू संगति साध की । रांम रह्या भरपूर ॥
७ कबीर साषित बांभण मति मिलै । बैश्नौं मिलौं चंडाल ।
अंकमाल दे भेटिये । जांनूं मिले गोपाल ॥
८ दादू मम सिरि मोटे भाग । साधूं का दर्शन कीया ।
कहा करै जम काल । रांम रसांइन भरि पिया ॥
९ भांवंता जब दीष । माली मन आंनंद भौ ।
मांनहुं मास दुभीष । आई षेप अनाज की ॥
१० किम जबहे द्रिग नारि । मम आयौ भायौ नहीं ।
निरषत नैंन पषारि । मलिन हुते तुंव दरस बिन ॥
११ ज्यूं निस मांहै सरद ससि । प्रगटत होइ उजास ।
त्यूं मुष दीठां सजनां । हिरदै होइ बिगास ॥
१२ सजन मिल्या त धिति भई । कजा सहसरि यांह ।
पूंन्यूं केरा चंद ज्यूं । दिसि चारचूं भरि यांह ॥
१३ आजि सु पष्यौ रेहिया । ओल्हरियौ बैंणें ।
जे सजण सुपिनैं मिल्या । ते दीठा नैंणें ॥
१४ यहु दिन यहु छिन यहु घरी । जब मुष देष्यौ मिंत ।
पल पल जे तुम बिन गई । वै मोहि सालैं निंत ॥
१५ चंदन चंद सुगंध नहीं । प्रीतम मिलैं जु होइ ।
ता सुष समि नहीं जांनियैं । सकल लोक फिरि जोइ ॥
१६ धनि सु रैंनि दिन सो घरी सजन मिलहि जब तब ।
तन बलि मन बलि जीव बलि । धन बलि जग बलि सब ॥
१७ जे सजन श्रवनहुं सुनें । सुनैं नौं देषे आइ ।
कहि मुकंद आनंद भए । सो महिमां कही न जाइ ॥
१८ मेहां हंदी मूंघणीं । षालिक षच न पाइ ।
हांणि तुहं जै हथडै । मारण मंत्र बियाइ ॥
१९ फरीदा वां देसां वां साधवा । बगाबाव सुबाव ।
वां झोली मूं झोलई । मैं नौं लष पसाव ॥
२० हरि जन आवत देषि करि । ठरी हमारी देह ।
बषनां बलती ऊपरैं । दूधा बूठा मेह ॥
२१ कबीर हरि जन आवत देषि करि । हसी हमारी देह ।
इन पलकनि सूं झारिहूं । उन चरननि की षेह ॥
२२ कबीर ताली लागी तेज सूं । मन गया आकास ।
बैकुंठ तौ षाली पडचा । सांई साधूं पास ॥
२३ सुष देणां दुष मेटणां । दूरि करण अपराध ।
कहि कबीर वै कब मिलैं । परमेस्वर का साध ॥

बैश्नौं महिमां का श्लोक
श्री भगवांन उवाच
२४ भ्रता भक्ति कुचीलं च । छत्रियौ मुष मंडिता ।
दातारो बस्त्रहीनस्य । बिना सोभा बिराजितं ॥
२५ कुंजरं कोटि सहश्रांणि । गवा कोटि सतांनि चः ।
कोटि कन्यां महादांनं । अंनदांन बिसेषिते ॥
२६ गज तुरंग सहश्रांणि । गोकुलं भूमि दांनांनि ।
कनक रज पात्राणि । मेदनी सागरं तथा ॥
२७ उभयौ कुल बिसुधस्य । कोटि कन्यां च प्रदांन ।
न भवंति समतुलं । अंनदांन बिसेष्यते ॥
२८ अंनदांन न परं दांनं । न देवो केसवात परं ।
सुंदरी न त परं बिद्या । नास्ति तत्व गुरुत परं ॥
२९ अंन ब्रह्म रसो बिश्नं । भुक्ता देव महेस्वरं ।
पंचभूत आतमां त्रिपितं च । अंन दोसो न दीयते ॥
३० उस्न काले जलं दद्यात् । सीत काले हुतासनं ।
बरषा काले मंदिरं दांनं । सर्ब कालेषु भोजनं ॥
३१ एते अभय दांनांनि । प्रांण दांनांनि गौ ग्रहे ।
दुरभिष्ये अंनदांनांनि । ते समरंति युधिष्टिरं ॥
३२ आसाभ्यंत मयाभितं । छुध्यार्थी जस्य भोजनं ।
द्रुबले दीयते दांनं । सुफलं पांडव नंदनं ॥
३३ अपूर्बे दीयते दांन । अपुज्यल्यंग पुज्यते ।
अनाथ प्यंड सहंसकारं । कोटि जग्यं फलभ्यते ॥
श्री भगवान उवाच
३४ प्रसादं भवते पार्थ । दिष्या च दीयते हरी ।
बैश्नवा मन्यते नित्यं । भक्ति युक्तो भवार्जुनं ॥
३५ चछू दत्वा मनं दत्वा । दत्वा बाक्य सीतलं ।
उथायस्य आसणं दत्वा । एवं धर्म्म सनातनं ॥
३६ प्रथमं च नमस्कारं । प्रदषिणां दंड ब्रतं ।
आचमनं आसणं दत्वा । चरणोदकं प्रसिकं सिरं ॥
३७ गंध अष्यत आरती धूपं । चंदन च पुश्प फलं ।
उदकं च तांवोलं मेदं । पद नित्य आनंदकं ।
३८ आदरं भाव सर्धाश्च । आचमनं अंनं भोजनं ।
मिष्टांन सुगंध सेज्या । सोच्य च हरि सेवनं ॥
३९ पत्रं पुसपं फलं तोयं । यो मो भक्ता परिष्यसी ।
तदा भक्ति मया युक्तं । सत्यं सत्य बदामि हं ॥
४० उतिमां नित्य पूजा च । वार पूजा च मध्यमा ।
अधिमां पषि पूजा । मास पूजा पुनः पसु ॥

४१ यथासक्ति क्रीयते भक्ति । पुज्यते हरि प्रीतिकं ।
अहारं दीयते पूजा । अहोरात्रि नित्येव चः ॥
४२ गुरू बाक्यं क्रीयते नित्यं । आतीत बिना न भुक्तबि ।
बैस्नवा दर्शनं द्रिष्टा । सा द्वितीयौ परमेस्वरं ॥
४३ तसमानु बैस्नवा मूरतिः । बिधि युक्तं च पूर्बकं ।
बर्णाबर्ण न कर्त्तब्यं । एक भावरि अर्चनं ॥
४४ बैस्नवा बर्ण बाहर्ज्यां । नदी वाहर्ज्य भागीर्थी ।
केसवो देव बाहर्ज्यं । ब्रत बाहर्ज्यि कादसी ॥
अरजुन उवाच
४५ जत्र कत्र मरते बैश्नवा । भष्यते स्वांन काकवत ।
नीदते सकल संसार । बूहि मुक्ति किं केसवे ॥
श्री भगवान उवाच
४६ यत्र कत्र मरते बैश्नवा । क्रिया कुर्ते पष्य देवता ।
परम स्थानं गत प्राणं । मुक्तिरेवा न संसय ॥
४७ बैश्नवा च बिश्नु देही । भ्यंत्य जानंत जे नरा ।
ते नरा नर्के यांति । जावत चंद्रदेवाकरा ॥
४८ बैस्नवा दर्शनं पुंन्यं । परसणं पाप नासणं ।
चर्णोदकं सर्ब तीर्थांणि । नैबेद्यं परंम पदं ॥
४९ साधूनां दर्शनं पुंन्यं । तीर्थं भूतेषु साधवा ।
तीर्थ फलति कालेन । सिध साध समागमः ॥
भगवान उवाच
५० श्रुणु अर्जुन महाभाग्यं । बैस्नवा महातम उतमं ।
षटुदर्शण मंन्यते नित्यं । अंतरं बहु अंतरं ॥
५१ अस्वमेध सहश्रांणि । कोटि कन्या धनंजयं ।
अनंतकं दार पुंन्यं । मम अर्जुन एक बैश्नवा ।
५२ गंगा सागर सहश्रांणि । द्वारिकाश्च सतैरपिः ।
भोजनति पुंन्य मेदिनी । मम अर्जुन एक बैश्नवा ॥
५३ सालिगरांम सप्त कोटिं । पुज्यते तुलसीदलं ।
सोमलिंग सहश्रांणि । मम अर्जुन एकौ बैस्नवा ॥
५४ सिरस्य धार्जते कोटि । कन्या कोटि सतैरपि ।
कंठ बाहू दत कोटि । करे अनंत उच्यते ॥
५५ केदार बर्ष सहश्राणि । द्वारिकाश्च शतैरपि ।
जत फलं मरणं कासी । तत् फलं बैस्नवा दर्शनं ॥
५६ द्वादस कोडि बिप्रानां । सिवलिंग सतांनि चः ।
सालिगरांम सहश्रांणि । त्रानिस्तो एक अभ्यागतं ॥
५७ अभ्यागतं पुज्यते नित्यं । परम गुरू परमेस्वरं ।
त्रपितं च त्रयो देवा । ब्रह्मा बिस्नु महेस्वरं ॥
५८ जती हस्तेषु जलं दद्या । भिष्या दद्या पुनर्जलं ।
तत् भिष्या मेरुनां तुल्यं । तत् जलं सागरोपमं ॥
५९ अतीतं द्वारे तिष्टंति । आपो भुजंति जे नरा ।
उदकं पीवंति रुधिरं । अंन गौमांस्य भष्यते ॥
६० अतीथं बिमुषं यांति । कोटि पूजा बिनस्यते ।
गौहत्या सहश्रांणि । ब्रह्महत्या सतांनि चः ॥
६१ एक रात्री षुधा दगधां । आतम लिंग प्रजालते ।
ग्रांम दगध सहश्रांणि । ब्रह्महत्या सताधिकं ॥
६२ रन्न कोटि जो दद्याच । रन्नपुरी विसुंधरा ।
आतमलिंग न एक त्रिपितं । परम गुरू परमेस्वरं ॥
६३ काष्ट भारा सहश्रांणि । घृतकुंड सतांनि चः ।
आतीथं नैव न भोक्तबिं । तस्य जग्यं निनार्थकं ॥
६४ सदा काले आतीथं तृपितं । पित्र प्यंड च लभ्यते ।
आतीथं निर्मुषं यांति । निरासो पित्रो गता ॥
६५ गृहे पुन्यं सदा नित्यं । सति सति स्नांन अभ्यागत ।
सर्ब धर्म सदा नित्यं । न धर्मं आतीथं परं ॥
६६ भेदाभेद न करतब्यं । एक भाव हरि अर्चनं ।
बैश्नावानां सुपिचश्चैव । सत्यं सत्यं हो अर्जुनं ॥
६७ सर्ब धर्म सर्ब तीर्थ । जती आतीथ बैस्नवा ।
सत्यं भाव मया भुक्ता । धर्म मोष्य मया परं ॥
६८ यत्र दया तत्र धर्म । आतीथं जत्र तीरथकं ।
जत्र गुरु तत्र पुजा । लयं भाव तत्र मुक्तिकं ॥
६९ आतीथं पर्ब गुरू तीर्थ । जनमनाधि बिचिंतये ।
संचित लष्यमीं किं कार्येषु । भक्तिहीनेषु केसवा ॥
७० षुध्यार्थी बैस्नवा आतमां । सिधानां सिध साधिकं ।
मिष्टान भाव भक्तिं च । त्रिपतं च परमेस्वरं ॥
७१ आतीथं पुज्यते नित्यं । त्रिकाले मध्यरायत्री ।
त्रिकाल अष्ट प्रहरं । षष्ट घडीक पुजनं ।
७२ न तिथि न बारं च । न बर्ण संक्रमंस्तथा ।
सर्ब तीर्थ आतीथं तत्र । जस्य भाग्यं जती गृहे ॥
७३ अष्ट काले लभ्यते मोष्यं । आषर्ब पर्ब उच्यते ।
आदरं आगतो क्रिस्न । भाव भक्तिं च कारणं ॥
७४ एक भाव कथितं ग्यानं । भक्ति भाव लयंस्तथा ।
मनसा बाचा कर्मणां । मुक्ति सिधि धनंजयं ॥
७५ गुरू पूजा जती पूजा । निर्मलं जदि भावनं ।
एकमेवा निभ्रांति च । ग्यांनींनां सत्य भक्तिकं ॥
७६ एक भाव मया श्रबे । सत्रो वा पित्र मित्रकं ।
पुजिते जीव दया च । तस्य धर्म्मस्य सिधते ॥
७७ दिष्या सिष्यास्तथा पार्थ । ग्राम बास उपदेसंकं ।
पित्र मित्र सुरापांनं । उधारंत्य एको त्रसतं ॥
७८ आकासं तार संष्याणि । तृण संष्याणि महीस्थले ।
श्रावणे बूंद संष्याणि । आतीथं सष्यां न बिद्यते ॥
७९ अस्त्री जनमं महाघोरं । षटु दोषं दिने दिने ।
सर्ब पापं हरे तस्य । जती भक्ति अहोनिसिः ॥
८० नांमं च पालते भक्ति । जीव दया हरि पुजनं ।
आतीथं पुज्यते नित्यं । एक भाव सर्बेस्वरं ॥
८१ जीव दया सदा पार्थ । मानुष्य जनमे दुर्लभं ।
गृहस्तेषु बैरागयंत । अहारं मध्यषु पुज्यते ॥
८२ क्यं जपं क्यं तपं क्यं जग्यं । स्नांन क्यं ब्रते क्यं क्यं पूजा ।
सर्ब धर्म भवे तस्य । प्रथमं पुज्यते अभ्यागतं ॥
मीलाप मंगल कौ अंग संपूर्न ।
अंगौ कौ हारडौ संपूरण समाप्तः ॥

१६ त्रिदोष साच अतीत के लष्यनि की पारष कौ अंग

नांम माला ग्रंथ

१ सति नाम करता पुरिष । अजोनी स्यंभू निर्भै निरंकार अकाल मूरति ।
आसंन साधि निरालंब रहै । पंच तत निग्रह करि गहै ।
थोडी निंद्रा अलप अहारु । साधू के प्यंडि सदा बिचारु ।
जत सत संजम सुरति बिचष्यण ।
नांनिक कहै ए जोग के लष्यण ॥

२ जां बोलै तौ ब्रह्म गियांनीं ।
अहनिसि जागै रहै नियांनीं ।
सुंनि मंडल मैं डोरी धरै । गुर परसादैं कबहूं न मरै ।
इहि बिधि कीजै गुर की सेवा । ताकूं बंदैं सगले देवा ।
जिह्वा बंद न देई चष्यण । नांनिक कहै ए जोग के लष्यण ॥

३ तामस तृस्नां लोभ निवारै । पंच अग्नि घट भीतरि जारै ।
अहनिसि रहै गंडीर चढाइ । सहजैं उपजै दुबिध्या जाइ ।
साध निवाजै बंधै चोर । हरि बिन मंत्र न जपिये होर ।
उतिम भली तिन्हां की चक्षंण ।
नांनिक कहै ए जोग के लक्षण ॥

४ पंचूं इंद्री दिढ करि राषै ।
जिह्वा मुष तैं अस्ति न भाषै ।
कोटि कुटंतर तत के बेते । गगनंतर मैं राषै चेते
सींचि पयाल गगनैं सर भरै । त्रिबेणीं जाइ मंजन करै ।
पंच सत कूं लागा रक्षण । नांनिक कहै ए जोग के लक्षण ॥

५ पूर्ब चढै पछिम आवै । रवि ससि दुहां इकंत्र मिलावै ।
अहूंठ पटण की चीन्हैं बाट । तापरि बूझै औघट घाट ।
नवषंड देषै पूर्ब पछिम उतर दक्षण ।
नांनिक कहै ए जोग के लक्षण ॥
यहु तन भांडा सुरति दुध । पवै सच समाइण सुध ।

६ जोग जुगति करि सहजे समाइ ।
जुगति बिहूंणां बिकहु जाइ ।
ग्यांन मथांणां नता नांव । इणि बिधि जपिये केवल नांव ।
रोलि बिरोलि लिया जिनि मषुण ।
नांनिक कहै ए जोग के लक्षण ॥
तिहूं वांका मारि मिलावै मांन । पंचा मैं होइ परधांन ।

७ जो पंचां का जांणैं भेव । आपे करता आपे देव ।
अंगम निगंम बंचे जांणैं । नवग्रह बंधै दस घरि आंणैं ।
सत सताईस चौदह चारि । आंगैं षडे रहैं दुवारि ।
अठ अठारह बारह बीस । आगैं काढें षडें हदीस ।

८ ऊंची नजरि सराफी होइ । नांनिक कहै उदासी सोइ ॥
उदासी सो जो करै उदास । रूष बिरष गिर कंद लिबास ।
अहनिसि रहिबा जोग अभ्यास । पारस अंग न लावै पास ।
जिहि घटि दुतिया दुबधा दुरमति न होइ ।
नांनिक कहै उदासी सोइ ॥

९ ग्यांन षडग ले मन सूं झूझे । मरम दसा पंचां का बूझै ।
मन मरते की पावै गांठि । तीर्थ न्हां- तीनि सै साठि ।
जिनि मैल इस मन की षोई । नांनिक कहै उदासी सोई ॥
प्रथमे पूर्ब गवन करै । दुतिया दक्षण दृष्टि धरै ।

१० दषिण ते जाइ पछिम आवै । अहूंठ पटण की सोझी पावै ।
पछिम ते जाइ चढै सुमेर । पावै पर दषिण के फेर ।
पुरिया कवला ऊपरि कवलास्न । तहां पर ब्रह्म का आसण ।
हीरे रतने माल परोई । नानिक कहै उदासी सोई ॥

११ कहां स गगनंतर का भौंन । जाकौं नित मनावै सौंन ।
एहा सूरा कौंन । नित उठि जूझै द्रुजन दौंन ।
बंधे बैसंदर पांणीं पौंन ।
गगन मंडल जिनि गऊ चोई । नांनिक कहै उदासी सोई ॥

१२ देही अंदरि अठसठि हाट । ताकूं बज्र जडाये पाट ।
औघट घाट बिषम है बाट ।
अैसा मारग गुरू दिषाया । दहदिसि देषि समझि घरि आया ।
अठसठि गंढी षोल्या कूंई ।

१३ गगनि कि मंडलि गउवा चोई । नांनिक कहै उदासी सोई ॥
गुर का भगता इंद्री जती । हिरदे मुकता मुष का सती ।
द्रिष्टि दयाल देषै कर दांन ।
जे घट निवैं तौ निवियां जांन ।
बचन सबद का सूफल दूत । नांनिक कहै सोई अवधूत ॥

१४ चंचल जाइ न जाइ तमासै । जूवै षेलै न हारै पासै ।
रंगे चंगे चित न लावै । गुर का दीया अंगि हूं ढांवैं ।
परघरि जाइ न करई कथा । एहा गुर पूरे के नथा ।
गुर की साषी सुणि रे पूता ।
नांनिक कहै सोई अवधूता ॥

१५ अस्वर नदी अपूठी तीरैं । अहनिसि सदा सिधांयां सरै ।
कवल उलटै पलटै पवन । यौं निवारै आवागवन ।
मन पवन कूं राषै बंधि । जाइ त्रिबेणीं त्रिकुटी संधि ।
अपणे बसि करि राषै दूत । नांनिक कहै सोई अवधूत ॥

१६ गगनंतर कौं भवर उडावै । अहनिसि डोरी गूडी लावै ।
परचौ होइ तौ फिरि घरि आवैं ।
इहि बिधि जुगति कमावै जोग । आंये हरष न गए सोग ।
संजम रहै न बिनसै सूत । नांनिक कहै सोई अवधूत ॥

१७ अरचे के घर रहै उदास । परचे के घरि करै निवास ।
ऊंदर कै सबदि बिलाई भागी । नांनिक कहै सोई बैरागी ॥

१८ सो बैरागी बया नहीं ल्यावै ।
स्यौ कै आगै सकति नचावै ।
सिव सकती के कर्म करै । अजर बस? अगोचर जरै ।

१९ अैसा ओषद षाइ सार । जित षांयां मन जांहि बिकार ।
तामस त्रिस्नां समो तियागी । नांनिक कहै सोई बैरागी ॥

साषी सबदी

२० बैरागी सो बिसरै बपु । अडिग अस्थिर अबिचल तपु ।
मन कूं पकडै उर्ध द्रिष्टि ध्यांन ।

२१ बैरागी बपु पोष निवारै । सासैं सास सुरति उरि धारै ।

बिसरै माया मेर मंडाण । अनल पंषि ज्यूं सुंनि समांण ॥
२२ असथिर आसण आसा छाडै । मन न बंधावै मींत ।
चित चरणां चहुंटचौ रहै । गुण तजि भजै अतीत ॥
२३ द्रपन मैं मुष देषये । पकडाया नहीं जाइ ।
यौं रहै अलेप सरीर सूं । तौ सिर भद्र कराइ ॥
२४ ज्यूं तेल कडाही आवटै । मांहैं दीसै चंद ।
मेर मंडांण दाझै नहीं । तब बैराग अनंद ॥
२५ बारि बंध्या ज्यूं सीत सूं । जीव जंत भी मांहि ।
तारा चंद गगन अरु बादल । बंधणीं आये नांहि ॥
२६ बंधे सु दुष पावैं बहुत । जांमण मरण प्रवाहि ।
दुष दाझणि दोजग दहणि । जुरा मींच जंम षाहि ॥
२७ बंधणीं आया बपु कूं पोषै । स्वादि बध्या संसारि ।
सिष पूजा लालचि मन लावै । ते गये अपणपौ हारी ॥
२८ भगता तिर्ण मतौ संसारी । तिरण तत ते लेहु बिचारी ।
प्रीति जांणि रांम जे कहै । दास नाम सो भगता लहै ॥
२९ तजि भेष भ्रंम भगवंत भजि भाई । धरे ध्यांन न लाई ।
तौ तूं जन रांम कौ कहावै । कबीर की गति पाई ॥
३० दादू सूषिम मांहि ले । तिनका कीजे त्याग ।
सब तजि राता रांम सौं । दादू यहु बैराग ॥
३१ गुण अतीत सो दर्शनीं । आपा धरै उठाइ ।
दादू निर्गुण रांम गहि । डोरी लागा जाइ ॥
३२ सधू निंद्या न कर्तब्यं । षटदर्सन समानई ।
दारदार बहनीं जथा कारं । अतीथं ब्रह्म उच्यते ॥
३३ अंतरनाडी सोषै बाइ । अरु आनंद समुद्र समाइ ।
बिस्व चक्र मैं पतित न होइ । पंडित नांम कहावै सोइ ॥
३४ पंडित चारि बेद गुण गावा ।
आदि अंत्यि कर पूत कहावा ।
उतपति परलै कहै बिचारी । संसा घालै सबै निवारी ॥
३५ बांभण सो जो ब्रह्म कूं जांणैं ।
ब्रह्मा जीव कहै सो मांनैं ।
भर्म कर्म का भेद न भाई । गोबिद का गुण निसदिन गाई ।
३६ तौ तूं बांभण भगत कहाई । ब्रह्मा की गति पाई ॥
३७ पंच इंद्रीं निग्रहं कृत्वा । कांम क्रोध बिबर्जिता ।
नित्वं ध्यांनं परं ब्रह्मं । सा बिप्रो देव उच्यते ॥
३८ जंगम जोग बिचारौ कहुंवां । जीव सीव करि एकै ठउवां ।
चित चेतनि करि पूजा लावा । सो तौ जंगम नांव कहावा ॥
जैं न जीव का करहु उबारा । कौंन जीव का करहु उधारा ।
३९ कहां बसैं चौरासी का देव । लहौ मुकति जे जांणैं भेव ॥
नेम अर्हत अलेष मनाया । तिन्हूं सबै सिधि पाई ।
४० ए मूंढा मूरिष मर्म न जांणैं । सो भेषां बीधां भाई ॥
जोगी भसम करै भै मारी । सहज गहै बिचार बिचारी ।
४१ तजि आरंभ अलेष गहि भाई । साहिब सूं ल्यौ लाई ।
तौ तैं जोग जुगत सब जांणीं । गोरष की गति पाई ॥
४२ जोगी सो जे मन जोगवै । बिण बिलाइति राज भोगवै ।
कनक कांमणीं त्यागै दोइ । सो जोगेस्वर निरभै होइ ॥
४३ गृही रिण कष्ट । धनं कष्टं जोगिनां ।
रंडिया मंडणं कष्ट । राजा कष्टं पुलांइणं ॥

४४ बेस्वा दुषी करूपानां । राजा दुषी दलभंजते ।
गृही दुषी माया बिनां । जोगी दुषी धन संचते ॥
४५ जोगी सो जो द्रिष्टि जोगवै । सहजि सुषमनां भजि भोगवै ।
अकलप भगतै बसत बिराणीं ।
यौं परचै रहै अगनि मैं पांणीं ॥
४६ इंद्री का जति मुष का सती । हिरदा का कमल मुकता ।
ईस्वर बोलत पारबती । ते जोगी जोग जुगता ॥
४७ जोगी संदी जाति मैं । क्यं बेस न बडाई ।
पातां ऊंपरि करे । छतन मैं छाई ॥
४८ जोगी जेथीं दाव । धारचौ तूंबा कींगरी ।
ते ल्हांई लहंदाव । बेहण बाटोडंनिमैं ॥
४९ जोगी जगिन अचणां । सुंनि ल धाऊं साव ।
गूंदरब गुरंनि मैं । सूई धगा धाव ॥
५० रांम जिन्हीं दे मन मैं । सिंन्यांसी सोई ।
सची प्रीति पिरं निसां । पालीं दा जेई ॥
५१ सिंन्यांसी सोई करै सर्ब का नास ।
गगन मंडल मैं मांडे आस ।
अनहद सूं मन उनमनि रहै ।
सोई सिंन्यासी अगम की कहै ॥
५२ सिंन्यासी सो साहिब कू जांणैं ।
भगवांन सो जे भगति बषांणैं ।
परमहंस जे पाप न छींपै । पारब्रह्म पति और न भाई ।
तौ तैं दत्त की गति पाई ॥
५३ अर्धक उर्धक ए सिन्यासी । ते सब लागि रहैं अबिनासी ।
अजरांवर कूं दिढ करि गहै । सो सिन्यासी उनमनि रहै ॥
५४ रावल ते जे चालै राह । उलटी लहरि समावै माह ।
पंच तत का जांणैं भेव । ते तौ रावल परतषि देव ॥
५५ पागल ते जे प्रकीर्त्य गालै ।
अहनिसि ब्रह्म अग्नि पर जालै ।
परजालै अगनि लगावै बंध । काया अजरांवर थिर ह्वै कंध ॥
५६ बंन ते जे बनषंड मैं रहै । सुंनि निरालंब बारता कहै ।
माया न मनसा आसा न पास । ते बनषंड मैं रहै उदास ॥
५७ अगमांगम करै ते गंम । अहनिसि काया राषै दंम ।
नाद बिंद का जांनै भेव । अगमांगम करै ते देव ॥
५८ आई पंथी जे अनभै करै । उलटि बांण गगन कूं धरै ।
उलटि उजाई बेध्या भौंरा । सिध बाल गुंदाई साध्या जौंरा ॥
५९ पंषि सुंनि निरालंब देषै अंषि ।
पर्म सुंनि मैं जोति असंषि ।
बेध्या हीरा मांणिक पाया । तौ तब पंकि पंथ मैं आया ॥
६० ध्वज ते जे धजा कूं जांणैं । उलटा पवन गगन कूं तांणैं ।
अहनिसि नाद बजावै बीणां । तेई ध्वज धजा सूं लींणां ॥
६१ गोपाल ते जे बंचै काल । अहनिसि अनभै जीतै जाल ।
काल क्रोध मेटै बिस्न की माया । ते गोपालनाथ की काया ॥
६२ बोलंति सिध घोडा चोली । हम रिण षत्री षेत्र का सूरा ।
गगन मंडल मैं रहनि हमारी । जहां बाजै अनहद तूर ॥

६३ गोरष ते जे राषै गोइ । माया मनसा न करै मोह ।
सदा अलिपत रहै उदास । परचै जोग स्यंभ निवास ॥
६४ श्री गोरषनाथ पंथ का देव । अनंत सिधां मिलि पाया भेव ।
पाया भेव पाई प्रतीति । अनंत सिधा मैं गोरष अतीत ॥
६५ ओऊं अनाद बोलंत षरतर पंथ । जिह्वा इंद्री दीजै बंध ।
योग युगति मैं हि रहै समाइ । सो जोगी सिर भद्र कराइ ॥
६६ द्वादस मंदिर सिव अस्थांन । तेह उतिम ब्रह्म गियांन ।
द्वादस नि:श्चल एक महि रहै । ते जोगी सिर टोपी बहै ॥
६७ मन मूंडै तौ मस्तक मुंडि ।
नीहीं तर पडै नरक कै कुंडि ।
आदि संष अनील उपाया । अनंत सिधां ले मस्तकि लाया ॥
६८ कांन सुनाइ गुरू दीन्हीं दिछ्या ।
नवषंड पृथी मांगौ भिछ्या ।
भिछ्या मांगि निरंतरि रहै । ते जोगी कांन मुंद्रा बहै ॥
६९ अहूंठ हाथ गल कंथा पाई । चंद सूरज दोइ थेगली लाई ।
अहूंठ हाथ कोटि दस धागा भरौ । गुर प्रसादैं दूतर तिरौ ॥
७० काया कडासंण मन जौ गोटा । पांचूं इंद्री करौ कछोटा ।
जत सत कृपा सबद चलावौ । डंडी लाठी डीबी पावौ ॥
७१ पांचूं इंद्री पूरै नाद । ते अवधू बजावै सींगीनाद ।
अनहद नाद उर्ध का मूल । चंद्र सूर्य सुषमनां स्थूल ॥
७२ मनिषा देही साफिल करै । गुण इंद्री सब जीत ।
पकडि पछाडै मन कूं । सो कहिये आतीत ॥
७३ बंसा का गुण छाडि सब । बसत अमोलिक निध ।
सास उसास न बीसरै । निर्मल सोई सिध ॥
७४ निर्मल सिध अलष सूं राता । आसण छाडि कहीं नहीं जाता ।
सहज का टूका षाइ अतीत । माता रहै सदा भैभीत ॥
७५ गुर का सबद बिचारि करि । सुरझावै उरझ्या सूत ।
बहुरि न उरझै सावधांन । इस लष्यण अवधूत ॥

श्लोक

७६ आसा पासि जिता जेनि । आदि अंति मध्य निर्मलं ।
आनंद ब्रत ते नित्यं । आकारायतस्य लछिनं ॥
७७ बासना जिता जेन्य । बायक उचरंति निर्मलं ।
ब्रत मनेषु ब्रतते नित्यं । वकारायतस्य लछिनं ॥
७८ धूर धूसर गात्रांणि । धरती आप समागमं ।
दिवो रात्री न जांनांमि । धकारायतस्य लछिनं ॥
७९ तमंकार जिता जेनि । ततवादी जितइंद्रियं ।
तत ग्यानं भवे लीनं । तकारायतस्य लछिनं ॥

८० अवधू सो जो अनभै जांणैं । उंलटा बांण गगन कूं तांणैं ।
पलटी बाई बेधिया भौंरा ।
आतमां जोगी बसि किया जौंरा ॥
८१ धू तारा ते जे धूतै आप । भिष्या भोजन नहीं संताप ।
अहूंठ पटण मैं भिष्या करै । ते अवधू सिवपुरी संचरै ॥

८२ करतलि भिष्या बृषतलि बास । दुइ जन अंग न मेलै पास ।
बंनषंड रहै मसांणे भूत । चरपट बोलै ते अवधूत ॥
८३ मुंजली कंथा बगडी बास । कांमनि अंग न लावै पास ।
द्रिढ करि राषै पांचूं इंद्र । चरपट बोलै ते जोग्यंद्र ॥
८४ निरभै निसंक तत बेता । मन मांन बिबर्जित इंद्री जिता ।
सेत फटक मन ग्यांन रता । चरपट बोलै ए सिध मता ॥
८५ घरबारी सो घर की जांणैं । बाहरि जाता भीतरि आंणैं ।
सर्ब निरंतर काटै माया ।
सो घरबारी कथिए निरंजन की काया ॥
८६ गृही सो जो गृहै काया । अभिअंतर की मेटै माया ।
सहज सील का धरै सरीर । सो गृही गंगा का नीर ॥
८७ पाषंडी सो जो काया पषालै । उलटि पवन अगनि पर जालै ।
बिंद न देई सुपिनैं जांन । सो पाषंडी कहिये तत समांन ॥
८८ डंडी सो जो काया डंडै । अवत जाती मनसा षंडै ।
पांचूं इंद्री का मरदै मांन । सो डंडी कहिये तत समांन ॥
८९ लाल बोलंत अम्हे पार उतरिया । मूंढ रहे उरवारं ।
थिति बिहूंणां झूठा जोगी । नां तिस वार न पारं ॥
९० कबीर जिनकूं परचा इत है । तिनकूं परचा उत ।
जिनकूं परचा इत नहीं । तिनकूं इत न उत ॥
९१ अकल कणेरी सकलै बंध । बिण परचै जोग बषांणैं धंध ।
बिन परचै जोग न ह्वै सेरावल ।
भुस कूंट्यां क्यूं निकसै चावल ॥
९२ सेष सहज मैं महल उठावा । चंद सूर बिचि तारी लावा ।
अर्ध उर्ध बिचि आंनि उतारा ।
सोई सेष त्रिहूं लोक पियारा ॥
९३ दरवेस सोई जो दर की जांणैं । पंचे पवन अपूठा तांणैं ।
सदा सुचेत रहै दिन राति । सो दरवेस अलह की जाति ॥
९४ दरदवंद दरवेस हसि । बेदरद कसाब हसि ॥
९५ तजि लबेस लाल गहि भाई । हेंडे हेत न लाई ।
बगनीं भूकां भांगि न छांणीं । तौं तैं महद की गति जांणीं ॥
९६ काजी सो जो काया बिचारै । तेल दीप मैं बाती जारै ।
तेल दीप मैं बाती रहै । जोति चीन्ह जे काजी कहै ॥
९७ सो काजी जो काया बिचारै । अहनिसि ब्रह्म अग्नि पर जारै ।
सुपिनैं ब्यद न देई झरनां । ता काजी कूं जुरा न मरनां ॥
९८ सो काजी जाकूं काल न ब्यापै । सो पंडित पद बूझै ।
ब्रह्मा सो जे ब्रह्म बिचारै । सो जोगी जग सूझै ॥
९९ मुलनां बंग देइ सुर जांनीं । आप मुसला बैठै तांनीं ।
आपु नमैं जे करै निवाज । सो मुलनां सरबतरि गाजा ॥
१०० सो मुलनां जो मन सूं लरै । अहनिसि काल चक्र सूं भिडै ।
काल चक्र का मरदै मांन । ता मुलनां कूं सदा सलांम ॥
१०१ सो मोमिन मन मैं करि जांणि । सत सबूरी बैसै आंणि ।
चालै साच संवारै बाट । तिनकूं षुले भिस्ति के पाट ॥
१०२ सो मोमिन मोम दिल होइ । सांई कूं पहिचांनैं सोइ ।
जोर न करै हरांम न षाइ । सो मोमिन भिस्ति मैं जाइ ॥

१०३ सो सुलितांन जु ह्वै सुर तांनैं । बाहरि जाता भीतरि आंनैं ।
गगन मंडल मैं लसकर करै । सो सुलितांन छत्र सिरि धरै ॥
१०४ ओम् कौंण सु काफिर कौंण मुरदार । दोइ स्वाल का करहु बिचार ।
हूंमे न काफिर हूंमे फकीर । जाइ बैसैं सरवर की तीर ॥
१०५ नारी चोरी दरोग थैं डरैं । सिरजनहार की सिफति करैं ।
नागे पाउं प्रिथमीं फिरैं । सील संतोष दया मनि धरैं ॥
१०६ हट न फोडैं बाट न मारैं ।
हूंम किसही का कुछ न बिगारैं ।
लोग दुनीं कूं लाइये डाकर ।
सिका देषि क्यूं कहियें काफर ॥
१०७ सो काफिर जे बोलै काफ । दिल अपनीं नहि राषै साफ ।
सांई कूं पहिचानैं नांहीं ।
कूड कपट सब इनहीं मांहीं ॥
१०८ सांई का फुरमांन न मांनैं । कहा पीव अैसैं करि जांनैं ।
मन अपनैं मैं संमझत नांहीं ।
निरषत चालै अपनीं छांहीं ॥
१०९ जोर करै मसकींन संतावै । दिल उसकी मैं दरद न आवै ।
सांई सेती नांहीं नेह । गरब करै अति अपनीं देह ॥
११० इन बातनि क्यूं पाईये पीव । परध न उपरि राषै जीव ।
जोर जुलंम करि कुटंब सूं षाइ ।
सो काफिर दोजग मैं जाइ ॥
१११ काफर सो जु कुमारगि चलै । अलह षुदाइ थैं नां डरै ।
बेपाक बेरहणीं । सरीर नास्ति कलमां भरै ॥
११२ कलमां भरें क्यूं जाइये भिस्त ।
दिल मैं सदा पाप की द्रिष्टि ।
लूषा कलमां मुष थैं बोलै ।
पैरि मिहरि कूं षीसा न षोलै ॥
११३ दिल मैं जोर कमर मैं काती ।
घर लोगूं का भांनैं राती ।
षुदाइ कै नांइ न बांटे षांनां ।
ते क्यूं बोलियैं बाबा मुसलमांनां ॥
११४ मुसलमांन जु राषै मांन । सांई का मांनैं फुरमांन ।
सारौं कूं सुषदाई होइ । मुसलमांन करि जांनूं सोई ॥
११५ मुसलमांन मिहर गहि रहै ।
सब कूं सुष किस हीं नहीं दहै ।
मुवा न षाइ जीवत नहीं मारै ।
करैं बंदिगी राह संवारैं ॥
११६ मुसलमान मुसावै आप । सिदक सबूरी कलमां पाक ।
हक बोलै हलाल षाइ । सो मुसलमांन भिस्ति मैं जाइ ॥
११७ मुसलमांन जबां अदलि मैं रहै । दिल पाक कलमां कहै ।
हरांम माल कूं हाथ न धरै ।
सिका देषि करि षिज मति करै ॥
११८ षटदर्शन की पुरवै आस ।
ते मुसलमांन बाबा ज्यंदपीर जाइ भिस्ति मैं बास ।
हिंदू मुसलमांन दोइ षुदाइ के बंदे ।
हम जोगी न राषैं किसही के छंदे ॥
११९ जबां नैंन नफसांनीं कांन । हिरसि हूई हरांमहि षांन ।
महमद मत मेटैं फुरमांन । चलैं न चाल सोई हैवांन ॥
१२० अनीति चलै अपराध कमावै । सति रूप सतसंग न भावै ।
बेदांनें कह्यौ ब्यास जो कही ।
मांनैं नही हो पसवा सही ॥
१२१ जे तूं चाहै रांम कूं । तौ एक मनां आराध ।
दादू दूजा दूरि करि । मन इंद्री करि साध ॥
१२२ घट की भांन्य अनीति सब । मन की मेटि उपाध ।
दादू परहरि पंच की । रांम कहैं ते साध ॥
१२३ जहां नांव तहां नीति चाहिये । सदा रांम का राज ।
न्रिबिकार तन मन भया । दादू सीझे काज ॥
१२४ बांवें देषि न दांहिणैं । तन मन सनमुष राषि ।
दादू निर्मल तत गहि । सति सबद यहु साषि ॥
१२५ अर्थ आया तब जांणियैं । जब अनरथ छूटै ।
दादू भांडा भरम का । गिरि चौडै फूटै ॥
१२६ कबीर चिंता चिति निवारिये । फिरि बूझिए न कोइ ।
इंद्री पसर मिटाइये । सहजि मिलैगा सोइ ॥
१२७ कबीर सहज सहज सब को कहै । सहज न चीन्हैं कोइ ।
ज्यां सहजां बिषिया तजी । सहज कहीजै सोइ ॥
१२८ कबीर सहज सहज सब को कहै । सहज न चीन्हैं कोइ ।
पांचूं राषै पसरता । सहज कहीजै सोइ ॥
१२९ कबीर सहज सहज सब को कहै । सहज न चीन्हैं कोइ ।
ज्यां सहजां हरि जी मिलैं । सहज कहीजै सोइ ॥
१३० कबीर सहजैं सहजैं सब गए । सुत बित कांमणि कांम ।
एकमेक ह्वै मिलि रह्या । दास कबीरा रांम ॥
१३१ हंस गियांनी सो भला । अंतरि राषै एक ।
बिष मैं अंमृत काढि ले । दादू बडा बमेक ॥
१३२ सहज बिचार सुष मैं रहै । दादू बडा बमेक ॥
मन इंद्री पसरै नहीं । अंतरि राषै एक ॥
१३३ मन इंद्री पसरै नहीं । अहनिसि एकै ध्यांन ।
पर उपगारी प्रांणियां । दादू उतिम ग्यांन ॥
१३४ उतिम इंद्री निग्रहं । मुचिते माया मनह ।
परम पुरिष पुरातनं । चिंतते सदा तनह ॥
१३५ सुसब्दं गुणांकारं । बाचा चंदन सीतलं ।
हिरदै मुक्ता समायुक्ता । एते उतिम लष्यनं ॥
१३६ उतिम निर्बिकार त्रिदोषी । न्रिबैरी न्रिलोभी संतोषी ।
समिता सहज सती सुषदाई । अणजाच्या अणबंछ्या षाई ॥
१३७ कंम क्रोध मोह मद ममिता । काल कलपनां मारै ।
साध संतोषै सुमिरै सांई । सोई उतिम तारै ॥
१३८ दादू सोई जन साधू सिध सो । सोई सतवादी सूर ।
सोई मुनियर दादू बडे । सनमुष रहनि हजूर ॥
१३९ दादू सोई जन साचे सो सती । सोई साधिक सुजांन ।
सोई ग्यांनीं सोई पंडिता । जे रते भगवांन ॥
१४० दादू सोई जोगी सोई जंगमां । सोई सोफी सोई सेष ।

सोई सिंन्यासी सेवडे । जिनि कै एक अलेष ॥
१४२ दादू सोई काजी सोइ मुलां । सो मोमिन मुसलमांन ।
सोई सयानें सब भले । जे रते रहिमांन ॥
१४३ स्वयं ब्रह्मा स्वयं बिस्न । स्वयं देव महेस्वरं ।
स्वयं इंद्र स्वयं योजी । स्वयं त्रैलोक्या तारकं ॥
१४४ दादू साध सिरोमनि सोधिले । नदी पूर पर आइ ।
सजीवनि सांम्हां चढै । दूजा बहिया जाइ ॥
१४५ दादू औगुन छाडै गुन गहै । सोई सिरोमनि साध ।
गुन औगुन थैं रहित है । सो निज ब्रह्म अगाध ॥
१४६ दादू सोई सेवग रांम का । जिसहि न दूजी चींत ।
दूजा को भावै नहीं । एक पियारा मींत ॥
१४७ सांई सूं साचा रहै । सतगुर सूं सूरा ।
साधूं सूं सनमुष रहै । सो दादू पूरा ॥
१४८ परापरी भजि परपंच तजै । सौं जस मेटै उलटी सजै ।
रटै रांम रण मांहैं सूरा । भागवंत बड धनि सो पूरा ॥
१४९ इंद्री दवैं सु सूर । दया मनि धरै सु दाता ।
सतवंतो सो साध । धर्म आचरै सु ग्याता ।
१५० लछिन डरै सु चतुर । पाप तैं छिपै सु पंडित ।
धनवंतो सो सही । करै उपगार अषंडित ।
१५१ पर्धन परत्रिय देषि कैं । चित न चालै तिहि तणौं ।
सिषवै लाल गंजन मलिक । सो सा पुरीसां सिरि गिणौं ॥
१५२ घट मैं सुरति उतारि करि । साहिब का आराध ।
बाहरि कूं भरमैं नहीं । सो प्रतषि कहिये साध ॥
१५३ मुषि अंम्रित बांणीं बोलई । निंद्या का करि नास ।
संतन सूं सनमुष रहै । सो कहिए निज दास ॥
१५४ तन मन आपा जिनि षोया । सांई साधन सतगुर जोया ।
करणहार तजि माया लाग्या । दीन दुनी मैं सोई
अभाग्या ॥
१५५ तन धन मन आतम करि लीया । नफा नांव साध संग
कीया ।
साहिब सुमरि झूठ सूं भाग्या ।
सा अहि लोकि वहि लोकि सभाग्या ॥
१५६ आतमघाती आप न जांनैं । साध कहैं सो सति न मांनैं ।
नफा न लेहि करैं क्रित कूरा ।
जुगि जुगि भटकैं दुषी अऊरा ॥
१५७ उभयो कथा बीचि जे बोलै । साधू निंदा मुष सूं षोलै ।
साहिब छाडि भर्मता डोलै । मनिषा देही षोवैं जोलैं ।
१५८ गुर का सबद बिसारै टाला टोलै ।
बस्त न रहै बांस ज्यूं पोलै ।
कुलषिण षट जा नर पैं होई । मूरिष पसू कहावै सोई ॥
१५९ आपा का गुण छाडि सब । कथा मांहि दे मंन ।
सुणि सुणि राषै दिल महैं । सोई कहिये जंन ॥

राग गौडी

१;० अवधू अैसा ब्रह्म गियांनां ।
त्रिगुण रहित निर्गुण निज सुमिर तत । गुर उपदेस
समांनां ॥ टेक ॥
१ मैं तैं ममिता मोह न आंनैं । घर बन समि करि जांनैं ।
निर्मल भगति करै निसबासुरि । रांम नांम मनि मांनैं ॥
२ जप तप बिधि ब्यौहार न जांनैं । कर्म धर्म कुछ नांहीं ।
सहज समाधि करै हरि सेवा । अंतरगति मन मांहीं ॥
३ उपज्यौ छाडि अधर निज ध्यावै । तहां जाइ ल्यौ लावै ।
आपा मेटि रांम रस पीवै । कबहूं उलटि न आवै ॥
४ अंमृत पी मतिवाला अवधू । हरिष सोक थैं न्यारा ।
जन मोहन सो ब्रह्म गियांनीं । पावै अलष अपारा ॥

साषी

१६० उतिम भगिति पर आतम पेषै ।
सकल जीव कूं भ्यंन न देषै ।
पारब्रह्म मैं उलटि समावै । परमहंस सो भगत कहावै ॥
१६१ मध्यम मन कूं मंजन करै । कांम क्रोध बिषिया परहरै ।
हरि सूं प्रेम प्रीति जन लावै ।
जीव दया हरि भगति दिढावै ।
१६२ जन द्रोही सूं हेत न होइ । मधिम भगत कहावै सोइ ॥
कनिष्ट एक करतारहि जांनैं ।
साध संगति कूं सति पिछांनैं ।
१६३ आंन देव कूं सीस न नावै । अैसा भगत कनिष्ट कहावै ॥
१६४ कबीर काइथि कागद काढिया । तब लेषै वार न पार ।
जब लग सास सरीर मैं । तब लग रांम संभार ॥
१६५ कबीर पूंजी साह की । तूं जिनि षोवै ष्वार ।
षरी बिगूचनि होइगी । लेषा देती बार ॥
१६६ कबीर लेषा देणां सो रहा । जे दिल साचा होइ ।
उस चंगे दीवान मैं । पला न पकडै कोइ ॥

अवलिसिलूक ग्रंथ

१६७:१ वोऊं अकलि पीर हसि । मन मुरीद हसि ।
असलि गजा हसि । तन सहीद हसि ।
बिसासघातगी दोजगी हसि । हिमति कतेब हसि ।
किबर दुसमन हसि । गुसा हरांम हसि ।
२ हक हलाल हसि । नफस सैंतांन हसि ।
गुमांन काफिर हसि । पस गैब तीकमकलि हसि ।
मोमदिल पाक हसि । कमदिलि नापाक हसि ।
बेहिरस औलिया हसि । बेईमांन लालची हसि ।
३ कृतघनीं जरदरू हसि । दरदवंद दरवेस हसि ।
बेदरद कसाब हसि । मनी गाफिल हसि
षुदी गुमराह हसि । षैर तोसा हसि ।
बेषैर बषील हसि । ईमांन सु सलमांन हसि ।
४ बेईमांन काफिर हसि । सभु भिस्त हसि ।
दरोग दोजगी हसि । इलंम हिलंम हसि ।
जोर जुलंम हसि । औसाफ मुसाफ हसि ।
जांन मसीति हसि । दिल महिराब हसि ।
५ स्वाफी ऊजू हसि । कलमां कबूल हसि ।
नेकी बष्त हसि । सिदक मुसला हसि ।
मिहरि निमाज हसि । सरम सुंनति हसि ।

बेसरम नासरषरू हसि । सील रोजा हसि ।
६ महबति बंगबलेल हसि । सोमन नेकी हसि ।
बेमन बदी हसि । चोरी लालची हसि ।
जारी पलीती हसि । अदब आदि हसि ।
बेअदब कमकलि हसि । षबरि दीन हसि ।
७ बेषबरि बेदीन हसि । राह पीरां हरां हसि ।
बेराह बेपीरां हसि । फकीरी सबूरी हसि ।
नासबूरी मुकीरी हसि । दुवा दौलति हसि ।
बेदुवा कहर हसि । तेग मरदां हसि ।
८ अदलि पातिसाही हसि । रहम सरषरू हसि ।
नारहम नासरषरू हसि । दम बरकति हसि ।
लावालूतरी हरकति हसि । अबे तबे गुलांम हसि ।
असली जादा सलांम हसि । दानां जौंहरी हसि ।
९ बीनां सायर हसि । आसिक दोस्ती हसि ।
दीवांन दरूनैं हसि । अकलि कलंम हसि ।
कलांम सलांम हसि । हाजरि मुरादि हसि ।
नांहाजरि नांमुरादि हसि । मिहरि मामूर हसि ।
१० नांमिहरि नांमामूर हसि । बूझ मारूफ हसि ।
षिजमति कबूल हसि । अला नूर हसि ।
ल्यौ हजूरि हसि । आलंम हद हसि ।
अला बेहद हसि ।
११ बाबा बेगंम रतन रावल । अवलि सिलूक दिगर दंद ।
इतनां जांनि रहै सो दांनसबंद । प्रथमे मूल बंद ।
दुतियै लंगोट बंद । त्रितिये नाभि बंद ।
चतुरथे कमर बंद । पंचमे तरकस बंद ।
१२ चतुरथे षष्टमे नाल बंद । सपत बंद बोलिए बाबा ।
सप्तदीपावती प्रिथमीं । अहूंठ हाथ की काया ।
ताकी सरणांगति बिरले । बिरले पुरिसे पाया ।
मका रासि करि मदींनां बसाया ।
१३ ताकी सरनागती जती गोरष महमद पातिसाह कूं बुझाया ।
मुरद पीर हिंदू । सैद पीर मुसलमांन । ज्यंद पीर जोगी ।

अवलि सिलूक सपूर्न समापतः ।
मछिंद्र प्रसादैं जती गोरष गाया ॥

नर वैबोध ग्रंथ ॥

१६८:१ सुणौंहो स्वामीं सुधि बुधि का बिचार ।
पंच तत ले उतपंनां सकल संसार ।
पहली आरंभ करौ घट परचा निसपती ।
नर वैबोध कथंत श्री गोरष जती ।
२ दूजै आरंभ छाडौ कांम क्रोध अहंकार ।
नसा माया बिषै बिकार ।
हंसा पकडि घात जिनि करौ । त्रिश्नां तजौ लोभ परहरौ ।
३ छाडौ दंद रहौ निरदंद । तजौ अल्यंगन रहौ अबंध ।
सहज जुगति ले आसण करौ ।
तन मन पवनां दिढ करि धरौ ।
४ संजम चितवो जुगति अहार । निद्रा तजौ जीव का काल ।
छाडौ तंत मंत बैदंत । मंत्र गुटिका धात पाषंड ।
५ जडी बूंटी का नांव जिनि लेहु ।
राज दुवार पाव मति देहु
थंभ न मोह न बसिकरण छाडौ औचाट ।
सुणौंहो जोगेस्वरौ जोणरंभ की बाट ।
६ और दसा परहरौ छतीस । सकल बिधि ध्यावो जगदीस ।
बहु बिधि नाटारंभ निवारि ।
कांम क्रोध अहंकारहि जारि ।
७ नैंणमहारस फिरौ जिनि देस ।
जटा भार बांधौ मिति केस
रूष ब्रिष बाडी जिनि करौ ।
कूबा निवांण षोदि मति मरौ ।
८ तूटै पवनां छीजै काया । आसण दिढ करि बैसा राया ।
तीर्थ ब्रत कदे जिनि करौ ।
गिर परबत चढि प्रांन मति हरौ ।
९ पूजा पाति जपौ जिनि जाप । जोग मांहि बिटंबौ आप ।
छाडौ बेद बणिज ब्यौपार । पढिबा गुणिबा लोकाचार ।
१० बहु चेलां का संगि निवारि ।
उपाध मसांण बाद बिष टारि ।
एकाएकी रहौ भोवाल । एता कहिये प्रतषि काल ।
११ सभा देषि मांडौ मति ग्यांन ।
गूंगा गहिला होइ रहौ अजांन ।
छाडौ राव रंक की आस । भिष्या भोजन परम उदास ।
१२ सींगीनाद पयांनां देहु । देव कला का लष्यण लेहु ।
बगज्यूं ध्यान मांडि जिनि रहौ ।
स्वांन जती की निंद्रा गहौ ।
१३ रस रसांइण गुटिका निवारि ।
रिधि परहरौ सिधि लेहु बिचारि ।
परहरौ सुरापांन भग भंग ।
ताथी उपजै नांनां रंग बिरंग ।
१४ नारी सारी कींगुरी । ए तीन्यूं सतगुरि परहरी ।
निसपती नर वैबोध कथंत श्री गोरष जती ।
इति नर वैबोध ग्रंथ जोग सास्त्र संपूर्ण समाप्तः ॥

चौपई अतीत के अंग की

१६९ बाजीद असथिर आसंन आवै न जाइ ।
अंनबंछित बैठा फल षाइ ।
अतीत की दुनियां सब बारी ।
कूवा बाइ न सींचै क्यारी ॥
१७० बाजीद जीवत जग मैं षाइ न षोटी ।
तिस अतीत की मति है मोटी ।
जिसकै घर मैं गाइ न बाछी ।
निस दिन निंद्रा आवै आछी ॥
१७१ ना घरि गाइ न गाडर गाडौ ।

नां घरि तुरी न रींके पाडौ ।
परम सुष जोगेस्वर राव ।
सोवै सिध पसारें पाव ॥
१७२ नां घरि तृय न परतृय रता ।
नां घरि धन न जोबन मता ।
नां घरि पुत्र न धीय कवारी ।
तार्थं चरपट नींद पियारी ॥
१७३ जागौ पसुवा जे मतिहींनं ।
ज्यांह न पाया भेवं ।
काल बिकालै टाकर मारै ।
सोवै कणेरी देवं ॥
१७४ रावलि जाइ न रण मैंहि झूझै ।
आपणीं कहै न पराई बूझै ।
बणिज करै न आवै टोटा ।
इस गुणि सिध जोगेस्वर मोटा ॥
१७५ बाजीद अतीत भया तजी तब एती ।
ज्यूं वासूवा बरधन षेती ।
लाहा टोटा जीति न हारि ।
सबद गुरू का रह्या बिचारि ॥
१७६ पोस्तभंगन काला पांणीं ।
उलटी गंग जमुन मैं आंणीं ।
त्रिकुटी कैं टट भया उजाला ।
जन बाजीद बिरध थैं बाला ॥
१७७ अरध छाडि जब उरधैं धावै ।
षांडा फरी न चक्र चलावै ।
जन बाजीद सु रहै अकेला । ग्यांन गुरू चित हीं चेला ॥
१७८ सत संतोष रहै मन धीर । काल न कबहूं ग्रसै सरीर ।
पाप ताप तीन्यूं भई दूरि । सो सांई सूं सदा हजूरि ॥
१७९ अहमष होइ सु अहमुष षाइ । जोगेस्वर क्यूं जमपुरि जाइ ।
जोग पदी राजेस्वर राव । नर देही यहु उतिम डाव ॥
१८० धतूरा करै धरम का नास । सूकै कंठ न आवै सास ।
जन बाजीद कहौ क्यूं जीवै । अंमृत तजै हलाहल पीवै ॥
१८१ जिस घटि पोस्त आफू भंग । सांई सूं क्यूं राचै रंग ।
जन बाजीद बुरा तिनि कीया ।
एक जीव बहुतनि कूं दीया ।
१८२ बाजीद अतीत सोई जो इति बिचारै ।
मन की सकल कलपनां मारै ।
मुकति होइ तब मांनहिं रली ।
फलु लागहि फूल बिन कली ॥
१८३ बाजीद अतीत सोई जिस की यहु चालि ।
मुष तैं कबहूं न बोलै गालि ।
पहलैं ए पंचौं परमोधै । पीछैं बस्त अगोचर सोधै ॥
१८४ बाजीद बसत अगोचर तब तिनि पाई ।
माया मोह न करै बडाई ।
कांम क्रोध भरम भै तैं न्यारा ।
सो अतीत सांई कौं प्यारा ॥
१८५ जन बाजीद लगै तिस पाइ । सलिल मोह महि बहि नहि जाइ ॥
काया कोट दसै दरवाजा । अहनिसि अनहद बाजहि बाजा ।
१८६ जन बाजीद न आवै जाइ । सुंनि मंडल महि रह्यौ समाइ ॥
बाजीद अतीत उहि जो उनमनि रहै ।
पंच प्रपंच पचीस न्यगहै ।
१८७ उपजै ग्यान मन होइ सूध । गुपति गाइ का पीवै दूध ॥
बाजीद अतीत अहनिसि रहै उदास ।
रुष बिरष गिर किंद रु बास ।
१८८ मन जोगोटातन मेषरी ।
ब्रह्म अगनि महि त्रस्नां जरी ॥
१८९ परदारा देषत ह्वै अंध । रवि ससि पवनां राषै बंध ।
राग दोष न मांनि बडाई । सो अतीत अमरापुरि जाई ॥
१९० जन बाजीद लगावै पूजा । सतगुर सूं ह्वै बैठै दूजा ।
बिन परचे की भिष्या पाइ । पुटकी अवै मरि मरि जाइ ॥
१९१ काया अपनी कर्म लगावै । दीनही तजै दुनीं कूं धावै ।
जन बाजीद बिगारै जोग । काहे न हसैं बटउवा लोग ॥
१९२ माया मैदांन सुनहुं सब कोइ ।
चंचल चित फिरै ज्यूं गोइ ।
कांम क्रोध का लागै बला ।
सतगुर सौं कहु क्यूं ह्वै मेला ॥
१९३ अतीत अहनिस मंजै काया । कबहूं काटन लागै माया ।
समु करि रषै ससि अरु सूर । दिल दरपन महि निरषै नूर ॥
१९४ सांई बिन सब सूं दे पीठि । निरषै नूर निर्मली डीठि ।
जन बाजीद बंधै नहीं दांम । तिस अतीत कूं सही सलांम ॥
१९५ इनि संषिनीं सकल जग षाया । जोगी जती न बंचे माया ।
जन बाजीद जुगति सूं जकरी ।
डर भागा जब डाकिनि पकरी ॥
१९६ बाजीद अैराकी की जातै न्यारी । मोल न घटहि समावै ।
ससा सबनि सूं आगैं दौरै । तऊ छकीही पावै ॥
अतीत के अंग की चौपई संपूर्न समाप्तः

अभै मात्रा ग्रंथ

१९७:१ प्रांण जोगी पवन गुटिका निज भुवन आंसण । संजम कोपींन । मरजादा मेषली । निहकेवल जोगोटा । जुगति उडवांणीं । साच मुंद्रा । सील कंथा । षिमांटोपी । जरणां आधारी । अंतरगति झोली ।

२ अकलि पत्र । सहज डीबी । त्रिगुण ठीहा । द्वादस कपाली । धीरज डंड । बबेक फाहुडी । तप चक्र । मूल कमंडल । मन उदिक । महाअंमृत भोजन । दया रह रास ।
बिचार पुस्तक । जिह्वा रसांइणीं । श्रबंगी कला ।

बिद्या काल बंचनी । निर्भै नग्री । अकल बंनषंड ।
निरास मढी ।

३ अतीत देवता । गिनांन दीपक । अकलप रहनीं । अजाचीक
भिष्या । सबद सींगी । अनाहद कीगुरी । सिंभ सरोवर ।
अंम्रित प्याला । निहचल रिधि । सति करामाति मुकति
सिधि । अलेष ध्यांन । अटल समाधि । निराकार तरवर
जुग पलव । अंमीं फल ।

इति श्री गोरष नाथ जी की अभै मात्रा संपूर्ण समाप्तः
इति त्रिदोष साच अतीत के लष्यणि कीं पारष कौ अंग
संर्पून ॥

२० आतम आरंभ जोग कौं अंग

राग आसा चेरी

१:० आतमां आनंदी जोगी ।
पीवै महारस अंमृत भोगी ॥ टेक ॥
१ ब्रह्म अगनि काया परजारी । अजपा जाप उनमनीं तारी ॥
२ त्रिकुट कोट मैं आसंण मांडे । सहज समाधि बिषै सब
छांडे ॥
३ त्रिबेणीं बिभूति करै मन मंजन । जन कबीर प्रभू अलष
निरंजन ॥

२:० जोगिया बैरागी बाबा । रहै अकेला उनमनि लागा
॥ टेक ॥
१ आतम जोगी धीरज कंथा । निहचल आसण आगम पंथा ॥
२ सहजैं मुंद्रा अलष अधारी । अनहद सींगी रहणि हमारी ॥
३ काया बंनषंड पांचौं चेला । ग्यांन गुफा मैं रहै अकेला ॥
४ दादू दरसन कारनि जागै । निरंजन नग्री भिष्या मांगै ॥

३:० बाबा जोगी एक अकेला । जाकै तीर्थ ब्रत न मेला ॥ टेक ॥
१ झोली पत्र बिभूति न बटवा । अनहद बेन बजावै ।
१ मांगि न षाइ न भूषा सोवै । घर अंगनां फिरि आवै ॥
२ पांच जनें की जमाति चलावै । तास गुरू मैं चेला ।
२ कहै कबीर उनि देसि सिधाये । बहुरि न इत जगि मेला ॥

राग केदारौ

४:० एक को सबन मिलांनन्य मेला ।
बहुतक भांति करै फुरमाइसि । है असवर अकेला ॥ टेक ॥
१ जोरत कटक जु घेरत सब गढ । करतब झेली झेला ।
जोरि कटक गढ तोरि पातिसाह । षेलि चल्यौ एक
षेला ॥
२ कूच मुकांम जोग के घर मैं । कछू एक दिवस षटांनां ।
आसण राषि बिभूति साषि दे । फुनि ले मढी उडांनां ॥
३ या जोगी की जुगति जु जांनैं । सो सतगुर का चेला ।
कहै कबीर उन गुर की क्रिपा थैं । तिनि सब भर्म
पछेला ॥

१ छाया माया रहै बिबर्जित । पिंड ब्रह्मंड नियारै ।
चंद सूर थैं अगंम अगोचर । सो गहि तत बिचारै ॥
२ पाप पुंनि लिपै नहीं कबहूं । दोइ पष रहेता सोई ।
धरणि अकास ताहू थैं उपरि । तहां जाई रत होई ॥
३ जीवन मरण न बांछै कबहूं । आवागवन न फेरा ।
पांणीं पवन परस नहि लागै । तिहि तति करै बसेरा ॥
४ गुन आकार जहां गमि नांहीं । आपै आप अकेला ।
दादू जाइ तहां जन जोगी । परम पुरिस सूं मेला ॥

७:० जोगी जांनि जांनि जन जीवै ।
बिनहीं मनसा मनहि बिचारै । बिन रसनां रस
पीवै ॥ टेक ॥
१ बिनहीं लोचन निरषि नैंन बिन । श्रवन रहित सुनि
सोई ।
अैसैं आतम रहै एक रस । तौ दूसर नांव न होई ॥
२ बिनही मार्ग चलै चरन बिन । निहचल बैठा जाई ।
बिनहीं काया मिलहि परसपर । ज्यूं जल जलहि समाई ॥
३ बिनहीं ठाहर आसंन पूरै । बिन कर बेन बजावै ।
बिनहीं पाऊं नाचै निस दिन । बिन जिभ्या गुन गावै ॥
४ सब गुन रहिता सकल बियापी । बिन इंद्री रस भोगी ।
दादू अैसा गुरू हमारा । आप निरंजन जोगी ॥

८:० बैरागी रांम मनावो रे । पगां बिण नाचौ ।
हाथां बिण पूजौ । फूलां बिण माल चढावो रे ॥ टेक ॥
१ हल बिण षडौ बीज बिण बाहौ । पांणीं बिण षेत
सिंचावो रे ।
जेथि केथि नछै तेथि निपावो । सोई हरि उधरावो ॥
२ जंम बिण मरौ रे अग्नि बिन दाझौ । बांभण बिन कृपा
सरावो रे ।
सस ल्याहा थैं थे सीह सधावो । मंछा पैं मेव मरावो रे ॥
३ बिन सींगणि बिन बांण चढावो । कीडी मुषि अनल
समावो रे ।
दुष सुष नछै तिणि दिसा सिधावो । थे रैंणीं सूर
उगावो रे ॥
४ जांण बिनांण ईसरौ जंपै । थे अपणां प्रांण उबारौ रे ।
इहि अष्यर नौ भेद जु बूझै । सु बचने गुरू अम्हारौ रे ॥

राग भैरू

९:० अैसा अवधू रांम पियारा ।
प्रांण प्यंड थैं रहै नियारा ॥ टेक ॥
१ जब लग काया तब लग माया । रहै निरंतर औधू राया ॥
२ अठ सिधि भाई नौ निधि आई । निकटि न जाई रांम
दुहाई ॥
३ अंमर अभै पद बैकुठ बास । छाया माया रहै उदास ॥
४ सांई सेवग सब दिषलावै । दादू दूजा दृष्टि न आवै ॥

राग रांमगरी

१०:० बाबा को अैसा जन जोगी ।
अंजन छाडै रहै निरंजन । सहज सदा रस भोगी ॥ टेक ॥

राग गौडी

९;॰ अवधू राइ सहजैं हीं सुंन्य समाधि लगावो । आतम जाइ परआतम मिलावो ॥ टेक ॥
१ तन मन गुन ए सब बिसरावो । बारह सोलह अहं मिटावो ।
चौसठि कला निकलंक करावो । प्रांण निरंजन सरनि बसावो ॥
२ जाग्रित सुपिनीं संगि जिनि जावो । अंमींरस अभरा सूभर भरावो ।
सुषपति संजम गगन समावो । तुरिया अगंम जाइ नहीं आवो ॥
३ अनभै नग्री अगंम सिधावो । मुकति भयां हीं कीरति गावो ।
कहै कील्ह परम पद पावो । तब लग नाथ तबै लग ध्यावो ॥

१०;॰ अवधू राइ निरपष निरंतर रहिये ।
अंतरि आतम बोध बिचारौ । ए पांचौं पष परहरिये ॥ टेक ॥
१ हाथ पाव इंद्री गुद बचने । इन थैं जीवत मरिये ।
जिह्वा तुचा नासा नैणां । श्रवणां पाछा फिरिये ॥
२ सबद सपरस रूप रस गंधा । एतौ स्वाद न करिये ।
आप तेज अरु प्रिथी बाई । आकासां ले धरिये ॥
३ मन बुधि चित अहंकार मेटि करि । तत पचीसूं तजिये ।
कील्ह कहै षडबीस आतमां । परआत्मां यौं भजिये ॥

राग रांमगरी

११;॰ बदंत गोरषनाथ दसमीं द्वारि । श्रुगंनैं केदार चढियां ।
इकीस ब्रह्मांड ना सिषर ऊपरि । सुसम बेद उचरियां ॥ टेक ॥
१ द्वादस दली भींतरि रवि सक्ती । ससी सोडस्य सिव थानं ।
मूल सहंश्र जीव घरि । उनमनि अचल धियानं ॥
२ नादा अनहद गरजै गैनं । पश्चिम उग्या भानं ।
दक्षण डीबीमुत्तर नाचै । पाताल पूर्ब तानं ॥
३ चंद्र सूर यनीं मुद्रा कीन्हीं । धरणि भसमीं जल मेला ।
नादी ब्यंदी सींगी आकासी । अलष गुरू नाचेला ॥
४ तीनि सै साठि थे गली कंथी । इकीस सहंस छसै धागं ।
बहतरना की सुई निवासी । बांवन बीर सीयं बालागं ॥
५ इली सोधि घरि प्यंगुली पूरी । सुसमनी चढी असमांनं ।
मछिंद्र प्रसादैं जती गोर्ष बोल्या । निरंजनिं सिधि नैं थानं ॥

(पत्र ७१-७१ख उपलब्ध नहीं हैं)

२१;॰ अवधू जांनि राषि मन ठाहरि ।
जौ स तुमहीं पै है । काहे कूं भरमौं बाहरि ॥ टेक ॥
१ मैं मैं मेटि साच करि मुंद्रा । आसण सील दिढ कीजै ।
अनहद सबद की गुरी बाजै । ता जोगी मन धीजै ॥
२ सत करि षपर षिमां करि झोली । ग्यांन बिभूति लगाई ।
उलटचौ पवन जटाधरि जोगी । सींगी सुंन्य बजाई ॥
३ घटहीं भीतरि गिरवर बनषंड । घट महि सात समंदा ।
घटहीं भींतरि तारा मंडल । घट भीतरि रवि चंदा ॥
४ नाटिक चेटक भैरूं कलवा । इनमैं जोग न होई ।
कहै कबीर रमिता सूंरमणां । देही बादि न षोई ॥

राग रांमगरी

२२;॰ अवधू नादैं बिंदैं गगन गाजै । सबद अनाहद बोलै ।
अंतरगति नहीं देषै नेडा । ढूंढत बनबन डोलै ॥ टेक ॥
१ सालिगरांम तजूं सिव पूजूं । सिर ब्रह्मा कौ काटूं ।
साइर फोडि नीर मुक लांऊं । कूवा सिलादे पाटूं ॥
२ चंद सूर दोऊ तूंबा करिहूं । चित चेतनि की डांडी ।
सुषमन तंती बाजण लागी । इहि बिधि त्रिस्नां षांडी ॥
३ परम तत आधारी मेरे । सिवनग्री घर मेरा ।
काल हि षंडूं मींच बिहंडूं । बहुरि न करिहूं फेरा ॥
४ जपूं न जाप हतूं नहीं गूगल । पुस्तक लेइ न पढांऊं ।
कहै कबीर परम पद पाया । नहीं आंऊं नहीं जांऊं ॥

राग आसावरी

२३;॰ जोगिया तन कौ जंत्र बजाइ ।
ज्यूं तेरौ आवागवन मिटाइ ॥ टेक ॥
१ तत करि तांति धर्म करि डांडी । सत की सारि लगाइ ।
मन करि निहचल आसंण निहचल । रसनां रस उपजाइ ॥
२ चित करि बटवा तुचा मेषली । भसमैं भसम चढाइ ।
तजि पाषंड पांच करि निग्रह । भजौ परंम पद राइ ॥
३ हिरदै सींगी ग्यांन गुणि बांधौ । षोजि निरंजन साचा ।
कहै कबीर निरंजन की गति । जुगति बिनां प्यंड काचा ॥

२४;॰ जुगिया सो जो जुगति पिछांनैं ।
भेष बणांयां क्यूं मन मांनैं ॥ टेक ॥
१ कहा भायौ जे छोडी माया ।
घर छाडैं बन कूं उठि धाया ।
अंमर हूंण कूं करत उपाया ।
कोटि जतन करि नां रहै काया ॥
२ तजि जोगी मनि भोग कमावै ।
आपण भूला और भ्रमावै ।
साधै पवनां भसम चढावै ।
इहि बिधि रांम कहां थैं पावै ॥
३ अैसे जोगी फिरैं अपारा ।
अंधे बहुत कोई एक सारा ।
कलि कबीर कहै जन तेरा ।
अलष लषावै सो गुर मेरा ॥

राग गौडी

२५;॰ अवधू सुणि जोग जुगति की साषी ।

मटकी मांहि नवै निधि मींठी । जतन कीयां जल राषी ॥ टेक ॥
१ जब लग बिंद न बाहरि जाई । तब लग घट मैं चंदा ।
सोलह कला संपूरन पंजरि । सोई गमैं मति गंदा ॥
२ सुपिनैं साहि संजमि किन रहई । नांनां नारी बिलसै ।
बटवै भेद भसम नहीं बीती । पारि गयां पग फिलसै ॥
३ कोऊ कर्म बालिन तापै । जब लग सीत न जाई ।
धंधौ ध्यांन गूझ मन गोरष । सकल कडी सुलझाई ॥
४ काछ बज्र दीन्हीं जिनि किनि हीं । जीव बहण गति जांणीं ।
कहै हरदास कौंण सिध राषै । पालि पषैं पति पांणीं ॥

राग आसावरी

२६:• जोगी जतन करि राषिलै काया ।
मूल मढी मैं भी दुषि आया ॥ टेक ॥
१ बैसि निरंतर ग्यांन बिचारी ।
सिध सही जौ मनसा मारी ॥
२ मति मेषली पहरि डिढ पवनां ।
जागि जती तजि परघर गवनां ॥
३ सींगी सुरति तांणि ततवासी ।
पछिम दिसा परसि रहरासी ॥
४ कहै हरदास चतुर चित चेला ।
गाइ अंमर गुर रांम अकेला ॥

राग रांमगरी

२७:• संतौ जोगी होइ स जीतै ।
चरण कवल का परचा पाषैं । क्यूं यहु काल ब दीतै ॥ टेक ॥
१ मोह प्रीति की पासी काटै । यहु मन फेरि बसावै ।
नौली कर्म कीयां निज देषै । तौ आगैं तत पावै ॥
२ याही की ढिग उलटी साधै । पवन अकासां बासै ।
नौ नांई नवौं सर भरिया । तब तीन्यूं लोक तमासै ॥
३ आसण मांहैं आसति बिलसै । यहु चित अडिग बिचारै ।
राषि रसांइण पारस परसै । तौ कत पचि पारौ मारै ॥
४ चौरासी आसंण कूं छाडै । इक्यासी मैं आंणैं ।
तब हरदास मगन भजि माधौ । जोगी जुगति सु जांणैं ॥
२८:• सो जोगी अैसैं जोगवैं । परम सुंन्य सुंदरि भोगवै ॥ टेक ॥
१ पछिम दिसा पषालै अंग । पूरब जात न मिलिहै संग ।
दषिण दिसा देहु मति जांण । थिर करि मनवां होह न्रिबांण ॥
२ सक्ति संग ले साधन करौ । धीरैं धीरैं सब परहरौ ।
बिण लोइण देषौ त्रीलोक । ब्रह्म जोति आतमां बिलोक ॥
३ दूधैं घृतैं पहुपैं बास । काष्ट मधे जैसैं अग्नि निवास ।
कासूं कहूं न को पतियाइ । कनिका मैं ब्रह्मांड समाइ ॥
४ धरती अंबर एकंतर होइ । बिण पांणीं निर्मल करि धोइ ।
नरस्यंघ भारती कहै बिचार । यहु तत गहै सो उतरैं पार ॥

राग आसावरी

२९:• सो बैरागी जोगी रे भाई ।
जाकै कंद न सोग बिवोग न कोई ॥ टेक ॥
१ सुर्ति सुम्रिति द्वै तूंबा जाकै । परमिति बाहरि कंथा ।
ग्यांन गुफा मैं अस्थिति जाकी । कलप बिबर्जित पंथा ॥
२ अषंड मंडल बटुवा जाकै । सब जग भसम अधारी ।
तारी लागै तौ परलौ पलटै । षुलै तौ होइ है सारी ॥
३ मन पवन दोइ तूंबा जाकै । सारि जुगैं जुग सारी ।
तंती बरतन टूटण पावै । घट घट केसरि बाजी ॥
४ मन मथ डंड लियैं छिन ब्यापै । जोग ध्यांन ल्यौ लागी ।
लघु बीठल की मेटि कलपनां । षेलि रह्यौ बैरागी ॥

राग रांमगरी

३०:• जोगी जांणियां रे । मठ मैं जपै अजपा जाप ।
प्यंडें प्यंडें रमैं रावल । सब घटि ब्यापक आप ॥ टेक ॥
१ जाकै काया कंथा । मनहीं मुंद्रा सहज अंगि बिभूति ।
षिमां डंड अनाहद सींगी । अैसा है अवधूत ॥
२ जाकै चतुर षटदल । दसदली द्वादसा दलसोल ।
दोइ दल ऊपरि ब्रह्म स्थांन । तहां करै हंस किलोल ॥
३ गगन मंडल मांहि अवधू बैठा आसंण वालि ।
तृबेणीं तटि धरै ताली । निगम भोमि निरालि ॥
४ ब्रह्म चेतनि चराचर गुर । सेइलै श्री रांम ।
कहै लाडण प्यंड ब्रह्मांड । नमो निकलंक नांम ॥
३१:• जोगी जीवनि माहरा । तूं अलष निरंजन ।
जोगी जोग्यंद्र महाजती । तेन्हां मन रंजन ॥ टेक ॥
१ आसंण पूरी अनिल ग्रही । नवद्वार निरोधी ।
षटदल कमल भेदी चढ्यौ । जोवै षग परिषोजी ॥
२ जागी सक्ति जिम कुंडला । बेणीं पछिम बाली ।
इला प्यंगुला सुषमनां संगमि । लागी है ताली ॥
३ यंद आकु? थया एकठां । चल्या उबट आरै ।
जोवौ रे रावलियौ जरा पीवै । मिल्यौ मेर मथरै ॥
४ गुपत पिराग मंडलगता । नित गहिरौ गाजे ।
उरबासी मैं आंनद्यौ । मधुरौ बेण बाजे ॥
५ श्रब बिषिया रस परहरै । अकृत अभोगी ।
अबिनासी अवधूत ए । जांणौं ते जोगी ॥
६ चेतनां अजर अंमृत पीवै । मननीं गति भागी ।
सेवग स्वांमीं थया एकठा । आपै ल्यौ लागी ॥
७ अंमृत कन्हैं जन कांइ मरौ । अछतैं म अलूझौ ।
भगति तत्व ए भांण कहै । आपैं आप जु बूझौ ॥

राग रांमगरी

३२:• तहां सोवै जोगी सरस भोगी । जोग निंद्रा जांणि रे ।
चंद सूरज चढै मंडल । ते किम लीजै प्रांणि रे ॥ टेक ॥

१ नाद धुनि तहां निरति गाजै । दीपमाला तहां छाजै ।
सरस सूवा उचरै ।
हंस सूं प्रमहंस षेलै । निरति नैंणे उतरै ॥
२ अष्टदल उघडै । मैल कुसमल झडै । चंद रेषा तहां बीचि भमैं ।
कमल नालि परमोधि सुंदरि । ए मन मधुकर तिहां रमैं ॥
३ गंगा त जमुनां सरस्वती । मरजाद छाडि न रहैं बहती ।
त्रिबेणीं तट न्हाइए ।
उनमनीं लीर मैं बाली । पार ऊतरि जाइये ॥
४ रतन मणिं किम षेह लागै । सुचेत सुंदरि सदा जागै ।
निर्मल नीर पषालिये ।
भणैं बींझल प्राग तीर्थ । गंगोदिक सिरि ढालिये ॥
३३:० संतौ तहां निरंजन रांम होई । गुरगंमि बिरला बूझै कोई ॥ टेक ॥
१ इला पिंगुला और सुषमनां । तीनि बसै इक ठांई ।
बेणीं संगम पिराग तहां है । मन मंजन करौ ति थांई ॥
२ दसवां द्वारा अपरंपारा । परम पुरिस की वाटी ।
तामै हाट हाट मैं आला । आले भींतरि थाती ॥
३ गुण पलव साषा बिचारी । आपणां जन मन जुवै हारी ।
अस्वर नदी का बांधे मूल । पछिम फेरि चढावै सूर ॥
४ बीज मंत्र ले हिरदै रहै । मनवां उलटि सुंन्य सूं ग्रहै ।
अजर जरै तहां नीझर झरै । तहां श्री जगनाथ सूं गोष्टि करै ॥
५ देव अस्थनि क्या नीसांणी । तहां चंद न सूर पवन नहीं पांणीं ।
उपजी साषी गुरमुषि जांणीं । बाजै सबद अनाहद बांणीं ॥
६ अैसी कला का जांणैं भेव । भेटै ताहि पर्म गुरदेव ।
मस्तकि पदम दिवाले मणीं । तहां निरंजन त्रिभुवन धणीं ॥
७ चहुं मुषि दीवा जोति दिवाल । पालव अनंत मूल बिचि काल ।
सर्ब कला ले आपैं रहैं । मन मांणिक करतन सूं गहै ॥
८ जागत रहै न अलिअल भाषै । पांचूं इंद्री दिढ करि राषै ।
गुर की साषी राषै चीति । काया देवै क्रिस्न परीति ॥
९ सात सबद त्रिमाइल बाजै । फूलै कमल असंष धुंनि गाजै ।
दैंतां मरद न गुरमुषि ग्यांन । बेणीं जाचै हरि का नांम ॥
३४:० अैसा जोग ध्यावो रे बाला । मुकति है दासी ।
कर्म के सब बंधन छूटै । अगम अबिनासी ॥ टेक ॥
१ सहज की पंषुडी जागी । अर्ध उरधैं कला जागी ।
चंद्र सूर्य समि हूवा । ब्रह्म ल्यौ लागी ॥
२ तहां सबद गाजै मोह भाजै । सार सेती सार बाजै ।
चाहती चाहती एक संषणीं भागी ॥
३ तहां तीन बाजै । तीन गाजै । तीन मेटै एक साजै ।
मींन ज्यूं दृष्टि राषै । उनमनीं मांहीं ॥
४ तहां सुंन्य सेती मन मान्यां । आप सेती आप जांन्यां ।
गुरू सिषैं भया परचा । भेद तहां नांहीं ॥
५ तहां बिषम काया सहजि डंडी ।
जुरा म्रित्यु उपाधि षंडी ।
स्यंघ सइयां चरण लागे । भए निरदंदी ॥
६ तहां आदि सबदैं सुरति षाई । बिंद कूं ले चढी बाई ।
काल का भै तहां भागा । संषणीं बंदी ॥
७ तहां सक्ति सेती सक्ति राता । आप सेती आप जाता ।
आप चीन्हें भया परचा । प्यंड तहां मुक्ता ॥
८ तहां षेचरी नहीं बषांणीं । सहज मध्यें कला जांणीं ।
भणैं बेणीं प्यंड सीधा । भये निरबांणीं ॥
३५:० चेति रे आतमां चेत । आप सेती आप हेत ।
जंत्र मंत्र मोचि मूंढा । कौंण साधै प्रेत ।
ग्यांन षडग बांधि नेत । मुकति कै द्वारै हेत ।
रांमराइ दया कीन्हीं । छूटा रे सहजैं संकेत ॥ टेक ॥
१ करि अजपा जप माली । त्रिकुटी संधि प्रजाली ।
सुषमनां अंग राषै । जोगणीं हंमारी ।
मूल च उडचांणीं । बाइलै अनहद बांणीं ।
अनूपम जोति भेदी । लाइलै ताली ॥
२ माया बंधू प्रीति लोटा । जीति लै मन क छोटा ।
माया बंधू मेटि करि । ले ग्यांन जगोटा ।
जाली प्रकीरति बिभूति गोटा । ताली लागा गुरू भेटा ।
हरि पासि भिष्या मांगी । मेटच्या रे लाभ टोटा ॥
३ मुषि अंमृत रहै ग्यांन गरास । रहत बुधि वा पास ।
अर्धै उर्धै तारैं ततैं । बाइ सबदैं जास
हिरदै बटुवा बुधि बेसास । ओषदी सहजैं प्रकास ।
आसंण समाधि लागी । जगनाथ पास ॥
४ मुद्रा षेचरी मन प्रमांण । जटा जुटैं प्यंडैं प्रांण ।
गोरष जंजाली षेली । नषसिष सांन ।
सुंन्य रहसैं रहै ध्यांन । गावै बेणीं एकै ग्यांन ।
अनाहद सींगी बाजी । अकुल नीसांन ॥
३६:० तजि हो मन के बिकार । भजिसि आतमां सार ।
काया कै निषेध जुरा मरण निवारि ।
इला प्यंगुला तृबेणीं न्हांऊं । सुषमनां ले पंच लांऊं ।
छ सै सहंस इकीस चीन्हूं । ब्रह्म ग्यांन जारि ॥ टेक ॥
१ उलटि पलटि षलूं । भ्रमें न तीर्थ डोलूं ।
गुपत प्रगट देषूं । आतम देव ।
आदिकै सनमध्य जागूं । काल देषि न दूरि भागूं ।
अंध माहैं एक चीन्ह्यां । तास की सेवा ॥
२ सहज जोर समाधि लागी । नाद गहि अनाहद जागी ।
बिचारिबा मूल द्वार । राषिबा सोई ।
तत्व मधे गुपति देही । तहां ले राषूं सनेही ।
जुगति मांहैं जांगि देषूं । दुती न कोई ॥
३ ब्रह्म जोति जगाइ लीजै । अग्नि कै मुषि आप दीजै ।
तहां करि बिश्रांम अवधू । राषि ल्यौ काया ।
जीव सीव समीप धारा । आप फिरि आपैं बिचारा ।
बंध देषि अबंध रहिबा । लिपत नहीं माया ॥
४ चंद सूरज एक घाटी । निराकारं निराबाटी ।
भेद भेद त्रिभेद बाई । बंधि लै भेला ।
प्रिथीनाथ समाधि ज्वाला । गगन मधे दीपमाला ।

कोटि किरणि प्रकास भया । रांम सूं मेला ॥

राग आसावरी

३७:० मूल बंद दे फेरै बाई ।
अग्रे सुकल मेर डंड चढि । बिकट घाट ह्वै गगन समाई ॥ टेक ॥
१ इला प्यंगुला सुषमन नारी । तीन्यूं उरध चलाई ।
सपत ब्रह्मंड छेदि मध्य गुपता । सिव अस्थांनि लुकाई ॥
२ नऊं नापिका फेरि मेर दिसि । रवि ससि अस्थिर कीन्हां ।
सबद अनाहद लागी ताली । जोगी गुरमुषि चीन्हां ॥
३ द्वै स्वर साधै त्रिकुटी संजम । निर्मल मैल बिलाया ।
जुह्रा मरण मारग चौरासी । अवधू राषी काया ॥
४ रुध्र पलटि षीर तनि हूवा । छाया संगि न होई ।
दृष्टैं देषत दीपक दीसै । हीरै कर्म न कोई ॥
५ होइ प्रकास जोति जगि प्रगटै । दिब द्रिष्टि सब सूझै ।
गरीबदास यहु भगति जोग मैं । कर्म योग न अरूझै ॥

३८:० नाद बिंद ले उरधैं धरैं ।
सहज जोग हठ निग्रह नांहीं । पवन फेरि घट मांहैं भरै ॥ टेक ॥
१ त्रिकुटी संधि ध्यांन नहीं चूकै । भौंर गुफा क्यूं भूलै ।
द्वै स्वर साध्य अनूप अराधै । सुष सागर मैं झूलै ॥
२ इला प्यंगुला सुषमन नारी । त्रिबेणीं संगि लावै ।
नौ सै नवासी फेरि अपूठी । दसवैं द्वारि समावै ॥
३ अरधैं उरधैं ताली लागै । चंद सूर समि कीन्हां ।
अष्ट कवल दल मांहैं बिगसै । जोति सरूपी चीन्हां ॥
४ रोम रोम धुन्य उठी सहज मैं । परचै प्रांण सु पीवै ।
गरीबदास गुरमुषि ह्वै सूझी । जो जांणैं सो जीवै ॥

३९:० अैसी रे अवधू की बांणीं ।
ऊपरि कूवटा तलि भरि पांणीं ॥ टेक ॥
१ जब लग गगन जोति नहीं पलटै ।
अबिनासी सूं मन नहीं चिहुटै ।
जब लग भवर गुफा नहीं जांनैं ।
तौ मेरा मन कैसै मांनैं ॥
२ जब लग तृकुटी संधि न जांनैं ।
ससिहर कै घरि सूर न आंनैं ।
जब लग नाभि कवल नहीं सोधै ।
तौ हीरै हीरा कैसैं बेधै ॥
३ सोलह कला सपूरन छाजा ।
अनहद कै घरि बाजैं बाजा ।
सुषमन कै घरि भया अनंदा ।
उलटि कवल भेटे गोबिंदा ॥
४ मन पवन जब परचा भइया ।
ज्यूं नाले रांषी रस मईया ।
कहै कबीर घट लेहु बिचारी ।
औघट घाट सींचि ले क्यारी ॥

४०:० इहै परम गुर जोगं । अमीं महारस भोगं ॥ टेक ॥
१ मन पवनां थिर साधं । अबिगति नाथ अराधं । तहां सबद अनाहद नादं ॥
२ पंच सषी परमोधं । अगम ग्यांन गुर बोधं । तहां नाथ निरंजन सोधं ॥
३ सतगुर मांहि लषावा । तहां निराधार घर छावा । तहां जोति सरूपी पावा ॥
४ सहजैं सदा प्रकासं । पूर्नब्रह्म बिलासं । तहां सेवग दादू दासं ॥

राग गौडी

४१:० अैसा रे गुर ग्यांन लषाया ।
आवै जाइ सु दिष्टि न आया ॥ टेक ॥
१ मन थिर करूंगा । नाद भरूंगा । रांम रंमूंगा रसि माता ॥
२ अधर रहूंगा । कर्म दहूंगा । एक भजूंगा भगवंता ॥
३ अलष लषूंगा । अकथ कथूंगा । मही मथूंगा गोबिंदा ॥
४ अगह गहूंगा । अकह कहूंगा । अलह लहूंगा षोजंता ॥
५ अचर चरूंगा । अजर जरूंगा । अतिर तिरूंगा आनंदा ॥
६ यहु तन तारूं । बिषै निवारूं । आप उबारूं साधंता ॥
७ आंऊं न जांऊं । उनमंनि लांऊं । सहजि समांऊं गुनवंता ॥
८ नूर पिछांनूं । तेजहि जांनूं । दादू जोतिहि देषंता ॥

४२:० मैं डोरै डोरै जांऊंगा ।
तौ मैं बहुरि न भौजलि आंऊंगा ॥ टेक ॥
१ सूत बहुत कुछ थोरा । तार्थें लाइलै कंथा डोरा ।
कंथा डोरा लागा । तब जुरा मरण भौ भागा ॥
२ जहां सूत कपास न पूंनी । तहां बसै इक मूंनीं ।
उस मूंनीं सूं चित लांऊंगा । तौ मैं बहुरि न भौजलि आंऊंगा ॥
३ मेर डंड एक छाजा । तहां बसै एक राजा ।
तिस राजा सूं चित लांऊंगा । तौ मैं बहुरि न भौजलि आंऊंगा ॥
४ जहां बहु हीरा घन मोती । तहां तत लाइले जोती ।
तिस जोतिहि जोति मिलांऊंगा । तौ मैं बहुरि न भौजलि आंऊंगा ॥
५ जहां ऊगै सूर न चंदा । तहां देष्या एक अनंदा ।
उस आंनंद सूं चित लांऊंगा । तौ मैं बहुरि न भौजलि आंऊंगा ॥
६ मूल बंधं इक पावा । तहां सिध गणेस्वर रावा ।
तिस मूलहि मूल मिलांऊंगा । तौ मैं बहुरि न भौजलि आंऊंगा ॥
७ कबीरा तालीब तेरा । तहां गोपि हरी गुर मेरा ।
तहां हेत हरी चित लांऊंगा । तौ मैं बहुरि न भौजलि आंऊंगा ॥

राग भैरू

४३:० हरि कौ बिलोवनौं बिलोइ मेरी माई ।

अैसैं बिलोइ जैसैं तत न जाई ॥ टेक ॥
१ तन करि मटुकी मन हि बिलोइ ।
ता मटुकी मैं पवन समोइ ॥
२ इला पिंगुला सुषमन नारी ।
बेगि बिलोइ ठाढी छछिहारी ॥
३ कहै कबीर गुजरी बौरांनीं ।
मटुकी फूटी जोति समांनीं ॥

राग बसंत

४४:• आवध रांम सबै क्रम करिहूं ।
सहज समाधि न जमतैं डरिहूं ॥
१ कुंभरा ह्वै करि बासन घरिहूं । धोबी ह्वै मल धोऊं ।
चमरा ह्वै करि रंगौं अधौरी । जाति पांति कुल षोऊं ॥
२ तेली ह्वै तन कोल्हूं करिहूं । पाप पुन्य दोऊ पीरूं ।
पंच बैल कूं सूध चलाऊं । रांम जेवरिया जोरूं ॥
३ छत्री ह्वै करि षडग संभारूं । जोग जुगति दोऊ साधूं ।
नउवा ह्वै करि मन कूं मूंडूं । बाढी ह्वै कर्म बाढूं ॥
४ अवधू ह्वै करि यहु तन धूनूं । बध्यक ह्वै मन मारूं ।
बनिजारा ह्वै करि तत कूं बनिजूं । जूवारी ह्वै जंम हारूं ॥
५ तन करि नौका मन करि षेवट । रसनां करउ वा डारूं ।
कहै कबीर भौसागर तिरिहूं । आप तिरूं बपु तारूं ॥

राग आसावरी

४५:• मन मेरौ रहटा रसनां पुवरीया ।
हरि कौ नांव लै लै काति बहुरिया ॥ टेक ॥
१ चारि षूंटी द्वै चमर षलाई ।
सहजि रहटवा दियौ चलाई ॥
२ सासू कहै काति बहू अैसैं ।
बिन कातें निसतरिबौ कैसैं ॥
३ कहै कबीर सूत भल काता ।
रहंटौ नहीं परम पद दाता ॥

राग गौडी

४६:• अवधू अैसा जोग लषै किन कोई ।
रूकी रासि रहै घट भीतरि । ताथैं तन सुष होई ॥ टेक ॥
१ पूंणीं प्रीति करै जे क्यूंहीं । सुरति सूत नहीं तूटै ।
नांन्हां ताग निरति सूं आवै । तौ जुरा मरण थैं छूटै ॥
२ कठिन कूकडी भरि को जांणैं । जाकै बसि बड ईदी ।
ताकै काजि कवण कलि नारी । न्याइ नरक करि नींदी ॥
३ समझि समावै तौ सुष पावै । अर्थ अलूझणि आंटी ।
कहै हरदास पचणि पग काढै । दूष दसी कुलि काटी ॥

राग रांमगरी

४७:• कोली करता की गति जांणैं ।
जोग अठोतर नली नवासै । सूत समेटै तांणैं ॥ टेक ॥
१ पांच परीता फेरि अपूठा । दे षूंटी बिस्तारै ।
बार बार चित धागै राषै । जीती सारि न हारै ॥
२ डचौढ अढाई गिणि गिणि गांठै । तामैं तार न चूकै ।
बुणकर बसत बिधाता पावै । अटल बराबरि धूकै ॥
३ इंद्र गजीले आतुर चाढै । सूंनी साल न छाडै ।
तब हरदास कहावै कोली । मांगि मंजूरी लाडै ॥

राग सोरठि

४८:• भाई रे सकहु ततणि बुणि लेहु रे ।
पीछैं रांमहि दोस न देहु रे ॥ टेक ॥
१ कर गहि एक बिरांनीं । ता भीतरि पंच परांनीं ।
ता मांहैं एक उदासी । तिहि तणि बुणि सबै बिनासी ॥
२ जौ तूं चौसठि बरियां धावा ।
नहीं होइ पंच सूं मिलावा ।
जौ तैं पच सै छ सै तांणीं ।
तौ तूं सुष सूं रहै परांणीं ॥
३ पहली तणियां तांणां । पीछैं बुणियां बांणां ।
तणि बुणि मुरतब कीन्हां । तब रांमराइ पूरा दीन्हां ॥
४ राछ भरत भई संझा । तारुणीं त्रिया मन बंधा ।
कहै कबीर बिचारी । अब छो छिन ली हमारी ॥
४९:• तेरा हरि मैं जुलाहा । मेरै रांम रमण का लाहा ॥ टेक ॥
१ दस सै सुत्र की पुरिया तांणी । चंद सूर दोइ साषी ।
अनंत नांव गिणि लई मंजूरी । हिरदा कवल मैं राषी ॥
२ सुरति सुमृति दोइ षूंटी कीन्हीं । आरंभ कीया बमेकी ।
ग्यांन तत की नली भराई । बुणत आतमां पेषी ॥
३ अबिनासी धन लई मंजूरी । पूरी थापणि पाई ।
रंन बन सोधि सोधि सब आया । निकटैं दीया बताई ॥
४ मन सूधा कौ कूच कीयौ है । ग्यांन बिथरंनीं पाई ।
जीव की गांठि गुढी सब लागी । जहां की तहां ल्यौ लाई ॥
५ बेठि बेगारि बुराई थाकी । अनभै पद परकासा ।
दास कबीर बुणत सचु पाया । दुष संसा सब नासा ॥
५०:• कोली साल न छाडै रे । सब घाबर काढै रे ॥ टेक ॥
१ प्रेम पांण लगाई धागै । तत तेल निज दीया ।
एकमनां इस आरंभ लागा । ग्यांन राछ भरि लीया ॥
२ नांव नली भरि बुणकर लागा । अंतरगति रंगि राता ।
तांणैं बांणैं जीव जुलाहा । परम तत सूं माता ॥
३ सकल सिरोमणि बुणैं बिचारा । सांन्हां सूत न तोडै ।
सदा सचेत रहै ल्यौ लागा । ज्यूं तूटै त्यूं जोडै ॥
४ अैसैं तणि बुणि गहर गजीनां । सांई के मनि भावै ।
दादू कोली करता कै संगि । बहुरि न भौजलि आवै ॥

राग गौडी

५१:• नीकैं रांम कहत है बपुरा ।
घर मांहैं घर निर्मल राषै । पंचूं धोवै काया कपरा ॥ टेक ॥
१ सहज समरपन सुमिरन सेवा । त्रिबेणीं तटि संजम संपरा ।

सुंदरि संनमुष जागन लागी । तहां मोहन मेरा मन
पकरा ॥
२ बिन रसनां मोहन गुन गावै । नांनां बांनी अनभै अपरा ।
दादू अनहद अैसें कहियै । भगति तत यहु मारग संकरा ॥

राग आसावरी

४२:० साधन कंचू हरि न उतारै ।
अनभै ह्वै तौ अर्थ बिचारै ॥ टेक ॥
१ बांणीं सुरंग सोधि करि आंणें । आंणें नौ रंग धागा ।
चंद सूर एकंतरि कीया । सीवत बहु दिन लागा ॥
२ पंच पदारथ षोडि समांनां । हीरैं मोती जडिया ।
कोटि बरस लूं कंचूं सींया । सुर नर धंधें पडिया ॥
३ निसबासुरि जे सोवैं नांहीं । ता नर काल न षाई ।
कहै कबीर गुर परसादें । सहजें रह्या समाई ॥

राग टोडी

४३:० का करूं जाती का करूं पांती ।
राजा रांम सेऊं दिन राती ॥ टेक ॥
१ मन मेरौ गजा जिह्वा मेरी काती ।
रांम रंमें काटूं जंम की पासी ॥
२ सींवणं सींऊंहूं सींऊंहूं सींऊं ।
रांम बिनांहूं कैसें जीऊं ॥
३ अनंत नांम का सींऊं बागा ।
जा सींवत जंम का डर भागा ॥
४ सुरति की सुई प्रेम का धागा ।
नांमां का मन हरि सूं लागा ॥

राग आसावरी

४४:० सोनां ल्यौ रस सोनां ल्यौ । मेरी जाति सुनारी रे ।
धंम निधंमी रस जांम न जांम्यां । तब गगन महारस
मिलिया रे ॥ टेक ॥
१ आपैं सुनारी नैं आपैं सोनां । मूल चक्र अंगीठा ।
अहरण नाद नैं मन हथौडा । तब घड सूं गगन बईठा ॥
२ अषै आरण नैं बिषै कोइला । सहज फूक दोइ नलियां ।
चंद सूर दोऊ समि करि राष्या । तब आपैं आप जु
मिलियां ॥
३ रतीनां कांमनैं मासानी चोरी । रती मैं मांसा चोरै ।
मासा चोरि रहै मासा मैं । इनि बिधि गर थैं जोडै ॥
४ अरधैं सोनां उरधैं सोनां । भीतरि सुंन्यम सुंनां ।
तीनि सुंनि की रहणीं जांनैं । ता घटि पाप न पुंनां ॥
५ उंनमनीं डांडी नैं मन तराजू । पवन कीया गदियांनां ।
तब आपैं गोरषनाथ तोलण बैठा । सोनां सहज समांनां ॥

१ अवधू ग्यांन सो साचा प्रांण सोरांग ।
जत आभूषण चढै स्वांग ।
ता मांहि निहचल उनमनि रहै । अैसा बिचार मछिंद्र कहै ॥

राग आसावरी

४५:० पारब्रह्म देष्यौ हो तब बाडी फूली । फल लागे बड
हूली ।
सदा सदा फलदाय बिजौरा । कौतिग हारी भूली ॥ टेक ॥
१ द्वादस कूवा एक बनमाली । उलटा नीर चलावै ।
सहजि सुषगनां कूल भरावै । दहदिसि बाडी पावै ॥
२ ल्यौ की लेज पवन का ढींकू । मन मटका जु बनाया ।
सत की पाटि सुरति का चाठा । सहजि नीर मुक लाया ॥
३ त्रिकुटी चढचौ पावटौ ढालै । अरध उरध की क्यारी ।
चंद सूर दोऊ पांणति करिहैं । गुरमुषि बीज बिचारी ॥
४ भरी छाबडी मन बैकुंठा । सांई सू रहिया रंगा ।
कहै कबीर सुनहुं रे संतौ । हरि हम एकै संगा ॥

राग परज्यौ रांमग्री

४६:० हालीपाव जोगी हालीपाव रावल । षेडूं सुंन्य लारांण
रे ।
षिम्या जगोटौ नैं सत पांगरडां । तजिबा मांन अभिमांनं
रे ॥ टेक ॥
१ चंद सूरज दून्यूं बलध हमारै । गंगा जमुनां रासैं ।
नादैं बिंदैं हलफाल संजोगैं । षेती षेडू आकासै ॥
२ समतैं बीजैं माह्रै षेती रे बावी । पवनां बाडि बलाई ।
चैतन्य रावल रषवाला मेल्ह्या । म्रिघ लै षेती न षाई ॥
३ हरषैं आनंदैं माह्रै षेती रे आवी । सपत धांन निपाई ।
पंच बलध मिलिहा लरै जूता । गुरमुष षेती गाही ॥
४ तत्व ग्रही लांनैं प्रांलरा लीलां । गुरू गोरष प्रसादैं
जांणीं ।
ए चौपाई हालीपाव बोल्या । रहिसें नर निरबांणीं ॥

राग रांमगरी

४७:० जागौ नै योगी कनक रावलिया । गुरदेव मेहलौं बूठौ ।
षोजतां षोजतां सतगुर पाया । सहजनैं भावैं तूठौ ॥
टेक ॥
१ उतर देस मैं मेह धडूं क्या । दक्षण आभले छाया ।
पूरब देस थीं पणिग बिछूटी । पछिम षेत्र मैं पाया ॥
२ मन पवना धोरी जो त्रावो । सतना सांतीडा समतावो ।
दया धर्म नां बीज अणवो । इणीं परिषेत्रे जावो ॥
३ मछिंद्र प्रसादैं जती गोरष बोल्या । नित नवेरडूं थाइ ॥

राग आसावरी

४८:० कबीरा प्रेम की कूल- ढरै रे । हमारै रांम बिनां न
सरै ।
बांधि लै धोरा सींचि लै क्यारी । ज्यूं तूं पेट
भरै ॥ टेक ॥
१ काया बाडी मांहैं माली । टहल करै दिन राती ।
कबहूं न सोवै काज संवरै । पांण तिहारी माती ॥
२ सेझौ कुवौ स्वांति अति सीतल । कबहूं कुबाव नहीं रे ।
भाग हमारे हरि रषवारे । कोई उजाड नहीं ॥

३ गुरि बीज जमायौ किरषि निपायौ । मन की आपदा षोई ।
बोरै स्यावढ करै षारिसा । सिलौ करै सब कोई ॥
४ जौ घरि आया तौ सब ल्याया । अैसैं काज संवारयौ ।
कहै कबीर सुनहुं रे संतौ । थकित भयौ मैं हारयौ ॥

राग गौडी

५६:• सब सुधि बिसरी मेरी लाज गई ।
गुपत हिरांनी प्रगट भई ॥ टेक ॥
१ जनम मरन का धोषा भागा । सरग नरक सूं गरज नहीं ।
पंच तत सूं गगन मगन भये । प्रांन समांनां पद मांहीं ॥
२ थाके भरम कर्म बुधि नाठी । बिधि पूछी सुधि हारी ।
गयौ बिलाइ भर्म कौ बादर । तब कौंन पुरिष को नारी ॥
३ फीटी सुरति गलित भई अबिगति । न पैद सागर मांहीं ।
कांन्हां बिषम सुगम संमझ्यां सूं । बरनाश्रंम सब जांहीं ॥

६०:• सहज फकीरा आलसी । ल्यौ लागी अलसांनां ।
बिषिया षीण देह सुधि बिसरी । मन अनंद मगन समांनां ॥ टेक ॥
१ पाप पुंन्य का उठै न उदिम । श्रबनृ उदमीं होइ ।
जनम मरण थैं भये निपूसिक । तिन तैं बहुरि न उपजै कोई ॥
२ त्रिगुण का बल चलै न कोई । मन चंचल बिरधांनां ।
इंद्री का बल फुरै न कोई । कांन्हां यौं अलसांनां ॥

राग रांमगरी

६१:• अनेक मरि मरि जांहिगे रे अवधू ।
इक रांम नांम तत रहिला ॥ टेक ॥
१ मुई जु आसा मुई जु त्रिश्नां । मुई जु मनसा माई ।
लोभ हमारी बहनी मुई । तिनका सोच हम नांहीं रे अवधू ॥
२ माइ का गोत मत मंछर मूवा । बाप का गोत अहंकार ।
कांम क्रोध भाई भतीजा मरि गया । तिनहीं का सोच हम नांहीं रे अवधू ॥
३ जास करणीं जोगेस्वर मूवा । तास धरनि मैं जांऊंगा ।
नांमदेव सतगुर साहीला । गोबिंद चरण निवासा रे अवधू ॥

राग गुंड

६२:• जोगी जन न्याइ जुगे जुगि जीवै ।
आकास बांधि पाताल चलावै । आप भरे भरि पीवै ॥ टेक ॥
१ अंमृत षात पिता परमोध्यौ । माइ मुई करि सोग रे ।
भाई बंध की आस न पूगी । भाजि गयौ सब लोग ॥
२ बाहिली मूंदिलै मांहिली चोघिलै । पंच की आस मिटाइ रे ।
भणत नांमदेव सेइ निरंजन । सहज समाधि लगाइ रे ॥

राग भैरू

६३:• एक अंचंभा अैसा भया ।
करणीं थैं कारण मिटि गया ॥ टेक ॥
१ करणीं कीया कर्म का नास ।
पवक मांहि पहुप परकास ।
पहुप मांहि पावक परजरै ।
तब पाप पुंनि दोऊ भम जरै ॥
२ प्रगटी बास बासनां धोइ ।
कुल प्रगटयौ कुल घाल्यौ षोइ ।
उपजी च्यंत च्यंता मिटि गई ।
भै भ्रम भागा अैसी भई ॥
३ उलटी गंग मेर कूं चली ।
धरती उलटि आकासहि मिली ।
दास कबीर तत अैसा कहै ।
ससिहर उलटि राह कूं गहै ॥

राग गौडी

६४:• अब घटि प्रगट भये रांम राई ।
सोधि सरीर कनक की नाई ॥ टेक ॥
१ कनक कसौटी जैसैं कसि ले सुनारा ।
सोधि सरीर भयौ तन सारा ॥
२ उपजत उपजत बहुत उपाई ।
मन थिर भयौ तबैं थिति पाई ॥
३ बाहरि षोजत जनम गंवाया ।
उंनमंनीं ध्यांन घट भीतरि पाया ॥
४ बिन परचै तंन काच कथी ।
परचै कंचन भया कबीरा ॥

६५:• पंथीडा पंथ पिछांणीं पीव की । गहि बिरहा का बाट ।
जीवत म्रितक होइ चलै । लंघै औघट घाट पंथीडा ॥ टेक ॥
१ सतगुर सिर परि राषिये । निर्मल ग्यांन बिचार ।
प्रेम भगति करि प्रीति सूं । सनमुष सिरजनहार पंथीडा ॥
२ परआतम सूं आतमां । ज्यूं जल जलहि समाइ ।
मन हीं सूं मन लाइये । लै कै मारगि जाइ पंथीडा ॥
३ ताला बेली ऊपजै । आतुर पीड पुकार ।
सुमरि सनेही आपणां । निस दिन बारंबार पंथीडा ॥
४ देषि देषि पग राषिये । मारग षांडा धार ।
मनसा बाचा करमनां । दादू लंघै पार पंथीडा ॥

साषी सबदी

२ कायापुरी हू पैसि रचूंगा । सिवपुरी बणिज हमारा ।
जप तप करिहूं प्रति-ईछूं । तुरत करूं ब्यौहारा ॥
३ पद परबत मैं मन ले षेलूं । सिव नग्री घर मेरा ।
अलष दिवालै दीपक रचिबा । तहां किम होइ अंधेरा ॥
४ पंच मिले केदार चढूंगा । मन राषूं कविलासं ।

पंच तत की मढी बंधांऊं । इस बिधि फिरौं उदासं ॥
५ मन पवन मेरै सहज अधारी । अचल अमर मेरी कंथा ।
काया डीबी संगि ले षेलूं । इस बिधि लागूं पंथा ॥
६ जाके मन की मुंद्रा । सुरति ही सिष । सबदहुं बेधे ककानं ।
जोगी का घर कठिन है बाबू । कहिबे कूं आसान ॥
७ कबीर तन कूं जोगी सब करै । मन कूं बिरला कोइ ।
सब सिधि सहजैं पाईये । जै मन जोगी होइ ॥
८ दादू मन फकीर माहैं हुवा । भीतरि लीया भेष ।
सबद गहैं गुरदेव का । मांगै भीष अलेष ॥
९ दादू मन फकीर सतगुरि किया । कहि संमझाया ग्यांन ।
निहचल आसण बैसि करि । अकल पुरिस का ध्यांन ॥
१० दादू मन फकीर जग थैं रह्या । सतगुरि लीया लाइ ।
अहनिसि लागा एक सूं । सहज सुंनि रस षाइ ॥
११ दादू मन फकीर असैं भया । सतगुर के परसाद ।
जहां काथा लागा तहां । छूटै बाद बिबाद ॥
१२ मनयां जोगी काया मढी । पंच तत ले कंथा गढी ।
षिमां कडासंण ग्यांन अधारी । सुमति पावडी डंड बिचारी ॥
१३ निःश्चल बैसहु । आसंण लावहु । मनसा लेहु निपाई ।
दसवैं द्वारि करौ द्रिढ पहरा । चोरचौं निकसि न जाई ॥
१४ दस दरवाजां राषै बांण । भींतरि चोर न देई जांण ।
ग्यांन कछोटी बांधै कसि । पांचौं इंद्री राषै बसि ॥
१५ पवन पियाला भषिबो करै । उनमनि ताली जुगि जुगि धरै ।
रांमैं आगै लषमण कहै । जोगी होइ स इहिनिसि रहै ॥
१६ द्रिढ करि मनवां थिर करि चित । काया पवन पषालै नित ।
अभरा भरौ ज्यूं थिर ह्वै कंध । न उडै हंसा न पडै जिंद ॥
१७ बंधिसि बंधि बिषम करि बंधि । तलि करि रवि ऊपरि करि चंद ।
रैंणि दिवस रस चरपट पीया । षूटै तेल न बुझै दीया ॥
१८ प्रथमे मूल बंध । दुतिए लंगोट बंध । तृतीयें नाभि बंध ।
चतुर्थे कमर बंध । पंचमे तरकस बंध । षष्टमे नाल बंध ।
सप्त बंध बोलिये बाबा । सप्त दीपावती प्रिथमीं ॥
१९ बंधिस्य बधि बिषम यहु बाय । बंधहु चंचल कहीं न जाइ ।
कर्म कलपनां बंधन देहु । इस बुधि आपा बसि करि लेहु ॥
२० आसा बंधै मनसा बंधै । बंधै तत निरासा ।
मन पवन दोइ द्रिढ करि बंधै । बंधै सहज अकासा ॥
२१ रहिता बंधै कहता बंधै । बंधै बिषै जंजालं ।
आपा परजै द्रिढ करि बंधै । तौ द्वार न झंकै कालं ॥

श्लोक

२२ धीर्जस्य पिता षिमा तु जननी । सत्यं चिरं ग्रेहनीं
सीलंत पुत्रं यथा दया त भग्नीं भ्राता मनो संगमं ।
२३ एते जस्य कुटंबानां तसमातु भवेतु जोगिना ॥
२४ मन धूर्तं परं कृस्नं । माया गवन कदाचिनं ।
जनम जनमेषु बैराग्यं । तदा जोगी मन थिरं ॥
२५ कांस पात्र जथा हीरं । मुकवत मुष्टी निःचलं ।
तथा कांमनां अचल मनेत । इदं बोध बैराग धन्यं ॥
२६ जत्र जत्र गता दृष्टि तत्र तत्र गता मनः ।
तस्य मधे महासुंन्यं । तत्र मन बिलीयते ॥
२७ तन मधे बिलीयते सुंन्य । सुंन्य मध्ये बिलीयते मन ।
मन मध्ये बिलीयते परकीर्ति । तत्र मन स्थिर भवेत् ॥
२८ अनहद सब्दस्य तस्य सबदस्य । जोर धुन्य धुनि निरंतर जोतिः ।
जोति निरंतरं गतं मनः । तन मन बिलै जांति । तदि बैस्नव पर्म पदः ॥
२९ जां निसा सर्ब भूतानि तस्य जाग्रित संजमीं ।
जस्य जाग्रित भूतानि सा निसा पसते मुन्यः ॥
३० बैराग्यं बने बासी क्यं बैराग्यं भ्रमते मही ।
क्यं बैराग्यं कर्म धर्मेषु ब्रूहि मे पुरषोतमं ॥
३१ न बैराग्यं बने बासी । न बैराग्यं भ्रमते मही ।
न बैराग्यं कर्म धर्मेषु । गिनानं बैराग्यं सु उतिमं ॥
३२ रिदै बैराग उतपन्यं । न रचत दाता ग्रिह ।
समतस्य आर्णं ग्रामउ निरास पदईसु अंछिते ॥
३३ कुचित भोमऊ सिज्या । कुचित प्रजंक सयनं ।
कुचित साक अहारं । कुचित सालोदनं लुची ।
३४ कुचित कंथाधारी । कुचित दिबि आंबरं धरं ।
तपसी कार्ज्यार्थी । न गिनंत्य सुषं न च दुषं च ॥
३५ बैराग्यं किमर्थे च । दुषं सुषं बिहबलंबई ।
कत्वा श्रब भोगेषु न्यांन कथा सुम्रितत्तं ॥
३६ बैराग्यं न भवे च्यंता । बैराग्यं न सुषं दुषः ।
बैराग्यं न सोग संताप । बैराग्यं धंनि पार्थः ॥
३७ बिनां भाग्यं न बैराग्यं । बैराग्यं बिनां न भक्ति ।
भक्ति बिनां न हरी । हरी बिनां न मुक्तिकं ॥
३८ न बैराग समो भाग न च संतोष समो सुषः ।
न च गुरू समो दाता । न च संसार समो रिपः ॥
इति आत्मा आरत जोग कौ अंग संपूर्न भवेत् ॥

२१ मतिवालि कौ अंग

राग गौडी

१:० अवधू मेरा मन मतिवाला रे ।
उनमनि चढचा मगन रस पीवै । त्रिभुवन भया उजियारा ॥ टेक ॥
१ गुड करि ग्यांन ध्यांन करि महुवा । भौ भाठी करि भारा ।
सुषमन नारी सहज समांनीं । पीवै पीवनहारा ॥
२ दोइ पुड जोडि चिगाई भाठी । चुया महारस भारी ।
कांम क्रोध दोइ किया बलीता । छूटि गई संसारी ॥
३ सुंनि मंडल मैं मंदला बाजै । तहां मेरा मन नाचै ।

गुर प्रसादि अमर फल पाया । सहजि सुषमनां काछै ॥
४ पूरा मिल्या तबैं सुष उपनां । तन की तपती बुझांनीं ।
कहै कबीर भौ बंधन छूटे । जोतिहि जोति समांनीं ॥
२:० मेरा मन मतिवाला मधु पीवै । पीवै बारंबारो ।
हरि रसि रातौ रांम कै । सदा रहै इकतारौ रे ॥ टेक ॥
१ भाव गति भाठी भई । काया कसणीं सारो रे ।
पोता मेरे प्रेम का । सदा अषंडित धारो रे ॥
२ ब्रह्म अगनि जोबन जरै । चेतनि चितह उजासो रे ।
सुमति कलाली सारवै । कोई पीवै बिरला दासो रे ॥
३ आपा धन सब सौंपिया । तब रस पाया सारो रे ।
प्रीति पियालै पीव हीं । छिन छिन बारंबारो रे ॥
४ आपा पर नहीं जांनियै । भूलौ माया जालो रे ।
दादू हरि रस जे पीवैं । ताकूं कदे न लागै कालो रे ॥
३:० छाकि परचौ आतम मतिवारा ।
पीवत रांम रस करत बिचारा ॥ टेक ॥
१ बहुत मोलि महगै गुड पावा ।
लै कसाव रस रांम चुवावा ॥
२ तन पाटण मैं कीन्ह पसारा ।
मांगि मांगि रस पीवैंहि बिचारा ॥
३ कहै कबीर फाबी मतिवारी ।
पीवत रांम रस लगी षुमारी ॥

राग रांमग्री

४:० गोदडियो मतिवालौ रे रावल ।
रंग भरि रमतौ दीठौ ॥ टेक ॥
१ काया कींदरी । ग्यांन तूंबडा । तांतैं तार बिलायौ ।
नाद अनाहद नागंमां गोपव्यां । बचन बैरागी गायौ ॥
२ करै बिभूति तैं अंगि लगावै । मन बांछित मुद्रा धारी ।
काया कंथा नैं जरणां जोगवटौ । दया अषूट अधारी ॥
३ बहतरि कूपा मदनां भरिया । माया जोगणीं मांणीं ।
पंच पुरिष षरती तैं बैठा । तेन्हैं जुगति जू जुई
जांणीं ॥
४ षिमियां नौ षपर कर धरचौ । सुसबद सींगी बाई ।
कांन्हईया नौ स्वांमीं जगपती । तासूं करौवो लषाई ॥
५:० मतिवालौ रे बालौ रावलियौ । तत बिमल ताडी पीयौ ।
सहज सुभावैं परिमांनंदै । उनमनीं मदिमातौ बहै ॥ टेक ॥
१ त्रिगुण धात इक ताड महाब्रिष । फूल रहित फल दीठौ ।
गगन मंडल गंगा जल निर्मल । झरै अंमींरस मीठौ ॥
२ पासि नहीं पाइ चढण तिस तरवर । उर्ध द्रिष्टि तहां
सोकै ।
जा बारुणी ब्रह्मादिक द्रुलंभ । अहनिसि सो आरोगै ॥
३ जिहि मदि पीवतां जुरा न ब्यापै । मन न हुवै भौ रोगी ।
गुर परसादि साध की संगति । कहै कांन्हईयौ जोगी ॥
६:० बाली जोगणि मद पीवै । मदमैंण बिलास ।
अहनिसि चढै न ऊतरै । तत त्रिभुवन सार ॥ टेक ॥
१ बारणीं गंगा निर्मली । अंमरापुरि मांहि ।
तांतीनौ तार रुणझुणौं । गरवा गुण गाइ ॥
२ ब्रह्मंड सिरि भाठी तपै । हथि बांह सूर ।
सोलह कला ससिहर झरै । जाणैं अंमींकपूर ॥
३ कांम क्रोध मन माहुडा । मलि करि भयौ अैराक ।
सैंभ कलाली आपणैं । भरि आलै छाक ॥
४ जिहि मदि अहनिसि भीं भली । बीसरि गयौ आप ।
छाकी ग्यांन महारसी । गिनैं पुंनि न पाप ॥
५ ब्रह्म कपाट कचोलडी । रिषि लेइ अहार ।
बैठा पांच महाजती । पीवै एकणि धार ॥
६ जिणि मदि जुरा मरण नस । भौबंध निवार ।
सो मद कांन्हइयौ कहै । आपौ एक लगार ॥
७:० है कोई संत सहज सुष उपजै । जांकूं जप तप देऊं दलाली ।
एक बूंद भरि देइ रांम रस । ज्यूं भरि देइ
कलाली ॥ टेक ॥
१ काया कलाली लांहनि करिहूं । गुरू सबद गुड कीन्हां ।
कांम क्रोध मोह मद मंछर । काटि काटि कस दीन्हां ॥
२ भवन चतुरदस भाठी पुरई । ब्रह्म अगनि परजारी ।
मूंदि मदन सहज धुनि उपजी । सुषमन पोतनहारी ॥
३ नीझर झरै अंमींरस निकसै । इहि मदि रावल छाका ।
कहै कबीर बास बिकट अति । ग्यांन गुरू ले बंका ॥

राग गौडी

८:० कोई पीवै रे रस रांम नांम का । जो पीवै सो जोगी रे ।
संतौ सेवा करहु रांम की । और न दूजा भोगी रे ॥ टेक ॥
१ और सबै रस फीका भइया । ब्रह्म अग्नि परजारी रे ।
ईस्वर गौरी पीवन लागे । रांमतनी मतिवारी ॥
२ चंद सूर दोइ भाठी कीन्हीं । सुषमन चिगिबा लागी रे ।
अंमृत कूंपी सांचा पुरवा । मेरी त्रिस्नां भागी रे ॥
३ यहु रस पीवै गूंगा गहिला । ताकी कोई न बूझै सार रे ।
कहै कबीर महारस महिगा । कोई पीवैगा पीवनहार रे ॥

राग आसावरी

९:० है कोई हरि रस पीवनहारा। जाकी प्यास न मिटै षुमारा
॥ टेक ॥
१ जीवत मरैं जंजाल न भाषै । मन उनमनि ले राषै ।
अनहद रमैं सहज घरि बैठा । रांम रसांइन चाषै ॥
२ चेतनि रहै चपल मति छाडै । मेटि मनोरथ सारा ।
उलटि समाइ सुंन्य सागर मैं । जल मैं जल नही न्यारा ॥
३ सावधांन लै कबहूं न छाडै । मोहनदास न भूलै ।
गुर प्रसादि परम रस पीवै । प्रेम लहरि मैं झूलै ॥

साषी

१ कबीर रांम रसांइन प्रेम रस । पीवत अधिक रसाल ।
कबीरा पीवन दुर्लभ है । मांगै सीस कलाल ॥
२ कबीर भाठी कलाल की । बहुतक बैठे आइ ।
सिर सौंपै सोई पीवै । नहीं तौ गोता षाइ ॥
३ कबीर मैं मंता तिण नांचरै । सालै चितां सनेह ।
बारिज बांध्यौ प्रेम कै । डारि रह्या सिरि षेह ॥

४ कबीर मैंमंता अबिगत रता । अकलप आसा जीत ।
रांम अमॅलि माता रहै । जीवत मुक्ति अतीत ॥
५ कबीर हरि रस पीया जांणियैं । जे कबहूं न जाइ षुमार ।
मैंमंता घूंमत रहै । नांहीं तन की सार ॥
६ तन ग्रिह छाडै लाज पति । जब रसिमाता होइ ।
जब लग दादू सावधांन । कदे न छाडै कोइ ॥
७ ज्यूं रसिया रस पीवतां । आपा भूलै और ।
दादू रहि गया एक रस । पीवत पीवत ठौर ॥
८ उजल भवरा हरि कवल । रस रुचि बारह मास ।
पीवै निर्मल बासनां । सो दादू निज दास ॥
९ पीवै पिलावै रांम रस । माता है हुसियार ।
दादू रस पीवै घणां । औरूं कूं उपगार ।
१० नानां बिधि पीया रांम रस । केती भांति अनेक ।
दादू बहुत बमेक सूं । आतम अबिगत एक ॥

राग गौडी

१०:० है कोई रसिक रांम रस पीवहुगे ।
पीवहुगे सुष जीवहुगे ॥ टेक ॥
१ निगम रसाल चारि फल लागे । तिनि मैं तीनि नष्ट माया ।
एक दूरि चाहै सब कोई । जतन जतन करि सो पाया ॥
२ रसियालौ जहां बीज न बहुला । सुष पंषी सो रस षावा ।
परिय न बूंद अंग रस भीनौं । बास भवर ज्यूं सगि धावा ॥
३ गई बसंत रुति उडे मधुप सब । बहुरि न तर के तर आवा ।
सुषानंद स्वांमीं सुष सागर । मगन भये तिनि रस षावा ॥
११:० रांम रस मीठा रे कोई पीवै साध सुजांन ।
सदा रस पीवै प्रेम सूं । सो अबिनासी प्रांन ॥ टेक ॥
१ इहि रसि मुनि लागे सबै ब्रह्मा बिस्न महेस ।
सुर नर साधू संत जन सो रस पीवै सेस ॥
२ सिध साधिक जोगी जती । सती सबै सुषदेव ।
पीवत अंत न आवई । अैसा अलष अभेव ॥
३ इहि रस राते नांमदेव । पीपा अरु रैदास ।
पीवत कबीरा नां थक्या । अजहूं प्रेम पियास ॥
४ यहु रस मींठा जिनि पीया । सो रसहीं मांहि समाइ ।
मीठै मीठा मिलि रह्या । दादू अनत न जाइ ॥
१२:० बोलो भाई रांम की दुहाई ।
इहि रसि सिव सनकादिक माते । पीवत न अजहूं अघाई ॥ टेक ॥
१ इला पिगुला भाठी कीन्हीं । ब्रह्म अगनि प्रजाली ।
ससिहर सूर द्वार दस मूंदि । लागी जोग जुगताली ॥
२ मन मतिवाला पीवै रांम रस । दूजा कुछ न सुहाई ।
उलटी गंग नीर बहि आया । अम्रित धार चुवाई ॥
३ पंच जनें सो संग करि लीन्हें । चलत षुमारी लागी ।
प्रेम पियाले पीवन लागे । सोवत नागिनी जागी ॥
४ सहज सुंन्य मैं जिनि रस चाष्यौ । सतगुर थैं सुधि पाई ।
दास कबीर इहीं रसि माता । कबहूं उझकि न जाई ॥
१३:० अवधू गगन मंडल घर कीजै रे ।
अंमृत झरै सदा सुष उपजै । बंक नालि रस पीजै ॥ टेक ॥
१ मूल बांधि सर गगन समांनां । सुषमन पोत न लागी ।
कांम क्रोध दोऊ भये बलीता । तहां जोगिणीं जागी ॥
२ मनवां जाइ दरीबै बैठा । मगन भया रसि लागा ।
कहै कबीर जीय संसा नांहीं । सबद अनाहद बागा ॥

राग आसावरी

१४:० मैं अमली मतिवाला माता ।
प्रेम मगन मेरा मन राता ॥ टेक ॥
१ अंमी महारस भरि भरि पीवै ।
मन मतिवाला जोगी जीवै ॥
२ रहै निरंतर गगन मंझारी ।
प्रेम पियाला सहज षुमारी ॥
३ आसंनि अवधू अंमृत धारा ।
जुगि जुगि जीवै पीवनहारा ॥
४ दादू अंमली इहि रसि माते ।
रांम रसांइन पीवत छाके ॥

राग बसंत

१५:० मतिवाले पांचूं प्रेम पूरि ।
निमष न इत उत जाइ दूरि ॥ टेक ॥
१ हरि रसि माते दया दींन । रांम रमत ह्वै रहे लींन ।
उलटि अपूठे भये थीर । अंमृत धारा पीवहि नीर ॥
२ सहज समाधी तजि बिकार । अबिनासी रस पीवहि सार ।
थकित भये मिलि महल मांहि । मनसा बाचा आंन नांहिं ।
३ मन मतिवाला रांम रंगि । मिलि आसनि बैंठे एक संगि ।
असथिर दादू एक अंग । प्रांननाथ तहां परमांनंद ॥

राग कनडौ

१६:० तत निरंजन रूप तैं रहता ।
ध्यांन महारस मदि मैमंता ॥ टेक ॥
१ सुरति सूंडि भरि पीव घुमंता ।
उदमदिमंता गज गाजंता ॥
२ पावन पूंछ सीस नहीं दंता ।
कील्ह करण काया बिन कुंजर ।
३ चले हैं सुंन्य कजली बन मुकता ॥

राग बिलावल

१७:० मन मतिवाला रांम रस पीवै । सहज रंग रंमि रहिया ।
अहनिसि बनी प्रेम ल्यौ लागी । सबद अनाहद गहिया ॥ टेक ॥
१ गुड करि ग्यांन ध्यांन करि ध्यावै । करि करणीं कसु पाइये ।
भाठी भाव प्रेम का पोता । इत बिधि अंमीं चुवाइये ॥

२ पूरा आप पियाला साचा । जिसै पिलावै तिसै नजरि करै ।
अंमृत का ब्यौपारी होवै । तौ क्या मद छोछै भाव धरै ॥
३ गुर की साषी अंमृत बांणी । पीवत हीं परिवांन भया ।
दर दरसन का सेवग होवै । तौ मुकति बैकुंठै करै कहा ॥
४ सिफिती रता सदबैरागी । जूवै जनम न हारै ।
कहै नांनिक सुणि भरथर जोगी । षींवां अंमृत धारै ॥

राग रांमग्री

१८:॰ अवधू अैसा क्यूं नहीं छाकै ।
षांचि षरौ करि षिसण न देई । थिर करि मन किन थाकै ॥ टेक ॥
१ बाद बारणीं बाहि परै पषि । लै लषि पांणीं कालौ ।
कथा कचोली प्रीति पांन करि । यौं नर बैठि निरालौ ॥
२ फिरि मांफीटा फूल सुरौपी । चौकि चिगैया भाठी ।
मातौ रहु माधौ मुषि लीयां । कसि लेया मति काठी ॥
३ मदन गोपाल कहां मद भागी । पूछि पियाला लीजै ।
सांत पांच कै मतै मत चालै । सतगुर कहै सु कीजै ॥
४ जाइ जगत मैं आंणि अपूठौ । जिहि जलि होइ षुमारी ।
कहै हरदास राषि रस कूजै । लाभ लहण बनवारी ॥

राग भैरूं

१९:॰ अैसी भाठी काहे न साजै ।
अनहृद सबद अभिअंतरि गाजै ॥ टेक ॥
१ गुड करि ग्यांन भिजोवो सरा ।
बस्त अमोलिक महिगा षरा ॥
२ कांम क्रोध दुष बालण करै ।
अंमीं सुधारै अंमृत झरै ॥
३ आंवै लांहणि भाठी भरै ।
जो पीवै सोई निसतारै ॥
४ जिहि पीया सो जांणैं स्वाद ।
रहै सहज घरि मेटै बाद ॥
५ कहै हरदास मध पीवौ नरा ।
उतरै छाक न ब्यापै जरा ॥

राग आसावरी

२०:॰ देहु कलाली एक पियाला ।
अैसा अवधू है मतिवाला ॥ टेक ॥
१ रे रे कलाली नैं क्या कीया ।
सिर कै साटै प्याला दीया ॥
२ चंद सूर दोऊ संनमुष होई ।
पीवै पियाला मरहि न सोई ॥
३ सहज सुन्य मैं भाठी सरवैं ।
पीवै रैदास गुरू मुषि दरवैं ॥

राग मारू

२१:॰ हरि रस रसिया होइ सु जांनैं ।
बिन चाषैं थैं मरम न पावै । कैसैं को सचु मांनैं ॥ टेक ॥
१ जैसैं लै गूंगै गुड षायौ । प्रगट ज कहां बषांनैं ।
जे अंमृत रसिया पीवै । माता फिरत बिग्यांनैं ॥
२ सिषर धुनैं महारस संचै । उनमन रहत ज ध्यांनैं ।
आसण सहज करै दस मंदिर । ब्रह्म जोति हैरांनैं ॥
३ तीनि लोक मैं ह्वै मतिवालौ । जे जन आप पिछांनैं ।
चंरणदास तेई जन निर्मल । लागि रहे भगवांनैं ॥
इति मतिवालि कौ अंग अंगां कौ हारडौ संपूर्न भवेत्

२२ अपारष पारष कौ अंग

राग रांमग्री

१:॰ रांम का करूं हो कर्म गति आपणीं । मैं सदा स्वांमि सूं कूड कीयौ ।
भर्म डिढ बाडि भल भेद लाभै नांहीं । भूलिगौ भीतरैं स्वादि दीयै ॥ टेक ॥
१ बहु रतन षांनि पणि पारषू को नहीं । पदम बिण पारिषू सर्ब कुल काच ।
नैंण बिण अंध सोलह कला का करै । बहर सठ श्रवण बिण तूं तिसौ साच ॥
२ सुफल फल फूल बासा बडी केतुकी । केवडौ केलि कूजौ कली जाइ ।
अैसे बिबधि बन बाग मैं अजा जे ऊछरै । अपस मन आरवा आक करि षाइ ॥
३ बैद जे कोथली बाट जातौ गमैं । पडी कोपा धरौ पुरिष पावै ।
भेद बिन भूं छले भुवंगमणि का करै । कोडि की वोषदी कांमि नावै ॥
४ सति सबद साषि निज साध भाषै सदा । जुगति गुण जौं हरी मरम जांणैं ।
हरि कथा हेत हरिदास भूलै नहीं । अगंम गुर गंमि हूवौ अर्थ आंणैं ॥

राग गौडी

२:॰ हरि का मरम मंजूर न जांनां ।
बिन पारषू ग्यांन गाहक बिन । अढकी मनिक बिकांनां ॥ टेक ॥
१ निर्मल कनक अषै पद निर्मल । रतन कठ्यारै जैसा ।
निपज्यौ उदिध बधिक बसि परिया । हस्त कुलाली जैसा ॥
२ किस्तूरी काकु रंग संगहीं । ढूंढै अनत अयांनां ।
नापा निकट न सूझै अंधा । गिर की अगिन भुलांनां ॥
३:॰ का सूं कहिये सुनि रंमां । तेरा मरम न जांनैं कोइ जी ।
दास बमेकी सब भले । परिभेद न छांनां होइ जी ॥ टेक ॥

१ ए सकल ब्रह्मंड तैं पूरिया । अरु दूजा महि थांन जी ।
मैं सब घटि अंतरि पेषिया । जब देष्या नैंन समांन जी ॥
२ रांम रसांइन रसि कहैं । अदबुदि गति बिस्तार जी ।
भर्म निसा जे गत करै । ताहि सूझै संसार जी ॥
३ सिव सनकादिक नारदा । ब्रह्म लियौ निज बास जी ।
कहै कबीर पद पंकजा । अब नेडा चरण निवास जी ॥

साषी
१ हीरा बपुरा कहा । जबहि बैराग रु पाया ।
जप तप तीर्थ कहा । जबै घटि गोबिंद आया ॥
२ तसकर कौ कहा चलै । जबहि इंद्री बसि कीन्हां
बिधि न षेद उठि गया । जबहि फिरि आतम चीन्हां ॥
३ लोहे का मत मिट्या । तबैं हीं पारस रस लागा ।
दीपक छूछा पड्या । जबैंहि अंधियारा भागा ॥
४ जब परंम पदारथ पाइये । तब कंकर दीया डारि ।
दादू साचा सो मिलै । तब कूडा काच निवारि ॥
५ जब जीव निमूरी पाईये । तब मरिबा कौंण बिसाहि ।
दादू अंमृत छाडि करि । कौंण हलाहल षाइ ॥
६ जब साधू संगति पाइये । तब दूंदर दूरि नसाइ ।
दादू बोहिथ बैसि करि । डूंडै निकटि न जाइ ॥
७ जब मांनसरोवर पाइये । तब छीलर कूं छिटकाइ ।
दादू हंसा हरि मिले । तब कगा गये बिलाइ ॥

राग टोडी
४;० एता ही मैं जांणिलै । पूर्न ब्रह्म पिछांणिलै ॥ टेक ॥
१ अबिनासी दीपक बिन थालै । तेल बलै न बाती न्हालै ।
अग्नि होइ न मंदिर परजालै । सब सूझै ताकै उजियालै ॥
२ करमायक दीपक जे कीजै । तेल बलै बाती पणि छीजै ।
जीव दगध जे पडै पतंगा । आदि अंति दीपक कौ भंगा ॥
३ रे पारिष क्यूं परिष करीजै । षोटौ रालि षरौ नित लीजै ।
रालि आरसी तवै दिषालौ । तौ जहींठै लागै तहां ठै कालौ ॥
४ बुझिए दीवै ह्वै न उजालौ । गलथणियां मैं दूध दिषालौ
बषनां कहै सुनौं रे लोई । परष करैगा बिरला कोई ॥

साषी
८ पाज बांधि रांम गया । हंणवत गया बजाइ ।
दूंन्यूं मांहैं रांम कौंणसा । दुनियां आंधी गाइ ॥
९ रांमचंद अरु प्रसरांम । भए जु एकै बार ।
जन रजब इनमैं को बडो । को कहिये करतार ॥
१० गोवरधन की डूंगरी । कृस्न देवजी राषी ।
सोई कथा भरथ अर हंणवंत । तीन्यूं एक सी भाषी ॥
११ तीनि लोक मुष मांहि दिषाल्या । सोला सहंस घरांह ।
सोई कथा कूं भडै रांणैं । नारांइण सुनराह ॥
१२ क्रिस्न देव का सबद सूं । जमनां दीन्हीं बाट ।
सोई कथा दुबासा भाषी । दूंन्यूं एक ही घाट ॥
१३ क्रिस्न देवजी बाछा कीन्हां । यहु दुनियां कूं चाव ।
सोई कला बाजगरि षेली । दूंन्यूं झूठ उपाव ॥
१४ और उपाव षेल जे षेल्या । नांनां भांति अनेक ।
धरचा अंग माया सूं षेलै । अधर आप अलेष ॥
१५ जेती परब्रति प्रांणनाथ सूं । सुक्षम अंगि ह्वै आवै ।
धरचा घाट जे करि दिषलावै । सो माया चिह्न कहावै ॥
१६ दादू कांजी मांहैं भेलि करि । पीवै सब संसार ।
करता केवल निर्मला । को साधू पीवणहार ॥
१७ कंकर बंध्या गांठडी । हीरे के बेसास ।
अंत कालि हरि जौंहरी । दादू सूत कपास ॥
१८ दादू जे नांहीं सो सब कहैं । है सो कहै न कोइ ।
षोटा षरा परषिये । जब ज्यूं था त्यूं हीं होइ ॥
१९ दादू सब को बनिजैं षार षलि । हीरा कोई न लेइ ।
हीरा लेगा जौंहरी । जे मांगै सो देइ ॥

साध कौ प्रसंग
२० हीरें कूं कंकर कहैं । मूरिष लोग अजांण ।
दादू हीरा हाथि ले । परषै साध सुजांण ॥
२१ गत पट बंधते हीरं । सरीरं इम मनिते ।
आतम परष बिनां मूंढं । हीरं क्यं चीरं भवेत् ॥
२२ जदि क्रिटा तस्य करि कुंभं । जांनांमि मुक्ता प्रतजितं ग्रहंति गुंजा ।
जो जस्य बित न जांनांमि । सत्यं निंद्रा सत्यं करोति ॥
२३ कलप ब्रिछो चिंतामणीं । मूरिष ग्रिहेषु अस्थितो ।
सत्यं भेद न जांनांमि । किं करोति निनार्थकं ॥
२४ जे निधि कहूं न पाईये । सो निधि घरि घरि आहि ।
दादू महगे मोल बिन । कोई न लेवै ताहि ॥
२५ कबीर पैंडे मोती बीषरचा । अंधा निकस्या आइ ।
जोति बिनां जगदीस की । जगत उलांड्यां जाइ ॥
२६ कबीर लहरि समंद की । मोती बिषरे आइ ।
बगुला मंझ न जांणहीं । हंस चुणैं चुणि जाइ ॥
२७ कबीर एक अचंभा देषिया । हीरा हाटि बिकाइ ।
परिषणहारे बाहिरा । कौडी बदलै जाइ ॥
२८ जगंनाथ तन आंन ज्यूं । मांनिष तन यौं पेलि ।
ज्यूं दर षोदत धन षोइया । मूंसै पग सूं ठेलि ॥
२९ हीरा कौडी नां लहै । मूरिष हाथि गंवार ।
पाया पारिष जौंहरी । दादू मोल अपार ॥
३० अंधे हीरा परिषिया । कीया कौडी मोल ।
दादू साधू जौंहरी । हीरे मोल न तोल ॥

बैत
३१ कदरि गौंहर साहदांनंद । वोदांनंद जौंहरी ।
सीसगर कींमति चिदांनंद । पोइ बेचै बिलगरी ॥
३२ चलै मीन जल षोजन दीसै । गगन बिहंगम रहिया ।
सिध का मारग कोई साधू ही जांणैं । और सब दरसंण बहिया ॥
३३ मणि र बस्त पादाग्रे । काचोसि रिसि अवधार्ज्यतं ।

कर बिक्रै बेलायं । काचो काच मणि र मणि ॥
३४ आसा मोती बीकणैं । मुजाहला भणेइ ।
जो जस्य बित न जानामि । सो तूं कांइ करेइ ॥
३५ कबीर हरि हीरा जन जौंहरी । ले ले मांडिम हाट ।
जब र मिलैगा पारषू । तब हीरां की साट ॥
३६ कबीर जब गुन कूं गाहक मिलै । तब गुण लाष बिकाइ ।
जब गुण कूं गाहक नहीं । तब कौडी बदलै जाइ ॥
३७ केता आवै केता जाइ । केता मांगैं केता षाइ ।
केता रूंष बिरष तलि रहैं । गोरष अनभै का सूं कहै ॥
३८ देवल निह केवल भया । सुरति निरति ले बोलि ।
ग्यांन रतन की कोथली । काहू गाहक आगैं षोल ॥
३९ देवल जिभ्या बंद दे । बहु बोलणां निवारि ।
सारीषा सूं संग करि । गुरमुषि ग्यांन बिचारि ॥
४० पारष नर नहीं पंतरै । सबदां मोल न तोल ।
देवल देषि बिचारि करि । तौ बोलीजै बोल ॥
४१ देवल भये दिसंतरी । सब जग देष्या टोइ ।
नादी बेदी बहु मिले । परि भेदी बिरला कोइ ॥

राग धनाश्री

५:० भवनां मन हीरौ भयौ । अब बेचणौं न जाई रे ।
नहीं पाटन नहीं पारषू । मोल न घटा समाई रे ॥ टेक ॥
१ मैं जांन्यूं मन नांन्हडचौ । निपट न आदर दीनौ रे ।
सतगुर मिलि समिठा भयौ । कछू बिधाता कीनौ रे ॥
२ मैं जांन्यूं मन ल्हाल्हरौ । गली गली दिषलायौ रे ।
आइ मिल्यौ जब पारषू । त्रिमोलिक नांव कढायौ रे ॥
३ मैं जांन्यूं मन पोतिहै । दसूं दिसा मुकलायौ रे ।
काच पलटि कंचन भयौ । तब सोलह बांनीं दिषलायौ रे ॥
४ या मन का कंठुला करूं । रतन पवालै पोऊं रे ।
कांमणि कांम जु आगली । जतन जतन करि जोऊं रे ॥
५ भवनां मन हीं मन मिल्यौ । मिलत न जांणैं कोई रे ।
कै जांनैं जन बिरहनीं । जाकी प्रीति निरंतर होई ॥

साषी

४२ मन मांनिक मूरिष राषि रे । जण जण हाथि न देइ ।
दादू पारिष ज्यौंहरी । रांम साध ह्वै लेइ ॥

श्लोक

४३ अत्यपरचै अवग्या सतत गवनो । निरादरो फिरते नित्यं ।
मलिया भिल पुरंधरी व चंदनं मपि रंधनं कुर्ते ॥
४४ अत्यपरचै दोष्यं । सुयं हतंत्य मांनवा ।
नवं नवं गुणं रागी । प्रियते चत्र लोके ॥
४५ प्रथमे दिवस चंद्रमां । सर्बेलोकेषु बंदने ।
सुचि सकल कला विपूर्न चंद्रो नमंनिते ॥
४६ जां थोडूं तां मीठलूं । साजता बदेसि ।
आंगणि आंबौ मौरियौ । कडवा पण प्रांमेसि ॥
४७ कबीर चंदन रूंष बदेसि गयौ । जण जण कहै पलास ।
ज्यूं ज्यूं चूल्है झौंकिये । त्यूं त्यूं अधिकी बास ॥
४८ हंसां आगतामांन सातु । मुरस्थली स प्रापिताश्चैच ।
बको बदंत सर्बनां । महात्रमस्य न जांनांमि ॥
४९ कसतुयं लोहित लोचनं असचर्नऊ । हंस ह कुतोमांनसातु ।
क्यंत्रास्ति स्वंछि किं स्थिति । साबर्न पंकज वनं तोयं सदा संनिभ्यं ।
५० मुकता सिपत ऊं गिनरप्रवाल निःचयौ । बैडूरिज रोहित मणि ।
अंबुका किंम संति नेति च । मकईहराकिरणहीहीक्रितं ॥
५१ कबीर हंसडौ तौ महिरांण कौ । उडि पडियौ थलियांह ।
बगुलौ करि करि मारियौ । मंझन जांण्यौं त्यांह ।
५२ कबीर हंस बगां कै पाहुंणौं । कही दसा कै फेरि ।
बगुला कांइ गरबियौ । बैठौ पंष बषेरि ॥
५३ बगुला हंस मनाइलै । नेडा थकां बहोडि ।
ज्यांह बैठां तूं उजलौ । त्यांह सूं षांचि न तोडि ॥
५४ मांन किया जिनि कंत सूं । बैठी भौंह चढाइ ।
समन तिनि पिय अपनां । सौ तिहि दिया मनाइ ॥
५५ कबीर पाइ पद्यरथ पेलि करि । कंकर लीया हाथि ।
जोडी बिछुटी हंस की । पड्या बगां कै साथि ॥
५६ कबीर यहु जग अंधला । जैसी अंधी गाइ ।
बछा था सो मरि गया । ऊभी चांम चटाइ ॥
५७ कबीर जे कुछ होइ तौ कुछ कहै । तब झगडा सोहै ।
दहूं अंधां का नाचणां । कहु काकूं मोहै ॥
५८ अंधे केरा राह दिसि । अंधा होइ सु जाइ ।
जिथां अंधा छडिये । तिथां ई रहि जाइ ॥
५९ वोहन अंधा अषिये । जिनि मुषि लोइण नांहि ।
सेई अंधे नांनिका । जे षमहि घुथे जांहि ॥
६० अंधे अंधा मिलि चले । दादू बंधि कतार ।
कूप पडे हम देषतां । अंधे अंधा लार ॥
६१ अंधे अंधा अषिये । रतनहूं परषण जांइ ।
बषरते ब्यापारियां । दुहूं मंझि समांई ॥
६२ षोटा ग्रथ पारषू षोटा । षोटा लीजै दीजै ।
बषनौं कहै बणिज त्यांह सेती । कांयौ देषि र कीजै ॥
६३ लोहा की कीमति नहीं । जो कंचन कूं चाहै ।
गोहूं कै काजित पकरै । काटि गांडर कूं गाहै ॥
६४ निसपति कूं घर तजै । डिंभ करि दरसण पेषै ।
गुरू कूं परहापेलि । कूदि आगैं ह्वै बैसै ॥
६५ प्रिथीनाथ बिचार बिन । सब धोषै हीं बूडंत ।
सबद असबद न बिंदहीं । ताकूं क्यूं भेटैंहिं गोबिंद ॥
६६ माया अबल अतीत की । षोसि लियां सिरि पाड ।
षोजी कूवै काछिबौ । करिसी बहुत उजाड ॥
६७ माया अंति अतीत की । राषी करै बिकार ।
उलटौ काढै परसरांम । मांषी जरचा अहार ॥
इति अपारष पारष कौ अंग संपूर्न भवेत् ॥

२३ साध असाध की पारष कौ अंग

राग गौडी

१:० भाई रे बिरले दोसत कबीर के । यहु तत बार बार कासूं कहिए ।
भांनण घडण संवारण संम्रथ । ज्यूं राषै त्यूं रहिये ॥ टेक ॥
१ आलंम दुनी सबै फिरि षोजी । हरि बिन सकल अयांनां ।
छह दर्शन छ्यां नवै पाषंड । आकुल किनहूं न जांनां ॥
२ जप तप संजम पूजा अरचा । जोतिग जग बौरांनां ।
कागद लिषि लिषि जगत भुलांनां । मन हीं मन न समांनां ॥
३ कहै कबीर जोगी अरु जंगम । ए सब झूठी आसा ।
गुर प्रसादि रटहु चातृग ज्यूं । निहचै भगति निवासा ॥

राग आसावरी

२:० संतौ दुनिया भेषि भुलांनी ।
तेरी गति किनहूं न जांनीं ॥ टेक ॥
१ सो गजराज सकल कुल मंडण । जाकै मसतकि मोती ।
और सबै हीं भार बहन कूं । मंहषी सुत के गोती ॥
२ सोई भुजंग जाकै मणि मस्तकि । जोति उजालै षेलै ।
और सबै सांवन के गिडवा । जगत पगौं तलि पेषै ॥
३ सोई गिर मेर उदार उजागर । जा महि धात प्रकासा ।
और सबै हीं कंकर पथर । टांकी अगनि निवासा ॥
४ सोई पतिब्रता आग्याकारी । पिय की कारन लोपै ।
और सबै ही सूकरि कूकरि । सुंदरि नांव न वोपै ॥
५ कहै कबीर सोई जन तेरा । रांम भगति अधिकारी ।
और सबै हीं पेट भरण कूं । बादि जणें महितारी ॥

राग गौडी

३:० दास रांमहि जांनि है रे । और न जांनैं कोइ ॥ टेक ॥
१ काजरे देइ सबै कोई । चषि चांहन मांहि बिनांन ।
जिनि लोइनि मुनि मन मोहिया । ते लोइन परवांन ॥
२ बहुत भगत भौसागरा । नांनां बिधि नांनां भाइ ।
जिहि हिरदै श्रीहरि भेटिया । सो भेद केहूं केहूं ठांइ ॥
३ दर्शन समि का कीजिये । जे गुन न होत समांन ।
सींधव नीर कबीर मिल्यौ है । फटक न मिलै पषांन ॥

१ दादू सींधव फटक पषांन का । ऊपरि एकै रंग ।
पांणीं मांहैं देषिये । न्यारा न्यारा अंग ॥
२ दादू सींधव कै आपा नहीं । नीर षीर परसंग ।
आपा फटक पषांण कै । मिलै न जल कै संग ॥
३ दादू सब जग फटक पषांण है । साधू सींधव होई ।
सींधव एकै ह्वै रह्या । पांणीं पथर दोइ ॥
४ फटक मण्यंग पाषांणस्य । सोसतयो उनमांन ।
यंमहा पुरिष पुरिष द्रिष्टंति । कंवंती सुतसबदस्यरंसं ॥

५ भरिया ते थीरंत्य झल झलंतिते आधा ।
सिधहि सिध मिल्या अवधू । बोल्या र लाधा ॥
६ कबीर सजन हीं सजन मिले नैंइ । नैंइ करैं जुहार ।
बाल्यां पीछैं जांणिये । जो जाकौ ब्यौहार ॥
७ दादू जैसे मांहैं जीव रहै । तैसी आवै बास ।
मुषि बोलै तब जांणियें । अंतर का परकास ॥
८ रहति की करणीं मुषे प्रकास ।
नासिका जांणंति पहुप की बास ॥
९ मन सीतल तब तन सुषी । मन दाझै तनि लाइ ।
जगनाथ भीतरि जिसी । बाहरि प्रगटै आइ ॥
१० नैंनां बैंना देह गति । आतम परष्या होइ ।
ज्यूं माहैं बाहरि जिसी । जगंनाथ नहीं दोइ ॥
११ दादू साध परषिये । अंतरि आतम देष ।
मन मांहैं माया रहै । कै आपै आप अलेष ॥

कबित

१२:१ रैंनि दिवस नहि दुरहि दुहिं नहिं चंद प्रकासा ।
२ दांमनि दमकन गोपि । गोपिनहि उर का आसा ।
३ छिपै न भ्वैं भ्वैं चाल । गहन गति सब को जांनैं ।
४ यंद गाज बडनालि । बोल छूटैं नहि छांनैं ।
५ जग जाणैं जामण मरण । ऊगै बीजु बोइये ।
६ त्यूं रजब मन मांहिली । कहौ कौंण बिधि गोइये ॥
१३:१ भोडल दीप न दुरहि पुनह पांननकैं षायैं ।
२ घास घुसेरी आगि । छिपै नहीं सौधा लायैं ।
३ जलत रसीसी मांहि । पांनि पातुर सुलषावै ।
४ अमल नछांनां होइ । निरषि नष सष जब आवै ।
५ अंक फटकडी ऊघडैं । जन रजब जल मैं जथा ।
६ ऐसी बिधि मन मांहिली । बाहरि दीसै है तथा ॥
१४:१ धर उर मैं रिधि रहत । प्रगट मस्तक मधि दीपहि ।
२ साच न दुरई दिब । आप अंगनीं नहि छीपहि ।
३ ह्वै अऊत घरि पूत । जथा जीतैं जु जुवारी ।
४ कहि क्यूं गोये जांहि । महा मंगल मनि भारी ।
५ सिध संकट आगैं षडी । सन्ति सिधि सो आठ की ।
६ रजब छिपै न मांहिली । जैसैं रसनां पाठ की ॥
१५:१ गहणंत बेद बैदंग रोग । नीरत सिरहारं ।
३ सूंघै त धन धमगरत धात । षबरि अहिनिसि षनवारं ।
२ स्वांन बरत अज कूप पनिंग परमल गति जांनं ।
४ निस बांइस दिन स्याल । बोलि सोई बिघन बषांनं ।
५ सहदेव न संमझी ग्वाल गमि । सुत संकट माता थनहूं ।
६ रजब सीझन सौंन लग । ए आगम जांणें घणहूं ॥

१६ दर्शन समि कछू साध न होई । गुन समांन पूजियै सिध सोई ।
भेष कहा जे बुधि बिसूधा । बिन परचै जग बूडणि बूडा ॥
१७ साध नांव संसार मैं । बहुत कहावैं आज ।
ता समीप का कीजिये । सरै न जीय कौ काज ॥
१८ जिनि की जीवनि जगत गुर । हरि रस राचे सोइ ।

तिन की संगति रांम जी । मोहन कूं नित होइ ॥
१९ जैमल माया षांण की । षाया सब संसार ।
जिनकूं प्यारा रांम है । तिनसूं कीजे प्यार ॥
२० वै साधू करि जांणियें । दरसनि सब सुष होइ ।
जिहि परसें लोहा कनक । पारस कहिए सोइ ॥
२१ भेष बहुत संसार मैं । हरि जन बिरला कोइ ।
हरि जन राता रांम सूं । दादू एकै होइ ॥
२२ कोरा कलस अवाह का । ऊपरि चित्र अनेक ।
क्या कीजै दादू बस्त बिन । अैसे नांनां भेष ॥
२३ बाहरि दादू भेष बिन । भीतरि बस्त अगाध ।
सोले हिरदै राषियै । दादू सनमुष साध ॥
२४ दादू भांडा भरि धरि बस्त सूं । ज्यूं महंगै मोलि बिकाइ ।
षाली भांडा बसत बिन । कौडी बदलै जाइ ॥
२५ घर बन मांहैं राषिये । दीपक जोति सहेत ।
दादू प्रांण पतंग सब । आइ मिले उस हेत ॥
२६ हीरै रीझै जौहरी । षलि रीझै संसार ।
स्वांग साध यहु अंतरा । दादू सति बिचार ॥
२७ दादू स्वांगि साध बहु अंतरा । जेता धरनि अकास ।
साधू राता रांम सूं । स्वांग जगत की आस ॥
२८ दादू स्वांगी सब संसार है । साधू बिरला कोइ ।
जैसैं चंदन बांवनां । बंनि बंनि कहीं न होइ ॥
२९ दादू स्वांगी सब संसार है । साधू कोई एक ।
हीरा दूरि दिसंतरा । कंकर और अनेक ॥
३० दादू स्वांगी सब संसार है । साध समंदां पारि ।
अनल पंषि कहां पाईये । पंषि कोटि हजांर ॥
३१ दादू स्वांगी सब संसार है । साधू सोधि सुजांण ।
पारस परदेसौं भया । दादू बहुत पषांण ॥
३२ सिले सिले मांणिकं । मुकताहल नग जे गजे ।
यौं साधू न सर्ब थनि । चंदनो न बने बने ॥
३३ दादू चंदन बन नहीं । सूरन के दल नांहि ।
सकल समंद हीरा नहीं । त्यूं साधू जग मांहि ॥
३४ ग्यांनीं पंडित बहुत हैं । दाता सूर अनेक ।
दादू भेष अनंत है । लागि रह्या सो एक ॥
३५ म्रितक रूप कूं हिरदै राषै । सदा सजीवनि कूं नहीं भाषै ।
अग्यांनीं कलि मांहि अनेक । निर्गुण भजै सु कलि मैं एक ॥
३६ प्रिथीनाथ बंन बंन सब जंगल फिरचा । सब काटि का रूंष ।
वहु फल बिरला पाईये । जाथैं भाजै भूष ॥
३७ षटदर्शण षटसास्त्री । इनकूं कलपत ही दिन जाइ ।
अस्थिर को बिर्ला मिलै । बाकी सबै बहांवणि मांहि ॥
३८ मनहि लियौ हीरे । रूडे रैंणाइ रतणे ।
फूठरिये फटक तणें । मणियैं मन रीझै नहीं ॥
३९ सौंनां श्रप न लोडियें । जे लोडियां तलष ।
मूं तिन्हीं संदी भुष । जिन्हीं मस्तकि मणि बलै ॥
४० दादू जिनकै मस्तकि मणि बसै । सो सकल सिरोमणि अंग ।
जिनकै मस्तकि मणि नहीं । ते बिष भरे भुवंग ॥
४१ जे लोडीं ते न लहां । अणलोडीं दे ढेर ।
तोडे डि-न सोहने । अं- - लिन बेरे ॥
४२ नालि केलि समो आकार । त्रिसते सजनं जनं ।
अनूंप बिहुला लाइ । ब्यौरिबा मधुर मुष ॥
४३ ऊपरि तौ सुध बुध सा दीसैं । साधू जन ससारि ।
नांबारैं कुछ नहीं । पणि गहैं मका की ज्वारि ॥
४४ मेरा रण स्वांग अलेष का । कोई एक जन जांणैं ।
जाकै हिरदै हरि बसै । सोई पहिचांणैं ॥
४५ का को क्रिस्नापि को क्रिस्नां । कोका को को पीक: ।
कुहकुहाइ बसंत रुति । काको काक पिको पिक: ॥
४६ हंसो स्वेतो बको स्वेतो । को हंसो को अर्बक: ।
षीर नीर प्रसंगानां । हंसो हंस: बको बक: ॥
४७ दादू हंस मोती चुगैं । मांनसरोवरि जाइ ।
बगुला छीलरि बापुडा । चुणि चुणि मछली षाइ ॥
४८ दादू हंस मोती चुगैं । मांनसरोवरि न्हाइ ।
फिरि फिरि बैसैं बापुडा । काग करंकां आइ ॥
४९ दादू हंस परषिये । उतिम करणीं चाल ।
बगुला बैसै ध्यांन धरि । प्रतषि कहिये काल ॥
५० हिक नाग पडीं जरैं । इक हरकंठी भी नाग ।
इक बाडी गाजर मूलियां । इक पनवाडी भी बाग ।
एक पंषेरू हंस हैं । एक पंषेरू काग ।
नालि कुसंगी बैसियां । कुछ पलहु भी पडि जाग ।
साधां संगति बैसियां । सब कुछ पलै पाग ।
५१ एकां मिलियां चहल बहल । बीछडियां बैराग ।
वै साधू रषियं नांनिका । ज्यूं बांम्हण गलि ताग ॥
५२ नीलकंठं सुपश्चैव । बांई भषि जुरासुर: ।
मे कोपि अहंभवरश्चीद । एयंषटमधुरसुर: ॥
५३ धन्यं प्रिथी धन्यं तुया । धनिं नर नराधयय: ।
एकोपि मोहिते इंद्राणि । षटयंकेनिमंनिते ॥
५४ एकोपि अहं बाघुश्चैव । कृस्न पष्यं जंबुझा ।
ल्यंब्यग्रीवां स्वांनश्चैव । एयंषट मधुर स्वर: ॥
५५ गतं प्रिथ्वी गतं तुया । गतं नर नराध्यय: ।
एकोपि कंपिते इंद्रांणि । षटयंकेनिर्षिते ॥
५६ डचंभेराचंत प्रिथमी । रूपेराचंत भोगेस्वरं ।
नाटिकचेटक राजा राचंत । ग्यांन राचत जोगेस्वरं ॥
५७ ऊपरि आलंम सब करै । साधू जन घट मांहि ।
दादू एता अंतरा । ताथैं बनती नांहि ॥
५८ सबै सयनें कहि गए । पहुचे का घर एक ।
दादू मारग मांहिले । तिनकी बात अनेक ॥
५९ दादू रांम नांम सब को कहै । कहिबे बहुत बमेक ।
एक अनेकूं फिरि मिले । एक समांनां एक ॥
६० पंच अंधा मिलि हस्ती पकडचा । ज्यूं थी त्यूं न कही ।
नैंनौं वाला देषि र बोल्या । सोई साच सही ॥

राग सूहौ

४:० माधौ सो न मिलै जासौं मिलि रहिये ।
ता कारणि बर बहु दुष सहिये ॥ टेक ॥

१ - छत्र धार देषत ढरि जाइ । अधिक गरब थैं षाक मिलाइ ॥
२ षि- अगम अगोचर लषी न जाइ । जहां का सहज फिरि तहां समाइ ॥
३ कहै कबीर झूठा अभिमांन । सो हम सो तुम्ह एक समांन ॥

साषी

६१ कबीर अैसा कोई नां मिलै । हमकूं दे उपदेश ।
भौसागर मैं डूबतां । कर गहि काढै केस ॥
६२ कबीर अैसा कोई नां मिलै । जासूं रहिये लागि ।
सब जग जलता देषिये । अपणीं अपणीं आगि ॥
६३ कबीर अैसा कोई नां मिलै । अपणां घर देइ जलाइ ।
पंचौ लरिका पटकि करि । रहै रांम ल्यौ लाइ ॥
६४ कबीर अैसा कोई नां मिलै । जासूं कहूं निसंक ।
जासूं हिरदा की कहूं । सो फिरि मांडै कंक ॥
६५ कबीर हम देषत जग जात है । जग देषत हम जांह ।
अैसा कोई नां मिलै । पकडि छुडावै बांह ॥
६६ कबीर तीनि सनेही बहु मिलैं । चौथै मिलै न कोइ ।
सबै पियारे रांम के । बैठे परबसि होइ ॥
६७ कबीर माया मिलै महबती । कूडे आषैं बैंण ।
कोई घाइल बेध्या नां मिलै । सांई हंदासैंण ॥
६८ कबीर सारा सूरा बहु मिलैं । घाइल मिलै न कोइ ।
जब घाइल ही घाइल मिलैं । तब रांम भगति दिढ होइ ॥
६९ कबीर प्रेमीं ढूंढत हूं फिरूं । प्रेमीं मिलै न कोइ ।
जब प्रेमीं हीं प्रेमीं मिलैं । तब सब बिष अंमृत होइ ॥
७० सीसे सौक फुलेल के । सीस नवावहु कोइ ।
मन के रूषें मांनवीं । तन चीकनौं न होइ ॥
७१ कबीर फाटै दीदै मैं फिरूं । मेरी नजरि न आवै कोइ ।
जिस घटि मेरा सांईयां । सो क्यूं छांनां होइ ॥
७२ दादू भावै तहां छिपाईये । साच न छांनां होइ ।
सेस रसातलि गगन धू । प्रगट कहिये सोइ ॥
७३ दादू कहां था नारद मुनि जनां । कहां भगत प्रहिलाद ।
प्रगट तीन्यूं लोक मैं । सकल पुकारैं साध ॥
७४ दादू कहां स्यौ बैठा ध्यांन धरि । कहां कबीस नांम ।
सो क्यूं छांनां होइगा । जे र कहैगा रांम ॥
७५ दादू कहां लींन सुषदेव था । कहां पीपा रैदास ।
दादू साचा क्यूं छिपै । सकल लोक प्रकास ॥
७६ कहां था गोरष भर्थहरी । अनंत सिधूं का मंत ।
प्रगट गोपीचंद है । दत कहैं सब संत ॥
७७ सतजुग मधे कौंण जोगी । सिव जोगी ।
रहते कहां कवलास पर्बत । भषते कहा सुंन्य फल ।
७८ साधते कहा सुध बुध बांणीं । तौ सिधाय नमः ॥
त्रेता मध्ये कौंण जोगी । तेतीस कोडि देवता जोगी ।
७९ रहते कहां डडे डूंगरे । भषते कहा कंद मूलं ।
साधते कहा सुध बुध बांणीं । तौ सिधाय नमः ॥
८० द्वापर मध्ये कौंण जोगी । न्यंन्यांणवै कोडि राजा जोगी ।
रहते कहां रूषे ब्रिषे । भषते कहा अचिंत भिष्या ।
८१ साधते कहा सुध बुध बांणीं । तौ सिधाय नमः ॥
कलिजुग मध्ये कौंण जोगी । परजा जोगी ।
८२ रहते कहां घरे घरे । भषते कहा अंन पांणीं ।
साधते कहा मैं तैं बांणीं । तौ दैंताय नमः ॥
८३ दषिणीं जोगी रंगा चंगा । पूरबी जोगी बादी ।
पछिमीं जोगी बाला भोला । सिध जोगी उतराधी ॥
८४ पीर भंडारै परषिये । मन मेलू रंमतां ।
जती सती का पटंतरा । लाभै थिर रहतांह ॥
८५ भली भई जु धनहडी । गुण ऊपनौं एह ।
मिंत्र महेला बंधवां । तीन्यूं लधौ छेह ॥
८६ जिनि मिलियां मैंडी द्रुमति वंजै । मिंत्र असाडे सेई ।
मैं ढूंढेंदी जग सवाया । नांनिक बिरले केई ॥
इति साध असाध की पारष कौ अंग संपूर्न भवेत् ॥

२४ असाध लेक कौ अंग

राग आसावरी

१:० मन कौ मैलौ बाहरि ऊजलौ किसौ रे ।
षांडा की धार जन कौ धर्म इसौ रे ॥ टेक ॥
१ रिदा कौ बिलाव नैंन बग ध्यांनीं ।
अैसी भगति न होइ रे प्रांनीं ॥
२ कपट की भगति करै जिनि कोई ।
अंत की बेर बहुत दुष होई ॥
३ छाडि कपट भजौ रांम राई ।
कहै कबीर तिहूं लोक बडाई ॥

राग टोडी

२:० काहे कौं कीजै ध्यांन जपनां ।
जौ मन नांहीं सुध अपनां ॥ टेक ॥
१ सांप कांचली छाडै बिष नहीं छाडै ।
उदिक मैं बग ध्यांन मांडै ॥
२ सिंघ के भोजन कहा लुकांनां ।
ए सब झूठे देव पुजांनां ॥
३ नांमदेव का स्वांमीं भांनि ले झगरा ।
रांम रसाइन पी रे भगरा ॥
३:० कैसैं तिरत बहु कुटिल भरचौ ।
कलि के चिहन देषि नांहिन डरचौ ॥ टेक ॥
१ कैसी सेवा कैसा ध्यांन । जैसैं उजल बग उनमांन ॥
२ भाव भुजंग भये प्यौहारी । सुर्ति सिचांनां मति मंजारी ॥
३ नांमदेव भणैं बहु इहि गुणि बाधा ।
डांइण डिंभ सकल जग षाधा ॥
४:० भगत भला बाबा कागिला ।
बिनहीं परचै पूजैं सिला ॥ टेक ॥
१ न्हावैं धोवैं करैं स्नांन । हिर्दै आंषि न मांथै कांन ॥
२ गलि पहरै तुलसी की माला । अंतरगति कोइला सा

काला ॥
३ भणत नांमदेव पेटाबलू । मांहि लाष ऊपरि हींगलू ॥

साषी
१ हरवैं हरवैं माला फेरैं । तरुणीं त्यौ र सांमहौं जोरैं ।
तिनसूं कहैं देह का कीबी । जौपैं मदनगुपाल न दीबी ॥

राग भैरू
५:॰ स्वांमीं भये बिषै के बगुला ।
धरि धरि ध्यांन सबै नंग चुगिला ॥ टेक ॥
१ मुहर भए मींन रुपइया भये दादुर ।
बकि बकि देहि स्यंध कूं आदर ॥
२ ध्यांन लगाइ करै आचार । अष्टधात का करै अहार ॥
३ चोवा चंदन चरचि गुलाला । माया बेस्वां आपण माला ॥
४ स्वांन बघेरे की सीसारी । आपडि कंठ करै बेजारी ॥
५ कहै नापा एक सुर्ति बिचारी ।
मति कोरी सकरै नर नारी ॥

साषी
२ तूं असीं नहि पुछियौ । तैं पुछे असांण ।
नहीं रतौ रहिमांण सूं । पढणहार कुरांण ॥

राग बिलावल
६:॰ अैसैं हरि क्यूं पाईये । मन चंचल भाई ।
चपल बयौ चहुं दिसि फिरै । राष्यौ न रहाई ॥ टेक ॥
१ मै मैरी छूटै नहीं । करता गुणि बीझ्यौ ।
लोभ मोह कौ ध्यांन धरि । बिषिया रसि रीझ्यौ ॥
२ डिंभ मोह माया बसु । आधीन बंधायौ ।
कांम लोभ कै बसि परयौ । पति छाडि बिकायौ ॥
३ छापा तिलक दीयें कहा । नांचै अरु गांयैं ।
संजमि रह्यौ न हरि भज्यौ । भ्रम्यौं भ्रम मांयैं ॥
४ पूजा क्या परपंच की । देषैं रु दिषांयैं ।
क्या जप तप बरत संजमां । तीर्थ के न्हांयैं ॥
५ अनंत कला काछैं कछैं । बहु स्वांग दिषावैं ।
मूरिष आप न संमझई । औरां समझावैं ॥
६ आस करैं बैकुंठ की । तन की नहि छूटी ।
जब लग मनवा बसि नहीं । तब लग सब झूठी ॥
७ गायें सुणें न सुष भया । जे मिटचा न भैसा ।
जब लग जुगति न जांणियैं । जैसा का तैसा ॥
८ कपट कीयां रीझै नहीं । करता नहीं काचा ।
परसरांम प्रभू तौ मिलै । जौ सेवग ह्वै साचा ॥

सवईया
३ स्वांगी सरप फिरैं चित काबरे । काहू के सैंन न काहू
के साथी ।
बांनौं बनाइ बिगूचैं बिषै सूंजी । पुत्री न पीठि टरैं
नहीं माथी ।
भूंहूजी भेष धरयौ पसु की गति । सूंकर स्वांभ भरैं
बिष बाथी ।
हो रजब चित्र कीये चित चंचल । बैल दिवाली के ईदि के
ज्यूं हाथी ॥

राग सारंग
७:॰ हरि तैं बिमुष भई मति जाकी ।
मन कर्म बचन बिषै रस लंपट । साष्य भरै को
ताकी ॥ टेक ॥
१ तीर्थ ब्रत किये सब कलि के । घर मैं रही न बाकी ।
घर घरबार फिरत वैई नर । मूंड चढांयैं चाकी ॥
२ कहत सुनत बज्र के मारे । लागत नांहि न टांकी ।
परमांनंद उनि निहचै पकरयौ । बाट नरक की ताकी ॥

राग सोरठि
८:॰ किंहि बिधि अणसरौं रे । अति दुलंभ दींन दयाल ।
मैं महा बिषई अधिक आतुर कांमनां की झाल ॥ टेक ॥
१ कहा डिंभ बाहरि कियैं । हरि कनक कसौटी हार ।
बाहरि भीतरि साषि तूं । मैं कियौ सुसा अंधियार ॥
२ कहा भयौ बहुत पाषंड कीयें । हरि हिरदै सुपिनैं न
जांन ।
ज्यूं दारा बिभचारनीं । मुषि पतिब्रता जीय आंन ॥
३ हूं हिरदै हारि बैठौ हरी । मोपैं सरयौ न एको काज ।
भाव भगति रैदास दे । प्रतिपाल करि मोहि आज ॥

राग गौडी
९:॰ माधौ का पुरांन सुनि कीनौं ।
अनपावनीं भगति नहीं साधी । भूषे दांन न
दीनौं ॥ टेक ॥
१ कांम न बिसरयौ क्रोध न बिसरयौ लोभ न बिसरयौ
देवा ।
परनिंद्या मुषतैं नहीं बिसरयौ । निर्फल भई सब
सेवा ॥
२ बाटपाडि घर मुसै परायौ । पेट भरयौ अपराधी ।
जस लोभीक जाइ जीव जांमैं । इहै अबिद्या साधी ॥
३ चरन कवल अनराग न उपज्यौ । भूत दया नहीं पाली ।
परमांनंद प्रभू साध संगति मिलि । कथा पुनींत न चाली ॥

राग आसावरी
१०:॰ होकर कंकन पग पाइर बाजै ।
तार पषावज नटवन छाजै ॥ टेक ॥
१ थेई थेई करैं चिकनियां । चहुं दिसि चित डुलावै ।
अैसी भगति न भावै रांमहि । का भयौ गाइ सुनावै ॥
२ राग रागनीं तांन तननां । गनिका ही कूं सोहै
सुघराई मैं गाइ सुनावै । सकल बिसनियां मोहै ॥
३ दीनानाथ प्रीति कौ गाहक । जे कोऊ करि जांनैं ।
धू प्रहिलाद कबीर नांमदेव । चत्रभुजदास बषांनैं ॥

राग रांमगरी

११:० बाबौ भगति न मांनैं तांन की । तानां तूंनीं तांन की ।
निरति करै अरु नींकां बाचै । मुरकी ताकै कांन
की ॥ टेक ॥
१ कबीर जी कहा तांन कियौ है । जाकै बालदिआं नींधोन
की ॥
२ रैदास जी कहा तांन कियौ है । जाकै मूरति हसी पषांन
की ॥
३ नांमदेव कहा तांन कियौ है । जाकै दूध पिवायौ पान
की ॥
४ घाटमदास कहै जन तेरौ । कलि मैं भगति पहिछांनि
की ॥

साषी

४ नाटिक चेटक मोह न थंभन । सबै धूत के काजं ।
धात रसांइन जै सिध होइबा । तौ क्यं तजंति नरपति
राजं ॥
५ टीका टांमां टमकली । बोलैं मधुरी बांणीं ।
चरपट कहै सुणिहो नागा अरजन । एसौ रांकी सहिनांणीं ॥
६ कबीर जेता मींठा बोलणां । तेता भगत न जांणि ।
पहली थाह दिषाइ करि । ऊंडै देसी आंणि ॥
७ घणीं घात करैं लुडषडी । मुंहडै बांणीं मीठी ।
बषनौं कहै बचेरां की गति । तैं मनिषां मांहैं दीठी ॥
८ षेचर मेघा मृघ-ज्यूं । बोलै मीठा बैंन ।
संगि मिलिहतै सरीर कूं । ताकौं तूं मति धीजे चैंन ॥
९ उजल देषि न धीजिये । बग ज्यूं मांडै ध्यांन ।
धोरै बैसि चपेटसी । यौं ले बूडै ग्यांन ॥
१० काछै आसंण ठगु है । माथै टीका ठगु ।
धोतीइ दो इक षांइयां । लोटा हथिनि दगु ।
सालिगरांम र देवता । माला सेती तगु ।
उतिम जनम कहांव दे । यहु भला मारगु ।
ए देषत ही ठगि जांहिगे । नांनिक ज्यूं मछलियां कौं बगु ॥
११ गल मैं माला अति बनीं । कंधे बणियां तगु ।
तगु बिचारा क्या करै । नांनिक जे अंदरि बैठे ठगु ॥
१२ कछि कतेबैं सूफंगलि हथि कती गुडवत ।
ऊपरि दीसै नांनिक चंदिणां । परि घटि अंधेरडीर्त ॥
१३ अभिअंतरि काला रहैं । बाहरि करैं उजास ।
नांम कहै हरि भगति बिन । निहचै नरक निवास ॥
१४ कबीर निर्मल हरि का नांव सूं । कै निरमल सुध भाइ ।
कोइ लै दूणीं कालिमां । भावै सौ मणसा बण लाइ ॥
१५ दादू पांणीं धोवैं बावरे । मन का मैल न जाइ ।
मन निर्मल तब होइगा । जब हर के गुण गाइ ॥
१६ कबीर काया मंजन क्या करै । कपड धोइ म धोइ ।
उजल हुवां न छूटिये । सुष नींदडी न सोइ ॥
१७ दादू ध्यांन धरें का होत है । जे मन नहीं निर्मल होइ ।
तौ बग सबहीं उधरैं । जे इहि बिधि सीझै कोइ ॥
१८ दादू ध्यांन धरैं का होत है । जे मन का मैल न जाइ ।
बग मींनी का ध्यांन धरि । पसू बिचारे षाइ ॥
१९ साध कहावैं भुगतैं भग । ताका काला मुहडा पीला पग ।
कूटै चमडी धरै धियांन । ता पसुवा का कहा गियांन ॥
२० करहि दीपक परहि जु कूपा ।
यहु अचिरज हम देषि अनूपा ।
ग्यांनहीन वोछी मति बाधा । मुषां साध करतूति
असाधा ॥
२१ कबीर भेष अतीत का । करतूति करै अपराध ।
बाहरि दीसै साध गति । मांहैं महा असाध ॥
२२ दादू कबहूं कोई जिनि मिलै । सा-त भेष सूं जाइ ।
जीव जनम का नास ह्वै । कहैं अंमृत बिष षाइ ॥
२३ कबीर संसारी साकत भला । कवारी कै भाइ ।
दुराचारी बुरा बैस्नौं । हरि जन तहां न जाइ ॥
२४ जोगी जंगम सेवडे । बोध सिंन्यासी सेष ।
षटदर्शन दादू रांम बिन । सबै कपट के भेष ॥
२५ इंद्री कालड पडा । जिभ्या का फूहडा ।
गोरष बोलै ते प्रतषि चूहडा ॥
२६ ढील कछोटी मन भंग फिरै । घरि घरि नैंन पसारा करै ।
षाया जरै न बाचा फुरै । ताका रण भूंहू झरि झरि मरै ।
२६ अवधू राती कंथा । रैंपटरोल पगे पावडी मुषहि तंबोल ।
षाजे पीजे कीजे भोग । चरपट कहै बिगोवैं जोग ॥
२७ बाकर कूकर कींगर हाथि । बाली भोली तरणीं साथि ।
दिन कर भिष्या रात्यूं भोग । चरपट कहैं बिगोवैं जोग ॥
२८ फोकट फाकट कथैं गियांन । कूटैं चमडी धरैं धियांन ।
सिध पुरिस सूं करैं उपाध । चरपट कहै कलिजुग का बाद ॥
२९ येक से-पटा एक नीलपटा । एक टसरकटीला लांबजटा ।
पंथ छाडि मन ऊबटबटा । चरपट कहै ए पे-नटा ॥
३० नाथ कहावैं सकैं न नाथि । चेला पंच चलावैं साथि ।
मांगैं भिष्या भरि भरि षाइ । नाथ कहावैं मरि मरि
जाइ ॥
३१ कानि मुंद्रा गलि रुद्राष । फिरि फिरि मांगैं निपजी साष ।
चरपट कहै सुणौं रे लोइ । बरतणि हैं परिं जोग न होइ ॥
३२ रंगा चंगा बहु दीदारी । जैसी षोटी मुहर मुलमांधारी ।
चरपट कहै सुणौं रे लोई । ए पाषंड परिजोग न होई ॥
३३ बांमैं हाथ कमंडल । दांहिणैं डंड मांडौं चक्र पूजौ ह्वौ
भंड ।
बैठौ तुम्हे मुह आगैं रंड । चरपट कहै ए सबै पाषंड ॥
३४ मंदैं मांसैं लावैं चीत । ग्यांन बिबरजित गावैं गीत ।
अहनिसि निंद्रा भोग बिलास । चरपट बोलै कंध बिनास ॥
३५ दया धर्म सत्त चित्त न बसै । अतीत देषि निंद्रा मनि हसै ।
कथै ग्यांन अरु फोकट रहन । चरपट कहै कलूका चिहन ॥
३६ जिसका कांम तिसही कूं छाजे । और करैं तौ डींगा बाजै ।
चरपट कहै यहु अचिरज देष । कनक कांमणीं षाया भेष ॥
३७ पगे चमाऊं माथै टोप । गल मैं बागा मन मैं कोप ।
माया देषि पसारा करै । चरपट कहै अणषूटी मरै ॥
३८ पहरि मूंदडी कंकण हाथ । नकटी बूची जोगणि साथ ।

उठत बैठत का झुणकार । तजि न सकै माया जाल ॥
३९ बज्र कछोटी चाबैं पांन । तीरथ जाइ उगाहैं दांन ।
करैं बैदंगी ज्यावैं रोगी । चरपट कहै बिगूता जोगी ॥
४० हसणां जोगी रंगणीं सांढ । पुरिष कुलष्यणौं बेसा नाढ ।
कबि लजालू नीलज नारि । चरपट कहै ते माथै मारि ॥
४१ जटा बिटंबन आगैं छार । मोटी कंथा बहु बिस्तार ।
बिचत्र कंथा अंचला चंगा । बटवा सींवैं बहु बिधि रंगा ॥
४२ मांन अभिमांनैं लादैं फिरैं । गुरू न षोजैं मूरिष मरै ।
डंड कमंडल भगवां भेस । पाथर पूजा बहु उपदेस ॥
४३ जीव हतैं अरु पूजा करैं । जंत्र मंत्र ले मन मैं धरैं ।
तीरथ जाइ करैं अस्नांन । बोलै चरपट षंडित ग्यांन ॥
४४ न्हांवैं धोवैं पषालै अंग । भीतरि मैला बाहरि चंग ।
होम जाप अग्यारी करैं । पारब्रह्म कूं सुध न धरैं ॥
४५ दिन दिन हत्या करैं अपार । सूत कपात क झेलैं भार ।
ब्रह्म रूप ठग्या संसार । चरपट कहै यहु धूत बिचार ॥
४६ दादू पहुंचे पूत बटाऊ ह्वै करि । नट ज्यूं काछ्या भेष ।
षबरि न पाई षोज की । हमकूं मिल्या अलेष ॥
४७ दादू माया कारंनि मूड मुडाया । यहु तौ योग न होई ।
पारब्रह्म सूं परचा नांहीं । कपटि न सीझै कोई ॥
४८ सुध बुध जीवधि जाइ करि । माला संकल बाहि ।
दादू माया ग्यांन सूं । स्वांमीं बैठा षाइ ॥
४९ पीव न पावै बावरी । रचि रचि करै सिंगार ।
दादू फिरि फिरि जगत सूं । करैगी बिभचार ॥
५० प्रेम प्रीति सनेह बिन । सब झूठे सिंनगार ।
दादू आतमरत नहीं । क्यूं मांनैं भरतार ॥
५१ दादू जग दिषलावै बावरी । षोडस करै सिंगार ।
तहां न संवारै आपकूं । जहां भीतरि भरतार ॥
५२ कबीर माला पहरयां कुछ नहीं । गांठि हिरदा की षोइ ।
हरि चरणौं चित राषिये । तौ अमरापुर होइ ॥
५३ कबीर माला पहरयां कुछ नहीं । काती मतकै साथि ।
जब लग हरि प्रगटै नहीं । तब लग पतडौ हाथि ॥
५४ कबीर माला पहरयां कुछ नहीं । रुल्या मुवा इहि भारि ।
बाहरि ढोल्या हींगलू । भीतरि भरया भंगारि ॥
५५ परसा प्रीतम आपणौं । ताकूं निसदिन टेरि ।
माला फेरया कुछ नहीं । जे मन फिरै तौ फेरि ॥
५६ कहि सुणि भ्रम लगाईये । मिटै न तन की पीर ।
परसा प्रेम न ऊपजै । तौ भेषि न भाजे भीर ॥
५७ माला पहरि न बिष तज्या । बिष तजि भज्या न रांम ।
परसा जीव दोजगि चल्या । षाटत षात हरांम ॥
५८ परसा मूंडयां कुछ नहीं । जे मन मूंडया नांहि ।
जगत रिझायौ स्वांग धरि । पति सूं रूठा जांहि ॥
५९ कबीर मन म-वासी मूंडि ले । केसौं मूंडै कांइ ।
जे कुछ कीया सु मनि कीया । केसौं किया नांइ ॥
६० मन नहीं मूंडे मूंडे केस । केसां मूंडयां क्या उपदेस ।
मूंडै नहीं मन म्रद का मांन । बोलै चरपट तत गियांन ॥
६१ मन का मस्तकं मूंडिये । कांम क्रोध के केस ।
दादू बिषै बिकार सब । सतगुर के उपदेस ॥
६२ पंच तत ले सिधूं मूंडिया । तब भेटिले निरंजन निराकारं ।
मन मसत हस्ती मिलाइ लै अवधू । तब लूटिलै अषै भंडारं ॥
६३ तन निरास मन मंडे माया ।
तौ मूंड मुंडाइ न भंडिसी भाया ।
मन निरास सकल रस भोगी । कहै भरथरी ते नर जोगी ॥
इति असाध भेष कौ अंग कौ हारडौ संपूर्ण समाप्तः

२५ साध संगति कौ अंग

१ कबीर संगति साध की । बेगि करीजै जाइ ।
दुर्मति दूरि गंवांइसी । देसी सुमति बताइ ॥
२ कबीर संगति साध की । कदे न निर्फल होइ ।
चंदन होसी बांवनां । नीब न कहसी कोइ ॥
३ पीपा पारस परसतां । लोहा कंचन होइ ।
सिध कै कांठै बैसतां । साधिक भी सिध होइ ॥
४ साध संगति जथा रूढं । तारते भौसागरं ।
एवं पुरिष परंगत्वा । काष्ट लोह जलं जथा ॥
५ दादू संसार बिचारा जात है । बहिया लहरि तरंग ।
भेरै बैठा ऊबरै । सति साधूं के संग ॥
६ साधू जन संसार मैं । भौजल बोहिथ अंग ।
दादू केते उधरे । जेते बैठे संग ॥
७ साधू जन संसार मैं । सीतल चंदन बास ।
दादू केते उधरे । जे आए उन पास ॥
८ साधू जन संसार मैं । हीरै जैसा होइ ।
दादू केते उधरे । संगति आए सोइ ॥
९ साधू जन संसार मैं । पारस परगट गाइ ।
दादू केते उधरे । जेते परसे आइ ॥
१० रूष ब्रिष बणराइ सब । चंदन पासैं होइ ।
दादू बास लगाइ करि । किये सुगंधे सोइ ॥
११ कबीर चंदन कौ बिडौ । बेढ्यौ आकि पलासि ।
आप सरीषे करि लीये । जे होते उन पासि ॥
१२ साध पुरिष चंदन बिडौर नेब नेवै नांहि ।
सबै पाप षिण मैं कटैं । जे उन मांहि समांहि ॥

कबित

१३:१ पारस पलटै लोह बनीं संगति ज्यूं बांवन ।
२ बारि बारूणीं बिबधि । पैठि गंगा मधि पांवन ।
३ चंबक हलचल लोह । आंषि आदित षेलहि ।
४ रोगी हूंहि निरोग । ओषदी मुष मधि मेलहि ।
५ साधू संग जहाज जगि । जथा स्वांति स्रीपहि पडी ।
६ रजब छांह हमाइ सिरि । त्यूं सतसंगति की घडी ॥
१४ कबीर षाई कोटका । पांणीं पीवै न कोइ ।
जाइ परै जब गंग मैं । तब सब गंगोदिक होइ ॥
१५ मांन भाव सहंश्रगता । कसिनोनुत कारकः ।
बिथ्या अंबुजाहर्नई संगता । त्रिदसीरिसह बंदिते ॥
१६ तत्रैव गंगा जमुना च बेणीं । गोदावरी सिंध सरस्वति चः ।

सर्बाणि तीर्थाणि बसंति तत्र । यत्रा चित्रोदार कथा प्रसंगः ॥
१७ गंगा पापं ससी तापं । दयन्यं कल्पं चहुमस्थता ।
पापं तापं दयन्यं च । हरंति साध समागमं ॥
१८ श्रवणमेक जनमांनि । दर्शणं जनमांनि सतांनि चः ।
परसणं कोटि जनमांनि । साधू हरंति पाप वः ॥
१९ संसारस्य बिष बेल्यं । तामैं अंमृत फल दोइकं ।
प्रथमे रांम नांमं । दुतिये साध समागमं ॥
२० कबीर मेरे संगि दोइ जणां । एक बैश्नौं एक रांम ।
वो है दाता मुकति का । वो सुमिरावै नांम ॥
२१ दादू पाया प्रेम रस । साधू संगति मांहि ।
फिरि फिरि देषे लोक सब । यहु रस कतहूं नांहि ॥
२२ जिस रस कूं मुनियर मरैं । सुर नर करैं कलाप ।
सो रस सहजैं पाइये । साधू संगति आप ॥
२३ स्वर्ग न सीतल होइ मन । चंदन चंदन पास ।
सीतल संगति साध की । कीजै दादू दास ॥
२४ दादू सीतल जल नहीं । हेम न सीतल होइ ।
दादू सीतल संत जन । रांम सनेही सोइ ॥
२५ संगति बिन सीझै नहीं । कोटि करै जे कोइ ।
दादू सतगुर साध बिन । कबहूं सुध न होइ ॥
२६ दादू नेडा दूरि थैं । अबिगत का आराध ।
मनसा बाचा कर्मनां । दादू संगति साध ॥
२७ दादू नेडा परम पद । साधू सगति मांहि ।
दादू सहजैं पाईए । कबहूं निर्फल नांहि ॥
२८ ढिग ढिग ढूंढैं अंध ज्यूं । चीन्हैं नांहीं संत ।
नांम कहै क्यूं पाईये । बिन भगतां भगवंत ॥
२९ बिन चीन्ह्यां नहीं पाईए । कपटि सरै क्यूं कांम ।
नांम कहै नित पाईए । रांम जणां थैं रांम ॥
३० साध पुरिष कैं मिलैं । भई मुषि अंमृत बांणीं ।
साध पुरिष कैं मिलैं । गुपत प्रगट करि जांणीं ॥
३१ साध पुरिष कैं मिलैं । अंध घटि दीपक कीया ।
साध पुरिष कैं मिलैं । कृस्न अपणां करि लीया ॥
३२ साध पुरिष कैं मिलैं । धू निहश्चल करि बैसा ।
साध पुरिष कैं मिलैं । मुकति का किसा अंदेसा ॥
३३ साध पुरिष कैं मिलैं । भ्रम की संक्यां तूटै ।
साध पुरिष कैं मिलैं । ताहि तसकर क्यूं लूटैं ॥
३४ साध पुरिष कैं मिलैं । दृष्टि बाहरि नहीं आंणैं ।
साध पुरिष कै मिलैं । आप आपहि पहिचाणैं ॥
३५ साध पुरिष कैं मिलैं । दुष दूंदरता भागै ।
साध पुरिष कैं मिलैं । भर्म की सूल न लागै ॥
३६ साध पुरिष कैं मिलैं । क्रिस्न गति हिरदै बैसी ।
साध पुरिष कैं मिलैं । कहौ दुबिध्या मति कैसी ॥
३७ असमेद जग्य कियें । कोटि तीर्थ कैं न्हांयैं ।
इतनां ततफल होइ । साध कैं दर्शन पायैं ॥
३८ साधू बोहिथ अभै पद । दर्शण देष्यां पार ।
प्रिथीनाथ दुर्लभ है । उन साधूं का दीदार ॥
३९ भाग बिनां क्यूं पाइए । साध पुरिष का संगु ।
मलिन प्यंड निर्मल कीया । फेरि पलटचा अंगु ॥
४० प्रिथीनाथ संगति फिरचा । बिश्रांम्यां यहु चित ।
अंधकार धोषा मिटचा । तन मन भया पवित ॥
४१ साध नदी जल रांम रस । तहां पषाले अंग ।
दादू निर्मल मल गया । साधू जन के संग ॥
४२ साधू बरिषैं रांम रस । अंम्रित बांणीं आइ ।
दादू दर्शन देषतां । त्रिबिधि ताप तनि जाइ ॥
४३ साध मिलै तब ऊपजै । हिरदै हरि का भाव ।
दादू संगति साध की । जब हरि करै पसाव ॥
४४ साध मिलै तब ऊपजै । हिरदै हरि का हेत ।
दादू संगति साध की । क्रिपा करै तब देत ॥
४५ साध मिलै तब ऊपजै । हिरदै हरि की प्यास ।
दादू संगति साध की । अबिगत पुरवै आस ॥
४६ साध मिलै तब ऊपजै । प्रेम भगति रुचि होइ ।
दादू संगति साध की । दया करि देवै सोइ ॥

राग गुंड

१:० संत मिलें मनि भया उछाह ।
हरि हिरदै जाकै निर्मल नाह ॥ टेक ॥
१ जे घटि दूंदर था सो गया । फेरि राज कछू औरै भया ॥
२ तृस्नां तन की भागी दूरि । लोभ मोह संगि दीन्हीं धूरि ॥
३ कांम क्रोध मद मंछर मांन ।
मरटचा गुन सब गहि गुर ग्यांन ॥
४ भर्म कर्म दुबिध्यां दुष गइया । हरि भावै सोई तत रहिया ॥
५ गुर दादू मिलियां सुष पाया । जगंनाथ जन सरणैं आया ॥

श्लोक

४७ बांछ्या सजनसंगमे । पर्गुणो प्रीतिर गुरो निर्मता ।
बिद्यायं बिस्नं संजोष्यतार्ती । भक्तिरसूलनीं
भर्क्तितमदवनं । संसर्ग मुक्तषले एते जत्र बसंति
निर्मल गुणा ।
४८ हस्तेभ्यौ नरेभ्यौ नमः । जाढचं धीयो हर्त्य संच्यत्य
बाक्यं सत्यं । धर्मतनोति कुर्तं सुभ कर्मं नित्यं ।
सौष्य बिबर्धयति लोक हितेन जुक्ते ।
सतसंगत्यः कथयक्यं न करोति पुरसा । मनस्य बच कायो ॥
४९ ग्यांन पिऊष पूर्नाहस्त्रिभुवनमुपकार श्रेयप्रियेणजंत ।
पर्म गुण प्रमांणं परबती ।
क्रित नित्यं निज हरि बिकसंत संत संतः कियंतः ॥

राग रांमग्री

२:० प्रांणीं संगति कीजै तिनकी ।
केवल बोध मुकंद परांइण । हिरदै गांठि गई जिनकी ॥ टेक ॥
१ जैसैं सोम सुधा मंडल मैं । सर्ब लोक हितकारी ।
तैसैं संत सदा सुष दाई । लीजै हिरदै बिचारी ॥

२ ज्यूं पाषांण बाझिसलि अलरज । चरण धरत सिर भंजे ।
बचन गिनांन हिरदै आंन कछू । दुषी होत जो रंजै ॥
३ आंन संग अग्यांन अगनिवत । अवसि जलण तहां होइ ।
भीषम जलणि गई है तिनकी । जलणि बुझावै सोई ॥

४० श्रवण सुणत सीतल सुषी दरस देषि दुष जाइ ।
जगंनाथ साधू मिलें । जीय की जलणि बुझाइ ॥
४१ जलती बलती आतमां । साध सरोवर जाइ ।
दादू पावै रांम रस । सुष मैं रहै समाइ ॥

राग आसावरी

३:० साध बिनां सुष नहीं मेरे भाई ।
जहां साध तहां रांम रहाई ॥ टेक ॥
१ जोगी जांगम बोध सिंन्यासी ।
अपणौं अपणौं भेष पहिरासी ॥
२ सोफी सेवडा लौं का राई । पंथ पंथ की करैं बडाई ॥
३ पवन अहारी एकंकारी । आपैं करता कहैं संसारी ॥
४ काजी पंडित बेद कतेबा । भर्म कर्म की दिढावैं सेवा ॥
५ साध सनेही सनमुष रहिये ।
हरि कूं छाडि अनत नहीं बहिये ॥
६ भर्म कर्म की बात न कहिये । ताकै सरणैं जगिया रहिये ॥

राग टोडी

४:० सत सूं लेणां संत सूं देणां ।
संत संगति मिलि दूतर तिरणां ॥ टेक ॥
१ संत की छाया संत की माया ।
संत संगति मिलि गोबिंद पाया ॥
२ असंत संगति नांमा नेडै न जाई ।
संत संगति मै रह्या समाई ॥

४२ साधसु जैसौ बारनौं । रांम धांम है लोइ ।
जब लग द्वार न पहुंचई । मंदिर जाइ न कोइ ॥

राग गौडी

५:० चलन चलन सब को कहै तहै ।
नां जांनूं बैकुंठ कहां है ॥ टेक ॥
१ जोजन एक परमिति नहीं जांनैं ।
बातनि हीं बैकुंठ बषांनैं ॥
२ जब लग है बैकुंठ की आसा ।
तब लग नहीं हरि चरन निवासा ॥
३ कहै सुनैं कैसैं पतिअइये
जब लग तहां आप नहीं जइये ॥
४ कहै कबीर यहु कहिए काहि
साध संगति बैकुंठहि आहि ॥

४३ अंगद कहै सुष सरगै नांहीं ।
जो कुछ सुष संतनि मांहीं रे मनां ॥

राग मारू

६:० बैकुंठ टूकडौ रे । दुष्ट तणैं मनि दूरि ॥ टेक ॥
१ जिभ्या झूठ न बोलिये । मुषां न कहिये मारि ।
चोरी चित निवारिये । परहरि परनारि ॥
२ जिनि सिरज्या तेन्हैं सेविये रे । कीजै पर उपगार ।
संगति कीजै साधनीं । तौ टूकडौ छै पार ॥
३ सूधै मारगि चालिये रे । कूडीम कीजै मति ।
नर नारी बेऊ प्रांमिसैं । सोम भणैं सदगति ॥

साषी

४४ साधू संगति अनुसरै । ताका बुरा न होइ ।
काल मींच जम दुष टलै । गंजि न सकै कोइ ॥
४५ दादू सुकृत मारगि चालतां । बुरा न कबहूं होइ ।
अंमृत षाता प्रांणियां । मुवा न सुनियें कोइ ॥
४६ सुक्रित मारगि चालतां । बिघन बंचै संसारि ।
दुष कलेस छूटै सबै । जे कोई चलै बिचारि ॥
४७ कर्म कटै दरसन कीयैं । समझै साचा ब्रह्म ।
सत संगति उपगार यहु । भागैं कलि बिष भर्म ॥
४८ जांनि चलै तौ अधिक सुष । अणजांणें जे जाइ ।
लोहा पार्स परसि कैं । सो सब कनक कहाइ ॥
४९ बषनां असथि निधे निकै । दोइ बिलगे आइ ।
जिसका था तिसकूं मिल्या । लागा था जिस भाइ ॥
५० समिता रूपी रांम जी । सब सूं एकैं भाइ ।
जाकै जैसी प्रीति है । तैसी करै सहाइ ॥
५१ भंजन भाव समांन जल । भरि दे सागर पीव ।
जैसी उपजै तनि त्रिषा । तेतौ पीवै जीव ॥
५२ सांई कीये जीव जे । एक नजरि सब कोइ ।
षिज मति तैसी कीजिये । तैसा मन सब होइ ॥
५३ अंमृत रूपी रांम रस । पीवै जे जन मस्त ।
जैसी पूंजी गांठडी । तैसी बनिजै बस्त ॥
५४ यंद किरनि सब ऊपरैं । कोइ निपजै लाल ।
जापरि सुनजरि होत है । सोई होइ निहाल ॥
५५ भार अठारह बृछि हैं । सब कूं परसै बास ।
जापरि चंदन की क्रिया । तामैं होइ प्रकास ॥
५६ बुरौ न कोऊ कहि सकत । बडे बंस की कांनि ।
भलौ भलौ सब कहि उठत । धुवां अगर कौ जांनि ॥
५७ जैसैं अंबर अरुन छबि । धोंम स्यांम तैं पीत ।
यौं सजन संग जांनियैं । गुन औगुन रस रीत ॥
५८ संकर सजन कैं मिलैं । द्रुजन हूं छबि होइ ।
ज्यूं लोइन संग बंक भुव । भली कहै सब कोइ ॥
५९ संगति सोभा पाइए । जांनि कह्यौ कबि बैंन ।
सोई काजर ठीकरी । सोई काजर नैंन ॥
७० चोपरि हूंके षल महि । जुग न हनत कोऊ दाव ।
संकर सजन कैं मिलैं । दिन प्रति मंगल गाव ॥
७१ जल निध्य तीरं पिपलपंष्यं । कागद सिरि नांम धरं ।
अर्भक कांता अजगजं काष्ट चंदन संमभः तथाम:

दिभ प्राणींनां । बंदनं सर्ब कर्तब्यं ।
७२ जैमल संगति साध की । सहजैं सहज समाइ ।
आंधे कूं सारा मिलै । तौ कर गहि ले जाइ ॥
७३ जैमल संगति साध की । पावै सिरजनहार ।
जागत की ढिग सोवता । कहा जगावत बार ॥
७४ पिपलक मारग पेड तैं । चढतैं झोला षाइ ।
मोहन फिरि धरती परै । फल लूं चढचा न जाइ ॥
७५ सुषसागर जिन साध का । पंष पांणि उडि जाइ ।
मोहन चींटी चरन गहि । तत षिण सो फल षाइ ॥
७६ साध संगति हरि भगति बिन । लहै न सुष की सीर ।
परसा मिलै न सिंध कूं । नदी बिहूंणां नीर ॥
७७ नीर बिनां निपजै नहीं । परसरांम भू मंड ।
साध न निपजै साध बिन । जे षोजै नवषंड ॥
७८ सीप न निपजै स्वांति बिन । मुकताहल बिन सीप ।
साध न निपजै साध बिन । परसरांम कहूं दीप ॥
७९ ज्यूं जल परसै सिंध कूं । लेस लिता कौ संग ।
रांम मिलण कूं परसरांम । है मारग सतसंग ॥
८० कटि बिनां न कांटा निकसै । ताली बिनां न ताला ।
सिध हीं तहि साधिक निपजै । जब घट होइ उजाला ॥
८१ साधू मिलियां एह गुंण । ग्यांन जोति घट मांहि ।
जगंनाथ संगति बिनां । ज्यूं घर दीपक नांहि ॥
८२ सौंज सकल नष सष बनी । परि संत संगति नहीं होइ ।
ज्यूं छतै दीपक मंदिर तिमर । जगंनाथ बिन लोइ ॥
८३ साध मिलें अंधियार सब । सहजैं सहजैं जाइ ।
ज्यूं रवि उदैत रजनीं मिटै । त्यूं जगंनाथ घटि थाइ ॥
८४ द्रुग दीवंगहि तमु हरचौ । जांनौं जे उगलंत ।
इम सजन द्रुजन हियौ । दीपा सुपै कहंत ॥
८५ सजन धैंन नित्य पै द्रवैं । जौति न नीरैं कोइ ।
देवति द्रुजन श्रपसमि । षीर दयैं बिष होइ ॥
८६ कर्तब्यं बहु मिंत्राणि । निबलानि बलानि चः ।
जुधनाथो बने बध । मुषि केनि उधारितं ॥
८७ मिंत्रं चकुर बहुतांनि । लघ दीर्घ समागमं ।
लांबग्रींवां घांण बधो । अषेक मुक्तिमेव चः ॥
८८ फरीदा साधौं सेतीं बार । जे लागै तौ लाईये ।
जे पंधि होइ अवार । तौ अंधियारै घरि जाईये ॥
८९ कबीर एक घडी की अधघडी । भी आधी की अध ।
साधौ सेती गोठडी । जे कीजै सो लभ ॥
९० ग्यांनवंत कूं सुष घणां । सुध बुध ह्वै बुधिवंत ।
साधू संगति कीजिये । आप मिलैं भगवंत ॥
९१ साधू संगति बुधि बधै । झाड वोट ज्यूं घास ।
ग्यांन ध्यांन हरि नांव का । हिरदै होइ प्रकास ॥
इति साध संगति कौ अंग संपूर्ण भवेत ॥

२६ सजन द्रुजन की पारष कौ अंग ॥ रांम ॥

१ कबीर अैसा कोई नां मिलै । हम कूं लेइ पिछांनि ।
अपनां करि किरपा करौं । ले उतरौ मैदांनि ॥
२ कबीर अैसा कोई नां मिलै । सब बिधि दैंउं बताइ ।
सुंनि मंडल मैं पुरिस एक । ताहि रहै ल्यौ ल्याइ ॥
३ कबीर अैसा कोई नां मिलै । रांम भगति का मींत ।
तन मन सौंपै म्रिघ ज्यूं । सुणैं बधिक का गीत ॥
४ कबहु न बिहडै सोभला । साधू दिढ मत होइ ।
दादू हीरा एक रस । बंधि गांठडी सोइ ॥
५ कबीर यहु मन दीजै तास कूं । सुठि सेवग भल सोइ ।
सिर ऊपरि आरा सहै । तऊ न दूजा होइ ॥
६ धर ज्यूं धस सहंनि । गरवाई परबत ज्यूं ।
सेई सैंन की जंनि । आई बावन डोलणे ॥
७ मथत मथत मांषण रह्यौ । मह्यौ गयौ भहराइ ।
संकर सो बहु मोल कौ । जु भीर परैं ठहराइ ॥
८ एकै औगुणि जे गए । ते सजणां न लोडि ।
तन छूटा रंग जाइसी । भावै औगुण करौ करोडि ॥
९ तूं औगुण करि मैं सहौं । जेता मनि भांवंत ।
मैं हियडौ साइर कीयौ । मंझें बेडन तिरंत ॥
१० जिनका हिया समंद सा । बड ज्यूं बडा बिथार ।
तिन सूं रची रे जिया । धुर ज्यूं षैंचैं भार ॥
११ जिनका चित समंद सा । नवणि नवैं ज्यूं केलि ।
मीठा बोलण घण सहण । दई ते सजण मेलि ॥
१२ बडौ सोई जो काज कौ । बडे बडे महि फेर ।
दीपक सौं कहियत बडौ । घर महि द्रुगन अंधेर ॥
१३ बडौ बडाई नां तजै । वोछौई इतराइ ।
तरुणि तपै तिहि तप नहीं । बारु बारैं पाइ ॥
१४ अनमिलनी बहुतै मिलैं । मिलनीं मिलै न कोइ ।
मिलिया अनमिलनी मिलैं । नवल महादुष होइ ॥
१५ उतिम संगति मल्ह कहि । सबद रहै ठहराइ ।
नीच नेह षर सब्द ज्यूं । घटत घटत घटि जाइ ॥
१६ मांन महातम ऊंच कौ । नीच न राषन जोग ।
सैल निकटि सलिता बहै । इंद्र हरै रवि रोग ॥
१७ सोई संगती मल कहि । जो समि सर सब ठौर ।
ईष डंड अर द्रुवन नर । गंठि गंठि रस और ॥
१८ सजन बिरचि परषि यहि । उतिम जन जे हुंत ।
एती राचें नां करैं । जेती बिरचि करंत ॥
१९ सजन दोइ गुन चांहि यंहि । हूंहि कोटि दस दोस ।
प्रीति तौ पांहण रेष समि । बीज चमंका रोस ॥
२० सजन जीय औगुण गहै । द्रुजन जौ गुण जाइ ।
नाथ गुमंट की बूंद ज्यूं । कितौ एकलै ठहराइ ॥
२१ अैब पराऐ परहरैं । सजन सहज सुभाइ ।
जेते छेद्र सुई करै । धागा पुरवत जाइ ॥

२२ सेऊ सजन सूं बसै । बिरसूं कहा बसाइ ।
मांन महातम रोस रस । जो कीजै सु समाइ ॥
२३ कनक ईष उतिम अगर । सहैं आपत न त्रास ।
बांनीं चढै चवगनी । कसैं कसैं कविदास ॥
२४ द्रुजन कौं कबिउध कहि । जदपि दीजै हेत ।
जैसैं रंग कसूंभ कौ । छिनक चटक पुनि सेत ॥
२५ सजन कौं कबिउध कहि । जदपि दीजै त्रास ।
ईष जु काटि जराईये । तऊ न मिटत मिठास ॥
२६ नरहरि दांनि दलिद्र बसं । तऊ समंगन जोग ।
ज्यूं नदियां जल सुकिगौ । चूवा षनैं सब लोग ॥
२७ गही टेक सोनां तजै । चंच जीभ जरि जात ।
मीठा कहा अंगार महि । जाहि चकोर चुगात ॥
२८ कबीर संत न छाडै संतई । जे कोटिक मिलैं असंत ।
चंदन भुवंगां बेढियौ । तऊ सीतलता न तजंत ॥
२९ अंब डार किसवा कहै । फल लागै परहेत ।
यहु इत तैं पांहन हनैं । उहु उत तैं फल देत ॥
३० नीर नबोरत काठ कौं । कहि असोग किहि काज ।
सींच्यौ अपनौं जांनि कैं । बहत आपनीं लाज ॥
३१ गरवा आदर नां करैं । करहिं तौ प्रतिपालंत ।
संकर बिष साइर बहनि । कूरम धर धारंत ॥
३२ कबीर करिये तौ करि जांणियें । साधां सेती संग ।
लीर लीर लोई थई । लाषन छाडचा रंग ॥
३३ सजन असी प्रीति करि । जैसी हिंदू की जोइ ।
पूत पराया कारनैं । जरि बरि कोइला होइ ॥
३४ सजन असी प्रीति करि । जैसी केस कराहि ।
के काले के उजले । जदि तदि सिर सूं जांहि ॥
३५ सजन एहा लोडिये । जेहा थली भुरट ।
छेहां हूंत बिछोहिए । तऊ पेरवै चहुंट ॥
३६ सजन एहा लोडिये । जेहा कूवै कोस ।
पग दे पाछा पेलिये । तऊ न मांनैं रोस ॥
३७ सजन एहा लोडिये । जेहा आकूं दुध ।
औगुन ऊपरि गुन करै । ते सजन कुल सुध ॥
३८ दादू औगुन गुन करि मांनैं गुर के । सोई सिष सुजांन ।
सतगुर औगुन क्यूं करै । संमझै सोई सयांन ॥
३९ दादू सबद जरै सो मिलि रहै । एक रस पूरा ।
कायर भाजै जीव ले । पग मांडै सूरा ॥
४० गुर सबदौं मैं मरि रहै । सूर होइ नहीं भाजै ।
जगंनाथ केते तिरे । बुरा होइ गुर लाजै ॥
४१ सेऊ सजन चमकि कैं । जौब उठत जीय जागि ।
ज्यूं असमहिनालहि लगै । तन नहीं दाहत आगि ॥
४२ पंच अगनि सहनीं सुगम । सुगम सहन षग धार ।
नेह निबांहन एक रस । महा कठिन ब्यौहार ॥
४३ नरहरि जप तप ध्यांन बरत । यहु सब सबतैं होइ ।
नेह निबांहन एक रस । नहीं संम्रथ कलि कोइ ॥
४४ नेह निबांहैं हीं बनैं । बनैं न सोचैं आंन ।
तन दै मन दै सीस दै । पै मन दीजै जांन ॥
४५ मारुफ मयान मन धरहु । वोर निबाहहु नेह ।
जौ जुग चारि न न्रिबहै । एकहूं जनम संदेह ॥
४६ मोटे अभाग उदै भये जीव के । साध समागम सूं लय छूटी ।
मानौं गढ गाढ सूं घेरि परे अरि । द्रुग मैं नीर की सीरनि षूटी ।
रोग अपार महादुष संकट । ताहू मैं गाठि गई षुलि बूंटी ।
हो रांम भजन बिनां सत संगति । रजब षांन्य मैं धाहसी तूटी ॥
४७ मन मुषि ह्वै सतसंग तजै । सो जगंनाथ ठगाइ ।
ज्यूं दमडो घडिए ठौर बिण । यौं गैरसाल ह्वै जाइ ॥
४८ पैंम सरोवर मांझ परि । जिनि तिरित की तीर ।
निकसि मींन जिम दुष सह्यौ । तब सचु जांन्यूं नीर ॥
४९ जौब प्रीति तौ ग्रबु का । ग्रबु तौ कांइ सनेह ।
आपा छीजंन परहसन । कौंन सयांनप एह ॥
५० लाइ न सकहूं प्रीतडी । साध मरहु किस जोग ।
जौ सिर सौंपि न सकहु । कांइ हसावहु लोग ॥
५१ दादू भाव भगति उपजै नहीं । साहिब का परसंग ।
बिषै बिकार छूटैं नहीं । सो कैसा सतसंग ॥
५२ इक रंग प्रीति कसूंभ रंग । नदीय तीर द्रुंम डाल ।
रेत भींति भुस लीपनौं । क्यूं दिढ होइ जमाल ॥
५३ दुतिया चंद मजीठ रंग । साध बचन प्रतिपाल ।
पांहन रेष कर्म गति । क्यूं करि मिटत जमाल ॥
५४ आगैं निर्मल आरसी । पीछैं मलिन बिकार ।
आगैं पीछैं औरसी । क्यूं न परै मुष छार ॥
५५ मौंहरसदें अर गुंझलें । अंति सु करहिं बिसास ।
कबहूं कैं षैहैं षता । कुमित रतैं कबिदास ॥
५६ दादू साचा लीजिए । झूठा दीजै डारि ।
साचा सनमुष राषिये । झूठा नेह निवारि ॥
५७ दादू सगुणां लीजिये । निगुणां दीजै डारि ।
सगुणां सनमुष राषिए । निगुणां नेह निवारि ॥
५८ तासौं कीजै नेह । जासौं दुहु जग थिर रहै ।
साधन कौंन सनेह । टूटै काचे सूत ज्यूं ॥
५९ कबीर पांहन टांकि न तोलिये । हाड न कीजै बेह ।
माया राता मांनवीं । तिनसूं किसा सनेह ॥
६० एकं हि बार परषिये । परषि न बारंबार ।
सेऊ धूलि किरकरी । जौ छांनैं सौ बार ॥
६१ पूंन्यूं चंद कसूंभ रंग । नर नग दरकौहे ।
ढलन बपैं जांनियैं । उघरि दिषावहि सेत ॥
६२ जल तर सींचत पेड कैं । पातनि प्रगटत आइ ।
जगजीवन कौ नेहरौ । नैंननि मैं झलकाइ ॥
६३ हिर्दा का भाव हाथ मैं देषिये । यहु कलि आई षोटी ।
बदंत गोरषनाथ सुणि रे पूता । करवै होइ सु निकसै टोटी ॥
६४ भूंडी एहजरीति । घस तासूं घासैं नहीं ।
पांहन सरसी प्रीति । सूकडि सोरठियौ कहै ॥
६५ जी जी कहियां जीव षुसी । रे कहियां रीसांहि ।
जगंनाथ जाणैं नहीं । बहुत ब्याधि घट मांहि ॥

६६ दादू जहां जहां आदर पाइए । तहां तहां जीव जाइ ।
बिन आदर दीजै रांम रस । छाडि हलाहल षाइ ॥
६७ दुरि मूरिष दुरि जन जिसौ । मांनि चढै असमांणि ।
जगंनाथ गति स्वांन की । दहु पवाडां हांणि ॥
६८ स्वार्थि लगि सैलौ हुवै । सट कै तोडै सीर ।
गेगा तूं गोठचौ नहीं । तूंतौ ठोकू बीर ॥
६९ कूरम की गरदनि कियैं । भला न जीय का होइ ।
हस्ती आधे दंत ज्यूं । साचा सेवग सोइ ॥

७० मजांणिसिषलनमियं । जेहा बोलिया अंमींसा बैंणं ।
ढींकू कूवाहिनमियं । पाइ लागि सोसिया नीरं ॥

७१ कबीर नवनि नयौं तौका भयौ । चित न सूधौ जांह ।
पारधिया दूणां नवैं । म्रिघां ढूकं तांह ॥
७२ सजन नवंतै जिनि गिनहुं । जौ उर सुध न हौंहि ।
चीता चोर कमांन लौं । नवैंहि आपानीं गौंह ॥
७३ सेऊ षीरा की मिलनि । कही बात ह्वै बींनि ।
कहा भयौ ऊपरि मिल्यौ । भीतरि षापैं तीनि ॥
७४ आव बैठि आदर बहुत । जौ लहुं जीय न पत्याइ ।
गंभन तौ लहुं उमंगि मन । लेन आगमनौं जाइ ॥
७५ सेऊ तहां न जाइए । जहां कपट कौ हेत ।
जालौं कली कंनीर की । तन रातौ मन सेत ॥
७६ दादू भावहींन जे प्रिथमीं । दया बिहूंणां देस ।
भगति नहीं भगवंत की । तहां कैसा परवेस ॥
७७ मौलौ भाव बस्त ह्वै मौली । तिहिनैं कौंन दिसावरि जावै ।
बषनां बस्त भाव परिचाली । दूर देस थैं आवै ॥
७८ मांन नहीं आदर नहीं । नैंक न भौंह न वंत ।
संमन तहां न जाइये । जौ कंचन बरसंत ॥
७९ जैमल जहां आदर नहीं आपकूं । तहां किसकी क्या परवाहि ।
भावै निर्मल ह्वै करि बंदगी । भावै काला मुंह कराहि ॥
८० गोबिंदास गंवार सूं । जिनि नीकलै पिछांणि ।
दीर्घ मेटै लघ चवै । ह्वै आदर की हांणि ॥
८१ जहां बबेक न जांनियैं । तहां करौ कत आस ।
अनबोलैं हीं उठि चलौ । का कहिये कविदास ॥
८२ जीभ न दैंहीं बैठनौं । नैंन न जोडै तार ।
बिन हथां गलि हथडौ । बूझै नहीं गंवार ॥
८३ आंवतां नहीं आव । चलतां बौलावौ नहीं ।
तिणि सजन घरि पाव । वले न दीजै बीझरा ॥
८४ आंवतां आदर करैं । बिगसत बदन मिलंत ।
ते सजन कविनाथ कहि । चित थैं क्यूं उतरंत ॥
८५ अनरस के प्रीतम अनंत । जस दरपन की छांह ।
नेह निर्बांहन नवल कहि । मिंत कोऊ कलि मांहि ॥
८६ हरबस अरहट की घाटी । ज्यूं कुमींत सूं ईठि ।
जब षाली तब सनमुषी । जब सुभर तब पीठि ॥
८७ बिन परिवार बडपणौं । काहू पैं नहीं होइ ।
सेऊ चंदुल तुचा बिन । जमा वोधौं कोइ ॥
८८ हेत हियाली जांणियैं । षल बैंनां जल साउ ।
सजन दोहैं परषियें । सूर बहंतै घाउ ॥
८९ जहां दादि नहीं पाईये । तहां दुष कहै बलाइ ।
अगर अंध की जोइका । मंडण बिचि हीं जाइ ॥
९० पीपा जे मन सुध ह्वै । तिन सूं मिलिये धाइ ।
मनि द्रोहौ कपटी हुवै । तिन सूं मिलै बलाइ ॥
९१ आवत हिरदौ न बीगसै । जात न ह्रिदौ कुमिलाइ ।
आदर भाव बबेक बिन । अपत अपत कै जाइ ॥
९२ बार बुलांवण बैसणौं । बीडौ बेकर जोडि ।
जिणि घरि पंच बबा नहीं । ते घर दूरैं छोडि ॥

गाथा
९३ क्यं गिर सिषरेकणया । तो पाषलिसैल पांहणया ।
मलियागिरसोलहियं । सैल बणचंद - ॥
इती सजन दुर्जन की पारष कौ अंग संपूर्न भवेत् ॥

२७ सजन साध दुर्जन दुष्ट दोऊ कौ अंग

१ श्रुगस्थिता अह जीवलोके । चत्वारि चिहनांनि बसंति देहे ।
दया प्रसंसै मधुरा च बांणीं । दींन आचारणं दिबि जंत्र प्रसंति ॥
२ अत्यवंत कोपं । कुटका च बांणीं असोषितां सजनेषु बैरं ।
दूतं च नेह सकल कलेसंति । दुष्टस्य चिहनं त्रके गछंति ॥
३ सर्प करूर षल करूर तस्मा करूरतरं षलं ।
मंत्रं त समिते सर्प द्रुजनं के निसमिते ॥
४ जदपि मरि सरिगरि गए । नंद स्यंघ अरु सेसे ।
तऊ न छाडैं सत्रता । मारत कंटक केस ॥
५ गर्ल दूध मैं नांषि करि । सर्प तोडि कैं षाइ ।
दुष्ट घात करि और की । घोर नरक भूंचाइ ॥
बहन उबाच ।
६ तब तौ तुम मांनीं नहीं रांमां ।
अब देषौं सीतां के कांमां ।
सीतां जौ पतिब्रता होवै ।
तौ रांवन लिषि लिषि कां मुह जोवै ॥
७ दौं लगाइ कैं द्रुमती । जीव अनेक जरावै ।
दुष्ट जीव की द्रबुधि ऐसी । हाथि कछू नहि आवै ॥
८ द्रुजनस्य सुभाव एयं । परकार्य बिनासकः ।
बिनां त्रियतादि कार्य । मुष को बस्त्र भछिकं ॥
९ कागां कुतां कुमांणसां । तिहुंवां एक निकास ।
ज्यां: ज्यां: सेरचां संचरैं । त्यांह त्यांह करैं बिणास ॥
१० भाव भगति का भंग करि । बट पाडे मारैंहि बाट ।
दादू द्रारा मुकति का । षोले जडैं कपाट ॥
११ जीव रसातलि देण कूं । अपराधी मिलैं अनेक ।

पारं उतारण संत जन । जगंनाथ को एक ॥
१२ द्रुजन बंबूर दोऊ बुरे । कंटिक कुटिल कुलोग ।
आपन निफल और फल । रोकता जाइ असोग ॥
१३ सब प्रिथी कांटैं भरी । अंतरि ब्यापैं सूंल ।
प्रिथीनाथ हरि की भगति बिन । ते नर बिरष बंबूल ॥
१४ बांस बिडौ जब ऊपनौं । तब बषनां बिरष डराइ ।
कुल षंपण ऊंचौ बध्यौ । दहसी सब बणराइ ॥
१५ नइया कइया अरबज हथा । चोथा आइ मिल्या काइथा ।
ए चारचौं मिलि चालैं बाट । तौ जौंरां कूं भीघालैं
हाथा ॥
१६ अनभांवंता निकट दिन । भांवंता दिसि आंन ।
या देषतवा दरस बिन । ह्वै दुष दाहकमांन ॥
१७ जे नैंनां न सुहांवई । ते निति रहैंहि हजूरि ।
जे इनि नैंनहुं मनहि बसहि । ते इनि नैंनहुं दूरि ॥
१८ अनभावंतां बारनैं । भांवंता जु बदेस ।
यां मिलियां वांह अनमिल्यां । दोइ दुष बधैं गणेस ॥
१९ सजन चंदन चांदिणौं । सदो काल सुहाइ ।
षलमांणस अंधियार पष । जांणीं जै जौ जाइ ॥
२० आघा आतो ऊंचा बैसौ । थे तौ बडा रतंन ।
जिणि दिहाडै थेन आवो । सोई दिहाडौ धंनि ॥
२१ जे सजन सौ जोइणां । तौ इंहिया संझारि ।
जे द्रुजन घर बारणैं । तौई समंदां पारि ॥
२२ जे सजन मन मैं बसे । ते दूरंतर नांहि ।
जे चित माहैं नां चुभे । ते यौंहीं आवैं जांहि ॥
२३ कबीर तास मिलाइ । जास हियाली तूं बसै ।
नहींतर बेगि उठाइ । नित का गंजन को सहै ॥
२४ दादू कहै मुष दिषलांई साधका । जे तुम मिलवै आइ ।
तुम्ह माहैं अंतर करैं । दईन दिषांई ताहि ॥
२५ कबीर जांणि बूझि साचहि तजैं । करैं झूठ सूं नेहु ।
ताकी सगति रांम जी । सुपिनैंहूं मति देहु ॥
२६ दादू पतिब्रता कै येक है । बिभचारणि कै दोइ ।
पतिब्रता बिभचारणीं । मेला क्यूं करि होइ ॥
२७ दादू पतिब्रता कै एक है । दूजा नांहीं आंन ।
बिभचारनि कै दोइ हैं । परघर एक समांन ॥
२८ कबीर हद के जीव सूं । हित करि मुषां न बोल ।
जे लागे बेहद सूं । तिन सूं अंतर षोल ॥
२९ कबीर कहिनैं क्यूं बणैं । अणमिलता सूं संग ।
दीपक कै भायैं नहीं । जलि जलि मरैं पतंग ॥
३० कबीर मारी मरूं कुसंग की । केला कांठै बेरि ।
वा हालै वो चीरिये । साषित संग न बेरि ॥
३१ त्रिया बेरि जती केवडौ । दोऊ मिल्यां दुष होई ।
मोहन कहैं सुंनौं सब लोई । दुरिजन संग करौ मति कोई ॥
३२ कबीर साषित सिंणकौ जेवडौ । भीगांसूं अठ ठाइ ।
दोइ अषिर गुर बाहिरौ । बांध्यौ जमुपुरि जाइ ॥
३३ कबीर साषित की सभा । तूं मति बैसै जाइ ।
एकैं बाडै क्यूं बडैं । रोझ गदहडा गाइं ॥
३४ दादू असाध मिलैं अंतर पडै । भाव भगति रस जाइ ।
साध मिलै सुष ऊपजै । आंनद अंगि नमाइ ॥
३५ दादू साधू संगति पाईये । रांम अंमींफल होइ ।
संसारी संगति पाईये । बिष फल देवै सोइ ॥
३६ दादू सभा संत की । सुमति उपजै आइ ।
साषित की सभा बैसतां । ग्यांन कया थैं जाइ ॥
३७ बाजीद दुनियां सेती दोस्ती । होइ भगति का भंग ।
सरणां राजारांम का । कै साधूं का संग ॥

राग धनाश्री
१:० रे मन काहे न तजे अहिमेवडौ ।
साधू जन अैसौ चाहिये । घास सहै ज्यूं रेवडौ ॥ टेक ॥
१ पंडित नषैं मूरिष क्यूं सोहै । बेरि नषैं क्यूं केवडनौ ॥
२ तुलछी नषैं भांगि क्यूं सोहै । साध नषैं क्यूं सेवडौ ॥
३ घाटमदास कहै जन तेरौ । रांम बिनां षककुतेवडौ ॥

३८ कंमच जु करकी अंगुरी । परसत मरै न लज ।
ताकै रहपट हाथ की । कत दीजै बेकज ॥
३९ कंमच कुमैंडा कीजई । अंगुरी पसरत मींच ।
बा तन दसूं पसारिये । फरै तूंबरा नींच ॥
४० कबीर भगत हजारी कपडौ । तामैं मल न समाइ ।
साषित काली कांबली । भावै तहां बिछाइ ॥
४१ जनम बैठौ है हारि । तासौं कहा दीजै गारि ।
बिचित्र बिनोद जाहि सूझै नहीं पार कौ ।
पंडित मूरिष लोग । भूले ते भरम भोग ।
दाम कांम यहै मत संसार कौ ।
मल्ह तौ कवि बषांनैं । बनैं तौ काहे न बांनैं ।
गुर के प्रसाद हूंतैं कहै बडी बार कौ ।
वह तौ परम पसुति हि मोहि कैसौ रस ।
जाकै नहीं भेद अब भीतरे बिचार कौ ॥
इति सजन साध दुर्जन दुष्ट दोऊ कौ अंग संपूर्न भवेत् ॥

२८ मन भष विकृताई कौ अंग

१ पास बिणठा कपडा । कदे सुरंग न होइ ।
कबीर त्याग्या ग्यांन करि । कनक कांमणीं दोइ ॥
२ कबीर मेरे मन मैं परि गई । अैसी एक दरार ।
फाटा फटक पषांण ज्यूं । मिल्या न दूजी बार ॥
३ कबीर मन फाटौ बाइक बुरा । मिटी सगाई साक ।
जौ परि दूध तिवास कौ । ऊकटि हूवौ आक ॥
४ कबीर चंदन भागौं गुंन करे । जैसैं चोलीपंन ।
दोइ जन भागा नां मिलैं । मोताहल अरु मंन ॥
५ कबीर मोती भागौ बींधतां । मन बस्या कबोल ।
बहुत सयांनां पचि गया । पडि गई गांठि न टोल ॥
६ ये तौ फूटा हीं जुडैं । कर कंकन सोव्रन ।
ए ह्वै फटा नां जुडैं । एक मोती अर मंन ॥

७ मन नग मोल अमोल है । तोडि न जोड्या जाइ ।
मणियां नांहीं लाष का । कीजे आंचल गाइ ॥
८ कबीर मोती पोवत बीगस्या । मानूं पाथरि आई राइ ।
साजन सेरी नीकल्या । जांनि बटाऊ जाइ ॥
९ च्यंतायं सुम्रितो पुत्रस्य । पूंछ छेदो सुम्रितामिहं ।
मन भंग कुतो प्रीति । अथवा प्रीति कुतो सुषः ॥
१० मन भागा चित औचटचा । दूधां फाटा साव ।
तुम सिरि जलै अंगीठडी । हम तनि लागै घाव ॥
११ सेऊ तोडि र जोडिए । गांठि गंठीली होइ ।
जे कर सेती गिरि पडै । अंति किरकिरी सोइ ॥
१२ भागां मनां न भगति करि । तूटा नेह न सांधि ।
सायर फूटै नीर गयौ । गहली पालि न बांधि ॥
१३ जे मति पीछैं ऊपजै । सो मति पहली होइ ।
कबहूं न होवै जीव दुषी । दादू सुषिया सोइ ॥
१४ करमानंद कु माणसां । छेहा घणां पडंत ।
एक असीधा सीधवैं । एक सीधा बिलै गवंत ॥
१५ सेऊ सजन मेघ जल । ऊंनईयां घन घट ।
पिसन पवन ह्वै संचरचा । मारि कीया दहबट ॥
१६ दादू एक सबद सूं ऊंनवैं । बरसंण लागै आइ ।
एक सबद सूं बीषरै । आप आपकूं जाइ ॥
१७ बिछुडियां बिग्रह घणां । भ्वैं अंतरा पडांहि ।
नदी बिछूटा बाहला । औसरि कहीं मिलांहि ॥
१८ बिछुडि मिलतां बहुत सुष । जे सजन वहि भाइ ।
प्रेम पलटचौ हे सषी । बिछुरे मिले त कांइ ॥
१९ प्रेम प्रीति तिनसूं नहीं । औषंता मन मांहि ।
दांत बिगसे राइमल । हियौ बिगस्यौ नांहि ॥
२० जै मिलिया तौ मन मिल्यौ । मन बिण मिल्या त कांइ ।
कार्यौं कर आघा कियां । चित अपूठा जांइ ॥
२१ एकैं की करि पंनडै । नेहा नौजण मांहि ।
नेह बिहूंणां दोइ जण । नौहथडै न समांहि ॥
२२ करमांणंद अणंद कहि । जे कुछ भली त संप ।
राइ पडी बिचि पथरां । तौ जड लधीलंप ॥
२३ हम तुम मन एकै भलौ । अंतर बुरौ दयाल ।
राइ परी बिचि पथरैं । जांम्यौं घास गुपाल ॥
२४ यहु अतर उरं सालतौ । हम तुम बीचि जुहार ।
कौंन अभाग उदै भए । आडे परे पहार ॥
२५ एक ठौर आठूं पहर । रती न रहती रेष ।
अब पल पल जुग सरभरि भई । मिंत बिनां मुझ लेष ॥
२६ बेगौ बेगौ आवतौ । गिणतौ धूप न मेह ।
न जांनूं अब कत गयौ । वंहि प्रीतम कौ नेह ॥
२७ दर्शन हूं दुर्लभ भयौ । तुमहि न दीजै दोस ।
समन दुर्जन कैं कहैं । मांनि रहे मन रोस ॥
२८ लोटा कंत न मांनई । बेली और न कोइ ।
बहु गुन रही दिषाइ कैं । करछीपत नहीं सोइ ॥
२९ बाजीद कहै उस कंत के । कीये बहुत जतंन ।
फूटा फटक पषांन ज्यूं । बहुरि न मेल्या मन ॥
३० कोइ एक औगन मनि बस्या । चित थैं धरी उतारि ।
दादू पति बिन सुंदरी । हांटै घर घरबारि ॥
इति मन भष बिकृताई कौ अंग संपूर्न भवेत् ॥

२९ कुसंगति कुकरनीं तसकार कौ अंग

राग आसावरी

१:० अब न बसूं इहि गांइ गुसांई ।
तेरे नेवगी षरे सयानि हो रांम ॥ टेक ॥
१ नगर एक तहां जीव धरम हिता । बसैं जु पंच किसांनां ।
नैंनूं नकटू श्रवनूं रसनूं । इंद्री कह्यौ न मांनैं
हो रांम ॥
२ गांइ कु ठाकुर षेत कु नेपै । कायथ षरच न पारै ।
जोरि जेवडी षेति पसारै । सब मिलि मोकूं मारै
हो रांम ॥
३ षोटौ महितौ बिकट बलाही । सर्कस दमका पारै ।
बुरौ दिवांन दादि नहीं लागै । इक बांधैं इक मारैं
हो रांम ॥
४ धरमराइ जब लेषौ मांग्यौ । बाकी निकसी भारी ।
पांच किसांनां भाजि गए है । जीव धर बांध्यौ पारी ॥
५ कहै कबीर सुनहुं रे संतौ । हरि भजि बांधौ भेरा ।
अबकी बेर बकसि बंदेकूं । सब षत करौं नबेरा ॥

राग टोडी

२:० निर्पष रहणां रासं रांम कहणां ।
कांम क्रोध मैं देह न दहणां ॥ टेक ॥
१ जेणैं मारगि संसार जाइला ।
तेणैं प्रांणीं आप बहाइला ॥
२ जे जे करणीं जगत करीला ।
सो करणीं संत दूरि धरीला ॥
३ जेणैं पंथैं लोग राता ।
तेणैं पंथैं सध न जाता ॥
४ दादू रांम रांम असैं कहिये ।
रांम रमत रांमहि मिलि रहिये ॥
३:० लोक एक अनंत बांणीं । मंझा जीवनि सारंग प्रांणीं
॥ टेक ॥
१ जिहि जिहि रगैं लोग राता । तारंग जन न राचिला ।
जिहि जिहि मारगि संसार जाइला । सो पंथ दूरैं
बंचिला ॥
२ निरबांणैं पद कोई एक चीन्हैं । झूठैं भ्रंमि भुलाइला ।
प्रणवंत नांमौं परम तत रे । सतगुरि निकटि बताइला ॥

राग आसावरी

४:० भाई रे तेन्हैं रूडूं थाए । जे गुरमुषि मारगि जाए ॥ टेक ॥
१ कुसंगति परहरिए । संत संगति अणसरिये ॥

२ कांम कोध नहीं आंणैं । बांणीं ब्रह्म बषांणैं ॥
३ बिषिया थैं मनवारै । ते आपण पौतारै ॥
४ बिष मूकी अंमृत लीधौं । दादू रूड कीधौं ॥

साषी
१ सठ सनेह थैं संकिये । नंद और डर नांहि ।
सुत सांपनि के हेत ज्यूं । गिलैं पेट गरि जांहि ॥
२ तन मन हीयौ बेधई । महा कुमति के तीर ।
बुरे मनिष तैं भागिये । निकट न रहिये बीर ॥

अरिल
३ निकट न रहिये बीर । बुरे तैं भाजिये ।
जौ सौनैं कौ होइ । तौ साथ न लागिये ।
जन बाजीद बिचारि भिया आषी भली ।
परिहां जिहि ब दुष्ट कौ । षोज न जाइये तिहि गली ॥

४ बाभन भाग्यौ भाट तैं । भली करी उनि लोइ ।
दीपक दोऊ हाथ लै । कूप परैं क्यूं कोइ ॥
५ षलपल भयौ न आपनौं । ष्वाई रोटी घीव ।
अति सु बांभन भाट तैं । भागि छिडायौ जीव ॥

अरिल
६ तौ हीर निज टत किवार लगेहैं पौरि कौं ।
चोवा चंदन अगर घसत हैं षौरि कौं ।
जदपि दीपक जरत मंदिर महि घीव कौ ।
परिहां अंनबनते कैं संग मरन है जीव कौ ॥

७ कुसंगति लछिन लगै । मांन भंग मति नास ।
जगंनाथ जीव जरदरू । नरक कुंड मैं बास ॥
८ सुसंगति जब कीजिये । सुमति होइ परकास ।
जगंनाथ जगि जांनियें । हरि साधनि मैं बास ॥
९ उतिम मधिम अंतरा । जगंनाथ परमांण ।
मूंष हंस हांनां कीया । भ्रंगी कीट समाण ॥
१० उतिम संग करंतां अज्या । हस्ति चढी बन षायौ ।
नींच संग करंता हंसा । पंष कतरी दुष षायौ ॥

राग रामगरी
५:० जीयरा संग कुसंग न कीजिये । संग कुसंगैं लछिण लागै ।
ज्यूं जलचरैं बांदरौछे तरचौं आगै ॥ टेक ॥
१ मूंस बुडंतौ हंसि जु लीधौं ।
पापियैं पंष बिहूंनडौ कीधौं ॥
२ सषी सहेली आगैं गूझ बिरोल्यूं ।
मोर मारचां नौंढीं मर्डौं ढोल्यूं ॥
३ भीम भणैं ए बैसनौं बांणीं ।
मिंत्र कीजै तौ सारंगप्रांणीं ॥

श्लोक
११ न बिस्वासे कुमित्रस्य । म्यंत्रि चापि न बिस्वासे ।
कदाचि कोपिते कुमिंत्र । सर्ब गुहज्य प्रकासये ॥
१२ मनस च्यंतिते कारज्यं । बाचा नैव प्रकासये ।
म्यंत्रक्षरं गुढार्थं । कार्ज सिधि प्रजाइते ॥
१३ म्यंत्र च कुर योग्यंद्र । राजांद्र पंडितं तथा ।
परब्रह्मस्य साधूनां । अवर म्यंत्र बिबर्जितो ॥

राग सारंग
६:० कुमारगि जिनि जाइ रे । कर्म को अंचलि लागैलौ ।
पासैं टल्यौ न पाव रे । म्हारा म्रिघ मनां पडि भागैलौ ॥ टेक ॥
१ ऊलै छेवडि तेल रस । पैलै छेवडि आगि रे ।
ऊंदर बाती ले गयौ । बल्यौ न सकियौ भागि रे ॥
२ घी गुड मीठा देषि करि । माषी मलै कर बादि रे ।
पडि करि तिहि मांहैं मुई । बूडी बडै सवादि रे ॥
३ मरकट मीठा भूगडा । मूंठी बासण मांहि रे ।
घर घरबारि न चाइसी । वहु दिन सूझै नांहि रे ॥
४ गोडै ठरका लागतां । षेत बिरांणां षाइ रे ।
गलै बंधाई घंटिका । नांव धरचौ हरिहाइ रे ॥
५ मैं बषनां मन बरजियौ । भूंडी भरी न बीष रे ।
हरि भजि मारगि चालिये । यहु गुरि दीन्हीं सीष रे ॥

कबित
१४ सूवा एक अंब कैं भोरैं । सेवा करन आक की आयौ ।
ठूंकत चंच दूध जब निकस्यौ । षीर सरीर सबै लपटायौ ।
उडि न सक्यौ परचौ झोवर मैं । तातैं नांव कुरंचा पायौ ।
कहै कमंच कुसंगति के फल । तातैं जाति रु नांव जनम गंवायौ ॥
१५ जा कहुं संगु असंगु भय । इतननि मिलि छडचौ सुनर धरमधाह दे भज्यौ ।
दीन ह्वै दया गई गरि । सतु सीस धुंनि चल्यौ ।
सील सटक्यौ जु दिषि कलिगुज उदार उठि गए । देषि उझांटि लछिन चित ।
बुधि बबेक अरु प्रीति । कौंन जांनैं बगए कित ।
भनि बिस्न बिचित्र सुसाध कुल बहुरि न फिरि झंक्यौ सुघरू ।
जाकहुं संगु असंगु भया इतननि मिलि छडचौ सुनरू ॥
१६ पंडित बस्यौ कुबासि निगुण घरि सगुण समीपी ।
दाष भलीजंमवां । ईष जड कीडै कपी ।
पांन गये षरषाइ । केहरि तन लोहै जडियां ।
अगर चंदन कपूर । लिये म्रितक अंगि मलिया ।
नालेर ज षधौ मंकडै । ज्यूं रसु पारी षांहि घुण ।
कबि गदु कहै रे गुणियणौं गुणवंता इम जांहि गुण ॥

श्लोक
१७ कुसंगो मत्य भंगो । सुसंगो मति लभ्यते ।
रांवणोपि हरी सीता । बंधनं च महोदध्य ॥

१८ कुसगे संग दोषानां । साधू जांति बिक्रिया ।
पहर एक प्रसंगानां । गलै घलाई घंटिका ॥
१६ कुसंगति दुष ऊपजै । एक पलक जे होइ ।
सुसंगति ह्वै जनम लौं । सुष दुष नांहीं कोइ ॥
२० नहीं काको महाराजा । अहं हंस बिमली जले ।
नींच संग प्रसगे । हांणि म्रित्य पदे पदे ॥
२१ कुचिल बस्त्रो कुथां निबासो । धरी महे लीसूं घरवासो ॥
गाइ बेचि अर लेहि अजा । ते क्यूं छोडै नील रजा ॥
२२ मेर निसरनी मींच की । कुसंगति ही काल ।
कबीर कहै रे प्राणियां । बांणीं ब्रह्म संभाल ॥
२३ हंसा दूरे गता आइ बैठा बांइसा । कुप्रधाने राज बिनसते ।
बहुडि न आइसि पंडिता ॥
२४ पंडितो न बरो सत्रो । न च मूरिष हितकारिकः ।
बंदरेन हतो राजा । बिप्र चोरकि रषिते ॥
२५ अग्यांन मूर्षि हितोकारी । सजनो समो रिपः ।
ग्यात्वा तजिंत ते । निरामई मनोजितः ॥
२६ मादवाते प्रमदा सुरता सुरा पित्वा ।
च मादवतीः कुसंग संगीते संग संत बिबर्जितः ॥
२७ सुहबति बदकार । तबह बद कुनद ।
देगसि यह जामसि यहमेकुनद ॥
२८ लोभ क्रोध जथा जेणि । म्यंध्या बाद तथीव चः ।
भगति निंद्या परकुरवंति तेषां संग परंतजे ॥
२६ जिहि घटि ब्यापक क्रोध ममिता । सो संग असुभ साधवा ।
जावति बच्चन बिकार । बारुणीं भंजन पै जथा ॥
३० गंगा जमुनां सरसुती । मिलैं जब सागर मांहि ।
षारा पांणीं ह्वै गया । दादू मीठा नाहि ॥
३१ दादू रांम न छाडिये । गहिला तजि संसार ।
साधू संगति सोधिले । कुसंगति संग निवारि ॥
३२ कुसंगति केते गये । जिनका नांव न ठांव ।
दादू ते क्यूं उधरैं । साध नहीं जिस गांव ॥
३३ दादू कुसंगति सब परहरी । मात पिता कुल कोइ ।
सजन सनेह बंधवा । भावै आपा होइ ॥
३४ कबीर जासू प्रीति करि । जो निरबाहै वोडि ।
बनिता बिबधि न राचिये । देषत लागे षोडि ॥
३५ दादू मन म्रितक भया । इंद्री अपणैं हाथ ।
तौ भी कदे न कीजिये । कनक कांमणीं साथ ॥
३६ जांणैं बूझै जीव सब । त्रिया पुरिष का अंग ।
आपा पर भूला नहीं । दादू कैसा संग ॥
३७ महा मैंमत बातौ बहै कोई न आवे पास ।
करणीं कै संगि बैसतां भया मद का नास ।
३७ माता थाऊं मत भया डोघर घरबार ।
मांन महातम सब गया । तब कोई न बूझै सार ॥
३८ निरमोलिक नग पाइया पडि गया मूरिष हाथि ।
मूरिष मरम न जांणियां दीया अगनि कै साथि ।
३८ पांणीं था सो जलि गया । करिबा लागा तोल ।
साध कुसंगति बैसतां कौडी हूवा मोल ॥

३६ राहु केत ससि सूर नूर की ठौर उठाई । रावन संगि समंद ।
सीस परि पाज बंधाई । बंस बनीं पापिष्ट ।
नाव पर करगस तीरं । गंगोदिक मद मिलत ।
ष्वार मद भंजन षीरं । तीर्थ गये समंद मिलि ।
दूध देषि कांजी परै । रजब अजबता गई । एक कुसंगति कैं करैं ॥

श्लोक
४० सत्यं सौचं दया मौंनं बुधि ह्री श्री जसु षिमां ।
समो दमो भगश्च त्यजतु संगात् जायते ॥
४१ बरं शृंगो गार्च सिषरिणिः क्वापि बिषमीं पत्यंत्वाय ।
कठिन बृषदंतैर बिदलतः बरं निस्तोहस्त । फणिं पत्य मुषेती षल दस्ने ।
बरं बहनौ पातः तदप्य न कृतः सीलबिलयः ॥
४२ बरं प्राण स त्याजयाः । न च पर कथे यंछ्यासु भरति बरं मवन्यं क्याज्यैः ।
न च बचनं जुगतं जदि निरतं । बरं कली वेर भावं ।
न च परकलत्राभिगवनं । बरं भिष्यार्थ्यत्वं न च परं धनास्वादनांमति ॥
४३ गिरतैं परिये धाइ । जाइ समंदहि वूडिये ।
बरू मरिये मौहरू षाइ । मूरिष संग न कीजिये ॥
४४ श्रपै क्रीडा बिनोदस्य ।
यौं मूरिष रह संगमं पंडितः कलःश्चैव । जथा मथनं दध्य भंडवः ॥
४५ मूरिषस्य प्रीति न कर्तब्यं । बैरश्चैव न कारये ।
उस्नं दहते अंगारं । सीतायं क्रिस्नायते ॥
४६ बिरचैं काटै पाव कूं । राचैं चाटै मुष ।
बाजीद स्वांन की दोस्ती । दहूं पवारैं दुष ॥
४७ कांणी आंषि कुमांणस कौ संग । अरु ग्रीवां की मेद ।
श्रप चचूंदरि की कथा । जिहि तिहि ह्वालि उदेग ॥
४८ नीला दांत निलाडि मस । श्रप सिकार सुजोइ ।
जंबु कि नाहर पाकब्या । दहूं प्रकार दुष होइ ॥
४६ मूरिषस्य प्रतजितं । प्रतष्य दुपदः पसो ।
बनतब्यं शूल बाद्तब्यं । जथा अद्रिष्टि कंटकः ॥
५० मूरिष सभा न बैसिबा अवधू । पंडित सूं न करिबा बादं ।
राजा संग्रांमे झूझ न करिबा । हेलै न षोइबा नादं ॥
५१ कबीर मूरिष संग न कीजिये । लोहा जलि न तिराइ ।
कदली सीप भुवंग मुषि । एक बूंद तिहूं भाइ ॥

राग गौडी
७:० सुणि सुणिहो संत जनां ।
जैसा गुर मिलै तैसी बुधि होई । ए अपणीं संगति के गुनां ॥ टेक ॥
१ एक तूंबडी तोडि मंगाई । लांबी डांडी लाई ।
लाष टके का होइ दरीबा । तासूं लेहु कमाइ ॥
२ एकै बेलि तूंबडी एकै । नाव धरचा तिस दूजा ।

सिध रसाधिक जोगी मिलि करि । ताकी कीजै पूजा ॥
३ एक तूंबडी तोडि मंगाई । बेडा बंधि संवारचा ।
अगम अथाह नीर बहैथा । षेवा पारि उतारचा ॥
४ एक तूंबडी तोडि मंगाई । ताकी कौंण बडाई ।
बहुत भांति कुट की नां मेल्ह्या । ओषद रहै समाई ॥
५ और तूंबडी तोडि मंगाई । लाये तंती तंता ।
राग छह छतीस रागणीं । बाजै बाज अनंता ॥
६ एक तूंबडी तोडि मंगाई । ताकी कही न जाई ।
घरि घरि नाई लीयैं डोलै । नरकैं रहै समाई ॥
७ जासूं परसै तैसा होई । सुणिहो संत जनां ।
कहै कबीर जनम बादि जात है । हरि की भगति बिनां ॥

४२ कबीर निर्मल बूंद अकास की । पडि गई भोमि बिकार ।
मूल बिनठां मांनवीं । बिण संगति भठछार ॥
४३ कीरो बंदत्य बायको । षिरणीं बृषो न स्थितो ।
जदपि स्थितो बृषेषु । फलं चंचो न लायते ॥
४४ कदाचि जीया जीवंति । चूसो न चूसंतिस्तथा ।
जदषि चूसो चूसंति । तूंबी न चूसंति पुनः ॥
४५ मरक्वाटो सबदं च प्रोक्तं । कदाची जीवंत निःश्चयं ।
तस्य बनं दूरंगत्ता । कैवंचि फलं न सेवेत् ॥
४६ फरीदा पिटण पिटेकींय । चीर किते डारिण धरै ।
मल सूं संग कराइ । ता कारणि पिटण सहै ॥
४७ कबीर इहै चिंतांवणीं । जिनि संसारी जाइ ।
जे पहली सुष भोगया । तिनका गुड ले षाइ ॥
४८ रंमि जूवा पंडवां बरस बारह बन सेयौ ।
अहिनल अहमुष भष्यौ । सुरा जादौं कुल षोयौ ।
बेसांइण कबि काल दास गडियौ गरोहै ।
अतिपारध पण रांम । लध फल सीत बिछोहै ।
चोरी तौ रांवण गयौ । गौ कीचक परत्री रवन ।
परहरिए मंडुंगर कहै । सुभला नहीं सातौं बिस्न ॥
४९ फलहि तौ पात अपत ह्वै । छालि तजैं पति षोइ ।
दुह अपतनि मिलि उपनौं । ताहि लैं त कहा पति होइ ॥
५० दौं देवैं अहम षिमद । जीवत जीवं भछिकः ।
अतीत कामांन भंगकर्ले । एवं दोषा न मुच्यते ॥
५१ बालकंन्यां बिध्वा । सरणैं आई असकी ।
अतीत की मिंत्र की राजा की गुरू की ब्रांह्मणीं ।
कुल की सुद्र की भाई की मांई । परत्रीया सर्ब तज्यं ।
महादोषं न मुचिते ॥
५२ चोर जुवारी अर मतिवालौ । लोभी ठाकुर नींसत सालौ ॥
लापर मींत उगींनीं नारि । पूता एतां का संगि निवारि ॥
५३ घांची मोची तेर ऊंतं मोली तलियार ।
एता पूता परषि करि तौ कीजै ब्यौहार ॥
५४ राजा बेसां जंमो बहनी । पाहुंणो बालक जाचिकं ।
एता परदुष न जांनांमि । अष्टमे कोटवालकं ॥
५५ पासौ बेसां अगनि जल । ठग जोबन कबिराव ।
एता न हूंही आपणां । षेवट श्रप बिलाव ॥
५६ डूंम गूंम सूंम भूषौ सिंन्यासी ।
एता कबहूं न छेडिये । पणहंट मांहैं दासी ।
ऐजे कबहूं फिरि पडैं । तौ जग मैं होवै हासी ।
बांणे नाहर पाकडचौ । जब छोडै तब षासी ॥
६७ परमन परचित परदसा । परत्रीय परदीवांन ।
एक बदेस अथाह जल । एछैं जागते मसांन ॥
६८ कलह कुहाडा रिपतुरी । अग्नि नदी जल पूरि ।
माहौ कहै महेलियां । इनथैं रहिये दूरि ॥
६९ पंच आसण आघेन । षट् सनमुष दर्शणे ।
सप्त प्रांण न प्रहारेण । पंच सुल्य न द्रिस्यते ॥
७० नृपति ब्यासो बैस्यतो योग्यं द्रस्यने ।
एते आसंणं न आसंघे । पंचमे बिक्त अस्त्रीयह ॥
७१ कलीरऊकुष्टी अपसमारी । दुर्गंधी राजसुषमीनीं ।
सनमुषे नहीं ससगे । षष्टमो मुष भंगदः ॥
७२ ब्राह्मणो ब्रह्मचारी च । कांमध्येन्यौतुस्त्रीय ।
त्रिणदंतं समायोगी । आश्रमे बालक सत्था ॥
७३ यथा सुल्य बिषं सीघ्र । तथा सुल्यमयं रिपः ।
तृणांग्नि जथा सुल्यं न । बंधव सुल्य न दृस्यते ॥
७४ हस्ती हस्त सहंश्रेषु । दस हस्तेषु बाजकः ।
श्रिंगणीं सप्त हस्तेषु । कालं स दूरंगतः ॥
७५ अबलाजस्य प्रबला । मंत्रीजस्य निर्षिरः ।
अंधस्य कंध लगने । तस्य बिपति पदे पदे ॥
७६ प्रसथा बिनां जथा पाठं । जतो सोगं नाद धुनि ।
तत ग्रंथी क्रियते ग्रंबं । त्रियो दीर्घ लघ भवंति ॥
७७ षादामि गछ्यामि हसं न जलपे ।
जातं न सोका क्रितं न मंने ।
द्वाभ्यांमि गछ्यामि त्रितिये न राजन ।
७७ इदंमेव कार्जानि बदंति मूरिषः ॥
७८ स्यांमदास संसार सूं । प्रीति जु कीजै थोर ।
कटेरी के पांन ज्यूं । काटि दून्यूं ओर ॥
७९ सुमिरण करिये रांम कौ । जग थैं रहिये दूरि ।
थो हरि केरै रुष ज्यूं । काटि रहे भरपूरि ॥
८० गोपाल उतिम कूं मधिम करै । मिलै कुसंगति आइ ।
जैसैं कुड गुलाब का । परचा कूकरा जाइ ॥
८१ पैकंबर का पाढ सूं । स्वांन हुवा सिध लोइ ।
मनिष रूप महाराजि का । कुसंग कीयां गत होइ ॥
८२ गोपाल निर्मल आए प्रांण सब । जैसा निर्मल रांम ।
साध संग सूं निर्मल महिगा । कुसंग कीयां बेकांम ॥
इति कुसंगति कुकर्णी तसकार कौ अंग संपूर्न भवेत् ॥

३० असाधि रोग अग्यान संग छाडिबा कौ अंग

राग सारंग

१:० तजि मन हरि बिमुषनि कौ संग ।
कहा भयौ पै पांन करायैं । बिष नहि तजत भुवंग ॥ टेक ॥
१ कउवै कहा कपूर षुवायें । स्वांन न्हवायें गंग ।
षर कूं कहा अरगजा लेपन । मरकट भूषन अंग ॥
२ ज्यूं पाषांण बांण नहीं भेदै । रीतौ भयौ निषंग ।
सूरदास वै काली कावरि । बहुरि न चढई रंग ॥

राग आसावरी

२:० जन रे जांणि जगत अचेत । अस बुझ गुपत हरि गुण गाइ ।
साध सुणगर संगति पाषै । बकणि बृथा जाइ ॥ टेक ॥
१ उरि न भावै अणष दीजै । कपिस कुंदनहार ।
इसा महिमां मुगध जांणैं । रांम रटण उचार ॥
२ घृत भंजन भै न भेदै । निगर निर्मल नीर ।
प्रीति बिण नर पाप पूर्न । सुपरि सकल सरीर ॥
३ चरण चंदन मेल्हि माषी । भषै कुसमल कीच ।
बषत हींण कु बासि गीधौ । निकटि नासा नीच ॥
४ सलिल सागर सुरसुरी । पसू न पैलौ सोध ।
मांनि कहै हरदास भलमति । दुरस रांमैं रोझ ॥
३:० रांम रांम रांम रांम रमि रहियें।
साषित सेती भूलि न कहिये ॥ टेक ॥
१ का सुनहां कौं सुमृत सुनायें ।
का साकत पैं हरि गुन गायें ॥
२ का कउवा कूं कपूर षुवायें ।
का बिसहर कूं दूध पिलायें ॥
३ साषित सुनहां दून्यूं भाई ।
वो नीदै वो भूंकत जाई ॥
४ अंमृत ले ले नींब सिंचाई ।
कहै कबीर वाकी बांनि न जाई ॥

श्लोक

१ दध्य सींचि दुग्ध सींचि । अथवा मधु साकरं ।
तथापि कुटिको निंब । प्रकीरति सुभाव न मुच्यते ॥
२ गुल प्रबत अग्रेषु नींब बजत धोपिते ।
पयो घट सहश्रांणि । निंब किंब धुराइते ॥
३ द्रुजन रुष बंबूल कौ । सजन द्वारि न बोइ ।
जौब अंमीं लै सींचिये । तौब कंटीलौ होइ ॥
४ क्यारी करै कपूर की । म्रिघ मद धोरा बांधि ।
नंद सुधा भरि सींचिये । ल्हसण न छाडै गंधि ॥
५ अहमष सूकर स्वांन का । करि उतिमां चार रसोई ।
कनक पात्र मैं मेलिये । तऊ पवित्र न होई ॥
६ रतन पंजरे बस्ते कागा । भष्यते अंम्रित भोजनं ।
पठते बेद चत्वारे । जाति सुभाव न मुच्यते ॥
७ संजारी कूं राज पद । पंडित कथा सुणावै ।
मिष्टांन पांन भोजन करैउ तऊ जाति सुभाव न जावै ॥
८ ईल तिवंजे ईसनां । आदत किवैं न जाइ ।
उट जगं दम छडिये । चुणि जवासा षाइ ॥
९ असंत संत बिद्वानि । संत संताप कारये ।
बाघ्रसि बृती क्रित्वा । भोजनं पसू पातने ॥
१० कोटि बरस लूं राषिये । जीव ब्रह्म संगि दोइ ।
दादू मांहैं बासनां । मेला कदे न होइ ॥
११ कोटि बरस लूं राषिये । बंसा चंदन पास ।
दादू गुंण लीयें रहै । कदे न लागै बास ॥
१२ कोटि बरस लूं राषिये । लोहा पारस संग ।
दादू रोम का अंतरा । पलटै नांहीं अंग ॥
१३ कोटि बरस लूं राषिये । पथर पांणीं मांहि ।
दादू आडा अंग है । भीतरि भेदै नांहि ॥
१४ दादू परष नहीं बेसास बिन । भाव भरोसा नांहि ।
संगति करि कोरा रह्या । पथर पांणीं मांहि ॥
१५ कबीर झिरिमिरि झिरिमिरि बरषिया । पांहण ऊपरि मेह ।
माटी गलि सैंजल भई । पांहण वोही तेह ॥
१६ कबीर हरिया जांणैं रुंषडा । उस पांणीं का नेह ।
सूका काठ न जाणहीं । कबहूं बूठा मेह ॥
१७ कबीर कुबधि पाषर सारकी । सबद तीर झडि जांहि ।
कर्म कापड मैंणका । नीर भेदै नांहि ॥
१८ कबीर मूंढ करमियां । नषसिष पाषर ज्यांह ।
बांहण हारा क्या करै । जे बांण न लागै त्यांह ॥
१९ कबीर बेकांमी कूं सर जिनि बाहै । सांठी तोडै अर मूल गंवावै ।
दास कबीर ताही कूं बाहै । रालि सनाह सनमुष सर साहै ॥
२० जैसैं गोरी गुमट परि । डारत ही ढरि जाइ ।
रजब सूनीं आत्मां । सबद कहां ठहिराइ ॥
२१ निगुणां सेती गुण किया । कालरि बाह्यौ जीव ।
फाटै दूधि जांवण दिया । कदे न निकसै घीव ॥
२२ कहा कु मांणस सौं प्रीतडी । कहा कु ठाकर सौं नेह ।
कहा निगुणां सेती गुण कियां । कहा कालरि बूठा मेह ॥
२३ कालरि षेत न नीपजै । जे बाहै सौ बार ।
दादू हांनां बीज का । क्या पचि मरै गंवार ॥
२४ दादू अंधे कूं दीपक दिया । तौ भी तिमर न जाइ ।
सोधी नहीं सरीर की । ता सनि का संमझाइ ॥
२५ जैमल कहा गायां आगैं गुण कथै । कहा भेडां आगैं भाव ।
अजा न समझै अर्थ की । भावै कोटिक कहि संमझाव ॥
२६ मति बुधि ग्यांन बिचार बिन । मांणस पसू समांन ।
समझाया संमझै नहीं । दादू परम गियांन ॥
२७ जैमल ग्यांनहींन जढव सूं । क्या कहिये संमझाइ ।
आधे प्रांण अचेत सूं । पचि पचि मरै बलाइ ॥
२८ बेस्वां कूं पतिब्रत किसा । कोटि कहैं संमझाइ ।

जैमल झूठे जीव कूं । कबहूं न साच सुहाइ ॥
२६ अग्यहसुषमराध्य । सुषमराध्यते बसेषग्यह ।
ग्यांन लवदुरबिदगधह । ब्रह्मापि नरं नरंजयत्य ॥
३० बाजीद सुध बुध आतमां । पघ रिजाइ ज्यूं घीव ।
ब्रह्मा हू पैं नां सधै । ग्यांन दगध जे जीव ॥
३१ दादू सुध बुध आतमां । सतगुर परसै आइ ।
दादू भृंगी कीट ज्यूं । देषत ही ह्वै जाइ ॥
३२ सुध बुध सूं सुष पाईये । कै साध बमेकी होइ ।
दादू ए बिच के बुरे । दाधे रींगि सोइ ॥
३३ जांण बपुडा जु कुछ जांणैं । अजांण बपुडा सो रहा ।
बिच बेगलिया कछू न जांणैं । दाधा रींगा दो रहा ॥
३४ दीपक सेती दीपक बालै । यहु द्रिष्टा की जाती ।
अंधे हाथि सरावा दे करि । कहां लगावै बाती ॥
३५ लषेक दीपक एकठे कीजैंहिं । अंधा कहां संमझायें ।
कहि प्रिथीनाथ मूरिष उपदेस्यां । जैसैं गदहा गंग न्हवांयें ॥
३६ अंधे कूं आरसी दिषावै । कहि बहिरा सूं बात ।
ग्यांनीं ह्वै मूरिष संमझावै । सांम्हौं होइ संताप ॥
३७ राबद न बिंवहि बाव न बैरांहि । झगडै किनि रिधि पाई ।
कंचन सरभरि लोहा तोलैहि । कालिका दूरि न जाई ॥
३८ गुरू न चींन्हहि झगडा मांडैंहि । बादी बचन न लागै ।
दीपकं देषि पतंग न बिलंबै । जलैं आपनपा जागै ॥
३९ काढि पिवै सो मुष सूं आछै । डाकि पड्यांत न बोला ।
दुबध्या रूप बिधाता षेलै । संमझि चलौ मति भोला ॥
४० प्रिथीनाथ गुरू गति अैसी । दुष्ट देषि मति ढांकी ।
तत सबद थैं अैसा रालै । जैसैं घृत तहि मांषी ॥
४१ अवधू सूधा घट कूं कैसैं भरिबा । जब लग ऊपरि पाली ।
कोटि धार जे इंद्र समोषै । तौ भी भींतरि षाली ॥
४२ षार समंद सूं हठि रह्या । मींठी कदे न होइ ।
साह की संपति सब गई । फिरि पछितांनां रोइ ॥
४३ कवल की जड मींडका । बास न जांणैं सोइ ।
षीली कांठै कण रह्या । मैदा कदे न होइ ॥
४४ और अंन सब सीजि गया । कोरा कण न भीजै ।
नौषंड प्रिथमीं नींपनीं । कागे सूं कहा कीजै ॥
४५ घूघू अर चमचेड कूं । सूरिज सूझै नांहि ।
इंद्र अघाये जीव सब । चातृग प्यासे जांहि ॥
४६ मुकतार हारेण किं मूकटस्य । मिष्टांन पानिन किं ग्रधभस्य ।
अंधस्य दीपं बधरस्य नादं । मूरिषस्य किं धर्मकथा प्रसंगं ॥
४७ बालबितं बिषं बिद्या । अजीर्णं बिष भोजनं ।
बिषं गोष्टि दालिद्री च । बृधस्य तरुणीं बिषः ॥
४८ दादू तृषा बिनां तनि प्रीति न उपजै । सीतल निकटि जल धरिया ।
जनम लगैं जीव पुंणग न पीवै । निर्मल दहदिसि भरिया ॥
४९ दादू षुध्या बिनां तनि प्रीति न उपजै । बहु बिधि भोजन नेरा ।
जनम लगैं जीव रती न चाषै । पाक पूर बहुतेरा ॥
५० दादू तपति बिनां तनि प्रीति न उपजै । संग हीं सीतल छाया ।
जनम लगैं जीव जांणैं नांहीं । तरवर त्रिभुवन राया ॥
५१ दादू चोट बिनां तनि प्रीति न उपजै । ओषद अंगि रहंत ।
जनम लगैं जीव पलक न परसै । बूंटी अमर अनंत ॥
५२ आंब बिडै हूंवौ नींब आक उगियौ मले गिरि ।
नलनीं जलि गलि गई । ऊस सरसं भरि जायौ ।
बींझ बनि कोलऊ पनीं । माल सर तूंबां छायौ ।
षुरासांणि षर ऊपनौं । लोह कणे गिरि आयौ ।
परचौ पलटि परहथि पड्यौ । रैंणांइर पैठौकुवै ।
कबि नल्हभाट कांयौं करै । जै बैरागरि पथर हुवै ॥
५३ जनम नहीं अंकूर बिण । सिड्या सुजांमैं नांहि ।
ते क्या जामैं बापडा । सदा कलपनां मांहि ॥
५४ करमांनंद पाषांण रौ । ऊगै नहीं अंकूर ।
यौं मुकति नहीं हरि नांव बिन । जिहिरौ साषी बोलै सूर ॥
५५ बज्रेबज्र भेदंत । पाषांण भेदंत टांकी ।
मत्रि रार्प भेवंत । मूरिष ह्रिवा न भेवंति ॥
५६ बिमुष अग्यांनीं जीव सौं । कथा करै जिनि कोइ ।
आला लकडा जालिये । जलै न पावक होइ ॥
५७ जीव बिमुष हरि नांव सौं । गोबिंद कथा न भावै ।
कहा मडा कौं मिसरी प्यायैं । उलटी बाहरि आवै ॥
५८ म्रितक कूं मूली नहीं । क्या फूंकैं बिन आंगि ।
रजब रीता भाव बिन । सो प्रांणीं दे त्यागी ॥
५९ आंब न होवै आक सूं । साध न ह्वै संसार ।
गोहूं होइ न ग्वार सूं । कोटि करै परकार ॥
६० गोपाल स्वांन पूंछ संसार सब । सूधा कदे न होइ ।
बांकि बुराई नां मिटै । कोटि करै जे कोइ ॥
६१ ईसे आदर बहुत दे । षर राष्या घर मांहि ।
मकै मदीनैं ले गया । आदति छूटी नांहि ॥
इति असाधि रोग असान संग छाडिवा कौ अंग संपूर्न भवेत् ॥

३१ आग्या भंगी अग्यांनी सिष कौ अंग

१ गुर अंकुस मांनैं नहीं । उदमदि माता अंध ।
दादू मन चेतै नहीं । काल न देषै फंद ॥
२ सतगुर सबद बबेक बिन । संजमि रह्या न जाइ ।
दादू ग्यांन बिचार बिन । बिषै हलाहल षाइ ॥
३ घरि घरि घटि कोल्हू चलै । अंमीं महारस जाइ ।
दादू गुर के ग्यांन बिन । बिषै हलाहल षाइ ॥
४ सतगुर सबद उलंघि करि । जिनि कोई सिष जाइ ।
दादू पगि पगि काल है । जहां जाइ तहां षाइ ॥
५ सतगुर बरजै सिष करै । क्यूं करि बंचै काल ।
दहदिसि देषत बहि गया । पांणीं फोडी पाल ॥
६ दादू ताता लोहा तिणें सूं । क्यूं करि पकड्या जाइ ।

गहण गति सूझै नहीं । गुर नहीं बूझै आइ ॥
७ सतगुर की संमझै नहीं । अपणैं उपजै नाहि ।
तौ दादू क्या कीजिये । बुरी बिथा मन मांहि ॥
८ दादू कहै सिष भरोसै आपणैं । ह्वै बोली हुसियार ।
कहैगा सो बहैगा । हम पहली करैं पुकार ॥
९ दादू कहै कहि कहि मेरी जीभ रहीं । सुणि सुणि तेरे कांन ।
सतगुर बपुडा क्या करै । जे चेला मूढ अजांन ॥
१० दादू एक सबदि सब कुछ कह्या । सतगुरि सिष संमझाइ ।
जहां लाया तहां लागै नहीं । फिरि फिरि बूझै आइ ॥
११ ग्यांन लिया सब सीष सुणि । मन का मैल न जाइ ।
गुरू बिचारा क्या करै । सिष बिषै हलाहल षाइ ॥
१२ सतगुर चंदन बावनां । लागे रहैं भुवंग ।
दादू बिष छाडै नहीं । तौ कहा करै सतसंग ॥
१३ सतगुर साध सुजांण है । सिष का गुण नहीं जाइ ।
दादू अंमृत छाडि करि । बिषै हलाहल षाइ ॥
१४ कबीर सतगुर बपुडा क्या करै । जे सिषहीं मांहीं चूक ।
भावै त्यूं परमोधिले । जांणूं बांसि बजाई फूक ॥
१५ कबीर सतगुर मिल्या तौ का भया । जे मनि पाडी भोल ।
पासि बिनठा कपडा क्या । करै बिचारी चोल ॥
१६ अंमर भये गुर ग्यांन सूं । केते इहि कलि मांहि ।
दादू गुर के ग्यांन बिन । केते मरि मरि जांहि ॥
१७ कबीर गुर गोबिंद तौ एक है । दूजा यहु आकार ।
आपा मेटि जीवत मरै । तौ पावै करतार ॥

श्लोक
१८ आतमां बुधि न जांनांमि । परबुधि न पस्यंति ।
गुर न सेविते जेन । ते नरा अग्यांनीं भवेत् ॥
१९ ओषदि षाइ न पछि रहै । बिषम ब्याधि क्यूं जाइ ।
दादू रोगी बावरा । दोस बैद कूं लाइ ॥
२० बैद बिथा कहै देषि करि । रोगी रहै रिसाइ ।
मन मांहैं लीयें रहै । दादू ब्याधि न जाइ ॥
२१ दादू बैद बिचारा क्या करै । जे रोगी रहै न साच ।
षाटा मींठा चरपरा । मांगै मेरा बाछ ॥
२२ रांम नांम निज ओषदी । सतगुर दई बताइ ।
ओषदि षाइ र पछि रहै । तौ बषनां बेदन जाइ ॥
२३ पछ प्रांणीं राषै नहीं । जो भावै सो षाइ ।
तौ वोषदि गुण ना करै । बषनां बिथा न जाइ ॥
२४ इहि ओषदि थैं साध सब । अनंत उधारी देह ।
कोई कुपछ का फेर है । नहीं तौ ओषदि एह ॥
२५ सत जत साच षिमां दया । भाव भगति पछ लेह ।
तौ अमर वोषदी गुण करै । बषनां उधरै देह ॥
२६ घटि घटि गोरष बोवै क्यारी । जो निपजै सो होइ हमारी ।
घटि घटि गोरष कहै कहांणीं । काचै भांडै रहै न पांणीं ॥
२७ गुर सूं अंतर राषतां । सिष न निपजै कोइ ।
पारस पडदे सूं छुवै । कंचन कदे न होइ ॥
२८ सिष तांबा जौधाह ह्वै । गुर पारस परसंत ।
तौ मोहन पलटै नहीं । जौ संगि सदा रहंत ॥
२९ मोहन सिष तांबा निरा । बिषै रहित ह्वै कोइ ।
गुर पारस साचा नहीं । तौ पुनि कनक न होइ ॥
३० बिषै धूरि न्यारी करै । ब्रह्म हुतासन ताइ ।
तब सिष तांबा पारस गुर साचा । छुवत कनक ह्वै जाइ ॥
३१ गुर तरवर सिष पांन हैं । मौलै भाइ क सोभ ।
नई कूपली नवा भाव सूं । दोऊ जन कूं सोभ ॥
३२ सिष तूटा भरमैं चौरासी । प्यंन सु गया बिलाइ ।
मनिष जनम मैला भया । मरणां तीषै भाइ ॥
३३ गुर तरवर गोबिंद जल । सिष है फल प्रमांण ।
भाव बीट लागा रहै । षोजी ते नर जांण ॥
३४ फल तूटै जल मैं पडै । षोजी मिटै न प्यास ।
यूं गुर तजि गोबिंद भजै । निहचै नरक निवास ॥
३५ हरि तरवर बिस्तार कूं । पोषै एकैं भाइ ।
परसा मांनैं पोष फल । तरवर तहां समाइ ॥
३६ परसरांम बिधु आपदिसि । का कूं लेत निहोरि ।
सब परि सहजि सुधा श्रवैं । लीनौं मांनि चकोरि ॥
३७ श्री गुर राजा रंक सिरि । ले दींनौं कर एक ।
परसा संनमुष सधर्सौं । पूठा पसू अनेक ॥
३८ ईस्वर आग्या भंगि रासि रतनहुं बिष पाया ।
त्यूं हींरां वन सीत लीक लोपे सुमराया ।
हजरति हुकम सुहंत । करी काके मैं कैसी ।
हठ मूसे काहेरि । सहित को तूर सु तैसी ।
पाषांन पिंड गोदावरी । अजाजी लगहि रांनियां ।
चक्र चकवै चोट तहि । रजब सबद न मांनियां ॥
३९ अषिर दीयौ गुर बयण । हियै न बसयौ ज्यांह ।
प्रसू प्रवांणें लोंयणें । जग अंधियारौ त्यांह ॥
४० षोजी गुर गंजन करैं । बडां न मांनैं कार ।
पाछिल पहर अऊत घर । जात न लागै बार ॥
इति आग्या भंगी अग्यांनी सिष कौ अंग संपूर्न भवेत् ॥

३२ गुण चोर निगुणां कौ अंग

राग केदारौ
१:० जन का जीव की रे भाई रीति रहसमैं । अधम गुदारत हसै ।
पसरि पसरि जब पडि पडि ऊठै । तब मन रहै तमासै ॥टेक ॥
१ मूरिष मैला मन ऊपर ली । पापी बैसत पासै ।
सेवा सुमिरण संत करैं जब । ऊठि अलग जाइ नासै ॥
२ हरि की कथा अवसि जे चालै । अति ऊंचै षर षासै ।
जदपि जागि सुणैं ज श्रवणां । अंतरि औगुण भ्यासै ॥
३ धू प्रहिलाद कबीर नांमदेव । इहि पंथि चलत उजासै ।
तूं हरदास परम तत परहरि । भूलि न दूजी भ्यासै ॥

राग गौडी

२:० जाइ परौ हमारौ का कारिहै ।
आप करै आपैं दुष भरिहै ॥ टेक ॥
१ ऊजड जातां बाट बतावै ।
जौ न चलै तौ बहुत दुष पावै ॥
२ अंधे कूं कूपक दियौ बताई ।
तरकि परै पुनि हरि न पत्याई ॥
३ इंद्री स्वादि बिषै रसि बहिहै ।
नरकि परै पुनि रांम न कहिहै ॥
४ पंच-सषी मिलि मतौ उपायौ ।
जंम की पासी हंस बंधायौ ॥
५ कहै कबीर परतीति न आवै ।
पाषंड कपट इहै जीय भावै ॥

साषी

१ बिनहीं पावकि जलि मुवा । जवासा जल मांहि ।
दादू सूकै सींचतां । तौ जल कूं दूसण नांहि ॥
२ दादू कहिये कुछ उपगार कूं । मांनै औगुन दोष ।
अंधे कूप बताईया । सति न मांनैं लोक ॥
३ कहि मुकंद कलि के दर्शनीं । मोटे माते धीग ।
केवल ग्यांन बतावतां । फिरि करि मांडैं सींग ॥
४ दादू कासंनि कहि संमझाईये । सब को चतुर सयान ।
कीडी कुंजर आदि दै । नांहि न कोई अयान ॥

राग धनाश्री

३:० म्हे क्यां न्हैं कहां रे । कोई भावै तैंठी जाव ।
काल करम तौ छूटिसी जे लेसी हरि नांव ॥ टेक ॥
१ बैर न हेत नहीं तिहि जीय सूं । जिहि नरि नांव बिसारचौ ।
साध कहैं सो संमझै नांहीं । जनम अमोलिक हारचौ ॥
२ हिरदै ग्यांन न ऊपजै । बैठि न करै बिचार ।
मनि बाह्यौ त्यूं हीं बह्यौ । मूरिष बडौ गंवार ॥
३ गोबिंद के नातैं मिलैं । बिछुडां भीवहि हेत ।
टीला गुर दादू कहै । काइ न रहौ सुचेत ॥

राग टोडी

४:० कलि ब्यापी रे कलि ब्यापी । त्यांह नैं ब्यापी ।
गुर कूं मेटि दूसरा हूवा । आपौ थापैं पापी ॥ टेक ॥
१ ग्यांन सिषायौ ध्यांन सिषायौ । पढिया पोथी पाटी ।
गुरि जांण्यौं थौ सेवा करिसी । सिष ले दौडचौ लाठी ॥
२ गुर की भेट भूगडा मेल्ह्या । सिष नैं लौंग सुपारी ।
बाबौ सिषछै स्वांमींजी कौ । माता सिषछै म्हारी ॥
३ द्वै द्वै गोरा द्वै द्वै जीभा । द्वै द्वै द्रुमति वाला ।
सिट क्या फिरैं सांप की नांई । बाहरि भीतरि काला ॥
४ गुर सूं हेत न भाव न कोई । सिष साषां सूं मोहा ।
बषनौं कहै ए लूंन हरांमीं । साधन हीं सां दोहा ॥
५ ग्यांन ध्यांन गुर आंन कौ । नांव और कौ लेइ ।
मोहन ते नर दोजगी । सांई दरसन देइ ॥
६ लष्टा लष्टी मुष्टा मुष्टी । धींग चोर बाजारी ।
अपगुर नींदैं परगुर बंदैं । रडवडिया लष चारी ॥
७ झोली पाई पत्र पाया । पाया पंथ का भेव ।
रीता जांऊं भरचा आंऊं । कहा करै गुरदेव ॥

राग गौडी

५:० कोई सुमार न देषूं । ए सब ऊपली चोला ।
जाकूं तेता परकासै । ताकूं तेती ही सोभा ॥ टेक ॥
१ हम हीं पै सींषि सीषि । हम हीं सूं मांडै
थोरै ही इतराइ चालै । पातिसाही छाडै ॥
२ अति हीं आतुर बहै । काची ही तोरै ।
ऊंडै जल पैसैं नांहीं । पांडुरै षोरै ॥
३ थोरैं थोरैं मुसियत परायौ धनां ।
कहै रैदास सुनौं संत जनां ॥

८ चेला कोई न देषिये । गुरू दीसै सब कोइ ।
इतनीं बात न बिंदहि । जहां दिवस ही अंधेरा होइ ॥
९ उपदेसा कोटिक मिलहिं । इत उत की संमझाइ ।
इनकूं तिस ठाहर की षबरि नहीं । जहां काल गरास्यां जाइ ॥
१० अवधू बूझणां ते भूलणां नहीं । नां षोजंत अग्यांनीं सही ।
षोजी जीवै बादी मरै । उपाधी का प्यंड पडै ॥
११ इक षोजी अरु बादत फिरैंहि । सुणैं नहीं आप बकि मरहि ।
जैसैं दीप पतंगहि ह्याव । रहि न सकै भावै तन जाव ॥
१२ अछिर एक सुणैं जौ कांन । कथै बहुत परि सुणैं न आंन ।
बादी होइ गुरू पैं जाइ । वोछै घडै न जल ठहराइ ॥
१३ प्रिथीनाथ साध पुरिष की इहै परछ्या । सबद बिचारचां षेलै ।
जो घट ह्वै जेता की लाइक । तामै तेता मेलै ॥
१४ जिसा घट तैसी मति लेइ । बेंधे बहुत परि भेद न देइ ।
बादी नदी रेत ज्यूं बहै । प्रिथीनाथ सीलवंत गुण कहै ॥
१५ कबीर पारब्रह्म बूठौ मोतियां । घडि बांधी सिषरांह ।
सुगरां सुगरां चुणि लियौ । चूक पडी निगुरांह ॥
१६ कबीर हरि रस बरषिया । गिर डूंगर सिषरांह ।
नीर निवांणां ठाहरै । नाऊं छापरडांह ॥
१७ दादू चंदन बांवनां । बसे बटाऊ आइ ।
सुषदाई सीतल कीये । तीन्यूं ताप नसाइ ।
१७ काल कुहाडा हाथि ले । काटण लागा ढाइ ।
ऐसा यहु संसार है । डाल मूल ले जाइ ॥
१८ कबीर चंदन काटचा जड षणीं । जड षणि बंधे भार ।
राति ज पंथी बसि गए । तिनके ए उपगार ॥
१९ कबीर चंदन रूंनां निसै भरि । मेरा सगा न कोइ ।
जाकूं राषूं पेट मैं । सो फिरि बैरी होइ ॥
२० सुफल बिरष परमारथी । सुष देवै फल फूल ।

दादू ऊपरि बैसि करि । निगुणां काटै मूल ॥
२१ मूंसा जलता देषि करि । दादू हंस दयाल ।
मांनसरोवर ले चल्या । पंषां काटै काल ॥
२२ सब जीव भुवंगम कूप मै । साधू काढैं आइ ।
दादू बिसहर बिस भरे । फिरि ताहीं कूं षाइ ॥
२३ कबीर श्रपहि दूध पिलाइये । दूधै बिष ह्वै जाइ ।
अैसा कोई नां मिलै । स्यौ सर्पहि बिष षाइ ॥
२४ दादू दूध पिलाईये । बिसहर बिस करि लेइ ।
गुण का औगुण करि लीया । ताही कूं दुष देइ ॥
२५ निगुणां सूं बहु गुण करै । आपौ सरबस देइ ।
जगंनाथ अंति दूसरौ । गुंण औगुण करि लेइ ॥
२६ निगुणां गुण मांनैं नहीं । कोटि करै जे कोइ ।
दादू सब कुछ सौंपिये । सो फिरि बैरी होइ ॥
२७ दादू सगुणां गुण करै । निगुणां मांनैं नाहि ।
निगुणां मरि निर्फल गया । सगुणां साहिब मांहि ॥
२८ सगुणां गुण केते करै । निगुण न मांनैं एक ।
दादू साधू सब कहैं । निगुणां नरक अनेक ॥
२९ सगुणां गुण केते करै । निगुणां नाषै ढाहि ।
दादू साधू सब कहैं । निगुणां निर्फल जाइ ॥
३० सगुणां गुण केते करै । निगुण न मांनैं कोइ ।
दादू साधू सब कहैं । भला कहां थी होइ ॥
३१ सगुणां गुण केते करै । निगुण न मांनैं नीच ।
दादू साधू सबै कहैं । निगुणां के सिरि मींच ॥
३२ साहिब जी सब गुण करै । सतगुरि के घटि होइ ।
दादू काढै काल मुषि । निगुण न मांनैं कोइ ॥
३३ साहिब जी सब गुण करै । सतगुर मांहैं आइ ।
दादू राषै जीवदे । निगुणां मेटै जाइ ॥
३४ साहिब जी सब गुण करै । सतगुर कादे संग ।
दादू परलै राषिले । निगुणां पलटै अंग ॥
३५ साहिब जी सब गुण करै । सतगुर आडा देइ ।
दादू तारै देषतां । निगुणां गुण नहीं लेइ ॥
३६ भसमांगर भसमहि हुवा । महादेव गुण मेटि ।
जन रजब गुण चोर का । भला न होई नेटि ॥
३७ सबद लेइ गुण चोरह्वै । गुर घट मांनैं नांहि ।
मोहन अरबक ग्वाल ज्यूं । ते सब त्रिफल जांहि ॥
३८ बुगला का गण चोरतां । मनिष मुवा तिहि ठौर ।
जिनि गुर का गुण लोपिया । ता समि बुरा न और ॥
३९ एक अष्यर परदातारो । जो गुरनैवै मंनिते ।
स्वांन जोनि सतंगत्वा । चांडालेषु परजाइते ॥
४० हस्तनरकपाली । मद मास भषिनींच ।
भांण बूझै हेमातंगी । किमर्थमघ छंटिते ॥
४१ हस्तनरकपाली । मदमास भषिनीं क्रितघनीं ।
बिसासघाती अचंभ भाष्यता । कदाचि मारग गछ्ते ॥
४२ नमो गिर परबता भारायं । नमो सप्त सागरं जला ।
क्रितघनीं महा भारं । भार बेसासघात्यकः ॥
४३ कृतघनीं का अस्त सूं । पीपल सूका अैंन ।
त्रिप नास कंन्यां कलंक । जती दोष कहै चैंन ॥
४४ कृतघनीं जरदरूहसि । बिसासघात की दोजगीहसि ॥
४५ अपणां दूर्भ सब भरैं । सूकर स्वांन बिलाव ।
मनिष जनम यौंहीं गयौ । जे षोजी भूलै भाव ॥
४६ परसा षोयौ प्रेम रस । उरि औगुन कौ कीच ।
पहली पूजै ब्रह्म करि । पीछैं नीदै नींच ॥
४७ साधौं का गुण जे कोई मेटै । ताकूं सांई कदे न भेटै ।
जगंनाथ सो सुषिया नांहीं । दुषीया होइ चौरासी मांहीं ॥
४८ जिसकूं मीठा साईयां । सो गुण मांनैं गति पाइ ।
औगुण गारी आतमां । जगंनाथ बहि जाइ ॥
४९ गुर गोबिंद के भाव मैं । ताहि न गंजै कोइ ।
बिमुष भाव गुर थैं कियैं । मोहन भला न होइ ॥
५० ज्यूं मस्तकि दनियर तपै । अधिकी बधै न छांह ।
षोजी गुर सिर ऊपरै । बिघन न ब्यापै त्यांह ॥
५१ माथा थै गुर ऊतरै । सबद बिमुष जौ होइ ।
षोजी बिघन फफेडिसी । राषि न सकै कोइ ॥
५२ बिद्या सः मर्तब्यं । न देवो कुसिषयेव ।
बिद्या ना लडंति । जथा चंपक दारिपः ॥
५३ परउपगार न कर्तब्यं । कर्तब्यं त सरीर रषिता ।
राजा कन्यां बिवाहे । जक्षयो भवेत् ग्रभणीं ॥
५४ न बिस्वासि पूर्ब बिरोधानां सत्र तथा मिंत्रतः ।
गुहं उलकं जुक्तं । काकपरणीं तेन हुतासनं ॥
इति गुण चोर निगुणां कौ अंग संपूर्ण भवेत् ॥

३३ गुरदेव का गुण सगुणां साध कौ अंग

१ दादू गैब मांहि गुर मिल्या । पाया पूरा साध ।
मस्तकि मेरे कर धरचा । दष्या अगम अगाध ॥
२ दादू सतगुरि सहज मैं । कीया बहु उपगार ।
निर्धन धंनवत करि लीया । गुर मिलिया दातार ॥
३ कबीर सतगुर की महिमां अनंत । अनंत कीया उपगार ।
लोचन अनंत उघाडिया । अनंत दिषांवनहार ॥
४ दादू सतगुर सूं सहजैं मिल्या । लीया कठि लगाइ ।
दया भई दयाल की । दीपक दीया जगाइ ॥
५ दादू देषु दयाल की । गुरू दिषाई बाट ।
ताला कूंची लाइ करि । षोलै सबै कपाट ॥
६ सतगुरि अंजन बाहि करि । नैंन पटल सब षोले ।
बहरे कांनौं सूनने लागे । गूंगि मुष सूं बोले ॥
७ अग्यांन तिमरा अंधस्य । ग्यांन अंजन सिलाकया ।
चक्षु ऊरुनमींल्यते जेनि । तस्मै श्री गुरवेनमः ॥
८ कबीर बलिहारी गुर आपणें । द्यौं हाडी कै बार ।
जिनि मानिष थैं देवता किया । करत न लागी बार ॥
९ सतगुरि कीया फेरि करि । मन का औरै रूप ।
दादू पंचूं पलटि करि । कैसे भये अनूप ॥
१० सतगुर पसु मांणस करै । मांणस थैं सिध सोइ ।
दादू सिध थैं देवता । देव निरंजन होइ ॥
११ सतगुर दाता जीव का । श्रवन सीस कर नैंन ।

तन मन सौंज संवारि सब । मुष रसनां अरु बैंन ॥
१२ रांम नांम उपदेस करि । अगम गवन यहु सैंन ।
दादू सतगुरि सब दीया । आप मिलाये अैंन ॥
१३ दादू काढे काल मुषि । अंधे लोचन देइ ।
दादू अैसा गुर मिल्या । जीव ब्रह्म करि लेइ ॥
१४ दादू काढे काल मुषि । श्रवणहुं सबद सुनाइ ।
दादू अैसा गुर मिल्या । मृतक लीये जिलाइ ॥
१५ दादू काढे काल मुषि । गूंगे लीये बुलाइ ।
दादू अैसा गुर मिल्या । सुष मैं रहे समाइ ॥
१६ दादू काढे काल मुषि । मिहरि दया करि आइ ।
दादू अैसा गुर मिल्या । महिमां कहि न जाइ ॥
१७ सतगुरि काढे केस गहि । डूबत इहि संसार ।
दादू नाव चढाइ करि । कीये पैली पार ॥
१८ भौसागर मैं डूबतां । सतगुरि काढे आइ ।
दादू षेवट गुर मिल्या । लीये नाव चढाइ ॥
१९ दादू उस गुरदेव की । मैं बलिहारी जांउं ।
जहां आसण अमर अलेष था । ले राषे उस ठांउं ॥
२० सतगुरि दीया दत्त घणां । तिसका वार न पार ।
दादू पाया रांम धन । भाव भगति दीदार ॥
२१ कबीर रांम नांम कै पटंतरै । देबे कूं कुछ नांहि ।
क्या ले गुरू संतोषिये । हौंस रही मन मांहि ॥
२२ कबीर सतगुर्के सदि करूं । दिल अपणीं का साच ।
कलिजुग हमसूं लडि पडचा । मुहकम मेरा बाछ ॥
२३ सतगुरि दीया रांम धन । रहै सुबुधि बताइ ।
मनसा बाचा कर्मनां । बिलसै बितडै षाइ ॥
२४ कीया क्रित मेटै नहीं । गुणहिं मांहि समाइ ।
दादू बधै अनंत धन । कबहूं कदे न जाइ ॥

राग गौडी

१:० गुरि म्हारै अैसा गुण कीया ।
बिष षातां अंमृत ले दीया ॥ टेक ॥
१ षलि षातां मिश्री ले दीई ।
साहिब जांणि इती उनि कीई ॥
२ उजड जातां बाट बताई ।
सैंन दीई जीव लीयौ बुलाई ॥
३ कूप परत जीव लीयौ राषि ।
दया करी दीयौ नहीं नाषि ॥
४ गुर दादू की बलि बलि जाऊं ।
टीला जिहि दीयौ हरि का नाऊं ॥

राग भैरूं

२:० सहज मांहि सतगुरि दत्त दीया ।
फेरि घाट उतिम करि लीया ॥ टेक ॥
१ अगम ग्यांन सो कहि संमझाया ।
जोतिस रूपी निकटि बताया ॥
२ हमथैं दुर्लभ सतगुरि कीया ।
प्रेम सहेत रस अंमृत पीया ॥
३ यहु उपगार कीया गुर दादू ।
आतम ठौर लगाई आदू ॥
४ गरीबदास यहु गुण जे भूलै ।
रांम बिमुष नर तिन मैं तूलै ॥

साषी

२५ गूंगे बहरे अंध ले । सतगुरि कीये सुचेत ।
मोहन सींचे रांम रस । गुर दादू हर हेत ॥
२६ गुर दादू अैसी करी । तैसी करै न कोइ ।
जगंनाथ भौ बूडतां । काढे बंधन षोइ ॥
२७ जगंनाथ गुर बिन नहीं । इहि कलि दूजा और ।
दुषदौ सेती काढि करि । राषे सीतल ठौर ॥
२८ गुर दादू के गुणहु की । कीमति कही न जाइ ।
जगंनाथ सो बुधि नहीं । जिहि बरणूं गुर राइ ॥
२९ गुर दादू के गुणहु का । वोर न अंत अपार ।
जगंनाथ मुषि का कहुं । गुर मोटा दातार ॥
३० गुर दादू दरबार दत । दया करि बिन सेव ।
जगंनाथ सो कुछ नहीं । दे रिझऊं गुरदेव ॥
३१ गुर दादू सूं ऊरणि क्यूंहीं । होवां नहीं बिचार ।
जगंनाथ तिल तिल करि छिन छिन । जौ कोटि बार तन वारं ॥

श्लोक

३२ जाता जनम कृतार्थिता । बिकसंत: पुन्यांबुजानां बनं ।
षीणां संपुटि सर्बपाप: पडली । दुरत्वांध कारोगह:
आनंदं कूरु कोटि प्रगटिता ।
बिघनाटिबी टिता । सश्रंगे भवतां । क्रितं सुक्रित न क्यं क्यं न लभ्यं मया ॥

३३ कबीर ग्यांन प्रकास्या गुर मिल्या । सोजिनि बीसरि जाइ ।
जब गोबिंद क्रिपा करि । तब गुर मिलिया आइ ॥
३४ दादू गुर गरवा मिल्या । जाथैं सब गमि होइ ।
लोहा पारस परसतां । सहजि समांनां सोइ ॥
३५ कबीर भली भई जु गुर मिल्या । नहींतर होती हांणि ।
दीपक द्रिष्टि पतंग ज्यूं । पडता पूरि जांणि ॥
३६ कबीर सब जग यौं भरम्यां फिरै । ज्यूं रांमैं का रोझ ।
सतगुर थैं सोधी भई । तब पाया हरि का षोज ॥
३७ कबीर हम भी पांहन पूजते । होते जंगल के रोझ ।
सतगुर की क्रिपा भई । डाल्या सिर थैं बोझ ॥
३८ गुर ही तैं गंमि भई । न तौ क्यूं भजते लोई ।
रांम नांम कै लेत । रही चित च्यंतन कोई ।
३९ कर्म भर्म दोऊ पकरि । काया तैं कीनैं जूये ।
पंचूं बैरी प्रबल । सुतौ बिन मारैं मूये ।
अटर भये धू धरनि ज्यूं । पहुंचाए तिहि ठौर ।
रिधि सिधि दाता मुकति को । सतगुर समौं न और ॥

सबईया

३९ बालू की थापनां थापी । नीर जु न्हवाइये ।
तंदुल बील के पात । आक जु चढाइये ।
अष्ट सिधि नव निधि बुधि के भंझार भरैं ।
मन इंछ्या सब करै । मांगिऐ सु पाइये ।
कछू न पीछे कूं राषै । जौपैं सिव सिव भाषै ।
ताही तैं तौ भोरा भाई चकवै कहाइये ।
बिन सेयैं दांन देइ । दादू न पलटौ लेइ ।
गोपाल चरन चितु काहे न लगाइये ॥
४० गुर दादू की बंदनां । कीजै साचै भाइ ।
मोहन कारिज सिधि ह्वै । कबहूं काल न षाइ ॥
४१ गुर बंदन करि चालिये । सरैं सकल ही कांम ।
मोहन बिन गुर बंदनां । लहै नहीं बिश्रांम ॥
४२ गुर बंदन करि बर्त परि । नटनीं चढै अकास ।
जन मोहन षेलै कला । कबहूं न होइ बिनास ॥
४३ जैमल गुर के चरन की । रेनि बंदि नित ऊठि ।
सदा सनमुष सेविये । कदे न दीजै पूठि ॥

इति गुरदेव का गुण सगुणां साध कौ अंग संपूर्ण भवेत् ॥

३४ गुर उपदेस आग्याकारी कौ अंग

१ स्वांति सुमति सुसीलस्य । साचारी सत्यं द्रिढं ।
गुर भक्ता प्रबहीनस्य । तस्य सिछिहो पार्थ ॥
२ दरि पूरा गुरि सगुरा । हकीक कथा हंझ ।
कोडी हंदा कंण चुणैं । सरपाणें जामंझ ॥
३ सांई सूं साचा रहै । सतगुर सूं सूरा ।
साधूं सूं संनमुष रहै । सो दादू पूरा ॥
४ सनमुष सतगुर साध सूं । सांई सूं राता ।
दादू प्याला प्रेम का । महारस माता ॥
५ गुरू गृहे मन्यं सिष्यं । गुरू तीर्थश्च देवता ।
बिनां मंत्र पालते प्रीति । माता पिता पालते सुतः ॥
६ दादू सांई सतगुर सेविये । भगति मुकति फल होइ ।
अंमर अभै पद पाईए । काल न लागै कोइ ॥
७ जोगी लषै लोइ । पुछंदा केतरा ।
कोडी मंझें कोइ । गुर संदी पूजा करे ॥
८ आग्या माहैं ऊठै बैसै । आग्या आवै जाइ ।
आग्या माहैं लेवै देवै । आग्या पहरै षाइ ॥
आग्या माहैं बाहरि भीतरि । आग्या रहै समाइ ।
आग्या माहैं तन मन राषै । दादू रहै ल्यौ लाइ ॥
९ नीति नेम पतिब्रत । क्रित उतिम तिन कीने ।
हित सनेह रस रंग । इष्ट आग्या पग दीने ।
अदब मैंड मरजाद । बंदगी सेव सुधारी ।
बुधि बबेक मति साच । बडहूं की बात बिचारी ।
लेषै चूक न चोट कोइ । धर्म धारते सब भले ।
जन रजब तिन सकल कीय । गुर आइ स सिर धरि चले ॥
१० मन कै मतै सब कोई षेलै । गुर मुषि बिरला कोई ।
दादू मन की मांनैं नांहीं । सतगुर का सिष सोई ॥
११ सब जीऊं कूं मन ठगै । मन कूं बिरला कोइ ।
दादू गुर के ग्यांन सूं । सांई संनमुष होइ ॥
१२ निर्मल गुर का ग्यांनग निर्मल भगति बिचार ।
निर्मल पाया प्रेम रस । छूटे सकल बिकार ॥
निर्मल तन मन आतमां । निर्मल मनसा सार ।
निर्मल प्रांनीं पंच करि । दादू लंघे पार ॥
१३ दादू एता कीजे आप थैं । तन मन उनमनि लाइ ।
पंच समाधी राषिये । दूजा सहज सुभाइ ॥
१४ दादू कछिब अपनें कर लीये । मन इंद्री निज ठौर ।
नांइ निरंजन लागि रहु । प्रांणीं प्रहरि औैर ॥
१५ दादू सतगुर कहै सु सिष करै । सब सिधि कारिज होइ
अंमर अभै पद पाईये । काल न लागै कोइ ॥
१६ दादू जे साहिब कूं भावै नहीं । सो हम थैं जिनि होइ ।
सतगुर लाजै आपणां । साध न मांनैं कोइ ॥
१७ साहिब सौं संनमुष रहै । संत संगति मैं आइ ।
दादू साधू सब कहैं । सो क्यूं निर्फल जाइ ॥
१८ जैमल ज्यूं थी त्यूं साधां कही । हरि करि दीन्हां साज ।
दहू उतारी आपणीं । हमहीं मांहि बराज ॥
१९ जैमल ज्यूं थी त्यूं सतगुरि कही । साहिब सिरजी देह ।
दहूं उतारी आपणीं । दोस हमारा एह ॥

इति गुर उपदेस आग्याकारी कौ अंग संपुर्न भवेत् ॥

३५ पतिब्रत कौ अंग

१ बचूं के माता पिता । दूजा नहीं कोइ ।
दादू निपजै भाव सूं । सतगुर के घटि होइ ॥
२ दादू भ्रिंगी कीट ज्यूं । सतगुर सेती होइ ।
आप सरीषे करि लीये । दूजा नांहीं कोइ ॥
३ अति निकट बिनासाय । दूरे निर्फलं मध्यभाय सेवंत ।
राजा बहनीं गुरु स्त्रीया ॥
४ अस्थिति अनल अकास । अवनि ऊंदर मठ मांडैहि ।
ज्यूं जोगी म्रिग स्यंग । जनेउ बिप्र न छाडहि ।
बांइस बास न तजहि । स्वांन हित सदन सु सांई ।
गही सु त्यागै नांहि । बीर बंधहि जे बांई ।
हारिल ज्यूं लकरी लगनि । ससि चकोर आंष्यौं गहे ।
रजब गुर गोबिंद सूं । सिष अैसैं पतिब्रत रहे ॥
५ मणि भुजंग जल मीन । तेम सारस पतिब्रता ।
सारंग सीप सु स्वांति । नेम निसदिन मनि धरता ।
नरमादा नग नेह । किर्णि सूरिज कैं संगा ।
सती कंत कैं साथि । भांनि तन करै सु भंगा ।
तरवर छाया ससि कवल । बरत सु अैसा बांनियैं ।
गुर गोबिंद सूं अहि जुगति । रजब पतिब्रत ठांनियैं ॥

६ आदित संगि उजास । सुधा ससिहर अनरागैंहि ।
बाई बादर बूंद । बीजुरी सुंनि सु लागैंहि ।
सलितौं समंदि सनेह । बनी बसुधा कैं संगा ।
लग मात्रा की लगनि । अजब अषिर कै अंगा ।
सबद उदै संजोग मधि । घनहर घटा सु देषिये ।
जन रजब यौं रांम सूं । सोई पतिब्रत लेषिये ॥
इति पतिब्रत कौ अंग संपूर्ण भवेत् ॥

३६ प्रेम वियोग सगुण सनेह प्रीति कौ अंग

राग रांमग्री

१:० प्रीति न तूटै जीव की । जौ अंतर होई ।
तन मन हरि कैं रंगि रंग्यौ । जांनैं जन कोई ॥ टेक ॥
१ लष जोजन देही रहै । चित संनमुष राषै ।
ताकौ काज न ऊजरै । जौ हरि गुन भाषै ॥
२ कवल रहै जल अंतरै । रवि बसै अकासै ।
संपट तब ही बिगसिहै । जब जोति प्रकासै ॥
३ सब संसार असार है । मन मांनैं नांहीं ।
गरीबदास नहीं बीसरै । चितु तुमही मांहीं ॥

१ कबीर गुर बसै बानारसी । सिष समंदां तीरि ।
बिसारचा नहीं बीसरै । जे गुण होइ सरीरि ॥
२ कबीर कमोदनीं जल हरि बसै । चंदा बसै अकासि ।
जो जाही का भांवता । सो ताही कै पासि ॥
३ मिलण सुहेलौ सजणां । जौतनि उपजै नेह ।
नल नीजल हरि ससि गगन । भिंन नहीं द्वै नेह ॥
४ कबीर जो है जाका भांवता । जदि तदि मिलिसी आइ ।
जाकौं तन मन सौंपिया । सो कबहूं छाडि न जाइ ॥
५ जो जाही कै जीय बसै । सो ताही भावै ।
कोटिक कहैं बिरचिये । पै बिरच न आवै ॥
६ कबीर स्वांमीं सेवग एक मत । मत ही मैं मिलि जाइ ।
चतुराई रीझै नहीं । रीझै मन कै भाइ ॥
७ इम फुंनि मणि रातौ रहै । ज्यूं मन लागै तुझ ।
चरन उदर कैं बसि परे । नहीं दोस अब मुझ ॥
८ पंष होइ तौ उडि मिलूं । मृघ पगहूं हित धाइ ।
संमन पंष न पाव बल । रहूं नांव ल्यौ लाइ ॥
९ प्रीति नहीं जौ जीय मैं । तौ पंषा कहा होइ ।
द्वै लष चंदा कवल जलि । सुत्र समांनौं सोइ ।
१० ज्यूं मन पसरत चहुं दिसा । त्यूं जै कर पसरंत ।
दूरिथ कांहीं सजना । भरि भरि अंक मिलंत ॥
११ ज्यूं सुपिनां मैं एकठा । यौ जे परगट होइ ।
प्रीतम नैंना देषिये । तौ दुष नांहीं कोइ ॥
१२ आहि ताहि कब देषिहूं । जाहि रह्यौ मन चाइ ।
इन नैंननि कौं नैंमु यहु । उन बिन कछु न सुहाइ ॥
१३ नैंनहु नेह लगाइ कैं । कहां रहे तुम मित ।
मेरे जीय मैं चटपटी । जबहि न देषूं नित ॥
१४ पैहली प्रेम चषाइया । मुझर निरासी आइ ।
पीछैं तन मन हाथि करि । गये चमंका लाइ ॥
१५ नैंनहु नींद न जीय सुष । जबहि न देषूं तुझ ।
न जांनूं तै क्या कीया । लाड गहेले मुझ ॥
१६ नैंन निहारत नित मग । तन मन चित हरि लीन्ह ।
नां कोनां षी मोहनीं । नां को कांमण कीन्ह ॥

राग मारू

२:० मोही मधुरी बांनीं ।
श्रवण सुनत भूली सब । सुधि बुधि बिसरांनीं ॥ टेक ॥
१ जैसैं मृग नाद लींन । संगि फिरूं बौरांनीं ।
बैरागनि हरि बिवोग । दरस हेत लुभांनीं ॥
२ चातृग ज्यूं टेरूं नित । स्वांति सूं रुचि मांनीं ।
मीन मरै जल बिवोग । जीवनि जाकै पांनीं ॥
३ ज्यूं पतंग जोति परत । प्रेम की पहिचांनीं ।
तैंसैं गुर गिरा मधि । आतमां हिरांनी ॥
४ बिरह बांन बेध्यौ उर । लागत नहीं जांनीं ।
मोहन कूं मिलौ आइ । तुम बिनां अकुलांनीं ॥

१७ प्रीतम तुव गुनबांन । हियै हमारैं लगि रहे ।
काढत छुटहि प्रांन । लागत हम जानि नहीं ॥
१८ पहलैं पैं मुन बुझिया । सषी समींप सुष सथ ।
अब जांनैं जीय बपुरा । परचौ बिरह कैं हथ ॥
१९ बाय भषण दुषनी जवण । सुष सूं नांहीं मेल ।
आठूं पहर अवटिये । ज्यूं कराही तेल ॥
२० सुष सषी सजन साथगौ । दुष जु रह्यौ हम पास ।
तापर काती बिरह की । षिन हाडहुं षिन मास ॥
२१ जे जातांऊं अंग । तां जरवैं दोनि करी ।
मछ्यडां माग करी । ऊंडा लही अरग ॥
२२ सरसु का मंछा मुवा । मेह गया गग नेह ।
कगा चंच न सालई । सालैं पीय बचनेह ॥
२३ लहरी साइर थोरियां । मोमनरै घनियांह ।
केई बहै तिरछियां । के पीयसां महियांह ॥
२४ इत जुगि मिलण अनूप है । मिलि जिनि बिछुरहु कोइ ।
समन बिछुरन फिरि मिलन । को जांनैं कब होइ ॥
२५ भांवंता कूं बिछुरैं । पल पल सुष की हांनि ।
परम सयांन पति हि बदूं । बुझि रहै जिय जांनि ॥
२६ भांवंता जिनि बिछुरहु । बलि बिछुरहु सुप्रांन ।
पटंतर कोऊ न दे सकौ । कोटि मिलहि जौ आंन ॥
२७ भांवंता कैं बिछुरैं । सूक्यौ सकल सरीर ।
बारौं ए नैंना सषी । भरि भरि आवत नीर ॥
२८ समन द्रुजन ह्रिद थैं । सरचौ न एक्वै कज ।
पीय बिछुरत फटचौ नहीं । ऐसौ निठुर निलज ॥
२९ मैं जांन्यूं यहु फटि है । पीय ही चलत अकुलाइ ।
अब हीयौ अहरनि भयौ । सहे बिरहु घनु घाइ ॥

राग बिलावल

३:० हाइ दई तैं कहा कियौ ।
हमकूं मेल्हि कठिन कलिजुग मैं । गुर दादू सो कोकि लियौ ॥ टेक ॥
१ ता बिनु दुष पावै मेरौ जीय । धरकत छाती कंपत हियौ ।
पंच रात्री किरपा करि कैं । दरसंन हमकूं क्यूं न दियौ ॥
२ संग के सबै बहुत दुष पावैं । जैसैं जल बिन मींन जियौ ।
करत पुकार नैंन नहीं देषत । फाटत नांहि न बज्र हियौ ॥
३ दरसन देषि बहुत सुष पावत । जांनु कि अंम्रित अंमीं पियौ ।
टीला जे स्वांमीं बिन जीवन । ता जीवन मै कहा जियौ ॥

राग मलार

४:० दर्शन कब देषूं हो भाई ।
नां जांनूं वै कहां पधारें । कोई कहै न आई ॥ टेक ॥
१ पल पल रती निमष नहीं रहते । अब दिन बरिष गिणाई ।
काली रैंनि काल ह्वै आई । कोई न करै सहाई ॥
२ मधुर बैन सुनि रस पीवते । सो सुष कह्यौ न जाई ।
अब कहूं गोपि रहे अपरछन । नष सष दौ प्रजराई ॥
३ दिन के अरस परस मिलि रहते । बात न गोपि दुराई ।
टीला गुर दादू बिन देषें । हीयौ कहूं न सिराई ॥

राग बिलावल

५:० सषी री हरिहि दोस जिनि देहु ।
ताते मनौं इतौ पयत दुष । मेरौ ई कपट सनेहु ॥ टेक ॥
१ बिदिमांन अपनैं इन नैंननि । सूनौं देषति ग्रेहु ।
तदृपि सकल ब्रजनाथ बिनां उर । फटि न होत बडबेहु ॥
२ कहि कहि कथा पुरातन सजनीं । अब जिनि अंतर लेहु ।
सूरदास तनुयौं अब करुगी । ज्यूं फिरि फागुन मेहु ॥

राग सारंग

६:० हरि बिछरत फाट्यौ न हियौ ।
भयौ कठोर बज्र ते भारी । रहि कैं पापी कहा कीयौ ॥ टेक ॥
१ घोलि हलाहलु सुनि मेरी सजनीं । औसर तब न पियौ ।
मन सुधि गई संभार न तन की । कूरौ दाव अक्रूर दियौ ॥
२ कछु न सुहाइ गई जब ते निधि । भवन काज कौ नेम लियौ ।
निस दिन रटत सूर बलिहारी । मरिबौ तऊ न जात जियौ ॥

७:० कहूं तौ जौ कहिबे की होइ ।
प्रांननाथ बिछुरे के बेदन । और न जांनैं कोइ ॥ टेक ॥
१ तब वहु अधर सुधा रस लै लै । मगन भई रस जोइ ।
सो रसु सुक सनकादिक जांन्यौं । सो हम बैठी षोइ ॥
२ बिरह बिथा ब्यापैं अंतरगति । जाकै जांनैं सोइ ।
सूरदास मनुहरन मनोहर । लै जु गये मनु गोइ ॥

राग मलार

८:० गोपालै माई पाऊं तौ जाऊं उहि देसि ।
अंबर तन आभूषन तजि कैं । करि जोगनि कौ भेस ॥ टेक ॥
१ कंथा पहरि बिभूति चढाऊं । जटा बढाऊं केस ।
मुद्रा नाद करूं करष पर । जैसैं भेस महेस ॥
२ कारन कृस्न जगाऊं गोरष । बिरहनि गुर उपदेस ।
सूर स्यांम बिन सब बृज सूंनौं । जैसैं मनि बिन सेस ॥

साषी

३० जैमल गुर के पलिंग की । काहे न सिरजी ईस ।
सदा दरसन पावते । जस सुनते जगदीस ॥
३१ जैमल सतगुर के दरबार का । पाथर ही करि रांम ॥
करि सिर्वण सिरि चरण दे । सदा सुणावै नांम ॥

बैत

३२ पायसगबोसोदमजनूं । षल्कगुत्फनईचिसूंद ।
गुत्फईसगगाहगाहे । कूईलैलैरत्फबूद ॥
३३ दादू प्रीतम के पग परसियें । मुझ देषण का चाव ।
तहां ले सीस नवाईये । जहां धरे थे पाव ॥

राग मारू

९:० नमो नमो नमसकार । तेरी पावरी कूं देवा ।
नमो नमो चरन राज । बंदि करूं सेवा ॥ टेक ॥
१ स्यंघासंन चवर छत्र । मेल्हे सुत आगैं ।
केकई के बचन भरथ । बधिक बांन लागैं ॥
२ धिग धिग मति केकई की । धिग अजोध्या नेरी ।
राघौ तजि राज करूं । धिग धिग मति मेरी ॥
३ अवनि षोदि सेज करूं । सरभरि नहीं सोऊं ।
जिहि जिहि मघ रांम गए । तेई तेई मघ जोऊं ॥
४ बैरागनि रांम बिनां । घरहीं बन कीनौं ।
मांणिकदास हरि बिवोग । भरथर जोग लीनौं ॥

३४ जबतैं हूं पिय परहरी । मैं परहरे छबोल ।
षांनां पीयनां षेलनां । काजल मुषां तंबोल ॥
३५ पीय बिन दीया न बारिहूं । बरु अंधियारैं सुष ।
कर उजियारा हे सषी । का कर देषूं मुष ॥

राग जैतश्री

१०:० प्रीति फंद जिनि परै काहू कैं ॥ टेक ॥
१ काटैं कटत न तोरैं तूटत । कहौ कवन परि कीजै ।
काठ तै कठिन कठोर कवल दल । प्रीति काज जीव दीजै ॥
२ डरपत कुरंग पवन पातन ते । छांहन देषि पतीजै ।
नाद बजाइ बधिक बधि आंनत । षंड षंडत न कीजै ॥
३ प्रेम पासि उरझाइ गए हरि । बहुरि न दई दिषाई ।

जनगोपाल प्रीति तब नीकी । प्रीतम बिछुरि न जाई ॥

११:० प्रीति सबहिनि ते कठिन जु करनीं ।
अपनौं मनु परबस दीजतु है । इन नैंननि की छरनीं ॥ टेक ॥
१ पंषीनि मैं उनकी गति देषौं । परे परे वा परनीं ।
जीय जैबे तैं कछु न डरांनौं । कहां गगन कहां धरनीं ॥
२ संकुच न रही कछु गुरजन की । नाद लीन ज्यूं हरनीं ।
सूरदास प्रभू मिलैं परमसुष । स्वांति सुक्रित जल ठरनी ॥

राग मलार

१२:० हंमारैं हरि हारिल की लकरी ।
मनसा बाचा और करमनां । दिढ करिया पकरी ॥टेक ॥
१ सोवत जागत निस अरु बासुर । कांन्ह कांन्ह जकरी ।
जोग सुनत असौ लागत है । ज्यूं करई ककरी ॥
२ इहै ब्याधि ल्याये अलि हम कूं । देषी सुनीं न करी ।
यहु तौ सूर ताहि लै दीजे । जाकौ मन चकरी ॥

राग टोडी

१३:० हम तौ रैंनि दिन पलक पहर छिन ।
कबहूं न बिसरत जीय तैं एक षिन ॥ टेक ॥
१ तुम्हारे जीय की गति तुमहीं पैं जांनौं । ध्यांन टरत नहीं नैंकु नैंननि इन ॥
२ एक मन एक चित दिल कौ दरद कह्यौ । जांन सुजांन यार तुमहीं बिचारिये ।
३ गरीबदास आस तुम बिन कौंन पूरै । एकमेक सुष दीजै दरद निवारिये ॥

३६ बलम एक जु अगम भै । तहां वै बसहि न चिंत ।
हम बै लोचन डार ज्यूं । हीयेषरूकैं नित ॥
३७ सजन सकती बांन ज्यूं । गुन रहिए भरपूरि ।
को लावै हनवंत लौं । सजनं सजीवंनि मूरि ॥

राग टोडी

१४:० तूं आव मेरैं । चाहैं यूं चित नित हीं नेरैं ॥ टेक ॥
१ चंद चकोर मोर पिक चात्रिग । आरति सूं टेरैं ।
सुरति सीप सकल दीप नेह बंधी तेरैं ॥
२ घटा बांधि सरस सांधि । बरिषा घन घेरैं ।
दादू दयाल होहु क्रिपाल । गरीबदास हेरैं ॥

३८ मूसन प्रीति चकोर की । ससि निरषत निसजात ।
बासुर कौ डर जीय मै । पलक नहीं पतियात ॥
३९ पलक न लागत पीय बिन । जीय न मरन बसेष ।
मांनहुं पुतरी चित्र की । रही एकटग देष ॥
४० लोचन नैंकु अघत नहीं । देषत प्रीतम लोग ।
ज्यूं सुपिनैं पांन्यूं पियौ । प्यास न जाति असोग ॥
४१ नैंननि मैं की पुतरी । सजन लिषी चितलाइ ।
पलक लगै पल पल डरूं । मति मूरति मिटि जाइ ॥
४२ तुव मूरति मो मन बस्त । तौ यहु रहत सरीर ।
नहीं तथो थैं पिंजरैं । रती न बंधै धीर ॥
४३ मो मन तैं कबहूं न टरत । वहि प्रीतम की उणहारि ।
सकल चित्र जलतै मिटत । ए जल परि लिषी सुधारि ॥
४४ निसबासुरि आवूं पहर । पलक न बिसरत मुझ ।
जहां जहां नैंन पसारिहूं । तहां तहां देषूं तुझ ॥
४५ बारि भींति द्रपन भई । ह्रिदै तपति गई मोहि ।
जहां जहां रांषूं द्रिष्टि भरि । तहां तहां देषूं तोहि ॥
४६ दोऊ मन मांनहुं मुकर । हित वोपित क्रित कंत ।
हूंतो महि तूं मो महैं । झांई झंकारंत ॥
४७ चित जु लागौ म्यंत सूं । म्यंत समांनौं चित ।
एकहि एक समाइयौ । दूजै ठाहर कित ॥
४८ नैंनहु भीतरि सो बसै । मन भीतरि भी सोइ ।
सोवतां भी सो बसै । जागंता भी सोइ ॥
४९ जागत नैननि निरषिए । सोवत हूं फुनि सोइ ।
सजन की चितवनि सषी । नैकु न न्यारी होइ ॥
५० जागत हिरदै ही बसौ । साऊं तौ नैंणांह ।
पलक न बिसरूं प्रीतमां । वे अम्रित बैंणांह ॥
५१ नवल बस जन सुभ घरि गएे । बसे जु हिरदै मांहि ।
ते बिधि अंक लिलाट लौं । अटर न टारे जांहि ॥
५२ सेऊ सु दिन महूरतां । सजन चित चढियांह ।
चित्रगयंद महावतां । कबहूं न उतरियांह ॥
५३ वहु सूरति वहु बदन छबि । निमष न बिसरत मोहि ।
जदि बिधनां मिलिबौ रच्यौ । तब फिरि देषूं तोहि ॥
५४ वहु षिन वहु दिन वहु घरी । वहु रंग वहु संग पीव ।
वहु चांहनि वहु हिलि मिलनि । कबहूं न बिसरत जीव ॥
५५ जब जब मेरैं चिति चढैं । प्रीतम प्रांन अधार ।
उर तीषे करवत लौं । बिहरत बारंबार ॥
५६ सजन गुन अंगार भए । सुमरि सुमरि दधेम ।
औवगुन एक न चित चढे । ज्यूं टुक सास भरेम ॥

राग केदारौ

१५:० जब जब सुरति आवति मन मैं । तब तब बिरह अनल परजारै ।
नैंननि देषूं बैंन सुनौं कब । यहु बेदन जीय मारै ॥ टेक ॥
१ चातृग मोर कोकिला बोलत । मांनूं करवत नषसिष सारै ।
पाव सरिति रंगित सब बसुधा । दारुन दुष उर दीनौं धारैं ॥
२ चंदन चंद सुगंध सहित सब । कोमल कुसम सार की आरैं ।
रिति बसंत मौरे द्रुम सबहीं । मांनूं डसी भुवंगम कारैं ॥
३ सुनि री सषी यहु बिपति हमारी । बिन दरसन अति बिरहा बारै ।

गरीबदास सुष सब ही लेषूं । जोतिहि जोति निहारैं ॥

५७ रसनां जपत तुव नांम नित । नैंन जोवन तुव मग ।
भुज फुरकत तुव मिलन कूं । कर परसन कूं पग ॥
५८ ह्रदौ तपत तुव दरस कूं । श्रवन सुनन कूं बैंन ।
पग परसन कूं कर तपत । मुष देषन कूं नैंन ॥
५९ प्रीतम तुव मुष दरस कूं । तपत हैं निस दिन नैंन ।
मनसा बाचा क्रमनां । निसबासुरि नहीं चैंन ॥
६० तुम जिनि जांनौं नेह गयौ । दूरंतर कैं बासि ।
नैंन मिलावो नांहि जौ । चित रहै तुम पासि ॥
६१ जौ लौं सजन नीयरैं । तौ लहु नैंन न दिठ ।
बिछुरतां यहु गुन भयौ । जु हियरा मांझ पयठ ॥
६२ सजन अलगाते ढूकडा । जे होवै हेकणि चिति ।
हीयौ हेला दे मिलै । भांषर गिणैं न भिंति ॥
६३ जौ बिछुरौं सुमरि सुष । मिलहु तौ मंगल काज ।
अहम नपैं मुकैंमां डहैं । सदा नवेलौ राज ॥
६४ लोभ इहै निरषत रहूं । डर यहु बिसरि न जांउ ।
नवल प्रेम जौ पल घटै । तौ जीय लाज लजांउ ॥
६५ प्रीतम तुव गुन बेलि ह्वै । पसरी मो उर मांहि ।
नेह नीर सूं नित बढै । कबहूं सूकै नांहि ॥
६६ गाल्ही सजन संदियां । बाझे बण थइयांह ।
सजण को पायौ नहीं । द्रुजन नांचवियांह ॥
६७ मांलामा गुंथि गुंथि गुनन की । अंतरि भरि राषी ।
प्रीतम को पायौ नहीं । दूजै नहीं भाषी ॥
६८ दादू गूंगे का गुड का कहूं । मन जांणत है षाइ ।
त्यूं रांम रसांइन पीवतां । सो सुष कह्या न जाइ ॥
६९ गुंग मंगुडियां मिगिलियं । म्मगा मछ बिहंगम रेहा ।
सजण प्रीति पमाणं । जांणय जीयं न जपियें जीहा ॥
७० म्म जाणसि बीसरियं । तुव गुन गुनय गुंठयं माला ।
तुव नांमं निज मतं । जपतं बासुरा रैंणीं ॥
७१ गुर दादू के बहुत गुण । लिषे जु आतम मांहि ।
मोहन दया दयाल की । कबहू बिसरि न जांहि ॥
७२ समंद्रा जेम गंभीर चित । ससि सीतल तिम मंन ।
रवि प्रकास प्रीतम प्रगट । कमल स कोमल तन ॥
७३ गरडपंषि जिम अप्रमतु । सीह समांन अबीह ।
प्रीतम सोभा का कहूं । तुव गुण एकै जीह ॥
७४ लोका देषैं चंद मुष । मैं मुष देषूं तुझ
तूं हीं मेरे चंद है । तुझ देषे सुष मुझ ॥

राग सारंग

१६:० नैंन निरषि अजहूं न फिरे री ।
हरि मुष कवल कोस रस लोभी । मनहुं मधुप मैंमंत गिरे री ॥ टेक ॥
१ पलकनि सूल सलाक सही सब । निसबासुरि ए रहत अरे री ।
तिनहि बिटंबि गए जैसैं कारे । तजि कंचुकि मांनौं भये निनारे री ॥
२ ज्यूं सलिता परबत की षोरी । प्रेम पुलकि श्रम स्वेद झुरे री ।
बूंद बूंद ह्वै मिले सूर प्रभु । नां जांनौं किहि घाट तिरे री ॥

७५ नदियां छडीं लोइनां सायर भरे झकोल ।
आव पियारे दइय लग । सौ रिचि रांणें बोल ॥
७६ आव पियारे सजनां । आवन एही बार ।
नहीं तौ नैंन गंवाइहौं । पंथ निहारि निहारि ॥
७७ आंषडियां डाबर भई । भौंहौं बंधी पालि ।
जीभडियैं छाले परे । तुझ संभालि संभालि ॥
७८ कबीर जै प्रीतडी तौ तुझ सूं । मेरे बहु गुणियाले कंत ।
जे हसि बोलौं और सूं । तौ नील रंगाऊं दंत ॥
७९ कबीर कहैं नैंनां अंतरि आव तूं । ज्यूं हूं नैंन झपिउं ।
नां हूं देषूं और कूं । नां तुझ देषण देउं ॥
८० नींचे लोइन करि रहूं । ले साजन घट मांहि ।
जांनौं सब रस मींत कौ । किसही लषाऊं नांहि ॥
८१ नीचे लोइन करि रहूं । लै उनकी उणहारि ।
पिय मूरति बीय नैंन मैं । सकूं न पलक उघारि ॥
८२ चित न समावत और । तुव मूरति मो मन बसी ।
नीर न पावत ठौर । उमंगि चल्यौ मघु नैंन ह्वै ॥
८३ काजल करूं तौ कंकरा । सुरमां किया न जाइ ।
इन नैंनूं मैं एक तूं । दूजा कहां समाइ ॥
इति प्रेम वियोग सगुण सनेह प्रीति कौ अंग संपूर्ण भवेत् ॥

३७ निंद्या कौं अंग

राग भैरूं

१:० भलैं नींदौ भलैं नींदौ भलैं नींदौ लोग ।
तन मन रांम पियारे जोग ॥ टेक ॥
१ मैं बौरा मेरे रांम भरतार ।
ता कारंनि रचि रचि करौं सिंगार ॥
२ जैसैं धुबिया रज मल धोवै । हरत परत सब निंदक षोवै ॥
३ निंदक मेरे माई बाप । जनग जनम के काटै पाप ॥
४ निंदक मेरे प्रांन अधार । बिन बेगारि चलावै भार ॥
५ कहै कबीर निंदक बलिहारी । आप रहै जन पार उतारी ॥

राग गुंड

२:० निंदक बाबा बीर हमारा ।
बिनहीं कौडां बहै बिचारा ॥ टेक ॥
१ कर्म कोटि को कुस मल काटै ।
काज संवारै बिनहीं साटै ॥
२ आपण बूडै और कूं तारै ।
अैसा प्रीतम पार उतारै ॥
३ जुगि जुगि जीवौ निंदक मोरा ।

रांमदेव तुम्ह करूं निहोरा ॥
४ निंदक बपुरा पर उपगारी ।
दादू निंद्या करै हमारी ॥

साषी
१ दादू निंदक बपुरा जिनि मरै । पर उपगारी सोइ ।
हमकूं करता उजला । आपण मैला होइ ॥
२ दादू ज्यूं ज्यूं नींदै लोग बिचारा ।
त्यूं त्यूं छीजै रोग हमारा ॥

राग टोडी
३:० भगत भगत की निंद्या करै ।
गऊ बछ ज्यूं सब मल हरै ॥ टेक ॥
१ निंद्या भई रजक की थैली । सब जग धोवै आपण मैली ॥
२ कहै नापा निंद्या का भेद । आपणें सुकृत पाडै छेद ॥

३ जोगी ह्वै परनिंद्या झषै । मंद मास अर भांगि ज भषै ।
इकोतर सै पुरिया नरकहि जाइ ।
सति सति भाषंत श्री गोरष राइ ॥
४ कबीर जे को नींदैं साध कूं । संकुटि आवै सोइ ।
नरक मांहिं जांमैं मरै । मुकति न कबहूं होइ ॥
५ कबीर रांम कहंतां जे षिजै । कोढी ह्वै गलि जांहि ।
सूकर होइ र औतरैं । नांक बुडंतै षांहि ॥
६ सबद आंन के आंन कौं । मोहन देइ अभोग ।
साध नहीं ते दोजगी । भावे बहुत दरोग ॥
७ दादू निंद्या कीयें नरक है । कीट पडैं मुष मांहि ।
रांम बिमुष जांमैं मरैं । भग मुषि आंवैं जांहि ॥
८ दादू जिहि घरि निंद्या साध की । ते घर गये समूल ।
तिनकी नींव न पाइये । नांव न ठांव न धूल ॥
९ गुरू निंद्या षडै नरक घोरं पडै । अतीत निंदत ते
महापापी ।
साध मध्य औगुण धरै । सर्ब निंद्या करै । मध्यम चंडाल
जे आप थापी ॥
१० जती निंद्या सती निंद्या । निंद्या चमुपकारकं ।
तेन पापे श्रुणु पार्थ । दालिद्रं दुष बिह्वबलं ॥
११ जती निंद्रा भवे रोगी । सती निंद्रा दालिद्रता ।
गुरू निंद्रा कंद छेदं । सर्ब निंद्रा च पातकी ॥

राग भैरूं
४:० साध सेती करै बाद । तिस निंदक कछू नहीं स्वाद
॥ टेक ॥
१ साध की निंद्या जोनी भवनां ।
साध की निंद्या रोगी करनां ।
साध की निंद्या दुष सहमां ।
डंड देगौ निंदक कूं जंमां ॥
२ साध की निंद्या कंद छिदावै ।
संत की निंद्या नरक भुचावै ।
संत की निंद्या ग्रभ मांहि गलै ।
संत की निंद्या राज थैं टलै ॥
३ निंदक कूं गति कितहूं नांहि ।
आपणां बीज्या आपहीं षांहि ।
चोर जार जुवारी थैं बुरा ।
अणहूंदा भार निंदक सिरि धरा ॥
४ पारब्रह्म की भगति न्रिबैर ।
सो निस्तरै जिनि पूजै पैर ।
आदि पुरिषि निंदक भुलाया ।
नांनिक क्रितब मिटै न मिटाया ॥

राग गौडी
५:० निंदक जिनि मरै रे । पाछैं निंद्या करैगा कूंण ।
ठरौ मरौ गलिबो करौ । ज्यूं पांणीं मैं लूंण ॥ टेक ॥
१ धोबी धोवै कापडा रे । निंदक धोवै मैल ।
भार हमारा ले चलै । ज्यूं बनिजारे का बैल ॥
२ हम गुण गावै गोबिंद के । निंदक औगुण गाइ ।
हमकूं पारि उतारि करि । आप रसातलि जाइ ॥
३ हमकूं जाइ हरि सुमरतां । उस औगुन बारंबार ।
निंदक चलणीं ह्वै रह्या । तुसका राषणहार ।
४ निंदक कूं साबासि है । भरी हथांई मांहि ।
परमेस्वर कूं भूलि गया । परिनिंद्या भूला नांहि ॥
५ निंदक कूं आठूं पहर । निंद्या ही सूं कांम ।
हरिजन कै हिरदै बसै । बषनां केवल रांम ॥

राग टोडी
६:० नींदौ रे भाई नींदौ रे । अर्ध जोनि मैं हींडौ रे ॥ टेक ॥
१ साधां नैं संतावै रे । सो कियौ आपणौं पावै रे ॥
२ निंद्या भलौ न होई रे । तार्थें करौ न कोई रे ॥
३ निंदक कूदै नांचै रे । पाछैं घरि घरि जाचै रे ॥
४ टीला निंदक भाई रे । सगला दुष ले जाई रे ॥

सवैईया
१२ निंदक नरक षेत । पाप कौ प्रबल प्रेत ।
ठांम ठांम भिष्ट होइ । बैठन न दीजिये ।
नर मैं अधम नर । पातिग अपथ षर ।
परनिंद्या परद्रोह । पाप ग्रासि लीजिये ।
पंषियन मैं काग नींच । पसून मैं सूवर नींच ।
मांनव निंदक नींच । निंद्या निंद कीजिये ।
देव गुरू मांनैं नांहि । निंदक नरक गत्य ।
स्वांमींदास निरंजनी । परनिंद्या छीजिये ॥
१३ माता गृय सिव लोके । मात्रापिधिक षलु ।
मात्रा मलत्रिणे नैव । षलु षलंत जिह्वा ॥
१४ निर्गुणीं गुण नींदंत्य । धर्मं नींदंति दलिद्री ।
जोगिनो कांम नींदंति । जोग नींदंति योषिता ॥
१५ कोई निंदै कोई बिंदै । कोई करै हमारी आसा ।
गोरष कहै सुणौं रे पूता । यहु पंथ षरा उदासा ॥

१६ तिक्त अहार सरीरस्य । बनोपि बस्ते मुनिः ।
उतपदते त्रिय पष्यौ । म्यंत्रो दासी र सत्रव ॥
१७ पसगै बतीकम कलि हसि । दंम बरकतिहसि ।
लावालूतरी हरकति हसि ॥
१८ कबीर दोष पराये देषि करि । चल्या हसंत हसंत ।
अपणां चीति न आवई । जिनकी आदि न अंत ॥
१६ आपैं कैदि कियां रहै । सही सु हरि का जंन ।
पसरचां थें सिमटै नहीं । इक धूंवां अर मंन ॥
२० कबीर घास न नींदिये । जो पांवां तलि होइ ।
ऊडि पडै जे आंषि मैं । तौ षरा दुहेला होइ ॥
२१ कबीर आपण पौन सराहिये । परनींदिये न कोइ ।
अजहूं लांबा दीहडा । नां जांणूं क्या होइ ॥
२२ जैमल परनिंद्रा बुरी । कबहूं जिनि भाषै ।
मैल पराया आप मैं । काहे कूं राषै ॥
२३ जैमल परनिंद्रा बुरी । नीकी जिनि जांनैं ।
करिबा सूं कहिबा बुरी । मनि ही मति आंणैं ॥
२४ जैमल परनिंद्रा बुरी । कौन रसि कीजै ।
मोट पराये मूंड की । काहे कूं लीजै ॥
२५ जैमल निंद्रा जिनि करै । कबहूं किस ही की ।
पैदाइसि जगदीस की । हमथैं सब नींकी ॥
निंद्या कौं अंग संपूर्ण भवेत् ॥

३८ असारग्राही कौं अंग

१ सूप सार मध्ये । गुणं ग्रहंति साधवा ।
गुणं त्यागी बिषं ग्राही । असाधू चालणीं जथा ॥
२ चलणीं कोल्हू ईष कण । हित जिकूकस राषहि ।
मींन मैल मुषि गहत । पाइ परमल कूं नांषहि ।
धोवण धांवण लेहि । जैंन निर्मल तजि नीरा ।
बिरचैं बांवन बास । निरषि सो नरक सु कीरा ।
चींचड त्यागि सु दूध ध्रन । मींडक माता कीचही ।
रजब बुधि बूंटी बिथा । यौं औगुन लेत नींच हीं ॥
३ बुरौ बुराई नां तजै । भलेहूं संजोग ।
ज्यूं थन जोक लगाइये । दूध न पीवै असोग ॥
४ दादू कीडा नरक का । राष्या चंदन मांहि ।
उलटि अपूठा नरक मैं । चंदन भावै नांहि ॥
५ कबीर कांमीं कूं अंमीं न भावई । बिष ही कूं ले सोधि ।
कुबधि न जाई जीव की । भावैं सिंभ रहौ परमोधि ॥
६ चरण चंदन मेल्हि माषी । भषै कुसमल कीच ।
बषतहींण कुबासि गीधौं । निकटि नासा नीच ॥
७ बिष्टा केरा भुणकला । षीर षांड घ्रित देत ।
जगंनाथ वहि नां रुचै । बिष्टा ही सूं हेत ॥
८ आक धतूरा नींब के । जगंनाथ जीव होइ ।
मलियागिर मधि मेल्हिये । बिष समि जांणैं सोइ ॥
६ लसकर मांहैं बस्त बहु । सोआ दिन आई ।
कोढी कै मंनि मंष्यका । सो बात चलाई ॥
१० हंस उडचा दधि संमु सूं । आया बुगलौं मांहि ।
बुगलौं कैं मनि मींडक मछली । सोई पूछण जांहि ॥
११ अनेक बस्त दिरयाव मैं । तिनसूं नांहीं हेत ।
यौं औगुन ग्राही आतमां । गुणि निधि कदे न लेत ॥
१२ दरिया मांहैं मांणिक मोती । हीरा रतन निवास ।
कर्महींन कूं संषला । कहि जगजीवनदास ॥
१३ सजन जन तौ गुन ग्रहत । द्रुजन औगुन लिंत ।
जैसैं चींटी भुवन मैं । छिद्र सु चाहै नित ॥
इति असारग्राही कौं अंग संपूर्ण भवेत् ॥

३६ सारग्राही कौं अंग

१ दादू कांम गाइ के दूध सूं । हाड चांम सूं नांहि ।
इहि बिधि अंमृत पीजिये । साधू के मुष मांहि ॥
२ दादू गऊ बछ का ग्यांन गहि । दूध रहै ल्यौ लाइ ।
सींग पूछ पग परहरै । अस्थनि लागै धाइ ॥
३ जैमल सार लिया निज सोधि करि । साधू जन साचै ।
भगत बबेकी रांम का । औगुणि क्यूं राचै ॥
४ सब घट आतम सोधि करि । साधू पकडचा सार ।
जैमल औगुण नां गहै । जाकै ग्यांन बिचार ॥
५ जैमल साधू सुंदरि एक मत । मांषण ज्यूं मथि लेइ ।
सारगराही संत जन । छाछि न आदर देइ ॥
६ जैमल साध निकसि संसार थैं । पकडी हरि की वोट ।
निसदिन सुमिरै रांम कूं । नजरि न आंणैं षोट ॥
७ जैमल भला बुरा सो आप कूं । हमकूं कौंण दवालि ।
रांम नांम सूं लागि रहु । इहि बिधि औगुण टालि ॥
८ औगुन आंन अनंत तजि । गुन रंचक सो लेहु ।
जगंनाथ सुष आपकूं । औरनि हूं सुष देहु ॥
६ हंस गहै निज षीर । बनीं मधुरिष मधु काढै ।
अलि ज्यूं परमल लीन । पहुप पंषुरी न डाढै ।
चंबक चुणिले सार । पुनह पारा ज्यूं कंचन ।
त्यूं तत बेता तत । प्यंड परहरिं गुन पंचन ।
छाजनाज कन काढिले । गऊ दूध ज्यूं बछ मुष ।
यौं रजब गुण कूं गहत । आपा पर उपजै सु सुष ॥
१० दादू साध सबै करि देषणां । असाध न दीसै कोइ ।
जाकै हिरदै हरि नहीं । ता तनि टोटा होइ ॥
११ जाकै हिरदै जैसी होइगी । सो तैसी ले जाइ ।
दादू तूं निरदोष रहु । नांव निरंतर गाइ ॥
१२ सुसब्दे हीरा बेधिलै । जिह्वा करि टकसाल ।
औगुण मधे गुण करीलै औधू । तब चेला सब संसार ॥
१३ दादू सांई सेवैं सो सब भले । बुरा न कहिये कोइ ।
सारौं मांहैं सो बुरा । जिस घटि नांव न होइ ॥

१४ जिनि अपने औगुन तजे । उर थैं धरे उठाइ ।
तुरसी सो कैसै गहै । दोष पराए जाइ ॥
इति सारग्राही कौं अंग संपूर्ण भवेत् ॥

४० अपारष निंद्या कौं अंग

राग भैरूं

१:० को स्वांमीं को सेष कहै ।
इस धुनियां का मरम न कोई लहै ॥ टेक ॥
१ कोई रांम कोई अलह सुनावै ।
अलह रांम का भेद न पावै ॥
२ को हींदू को तुरक करि मांनैं ।
पुनि हिंदू तुरक की षबरि न जांनैं ॥
३ यहु सब करनीं दून्यूं बेद ।
समझि परी तब पाया भेद ॥
४ दादू देषै आतम एक ।
कहिबा सुनिबा अनंत अनेक ॥

२:० निदत है सब लोक बिचारा ।
हमकूं भावै रांम पियारा ॥ टेक ॥
१ निरसंसै निरदोष लगावै । ताथैं मो कूं अचिरज आवै ॥
२ दुबध्या दोइ पष रहिताजे । तासनि कहैं गए रेए ॥
३ निरबैरी निहिकांमीं साध । ता सिरि देत बहुत अपराध ॥
४ लोहा कंचन एक समांन । तासनि कहैं करत अभिमांन ॥
५ निंद्या अस्तुति एक करि तोलै ।
तास कहैं अपवाद हि बोलै ॥
६ दादू निंद्या ताकूं भावै । जाकै हिरदै रांम न आवै ॥

राग गौडी

३:० अैसे लोगनि सूं का कहिए ।
जे नर भए भगति थैं न्यारे । तिन थैं सदा डराते
रहियें ॥ टेक ॥
१ आपु न देहि न चरवा पांनीं ।
ताहि नीदैं जि गंगा आंनीं ॥
२ आप न बूडैं और कूं बोवैं ।
अगनि लगाइ मंदिर मैं सोवैं ॥
३ आपु अंध और कहैं कांनां ।
तिनकूं देषि कबीर डरांनां ॥

राग टोडी

४:० क्यांन्हैं नींदौ म्हांनैं रे ।
थांकौ कीयौ थांनैं रे ॥ टेक ॥
१ साहिब सूं मन लायौ रे । टूकौ पांणीं पायौ रे ॥
२ छाजन रांम षंदायौ रे । सो म्हे अंगि लगायौ रे ॥
३ कुल क्रम कोई न कमायौ रे । कोई षोसि न षायौ रे ॥
४ निंदक कहै अबिचारी रे । टीला माथै मारी रे ॥

साषी

१ साधू निर्मल मल नहीं । रांम रमैं समि भाइ ।
दादू औगुण काढि करि । जीव रसातलि जाइ ॥
२ दादू अनदेष्या अनरथ कहैं । कलि प्रिथमीं का पाप ।
धरती अंबर जब लगैं । तब लग करैं कलाप ॥
३ दादू डरिये लोक थैं । कैसी धरैं उठाइ ।
अणदेषी अजगै बकी । अैसी कहैं बनाइ ॥
४ दादू अणदेष्या अनरथ कहैं । अपराधी संसार ।
जदि तदि लेषा लेइगा । संम्रथ सिरजनहार ॥
५ दादू भगत भेष धरि मिथा बोलै । निंद्या पर उपवाद ।
साचे कूं झूठा कहैं । लागै बहु अपराध ॥
६ झूठन कहिये साच कूं । साच न कहिये झूठ ।
दादू साहिब मांनैं नहीं । लागै पाप अषूट ॥
७ दादू साचे कूं झूठा कहैं । झूठे कूं साचा ।
राम दुहाई काढिये । कंठ थैं बाचा ॥
८ दादू अंम्रित कूं बिष । बिष कूं अंम्रित । फेरि धरैं सब
नांव ।
निर्मल मैला मैला निर्मल । जांहिगे किस ठांव ॥
९ जे बोलूं तौ चुप कहैं । चुप तौ कहैं पुकार ।
दादू क्यूं करि छूटिये । अैसा है संसार ॥
१० कलिजुग कूकर कलिमुहां । उठि उठि लागैं धाइ ।
दादू क्यूं करि छूटिये । कलिजुग बडी बलाइ ॥

राग रांमगरी

५:० झूठा कलिजुग कह्या न जाइ ।
अंमृत कूं बिष कहैं बनांइ ॥ टेक ॥
१ धंन कूं निरधंन निर्धन कूं धन । नीति अनींति पुकारै ।
निर्मल मैला मैला निर्मल । साध चोर करि मारै ॥
२ कंचन काच काच कूं कंचन । हीरा कंकर भाषै ।
मांणिक मणियां मणियां मांणिक । साच झूठ करि
नाषै ॥
३ पारस पथर पथर पारस । कांमधेनि पसु गावै ।
चंदन काठ काठ कूं चंदन । अैसी बहुत बनावै ॥
४ रस कूं अनरस अनरस कूं रस । मीठ षारा होई ।
दादू कलिजुग अैसा बरतै । साचा बिरला कोई ॥

११ दादू झूठा राता झूठ सूं । साचा राता साच ।
एता अंध न जांनहीं । कहां कंचन कहां काच ॥
१२ जब हम ऊजड चालते । तब कहते मारग मांहि ।
दादू पहुंचे पंथि चलि । कहैं यहु मारग नांहि ॥
१३ दादू यहु परष सराफी ऊपली । भीतर की यहु नांहि ।
अंतर की जांणैं नहीं । ताथैं षोटा षांहि ॥
१४ दादू श्रवनां हैं नैंनां नहीं । ताथैं षोटा षांहि ।
ग्यांन बिचार न उपजै । साच झूठ संमझांहि ॥
१५ दादू जिन्है ज्यूं कही तिन्हैं त्यूं मांनीं । ग्यांन बिचार
न कीन्हां ।
षोटा षरा जीव परषि न जांनैं । झूठ साच करि लीन्हां ॥

१६ सुगरा कूं निगुरा कहैं । परष नहीं उरि ग्यांन ।
जगंनाथ बुधि बाहिरा । चारि अंध नहीं कांन ॥
१७ दादू सगुरा निगुरा परषिये । साध कहैं सब कोइ ।
सगुरा साचा निगुरा झूठा । साहिब के दरि होइ ॥
१८ दादू सगुरा सति संजमि रहै । संनमुष सिरजनहार ।
निगुरा लोभी लालची । भूंचै बिषै बिकार ॥
१६ सगुरा सो साची दसा । तनि मनि नांहीं दूजि ।
जगंनाथ निर्गुन भजैं । सकल लोक मैं पूजि ॥
२० सगुरा सहजैं मूल गहि । बैठा तत बिचारि ।
निगुरा नीलज नांव बिन । डोलै घर घरबारि ॥
२१ जैमल सगुरा सीतल आप है । सीतल ही मुषि स्वाल ।
आप दुषी दुष देत हैं । यहु निगुरां की चाल ॥
२२ निगुरा निकटि निधांन तजि । आंन भजै मतिहींन ।
संतनि सूं करि बैरता । लोकनि आगैं दींन ॥
२३ हेत करैं आकार सूं । परहरि सिरजनहार ।
जैमल काचा चांम का । सौदा करै चमार ॥
२४ चंदन धतूरौ हंस बग । षलि गुडन कंचन काच ।
एकै आघ न कीजिये । परसा झूठ र साच ॥
२५ तारा चंद बिभूति मेद समिता । गंगा कूपो उदिकं ।
स्यंघो जंबुका अस्व षर समिता । किस्तूरी निलजा ।
ऊंट ऊगजा । मूरिषो पंडिता साधू सोरसमनिता ।
ऐतेजस्य न जांनांमि । सो देस दूरं गता ॥
२६ चंदन काटि धतूरा बारि करि । हंसु मारि का गहि भषु दीजै ।
पंडित पौरि मसकरा भींतरि । गुनीं छाडि त्रिगुन द्रबु दीजै ।
संतनि बैर असंतनि आदर । चरणोदिक परहरि मदु पीजै ।
तिहि गांव तिहि ठांव कमंच कहि । मांन परे षौका कौ कीजे ॥
२७ जंति जहां न गाडर घसंनि । नवते देषि सब नवैंहि ।
करत निंद्या सब निंदहि । पंच चाइ चौगनैं चित बितहि नहि बिंदहि ।
मन मुष मारग मते पसू ज्यूं पासि न पेषैं ।
धका अंध कूं अंध । विरि बिविरि कैरौं देषैं ।
संगति बबेक सगुन जिन्हैं । रहु बताव बांचनि षसनि ।
भनि भीष द्रिष्टि आवै ए उदित । जदि जहां न गाडर घसनि ॥
२८ इत उत की ह्वै मेलि । साध के बचनहि षंडेहि ।
साध पुरिष क्या करै । वै आप आपणपौ भंडहि ॥
२६ साध मिलैं तैं साधू होई । उठि करि लागै संगा ।
जे संमझै तौ दीपक । परष बिण पडै पतंगा ॥
३० ह्रिदै उपजी बिनां साधू कूं कैसें जोवैंहि ।
मन कूं जीति न सकैं । सबै पिछले दिन रोवहि ॥
३१ प्रिथीनाथ दरसण नहीं । अभिमांनीं अजांण ।
गुरू गोरष चीन्ह्यां नहीं । ते सब भये पषांण ॥
३२ पहली संमझि न पडै । धका लागै थैं जांनैं ।
बिगडी ऊपरि सबै । ताहि ईस्वर करि मांनैं ॥
३३ साध सदा ही मिलैं । मुगध कूं कहा समझावैंहि ।
तब महिमां अति करैं । जबै बिप्रीति दिषावहि ॥
३४ आराधें कूं साध । बिरोधे फल दीन्हां ।
छपन कोडि आवटया । कहा दुरबासा कीन्हां ॥
३५ जिसपैं उपजी इहै । जहां साधू दुष पांवहि ।
तिसपैं धोषा घणां । तहां निहचल क्यूं आंवहि ॥
३६ अभिमांनीं क्यूं लषै । जिनि आतमां न जीती ।
तब क्या बेदन होत । जब बलि कूं ह्वै बीती ॥
३७ प्रिथीनाथ परष बिन । पढि मति गरब कोइ ।
जिस ठांइ साधन संचरहि । तहां स्वांति कहां थैं होइ ॥
३८ साध साध सब को कहै । साध की परष न जांनैं ।
धोषा टेक न तजै । सबद ही कैसें मांनैं ॥
३६ सत्य बचन परहरै । झूठ की सेवा लागै ।
परपंची की मांनि करैं । साध देष्यों उठि भागै ॥
४० प्रिथीनाथ ए साध । बचन नितहीं सुणैं ।
परष नहीं घट मांहिं । घरि आए साधहि तजै ॥
४१ दादू जिहि बिधि आतम उधरै । परसै प्रीतम प्रांन ।
साध सबद कूं नींदणां । संमझै चतुर सुजांन ॥
४२ ए बात कथैं क्यूं साधू मांनहि । प्रतष्य सूं उठि बादहि ।
साध पुरिष करि सोचहि । कोई बिसवास न मांनहि ॥
४३ केई उठि झगडै लागहि । जै बोलै तौं वाकी बात न मांनहि । - अपनीं फिरि करि लावहि ॥
धोषा मिटै न मन की छूटै । साध बचन क्यूं पावहि ॥
४४ बाजीद हमारेई हथियार ले । हम सौं मांडै कंक ।
गुझ न दीजै आपनां । कीजै तिसकी संक ॥
४५ साधू कै कछू सोभ न संक्या । डिंभ अडिंबर नांहीं ।
प्रिथीनाथ साध कहां संनमुष । जिनकै परष नहीं घट मांहीं ॥
४६ जैमल अंतर की संमझै नहीं । परष्या सकल सरीर ।
सींग पूंछ ऊतरि गया । पीवै कहां सूं षीर ॥
४७ जैमल जांण्यां रे जग है जिसा । देष्या सबै बिचारि ।
परस लगावै आपणां । सकै तौ रांम संभारि ॥
४८ मींन चंद्रमां जल महैं । समि करि जांनैं सोइ ।
जल सूकें मींनां मुई । ससि कूं दुष नहि कोइ ॥
४६ इंद्र गाज सुनि बलकिया । सारदूल मन मांहि ।
सफरी षेदै ससि कूं । इहै हाल जग मांहि ॥
५० गयंद न तजै गंभीरता । कूकर किलौ सुभाइ ।
भगत जगत की रीतिया । यौंहीं चाली जाइ ॥

राग गौडी

६:० है हरि जन सूं जगत लरत है ।
फुनिगा कैसें गरड भषत है ॥ टेक ॥
१ अचिरज एक देष्यौ संसारा । सुंनहां षेदै कुंजर असवारा ॥
२ अैसा एक अचंभा देष्या । जंबुक करै केहरि सूं लेषा ॥
३ कहै कबीर रांम भजि भाई । दास अधम गति दे न जाई ॥

५१ कीडा षैंचै ऊंट कूं । मरण मतै इहि भारि ।
आंबरि षिवती बीजली । हे गदही लात न मारि ॥

राग सारंग
७:० काहू कै बैरि कहा सरै ।
ताकी सरभरि करै सु झूठौ । जिहि जगदीस बडौ करै ॥ टेक ॥
१ समंद उलींचें कहा सिरांनौं । कहा पवनैं परबत टरै ।
रवि सनमुष ह्वै धूरि उडावैं । उलटि धूरि ता मुषि परै ॥
२ जाहि देषतां परम रुचि उपजै । ताकै नांइ पतित तिरै ।
क्रिस्नदास कठहरिया मेरौ दिढ ब्रत । जग घसि दंत भलैं मरै ॥

राग धनाश्री
८:० भगत की सरभरि को करै ।
प्रभू प्रताप बल बदत न काहू । जगु घसि दंत भलैं मरै ॥ टेक ॥
१ कहा भयौ मनि जौ पगि बाधी । काचब माथै धरै ।
जितहि सिरोबर बाज बंधत है । कहा टटुबा ऊंचै घरै ॥
२ रिसि करि धूरि चंद्र तन डारै । फिरि ताकी अंषियन परै ।
जोति लोक प्रभू थप्यौ मया करि । कहि काकैं टारैं टरै ॥

राग रांमगरी
९:० संतौ कोईया बाजी कूं जांणैं ।
वोछौ आप अधिक अजगर ज्यूं । दुनियां कूं देषत तांणैं ॥ टेक ॥
१ जिहि बाजी इंद्रादिक मोह्या । तिनहूं पार न पाया ।
साप न्यौल की षबरि न पाई । उलटै आप बंधाया ॥
२ न्यौल जडी की जुगति पिछांणैं । अह यहु परचौ नांहीं ।
वाकौ मुष माधौ भजि रातौ । सरप सदा बिष मांहीं ॥
३ इन दून्यूं कौ झूझ निबेरै । सो छाडै मै मेरा ।
तब हरदास काल डर नांहीं । मन माधौ थैं नेरा ॥

५२ तुरसी हरि के देहुरां । लागे लाष करोरि ।
काग कपोतां हंगि भरचौ । महिमां भई कि थोर ॥
५३ चारि बेद बांचै सदा । कुल उतिम मुष पाति ।
बिष्टा करी बिसंभरै । क्या महिमा हूई घाटि ॥
इति अपारष निंद्या कौं अंग संपूर्ण भवेत् ॥

४१ जैसा करै सो तैसा पावै क्रित कमाई कौं अंग

१ द्रुबासा सौं दोष धरि । जादू सुत मिलि आए ।
तिहि कु भाइ करि प्रलै हूये । लहुडे बडे षपाए ॥

श्लोक
२ क्रित कर्म षयो नास्ति । कल्प कोटि सतानि चः ।
अजुध बांण हतो बालि । तस्य कर्म्म इदं फल ॥
३ मोहन तातौ असम करि । से क्या पाव रसूल ।
ताही सूं तोरे दसन । बदलौ मिटै न मूल ॥
४ हजरति रांवंन छूटे नांहीं । प्रीछत से दुष पांहि ।
जनमोहन की बींनती । किस ही संतावो नांहि ॥

स्वांमीं दादू जी काजी अजमेरी की गोष्टि
५ तब आयौ काजी अजमेरी । हाथ कतेब राह क्यूं फेरी ।
मुसलमांन कलमां तैं होई । रांम कहै काफिर है सोई ॥
६ स्वांमीं कह्यौ सुनौं हो काजी । भूल्यौ कहा देषि यहु बाजी ।
मुसलमांन दीन की धरनी । हिंदू चलै आपनीं करनीं ॥
७ कौंन पंथ परमेस्वर भावै । बूझै हमहि कि बेगि बतावै ।
कौंन धर्म जहां आतमघाता । सब जग दीसै दोजगि जाता ॥
८ काजी षिज्यौ कौंस की दीनीं । स्वांमीं धनि ओडि मुष लीनीं ।
दूजी घां मुष ओड्यौ आई । अबकै करहु हमारी भाई ॥
९ एकैं कौंस लोक यहु सूंझ्यौ । दूजी देहत करता बूझ्यौ ।
कठिन सरीर आहि अति मेरौ । काजी हाथ दूषिहै तेरौ ॥
१० सुकच्यौ काजी घर उठि जाई । परमेस्वर तब बांह दुषाई ।
काजी कहै बुरी मैं कीनीं । साहिब कै मुष कौंसैं दीनीं ॥
११ मास तीन पीरा दुष पायौ । काजी मरत बहुत पछितायौ ।
जो संतनि सूं करै बुराई । सत्यानास परलै ह्वै जाई ॥
१२ दुवा फकीरां नजरि षुदाई । अरु बेदुवा कहर ह्वै जाई ।
दुवा दौलति हसि । बेदुवा कहर हसि ॥
१३ दिल ठरै तब दुवा फुरै । बैर कीयां तौ काज न सरै ॥
१४ दादू आतम देव अराधिये । बिरोधिये नहीं कोइ ।
आराधें सुष ऊपजै । बिरोधें दुष होइ ॥
दादू जी
१५ सेष मुमारष अति अभिमांनीं । स्वांमीं सूं बैरता जु ठांनीं ।
अब कै जाइ गांउ ह्वै आंऊं । पीछै याहि सजाहूं लाऊं ॥
१६ गाडूं षोदि गले लूं देहा । सिर पर करूं बांन के बेहा ।
तुपक तीर नेजे समसेरी । सतपथरी रुक टारी हेरी ॥
१७ यौं कतेब मैं है फुरमाया । मुसलमांन क्यूं कुफर चलाया ।
तब ही रहै दीन की बाता । बेईमांन षलक ह्वै जाता ॥
१८ अंतरजांमीं बात बिचारी । संत बैर बिन होइ न ष्वारी ।
मन सै सात रुई घर मांहीं । परजरि उठी अग्नि ढिग नांहीं ।
लागी लाई कुटंबि सब जरियौ । ता दिन थैं काजी अति डरियौ ।

तब थैं कछू बैर नहि कीनौं । ताहू कूं स्वांमीं सुष दीनौं ॥
१६ पहली समझि न पडै । धका लागैं थैं जांनैं ।
बिगडी ऊपरि सबै ताहि ईस्वर करि मांनैं ॥
२० जिनि जिनि बैर कीयौ संतनि सूं । तिनकी बणि नहि आई ।
बेद कतेब र साधू बांणीं । जगिया कहै संमझाई ॥
२१ होली कै मनि बैरता । जलि जावो प्रहिलाद ।
तिहि कु भाइ होली जली । निरदोष रह्यौ निज साध ॥
२२ चारि पहर मैं जलि बुझी । होरी ह्वै गई राष ।
कंचन कूं बांनीं षरी । जरी घूंघची लाष ॥
२३ अग्नि नीर समि ह्वै गई । ताती लगी न बाइ ।
जनगोपाल प्रहिलाद की । कीनीं रांम सहा ॥
२४ श्राप देण द्रुबासा आयौ । अंबरीष कूं अैंन ।
उलटि अगनि वाकौं दहै । कहूं न पायौ चैंन ॥
२५ दादू जाकूं मारण जाइए । सोई फिरि मारै ।
जाकूं तारण जाइय । सोई फिरि तारै ॥
२६ बधिक बाज कै बैरता । चात्रिग कूं लेहि मारि ।
घात करतां दून्यूये । चातृग लियौ उबारिं ॥
२७ जैसी चितवंनि दिल मैं राषै । तैसा ही फल पावै ।
महल कूप मैं बोलै ज्यूंहीं । त्यूंहीं ऊतर आवै ॥
२८ यहु द्रपन को देषनौं । सूझै मुष उनहारि ।
जनगोपाल जैसौ इहां । तैसौ उहां बिचारि ॥
२६ हरनकसब की बैरता । पलटि रु नाहर होइ ।
त्यूं हीं भाव प्रहलाद कौ । गऊ बछ समिं सोइ ॥
३० समदृष्टी सब जीव सूं । जल समान रहै सोइ ।
ज को संतावै संत कौं । तब ही बिष सौ होइ ॥
३१ कहै कबीर रहरि अैसा । जहां जैसा तहां तैसा ।
भूलै भरमि परै जिनि कोई । राजा रांम करै सो होई ॥
३२ हरि का मरम न जांनैं कोई । जैसा भाव तैसी सिधि होई ।
जाकै हिरदै जैसा भाव । ताकूं तैसा त्रिभुवन राव ॥
३३ मनसा सारूं दसा दिल सारूं बरकति ॥
३४ सुध्रमो राघव बंसो । अध्रमो दसकंधकः ।
एवं बदंत लोकानां । जतो ध्रम ततो जय ॥
३५ पूजणहारा दौलति सैती । षोसणहारा षाली ।
तौ तुम अैसे तौ तुम अैसे । बंदा रह्या निराली ॥
३६ सब काहू सूं हेत करि । बैर न हिरदै राषि ।
रिषि देवल नारद की । माधौ सुणिलै साषि ॥
३७ परसपरम रस मांणि । जांछेदांति ध्रमांनरा ।
सईएव निर्फलं जांति । बलमींकोद्रपंगनः ॥
३८ परिजापुत्रे धनेराजा । सुष सातं च मेदीनी ।
न्रिदैदयाहीनेंनिषीयेंकुर्डयंषी जथा ॥

राग बिलावल

१:० कौंन करै काहू की ताति ।
गुर गोबिंद र भाव भगति हित । मेरैं हिरदैं रहौ दिन राति ॥ टेक ॥
१ जैसौ भाव ताहि फल तैसौ । संत सूं हेत करौ कोई घात ।
पर कूं कूप षनैं जौ कोई । देषौ तामैं आप परात ॥
२ जंबुक प्रीति कपट की कीनीं । मिल्यौ कुरंग ताहि पतियात ।
करि परिपंच फंद मैं डारचौ । नषसिष बंध्यौ बहुत पछितात ॥
३ बांडंस मिंत बहुत हित कीनौं । सोधौ कियौ तुरत परभाति ।
बंध्यौ देषि मुकति म्रिघ कीनौं । सीस सियाल कु हारी षाति ॥
४ कपट की भगति करौ जिनि कोई । जो करिहै लहिहै इहि भांयति ।
मोहन गुर दादू समझावै । पीव करैगौ साची षांयति ॥

राग मारूं

२:० संमझि चालो रे बीरा समझि चालो ॥ टेक ॥
१ असमझि चाल्यौ आंधलौ । हरणांकस दांनौं रे ।
ताकौ पेट फाडि पुरजा कियौ । हूवौ तन कौ हांनौं रे ॥
२ असमंझि चाल्यौ रांवणौं । सीता हडि ल्यायौ रे ।
तिहि लंका हारि सोवनी । कियौ आपणौं पायो रे ॥
३ असमंझि चाल्यौ कंस केस । भांणिज्यां सूं मांडी रे ।
भांणिजै मांमां मारिया । यौ हूंई भांडी रे ॥
४ असमझि चाल्यौ दांनौं कबीरौ. । पांडवां कूं ले जाई रे ।
काढि षडग जब मारण लागौ । कोई सुमिरौ भाई रे ।
५ सूरबीर महा भीवडौ । तिहि देह चिराई रे ॥
असमंझि चाल्यौ जोगिनौं । हेत कीयौ आई रे ।
६ आवतै पांणी बूझियौ । तब सिधि जगाई रे ।
घात पराई घालतां जलि मूवौ भाई रे ॥
७ संमझि चाल्या संत जन । तिन्हूं साहिब पाया रे ।
त्यांह का सबद रह्या संसार मैं । सांई मनि भाया रे ॥
८ जे जे संमझि चालिसी सुष तिनकूं होई रे ।
साध पुकारैं सिरि षडा । सुणि ज्यौ नर लोई रे ।
६ साहिब साषी भूत है । न्याव करिसी सोई रे ॥
स्वांग बहुत संसार मैं । बहुत देव दांणां रे ।
१० जगिया संमझि चालिसी । ते हरि का उलिगांणां रे ॥

३६ जहर घालि जोगी कूं दीया । माता बडा र षांड ।
साहिब वामैं उलटी नांषी । घरि घरि हूई भांड ॥
४० माता कौ बालक अर घर कौ । दूरि देस थी आया ।
जोगी कै दरसणि जाइ बैठा । जोगी वैही बडा षुवाया ॥
४१ कीया क्रित न अहला जाई । बुरा करौ जिनि कोई ।
भाला भलाई कीयैं होवै । बुरा बुराई होई ॥
४२ माता जांणैं जोगी मरिहै । मुवा कडूंबा सारा ।
जैसा करै सु तैसा पावै । देषै सिरजनहारा ॥
४३ बालक मूवौ घर कौ मूवौ । माता सत करि मूई ।
घात पराई घालतां । कौंण भलाई होई ॥
४४ जैसे कूं तैसा मिलै । बुरहे बुरहा छाजै ।

राजा रांणीं भोगवै । जोगी बांदरषाजै ॥
४४ जैसा चींतैं पर कूं । तैसा होवै घर कूं ।
को काहू कूं षाड षनैं । करता वाकूं कूप हनैं ॥
४६ कबीर कलु काल ततकाल है । बुरा करौ जिनि कोइ ।
अंनबावैं लोहा दांहिणैं । बोवै सु लुणतां होइ ॥
४७ छानैं छानैं कीजियै । चौडै परगट होइ ।
दादू पैसि पयाल मैं । बुरा करौ जिनि कोइ ॥
४८ दादू अणकीया लागै नहीं । कीया लागै आइ ।
साहिब कै दरि न्याव है । जे कुछ रांम रजाइ ॥
४६ बुरा भला सिरि जीव के । होवै इसही मांहि ।
दादू करता करि रह्या । सो सिरि दीजै नांहि ॥
५० जंगल मैं सोनां कौ पोरिस । पाया च्यारि नरांह ।
घण अहरणि छींणीं तुम ल्यावो । ज्यूं बांटा च्यारि करांह ॥
५१ दोइ गया गांव मांहैं लेवण । दोइ रह्या रषवाला ।
रषवालां तौ यहु मनि धारी । आवत उनकूं मारां ॥
५२ गांव मांहिलां भी मतौ उपायौ । बिस दे उनहि संघारां ।
चारचूं कै मनि ऐसी उपजी । बित ले कारिज सारा ॥
५३ गांव मांहिलां बिस घालि मलीदौ । आंणि र उनकौं दीन्हौं ।
जंगल वालां काढि कटारी । नास हुवै कौ कीन्हौं ॥
५४ अपणीं अपणीं दुरमति सेती । चारचूं मुये गंवार ।
बैर भाव नीकौ नंहीं । न्याव करै करतार ॥
५५ दिल है द्रपन अरु चिंतामण । जो बांछै सो पावै ।
मार मता सूं मार पहूंचै । दया कीयां दत आवै ॥
५६ श्रप बंध्या था सीत सूं । चील्ह षांण कूं ल्याई ।
करणहार कछू औरै कीन्ही । उलटि बंचां कूं षाई ॥
५७ कांमण किया सुहाग कूं । भई दुहागणि सोइ ।
बुरा पराया बांछतां । अपणां भला न होइ ॥
५८ दादू पुरिष पुरातन छाडि करि । चली आंन के साथ ।
सो भी संग थैं बीछुडचा । षडी मरोडै हाथ ॥
५६ बांनर के घटि न्याव नबेरचा । यहु तौ छांनीं नांहीं ।
दूध दूध का बाहरि नांष्या । पांणीं का दह मांहीं ॥
६० बेसां कै घरि जाता बिस्नीं । गिण्यां बिप्र की बाई ।
तुरत पडचा मुष मांहैं कीडा । कीया न अहला जाई ॥
६१ जैमल परनिंद्या बुरी । नीकी जिनि जांनैं ।
करिबा थैं कहिबा बुरा । मनि हीं मति आंणैं ॥
६२ कीडा मूवा पाव तलि । क्यूं छूटण ह्वै पीव ।
ह्वैला चंपि कुभाव करि । नरकि पडचा सोई जीव ॥
६३ ह्वै भाई द्रुमति तजि दिल की । साध कै दरसणि आया ।
एक गया बेसां कै बणिजण । एकैं दरसण पाया ॥
६४ दर्शन वालै दुर्बुधि सेती । नरक कुंड मैं दीया ।
बेसां बाला भै सूं छूटा । गुन्हां माफ हरि कीया ॥
६५ असमंझि कर्म पसू समांन । जावतु गंमि न ग्यांनये ।
संमझि कर्म आचर्णक्रित्वा । बज्रलेप न मुच्यते ॥
६६ ग्रिहस्थानि करते पापं । बैराग्य स्थनि मुचिते ।
बैंराग्य स्थानि करते पापं । बज्रलेप न मुच्यिते ॥

६७ दादू काया कर्म लगाइ करि । तीरथ धोवैं आइ ।
तीरथ मांहैं कीजिये । सो कैसैं करि जाइ ॥
६८ दादू जहां तिरिए तहां डूबिये । मन मैं मैला होइ ।
जहां छूटै तहां बंधिये । कपटि न सीझै कोइ ॥
६६ दादू जांणैं बूझै जीव सब । गुण औगुण कीजै ।
जांणि बूझि पावकि पडै । दई दोस न दीजै ॥
७० कबीर मन जांणैं सहबात । जांणत ही औगुण करै ।
काहे की कुसलात । कर दीपक कूवै परै ॥
७१ कबीर मन का बाहला । ऊंडा बहै असोस ।
करणीं बूडैं आपणीं । दई किसा कौ दोस ॥
७२ कहै कबीर हरि कहा उबारै । अपणै पाव आप जे मारै ॥
७३ क्रम कुहाडा अंग बन । काटत बारंबार ।
अपणें हाथौं आप कौं । काटत है संसार ॥
७४ म्रिघ तृस्नां दिनि दिनि इसी । इब मोहि कछू न सुहाइ ।
अनेक जतन करि टारिये । कबीर कर्म पासि नहि जाइ ॥
७५ सुपंथस्य परंत्यागी । अपंथ पंथ गम्यते ।
अपंथ अगति प्राप्ति । सुपंथ सुगतिर भवेत् ॥

राग रांमग्री

३:० बाबा बुरौ बुरै घरि जाइगौ ।
चौरासी लष जोनि भ्रमे भ्रमि । मधिम कांम कमाइगौ ॥टेक ॥
१ जिनि सिरज्यौ ताकूं नहीं चीन्हैं । परपंच मैं उरझाइगौ ।
कांम क्रोध अरु लोभ मोह मैं । हरि पद बिमुष समाइगौ ॥
२ हरि कौ नांव हिरदै नहीं आवै । परत्रिया देषि लुभाइगौ ।
जैसैं पावकि परै पतंगा । बिषिया मांहि जराइगौ ॥
३ निज साधनि सौं करै बैरता । दुष्टनि कौ संगु भाइगौ ।
परनिंद्या नित करै प्रीति सूं । घोर नरक भूंचाइगौ ॥
४ बिष के बीज बाहि कैं प्रांणीं । अंमृत फल कत षाइगौ ।
मोहनदास साध सब भाषैं । सुमिरन बिन पछिताइगौ ॥

७६ बैर बिरोध बिकार बुराई । झूठ रु निंदक संतनिं द्रोह ।
जीव हतैं मंद मांस गुमांनीं । क्रिपन क्रोध मद मंछर मोह ।
मन इंद्री चित चंचल चहु दिसि । पाप करै कहि होह स होह ।
घी गुड का दिष्टांत दिषावै । जनम हांणि का नहीं अंदोह ॥
७७ तिनकूं मार पडै हरि कैं दरि । बिमुष भये जुगि जुगि दुष होइ ।
बिहबल बिकल कलंकी कुष्टी । कर्म कसौटी बंचै न कोइ ।
छुधित त्रिषा त्रिय ताप त्रिहूं रुति । अनल अघनि की जालै सोइ ।
जठुर जोनि न्रक कुंड अधोमुष । भटकत फिरैं अंधेरी लोइ ॥
७८ अघ अंघ्रिप औतार एक मुर इंद्रिय हारे ।
पुनि गोते बिन ग्यांन । जीव जल जोनि सु डारे ।
कर्मि किरम कुलगात । लात सबकि सिरि लागहि ।
बिपति बिहंग बिहार । देषि मनिष उठि भागहि ।

पसू षांनि परबसि सदा । बिबधि बिघन कसूं कहै ।
रजब जोर्ष्यों जांहि जगि । जै मनिष देह उनमनि रहै ॥
७९ कलपांणे लहंदाव । हेकर अचीउलहो ।
पांणो वांणो षट्चौ । पांणे सारीदाव ॥
८० नांनिक अषै बीनती होसी सचु सही ।
अजरांई लफरे सते आजि कि काल्हि गही ।
तलबा अकी होइयां बाकी जिनि रही ।
साहिब लेषां मांगिसी काढि कतेब बही ।
कूड निषूटे नांनिका सचे नालि ढही ॥
८१ तिलां कपास कमादियां कुंदी कोइलियां ।
मदे अमल कमादियां नांनिका ई हाल तिन्हां ॥
८२ अंध दईव अजगैब की । अदभूत आंन सौं होइ ।
अध्यातम आप मै उपजै । तीन्यूं ताप जरै लोइ ॥
८३ कबीर बूडूं बूडूं क्या करै । जल तौ दीसै नांहि ।
जे दिल षोजूं आपणीं । तौ तिर्ण डूबण मुझ मांहि ॥

श्लोक

अर्जुन उवाच

८४ अल्पायो अर्थहींनश्च दालिद्रं दुष ब्हिबलं ।
नांनां जोनि कथं गत्वा । क्यं प्राप्ति मृत्यु बालिकं ॥
श्री भगवांनोबाच ।
८५ ब्रह्म संहरते जेन । ब्रह्महत्या कृते पुनः ।
तेन पापे श्रुणुं पार्थ । गर्भपतनं भवेत् ॥
८६ जती निंद्या सती निंद्या । निंद्या चमुपरकं ।
तेन पापे श्रुणु पार्थ । दालिद्रा दुष ब्हिबलं ॥
८७ गोत्र नारी परं संगेन । गुरू बिप्र बंधनं कुरु ।
तेन पापे श्रुणु पार्थ । अल्पयो भवे नरा ॥
८८ देव गुरू कृते निंद्या । जती ब्रह्मण निंद्यते ।
तेन पापे श्रुणु पार्थ । जनमस्य बांनरो भवेत् ॥
अर्जुन उबाच ।
८९ क्षत्री सूरो न झूझत्य । जती इंद्री चंचलं भवेत् ।
बिप्र बेद न अभ्यासं । नारी चंचल क्यं गति ॥
श्री भगवांन उबाच
९० बिप्र बेद न अभ्यासं । सूरो न झूझंति जे नरा ।
तेन पापे श्रुणु पार्थ । जनम भवंति जंबुक ॥
९१ जती न निग्रंहते इंद्री । राग द्वेष कृते पुनः ।
तेन पापे श्रुणु पार्थ । जनम भवंति अधोमुषं ॥
९२ गोत्र बधध कृता जेनि । गोत्र नारी प्रसंगता ।
तेन पापे श्रुणु पार्थ । मृत्यु भवंति बालिकं ॥
९३ अभावेषु दीयते दांनं । ब्रत कृयते षंड मंडलं ।
तेन पापे श्रुणु पार्थ । जनमस्य बांनरं भवेत् ॥
९४ द्विजा भिष्ट आचारं च । न बेदं न कृया सुचिः ।
हरि भक्ति न जांनांमि । प्रेतो भवंति स्वे द्विजः ॥
९५ संतोषी न दया धर्म्म । आचारं न कृया सुचिः ।
पाप बुधि रता प्रांणीं । प्रेतो भवंतिस्ते पुन ॥
९६ नारी जार रता जेन । ग्राहितं पांणि पतंति जे ।
तेन पापे श्रुणु पार्थ । गनिका जनम सतं भवंत् ॥
९७ मिथ्या साषि बदते जेन । मिथा जेन पर नासिकं ।
मिथ्या च कथिते बाक्यं । स्वर्गस्य पित्र घातकं ॥
९८ जोगीनां जोनि मुषे बिंदु । सुरापांन कृयते द्विज ।
तेन पापे श्रुणु पार्थ । स्वर्गे पित्र घातकं ॥
९९ बिस्वासं परक्रिता नासं । निस्वार्थ परघातकं ।
ते नरा नर्कि जांति । जावत चंद्र दिवाकरं ॥
१०० परनारी रता जेन । परदर्बे परनिंदकः ।
परसक्ति कृताभोगं । नर्के पतंति न संसय ॥
१०१ कौमारी पानि पात्रं च । ब्राह्मणी गुर जोषिता ।
मित्र नारी प्रसंगेन । नर्के पतंति न संसय ॥
१०२ अगनीं जेन बनं दगधा । दगधा जेन परंग्रिहं ।
तेन पापे भवेकुष्टी । नर्क कोटि सतांनि चः ॥
१०३ गुरू द्वेषी द्विज द्वेषी । द्वेषी जेन तपस्विनां ।
नृप द्वेषी कृता जेन । तेन तिष्टंति पांडवा ॥
१०४ गुरू बिप्र न्रिप घातेन । घातिकं नारी तपस्विनी ।
ते नरा मोषिं न गछंति । जावत चंद दिवाकरं ॥
अर्जुन उबाच
१०५ आत्मार्थे जिह्वा स्वादे । परप्रांण परघातकं ।
परकष्टं न जांनांमि । कथं मोक्ष जनार्दनं ॥
१०६ आत्मार्थे प्रांण घातं च । न जांनाति परकष्टंकं ।
ते बिष्टा भवे कृमि । सः मोक्ष नास्ति गछिते ॥
१०७ सुपंथस्य परं त्यागी । अपंथ पंथ गंमिते ।
अपंथ अगति प्राप्ति । सुपंथ सुगतिर भवेत ॥
१०८ अधम पररता नारी । नृप अधम कार्जेत् ।
अधर्म्मांचार द्विजा भिष्टा । अधर्म्मं जती इंद्री चंचलं ॥
१०९ उतिमं प्रतिब्रता नारी । उतिमं नृप धर्म्म कारिकं ।
उतिमां चार द्विज श्रेष्टा । उतिमं जती इंद्री निग्रहं ॥
११० स्त्री तपु प्रभू भक्ति । नृप सत्य धर्म्म पालकं ।
क्षत्रीयो तपु सूरं च । जती तपु इंद्री निग्रहं ॥
१११ न सारीषो बिस्नु देवं । न सारीषो नदी जाह्नवी ।
बैस्नवा बर्न बिसेष्य । न सारीषो नांम केसवः ॥
११२ न सारीषो प्रतिब्रता नारी । न सारीषो दाता गुरू ।
न सारीषो तीर्थ धर्म्म । न सारीषो जती इंद्री निग्रहं ॥
११३ न सारीषो षित्रयो सूरो । न सारीषो सत्यवादीनां ।
न सारीषो दया धर्म्म । न सारीषो बर्त एकाबरी ॥
११४ न सारीषो द्विजाचारी । न सारीषो नृप धर्मिकं ।
न सारीषो तप संतोष । न सारीषो तप षिमां ॥
इति श्रीकृष्णअर्जुनसंबादे ब्रह्मग्याने तत्वसारगर्भगीता
पंचमो अध्याय संपूर्ण समाप्त

कर्म बिपाक गीता ग्रंथ

अर्जुन उबाच
११५ केन पापे भवे अंधा । केन पापे दलिद्रताः ।
केन पापे भवे कुष्टी । कथं कस्य जनाईनं ॥
श्री भगवांन उबाच
११६ प्रदाराय भवे अंधा । प्रद्रबेषु दालिद्रता ।
पूर्ब हत्या भवे कुष्टी । श्रुणुहो पांडवं नंदनं ॥

अर्जुन उवाच
११७ किं पुनें हेम लभ्यते । किं पुंन्यं गज बाजिकं ।
किं पुंन्यं नरा लभ्यते । कथं कस्य जनार्द्दनं ॥
श्री भगवांन उवाच
११८ हेम दानं हेम लभ्यते । भूमिदानं गजबाजिकं ।
अंनदानं नरा लभ्यते । श्रुणुहो पांडव नंदनं ॥
अर्जुन उवाच
११६ केन पापे म्रित्यु भार्ज्या । केन पापे पुत्र नास्विकं ।
केन पापे भवे हीजं । कथं कस्य जनार्द्दनं ॥
श्री भगवांन उवाच
१२० रिण दानं मृत्यु भार्ज्या । थूवनीं पुत्र नास्विकं ।
मन भंगभवे हिजं । श्रुणुहो पांडव नंदनं ॥
अर्जुन उवाच
१२१ केन पापे नर्के जांत्य । केन पापे अपुत्रीकं ।
केन पापे भवे रोगी । कथं कस्य जनार्द्दनं ॥
श्री भगवांन उवाच
१२२ कन्यां दर्बे नर्के जांति । ब्रह्मदोषी अपुत्रीकं ।
देव निंद्या भवे रोगी । श्रुणुहो पांडव नंदनं ॥
अर्जुन उवाच
१२३ केन पुंन्यं बिचित्रस्य । केन पुंन्यं पुत्र लभ्यते ।
केन पुंन्यं सुपात्रस्य । कथं कस्य जनार्द्दनं ॥
श्री भगवांन उवाच
१२४ मिष्टांन दानं बिचित्रस्य । गौ दानं पुत्र पौत्रकं ।
सेज्या दानं सोपात्रस्य । श्रुणुहो पांडव नंदनं ॥
अर्जुन उवाच
१२५ केन पुन्यार्थ लभ्यते । केन पुंन्यं पुत्र पौत्रकं
केन पुंन्यं रूप लभ्यते । कथं कस्य जनार्द्दनं ॥
श्री भगवांन उवाच
१२६ गुप्त दानं अर्थ लभ्यते । धन धेनु पुत्र पौत्रकं ।
तीर्थ स्नानं रूप लभ्यते । श्रुणुहो पांडव नंदनं ॥
अर्जुन उवाच
१२७ केन पापं भवे काला । केन पापं च प्यंगुला ।
केन पापं बालबिधा । कथं कस्य जनार्द्दनं ॥
श्री भगवांन उवाच
१२८ सतु पापं भवे काला । सहंश्र पापं प्यंगुला ।
प्रपुर्षा रमंतो बालबिध्वा । श्रुणुहो पांडव नंदनं ॥
अर्जुन उवाच
१२६ केन पुंन्यं भवे राजा । केन पुंन्यं धनंधानिकं ।
केन पुंन्यं लभ्यते बिद्या । कथं कस्य जनार्द्दनं ॥
श्री भगवांन उवाच
१३० तप तेजं भवे राजा । जग्य दानं धनधानीकं ।
बिद्या दानं भल्यते बिद्या । श्रुणुहो पांडव नंदनं ॥
अर्जुन उवाच
१३१ केन पापं भवे मींडुकं । केन पापेषु गर्द्दभः ।
केन पापं भवे स्वानं । केन पापंषु जंबुकं ॥
श्री भगवांन उवाच
१३२ श्रुरापानं भवे मींडुकं । बेस्या गवनेषु गर्दभः ।
मृत्यु सेज्या भवे स्वांनं । अस्वदांनेषु जंबुकं ॥
अर्जुन उवाच
१३३ केन पापे भवे कांणां । केन पापेषु प्यंगुला ।
केन पापे भवे लूला । कथं कस्य जनार्द्दनं ।
श्री भगवांन उवाच
१३४ सभा कपटी भवे कांणां । धर्म हटकी च प्यंगुला ।
मनभंगं भवे लूला । श्रुणुंहो पांडव नंदनं ॥
अर्जुन उवाच
१३५ केन पापे भवे अंमली । केन पापेषु मंजरा ।
केन पापे भवे बहिरा । कथं कस्य जनार्द्दनं ॥
श्री भगवांन उवाच
१३६ गोत्र गवनं भवे अमली । उचिष्ट दानं सु मंजारा ।
बिद्या चोरं भवे बहिरा । श्रुणुहो पांडव नंदनं ॥
अर्जुन उवाच
१३७ केन पापे भवे कलवा । केन पापेषु षंजरा ।
केन पापे रक्त पीती । कथं कस्य जनार्दनं ॥
श्री भगवांन उवाच
१३८ गोत्र हत्या भवे कलवा । दुष्ट दांनेषु षंजरा ।
ब्रह्म दोषी रक्त पीती । श्रुणुहो पांडव नंदनं ॥
अर्जुन उवाच
१३६ किं पापं दुष्ट पुत्रस्य । किं पापं दुर्बाक्यं क्षणं ।
केन पापे न संजोग्यं । कथं कस्य जनार्दनं ॥
श्री भगवांन बाच
१४० माता बिबचारणींश्चैव । स्नानंवती च जदि नेसीधतु ।
दोयं प्रकार दुष्ट पुत्रस्य । श्रुणुहो पांडव नंदनं ॥
अर्जुन उवाच
१४१ किं पुंन्यं पिता भक्तस्य । किं पुंन्यं साधू जायते ।
किं पुंन्यं दाता संकतेषु । कथं कस्य जनार्दनं ॥
श्री भगवांन उवाच
१४२ माता पुसवंतीश्चैव । स्नानंवती च जदि नेसीदतु ।
संन्यांसी ब्राह्मणो सादर्सणं । सा पुत्रा साधू लक्षणं ॥
अर्जुन उवाच
१४३ किं पापं भवे सोगी । किं पापं गुहृज्य ब्याधीनां ।
केन पापं संजोग्यं । कथं कस्य जनार्दनं ॥
श्री भगवांन उवाच
१४४ अति उग्रं महा पापं । पंथ मध्येषु घातकं ।
तस्य पापं प्रभावेनं । सोगी भवेतु मांनवां ॥
एकादसी च मैथुनं । गुहिज्य ब्याधीस्य पीडिता ।
१४५ तस्य पापं प्रभावेन । श्रुणुहो पांडव नंदनं ॥
इति श्री कृस्न अर्जुन संबादे ।
कर्म बिपाक गीता पठते निर्मलं काया । श्रुत्वा ग्यानं मती
इति श्री कर्म बिपाक गीता ग्रंथ जोग सास्त्रं संपूर्ण समाप्तः
इति जैसा करै सो तैसा पावै क्रित कमाई कौं अंग
संपूर्ण भवेत्

४२ अविचार अपलहित अपराध कौं अंग

राग आसावरी

१:॰ बाबा कहौ दूजा क्यूं कहिये ।
ताथैं इहि संसै दुष सहिये ॥ टेक ॥
१ यहु मति अैसी पसुवा जैसी । काहे संमझत नांहीं ।
अपनां अंग आप नहीं जांनैं । देषै दरपन मांहीं ॥
२ इहि मति मींच मरण कै तांई । कूप स्यंघ तहां आया ।
बूडि मुवा मनि मरम न जांनैं । देषि आपनीं छाया ॥
३ मद के माते संमझत नांहीं । मैं गल की मति आंई ।
आप हीं आप आप दुष दीया । देषि आपणीं झांई ॥
४ मन संमझै तौ दूजा नांहीं । बिन संमझें दुष पावै ।
दादू ग्यांन गुरू का नांहीं । संमझि कहां थीं आवै ॥

कबित

१ सारंग सुर सु बिनीस । मींन रसनां रस आसा ।
पावक पेषि पतंग । भवर नासिक भिदि बासा ।
पटछल बारुणि बाघ । मुगध मति मरकट सूवा ।
मूस चुरावत बाति । पवंग पावक जरि मूवा ।
स्वांन मींच दरपन महलि । मकरी मूंदि सु द्वार कौं ।
रजब मरैं सिधौर बग । पाया नहीं बिचार कूं ॥
२ जथा बालस्य बेतालो । मृत्य प्रजंति दुषदः ।
सुयं एव सदाकारे । तथा मूंढ मति अर्जुनहि ॥
३ षुध्याथी क्वापि नग्रेणि । स्वांनोपि च मंदिरं ।
फिरत म्रित जितो द्रिष्टी । ब्यंब आलोकते सत्रधे ॥
४ दादू मंदिर काच का । मरकट सुनहां जाइ ।
दादू एक अनेक ह्वै । आप आपकूं षाइ ॥
५ आपै मारै आप कूं । अर्प आपकूं षाइ ।
आपै अपणां का लहै । दादू कहै संमझाइ ॥
६ दादू आपै मारै आप कूं । यहु जीव बिचारा ।
साहिब राषणहार है । सो हितू हमारा ॥
७ दादू मरिबै की सब ऊपजै । जीबै की कुछ नांहि ।
जीबै की जांनैं नहीं । मरि की मन मांहि ॥
८ मन हीं माहैं ह्वै मरै । जीवै मन हीं मांहि ।
साहिब साषी भूत है । दादू दूसण नांहि ॥
९ बूबन बुधि बिन बोलिया । धरच्या सिंघ का भेष ।
डडनीं षिचेला गया । काल रूप कूं देष ॥
१॰ बिद्या पढी सजीवनीं । सतसंगति की नांहि ।
जगजीवन गुर ग्यांन बिन । पडच्या सिंघ मुष मांहि ॥
११ ग्वाल सु बैठा रूंष परि । घडि षोडा दे पाव ।
आवध बाह्या अजादिसि । ए अपलछिन उपाव ॥
१२ जे कुछ करै बिचार बिन । नंद और की रीस ।
ते नरच्यौं अटके रहैं । ज्यूं कील निकालें कीस ॥
१३ गुरिमुष लाया नांव बलि । सिष षता क्यूं षाइ ।
आडि तिरै आग्या महै । काग तिरचा क्यूं जाइ ॥
१४ आतम बित न जांनांमि । करते बहु बिस्तारं ।
ते नरायौं लटकंत । नालि केलि बको जथा ॥

राग धनाश्री

२:॰ आवरे आव मन मूरिषा । बुरौ दिषावै कांइ रे ।
त्यांह का कारिज ऊजडै । जे घरां परायां जांइ रे ॥ टेक ॥
१ घट माहैं गोबिंद है । तैं ठै थारौ बासौ रे ।
देषि पराया लूंबका । क्यांन्हैं फिरै उदासो रे ॥
२ निहचल ह्वै सुष ऊपजै । अति ही आंनंद होए रे ।
गोबिंद कौ सुमिरण करै । तूंनैं बुरौ कहै नहीं कोए रे ॥
३ तूं फिरतां ह्वैलौ बावलौ । थारी सुधि बुधि सगली जाए रे ।
कारिज कोई नां सरै । तूं धका किसानैं षाए रे ॥
४ गुर गोबिंद किरपा करै । तौ मन कहीं न जाए रे ।
टीला निहचल ह्वै रहै । जे साहिब करै सहाए रे ॥

श्लोक

१५ अणवांछचंत जे मूंढा । गछंति परमंदिरं ।
ते नरा लघु पावंति । ज्यूं सूरज ग्रिहेषु चंद्रमां ॥
१६ हंस मुह जामु ढरे । हरि सरि करि बिश्रांम ।
घरि घरि मरि मरिनं फिरी । उर धरि गिरधनींम ॥
१७ दस दाईक ब्यावरि माता । कहु कैसैं बणि आवै ।
बांदर केरा घाव ज्यूं । ठौर ठौर दिषलावै ॥
१८ काजी मारी बाकरी । मन मैं आंणीं घात ।
ठौड ठौड कै पूछणैं । परगट हूई बात ॥
१९ गंगिया सेती गोष्टि कीन्हीं । पहली मारी गाइ ।
बाहरि प्रगटी बासनां । कहु क्यूं दाबी जाइ ॥
२० आंष्यां आडा कांन दे । बैसि झाड की ओट ।
सुसै बिचार सुनां किया । षाई सिर मैं चोट ॥
इति अविचार अपलहित अपराध कौं अंग संपूर्ण भवेत्

४३ अविचार देहला अपारष कौं अंग

१ दादू सूप बजायां क्यूं टलै । घर मैं बडी बलाइ ।
काल झाल इस जीव का । बातनि हीं क्यूं जाइ ॥
२ स्वांन साह के घरि रहै । पतिका टूका षाइ ।
ज्यूं राषै त्यूं हीं रहै । परषरि कदे न जाइ ॥
३ चोर पडच्या बित लेण कूं । कोई जांणैं नांहि ।
स्वांन भुस्या दुजु देषि करि । बित राष्या घर मांहि ॥
४ और स्वांन जे सहर मैं । कोऊ चूल्हा मांहि ।
केई फिरैं थे भटकते । भुसि ऊठे ठिक नांहि ॥
५ जो सुनहां देषिर भुस्यौ । सो चोरंहि देइ बताइ ।
मोहन सुनि बहुतैं भुसे । तिनहि न को पतियाइ ॥

६ आंधी मालणि छाबडी । पिता सु पूल्ही जोइ ।
पीड साह के पेट मैं । पंच कहैं तहां होइ ॥
७ आंधा ऊंदर थोथरा । कडबी कूते षांहि ।
ऊंट मींगणां मूरिषा किया गंदौडा नांहि ॥
८ अंमली देषि गिलाहरी । आई आई कीन्ह ।
भागा सहर बिचार बिन । धाडि धाडि करि लीन्ह ॥
९ गाडर षोसीहे हलै । बुढिया दीन्हीं गालि ।
कुस तोडचा गुर ग्यांन बिन । सक्या न सति संभालि ॥
१० अजा एवड ज्यूं उठि चले । कीडी नंगरा जोइ ।
जोग बाष्टि ज्यूं झारी षोई । तुरक सु ऊठचा रोइ ॥
११ गतांनिगतंको लोका । न जांनाति परमार्थ लोका ।
यं संसार दुराचार । हारते तांब्र भाजनं ॥
१२ लौंडी लाया फूहडा । स्वांन सु पांडू षाइ ।
निसभादौ की अष्टमीं । हिंदू रांम जणाइ ॥
१३ गऊ बछडा मरि गया । देषौ चाम चटाइ ।
सति सरूप कै पटतरै । कहु क्यूं दीया जाइ ॥
१४ श्रप काचुली तजि गया । दूध सु दुनियां पाइ ।
झूठ साच कै पटंतरै । क्यूं करि दीया जाइ ॥
१५ ज्यूं देषा वेषी पंथ परि । पाथर कीजै ढेर ।
त्यूं रजब संसार सठ । रती न संमझै फेर ॥
१६ देषा देषि बिरष कूं । चींधी बांधै लोग ।
त्यूं रजब संमझैं नहीं । झूठा जग का जोग ॥
१७ जल बिन झूले चैंन कहि । भूले मारग जोग ।
जैसैं कोली कांस मैं । तिरैं अग्यांनीं लोग ॥
१८ अमली का सिर उपरैं । तूटि पडचा बड पांन ।
बरडौ धमारी कहि उठे । तौ कुछ पाया मांन ॥
१९ चाटू सूं मारी तृया । उडचा चाटसू नांव ।
बात कहैं ठिक बाहरी । तिनकूं नांहीं ठांव ॥
इति अविचार देहला अपारष कौ अंग संपूर्ण भवेत्

४४ साच चांणक कौं अंग

१ केई केई तीर्थ ब्रत लपटांनां । केऊ केऊ केवल रांम निज जांनां ।
अजरा अमर एक अस्थांनां । ताका मरम काहू बिरलै जांनां ।
अबरण जोति सकल उजियारा । द्रिष्टि समांन दास निस्तारा ।
जे नहीं उपनां धरनि सरीरा । ताकैं पंथि न सींचा नीरा ।
जा नहीं लागे सूरज के बांनां । सो मोहि आंनि देहु को दांनां ।
जहां न सूरज जाइ सकै । जंम का नांहीं पांन ।
काल करम का भै नहीं । तहां मूरति भगवांन ॥
अंड फोडि ब्रह्मंड उपाया । ता साहिब का अंत न पाया ।
२ जब नहीं होते पवन नहीं पांनीं । जब नहीं होती सिष्टि उपांनीं ।
जब नहीं होते प्यंड नहीं बासा । जब नहीं होते धरनि अकासा ।
जब नहीं होते चंद न सूरा । तब नहीं होते नाद न तूरा ।
जब नहीं होते ग्रभ नहीं मूला । तब नहीं होते कली न फूला ।
जब नहीं होते सबद नहीं स्वादं । तब नहीं होते बिद्या न बादं ।
जब नहीं होते गुरू नहीं चेला । गंम अगंमैं पंथ अकेला ।
तस अबिगत की गति का कहूं । जस कर गांव न ठांव ।
गुन बिहूंन का पेषिये । काकर धरिये नांव ॥
३ आदम आदि सुधि नहीं पाई । मांमां हवा कहां थैं आई ।
जब नहीं होते रांम षुदाई । साषा मूल आदि नहीं भाई ।
जब नहीं होते तुरक न हिंदू । मा का उद्र पिता का बिंदू ।
जब नहीं होते गाइ कसाई । तब यहु बिसमिला किनि फुरमाई ।
भूले फिरैं दींन ह्वै धावैं । ता साहिब का अंत न पावैं ।
संजोगैं करि गुन धरचा । बिजोगैं गुंण जाइ ।
जिभ्या स्वार्थ आपणैं । कीजै बहुत उपाइ ॥
४ जिनि कलमां कलि मांहि पठावा । कुदरति षोज जिन्हू नहीं पावा ।
करम करींम भए कर तूता । बेद कुरांन भए ह्वै रीता ।
क्रितमसो जु ग्रभ अवतरिया । क्रितमसो जु नांव जस धरिया ।
क्रितम सूंनति और जनेऊ । हिंदू तुरक न जांनैं भेऊ ।
मन मसले की सुधि न जांणैं । मति भूले ह्वै दीन बषांणैं ।
पांणीं पवन संजोइ करि । कीया है उतपाति ।
सुंनि मैं सबद समाइगा । तब कासंनि कहिए जाति ॥
५ तुरकी धर्म बहुत हम षोजा । बहु बजगार करैं ए बोधा ।
गाफिल गरब करैं अधिकाई । स्वार्थि अर्थि ले बधैं ए गाई ।
जाकौ दूध धाइ करि पीजै । ता माता कूं बध क्यूं कीजै ।
लहुरै थकैं दुहि पीया षीरो । ताका अहमष भषैं सरीरो ।
बेकलि अकलि न जांणहीं । भूले फिरैं ए लोइ ।
दिल दरिया दीदार बिन । भिस्ति कहां थैं होइ ॥
६ पंडित भूले पढि गुणि बेदा । आप उपावैं नांनां भेदा ।
संझ्या तरपन अर षटक्रंमां । लागि रहे इनकै आश्रंमां ।
गावत्री जुग चारि पढाई । पूछौ जाइ मुकति किनि पाई ।
सब मैं रांम रह्यौ ल्यौ सींचा । इन थैं और कहौ को नींचा ।
अति गुन ग्रब करैं अधिकाई । अधिकैं ग्रंबि न होइ भलाई ।
जाकौ ठाकुर ग्रब प्रहारी । सो क्यूं सहई ग्रब सहारी ।
कुल अभिमांन बिचारि तजि । षोजौ पद निरबांन ।
अंकूर बीज नसाइगा । तब मिलै बिदेही थांन ॥
७ षत्री करैं षत्रीया धरमो । तिनकूं होइ सवाया क्रंमो ।
जीवहि मारि जीव प्रतिपालैं । देषत जनम आपणौं हारैं ।
पंच सुभाई जु मेटै काया । सब तजि क्रंम भजै रांम राया ।
षत्री सो जु कुटंब सूं झूझै । पंचौं मेटि एक कूं बूझै ।
जे आवध गुरि ग्यांन लषावा । गहि करवाल धूप धरि

धावा ।

हेला करै निसांनां घाऊ । झूझ परै जहां मन मथराऊ ।
मन मथ मरै न जीवई । जीवण मरण न होइ ।
सुंनि सनेही रांम बिन । गए अपनपौ षोइ ॥
८ अरु भूले षटदर्शन भाई । पाषंट भेष रहै लपटाई ।
जैन बोध अरु साकत सैंनां । चारिबाक चतुरंग बिहूंनां ।
जैंन जीव की सुधि न जांनैं । पाति तोरि देहुरै आंनैं ।
दूनां मरवा चंपक फूला । तिन मैं जीव बसैं करतूला ।
अरु प्रिथमीं की रोम उपारैं । देषत जीव कोटि संघारैं ।
मन मथ क्रम करैं असराला । कलपत बिंद धसै तिहि द्वारा ।
तिनकी हत्या होइ अदभूता । षटदर्शन मैं जैंन मिगूता ।
ग्यांन अंमर पद बाहिरा । नेडा हीं थैं दूरि ।
जिनि जांन्यां तिनि कटिहै । रांम रह्या सकल भरपूरि ॥
९ आपन करता भये कुलाला । बहु बिधि सिष्टि रची दरहाला ।
बिधनां कुंभ किये द्वै थांनां । प्रितिबिंब ता मांहि समांनां ।
बहुत जतन करि बांनक बांनां । सौंज मिलाइ जीव तहां ठांनां ।
जठर अगनि दीन्हीं परजाली । तामैं आप करी प्रतिपाली ।
भीतर थैं जब बाहरि आवा । सिव सकती द्वै नांव धरावा ।
भूलै भ्रमि परै जिनि कोई । हिंदू तुरक झूठ कुल दोई ।
घर का सुत जे होइ अयांनां । ताकैं संगि क्यूं जाइ सयांनां ।
साची बात कहै जे वासूं । सो फिरि कहै दिवांनां तासूं ।
गोपभ्यं नहै एकै दूधा । कासूं कहिए बांम्हण सूदा ।
जिनि यहु चित्र बणाइया । सो साचा सुतधार ।
कहै कबीर ते जन भले । जे चित्रवत लेहि बिचार ॥

चौपदी ग्रंथ

राग सूहौ

१० ओओम्कार आदि है मूला । राजा परजा एकहि सूला ।
हम तुम मांहैं एकै लोहू ।
एकै प्रांण जीवन है मोन । कटै न संसै सूला ।
कहै कबीर हरि भगति बिन । मुकति नहीं रे मूल ॥

बिप्रमता कौ ग्यांन ग्रंथ

११:१ गुर के चरन बंदिये भाई । आतम भूली सो समझाई ।
भर्म कर्म का बाण न लागै । उतिम मधिम का संसा भागै ॥
सुनियौं संतौ बिप्र गियांन । साच झूठ का करौं बषांन ।
उतिम मधिम करणीं करि होइ । दूजै भरमि न भूलौ कोई ॥

बिप्रबंस का मधिम ग्यांन ।

थावर मांगि अमावस मांगै । गहन मांगि संक्रांतिहि षांन ।
तीर्यें मांगि सराधहि मांगैं । सतीयें मांगि म्रितक लेहि दांन ॥
ब्याहैं मांगि कारटे मांगै । बारहे मांगैं मांगि मसांन ।
देवी मांगैं देवलि मांगै । नाडे मांगैं तीरथ दांन ॥
हीज मांगैं बंझ मांगैं महादेव के ल्यंग समांन ।
१० रोग हत्या क्रंम कष्टहि मांगै । पित्रे मांगैं ग्रभे दांन ॥
सूतिग मांगैं पातिग मांगै । हरस रोग कका झेलैं भार ।
मूलहि मांगैं अरु ग्रह मांगैं । साढ सती का करैं बिचार ॥
चकृ बैठें धरणैं बैठें । गोगा गुसांई लेवैं दांन ।
जुध करावैं क्रिषि बहावै । जीव मरावैं जंबुक ग्यांन ॥
नवा गांव बसावैं । पसू हतावैं । चांवड पूजा भैरूं भांन ।
ग्रह बलि लावैं राकिस ध्यांवै । गोत पुजावैं भूत समांन ॥
जगि करावैं अजा मरावैं । जाप जपावैं मांगैं मोल ।
ग्रभ मुचत सो गऊ दिवावैं । पाप संग्रहैं षांहि हलोल ॥
लगन लिषावैं ग्रह लगावैं । ब्याह करावैं स्वांन समांन ।
२० ज्यूं एक करंक स्वांन दस लागे । लडि लडि मूये मांया ध्यांन ॥
बापी पोषरि कूई दिढावैं । महाबज्र निरमाइ लषांहि ।
गांव गोऊ भोमि गज सेज्या । अस अकुत कूं करैं न नांहि ॥
गृह लूटैं गंगा गुर होवैं । तुला दांन कुरषेत्र जांहि ।
प्रोजन बारषाट प्रब पीढी । ईडा पीडा सबै सहांहि ॥
महा भिष्ट राजसी जीयरे । तिनकी करैं रसोई ।
मनिषा देह महानग उतिम । बिप्र निभांडि बिगोई ॥
ज्यूं काग बिलाई भटकै भाई । करैं न्यौरता पाप दिढाई ।
महा पाप के गुझ की मति । देषौ सब को लोई ।
चंडी सुत के बांहन की गति । मूंवां पीछैं होई ॥
३० बहुत अहारी बहुत बिकारी । बहुतकि लोभी श्रब संघारी ।
उतिम मधिम छोडैं नांहि । रबार्थ लगि धावै तहां जांहि ॥
दसराहे का दिन दिढावै । मेष्या महष्या अजा कटावैं ।
देषौ लोकौ उतिम ग्यांन । कासूं कहिये मधिम समांन ॥
कहा जनेऊ सेवा कीयैं । माला तिलक न्हाइ कहा जीयैं ।
कहा गावत्री संझ्या जाप । इन बातनि क्यूं कटिहैं पाप ।
मधिम निंद्या संत कराई । मधिम सो मदमासहि षाई ।
मध्यम परनारी चित राषै । मधिम सोई असत्या भाषै ॥
मधिम सो ज हरांमहि षाइ । क्रिया भिष्ट जंम लोकहि जाइ ।
हरांम हिंदू कूं गाइ समांन । मुसलमांन कूं सूर बषांन ॥

४० मधिम सो जो बृछ कटावै । मधिम सो जु आतमां भषावै ।
मधिम सो जो पाप दिढावै । मधिम मनिस का मोल करावै ॥
मधिम कूडी बोलै साषि । मधिम क्रितघनीं कूं राषि ।
मधिम माल पराया चाहै । मधिम मारि आतमां ढाहै ॥
करै बिसास आप सूं लावै । परापरी की भगति न भावै ।
भरम भेष का करै दिढाव । सोई मधिम षेलै डाव ॥
मधिम सोइ साच कूं ठेलै । मधिम सोई पुंनि कूं पेलैं ।
सत जत की फोडै पालि । सोई मधिम बोलै गालि ॥
मधिम पांचूं इंद्री पोषै । हिरदै नहीं संतोष ।
परापरी परमेसुर के जन । तिन मै काढे दोष ॥
५० उतिम निरबिकारनिरदोषी । न्रिबैरी न्रिलोभ संतोषी ।
समिता सहज सती सुष दाई । अणजाच्या अणबंछचा षाई ॥
कांम क्रोध मोह मद ममिता । काल कलप नां मारै ।
साध संतोषै सुमिरै सांई । सोई उतिम तारै ॥
साच का सबद षडि की धार । पग धरि चलै तौ उतरै पार ।
करणींहींण कमावै पाप । पूछ गह्यां तौ काटै साप ॥
साच झूठ का निरणां कीन्हां । उतिम मधिम करणीं करि लीन्हां ।
भला बुरा मांनैं जिनि कोइ । साह चोर करणीं थैं हाइ ॥
अबे तबे सो बोलि गुलांमं । असली जाता करै सलांम ।
कांणां कुमषै नागा लजावै । जिसा कर्म करै तिसा फल पावै ॥
६० षाइ हलाहल अमर न होवै । अगनि परै सौ सुष न सोवै ।
अपणां पाव आप ही बाढै । कूप परै ताकूं को काढै ॥
सिंघ श्रप बन झीडा जहां । भूलि पड्या ताकूं धर कहां ।
बह्या जाइ ताकू को तारै । लोह नाव क्यूं पार उतारै ॥
बाल बुधि म्रित का षावै । रोग दहै पीडा दुष पावै ।
मारि कटारी आफू षाइ । पासी लेइ सोई मरि जाइ ॥
मरण उपाव सु मृकट कीन्हां । अरबक गह्या स्यंधौर ।
जाहे सेती जुध करि मूवा । श्रप रह्या तिहि ठौर ॥
बरजि रही पदमणीं पंडित । कीकरि घालै बाथ ।
थोहरि के बन माहैं पंडिया । कांटा भागै हाथ ॥
७० मरण उपाइ अमर क्यूं होइ । मधिम करणीं मधिम सोइ ।
राजा परजा सुणि सुष पावो । साच कहै ताहि दोस न लावो ॥
साच कहे का गुण करि मांनैं । बैद सोई जो रोग हि जांनैं ।
रोगी बैद कहै त्यौं करै । अमर होइ सो कबहूं न मरै ॥
जनगोपाल कही गुरबांणीं । साच दई कूं भावै ।
बोया अपणां सोई लुणिहै । सोई घर मैं आवै ॥
गऊ बछ मुष आगैं राष्या । सैंतण लागी सोई ।
जैसे संगि सोभति करि सूती । पुत्र सुतै सो होई ॥
बिप्रमता कौ अंग ग्यांन ग्रंथ संपूर्ण भवेत ॥

जैन बोध ग्रंथ

१२:१ जैंन जती मिलि कीयौ साथ । पूजण चाले पारसनाथ ।
पारस तौ जे पलटै अंग ।
लोहा थैं फिरि कंचन होइ । तौ मैं भी चालौं गाडौ जोइ ।
जैसा जाइ तैसा आवै । ताकै दरसि क्यूं कर्म दहावै ।
केई एक मांनैं अरिहंत देव । पारब्रह्मं की छाडी सेव ।
धरचौ घडचौ सो फूटै टूटै । ताकौ सेवग का कहि छूटै ।
जीव दया तौ पालै घणीं । पाती आंणैं छाबडी भरी ।
सूका ऊपरि आली धरी । कहिनैं सेवा किहि करी ।
अग्यांन न जांणैं आंधला । यहु नहीं अरिहंत ।
लुंचित ह्वै ह्वै मरि गया । किनहूं न पाया भेव ॥
१० जैंन जती का यहु आचार । धोवण धांवण पीवैं छार ।
नीली छोडैं सूकी षाइ । ज्यूं षटीक कै लेवै जाइ ।
केई ऊन्हां पांनीं सोधत फिरैं । केई नागा होइ र भोजन करै ।
माई बहनीं देषै लोग । फिटरे मूरिष तेरा जोग ।
केई पीछी लेइ बुहारैं धरती । मांहैं मनसा न रहै फिरती ।
केई मुहडा आडी बांधै पाटी । मन ऊं निकसि जाइ दस बाटी ।
केई बावैं दांहिणैं चोषत रहैं । मुष सूं मूरिष बातैं कहैं ।
राति दिवस मन बिष मैं रहै । कोटि धरम कीया सब दहै ।
केई औठ्या जूठ्या भोजन लहै । मन मैं मांझी मोटा रहै ।
केई मूंत बषेरैं माथा षोसैं । घडी घडी मैं मांणस रोसैं ।
२० पाप करैं नैंपंथ चलावैं । जोनी संकुट फिरि फिरि आवैं ।
निज रूप का नांव न भावै । यौं गुर परसादैं जगिया गावै ।

सांषी बूडा सेवडा । जांण्यौं नांहीं रांम ।
औरू सेई बूडिसें । जे करिसें अैसा कांम ॥

त्रिभंगी छंद ।

१३:१ सुंदर देष्या सोधिकैं । सब काहू का ग्यांन ।
कोई मनि मांनैं नहीं । बिनां निरंजन ध्यांन ॥
षटदर्शन हम षोजिया । जोगी जंगम सेष ।
सिंन्यासी अरु सेवडा । पंडित भगता भेष ॥
तौ भगत न भावैं दूरि बतावैं तीर्थ जावैं फिरि आवैं ।

जीक्रितम गावैं पूजा लावैं झूठ दिढावैं बहिकावैं ।
अरु माला नावैं । तिलक करावैं । क्यूं पावैं गुर बिन गैला ।
दादू का चेला भर्म पछेला । सुंदर न्यारा ह्वै षेला ॥
तपी सिंन्यासी राष लगासी जटा बधासी भटकासी ।
जब जोबन जासी धौला आसी तब करि दासी बैठासी ।
सब अकलि गंमासी षलक हसासी माया पासी अरझेला ।
दादू का चेला भर पछेला । सुंदर न्यारा ह्वै षेला ॥

जोगी गहिला देषे सहिला । नांहीं लहिला वो महिला ।
मांस भषैंला मद पीवैंला भूत जपैंला पूजैंला ।
गोरष कहिला सो न करैंहिला बिनहीं चहिला बीधेला ।
दादू का चेला भरम पछेला । सुंदर न्यारा ह्वै षेला ॥

जंगम अंगा लारकहि लिंगा फिरहि कुढंगा सिवमांगा ।
डसे अनंगा बडे भुजंगा भए निषंगा सरबंगा ।
नांहीं चंगा देषे रंगा उनकौ संगा छाडेला ।
दादू का चेला भम पछेला । सुंदर न्यारा ह्वै षेला ॥

अरिहंत धरमीं भारी भरमीं । केस उपरमीं बेसरमीं ।
भोजन नरमीं षावैं षुरमी । मनमथ करमीं अति उरमीं ।
द्रिष्टि सु चरमीं अंतरि गरमीं । नांहीं मरमीं गहि ठेला ।
दादू का चेला भरम पछेला । सुंदर न्यारा ह्वै षेला ॥

सेष मुलांनां पढैं कुरांनां पछिम जांनां उन ठांनां ।
भांगि भुजांनां बगनीं छांनां भये दिवांनां सैतांनां ।
जीव दुषांनां दरद न आंनां कह्या न मांनां बरजेला ।
दादू का चेला भर्म पछेला । सुंदर न्यारा ह्वै षेला ॥

पंडित आये बेद भुलाए षटक्रमाए त्रपणाए ।
संध्या गाए पढि उरझाये रांनां राये ठगि षाये ।
जीबडे कहाए ग्रब न जाए रांम न पाए थाधेला ।
दादू का चेला भर्म पछेला । सुंदर न्यारा ह्वै षेला ॥

ए मत हेरे सबहि नकेरे गहि गहि गेरे बहुतेरे ।
तब सतगुर टेरे कांन निमेरे जाते फेरे आधेरे ।
उन सूर सवेरे उदै कीयै रे सबै अंधेरे त.सेला ।
दादू का चेला भरम पछेला । सुंदर न्यारा ह्वै षेला ॥

श्लोक

१४;१ ब्रह्मग्यांनं पदश्चैव । जं जांणंति तस्य मुत्यमं ।
ब्रह्मग्यांन बिनां कर्म । बिप्र चंडाल उच्यते ॥
जनमयाइते सुद्रं संकारं द्विज उच्यते ।
बेदांभ्यासी भवे बिप्रा ब्रह्म जांणंति ब्राह्मणं ॥

ब्रह्म कर्म न जांनांमि । ब्रह्म सुत्रे न ग्रबता ।
ते नईव केवलं पांसि । बधयौ जांति रसातलं ॥
बेदहींनि भवे बिप्रा । दयाहींनं छत्रपती ।
काछहींनं भवे जोगी । पापौ बसंति सर्बदा ॥
बेदहींन ब्रह्मा करंम चंडाल । अग्यांनीं जोगी प्रिथमीं का भार ।
अबोधरा जाकी न कीजे सेव । सत्य सत्य भाषंत श्री महादेव ॥
सिव निर्मांइल ब्रह्मरस । चंडी धन जे षाइ ।
ईस्वर बोलंत पारबती । तीने निरमूला जाइ ॥
लोभार्थी दीयते दष्या । डंचंभार्थ पुजते हरि ।
बादार्थी पठति बिद्या । तीनै मोष्य न गछते ॥
परद्रोही परनिंद्या । परातमां परघातकं ।
परोउपबादनी जिह्वा । नर कीटोपि जायते ॥
अहंकारं बलं डंभं । बिद्वासो अथवा सठः ।
ग्यांनहीनेषु जो अंधा । बर्तते पसुभी समांन ॥
पंडित चित्री सुमदिका । सुध बुध सा दीदार ।
क्रोध अग्नि बिचि षेम कहि । दहुंवां एक बिचार ॥
अहं कोटि क्रमांणि । मम न भजंति पसू नरा ।
जा दिने जोति ग्रहणांमि । ता दिने को राषंत रे जंम किंकरा ॥

१४ परसरांम भरमाइ महीमुरबारसु लीनीं ।
पुंनि दूजैं औतार देषि उरिला तसु दीनीं ।
१५ बिप्र रूप बपधारि उठे बलिसूं नहीं थोडे ।
देषि डरे दिज रूप करन के दंतसु तोडे ।
१७ पहिलाद प्यंड पाडि सु पडि । पूत बाप बिचक्या धरी ।
हरि चंद हेरि रजब रहसि । ब्रह्म बंस संगति करी ॥
१८ दादू बासंण बिषै बिकार के । तिनकूं आदर मांन ।
संगी सिरजनहार के । तिनसूं ग्रब गुमांन ॥
१९ कबीर हरि जन सेती रूसणौं । संसारी सूं हेत ।
ते नर कदे न नीपजैं । ज्यूं कालर का षेत ॥
२० कबीर दींन गंवाया दुनीं सूं । दुनीं न चाली साथि ।
पाइ कुहाडा मारिया । गाफिल अपणैं हाथि ॥
२१ दुनियां कै पीछैं पडचा । दौडचा दौडचा जाइ ।
दादू जिनि पैदा कीया । ता साहिब कूं छिटकाइ ॥
२२ जीवां मांहैं जीव रहै । असैा माया मोह ।
सांई सूधा सब गया । दादू नहीं अंदोह ॥
२३ दादू हीरा पग सूं ठेलि करि । कंकर कूं कर लींन्ह ।
पारब्रह्म कूं छाडि करि । जीवन सूं हित कीन्ह ॥
२४ कबीर जीव बिलंब्या जीव सूं । अलष न लषिया जाइ ।
गोबिंद मिलै न झल बुझै । रही बुझाइ बुझाइ ॥
२५ कबीर रांमहि थोडा जांनि करि । दुनियां आगैं दीन ।
जीऊं सूं राजा कहै । माया का आधीन ॥
२६ कबीर इहि र उदर कै कारनैं । जग जाच्यौ निस जांम ।
स्वांमीं पणौं जु सिरि चढचौ । सरचौ न एको कांम ॥
२७ कोटि सयांनप सहंस बुधि । समन सबै अकथ ।
चित जु चिहूंटचा मिंत सूं । जीव भया परहथ ॥

२८ कबीर जै मन लागै एक सूं । तौ निरवाल्या जाइ ।
तूरा दुहूं मुषि बाजनां । न्याइ तमांचा षाइ ॥
साच चांणक कौं अंग संपूर्ण भवेत्

४५ मलींनना चांणक कौं अंग

राग भैरूं

१:० मैला मलिता सब संसार ।
हरि निर्मल जाकौ अंत न पार ॥ टेक ॥
१ मैला बीरज मैला षेत । मन मैला काया रस हेत ॥
२ मैला मोती मैला हीर । मैला पवन पावक अरु नीर ॥
३ मैला तीनि लोक ब्रह्मंड इकबीस ।
निस बासुरि मैंला दिन तीस ॥
४ मैला ब्रह्मा मैला इंद्र ।
सहंस कला मैला रवि चंद्र ॥
५ सब जग मैला एकै भाइ । जन निर्मल जब हरि गुन गाइ ॥
६ मैला पुंनि अरु मैला पाप । मेला आंन देव का जाप ॥
७ मैला तीर्थ मैला दांन । ब्रत मैला पूजा र स्नांन ॥
८ मैला सुर मैली सुरसती ।
नांमदेव कौ ठाकुर निर्मल हरी ॥
२:० रांम निरंजन न्यारा रे । अंजन सकल पसारा रे ॥ टेक ॥
१ अंजन उतपति उो ऊंकार । अंजन मांडचा सब बिस्तार ॥
२ अंजन ब्रह्मां संकर इंद्र । अंजन गोपी संगि गोबिंद ॥
३ अंजन बांणीं अंजन बेद । अंजन कीये नांनां भेद ॥
४ अंजन बिद्या पाठ पुरांन । अंजन फोकट कथहि गियांन ॥
५ अंजन पाती अंजन देव । अंजन की करै अंजन सेव ॥
६ अंजन नांचै अंजन गावै । अंजन भेष अंनंत दिषावै ॥
७ अंजन कहूं कहां लग केता । दांन पुंनि तप साधन जेता ॥
८ कहै कबीर कोई बिरला जागै । अंजन छाडि निरंजन लागै ॥
३:० अंजन अलप निरंजन सार ।
इहै चींन्हि नर करहु बिचार ॥ टेक ॥
१ अंजन उतपति बरतणि लोई । बिनां निरंजन मुकति न होई ॥
२ अंजन आवै अंजन जाइ । निरंजन सब घटि रह्यौ समाइ ॥
३ जोग ध्यांन तप सबै बिकार । कहै कबीर मेरे रांम अधार ॥

राग मारूं

४:० निरंजन अंजन कीन्हां रे । सब आतम लीनां रे ॥ टेक ॥
१ अंजन माया अंजन काया । अंजन छाया रे ।
अंजन राते अंजन माते । अंजन पाया रे ॥
२ अंजन मेरा अंजन तेरा । अंजन मेला रे ।
अंजन लीया अंजन दीया । अंजन षेला रे ॥
३ अंजन देवा अंजन सेवा । अंजन पूजा रे ॥
अंजन ध्यांनां अंजन ग्यांनां । अंजन दूजा रे ॥
४ अंजन बकता अंजन सुरता । अंजन भावै रे ।
अंजंन रांम निरंजन कीन्हां । दादू गावै रे ॥

कबित

१ मनसा तौ मैल मंडाण गैल मल थूल सुमूलं ।
जलथल मल ह्वै किरषि मलहि षित षात सुधूलं ।
मल मिष्टांन सुमेल मलहि सांभरि सुत सीरं ।
मल मुषि लेहि अफीम मलहि मल भुगतैं बीरं ।
घ्रित हींग कहि कौंन मधि सूप चालनीं सोधिए ।
रजब लीजै मेद मधु क्या आचार परमोधिए ॥

राग आसावरी

५:० पांडे सोचि पिवो तुम्ह पांणीं ।
छोति कहां सूं आंणीं ॥ टेक ॥
१ छपन कोडि जहां जादौं जाले । चौरासी लषि बासी ।
षांन उमराव तहां सब गाडे । मुनियर सहंस अठचासी ।
पांडे ता माटी के भांडे ॥
मछ कछ जल मांहि बिवांनां । लोही रक्ता मल भरिया ।
२ नदियां नीर नरक बहि आया । पसु पांणीं मैं सडिया ॥
जल की बूंद थैं प्यंड उपाया । नांव धरचौ जाकौ माषी ।
३ जे तूं बभण बभणीं जाया । वो तैं क्यौं न राषी ॥
पोथी पतडा दूरि करि पांडे । छाडि दे मन के भरमां ।
४ कहै कबीर एक करि जांणैं । रहौ रांम की सरणां ॥
६:० कहु पाडे कैसी सुचि कीजै ।
सुचि कीजै तौ जनम न लीजै ॥ टेक ॥
१ जा सुचि केरा करहु बिचारा ।
भिष्ट भये लीन्हां अवतारा ॥
२ जा कारणि तुम्ह धरती काटी ।
तामैं मुए जीव सौ साठी ॥
३ जा कारणि तुम्ह लींन जनोई ।
थूक लगाइ कातै सब कोई ॥
४ एक काल घ्रित केरी साषा ।
दूजी षाल मैं ले घ्रित राषा ॥
५ सो घ्रित सब देवतनि चढायौ ।
सो घ्रित सब दुनिया ई षायौ ॥
६ कहै कबीर सुचि देहु बताई ।
रांम नांम लीज्यौ रे भाई ॥
७:० कहु पाडि सुचि कौंन ठांउं ।
जिहि घरि भोजन बैठि षांउं ॥ टेक ॥
१ माता जूठी पिता पुनि जूठा । जूठे फल चित लागे ।
जूठा आवन जूठा जांनां । चेतहु क्यौं न अभागे ॥
२ अंनु जूठा पांनी पुनि जूठा । जूठी बैठि पकाया ।
जूठी कडछी अंन परोस्या । जूठे जूठा षाया ॥
३ चौका जूठा गोबर जूठा । जूठी काढी कारा ।
कहै कबीर तेई जन सूचा । जे मन का तजैं बिकारा ॥

राग रांमग्री

८:० पाडे तब जाइ होइ जनोई ।
पहली प्रगटि पांच बडि गाढा । तौ पीछैं बडगोई ॥ टेक ॥
१ सोई रुई सुद्रां घरि पींनीं । सोई करां बिचि काता ।
ता सूत का तोडा ताडा । ताहि पहरि का माता ॥
२ जा पोषरि मैं सुद्र सवारचा । सोई नीर भरि न्हाया ।
ता पोषरि कै लगतै पाडि उतिम कदे न आया ॥
३ राजस तांमस पातिग तूंमैं । ए तीन्यूं जे मारै ।
तौ चौथी सरि तोथैं नीडी । जे तूं षोज बिचारै ॥
४ जे ब्रह्मा की बांणीं षोजे । तौ तूं ब्रह्म पिछांणैं ।
नौ सरि मेल्हि पूठि कै पाछैं । दसई कूं मन तांणैं ॥
५ एक अचंभा औरै देष्या । जग सब यौंहीं भूला ।
कहै हरदास क्रिपा केसौ की । गुर मिलि संसा षूला ॥

राग गौडी

९:० काहे कूं कीजै पांडे छोति बिचारा ।
छोति हीं तैं उपनां संसारा ॥ टेक ॥
१ हमारै कैसैं लोहू पांडे । तुम्हारै कैसैं दूध ।
तुम्ह कैसैं बांभण हम कैसैं सूध ॥
२ छोति छोति करतां तुम्हहीं जाये ।
तौ ग्रभ वासि काहे कूं आए ॥
जनमत छोति मरत हीं छोति ।
कहै कबीर हरि की निर्मल जोति ॥

साषी

१ दादू हाडौं मुष भरचा । चांम रह्या लपटाइ ।
मांहैं जिभ्या मांस की । ताही सेती षाइ ।
२ नऊं दुवारे नक के । निसदिन बहै बलाइ ।
सुचि कहां लौं कीजिये । रांम सुमरि गुन गाइ ॥
३ दादू यहु मन तीन्यूं लोक मैं । अरस परस सब होइ ।
देही की रष्या करै । हम जिनि भींटै कोइ ॥
४ दादू देह जतन करि राषिए । मन राष्या नहि जाइ ।
उतिम मधिम बासनां । भला बुरा सब षाइ ॥
५ प्रांणीं तन मन मिलि रह्या । इंद्री सकल बिकार ।
दादू ब्रह्मा सुद्र घरि । कहां रहै आचार ॥
६ मनवां झूलै नरक मैं । बाहरि धोवै देह ।
जैमल बैठे सूच ह्वै । बडा अचंभा एह ॥
७ कुदया कसांइणीं कुबुधि डूंमणीं । परनिंद्या घटि
चूहडी । मूठा क्रोध चिंडाल ।
चौका दितें क्या भया नांनिक । चारचूं बैठे नाल ॥
८ लबु कुता ठगु चूहडा । ठगि षाया मुरदार ।
नांनिक मंजल सिकूड दी । पी पी हौंहि षुवार ॥
९ कांमस्य कला ले चितस्य चिडा । श्रुरा बिषै सिज्या
मनमथ
मास ।
बीरजं ब्रह्म हत्या है है रे लोका दुराचारी । कहां रही
सुच्या तुम्हारी ॥
१० दादू बिषिया का रस मद भया । नर नारी का मास ।
माया माते मद पीया । किया जनम का नास ॥
११ दादू बिषै के कारनैं रूप राते रहैं । नैंन नापाक यौं
कीन्ह भाई ।
बदी की ब्रात यौं सुनत सारा दिन । श्रवन नापाक यूं
कीन्ह जाई ।
११ स्वाद के कारनैं लुबधि लागी रहै । जिभ्या नापाक यौं
कीन्ह षाई ॥
भोग के कारनैं भूष लागी रहै । अंग नापाक यौं कीन्ह
लाई ॥
१२ गंदी सूं गंदा भया । यौं गंदा सब कोइ ।
दादू लागै षूब सूं । तौ षूब सरीषा होइ ॥
१३ माया मैली गुनमई । धरि धरि उजल नांव ।
दादू मोहै सबनि कूं । सुर नर सबहीं ठांव ॥
१४ मधिम मन मनसा मधिम । मधिम कर्णी कांम ।
मधिम सूं लागे रहैं । क्यूं पावैं बिश्रांम ॥

कबित

१५ भैंसा चांम पवित्र । जेणि पांणहीं गहीजै ।
गादह चांम पवित्र । जेणि नींसांण मढीजे ।
हरणां चांम पवित्र । पहरि देसावर कीजे ।
छेली चांम पवित्र । नीर जिणि टाढौ पीजै ।
झाझ ले नीर झकोलिये । थावरि थावरि ठोरडौ ।
अणपवित्र चांम अणभगत कौ । जिम काढै तिम कोरडौ ॥

राग भैरूं

१०:० आचार रोगी बिचार ताजा ।
आचार सेवग बिचार राजा ॥ टेक ॥
१ आचार पीसै पोवै पांणीं भरै ।
बिचार भुगतै श्रब भ्रम जरै ॥
२ जब लग आचार फूलै फलै ।
तब लग काल जोनि नहीं टलै ॥
३ कहि नापा जब या मति भ्यासी ।
गयौ आचार बिचार समासी ॥

१६ दादू कोटि आचारी न एक बिचारी । तऊ न सरभरि
होइ ।
आचारी सब जग भरचा । बिचारी बिरला कोइ ॥

राग आसावरी

११:० ऐसा तेरा झूठा मीठा लागा । तार्थैं साचे सूं मन भागा
॥ टेक ॥
१ झूठे के घरि झूठा आया । झूठा षांण पकाया ।
झूठी सहनक झूठी बाह्या । झूठे झूठा षाया ॥
२ झूठा ऊठन झूठा बेठन । झूठी सबै सगाई ।
झूठे के रंगि झूठा राता । साचे को न पत्याई ॥
३ कहै कबीर अल्ह का पुंगडा । साचे सूं मन लावो ।
झूठे केरी संगति त्यागौ । मन बंछित फल पावो ॥

राग भैरूं

१२:० तार्थें कहिये लोकाचार । बेद कतेब कथैं ब्यौहार ॥टेक ॥

१ जारि बारि करि आवैं षेहा ।
मूंवां पीछैं प्रीति सनेहा ॥
२ जीवत पित्रहि मारैं डंगा ।
मूंवां पित्र ले घालैं गंगा ॥
३ जीवत पित्र कूं अंन न षुवावैं ।
मुवां पित्र कूं प्यंड भरावें ॥
४ जीवत पित्र कूं बोलैं अपराध ।
मुवां पीछैं देहि सराध ॥
५ कहि कबीर मोहि अचिरज आवै ।
कउवा षांहि पित्र क्यूं पावै ॥

१७ सदा काले आतीथं त्रिपितं । पित्र प्यंड च लभ्यते ।
आतीथं निर्मुषं जांति । निरासो पितरो गता ॥
१८ प्रांण पुरिस भटकत फिरै । अस्त सिलावैं गंग ।
हरिसिंघ पोषें कांचुली । क्यौं त्रिपता होइ भुवंग ॥
१९ कहां गाइबौ न्हाइबौ । सेवा मूरति ध्यांन ।
इंद्री अंग न सुध ह्वै । कोटि कथहि जौ ग्यांन ॥
२० कहा करै आचार बावरे । मन बिषिया सूं लींन ।
निर्मल जल कौं छाडि करि । मैला गरासै मींन ॥
२१ कीडा दस चौकै मरै । घुण दस हांडी मांहि ।
जन रजब इस सुचि मैं । कुछ बरकति दीसै नांहि ॥

मलींनना चांणक कौं अंग संपूर्ण भवेत्

४६ चाणक उपदेश कौं अंग

राग रांमग्री

१:० बांणारसी पढिबा किस्यूं बसीजै ।
आरंभ कीजै किस्यूं अनेक ।
दोइ अषारां मांहि देषीजै ।
बेदां चहुंरौ अर्थ बबेक ॥ टेक ॥
१ पढि गुणि किसी लिषांणां पोथी ।
आगंम निगंम अरथ उधेड ।
ररा ममा मैं आवीर हियौ ।
नौ ब्याकरणां तणौं नबेड ॥
२ जढ सगले बिण रांम जांणियैं ।
जांणैं रांमत के जण जांण ।
हेकणि नांइ पारचउ तरिये ।
पढिजैं किसा अठार पुरांण ॥
३ कांन्हइयौ कहै रांम मुषि कहितां ।
और रिदा तैं ऊतरिया ।
अष्यर उभै लिष्या अभिअंतरि ।
अहनिसि पढैं सु ऊबरिया ॥

साषी श्लोक

१ मथिया बेद पुराण सोधिया । कणबस करि बैस्नौं तांम ।
निरजीव बेद छाछिग ज्यूं पीवैं । सरजीवनि पद रांम नांम ॥
२ एक अछिर परम तत्वं । पादारबिंदं परायणं ।
किं बृथा बक्तस्य मूंढा । सजीवनी ओषदि मूलमेक रांम नांमं ॥
३ दादू अलिफ एक अलाह का । जे पढि जांणैं कोइ ।
कुरांन कतेबां इलम सब । पढि करि पूरा होइ ॥

राग कनडौ

२:० चलि चलि मन हरि चटसाल पढांऊं ।
गुर की साटी ग्यांन का अक्षर । बिसरै तौ सहज समाधि लगांऊं ॥ टेक ॥
१ प्रेम पटी श्रुति लेषनि करिहूं । ररौ ममौं लिषि अंक दिषांऊं ।
इहि बिधि मुकति भये सनकादिक । रिदौ बिदारि प्रकास बतांऊं ॥
२ कागद कवल मति मसि करि निर्मल । बिन रसानां निसदिन गुन गांऊं ।
कहै रैदास रांम जपि भाई । संत साषि दे बहुरि न आंऊं ॥

४ कबीर जै वो एक जांणियां । तौ बहु जांण्यां जांण ।
जै वो एक न जांणियां । तौ सब ही जांण अजांण ॥
५ कबीर एक न जांणियां । तौ सब जांणें क्या होइ ।
एकैं थैं सब होत है । सब सूं एक न होइ ॥
६ एकैं साधैं सब सधै । सब साधें सब जाइ ।
जौ तर सींचौ पेड तैं । तौ फल फूल अघाइ ॥
७ चत्वारो पठते बेदा । अष्टादसा च सुमृती ।
एके ग्यांन बिहूंनस्य । ते सर्ब निर्फलं भवेत् ॥
८ चत्रबेदोपिरम्यं बिप्रा । सुषिम ब्रह्म न बिंदते ।
बेदभार भरंक्रांतः । श्रब ई ब्रह्मण गरधवाः ॥
९ कबीर चारचौं बेद पढाइ करि । हरि सूं न लाया हेत ।
बालि कबीरा लै गया । पंडित ढूंढैं षेत ॥
१० लिषि लिषि बंचै को पचि मरै । बाजु लिषैं केवल बिस्तरै ।
पंडित पढि गुणि बींधे पासि । जोगी पद गहि रहे निरासि ॥
११ काजी मुलां कुरांण लगाया । ब्राह्मण लगाया बेदं ।
कापडी सिंन्यासी तीरथां भ्रमाया । न पाया त्रिबांण पद का भेदं ॥
१२ दादू पोथी अपणां पिंड करि । हरि जस मांहैं लेष ।
पंडित अपनां प्रांण करि । दादू कथहु अलेष ॥
१३ जत उप्रांति ब्रत नास्ति । सत उपरांति सास्त्र ।
गुरू उपरांति देव नास्ति । प्यंड उपरांति पुस्तक ॥
१४ कबीर पढणां दूरि करि । पुस्तक देइ बहाइ ।

बांवन अषिर सोधि करि । ररै ममैं चित लाइ ॥
१४ कबीर पोथा पढि पढि जग मूवा । पंडित भया न कोइ ।
एकै अष्यर पीव का । पढ़ैं सु पंडित होइ ॥
१६ कागद काले करि मूये । केते बेद पुरांन ।
एकै अष्यर पीव का । दादू पढै सुजांन ॥
१७ लिषि लिषि लिषि सब जग लिष्या । कथि कथि कथि का कीन्ह ।
पढि पढि पढि सब बढि गए । किन्हीं रघुनाथ न चीन्ह ॥
१८ दादू सब हीं बेद पुरांन पढि । नेटि नाउं निरधार ।
सब कुछ इस ही मांहि है । क्या करिये बिस्तार ॥
१९ पढि पढि थाके पंडिता । किनहूं न पाया पार ।
कथि कथि थाके मुनि जनां । दादू नाइ अधार ॥
२० दादू पाती प्रेम की । बिरला बंचै कोइ ।
बेद पुरांन पुस्तक पढैं । प्रेम बिनां क्या होइ ॥
२१ दादू अष्यर प्रेम का । कोई पढैगा एक ।
दादू पुस्तक प्रेम बिन । केते पढैं अनेक ॥
२२ दादू निवरे नांव बिन । झूठा कथैं गियांन ।
बैठे सिर षाली करैं । पंडित बेद पुरांन ॥
२३ सिंनकूटच्या कागद किया । मंसि के मांडे अंक ।
तिस कूं पढि पढि पंडित हुवा । जग सूं कीया कंक ॥
२४ बहुत घरौं का पांहुंणां । सुमिरै नांहीं रांम ।
साधूं सेती बैरता । माया सेती कांम ॥
२५ दादू सब हम देष्या सोधि करि । बेद कुरांनौं मांहि ।
जहां निरंजन पाइये । सो देस दूरि इत नांहि ॥
२६ पढैं न पावैं परम गति । पढैं न लंघै पार ।
पढैं न पहुंचै प्रांणियां । दादू पीड पुकार ॥
२७ पढंदा पेईबियौ । कोडी लष कुरांन ।
लषे लोकन संघियौ । पांणीं अंदरि पांण ॥
२८ जुजू बार हलष । कोडि कतेबां जे पढै ।
हेहस बाई सिष । जांजां पिरीयां नीमडै ॥
२९ जेरां जबरां आइतां । अषिर ठार न पार ।
हेकडि यौ ईमांन मैं । लहंनि सभंनीं सार ॥
३० कंज कंजूस्यां काफियां । किकी न पढियांम ।
सोडे होई कोबियौ । जांई पिरीं ल धांम ॥

श्लोक

३१ भिस्तं गरंथाग । अन्यौ निन्यायौ मिमांसा: तर्क प्रक्तिया ।
ब्याकर्णई जोतिसं । षडांग बेदऊः काब्यं कब्यं ।
सत उपनषदई । मंत्रादि जायं तंतई । र बहुभी क्रितं ।
मस्नानं सुचिर्रचितं । तीर्थाटणं बयरागयं रागई ।
एकांति बासिनो । इति सर्बेप्यमार्चं बयं क्रित्वा ।
न दर्शंति हरी बिनां कांमए ॥
३२ किं सकल सास्त्र पुरांण पठितं । तर्कादि ब्याकर्ण क्यं: ।
किं मंत्र जंत्र रसादिकं । निर्त निर्घंट जोतिष मतं: ।
आतम तत पद बिनां बिरहितं । अप्रापत्यं मोष्यं पदं ।
किंचित्रु बुधि बदंति । चुर्कट क्रितं सेषस्य ब्यारकं ॥
३३ किं बेदई र सुमृतभि पुरांन पाठनई ।
सास्त्रई महा बिस्त्रई श्रुग ग्रांम कुटी निवास फल दई ।
कर्म किया बिभ्रमई । किं मुक्तौ भव भार दुष रचनां ।
बिध्वंस कालानलंसु आतमां तत पद प्रवेस कल्यांण ।
सेष्य बनिक बृत्तए ॥
३४ पदवी षट सास्त्रई । कलपता बिद्या मंडल मंत्र जंत्र ।
सततं सर्बई ते दु:ष प्रदारे ।
रे मूंढ निराष्यराषिर पदं चेतो चिरंचितए ॥
३५ चतुर षष्ट नव नांव बिन । अष्टादस मुषि पाठि ।
जगंनाथ बांवन बृथा । जब सांई बिसरच्या साठि ॥
३६ किं बहु बिचारेण । कंठ सोसई समस्तई तजि बिषै बिभागेण ।
सुनि भाग समांणई । भजि गुरू नरचंद्र भुचर पाइ प्रसादई ।
३७ करि गगन प्रवेसेन । सदा सुष आंनंदई ॥
अनंत सास्त्र बहुधा च बिद्या । अल्पस्य आयोर बहु बिघन कृत्वा ।
३८ जत् सार भूतं तद पासनीयं । हंसो षीर जथामि अंबु धानु ॥
सास्त्रोप्य द्रिष्टि श्रुतयौप्य भ्यनां: । रिष्यर नईव जस्य ।
३९ बच: प्रमांणं धर्मस्य तत्वं नि:तं गुहायं ।
महाजनो जेनि गतस्य पंथा ॥
४० उच्यष्टं सर्ब सास्त्रांणि । घटे घटे निजो जएत् ।
न उच्यष्टं ब्रह्म ग्यांनं किंचितु क्यंचितु बक्त मया ॥
४१ यथामृतेन तृपतस्य । स्वादै नास्ति परोजनं ।
जथागेयं च संप्राप्यं । बेदई नास्ति परोजनं ॥
४२ सास्त्रस्य कांम बिद्या । बेस्वा जथा जोबनं ।
हरि संकर अगोचरी बिद्या । तथापि ता पुत्र न कथिते ॥
४३ बेद पुरांण सास्त्रांणि । बुधई बागुरिको मत: ।
तत्र लोक कुरंगानां । जाह पतंति पतंति ॥
४४ नांव नीति अनीति सब । पहली बांधे बंध ।
पसू न जांनैं पारधी । दादू रोपे फंध ॥
४५ दादू बांधे बेद बिधि । भर्म कर्म उरझाइ ।
मारजादा मांहैं रहे । सुमिरण किया न जाइ ॥
४६ लोक बेद कौ चालणौं । डागल की री बौठ ।
भुवण कुवा परि नित फिरै । अंति ठौड की ठौड ॥
४७ अहनिसि आंषि मुदी रहै । ज्यूं भावै त्यूं फेरै ।
बैल घुगी तेली गिरार । बुनै ठौर की ठौरै ॥
४८ बेदे न उतरते पारं । सास्त्रं मोष्यं न लभ्यते ।
ते नरा नर्कि जांति । जे आतम तत न बिंदते ॥
४९ पठतबिं बहु सास्त्राणि मनेक कथा ।
आतम तत न जांनामि द्रबी पाकरसं जथा ॥
५० बिस्तीरणं सास्त्र बिद्या । सस्त्र बिद्या जयं षयं ।
बाद बिद्या जथा स्वांनं । धात बिद्या भोगं भव: ।
५१ बिचारमे आतमां बिद्या । जस्य स्थीरणं मन: ।
सोष्यं मोष्यं पुन: पारंगति: ॥

राग आसावरी

३:० रसनां रांम नांम कहि लीजै ।

तन मन धन हरि हेत अपनपौ । सकल समरपन कीजै
॥ टेक ॥
१ श्रुति सुमृति ब्याकरण बिबिधि बिधि । काहे कूं पढि पढि
मरिये ।
धन जोबन अभिमांन लोभ थैं जौ मन सुध न करिये ॥
२ जीव निबृति उद्रकै तांई । जौ बिद्या गुन गहिये ।
सो पंडित सामांनि सकल बिधि । अधिकारी क्यौं
कहिये ॥
३ डिंभ कपट घटि तजै चतुरता । अति आनंद बढचौ रे ।
सकल सास्त्र कौ सार भूत । सो माधौदास पढचौ रे ॥

राग सारंग

४:॰ जौ कलि नांम कबीर न होते ।
तौ लोक बेद अरु कलि जुग मिलि करि । भगति रसातलि
देते ॥ टेक ॥
१ अगंम निगम की कहि कहि पांडे । फल भागौत लगाया ।
राजस तांमस सातिग कथि कथि । इनहीं जुगति भुलाया ॥
२ कथता सुरता दोऊ भूले । दुनियां सबै भुलाई ।
कलप बृछ की छाया बैठे । तौ क्यूं न कलपनां जाई ॥
३ श्रगुण कथि कथि मिष्ट षुवाया । काया रोग बढाया ।
निर्गुण नींब पीया नहीं गुरगंमि । ताथैं आढैं जीव
बिकाया ॥
४ अंध लुकटिया अंध गहीहै । परत कूप कत थोरै ।
अबरन बरन दोऊ रस अंजन । आंषि सबनि की फोरै ॥
५ हमसे पतित कहा कहि रहिते । कौंन परतीति मन धरते ।
नांनां बांनीं देषि सुनि श्रवननि । बहु मारग अनसरते ॥
६ हरि हरि भगति भगति कण लीन्हां । त्रिबिधि रहित थिति
मोहे ।
पाषंड रूप भेष सब कंकर । ग्यांन सू पकरि सोहे ॥
७ त्रिगुण रहित भगति भगवंतहि । बिरला कोई पावै ।
दया होइ जौ क्रिपा नाथ की । तौ नांम कबीरा गावै ॥
८ भगति प्रताप राषिबे कारंनि । निज जन आप पठाया ।
नांम कबीर साच प्रकासा । तहां पीपै कुछ पाया ॥

५२ बेद पुरांनां दाबिली । भगति निरंजन आदू ।
गोर्ष नांम कबीर का । षास उषाल्या दादू ॥

राग सारंग

५:॰ ज्यामैं बेद बैद मांनींजै ।
यामैं और अगद कछू औरै । कहौ कवन परि कीजै ॥ टेक ॥
१ भौजल ब्याधि अगाध प्रबल अति । परंम पंथ न लहीजै ।
पढैं गुनैं कछू समझि न परई । अनभै पद न रहीजै ॥
२ चषि बिहूंनक तार चलत है । तिनहूं अंस भुज दीजै ।
कहै रैदास बमेक तत बिन । सब मिलि गरक परीजै ॥

राग रांमग्री

६:॰ पंडित रांम मिलै सो कीजै ।
पढि पढि बेद पुरांन बषांनैं । सोई तत कहि दीजै ॥ टेक ॥
१ आतम रोगी बिषम बियाधी । सोई करि वोषद सारा ।
परसत प्रांणीं होइ परम सुष । छूटै सब संसारा ॥
२ ए गुण इंद्री अगनि अपारा । तासनि जरै सरीरा ।
तन मन सीतल होइ परम सुष । सो जल नावहु नीरा ॥
३ सोई मारग हम हि बतावो । जिहि पंथि पहुचै पारा ।
भूलि न परै उलटि नहीं आवै । सो कछू करहु बिचारा ॥
४ गुर उपदेश देहु कर दीपक । तिमर मिटै सब सूझै ।
दादू सोई पंडित ग्याता । रांम मिलण की बूझै ॥

राग आसावरी

७:॰ अैसा बैद बेद कलि मांहीं । ताथैं रोगी जीवै नांहीं ॥
टेक ॥
१ हरि गोपी कांधै करि लीन्हीं । अैसा ग्यांन दिढावै ।
जैसी सुणैं ऊपजै तैसी । लहरि बिषै की आवै ॥
२ कांम कलपनां बिषै बुराई । यहु बेदन घट मांहीं ।
बैद मिल्या पणि पीड न भागी । ठौड नाटिका नांहीं ॥
३ करम बिथा काटण कै तांई । सुणता था सब लोई ।
औषदि और पीड कुछ औरै । ताथैं कु पछि पड्या सब
कोई ॥
४ बीस बरस का पुरिष सुयौं था । सोला बरस की नारी ।
बषनौं कहै भली समझाई । भूलै चोर कटारी ॥

५३ बुझ्या मदन प्रगट कीया । सूता श्रप जगाइ ।
इन बातनि जत सत क्यूं रहै । सुपिनैं हीं डिगि जाइ ॥

राग गौडी

८:॰ संतौ यहु दुष कासूं कहिए ।
दुनियां बहुत दास कोई बिरला । ताथैं निसदिनि डरता
रहिए ॥ टेक ॥
१ पंडित गति परला कूं चाली । तिल तिल त्रिस्नां बाढी ।
बाचा कु बलि बीज कड काया । जिभ्या कंठ थैं काढी ॥
२ तीरथ ब्रत बुराई त्रिष्टी । पसु बंधन पंथि पडिया ।
भ्रम भागौ तकौ भै सुणि सुणि । सांम्हां सांकल जडिया ॥
३ इंद्री अरथ कीया गंमि अषिर । पडत काल भै पासी ।
सुण गर स्वांन बधिक भये बांचण । षेदि षलक नैं षासी ॥
४ बेद पुरांण सुमृत गुण पढि पढि । सहजि सुरा भरि
पीया ।
कहै हरदास फिरै सिर फोडत । कुलषिण कीए लीया ॥

५४ दादू सूंनां घट सोधी नहीं । पंडित ब्रह्मा पूत ।
आगम निगम सब कथैं । घर मैं नांचैं भूत ॥
५५ सूकर स्वांन सियाल सब । श्रप रहैं घट मांहि ।
कीडी कुंजर जीव सब । पांडे जांणैं नांहि ॥
५६ किती अधौडी चीकणीं । कोमल हुई और ।
मिसर तेल कौ सीधडौ । बषनां सदा कठोर ॥

राग बिलावल

९:० कहा करै मांणस मन माड ।
गए अकारथ द्यौस आगिले । रांम बिनां जे लाडे लाड ॥ टेक ॥

१ कुटंब कथा कहि भर्म दिढायौ । लोक बेद बिधि बांधी आड ।
सतगुर की सीष सुणि अंतरगति । सबहिन कै सिरि मारी फाड ॥
२ पडि पहलोल अपरता पावस । ऊबट बाट भरे भुइ नाड ।
पंडित पाढ इसौ परचा सुध । ऊजड षूह भुसी जैसी भाड ॥
३ जाति बरण कुल भेद भाकसी । ता महि रहित गये गलिहाड ।
अब हरदास मुकति भजि माधौ । थिर चित चौंप आपणीं चाड ॥

राग आसावरी

१०:० सांई बिनां संतोष न पावै ।
भावै घर तजि बन बन धावै ॥ टेक ॥
१ भावै पढि गुणि बेद उचारै ।
आगंम निगंम सबै बिचारै ॥
२ भावै नवषंड सब फिरि आवै ।
अजहूं आगैं काहे न जावै ॥
३ भावै सब तजि रहै अकेला । भाई बंधन काहू मेला ॥
४ दादू देषैं सांई सोई । साच बिनां संतोष न होई ॥

४७ धरती कुछ भीगी नहीं । पुणगी पडी पचास ।
उभै धारा जल थल भरे । सु कहि जगजीवनदास ॥
४८ बाजीद बिसवास का । एकै अषिर सीष ।
क्या जौ बेद पुरांन पढि । घरि घरि मांगी भीष ॥
४९ पढि गुणि चातुर होइ करि । रसनां रांम न भाषै ।
ज्यूं कूता की पूंछडी । ढकै न माषी राषै ॥
५० अषिर अगम की बात कहि । पंडित भजै न रांम ।
षेत कमाया जुगति सूं । बीज बिनां बेकाम ॥
५१ पांढ पचांइण बाचहे दस अरधी बीस चतुर भागी ।
मम ग्रिहे षेम बर्तंति । बाई पांची बाच ॥
५२ कह्यौ तुम्हारौ समझैं नांहीं । क्यूं करि कहैं बिचारा ।
बांभण एक हमारा होता । ताका मूवा कडूंबा सारा ॥
५३ हे पांची बूडा पांची बूडा । दीन्हीं छाती मांहि ।
जग सुभाव छूटौ नहीं । पंडित हूवौ नांहि ॥
५४ बाई पांची बाच बारा बरस बांणारसी । पढि सुणि आयौ बीर ।
पांची प्रक्रिति भूलौ नांहीं । पाढ न भिद्यौ सरीर ॥

चाणक उपदेश कौं अंग संपूर्ण भवेत्

४७ चाणक कौं अंग

राग सोरठि

१:० हरि कौ नांव न लेहिं गंवारा । का सोचै बारंबारा ॥ टेक ॥

१ पंच चोर गढ मंझा । गढ लूटैं दिवस र संझा ।
जौ गढपति मुहकम होई । तौ लूटि न सकै कोई ॥
२ अंधियारैं दीपक चहिये । तब बसत अगोचर लहिये ।
जब बस्त अगोचर पाई । तब दीपक रह्या समाई ॥
३ जौ दरसन देष्या चहिये । तौ द्रपन मंजत रहिये ।
जब द्रपन लागै काई । तब दर्शन कीया न जाई ॥
४ का पढिये रे का गुणियें । का बेद पुरांनां सुनियैं ।
पढें गुनें मति होई । मैं सहजैं पाया सोई ॥
५ कहै कबीर मैं जांनां । मैं जांनां मन पतियांनां ।
पतियांनां जौं न पतीजै । तौ अंधे कूं का कीजै ॥

२:० अंधे हरि बिन को तेरा । कवन सूं कहत मेरी मेरा ॥ टेक ॥

१ तजि कुला कर्म अभिमांनां । झूठे भ्रमि कहा रे भुलांनां ।
झूठे तन की कहा बडाई । जे निमष मांहि जरि जाई ॥
२ जब लग मन नहि बिकारा । तब लग नहीं छूटै संसारा ।
जब मन निर्मल करि जांनां । तब निर्मल मांहि समांनां ॥
३ ब्रह्म अगनि ब्रह्म सोई । इब हरि बिन और न कोई ।
जब पाप पुंनि भ्रम जारी । तब भयौ प्रकास मुरारी ॥
४ कहै कबीर हरि अैसा । जहां जैसा तहां तैसा ॥
भूले भ्रमि परै जिनि कोई । राजा रांम करै सो होई ॥

३:० मन रे सरचौ न एकै काजा । जौ तैं भज्यौ न रघपति राजा ॥ टेक ॥

१ बेद पुरांन सुम्रित गुण पढि पढि । पढि गुणि मन मन पावा ।
संझ्या गावत्री अरु षटक्रमां । तिन थैं दूरि बतावा ॥
२ बनषंडि जाई बहुत तप कीन्हां । कंद मूल षणि षावा ।
ब्रह्मगियांनीं अधिक धियांनीं । जम कै पटै लिषावा ॥
३ रोजा कीया निमाज गुजारी । बंग दे लोग सुनावा ।
हिरदै कपट मिले क्यूं सांई । का हज काबै जावा ॥
४ पहरचौ काल सकल जग ऊपरी । मांहि लिषे सब ग्यांनीं ।
कहै कबीर ते भये षालसै । रांम भगति जिनि जांनी ॥

४:० मन रे देषत जनम गयौ । ताथैं काज न कोई भयौ ॥ टेक ॥

१ मन इंद्री ग्यांन बिचारा । ताथैं जनम जूवा ज्यूं हारा ।
मन झूठ साच करि जांनैं । हरि साध कहैं नहीं मांनैं ॥
२ मन बादि गहै चतुराई । ताथैं मन मुषि बात बनाई ।
मन आप आप कूं थापै । करता ह्वै बैठा आपै ॥
३ मन स्वादि बहुत बनावै । मैं जांन्यां बिषै बतावै ।
मन मागैं सोई दीजै । हमहीं रांम दुषी क्यूं कीजै ॥
४ मन सबहीं छाडि बिकारा । प्रांणीं होहु गुनन थैं न्यारा ।
निर्गुन निज गहि रहिये । दादू साध कहैं ते कहिये ॥

राग गुंड

५:॰ मन थिर न होइ रे बा न होइ । अैसा चिह्न करै संसार ।
भीतरि मैला धूतिग फिरै । क्यूं उतरै भौ पार ॥ टेक ॥
१ रुद्राष सषा जपमाला भंडै । ताकौ मरम न जांनैं कोई रे ।
आप न देषै और दिषावैं । कपट मुकति क्यौं होई रे ॥
२ सीगी जटा बिभूति लगावैं । संबर सिध कहांव रे ।
नाथ न वोलषैं मरम न जांणैं । भाव चिंडाली ल्यावैं रे ॥
३ ब्रह्मा पढि गुनि बेद सुणावै । मन की भ्रांति न जाई रे ।
करंम करै सो सूझै नांहीं । बहुतकि करम कराई रे ॥
४ मास दिवस लग रोजा साधैं । कलमां बंग पुकारैं रे ।
मन मैं काती जीव बघारैं । नांव अलह कौ सारै रे ॥
५ केवल ब्रह्म सति करि जांणौं । सहज सुंनि मैं ध्यांया रे ।
प्रणवंत नांमदेव गुर प्रसदैं । पाया तिनिहि लुकाया रे ॥

राग भैरूं

६:॰ आसन पवन कीयैं द्रिढ रहु रे ।
मन कौ मैल छाडि दे बौरे ॥ टेक ॥
१ क्या सींगी मुद्रा चमकांयैं ।
क्या बिभूति सब अंग लगांयैं ॥
२ सो हिंदू सो मुसलमांन ।
जिसका दुरस रहै ईमांन ॥
३ क्या जौ पढिया बेद पुरांन ।
सोई ब्रह्मा जो बूझै ब्रह्मगियांन ॥
४ कहै कबीर कछू आंन न कीजै ।
रांम नांम जपि लाहा लीजै ॥

राग केदारौ

७:॰ सार सुष पाईयें रे । रंगि रमहु आतमांरांम ॥ टेक ॥
१ बनह बसे का कीजिये । जौ मन नहीं तजै बिकार ।
घर बन तत सम जे कीया । ते बिरला संसार ॥
२ का जटा भसम लेपन कियें । कहा गुफा मैं बास ।
मन जीत्यां जग जीतिये । जौ बिषिया थैं रहै उदास ॥
३ सहज भाव जब ऊपजै । ताकौ किसौ मांन अभिमांन ।
आपा पर संमि चीन्हियैं । तब मिल्यौ आतमांरांम ॥
४ कहै कबीर क्रिपा भई । गुरि ग्यांन कह्यौ समझाइ ।
हिरदै श्री हरि भेटिये । जे मन अनतैं नहीं जाइ ॥

राग बिलावल

८:॰ सतगुर बिन पावै नहीं । निज मारग साचा ॥ टेक ॥
अनभै पद कैसैं लहै । मन चंचल काचा ॥
१ प्यंड मुकति कियैं कहा भयौ । मन उभै समींपा ।
घर बन मैं निहचल नहीं । भरमैं सब दीपा ॥
२ तृस्नौं बिषै बिकार की । गुन क्रंम न छूटै ।
आसा मनसा कलपनां । पंचूं मिलि लूटै ॥
३ निरघन दसा धरैं कहा भयौ । जे भजन न साध्यौ ।
अहंकार अभिमांन मैं । अधिकौ मन बाध्यौ ॥
४ हंस ग्यांन हिरदै नहीं । क्यौं छूटै माया ।
जन मोहन हरि नांव बिन । नर जनम गंवाया ॥

राग गौडी

९:॰ चतुराइ न चतुरभुज पइये ।
जब लग मन माधौ न लगईए ॥ टेक ॥
१ भीतरि कांम क्रोध महु माया ।
का बाहरि कैं धोयैं काया ॥
२ का सिधि साधि सषा सिरि बाधैं ।
का जल पैसि हुतासन साधै ॥
३ कहै कबीर जे रहै सुभाइ ।
भोलैं भाइ मिलै रांमराइ ॥

राग भैरूं

१०:॰ क्या होइ तेरे न्हांई धोई ।
जौ आतमरांम न चीन्हां होई ॥ टेक ॥
१ का घट ऊपरि मंजन कीयैं । भीतरि मैंल अपारा ।
रांम नांम बिन नरक न छूटै । जौ धोवै सौ बारा ॥
२ का नट भेष भगौंहा बस्तर । भसम लगावै लोई ।
ज्यूं दादुर सुरसरी जल भीतरि । हरि बिन मुकति न होई ॥
३ परिहरि कांम रांम करि बौरे । सुनि सिष बंधू मोरी ।
हरि कौ नांव अभै पद दाता । कहै कबीरौ कोरी ॥

राग टोडी

११:॰ रांम नांमैं हित न भयौ ।
मेरी मेरी करतां जनम गयौ ॥ टेक ॥
१ भीतरि मैला बाहरि चोषा ।
पांणीं प्यंड पषालि न धोषा ॥
२ लागै पंक पंक लै धोवै ।
निर्मल न होवै जनम बिगोवै ॥
३ नांमदेव कहै सुरही परहरिये ।
भेड पूंछ कैसैं भौजलि तिरिये ॥

राग आसावरी

१२:॰ हरि बिन झूठे सब ब्योहारा ।
केते कोऊ करौ गंवार ॥ टेक ॥
१ झूठा जप तप झूठा ग्यांन । रांम नांम बिन झूठा ध्यांन ॥
२ बिधि नषेद पूजा आचार । सब दरिया मैं वार न पार ॥
३ इंद्री स्वारथ मन के स्वाद । जहां साच तहां मांडै बाद ॥
४ दास कबीर रह्या ल्यौ लाइ । भर्म कर्म सब दीये बहाइ ॥

राग गौडी

१३:॰ जौ पैं रसनां रांम न कहिबौ ।
उपजत बिनसत भर्मत रहिबौ ॥ टेक ॥
१ पढि गुणि पंडित षरा बिगूता ।

अंतकालि जंम पैं नहीं छूटा ॥
२ कासी करवत लैंहि गंवारा ।
मुकति न होइ सहैं दुष भारा ॥
३ तीरथ ब्रत न उतरैं पारा ।
हारे जनम फिरै चहु बारा ॥
४ कहै कबीर सब भरमि भुलांनां ।
जब लग रांम नांम नहीं जांनां ॥

१४:० तन षोजौ नर न करौ बडाई ।
जुगति बिनां भगति किनि पाई ॥ टेक ॥
१ ए जु कहावत मुलां काजी ।
रांम बिनां सब फोकट बाजी ॥
२ नवग्रह बांभण गिणता रासी ।
तिनहूं न काटी जंम की पासी ॥
३ कहै कबीर यहु तन काचा ।
सबद निरंजन रांम नांम साचा ॥

राग आसावरी

१५:० राजा रांम बिनां तकती धो धो ।
रांम बिनां नर क्यूं छूटहुगे । जम करै न गधो
धो धो ॥ टेक ॥
१ मुद्रा पहरचां जोग न होई ।
घूंघट काढचां सती न कोई ॥
२ माया कै संगि हिलि मिलि आया ।
फोकट साटै जनम गंवाया ॥
३ कहै कबीर जिनि हरि पद चीन्हां ।
मलिन प्यंड थैं निर्मल कीन्हां ॥

राग गौडी

१६:० हरि बिन भ्रंमि बिगूते गंदा ।
जा पैं जांऊं आपणौं छूडांवण । ते बीधे बहु
फंदा ॥ टेक ॥
१ जोगी कहैं जोग सिधि नीकी । और न दूजा भाई ।
लुंचित मुंडित मूंनि जटाधर । ए जु कहैं सिधि पाई ॥
२ जहां का उपनां तहां बिलांनां । हरि पद बिसरचा
तनहीं ।
पंडित गुनीं सूर कबि दाता । ए जु कहैं बड हम हीं ॥
३ बार पार की षबरि न आवै । फिरचौ सकल बन अैसें ।
यहु मन बोहिथ के कउवा ज्यूं । रह्यौ ठग्यौ सौ बैसैं ॥
४ तजि बावैं दांहिणैं बिकारा । हरि पद दिढ करि गहिये ।
कहै कबीर गूंगै गुड षाया । बूझै तौ का कहिये ॥

१७:० चलौ बिचारी रहौ संभारी । कहता हूं जु पुकारी ।
रांम नांम अंतरगति नांहीं । तौ जनम जुवा ज्यूं
हारी ॥ टेक ॥
१ मूंड मुंडाइ फूलि का बैठे । कांननि पहरि मंजूसा ।
बाहरि देह षेह लपटांनीं । भीतरि तौ घर मूंसा ॥
२ गालिब नग्री गांव बसाया । हांम कांम अहंकारी ।
घालि र सरिया जब जंम लै षैंचै । तब का पति रहै
तुम्हारी ॥
३ छाडि कपूर गांठि बिष बांध्यौ । मूल हुवा न लाहा ।
मेरे रांम की अभै पद नग्री । कहै कबीर जुलाहा ॥

राग बसंत

१८:० सब मदिमाते कोई न जाग ।
ताथैं संग हीं चोर घर मुसन लाग ॥ टेक ॥
१ पंडित माते पढि पुरांन । जोगी माते धरि धियांन ।
सिन्यासी माते अहंमेव । तपा जु माते तप कैं भेव ॥
२ जागे सुष उधव अक्रूर । हंनवंत जागे लै लंगूर ।
संकर जागे हरि चरन सेव । कलि जागे नांमां जैदेव ॥
३ ए अभिमांन सब मन के कांम ।
यहु अभिमांन नहीं रहैगौ ठांम ।
आतमारांम कौ मन बिश्रांम ।
कहै कबीर भजि रांम नांम ॥

राग रांमग्री

१९:० इब मोरी बूडी रे भाई । ताथैं चढि लोक बडाई ॥ टेक ॥
१ अति अहंकार उर मां सत रज । तामैं रह्यौ उरझाई ।
कर्म बझि बसि परचौ । कछू न सूझै स्वांमीं नांव
बुलाई ॥
२ हम मांनूं गुनीं जोग सुनि जुगता । हम महापुरिष रे
भाई ।
हम मांनूं सूर सकल बिधि त्यागी । ममिता नहीं मिटाई ॥
३ मांनूं अषिल सुंनि मन सोध्यौ । सब चेतनि सुधि पाई ।
ग्यांन ध्यांन सब ही हम जांन्यूं । बूझै कौंन सूं जाई ॥
४ हम मांनूं प्रेम प्रेमरस जांन्यूं । नौ बिधि भगति कराई ।
स्वांग देषि सब हीं जग लटक्यौ । फिरि आपणपौ रु
बंधाई ॥
५ स्वांग पहरि हम साच न जांन्यूं । लोकनि इहै बडाई ।
सिंघ रूप मेषी जब जहरी । बोली तब सुधि पाई ॥
६ अैसी भगति हमारी संतौ । प्रभुता इहै बडाई ।
आपन अन्य न और नहीं मानत । ताथैं मूल गवाई ॥
७ भणैं रैदास उदास ताही थैं । इब कुछ मो पैं करि न
जाई ।
आपौ षोयां भगति होत है । तब रहै अंतरि उरझाई ॥

चौपई

१ संसार कैसैं तिरै पंथ भूला फिरै । बाद बिवाद कौं
ग्यांन सोधै ।
आपन समझै नहीं । कह्या मांनैं नहीं । ज्यूं मींडक कूप
मैं हंस कूं बोधै ॥
२ सर्ब चजै यौंहीं । पष छूटै नहीं । ब्रह्म ,बिश्न जे रुद्र
बोधै ।
बज्र हिरदै रहै । अहं ग्यांन कहै । कूप मींडक ज्यूं बुधि
क्रोधै ॥
३ प्रसिध साधू रहैं । ग्यांन किंचित कहैं । सीषि सुणि सबद

अरु फेरि बोधै ।
ज्यूं बंग पोषर रहैं । हंस मोती कहैं । हंस बाचा तजि
नीर न्रोधै ॥
४ जहां माया मिलै । तहां कमलं षिलैं । ज्यूं अलूक रैणीं
मधि द्रिष्टि षोलै ।
महा पुरिषं मिलै । आप अंधा चलै । नहीं ग्यांन बुधि
भेष पषि बोलै ।
प्यंड सोधा नहीं । मन भटकै कहीं । चक्र कुलाल ज्यूं चित
डोलै ।
जिह्वा इंद्री बहै । ग्यांन सिधां कहैं । मींन ज्यूं चंद्र
सूं समि बोलै ॥
५ गुरू पूरा मिलै । कर्म सबै टलै । मन अरु पवन की संधि
मेलै ।
सबद सारा गहै । स्वांस गमनं बहै । डंड ब्रह्मांड परि
प्रांण षेलै ॥
६ प्रिथीनाथ पद प्रकास बषांणैं । लोग कहै यहु नांहीं ।
गदहा कहा बास की जांणैं । चंदण लादें जांहीं ॥
७ एकै बचनन घट सूं उपजै । परबचननि कूं षंडे ।
कहि प्रिथीनाथ क्यूं गुरू मिलैगा । देषत आपा भंडे ॥
८ जोग जुगति की षबरि न जांणैं । स्यांनप धरे सुणांवहि ।
कनक परहरैं कूकस कूं कूटैं । झूठे छार उडांवहि ॥
९ सीषे सबदूं बाद करैंगे । पर का अंत न बूझै ।
कहि प्रिथीनाथ बटाऊ कारणि । चढि आरंणि क्यूं झूझै ॥
१० मागे बडूं ब्याह करि फूलै । परधन सूं कहि मेरा ।
पूंजी बिनां साह सूं झगडै । भाजत करै नबेडा ॥
११ मूंड मुंडांवहि मन नहीं मूंडैं । स्वारथ सत्य करि जोवहि ।
कहि प्रिथीनाथ तन बाहरि मांजहिं । भीतरि मैल न
षोवहि ॥
१२ भर्म पडचा भगवंत न भेटहि । जै कोटि जतन तप कीजै ।
भीजै सूकै बालू का मठ ज्यूं । दहूं पवाडां छीजै ॥
१३ भावै जप तप करै कोटि तीर्थ कूं धावै ।
जीवत सति न होइ । जुगति बिन पदहि न पावै ॥

राग गौडी

१९:० कौंण भांति भल मांनैं गुसांई ।
जे तुम्ह भावै सो मैं जांणत नांहीं ॥ टेक ॥
१ कै भल मांनैं नाचें गाये ।
कै भल मांनैं लोक रिझायें ॥
२ कै भल मांनैं तीर्थ न्हायें ।
कै भल मांनैं मूंड मुंडायें ॥
३ कै भल मांनैं सब घर त्यागी ।
कै भल मांनैं भयें बैरागी ॥
४ कै भल मांनैं जटा बधायें ।
कै भल मांनैं भसम लगायें ॥
५ कै भल मांनैं बंन बन डोलैं ।
कै भल मांनैं मुष हि न बोलैं ॥
६ कै भल मांनैं जप तप कीयें ।
कै भल मांनैं करवत लीयें ॥
७ कै भल मांनैं ब्रह्म गियांनीं ।
कै भल मांनैं अधिक धियांनीं ॥
८ जे तुम्ह भावै सो तुम्ह पैं आहि ।
दादू न जांनैं कहि संमझाइ ॥

साषी

१४ मांहैं थीं मुझ कूं कहै । अंतरजांमीं आप ।
दादू जा धंधहै । साचा मेरा जाप ॥
१५ संसा बहुत ग्यांन तहां नहीं । कबहीं तीर्थ कै बन महीं ।
गुफा कंदली करहि निवास । तब लग नहीं तन का
बिसवास ॥

राग गौडी

२०:० रांम बिनां संसै गांठि न छूटै ।
कांम क्रोध मोह मद माया । ए पंचूं मिलि लूटै ॥ टेक ॥
१ हम बड कवि कुलींन हम पंडित । हम जोगी सिंन्यासी ।
ग्यांनीं गुनीं सूर हम दाता । यहु मति कदे न नासी ॥
२ पढें गुनें कुछ रामझि न परई । जौ लौं अनभै भाव न
दरसै ।
लोहा हरन होइ धूं कैसें । जौ पारस नहीं परसै ॥
३ कहै रैदास और असमझिसि । भूलि परे भ्रंम भोरै ।
एक अधार नांव नरहरि कौ । जीवनि प्रांन धन मोरै ॥

राग गौडी

२१:० मरम कैसें पाइबौ रे । पंडित कोइ न कहै संमझाइ ।
जाथैं मेरौ आवागवन बिलाइ ॥ टेक ॥
१ बहु बिधि धर्म निरूपिये । करता दीसै सब कोइ ।
कौंन धरम भरम छूटिये । जिहि साधैं सब सिधि होइ ॥
२ अकर्म कर्म बिचारिए । सुणि संक्या बेद पुरांन ।
संसै सदा हिरदै रहै । रांम बिन कौंन हरै अभिमां ॥
३ सतजुग सत त्रेता तपे । द्वापरि पूजा आचार ।
तीन्यूं जुग तीन्यूं दिढी । कलि केवल नांव अधार ॥
४ बाहरि अंग पषालिये । घट भीतरि बिबधि बिकार ।
सुचि कवन परि होइए । कुंजर गति ब्यौहार ॥
५ रवि प्रकास रजनीं गती । तस दीसै संसार ।
पारसमनि तांबौ छिवैं । कनक होत नहीं बार ॥
६ धन जोबन प्रभु नां मिलै । नां मिलै कुल करणीं आचार ।
एकैं अनेक बिगोइया । ताकौं जांनत सब संसार ॥
७ अनेक जतन करि टारिये । टारी न टरै भ्रम पास ।
प्रेम भगति नहीं ऊपजै । ताथैं रैदास उदास ॥
२२:० सो कुछ बिचारहु पंडित लोई ।
जाकै रूप न रेष बरण नहीं कोई ॥ टेक ॥
१ उपजै प्यंड प्रांण कहां थैं आवै ।
मुवा जीव जाइ कहां समावै ॥
२ इंद्री कहां करंहि बिश्रांमां ।
सो कत गया जु कहता रांमां ॥

३ पंचं तत जहां सबद न स्वादं ।
अलेष निरंजन जहां बिद्या न बादं ॥
४ कहै कबीर मन मनहि समानां ।
तब आगंम निगंम झूठ करि जांनां ॥

राग सोरठि

२३:० ताथैं मोहि नाचिबौ न आवै ।
मेरौ मन मंदला न बजावै ॥ टेक ॥
१ ऊभर था ते सूभर भरिया । त्रिश्नां गागरि फूटी ।
हरि चिंतत मेरौ मंदला भीनौं । भरम भोइ न गयौ छूटी ॥
२ ब्रह्म अगनि मैं जरी जु ममिता । पाषंड अरु अभिमानां ।
कांम चोलनां भया पुरानां । मोपैं होइ न आंनां ॥
३ जे बहु रूप किये ते कीए । अब बहु रूप न होई ।
थाकी सौंज संग के बिछुरे । रांम नांम मसि धोई ॥
४ जे था सचल अचल ह्वै थाके । करते बाद बिबादं ।
कहै कबीर मैं पूरा पाया । भया रांम पर्सादं ॥

राग आसावरी

२४:० मेरी जिह्व्या बिश्न नैंन नारांइन । हिरदै जपूं गोबिदा ।
जंम द्वारि जब लेषा मांग्या । तब का कहस्य मुकंदा ॥ टेक ॥
१ तूं ब्रह्मण मैं कासी का जुलहा । चीन्हि न मोर गियांनां ।
तैं सब भूपति राजा मागे । मोरैं रांम धियांनां ॥
२ पूर्ब जनम हम ब्राह्मण होते । वोछ करम तप हींनां ।
रांम देव की सेवा चूका । पकरि जुलाहा कीन्हां ॥
३ नौ मीनि मद समीं करि संजम । एकादसी जागरणां ।
द्वादसी दांन पुंन की बेला । सर्ब पाप ष्यौ करणां ॥
४ भौ बूडत कछू उपाइ करीजै । ज्यूं तिरि लंघौ तीरा ।
रांम नांम लिषि भेरा बांध्यौ । कहै उपदेस कबीरा ॥

राग धनाश्री

२५:० जिनि बाटडि पैं राजा रांम मिलै । सोहूं बूझूं सषी रायांनीं री ।
कवन सु चरन कवन पंथ चलिबौ । जांनैं नहीं सदिवांनीं री ॥ टेक ॥
१ त्रिबिधि सषी सूं रंग संग षेलत । सुलटी सुरति भुलांनीं री ।
उलटी माल कला बिन बौरी । छतै षसमि गैबांनीं री ॥
२ षटक्रम धर्म करत श्रुति बौरी । कोऊ आंधी कोऊ कांनी री ।
क्रिस्नांनंद प्रभू जिनिहि मिले । ते भई सदा सुष रांनीं री ॥

राग आसावरी

२६:० हरि पद बिमुष असुर गति सोई ।
सुर पंडित कोऊ किन होई ॥ टेक ॥
१ जन प्रहलाद अस्वार सुत कहियै ।
सुजस सुनत सुमिरन सुष लहियै ॥
२ सहंस क्रित पढि ग्रब न कीजै ।
हरि सुमिरन बिन नरक परीजै ॥
३ आभूषन कुंडल अरु हारा ।
मुष मंडन बिन बादि सिंगारा ॥
४ रांम नांम तजि आंनहि गावै ।
सो बांणीं बहु कर्म लगावै ॥
५ ओऊंकार तैं सब उपराजे ।
सनमुष भये सु रांम निवाजे ॥
६ झूठै भ्रंमि न भूलौ भाई ।
सोई अस्वर जिहि भगति न पाई ॥
७ अति अहंकार ग्रब के मारे ।
मोहन हरि सो कबहूं न तारै ॥

राग रांमगरी

२७:० सुनि मन स्वांन पूंछ की साषी ।
ढांकत द्वार न राषत माषी ॥ टेक ॥
१ दीरघ तन बाघ तैं बडाई ।
लघु तन ह्वै तौ सिंघै षाई ॥
२ हरि तैं बिमुष सोई मल द्वार ।
स्वांन पूंछ जिहि घटि अहंकार ॥
३ गोमहषीहै पूंछ सिंगार ।
कहि नापा अैसी रांम पुकार ॥

राग आसावरी

२८:० मैं बड मैं बड मैं बड माटी ।
मण दसना जट कादस गांठी ॥ टेक ॥
१ मैं बाबा कौ जोध कहांऊं ।
अपणीं मारी गींद चलांऊं ॥
२ इहि अहंकार घणे घर घाले ।
नाचत कूदत जंपुरि चाले ॥
३ कहै कबीर करता की बाजी ।
एक पलक मैं राज बिराजी ॥

राग टोडी

२९:० मेरी अबिद्या मोही आडी ।
ताथै मै बिद्या हरि छाडी ॥ टेक ॥
१ कांम क्रोध गुन बिषै बिकारी ।
ताथैं बिसरी भगति तुम्हारी ॥
२ रज गुन तम गुन सत गुन माया ।
चौथा निज पद निकटि भुलाया ॥
३ स्वारथ स्वाद मोह मन लागा ।
ग्यांन ध्यांन लै संग नहीं जागा ॥
४ जहां मन लाग्यौ सु प्रापति होइ ।
मोहन हरि कूं दोस न कोइ ॥

३०:० हरि गुन तजि जिनि आप बषांन्यौं ।
कनक त्यागि काचहि मन मांन्यौं ॥ टेक ॥
१ पारस डारि असमकर लीयौ ।
अंमृत छाडि हलाहल पीयौ ॥
२ कांमधेनि घरबार गंवाई ।
ताकै बदलै अजा मंगाई ॥
३ कलप बृछ हरि नांव भुलायौ ।
सैंबल कुसम देत बौरायौ ॥
४ षलि कैं बदलैं हीरा डारचौ ।
मोहन ता नरि श्रब सहारचौ ॥

राग सोरठि

३१:० तातैं हरि भजियौ यह जांनीं ।
अपनैं कुल गुन रूप भरोसै । जिनि बूडौ अभिमांनीं ॥
टेक ॥
१ जौ लग जोगी जती कहावत । तब लग पंडित ग्यांनीं ।
जब लग द्रिगि कटाछि तरु नींके । नहीं उर लागे आंनीं ॥
२ जब लग निषल बेद बिद्यापति । तब लग बड कबि सूरा ।
जब लग नहीं बह्यौ बंनिताबर । बन्चन तरंगनि पूरा ॥
३ ब्रह्मा महादेव इंद्रादिक नार्द मुनि मन छोभा ।
जन तिलोक को कोन बिगूच्यौ । इन जोवतनि रस
लोभा ॥

राग गूजरी

३२:० नमो नमो देव रांम ।
सुर नर गण सकल लोक बंधे बिन दामं ॥ टेक ॥
१ पंडित पढि पढि ग्रंथ । भाजै नहीं भ्रांमं ।
जोगी जोग भेष ग्रब धरि कैं । तेऊ बंधे अधिक तामं ॥
२ राइ रांणां जेते तेते । मूंसे श्रब बांमं ।
कल्हकरण परम दीन । रहौ किंन धांमं ॥

साषी

१६ जोगी जंगम तपसी । जती सिंन्यासी श्रब ।
देषि बिमोहे नारि कौं । एकहि रह्यौ न ग्रब ॥
१७ तांम सयांनप तांम गुन । जप तप संजम तांम ।
बंक तिरछे लोइनां । परि न परजे जांम ॥
१८ जप तप संजम बिधि बरत । तौलहुं ग्यांन गुमांन ।
जौ लहुं मनमथ राज कैं । कर नहीं चढत कमांन ॥
१६ जिनि लूटे तिस की सुधि नांहीं । कसि कुसि इंद्री डांडी ।
तन मन की कछू षबरि न जांनहि । सकति बिगोए रांडी ॥
२० बिंद अजर भग बिधि अंमडै । बिन दंतन जग षाया ।
तिस कालपुरिस का मरमम न जांन्यां । छोडि बिगूचे
माया ॥
२१ सूकै लकडै ज्यूं घुण लागै । लोहा लागै काई ।
बिन परतीति कहा घर छाडे । जरा गरासें जाई ॥
२२ रांडी तजें न षसिया जीवहि । पुरिष हित ज्यां न नारी ।
कहि प्रिथीनाथ ए दोऊ बिनसै । धोषै की असवारी ॥

२३ किंचित कांणि रहै जै लागी । गुडी डोर सब जावै ।
जप तप संजम सबहीं बृथा । जौ स्वार्थ मन लावै ॥
२४ मणदस दूध निमष संग कांजी । कढे दूध कूं फाडै ।
सब तन दुषी निमष संग कांटा । सब सुष मारि उजाडै ॥
२५ कबीर जालूं इहै बडपणौं । सरलै पेड षिजूरि ।
पंथी बांह न बीसवैं । फल लागैं ते दूरि ॥
२६ कबीर ऊंचा कुल कै कारणैं । बांस बध्यौ अधिकार
रांम नांम जांण्यौं नहीं । जाल्यौ सब परिवार ॥
२७ कबीर चंदन कै बिडै । नीब भीं चंदन होइ ।
बूडौ बंस बडा इतां । यौं जिनि बूडै कोइ ॥
२८ नीचैं षोज्यां नीडा पांणीं । ऊंचै कातिस मूवा ।
सबद बिचारैं ते बड कहियें । दिन का बडा न हूवा ॥
२६ बडैं कह्यां बडा न होइबा । लहुडा न उतरिबा पारं ।
आडाडंबर जोग न होइबा । गरवा तत बिचारं ॥
३० बन बन हाढि तपा न सीझहि । भेष कियां पद नांहीं ।
पूजा पाती जगत पसारा । जुगति नहीं इन मांहीं ॥
३१ पंडित पढे गुणि भए नग भारी । समंझि नहीं पढि बोला ।
चंदन बास भया बन चंदन । बांस बिगूच्या पोला ॥
३२ प्रिथीनाथ कही गुर बांणीं । मूरिष हिरदै न छेदै ।
इत उत गांठि बिचालै षाली । बांस हि बांस न भेदै ॥
३३ पंडित पढि गुणि बेद निरूपहि । कथैं अथरबण बांणीं ।
बहरमुष संसार समोषहि । भीतरि जुगति न जांणीं ॥
३४ इहै बेद पढि देव निप हुता । साधैं तैं सिध हूवा ।
इहै बेद पंडित की षेती । जुगति बिणां पचि मूवा ॥
३५ जागहु पंडित जागहु पंडित । मूरिष होइ क्या सोवहु ।
भीतर की कछू जुगति न जांनहु । बाहरि मलि मलि
धोवहु ॥
३६ षांतां पीतां घुण ज्यूं बीझे । बादि गमाई देही ।
यहु हीरा जनम ब्रिथा तैं षोया । सो क्यूं संमझि न लेही ॥
३७ कहि प्रिथीनाथ को संमझै नांहीं । सोवहि दींन दिवानें ।
तन मन की कोई षबरि न जांनहि । माया मांहि
लपटानें ॥
३८ जप तप लागि पडे बिष फंदा । नां आतमां बिचारी ।
तजैं सांप बांबी कूं पीटहि । भूलि पडे संसारी ॥
३६ गरब करैं परि गुरू न षोजहि । बूडि मुये चतुराई ।
मूल बिचारि न आपा चेत्या । देषत देह गंवाई ॥
४० चछु गई श्रवण रस भागा । जरा लपेटी काया ।
सींचि न लीया अंमीं रस भीतरि । धोषै षेत सुकाया ॥
४१ बूढा होइ करि कथै गियांनं । अमली होई करि लगावै
ध्यांनं ।
श्रुणै बहिरा पदहि न बूझै । पढि गुनि अंधला ध्यांन न
सूझै ॥
४२ गडबड करहि फिरहि मुष झूठे । काछ बाछ के हींनं ।
गुर का बचन न समझहि मूरष । हारि चल्या अपदीनं ॥
४३ भरमत फिरहि न मनसा अस्थिर । संक्या गांठि न
तोडहिं ।
जप तप पासि बधावहि आपा । मुकति हुवां क्यूं लोडैंहिं ॥

४४ क्या परबत बंन कंदला । क्या तप कछर तीर्थ न्हांहि ।
जब लग भरम न चूकई । सबै अंधेरा मांहि ॥
४५ प्रिथीनाथ कहै बिचार बिण । बाबू भावै इत हंढहु उत जाहु ।
जैसैं ऊजड प्यैंठि मैं । कहीं न मिल्या बिसाहु ॥
४६ कलपत झलपत बहि मुये । मनसा भई न थीर ।
धोषै बहि बूडै घणे । कोई बिरला पहुंता तीर ॥
४७ अपणैं अपणैं दरसण भूले । इत के उत न संमांहि ।
जैसैं अपणीं अपणीं पोषर के बग । फिरि फिरि गांडर मांहिं ॥
४८ सब पुरिषन का एकै मारगु । गुर बिन जुगति न पावहि ।
पाषंड कथा जगत उपदेसैंहि । दिन दिन पंथ बढांवहि ॥
४९ पंथ बढ्या परमेस्वार भूला । तन मन तत न चीन्हां ।
आवागवण न उतपति प्रलै । मुकता पंथ न चीन्हं ॥
५० जिस घटि भरम तहां नित पडिवा । दिन दिन कुछू न सूझै ।
आपा पर जिनि षोजि न देष्या । सु जाति भेद कुल बूझै ॥
५१ हम बड कुलीन हमे बड पंडित । हम तहि बडा न कोई ।
तिनकूं सतगुर मिल्या न संक्या तूटै । जिस घटि दुबिध्या होई ॥
५२ चत्रबेद त्यूं ब्रह्मा बोलहि । मैं बोल्या घट बांणीं ।
महासुनि पद निराकार गति । ते तैं जुगति न जांणीं ॥
५३ जिनकी बिद्या पढतहौ । जे तिनकूं चीन्हत नांहि ।
वै सत्य मांहि कबहूं नहीं । परतषि जगल मांहि ॥
५४ जीवत को समझै नहीं । मुवान को कहै संदेस ।
जाका तन मन सूं परचा नहीं । कहु पंडित तिनका कौंन धरम उपदेस ॥
५५ सबै अबिद्या जांणि । जे भरम की गांठि न छूटै ।
तबहि भगति हरि भजन । जबहि वहु सुत्र न टूटै ॥
५६ सब पर तजहु मन सूं भजहु । मन कूं बंधन देहु ।
जिस करणीं दुंदर रहै । सो पद गुरू पहि लेहु ॥
५७ प्रिथीनाथ कहै बिचारहु । मन जीत्यां पद होइ ।
नहीं तौ धोषै लागि करि । गए पदारथ षोइ ॥
५८ एकादसी द्वादसी करी रे पंडिता । तऊ न सीझी काया ।
आठैं चवदस मुवा सरावग तिन भी तत न पाया ॥
५९ काजी मुवा मुलां मुवा । मुवा ते पढि गुणि पाठं ।
जोगी पुरिस सदा अबिनासी । तिनि गहि निरंजन बाटं ॥
६० तिणकै वोटि सिष्टि का करता । जग देषतां लुकांणां ।
बेद कतेब बिचारहि देषहि । पढि गुनि मरम न जांणां ॥
६१ बज्र कछोटी इंद्री बांधहि । मंदा भला न जोवहि ।
लुंचित मुंडित नागा मूंनीं । तिनकूं भरम बिगोहि ॥
६२ पावडियां पग फिसलै अवधू । लोहै छीजै काया ।
नागा मूंनीं दूधाधारी । एतां जोग न पाया ॥
६३ दूधाधारी पर घर चित । नागा लकडी चाहै नित ।
मूंनीं करै मिंत्र की आस । बिनां गुरू गोदडी नहीं बिसवास ॥
६४ आसंण मांडहि बंनि बंनि हांढहि । भावै दर्शण लेई ।
तूटै बंध षिसै तन काचा । जै गुर गांठि न देई ॥
६५ जप कूं लागे तप कूं लागे । मंनमुषि फिरैं उदासं ।
घटि घटि क्रिस्न परिसेवा दुलंभ । काया मांहि मैंवासं ॥
६६ बात अलप पणि बहु तप सारा । धांवणि धूपणि भारी ।
के जाले के तीर्थ पहूते । किनहूं गुफा संवारी ॥
६७ कहि प्रिथीनाथ क्यूं मिलैं बिधाता । जब लग मन भरमावै ।
चित्त सरूप भया मन केवल । जै गुर तत बतावै ॥
६८ लघु दीरघ दोइ न्यौली नांहीं । संष पषालंहि काया ।
बाघी कर्म लंबिका साधहि । तिन भी तत न पाया ॥
६९ मनसाग्रे बिंब करि पूजहि । माला मंत्र धरि ध्यानं ।
ताली पीटि नासिका चितवहि । ए सब फोकट ग्यानं ॥
७० इंद्री बंधहि पवन निरोधहि । कसि भीडंहि उडियांणीं ।
संझ्या सुत्र ते पद नांहीं । ए बादहि बिलोवहि पांणीं ॥
७१ आसण बैसण जोग न होइगा । कर धरि भिष्या षांणं ।
पंच अग्नि जल ताई साधहि । धोषा मांडहि मसांणं ॥
७२ इला पिंगुला सहज सुषमनां । रबि ससि दोऊ न ध्यानं ।
पंच तत यहु सबद न होई । इस बिधि जगत भुलानं ॥
७३ निंद्रा जागहि निज पद नांहीं । झूठा बाद बिबादं ।
प्रिथीनाथ कहै तब पूरा । सतगुर पद प्रसादं ॥
७४ षंडत ग्यांन मरौ क्या जूझि । औरै ल्यौ परंम पद बूझि ।
आसंण पवन उपद्रह करैं । निस दिन आरंभ पचि पचि मरैं ॥
७५ उनमन जोगी दसवैं द्वार । नाद बिंद ले धूंधूकार ।
दसे द्वारे देई कपाट । गोरष षोजी औरै बाट ॥

भगति बैकुंठा ग्रंथ

७६:१ वै पं केई और । भगति का भेदहि बूझै ।
वै नेत्र केई और । आदि अंतरगति सूझै ॥
वै पद औरै चरण । तास ले तीर्थ कीजे ।
वै भुज औरै बांह । काल सिरि मुदगर दीजे ॥
वै मुष औरै जांणि । नांम लेतां हरि आवै ।
वै श्रवण कछू और । सबद सुणतांपद पावै ॥
वा कछू औरै नांव । जास चढि दूतर तिरिये ।
वा करणीं कछू और । जनमि करि कबहू न मरिय ॥
वा एकादसी कछू और । जास जागत जंम भागै ।
वा कछू औरै उपदेस । करस का काट न लागै ॥
१० वा फांसू कछू और । जास पीवत ल्यौ लागै ।
वा जीव दया कछू और । प्यंड तजि प्राण न भागै ॥
वा मुद्रा कछू और । जास मूंडें सिधि पाई ।
इस बिधि जोगहि मिलै । और सब पंथ बधाई ॥
वै तिलक कछू और । जास दीयैं गति सोई ।
वा माला कछू और । जास फेरत सुधि होइ ॥
वा पूजा कछू और । जहां कछू देव न पाती ।
सब थैं भिंन पसाव । जहां कुल देव न जाती ॥
वै षटक्रम कछू और । जास करत मल धोवै ।
वै आचार कछू और । सदा संकट दुष षोवै ॥

२० वा गावत्री कछू और । जास जपैं सुध्य पाई ।
वा गंगा कछू और । सिधूं ले ब्रह्मंड चढाई ॥
प्रिथीनाथ बबेक बिधि । अैसैं जे जागै ।
छह् दरसन थैं भिंन । पुरिष निपजै तहां आगै ॥
या अकथ कथा आकार बिण । कथैं बदैं पद भिंन ।
पद परष्या नैंनन कमल । पुरिष भये के चिह्न ॥
इति चाणक कौं अंग संपूर्ण भवेत् ॥

४८ साची अनभै कौं अंग

राग रांमग्री
१:० अंतरगति अंन्यं न बांणीं ।
गगन गुपत मधुकर मधु पीवत। सु गति सेस सिव जांणीं ॥ टेक ॥
१ त्रिगुण त्रिबिध्य तलपति तिमरा तन । तंती तंत बिलांनीं ।
भागे भरम भोइन भये भाई । बिधि बिरंचि सुष जांनीं ॥
२ बरण पवन अबरण बिधि पावक । अनिल अंमर मरै पांनीं ।
रवि ससि सुभग रहे भरि सब घटि । सबद सुन्य थिति मांनीं ॥
३ संकुट सकति सकल सुष षोए । उदधि मथित सब हारे ।
कहै कबीर अगम पुर पटण । प्रगटि पुरातन जारे ॥

राग मारूं
२:० अैंन बैंन चैंन होवै । सुणतां सुष लागै ।
तीन्यूं गुण त्रिबिधि तिमर । भर्म करम भागै ॥ टेक ॥
१ होइ प्रकास अति उजास । परम तत सूझै ।
परम सार निरबिकार । बिरला कोई बूझै ॥
२ परम थांन सुष निधांन । परम सुंनि षेलै ।
सहज भाइ सुष समाइ । जीव ब्रह्म मेलै ॥
३ अगम निगम होइ सुगम । दूतर तिरि आवै ।
पर्म पुरिष दरस परस । दादू सो पावै ॥

राग रांमग्री
३:० जन कै हाथि चढी साची री ।
आरति आंनि मधुप उपदेसी । तिहि गुणि गोपी धीरी ॥ टेक ॥
१ सार निवारि सुचित करि संग का । सबद सुरति मिलि बांची ।
सीतल नैंन निरषि सचुपायौ । प्रफुलित मन मति नांची ॥
२ बिण एकांति बिचार न लाभै । पूछि बहुत दिन देषी ।
आषर अगम अरथ पणि ऊंडा । कोमल कर की लेषी ॥
३ माला आंक मनोहर बांणीं । भेद लह्यौ भजि भाई ।
चौदह चारि प्रांण की पूंजी । बुधि प्रकास थैं पाई ॥
४ आनंद भाग उदा की उघडी । जीव जतन ज्यूं राषी ।
कहै हरदास न छाडूं इब कै । बिचि बड सुंदर साषी ॥
४:० सषी री नीर भरिबा नहीं जाऊं । गोबिंदौ मंझ गगा लडै हे ।
बाट की घाट अंग आ पडै हे ॥ टेक ॥
१ सुरसती सति भाषै सही । बहै दूरि बहावै ।
मंझि का देव देष्या हरी । तहां मो मन जावै ॥
२ जागती जोति जाहर नई । जटा कुंडला जोगी ।
गहर जल देषि गोरी डरी । मुकति माधवा भोगी ॥
३ भांवतौ जांणि भागीरथी । रही साच ह्वै सूधि ।
काल की भसम निहकांमनां साधी । दया करि दूधी ॥
४ उजल धौल उतर दिसा । धसी निर्मली धारा ।
दुषित जन देषि हरदास कहै । करण पाप भौपारा ॥

साषी
१ दादू सोई अनभै सोई उपजी । सोई सबद ततसार ।
सुणतां हीं साहिब मिलै । मन कै जांहि बिकार ॥
२ सब अपनैं उनमांन की । साषि कहैं पद काबि ।
झिहि लागैं पर उरलूं । सो अपनैं कर डाबि ॥
३ दादू इसक अवाज सूं । अैसैं कहै न कोइ ।
दरद महबति पाईये । साहिब हासिल होइ ॥
४ दादू कहां आसिक अलाह के । मारे अपनैं हाथ ।
कहां आलंम औजूद सूं । कहैं जबां की बात ॥
५ जीवत मृतक साध की । बांणीं का प्रकास ।
दादू मोहे रांम जी । लींन भये सब दास ॥
६ साचा सबद कबीर का । मीठा लागै मोहि ।
दादू सुणतां परम सुष । केता आंनंद होइ ॥
७ कबीर हरि का नांव सूं । सुरति रहै इकतार ।
तौ मुष तैं मोती झडैं । हीरां अत न पार ॥
८ हरि जी इहै बिचारिया । साषी कहौ कबीर ।
भौसागर मैं जीव हैं । जै कोई पकडै तीर ॥
९ पारब्रह्म कह्या प्रांण सूं । प्रांण कह्या घट सोइ ।
दादू घट सब सौं कह्या । बिष अंमृत गुण दोइ ॥
१० दादू मालिक कह्या अरवाह सूं । अरवाह कह्या औजूद ।
औजूद कह्या आलंम सूं । हुकम षबर मौजूद ॥
११ दादू बंझ बियाई आतमां । उपज्या आनंद भाव ।
सहज सील संतोष सत । प्रेम मगन मन राव ॥
१२ पहली हम सब कुछ कीया । भरम करम संसार ।
दादू अनभै उपजी । राते सिरजनहार ॥
१३ कबीर ष्यंजरि प्रेम प्रकासिया । अंतरि भया उजास ।
मुषि किस्तूरी महमही । बांणीं फूटी बास ॥
१४ दादू अनभै थैं आनंद भया । पाया निरभै नांव ।
निहचं निर्मल निरबांण पद । अगम अगोचर ठांव ॥
१५ दादू अनभै बांणीं अगम कू । ले गईं संगि लाइ ।
अगह गहै अकह कहै । अभेद भेद लहाइ ॥
१६ जे कुछ बेद कुरांन थैं । अगंम अगोचर बात ।
सो अनभै साचा कहै । यहु दादू अकह कहात ॥
१७ दादू जैसा ब्रह्म है तैसी । अनभै उपजी होइ ।
तौ जैसा है तैसा कहै । दादू बिरला कोइ ॥

१८ दादू जब घटि अनभै उपजी । तब किया क्रम का नास ।
भै भ्रम भागे सबै । पूरण ब्रह्म प्रकास ॥
१९ दादू अनभै काटै रोग कूं । अनहद उपजै आइ ।
सेझे काजल निर्मला । पीवै रुचि ल्यौ लाइ ॥
२० दादू बांणीं ब्रह्म की । अनभै घटि प्रकास ।
रांम अकेला रहि गया । सबद निरंजन पास ॥
२१ आपा नांहीं बल मिटै । त्रिबिधि तिमर नहीं होइ ।
दादू यहु गुण ब्रह्म का । सुंन्य समांनां सोइ ॥
२२ माया का गुण बल करै । आपा उपजै आइ ।
राजस तांमस सातगी । मन चंचल ह्वै जाइ ॥
२३ दादू अनभै उपजी गुणमई । गुणहीं पैं ले जाइ ।
गुणहीं सौं गहि बंधिया । छूटै कौंण उपाइ ॥
२४ द्वै पष उपजी परहरै । निरपष अनभै सार ।
एक रांम दूजा नहीं । दादू लेहु बिचार ॥

राग टोडी

४:० हीरा रे ए हीरा रे ।
साध सबद ए हीरा रे । कोई परषै बीरा रे ॥ टेक ॥
१ तोल न मोल न पारा रे । आदि अंत थैं न्यारा रे ॥
२ सबदां नैं कोई गावै रे । महा परम सुष पावै रे ॥
३ या सबदां मैं रांम समायौ रे । साधां देषि र गायौ रे ॥
४ जो सबदा माहि समावै रे । टीला हरि दरस दिषावै रे ॥

२५ सबदौं माँहैं रांमधन । जे को ले बिचारि ।
दादू इहि संसार मैं । कबहूं न आवै हारि ॥
२६ सबदौं माँहैं रांमरस । साधूं भरि दीया ।
आदि अंत सब संत मिलि । यौं दादू पीया ॥
२७ दास कबीर प्रेम रस पाया । पीवणहार न पांऊं ।
बिधनां बचन पिछांनत नांहीं । तौ कहु का काढि
दिषाऊं ॥

(साषी)

६:० अवधू इहि पांद बिरला षोजी ।
कहण मतौं पणि कोई न समझै । मैं रटतां पाई रोजी ॥
टेक ॥
१ ब्रह्म कपाट कुहाडी लागी । भींतरि भेद्या प्रांणीं ।
बारह बाट अठारह डांडां । फूटि हुवा धूलि धांणीं ॥
२ करम करोडि सात सै कुटका । नौ नेजा जल चढिया ।
काच कजौडा कंण कंण हूवा । रहि गया मांदल मढिया ॥
३ सीस सुधा कौ बासण फीथौ । भेद बिणां क्यूं पावै ।
कोई हरदास भगत भलैं समझै । निगुरा सुणि सहमावै ॥

राग गौडी

७:० अवधू कोई तै सर नासै ।
बडकै बांण कलाई कांपै । तब मन रहै तमासै ॥ टेक ॥
१ भूंठी भालि अणीं उपरांठी । तीर न छूटै सूधौ ।
बांइस बास चरण तलि पायौ । रांम रसांइन रस रूधौ ॥
२ हाडौ एक मिलावौ माटी । कोई चोट न घालै ।
काग क्रिपा करि कांठै राष्यौ । लीधी ठौर न छाडै ॥
३ मूंठि डिगै तब माथौ धूंणैं । पणच पिछौडी आवै ।
कहै हरदास अपूठी या गति । चरण भजै सो पावै ॥

८:० अवधू कोई आंबरि षिवती राषै रे ।
घरि घरि नेह निसांण घुरावै । बस्त बताई ताषै ॥ टेक ॥
१ दांमणि दांण किया दे निहचल । मांगण मूलि न जाई ।
कर्म बिपाक बसाया कांठै । हरि संग धीरज धाई ॥
२ गति गंभीर गरजि धुनि फूटी । ग्यांन गदा मैं बूठा ।
प्रीति परस कौ पांणीं पीयौ । तब त्रिभुवनपति तूठा ॥
३ गांगा गोढि परीषत पायौ । रस उलटै अधिकारी ।
बादल बीज कीया बसि बेऊ । तिनि यहु प्रिथमी तारी ॥
४ ऊपट बाट अलूधी आसा । साध सहित सुष गावै ।
कहै हरदास इसै दंदि दीठा । पुंनरपि जनम न आवै ॥

इति साची अनभै कौं अंग संपूर्न भवेत् ॥

४९ झूठी अनभै करणी बिना कथणी कौ अंग

राग रांमग्री

१:० बातैं बादि जांहिगी भइये ।
तुम्ह जिनि जांनौं बातनि पइये ॥ टेक ॥
१ जब लग अपनां आपन जांनैं । तब लग कथणीं काची ।
आपा जांनि सांई कूं जांनैं । तब कथनीं सब साची ॥
२ करनीं बिनां कंत नहीं पावै । कहैं सुनैं का होई ।
जैसी कहै करैगा तैसी । पावैगा जन सोई ॥
३ बातनि हीं जे निर्मल होवै । तौ काहे कूं कसि लीजै ।
सोनां अगनि दहै दस बारा । तब यहु प्रांन पतीजै ॥
४ यौं हम जांनां मन पतियांनां । करनी कठिन अपारा ।
दादू तन कौ आपौ जारै । तौ तिरत न लागै बारा ॥

साषी

१ दादू आपा जब लगैं । तब लग दूजा होइ ।
जब यहु आपा मिटि गया । तब दूजा नांहीं कोइ ॥
२ मेरे आगै मैं षडा । तार्थैं रह्या लुकाइ ।
दादू प्रतषि पीव है । जे यहु आपा जाइ ॥
३ दादू साचे मत तै साहिब मिलै । कपटि मिलैगा काल ।
साचे परम पद पाईये । कपट कया मैं साल ॥
४ अलष पुरिष मेरी द्रिष्टि समांनां । संसा गया अपूठा ।
जब लग तांई तनहि न षोजै । कथै बदै सब झूठा ॥
५ प्यंड होइ तौ पद की आस । बणि निपजैं चौतारं ।
दूध होइ तौ घ्रित की आसा । करणीं करतब सारं ॥
६ कथणीं हुते सु कथि गए । सुण लीजौ सब कोई ।
कहै मुकंद करणीं बिनां । कथणीं सिध न होई ॥
७ कथ्या कमाइ होइ । तौ कबिता दूतर तिरै ।

हेम अवसि मति जोइ । साज पषैं सांजति करै ॥
८ गावै ते तौ गायण कहीजै । जोडै ते तौ जोडा ।
भेष पहरै ते तौ दरसणीं कहीजै । सिध पुरिष ते थोडा ॥
६ दर्शनीं ते करसणीं ह्वैसी । राजा ह्वैसी हाली ।
जती सती कोई बीर बिचषण ह्वैसी । यौं सति सति भाषंत
सिधहर ताली ॥
१० कलौ काबिं गृहे गृहे । श्रुर्त्वमिक पुरे पुरे ।
ग्यात्वा षंड मध्येषु । दातारो त्रियलोक दुर्लभ ॥
११ करणीं किर काको नही । कथणीं अनंत अपार ।
दादू यूं क्यूं पाइये । रे मन मूंढ गंवार ॥
१२ दादू पद जोडें क्या पाईये । साषी कहें क्या होइ ।
सति सिरोमनि सांईया । जे तन चीन्हां सोइ ॥
१३ दादू द्वै द्वै पद किये । साषी भी द्वै चारि ।
हमकूं अनभै ऊपजी । हम ग्यांनीं संसारि ॥
१४ दादू सुणि सुणि परचे ग्यांन के । साषी सबदी होइ ।
तब ही आपा ऊपजै । हमसा और न कोइ ॥
१५ दादू सो उपजी किस कांम की । जे जण जण करै कलेस ।
साषी सुणि समझैं साध की । ज्यूं रसनां रस सेस ॥
१६ कथणीं बदणीं जलि करि जाव । बंधि सकौ तौ बंधौ बाव ।
चरपट कहै पवन की डोर । भुनकत गाधा ले गया चोर ॥
१७ कथणीं सुहेली करणीं दुहेली । बिण षायें गुड मीठ ।
षायें हींग कपूर बषांणें । गोरष कहै सब झूठा ॥
१८ कहण सुहेली रहण दुहेली । कहण रहण बिण थोथा ।
पढ्या गुण्या सूवा बिलाई षाया । पंडित कै हाथि रहि
गया पोथा ॥
१९ कबीर चतुराई सूवै पढी । सोई प्यंजर मांहि ।
फिरि परमोधै और कूं । आपण समझै नांहि ॥
२० सूवा सयानप सब गई । पढि गुणि परबसि होइ ।
कहि मुकंद गुंगि भले । पिंजरै परै न सोइ ॥
२१ कबीर कथणीं कथी तौ का भया । जे करणीं नां ठहराइ ।
काल बूत के कोट ज्यूं । देषत हीं ढहि जाइ ॥

राग रांमग्री

२:० कथणीं बदणीं सब जंजाल । भाव भगति अरु रांम
निराल ॥ टेक ॥
१ कथै बदै सुणैं सब कोइ । कथें न होइ कियैं होइ ॥
२ कूडी करणीं रांम न पावै । साच टिकै निज रूप दिषावै ॥
३ औरन कूं बैकुंठ बतावै । आपण आंधा जमपुरि जावै ॥
४ घट मैं अगनि घर जलै अवास । चेति बुझाइ कबीरा
दास ॥
३:० रांम राइ तेरी गति जांणीं न जाई ।
जो जस करिहै सो तस पइहै । राजा रांम निपाई ॥ टेक ॥
१ जैसी कहै करैं जौ तैसी । तौ तिरत न लागै बारा ।
कहता कहि गया सुरता सुणि गया । करणीं कठिन
अपारा ॥
२ सुरही तिन चरि अंमृत सरवैं । ले र भुवंगहि पाई ।
अनेक जतन करि निग्रह कीजै । बिषै बिकार न जाई ॥
३ संत करै असंत की संगति । तासूं कहा बसाई ।
कहै कबीर ताके भरम छूटे । जे रहे रांम ल्यौ लाई ॥
४:० अकथ कहांनीं प्रेम की । कछू कही न जाई ।
गूंगे केरी सरकरा बैठे मुसकाई ॥ टेक ॥
१ भोमि बिनां अरु बीज बिन । तरवर एक भाई ।
अनंत फल परकासिया । गुरि दिया बताई ॥
२ मन थिर बैसि बिचारिया । रांमहि ल्यौ लाई ।
झूठी अनभै बिस्तरी । सब थोथी बाई ॥
३ कहै कबीर सकति कछू नांहीं । गुर भया सहाइ ।
आंवण जांणीं मिटि गई । मन मनहि समाई ॥

राग आसावरी

५:० है कोई रांम नांम बतावै ।
बस्त अगोचर मोहि लषावै ॥ टेक ॥
१ रांम नांम सब कोई बषांनैं ।
रांम नांम का मरम न जांनैं ॥
२ ऊपर की मोहि बात न भावै ।
देषै गावै तौ सुष पावै ॥
३ कहै कबीर कछू कहत न आवै ।
परचा बिनां मरम को पावै ॥

राग गौडी

६:० भाई रे भेद भ्रम कै पैलै पासै । सोचि बिचारौ दासा ।
मनसा मेघ बरसि घट भींतरि । अरथि न भीजै आसा
॥ टेक ॥
१ ताप तिमर दुष जाका तन मैं । से सुष स्यंध न जांणैं ।
कूकर कीच बिषै मैं षूतौ । पाप पसी सूं छांणैं ॥
२ फूटा बासण बेझ बिकारी । सुरि सब हूवा रीता ।
रांम कहण कूं रूंल्या बिगूचै । जडबुधि ज्वाला जीता ॥
३ निर्मल ग्यांन चरण थैं नेडा । पैसि जु को जन पीवै ।
कहै हरदास त्रिषा तब भाजै । जनम सुफल ह्वै जीवै ॥
७:० सकल बियापी संगिया । अगह गह्यौ नहीं जाइ हो ।
सुपिनैं सब कुछ भोगया । मेरे तन का ताप न जाइ हो ॥
टेक ॥
१ आगंम बतायौ निगमां । गुण धरि गयौ छंद ।
सिकलीगर का लोह ज्यूं । घसि काढयौ प्रतिबिंब हो ॥
२ सोचत सोचत पोचहै । परिहंस पूजै नांहि ।
जंगलि हसिबा रोइबा । ताकी साषि भरै को नांहि हो ॥
३ सुंनि महल मैं सोधिले । तन मन साटै रांम ।
सकल सुषां कौं बीज है । सुमिरि सरैं सब कांम हो ॥
४ जब लग ग्यांन न ऊपज्यौ । बिकल फिरयौ मति मंद ।
नैंण द्रिष्टि की हींणता । तार्थैं नभि देष्या दोइ चंद हो ॥
५ साच सपेदी दिल महल । राषें फूल बिछाइ ।
गुण धरि पौढौ निर्गुंणां । मेरी सेवा निर्मल जोइ हो ॥
६ तुम्ह हीं मैं जांमैं मरैं । नापा कत जै भाजि ।
अपनैं तन की जांणि है । दुष सुष काटौ षाजि हो ॥

राग आसावरी

८:० पंडित बाद बदैं ते झूठा ।
रांम कहैं दुनियां तिरि जैहै । तौ षांड कह्यां मुह मीठा ॥ टेक ॥
१ पावक कहैं पाव जे दाझै । जल कहि त्रिषा बुझाई ।
भोजन कहैं भूष जे भाजै । तौ सब कोई तिरि जाई ॥
२ नर कै साथ्य सूवा हरि बोलै । हरि परताप न जांनैं ।
जे कबहूं उडि जाइ जंगल मैं । बहुरि न सुरतैं आंनैं ॥
३ साची प्रीति बिषैं माया सौं । हरि भगतनि सूं हासी ।
कहै कबीर प्रेम नहीं उपज्यौ । बांध्यौ जंमपुरी जासी ॥

राग गौडी

९:० यहु बल बुधि अंकूरहि साथ ।
क्यूं सर ईषैं पडै निवात ॥ टेक ॥
१ सिंघ भेष मेषी पहराई । चरण गई तब जंबकि षाई ॥
२ गज केहरि तांबा अघमूलं । सुमिरंण रांम पांन सारदूलं ॥
३ नापा तिरिबौ अंकूर प्रवांणां ।
गऊ सुत अपढ पढाई पषांणां ॥

राग रांमग्री

१०:० मन सूधा बिनासं तौ जे कीजै सु कलेस ।
ज्यूं बहुरूप अधम कुल ब्रतनौं । करि नाचै द्विज भेस ॥ टेक ॥
१ प्रांणैं पै दध्य जांमण पाषैं । घ्रित इंछ्या मन थाए ।
जिम बहु भेद साध संगति बिन । ए सब मिथ्या जाए ॥
२ रिति बिण तृया सुत इंछ्या करै । मन कलेसैं तन छीजै ।
ज्यूं हरि भगत सबद साधनि बिन । नारांइण न पतीजै ॥
३ दीन दयाल दीन ब्रत पाषै । मिलै नहीं भ्रम जाई ।
कहै दमौ सूका तरवर बिन । पावक प्रगट न थाई ॥

राग गौडी

११:० हरि गुण गाइये रे । संतौ गाइ र करौ बिचार ।
जौ चंदन षर लादियौ । तौ अत पडै जाइ छार ॥ टेक ॥
१ जल दीठां तिसनां बुझै रे । पीयां होइ अधार ।
पेटां रोटी बांधियां रे । भूष न जाइ लगार ॥
२ पाई पावा छाला पड्या । जा कातै जीलार ।
गांइण ते पाला चल्या । चींन्ह्यां ते असवार ॥
३ लष चौरासी टांगरा । हरि जी साह अपार ।
नापा का गायैं सुणें । चींन्हि न लीया सार ॥

साषी

२२ रांम नांम सब कोई गावै । बिन बिसवास कहा फलु पावै ।
मरि करि रांम सती कहै जैसैं । देषनहार कहैं घर बैसैं ॥
२३ अंमृत कलसु सीस भरि लीजै ।
मरि जइये जौ मुषां न पीजै ।
रोटी पीठि भूष नहीं जाई ।
बिन जल पीयैं न त्रिषा बुझाई ॥
२४ ओषदि रूंष आहि घरबारा ।
बिन घसि लायें मरै गंवारा ।
रांम नांम कौ ब्यौरौ कीनौं ।
दुष्टनि दुष संतनि सुष दीनौं ॥
२५ चित्र मांहि केहरि कियौ । तासूं डरै न कोइ ।
यौं मोहन करणीं बिनां । कथनीं तैं क्या होइ ॥
२६ दीपक कौ आकार सब । कियौ चित्र मैं सोइ ।
मोहन जोति प्रकास बिन । तिमर दूरि क्यूं होइ ॥
२७ चित्र मांहि जुबती लिषी । नष सष अंग संवारि ।
मोहन कारिज नां सरै । का करिये सो नारि ॥
२८ चित्र मांहि चितरी दुरस । अंमृत की उनहारि ।
बिन बबेक कथनीं इसी । मोहन देषि बिचारि ॥
२९ चित्रानलं नानलं मेव बिधि । चित्रांगना नूनमनंगनैव ।
चित्रामृतं नांमृतं मेव राम बचो बबेक सति बबेक एव ॥
३० न मुक्र नांवमात्रेण आतमबोध दया बिना ।
न भवंति मुषं मिष्ट वा । एवं बदंत सर्करा ॥
३१ दादू मिश्री मिश्री कीजिये । मुष मीठा नांहीं ।
मीठा तब ही होइगा । छिटकावैं मांहीं ॥
३२ दादू मनसा के पकवांन सौं । क्यूं पेट भरावै ।
ज्यूं कहिये त्यूं कीजिये । तब ही बनि आवै ॥
३३ दादू बातौं हीं पहुंचै नहीं । घर दूरि पयांणां ।
मारिग पंथी उठि चलै । दादू सोई सयांनां ॥
३४ दादू बातौं सब कुछ कीजिये । अंति कछू नहीं देषै ।
मनसा बाचा कर्मनां । तब लागै लेषै ॥
३५ हल हलफाल करंदियां । रची गई बिहाइ ।
जाइ पुछौ सांवणि सुतियां । लावी लगनि आइ ॥
३६ हाथा हीली सांपजी । हल होसी हो लाल ।
थोडौ सो ही चाहिजे । बीज बलद हल हाल ॥
३७ झूंझैंहि बेटा राव कै । कथहि महाजन लोग ।
बात कहौ बहु भांति करि । कठिन कमांवन जो ॥
३८ दादू कहिबे सुणिबे मन षुसी । करिबा औरै षेल ।
बातौ तिमर न भाजई । दीवा बाती तेल ॥
३९ दादू करिबे वाले हम नहीं । काहिबे यूं हम सूर ।
कहिबा हम थैं निकटि है । करिब हम थैं दूर ॥
४० दादू कहे कहे क्या होत है । कहैं न सीझै कांम ।
कहैं कहैं क्या पाईए । जब लग रिदै नबै रांम ॥
४१ कहि कहि केते थाके दादू । सुणि सुणि कहु क्या लेइ ।
लूंण मिलै गलि पायां । ता समि चित यौं देइ ॥
४२ कहतां कहतां दिन गए । सुणतां सुणतां जाइ ।
दादू अैसा को नहीं । कहि सुणि रांम समाइ ॥
४३ कहतां सुनतां दिन गए । ह्वै कछू न आवा ।
दादू हरि की भगति बिन । प्रांणीं पछितावा ॥
४४ सुणत सुणावत दिन गए । उरझि न सुरझ्या मंन ।
कहि कबीर चेत्या नहीं । अजहूं स पहला दिन ॥
४५ दादू जीव जंजालौं पडि गया । उलझ्या नौ मण सूत ।
कोई एक सुलझै सावधांन । गुर बाइक अवधूत ॥
४६ नौ मण सूत उलझिया । कबीर घर घरबारि ।

त्यांह् सुलझायौ बापडां । ज्यांह् जांणीं भगति मुरारि ॥
४७ बकता सुरता मरि मरि जांसे । रहता रैइसें थीरं ।
सार का चणां कोई बिरला चाबै । सत्य सत्य भीषंत श्री हणवंत बीरं ॥
४८ कथता तौ कथे गया । सुरता सुणे रह्या ।
निर्मल रहिगे थीरं । कोई एक बीर बिचषंण पार उतरैगे ।
यौ सति सति भाषंत श्री हृणवंत बीरं ॥
४९ बकता च भवे ग्यांनीं । सुरता मोष्य लभ्यते ।
बकता सुरता न जांनांमि । बृथा तस्य जीवनं ॥

राग रांमग्री

१२:० अवधू क्या कथिये सब झूठा ।
अवधि पूरि परदेसी चलैगा । उनहीं षाजि अपूठा ॥ टेक ॥
१ केई कहैं अनाहद आवै । किनहीं त्रिकुटी भेदी ।
गया गर काब दोऊ दरिया मैं । बिधनां की बसि छेदी ॥
२ केई कहैं गुफा बसि कीनीं । बंकनालि निरताई ।
पग पारे ज साषि नहीं परसिधि । षड चर पडिया षाई ॥
३ कथणीं बदणीं बषत गुदारैं । षाली करैं कपाली ।
कथि कथि कोटि गुनेरबर मुवा । मींच न किनहीं टाली ॥
४ केई दसवौं द्वार बातांवैं । गूंझ कवल गति लाधी ।
केई पछिम मेर डंडि पहुंता । अडता न रहै आधी ॥
५ केई कहैं रसिक पद रंमियैं । जनम करंम रस क्रीडा ।
केई कहैं पाक सुष पूजा । पाहि न भागी पीडा ॥
६ केई कथैं अध्यातम आतम । केई बेद पुरांनां ।
कहै हरदास कबज करि सो तत । सो तत जगत न जांनां ॥

राग भैरूं

१३:० अैसी रहनि बिन रांम न मिलै ।
स्वारथ मैं मेरी एको न चलै ॥ टेक ॥
१ तीर्थ न्हाइ भरोसा करैं ।
मनहि न षोजहि भूले फिरैं ॥
२ कोई करैं पूजा कोई धरैं ध्यांन ।
घर घर कथैं जुगति बिन ग्यांन ॥
३ कहि प्रिथीनाथ निज करणीं सार ।
रहिसि मिले रांजा रांम भतार ॥

राग रांमग्री

१४:० क्या कथणी करणी बिण कीजै । क्या कीजै बकबाद ।
गूझ कवल गहि बिंब पषालौ । निहचै राषौ नाद ॥ टेक ॥
१ पांच परांण पवन थिर राषौ । ससि घरि मेलौ सूर ।
हिरदै अथर बन बेद संभारो । गगन बजावौ तूर ॥
२ मैथुन कवल ग्रहि मनसा बारौ । पदमनाभ करि प्रीति
गुर परसादि अगम घर पाया । बैठे त्रिभुवन जीति ॥
३ होठ कंठ नासिका निरोधौ । त्रिकुटी ब्यंब निहारौ ।
प्रगट पसारि गरीब कहत है । गुर दीपक उजियारौ ॥

राग टोडी

१५:० पद पायौ रे पद गायौ ।
जिहि अपणौं मन हरि सूं लायौ ॥ टेक ॥
१ साषी सबद बिचारी रे । जिहि मनसा अपणीं मारी रे ॥
२ वहि नीकौ अरथ सुधारचौ रे ।
जिहि मन कौ कह्यौ निवारचौ रे ॥
३ अगम निगम सब सूझ्यौ रे ।
जिहि आतमरांम बूझ्यौ रे ॥
४ टीलौ कछू न जांणैं रे । अैसी बात बषांणैं रे ॥

राग बिलावल

१६:० तूं मति जांनैं वै गाल्ही पाया ।
माल कै मांणैं रूप की सोभा ।
इत बिधि जनम गवाया ॥ टेक ॥
१ अमल करि धरती । बीज करि कलमां ।
सच की आब नित देहु पांणीं ।
होह किरसांण ईमांन जमाइले ।
भिस्त दोजग मूढे इव जांणीं ॥
२ यहु तन किचड । यहु मन मींडक ।
कवल की सार नहीं मूलि पाई ।
भवर उस्ताद नित् भाषिया बोलै ।
क्यूं बूझै तिसै नां बुझाई ॥
३ आषणां सुणणां पवन की बांणीं ।
यहु मन रता माया ही ।
षसम की नजरि दिल पंसन करि ।
जिनि इकमनि करि ध्यायाही ॥
४ पंज करि रषे । तीह करि साषी ।
पवै सैतांन मति कटि जाई ।
नांनिक आषै राह पै चलणां ।
माल धन कित कूं संचाई ॥

राग रांमग्री

१७:० अहो मेरे आनंद की निधि केसवा ।
भाजैं भाजैंला मेरा भौके रारोर ॥ टेक ॥
१ जाकौ घर परिवार नहीं एक संगा । आप आप कूं जाइ ।
नेगी कूडी धणीं साद्रोहौ । षांचि न राषै ठाइ ॥
२ राजा निबल तणौं गढ लीजै । सबल पहूंता आइ ।
घर जलतौ देषै नहीं । पार कौ बुझांवण जाइ ॥
३ बाहरि जाइ चितावै मेरौ प्रांणी । घर कौ लहै न सोध ।
भीतरि महल दूंदरां षायौ । परैं कहावै जोध ॥
४ इहि तति सा जिन्यांन की बेडी । कीजै बहुत न षेध ।
एकैं संगति क्यूं बणैं । साचि र झूठि बिरोध ॥
५ पहरि पटोली धब लौटै फाडै । कांबली सांचै भाइ ।
संग अंमृत रस छाडि करि । पीवै बिषै रस जाइ ॥
६ मैण्यौं मींन फिरै जल भीतरि । घूंमैं कस कै चाइ ।
कहै सोझौ ते जन भला । जाकूं रांम रमत दिन जाइ ॥
१८:० हरि हिरदै रे अनत कत चाहौ ।

भूले भ्रम दुनीं कत बाहो ॥ टेक ॥
१ जग पर्मोधि होत नर षाली । करते उद्र उपाया
आतमरांम न चीन्हें संतौ । क्यूं रमि लै रांम राया ॥
२ लागै प्यास नीर सो पीवै । बिन लागैं नहीं पीवै ।
षोजै तत मिलै अबिनासी । बिन षोजें नहीं जीवै ॥
३ कहै कबीर कठिन यहु करनीं । जैसी षडि धारा ।
उलटी चाल मिलै ब्रह्म कूं । सो सतगुरु हमारा ॥

राग टोडी
१६;० कैसैं धौं प्रीति करत हरि हमसूं । हम ममिता के बाधे ॥ टेक ॥
हरि हैं चतुर सुजांण सिरोमणि । हम कुटिल जटिल मीत साधे ॥
१ जाकौ ध्यांन धरत सिव मुनि जन । परहरि बिषै बिकारा ।
हम सुत कलित्र मूंढ माया रत मोह पासि न बिसारा ॥
२ महा मोह आवर्त्त परे हैं । हरिष सोग नहीं भागै ।
छूटत नहीं द्रुगंध दुरासा । इहै दाग ह्वै लागै ॥
३ बेद पुरांन सुनत नित दिन प्रति । तऊ न उपजस्य ग्यांनां ।
चतुरमास जल बरिषि सिला परि । तऊ न निपजस्य धांनां ॥
४ जैसौ अनराग लागै लोगनि सूं असौ जै हरि सूं लागै ।
माधौदास आस सब छूटै । जुरा मरण भ्रम भागै ॥

साषी
५० जिता सचु संसार सूं । सु ज सांई सूं होइ ।
तौ पधरि ही बेडा तिरै । जिथां नीर न कोइ ॥

राग आसावरी
२०;० कैसैं परम पद जन पाइ ।
लाज कुल अभिमांन लीयें । रहत दूजै भाइ ॥ टेक ॥
१ सुभ असुभ की संक मुगधां । रह्यो परपंच माहि ।
अछत ही जल त्रिषा ब्यापक । निकट पिवै न चाहि ॥
२ एक कहत न बनैं भाइ । दूसरी नहीं आहि ।
कहै जैसैं रहै तैसें । जांनि कहिबो ताहि ॥
३ कहु निर्गुन सगुन कथहु र । जो न छूटै आस ।
सबै भुस कौ लीपनौ । यौं कहै माधैदास ॥

राग धनाश्री
२१;० अब जन कासूं कहै गुसांई ।
तुम बिन दीन दयाल देव मुनि । सब फीकी प्रभुतांई ॥ टेक ॥
१ अपनें से कर चरन नैंन मुष । अपनीं सी बुधि बांई ।
फिरत सकल भै काल कर्म बसि । तेऊ अपनीं सी नांई ॥
२ परआधीन परबदन बिलोकित । मांनत मोद बडाई ।
हसैं हसत बिलषैं दुष पावत । ज्यूं जल दर्पन छांई ॥

३ असैं ही ब्यौहार परसपर । ज्यूं कंन्हधेन चराई ।
सूरदास प्रभू तुम्ह बिनया असैं । को जांनत पीर पराई ॥

राग सोरठि
२२;० रांम राइ सो गति भई हमारी । मोपैं छूटत नहीं संसारी ॥ टेक ॥
१ ज्यूं पंषि उडि जाइ अकासां । आस रही मन मांहीं ।
छूटी न आस टूटचौ नहीं फंदा । उडिबौ लागै कांहीं ॥
२ जो सुष करत होत दुष तेई । कहत न कछू बनि आवै ।
कुंडल ज्यूं किसतूरी का म्रिघ । आपैं आप बंधावै ॥
३ कहै कबीर नहीं बस मेरा । सुंनियैं देव मुरारी ।
इत भयभीत डरूं जंम दूतनि । आए सरनि तुम्हारी ॥

राग रांमग्री
२३;० ए अपराध हरौ हरी । तेरौ दास कहांऊं ।
बिषै बिकार न मन तजै । यां नैं ग्यांन सिषांऊं ॥ टेक ॥
१ श्रक चंदन बनतादिका । क्रीडत जौ पाई ।
तौ काहे सुष बांमदेव । तेरी यहु गति गाई ॥
२ रांम रसांइन रसिक हैं । ताकै यहु नांहीं ।
तिल कौ तेल तौ लौं भलौ । जौं लौं घ्रित न षाई ॥
३ कंचन गिर षोजत फिरै । दष्यण दिसि धावै ।
गूंगि केरी सरकरा । कछु कहत न आवै ॥
४ कहै आंन आचरै आंन । कहि आंन सुनावै ।
माधौदास समींप तोर । कहु कैसैं आवै ॥

साषी
५१ कबीर करता था तौ क्यूं रह्या । अब करि क्यूं पछिताइ ।
बोवै पेड बंबूल का । आंब कहां तैं षाइ ॥
५२ कबीर मारूं मन कूं ज्यूं । टूक टूक ह्वै जाइ ।
बिष की क्यारी बोइ करि । लुणत कहा पछिताइ ॥

कबित
५३ एरंड फल उधरै । जेणि आंबौ फल न्हाले ।
रस चाहै गोषीर । स्वांन अंमृत रति पाले ।
आधारै बिष बेलि करै । गंगृत गभतेषा ।
ठवे एक अढडी । पछैं चाहै लष लेषा ।
उचरै पाप आठूं पहर । एका एका मूरिष गगिष ।
नारांइण नांम जांणैं नहीं । तौ क्यूं पावै संसारि सुष ॥
५४ आबौ काटि अजांण । तेथि बंबूल जमायौ ।
सोवन कुसि घास वी । षेत को द्रम समि बायौ ।
चूल्है करे कपूर । कनक च्रई तलि दाधी ।
तलि चंदन बालियौ । मांहि मूरिषि षलि राषी ।
बलि बलि जनम न आवई । नथी कर्म गति नांन्हियां ।
रांम बिन जनम षोयौ रतन । सु कौडौ साटै कांन्हियां ॥
५५ अरंडहि पांनीं देइ आंब की डार मरोरै ।
बंधै झूठ सूं जाइ । प्रीति साचे सूं तोरै ॥
भौसागर अति भरचौ । ताहि लकुटी लै थाहै ।

अंमृत कूं दे डारि । षाइ बिष जीयौ चाहै ।
जीव बिलंब्यौ जीव सूं । पीय कौ छाडचौ नांव ।
संमझि सु कछु ना परै । पहुचैगौ किहि ठांव ॥
५६ ऊसर बाहै बीज तेल कूं बालूं पेलै ।
गिरि सिरि चाहै कवल । द्रब कूं जूवा षेलै ।
जोगभ्यासि रिति रवैं । सील करि नारि त्रिषै ।
अंमर मरण फल षाइ । आव बधण बिस भषै ।
न्यांनवंत अबबेक इमहिं स करत सुष चितवै ।
श्रीमांन कहै मति अगला । न्याइ जीव द्रुगति सहै ॥
५७ हौं उझड चालियौ । बाट आसांनीं हुंती ।
मैं कोहर सींचियौ । तीर सुरसुरी बंहंती ।
मैं आंबौ परहरचौ । जाइ बावलिये धसियौ ।
मेल्हे सजन सैंण । बिडा मै जाये बसियौ ।
कीरतन न कीधौं श्री क्रिश्न कौ । कर जोडे त्रिभुवन कर ।
ब्रासिये जके बाषांणियें । नारांइण बिण और नर ॥

राग गुंड
२४:० करणीं पोच सोच सुष करई ।
लोह की नांव कैसैं भौजलि तिरई ॥ टेक ॥
१ दषिण जात पछिम कैसैं आवै ।
नैंन बिन भूल्यौ बट कत पावै ॥
२ बिष बन बेली अंमृत फल चाहै ।
षाइ हलाहल अंमर उमाहै ॥
३ अग्नि ग्रिह पैसि करि सुषि क्यौं सोवै ।
जलणि जागी घणीं सीत क्यौं होवै ॥
४ पाप-पाषंड कियैं पुंनि क्यौं पाईये ।
कूप षनि पडिबा गगन क्यौं जाईए ॥
५ कहै दादू मोहि अचिरज भारी ।
हिरदै कपट क्यौं मिलै मुरारी ॥

श्लोक
५८ सर्बे ब्रह्म बदष्यंति । संप्राप्ते कलौ जुगे ।
न ते तत्र गमष्यंति । ससि नर्उपराइणं ॥
५९ सबदेन ब्रह्म कृत्वा । मने बिस्वे बर्त्तते ।
सिला बध बाहव्यां । सुंद्रं किं तरछिस्य ॥
६० जथा न नसंति तंम । कुर्त पादीपा बार्तया ।
अंतरगति तमछेदु । सब्दो बोधो न जायते ॥
६१ पुनि पापं मनश्चैव । ये चान्यं पंच देवता ।
जीवेन सह गछंति । जावत् तत्व न बिंदते ॥
६२ जे नरा संसैसु मृतं । इंछित्ते परमं पदः ।
अस्थूलस्य कूप मध्ये । माकासं कर ग्रहिज्यते ॥
६३ मनसाऊ पहुंचे नहीं । पुनि गुपाल मति मंद ।
बिन हाथनि चाहै लियौ । निरषि नीर महि चंद ॥
६४ कर सु करीर न पहुंचई । पंचनि रष्यौ चूरि ।
तोरचौ चांहत ता फरहि । मन बुधि मनसा दूरि ॥
६५ जिहि फल हथ न अंबरै । सकति न भगति न मुलि ।
रे मन गहले बावरे । रह्यौ तिथांहूं भुलि ॥

६६ हौंस करै हरि मिलन की । अर सुष चाहै अंग ।
पीर सहे बिन पदमनीं । पूत न लेइ उछंग ॥
६७ एकै लोडि मुकदमीं । इकै त सांई लोडि ।
विहु बेडियां म पैर धरि । वजै वषर वोडि ॥
६८ दादू एकैं घोडे चढि चलै । दूजा कोतल होइ ।
दहूं घोडां चढि चालतां । पारि न पहूंच्या न कोइ ॥
६९ दूंन्यूं चाहै प्रांणियां । माया जोग र भोग ।
चैंन कहै क्यूं ऊधरैं । दुपडी बींती लोग ॥
७० द्वै न हूंहि बुरहांन । इक सुष चाहैं पैमुरस ।
यह तौ मारग आंन । एकंतां सचु पाइए ॥
७१ सीस भी चाहै पैंमरस । यौ तौ जुगति न होइ ।
संमन ह्वै दिसि चोपरी । देत न देष्या कोइ ॥
७२ कबीर षंभा एक गयंद । दोइ क्यूं करि बंधिसि बारि ।
मांन करहि तौ पिय नहीं । पिय तौ मांनि निवारि ॥
७३ चाष्यौ चाहैं पैंमरस । राषै मान गुमांन ।
द्वै षाडि परियार इक । अब लौं सुनें न कांन ॥
७४ तौ हौं तौ तु नहीं । जौ तूं तौ हूं नांहि ।
अहमद इक परियार महि । द्वै षाडि क्यूं मांहि ॥
७५ जहां रांम तहां मैं नहीं । मैं तहां नांहीं रांम ।
दादू महल बारीक है । द्वै कूं नांहीं ठांम ॥
७६ षेल्या चाहैं प्रेमरस । आलंम अंगि लगाइ ।
दूजे कूं ठाहर नहीं । पहुप न गंध समाइ ॥
७७ कबीर जब मैं था तब हरि नहीं । अब हरि है मैं नाहि ।
सब अंधियारा मिटि गया । जब दीपक देष्या मांहि ॥
७८ दादू नग्री चैंन तब । जब इक राजी होइ ।
दोइ रजी दुष दुंद मैं । सुषी न बैसे कोइ ॥
७९ दादू टोटा दालदी । लाषौं का ब्यौपार ।
पैका नांहीं गांठडी । सिरै साहूकार ॥
८० संसै संचित क्रोध मदह । आसा मनसा ग्रेहणीं ।
इतो बध जे जीव । तस्य सबद बांइति समांन ॥
८१ अभिअंतर न भवे सुधं । बाहरि जिह्वा बहुक्रिते ।
ना पापं हरंति मन मैलं । किं करते कोटि बिसतरं ॥
८२ दादू हिरदे की हरि लेइगा । अंतरजांमीं राइ ।
साच पियारा सांईयां । कोटक करि दिषलाइ ॥
८३ सबद हमारा एक तूं । जदि तदि राषी आदि ।
अंति फलैगी मांहिली । ऊपर की सब बादि ॥
८४ अंतरगति राचैं नहीं । बाहरि कथैं उजास ।
ते नर नरक हि जांहिगे । सति भाषै रैदास ॥
८५ अभिअंतरि काला रहैं । बाहरि करैं उजास ।
नाम कहै हरि भगति बिन । निहचै नरक निवास ॥
८६ दादू अंतरगति औरै कछू । मुष रसनां कुछ और ।
दादू कहणीं और कुछ । तिनकूं नांहीं ठौर ॥
८७ दादू कहणीं और कुछ । करणीं करैं कुछ और ।
तिन थैं मेरा मन डरै । जिनकै ठिक न ठौर ॥
८८ दादू रांम मिलन की कहत हैं । करत कुछ औरै ।
ऐसैं पीव क्यूं पाईये । संमझि मन बौरै ॥
८९ गाल्ही अैसी चंगियां । आचारी बुरियां ।

अंदरि अैसी कालियां । बाहरि चित्रम चित्रियां ।
८९ रीसां करैं तिन्हां दियां । जे सेवैं दरि षडियां ।
नांनिक जनम सुकारथा । तिनकै संगि रलियां ॥
९० कबीर जैसी मुष तैं नीकसै । तैसी चालै चाल ।
पारब्रह्म नेडा रहै । पल मैं करै निहाल ॥
९१ कबीर जैसी मुष तैं नीकसै । तै साचा लै नांहि ।
मनिष हूंहीं स्वांन गति । बांध्या जंमपुरि जांहिं ॥
९२ सूजा सबै सयांन है । नहीं अयांनां कोइ ।
कहत सुनत अरु करत है । ताथैं अचिरज मोहि ॥

राग केदारौ

२५;० हूंतौ कांइ बोलूं रे बोलूं । मूंनैं बोलिबौ न आवे ।
मुषि कांइ और अंतरि कांई औरै । एहडी बात न भावे ॥ टेक ॥
१ अम्ह सूं कह्यौ रिदै रांम रमांवण । रंग मैरै निगंमांवैं ।
नरसई स्वांमीं मनि अति कूडौ । बचन पलटि करि आवै ॥

राग रांमग्री

२६;० नारांइण सूं मन न रंजै । संजम चूकै ब्रत भंजै ॥ टेक ॥
१ एकादसी ब्रत जुगति न जांणैं । चंचल चित मन ठौर न रहै ।
पंच आतमां राषि न सकई । कृस्न दोष दे भूष मरै ॥
२ परनिंद्या जु आप प्रगासै । झूठि साषि सहजि टारै ।
परतृया सूं रंमै रैंणि दिन । नेम धर्म दुवै हारै ॥
३ जलहर पैसि पषालै काया । अंतरि मैल न तऊ छूटै ।
भणत नांमदेव कछू न सूझै । पूजा कौंण देव की करै ॥

राग गुंड

२७;० है हरि अधिक कवन तोरी सेवा ।
सो संमझाइ कहौ मोहि देवा ॥ टेक ॥
१ जो जो दुष ब्यापै नर लोई ।
सो सो दुष तेरे दास न होइ ॥
२ कहा करूं जन चीन्ह न मोहि ।
जस मुष उस जे हिरदै होइ ॥
३ जब सेवग के छूटि बिकार ।
तब साहिब कै सेवग पियार ॥
४ जुगति जांनि जौ रंमियें रांम ।
कहै कबीर तब हीं सुभ कांम ॥

राग टोडी

२८;० निर्पति भये तौ कहा भयौ । भगत भये तौ कहा भयौ ।
जहुं बादि बाद मह अटके । नांहीं मनो बिकार गयौ ॥ टेक ॥
१ बिनु बबेक हरि हिरदै न आवै । पढै सुनैं केतौ नरु गावै ॥
बांचत सुनत पुरांन बेद बिधि । अंन पांवनीं भगति नहीं पाई ।
२ परमांनंद दास जो उपजै । जैसी सुक प्रहिलाद बताई ॥

साषी

९३ बेद पुरांन सास्त्र सब सोधै । माला तिलक पहरि परमोधै ।
अंतरि कपट नहीं मनि साचा । स्वांग बनावैं करनीं काचा ॥
९४ काजी मुलां पढैं कुरांन । रोजा बंग निमाज बषांन ।
काबै हज मकै कूं जांवैं । इसक दरद बिन जाति न पांवैं ॥
९५ ईदि बकरीदि बिसमिला करै । हलाल कहैं अरु दोजग भरैं ।
कंदूरी करि बंटैं षांणां । मदि अंमल भिस्त क्यौं जांणां ॥
९६ नेकी करैं पाक दिल राषैं । जीव संतोषैं झूठ न भाषैं ।
हक बंदिगी षिजमति सार । ते आसिक पावैं दीदार ॥

सुषदेव उबाच ।

९७ स्वांमीं कथणीं बदणीं सब जग राता । निति उठि मांजैं काया ।
जागत देषत बस्त हिरांनीं । स्वांमीं चोर कहां थैं आया ॥

श्री प्रिथीनाथ उबाच ।

९८ अवधू मूल तत ते गुरू न भेटचा । परचै ग्यांन न पाया ।
गगन सिषर थैं निद्रा उतरी । सांपनि होइ जग षाया ॥

धूलमेष उबाच ।

९९ स्वांमीं समद देषि करि भेला बंधै । नदी देषि करि नांवं ।
देह सरूप भम मैं डूबै । कहि गुरदेव उपावं ॥

श्री प्रिथीनाथ उबाच ।

१०० अवधू ब्रह्मग्यांन पद गुर उपदेसैं । मन सूं करै बिचारं ।
आपा परचै धोषा तूटै । भवजल उतरै पारं ॥
१०१ कथहि बहुत मन परचा नांहि । भूले भेष बडाइ मांहि ।
आप बहे परमोधहि आंन । बिनसे बाज बिचारहि ग्यांन ॥
१०२ ग्यांन बिहूंणां गावै गीत । भूषै मुलां घरे मसीत ।
होइ मषटू कांन फडावे । मंगतां मंगत जनम गंवावे ।
षटै षाटै जे कुछ दे । नांनिक राह पिछांणैं ते ॥
१०३ घर रषैं परघर चुगैं । ग्यांन सुणावैं कथि ।
भुस कुटैं कण बाहिरा । कछू न आवै हथि ॥

राग सोरठि

२९;० रांम रइ भई बिगूचनि भारी । भले इनि ग्यांनिन थैं संसारी ॥ टेक ॥
१ इक तप तीर्थ औगाहैं । इक मांनि महातम कूं चांहैं ।
इक मैं मेरी मैं बीझे । इक अहंमेव मैं रीझे ॥
२ इक कथि कथि भ्रंम लगावैं । समिता सी बस्त न पावैं ।
कहै कबीर काकी हरि सूझै । सो अंजन दीजै ॥

१०४ दादू बूडे ग्यांन सब । चतुराइ जलि जाइ ।
अंजन मंजन फूकि दे । रहौ राम ल्यौ लाइ ॥
१०५ रांम बिनां सब फीके लागैं । करणीं कथा गियांन ।
सकल अबिथा कोटि करि । दादू जोग धियांन ॥
१०६ कबीर पद गायां मन हरिया । साषी कह्यां अनंद ।
सो तत नांव न जांणियां । गल मैं पडिया फंद ॥
१०७ कबीर पद गायि लैलींन ह्वै । मिटी न संसै पास ।
सबै पिछोडे थोथरे । एक बिनां बेसास ॥
१०८ कबीर करता दीसैं कीरतन । ऊंचा करि करि टूड ।
जांणैं बूझै कुछ नही । यौंहीं आंधा रूंड ॥
१०९ कबीर आधी साषी सिर कटै । जौ र बिचारी जाइ ।
मन परतीति न ऊपजै । तौ राति दिवस मिलि गाइ ॥
११० कबीर तीर्थ करि करि जग मुवा । ऊंडै पांणीं न्हाइ ।
रांम हीं रांम जपंतडा । काल घसींटच्यां जाइ ॥
१११ कासी कांठै घर करै । पीवै निर्मल नीर ।
मुकति नहीं हरि नांव बिन । यौं कहै दास कबीर ॥
११२ बास बस्या बांणांरसी । माहि बिषै की प्यास ।
मगहर्मरण गति सो भई । कहै जगजीवनदास ॥
११३ मन मनसा मारै नहीं । काया मारण जांहि ।
दादू बांबी मारिये । श्रप मरे क्यूं मांहि ॥
११४ कबीर इस संसार कूं । समझाऊं कै बार ।
पूंछ जु पकडैं भेड की । उतरचौ चाहैं पार ॥
११५ कबीर लज्या लोक की । सुमिरै नांहीं साच ।
जांणि बूझि कंचन तजै । काठा पकडै काच ॥
११६ कबीर जिनि जिनि जांणियां । करता केवल सार ।
सो प्रांणीं काहे बहै । झूठे जग की लार ॥
११७ कबीर देषण के सब को भले । जिसे सीत के कोट ।
रवि कै उदै न दीसहीं । बंधै न जल की पोट ॥
११८ रे रे जंबुक न्रिबुधी । अहमष छोडि सल्यंगता ।
मछ मास बोही मास । उर्धई किं नरषिस्य ॥
११९ पसंति पसंति परंदोषं । आतम दोष न बिदते ।
न च जारो न भरतारो । जले तटि किं न गनिका ॥
१२० भरि बोहिथ डाठे लिया । आए लहरी बतुमि तीडेई
बियंनि कूं । षेरूंथीं दौअपु ॥
१२१ दादू का परमोधै आंन कूं । आप न बहिया जात ।
औरौं कौं अंमृत कहै । आपणहीं बिष षात ॥
१२२ कबीर रासि पराइ राषतां । षाया घर का षेत ।
औरू कूंप मोधतां । मुहडै पडिया रेत ॥
१२३ कबीर द्रुलंभ मारग दूरि घर । सिर परि आई सांझ ।
जण जण कौ मन राषतां । बेसां रहि गई बांझ ॥
१२४ दादू पंचौं ए पमोधिले । इनहीं कूं उपदेस ।
यहु मन अपणां हाथि करि । तौ चेला सबदेस ॥
१२५ गोर्ष बोलै सुणि रे अवधू । पांचूं पसर निवारी ।
आपणीं आत्मां आप बिचारी । तौ सोवौ पाव पसारी ॥
झूठी अनभै करणी बिना कथणी कौ अंग संर्पूण भवेत् ॥

५० काल बंचना जरणां उपदेश कौ अंग

राग रांमग्री

१:० बाद छाडि रे भगता भाई । हरि सी तैं निधि पाई ।
रांम तजि मेरौ मन अनत न जाई ॥ टेक ॥
१ जपमाला तागै पोई । सरीर अंतरि है सोई ।
बादि बिमुष हरि बिन दिन न षोई । रांम नांम जपि लोई ।
परम तत है सोई । तीन्यूं रे तृलोक ब्यापौ । दूजौ नहीं कोई ॥
सजीवनि मूली साई । नटारंभ संगि लाई ।
२ रांम नांम बिन नांहीं आंन उपाई । नांमदेव उतारचौ पार ।
चेतहु रे चेतनहार । हरि की भगति बिनां औतरौगे बार बार ॥

१ टालि टोलि देष्या संसार । बिनां जोगन नहीं निस्तार ।
बिंद भेद बाइ अस्थंभ । परंम जुगति जोगी आरंभ ॥
२ ठाहर पाई जहां मन रहै । गूंगा मति किस सूं कहै ।
भेद अभेद मिटे अपवाद । मन निःश्चल गुर कै परसाद ॥
३ डोरी गहै तौ कैसैं मिटै । निमष निमष भेव धुनि कटै ।
लेष अलेष मिटै अपवाद । मन निहचल गुर कै प्रसाद ॥
४ देवल एक मैं मूरति दोइ । ताका भेद लषै जे कोइ ।
जे जांणैं बाद न करै । देषै बस्त चुस्त करि धरै ॥

राग धनाश्री

२:० हरि रस तौ कबहूं जौ लहिये ।
बाद बिबाद हरिष इतराई । इतौ दंड जौ सहिये ॥ टेक ॥
१ कोमल बचन दीनता सब सौं । सदा प्रफुलित रहिये ।
आयैं लाभ न गयैं जु बिसमौं । अैसै हीं मारग बहियें ॥
२ जौ कबहूं जीय अैसी उपजै । यहु सुष कहां लौं कहिये ।
सूर स्वांमि संग अष्ट महासिधि । भुगतौ जो कुछ चहिये ॥

५ बहु बकवाद निवारि । रांम हि रांम कहिजी ।
कोई दूती बोलै बिषडा बोल । अंगि सुहाइ लैजी ।
बिषडा बोल सहै जे कोई । जीवन अंमरपद पावै ।
हरि कौ नांव जपै निस बासुरि । हरषि हरषि गुण गावै ।
जांण बिनांण तजहु चतुराई । तन मन हरि कूं दीजै ।
दासनि दास कहै जन छीतम । रांम रसांइन पीजै ॥
६ ते सब तिरे रांम रस स्वादी ।
कहै कबीर बूडे बकबादी ॥

राग टोडी

३:० काहे रे बकि मूल गंवावै ।

रांम कै नांइ भलैं सचु पावै ॥ टेक ॥
१ बाद बिबाद न कीजे लोई ।
बाद बिबाद न हरि रस होई ॥
२ मैं तैं मेरी मानैं नांहीं ।
मैं तैं मेटि मिले हरि मांहीं ॥
३ हारि जीति सूं हरि रस जाई ।
समझि देषि मेरे मन भाई ॥
४ मूल न छाडीं दादू बौरे ।
जिनि भूले तूं बकिबे औरे ॥

७ पिरियां संदी गाल्हडी । मर मंझें ई होइ ।
बुधायैं बयंन के । केहो काज सरचौ इ ॥

राग केदारौ
४;० कहूं रे जे कहिबे की होइ ।
नां कोई जानैं नां कोई मानैं । तायैं अचिरज मोहि ॥
टेक ॥
१ अपणें अपणें रंग के राजा । मांनत नांहीं कोइ ।
अति अभिमांन लोभ के घाले । चले अपणपौ षोइ ॥
२ मैं मेरी करि यहु तन षोयौ । संमझत नहीं गंवार ।
भौजल अधफर थाकि रहे हैं । बूडे बहुत अपार ॥
३ मोहि आग्या दई दयाल दया करि । काहू कूं संमझाइ ।
कहै कबीर मैं कहि कहि हारचौ । अब मोहि दोस न
लाइ ॥

साषी
८ कासूं कहूं इहां बिषै बन सारी । जे न कहूं गुर लाजे ।
तऊ न सुणैं मोह बिष बूडे । जंम का पडहा बाजे ॥
९ दादू सुरता घरि नहीं । बकता बकै सु बादि ।
बकता सुरता एक रस । कथा कहावै आदि ॥
१० बकता सुरता घरि नहीं । कहै सुणैं को रांम ।
दादू यहु मन थिर नहीं । बादि बकै बेकांम ॥

राग गौडी
४;० रांतौ सुरतैं नाद बतारै ।
जैसें दीपक धरचा पवन में । कैसें लोइ संवारै ॥ टेक ॥
१ दहदिसि फिरै मांनि बहु ग्यांनीं । हेम जटित नग छूटै ।
काचा कुंभ परसि जल जैसैं । बहु संगति मन फूटै ॥
२ अप्रवांण निधि पार न कतहूं । कहतां कछू न आवै ।
कहै कबीर तत सर्ब निरंतर । भजै सु नाद बजावै ॥

११ यहु मन बहु बकवाद सूं । बाइ भूत ह्वै जाइ ।
दादू बहुत न बोलिये । सहजैं रहै समाइ ॥
१२ आव घटै बहु बोलतां । स्वास सबद थिति जाइ ।
ज्यूं कालू की कूकरी । भुसि भुसि मरै बलाइ ॥
१३ पारासुर का पारा षोया । सोवै बोलि गंवाई ।
बोलणहारा यौं बित हारै । ग्यांन ध्यांन धुनि जाई ॥

१४ बालक बाछा की गति देषौ । चुप रहैं रस आवै ।
बोल्यां सेती अस्थ न छूटै । दूध कहौ क्यौं पावै ॥
१५ मूंनि गहैं ते बावरे । बोलैं षरे अयांन ।
सहजैं राते रांम सूं । दादू सोई सयांन ॥
१६ मूंनि गहै उनमनि रहै । बोलै तौ निज सार ।
सिध साधिक सब संत जन । नांइ लागि भये पार ॥
१७ दादू जे मुष मांहैं बोलतां । श्रवनहुं सुनता आइ ।
नैंनहुं मांहैं देषता । सो अंतरि उरझाइ ॥
१८ दादू अैसे महगे मोल का । एक सास जे जाइ ।
चौदह लोक समांन सो । काहे रेत मिलाइ ।
सोई सास सुजांण नर । सांई सेती लाई ।
करि साटा सिरजनहार सूं । ज्यूं महगे मोलि बिकाइ ॥
१९ अवधू दंम कूं गहिबा । उनमनि रहिबा । ज्यूं बाजिबा
अनहद तूरं ।
गगन मंझल मैं तेज चमंकै । चंद नहीं तहां सूरं ॥
२० स्वास उस्वास बाई कूं भषिबा । रोकि लेहु नवद्वारं ।
छठै छमासि काया पलटिबा । तब उनमनीं जोग अपारं ॥

राग धनाश्री
६;० जोगिया जिनि षरचिसि दांमां ।
सूंम की नांई भेटिले रांमां ॥ टेक ॥
१ बाईकौ दांम न षरच्यौ भावै ।
गांठि परै तब परचौ आवै ॥
२ भणत नांमदेव राषिलै थाती ।
प्रगटी जोति तहां दिवा न बाती ॥

राग भैरूं
७;० जिभ्या बोलै तौ रांम हि बोलि ।
नहींतर बदन कपाट नषोलि ॥ टेक ॥
१ जे बोल्ये तौ कहिये रांम ।
आंन बकन सूं नांहीं कांम ॥
२ रांम नांम मेरे हिरदै लेषि ।
रांग बिनां सान फोकट देषि ॥
३ नांमदेव भणैं मेरे एकै नांउं ।
रांम नांम की मैं बलि जांउं ॥

२१ दादू कहै रांग तुम्हारे नांव बिन । जे मुष निकसै और ।
तौ इस अपराधी जीव कूं । तीनि लोक कत ठौर ॥
२२ दीन्हीं पांण बषांण कूं । जीभ तुहुं जैबति ।
बंदे षालिक नघुरैं । करैं पराई तति ॥

राग रांमग्री
८;० तेरी रसन रघुनाथ बिन बुर बिकांमीं ।
हेत बिण हिदौ ले कापि करि कातरी । भजि पिता प्रीति
सूं जगत जांमीं ॥ टेक ॥
१ नांद हरि नांव बिन म भणि मति बाहिरा । चपल मति
चरण बिण नित निमांमीं ।

अंतरि तृबिधि दहै । अपसकल क्यूं लहै । कोडि का जीव
की दुलंभ दांमीं ॥
२ सुरति दे साच सुंणि सुफल ह्वै श्रवण सिर कर्म गति देह
तैं दुलंभ प्रांमीं ।
कहै हरदास नर काल बिध बंचनां । संमझि रे सुमिरि
ले अनंत नांमीं ॥

राग बिलावल

९;० रांम सनेही साधवा । मुषि पाट न षोलै ।
नांव गहै निरबांण तत । पूछ्या थैं बोलै ॥ टेक ॥
१ जैं बोलै तौ हरि कहै । कछू आंन न भाषै ।
सुरति निरति मन पवन सूं । चरणां चित राषै ॥
२ धुंनि सूं धुंनि लागी रहै । बिश्रांम न छाडै ।
बिणहीं बूझ्यां आप थैं । बकबाद न मांडै ॥
३ सार सुधा रस संग्रहै । छाडै सब छोई ।
कहै कबीर त्रिहूं लोक मैं । तत बेता सोई ॥

राग रांमगरी

१०;० तेरौ जन काहे कौं बोलै ।
बोलि बोलि अपणीं भगति षोलै ॥ टेक ॥
१ बोल बोलतां बढै बियाधि । बोल अबोलै बोलै जाई ।
बोल बोल बोल कूं पकडै । बोल बोल कूं षाई ॥
२ बोलै ग्यांन र बोलै ध्यांन । बोलै बेद बडाई ।
ऊरमीं धरि धरि जब हीं बोलै । तब ही मूल गंवाई ॥
३ बोलि बोलि औरै संमझावै । तब लग संमझि नहीं रे
भाई ।
बोलि बोलि संमझि जब बूझी । तब काल सहित सब
षाई ॥
४ बोलै गुर अर बोलै चेला । बोल बोल बोलतां की
परमिति जाई ।
कहै रैदास थकित भयौ जब । तब ही परम निधि पाई ॥

२३ सोई साध पवन पंथ बांधै । बाट बिचाला मारै ।
कहै हरदास इसौ जन जोगी । सांम्हां तीर्थ तारै ॥
२४ झझा उरझि सुरझि नहीं जांनां । रहि मुष झझषि
झझषि परवांनां ।
कत झषि झषि औरनि समझावा । झगरौ कीयैं झगरिबौ
पावा ॥
२५ जहां बोल तहां अष्यर आवा । जहां अबोल तहां मन न
लगावा ।
बोल अबोल मंझि है सोई । जे कुछ है ताहि लषै न कोई ॥
२६ दादू गुण तजि निर्गुण बोलिये । तेता बोल अबोल ।
गुण गहि आपा बोलिये । तेता कहिये बोल ॥

बैत

२७ सुषनगुत्फषाकस्तः नागुत्फजर ।
पिसरष्वांदसाहस्त । नांष्वादषर ॥

राग गौडी

११;० बोलणां क्या कहिये रे भाई ।
बोलत बोलत तत नसाई ॥ टेक ॥
१ बोलत बोलत बढै बिकार ।
बिन बोल्यां क्यौं होइ बिचार ॥
२ मिलैं संत कुछ कहिये कहिये ।
मिलै असंत मुष्टि करि रहिये ॥
३ साधू सूं बोल्यां हितकारी ।
मूरिष सूं बोल्यां झषमारी ॥
४ कहै कबीर आधा घट डोलै ।
भरचा होइ तौ मुषां न बोलै ॥

श्लोक

२८ संपूर्ण कुंभं न करोति सबदं । अलप घटोमपि धोषनादं ।
स्वजनाजनो न करोति गर्बं । गुण र बिहूंणां बहु
भाषियंते ॥
२९ उतिमं नांत बक्तस्य । मधिमं बहुभाषिकरह ।
ना श्रवण धनं ताद्रिक जाद्रिककं सब जाइते ॥
३० काचा उछलै ऊफणै । काया हांडी मांहि ।
दादू पाका मिलि रहै । ब्रह्म जीव ह्वै नांहि ॥
३१ भरिया ते थीरं । झल झलंत ते आधा ।
सिधहि सिध मिल्या अवधू । बोल्या अर लाधा ॥
३२ बहके न बोलिबा । ठबके न चालिबा । धीरैं धरिबा
पावं ।
गरब न करिबा । सहजैं रहिबा । यौं भाषंत गोरष रावं ॥
३३ मूरिष सभा न बैसिबा अवधू । पंडित सूं न करिबा बादं ।
राजा संग्रामे झूझ न करिबा । हेलै न षोइबा नादं ॥
३४ नाद हमारै बावै कवन । नाद बजायां टूटै पवन ।
अनहद सबद बाजता रहै । सिध संकेत श्री गोर्ष कहै ॥
३५ सिधा गडबड छाडि दे । अनहद प्याला झेलि ।
बूंद समांनीं संमंद मैं । सो बूंद ले षेलि ॥
३६ असी धरणीं धरै । सहज ले निस्तरै ।
बाद बकबाद थैं देह छीजै । गुरू साषी कहै ।
३७ सोई सबद गहै । इनि बिधि बांणि जीवन जीजै ॥
पंडित जण जण बाद न होई । अणबोल्या अवधू सोई ॥
३८ कोई बादी कोई बकबादी । जोगी कूं बाद न करणां ।
अठसठि तीर्थ समंदि समावैं । यौं जोगी कूं गुरमुषि
जरणां ॥
३९ उतपति हिंदू जरणां जोगी । अकलि पीर मुसलमांनीं ।
ते राह चीन्हौं हो काजी मुलां । जे ब्रह्मा बिस्न महादेव
मांनीं ॥
४० मांन्यां सबद चुकाया दंद । निहचै राजा भरथरी ।

परचै गोपीचंद

४१ षित्रिया नां सस्त्र संग्रांम । बेद सस्त्र स पंडिता ।
पुरुषस्य सब्द संग्रांम । मुगधो लष्टक मुष्टिका ॥

४२ नरस्य आभर्णं रूपं । रूपस्य आभर्णं गुण ।
गुणस्य आभर्णं गिनानं । गिनानंस्य आभर्णं षिमां ॥
४३ कोकिलानां सुरा रूपं । कांमनी रूपं च पतब्रता ।
बिद्या रूपं करूपांनां । षिमां रूपं तपे सुरा ॥
४४ षिमां तुल्यं तपो नास्ति । न च संतोषं परंसुषः ।
न च तृश्नां परो ब्याध्य । न च दया धरमं परः ॥
४५ न सारीषो द्विजाचारी । न सारीषो निर्प धर्मिकं ।
न च सारीषो तप संतोषं । न सारीषो तपः षिमां ॥
४६ ज्यूं नारि पुरिष का रूसनां । अजा जुध ज्यौं टेक ।
साधू जन का बोलणां । ज्यूं माता बालक एक ॥
४७ साधू जन का कोपनां । पांणीं की सी चोट ।
जैसौ दूध उफांणं बल । अहं नमन मैं षोट ॥
४८ जैसा लाडू देवणहारा । तैसा मारणहार ।
बैर भाव दोउ थैं न्यारा । सोई सेवग सार ॥
४९ कोऊ पूजै कोऊ मारै । साधू सब घटि रांम बिचारै ।
साध परष्या इहै बिचारू । ज्यूं पूजक त्यूं मारनहारू ॥
५० पावक दारस्तत्रास्तब्यं । नां वो उष्नं भवति ।
भंजनं भग सीत उस्नं ग्ये अग्यः प्रतिबादये ॥

कबित

५१ सैल सीप पोरिस बैरि यौंहुं बित सु दीया ।
ईषर महि दीपांन । कष्ट रस रंग सु कीया ।
बैरागर की षांनि । त्रास तरवर फलदाता ।
रसनां दंत न बैर । षीर सरवैं सुत माता ।
बांवन कुठार पारस घनहि । निधि दधि महनारंभ करि ।
जन रजब ओषदि अंन ज्यूं । करहि आप उपगार मरि ॥
५२ रबाब फोडियां मूरिष है । बदा कै सिरि आइ ।
देषौ जरणां साध की । सार पूछिबा जाइ ॥
५३ बैरी सूं निरबैरता । देषौ साध दयाल ।
साधन सूं द्रुजनपनौं । तिनके कौंन हवाल ॥
५४ चारि पंदिका बिचार । सरीकति तरीकति मारफति
हकीकति ।
चारि घाट के बंदे । तिनसूं सरंघि पारी सैतांगीं ।
मूंकी लाई गदि । मूंकी की मूंकी दई । ज्वाब न कीया
कोइ ।
सरं माहैं सावधान । धणीं न हासिल होइ ॥
५५ तरीकति वाला ज्वाब करि । ज्यूं की त्यूं धुंनि लाई ।
ज्वाब कीयैं भी अंतरा । नांव न लीया जाई ॥
५६ मारफत का मामला । नैंनौं हीं टुक देषा ।
यहु अजाजील की चोट है । ल्यौ तुडाइ करि पेषा ॥
५७ पै पांणीं ज्यूं लूंण उदिक मिलि । मिसरी अरु जल जैंसैं ।
औंडी सुरति हकीकतिवाला । देषै बोलै कैसैं ॥
५८ बंदा चाल्या जाइ था । चाबक लाया चारि ।
देषि जरणां साध की । गया अचांनक मारि ॥
५९ जिन्हीं सबर कमांण । स्वांति तीर कर बल हरै ।
तिन्हीं संदो बांण । षालिक षाली न करै ॥
६० दादू धरती ह्वै रहै । तजि कूड कपट अहंकार ।
सांई कारंनि सिरि सहै । ताकूं प्रतषि सिरजनहार ॥
६१ महंमद जी की पारिष्या । देषण चाल्या साहि ।
सभा बीचि अंमरी करि बजरी । भेलै बैठि र षाहि ॥
६२ हजरति की दिल दूई न देषी । परषि र कीया पीर ।
अरस महां थैं कागद उतरचा । धणीं बंधाई धीर ॥
६३ कबीर अंणीं सुहेली सेल की । पडतां लेइ उसास ।
चोट सहारै सबद की । तास गुरू मैं दास ॥
६४ कबीर षूंदणि तौ धरती सहै । बाढ सहै बणराइ ।
कुसबद तौ हरिजन सहै । दूजै सह्या न जाइ ॥
६५ ददंति ददंति गाल्यं । गाल्य गाल्यवंतो ।
भवति बैमेव परंमभाव । गालिदानेषु तौ सक्ति ।
नः स्यसछे भिछ्या तु कवस्य क्वस्य मया दद्या ॥
६६ कील्हकरण दुरजन बचन । टारत संत बिचारि ।
परत समंद मैं बीजरी । तौ कहा सकै कछू जारि ॥

कबित

६७ सलिता समंदि समाव बिषम बडवानल जारै ।
चौरासी के चरण धसम धरणीं सिरि धारै ।
लात गात सहि बिश्न षिमां षलकहि सहि सु दिढाई ।
गत ऊरंम अहंकार जास कैं हिरदै आई ।
साध श्रवन सति सुन्य समि । कुबचन सु झलबल नां चलै ।
क्रोध कष्ट नास्ति तहां । जन रजब कहु क्या जलै ॥
६८ कबीर सीतलता तब जांणियैं । समिता रहै समाइ ।
पष छाडै न्रिपष गहै । सब दिन दूष्या जाइ ॥
६९ कबीर सीतलता भई । पाया ब्रह्म गियांन ।
जिहि बैसंदर जग जल्या । सो मेरे उदिक समांन ॥
७० कहै कबीर सुनहुं रे संतौ । गडरी पबत षावा ।
चकवा बैसि अंगारे निगलै । समंद अकसां धावा ॥
७१ ससि सीतल का नेह सूं । अगनिहि चुगै चकोर ।
जहां षिमां सहन अरु दीनता । तहां क्रोध न करई जोर ॥
७२ मंछर मारै सो मरद । सो रावत रजपूत ।
कील्हा कहिये कौंन सौं । नौ मण उलझ्या सूत ॥
७३ मंछर जीमा तौ का गुना । कील्हा कहिंगे काहि ।
धीरज की धूंणीं करै । तौ मंछर ताहि न षाइ ॥
७४ तबहि छिमां छलबल सूं चल्यौ । ताकूं देषि क्रोध
परजल्यौ ।
तूं को नीच निकट मो आवै । तबहि छिमां चरनन कूं
धावै ॥
७५ हंस्या धरै मार मन आंनैं । सोई छिमां सीस परि मांनैं ।
तुम अति बडे बिचित्र बिष्याता । हूं मूरिष मतिहींन
अग्याता ॥
७६ तुम्हारौ मरम कहा हूं जांनौं । तोसौं बादि बराबरि
ठांनौं ।
या अपराध छिमां करि मेरौ । हूंतौ दास तुम्हारौ चेरौ ॥
७७ अनजांनतैं चूक ह्वै परी । इतनीं कहत क्रोध गौ मरी ॥
दुरजन मुष बंबई जिसौ सबद श्रपता मांहि ।
७८ छिमां वोषदि पीजिये । दुरिजन मारे जांहि ॥

७९ काल रूप संसार सब । तासूं कछू न कहिये ।
बोलहु बोल बोलै मुष सेती । जगंनाथ सहिये ॥
८० दीसै मांणस प्रतषि काल ।
ज्यूं करि त्यूं करि दादू टाल ॥

राग मारूं

१२:० देषि चालौ रे बीरा देषि चालौ ।
कलिजुग घोर अंधार है । तामैं हाथ न घालौ रे ॥ टेक ॥
१ कै सोफी कै संतजन घरि बैठां आवै रे ।
ताकूं सुष संतोष दे तूं कांइ संतावै रे ॥
२ जैंन बोध जोगी जती सिंन्यासी कोई रे ।
साहिब कै नातै मिलै भारी सुष होइ रे ॥
३ जिहि जो धारी सो करै । अपणीं जिनि छाडौ रे ।
साध कहैं सो कीजिये । थे रांति न मांडौ रे ॥
४ साध कहावो देस मैं क्यौं करौ लडाई रे
कोई रो सनमांनि यूं । कहै टीलौ भाई रे ॥

साषी

८१ बीजा बाडि पलास की । अणछेडि कर लाइ ।
निगुणौं मांणस छेडतां । पति सगुणां की जाइ ॥
८२ डगडग डोलै पांन । गरवा गिर डोलैं नहीं ।
गरवां इहै प्रवांन । वोछां सूं बोलैं नहीं ॥
८३ अनसारी बुरहांन । तत मूल सब चुप मैं ।
जो या अर्थहि जांन । कबहूं न बोलि बिगूचई ॥
८४ भरचा न फूटै चिणग न छूटै । जरणां कहिजे तांहीं ।
बषनौं कहै समाई ज्याह मैं । सो बोलि बिगूचै नांहीं ॥
८५ गोरष कहै सुणौं रे अवधू । जग मैं अैसैं रहणां ।
आंषिं देषिबा कांनिं सुणिबा । पणि मुष थी कछू न कहणां ॥
८६ कांम पराये मैं जौ परिये । स्यांम भत गदहां ज्यूं मरिये ॥
प्रकट कूं उपदेस करि । बयें पंषि दुष पाया ।
८७ पांनीं की कहि बारता । जोगी आप गंवाया ॥
८८ आतमांनां मुष दोषेनां । बंधते सुक सारिसः ।
बकासंन बधंति । मोन्यं श्रब साधवाः ॥
८९ कहि प्रिथीनाथ यौं आपा राषहु । हठ करि बाद न कीजे ।
सब जग है काटे की बाडी । देषि न्रिषि पग दीजै ॥
९० चंदन मिलैं कुहाडा बैरी । साध कूं दूंदर दाई ।
दीपक पासि पतंगा बैरी । द्रपन ढिग की काई ॥
९१ गोर्ष कहै सुणौं रे अवधू । सूसपाल थीं डरिये ।
ले मुदगर की सिर मैं मेल्है । तब बिनहीं षूटी मरिये ॥
९२ बकता आगैं सुरता होइबा । धींग देषि मस कींनं ।
सिध कै आगै साधिक होइबा । यौं सति सति भाषंत श्री हंणवंत बीरं ॥
९३ जानथीं अजांन होइबा । तत लेइबा छांणि ।
गुरू कीयां लाभ है अवधू । चेलां कीयां हांणि ॥
९४ जांणि बूझि जड ह्वै रहै । बल तजि निर्बल होइ ।
कहै कबीर ता दास कूं । गंजि न सकै कोइ ॥
९५ दादू सारा गहिला ह्वै रहै । अंतरजांमीं जांणि ।
तौ छूटै संसार थैं । रस पीवै सारंगप्रांणि ॥
९६ न जांणौंहां जी चुप गहि । मेटि अगनि की झाल ।
सदा सजीवनि सुमिरिये । दादू बंचै काल ॥
९७ राजा कै सुत पकरी मूंनि । देषनहार कहैं यहु सूंनि ।
सिकार गयैं थैं परचौ पावा । तीतर बोलैं आप मरावा ॥
९८ हांजी हांजी कीजिये । कै रहिये मुष मौंन ।
बाजींदा बेकांम कूं । बोलि बिगूचै कौंन ॥
९९ जैमल हांजी भली न चुप भली । भला निरंजन नांव ।
दुष पावैगौ प्रांणियां । चित राषै ह्वै ठांव ॥
१०० हांजी हांजी जिनि करै । मुषि मूंनि न गहिये ।
जैमल साचा सांईयां । सो प्रगट कहिये ॥
१०१ धूलि पडै मुषि लांवण नीचै । बींछ्या बोलणहार ।
अबोल अंग जैसा षंगवाला । महिमां बहुत पिरयार ॥
१०२ संकर षेल जु प्रेम कौ । तामैं यहु बिपरीति ।
१०३ जीते ही कौ हारिबौ । हारे ही की जीति ॥
दास कबीर कहै समझाइ । केवल रांम रहौ ल्यौ लाइ ॥
१०४ हारि मांनीं चूका दंद । सति सति भाषंत राजा गोपीचंद ॥
१०५ पीछैं ही पछिताइये । पहलैं गहिये पाइ ।
मूरिष सूं गोष्टि कहा । अनरस होइ रस जाइ ॥
१०६ समझे सेती हरि कथा । अणसमझे सूं हांजी ।
बोलि बोलि झगडा पडै । ज्यूं दूध मैं कांजी ॥
१०७ समझे सेती गुष्टडी । लाहा दहूं परे ।
पूरी पूरि पूरियां । अधूरी पूरे ॥
१०८ अणसंमझे सती गुष्टडी । की करिजे ही बथ ।
बहता नीर बथांलियां । कछू न आवै हथ ॥
१०९ आगुली गिलतां पौंचौ गिलै । पौंचौं गिलतां बांह ।
अैंठा कीवै ठैंक है । भेद न दीजै त्यांह ॥
११० ज्यूं ज्यूं होवै त्यूं कहै । घटि बधि कहै न जाइ ।
दादू सो सुध आतमां । साधू परसै आइ ॥
१११ आपण गुह्यं परछिद्रं । राजमंत्रं च भोजनं ।
मांनं च अपमांनं च । ना प्रकासंति पंडितः ॥
११२ कासौं कहिये को सुनैं । कहत सुनत घटि होइ ।
तार्थैं घटही मैं रहौ । कहि घटि करै बकोइ ॥
११३ संमन परघर जाइ करि । दुष अपनां न रोइ ।
सोभा षोवै आपणीं । भला न कहिसी कोइ ॥
११४ दुष न कहिये किसी सूं । करवत सहिये सीस ।
जिनि कीये जल बूंद तैं । जांनत है जगदीस ॥
११५ काजी महमूंद दुंनियां देषि करि । मन मैं आप न भूलि ।
अपनीं गुरबति सेती यौं रहिये । ज्यूं पाऊं तलि की धूलि ॥
११६ दादू मन हीं माहैं संमझि करि । मन हीं मांहि समाइ ।
मन हीं माहैं राषिये । बाहरि कहि न जणाइ ॥
११७ मन मैं रहणां भेव न कहणां । बोलिबा अंमृत बांणीं ।
आगिला अगनि होइबा अवधू । तौ आपण होइबा पांणीं ॥
११८ अवधू कुसबद का सुसबद ग्रास । सुसबद का निरंतर

बास ।

द्वादस अंगुल बाई गुरमुषि रहे । अैसा बिचार मछिंद्र कहै ॥

११६ हे जिभ्या करि म्रजादा भोजने तथा बचनो ।
भोजने प्रांन सदेहं । बक्तव्यं सुष भंजनं ॥

१२० सेष फरीदा बोली नांहीं । पडदा किसहीदा षोली नांहीं ।
मांणस मांणस अंतर है । के हीरा के पथर है ॥

१२१ नांनिक भला न काहू कहि सकै । तौ बुरा न काहू अषि ।
जे पति लोडै अपणीं । तौ पति पराई रषि ॥

१२२ अैब पराये परहरैं । सजन सहज सु भाई ।
जेते छिद्र सूई करै । धागा पुरवत जाइ ॥

बैत

१२३ दर जहां चार चीज षुस कर दम । यादिगार ई सुषनः अगर मरदी ॥
षुलकनीं को वरासती करदन । अैब पोसीदनौं । जुवा मरदी ॥

१२४ मींठा बोलण सचु चलण । पर औगुन ढकेण ।
एत्रे चगे नांनिका । चौथा हथौं डेण ॥

१२५ फरीदा इत जहांन विचि । एत्रे चगे टोल ।
हथौंडि वै नवि चलै । मुषां मिठा बोल ॥

१२७ सुसब्दे हीरा बेधिले । जिह्वा करि टकसालं ।
औगुण मधे गुण करीलै । तौ चेला सब संसारं ॥

१२८ नग्री सोभंत बहु जल मूल बृषा । सभा सोभंत पंडित पुरुषा ।
राजा सोभंत दल परवांणीं । यौं सिधा सोभंत सिधि बुधि की बांणीं ॥

१२६ कबीर अैसी बांणीं बोलिये । मन का आपा षोइ ।
अपणां तन सीतल करै । औरन कूं सुष होइ ॥

१३० जांनस्त जबांनस्त जबां दुस्मने जांनस्त ।
ग्रिदांन जबांनस्त । जबां सेहति जांनस्त ॥

१३१ कबीर सहज तराजू आंनि करि । सब रस देष्या तोलि ।
सन रस मांहैं जीभ रस । जे को जांणैं बोलि ॥

१३२ जिभ्या मैं अंमृत बसै । जै को जांणैं बोलि ।
बिसबासिग काऊ तरै । जिभ्या तर्णैं हिलोलि ॥

१३३ जिभै राकर जीभ दुध । जीभ पियारी जगि ।
जीभै सजन रलि मिलैं । जीभै लगै अगि ॥

१३४ षल बैणां हीं ऊपजै । नांहीं षांनि षलांह ।
सजन हीं दुर्जन भए । जे औली जीभ गलांह ॥

१३५ दारु दे सारा किया । जे दाधा था अगि ।
जीभां दाधे मांनई । कदे न मिलहीं बगि ॥

१३६ पांचां मांहैं बैसि करि । बोलै नहीं बिचारि ।
हतै पराई आतमां । जीभ लीयां तरवारि ॥

१३७ जिनकै बोलैं बंध नहीं । मरम नहीं मन मांहि ।
ते क्यान्हैं बोलैं बापुडा । भरी हथांई मांहि ॥

१३८ अण औश्रकै बोलणैं । रुडौई मांणस रद ।
भलौ भलौ सब को कहै । सर औसरि षरसद ॥

१३६ अणसमझे को बोलणां । भुगति अजीरण षाइ ।
बिस बपुडे की क्या चलै । षीर षात मरि जाइ ॥

१४० जैमल मुहडै बोलै औदसा । घट मैं बरतै काल ।
सील संतोष न ऊपजै । झषै आल प ताल ॥

१४१ जैमल अंन पांनीं कै आफरै । माया कै अंहंकारि ।
मुहि आवै सोई कहै । बोलै नहीं बिचारि ॥

श्लोक

१४२ एकाएकी बस्ते नित्यं । सुगंध पर्बत मस्तके ।
किमर्थ कंचनी काया । किमर्थं सूकरो मुषः ॥

१४३ अनेक दांन मयं दत्वा । बहुरत्नां बिधांनं चः ।
सुभ बाइकि न बक्तब्यं । एन कार्ये सूकरमुषः ॥

कबित

१४४ सभा सहित बोलौ बयण । भिष्यारी कित गयौ ।
गयौ बलि रावहि जचण । नचण आजि न दिठ ।
गयौ बिंद्रा बनि नचण । पसू चढण कित गयौ ।
गयौ गोकलि गऊ चारण । नीच म्रिघ कहां गयौ ।
गयौ हरणा सु बिदारण । गंगाधर आजि न दिठयौ ।
गयौ गोकलि गोपी रवण । कवि गदु कहै रे गुणिजणौं ।
सभा सहित बोलौ बयण ॥

राग धनाश्री

१३:० जोई हरि भजन कौ अपराध मांनैं । सो बचन हीं जिनि आवै ।
बिमल बांणीं सारंगप्रांणीं । संत ते गुण गावै ॥ टेक ॥
१ श्रवण कथा सुणत नांहीं । मरत नहीं लाजा ।
आतमरांम चीन्हत नांहीं । सो मति कौंणैं काजा ॥
२ सहनसील बबेक नांहीं । बुधि नांहीं धीरा ।
प्रेम परमानंद नांहीं । सो मृतक तुलि सरीरा ॥
३ जांमण मरण देह धरण । सब कल सुपिन जांनीं ।
श्रीरंग बदसि भजसि रांम । जीयरा अभिमांनीं ॥

इति काल बंचना जरणां उपदेश कौ अंग संपूर्ण समाप्त

५१ क्रोध कौ अंग

१ दादू यहु तौ दोजग देषिये । कांम क्रोध अहंकार ।
राति दिवस जरिबौ करै । आपा अगनि बिकार ॥

२ अहंकारे प्रिथी षीणीं । पुसपे षींणां भौंरा ।
सति सति भाषंत राजा भरथरी । प्यंड का बैरी जौंरा ॥

३ तांमस ताषा होत । अचल उरि अहर सु आगी ।
रांवन रत मत रोस । चिता पाव करहै लागी ।
समंद जीव किस ठौर । चकोर अहार अंगारे ।
सैल सुदामां होहि । प्रांण पांहण अहंकारे ।
बैर रूप बप बंस धरि । आप जारि जारै सुत र ।
जन रजब जुगि जुगि दुषी । प्रांण सु पैठहि क्रोध घर ॥

४ कोपि तपी तप गलै । कोपि अपलोग चढै सिरि
कोप कीयां कंद्रप काया दाझै देहंतरि । कोपहि सार कुसार ।
दया दिढ मूल निकंदै । कोप कियां कलि मांहि कहौ कोई चिर नंदै ।
किनही बसेषि कारणि कवण । जे कीजै तौ एक षिण ।
संगपति राइ डुंगर कहै । कोप बिणासैहि कज घण ॥
५ सतं हतं तपं हतं । हतं किरतं मातमा ।
धर्म मोछि कुलं हतं । नास्ति क्रोध मतः परं ॥
६ कौ बैराग छिमां को आही । को निहकांम गनत है ताही ।
क्रोध अग्नि जै हिरदै होइ । जप तप व्रत डारै सब षोइ ॥
७ सुर नर अस्वर सकल बसि मेरैं । जोगी जती सिंन्यासी नेरैं ।
महादेव कांम बसि कीनौं । तब तौ मोहि अपनपौ दीनौं ॥
८ मोही थैं रांमांइन भयौ । मोही थैं भारथ जग ठयौ ।
मैं हीं छपन कोटि संघारे । भइया पिता पुत्र तिनि मारे ॥
९ जाही कै हिरदै हूं आंऊं । सुधि बुधि ग्यांन ध्यांन बिसरांऊं ।
राते नैंन बैंन भौहारी । माता पिता सुत गिनूं न नारी ॥
१० भईया बंध कौंन मो आगै । कछू न सूझै क्रोधहि जागैं ।
आपुन मरौं और कौं मारूं । भली बुरी एको न बिचारूं ॥
११ बिस फुनि षाऊं कटारी मारूं । गरैं पासि लै अगनि प्रजारूं ।
कूप परूं परबत तैं डारूं । झंपापात लै जीभ षंडारूं ॥
१२ मोहि थैं जीव नरक पराई । मोहि थैं बौरा ह्वै जाई ।
रांम भगति स्वांति जहां । सीतल साधू अंग ।
१३ जनगोपाल तहां हूं नहीं । रांम रमैं तिनि संग ॥

श्लोक
१४ उतिमस्य षिणं कोपं । मधिमस्य द्वीपहरं ।
अधमस्य दिवारात्री । महाअधमं जनम मृत्यु ॥
१५ सबद ज्वाला क्रोध काष्टः । अहंमेव प्रव्रतति ।
एवं अनल जगत बिघनं । बंचते को कोटि मधे ॥
१६ कांमा अग्नी हतं ध्यांनं । लोहा अग्नी हतं सतः ॥
क्रोध अग्नी हतं ग्यांनं । मोहा अग्नी हतं तपः ॥
१७ कांम अगनि काया का नास । क्रोध अगनि मन जाइ निरास ।
मोह अगनि प्रांणीं दुष पावै । लोभ अगनि सूं मूल गंवावै ॥

इति क्रोध कौ अंग संपूर्ण भवेत् ॥

५२ दीन गरीबी लघुता कौ अंग

१ कबीर दीन गरीबी बंदिगी । हरि सुमिरण बैराग ।
एता जिनकूं सांपजैं । तिनकै मांथ भाग ॥
२ कबीर निगुसांवां बहि जाइगा । जाकै थाघी नांहीं कोइ ।
दीन गरीबी बंदगी । करतां होइ सु होइ ॥
३ दींन गरीबी दींन कूं । दूदर कूं अभिमांन ।
दूंदर दिल बिष सूं भरी । दींन गरीबी रांम ॥
४ सुषि बसैं मसकीनियां । आप निवारि चले ।
बडे बडे अहंकारिया । नांनिक गब गले ॥
५ चढैंगे ते पडैंगे । न पडैंगे तत बिचारी ।
साहूकार लोक छीजैंगे । तेरा क्या जाइगा भरथरी भिष्यारी ॥
६ चलं चितं बनो लोका अस्थिरं चित्तं लोको बनः ।
अभिमांनं गलिते जेन । श्रबई सुष समाचरे ॥
७ कबीर बुरा बुरा सब को कहै । बुरा न दीसै कोइ ।
बीरा सब काहू बुरा । कबीर थैं बुरा न कोइ ॥
८ सांई सेवा चोर मैं । अपराधी बंदा ।
दादू दूजा को नहीं । मुझ सरीषा गंदा ॥
९ नूर सरीषा करि लिया । बंदौं का बंदा ।
दादू दूजा को नहीं । मुझ सरीषा गंदा ॥
१० दादू आपा ग्रब गुमांन तजि । मद मंछर अहंकार ।
गहै गरीबी बंदगी । सेवा सिरजनहार ॥
११ मद मंछर आपा नहीं । कैसा गरब गुमांन ।
सुपिनैं हीं संमझै नहीं । दादू क्या अभिमांन ॥
१२ झूठा ग्रब गुमांन तजि । तजि आपा अभिमांन ।
दादू दींन गरीब ह्वै । पाया पद निर्बांन ॥
१३ ज्यूं ज्यूं मांनैं मांड सब । त्यूं त्यूं गलित गरीबी होइ ।
जैमल साधु रांम का । साचा सेवग सोइ ॥
१४ दादू भाव भगति दींनता अंगि ।
प्रेम प्रीति सदा तिहि संगि ॥
१५ दींन गरीबी कीजै रे ।
टीला हरि रस पीजै रे ॥

कबित
१६ लघु अंगुरी निज छाप । पेषि पंचन मैं पांवहि ।
दोइ ज ससिहर सेष । देषि सबहीं सिरनांवहि ।
अरभ कली जैंहि गोद । मात पित सुषी सु राषहि ।
कली सु कैरी संग । फूल फल तरवर नां षंहि ।
लघु मूरति नित कंठ सिरि । दीरघ सरूप दासौं जुदा ।
बांवन तरु मेवा मधुर । जन रजब पाया मुदा ॥
१७ बाजीद मिहर महबति बंदिगी । कीजै अलह जांनि ।
द्यौस दोइ जग पांहुंनै । अंति बसंहिगे रांनि ॥
१८ बाजीद तिल तिल पहिर घरी घरी । आव घटै तन छींन ।
बैर भाव भलौ नहीं । सब सूं ह्वै चल दींन ॥
१९ गुरू हमारा सहर गरीब ।
जिनि बिनहीं अगनि पकाई डीब ॥
२० कबीर नवैं सु आप कूं । पर कूं नवैं न कोइ ।
घालि तराजू तोलिये । नवैं सु भारी होइ ॥
२१ सुणि गुणवंता सुणि बुधिवंता । अनंत सिधां की बांणीं ।
सीस नवावत सतगुर मिलिया । जागत रैंनि बिहांणीं ॥
२२ हूइ वंजा इहलींम थीउ करि सब रलहु साउ ।

कडीं कहीं न लधो । सुनीहूं इ मंझाउ ॥

बैत

२३ गुला बरां कैस वजदर सज्बसंगषाकस्यौ ।
तांगुलबुरोइदिरंगरंग ॥

२४ कबीर चेरा संत का । दासनि का परदास ।
कबीर अैसैं ह्वै रह्या । ज्यूं पांऊं तलि घास ॥

२५ कबीर रोडा होइ रहु बाटका । तजि पाषंड अभिमांन ।
अैसा जे जन ह्वै रहै । ताहि मिलै भगवांन ॥

२६ कबीर रोडा भया तौ का भया । पंथी कूं दुष देइ ।
हरि जन अैसा चाहिये । जैसी जिमीं की षेह ॥

२७ कबीर षेह बई तौ का भया । उडि उडि लागै अंग ।
हरि जन अैसा चाहिये । पांणीं जैसैं रंग ॥

२८ कबीर पांणीं भया तौ का भया । ताता सीला होइ ।
हरि जन अैसा चाहिये । जैसा हरि हीं होइ ॥

२९ दादू सीष्यौं प्रेम न पाइये । सीष्यौं प्रीति न होइ ।
सीष्यौं दरद न ऊपजै । जब लग आप न षोइ ॥

राग केदारौ

१:० बस्त गरीबनि गांम ।
करुंणां स्यध दींन बें बंधू । रहत प्रेम कैं धांम ॥ टेक ॥
१ सुमिलत ध्यांन धर्म नहीं रीझत । गंमि नांहीं गुण ग्रांम ।
दींन दुवारि सदा हरि निमसत । नांमदेव भणैं उनमांन ॥

३० अनाथूं का आसिरा । निरधारूं आधार ।
निर्धन कै धन रांम है । दादू सिरजनहार ॥

३१ कबीर जिसहि न कोई तिसहि तूं । जिस तूं तिस सब कोइ ।
दरिगह तेरी सांईयां । नांम हरूं मन कोइ ॥

इति दीन गरीबी लघुता कौ अंग संपूर्ण भवेत् ॥

५३ समद्रिष्टि कौ अंग

राग टोडी

१:० अैसैं बाबा रांम रंमींजै । आतम सौं अंतर नहीं कीजे ॥
टेक ॥
१ जैसैं आतम आपा लेषै । जीव जंत अैसैं करि देषै ॥
२ एक रांम अैसैं करि जांणैं । आपा पर अंतर नहीं आंणैं ॥
३ सब घटि आतम एक बिचारै । रांम सनेही प्रांन हमारै ॥
४ दादू साची रांग स गाई । अैसा भाव हमारैं भाई ॥

राग भैरूं

२:० कांम क्रोध न आवै मेरैं ।
ताथैं गोबिंद पाया नेरैं ॥ टेक ॥
१ भर्म कर्म जालि सब दीन्हां ।
रंमिता रांम सबनि मैं चीन्हां ॥
२ दुबिध्या दुरमति दूरि गंवाई ।
रांम रंमत साची मनि आई ॥
३ नीच ऊंच मधिम को नांहीं ।
देषौं रांम सबनि के मांहीं ॥
४ दादू साच सबनि मैं सोई ।
पेड पकडि जन न्रिभै होई ॥

राग बिलावल

३:० इन बातनि मेरा मन मांनैं ।
दुतिया दोइ नहीं उर अंतर ।
एक एक करि पिय कुं जांनैं ॥ टेक ॥
१ पूरन ब्रह्म देषै सबहि नमैं ।
भर्म न जिय काहू थैं आंनैं ।
होइ दयाल दीनता सब सूं ।
अरि पंचनि कूं करै किसांनैं ॥
२ आपा पर समि सब तत चीन्हैं ।
हरि भजै केवल जस गांनैं ।
दादू सोई सहज घरि आंनैं ।
संकुट सबै जीव के भानैं ॥

राग रांमग्री

४:० अजहूं न संक्या गई तुम्हारी ।
नाहि निसंक मिले बनवारी ॥ टेक ॥
१ बहुत ग्रब ग्रबे सिंन्यासी ।
ब्रह्मचरि ज छूटी नहीं पासी ॥
२ सुद्र मलेछ बसैं मन गांहीं ।
आतमरांम सु चीन्ह्यां नांहीं ॥
३ सक्या डांइणि बसै सरीर ।
ता कारणि रांम रंमैं कबीर ॥

राग गौडी

५:० लोका जांनि न भूलौ भाई ।
षालिक षलक षलक मैं षालिक । सब घटि रह्यौ
समाई ॥ टेक ॥
१ अला एकै नूरनि पाया । ताकी कैसी निंद्या ।
ता नूर थैं सब जग कीया । कूंन भला कूंन मंदा ॥
२ ता अला की गति नहीं जांनीं । गुरि गुण दीया मींठा ।
कहै कबीर मैं पूरा पाया । सब घटि साहिब दीठा ॥

राग रांमग्री

६:० जब तैं आतम तत बिचारा ।
तब निरबैर भया सबहिन तैं । कांम क्रोध गहि र डारा ॥
टेक ॥
१ ब्यापक ब्रह्म सबनि मैं एकै । को पंडित को जोगी ।
रांणां राव कौंन सूं कहिये । कौन बैद कौंन रोगी ॥
२ इन मैं आप आप सबहिन मैं । आप आपसूं षेलै ।
नांनां भांति गढे सब भांडे । रूप धरे धरि मेलै ॥
३ सोचि बिचारि सबै जग देष्या । न्रिगुण कोन बतावै ।

कहै कबीर गुणीं अरु पंडित । मिलि लीला जस गावै ॥

राग गौडी

७:॰ तब हम एक भये रे भाई ।
मोहन मिलि साची मनि आई ॥ टेक ॥
१ पारस परसि भये सुषदाई ।
तब दुतिया दुरमति दूरि गंवाई ॥
२ मलियागिर मरम मिलि पाया ।
तब बंस बरन सब भ्रम गंमाया ॥
३ हरि जल नीर निकटि जब पाया ।
तब बूंद बूंद मिलि सहजि समाया ॥
४ नांनां भेद भर्म सब भागा ।
दादू एक रंगैं रंग लागा ॥

१ आंगणि एक कलाल के । मतिवाला रस मांहि ।
दादू देष्या नैंन भरि । ताकै दुबध्या नांहि ॥
२ अपणीं अपणीं जांति सूं । सब को बैसै पांति ।
दादू सेवग रांम का । ताकै नहीं भरांति ॥
३ तन मन आतम एक है । दूजा सब उनहार ।
दादू मूल पाया नहीं । दुबिध्या भम बिकार ॥

राग गौडी

८:॰ सोहं हंसा एक समांन ।
काया के गुन आंन हीं आंन ॥ टेक ॥
१ माटी एक सकल संसारा ।
बहु बिधि भांडा घडै कुंभारा ॥
२ पंच बरन दस दुहिये गाइ ।
एक दूध देषौ पतियाइ ॥
३ कहै कबीर संसा करि दूरि ।
त्रिभुवन नाथ रह्या भरपूरि ॥

कबित

४ अठार भार इक अगनि इक धूंवा इक धरनीं ।
इक सु मधु पै इक । बंनीं तंबा बहु बनीं ।
इक बहनीं बहु दीप । अनंत आभू इक पांनीं ।
कुलि भूष नगरि कनक । पात्र पहुमीं नहीं छांनीं ।
चतुर बरन षट दरस मधि । इक रूप इकहि मिले ।
रजब यहु समता सुरझि । समझे साध सु मिलि चले ॥

श्लोक

५ म्रितकामेकं बहुरूप भंडं । गवाषीरमेकं बहुरूप धेनं ।
सोवर्णमेकं बहुभूष नामं । आतमामेकं परकीर्त्य भिन्यं ॥
६ दादू पूर्नब्रह्म बिचारिये । तौ सकल आतमां एक ।
काया के गुन देषियें । तौ नांनां बरन अनेक ॥

राग रांमग्री

९:॰ तिम मैं एक अनेक परैं दीठौ । दीठौ सोई न देषै कोइ ।
अग्यांनीं अभिअंतरि न आवै । ग्यांनीं तणैं घटि स्वांमीं होइ ॥ टेक ॥
१ बापी कूपसमो पति रांमां । नीर जु नांमां जू जुवा बमेक ।
पांणीं पात्र पूरतां रांमां । इम भली गयौ स्वांमीं हूवौ एक ॥
२ नार नगोदर हारसु रांमां । कांमां आभर करै अनेक ।
गलतां गांठि बंधाणीं रांमां । इम भली गयौ स्वांमीं हूवौ एक ॥
३ पाहण लोह काष्ट मुषि रांमां । अलगौ नहीं किसी थी रेष ।
जण जण जू जुवौ जागव्यौ रांमां । नेडौ पावक जोवतां एक ॥
४ आदै जती दिगंबंर रांमां । तंगमा तगडा जुबौ अनेक ।
माया मोह मति जू जुवा रांमां । नष चषनहुं जोवतां एक ॥
५ जोगी नैं घरि गोरष कहिये । तुरक कहै अम्हे ध्यावां अलेष ।
हिदू कहै अम्हे रांम भणींजे । पणि सांवलिया चौ स्वांमीं एक ॥

राग गौडी

१०:॰ हम तौ एकै करि जांनां ।
दोइ कहैं तिनहीं कूं दोजग । नांहिन पहिचांनां ॥ टेक ॥
१ एकै पवन एकहीं पांनीं । एक जोति संसारा ।
एकहि षाक गढे सब भांडे । एकहि सिरजनहारा ॥
२ जैसैं बाढी कष्टहि काटै । अग्नि न काटै कोई ।
सब घटि अंतरि तूंहीं ब्यापक । धरै सरूपै सोई ॥
३ माया मोहे अरथ देषि करि । काहे कूं गरबांनां ।
त्रिभै भया कछू नहीं ब्यापै । कहै कबीर दिवांनां ॥
११:॰ अरे भाई दोइ कहां सो मोहि बतावो ।
बीचिहीं भर्म का भेद लगावो ॥ टेक ॥
१ जो निज? पाइ रची ह्वै धरनीं । दीन एक बीच भई करनीं ॥
२ रांम रहींम जपत सुधि गई । उनि माला उनि तसबी लई ॥
३ कहै कबीर चेतहु रे भौंदू । बोलणहारा तुरक न हिंदू ॥
१२:॰ जौ पैं करता बरण बिचारै ।
तौ जन मत तीनि डांडि किन सारै ॥ टेक ॥
१ उतपति बिंद कहां थैं आया ।
जोनि धरी अरु लागी माया ॥
२ नहीं को उंचा नहीं को नींचा ।
जाका प्यंड ताही का सींचा ॥
३ जौ तूं बभन बभनीं जाया ।
तौ आन बाट ह्वै काहे न आया ॥
४ जौ तूं तुरक तुरकनीं जाया ।
तौ भीतरि षतनां क्यौं न कराया ॥

४ कहै कबीर मैं हरि गुन गाऊं ।
हिंदू तुरक दोऊ समझाऊं ॥

साषी

७ आए एककार सब । सांई दीये पठाइ ।
दादू न्यारे नांव धरि । भिंन भिंन ह्वै जाइ ॥

८ अपणां अपणां करि लीया । भंजन मांहैं बाहि ।
दादू एकै कूप जल । मन का भरम उठाइ ॥

९ दादू पांणीं के बहु नांव धरि । नांनां बिधि की जाति ।
बोलनहारा कौंन है । कहौ धू कहां समाति ॥

१० साचा काजी साचा मुलां । साचा बेद पुरांनां ।
जिस पांनीं थैं कुलि आदंम उतपंनां ।
सो हिंदू बोलिये कि मुसलमांनां ॥

राग भैरूं

१३:० पांणीं तैं प्रगट भई चतुराई ।
गुर प्रसादि परम निधि पाई ॥ टेक ॥

१ इक पांणीं पांणीं कूं मोहै ॥
२ पांणीं ऊंचा पांणीं नींचा । ता पींणीं का लीजै सींचा ॥
३ एक पांणीं तैं पिंड उपाया । दास कबीर रांम गुण गाया ॥

राग माली गौडी

१४:० उतिम कोई न मधिम कोइ ।
मधिम जा मुषि रांम न होई ॥ टेक ॥

१ ज्यूं जल मध्यें मींन बिवांनां ।
नींच ऊंच ता मांहि समांनां ॥
२ जल क भींति पवन का थंभा ।
नर कौ नांव रचि कीया अचंभा ॥
३ कहै कबीरा दास बिचारा ।
रांम नांम जपि लेहु गंवारा ॥

राग गौडी

१५:० अैसा भेद बिगूचनि भारी ।
बेद कतेब दीन अरु दुनियां । कौंन पुरिष कौंन नारी ॥ टेक ॥

१ एक बूंद एकै मल मुंत्र । एक चरम एक गूदा ।
एक जोति तैं सब उतपंनां । कौंन बांह्मण कौंण सूदा ॥
२ माटी का प्यंड सहजि उतपंनां । नाद अरु बिंद समांनां ।
बिनसि गयैं थैं का नांव धरिहौ । पढि गुनि मरम न जांनां ॥

३ रज गुन ब्रह्मा तम गुन संकर । सत गुन हरि है सोई ।
कहै कबीर एक रांम भजहु रे । हिंदू तुरक न कोई ॥

१६:० अलह रांम छूटि गया भ्रंम मोरा ।
हिंदू तुरक भेद कुछ नांहीं । देषूं दर्शन तोरा ॥ टेक ॥

१ सोई प्रांन पिंड पुनि सोई । सोई लोही मासा ।
सोई नैंन नासिका सोई । सहजैं कीन्ह तमासा ॥
२ श्रवनहुं सबद बाजता सुनियें । जिभ्या मीठा लागैं ।
सोई भूष सबनि कूं ब्यापै । एक जुगति सोइ जागैं ॥
३ सोई संध बंध पुनि सोई । सोई सुष सोई पीरा ।
सोई हस्त पाव पुनि सोई । सोई एक सरीरा ॥
४ ए सब षेल षालिक हरि तेरा । तुमहीं एक करि लीनां ।
दादू जुगति जांनि करि अैसी । तब यहु प्रांन पतीनां ॥

१७:० भाई रे अैसा पंथ हमारा ।
दोई पष रहित पंथ गहि पूरा । अबरन एक अधारा ॥ टेक ॥

१ बाद बिबाद काहू सूं नांहीं । मांहि गत थैं न्यारा ।
समद्रिष्टी सुभाइ सहज मैं । आपैं आप बिचारा ॥
२ मैं तैं मेरी यहु मति नांहीं । निरबैरी निरकारा ।
पूर्न सबै देषि आपा पर । निरालंब निजधारा ।
३ काहू कै सनि मोह न ममिता । संगी सिरजनहारा ।
मन हीं मन सूं संमझि सयांनां । आनंद एक अपारा ॥
४ कांम कलपनां कदे न कीजै । पूरण ब्रह्म पियारा ।
इहि पंथि पहुचि पार गहि दादू । सो तत सहजि संभारा ॥

राग आसावरी

१८:० कासूं झूझूं अवधू राइ बिष धन कोई ।
जासूं झूझ न जाईये । आतमांराम सोई ॥ टेक ॥

१ आपैं हीं मछ कछ आपैं हीं जाल ।
आपैं हीं धीवर आप हीं काल ॥
२ आपैं हीं सिंघ बाघ आपैं हीं गाइ ।
आपैं हीं मारीला आपैं हीं षाइ ॥
३ आपैं हीं टोटी पडिका आपैं हीं बंध ।
आपैं हीं मारीला आपैं हीं कंध ॥
४ न्हाइबे कूं तीर्थ न पूजिबे कूं देव ।
भणत गोरषनाथ अलष अभेव ॥

साषी

११ आपा मेटैं हरि भजै । तन मन तजै बिकार ।
निरबैरी सब जीव सूं । दादू का मत सार ॥

१२ दादू नां को बैरी नां को मींत ।
हमक कूं रांम मिलण की चींत ॥

१३ सगो नहीं संसार । चित नहीं आवै बैरी ।
निरभै होइ निसंक । हरष मैं हस्या कणेरी ॥

१४ नांमदेव संमझ्या घट कुं यौं बणैं । यहु तौ बात अगाध ।
सिरजे सूं निरबैरता । पूजण कूं ए साध ॥

श्लोक

१५ सकल आरंभ परं त्यागी । सर्ब संग बिबर्जितं ।
निरबैरी सर्ब भूतानां । सो मम भगता सो मम पृये ॥

१६ जस्य चित्तं द्रई भुत्वा । कृपया सर्ब जंतुष ।
तस्य ग्यांनीं भवे मोष्यं । किं जटा भसम लेपनं ॥

१७ निरबैरी सब जीव सूं । संत जन सोई ।
दादू एकै आतमां । बैरी नहीं कोई ॥

१८ निरबैरी निज आतमा । साधन का मत सार ।

दादू दूजा रांम बिन । बैरी मंझि बिकार ॥
१६ दादू किस सूं बेरी ह्वै रह्या । दूजा कोई नांहि ।
जिसके अंग थैं ऊपजे । सोई है सब मांहि ॥
२० दादू संसा आरसी । देषत दूजा होइ ।
भर्म गया दुबध्या मिटी । तब दूजा नांहीं कोइ ॥
२१ दादू सब हम देष्या सोधि करि । दूसरा नांहीं आंन ।
सब घटि एकै आतमां । क्या हिंदू मुसलमांन ॥
२२ दादू नारि पुरिष का नांव धरि । इहि संसै भ्रमि भुलांन ।
सब घटि एकै आतमां । क्या हिंदू मुसलमांन ॥
२३ दादू दून्यूं भाई हाथ पग । दून्यूं भाई कांनं ।
दून्यूं भाई नैंन ह्वै । यौं हिंदू मुसलमांन ॥
२४ आतम भाई जीव सब । एक पेट परिवार ।
दादू मूल बिचारिये । तौ दूजा कौंण गंवार ॥
२५ दादू समि करि देषिये । कुंजर कीट समांन ।
दादू दुबध्या दूरि करि । तजि आपा अभिमांन ॥
२६ दादू सब घटि एकै आतमां । जांणैं सो नीका ।
आपा पर मैं चीन्हि ले । दर्सन है पीव का ॥
२७ दादू एकै आतमां । साहिब है सब मांहि ।
साहिब कै नातै मिलैं । भेष पंथ के नांहि ॥
२८ साहिब जी की आतमां । दीजै सुष संतोष ।
दादू दूजा को नहीं । चौदह तीन्यूं लोक ॥
२९ काहे कूं दुष दीजिए । घटि घटि आतमरांम ।
दादू सब संतोषिए । यहु साधूं का कांम ॥
३० काहे कूं दुष दीजिये । सांई है सब मांहि ।
दादू एकै आतमां । दूजा कोई नांहि ॥
३१ ईसर अपणैं भावतै । दुषी न कीजै कोइ ।
सब हीं कूं सुष दीजिए । जे अपणां बस होइ ॥

श्लोक

३२ आतमां चीन्हंति ते उतिमांनां । बेद सास्त्रस्य पंडिता ।
गीता नाद सुरतानां । बाद बिबाद पसु लषिणं ॥
३३ न देवं देव पूजां च । न श्नानं न तीरथकं ।
न होमं न च कृया जापं । हंस पूजा परमं पदं ॥
३४ चीन्हिबी आतमां न कथिबा ग्यांन । बिचारिबा तत न धरिबा ध्यांन ।
कहै दत्त ए ब्रह्म गियांन । सुनि हो गोरष पद निरबांन ॥
३५ आतमां परआतमां एकं । आपा परं दुषसुषं ।
रोमावली कंपमांनं । दया ग्यांनं निरंजनं ॥
इति समद्रिष्टि कौ अंग संपूर्ण भवेत् ॥

५४ मधि कौ अंग

राग गौडी

१;० अपनैं बिचारी असवारि कीजै ।
सहज कै पाइडै पाव जब दीजै ॥ टेक ॥
१ दे महुरा लगांम पहराऊं ।
सिकलीजींन गगन दौराऊं ॥
२ चलि बैकुंठ तोहि लै तारूं ।
थकहि तौ प्रेम ताज नैं मारूं ॥
३ जन कबीर अैसा असवारा ।
बेद कतेब दहूं थैं न्यारा ॥
२;० अब मैं हारचौ रे भाई ।
थकित भयौ सब हाल चाल थैं । लोकनि बेद बडाई ॥ टेक ॥
१ थकित भयौ गाइण अरु नांचण थाकी सेवा पूजा ।
कांम क्रोध थैं देह थकित भई । कहूं कहां लूं दूजा ॥
२ रांम जन होऊं न भगत कहांऊं । चरन पषालूं न देवा ।
जोई जोई करूं उलटि मोहि बांधै । तार्थैं निकटि न भेवा ॥
३ पहली ग्यांन का कीया चांदिणां । पीछैं दीया बुझाई ।
सुंनि सहज मैं दोऊ त्यागे । रांम कहूं न षुदाई ॥
४ दूरि बसैं षटक्रम सकल अरु । दूरिब कीन्हें सेऊ ।
ग्यांन ध्यांन दोऊ दूरि कीन्हें । दूरि ब छोडे तेऊ ॥
५ पंचूं थकित भये जहां तहां । जहां तहां थिति पाई ।
जा कारनि मैं दौरचौ फिरतौ । सो अब घट मैं पाई ॥
६ पंचूं मेरी सषी सहेली । तिनि निधि दई दिषाई ।
अब मन फूलि भयौ जग महियां । उलटि आप मैं समाई ॥
७ चलत चलत मेरौ निज मन थाकौ । अब मोपैं चल्यौ न जाई ।
सांई सहज मिल्यौ सोई संनमुंष । कहै रैदास बताई ॥

राग रांमगरी

३;० रांम कहूं न भगत कहांऊं । सेवा करूं न दासा
गुनीं जोग जग्य कछू न जांनूं । तार्थैं रहूं ऊदासा ॥ टेक ॥
१ भगत हुवां तौ चढै बडाई । जोग करूं जग मांनैं ।
गुनीं हुवां थैं गुनीं गुनिजन कहैं । गुनीं आप कूं तांनैं ॥
२ नां मैं ममिता मोहन महियां । ए सब जांहि बिलाई ।
दोजग भिस्ति दोऊ समि करि जांनूं । दुहूंवां थैं तरक है भाई ॥
३ तैं मैं ममिता देषि सकल जग । मैं तैं मूल गंवांई ।
जब मन ममिता एक एक मन । तबही एक ही भाई ॥
४ क्रिस्न करींम रांम हरि राघव । जब लग एक एक नहीं पेष्या ।
बेद कतेब कुरांन पुरांननि । सहजि एक नहीं देष्या ॥
५ जोई जोई करि पूजिये सोई काची । सहजि भाव सत्य होई ।
कहै रैदास मैं ताही कूं पूजूं । जाकै गांव न ठांव न नांव न कोई ॥

राग आसावरी

४;० अलह रांम जीऊं तेरे नांई ।
बंदे परि मिहरि करौ मेरे सांई ॥ टेक ॥

१ क्या ले मींटी भुइ सूं पटकै । क्या जल देह न्हवांयें ।
जोर करै मसकींन संतावै । गुनहि रहै छिपांयें ॥
२ क्या ऊजू जप मंजन कीयें । क्या मसीति सिर नायें ।
रोजा करैं निमाज गुजारैं । क्या हज काबै जायें ॥
३ बांभन ग्यांरसि करैं चौबीसौं । काजी माहरम जांनां ।
ग्यारह मास कहौ क्यूं षाली । क्या एकहि मांहि समांनां ॥
४ जौ र षुदाइ मसीति बस्त है । और मुलिक किस केरा ।
तीर्थ मूरति रांम निवासा । दहूं मैं किनहूं न हेरा ॥
५ पूरब दिसैं हरी का बासा । पछिम अलह मुकांमां ।
दिल ही षोजि दिलै दिल भीतरि । इहां रांम रहिमांनां ॥
६ जेती और तिमर दां दीसै । सब मैं रूप तुम्हारा ।
कबीर पुंगरा अलह रांम का । हरि गुर पीर हमारा ॥

राग भैरूं

५:० एक निरंजन अलह मेरा ।
हिंदू तुरक दहूं नहीं नेरा ॥ टेक ॥
१ राषूं बरत न माहरंम जांनां ।
तिसही सुमिरूं जे रहै निदांनां ॥
२ पूजा करूं न निमाज गुजारूं ।
एक निराकारहि हिरदै निमसकारूं ॥
३ नां हज जाऊं न तीरथ पूजा ।
एक पिछांण्यां तौ क्या दूजा ॥
४ कहै कबीर भर्म सब भागा ।
एक निरंजन सूं मन लागा ॥

६:० हिंदु तुरक न जांनूं दोइ । साई सबनि का सोई है रे ।
और न दूजा देषूं कोइ रे ॥ टेक ॥
१ कीट पतंग सब जोननि मैं । जल थल संगि संमांनां सोइ ।
पीर पैकंबर देवा दांनव । मीर मलिक मुनिजन कूं मोहि ॥
२ करता है रे सोई चीन्हौं । जिनि वै क्रोध करै रे कोइ ।
जैसैं आरसी मंजन कीजै । रांम रहींम देही तन धोइ ॥
३ सांई केरी सेवा कीजै । पायौ धन काहे कूं षोइ ।
दादू रे जन हरि जपि लाजे । जनमि जनमि जे सुरिजन होइ ॥

७:० अलह कहौ भावै रांम कहौ । ढाल तजौ सब मूल गहौ ॥ टेक ॥
१ अलह रांम कहि करम दहौ । झूठे मारगि कहा बहौ ॥
२ साधू संगति तौ निबहौ । आइ परै सो सीस सहौ ।
३ काया कवल दिल लाइ रहौ । अलष अला दीदार लहौ ॥
४ सतगुर की सुणि सीष अहौ । दादू पहुंचे पार पहौ ॥

८:० हमारै रांम रहींम करींमां केसौ । अलह रांम सति सोई ।
बिसमिल मेटि बिसंभर एकै । ओर न दूजा कोई ॥ टेक ॥
१ इनकै काजी मुलां पीर पैकंबर । रोजा पछिम निमाजा ।
इनकै पूरब दिसा देव दिजि पूजा । ग्यारसि गंग दिवाजा ॥
२ तुरक मसीति देहुरै हिंदू । दुहूं ठां रांम पुदाई ।
जहां मसीति देहुरा नांहीं । तहां काकी ठकुराई ॥
३ हिंदू तुरक दुवै रह तूटी । फूटी अरु कनराई ।
अर्ध उर्ध दसूं दिसि जित तित । पूरि रह्या रांम राई ॥
४ कहै कबीर दास फकीरा । अपनीं रह चलि भाई ।
हिंदू तुरक का करता एकै । ता गति लषी न जाई ॥

६:० अला अलष निरंजन देव ।
किहि बिधि करूं तुम्हारी सेव ॥ टेक ॥
१ बिश्न सोई जाकौ बिसतार । सोई किश्न जिनि कीयौ संसार ।
गोबिंद ते ब्रह्मंडां गहै । सोई रांम जे जुगि जुगि रहै ॥
२ अला सोई जिनि उमति उपाई । दस दर षोलै सोई षुदाई ।
लष चौरासी रब परवरै । सोई करींम जो एती करै ॥
३ गोरष सोई ग्यांन गंमि कहै । महादेव सो मन की लहै ।
सिध सोई जो साधै इति । नाथ सोई जो त्रिभुवनपती ॥
४ सिध साधू पैकंबर हूवा । जपैं सु एक भेष जुवा जूवा ।
अपरंमपार का नांव अनंत । कहै कबीर सोई भगवंत ॥

साषी

१ जैसौ वहु तैसौ नहीं नाऊं ।
साहिब कह्यौ न जांन्यौं काऊं ।
सुष कैं काज नांव जन राष्यौ ।
जो गुन देष्यौ तैसौ भाष्यौ ॥
२ दया करै तब कह्यौ दयालू । गोपाल कथा थैं मो पालू ।
घटि घटि रमिता रांम कहावै । नांव रहींम रहम थैं पावै ॥
३ लह्यौ न जाई अलह कहिये । अलष इहै लेषे थैं रहिये ।
सब सिर जैसौ सिरजनहारू । पार न पांवै कहैं अपारू ॥
४ मोहन नांव सबनि कूं मोहै । सकल बियापी सब मैं सोहै ।
मिश्री कहौ कबैं मुषि बोली । नींब कबैं अंतरगति षोली ॥
५ नांव कहौ बहु भांति अनेक । हिंदू तुरक का साहिब एक ।
अर्थ बिचारि राषिये भाव । तौ पावै अंमृत कौ साव ॥
६ निरनांमींक निरंजन सोइ । ताकैं पटतर नांव न कोइ ।
सेवग सेवा मांहैं रहै । जैसौ देषै तैसौ कहै ॥
७ दादू एकै अला रांम है । संम्रथ सांई सोइ ।
मैदे पो पषाणांग राव । पातां होइ गु होइ ॥
८ काबा फिरि कासी भया । रांम भया रहींम ।
मौठ चूंन मैदा भाया । बैठि कबीरा जीम ॥

राग आसावरी

१०:० बाबा नांहीं दूजा कोई ।
एक अनेक नांव तुम्हारे । मोपैं और न होई ॥ टेक ॥
१ अलष इलाही एक तूं । तूंहीं रांम रहींम ।
तूंहीं मालिक मोहनां । केसव नांव करींम ॥
२ सांई सिरजनहार तूं । तूं पांवन तूं पाक ।
तूं कांइम करतार तूं । तूं हरि हाजिर आप ॥
३ रमिता राजिक एक तूं । तूं सारंग सुबहांन ।
कादिर करता एक तूं । तूं साहिब सुलितांन ॥
४ अबिगति अलह एक तूं । गनीं गुसांई एक ।
अजब अनूपम आप है । दादू नांव अनेक ॥

९ दादू सिरजनहार के । केते नांव अनंत ।
चिति आवै सो लीजिये । यौं साधू सुमिरै संत ॥
१० दादू जिनि प्रांण प्यंड हमकूं दी । अंतरि सेवैं ताहि ।
जे आवै औसांण सिरि । सोई नांव संबाहि ॥
११ दादू अपणीं अपणीं हद मैं । सब को लेवै नांव ।
जे लागे बेहद सूं । तिनकी मैं बलि जांउं ॥

राग टोडी

११;० एकहि एकैं भया अनंद । एकहि एकैं भागे दंद ॥ टेक ॥
१ एकहि एकैं एक समांन । एकहि एकैं पद नृबांन ॥
२ एकहि एकैं त्रिभुवन सार । एकहि एकैं अगम अपार ॥
३ एकहि एकैं निरभै होइ । एकहि एकैं काल न कोइ ॥
४ एकहि एकैं घटि प्रकास । एकहि एकैं निरंजन बास ॥
५ एकहि एकैं आपैं आप । एकहि एकैं माइ न बाप ॥
६ एकहि एकैं सहज सरूप । एकहि एकैं भया अनूप ॥
७ एकहि एकैं अनत न जाइ । एकहि एकैं रह्या समाइ ॥
८ एकहि एकैं भये लैलींन । एकहिं एकैं दादू दींन ॥

राग सींधडौ

१२;० घणनां मींतणैं मारगि माल्हंतां ।
बिरला कोई एक पार गहै ।
सूरा जांहि कंदरैं काइर ।
पषां दुहूं बिचि बाट बहै ॥ टेक ॥
१ हिंदू तुरक दुवै दल झूंम्यां ।
बांणीं बचन न बीसरियौ ।
लडतौ जुडतौ सूरातण करतौ ।
नांमौं इणि मारगि नीसरियौ ॥
२ बेद कुरांनां मुसलमांनां ।
त्यांह नैं अचिर्ज एह भयौ ।
दुहुं दलां नैं लोह लगायौ ।
इणि मारगि कबीर गयौ ॥
३ सोझौ सोम पीपौ पाषरियौ ।
जन रैदास नीं षेड षिडी ।
वै अबिनासी नगरि पहूंता ।
बीजी पर जा भूलि पडी ॥
४ गोरष हंणूं भरथरी सुषदेव ।
करता आया त्यूं हीं कीयौ ।
बषनां दोस किसौ दादू नैं ।
पंथ पुरातन सोधि लियौ ॥

साषी

१२ हेकणि पंथ्य हिंदू हुवा । हेक तुरकां सथ ।
दादू पायौ दुहुं बिचैं । पारि पहूंचण पंथ ॥
१३ जिहि पंथि साध अनंत भए सब । सो पंथ दादू बिचारि गह्यौ है ।
स्वांग न भेष बडाई न पाषंड । भाव भगति लियें निबह्यौ है ।
१४ सरीर की आस न संक संसार की । ऐसैं हीं रांम प्रगट कह्यौ है ।
जननीं जनि बादि मुई तिनकी । जिनि दादू कौ भेद अजौंन लह्यौ है ॥
१५ दादू ए सबकि सके पंथ मैं । धरती अरु असमांन ।
पांणीं पवन दिन राति । का चंद सूर रहिमांन ॥
१६ दादू ब्रह्मा बिश्न महेस का । कौंन पंथ गुरदेव ।
सांई सिरजनहार तूं । कहिये अलष अभेव ॥
१७ दादू ध्रू प्रहिलाद सेस सनकादिक । हरि समींप नहीं जूवा ।
महादेव जैदेव नांमदेव । किहि संप्रदा हूवा ॥
१८ दादू महमद किस के दींन मैं । जबराइल किस राह ।
इनके मुरि सिद पीर की । कहिये येक अलाह ॥
१९ दादू ए सब किस के ह्वै रहे । यहु मेरे मन मांहिं ।
अलष इलाही जगत गुर । दूजा कोई नांहिं ॥
२० दादू जिहि मति साधू उधरे । सो मत लीया सोध ।
मन लै मारग मूल गहि । यहु सगुर का परमोध ॥
२१ दादू सोई मारग मनि गह्या । जिहि मारगि मिलिये जाइ ।
बेद कुरांनूं नां कह्या । सो गुरि दिया दिषाइ ॥
२२ दादू जहां बेद कुरांन का गंमि नहीं । तहां कीया प्रवेस ।
तहां कछू अचिरज देषिया । यहु कछू औरै देस ॥
२३ कबीर जिहि पैंडै पंडित गया । दुनियां गई बहीर ।
औघट घाटी नीयरी । तिहि चढि रह्या कबीर ॥
२४ दादू पंथौं परि गए । बपुरे बारह बाट ।
इनके संगि न जाइये । उलटा अबिगत घाट ॥

राग रांमग्री

१३;० मैं पंथि एक अपार के । मनि और न भावै ।
सो पंथ पावै पीव का । जिसै आप लषावै ॥ टेक ॥
१ को पंथि हिंदू तुरक के । को काहू राता को पंथि ।
सोफी सेवडे । को सिंन्यासी माता ॥
२ को पंथि जोगी जंगमा । को सकति पंथ ध्यावै ।
को पंथि कंमडे कापडी । को बहुतम नावै ॥
३ को पंथि काहू कै चले । मैं और न जांनूं ।
दादू जिनि जग सिरजिया । ताही कूं मांनूं ॥

राग बिलावल

१४;० जब मैं रहते की रह जांनीं ।
काल काया के निकटि न आवै । पावत है सुष प्रांनीं ॥ टेक ॥
१ सोग संताप नैंन नहीं देषूं । राग दोष नहीं आवै ।
जागत है जासूं रुचि मेरी । सुपिनै सोई दिषावै ॥
२ भर्म कर्म मोह नहीं ममिता । बाद बिबाद न जांनूं ।
मोहन सूं मेरी बनि आई । रसनां सोई बषांनूं ॥
३ निसबासुरि मोहन तनि मेरे । चरन कवल मन मांनैं ।
सोई निधि निषि सचु पांऊं । दादू और न जांनैं ॥
१५;० जब मैं साचे की सुधि पाई ।

तब थैं अंगि और नहीं आवै । देषत हूं सुषदाई ॥ टेक ॥
१ ता दिन थैं तनि ताप न ब्यापै । सुष दुष संगि न जाऊं ।
पांवन पीव परसि मन लीन्हां । आंनंद भरि गुन गाऊं ॥
२ सब सूं संग नहीं कछु मेरे । अरस परस पुनि नांहीं ।
एक अनंत सोई संगि मेरे । न्रिषत हूं निज मांहीं ॥
३ तन मन मांहि सोधि सो लीन्हां । न्रिषत हूं निज सारा ।
सोई संगि सबै सुषदाई । दादू भाग हमारा ॥

राग टोडी

१६:० सबै चतुरता बरतै अपनीं ।
ऐसा न कोई न्रिपष ह्वै षेलै । ताथैं मिटैं अंतर की तपनीं ॥ टेक ॥
१ अंतरि कुटिल रहत षेचर मति । ऊपरि मंजन करत दिन षपनीं ।
ऐसा न कोई सरबंग पहिचानैं । प्रभू बिनां और रैंनि दिन सुपनीं ॥
२ सोई साध सोई सुनि ग्यांनीं । जाकी लागि रही ल्यौ रसनीं ।
भणत नांमदेव तिनि थिति पाई । जाकै रांम नांम निज रटनीं ॥

कबित

२५ काफिर ईमांनांहि जिमीं जाहिर जग जांनैं ।
जलहूं दीसै जुदा । पेषिका कै पषि पानैं ।
अगिनि उभै गुन रहित । करहु कछु ग्यांन बिचारा ।
मुरत्ति मधि सरीर । निरषि निरषि निज न्यारा ।
रजब स्वाहि अकास रुष । तौ हींद इलम पढिये उरक ।
इन पंचौं सौं पिंड यहु । क्यूं कहिये हिंदू तुरक ॥
२६ फकर जाति षुदाइ तुरक हिंदू न कहावै ।
पारस तंबा लोह नांव मिलि सोनां पावै ।
निरपष मोती होइ । पेषि पष सीप सु न्यारा ।
मनि उपजै मुषि श्रप । जहर जोडै सु मंझारा ।
कलम अंट कुल दोइ नित । अलिफ अतीत अलाहिदा ।
बीज दालि रजब सुरज । ह्वै अंकूर फल दिसि बिदा ॥

बैत

२७ मींयाने कुफरई माराहफकरस्त ।
अंकीरहदूरबूदंनं । बींमकुफरस्त ॥
२८ कबीर मधि अंग जे को रहै । तौ तिरन लागै बार ।
दहूं अंगां सूं लागि करि । डूबत है संसार ॥
२९ दादू अलह रांम का । द्वै पष थैं न्यारा ।
रहिता गुण आकार कारथैं । सो गुरू हमारा ॥
३० दादू दून्यूं भ्रम है । हिंदू तुरक गंवार ।
जे दहुंवा थैं रहित है । सो गहि तत बिचार ॥
३१ कबीर हिंदू मुवा रांम कहि । मुसलमांन षुदाइ ।
कहै कबीर सो जीवता । दुहुं मैं कदे न जाइ ॥
३२ केई लेइ मसीतिहि सौंपे । केई मूरति सूं लागे ।
कहै प्रिथीनाथ ए सोवत देषे । दहुं बिचि रहे सु जागे ॥
३३ दादू हिंदू तुरक न होइबा । साहिब सेती कांम ।
षटदरसन कै संगि न जाइबा । न्रिपष कहिबा रांम ॥
३४ दादू नां हम हिंदू हूंहिगे । नां हम मुसलमांन ।
षटदरसन मैं हम नहीं । हम रते रहि मांन ॥
३५ न तहां हिंदू देहुरा । न तहां तुरक मसीति ।
दादू आपै आप है । नहीं तहां रह रीति ॥
३६ दादू हिंदू लोगे देहुरै । मुसलमांन मसीति ।
हम लागे एक अलेष सौं । सदा निरंतर प्रीति ॥
३७ हिंदू ध्यावै देहुरा । मंसलमांन मसीति ।
जोगी ध्यावै अलेष कूं । तहां देहुरा न मसीति ॥
३८ हिंदू अषै रांम कूं । मुसलमांन षुदाइ ।
जोगी अषै अलेष कूं । तहां रांम अछै न षुदाइ ॥
३९ तुरक होइ करि अलह बषांणैं । हिंदू पूजंत देवं ।
जोगी ह्वै करि नाथ बषांणै । कोइ बिरला जांणंत भेवं ॥
४० दादू हिंदू तुरक का । द्वै पष पंथ निवारि ।
संगति साचे साध की । सांई कूं संभारि ॥
४१ कबीर दुबिध्या दूरि करि । एक अंगि ह्वै लागि ।
वहु सीतल वहु तपति है । दोऊ कहिये आगि ॥
इति मधि कौ अंग संपूर्ण भवेत् ॥

५५ साच कौ अंग

राग टोडी

१:० हुसियार हाकिम न्याव है । सांई के दीवांन ।
कुलि का हसेब ह्वैगा । संमझि मुसलमांन ॥ टेक ॥
१ नियति नेकी साल्हिहां रास्तां ईमांन ।
इष लास अंदरि आपणैं । रषणां सुबहांन ॥
२ हुकम हाजिर होह बाबा । मुसलमं मिहरवांन ।
अकलि सेती आपमां । सोधि लेहु सुजांन ॥
३ हक सूं हजूरि हूंणां । देषणां करि ग्यांन ।
दोस्त दांनां दीनका । मंनणां फुरमांन ॥
४ गुसा हैवांनीं दूरि करि । छाडि दे अभिमांन ।
दुई दरोगां नहीं षुसियां । दादू लेहु पिछांनि ॥

राग आसावरी

२:० बंदे जांनि साहिब गनीं ।
संमझि बेद कतेब बोलै । ष्वाब मैं क्या मनीं ॥ टेक ॥
१ ज्वांनीं दुनीं ज माल सूरति । देषिये थिर नांहिबे ।
दंम छ सै सहंस इकईस निसदिन । षजांनैं थैं जांहिबे ॥
२ मनीं मारे गर्ब गाफिल । बेमिहर बेपीरबे ।
दरीषानैं परत चोबां । होता नहीं तकसीरबे ॥
३ कुछ गांठि षरची मिहरि तोसा । षैर षूबी हाथिबे ।
धणीं का फुरमांन आया । तब कीया चलै साथिबे ॥
४ तजिबद जबाबि नजरि कमदिल । कुछ करि षसंम की कांणिबे ।

रैदास की अरदासि सुणि कुछ हक हलाल पिछांणबे ॥

साषी

१ सच अषै सटि कूडनौं । षटि षांणां अंन षाइ ।
हकु पराया नांनिका । उस सूवर उसगाइ ॥
२ नांनिक चुलियां सचियां । जे भरि जांनैं कोई ।
सुरतैं चुली ग्यांनदी । जोगी कूंजत होइ ।
बांभण चुली संतोषदी । ग्रिही कूं सतदांन ।
राजे चुली न्यावदी । पढिबि चारै सचु ध्यांन ।
पांणीं चित न भीजई । मुषि पितैं तिस जाइ ।
पांणीं पिता जगतदा । भीजगु पांणीं षाइ ॥
३ पंज निवाजा पंज बषत । पंजां के पंजे नांव ।
पहला हक हलाल है । दुजी षैर षुदाइ ।
तिजी मिहरि मसीति ? । चौथी सिदक समाइ ।
पंजी नीयति रासि रषु । अैसे करंम कमाइ ।
महमद हां भांतां भरै । जां मुरदारन षाइ ॥

राग आसावरी

३:० मींयां तुम सूं बोल्यां बनि नहीं आवैं ।
हम मसकींन षुदाई बंदे । तुम्हारा जस मनि भावै ॥ टेक ॥
१ अलह अवलि दींन का साहिब । जोर नहीं फुरमाया ।
मुरि सिद पीर तुम्हारै है को । कहौ कहां थैं आया ॥
२ रोजा करैं निमाज गुजारैं । कलमैं भिस्ति न होई ।
सतरिका बाइक दिल भीतरि । जे करि जांनैं कोई ॥
३ षसम पिछांनि तरस करि जीय मैं । मालमनीं करि फीकी ।
आपा जांनि सांई कूं जांनैं । तब ह्वै भिस्ति सरीकी ॥
४ मांटी एक भेष धरि नांनां सब मैं ब्रह्म समांनां ।
कहै कबीर भिस्त छिटकाई । दोजग ही मन मांनां ॥
४:० रे दिल षोजि दिल हर षोजि । नां परि पिरेसांनीं मांहि ।
सहरमाल आजीज औरत । कोई दसतगीरी नांहि ॥ टेक ॥
१ पीरां मुरीदां काजियां । मुलां अर दरवेस ।
कहां थे तुम्ह किनि किये । अकलि है सब नेस ॥
२ कुरांनां कतेबां असु पढि पढि । फिकरियां नहीं जाइ ।
टुकदम करारी जे करै । हाजिरां हजूर षुदाइ ॥
३ दरोगां बके बकि हूंहि षुसियां । बेअकलि बकहि पुमांहि ।
सचु साचु षलक षालिक । सैल सूरति मांहि ॥
४ अला पाक तूं नापाक क्यूं । इ?सर नांहीं कोइ ।
कबीर करम करींम का । करणीं करै जांणैं सोइ ॥

साषी

४ साच का सबद सोनां की रेष । निगुरां कूं चांणक ।
सगुरां कूं उपदेस ॥
५ चोर न भावै चांदिणां । जिनि उजियारा होइ ।
सूते का सब धन हर्डौं । मुझै न देषै कोइ ॥
६ साच कहें माता षिजी । पुत्र सिरि दीन्हीं चोट ।
दुष पायौ दोजगि गई । धणीं न भावै षोट ॥

राग गौडी

५:० पढि ले काजी बंग निमाजा ।
एक मसीति दसूं दरवाजा ॥ टेक ॥
१ मन करिम का कविला करि देही ।
बोलनहार जगत गुर एही ॥
२ उहां न दोजग भिस्ति मुकांमां ।
इहां हीं रांम इहां रहिमांनां ॥
३ बिसमिल तांमस भरम कूं दूरी ।
पंच भूषि ज्यूं होइ सबूरी ॥
४ कहै कबीर मैं भया दिवांनां ।
मनवां मुसि मुसि सहजि समांनां ॥

७ दादू यहु मसीति यहु देहुरा । सतगुर दिया दिषाइ ।
भीतरि सेवा बंदगी । बाहरि काहे जाइ ॥
८ मुलां न चढि मुनारडै । सांई न बहरा होइ ।
जा कारणि धाहां कहै । सो दिल अंदरि जोइ ॥
९ मकोडी मैदांन मैं । टिलै पाव धरी ।
सचा सांई सोधणीं । षुरी ठकाव सुणीं ॥

राग गौडी

६:० मुलां कहां पुकारै दूरि ।
रांम रहींम रह्या भरपूरि ॥ टेक ॥
१ यहु तौ अलह गूंगा नांहीं ।
देषै षलक दुनीं दिल मांहीं ॥
२ हरि गुन गाइ बंग मैं दीन्हां ।
कांम क्रोध दोऊ बिसमिल कीन्हां ॥
३ कहै कबीर यहु मुलनां झूठा ।
रांम रहींम सबनि मैं दीठा ॥

साषी

१० ब्रह्म पूरि घटि बधि नहीं । दसूं दिसा सब ठांम ।
आंन ओर करि हांनता । पूरब करैं प्रणांम ॥
११ सांई सब दिसि पूरि था । षंड प्रषंडां राज ।
सो जगंनाथ न जांनहीं । पछिम करैं निमाज ॥
१२ तीर्थ सकल सनांन करि । पूजैं देव दिवाल ।
करता पुरिस न चींन्हहीं । जगंनाथ उरि लाल ॥
१३ बरत करैं एकादसी । कष्ट देह कूं डंड ।
सांझ रूप धरि काल का । मारिगि लैं ब्रह्मंड ॥
१४ रोजा करि रोजी गंमीं । स्वादि नफस की चाह ।
जगंनाथ जोरहि हतैं । साहिब की अरवाह ॥
१५ दादू सोभा कारणि सब करैं रोजा बंग निमाज ।
मुवा न एकै आहि सूं । जे तुझ साहिब सेती काज ॥
१६ ऊठि बठि क्या नवि रहै । क्या इत उत देषै ।
सीस जिमी दिल मैं दुई । सब सुरम अलेषै ॥
१७ हर रोज हजूरी होइ रहु । काहे करै कलाप ।

मुलां तहां पुकारिए । जहां अरस इलाही आप ॥
१८ हरदम हाजरि हूंणां बाबा । जब लग जीवै बंदा ।
दांइम दिल सांई सूं स्याबति । पंच बषत क्या धंधा ॥
१६ हांणे बेई बिसरी । माव मुसले वेर ।
माषि ?ण गडियौ । ईद करी दो केर ॥
२० जियैं फिफड माह मैं ईयैं रोजाअैं निमाज ।
अजां आहे का इबी । अला हंदी हाज ॥
२१ पितो फिथो पेट मैं । बडे मीयां मांह ।
टुबी डीन्हीं ढूडि मैं । अला औरै हाव ॥
२२ काजी कथिम एतरौ । मति के रोई पेर ।
पलांणीं दो पोटरी । मथैं कींदो केर ॥

राग भैरूं
७:० दषि दिवांनां क्या पद नींका ।
या का अरथ उधार्ण जीका ॥ टेक ॥
१ कूकर काजी की कडि टूटी । तिसका करहु बिचारा ।
पीबगनीं बारैं कूं दौड्या । निकस निजांमैं मारचा ॥
२ बांग मसीति मुलां कूं दीया । कीया हुकम षुदाई ।
कठि सबाह सरषरू होता । ताकी षबरि न पाई ॥
३ पांचूं बषत गुजारै तूं जिनि । सुनिबे सेष निमाजा ।
ऊजू ईदि अकलि के दुसमन । यार हके दुष राजा ॥
४ रोजा रोसि यादि करि कलमां । कुचिल करद मुष टूटा ।
कोई हरदास समंझि यौं गावै । ताका बंधन छूटा ॥
८:० है हजूरि क्या दूरि बतावै ।
दूंदर बांधैं सुंदर पावै ॥ टेक ॥
१ सो मुसलमांन जु मन सूं लरै ।
अहनिसि काल चक्र सूं भिडै ।
कालपुरिस का मरदै मांन ।
ता मुसलमांन कूं सदा सलांम ॥
२ सो काजी जो काया बिचारै ।
अहनिसि ब्रह्म अगनि परजारै ।
सुपिनैं ब्यंदन देई झरनां ।
ता काजी कूं जुह्मा न मरनां ॥
३ सो सुलितांन जु ह्वै सुरतांनैं ।
बाहरि जाता भीतरि आंनैं ।
गगन मंडल मैं लसकर करै ।
सो सुलितांन छत्र सिरि धरै ॥
४ जोगी गोरष गोरष करै ।
हिंदु रांम नांम उच्चरै ।
मुसलमांन कहै एक षुदाइ ।
कबीरा कौ स्वांमीं घटि घटि रह्यौ समाइ ॥

२३ दादू काया मसीति करि । पंच जमाती मनहीं मुलां
इमांमं ।
आप अलेष इलाही आगैं । तहां सिजदा करैं सलांमं ॥
२४ दादू हौद हजूरी दिलही भीतरि । गुसल हमारा सारं ।
ऊजू साजि अलह के आगैं । तहां निमाज गुजारं ॥
२५ दादू सब तन तसबीक है करींमं । अैसा करि ले जापं ।
रोजा एक दूरि करि वूजा । कलमां आपै आप ॥
२६ दादू काया महल मैं निमाज गुजारं । तहां और न आंवन
पावै ।
मन मणि के करि तसबी फेरूं । तब साहिब के मनि भावै ॥
२७ अरवाहे सिजदा कुनंद । औजूद राचिकार ।
दादू नूर दादनीं । आसिकां दीदार ॥

बैत
२८ निमाजे जाहिदां सिजदै सजूदस । निमाजे आसिकां
तरकेब जूदस ॥
हजार साल इ बाबत कु नद निमाजी नेस । गर इस्क न
दारद षुदाइ राजी नेस ॥

६:० काजी कौंन कतेब बषांनैं ।
पढत गुनत केते दिन बीते । मति एको नहीं जांनैं ॥ टेक ॥
१ सकति सनेह पकरि करि सुंनत । यहु न बदूंरै भाई ।
जौ र षुदाइ तुरक मोहि करता । तौ आपैं कटि किनि
जाई ॥
२ हूंतौ तुरक किया करि सूंनति । और तिसूं क्या कहिये ।
अरध सरीरी नारि न छूटै । आधा हिंदू रहिये ॥
३ छाडि कतेब रांम कहि काजी । षून करत है भारी ।
पकरी टेक कबीर भगति की । काजी रहे झषमारी ॥

३० माता कै जनेऊ नांहीं । पूत कहावै पांडे ।
तुरकणीं सूंनति बाहिरी । यौं काजी बांभन भांडे ॥
३१ साप गया सहनांण कूं । सब मिलि मारैं लोक ।
दादू अैसा देषिए । कुल का डगरा फोक ॥
इति साच कौ अंग संपूर्ण भवेत् ॥

५६ दया न्रबैरता कौ अंग

राग आसावरी
१:० पांडे कौंन कुमति तोहि लागी ।
तूं रांम न जपहि अभागी ॥ टेक ॥
१ बेद पुरांन पढत अस पांडे । षर चंदन जस भारा ।
रांम नांम का मरम न जांनैं । लै डूब्यौ संसारा ॥
२ बेद पढ्यां कौ यहु फल पांडे । सब घटि देषै रांमां ।
जनम मरण थैं तौ तूं छूटै । सुफल हूंहि सब कांमां ॥
३ जीव हतत अरु धर्म कहत हौ । अधम कहुंवां भाई ।
आपन तौ मुनिजन ह्वै बैठे । हूं कासंनि कहूं कसाई ॥
४ नार्द कहै ब्यास यौं भाषै । सुषदेव पूछौ जाई ।
कहै कबीर कुमति तब छूटै । जे रहौ रांम ल्यौ लाई ॥

राग टोडी
२:० मींयां तैं कैसा कर्म कमाया ।

बोलै चालै देषै चोषै । सो तैं मारि र षाया ॥ टेक ॥
१ ढांढी मारी बकरी मारी । कुकडी मारी बैदा ।
साहिब सौं तुम डरपौ नांहीं । जिनि ए कीये पैदा ॥
२ करै हरांम कहै यहु नीका । क्या करिये रे भाई ।
अला इन बातौं मैं नांहीं । तुम अपणैं स्वादौं षाई ॥
३ महमद कहौ कवन जीव मारयौ । षाई जौ की रोटी ।
सांई अपने सूं दिल राष्या । हाथ नबाह्या बोटी ॥
४ एक षुदाइ सबनि मैं देषौ । अैसा कछू बिचारौ ।
टीलौ कहै अलह कौ बंदौ । जीवौ कूं जिनि मारौ ॥

राग गौडी

३;॰ मुलां करि ल्यौ न्याव षुदाई ।
इहि बिधि जीव का भर्म न जाई ॥ टेक ॥
१ सरजीव आंणैं देह बिनासै । माटी बिसमिल कीता ।
जोति सरूपी हाथि न आया । कहौ हलाल क्या कीता ॥
२ बेद कतेब कहौ क्यौं झूठा । झूठा जो न बिचारै ।
सब घटि एक एक करि जांनैं । भी दूजा करि मारै ॥
३ कुकडी मारै बकरी मारै । हक हक कहि बोलै ।
सबै जीव सांई के प्यारे । उबरहुगे किस ओलै ॥
४ दिल नहीं पाक पाक नहीं चीन्हां । उसका षोज न जांनां ।
कहै कबीर भिस्त छिटकाई । दोजग ही मन मांनां ॥

राग रांमगरी

४;॰ झूठे काजी झूठे मुलां । झूठे बेद कुरांनां ।
कितबलि आये जाहु कहां कूं । हिंदू मुसलमांनां ॥ टेक ॥
१ बेद पढे पढि बकरी मारी । कलमैं गाइ कटाई ।
ए दून्यूं ले दोजग दीये । भिस्त कहौ किनि पाई ॥
२ बेद पढे पढि पंडित मूये । काजी पढत कुरांनां ।
ए दून्यूं जंमलोक पठाये । दहूंवां सो न पिछांनां ॥
३ नेत कहै मैं हिंदू नांहीं । नां मैं मुसलमांनां ।
सतगुर मिलि मो कूं संमझाया । जे मैं था सो जांनां ॥

राग आसावरी

५;॰ भाई रे ए दून्यूं पष दीठा ।
हिंदू तुरक दहूं कूं लागै । स्वाद सबनि कूं मींठा ॥
टेक ॥
१ रोजा धरचा निमाज गुजारी । कलमां बांग पुकारै ।
कहौ सबाब कहां तैं ह्वैगा । सांझ कूं मुरगी मारै ॥
२ एकादसी अड पकरि कीन्हीं । दूध सिंघाडां सेती ।
अन छोडचौ मन कै स्वार्थ । लीन्हीं साग अहार सगौती ॥
३ तुरकां की मिहरि दया हिंदवां की । दहूं घटां तैं
भागी ।
वै जिबह करैं वै झटकै मारैं । आगि दहूं कै लागी ॥
४ इंद्रयां कै स्वार्थ आप उपावैं । स्वांदि बंधांनां मींठै ।
सुषदेव कह्या महंमद फुरमाया । सो करणीं रही
कहींठै ॥
५ बेद कतेबूं मांहैं लिषिया । सो तौ झूठ न होई ।
साच छिपावैं झूंठ दिषावैं । भरमाया सब लोई ॥
६ हरि का भगत बरण तैं बाहरि । इनकै पंथि न जाई ।
बषना दहूं पषां तैं न्यारा । रांम भजन करि भाई ॥

राग सोरठि

६;॰ अब मोपैं देषत बंध्या न जाई । बर सब घर रह्यौ
समाई ॥ टेक ॥
१ मोहि आवै उनमांनां । मेरे कुल अरु बधिक समांनां ।
मैं कापरि साधू बांनां । सब मैं देषत हूं भगवांनां ॥
२ मैं सब ही समझि करि जांनां । अब मोपैं जाइ न तांनां ।
कहै भुवन मन हरि की क्रिपा थैं । सहजैं भरम नसांनां ॥

श्लोक

१ आतमां परआतमांमेकं । आपा परंदुषसुषं ।
रोमावली कंपमानं । दया ग्यानं निरंजनं ॥

राग रांमगरी

७;॰ जीव सीव नां सगे बासा ।
नबध्या षाइबा रे रुध मासा ॥ टेक ॥
१ घावन घालि बाहंस गोतं ।
बदंत गोर्षनाथ न हारि पोतं ॥
२ मारिबा रे न रांम न द्रोही ।
जाकै बरण नहीं मास लोही ॥
३ सब जग ग्रासिया देव दां सो मन मारिबा रे ।
गहि गुर ग्यांन बांण पसू क्या हतिये रे ।
४ प्यंड धारी मारीए पंच भू म्रिघला ।
जे चरैं षेती बुधि बाडी ॥
५ जोग का मूल है दया दानं ।
भणंत गोरषनाथ ए ब्रह्म ग्यांनं ॥

राग भैरूं

८;॰ अनहक जीवन मारीं रे ।
इत तूं सबल निबल यहु बपडा । उत ह्वैगी इक सारी रे ॥
टेक ॥
१ इसकी बडी बडी तूं बांटै । यहु बांटै गाथा री रे ।
जब साहिब जी लेषा लेगा । तब झगडा ह्वैगा भारी रे ॥
२ इस जिभ्या गंदी कै कारणि । हीरा जनम हारी रे ।
बहमलदास कहै क्या बपडा । कहि गए साध पुकारी रे ॥

राग मारू

९;॰ जीवन मारीं रे बाबा जीवन मारी रे ।
पाप पहुंचै एक दिन । दुष पावै भारी रे ॥ टेक ॥
१ सब जीव पियारे पीव के । तुझ दया न आवै रे ।
साहिब लेषा लेइगा । तब कीया पावै रे ॥
२ रोम जिता जा जीव के । ते ते नरक कूपा रे ।
सहंस बरष लौं भुगतिसी । होसी लट रूपा रे ॥
३ जो हन्यां सोहं निसी । सुणि साध की बांणीं रे ।

बैर बहोडै साइयां । दुष पावै प्राणीं रे ॥
४ जनमोहन जो बाहिये । लुणियैंगा सोई रे ।
दया कीयैं पावैं दया । मारैं मर होई रे ॥

राग सारंग

१०:० तब ते गोबिंद क्यूं न संभारे ।
अपनैं लोभ लुबधि कैं लीनैं । चलत पंथ नहि हारे ॥
टेक ॥

१ अपनौं जीव पोषन कैं कारंन । बहुत जीव तैं मारे ।
उन जीवन तैं क्यूं छूटहुगे । दांवनगीर तुम्हारे ॥
२ भूंमि परे तब सोचन लागे । महा कठिन दुष भारे ।
सूरदास जब कंठ लगैं जम । निकसै प्रांन दुषारे ॥

साषी

२ बाजीद अब तौ बरज्यौ नां रहत । तकि तकि मारत तीर ।
इंद्र निस्वादैं हतत हैं । ह्वैहैं दांवनगीर ॥
३ बाजीद ज्यूं थी त्यूं कही । मन सु न मांनीं संक ।
दयाहींन दुष पाइहै । राजा होह कि रंक ॥
४ बाजीद तिनि लोगनि तैं दूरि है । निकंट न आंवहि पीव ।
पोषहि अपनीं आतमां । हतहि परायो जीव ॥
५ बाजीद दोस्त कौ काटत गरौ । यहु तौ जुगति न जोग ।
दुसमन हूं न संतावई । जु तौ दींन के लोग ॥
६ बैर बिरोधैं आतमां । दया नहीं दिल मांहि ।
दादू मूरति रांम की । ताकूं मारण जांहि ॥
७ जंगल माहैं जीव जे । जग थैं रहैं उदास ।
भैभीत भयांनक राति दिन । निहचल नांहीं बास ॥
८ बाचा बंधी जीव सब । भोजन पांणीं घास ।
आतम ग्यांन उपजै । दादू करहि बिनास ॥
९ कबीर बाघ बिछूटौ म्रिघलौ । तिहि जिनि मारै कोइ ।
आपण हीं मरि जाइसी । डांवां डूला होइ ॥
१० आपस कूं मारैं नहीं । औरैं मारण जाइ ।
दादू आप मारे बिनां । कैसैं मिलै षुदाइ ॥
११ भींतरि पूंवर भरि रेहे । तिनकूं मारैं नांहि ।
साहिब की अरवाह कूं । ताकूं मारण जांहि ॥
१२ दादू मुये कूं क्या मारिए । मींयां मुई मार ।
आपस कूं मारै नहीं । औरं कूं हुसियार ॥
१३ दादू मुई मार माणस घणें । ते प्रतषि जंम काल ।
मिहर दया नहीं सिंघ दिल । कूंकर काग सियाल ॥
१४ दादू मास अहारी जे नरा । ते नर सिंघ सियाल ।
बग मंजार सुन हांसही । एते प्रतषि काल ॥
१५ मास अहारी मलिन मति । मिहरि न जीय की लैंन ।
बाजीद दया बिन आदमीं । बिधना सिरजे दैंत ॥

श्लोक

१६ जांगलं जंगम भषिते । मुनि जो रात्रिया जथा ।
ग्यांनं नासं षलोबुधि । जनम मरण भवे तथा ॥
१७ स्वांनं मंजार ब्यहस्यंघ चित्रस्तथैव च ।
एतानि कुतो निर्मसी । दयाहींनस्तथा नरा ॥
१८ व्याघ्रस्य कथं निर्मसी । राजा कथं बैस्नवा ।
मूरिषस्य कथं ग्यानं । बध्यकस्य कथं दया ॥
१९ मास अहारी मदु पिवैं । बिषै बिकारी सोइ ।
दादू आतम रांम बिन । दया कहां थैं होइ ॥
२० मास अहारं हतं जापं । कांम क्रोध हतं तपः ।
सुरापांनं हतं ग्यांन । हतं मोषि परस्त्री जथा ॥
२१ मास भषंत ते दया धम का नास । मद पीवंत ते प्रांण
निरास ।
भांगि भषंत ते ग्यांन ध्यांन षोवंत । जंम द्रबार ते प्रांण
रोवंत ॥
२२ भांगि भषै भुगतै परनारी । मद पीवै परधन हितकारी ।
मास षाइ मन माहैं कोप । जगंनाथ जग मांहि अछोप ॥
२३ जोगी होइ परनिंद्या झषै । मदमास अरु भांगि जु भषै ।
इकोतर सौ परिया नरकहि जाइ । सत्य सत्य भाषंत
श्री गोरष राइ ॥
२४ अहमष होइ सु अहमष षाइ । जोगेस्वर क्यौं जंमपुरि
जाइ ।
जोग पदई राजेसुर राव । अरु नर देही म्हा उतिम डाव ॥

श्लोक

२५ प्राणं हंस्या न करत्तब्यं इंद्रियार्थे कदाचन ।
आमिष्यं बर्जिते जेन बिस्न भगतश्च उच्यते ॥
२६ आमिष्यं जाद्रिस्यं ग्यात्वा । बिस्न भारथ ताद्रिस्यं ।
जे भछंति नरा लोके । महापापी भवंति ते ॥
२७ दादू दया जिन्हूं कै दिल नहीं । बहुरि कहांवैं साध ।
जे मुष उनका देषिये । तौ लागैं बहु अपराध ॥
दोहे २८-३४ उपलब्ध नहीं (पत्र १६६बी)
३५ गला गुसे का काटिये । मियां मनीं कूं मारि ।
पंचूं बिसमिल कीजिये । ए सब जीव उबारि ॥
३६ बेमिहरि गुमराह गाफिल । गोस्त षुरदनीं ।
बेदिल बदकार आलंम । हयाति मुरदनीं ॥
३७ महंमद महंमद न करौ काजी । महंमद का बिषम
बिचारं ।
महंमद हाथि करद जो होती । लोहा गढी न सारं ॥
३८ सबदैं मारी सबदि जिलाई । आसा महंमद पीर ।
ताकें भ्रमि न भूलौ काजी । सो बल नहीं सरीरं ॥
३९ कबीर काजी स्वाद बसि । ब्रह्म हतै तब दोइ ।
चढि मसीति एकै कहै । दरि क्यूं साचा होइ ॥
४० कबीर काजी मुलां भरमियां । चल्या दुनीं कै साथि ।
दिल थैं दीन बिसारिया । करद लई जब हाथि ॥
४१ दादू दुनियां सूं दिल बंधि करि । बैठे दींन गंवाइ ।
नेकी नांव बिसारि करि । करद कमाया षाइ ॥
४२ गल काटैं कलमां भरैं । आइया बिचारा दीन ।
पंचूं बषत निमाज गुजारैं । स्याबति नहीं अकींन ॥
४३ कबीर यहु सब झूठी बंदगी । बरियां पंच निमाज ।
साचहि मारैं झूठ पढि । काजी करै अकाज ॥

४४ कबीर जोरी करि जिबह् करैं । कहिते हैं जु हलाल ।
जब दफसर देषैगा दई । तब ह्वैगा कौंन हवाल ॥
४५ कबीर जोरी कीयां जुलंम है । मांगै न्याव षुदाइ ।
षालि कदरि षूंनीं षडा । मार मुहैं मुहि षाइ ॥
४६ कबीर सांई सेती चोरियां । चोरां सेती गुझ ।
जांणैगौ रे बापडा । मार पडैगी तुझ ॥
४७ फरीदा जिती षुसियां मांनियां । तिती होये रोग ।
छिलां कारनि मारिये । फल षाधैं क्या होग ॥
४८ छेली कह्यौ षटीक सूं । गला काटती बार ।
हम तुम कदिकौ बैरथौ । काटत तीछनधार ॥
४९ फुनि बिचार जीय मैं कियौ । सजाल ही हम एह ।
कांटनि की कूं पल चरी । तार्थं काटत देह ॥
५० जिन्हूं षाया आला पाला । ते तौं ढांके कुंची डाला ।
जे षाते हैं चरम निवाला । तिनके ह्वैगे कौंन हवाला ॥
५१ मोहन मो कूं अचिरज और है । मास स्वाद करि षांहिं ।
तिनके कौंन हवाल ह्वै । सो मैं जांनत नांहि ॥
५२ कबीर षूब षांण है षीचडी । मांहि पडै टुक लूंण ।
हेडा रोटी षाइ करि । गला कटावै कौंण ॥
५३ अलप स्वाद कै कारनैं । बांधै पाप अपार ।
मोहन जे जीय कूं हतैं । तिनका नहीं उधार ॥
५४ जीव घात जे करिसी । ते जनमि जनमि दुष भरसी ।
मांस बिरांणां भषिसी । सो मोहन आगैं लषिसी ॥

हदीस

५५ बाय उलबसर । काति ऊसजर । जाबि उलबकर ।
सारि उलषमर । लाइ दषुलल जनंत ॥
५६ नरा मोल्यंस्तरो रिपः । आंमिषि भषिते मदः ।
आतमां बधते प्रांणीं । एता मोषि न गछिते ॥
५७ जावतु रोमकूपांणि । पसुगात्रेषु भार्थ ।
तावतु बर्ष सहश्रांणि । पचंति नरका बंनं ॥
५८ न भवंति मास प्रिथीः । न भवंति मासस्तरो ।
ममं प्रांणः हतं मासः । तस्य मोषि न लभते ॥
५९ आतमार्थे प्रांणघातं च । न जांनाति परकष्टकं ।
ते बिष्टा भवे कृमि । सह मोष्य नास्ति गछिते ॥
६० जीवमन्यं अहंमन्यं । जीवघातं मयघातं ।
ते नरा नरकं यांति । किर्म कोटि सतैरपिः ॥
६१ सर्बपापं जीवघातं । सर्बधर्म जीवपालनं ।
सर्बफलं आतीतं भुक्तं । सर्बसिधि गुरबंदनं ॥
६२ सर्बधर्म सर्बपूजा । सर्बदांन सर्बतीर्थकं ।
सर्बब्रत तपो जाप्यं । जीवघातबिबर्जितं ॥
६३ सप्तगऊहत्या बालं । सप्तबाला हत्या स्त्रीया ।
सप्तस्त्रीहतो बिप्रा । सप्तबिप्रा हतो बैश्नवा ॥
६४ पसुजीव पूज्येत सर्बं । अंनकं त्रिणं पत्रकं ।
अबचा हंसामेकं च । तस्य सिधी च पार्बती ॥
६५ मांनुष्यज्यं षुध्या त्रिश्नां । स्वादं च जायेते सदा ।
अबाचासु षुध्या त्रिषा । जो जांणांति स जोगीना ॥
६६ प्रब्रह्मं तस्य हिर्दयं । दयाधर्म स्थितो जत्र ।
बेसासी सील संतोसं । बैकुंठ पुनः पुनः ॥
६७ सर्बसाधू स्थितो जत्र । ब्रह्मा बिस्न महेस्वरं ।
सिध साधिक देवानां । दया धर्मस्थितो नर ॥
६८ दया धर्म जहां बसै सरीरा ।
तहां षोजि ले दास कबीरा ॥
६९ सिव् सक्ती त्यूं दया ध्रम है । मिलें मिलावा होइ ।
दोऊ माहैं एक ही ज ह्वै । पुत्र न जांमैं कोइ ॥

सवइयौ

७० मोहि मारत हैं बिन दोस गुसांई ।
मूंड हलाइ कहैं बाकरौ ।
देवी बपरी नव नेवज चाहै ।
काहे स्वारथी मो कूं पाकरौ ।
काहे कूं कान भरौ पांनीं सूं ।
मेरो तन कांपत है आकरौ ।
रांमदत गुनीं ज के जीव हतैं ।
तके फल पावैंगे काकरौ ॥
७१ बाजीद बेद पुरांन कुरांन सब । साषी सुर नर मुनि ।
पुंनि लगावै पार लै । पाप रहै सिर धुंनि ॥
७२ बाजीद यह सब षलक षुदाइ की । दुष न दीजै मूल ।
पाप रसातल जाइये । पुंनि तिरै ज्यूं फूल ॥
७३ सूके अस्तनि कूं चुगै । जिय नर जांनैं कोइ ।
ता पंषी की छांह् तल । क्यौं न छत्रपति होइ ॥

बैत

७४ हुमा इब रहंम मुरगा अजां सरफ दारिद ।
कि उस्तषां षुरदो । तायरेनिया जारद ॥
७५ सुनीं दंम कि मर्दानि राहे षुदाइ ।
दिले दुस्मनां हम न करदंद तग ॥
तुरा कै नवसरस बदई मुकांम ।
किबादोस्तां नतषिलाफस्त जंग ॥
७६ सुनींद अमबक साबगोस पदिगुत्फ ।
दरां जमां किस रस राब ते गते जबुरीद ।
सजाइ हरस रषारे कि षुरद अंमदीदम ।
कसे किय हलूइ चरबंम षुरद चिष्वा ददीद ॥
७७ सुनीद अमसुष नेषुस । जिपीरे मैं फरोसै इमे सब ।
तुह मजिमन बिश्नौ गरस आदते दारी ॥
हजारगंज मुरुवत । हजार षानैं कर्म ।
हजार ताति सभा । हजार बेदारी ॥
७८ हजार रोजौ हजौ । हजार ता अति साल । कबूल नाइद ।
अगर षातरे जांन बिआजारी ॥
मबास दरपै आजार हरचि ष्वाही कुंन ।
किदर सरीयते मागै र अजीं गुनाहे नेस ॥
इति दया न्रिबैरता कौ अंग संपूर्ण भवेत् ॥

५७ सिकार संग्राम कौ अंग

राग आसावरी

१:॰ गोबिंदे तुम्हारे बंन कंदलि मेरौ मन अहेरा षेलै ।
बपु बारी अंनगु मिरग । रचिहीं रचि मेलै ॥ टेक ॥
१ चित तरउवा पवन षेदा । सहज मूल बांधा ।
ध्यांन धनक जोग करम । ग्यांन बांन सांधा ॥
२ षटचक्र कवल बेधा । जारि उजारा कीन्हां ।
कांम क्रोध लोभ मोह । हाकि स्यावज दीन्हां ॥
३ गगन मंडल रोकि बारा । तहां दिवस न राती ।
कहै कबीर हम छाडि चले । बिछुरे सब साथी ॥

२:॰ हरि कै संगि अहेरै फिरिहूं ।
गुरु कौ सबद सुणि सुणि निसतरिहूं ॥
१ तन करि बांन मनहि करि हरनां ।
रांम नांम साजि ध्यांन धरनां ॥
२ नवजन घेरि अहेरै लीनां ।
पांच तरइया बुधि करि कीन्हां ॥
३ षेदत महिता भया निकूरा ।
पारधी बैठि संवारै मूरा ॥
४ स्यंघ राइ सो बन कूं घेरै ।
तामैं मंछा फिरत अहेरै ॥
५ कूप जलै पर कैसैं डाढै ।
कहै भुवन कोई अरथहि काढै ॥

राग गौडी

३:॰ इहि तति रांम जपहु रे प्रांनीं । बूझौ अकथ कहांनीं ।
हरि कर भाव होइ जा ऊपरि । जाग्रित रैंनि बिहांनीं ॥
टेक ॥
१ डांइनि डारै सुनहां डोरै । स्यंघ रहै बन घेरैं ।
पंच कुटंब मिलि झूझ न लागे । बाजत सबद संघेरैं ॥
२ रोहै मृग सुसा बन घेरै । पारधी बांन न मेलै ।
साइर जलै सकल बंन दाझै । मंछ अहेरौ षेलै ॥
३ सोई पंडित सो तत ग्याता । जो इहि पदहि बिचारै ।
कहै कबीर सोई गुर मेरा । आप तिरै गोहि तारै ॥

राग रांमगरी

४:॰ झूझ न्यारा झूझ न्यारा । नृप झूझ न्यारा ।
सूंनैं षेति अहेला झूझै । स्यंघ निसांण दुंकारा ॥ टेक ॥
१ है ससि सूर लगांम चितै करि । बषर ठंवां छेरी ।
सींगणि मृगी मृग बांणावलि । दादुर पूरि ले भेरा ॥
२ राग सनेह गगन करि बगतर । टोपा सिंघ बणांवा ।
बन र बांधि तेग धुंनि कोकिल । षेडा गांव तुडाया ॥
३ बरछा मंछता जिणां बांइस । हस्ती दस्तांनां ।
नास्ति छत्र तांनि भू चेतनि । आस्ति आस्तांनां ॥
४ जीति मंजारी मावस जीती । बारह जीव अणथाका ।
कील्ह कीन्ह बलि बलि बलि ताकी । जिहि कई ले यहु
साका ॥

राग आसावरी

५:॰ आवो मृघा बसि नग्री हमारी ।
तन धन जीव करूं बलिहारी ॥ टेक ॥
१ काला मृघा उजला पेटे ।
म्रिघा चरैं संइयां का षेते ॥
२ चरि चुगि म्रिघा बसै उजारि ।
कबहीं एक बसि परैगा हमारि ॥
३ ऊंचा सरोवर नींची पालि ।
तहां चढि मृघा मांडै आलि ॥
४ कहै कबीर संत की बारी ।
म्रिघा चरि गया नग्री हमारी ॥

६:॰ जीवत जिनि मारै मुवौ मति ल्यावै ।
मास बिहूंणौं घरि मति आवै हो कंता ॥ टेक ॥
१ उर बिन षुर बिन चंच बिन । बप बिहूंनूं सोई ।
सो स्यावज किन मारहि कंता । जाकै रगतर मास न
होई ॥
२ रे पैली पार के पारधी । तेरी धुन हीं पिणच नही रे ।
ता बेली कूं ढूक्यौ म्रिघलौ । ता म्रिघ कै सीस नहीं रे ॥
३ मारचौ मृघ जीव तौ राष्यौ । यहु गुर ग्यांन मही रे ।
कहै कबीर स्वांमीं तुम्हारे मिलन कूं । बेली है
परिपात नहीं रे ॥

राग रांमगरी

७:॰ अवधू अहूंठ परबत मंझार । बेलडी मांडचौ बिस्तार ।
बेली फूली फल बेली आछै मो ताहल ॥ टेक ॥
१ सिष्टि उतपंनीं बेली प्रकास । मूल नथी चढी आकास ।
उर्ध गोढ कियौ बिस्तार । जांणांनैं जोनी करौ बिचार ॥
२ असौ भील पारधी हाथ नहीं । पाइ पांगुलौ मुष दांतन
कहीं ।
हयौं हयौं म्रिघलौं धुंण हींनत हीं । घंटा सुर तिहां
नाद नहीं ॥
३ भींलडै तिहां तांणियौं बांण । मनहीं म्रिघलौं बेधियौं
प्रमांण ।
हयौं हयौं म्रिघलौ बेधियौं बाण । धुंणहीं बांण नथी
सरताण ॥
४ भीलडा मातंगी रांणीं । म्रिघलौं आंणियौं ठांणीं ।
चलण बिहूंणौं म्रिघलौं आंण्यौं । सीस सींग मुष जाइ
न जांण्यौं ॥
५ भणंत गोरषनाथ मछिंद्र नां पूता । मारचौं म्रिघ भया
अवधूता ।
या हियाली जे कोई बूझै । ता जोगी कूं तृभुवन सूझै ॥

साषी

१ मन म्रिघा मारैं सदा । ताका मींठा मास ।
दादू षाबे कूं हिल्या । ताथैं आंन उदास ॥

२ मारिबा तौ मन मस्त मारिबा । लूटिबा तौ पवन भंडारं ।
गधिबा तौ पंच तत साधिबा । सेइबा तौ निरंजन
निराकारं ॥
३ कबीर काया कसूं कमांण ज्यूं । पंच तत करि बांण ।
मारूं तौ मन म्रिघ कूं । नहीं तौ मिथ्या जांण ॥
४ काया कबज कमांण करि । सार सबद करि तीर ।
दादू यहु सर सांधि करि । मारे मोटे मीर ॥
५ काया कठिन कमांण है । षांचै बिरला कोइ ।
मारै पांचूं म्रिघला । दादू सूरा सोइ ॥
६ मृघ मरै तौ पारधी हसै । चोर मरै नग्री थिर बसै ।
सर्प मरै तौ नग्री थीरं । निद्रा मरै तौ सुषी सरीरं ॥
७ जै मन मरै तौ साचा चोट । पारौ मरै तौ लीजै कोट ।
संसौ मरै तौ नि:श्चल जोग । गुरमुषि मरै तौ तूटै रोग ॥
८ दादू जब जागैं तब मारियें । बैरी जीय के साल ।
मनसा डांइणि कांम रिप । क्रोध महाबलि काल ।
९ पंच चोर चितवत रही । माया मोह बिष झाल ।
चेतनि पहरै आपणैं । कर गहि षडग संभाल ॥

राग बसंत

८:० माधौ मोह म्रिघ मारचौ न जाइ ।
मेरी बुधि बाडी मैं बसै षाइ ॥ टेक ॥
१ मेरी बाडी मैं निपजैं मुकति बैंण ।
मोहि देषत चरि जाइ कैंण कैंण ।
हूंण न पावै फल न पात ।
हूं सींचि पाइ चल्यौ पटकि हाथ ॥
२ मैं ध्यांन धन का साध्यौ संधांण ।
सहज सील के लीये हैं बांण ।
जौ हूं मारूं ताकि ताहि । तौ ह्वै बदेही जै बिलाइ ॥
३ सुर नर गंण गंधब मुनि गये हैं हारि ।
मोह म्रिघ कोई सक्यौ न मारि ।
कहै नापा जिनि दिया है ताडि ।
हरि सुमिरन की करी है बाडि ॥

राग भैरूं

९:० संतनि एक अहेरा लाधा ।
म्रिघनि षेत सबनि का षाधा ॥ टेक ॥
१ या जंगल मैं पंचूं मृघा । एई षेत सबनि का चरिगा ॥
२ पारधी पणां जे साधै कोई । अधषाधा साराषै सोई ॥
३ कहै कबीर जे पंचूं मारै । आपुण तिरैं और कूं तारै ॥

साषी

१० नांनिक हिरसंहि पिटे हतको । हिरस न पिटी जाइ ।
पेया मुठां बेलणैं । आया रूंह षुहाइ ॥

राग मलार

१०:० जतन बिन म्रिघंनि षेत बिगारे ।
टारे टरत नहीं निसबासुरि । बिडरत नहीं बिडारे ॥
टेक ॥
१ अपनैं अपनें रस के लोभी । चर तब न्यारे न्यारे ।
अति अभिमांन बदत नहीं काहू । बहुत लोग पचि हारे ॥
२ बुधि मेरी किरषी गुर मेरौ बिझुकौ । अषिर दोइ
रषवारे ।
कहै कबीर अब षांन न देहूं । बरियां भली संभारे ॥

साषी

११ पांच छिकारा एक म्रिग । हिरणीं लार पचीस ।
बषनां बाडी राषिलै । षाधी बिसवा बीस ॥
१२ मांहि रहैं मांहैं चरै । बिडारचा नहीं जाइ ।
जे जे कूं पल ऊलहै । सोई सोई षाइ ॥
१३ करतार तजि हंसा कतहूं न जाई ।
मन म्रिघ राषिलै ज्यूं बाडी न षाई ॥

राग रांमग्री

११:० रे प्रांणीं यहु षेलि सिकार रे ।
बन बपु ढूंढि स्याव जूं मारि रे ॥ टेक ॥
१ मन म्रिघ मांहि तीसतिहि लार रे ।
चेतंनि चीता तिहि परि डारि रे ॥
२ गुन जग हस्ती । अनल अहार रे ।
त्रिस्नां तीतर बाज बिचार रे ॥
३ केसरि कांम अधिक अधिकार रे ।
सारदूल सुमिरन मुष जार रे ॥
४ ए आवध सुणि संमझि षिलार रे ।
जन रजब उठि होहु सियार रे ॥
१२:० मन इम रंमौं । अैसैं हीं आषेटा षेटा ।
जिनैं श्रबैंसुर मांनैं । सुणौं सुणौं बेटा बेटा ॥ टेक ॥
१ अज्या जिम जिनि जाइ । कंठि थन ठेटा ठेटा ।
उलटि बांण संधि मारैं । द्रिष्टि हेठि नेटा नेटा ॥
२ बिंद बांधै यंद मारै । तौ तूं भरै पेटा पेटा ।
कील्ह प्रभू निज पद । चाहिसि जौ भेटा भेटा ॥
१३:० अवधू बेली बिरधि करैली ।
त्रिगुण जाइ निरंजन लागी । मारीहूं न मरैली ॥ टेक ॥
१ सहज समाध्यें बाडी रे अवधू । सतगुर बाही बेली ।
अंमीं महारस सींचण लागा । तत तरवर जाइ चढैली ॥
२ अंमर बेलि अनभै ज़ाइ लागी । टालीहूं न टलैली ।
रूप रेष ताकै कुछ नांहीं । चंद्रहि कोटि फलैली ॥
३ पांचूं म्रिग पचीसूं म्रिगी । सूंघत देषि मरैली ।
निराकार नांमां तेरी बेली । अंनत अंमर फल देली ॥
१४:० तत्व बेली लो तत्व बेली लो । औवधू गोरषनाथि जांणीं ।
डाल न मूल पहुप नहीं छाया । बृधि करै बिन पांणीं ॥
टेक ॥
१ काया कुंजर तेरी बाडी रे अवधू । सतगुर बेलि रु
पांनीं ।
पुरिष पांनती करै धनियां नौं । नींक वालि घरि
आंनीं ॥

२ मूल एह्वां जेह्वां ससिहर अवधू । पांन एह्वां जेह्वां भांणं ।
फल एह्वां जेह्वां पूंन्यम चंदा । जोवो जोवौ जांण सुजांणं ॥

३ बेलडियां दव लागी रे अवधू । गगन पहूंती झाला ।
जिम जिम बेलडी बाढाबा लागी । तन मेल्ह्या कूंप ल डाला ॥

४ काट्त बेली कूंप ल मेल्ही । सींचतडां सींदायें ।
मछिंद्र प्रसादें जती गोरष बोल्या । नित नवेरडा थायें ॥

१४;० तत्व बेली लो तत्व बेली लो । अलष बिरष बिलंबेली लो ।
बाडी बिरह बीज निज बाह्यौ । गगन हि जाइ रहैली लो ॥ टेक ॥

१ अंमीं कुंड सूं धोरा बांध्या । अभरा कूल भरैली ।
चेतंनि पांणति प्यावण लागा । अंबर छेकि बधैली ॥
२ पेड दिसां थैं पावक पोषै । सैली अंमीं पिवैली ।
रूप रेष ताकै कुछ नांहीं । बप बिन म्रिघ चरैली ॥
३ बदंत हंणूंत बाला रे अवधू । एक अमर फल देली ॥

१५;० रांम गुन बेलडी रे अवधू । गोरषनाथ जांणीं ।
नां तिस मूल न छाया जाकै । बृधि करै बिन पांणीं ॥ टेक ॥

१ बेलडियां दोइ अंणीं पहूंती । गगन पहूंती सैली ।
सहज्जि बेलि जब फूलण लागी । डाली कूंप ल मेल्ही ॥
२ मन कुंजर जाइ बाडी बिलंब्यौ । सतगुरि बाही बेली ।
पंच सषी मिलि पवन पवंप्यौ । बाडी पांणीं मेल्ही ॥
३ काट्त बेली कूप ल मेल्ही । सींचत डांकु मिलांणीं ।
कहै कबीर ते बिरला जोगी । सहजि निरंतर जांणीं ॥

१७;० बेली आनंद प्रेम समाइ ।
सहजैं मगन रांम रस पीवै । दिन दिन बधती जाइ ॥ टेक ॥

१ सतगुर सहजैं बाही बेली । सहज गगन घर छाया ।
सहजैं सहजैं कूंपल मेल्है । जांणैं अवधू राया ॥
२ आतम बेली सहजैं फूलै । सदा सुफल फल होई ।
काया बाडी सहजैं निपजै । जांणैं बिरला कोई ॥
३ मन हठ बेली सूकण लागी । सहजैं जुगि जुगि जीवै ।
दादू बेलि अंमर फल लागै । सहजि सदा रस पीवै ॥

साषी

१४ कबीर आंगणि बेलि अकासि फल । अणब्याई का दूध ।
सुसा सींग की धुन हडी । रंमैं बंझ का पूत ॥
१५ कबीर जै काटूं तौ डहडही । सींचौं तौ कुमिलाइ ।
इस गुणवंती बेलि का । कुछ गुण कह्या न जाइ ॥
१६ कबीर आगैं आगैं दौंबलै । पीछै हरिया होइ ।
बलिहारी ता बिरष की । जड काट्यां फल होइ ॥
१७ तरवर साषा मूल बिन । धरती पर नांहीं ।
अबिचल अमर अनंत फल । सो दादू षांहीं ॥
१८ तरवर साषा मूल बिन । धर अंबर न्यारा ।
अबिनासी आनंद फल । दादू का प्यारा ॥
१९ तरवर साषा मूल बिन । रज बीरज रहिता ।
अजरा अंमर अतीत फल । सो दादू गहिता ॥
२० तरवर साषा मूल बिन । उतपति परलै नांहि ।
रहिता रमिता रांम फल । दादू नैंनहुं मांहि ॥
२१ प्रांण तरवर सुरति जड । ब्रह्म भोमि ता मांहि ।
रस पीवे फूलै फलै । दादू सूकै नांहि ॥
२२ कबीर अगनि जु लागी नीर मैं । कंदू जलिये झारि ।
उतर दषिण के पंडिता । रहे बिचारि बिचारि ॥
२३ कबीर दौं लागी सायर जल्या । पंषी बैठे आइ ।
दाधी देह न पाल्हवै । सतगुर गया लगाइ ॥
२४ कबीर गुर दाधा चेला जल्या । बिरहा लाई आगि ।
तिण का बपुरा ऊबरचा । गलि पूरे के लागि ॥
२५ कबीर अहेडी दौं लाइया । म्रिघ पुकारे रोइ ।
जा बन मैं क्रीला किये । दाझत है बन सोइ ॥
२६ कबीर पांणीं मांहैं प्रजली । हुई अप्रबल आगि ।
बहती सलिता रहि गई । मंछर रहे जल त्यागि ॥
२७ कबीर समंदरि लागी आगि । नदियां जलि कोइला भई ।
देषि कबीरा जागिया । मंछी रूंषां चढि गई ॥

राग केदारौ

१८;० सुणौ रे अवधू अनभै बांणीं ।
इन परि पाया अलष बिनांणीं रे ॥ टेक ॥

१ सरोवर सूका कमला फूल्या रे ।
जल का माछा अगिनें झूल्या रे ॥
२ अगिनि बरिषै अषंड धारा रे ।
नवपालव भई अठारह भारा रे ॥
३ पांणीं मैं परबत दहदिसि जलिया रे ।
दरिया ऊलटि बूंद मैं मिलिया रे ॥
४ अषंड जोतें पतंग मिलिया रे ।
भणंत नांमदेव संकट टलिया रे ॥

राग गुंड केदारौ

१९;० गोरष बाळूडा सतगुर बांणीं ।
जीवता न परण्यां तेन्हैं अगनि न पांणीं रे ॥ टेक ॥

१ धीलौ दूझै गौंसि बिरोलै ।
सासूडी पालनडै बहू हिंडोलै ॥
२ कोइल मोरी आंबौ ग्रास्यौ ।
गगन माछुलडी बगलौ ग्रास्यौ ॥
३ करसंन पाकौं रषवाल षाधूं ।
चरि गया म्रिघला पारधी बाधूं ॥
४ सीगी नादैं गोरष पूरा रे ।
गोरष परन्यां तिहां चंद न सूरा रे ॥

इति सिकार संग्राम कौ अंग संपूर्ण भवेत् ॥

५८ सूरातन कौ अंग लिष्यते

श्लोक

१ गतं बहुचिरं कालं सुलप भाव प्रबतते ।
एक चित समाध्यानं सुंदरी मा प्रमादए ॥
२ बहुत गया थोडा रह्या । अब जीव सोच निवारि ।
दादू मरणां मांडि रहु । साहिब के दरबारि ॥
३ दरही उतैं पै रहै । दिता साहिबदा षाइ ।
नांनिक फेरि निवाजिये । जे दर छडि न जाइ ॥
४ सौधका सुनहां कूं देवै । घर बाहरि काढै ।
दादू सेवग रांम का । दरबार न छाडै ॥
५ क्रिपा करहु कैं नां करहु । द्वार न छाडूं आस ।
दरसंन कारंनि तरफि हूं । जौ लौहूं जीय मैं सास ॥
६ दादू जे साहिब मांनैं नहीं । तऊ न छाडूं सेव ।
इहि अवलंब निजी जिये । साहिब अलष अभेव ॥

राग गौडी

१:० डगमग छाडि देहु मन बौरा रे ।
अब तौ जरे बरें बनि आवै । लीन्हौं हाथि सिंधौरा ॥ टेक ॥
१ होहु निसंक मगन ह्वै नाचौ । लोभ मोह भ्रम बाडौ ।
सूरौ कहा मरण थैं डरपै । सती न सांचै भांडौ ॥
२ यहु संसार सकल है मैला । रांम कहैं ते सूचा ।
कहै कबीर नांव नहीं बाडूं । गिरत परत चढूं ऊंचा ॥

राग रांमग्री

२:० हरि मारगि मस्तक दीजिये । तब निकटि परम पद लीजिये ॥ टेक ॥
१ इस मारग मांहैं मरणां । तिल पीछैं पाव न धरणां ।
इब आगैं होइ सु होई । पीछैं सोच न करणां कोई ॥
२ ज्यूं सूरा रिण झूझै । वो आपा पर नहीं बूझै ।
सिर साहिब काज संवारै । घण घांवां आपा डारै ॥
३ सती सत गहि साचा बोलै । मन निहचल निमष न डोलै ।
वाकै सोच पोच जीय नावै । जग देषत आप जरावै ॥
४ इस सिर सूं साटा कीजै । तब अबिनासी पद लीजै ।
ताका तब सिर स्याबति होवै । जब दादू आपा षोवै ॥
३:० संतौ सो राजा रिण सूरौ ।
सेर कपूर दिनाई साधै । पाव पहर मैं पूरौ ॥ टेक ॥
१ सेंनीं भीम सबल भरि मूठी । चाढि अपूरब चोषौ ।
भारथ बेला हरि भजि भांजै । षडग धार कौ धोषौ ॥
२ जीवनि जडी डाबडै राषै । पूठि न नावै पाबौ ।
सांगि चकासि फेरि सिर ऊपरि । इणि बिधि बजरै आछौ ॥
३ बटवै बस्त राषि तत राघव । कसि कटि सूं पट घाढौ ।
सार संभालि षेलि जुध षूतौ । पेलि पिसन मन टाढौ ॥
४ नांव निसूंति काढि किरमांणीं । मोह मीर कूं मारै ।
कहै हरदास किलौ सो जीपै । भजि गोपाल गलारै ॥

राग केदारौ

४:० चोट चढी जु दमां मैं रे ।
भाजि चले ते परलै जैहैं । सनमुष रहे तिम्हां मैं ॥ टेक ॥
१ पंच बांन गहि धन कच होरचौ । रोके कांम कटक दल रांमैं ।
सुंन्य धरंनि षुर ताली बागी । माया मुंगल गह्यौ या गांमैं ॥
२ मेर तेर मैं उलटि बही है । तहां सुष सागर निहिकांमैं ।
क्रिस्नांनंददास सुष बैठे । दांइम अलह कलांमैं ॥

राग रांमग्री

५:० अवधू फीटा बाद बिषै बन सूका । पहर पात निस झडिया ।
अवधि अगाध उह्नी नहीं आवै । सूरा नींकलि लडिया ॥ टेक ॥
१ कूड कपाट तुरत भौ टूटा । संक सेनि दल भागा ।
मींच मसोसि डाढ तलि दीन्हीं । तब निरभै सुमिरन लागा ॥
२ भरम भुजा गल बिन षप षूली । परचै नैंण पहूंता ।
सील संतोष सहज घर पाया । नांव निडर भजि सूता ॥
३ नांहीं निबल सबल बुधि साही । गुर गंमि गैला लाधा ।
कहै हरदास सुरति सजि डोरी । मन राजा मुषि बाधा ॥

राग गौडी

६:० सुरही डभगभ हूंकि । ना गहि गहि गिलवै ।
सुर कसींन बाज । संध बंध कौंण मिलवै ॥ टेक ॥
१ मैरी सर संधि बंधि । अनल कवल षिलवै ।
तिहि मधि कोकिला सुर । चक्रवाकि भिलवै ॥
२ तिहि मधि जोति अप्रमेव । उनमनीं कि झिलवै ।
कील्ह करण भ्रंग राज । तत थेई ढिलवै ॥

राग बिभास

७:० तिठ सुंन्य जूह सकल दुठ इंठ ठांइणे ।
गगन अमल अकल सकल । तेई सुंन्य गांइणे ॥ टेक ॥
१ ते मूल डाल गाल चाल । दाल बिवाइणे ।
ते अछ बछ रछ छछ बछ छछ छांइणें ॥
२ तेउंवंण कूंवंण कूंवंण उंवंण । उवंण दांण घांइणें ।
कील्ह करण षत्रवट । तेन मन रांइणें ॥

राग सींधूडौ

८:० क्यूं भाजै सेवग तेरा । अैसा सिरि साहिब मेरा ॥ टेक ॥
१ जाकैं धरती गगन अकासा । जाकैं चंद सूर कविलासा ।
जाकै तेज पवन जल साजा । जाकैं पंच तत के बाजा ॥
२ जाकै अठारह भार बनमाला । गिर परबत दींन दयाला ।
जाकै साइर अनंत तरंग । जाकै चौरासी लष संगा ॥

३ जाकै अैसे लोक अनंता । रचि राषे बिधि बहु भंता ।
जाकै अैसा षेल पसारा । सब देषै कौतिगहारा ॥
४ जाकै काल मींच डर नांहीं । सो बरति रह्या सब मांहीं ।
मनि भावै षेलै षेला । अैसा है आप अकेला ॥
५ जाकै ब्रह्म ईस सुर बंदा । सब मुनिजन लागे अंगा ।
जाकै साध सिध सब मांहीं । परपूर्ण परमिति नांहीं ॥
६ सोई भानैं घडै संवारै । जुग केते कबहूं न हारै ।
अैसा हरि साहिब पूरा । सब जीवनि आतम मूरा ॥
७ सो सबहिन की सुधि जानैं । जो जैसा तैसी बानैं ।
श्रबगी रांम सयांनां । हरि करै स होइ निदांनां ॥
८ जे हरि जन सेवग भाजै । तौ अैसा साहिब लाजै ।
इब मरण मांडि हरि आगैं । तब दादू बांण न लागै ॥

९:० हरि भजतां किम भाजिये रे । भागां भल नांहीं ।
भागैं भल क्यूं पाईये । पछितावै मांहीं ॥ टेक ॥
१ सूरौ सो सहजैं भिडै । सार उरि झेलै ।
रिण रोक्यां भाजै नहीं । ते मांण न मेलै ॥
२ सती सत साचा गहै । मरणैं न डराई ।
प्रांण तजै जग देषतां । पीवडौ उरि लाई ॥
३ प्रांण पतंगा इम तजै । वो अंग न मोडै ।
जोबन जालै जोति सूं । नैंनां भल जोडै ॥
४ सेवग सो स्वांमीं भजै । तन मन तजि आसा ।
दादू दर्शन ते लहैं । सुष संगम पासा ॥

साषी

७ मरिबे ऊपरि एक पग । करता करै सु होइ ।
दादू साहिब कारणैं । तालाबेली मोहि ॥
८ रांणां रिण रूतौ नर नांहीं करै । नां फुनि नवैं न संचरै ।
धंनि जनम ताही कौ गिणां । मरै एक तजि जांहि घणां ॥

राग सींधूडौ

१०:० रे उलिगांणां रांम का । तूं निरभै कांइ न होई रे ।
चढचौ बिलहणैं रांम कै । थारै बांण न लागै कोई ॥
टेक ॥
१ षेत बुहारचौ सूरिवां । मरणैं तैं न डराई रे ।
कादर कादर भाजि गया । सूर मुहैं मुहि पाई रे ॥
२ काटर तुरी न पलांणियैं । रिण झूझंती बारो रे ।
चुणि चुणि मांझीं मारि नैं । कौला का असवारो रे ॥
३ बाई बाई कांईं करचौ । बायां भगति न होई रे ।
ज्यांह बायां मैं हरि बसै । तूं त्यांह बायां मुष
जोई रे ॥
४ इक कांमीं अर लोभियां । निगुणां भगति न होई रे ।
भगति करैला रांम का । जिनि तन मन लज्या षोई रे ॥
५ राणीं होती राव कै । करती लज्या कारो रे ।
प्यंड पडैं गनिका भई । ताकौ षसंम भयौ संसारो रे ॥
६ जे चेरी तौ रांम की । और सकल की मारी रे ।
रांम कपच गलि पहरि करि । निरभै कियौ सरीरौ रे ॥
७ सोझा संसौ जे करैं । ते माया रंगि राता रे ।
सदा सुरंगा रांम का । जे रांम अमलि रसिमाता रे ॥

११:० रांम रंगि रातौ मनां षेत बुहारै रे ।
अरिदल परिदल पांचूं पालै । सहज सुरति सूं मारै रे ॥
टेक ॥
१ सील सनाह षिमां करि षेडौ । सत हथियार संबाहै ।
कपट किंवाड कनारै कीया । बिसरचौ पांचां बाह रे ॥
२ लागै पडै पडै फिरि ऊठै । अंतरि इसी उभारै ।
बिकराल भुवाल अषाडै ऊतरि । हरि हरि करै न
हारै रे ॥
३ साच सोर तिहि ठौर सुरति दे । ब्रह्म अगनि सूं लाया ।
कांम क्रोध पलीतै पहलै । गुर कै ग्यांनि गुडाया रे ॥
४ हूई हबस धबस धरणीं परि । नादैं गगन गाज्या ।
जीती राडि तहां मन हांरचा । अनहद बाजा बाज्या रे ॥
५ गंग जमुन बिचि अंतर बेध्या । करणां था सो कीया ।
बषनां बिडद दियौ हरि ज्यांह नैं । झूझ्या ते
ऊबरिया रे ॥

राग भैरूं

१२:० क्यूं लीजे गढ बंका रे भाई । दोवड षोट अरु तेवड षाई ॥
टेक ॥
१ कांम किवार सुष दुष दरवांनीं । पाप पुंनि दरवाजा ।
क्रोध परधांन लोभ बड दूंदर । मन मै वासी राजा ॥
२ स्वाद सनाह टोप ममिता कौ । कुबधि कमांण चढाई ।
त्रिस्नां तीर रहै घट भीतरि । सुबुधि हाथि नहीं आई ॥
३ प्रेम पलीता सुरति नालि करि । गोला ग्यांन चलाया ।
ब्रह्म अगनि मे दीया पलीता । एकैं चोट ढहाया ॥
४ सत संतोष ले लरनैं लागे । तोरे दस दरवाजा ।
साध संगति अरु गुर की क्रिपा थैं । पकरचौ गढ का
राजा ॥
५ भगवंत भीर सकति सुमरण की । काटि कर्म की पासी ।
दास कबीर चढे गढ ऊपरि । राज दीया अबिनासी ॥

६ दादू जे हरि को पकरै इन ऊपरि । तौ कांम कटकदल जांहि
कहां ।
लालच लोभ क्रोध कत भाजै । प्रगटि रहे हरि जहां तहां ॥

राग आसावरी

१३:० बदंत गोरषनाथ काया गढ लीया ।
काया गढ लीया जुगे जुगि जीवा ॥ टेक ॥
१ काया गढ भींतरि नवलष षाई ।
जंत्र फिरै गढ लीया न जाई ॥
२ ऊंचा ऊंचा परबत ।
झिलि मिलि षाई ।
कोटडी का पाणीं पुंनीं गढ जाई ॥
३ इह नहीं उहां नहीं गगन मंझारी ।
सुंनि मंडल मैं रहणि हमारी ॥
४ आदिनाथ नाती मछिंद्रनाथ पूता ।

काया गढ जीता गोर्ष अवधूता ॥

१४:० आऊं नहीं जांऊं निरंजन नाथ की दुहाई ।
प्यंड ब्रह्मंड षोजतां अम्हे सब सिधि पाई ॥ टेक ॥
१ काया गढ भीतरि नवलष षाई ।
दसवैं द्वारि अवधू ताली लाई ॥
२ काया गढ भींतरि देव देहुरा कासी ।
सहज सुभाइ मिले अबिनासी ॥
३ बदंत गोरषनाथ सुणौं नर लोई ।
काया गढ जीतैगा नर बिरला कोई ॥

१० अस्थांन बिन नग्री । अलेष दरवाजा । सत संतोष बजीरं ।
पंच चोर गहि पडदार जीत्या । ते जोगी बलबीरं ॥
११ बिचार मंत्री बमेक पाइक । चित चेतनि कोटवालं ।
नवलषि घाटी मन ले रुंधिवा । तब जीति लीया जंमकालं ॥
१२ बिषै कलपनां पग दे चंपी । धोषा बंधि बहाया ।
कहि प्रिथीनाथ तब अदल भणींजै । सुषी बसै गढ काया ॥
१३ रहणि हमारी तषत भणींजै । मन पवन दोइ घोडा ।
सबद हमारा षरतर षांडा । जिनि जंम सूं कीया नबेडा ॥
१४ गगन हमारा बाजा बाजैंहि । मूल मंत्र भल हाथी ।
संसै का बल गुरमुष तोडया । पंच पुरिष मेरै साथी ॥
१५ जुगति हमारी छत्र सिंघासंन । सजह सक्ति रिण वासं ।
कहि प्रिथीनाथ ते महा बिचण । मंदिर रच्या अकासं ॥

राग माली गौडी

१५:० बाबा मर्द मर्दां गोइ । ए दिल पाक करि दंम धोइ ॥ टेक ॥
१ तरक दुंनियां दूरि करि दिल । फरज फारिक होइ ।
पैवस्त परव्रदिगार सूं । आकिलां सिरि सोइ ॥
२ मनीं मुरदां हिरस फांनीं । न्फसरा पैमाल ।
बदीरां बरतरफ करदां । नांव नेकी ष्याल ॥
३ ज्यंदगांनीं मुर्दबा सिद । कुंज कादिरकार ।
तालि बांरा हक हासिल । पासवांनीं यार ॥
४ मर्द मर्दां सालिकां सिरि । आसिकां सुलतांन ।
हजूरी हुसियार दादू । इहैगो मैदांन ॥

सब्दी साषी

१६ प्रिथ्वी के तत्व हम महल रचीबा । आप कै भरीलै भंडारं ।
तेज कै तत्व हम दीपक बालिबा । बाई कै करीलै बिचारं ॥
१७ आकास का तत्व बांमैं करीबा । मलेबा मन राइ का मानं ।
सुंनि सिंघासंण संतोष दुलीचा । बैसिबा प्रांण पुरिस का दीवांनं ॥
१८ आसंण बैसंण सहज कटक ई । सील सनाह अति ध्यांनं ।
प्रथम बलि निंद्रा गढ तोडं । जेते देह असथांनं ॥
१९ मन पवन मेरै हस्ती घोडा । ग्यांन षडग हथियारं ।
कहि प्रिथीनाथ संग्रांम रचीलै । जीते बिमष संसारं ॥
२० कांम क्रोध ए दोऊ बल जीत्या । जीति लिया पतिपाडं ।
इतनां जीति अंतरगति पैसै । तब मन सूं करै अषाडं ॥
२१ प्रथम बल काया गढ जीतें । मन गहि रहे निवासं ।
ए पांचौं चोर जीति बसि कये । जे जगि करत बिनासं ॥
२२ अगम कोटडी अवघट दरवाजा । मांहि अलष का बासा ।
चेतंनि रावल पहरै दे करि । यौं बसि करूं मै वासं ॥
२३ जै भाजि पडै तौ सतगुर लाजै । आगैं पंथ दुहेला ।
अजरा मांरि अंमर पद जीतै । तब पद प्यंडहि मेला ॥
२४ सूरा रण आरण चढि जूझ । पूरा ग्यांन बिचारै ।
इहै देह सरूप बिषै बसि बूडै । बिरला पार उतारै ॥
२५ पंच दल मोडिबा । काया गढ तोडिबा । अहि निसा झूझिबा मारि मीरं ।
आप कूं मेटिबा ब्रह्म सूं भेटिबा । गगन आसंन करि होइ थीरं ॥
२६ चेता रेतिबा आपा न रेतिबा । पंच की मेटिबी आसा ।
बदंत गोरषनाथ सत्य ते सूरिवां । उनमन मन मैं बासा ॥
२७ बडा मै वासा काया जीती । मन सूं करि हथियारं ।
कहि प्रिथीनाथ मेरी तहां कटक ई । जिनि मुसिया सकल संसारं ॥
२८ सोऊं तौ हाथि न आवई । जागूं तौ भागा जाइ ।
मन हीं सेती झूझणां । बाघ हुवा जग षाइ ॥
२९ राजा षाए राज मैं । अरु पंडित कोटि अनंत ।
मन का जीत्या बाहिरा । सब जगु देष्या जंत ॥
३० गंण गंधप जिनि सबै संघारया । दल बल का अधिकारी ।
सो दूंदर हंम बसि करि लीया । जिस जीत्यां बल भारी ॥
३१ मन जीत्या तिनि त्रिभुवन जीत्या । जीती सुंदर काया ।
गलै पाव दे जौंरा जीत्या । जीती अप्रबल माया ॥
३२ उतपति परलै दोऊ जीत्या । कहि प्रिथानाथ ए भारी ।
बिषम झूझ घरि पुरिष पहूंता । तिस घरि रहणि हमारी ॥
३३ प्रिथीनाथ जिनि मन अपणां बसि किया । ताथैं बडा न कोइ ।
अठसठि तीर्थ कोटि जगि । जाकै दर्शन हीं फल होइ ॥
३४ नांनिक जे तूं सचा बांणियां । तौ सची हाट पसारि ।
अंदरि झाडू देइ करि । बाहरि कूडा डारि ॥
३५ फरीदा मन मैं दांन करि । टोवा टिवा ढाहि ।
तौ तेरे संगि न आवई । दोजग हंदी भाहि ॥
३६ कबीर सोई सूरिवां । जु मन सूं मांडै झूज ।
पंच पयादा पाडि ले । दूरि करि सब दूज ॥
३७ पंचषंडा अधिक बलिवंडा । मनराइ मैमंता गाजै ।
बिषम लहरि कंद्रप की उठै हो सिधौ । तब कौंण झूझै कौंण भाजै ॥
३८ सोई सूर जे मन गहै । निमष न चालनैं देइ ।
जबही दादू पग भरै । तबही पाकडि लेइ ॥
३९ सेवग सूरा रांम का । सोई कहैगा रांम ।
दादू सूर सनमुष रहै । नहीं काइर का कांम ॥
४० कायर कांमि न आवई । यहु सूरे का षेत ।
तन मन सौंपै रांम कूं । दादू सीस सहेत ॥

४१ पीछे कूं पग नां भरै । आगे कूं पग देइ ।
दादू यहु मत सूर का । अगम ठौर कूं लेइ ॥
४२ दादू कोई पीछैं हेला जिनि करै । आगैं हेला आव ।
आगैं एक अनूप है । नहीं पीछे का भाव ॥
४३ कबीर आ रंनि पैसि करि । पीछैं रहै स सूर ।
सांई सूं सनमुष भया । रहसी राबा हजूर ॥
४४ कबीर हीरा बनिजिया । महगे मोलि अपार ।
हाड गल्या माटी गली । सिर साटै ब्यौहार ॥
४५ सूरा झूझै गिर दसूं । इक दिसि सूर न होइ ।
कबीर यौं बिन सूरिवां । भला न कहसी को ॥
४६ जैमल कायर क्या भया । सूरातन की बार ।
साहिब कौं सिर सौंपतां । सोचै कहा गंवार ॥
४७ जैमल कायर कै मनि काहिली । सूरा कै सचभाव ।
सूरौ अपणौं साच दे । को झूझौ को जाव ॥
४८ जैमल साचा सूरिवां । काटि षडग जब लेइ ।
घावां भरिया घूंमता । पाछा पाव न देइ ॥
४९ जैमल पेलै सगली मांड कूं । आपन पाछा देइ ।
सिर कै साटै सूरिवां । नांव निरंजन लेइ ॥

राग धनाश्री

१६:० भगति दुहेली केवल रांम की । नहीं कायर कौं कांम ।
सीस उतारै हाथि करि । सो लीसी हरि नांम ॥ टेक ॥
१ सूरै सार संबाहिया । छाडी तन की आस ।
पुत्र पिता भाई तजे । परहरि भोगबिलास ॥
२ सती न पाछा सोचिया । तजी षलक की कांण ।
तन धन साजन सब तजे । ढेर भई मैंदांणि ॥
३ अगनि कारौत सूली जिसी । षांडा धार षरसांण ।
कठिन भगति करतार की । कोई एक चलै सुजांण ॥
४ काला नाग षिलांवणां । नट की बिद्या बिचारि ।
सूरबीर का बिचार है । कायर आवै हारि ॥
५ पांचूं इंद्री पाप दिसि । कबहूं जांन न देइ ।
सूषिम मोटा गुण तजै । मनसा थिर करि लेइं ॥
६ सब थैं न्यारा मन करै । देह थकां धरि जाइ ।
प्रेम प्रीति ल्यौ सुरति गहि । सुंनि मैं रहै समाइ ॥
७ सावधान सबही दिसा । सुमिरण भूलै नांहि ।
सोझा जं गुरमुषि मरै । न पडै भ्रम कुंड मांहि ॥

साषी

५० दादू जीवत मृतक होइ करि । मारग मांहीं आव ।
पहली सीस उतारि करि । पीछैं धरिये पाव ॥
५१ दादू म्रितक तबही जांणियैं । जब गुण इंद्री नांहि ।
तन मन आपा मिटि गया । तब ब्रह्म समांनां मांहि ॥
५२ दादू मारग साध का । षरा दुहेला जांनि ।
जीवत म्रितक ह्वै चलै । रांम नांम नींसानि ॥
५३ दादू मारग कठिन है । जीवत चलै न कोइ ।
सोई चलिहै बापुरा । जो जीवत मृतक होइ ॥
५४ म्रितक होवै सो चलै । निरंजन की बाट ।
दादू पावै पीव कूं । लंघै औघट घाट ॥
५५ जब मन म्रितक ह्वै रहै । इंद्री बल भागा ।
काया के सब गुण तजै । निरंजन लागा ।
५६ आदि अंति मधि एकरस । तूटै नहीं धागा ।
दादू एकै रहि गया । तब जांणीं जागा ॥
५७ दादू मैं तैं मिटि गई । तब पूर्न ब्रह्म प्रकास ॥
दादू षोई आपणीं । लज्या कुल की कार ।
५८ मांनि बडाई पति गई । तब सनमुष सिरजनहार ॥
दादू जब लग लालच जीव का । तब निरभै हूवा न जाइ ।
५९ काया माया मन तजै । तब चौडै रहै बजाइ ॥

श्लोक

६० गजं सिंघं जोगेसुरं । छत्रपती तथीव चः ।
एता ग्रिहे न सोभंत । मैदांनि सोभंति सर्बदा ॥
६१ बने सीहं गुफा सरपं । देवलि सिला डगमगं ।
भरथरी मनि निःश्चलं । बर्षि रे मेहा न्रिदई ॥
६२ त्रिणंत सिज्या बनोबासी । ऊपरि अंबर छाया ।
भरथरी मनि निःश्चलं । घोरि घोरि बरसि हो इंद्र के राया ॥
६३ मेघा नांच धटा घटा घंटा घटाः । बृजी जोति चकंमकी चकमकीः ।
द्रिस्यते मिंडको सकको बको कक बकोः । एवं रजनी पूरते अंबु ।
६४ सुमारगोपि न द्रिस्ते । तदि ग्रिह सुमिरंत भरथरी ॥
इति सूरातन कौ अंग संपूर्ण भवेत् ॥

५९ ज्वाबसु मिलत अडिग उपजणि कौ अंग

राग गौडी

१:० रांम नांम नहीं छाडूं भाई । प्रांण तजूं निकटि जीव जाई ॥ टेक ॥
१ रती रती करि डारै मोहि । सांई संग न छाडूं तोहि ॥
२ भावै ले सिरि करवत देह । जीवणि मूली न छाडूं तो ॥
३ पावक मैं ले डारै मोहि । जरै सरीर न छाडूं तोहि ॥
४ इब दादू अैसी बनि आई । मिलूं गोपाल नीसांन बजाई ॥

राग भैरूं

२:० तूं साहिब मैं सेवग तेरा । भावै सिर दे सूली मेरा ॥ टेक ॥
१ भावै करवत सिर परि सारि । भावे ले करि गरदनि मारि ॥
२ भावै चहुं दिसि अग्नि लगाइ । भावे काल दसूं दिसि षाइ ॥
३ भावे गिरवर गगन गिराइ । भावे दरिया मांहैं बहाइ ॥

४ भावै कनक कसौटी देहु । दादू सेवग कसि कसि लेहु ॥

साषी

१ कबीर जेते तारे रैंनि के । तेते बैरी मुझ ।
धड सूली सिर कंगुरै । तउ न बिसारूं तुझ ॥
२ भोरैं भोरैं तन करैं । वंडे करि कुरबांण ।
मिठा कउडा न लगे । दादू तहूं सांण ॥
३ दादू कहै तन मन तुम परि वारणैं । करि दीजै कै बार ।
जे अैसी बिधि पाईअै । तौ लीजै सिरजनहार ॥
४ दींन दुनीं सदिकै करूं । टुक देषन दे दीदार ।
तन मन भी छिन छिन करूं । भिस्त दोजग भी वार ॥
५ दादू सदिकै करूं सरीर कूं । बेर बेर बहु भंत ।
भाव भगति हित प्रेम ल्यौ । षरा पियारा कंत ॥
६ दादू आसिक रब दा । सिर भी डेवै लाहि ।
अलह कारणि आप कूं । साडे अंदरि भाहि ॥
७ बिरही जन जीवै नहीं । जे कोटि कहैं समझाइ ।
दादू गहला ह्वै रहै । कै तलपि तलपि मरि जाइ ॥
८ जहां बिर्हा तहां और क्या । सुधि बुधि नाठे ग्यांन ।
लोक बेद मारग तजे । दादू एकै ध्यांन ॥
९ लोक लाज सब परहरै । रही न कुल कुछ कांनि ।
परैं परबस पैंमु कैं । सही सरबस हांनि ॥
१० पेम परबसि जे भये । का तिनि डर भौ लाज ।
सूज्या मारग पैंम का । एक पंथ दोइ काज ॥
११ साह सयांनप सब गई । जब घट उमग्यौ पैंम ।
लाज गई न्रिभै भयौ । मनसा बाचा नैंम ॥
१२ समंद तिरत गिर तैं परत । झंप हुतासनु लिंत ।
पैंम सुरा जिनि अंचयौ । किय किय कि न करंत ॥
१३ राज ग्रब जोबन मद । अरु अनेक सुष चित ।
ए सब नौछावरि करूं । तो परि पैंमपवित ॥
१४ जौ कोऊ जरै जंजीर तन । तौ तोरूं सत सात ।
पैंम तंत अटक्यौ नवल । मटक्यौ नैंकु न जात ॥
१५ हूं तो पैंमु न छाडिहूं । सति समन मोहि पुछ ।
लै करि सीस कटाइहै । इहै कि औरै कुछ ॥
१६ जल थल महियल हूं फिरी । पैंमु रतन कैं काज ।
तिहु बिन तजैं न पाइये । नवल लोभ डर लाज ॥

राग बसंत

३:० नहीं छाडूं बाबा रांम नांम ।
मोहि और पढण सूं कौंन कांम ॥ टेक ॥
१ प्रहिलाद पधारे पढन साल ।
संग सषा लीयैं बहुत बाल ।
मोहि कहा पढावै आल जाल ।
मेरी पाटी मैं लिषि दे श्री गोपाल ॥
२ तब सांडा मुरकां कह्यौ जाइ ।
प्रहिलाद बंधायौ बेगि आइ ।
तूं रांम कहन की छाडि बांनि ।
तोहि अबहि छूडांऊं मेरौ कह्यौ मांनि ॥
३ मोहि कहा डरावै बार बार ।
जिनि जल थल गिर कौ कीयौ प्रहर ।
रांम तजूं तौ मेरे गुर हिगारि ।
बांधि मारि भावै देहु जारि ॥
४ तब काढि षडग कोप्यौ रिसाइ ।
तोहि राषनहारौ मोहि बताइ ।
थंभा मांहि प्रगट्यौ गलारि ।
हरणांकुस मारचौ नष बिदारि ॥
५ महापुरिष देवाधिदेव ।
जिनि नरसिंघ प्रगट कीयौ भगति भेव ।
कहै कबीर कोई लहै न पार ।
प्रहिलाद उबारचौ अनेक बार ॥

साषी

१७ कलह करांमति पति निधि । साध संतायैं कोप ।
चपि थैं आगैं षडा । जे पद रह्या अलोप ॥
१८ दादू जब हीं साध संताईए । तब हीं ऊंध पलट ।
आकास धसै धरती षिसै । तीन्यूं लोक गरक ॥

राग सोरठि

४:० याही गोबिंदा चरन मेरौ जीयरौ बसै रे ।
भगति न छाडूं हरि की । लोक हसौ रे ॥ टेक ॥
१ गोबिंदा कौ नांव लयें । भौजल तिरिये रे ।
झूठी माया लागि लागि । काहे कूं मरिये ॥
२ सांई कूं सांकडै दीयां । सेवग भाजै रे ।
चिरंकालनां को जीवै । दोउ पष लाजै रे ॥
३ आपणां धन कारंणि प्रांणीं मरण मांडै रे ।
भगति भगता जन । काहे कूं छांडै रे ॥
४ गंगा गया गोदावरी । संसारी जांमां रे ।
सपरसंण नारांइण । सेवग नांमां रे ॥

१९ नांनिक अषै सजण मैं डाहिक तूं । दूजा नांहीं कोइ ।
दूजा सजण न तौ करूं । जौ कलि उथल होइ ॥
२० जौ ससि पूरब पछिम भांनां । गंग जमुन जे लोपैंहि आंनां ।
सीतल बहनि होइ जे कबहूं । रांम नांम नहीं छाडूं तबहूं ॥
२१ उलटी गंगा जे बहै । पछिम ऊगै भाण ।
पीथौ दादू बीसरै । तौ गुर गोबिंद जी की आंण ॥
२२ एकैं कांनीं मांड सब । एकैं साध अकेला ।
जैमल पग छाडै नहीं । दादू का चेला ॥
२३ तिषो तेडांई बहै । जेडा मुहंम हरांण ।
डेहस भोई हिकडौ । घिरे लथो पांण ॥
२४ जे सांई सूं सच । तौ भौ कूंडा सथडै ।
ऊभौ थीकरि नच । तोडे अंगणि रावले ॥
२५ दादू जे तुझ कांम करींम सूं । तौ चौहटै चढि करि नाच ।
झूठा है सो जाइगा । निहचै रहसी साच ॥
२६ जे तैं लाई रचि मचि । तौ छिपण ल्हुकण लाहि ।
जहर कलाइर हथ करि । कारणि पिरियां षाहि ॥

२७ कबीर प्रगट रांम कहि । छांदैं रांम न गाइ ।
फूस कजौडा दूरि करि । ज्यूं बहुरि न लागै लाइ ॥
२८ बाजीद बबेकी जीव कौं । परत दसौं दिसि मार ।
कूते सेती नां डरै । हाथी का असवार ॥
२९ बाजीद मरै तौ पावै मुकति फल । जीवै तौ जग महि सोभ ।
सूरा चढि संग्रांम कूं । करै न जीय का लोभ ॥
३० दहूं पवांडां सुणि सषी । मंदल घूंमैं बारि ।
कै वो कंता मारिये । कै वो आवै मारि ॥
३१ मरै त पावै पीव कौं । जीवै त बंचै काल ।
दादू न्रिभै नांव ले । दून्यूं हाथि दयाल ॥
३२ कबीर जै हारचौ तौ हरिसवां । जै जीत्या तौ डाव ।
पारब्रह्म कूं सेवतां । जै सिरजाइ तौ जाव ॥
३३ मरणैं का संसा नहीं । नहीं जीबे की आस ।
सत्य सत्य भाषंत राजा भरथरी । हमकूं नितहीं भोगबिलास ॥
३४ दादू कहै सब जग छाडै हाथ थैं । तुम्ह जिनि छाडहु रांम ।
नहीं कुछ कारि जगत सूं । तुमहीं सेती कांम ॥

दूजा प्रसंग

राग धनाश्री

४:० कोई मेरा क्या करै अला ।
साहिब सूं मेरा मन लागा । दुनियां हसौ भला ॥ टेक ॥
१ तिस जु लागी तिस की । तिस बिन तिस न बुझाइ ।
आनि मिलावो तिस कूं । तिस देषें तिस जाइ ॥
२ अला के दीदार कूं । कीया दिल दरवेस ।
दुनियां तरक महबती । तन धरि लीया भेस ॥
३ पंथी हाथि संदिसरा । कहियौ पीय सूं जाइ ।
चोला फाटा रंग गया । तब क्या करिहौ आइ ॥
४ गल मैं पहरैं गूदरी । गांठि न बांधैं दांम ।
सेष बहावदी यौं कहै । मैं तिसकूं करूं सलांम ॥

राग केदारौ

५:० कहा करैगौ कोऊ मेरौ ।
हूंतौ अपने नैंम थैं नटरिहूं । जग अपहासि करौ बहुतेरौ ॥ टेक ॥
१ कोऊ बनींदौ कोऊ बबंदौ । कोऊ ब सुनाइ सुनाइ बटेरौ ।
अब तौ मति बुधि काची नांहीं । हरि संग छाडि करूं नहीं फेरौ ॥
२ अब तौ जीय अैसी बनि आई । स्वांमि सिंघ मैं कियौ बसेरौ ।
तिहि रंग रंग्यौ सूर मन मेरौ । बहुरि न होइ है सेतन पेरौ ॥

राग सारंग

७:० करन दै लोकनि कूं उपहास ।
मन क्रम बचन पीव प्रीतम कौ नांहि न बाडूं पास । टेक ।
१ अब तौ अैसी ही बनि आई । को मानैंगा त्रास ।
ए जु कुटंब के लोग चिकनियां । मेरैं भावैं घास ।
२ रह्यौ न परै मोहि स्वांमि सुंदर बिन । एक गांउं कौ बास ।
ए बातैं नींकैं जांनत वै । कहि परमांनंददास ।

राग कनडौ

८:० मैं अपनौं मन हरि सूं जोरचौ ।
हरि सूं जोरि सबनि सूं तोरचौ ॥ टेक ॥
१ नाच नच्यौ तब घूंघट कैसौ । लाज कांनि डरु फटकि फिछोरचौ ।
आगैं पाछैं सोच मिटचौ सब । मांझ हाट मटुका सौ फोरचौ ॥
२ कहनौं होइ सु कहि ले सषी री । कहा भयौ काहू मुष मोरचौ ।
परमांनंद स्वांमी लोक हसन दै । लोक बेद सूं तिनु का तोरचौ ॥

राग सारंग

९:० गोपाल सौं मेरौ मन मांन्यूं । कहा करैगौ कोई री ।
अब तौ चरन कमल रति बाढी । जो भावै सो होई री ॥ टेक ॥
१ माइ रिसाइ बाप घरि मारै । हसै बटाऊ लोगु री ।
अब तौ जीय अैसी बनि आई । बिधनां रच्यौ संजोगु री ॥
२ जौ मेरौ यह लोक जात हैं । अरु परलोक नसाइ री ।
पीय अपनौं हूं तऊ न छाडूं । मिलूं निसांन बजाइ री ॥
३ बहुरि कहं यह तनु धरि पै हूं । बल भभेष मुरारी ।
परमांनंद स्वांमीं कैं ऊपरि । सर्ब सु दैहूं वारि री ॥
१०:० मेरौ मनु गोपाल हरचौ री ।
देषत हीं उर पैठि नैंन मघ । को जांनैं हरि कहा करचौ री ॥ टेक ॥
१ मात पिता पति बंध सजन जन । सषि सब आंगन भवन भरचौ री ।
लोक बेद प्रतिहार पहरवा । काहू पैं राष्यौ न परचौ री ॥
२ धरम धीर कुल लाज कूची करि । त्रियता रौदै दूरि धरचौ री ।
षल भई लाज । कपाट कठिंन उर । इते जतन कछुवै न सरचौ री ॥
३ बुधि बबेक बल सहित सच्यौ मैं । जुधनु अटल कबहूं न टरचौ री ।
लियौ छिडाइ चितैं हसि सजनीं । सूर सोच तन जात जरचौ री ॥

राग धनाश्री

११:० माधौ कै पांइन परिहूं ।
अपनौं सनेही जब देषूंगी । तनु नौछावरि करिहूं ॥

टेक ॥
१ लोक बेद की कांन्य न करिहूं । नां काहू ते डरिहूं ।
राम राइ की निज चेरी ह्वै । पिय कै पांन्यौं भरिहूं ॥
२ कमल नयन कूं जब देषूंगी । सरबस आगैं धरिहूं ।
परमांनद स्वांमीं कूं मिलि करि । अपनैं नैंम ते न टरिहूं ॥

राग केदारौ

१२:० हरि चितवनि मेरे जीय ते न टरई ।
वा मूरति सूं उरझि रह्यौ मन । कहा करूं अजहूं न निरवरई ॥ टेक ॥
१ जदपि मात पिता यह जांनत । भई हूं भवन मैं तिनहूं तैं हरई ॥
२ तदपि न रह्यौ परै सुनि सजनीं । बिनु देषें उर अंतर जरई ॥
३ जाकौ बिगरि परै चित चंचल । भली बुरी सिर ऊपरि धरई ।
४ हूं तिलोक स्वांमीं सर अटकी । को जांनैं मींठी अरु करई ॥

राग मारू

१३:० गरजत हूं गोपाल भरोसैं । संत संगति गुर उपदेसैं ॥ टेक ॥
१ तार्थैं मोहि भरोसो आवै । आंन नहीं जीय मेरैं ।
यह माया तिनवत करि देषूं । रांम राइ बल तेरैं ॥
२ कमलापति ठाकुर हैं जाकैं । सो जन काहि डरावै ।
तजि अभिमांन दास परमांनंद । यह परतीति जीय आवै ॥

राग धनाश्री

१४:० मेरें मन अैसी आंनि बनीं ।
छाडि गोपाल और जौ सुमिरौं । तौ लाजै जननीं ॥ टेक ॥
१ कहा ले करूं काच कौ संग्रह । त्यागि अमोल मनी ।
बिष कौ मेर कहा लै कीजै । अंमृत एक कनी ॥
२ मन बच क्रम त्रिस दह मारैं । साचौं स्वांमि धंनीं ।
सूरदास स्वांमीं कैं कारंन । तजी जाति अपनीं ॥

राग सारंग

१५:० कहा करूं अैसौ ही करम मेरो ।
लोग ब चलत दांहिनैं मारग । हूंब चलहूं डेरौ ॥ टेक ॥
१ लोगनि कैं रजधांनीं मेरैं पुरपाटन नहीं षेरौ ।
द्वै द्वै लोचन सब काहू कैं । एक आंषि औढेरौ ॥
२ लोक आंब मैं कौंन काज कौ । ज्यूं बन मांझ बहेरौ ।
छुरौ बिसरबींनरी ब्यास कैं । मन मैं बस्यौ बंधेरौ ॥

राग सोरठि

१६:० कबीरौ बिगरचौ रांम दुहाई ।
तुम्ह जिनि बिगरौ मेरे भाई ॥ टेक ॥
१ चंदन की ढिग बिरष जु ह्वैला ।
बिगरि बिगरि सोई चंदन भैला ॥
२ पारस कूं जे लोह छिवैगा ।
बिगरि बिगरि सोई कंचन भैला ॥
३ गंगा कूं जे नीर मिलैला ।
बिगरि बिगरि गंगोदिक भैला ॥
४ कहै कबीर जे रांम कहैंगा ।
बिगरि बिगरि सोई रांमहि ह्वैगा ॥

राग गौडी

१७:० सब दुनीं सयांनीं मैं बौरा ।
हम बिगरे बिगरौ जिनि औरा ॥ टेक ॥
१ मैं नहीं बौरा रांम कीयौ बौरा ।
सतगुर जारि गयौ भ्रंम मोरा ॥
२ बिद्या न पढूं बाद नहीं जांनूं ।
हरि गुन कथत सुनत बौरांनूं ॥
३ कांम क्रोध दोऊ भये बिकारा ।
आपहि आप जरै संसारा ॥
४ मींठौ कहा जाहि जौ भावै ।
दास कबीर रांम गुन गावै ॥

साषी

३५ दादू जे हम नहीं गुजारते । तुम्ह कूं क्या भाई ।
सीर नहीं कुछ बंदगी । कहु किनि फुरमाई ॥
३६ दादू कहै अपनें अमलौं छूटिये । काहू के नांहीं ।
सोई पीर पुकारसी । जा दूषै मांहीं ॥
३७ दादू कोई षाइ अघाइ करि । भूषैं क्यूं भरिये ।
षूटी पूरी आंन की । आपन क्यूं मरिये ॥
३८ दादू फूटी नाव समंद मैं । सब डूबन लागे ।
अपणां अपणां जीव ले । सब कोई भागे ॥
३९ दादू सिरि सिरि लागी आपणैं । कहि कौंण बुझावै ।
अपणां अपणां साच दे । सांई कूं भावै ॥

राग गौडी

१८:० म्हे अैसा रे म्हे अैसा रे । थे गैला जांणौं तैसा रे ॥ टेक ॥
१ गुर दादू समझाया रे ।
म्हे आंन नहीं भरमाया रे ॥
२ म्हां कै एक निरंजन देवा रे ।
ताकी सुर नर लागे सेवा रे ॥
३ काहे काहे करहु लडाई रे ।
म्हां थां नहीं सगाई रे ॥
४ टीलौ कहै बिचारी रे ।
यहु दहूं पषां थैं न्यारा रे ॥

राग आसावरी

१९:० दादू द्वै पष दूरि किया । साहिब अपणां सोधि लिया ॥
१ तुरक कहैं तुम मसीति आवो । हिंदू कहैं तुम्ह देहुरै

ध्यावो ।

तुरक कहैं तुम सुणौ कतेब । हिंदू कहैं तुम मानौं बेद ।

दादू पाया औरै भेद ॥

२ तुरक कहैं तुम निमाज गुजारौ । हींदू कहैं तुम डंडोत धारौ ।

तुरक कहैं तुम तसबी ल्यौ । हिंदू कहैं तुम बांनौं बहौ ।

दादू कहैं मैं छाडया सहौ । साहिब जी का पकडया रहौ ।

भावै कोई क्यूं हीं कहौ ॥

३ तुरक कहैं तुम रोजा धरौ । हिंदू कहैं तुम ग्यारसि करौ ।

तुरक कहैं तूं पीर मनाइ । हिंदू कहैं तूं तीर्थ न्हाइ ।

दादू उलटै मारगि जाइ । जहां बैठें हैं जगपति राइ ॥

४ तुरक कहैं तुम महंमद मांनौ । हिंदू कहैं तुम औतार जानौं ।

तुरक तोरकी राह बतावैं । हिंदू अपणैं मारगि लावैं ।

अपणीं अपणीं सब को कहै । दादू इनकै संगि न बहै ॥

५ दादू दहुं का छाडया संग । साहिब जी सूं लागा रंग ।

सतगुरि सोचि बिचारी साची । दहुं की कथा देषतां काची ।

गुर प्रसादैं जगिया बोलै । दहुं मैं रहै सु भरमत डोलै ।

हरि बिन सबै तिणां कै तोलै ॥

साषी

४० दादू जे हम जांण्यां एक करि । तौ काहे लोक रिसाइ ।
मेरा था सो मैं लिया । लोगौं का क्या जाइ ॥

४१ जिसका था तिसका हुवा । तौ काहे का दोस ।
दादू बंदा बंदिगी । मीयां न करि रोस ॥

४२ साच न सूदौ जन लगैं । तब लग लोचन नांहि ।
दादू न्रिबंध छाडि करि । बंध्या दोइ पष मांहि ॥

४३ दादू साचा अंग न ठेलिये । साहिब मांनैं नांहि ।
साचा सिर परि राषिये । मिलि रहिये ता मांहि ॥

४४ दादू साचे का साहिब धणीं । संम्रथ सिरजनहार ।
पाषंड की यहु प्रिथमीं । परपंच का संसार ॥

राग गुंड

२०:० देवा मेरी हींन जाती हो । काहू पैं सही न जाती हो ॥ टेक ॥

१ मैं नहीं मैं नहीं मैं नहीं माधौ । तूं हैं मैं नही हो ।
तूं एक अनेक ह्वै बिस्तरचौ । मेरी चरम नसाई हो ॥

२ जैसैं नदियां समंदि समांनीं । धरणि बहंती हो ।
तुम्हारी क्रिपा थैं नींच ऊंच भये । तूं काल की काती हो ॥

३ नामौं कहै मेरे देवी न देवा । संग न साथी मीतुला ।
तुम्हारी सरणि मैं भाजि दुरचौ हूं । बंदि छोडि बाबा बीठुला ॥

राग टोडी

२१:० अपणां पयांणां रांम अपणां पयांणां ।
नांमदेव मूरिष लोक सयांणां ॥ टेक ॥

१ जब हम हिरदै प्रीति बिचारी ।
रज बल छाडि र भये भिष्यारी ॥

२ जब हरि क्रिपा करी हम जांनां ।
तब था चेरा अब भया रांनां ॥

३ नांमदेव कहै मैं नरहरि गावा ।
पद षोजत परमारथ पावा ॥

राग गौडी

२२:० रांम ठगारे हूं ठगि लीनीं ।
सब थैं छुडाइ । अपनैं बसि कीनीं ॥ टेक ॥

१ लोक बेद की संक्या नासी ।
हिरदै बेधि रह्यौ अबिनासी ॥

२ देह ग्रेह अभिमांन नसायौ ।
परम पुनीत परम पद पायौ ॥

३ कहै कबीर हरि केचरण निवास ।
रांम नांम मनि बस्यौ उदास ॥

राग रांमग्री

२३:० रांम रमत मेरे मनि रली ।
प्रमार्थ पतिब्रता जांणैं । स्वार्थ जांनैं पूंसली ॥ टेक ॥

१ जे क्रम किया कंवारै नातै । ते गुर गंमि अघमेटली ।
अब चूकूं तौ देइ रसातलि । पायौ पुरिष महाबली ॥

२ सायर मांहि कवल मन फूल्यौ । रवि प्रकास रजनीं टली ।
कहि नापा हरि घरि तें जासे । ज्यां पाई पहली गली ॥

राग गौडी

२४:० संसार बिरोधियौ रे ।
कीयौ मैं कुल करणीं सूं बैर ॥ टेक ॥

१ का जग सूं सगापण कीयां रे । पीछैं हूं दुष होइ ।
सुष दुष दाता सुमिरिये । तार्थैं भाई बहुरि बिवोग न होइ ॥

२ मैं दोऊ कुल छाडिया रे । करि आकुल की आस ।
जांमण मरण निवास करि । अब मोहि राषौ चरण निवास ॥

३ हूंतो कारणि उधरी रे । देषि पुरांणौं नेह ।
मनिष मरण धन आसंघै । अब मोहि पाछी फेरि न देह ॥

४ जाकै हूं पहली हुती रे । ताका डर नहीं कोइ ।
आई रांम जांण कै भाई रे । मरै न मोहि दुष होइ ॥

५ जब संसौ भरतार थौरे । जण जण की आधीन ।
संसौ निरसंसै गिल्यौ । ज्यूं मगरि गिल्यौ फिरि मींन ॥

६ कहि नापा भ्रंम छाडि दे रे । केवल हरि गुन गाइ ।

रांम अर्क निस लोपिसी भाई रे । तारां तिमर न जाइ ॥

राग बिलावल

२५:० रैंनि बिहांनीं भोर भयौ ।
उगयौ सूर सब सूझन लाग्यौ । रजनीं कौ श्रम तिमर गयौ ॥ टेक ॥
१ निद्रा नासी सुपिन सिरांनौं । जागैं तैं चहुं दिसि चितयौ ।
मुस्यौ जु सोवत महा महाधनु । चाहि सु चोरे छिडाइ लयौ ॥
२ बसे जाइ समनगर साधपुर । तब ते दुष काहूं न दयौ ।
सूर सहज संपति अति बाढी । राजा रंक कहिसि रन नयौ ॥

राग टोडी

२६:० अब हम जगत गौंहन तैं भागे ।
जग की देषि जुगति रांमहि ढुरि लागे ॥ टेक ॥
१ अयांनप नें थैं बहु बौरानें ।
संमझि परी तब फिरि पछितानें ॥
२ लोग कहौ जाकै जो मनि भावै ।
लहैं भुवंगम कूं न डसावै ॥
३ कबीर बिचारि इहै डर डरिये ।
कहैं का होई हांनैं मरियै ॥

४५ जिहि जेवडी जग बंधिया । तिहि तुं जिनि बंधै कबीर ।
जासी आटा लूंण ज्यूं । सोनां सवां सरीर ॥

राग मारूं

२७:० हरि लीधौ रे हरि लीधौ रे लीधौ रे लीधौ ।
रे मैं सिरनैं साटैं लीधौ रे लीधौ ।
लोक लाज कुल कांनि आपनीं ।
पांणीं ज्यूं घोलि र पीधौ रे पीधौ ॥ टेक ॥
१ रे कोई अपणूं ऊंट कुहाडे नाथौ ।
तवौ आरसी सूझौ रे सूझौ ।
निकसै नहीं किणींरौ काढचौ ।
हस्ती चहलै बीधौ रे बीधौ ॥
२ भलौ भलाई तजै न आपणीं ।
बुरौ बुराई रीधौ रे रीधौ ।
नरसईये स्वांमीं परि सजनीं ।
तन मन अरपन कीधौ रे कीधौ ॥

राग काफी

२८:० मैं दिल षालिक नालिचिरोका ।
हसि हसि लोक मलांमति दींदा ।
मरम न जांनैं किसो का ॥ टेक ॥
१ अला इसक महबति छिपदी नांहीं ।
ढूंढि रहीदे होका ।

पिरम पियाला काजी महमूंद पीता ।
लोकां नौं क्या धोषा ॥

साषी

४६ कबीर दुनियां कै मैं कुछ नहीं । मेरे दुनीं अकथ ।
साहिब दरि देषूं षडा । सब दुनियां दोजगि जत ॥
४७ कबीर दुनियां भांडा दुष का । भरी मुहां मुही भूष ।
अदया अलह रांम की । कुरहै ऊंणीं कूष ॥
४८ दादू साध सुषी संसार मैं । दुनियां कूं बहु दंद ।
दुनियां दुषी हम देषतां । साधनि सदा अनंद ॥
४९ कबीर दुषिया मुवा दुष कूं । सुषिया सुष कूं झूरि ।
सदा अनंदी रांम के । जिनि सुष दुष मेल्ह्या दूरि ॥

बैत

५० सदा आसिकंन जे । नांमांतां मन ईदि ।
सभु बिऊंणूं जोथिये । जेकी करैं षरीद ॥
५१ दादू जाता देषिये । लाहा मूल गंवाइ ।
साहिब की गति अगंम है । सो कुछ लषी न जाइ ॥
५२ दादू मरणौं कूं चल्या । सजीवनि के साथि ।
दादू लाहा मूल सूं । दूंन्यूं आये हाथि ॥

राग केदारौ

२९:० मेरा मींठडा लाल न हाथ मैं आया । इब न छोडौं माई रे ।
पाऊं परी परीवारणैं जासूं । राषूंगी उरि लाई रे ॥ टेक ॥
१ चोरी चूंदरी पहरि न जांनती । जब थी सइयौ भोरे ।
प्रेम पियाला भरि पिलाया । तब थैं लागी ढोरी रे ॥
२ हमसो दझ जन मिलि करि बैठे । लोकडा हम परि हस्ता रे ।
उनका बोल्या उनमैं आया । जब देष्या घर बसता रे ॥
३ महमूंद बिचारा बहुत नरि आषै । बोलडा कोई न मांनै रे ।
साह लटकंता सेजडी आया । जिनि चाष्या सो जांनैं रे ॥

राग जंगली गौडी

३०:० चूका निहोरा सषी सहेली ।
भरम गया तब पीव संग षेली ॥ टेक ॥
१ दुष घणां जब रहती दूरि ।
इब मोहि मजलिसि भई हजूरि ॥
२ निकट सेज प्रभू आंणि धरी ।
काढ कढण थैं छूटि परी ॥
३ मंदिर हमारै सबद उजाला ।
आंनंद बिनोदी प्रभू हमारा ॥
४ मस्तकि भाग जिसि पीव घरि आया ।
थिर सुहाग नांनिक जनि पाया ॥

राग गौडी

३१:• बहुत दिनन थैं मैं प्रीतम पाये ।
भाग बडे घर बैठें ही आये ॥ टेक ॥
१ मंगलचार मांहि मन राषूं ।
रांम रसांइन रसनां चाषूं ॥
२ मंदिर मांहि भया उजियारा ।
ले सूती अपनूं पीव पियारा ॥
३ मैं रनि रासी जे निधि पाई ।
हमहि कहा यहु तुमहि बडाई ॥
४ कहै कबीर मैं कछू न कीन्हां ।
सषी सुहाग रांम मोहि दीन्हां ॥

३२:• अब तोहि जांन न दैंहूं रांम प्यारे ।
ज्यूं भावै त्यूं होह हमारे ॥ टेक ॥
१ बहुत दिनन के बिछुरे हरि पाये ।
भाग बडे घर बैठैं आए ॥
२ चरननि लागि करूं बरियाई ।
प्रेम प्रीति राषूं उरझाई ॥
३ इत मन मंदिर रहौ नित चोषै ।
कहै कबीर परहु मति धोषै ॥

राग जंगली गौडी

३३:• दयाल इहि बिधि कांमणि मोही ।
तेरे ए गुण लहां न तोही ॥ टेक ॥
१ नांव मोती जे होवै गहणां । पवन होइ सुरतिधारी ।
काया षिमां सिंगार कर हरी । तौ तूं लाल पियारी ॥
२ हरि हरि हार कठिले पहरा । दामोदर दत देई ।
कर करते के कांगण पहरां । इहि बिधि चित धरेई ॥
३ मिहरवांन मुदियां करि पहरां । परमेसुर पट लेई ।
धीरज धडी बंधावै कांमणि । श्री रंग सुरमां देई ॥
४ इहि मंदिर ले दीपक जालै । काया सेज करई ।
ग्यांन ध्यांन दोऊ सेज र मांडै । जन नांनिक भोग करेई ॥

राग केदारौ

३४:• मेरी अंषियां जांन सुजांन भई ।
देवर भरम सुसर संग तजि करि । हरि पीव तहां गई ॥ टेक ॥
१ बालपनें के करम हमारे । काटे जांनि दई ।
बांह पकरि करि किरपा कीन्हीं । आप समींप लई ॥
२ पांनीं कीं बूंद थैं जिनि पयंड सांज्यौ । ता संगि अधिक रई ।
दास कबीर पल प्रेम न घटई । दिन दिन प्रीति नई ॥

राग धनाश्री

३५:• रंग लागौ रे रांम कौ । सो रंग कदे न जाई रे ।
हरि रंग मेरौ मन रंग्यौ । और न रंग सुहाई रे ॥ टेक ॥
१ अबिनासी रंग ऊपनौं । रचि मचि लागौ चोलौ रे ।
सो रंग सदा सुहांवनौं । ऐसौ रंग अमोलौ रे ॥
२ हरि रंग कदे न ऊतरै । दिन दिन होइ सुरंगो रे ।
नित नवौ निब्रांण है । कदे न होइला भंगो रे ॥
३ साचौ रंग सहजैं मिल्यौ । सुंदर रंग अपारो रे ।
भाग बिनां क्यूं पाईये । सब रंग मांहैं सारो रे ॥
४ अबरण कौ का बरणियैं । सो रंग सहज सरूपो रे ।
बलिहारी उस रंग की । दादू देषि अनूपो रे ॥

राग आसावरी

३६:• रांम नांम रंग लागौ कुरंग न होई ।
हरि रंग सौ रंग और न कोई ॥ टेक ॥
१ और सबै रंग इहि रंग थैं छूटै ।
हरि रंग लागौ कदे न षूटै ॥
२ कहै कबीर मेरे रंग रांम राई ।
और पतंग रंग उडि उडि जाई ॥

साषी

५३ दादू जे जन हरि के रंगि रगे । सो रंग कदे न जाइ ।
सदा सुरगे संत जन । रंग मैं रहे समाइ ॥
५४ दादू राता रांम का । अबिनासी रंग मांहि ।
सब जग धोबी धोइ मरै । तौ भी षूटै नांहि ॥
५५ साहिब किया सु क्यूं मिटै । सुंदर सोभा रंग ।
दादू धोवै बावरे । दिन दिन होइ सुरंग ॥
५६ कबीर एक जु दोसत हम किया । जिस गलि लाल कबाइ ।
सब जग धोबी धोइ मरै । तौ भी रंग न जाइ ॥

राग गौडी

३७:• अपनैं मैं रंगि अपनपौ जांनौं ।
जिहि रंग जांनि ताही कूं मांनौं ॥ टेक ॥
१ अभिअंतरि मन रंग समांन ।
लोक कहैं कबीर बौरांन ॥
२ रंग न जांनैं मूरिष लोई ।
जिहि रंगि रंग रह्यौ सब कोई ॥
३ जे रंग कबहूं आवै न जाई ।
कहै कबीर तिहि रह्यौ समाई ॥

३८:• कबीर रंग लागा रे । ताथैं मन का संसा भागा रे ।
१ कोई कहै यहु जोगी जंगम । कोई कहै कुछ नांहीं ।
मैं तूं देष्या हिरदै भीतरि । सब कहियै तुम मांहीं ।
२ अलष रूप गति लषै न कोई । अंजनि राते लोई ।
एक बार जौ दिढ करि ध्यावै । ताकूं दरसन होई ।
३ कहै कबीर मता इक पाया । काया नंगर मंझारी ।
तूं साहिब मैं सेवग तेरा । तारण तिरण मुरारी ।

३९:• इब तौ मोहि लागी बाइ ।
उनि निहचल चित लियौ चुराइ ॥ टेक ॥
१ आंन न रुचै अवर नहीं भावै ।
अगम अगोचर तहां मन जाइ ।
रूप न रेष बरन कहूं कैसा ।

तिन चरनौं चित रह्यौ समाइ ॥
२ तिन चरनूं चित सहजि समांनां ।
सो रस भीनां तहां मन धाइ ।
इब तौ अैसी बनि आई ।
बिष तजै अरु अंम्रित षाइ ॥
३ कहा करूं मेरौ बस नांहीं ।
और न मेरे अंगि सुहाइ ।
फ्ल एक दादू देष न पावै ।
जनम जनम की त्रिषा बुझाइ ॥
४०:० इब तौ अैसी बनि आई ।
रांम नांम बिन रह्यौ न जाई ॥
१ सांई के मिलबे के कारंनि ।
त्रिकुटी संगम नीर न्हवाई ।
चरन कवल की तहां ल्यौ लागै ।
जतन जतन करि प्रीति बनाई ॥
२ जे रसि भींनां छावरि जावै ।
सुंदरि सहजैं संगि संमाई ।
अनहद बाजे बाजन लागे ।
जिभ्याहींनें कीरति गाई ॥
३ कहा कहूं कछु बरणीं न जाई ।
अबिगत अंतरि जोति जगाई ।
दादू उनकौ मरम न जांनैं ।
आप सुरंगै बेन बजाई ॥

४७ कबीर अब तौ अैसी ह्वै पडी । नां तूंबडी न बेलि ।
जालण आंणीं लाकडी । ऊठी कूंपल मेल्हि ॥

राग गौडी
४१:० भाई रे घर ही मैं घर पाया ।
सहजि समाइ रह्या ता मांहीं । सतगुरि षोज बताया ॥ टेक ॥
१ ता घर काजि सबै फिरि आया । आपैं आप लषाया ।
षोलि कपाट महल के दींन्हें । थिर असथांन दिषाया ॥
२ भयौ भेद भ्रम सब भागा । साच सोई मन लाया ।
प्यंड परें जहां जीव जावै । तामैं सहजि समाया ॥
३ निहचल सदा चलै नहीं कबहूं । देष्या सब मैं सोई ।
ताही सूं मेरा मन लागा । और न दूजा कोई ॥
४ आदि अंति सोई घर पाया । इब मन अनंत न जाई ।
दादू एक रंगैं रंग लागा । तामैं रह्या समाई ॥

राग आसावरी
४२:० सुकुछ बिचारचौ ताथैं मेरौ मन थिर होइ रह्यौ रे ।
हरि रंग लागौ ताथैं मेरौ बरण पलट भयौ ॥ टेक ॥
१ धंनि सो पंथी जिनि यहु पंथ चलावा ।
अगम गवन मैं गंमि दिषलावा ॥
२ अबरण बरण कथै जिनि कोई ।
घटि घटि ब्यापि रह्यौ हरि सोई ॥
३ जिहि पद सुर नर प्रेम पियासा ।
सो पद रमि रह्या जन रैदासा ॥
४३:० एक बिचार भलौ मनि भायौ ।
तन गत षोजत अपनौं प्रीतम पायौ ॥ टेक ॥
१ जब लग यहु मन बहु बिधि बहता ।
तब लग उर बिचि बसि साच न कहता ॥
२ सब सुष सोचूं कोई नहीं धीरा ।
पोइ पहरि डिढ हरि गुन हीरा ॥
३ नौ नग भींतरि इक भेदत मासा ।
वा रूप रहस मैं उलझी मेरी आसा ॥
४ जोई रस पीइ मुनि मधुकर माता ।
ते हरदास रसन रुचि राता ॥

राग कनडौ
४४:० हर हरि जपत रहत अनुरागी ।
तन मैं भये रहत निसु बासुरि । गौरा संगि सदा बैरागी ॥ टेक ॥
१ भूषन भसम अहार अरक फल । हरि कैं बिवोग त्रिगुण बुभि त्यागी ।
बप जढ गूढ गलित मुनि ग्यांनीं । अषिल ब्रह्म सूं तारी लागी ॥
२ नाद निधांन बिंद बिष जारिक । सुष समाधि रहत अनुरागी ।
सुमिरन कवच कलेस न कोई । बिषै बिदारि मींच भिडि भागी ॥
३ गिरत नया गिर मांडि गुफा ग्रिह । सेवा निमति रहत नित नागी ।
कहै नापा मन सजि रचि दोऊ । हरि रसि मगन भयौ बड भागी ॥

साषी
४८ कबीर अब तौ अैसा भया । न्रिमोलिक निज नांव ।
पहीली का चक थीर था । फिरता ठांवैं ठांव ॥
४९ भौ समंद बिष जल भरचा । मन नहीं बांधै धीर ।
सबल सनेही हरि मिले । तब उतरे पार कबीर ॥
५० कबीर भला सुहेला ऊतरचा । पूरा मेरा भाग ।
रांम नांम नौका गह्या । तब पांणीं पंक न लाग ॥
५१ अबू आजि बधांइयां । नैंणें न्रिषि पलेइ ।
जोबन सायर लंघिया । उतरिया कुसलेइ ॥
५२ कबीर केसो की दया भई । संसा मेल्ह्या षोइ ।
जे दिन गए भगति बिन । ते दिन सालैं मोहि ॥
५३ दादू सरग नरक संसै नहीं । जीवण मरण भै नांहि ।
रांम बिमुष जे दिन गए । ते सालैं मन मांहि ॥

इति ज्वाब सुमिलत अडिग उपजणि कौं अंग संपूर्ण भवेत् ॥

६० भरोसा कौं अंग

राग रांमग्री

१:० दादू मोहि भरोसा मोटा ।
तारण तिरण सोई संगि मेरे । कहा करै कलि षोटा ॥टेक ॥
१ दौं लागी दरिया थैं न्यारी । दरिया मंझि न जाई ।
मंछ कछ रहैं जलि जेते । तिनकूं काल न षाई ॥
२ जब सूवै पंजर घर पाया । तब बाज रह्या बन मांहीं ।
जिनका संम्रथ राषणहारा । ताकूं को डर नांहीं ॥
३ साचै झूठ न पूजै कबहूं । सति न लागै काई ।
दादू साचा सहजि समांनां । फिरि वै झूठ बिलाई ॥

राग आसावरी

२:० काहे बीहौ मेरे साथी । हूं हाथी हरि केरा ।
चौरासी लष जाका मुष मैं । सो चींत करैगा मेरा ॥ टेक ॥
१ कहौ कौंण षिवै कहौ कौंण गाजे । कहां थैं पांणीं निसरै ।
अैसी कला अनंत हैं जाकै । सोहम कूं क्यूं बिसरै ॥
२ जिनि ब्रह्मंड रच्यौ बहु रचनां । बाव बरन ससि सूरा ।
पाइक पंच पुहमि जाकै परगट । सो क्यूं कीहये दूरा ॥
३ नैंन नासिका जिनि हरि सिरजे । डसन बदन बिधि काया ।
साधू जन कूं सो क्यूं बिसरै । अैसा है रांम राया ॥
४ को काहू का मरम न जांनैं । मैं सरनागति तेरी ।
कहै कबीर बाप रांम राया । दुरमति राषहु मेरी ॥

राग बिलावल

३:० अहो मेरे गोबिंद तुम्हारा जोर । काजी बकिबा हस्ती तोर ॥ टेक ॥
१ बांधि भुजा भलैं करि डारचौ । हस्ती कोपि मूंड मैं मारचौ ।
भागौ हस्ती चीसां मारी । वा मूरति की मैं बलिहारी ॥
२ महावत तोहि मारूं साटी । इसहि मराऊं घालूं काटी ।
हस्ती न तोरै धरै धियांन । वाकै हिरदै बसै भगवांन ॥
३ कहा अपराध संत हौं कीन्हां । बांधि पोट कुंजर कूं दीन्हां ।
कुंजर पोट बहु बंधन करै । अजहूं न सूझै काजी अंधरै ॥
४ तीनि बेर पतियारा लीन्हां । मन कठोर अजहूं न पतीनां ।
कहै कबीर हमारैं गोबिद । चौथै पद मैं जन का जिंद ॥

राग भैरूं

४:० मन न डिगै ताथैं तन न डराइ । केवल रांम रहे ल्यौ लाइ ॥टेक ॥
१ अति अथाह जल गहर गंभीर । बांधि जंजीर गलि बोरेहैं कबीर ॥
२ रांम के नांमैं छूटें हैं जंजीर । हरि सुमिरण तटि बैठे हैं कबीर ॥
३ कहै कबीर मेरे संग न साथ । जल थल मैं राषै जगनाथ ॥

राग गौडी

५:० रांम उबारिया रे । ताकूं डर नहीं कोइ ।
बहु बैरी पचि पचि गये । पणि बाल न बंकौ होइ ॥ टेक ॥
१ परगट तीन्यूं लोक मैं । साषि कहैं सब साध ।
जिनि हरणांकुस मारियौ । उबारचौ प्रहिलाद ॥
२ जहां तहां भीड भगत की माधौ । तुम्ह बिन कोई नांहि ।
पांचूं पाडूं राषिया । लाषा जौंहर मांहि ॥
३ बाछा गऊ बिणांसिया । नांमदेव पकडचौ धाइ ।
बाहर आयौ बीठलौ । जिहि मुई जिवाई गाइ ॥
४ बांध्या हाथ पाव पणि बांध्या । चौकसि कीयौ सरीर ।
हाथी आगैं रालियौ । तब राष्यौ दास कबीर ॥
५ अकबर साहि बुलाईयौ । गुर दादू कूं आप ।
साच झूठ ब्यौरौ कियौ । तब रह्यौ नांव परताप ॥
६ है गैनर गैंवर गुड्या । भारथ बहु बिस्तारि ।
आंडा अंतरि राषिया । टीटहडी का चारि ॥
७ पावक सुनहां पारधी । फंध रोप्यौ दौं लाइ ।
म्रिग कूं मारग को नहीं । तब सुमिरचौ रांम राइ ॥
८ फंध बलिया सुनहा टल्या । पारधी मलै कर दूंण ।
गुण टूटो रष्या करी । तब मारणहारौ कूंण ॥
९ मंजारी सुत मेलिया । ऊपरि धष्यौ अहाव ।
तिहि बासणि बषनौं कहै । तातौ लग्यौ न बाव ॥

राग टोडी

६:० कुनूं क्रनूं झी होइ ज्यूं आवरी ।
बिघन ब्याधी ते थैं काल कांई करी ॥ टेक ॥
१ एक बहबला महापुरी । बलसिया भींतरि ।
जीवल हो तातारू । जेन्हैं धरीला निज करी ॥
२ एक उदैस भूतला । तास दीवौ सनमुष भेटिला ।
नींधंनियां धंन द्यौरी । धना इति कैला ॥
३ हरी दीपावली गुणीं । बांणीं रेषिला ।
सुटत सुनौं सरपैं । पारधी डंकिला ॥
४ गाइ कागांणभी । नाग झांपाविला ।
जीवल होता सीहू । जेन्हैं बाघ न्रिदा लीला ॥
५ अैसी च्यंच त्रे । तूं झींनक लेवा देवा रांमां ।
बिस्नदास नांमां बींनवैं केसवा ॥

कबित

१ बन मधि मृग चरंत डरे पाधी पिषंतह ।
जब पछिम कौं पुलि चले । बधि करोपिये फंद
तहां दिस दांहनीं कौं स्वांन । स्यंघ ज्यूं संनमुष धावै ।
बावैं दौं प्रजलै तास पै पंथ न पावै ।
छीहल गवन चहुं दिसि नहीं चित च्यंता च्यतै हरन ।
हाहादई संकट परचौ । तो बिन और न को सरन ॥

२ सबल पवन उतपंनि । अगनि उठ दहे फंद तहां ।
ततषंन घन बरिषंत । तेज दावा न लग्यौ जहां ।
स्वांन समस्त हुते । सुतौ जंबुक कूं धाये ।
जब देषे म्रिग जांत चितां पारधी रिसाये ।
अँचत बांन गुन टुटियौ । दिस चारचौं मुकती भई ।
छीहल न को मारिहै । जाकौं राषै तूं दई ॥
३ बबीहा बड भंषरौ । किम राषिसि परांण ।
अहेडी सर सांधियौ । ऊपरि भवैं सिचांण ॥
४ अहेडी बिसहरि डस्यौ । बबीहा कै भागि ।
सर चूकौ मूंठी डिगी । गई सिचांणैं लागि ॥

सूलीका समया का श्लोक
प्रधान उबाच
५ किमर्थं बनस्थितो देवं ।
भरथ उबाच
ग्रिह कूपं महादुष्यं । रंधरं बहुत्रिष्टते ।
माया ममता मापरो दीपकं तन जल्यते ॥
प्रधान उबाच
६ अब जोगेस्वरा महामूरति कष्टांग भस्मलेपनं ।
किमर्थकं कंठमाला । क्यमर्थं ध्यांनंतपः ॥
भरथ उबाच
७ संसारो कर्मबंधनातु । कर्म संसारो न लिपता ।
ब्रह्मा इंद्र रुद्रो । कर्मे सोई बिटंबिता ॥
प्रधान उबाच
८ अहो राज्यंद्र छत्रपती । बिद्या बनिता चत्रुदसी ।
बिक्रम सेन्यतुयं । एन भवंति तसकरह ॥
बिक्रमांदीत उबाच
९ सुंनि ग्यांनवंतो महामुनी । ए किं न भवंति तसकरः ।
प्रतष्यं हार कंठस्य । सकलं प्रिथी दृससे ॥
प्रधान उबाच
१० छींनदेही स्वयं तपेस्वरी । षिमां दया च नृभयं ।
अध्यातम ग्यांन बिच्यत्रे । एन भवंति तसकरह ॥
बिक्रमांदीत उबाच
११ अस्वधदेही षीणांनां । अरु कालो भवंति न्रिभयः ।
ते न कार्य कुरवति । छेदते सुष सारिस ॥
प्रधान उबाच
१२ जोगेस्वरा तपेस्वरा । पूर्बकर्मेषु लिपिता ।
भजि किन रांमनांमेषु भयं पाप दूरंगता ॥
भरथ उबाच
१३ रांमो जेनि बिटंबिता बनगता ।
षारा जेनि समुद्र घोघो घोषता । अति भुजावली पंडवा बनि गता ।
चंद्रो जेनि कलंक चढता । तसमात न टलंति बिधि बिसाषा भांवनीं कर्मरेषा ॥
१४ ब्रह्मा जेन कुलाल सार । ब्रह्मंडो भंडोडरो ।
बिस्नो जेनि दसाअवतार । भरमंटो जीय संकुटो ।
रुद्रो जेनि कपाटपानं । भिष्याई न पावंत ।
सूर्यो जेनि भवंति गगनौ । तस्मात न टलंति बिधि बिसाषा भावनी क्रंमरेषा ॥
१५ पत्रं नईव जदा करीरं बिटपे । बसंतस्य किं दूषिणं ।
नौलूकेपीय लोकिजे । जदिसि दिवा । सूरजस्य क्यं दूषिणं ।
बरिषा नईव पतंति चात्रिग मुषे । मेघस्य किं दूषिणं ।
जादि न लिषते बिधनां लिलाटपटले । तनमार्जात कहि षिमां ॥
१६ भू तात रांमो गिण तात बसिष्टो । सूर्यादि देव गहण केतलगनऊ च ।
सुष न भवंतिमेक सीता । कर्म सबली को समर्थः ॥
१७ उगवंति जदि भांण पछिमा दिसायं ।
बिगसंति जदि पद्म पर्बतअग्रे सिलायं ।
प्रचलंति जदि मेर सीतताया बहनीं ।
न टलंति बिधि बिसाषा भांवनीं कर्मरेषा ॥
१८ तारा चंद बिभूति मेद समिता गंगा कूपो उदिकं सिंघो जंबुका ।
अस्व षर समिता । किस्तूरी निलजा । उंट उगजा ।
मूरिषो पंडिता साधु चोर समंनिता ।
एते जरय न जांनांगि । सो देस दूरंगता ॥
१९ कुलस्य हींनं नग्नोसि बाला । नैंन मृग रूप दीसंति बिकराला ।
झलकंत पदमनांगस्य बेनीं । कतो आगतोसि लजा बिहूंनीं ॥
नग्नस्य काष्टं नग्नस्य रिषि नग्नस्य जीव जलचरा ।
अजहूं काचस्य हो मूरिष नरा । नहीं प्रसिधि जोगेस्वरा ॥
२१ धन्यस्य पुत्री कुलवंती नारी । धनस्य तूं पतिभ्रता ।
धनस्य देसस्य देवी । अहं उपदेस मूरिष जोगी ॥

राग धनाश्री
७:० बरुवा बिपत्यौ क्यौं न रही ।
जितहीं हूं चितवत हरि तुमकूं । देषत तहीं तहीं ॥ टेक ॥
१ ग्रिह अरु बन आंगन हीं आगैं । रहते जही तहीं ।
अपनौं दरस दींन कैं कारंनि । फिरते संग संगहीं ॥
२ जब जब संकट परचौ क्रिपानिधि । सुमिरे तब तब हीं ।
राषि लिये पंछी गोलक ज्यूं । सत्रु नतें सबहीं ॥
३ क्रिपासिंध की क्रिपा एक मुष । कसैं परति कही ।
सूर कहा सुष संपति कीजै । जहां जगनाथ नहीं ॥

राग कनडौ
८:० पीव तैं अपनें काज संवारे ।
कोई दुष्ट दींन कूं मारंन । सोई गहि तैं मारे ॥ टेक ॥
१ मेर समांन ताप तनि ब्यापै । सहजैं हीं सब टारे ।
संतनि कौ सुषदाई माधौ । बिन पावक फंध जारे ॥
२ तुम्ह थैं होइ सबै बिधि संम्रथ । आगम सबै बिचारे ।
संत उबारि दुष्ट दुष दीनौं । अंध कूप मैं डारे ॥
३ अैसौ है सिरि षसम हमारे । तुम जीते षल हारे ।
दादू सूं अैसैं निर बहिये । प्रेम प्रीति पीव प्यारे ॥

राग रांमग्री

९:० एह्वौं एक तूं रांम जी नाम रूंडूं ।
ताहरा नांम बिनां बीजौं सबहि कूडूं ॥ टेक ॥
१ तुम्ह बिनां अवर कोई कलिमां नहीं ।
सुमिरतां संतनैं साद आपै ।
क्रम कीधां कोटि छोडवै बाधौ ।
नांम लेतां षिणंत हियैं कापै ॥
२ संत नैं सांकडौ दुष्ट पीडा करै ।
वा हैरैं वह लौ बेगि आवै ।
पाप नां पुंज परहां करी लीधौं ।
भांजिया भै भ्रम जोनि नावै ॥
३ साध नैं दुहेलौं तिहां तूं आकुलौ ।
माहरौ माहरौ करी नैं धाये ।
दुष्ट नैं मारिबा संत नैं तारिबा ।
प्रगट थावा तिहां आप जाए ॥
४ नांम लेतां षिण नाथ तैं एकलैं ।
कोटि नां क्रम नां छेद कीधां ।
कहै दादू हिवैं तुम बिनां को नहीं ।
साषि बोलैं जे सरण लीधा ॥

१०:० जै जै जै जगदीस तूं । तूं संम्रथ सांई ।
सकल भवन भांनैं घडै । दूजा को नांहीं ॥ टेक ॥
१ काल मींच करुणां करै । जंम किंकर माया ।
महाजोध बलिवंत बली । भै कंपै राया ॥
२ जुह्रा मरण तुम्ह थैं डरै । मन कूं भै भारी ।
कांम दल न करुणा मई । तूं देव मुरारी ॥
३ सब कंपैं करतार थैं । भव बंधन पासा ।
अरि रिप भंजन भै गता । सब बिघन बिनासा ॥
४ सिर ऊपरि सांई षडा । सोई हम मांहीं ।
दादू सेवग रांम का । निरभै न डरांहीं ॥

राग धनाश्री

११:० रेता त जाकैं हैं हरि कौ बर । ता कैंधौ कौंन कौ डर ।
का का जीय संका कीजै । को है रे अैसौ अवर ॥ टेक ॥
१ सबहीं सबके नाथ जीवनि है जाकैं हाथ ।
अजर अमर अज अजित अकथ रे । सुरिंद संतनि साथ ।
२ सरनाई सदा संम्रथ । बदत बेद बिरद बिदुष गावत
गाथ ॥
और देषि जाकी रीति सकल चलत नींति ।
३ अपनीं अपनीं गति चक्रित रहते रे । रवि न तपत अति ।
बायन तजत गति । डोलत सेस सीस । स्यंघ न बहत
अति ॥
४ जन कूं तारणहार भवजल उतारण पार । अनाथ कूं अभय
करु इहांई बसतरे ।
प्रगट सूर के स्वांमीं अषिल अंतरजांमीं । अस्वर अबुध
अंध अंध अति हीं कस तरे ॥

राग ललित

१२:० काहि डरै जाकै रांम धंनीं ।
स्यौ संकर नारद मुनि ब्रह्मा । संतन कै मुषि साषि
सुनीं ॥ टेक ॥
१ भूत दैंत जोगनीं जहां लौं । बीर बिकट बेताल फनीं ।
करि न सकै को नैंन तरा रे । जाकी हरि सूं बात बनीं ॥
२ जन की रासि न थावर ब्यापै । राह रंक नी तोरि अनीं ।
रषवाली कूं अलष निरंजन । नापा निृभै नांव भनीं ॥

साषी

२२ दादू अंग न षैंचिये । कहि संमझाऊं तोहि ।
मोहि भरोसा रांम का । बंका बाल न होई ॥
२३ अबिनासी कै आसिरै । अजरावंर की ओट ।
दादू सरणैं साच कै । कदे न लागै चोट ॥
२४ जे जन राषे रांम जी । अपनैं अंगि लगाइ ।
दादू कुछ ब्यापै नहीं । ज कोटि काल झषि जाइ ॥
२५ दादू मारग मिहर का । सुषी सहज सूं जाइ ।
भौसागर थैं काढि करि । आपणें लिये बुलाइ ॥
२६ मींरां मुझ सूं मिहरि करि । सिर परि दीया हाथ ।
दादू कलिजुग क्या करै । सांई मेरा साथ ॥
२७ दादू महाजोध मोटा बली । सो सदा हमारी भीर ।
सब जग बैरी क्या करै । जहां तहां रिणधीर ॥
२८ दादू कांधे सबल के । निृबाहे गावोर ।
आसंनि अपनैं ले चल्या । दादू निहचल ठौर ॥
२९ कबीर भगत भरोसै आपणैं । नीधक नींची दीठि ।
तिनकूं कर्म न लागिसी । रांम ठकोरी पीठि ॥
३० दादू जिन कूं सांई पधरा । तिनकूं बंका नांहीं कोइ ।
सब जग रूठा क्या करै । राषनहारा सोइ ॥
३१ तरवारै तिहि काटई । नतौ बषाई साप ।
तब बैरी कहु कहा करै । जब राषै हरि आप ॥
३२ राषणहारा रांम है । सिर ऊपरि मेरे ।
दादू केते पचि गए । बैरी बहुतेरे ॥
३३ दादू साचा साहिब सिर उपरैं । तती न लागै बाव ।
चरन कवल की छाया रहैं । कीयैं बहुत पसाव ॥
३४ दादू कहै जे तूं राषै सांईया । तौ मारि न सकै कोई ।
बाल न बंका करि सकै । जे जग बैरी होइ ॥
३५ दादू राषनहारा राषै । तिस कै कौंन मारै ।
उसै कौंन डबोवै । जिसै साई तारै ।
कहै दादू सो कबहूं न हारै । जे जन सांई संभारै ॥
३६ अंमर बिसंभर ऊपरैं । निहचौ राषी रांण ।
धर बलिसी रहसी धरंम । षसि जासी षुरसांण ॥
३७ निृभै बैठा रांम जपि । कबहूं काल न षाइ ।
जब दादू कुंजरि चढै । तब सुनहां झषि जाइ ॥
३८ कबीर तूं काहे डरै । सिर परि हरि का हाथ ।
हस्ती चढि करि डोलिये । कूकर भुसौ जु लाष ॥
३९ कायर कूकर कोटि मिलि । भूंकैं अरु भागै ।
दादू गरवा गुरमुषी । हस्ती नहीं लागै ॥

राग भैरूं

१३:० निरभै नांव निरंजन लीजै ।
इन लोकनि का भै नहीं कीजै ॥ टेक ॥
१ सेवग सूर संक नहीं मांनैं ।
रांनां राव रंक करि जांनैं ॥
२ नांव निसंक मगन मतिवाला ।
रांम रसांइन पीवै पियाला ॥
३ सहजैं सदा रांम रंगि राता ।
पूर्न ब्रह्म प्रेम रसि माता ॥
४ हरि बलिवंत सकल सिरि गाजे ।
दादू सेवग कैसैं भाजै ॥

४० दादू कहै बलि तुम्हारै बाप जी । गिणत न रांणां राव ।
मीर मलिक परधांन पति । तुम्ह बिन सबहीं बाव ॥
४१ दादू का बल कहा पतंग का । जलत न लागै बार ।
बल तौ हरि बलिवंत का । जीवहि जिहि आधार ॥

राग गौडी

१४:० अब मोहि रांम भरोसौ तेरौ ।
और कूंन कौ करौं निहोरौ ॥ टेक ॥
१ जाकै रांम सारिषा साहिब भाई ।
सो क्यूं अनत पुकारण जाई ॥
२ जा सिरि तीनि लोक कौ भारा ।
सो क्यूं न करै जन की प्रतिपारा ।
३ कहै कबीर सेवो बनवारी ।
सींचौ पेड पीवैं सब डारी ॥
१५:० मैं गुलांम मोहि बेचि गुसांई ।
तन मन धंन मेरा रांम जी कै तांई ॥ टेक ॥
१ आंणि कबीरा हाटि उतारा ।
सोई गाहक सोई बेचणहारा ॥
२ बेचै रांम तो राषैगा कौंण ।
राषैगा रांम तौ बेचैगा कौंण ॥
३ कहै कबीर मैं तन मन वारया ।
अपनां साहिब छिन न बिसारया ॥
१६:० रांम रमंत सब जरि किनि जाइ ।
काकौ जरै कौंन पछिताइ ॥ टेक ॥
१ काकौ जरै कौंन कै हांनि ।
नट बिधि षेलै सारंगप्रांनि ॥
२ आपहि पावक आपहि पवनां ।
जारैगौ रांम तौ राषैगौ कवनां ॥
३ कहै कबीर द्वै अषिर भाषि ।
ह्वैगा रांम तौ लेगा राषि ॥

राग धनाश्री

१७:० जो हम पढिहि सो तुमहि पढौ रे ।
सुणौं सषा मन बचन मुगध तुम । गज तजि षर न चढौ रे
॥ टेक ॥
१ मेरौ कह्यौ कूड काइर तुम्ह । चित धरि कांनि करौ रे ।
रांम नांम आंनद अभै पद । लिषि करि त्रास हरौ रे ॥
२ जल थल सयल सुमेर सकल बिधि । पावक हूं न जरौ रे ।
सुमिरि सषा ब्रह्मंडधणीं तुम्ह । दूजै कांइ डरौ रे ॥
३ जे कुछ है तन मन की च्यंता । सकल उतारि धरौ रे ।
माधौदास हाथि हरि कैं म्रित्यु । बीचि कौंन कै मरौ रे ॥

इति भरोसा कौ अंग सम्पूर्ण भवेत् ॥

६१ भरोसा बीनती कौं अंग लिष्यते

राग धनाश्री

१:० बिषम बार हरि अधार । करुणां बहु नांमीं ।
भगति भाइ बेगि आइ । भीड भंजन स्वांमीं ॥ टेक ॥
१ अंति अधार संत सधार । सुंदर सुषदाई ।
कांम क्रोध काल ग्रसित । प्रगटहु हीर आई ॥
२ पूर्न प्रतिपाल कहिये । सुमिरयां थैं आवै ।
भर्म कर्म मोहि लागे । काहे न छुडावै ॥
३ दीन दयाल होह क्रिपाल । अंतरजांमीं कहिये ।
एक जीव अनेक लागे । कैसैं दुष सहिये ॥
४ पांवन पीव चरन सरन जुगि जुगि तैं तारे ।
अनाथनाथ दादू के हरिजी हमारे ॥

राग रांमग्री

२:० हो नाथ बेद ब्याकरण तूंहीं बताया ।
संत संकट परैं सूर बडबाहरू । ग्राह गज ग्रसित ततषिण छुडाया ॥ टेक ॥
१ कांम रिप क्रोध रिप मोह रिप भरम रिप । चहूं की त्रास तुम्ह सरनि आया ।
तूं आदि ब्रह्मादि सनकादि सिव मुनिजनां । साषि सुषदेव नारद गाया ॥
२ साध कूं श्राप देवा कोपि कैंरवां । दस सहंश्र मुनि ले बन पठाया ।
ततषिण सुरति करि सिधि संगहि लीयैं । तंदुला सीत सब अंग अघाया ॥
३ सोचि जीय समझि संसार सुर त्यागि करि । जाउं कत को नहीं तुम सराया ।
अहि भुवन महिभुवन सुरभुवन सोधतां । कहत नापा रांम रतन पाया ॥

राग मलार

३:० जो पति तुमहीं बिरद बिसारयौ ।
तौ कहि कहां जाउं करुनांमैं । कठिन करम कौ डारयौ ॥
टेक ॥
१ दीन दयाल पतित पांवन जस । बेद बषांनत चारयौं ।

सुनियत कथा पुरांन प्रगट जस । ब्याध अजामेल तारचौ ॥
२ राग दोष बिधि अबिधि असुचि सुचि । जिहि ज्यूं जहां संभारचौ ।
कीयौ न बिरंम कछू करुनांमैं । सारद सोच निवारचौ ॥
३ या लगि नांम रूप गुन गन सब । अन्त अपनत धारचौ ।
सूरदास मनुज इहै हरि कहत कहा श्रम हारचौ ॥

राग सोरठि

४;० हूं तौ जन जिनकै संग उर गारचौ ।
तिन तुम सौ गोपाला गुसांई । सबै आपनपौ पायौ ॥ टेक ॥
१ सेवा इहै नांम सर अवसर । जा काहूं कहि आयौ ।
कियौ न कबहूं बिलंब करुनांनिधि । सोई सोई निकट बुलायौ ॥
२ अजामेल मुषि मित्र हमारैं । चलत समैं संमुझायौ ।
ब्यौरि कहां तैं कहूं क्रिपन की । तिनहूं श्रवन सुनायौ ॥
३ ब्याध गीध गनिका जिहि कागद । हूं तिहि चिठी चढायौ ।
मरियत लाज पांच पतितनि मैं । सूर समैं बिसरायौ ॥

राग देवगंधार

४;० तुम्हारे आगैं हूं जु नच्यौ ।
सुनि दिन दांनि दयाल देव मुनि । बड बहूरूप रच्यौ ॥ टेक ॥
१ कीनैं स्वांग जिते जांनैं जंम । जल थल को न बच्यौ ।
सोधि सबै गुन गूढ दिषाये । अंत रह्यौ सच्यौ ॥
२ रीझत नहि गोबिंद गुसांई । कैसैं जात जच्यौ ।
यौ हूं कह्यौ न सूर पूरौ दै । काहे कूं मरत पच्यौ ॥

राग धनाश्री

६;० अब हूं एक कोद करि टरिहूं ।
कै हमहीं कै तुमहीं माधव । निज पूरे पर लरिहूं ॥
१ हूं तौ पतित सात पिढिनि कौ । अजौं पतितता धरिहूं ।
अब तौ आइ बनीं जगजीवन । तुमहि बिरद बिन करिहूं ॥
२ तुमहीं तौ परतीति बंधाई । मैं पायौ निज हीरा ।
सूर स्वांमि तबहीं पै उठिहै । जब वैहौ हरि बीरा ॥

राग ललित

७;० द्वार पहाऊं दैंन हूं आयौ ।
दींनदयाल दींन की सुधि कीजै । जनम हीं जनम बहुत दुष पायौ ॥ टेक ॥
१ लेहि छिडाइ करम ते माधौ । मेलि गलि डोरु नांच नचायौ ।
गहिये लाज बिरद अपनैं की । सरन परैं तेरौ दास कहायौ ॥
२ देषे सबै नांहि कोई ऐसौ । दांनि क्रिपानिधि तुहीं बतायौ ।
सिव बिरंचि नारद पद बंछित । सेस सहंसमुष तुव जस गायौ ॥
३ बडे बडे पतित जांनि निस्तारे । मो सौ पतित नहीं अपनायौ ।
तारहुगे तौ बदौंगौ अबकैं । तिहारैं भरोसैं बहुत बिष षायौ ॥
४ दर दरवांन रिसांनैं भारी । सोवत ते भगवांनु जगायौ ।
सूर पुकार भयौ दै पूरौ । छाडौ छाडौ सोर कहा तुम लायौ ॥

राग मारूं

८;० फिरत फिरत बलहींन भयौ ।
कहा करुं अति त्रास क्रिपानिधि । सब तन कौ अभिमांन गयौ ॥ टेक ॥
१ धायौ धर सर सैल बिदिसि दिसि । तहूं चक्र चलि चाहि लयौ ।
जाचे सिव बिरचि सुरपति मुनि । कहू न चा? सरन दयौ ॥
२ डोल्यौ डरंनि लोक लोकनि ज्यूं । पत्र पुरातन पवन हयौ ।
सूरदास प्रभू दींन जांनि कैं । मुनि निज जन संनमुष पठयौ ॥

९;० ताते मैं पतित उधरन गायौ ।
श्रवननि साषि सुनीं संतनि मुष । साधनि भेदु बतायौ ॥ टेक ॥
१ सुत कैं हित हरि दियौ अभै पद । नांम प्रताप बढायौ ।
छिन एक कररौ रतट गज संकट । बंधन काटि छिडायौ ॥
२ गनिका सुकहित रसन लडावत । लैंन बिवांन पठायौ ।
चरन कमल परसत रिषि पतिनीं । तजि पषांन पद पायौ ॥
३ अपांवन नारि उधारि रमांपति । अजस करत जस पायौ ।
सूर कूर कहै मेरी बेर कूं । बिरद कहा बिसरायौ ॥

राग भैरूं

१०;० गजहूं बीनि कैसैं दर्शन तोरा ।
बिन दरसन मंन मांनैं क्यूं मोरा ॥
१ हम हि कुसेवग कि तुम हीं अजांनां ।
दुहूं मैं दोस कहौ किन रांमां ॥
२ तुम कहियत त्रिभुवनपति राजा ।
मन बंछित पुरहु सब काजा ॥
३ कहै कबीर हरि दरस दिषावो ।
हमहि बुलावों कै तुम्ह चलि आवो ॥

राग सोरठि

११;० इहैं अंदेस सोच जिय मेरे ।
निसबासुरि गुन गाऊं रांम तेरे ॥ टेक ॥

१ तुम्ह चिंतत मेरी चिंता हो न जाई ।
तुम्ह च्यंतामनि होहु कि नांहीं ॥
२ भगति हेति का का नहीं कीन्हां ।
हमारी बेर भये बलहींनां ॥
३ कहै रैदास दास अपराधी ।
जिहि तुम्ह दरवोसो मैं भगति न साधी ॥

राग गौडी

१२:० गोबिंदे तुम्ह थैं डरपौं भारी ।
सरंणाई आयौ क्यूं गहिये । यहु कौंन बात तुम्हारी ॥ टेक ॥
१ धूप दाझ तैं छांह तकाई । मति तरवर सचु पाऊं ।
तरवर मांहैं ज्वाला निकसै । तौ क्या लेइ बुझाऊं ॥
२ जै बन जलै त जल कूं धावै । मति जल सीतल होई ।
जल ही मांहि अगनि जौ निकसै । और न दूजा कोई ॥
३ तारण तिरण तिरण तूं तारण । और न दूजा जांनूं ।
कहै कबीर सरनाई आयौ । आंन देव नहीं मांनूं ॥

राग सोरठि

१३:० रांम राइ का कहिये यहु अैसी ।
जन की जानत हौ जैसी तैसी ॥ टेक ॥
१ मींन पकरि काटयौ अरु फांटयौ । बांटि कियौ बहु बांनीं ।
षंड षंड करि भोजन कीन्हौं । तऊ न बिसरयौ पांनी ॥
२ तैं हम बांधे मोह पासि मैं । हम तूं प्रेम जेवरिया बांध्यौ ।
अपनें छूटन के जतन करत हौ । हम छूटे तूं आराध्यौ ॥
३ कहै रैदास भगति इक बाढी । इब का कौ डर डरिये ।
जा डर कूं हम तुम्ह कौं सेवें । सो दुष अजहूं सहिये ॥

राग गौडी

१४:० गोबिंद दास दुषी क्यूं कीजै ।
सबल देषि सरणाई आयौ । बांह पकडि क्यूं दीजै ॥ टेक ॥
१ आंकिल बैल षेति नहीं षडिहै । काग रसोई न पडिहै ।
माइ महेली कोई न करिहै । सिंघ घास नहीं चरिहै ॥
२ रजा सजा तेरी सिर ऊपरि । जो कुछ तैं फुरमाया ।
हक बिहक ले दोजगि दीनां । पकडि जंजीर जडाया ॥
३ सीहौ कहै सुणौं मेरे साहिब । दया नहीं जी तोरै ।
तूंटी बरत अकासां सेती । तौं जाणौं जे जोरौ ॥

राग बिलावल

१५:० सो सेवग क्यूं मारिये । सुनि संम्रथ सांई ।
ताकूं हाथ लगाइये । जे सनमुष नांहीं ॥ टेक ॥
१ परमारथ कूं सब किया । आप स्वारथ नांहीं ।
क्यूं हीं करि साहिब मिलै । यहु उपजी मांहीं ॥
२ साधूं सूं संनमुष रहै । साहिब की सेवा ।
ताकौं दुष क्यूं दीजिये । सुनि आतमदेवा ॥
३ नहीं हूई सो होत है । कैसैं करि सहिये ।
हम थैं कछू न होत है । ताथैं तुम्ह कहिए ॥
४ गुर दादू किरपा करै । तुम्ह सूं ले लावै ।
साहिब जी टीलौ कहै । तुझ दया न आवै ॥

राग रांमगरी

१६:० तुम गुण कहा जगत गुरा । जौ कर्म न नासै ।
सिंघ सरन कत जाइये । जौ जंबक ग्रासै ॥ टेक ॥
१ पैरत पैरत भौजला । कहूं थाह न पाऊं ।
बूडि मूंवें नौंका मिलै । तौ काहि चढाऊं ॥
२ स्वांति बूंद कै कारनैं । चात्रिग दुष पावै ।
प्रांन तजैं सायर मिलै । तौ काहि पियावै ॥
३ न्रिप कन्यां कै कारनैं । एक भयौ भषे धारी ।
कांम लुबधि पाषंड रच्यौ । ताकी पैज संवारी ॥
४ मैं हूं करमीं तूं मेटणां । औगुण सब मेरा ।
कूडैं कपटैं रांम जी । स धनां जन तेरा ॥

राग धनाश्री

१७:० बहु की क्रिपा हूं कहा क्रिपाल ।
बिदिमांन जन दुषित जगत मैं । कहियत दीनदयाल ॥ टेक ॥
१ जीवत जाचत कनन धरयौ कर । द्वारैं रटत बेहाल ।
तन छूटैं धन धरम गंवांयैं । कहा दियैं मनि लाल ॥
२ कहा दाता जु द्रवैं नहीं कबहूं । देषि बिकल बेहाल ।
सूर स्वांमि कौ कहा निहोरौ । चलते बेद की चाल ॥

राग टोडी

१८:० पांवन जस माधौ तोरा । तुम दारन अघन मोचन मोरा ॥ टेक ॥
१ कीरति तेरी पाप बिनासै । लोक बेद यौं गावै ।
जौ हम पाप करत नहीं भू धर । तौ तूं कहा नसावै ॥
२ जब लग अंग पंक नहीं परसै । तौ जल कहा पषालै ।
मन मलींन बिषिया रस लंपट । तौ हरि नांव संभालै ॥
३ जौ हम सुध बिमल चित अंतरि । दोस कवन परि धरिहौ ।
कहै रैदास प्रभू तुम्ह दयाल हौ । अबध मुकति का करिहौ ॥

राग मारू

१९:० तुम कब मोसौ पतित उधारयौ ।
काहे कूं हरि बिरद बुलावत । बिन मसकति कोऊ तारयौ ॥ टेक ॥
१ अजामेल जन पहले जनम कौ । हुतौ पुरातन दास ।
नैंक चूकते वहु गति कीनीं । फुनि बैकुंठां बास ॥
२ गीध ब्याध पूतनां जुतारी । तिनकौ कहा निहोरौ ।
गनिका तिरी आपनीं करनीं । नांव भयौ प्रभु तेरौ ॥

३ नांव लेत तुम सब जन तारे । काहू न पकरी चूंट ।
तौ जांनौं जौ मोकूं तारौ । सूर कूर कहि टूट ॥
२०:० हूं तौ पतित सिरोमनि माधौ ।
अजामेल बातनि हीं तारचौ । जो हो मो ते आधौ ॥ टेक ॥
१ जुगि जुगि बिरद इहै चलि आयौ । कहि आवत है तातैं ।
बैठत लाज मरत पतितनि मैं । हूं ब कहौ घटि कातैं ॥
२ कै प्रभू हारि मांनि ह्वै रहियै । कै कीजै बिर्द सही ।
सूर स्वांमि धोषौ जौ उपजै । तौ बांचिबी बही ॥
२१:० पतित पांवन दीनबंधू । अनाथ के नाथ ।
संतत सुरलोकनि श्रुति । गावत या गाथ ॥ टेक ॥
१ मो सौ कोऊ पतित नहीं । अनाथ नहीं कोऊ दींन ।
काहे न निस्तारिये । जन कौंन अंगहींन ॥
२ गज गनिका गोतम त्रिय । मोचन मुनि श्राप ।
अर्जुन संतांन त्रींन । हरत सस्त्र ताप ॥
३ एक एक बिरद बहद मरियत है भारि ।
असै तुम तीनि लीनैं । पहलैं क्यूं न बिचारि ॥
४ मनसा बाचा करमनां कछु कहत नांहीं राषि ।
सूर सकल अंतर की । तुमहीं हौ साषि ॥

१ सूरदास बिनतीं कहा बिनवैं । दोषनि देह भरी ।
अपनौं बिरद बिचारहुगे तौ यामैं सब निबरी ॥

राग धनाश्री
२२:० असै तुम कहियत संम्रथ दांनीं ।
मौज महरांण सुण्यौं मैं श्रवणां । संत कहैं नहीं छांनीं ॥
टेक ॥
१ सोनां का घर किया सुदांमां । धूकूं महल बांनीं ।
इंद्र कौ बिभौ प्रहिलादहि दीजै । सूर कूं नैंन आंनीं ॥
२ कहा तप टींटहडी कीन्हां । अंडा बंच्या भाई ।
कौंण ध्यांन धरचौ मंजारी । बचा राष्या आई ।
३ मारत ग्रिघ गज उबारे । अंतरजांमीं जांनीं ।
हरनाछि मारि पातालि षंदायौ । धरती उपरि आंनीं ॥
४ नवपुत्र बांभण का दीन्हां । बकाल सुत जिवांनीं ।
हरिचंद सेती हेत कियौ हरि । राज रुहतास कूं बांनीं ॥
५ अबिगत नाथ करी इकसारी । नांमां की छांनि छाई ।
कबीर जी परि क्रिपा कीन्हीं । नालदि ले घरि आई ।
६ धनां भगत कै गोहू निपाया । असी जुगति बांनीं ॥
सोवनीं लंका बभीषणि पाई । जो दैंतां कौ राई ।
७ दादू जी परि मया करी है । भगति दई मनि भाई ।
जिहि जो मांग्यौ सो तैं दीन्हौं । देषौ जुगति बडांनीं ।
८ मोटी मौज करी जगिया परि । ज्यूं की त्यूं हीं बांनीं ॥
इति भरोसा बीनती कौं अंग सम्पूर्ण ॥

६२ सगुण साध मिलत गोबिंदजी का गुणांह कौ अंग

साषी
१ जे मूंडीयें लषधड । धड धड लष सिरांह ।
सिरि सिरि लष मुहूंथीये । मुह मुह लष जीभांह ।
सबै जिभां तिषियां । हिकडियां रलियांह ।
सिफति तुहंजी राजिया । तेहूं कींय करांह ॥
२ कबीर सात समंद की मसि करुं । लेषनि सब बनराइ ।
धरती सब कागद करूं । तऊ हरि गुण लिष्या न जाइ ॥
३ दादू मेरा एक मुष । कीरति अनंत अपार ।
गुण केते परमिति नहीं । रहे बिचारि बिचारि ॥
४ दादू गोबिंद के गुन बहुत हैं । कोई न जांनैं जीव ।
अपणीं बूझै आप गति । जे कुछ कीया पीव ॥
५ दादू गोबिंद के गुण चिति करि । नैंन बैंन पग सीस ।
जिनि मुष दीया कांन कर । प्रांणनाथ जगदीस ।
तन मन सौं संवारि सब । राषे बिसवाबीस ।
सो साहिब सुमिरै नहीं । दादू भांनि हदीस ॥
६ दादू सो साहिब जिनि बीसरै । जिनि घट दीया जीव ।
गर्भवास मैं राषिया । पालै पोषै पीव ॥
७ जगजीवन धरती थंभी । जिहि हरि थंभ्या आकास ।
सोई थंभै प्रांण कूं । पोषै दे दे गास ॥
८ कबीर करता केरे बहुत गुन । औगुन कोई नांहि ।
जे दिल षोजूं आपणीं । तौ सब औगुन मुझ मांहि ॥

राग गौडी
१:० अहो गुन तोर औगुन मोर गुसांई ।
तुम्ह क्रित कीन्हां सो हम जांनत नांहीं ॥ टेक ॥
१ तुम्ह उपगार कीये हरि केते । सो हम बिसरि गये ।
आप उपाइ अगनि मैं राषे । तहां प्रतिपाल भये हो
गुसांई ॥
२ नषसष साजि किये हो सजीवंनि । उद्र अधारि दिये ।
अंन पांन जहां जाइ भसम ह्वै । तहां तैं राषि लिये हो
गुसांई ॥
३ छिन छिन जांनि जतन करि पोषे । सदा समीप रहे ।
अगम अपार कीये गुन केते । कबहूं नांहि कहे हो
गुसांई ॥
४ कबहूं नांहि तुम्ह तन चितवत । माया मोह परे ।
दादू तुम्ह तजि जाइ गुसांई । बिषिया मांहि जरे हो
गुसांई ॥

राग ललित
२:० मिहरवांन मिहरवांन ।
आब बाद षाक आतस आदम नींसांन ॥ टेक ॥
१ सीस पाव हाथ कीये । नैंन कीये कांन ।

मुष कीया जीव दीया । राजि करहि मांन ॥
२ माजर पजर पर्द पोस । सांई सुबहांन ।
संगि रहै दस्त गहै । साहिब सुलतांन ॥
३ या करींम या रहींम । दांनां दीवांन ।
पाक नूर है हजूर । दादू हैरांन ॥

राग कनडौ

३:० धंनि धंनि धंनि धंनि निरंजन । धंनि तूंहीं आलेष ।
तेरी हीं कुदरति बिचारि थकित भए देष ॥ टेक ॥
१ नैंन बैंन श्रवन सीस । रसनां मुष कीन्हां ।
उकति सूं उपाइ पिंड । जीव मांहीं दीन्हां ॥
२ आप तिहां प्रतिपाल करत । रहत संगि सोई ।
जठर अगनि मांहि ताहि । बिघन नांहीं कोई ॥
३ ग्रभ थैं निकासि जीव । दीन्हां पै पांनीं ।
जगजीवन ताकी गति । किनहूं नहि जांनीं ॥

राग गौडी

४:० या रहमांन रहम परिवारी ।
मिहरि करी नर देह संवारी ॥ टेक ॥
१ मध्य सरीर ग्रभ मैं बासा ।
रज बीरज थैं रच्या तमासा ॥
२ श्रवन नैंन नासा मुष बांनीं ।
सीस चरन कर दीन्ह बिनांनीं ।
३ जठर अग्नि मैं रछ्या कीन्हीं ।
संकट मोचि मुकति करि दीन्हीं ॥
४ रुधिर मास मैं पै भरि पायौ ।
सिरजत बेगि रिजक पहुंचायौ ॥
५ मोहन हरि गुन कोई न जांनै ।
गुर दादू संगति पहिचांनैं ॥

साषी

९ उद्र मांहि पोषै उहै । उतिम पुरिष उदोद ।
जगंनाथ जीव जोनि थैं । निकसत सरवै सोत ॥
१० असन बसन आगां ल गलौ । आदि अंति लौं दींन्ह ।
जगंनाथ उस पुरिस का । हित करि नांव न लीन्ह ॥
११ अंनपांणीं अर बस्तर बैठां । सांई सहजि पुजावै ।
नांनां बिधि सेवा करि संम्रथ । जीव का जतन करावै ।
राति दिवस रषिपाल रष्या सूं । राषै ज्यूं सुष पावै ।
जगंनाथ मूरिष मतिहींणां । गोबिंद गुन नहीं गावै ॥
१२ दादू सांई सबनि कूं । सेवग ह्वै सुष देइ ।
अया मूंढ मति जीव की । तौ भी नांव न लेइ ॥
१३ दादू सिरजनहारा सबनि का । अैसा है संमरथ ।
सोई सेवग ह्वै रह्या । जहां सकल पसारैं हथ ॥
१४ जैमल किती बुराई छावरे । हूं बलिहारी तोहि ।
एते औगुन रांम बिन । कोई बकसै मोहि ॥

राग टोडी

५:० करन हरन कूं तूं ही महाबली ।
तो सररि नहीं और कोइ ।
चौरासी लष जीव जंत जलथल महियल ।
भरिपूरि रह्यौ सब । जहां तहां रछिपाल होई ॥ टेक ॥
१ अनेक त्रास दुष जठुर जरत जहां ।
जीव उबारि ले तु । रसन श्रवन बींनीं नैंन दोइ ।
२ चरन चिहुर उर कर नषसिष सजि । संकुट सूं न्यारौ कीनौं ।
मनिषा जनम दीन्हौं । गरीबदास भजि पुरिष सोइ ॥

जषडी

राग गौडी

६:१ जिनि तेरा पांणीं थैं प्यंड किया । च्यंता कौंण करंता वे ।
जदि तेरे चर्ण कर नैंनन थे । तदि तेरे कौंण कमंता वे ।
कौंन कमंता रिजक लहंता । सुणि मेरे जीव पियारे ।
अंधर घोर नरक मैं रहता । तदि कौंन सगे थे तुम्हारे ।
अंधेर घोर नरक मैं दीया । बूझै बाप न माता ।
बहबल कहै तिसहै क्यूं न सुमिरौ । जो तेरी चिंत करंता वे ॥
२ जिनि तेरी मूरति जीयरा सुघड घूडी । अरु बिचि मेल्ही डाहंसो जी ।
जिनि अरध मुष राषीडा । बीसूं पाष दस मासो जी ।
जिनि दस मास उरध मुष राषे । तद की कहूं कहांणीं ।
दूध मिठाई हरि नहीं थाई । नां तुझ अंन न पांणीं ।
इक जला बिंब मैं तल सिरवाया । षोड तुम्हारी अधर धरी ।
बहमल कहै तिसह क्यूं न सुमिरौ । जिनि जीव तेरी षबरि करी ॥
३ जदि तूं उठि न सकै थावे । तदि तूं बैठि न सकै था जी ।
जदि तेरे बोलें हरि न पतीजै था । कछू कछू देन बकै था जी ।
देन बकै था रहि न सकै था । वै ही दिन संभाले ।
मुषि बोल न आवे । नैंन न सूझै कनि थे तेरै ताले ।
महाब्याकुल कष्ट दुष पडचा था । अधिक बिलाप करंता ।
बहमल कहै तिसहि क्यूं न सुमिरौ । जो तेरी बरगबहंदा ॥
४ जिनि तूं नरकां थैं रे प्रांणीं दूरि कीया । अरु संसार दिषा ल्यावे ।
जिनि मुषि अंम्रित भोले षीर दीया । सो क्यूं षसम बिसारी वे ।
षसम बिसारचा फिटरे मारचा । क्या जीवनैं का फल भइया ।
सूंनैं घर का पाहुंनडा । ज्यूं आया त्यूं हीं गइया ।
भींवैही दिन अये मेरे जीयरा । संभालि सकै तौ संभाले ।
बहमल कहै तिसहि क्यूं न सुमिरौ । जिनि संसार दिषाले ॥

राग रांमग्री

७:० पायौ पायौ री मरम तेरौ । भज तिन पीव आज ।
जीवन जनम तेरौ हरि बिन कौंनैं काज ।
ताके गुन भूली । जो महाराजनि कौ राज ॥ टेक ॥
१ जाकैं हेत सबै हेत । पोष ही सूं पोष देत ।
प्रांन प्यंड साजि सौंज । सब सुष दैंन ।
सोई तैं बिसारचौ अैंन । परम सनेही सैंन ।
जिहि दिये मुष नैंन । बोलिबा कूं बैंन ॥
२ गुर दादू के बचन मांनि । हरि सूं करि पिछांनि ।
जौ तैं पाई नर देही । छाडि अभिमांन । मोहन दयाल देव ।
करि लै हित सूं सेव । निरंजन रांम सुष कौ निधांन ॥

राग धनाश्री

८:० तब तेरो तिहि दिन को हितू हो रे हरि बिन ।
सुधि धूं करि क्रिपंन । तूं ताही चित आंनि ।
कठिन करम गहे बहु बिधि दुष सहे । राष्यौ रे जठुर
जलश्रो नित सांमि ॥ टेक ॥
१ जहां न काहूं कौ गंम । दुसह दारंन तंम ।
तेरी सकल बुधि बिकल । षल मलषांनि ।
धरती आप गगन बाय तेज रच्यौ । बुधि बल कुल
कहिधूं जायौ रे का की कांनि ॥
२ अैसी आपदा महि राष्यौ पोष्यौ व्रित ।
दिये मुष नासिका नैंन पद पांनि ।
सुनि कृतघनी वैसे दिन कौ सषा सो अपनौं ।
सो तैं बिसारचौ रे इहि नई पंहिचांनि ॥
३ वै हरि अजहूं संग रहत । प्रथम लज्या बहत ।
संतति सुष चाहत प्रियजन जांनि ।
सूर सु हिरदै मनि । ईस्वर अगरगंनि ।
सुनि सठ झूठे हठ कूं कपट न ठांनि ॥

राग मारू

९:० रे अभिमांन लियैं नर आयौ ।
आतम परआतम नहीं चीन्हीं । नर बप नांव धरायौ
॥ टेक ॥
१ ग्रभवास बहु त्रास बीनता । त्राहि त्राहि ल्यौ लागौ ।
हाहा करत बिसंभर आगैं । गहि भारामां छिडायौ ॥
२ माया सेती रातौ मातौ संगि । त्रिस्नां कैं धायौ ।
गुनहगार गोबिंद राइ कौ । कबहूं न हरि जस गायौ ॥
३ है हरि नांव अधार धार कौ । संतनि सरंन बतायौ ।
नांमदेव कहै सुणौं मन मूरिष । जै समझी समझायौ ॥

राग धनाश्री

१०:० वैं दिन बिसरि गयौ ह्यां आए ।
अति उनमत मोह मद चाषैं । फिरत लटे बगराये ॥ टेक ॥
१ तिन दिननि जु जनन जठर मैं । बसयौ बहुत दुष पायें ।
अति संकुलित जु भरत भटा ज्यूं । मल महि मूंडगडायें ॥
२ बुधि बबेक बल बचन चातुरि । तनु धनु हाथ परायें ।
ता दिन तेरौ कौंन हितू हो । षांन पांन पहुचायें ॥
३ को माता को पिता प्रांनपति । जीवत जाकैं ज्यायें ।
सूर सुम्रिग लौं सकति सहत सर । बिषै ब्याध कैं गायें ॥

सवईयौ

१५ कहां नैंन नासिका करन कर कुंडल हे ।
करि जेमि छेद कीनैं फूटी तेरे हिया की ।
कहां अैंड मैंड थी मजेज षेम अलबे सु कहां तरुना पाथौ ।
उमंग चाहि त्रिया की ।
मुयें माटी होइगौ । रे जीवते सौंधा फुलेल ।
तब तू कहां हौ जब बूंद हुती छीया की ।
गुमांन ए तौ काहे पर आंध रे । अबुझ बुझ ।
अैसैं बुझि जाहिगौ बुझंनि जैसैं दीया की ॥
१६ किनि तूं दीयौ कहां तैं कीनौं । क्यौं तूं यौ कहां तैं
आंन्यौं ।
को तूं आहि कौंन तैं उपज्यौ । को वह बिधि प्रपंच जिहिं
बांन्यौं ।
कहि कवि मल्ल कहि न कछू आंवत नाटिक जु कछु
बिचित्रनि ठांन्यौं ।
मारग चलत बिश्रम्यौं रंचक । तौ तैं घर अपनौं करि
जांन्यौं ॥

साषी

१७ तैं जु रतन पायौ भलौ । जांनति साधन साज ।
परम कथा अनुदिनु सुनीं । पै तऊ न उपजी लाज ॥
१८ सदा संगाती आपनौं । जीय की जीवनि प्रांन ।
सु तैं बिसारचौ सहज हीं । हरि ईस्वर भगवांन ॥
१९ जिहि जड तैं चेतंनि कियौ । रचि गुन तत बिधांन ।
चरन चिकुर कर नष दिये । मुष नैंन नासिका कांन ॥
२० ग्रभवास अति त्रासमैं । जहां न एकौं अंग ।
सुनि सठ तब उहि प्रांनपति । पै तहां न छाडचौ संग ॥
२१ दिन राषत पोषत सब रहे । जैसैं चोली पांन ।
फुनि वा दुष तै काढि कैं । पै गहि दीनौं पय पांन ॥
२२ अस्न बस्न बहुबिधि दिये । अवसरि अवसरि आंनि ।
मात पिता भाई मिले । पै नई रुचि नई पहचांनि ॥
२३ राजन कुटंब परिजन नवचौ । सुत दारा धंन धांम ।
महा मोह बिषई भयौ । पै चित आ करष्यौ काम ॥
२४ को जांनैं कै बर मुयौ । इहि मति कुमति कुमींच ।
हरि सौ हितू बिसारि करि । तूं सुष चाहतं है नींच ॥
२५ षग पसु मींन पतंग लौं । मैं सोधी सबही ठौर ।
जल थल जीव जिते किते । कहूं कहां लौं और ॥
२६ बेद पुरांन सुमृति सबै । सुर नर सेवैं ताहि ।
महा मोह अग्यांनमैं । तूं काहे न संभारै ताहि ॥
२७ प्रभू पूरन पांवन सदा । प्रांननि हीं के नाथ ।
परम क्रिपाल दयालनिधि । पै जीवनि जाकै हाथ ॥
२८ जौ पै जीय लज्या नहीं । तौ का कहि सौ बार ।
एकहीं आंक न हरि भज्यौ । पै तैं सठि सूर गंवार ॥

राग सारंग

११:० रे सुत बिनु गोबिंद कोऊ नांहीं।
तेरौ दुष दूरि करन कारन कूं। रिधि सिधि निधि हम फिरि फिरि चाही॥ टेक॥
१ सिव बिरंचि सनकादिक नारद। तिनकी गति मन मन अवगाही।
जगतपिता जगदीस सरन बिनु। कोटि करौ तौ दुष न जांहीं॥
२ और उपाइ सकल हम सोधे। त्रिन की सी अगनि मेघ की सी छाया।
सूरदास भगवंत भजन बिन। अनंत अनाथ कहूं न समांहीं॥

राग सारंग

१२:० प्रभू कौ देष्यौ एक सुभाव।
अति गंभीर उदार औधिपति। जांनि सिरोमनि राव॥ टेक॥
१ जाकी सेवा कौ फल एतौ। राई मेर प्रवांन।
सकुचि समुंद्र होत अपराधै। बूंद आपनैं जांन॥
२ परसंन बदन कवल पद सनमुष। चिंतत हौ हूं जैसैं।
बिमुष भए ते बहुरि क्रिपानिधि। फिरि चितऊं तौ तैसैं॥
३ भगत बछल कातर करुनांमैं। डोलत गोहन लागे।
सूरदास अैसे स्वांमीं सूं। क्यूं दीजै पीठि अभागे॥

राग नट नारांइण

१३:० हरि सौ ठाकुर और न जन कूं।
जिहि जिहि बिधि सेवग सुष पावै। तिहि बिधि राषत मन कूं॥ टेक॥
१ भूषैं बिबिधि जठर कूं भोजन। तोय त्रिषा पट तन कूं।
लग्यौ फिरै सुरही के बछ लौं। जित गवनैं घर बन कूं॥
२ परम क्रिपाल दयाल देव मुनि। कोटि कुमेर सु धंन कूं।
परतंग्या राषत हरि जन की। हाथ पसारत पन कूं॥
३ संकट परैं तरीछौ धावत। परंम सुभट निज पन कूं।
कोटक कही एकौ नहीं मांनीं। सूर महा क्रितघंन कूं॥

राग मलार

१४:० प्रभू मेरौ सेवौ सबनि कौ राजा।
जा सुमिरत भौ बंधन छूटैं। सरैं कोटि इक काजा॥ टेक॥
१ जठर अगनि मैं जिनि प्रतिपारचौ। चरन सीस कर साजा।
नैंन श्रवन नासा मुष रसनां। बहुत कीये की लाजा॥
२ छांजन भोजन बहुबिधि पूरक। इहि कै काज उपाजा।
सो कीयौ सुक्रित कैं कारन। बिसरचौ सेव समाजा॥
३ धर अंबर निस दिन ससि सूरिज। मेघ पवन घन गाजा।
नदी नीर सरवर जल सूभर। बृछि फूल फल ताजा॥
४ सब तैं बडौ एक अबिनासी। दूसर कौं न अंदाजा।
गरीबदास भजि संम्रथ स्वांमीं। सब सोभा तिहि छाजा॥

राग धनाश्री

१५:० हरि कौ सौ हित न कीयौ। अब कांहूं और सबै दुषदाता।
लातनि मारत लागत पाऊं। लूटि लगरि सहु षाता॥ टेक॥
१ अैसौ सुष सुपिनैं हूं न दीनौं। ग्रभि बसत माता हूं।
स्वार्थ निपुन भरम पोषन लग। कीनौं कपट पितां हूं॥
२ अपनैं काजि पतब्रत लीनौं। बसि कीनौं अबला हूं।
बोल तोतरा बोलि चोरि चित। बित लीनौं बेटां हूं॥
३ भई बिपरीते संमींपि मिले मांनूं। धंन लीनौं भईयां हूं।
ब्याह बराती मिस रूंट्यौ करि। घर लूट्यौ सजनां हूं॥
४ कपट प्रीति परतीति बंधाई। अपनैं काजि सषां हूं।
रिण कारंनि मनुहारि करी सब। स्वार्थ लग राजां हूं॥
५ हरि गुण बिमल अगाध स्यंध की। को जांनैं सी वां हूं।
कूड कुटिल कांमीं अपराधी। ब्यास बिमुष सेवां हूं॥

राग गौडी

१६:० जौ रे भाई रांम दया नहीं करते र।
नौका नांव षेवट हरि आपैं। यौं बिन क्यूं निसतरते॥ टेक॥
१ करणीं कठिन होत नहीं मो पैं। क्यौं करिए दिन भरते।
लालचि लागि परत पावक मैं। आपहि आपैं जरते॥
२ स्वादहि संग बिषै नहीं छूटै। मन निहिचल नहीं धरते।
षाइ हलाहल सुष कै तांई। आपैं पचि मरते॥
३ मैं कांमीं कपटी क्रोध काया मैं। कूप परत नहीं डरते।
करवत कांम सीस धरि अपनै। आपहि आप बिहरते॥
४ हरि अपना अंग आप नहीं छाडै। अपनी आप बिचरते।
पिता क्यूं पूत कूं मारै। दादू यौं जन तिरते॥

राग रांमग्री

१७:० सरणि तुम्हारी केसवा। मैं अनंत सुष पाया।
भागि बडे तूं भेटिया। हूं चरणूं आया॥ टेक॥
१ मेरी तपति मिटी तुम्ह देषतां। सीतल भया भारी।
भवबंधन मुकता भये जब मिले मुरारी॥
२ भरम भेद सब भूलिया। चेतनि चित लाया।
पारस सूं परचा भया। उनि सहजि लषाया॥
३ मेरा चंचल चित निहिचल भया। इब अनत न जाई।
मगन भया सर बेधिया। रस पिया अघाई॥
४ संनमुष ह्वै तैं सुष दीया। यहु दया तुम्हारी।
दादू दरसन पावई। पीव प्रांन अधारी॥

राग भैरूं

१८:० धंनि धणीं तूं धंनि धणीं। तुम सूं मेरी आइ बणीं॥ टेक॥

१ धंनि धंनि तूं तारै जगदीस । सुर नर मुनिजन सेवैंहि ईस ॥
२ धंनि धंनि तूं केवल रांम । सेस सहंसमुष ले हरि नांम ॥
३ धंनि धंनि तूं सिरजनहार । तेरा कोई न पावै पार ॥
४ धंनि धंनि तूं निरंजन देव । दादू तेरा लषै न भेव ॥

१६:० धंनि परमेस्वर धंनि परमेस्वर ।
ब्रह्मा बिश्न कीये जिहि ईसुर ॥ टेक ॥
१ गैब मांहि थैं प्यंड उपाया ।
जीव दिया सब धंधै लाया ॥
२ सिध साधिक किए सब आप ।
लिपै नहीं ताहि पुंनि न पाप ॥
३ चंद सूर दोइ दीपक लाया ।
धरनि गगन जिनि पवन चलाया ॥
४ नांनां भेष बरण बहु कीन्हां ।
करि प्रतिपाल सबै सुष दीन्हां ॥
५ गुर दादू कृपा थैं सूझै ।
टीला हरि गुण बिरला बूझै ॥

साषी

२६ जीव पिंड जिनि सिरिजिया । रषे बणंत्र बणाइ ।
अंषि देषै जिभ्या बोलै । अरु कने सुर्ति सुणाइ ॥
३० जिनि रचु रच्या तिसहि न चेतै । अंधा अंधक माइ ।
भिनां तब ठिकुर भया । भी घडत्र घड्या न जाइ ।
नांनिक गुर बिन पति नहीं । पति बिन पार न पाइ ॥

सुत्रीधणीं करता कथि ग्रंथ ।
३१ जिनि पांणीं ऊपरि धर धरी । धरती ऊपरि भार ।
बिन थंभन मंडप रच्यौ । ते अलष पुरिष सुतधार ॥
३२ प्रथम सब मूरति रवी । पसु पंषी जल मींन ।
जहां जहां जैसे घट भये । तहां तहां तैसी मूरति कीन्ह ॥
३३ बृष बेलि बहु बिधि रची । परबति परबति धात ।
तिस ठांइ लष्यमीं ऊपजी । सुत्रधणीं कै हाथ ॥
३४ दरिया कूं बोहिथ किया । नदी तिरन कूं नाव ।
बसबे कूं मंदिर रचे । तामहि नांनां जुगति उपाव ॥
३५ अगनि बाति सरवा रचे । तिल मथि काढया तेल ।
अंधु मिट्या दपक रचे । सुत्रधणीं कौ षेत ॥
३६ नांनां बिधि बाजे रचे । तुलि थाप्या ब्यापार ।
जिनि इहै ठाटु बणाइया । ते पूरा सुतधार ॥
३७ बांवन बिधि अछ्यर रचे । कागद मसि करि लीन्ह ।
पोथा पाठ बणाइ करि । बहु बिद्या लिषि दीन्ह ॥
३८ बेद ले ब्रह्मा दिया । काजी दिया कुरांण ।
जे क्रित पुरिस न चीन्ह हीं । ते प्रतषि पसुवा जांण ॥
३९ जिन की बिद्या पढत हौ । जै तिनकूं चीन्हत नांहि ।
वै सति मांहि कबहूं नहीं । प्रतषि जंगल मांहि ॥
४० नारांइण लिछिसीं रची । गवरी सहेत महेस ।
अष्ट कुली परबत रचे । सहंस फणां सूं सेस ॥
४१ देवल रची मूरति थपी । ता महि बैठे पंथ संजोइ ।
प्रिथीनाथ कहै बिचार करिहो पंडित । इनमैं करता धणीं सु कोइ ॥
४२ ऊंचा कुल क्या कीजिये । जै कृत बीता कुछ नांहि ।
प्रिथीनाथ लघु बडा । जाकी की मरी सब ब्यौसांहि ॥
४३ षेती कारणि हलु रचे । जो तिनि पाया सूत ।
किस घरि न गुण उपजै । जा तहि हुवा ब्रह्म का पूत ॥
४४ थावर जंगम बीज बिंद । बरति रह्या सब मांहि ।
सुत्रधणीं अैसी रची । ज्यूं आगहि निपजत जांहि ॥
४५ प्रिथीनाथ कहि जिनि रची । ताके केवल नांव सहंस ।
सुत्रधणीं रचनां रची । हम तास पुरिस के अंस ॥
४६ जे मूल सब बिंदहिं नहीं । कथनीं क्यूं ठहरांहि ।
जिन तहि कुछु संपड नहीं । ते बहुत बडाई षांहि ॥
४७ तीनि लोक तिहि पूरिये । येक जोति सब ठांव ।
जोतहि अन अन मूरति । मूरति अन अन नांव ॥
४८ फरीदा ए जो जंगलि रुष रे । हरियर पत्त तिन्हांह ।
पोथा लिष्या अलष का । एकस एकस माह ॥
४९ दादू सब हीं गुर किये । पसु पंषि बणराइ ।
पंच तत गुण तीनि मैं । सबहीं मांहि षुदाइ ॥
इति सगुण साध मिलत गोबिंदजी का गुणांह कौ अंग सम्पूर्ण ॥

६३ पीव पिछांणण कौ अंग

श्लोक

१ आदौ ब्रह्मा न बिस्न षित जल पवनं ।
नास्ति ब्रह्मांड षंड स्वर्गाद्या नैव नागा ।
ना ग्रिहगण रिषियौ नास्ति नष्यत्र माला ।
चंद्रादित्यौ न बहन्य तपन पचनं ।
नास्ति कालो न जीवःस्तत्रैकोपि ।
सुयंभ अलष भूपति पातयो श्रिष्टि कर्ता ॥

श्री संकराचारज कौ ब्रह्म सतोतर निरंजन अष्टांग
२ स्थानं न मानं न च नाद बिंदं ।
रुपं न रेषं न च धातु बरणं ।
द्रिष्टी न द्रिष्ट्वा सुरती न सुर्त्वा ।
तस्मै अषंडित प्रब्रह्म नमो देव निरंजनाय ॥
३ स्वेतं न पीतं रक्तं न रेतं ।
हेमं न उस्नं चंदा न अर्कं बहनी ।
उदै न अस्तं न च बर्णं बर्णं ।
तस्मै अषंडीत प्रब्रह्म नमो देव निरंजननाय ॥
४ ब्रह्मांडं न षंडं न च अंड डंडं ।
कालेषु जीवनं । गुरू न सिछ्यं ।
गगने न तारा न च मेघमाला ।
तस्मै अषंडीत प्रब्रह्म नमो देव निरंजनाय ॥
५ ब्रिछं न मूलं न च बीर्ज अंकूरं ।
साष न पत्रं न च बेलि पलवं ।

पहुपं न गंध फलं न छाया ।
तस्मै अषंडीत प्रब्रह्म नमो देव निरंजनाय ॥
६ बेदं न सास्त्रं संझ्या न सुत्रं ।
होमं न जग्यं न च ध्यांन धारणं ।
मत्रं न जापं न च देव पूजा ।
तस्मै अषंडीत प्रब्रह्म नमो देव निरंजनाय ॥
७ गंभीर धीरं न्रिबांण सुंनिं ।
संसार सागरे न च पाप पुन्यं
ब्रिक्ता न ब्रिक्ती । न च भाव भिंन्यं ।
सा देव देवं ममं चित लीनं ।
८ तस्मै अषंडीत प्रब्रह्म नमो देव निरंजनाय ॥
अर्ध न उर्ध सिवं न सक्ती ।
नारी न पुरषा न च लिंग मूर्त्ती ।
९ ब्रह्मा न बिश्नो न च देव रुद्रो ।
तस्मै अषंडीत प्रब्रह्म नमो देव निरंजनाय ॥
संसार सागरे न पंकजश्चैव । नग्रे षेत्रे न स्थैव च ।
१० जाती न कुलं समि भेद भेदं ।
प्रथकी न प्रिथका अहं न तुयं ।
तस्म अषंडीत प्रब्रह्म नमो देव निरंजनाय ॥
इति श्री संकराचारज बिरंचते ।
ब्रह्म स्तोतर निरंजन अष्टांग संपूर्न समाप्तः ॥
नानिकजी कौ सोलहौ

राग मारू

१;१ अरबद नरबद धूं धू कार । धरणि न गगन न हुकम
अपार ।
ना तदि रैंणीं चंद न सूरिज । सुनि समाधि लगांईदा ॥
२ षांनीं न बांनीं । पवन न पांनीं । उतपति षपति नहीं
आंव न जानीं ।
षंड पताल सपत नहीं सागर । नदी न नीर बहांईदा ।
३ नां तदि श्रगन मंछ पयाला । दोजग भिस्त नहीं ष्यौ
काला ।
नरक सरग नहीं जांमण मरणां । नां को आइ न जाईदा ॥
४ ब्रह्मा बिस्न महेस न कोई । और न दीसै एकौ सोई ।
नारी पुरिष नहीं कुल जनमां । नां सुष दुष को पाईदा ॥
५ नां तदि जती तपी सिन्यासी । नां तदि सिध साधिक
बनबासी ।
जोगी जंगम सेष न कोई । नां को नाथ कहांईदा ॥
६ जप तप संजम नां ब्रत पूजा । नां को अषि बषांणैं दूजा ।
आपैं आप उपाइ बिगासी । आपैं कीमति पांईदा ॥
७ नां सचु संजम तुलछी माला । गोपी कांन्ह न गऊ
गोवाला ।
तंत मंत पाषंड न कोई । नां को बंस बजांईदा ॥
८ कर्म धर्म न माया मांषी । जाति न जनम न दीसै आंषी ।
ममिता जाल काल नहीं माथै । नां को किसहीं ध्याईदा ॥
९ नाद न बिंद नहीं जीव जिंदू । इंद्रू गोरष नां मांछिंद्रू ।
नां तदि ग्यांन ध्यांन ष्यौ काला । नां को गिणिति
गिणांईदा ॥
१० बरण भेष नहीं ब्राह्मण षत्री । देव न देहुरा गऊ न
गावत्री ।
होम जग्य नहीं तीर्थ न्हांवण । नां को पूजा लाईदा ॥
११ नां को मुलां नां को काजी । नां को सेष मसाइ कहाजी ।
रईत न रावत हूं मैं दुनियां । नां को षांन कहांईदा ॥
१२ भाव न भगती नां सिव सकती । साजन मींत ब्यंद नहीं
रकती ।
आपैं साह आपैं बणिजारा । साचैई वैं भांईदा ॥
१३ बेद कतेब न सुमृत पुरानां । उदै न अस्त नहीं आंव
न जांनां ।
कहता सुरता आप अगोचर । आपैं अलष लषाईदा ॥
१४ जाति सभाया । जगत उपाया । बाझ कला आडांण
रहाया ।
ब्रह्म बिस्न महेस उपाया । माया मोह बंधांईदा ॥
१५ बिरले कूं गुर सबद सुणाया । करि करि चषे हुकम
सवाया ।
षंड ब्रह्मंड पाताल आरंभे । गुपता प्रगट रहांईदा ॥
१६ ताका अंत न पावै कोई । पूरे गुर थैं सोधी होई ।
नांनिक दास रता बिसमाधी । बिसम भया गुण गांईदा ॥

११ अंड फोडि ब्रह्मंड उपाया । ता साहिब का अंत न पाया ।
जब नहीं होते पवन नहीं पांनीं । तब नहीं होती सिष्टि
उपांनीं ।
जब नहीं होते प्यंड नहीं बासा । तब नहीं होते धरनि
अकासा ।
जब नहीं होते चंद न सूरा । तब नहीं होते नाद न तूरा ।
जब नहीं होते ग्रभ नहीं मूला । तब नहीं होते कली नहीं
फूला ।
जब नहीं होते सबद नहीं स्वादं । तब नहीं होते बिद्या
नहीं बादं ।
जब नहीं होते रांम षुदाई । साषा मूल आदि नहीं भाई ।
जब नहीं होते तुरक नहीं हिंदू । मा का उद्र पिता का
बिंदू ।
जब नहीं होते गुरू नहीं चेला । गंम अगंमैं पंथ अकेला ।
तस अबिगत की गति कहूं । जस कर गाव न ठांव ।
गुन बिहूंन का पेषिये कबीर । का करि धरिये नांव ॥

राग आसावरी

२;० गोबिंदे तूं निरंजन तूं निरंजन तूं निरंजन राया ।
तेरे रूप नांहीं रेष नांहीं । मुंद्रां नहीं माया ॥ टेक ॥
१ तहां समंद नांहीं सिषर नांहीं । धर्ती नहीं गगनां ।
रवि ससि दोऊ एकै नांहीं । बहत नांहीं पवनां ॥
२ तहां नाद नहीं बिंद नहीं । काल नहीं काया ।
जब थैं जल बिंब न होते । तब तूं हीं रांम राया ॥
३ तहां जप नहीं तप नहीं । जोग ध्यांन नहीं पूजा ।
सिव नहीं सकति नहीं । देव नहीं दूजा ॥

४ तहां रुगन जुगन स्यांम अथर बन । बेद नहीं ब्याकरणां ।
तेरी तेरी गति तूंहीं जांनैं । कबीर तुम्ह सरणां ॥

राग बसंत

३:० सहज सुंनि मैं निंत बसंत । अबहि असहजि न जाइ अनंत ॥ टेक ॥

१ न तहां इंछ्या वो ऊंकार । न तहां नाभि नाल तार ॥
२ न तहां ब्रह्मा स्यौ बिसंन । न तहां चौईसौं बपु बरन ॥
३ न तहां दीसै माया मंड । रांमांनंद स्वांमीं रमैं अषंड ॥

राग रांमग्री

४:० तहां आपैं आप निरंजनां । तहां निसबासुरि नहीं संजमां ॥ टेक ॥

१ तहां धरतीं अंबर नांहीं । तहां धूप न दीसै छांहीं ।
तहां पवन न चालै पांनीं । तहां आपै एक बिनांनीं ॥
२ तहां चंद न ऊगै सूरा । मुषि काल न बाजै तूरा ।
तहां सुष दुष का गंमि नांहीं । वो तौ अगम अगोचर मांहीं ॥
३ तहां काल मींच नहीं लागै । तहां को सोवै को जागै ।
तहां पाप पुंनि नही कोई । तहां मरै न जीवै सोई ॥
४ तहां सहजि रहै सो स्वांमीं । वो सब घटि अंतरजांमीं ।
सकल निरंतर बासा । रटि दादू संगम पासा ॥

५:० अबधू बोलि निरंजन बांनीं । तहां एकै अनहद जांनीं ॥ टेक ॥

१ तहां बसुधा का बल नांहीं । तहां गगन घांम नहीं छांहीं ।
तहां चंद सूर नहीं जाई । तहां कल काया नहि भाई ॥
२ तहां रैंनि दिवस नहीं छाया । तहां बाव बरन नहीं माया ।
तहां उदै अस्त नहीं होई । तहां मरै न जीवै कोई ॥
३ तहां नांहीं पाठ पुरानां । तहां अगम निगम नहि जांनां ।
तहां बिद्या बाद नहीं ग्यांनां । नहीं तहां जोग रु ध्यांनां ॥
४ तहां निराकार निज ऐसा । तहां जांन्यां जाइ न तैसा ।
तहां सब गुन रहिता गहिये । तहां दादू अनहद कहिये ॥

६:० अबधू सबद निरंतरि रहिये । तहां बादू दिवस न रैंणीं कहिए । टेक ॥

१ तहां माय न बाप जाति कुल नांहीं । सुषमन नांहीं सथूलं ॥
उतपति परलै नादबिंद नहीं । बृछ छाया नहं मूलं ॥
२ तहां चंद न सूर पवन नहीं पांणीं । हिंदू नहीं मुसलमांनं ।
महमद कलमां रांम नांम नहीं । भिस्ति दोजग नहीं गिनांनं ॥
३ द्वादस देवल कहै सुणौं अनभुई । सुणि नैंसुणि पयांनं ।
पांणीं लूंण बूंद मैं दरिया । तत्व हि तत्व समांनं ॥

राग आसावरी

७:० कासूं कहूं हो अगम हरि बाता । गगन धरनि दिवस नहीं राता ॥ टेक ॥

१ संग न साथी गुरू न चेला । आस न पास यौं रहै अकेला ॥
बेद न भेद न करत बिचारा । अबरण बरण सबनि थैं न्यारा ॥
२ प्रांन प्यंड रूप नहीं रेषा । सोत सार नैंयन बिन देषा ॥
जोग न भोग मोह नहि माया । दादू देषु काल नहि काया ॥

८:० कहा बूझौं अवधू राइ गगन न धरनीं ।
चंद न सूर दिवस नहीं रैंनीं ॥ टेक ॥

१ वो ऊंकार निराकार सुषमन थूलं ।
पेड न पत्र फलहि नहीं फूलं ।
२ डाले न मूले बृषे न बेला ।
साषी न सबद गुरू नहीं चेला ॥
३ ग्यानि न ध्यानि जोगे न जुगता ।
पापे न पुने मोषे न मुकता ॥
४ उपजै न बिनसै आवै न जाई ।
जुरा मरण वाकै बाप न माई ॥
५ भणत गोरषनाथ मछिंद्र का दासा ।
भाव भगति वाकै आस न पासा ॥

साषी सबदी

१२ तहां रूपै न रेषै । हस्तै न पादं बेदै न बांणीं ।
बिद्या न बादं ।
तहां गुरू न सिष्यं । मंत्रं न सिष्या ।
बंनं न नग्री जोगी न भिष्या ॥
१३ निरती न सुरती जोगं न भोगं । जुरा मरण नहीं तहां रोगं ।
गोर्ष बोलै एकंकार नहीं तहां बाचा वो ऊंकारं ॥

१४ उदै न अस्त राति न दिन । सर्बे सचराचर भाव न भिंन ।
सोई निरंजन डाल न मूलं । सर्ब ब्यापी क काया सुषमनां सथूलं ॥
१५ बेदे न सास्त्रे कतेबे न कुरांणें । पुस्तके न बांच्या जाई ।
ते पद जांणंति बिरला जोगी । और सन धंधै लाई ॥
१६ तहां तप न तीर्थ देव न देवल । पूजा तोडि न पाती ।
कहि प्रिथीनाथ हम तिस घरि बिलबे । जिस घरि दिवस न राती ॥
१७ बीज नहीं अंकूर नहीं । नहीं रूप रेष आकार तही ।
उदै असत जहां कथ्या न जाइ । तहा भरथरी रहे समाइ ॥
१८ ग्रहबा कूं नांहीं देषिबा कूं लषि । चंद सूर बिबर्जित पषि ।
जल का बिंब न द्रपन छाया । अचिंत पद गोपीचंद पाया ॥
१९ अबरण अकल कल्यौ नहीं जाई । सकल निरंतर रह्यौ समाई ।
करम न काया छाया न माया । सो तत सिध हरताली

पाया ॥

२० छोटा न मोटा स्वेता न पीता । हालीपाव बोलंत पांणीं
जैसैं पतला ।
सुंनि सरूपी पवन जैसैं सलवा । जोवौ जोवौ अवधू फूल
जैसैं हलवा ॥

२१ डालं न सूलं न पत्रं न छाया । स्वर्ग मृत्यु पाताल एकही
काया ।
प्यंड ब्रह्मांड एक करि जांणि । संकर बोलंत अतीत
बांणि ॥

२२ नहीं तिहि पाप नहीं तिहि पुंन्य । नहीं तिहि थूल नहीं
तिहि सुंन्य ॥
नहीं तिहि सीस नहीं तिहि पाव । नहीं तिहि भेद नहीं
तिहि भाव ॥

२३ नहीं तिहि कांन नहीं तिहि नैंन । नहीं तिहि मुष नहीं
तिहि बैंन ॥
नहीं तिहि नास नहीं तिहि सास । नहीं तिहि प्यंड नहीं
तिहि बास ॥

२४ नहीं तिहि हस्त नहीं तिहि अस्त । नहीं तिहि जीव बिचार
न बस्त ॥
नहीं तिहि पीठि नहीं तिहि पेट । नहीं तिहि श्रोनिति बीज
सहेट ॥

२५ नहीं तिहि श्रींश्रति आव गौंन । नहीं तिहि बोल नहीं तिहि
मौंन ॥
अजोनि अजोनि अजोनि अजोनि ॥

२६ अषंडित तेज निवास समंगल । सब ठारस न श्रवन चक्ष
निर्मल ।
चरन हस्त सीस मुष बांणीं । सकल संबूह सर्बंग बिनांणीं ॥

राग गौडी

९:० केवल माधौ रे दूसरौ न कोई ।
गोकल नांहीं मधबन नांहीं आवागवन न होई ॥ टेक ॥
१ कंस नांहीं काल नांहीं नहीं रे गवाली ।
ऊधौ अंकरूर नांहीं । सब हीं बनवाली ॥
२ राति दिवस बरिष मास । या कुछ भ्रमैं मांनीं ।
आदि अंति मधि केसौ । ब्यापक सब जांनीं ॥
३ घट पट कछु वोट नांहीं । दूसरा न कोई ।
समि प्रकास अंगद हरि । आपैं है सोई ॥

राग गुंड

१०:० सुंनि ल्यौ कोई कांन्ह गावै । अपणैं आंनंदि मंन रिझावै
॥ टेक ॥
१ नांहीं मुरली नांहीं बांसी । नांहीं बेन रु ताला ।
एकाएकी बीर बबेकी । सब घटि रांम निराला ॥
२ नांहीं भांमां सूं को कांमां । नांहीं राधे रांणीं ।
संगि सहेली नां को षेली । सो गति जाइ न जांणीं ॥
३ नांहीं रुकमणि आपैं सुषमणि । आवै देषि उभेषा ।
जे हरदास इसौ प्रभू छाडैं । ते सब भूले लेषा ॥

२७ जरा मृत ब्यापै सदा । सो कांन्ह नहीं सुणि पंडित ।
कांन्ह स्निश्न अलष पुरिष । दस औतार नहीं षंडित ॥

राग आसावरी

११:० हरे हरे सकल भुवन भरे । जुगि जुगि सब करै ।
जुगि जुगि सब धरै । अकल सकल जरै ॥ टेक ॥
१ सकल भुवन छाजै । सकल भवन राजै । सकल कहै धरती
अंबर गहै ।
चंद सूर सुधि लहै । पवन प्रगट बहै ॥
२ घट घट आप देवै । घट घट आप लेवै । मंडित माया ।
जहां तहां आप राया । जहां तहां आप छाया । अगंम
गंम पाया ॥
३ रस मांहैं रसराता । रस मांहैं रसमाता । अंम्रित पीया ।
नूर मांहैं नूर लीया । तेज मांहैं तेज कीया । दादू
दरस दीया ॥

श्लोक

२८ वोउ नमः परमातमने श्री पुरांण पुरषोतमाय ।
यं ब्रह्मा बरुणेंद्र रुद्र मरुत ।
स्तनवंति दिब्यैः स्तवैर्बेदैः ।

२९ सांग पदक्रमोपनिषधै गार्यति यंसामगाः ध्यांनावस्थित
तद्गतेन मनसा ।
स्यंति यं योगिनो जस्यांतं न बिदुः सुरासुरगणाः
देवय तस्मै नम ॥

३० जाकूं नवहि सकल हीं साधा । चंद सूर धर पवन अराधा ।
सुर नर सकल कहैं जसु जाकौ । गंण गंध्रव गावैंहि
गुण ताकौ ॥

३१ नमो निरंजन आतमरांमां । बाबा हमहि एक सूं कांमां ।
उपजै बिनसै आवै जाई । झूठे की कहु कौंन बडाई ॥

३२ पतिब्रता पति सूं मन राषै । गनिका कहा कहा नहीं
भाषै ॥

राग नट नाराइण

१२:० नमो नमो हरि नमो नमो । अकल निरंजन नमो नमो ।
सकल बियापी जिनि जग कीन्हां । नाराइंण निज नमो
नमो ॥ टेक ॥
१ जिनि सिरजे जल सीस चरन कर । अबिगत जीव दियौ ।
श्रवन संवारि नैंन रसनां मुष । ऐसौ चित्र कियौ ॥
२ आप उपाइ कीये जगजीवन । सुर नर संकर साजे ।
पीर पैकंबर सिध रु साधिक । अपनैं नांइ निवाजे ॥
३ धरती अंबर चंद सूर जिनि । पांनीं पवन किये ।
भांनण घडण पलक मैं केते । सकल संवारि लिये ॥
४ आप अषंडित षंडित नांहीं । सब संमि पूरि रहे ।
दादू दीन ताहि नइ बंदित । अगंम अगाध कहे ॥

राग धनाश्री

१३:० कांइमां कीरति करौंली । तूं मोटौ दातार ।
सब तैं सिरजीडना साहिब जी । तूं मोटौ करतार ॥ टेक ॥
१ चौदह भवन भानैं घडै । घडत न लागै बार ।
थापै उथपै तूं धणीं । धंनि धंनि सिरजनहार ॥
२ धरती अंबर तैं धरचा । पांणीं पवन अपार ।
चंद सूरिज दीपक रच्या । रैंनि दिवंस बिस्तार ॥
३ ब्रह्मा संकर तैं किया । बिश्न दीया औतार ।
सुर नर साधू सिरजिया । करि लै जीव बिचार ॥
४ आप निरंजन ह्वै रह्यौ । कांइमौं कौतिगहार ।
दादू निर्गुण गुण कहै । जांउंली हूं बलिहार ॥

साषी

३३ सारूं के सिरि देषिये । उस परि कोई नांहि ।
दादू ग्यांन बिचारि करि । सो राष्या मन मांहि ॥
३४ सब लालूं सिरि लाल है । सब षूबौं सिरि षूब ।
सब पाकूं सिरि पाक है । दादू का महबूब ॥

राग माली गौडी

१४;० नृमल तत नृमल तत । नृमल तत अैसा ।
निर्गुण निज निधि निरंजन जैसा है तैसा ॥ टेक ॥
१ उतपति आकार नांहीं । जीव नहीं काया ।
काल नहीं कर्म नहीं । रहिता रांम राया ॥
२ सीत नहीं घांम नहीं । धूप नहीं छाया ।
बांन नहीं बरन नहीं । मोह नहीं माया ॥
३ धरनीं आकास अगंम । चंद सूर नांहीं ।
रजनी निस दिवस नांहीं । पवनां नहीं जाहीं ॥
४ कृतम घट कला नांहीं । सकल रहित सोई ।
दादू निज अगम निगम । दूजा नहीं कोई ॥

राग रांमग्री

१५;० तत अैसा लो तत अैसा लो । किंम कीर कथूं गंभीरं किं ।
निराकार आकार बिबर्जित । सत्य सत्य भाषंत हणवंत बीरं ॥ टेक ॥
१ द्रिष्टि न मुष्टि न अगम अगोचर पुस्तकि लिष्या न जाई ।
जिहि पहिचान्यां सोई जांनैं । कहितां कोन पत्याई ॥
२ बाहरि कहूं तौ सतगुर लाजै । भीतरि कहूं तौ झूठा ।
बाहरि भींतरि सकल निरंतरि । सतगुर सबहूं दीठा ॥
३ मींन चलैं जलि माघ न जोवै । नाद रूप बरन कैसा ।
पहुप बासनां कछू न दरसै । परंम तत्व है अैसा ॥
४ आकासां उडि चलै बिहंगम । पीछैं षोज न दरसै ।
बालजती हणवंत यौं प्रणवैं । कोई बिरला हरि पद परसै ॥

राग आसावरी

१६:० अैसा तत अनूपम भाई । मरै न जीवै काल न षाई ॥ टेक ॥
१ पावक जरै न मारचौ मरई । काटचौ कटै न टारचौ टरई ॥
२ अषिर षिरै न लागै काई । सीत घांम जल डूबि न जाई ॥
३ माटी मिलै न गगन बिलाई । अघट एकरस रह्यौ समाई ॥
४ अैसा तत अनूपम कहिये । सो गहि दादू काहे न रहिये ॥

साषी

३५ गगनें न गोसंत । तेजे न सोषंत । पवने न पेलंति बाई ।
महीभारे न भाजंत । उदके न डूबंत । कहूं तौ को पतियाई ॥
३६ आप कहूं तौ सरदी दीसै । अग्नि कहूं तौ जालै ।
बाइ कहूं तौ पवन झकोलै । प्रथी का षोज कुदालै ॥
३७ इस बिधि कहूं तौ पद न होई । जाकै रूप बरण कुल नांहीं ।
कहि प्रिथीनाथ हम प्रगट देष्या । अलष रूप जग मांहीं ॥
३८ दादू कौंण पटंतरि दीजिये । दूजा नांहीं कोइ ।
रांम सरीषा रांम है । सुमिरचां हीं सुष होइ ॥

राग रांमग्री

१७:० अषिल षिलै नहीं का कहि पंडित । कोई न कहै संमझाई ।
अबरण बरण रूप नहीं जाकै । सु कहां ल्यौ लाइ समाई ॥ टेक ॥
१ चंद सूर नहीं राति दिवस नहीं । धरनि आकास न भाई ।
कर्म अकर्म नहीं सुभ असुभ नहीं । का कहि देहु बडाई ॥
२ सीत उस्न बाइ नहीं सरवत । कांम कुटिल नहीं होई ।
जोग न बोग रोग नहीं जाकै । कहौ नांव सति सोई ॥
३ निरंजनः निराकारः निरलेपहि । न्रिबिकार निरासी ।
कांम कुटिल ताही कहि गावत । हर हर आवै हासी ॥
४ गगन धूरि धू सर नहीं जाकै । पवन पूरि नहीं पांनीं ।
गुन बिगुन कहियत नहीं जाकै । कहौ तुम्ह बात सयांनीं ॥
५ याही सूं तुम्ह जोग कहत हो । जब लग आस की पासी ।
छूटैं तहीं जब मिलै एक ही । कहै रैदास उदासी ॥

राग आसावरी

१८:० रांम कै नांइ नीसांन वागा । ताका मरम न जांनैं कोई ।
भूष तृषा गुण वाकै नांहीं । घटि घटि अंतरि सोई ॥ टेक ॥
१ बेद बिबर्जित भेद बिबरजित । बिबर्जित पाप र पुंनिं ।
ग्यांन बिबर्जित ध्यांन बिबर्जित । बिबर्जित अस्थूल सुंन्यं ॥
२ भेष बिबर्जित भीष बिबर्जित । बिबर्जित डिंभकि रूपं ।
कहै कबीर त्रिहूं लोक बिबर्जित । अैसा तत अनूपं ॥

राग गुंड

१६;० निरंजन यौं रहै । काहू लिपत न होइ ।

षुध्या तृषा लागै नहीं । घटि घटि आतमरांम ॥
३ माया मोह लागै नहीं । नहीं लागै काया जीव ।
काल कर्म लागै नहीं । प्रगट मेरा पीव ॥
४ इकलस एकै नूर है । इकलस एकै तेज ।
इकलस एकै जोति है । दादू षेलै सेज ॥

राग आसावरी

२०;० निरंजन जोगी जांनि ले चेला ।
सकल बियापी रहै अकेला ॥
१ षपर न झोली डंड न अधारी ।
मढी न माया लेहु बिचारी ॥ टेक ॥
२ सींगी मुंद्रा बिभूति न कंथा ।
जटा जाप आसंन नहीं पंथा ॥
३ तीरथ ब्रत न बंनषंड बासा ।
मांभि न षाइ नहीं जगि आसा ॥
४ अंमर गुरू अबिनासी जोगी ।
दादू चेला महा रस भोगी ॥

२१;० मन रे सेइ निरंजन राई ।
ताकूं सुमिरौ रे चित लाई ॥ टेक ॥
१ आदि अंतैं सोई उपावै । परलै लेइ छिपाई ।
बिन थंभां जिनि गगन रहाया । सो रह्यौ सबनि मैं समाई ॥
२ पाताल मांहैं ते आराधै । बासिग रे गुन गाई ।
सहंसमुष जिभ्या ह्वै ताकै । सो भी पार न पाई ॥
३ सुर नर जाकौ पार न पावै । कोटि मुनींजन ध्याई ।
दादू रे तन ताकौ है । जाकौं सकल लोक आराही ॥

राग गौडी

२२;० निर्गुणां रांम निर्गुणां । निर्गुण रांम जपहु रे भाई ।
अबिगत की गति लषी न जाई ॥ टेक ॥
१ चारि बेद जाकै सुमृत पुरानां ।
नौ ब्याकरनां मरम न जांनां ॥
२ सेस नाग जाकै गरड समांनां ।
चरन कवल कवला नहीं जांनां ॥
३ कहै कबीर जाकै भेद्वै नांहीं ।
निज जन बैठे हरि नी छांहीं ॥

राग आसावरी

२३;० परसि मन परंम पुंनींत परम परमेस्वर । अपरंपार अभेव ।
ग्यांन दीप गुर कर लै दीनौं । निरषि निरंजन देव ॥ टेक ॥
१ आदि पुरिस अबिनासी अहि निसि । सब गुन रहित रमत है सब दिसि ।
भेद अभेद बरन नांहीं जिस । करि लै ताकी सेवा ॥
२ बाल तरुन तन जुरा न होई । त्रिगुण रहित सब मांहैं सोई ।
गति अगाध सो लषै न कोई । तासूं कीजै हेव ॥
३ सकल सिरोमनि सो गहि अंतरि । भरमति रमते जांहि सबै जरि ।
गरीबदास तब जोति रही भरि । परमिति नांहीं छेव ॥

राग रांमग्री

२४;० संतौ सो अनभै पद गहिये ।
कला अतीत आदि निधि निर्मल । ताकूं सदा बिचारत रहिये ॥ टेक ॥
१ सो काजी जाकूं काल न ब्यापै । सो पंडित पद बूझै ।
ब्रह्मा सो जे ब्रह्म बिचारै । सो जोगी जग सूझै ॥
२ उदै न अस्त सूर नहीं ससिहर । ताकूं भाव भजन करि लीजै ।
काया थैं कछू दूरि बिचारै । तास गुरू मन धीजै ॥
३ जारचौ जरै न काटचौ सूकै । उतपति परले न आवै ।
निराकार अषंड मंडल मैं । पांचूं तत समावै ॥
४ लोचन अछत सबै अंधियारा । बिन लोचन जग सूझै ।
पडदा षोलि मिलै हरि ताकूं । जो या अर्थहि बूझै ॥
५ आदि अनंत उभै पष निर्मल । द्रिष्टि न देष्या जाई ।
ज्वाला उठी अकास प्रजल्यौ । सीतल अधिक समाई ॥
६ एकनि गंध बासनां प्रगट । घट थै रहै अकेला ।
प्रांण पुरिस काया थैं बिछुरैं । राषि लेहु गुर चेला ॥
७ भागा भर्म भया मन अस्थिर । निंद्रा नेह नसानां ।
घट की जोति जगत परकासा । माया सोक बुझानां ॥
८ बंकनालि जे समि करि राषै । तौ आवगवन न होई ।
कहै कबीर धुनि लहरि प्रगटी । सहजि मिलैगा सोई ॥

२५;० पुरिष हाजिर बरन नांहीं । दूरि ठाढा देषै मांहीं ॥ टेक ॥
१ ग्यांन ध्यांन रहित षेलै । आद्रिष्टि मांहैं द्रिष्टि मेलै ॥
२ संगि लागा भेष काछै । सारीषा आगैं रु पाछै ॥
३ निगंध रूप बिबर्जित बास । प्रणवंत नांमदेव हरि का दास ॥

राग आसावरी

२६;० एक अचंभा अैसा देष्या सो । तत रे काहूं बिरलै पेष्या ॥ टेक ॥
१ नाद बिंद थैं रहै नियारा । सो पद परसत भया उजियारा ॥
२ त्रिकुटी मधि जोति जे कहिये । ताहू थैं अगंम अगोचर लहिये ॥
३ त्रिबिधि थांन त्रिदेव थैं रहिता । निर्गुण अतीत निरंतर रमता ॥
४ जन पीपौ सतगुर बलिहारी । जाकै सबहूं मिल्यौ हो मुरारी ॥

राग गुंड

२७;० अैसैं रांमहि जांनूं रे भाई ।

मुरारी ॥

राग गुंड

२७:० अैसैं रांमहि जांनूं रे भाई ।
जैसैं भ्रिंगी कीट रहै ल्यौ लाई ॥ टेक ॥
१ श्रब रूप सरबेसुर स्वांमीं ।
त्रिगुण रहित देव अंतरजांमीं ॥
२ थावर जंगम कीट पतंगा ।
सति रांम सबहिन के संगा ॥
३ नांमौं कहै मेरै बंध न भाई ।
रांम नांम मैं नौ निधि पाई ॥

राग रामग्री

२८:० है सब आतम सोयं प्रकास साचौं ।
निरंतर निराहर कलपत ए पांचौं ॥ टेक ॥
१ आदि अंति औसांण एक रस । तारतंब नहीं भाई ।
थावर जंगम कीट पतंगा । पूरि रहे हरि राई ॥
२ सरबेसुर सरबंगि सरबगति । करता हरता हरता हरता सोई ।
सिवि निसि बिनसि साध अरु सेवग । उनैं भाव नहीं होई ॥
३ धंम अधंम मोछि नहीं बंधन । जुरा मरन भवनासा ।
द्रिष्टि अद्रिष्टि गेव अरु ग्याता । एकमेक रैदासा ॥

२९:० भाई रे रांम कहां सो मोहि बतावो । सत्य रांम ताकै निकटि न आवो ॥ टेक ॥
१ रांम कहत सब जगत भुलांनां । सो यहु रांम न होई ।
कर अकरम करुणांमैं केसौ । करता नांव सु कोई ॥
२ जा रांमहि सब जग जांनैं । भ्रंमि भूला रे भाई ।
आप आप सूं कोई न जांनैं । कहैं कौंन सूं जाई ॥
३ सति तन लोभ परसि जीय तन मन । गुन परसन नहीं जाई ।
अषिल नांव जाकैं ठौर नहीं कतहूं । क्यूं न कहौ समझाई ॥
४ भणैं रैदास उदास ताही थैं । करता को है भाई ।
केवल करता एक सही करि । सति रांम तिहि ठांई ॥

राग गौडी

३०:० जस तूं तस तोहि कोई न जांन ।
लोक कहैं सब आंन हीं आंन ॥ टेक ॥
१ चारचौं बेद चहूं मत का बिचार ।
इहि भ्रंमि भूलि परचा संसार ॥
२ श्रुति सुमृति ह्वै कौ बेसास ।
बाझि परे सब आसा पास ॥
३ ब्रह्मादिक सनकादिक सुर नर ।
मैं बपुरा धूं कामैं कसकर ॥
४ जिहि तुम्ह तारौ सोई पै तरई ।
कहै कबीर नांतर बांध्यौ मरई ॥

राग रांमग्री

३१:० जाइ पूछौ गोबिंद पढिया पंडित ।
तेरा कौंण गुरू कौंण चेला ।
आपणां रूप कूं आपहीं जांणैं । आपैं रहै अकेला ॥ टेक ॥
१ बांझ का पूत बाप बिन जाया । बिन पाऊं तरवरि चढिया ।
असतिन पाषर । गजबि न गुडिया । बिन षांडै संग्रांम जुडिया ॥
२ बीज बिन अंकूर । पेड बिन तरवर । बिन साषा तरवर फलिया ।
रूप बिन नारी पहुप बिन परिमल । बिन नीरैं सरवर भरिया ॥
३ देव बिन देहुरा पत्र बिन पूजा । बिन पांषां भौरा बिलंबिया ।
सूर होइ सु परम पद पावै । कीट पतंग ह्वै सबै जलिया ॥
४ दीपक बिन जोति जोति बिन दीपक । हद बिन अनाहद सबद बागा ।
चेतनां होइ सचेति लीज्यौ । कबीर हरि कै अंगि लागा ॥

राग गौडी

३२:० केते एक सिवसंकर गए उठि । रांम समाधि अजहूं नहीं छूटि ॥ टेक ॥
१ प्रलै काल कहूं किते क भाष । गए इंद्र से अगिनत लाष ॥
२ ब्रह्मा षोजि परचौ गहि नाल । कहै कबीर वै रांम निराल ॥

साषी

३९ अपणीं जांणैं आप गति । और न जांणैं कोइ ।
सुमरि सुमरि रस पीजिये । दादू आंनद होइ ॥
४० दादू निगमहि अगंम बिचारिए । तऊ पार न आवै ।
तार्थैं सेवग क्या करै । सुमिरण ल्यौ लावै ॥

राग आसावरी

३३:० निकटि कहत सोई । अबिगत जांनैं कोई ।
तार्थैं अतिसोच मोहि निसदिन होइ ॥ टेक ॥
१ रैंनि तैं दिन उजारौ । चंद सूरेज तेज न्यारौ ।
पोषत सबै पसारौ । जांनत हौं कोई ॥
२ अगम निगंम गावैं । संतहूं न पार पावैं ।
संकर से ध्यांन लावैं । ताकैं नहीं दोइ ॥
३ बौरी भई ताकैं काज । छाडी मैं जग की लाज ।
मोहन मिलावो आज । नैंन भरि रोई ॥

राग गौडी

३४:० अचिंत चिंतए माधौ । सो सब मांहि समांनां ।
ताहि छाडि जे आंभ भजत हैं । ते सब भ्रंमि भुलांनां ॥ टेक ॥

१ ईस कहै मैं ध्यांन न जांनूं । दुरलभ पद निज मोही ।
रंचक करुनां कारंनि केसौ । नांव धरन कौं तोही ॥
२ कहूधूं सबद कहां थैं आवै । अरु फिरि कहां समाई ।
सबद अतीत का मरम न जांनैं । भ्रमि भूली दुनियाई ॥
३ प्यंडैं मुकति कहां ले कीजै । जौ पद मुकति न होई ।
प्यंडैं मुकति कहत हैं मुनिजन । सबद अतीत था सोई ॥
४ प्रगट गुपत गुपत पुनि प्रगट । सोकत रहै लुकाई ।
कबीर परमांनंद मनाए । अकथ कथ्यौ नहीं जाइ ॥

राग रांमग्री

३५:० बैरागी रांमहि गांऊंगा ।
सबद अतीत अनाहद राता । आकुल कै घरि जांऊंगा ॥ टेक ॥
१ तीर्थ जांउ न जल मैं पैसूं । जीव जंत न संतांऊंगा ।
अठसठि तीर्थ गुरू बताए । घट हीं भींतरि न्हांऊंगा ॥
२ बेद पुरांण सास्त्र गीता । गीत कवित न गांऊंगा ।
निराकार अषंड मंडल मैं । अनहद बेन बजांऊंगा ॥
३ इला प्यंगुला सुषमन नारी । पवनां मंझि लुकांऊंगा ।
चंद सूर दोऊ संमि करि राषूं । ब्रह्म जोति मिलि जांऊंगा ॥
४ गाए गए गए ते गाए । अगई कूं अब गांऊंगा ।
भणंत नांमां भए निहकांमां । सुंनि समाधि लगांऊंगा ॥

श्लोक

४१ बालं न बृधं स्थानं न तरणं । आकारि बिहूंनं सूष्यमं ।
अरंग रंमिता सकल बियापी द्रिष्टि मध्ये न द्रिष्टिते ॥
४२ अषंड रूपेन सगिन । द्रिष्टि भेद बप उतपातिते ।
श्रुत्वा सुनि अपुजि जन्म जुरा न बिंधते ॥
४३ अबिगत ते अषिला षिल्यते ते आकारश्चैव ।
जस्य रुप जाताषि तस्य भृत्यक्यं अस्थिरं ॥

अर्जुन उबाच

४४ आद्रिष्टि भांवनां नास्ति । दृष्टिमनिषु बिनस्ते ।
अबरणं सुयं ब्रह्मं कथं ध्यायंति जोगिनं ॥

श्री भगवांन उबाच

४५ अंतह पूरण बहज्य पूर्ण: । मध्य पूर्ण अस्थेव च: ।
सर्ब पूर्ण परब्रह्म । समाध्यतस्य लष्यणं ॥

राग धनाश्री

३६:० लोका तुम्ह जु कहत हौ नंद कौ नंदन । नंद कहौ धूं का कौ ।
धरनि अकास दोऊ नहीं होते । तब यहु नंद कहां थौ ॥
१ जांमैं मरै न संकुटि आवै । नांव निरंजन ताकौ ।
अबिनासी उपजै नहीं बिनसै । संत सुजस कहैं ताकौ ॥
२ लष चौरासी जव जंत मैं । भ्रंमत भ्रंमत नंद थाकौ ।
दास कबीर कौ ठाकुर अैसौ । भगति करै सो वाकौ ॥
३७:० सुमिरि सनेही आपणां । जाकै आदि अंति मधि नांहि ।
सतगुरि साच बताइया । मेरा प्रांण बसै ता मांहि ॥ टेक ॥
१ गोपी क्यौं काबा हरै । यहु अचिरज मन मांहि ।
अनिन भगत गोपी नहीं । कै वो करता नांहि ॥
२ पांडौं क्रिस्न समीप था । गल्या हिवाले जाइ ।
लोहा कूं पारस मिलै । तौ क्यूं काई षाइ ॥
३ एक पलक मैं जग फनां । हरि जग थापे छिन मांहि ।
छल बल करि हरि क्यूं लडै । संमझि पडै कुछ नांहि ॥
४ हरणांकस रांवण हत्या । जुरास्यंध ससिपाल ।
हरीदास यौं जांणियैं । कालैं ग्रासै काल ॥

साषी

४६ बिन ततहूं संजोग बिन । सब अंग चेतनि रूप ।
जो तिहि तैं सब कुछ करै । मोहन अलष अनूप ॥
४७ दस औतार कहैं सब लोई । एकंकार न जांणैं कोई ।
उपति षपति जास प्रभु सारै । ता साहिब कूं को न बिचारै ॥
४८ अनंत ब्रह्मंड षंड बिधि पूरि निपाया । सो किस जननीं पेटि समाया ।
पंडित ग्यांनीं करौ बिचारा । जोनि न आवै सारंगधारा ॥
४९ अनंत लोक औतार बिन । एक सबद सब कीन्ह ।
भगति हेति हरि औतरैं । कौंन अंग कहि हींन ॥
५० तब कहि को औतार था । जब सिरज्या सब जग ।
आदि अंति मधि एक रस । सब करि देषण लग ॥
५१ प्रगट भयैं प्रगटै सकति । गुपत रहै तब नांहि ।
जनम मरन उपजे षपै । सो सब माया मांहि ॥
५२ हरि अबिनासी एक रस । संम्रथ सब बिधि सोइ ।
करन मतै त्यूं हीं करै । ताहि न पूजै कोइ ॥
५३ जीव रूप कूं ब्रह्म कहि । ग्यांन कथैं अधिकार ।
सजीवंनि सुमिरे बिनां । किहि बिधि उतरैं पार ॥
५४ जैमल कुंभ भया द्वै कुंभ सूं । नांव धरचा औतार ।
देह सरूपी देषिये । सो नहीं सिरजनहार ॥
५५ जैमल दोइ घट सेती घट भया । अधि का बल दीया ।
परष बिहूंणां प्रांणियां । साहिब करि लीया ॥
५६ जैमल उदिक बूंद थैं ऊपनां । पंच तत की देह ।
गुण इंद्री ब्यापति सबै । साहिब नांहीं एक ॥
५७ जैमल जाकी थापी मांड सब । ताकी कीजै सेव ।
जो थरप्या इस मांड का । सो नहीं हमारा देव ॥
५८ धरे ऊपरि नां धरचा कीये न कीया सोइ ।
जैमल मेरा सो धणीं जाकै । सगा न दुसमन कोइ ॥

राग भैरूं

३८:० अैसा एक पारब्रह्म थिर थंभा ।
बिन घट भुगतै बडा अचंभा ॥ टेक ॥
१ घटि घटि पवन घटहि घट पांणीं ।
दहूं बिचि रहै न लिपै बिनांणीं ॥
२ कृतम की सब कूडी करणीं । कुदरति की सब साची ।
३ सहजि होइ तो कौ हरि करता । करि पूजिये सु काची ॥

४ दस औतार पतउवा डारी । करता ग्रभि न आया ।
५ कह नापौ हरि है अबिनासी । जामैं मरै सु माया ॥

साषी

५९ दादू जामैं मरै स जीव है । रमिता रांम न होइ ।
जांमण मरण थैं रहित है । मेरा साहिब सोइ ॥
६० दादू उठै न बैसै एक रस । जागै सोवै नांहि ।
मरै न जीवै जगत गुर । सब उपजि षपैं उस मांहि ॥
६१ नां वो जांमैं नां मरै । नां आवै ग्रभवास ।
दादू ऊंधै मुषि नहीं । नर्क कुंड दस मास ॥
६२ दादू कृतम नहीं सो ब्रह्म है । घटै बधै नहीं जाइ ।
निहचल पूरण एक रस । जगति न नाचै आइ ॥
६३ उपजै बिनसै गुण धरै । यहु माया का रूप ।
दादू देषत थिर नहीं । षिण छांहीं षिण धूप ॥
६४ जे नांहीं सो ऊपजै । है सो उपजै नांहि ।
अलष आदि अनादि है । उपजै माया माहि ॥
६५ दादू कृतम काल बसि । बंध्या गुन मांहीं ।
उपजै बिनसै देषतां । यहु करता नांहीं ॥
६६ दादू अबिनासी साहिब सति है । जे उपजै बिनसै नांहि ।
जेता कहिये कालमुषि । सो साहिब किस मांहि ॥
६७ सांई मेरा सति है । निरंजन निरकार ।
दादू बिनसै देषतां । झूठा सब आकार ॥
६८ सोई हमारा सांईयां । जे सब का पूर्नहार ।
दादू जीवण मरण का । जाकै हाथि बिचार ॥
६९ दादू सुर्ग भवन पाताल मधि । आदि अंति सब सिष्टि ।
सिरजि सबनि कूं देत है । सोई हमारा इष्ट ॥
७० दादू जिनि मुझ कूं पैदा कीया । मेरा साहिब सोई ।
मैं बंदा उस रांम का । जिनि सिरजे सब कोइ ॥
७१ एक तत ता ऊपरि इतनीं । तीनि लोक ब्रह्मंडा ।
धरती गगन पवन अरु पांणीं । सप्त दीप नवषंडा ।
७२ चंद सूर चौरासी लष दिन अरु रैंनि । रचिले सपत समंदा ।
सवा लाष मेर गिर परबत । अठारह भार तीर्थ ब्रत । ता उपरि मडा ।
७३ चौदह लोक रहै सब रचनां । दादु दास तास घरि बंदा ॥

राग सूहौ

बारह पदी ग्रंथ कबीरजी की रमैणी

७४:१ पहली मन मैं सुमिरौं सोइ । जा समतुलि अवर नहीं कोई ।
कोई न पूजै वा सूं प्रांनां ।
आदि अंतिओ किनहूं न जांनां ।
रूप सरूप न आवै बोला ।
हरु गरू कछू जाइ न तोला ।
भूष न त्रिषा धूप नहीं छांहीं ।
सुष दुष रहित रहै सब मांहीं ।
अबिगति अपरंपार ब्रह्मग्यांन रूप सब ठांम ।
बहु बिचार करि देषिये कबीर ।
तौ कोई न सारिष रांम ॥
२ जो त्रिभुवनपति वो है अैसा ।
ताका रूप कहौ धूं कैसा ।
सेवग जन सेवा कै तांई ।
बहुत भांति करि सेवि गुसांई ॥
तैसी सेवा चाहौ लाई ।
जा सेवा बिन रह्या न जाई ॥
सेवक रंतां जो दुष भाई ।
सो दुष सुष बरि गिणहुं संवाई ॥
सेवक रंतां सो सुख पावा ।
तिनि सुष दुष दोऊ बिसरावा ॥
सेवग सेव भुलांनियां ।
पंथ कुपंथ न जांन ।
३ सेवग सो सेवा करै कबीर । जिहि साहिब भलमांन ॥
जिहि जग की तस की तस केही ।
आपैं आप आथि है एही ।
कोई न लषै वाका भेऊ ।
भेऊ होइ तौ पावै केऊ ।
बांवैं न दांहिणैं आगैं न पीछू ।
अर्ध न उर्ध रूप नहीं कीछू ।
माइ न बाप आव नहीं जावा ।
नां वहु जण्यांन को वहि जावा ।
ओ है तैसा ओही जांनैं ।
ओही आहि आहि नहीं आंनैं ।
४ नैंनां बैंन अगोचरी । श्रवनां करनीं पार ।
बोलन का सुष कारनैं कबीर कहिये सिरजनहार ॥
सिरजनहार नांव धूं तेरा । भौसागर तिरिबे कूं भेरा ।
जे यहु भेरा रांम न करता ।
तौ आपैं आप आवटि जग मरता ।
रांम गुसांई मिहरि जु कीन्हां ।
भेरा साजि संतनि कूं दींन्हां ।
दुष षंडण मही मंडणां । भगति मुकति बिश्रांम ।
५ बिधि करि भेरा साजिया । धरचा रांम का नांम ॥
जिनि यहु भेरा दिढ करि गहिया ।
गए पार रिागहीं सुष लहिया ।
दुमनां ह्वै जिनि चित झुलावा ।
कर छिटके थैं थाह न पावा ।
इक डूबे अरु रहे उरवारा । ते जुगि जरे न राषनहारा ।
राषन की कुछ जुगति न कीन्हीं ।
राषनहार न पाया चीन्हीं ।
जिनि चीन्ह्यां ते निर्मल अंगा ।
जे अचीन्ह ते भये पतंगा ।
६ रांम नांम ल्यौ लाइ करि । चित चेतनि ह्वै जागि ।
कहै कबीर ते ऊबरे । जे रहे रांम ल्यौ लागि ॥
अरु चित अबिगत है निरधारा ।
जांण्यां जांइ न वार न पारा ।

लोक बेद थैं अछै निनारा ।
छाडि रह्यौ सबहीं संसारा ।
जस कर गांव न ठांव न षेरा ।
कैसैं गुन बरनूं मैं तेरा ।
नहीं ता रूप रेष गुन बांनां ।
अैसा साहिब है अकुलांनां ।
७ नहीं सो ज्वांन बिरध नहीं बारा ।
आपैं आप आपनपौ तारा ।
कहै कबीर बिचारि करि । जिनि को लावै भंग ।
सेवौ तन मन लाइ करि । रांम रह्या सरबंग ॥
नहीं सो दूरि नहीं सो नियरा ।
नहीं सो तात नहीं सो सियरा ।
पुरिष न नारी करै नहीं क्रीरा ।
धांम न धांम न ब्यापै पीरा ।
नदी न नाव धरनि नहीं धीरा ।
नहीं सो काच नहीं सो हीरा ।
८ कहै कबीर बिचारि करि । तासूं लावो हेत ।
बरण बिबरजित ह्वै रह्या । नां सो स्यांम न सेत ॥
नां वो बारा ब्याह बराता ।
पीत पितंबर स्यांम न राता ।
तीर्थ बरत न आवै जाता ।
मन नहीं मूंनि बचन नहीं बाता ।
नाद न बिंद गरथ नहीं गाथा ।
पवन न पांनीं संग न साथा ।
कहै कबीर बिचारि करि । ताकै आथि न नांहि ।
९ सो साहिब किन सेविये । जाकै धूप न छांहि ॥
ता साहिब कै लागौ साथा ।
दुष सुष मेटि रह्यौ अनाथा ।
ना जसरथ घरि औतरि आवा ।
नां लंका का राव संतावा ।
देवै कूषि न औतरि आवा ।
नां जस वै ले गोद षिलावा ।
नां वो ग्वालन कै संगि फिरिया ।
गोवरधन लेकर नहीं धरिया ।
बांवन होइ नहीं बलि छलिया ।
धरणी बेद ले न उधरिया ॥
१० गंडिक सालिगरांम न कोला ।
मछ कछ ह्वै जलहि न डोला ।
बद्री बैसि ध्यांन नहीं धरिया ।
परसरांम ह्वै षत्री न संग्रिया ।
द्वारामती सरीर न छाडा ।
जगंनाथ ले प्यंड न गाडा ।
कहै कबीर बिचारि करि । ए ऊले ब्यौहार ।
यां हीं थैं जे अगम है । सो बरति रह्या संसारि ॥
नां तिहि सबद न स्वाद न सोहा ।
नां तिहि मात पिता नहीं मोहा ।
११ नां तिहि सास सुसर नहीं सारा ।
नां तिहि रोज न रोवनहारा ।
नां तिहि सूतिग पातिग जातिग ।
नां तिहि माइ न देव कथापिक ।
नां तिहि बृधि बधावा बाजै ।
नां तिहि गीत नाद धुनि साजै ।
नां तिहि जाति पांति कुल लीका ।
नां तिहि छोति पवित्र न सींचा ।
कहै कबीर बिचारि करि । वो है पद न्रिबांण ।
सति ले मन तहां राषिये । जहां न दूजा आंण ॥
१२ नां सो आवै नां सो जाई । ताकै बंध पिता नहीं माई ।
चार बिचार कछू नहीं वाकै ।
उनमन लागि रहौ जे ताकै ।
को है आदि कवन का कहिये ।
कौंन रहनि वाका ह्वै रहिये ।
कहै कबीर बिचारि करि । जिनि को षोजै दूरि ।
ध्यांन धरौ मन सुध करि । रांम रह्या भरपूरि ॥
नाद बिंद रंग इक षेला । आपैं गुरू आपहीं चेला ।
१३ आपैं मंत्र आपैं मंत्रिला । आपैं पूजै आप पुजेला ।
आपैं गावै आप बजावै । अपणां कीया आपहीं पावै ।
आपैं धूप दीप आरती । अपणीं आप लगावै जाती ।
कहै कबीर बिचारि करि । झूठा लोही चांम ।
जो या देही रहित है । सो है रमिता रांम ॥

७५ पहली कीया आप थैं । उतपति वो उंकार ।
वो उंकार थैं ऊपजे । पंच तत आकार ।
७६ पंच तत थैं घट भया । बहु बिधि सब बिस्तार ।
दादू घट थैं ऊपजे । मैं तैं बरण बिचार ॥
७७ निरंजन निराकार है । वो उंकार आकार ।
दादू सब रंग रूप सब । सब बिधि सब बिस्तार ॥
७८ आदि सबद वो उंकार है । बोलै सब घटि मांहि ।
दादू माया बिस्तरी । परम तत यहु नांहि ॥

राग गौडी

३९;० जौ पैं बीज रूप भगवांनं ।
तौ पंडित का कथिसि गियांनं ॥ टेक ॥
१ नहीं तन नहीं मन नहीं अहंकार ।
नहीं सत रज तम तीनि प्रकार ॥
२ बिष अंमृत फल फल्या अनेक ।
बेद बोध कहैं तर एक ॥
३ कहै कबीर इहै मन मांन ।
कहि धूं छूट कवन उरझांन ॥

ज्वाब की साषी

७९ दादू बंध्या जीव है । छूटा ब्रह्म समांन ।
दादू दून्यूं देषिए । दूजा नांहीं आंन ॥
८० जत्र जीव तत्र सीव । न भेदो जीव सीवयः ।
कर्मबंधन भवे जीव । कर्म मुकता सदा सीवं ॥

८१ करमौं कै बसि जीव है । करम रहित सो ब्रह्म ।
जहां आतम तहां परआतमां । दादू भागा भरम ॥
८२ क्रम फिरावैं जीव कूं । क्रंमौं कूं करतार ।
करतार कूं कोई नहीं । दादू फेरणहार ॥
८३ दादू करता हम नहीं । करता औरै कोइ ।
करता है सो करैगा । तूं जिनि करता होइ ॥
८४ दादू जे यहु करता जीव था । संकुटि क्यूं आया ।
करमौं कै बसि क्यूं भया । क्यूं आप बंधाया ।
८५ क्यूं सब जोनी जगत मैं । घरबार नचाया ।
क्यूं यहु करता जीव होइ । पर हाथि बिकाया ॥
८६ जीवहि ब्रह्म कहैं ते झूठा । कांम क्रोध माया मन मूंठा ।
पेट पीड ताप जौ आवै । ब्रह्म होइ तौ क्यौं दुष पावै ॥
८७ षुध्या त्रिषा निंद्रा अति ब्यापै ।
अहि निसि जरै त्रिबिधि गुन तापै ।
असंम्रथ जीव कर्म सब षांचै ।
चौरासी लष गुन धरि नाचै ॥
८८ कहां कंचन कहां काच हि जानूं ।
कहां मरता कहां अंमर पिछांनूं ।
कहां पलटै कहां अपलट अंगा ।
कहां कसूंभ कहां चोल सुरंगा ॥
८९ कहां चंदन कहां अरंड निवासा ।
कहां षलिक कहां पूरसु बासा ।
चिंतामणि कहां कौडी काची ।
कहां चिहर कहां बाजी साची ॥
९० सेष नाग कहां और भुवंगा ।
कहां अंम्रत कहां बिष परसंगा ।
कहां कवल अरिबिंद बिगासा ।
कहां कनीर के फूल निबासा ॥
९१ कहां हंसा कहां बग बेचारा ।
वो मोती वो मींन अहारा ।
कहां छीलर कहां सागर षीरा ।
पोति कहां बैराग रहीरा ॥
९२ कहां केहरि कहां जंबुक जांनां ।
कांमधेनि क्यूं अजा समांनां ।
हरि समांन द्रिष्टांत न साचा ।
जे कुछ कहूं सु कृतम काचा ॥
९३ मैं जु कह्यौ मेरी मति सारै ।
अंतरजांमीं भाव बिचारै ।
९४ गुर दादू प्रसाद थैं । पाया ब्रह्म गियांन ।
जनम मरण सूं रहित है । मोहन सो भगवांन ॥
९५ जे यहु ब्रह्म अषंड पद । तौ मरि मरि काहे जांहि ।
जे यहु ब्यापक श्रब मैं । तौ क्या तप तीर्थ मांहि ॥
९६ कहि प्रिथीनाथ मन उपजी नांहि ।
ए सीषी सुणीं कही जग मांहि ।
जे यहुं जीव ब्रह्म है भाई । जरा मृत काल क्यूं षाई ॥
९७ तब ब्यापक जब संक न करै । बन तीर्थ कूं ध्याइ न मरै ।
आसा त्रिश्नां पुन्य न पाप । एता दंद न राषै आप ॥
९८ प्रिथीनाथ कहै सर्ब मैं सोई । तब हे गुरू जब असा होई ।
कया कर्म पलटै छाया । जीव ब्रह्म जब लिपै न माया ॥
९९ जीव ब्रह्म सेवा करै । ब्रह्म बराबरि होइ ।
दादू जांणैं ब्रह्म कूं । ब्रह्म सरीषा सोइ ॥
१०० सेई तुम्ह सेई हम एकै कहियत । जब आपा पर नहीं जांनां ।
ज्यूं जल मैं जल पैसि न निकसै । कहै कबीर मन मांनां ॥

राग रांमग्री

४०:० इहां तौ गोबिंदही आहि ।
इला पिंगुला कौ घर सोध्यौ । सुषमन के गुण चाहि ॥ टेक ॥

१ पांच इंद्री कर्म कहियें । पांच इंद्री ग्यांन
राजस तांमस सातिग कहियें । सोधी सकति नियांन ॥
२ नलनीं पत्र कवल दल षोजे । षोजे पालूंमूर ।
पांच पवन दस भीतरि सोधे । सोधे ससिहर सूर ॥
३ त्रिकुटी सोधी त्रिगुण आदि दे । बिसमीं सूं ब्रह्मंड ।
मेर डंड परबत सब सोधे । सोधे सब नवषंड ॥
४ काल नहीं जौरा नहीं । और मींच नहीं आंन ।
बंध्या मुकता दोऊ नांहीं । इहां भुवन नहीं भगवांन ॥

१०१ पांचूं इंद्री ग्यांन कहांवैं । पांचूं कर्म कलेस उपावैं ।
धर जल पवन तेज आकासा । पंद्रह तत अस्थूल निवासा ॥
१०२ तुचा श्रवण चषि रसनां अरु घ्रांण ।
एते पांचूं ग्यांन इंद्रांण ।
बाकु पानि पग उपस्त अरु गुदा ।
पंचूं कर्म इंद्री कहि जुदा ॥
१०३ पांच महद तत ते कह्या । पंद्रह तत धरती परि रह्या ।
नवतत का सूषिम आकारा । ते सुपिनंतर भरमैं संसारा ॥
१०४ सबद सपरस रूप रस गंधा । मन बुधि चित अहंकार सु अंधा ।
ए नवतत जीव की लारा । भला बुरा सब भूंचनहारा ॥
१०५ काष्ट मैं ज्यूं अगनि निवासा । मथै जतनि तौ होइ प्रकासा ।
अगनि न निकसै हरी मंझारा । कोटि उपाइ करै केई बारा ॥
१०६ काटिसु काइम थै जे कोई । तामैं पावक प्रगट होई ।
आतम मांहैं ब्यापक रांमां । नांव लियैं पूरे सब कांमां ॥
१०७ गुन बिकर गहि भजै न पावै । जौ न्रिमल ह्वै चित न लावै ।
परआतम सो रांम दयाला । सुमिरैं मुकति करै ततकाला ॥
१०८ भर्म कर्म संसा सब जावै । प्रेम सहेत रांमहि ल्यौ लावै ।
भाव भगति दरसन फल पावै । बांछै नहीं सकल सिधि आवै ॥
१०९ साच सील संतोष बडाई । पंगुल ह्वै न सहजि समाई ।
भ्रिंगी कीट होइ ल्यौ लावै । पांवर जीव ब्रह्म गति पावै ॥

टेक ॥

१ पंच तत की आदि कहां तैं । कैसैं भिंनि भिंनि नांम धराये ।
आदि अमूरति दृष्टि अगोचर । आपहि उपजे किं किनहूं उपाए ।
आदि न देषे अंति न देषे । मध्य क्यूं गति मैं आए ॥
२ सुछिम तैं अस्थूल कि अस्थूल तैं सूछिम । कि अस्थूल सुछिम बौराये ।
भूषन तैं निर्मूल । कि निर्मल हुतैं भूषन । तुम्ह कौंण सुंनि तैं आये ।
करता कौंण रहै किहि ठांई । किहि ए चित्र रचाए ॥
३ बस्त एक समि तौ भेद कवन भयौ । कौंण पुरिष को नारी ।
चारि बरण आश्रंम बहु कीन्हे । कवनैं भेद बिचारी ।
आपैं भूले कि तुम्ह किनहूं भुलाये । यहु गति कहौहु निरारी ॥
४ करता तुम्हहीं तौ दोस किहि लागै । कै तुम करता नांहीं ।
जीव जंत तैं तुम रहहु अलेपी । कै ब्यापक सबहींन मांहीं ।
कै तुम नांम कैं नांम बिहूनें । ज्यूं है कहौ हुति वांहीं ॥
५ सिष्टि सबाई कर्म तैं उपजी । तौ करम किनि किन्ह भाई ।
करता हम हीं तौ हम तैं होइ कछू नांहीं । हरि कहूं तौ हौय ठगाई ।
कांन्हां आदि अंति मधि देषे । समझि कोई ठहराई ॥

कबित

११॰ कुलाल पात्र तरु पत्र । जलहि जलचर सब होई ।
बादलि निपजहिं बूंद । बात बिगती नहीं गोई ।
चित्र चितेरे मांहि । षांनि निपजैं सब नानि ।
त्यूं साध सबद हरि जीव । हूंहि सो नांहि न छांनि ।
उजास अंमीं नित सूर ससि । कीये न करतहु को कहिं ।
अब या परि उलटी कहैं । जन रजब तासूं डरैंहि ॥
१११ दादू जे साहि सिरजै नहीं । तौ आपैं क्यूं करि होइ ।
जे आपैं हीं ऊपजै । तौ मरि करि जीवै कोइ ॥

राग सोरठि

४२;॰ मन रे आइ र कहां गयौ । ताथैं मोहि बैराग भयौ ॥टेक ॥
१ पंच तत ले काया कीन्हीं । तत कहा ले कीन्हां ।
करम बसि यहु जीव कहत हैं । जीव करम किनि दीन्हां ॥
२ आकास गगन पाताल गगन । दसूं दिसि गगन रहाईले ।
आनंद मूल सदा परसोतम । घट बिनसै पनि गगन न जाईले ॥
३ हरि मैं तन है तन मैं हरि है । है पुनि नांहीं सोई ।
कहै कबीर नांव न छाडूं । सहजैं होइ सु होई ॥

राग गौडी

४३;॰ ता मन सूं मन मिल्या हमारा । जा मन का यहु सकल पसारा टेक ॥
१ मन मध्ये मन रहै लुकांनां । ता मन मध्ये मन पंहिचांनां ॥
२ मन पाया मन भया निनारा । अंगद भेटचा रांम पियारा ॥

४४;॰ ता मन कौं षोजौ रे भाई ।
तन छूटै मन कहां समाई ॥ टेक ॥
१ सनक सनंदन जैदेव नांमां ।
भगति करी मन उनहूं न जांनां ॥
२ सिव बिरंचि नारद मुनि ग्यांनीं ।
मन की गति उनहूं नहीं जांनीं ॥
३ ध्रू प्रहिलाद बभीषन सेषा ।
तन भीतरि मन उनहूं न देषा ॥
४ ता मन का कोई जांनैं भेव ।
रंचक लींन भयायें सुषदेव ॥
५ गोरष भरथरी गोपीचंदा ।
ता मन सूं मिलि करैं आनंदा ॥
६ अकल निरंजन सकल सरीरा ।
ता मन सूं मिलि रह्या कबीरा ॥

राग रांमग्री

४५;॰ ऐसैं हीं ब्यौहारि लागौ जग रहावै ।
प्रगट पुरिष ताकूं कोई न ध्यावै ॥ टेक ॥
१ अलष अभेद गति काहूं न जांनीं ।
कूकस करम लागि रीझे हैं प्रांनीं ॥
२ संसार असार तेरी दुस्त्र माया ।
इहि डरि प्रिथीराज सरणैं आया ॥
४६;॰ जब मन त्रिभै घर कूं पावै ।
तजै आस अभिनास जगत की । आदि पुरिष गहि गावै ॥ टेक ॥
१ नांनां भांति रूप बहु माया । गुरमुषि द्रिष्टि पिछांणैं ।
देषत जाइ नहीं सो अस्थिर । ताहि न हिरदै आंणैं ॥
२ जे पहुंचे ते कहैं साषि । सब उपजै बिनसै माया ।
केवल ब्रह्म आदि डिढ अस्थिर । जोनी कष्ट न आया ॥
३ सोचि बिचारि पुरिष करि ठांवां । ताकूं निज अंग परसै ।
गरीबदास बर सोई बरिए । जु दोइ गुन भाव न दरसै ॥

राग भैरूं

४७;॰ लोक कहैं गोवरधन धारी ।
ताका मोहि अचंभा भारी ॥ टेक ॥
१ अष्ट कुल परबत जाके पग की रैंनां ।
सातौं साइर अंजन नैंनां ॥

४७:० लोक कहैं गोवरधन धारी ।
ताका मोहि अचंभा भारी ॥ टेक ॥
१ अष्ट कुल परबत जाके पग की रैंनां ।
सातौं साइर अंजन नैंनां ॥
२ या उपमां हरि किती एक ओपै ।
अनेक मेर नष ऊपरि रोपै ॥
३ धरनि अकास अधर जिनि राषी ।
ताकी मुगधा कहैं न साषी ॥
४ सिव बिरंचि नारद जस गावै ।
कहै कबीर वाकौ पार न पावै ॥

राग गौडी

४८:० ताकूं क्यूं कीहये प्रभ आया ।
जाकी चौदह भुवन रही भरिमाया ॥ टेक ॥
१ आदि अंति जल थल रहे पूरी ।
न्रिगुन रांम सजीवनि मूरी ॥
२ वो सबहिन मैं वामैं न कोई ।
दीन होइ गति जानैं सोई ॥
३ सिव बिरंचि सनकादिक ध्यांवैं ।
सुर तेतीसूं पार न पांवैं ॥
४ मरैं न जनमैं जाइ न आवै ।
जन मुकंद ताकौ जस गावै ॥

राग धनाश्री

४६:० क्रिश्न जी पूछै सुणौं बग दालम । काल हूवा तुम्ह केता जी ।
अठोतर सौ रांम सांभलौं । एक अचिरज कहूं एता जी ॥ टेक ॥
१ चारि आठ नैं सोल बतीसां । चौसठि मुष नौं पेष्यौ ।
सात सहंसमुष ब्रह्मा नां पेष्या । पारब्रह्म नवि देष्यौ ॥
२ अलप आव आश्रंम स्यौं कीजे । बैकुंठनाथ अवधरौ ।
अनेक दिन दिनमां कलपंतां । अलप ज मारौ अम्हारौ ॥
३ एक अंगनौं आश्रंम रंतां । एटलै समुंद्र पुलांणौं ।
सोम भणैं एक नाथ पसांइण । अर जनमाण मुकांणौं ॥

श्लोक

११२ चतुर कोटी चतुर लष्यं । द्वै सहंश्र सतमेव च: ।
एता दासर्थी राम । मम दृष्टि देवंगता ॥
११३ रमते सर्ब भूतेषु थिरेषु थावरेषुश्चैव ।
ए रमात मास रूपेणि एतत रांम सु कथिते ॥

श्री भगवांन उबाच

११४ सुक्रितं परमं ध्यांनं । परंब्रह्म परातपरं ।
उतपति प्रलयं नास्ति । इदं ब्रूहि महेस्वरं ॥
११५ निर्मलं च निराकारं । नि:परपंचो निरामयं नि: ।
भ्रांतं कथितं देवं । ब्रह्मग्यांनं प्रकासए ॥

श्री ईस्वरोबाच

११६ असंष ब्रह्मा न जांनांमि । कोटि बिश्न प्रलयं गत्वा ।
गंगा बालू समो इंद्र । किंचित ध्यांन महेस्वरं ॥

श्री भगवान उबाच

११७ कथं ब्रह्मा प्रलयं गत्वा । कथं गत्वा पुरंदरं
केनाहं पतितं गर्भे । एतत्व ब्रूहि महेस्वरं ॥

श्री ईस्वरोबाच

११८ ब्रह्मा बोधंति सास्त्रांणि । मोहितं सकलं जगत् ।
इंद्रस्य कलपते नित्यं । बिश्नु माया प्रवत्तते ॥

राग बिलावल

५०:० अवधू रांम बिनां क्या भजिये ।
पासी कठिन कटत कुल क्रंम की । का देषा देषी तजिये ॥ टेक ॥
१ बाहरि रूप तहां निधि नांहीं । भीतरि भेद न सूझै ।
होड पराई जलणि न जाई । मूरिष मरम न बूझै ॥
२ जब लग निज तत नजरि न आवै । भाव कवन सूं करिये ।
समंद अथाह समझि नहीं जल की । पोहण पषैं क्यूं तिरिये ॥
३ उरध अधारी मांहैं मूरति । सूध सिला द्वै देषै ।
ताकौं पूजि परम पद पावै । तब दिन लागै लेषै ॥
४ जदपि कुवारी अति सति नारी । अनदिन रहै उदासी ।
कहै हरदास कलित कलिजुग की । काठ कवन संगि षासी ॥

राग मलार

५१:० सोई रांम देष्यौ देषणहारौ ।
हलण चलण सब मिल्यौ चलावै । रहै सबनि थैं न्यारौ ॥ टेक ॥
१ पांच तत पर कीरति तन धरि । तरुन बिरध नहीं बारौ ।
प्यंड बह्मांड सबनि मैं देष्यौ । सहज सुंनि उजियारौ ॥
२ सकल रूप रस गंधहि जानैं । षाटौ मीठौ षारौ ।
है न्रिगुण गुण नांहि भोगवै । अंतरजांमीं प्यारौ ॥
३ जाकै ऊपजी सोई भलैं जानैं । भ्यास्यौ ब्रह्म अपारौ ।
कहै भुवन सतगुर के परसें । मिटि गयौ प्रपंच पसारौ ॥

राग बिलावल

५२:० सोई रांम संभालि जियरा । प्रांण प्यंड जिनि दीन्हां रे ।
अंबर आप उपांवनहारा । मांहिं चित्र जिनि कीन्हां रे ॥ टेक ॥
१ चंद सूर जिनि किये चिराका । चरनहुं बिनां चलावै रे ।
इक सीतल इक ताता डोलै । अनंत कला दिषलावै रे ॥
२ धरती धरन बरन बहु बांनीं । रचिले सपत समंदा रे ।
जलि थलि जीव संभालनहारा । पूरि रह्या सब संगा रे ॥
३ प्रगट पवन पांनीं जिनि कीन्हां । बरिषावै बहु धारा रे ।
अठारह भार बिरष बहु बिधि के । सब का सींचणहारा रे ॥
४ पंच तत जिनि कीया पसारा । सब करि देषण लागो रे ।
निहचल रांम जपी मेरे जीयरा । दादू ताथैं जागा रे ॥

११६ सूरिज चंद हरोहरि ब्रह्म । इंद्रलोक पुंनि रे ।
पंचूं तत अधारे जिनि पुरिषा । सो किनि चीन्हि सिरे ॥
१२० सुर नर पन्यंग पंषेरू करता । करता मैंय त्रिलोकनाथ ।
आपण निराकार ह्वै रहियौ । ब्रह्मंड पंजरौ कियौ हाटा ॥
१२१ मोह्यौ नरचित्र मांडियौ नाटिक । मांडणहारौ है संमराथ ।
मांडणहारौ है अबिनासी । करुण मैं त्रिलोकनाथ ॥
इति पीव पिछांणण कौ अंग सम्पूर्ण ॥

६४ साषीभूत संम्रथाई कौ अंग

राग गौडी
१:० या करींम बलि हिकमति तेरी ।
षाक एक सूरति बहुतेरी ॥ टेक ॥
१ अर्ध गगन मैं नीर जमाया ।
बहुत भांति करि नूर निपाया ॥
२ अवलि आदम पीर मुलांनां ।
तेरी सिफति करि भये दिवांनां ॥
३ कहै कबीर यहु हेत बिचारा ।
यारब यारब यार हमारा ॥

साषी
१ पैदा कीया घाट घडि । आपैं आप उपाइ ।
हिकमति हुं नर कारीगरी । दादू लषी न जाइ ॥

राग गौडी
२:० कादिर कुदरति लषी न जाइ ।
कहां तैं उपजै कहां समाइ ॥ टेक ॥
१ कहां थैं कीन्ह पवन अरु पांनीं ।
धरनि गगन गति जाइ न जांनीं ॥
२ कहां थैं काया प्रांन प्रकासा ।
कहां पंच मिलि एक निवासा ॥
३ कहां थैं एक अनेक दिषावा ।
कहां थैं सकल एक ह्वै आवा ॥
४ दादू कुदरति बहु हैरांनां ।
कहां थैं राषि रहे रहिमांनां ॥

ज्वाब
२ नहीं तहां थीं सब किया । फिरि नांहीं ह्वै जाइ ।
दादू नांहीं होइ रहु । साहिब सौं ल्यौ लाइ ॥
३ नहीं तहां थैं सब कीया । आपैं आप उपाइ ।
निज तत न्यारा ना किया । दूजा आवै जाइ ॥
४ दादू षंड षंड निज नां भया । इकलस एकै नूर ।
ज्यूं था त्यूं हीं तेज है । जोति रही भरपूर ॥
५ ब्रह्म अषंडित है सब मांहीं । ताके अंस न तोरे जांहीं ।
ज्यूं है त्यूं हीं सदा भरपूरा । घटै न बधै निकटि नहीं दूरा ॥
६ पूर्न पारब्रह्म मिति नांहीं । अलष अनत सकल तिहि मांहीं ।
ज्यूं नछित्र नभि कैं नित संगा । ह्वै पुनि नहीं गगन इक रंगा ॥
७ ज्यू द्रपन मैं दीसै जगु सारा । मंदिर मनिष महल घरबारा ।
भार कछू द्रपन कूं नांहीं । अैसैं सकल लोक हरि मांहीं ॥
८ जोति उजालै रमहि जुवारी । इक हारे इक जीते भारी ।
हरिष सोक मैं दोऊ बंधानां । दीपक कै कछू हेत न हांनां ॥
९ दिनकर उदै दसूं दिसि धाये । भले बुरे बहु कर्म कमाये ।
पाप पुंनि सूरिज नहीं ब्यारा । अैसैं अकल सकल थैं न्यारा ॥
१० नांनां रूप रंग बिस्तारा । रस अनेक तिहि वार न पारा ।
माया सूं जे लिपत न होई । तिहि साहिब क्यूं मांड समोई ॥

ज्वाब
११ रहै निराला सब करै । काहू लिपत न होइ ।
आदि अंति भांनैं घडै । दादू संम्रथ सोइ ॥
१२ लिपै छिपै नहीं सब करै । गुण नहीं ब्यापै कोइ ।
दादू निहिचल एक रस । सहजैं सब कुछ होइ ॥
१३ बिन गुन ब्यापैं सब कीया । संम्रथ आपैं आप ।
निराकार न्यारा रहै । दादू पुंनि न पाप ॥

राग रांमग्री
३:० रांम राइ अबिगत बिगति न जांनौं ।
कहि किम तोहि रूप बषांनौं ॥ टेक ॥
१ प्रथमे गगन कि पहुमि प्रथमि प्रभू । प्रथमे पवन कि पांनीं ।
प्रथमे चंद कि सूर प्रथमि प्रभू । प्रंथमे कवन बिनांनीं ॥
२ प्रथमे प्रांण कि प्यंड प्रथमि प्रभू । प्रथमे रक्त कि रेतं ।
प्रथमि पुरिष कि नारी । प्रथमि प्रभू । प्रथमे बीज कि षेतं ॥
३ प्रथमे दिवस कि रैंनि प्रथमि प्रभू । प्रथमे पाप कि पुंन्यं ।
कहै कबीर जहां बसहु निरंजन । तहां कछू अहै कि सुंनिं ॥

ज्वाब की साषी
१४ दादू एक सबदि सब कुछ कीया । अैसा संम्रथ सोइ ।
आगैं पीछैं तौ करै । जे बलहींणां होइ ॥
१५ दादू सुरमन हीं सब कुछ करै । यौं कल धरी बनाइ ।
कौतिगहारा ह्वै रह्या । सब कुछ होता जाइ ॥

राग आसावरी
४:० क्यौं करि यहु जग रच्यौ गुसांई ।
तेरे कौंन बिनोद बसे मन मांहीं ॥ टेक ॥
१ कै तुम्ह आपा प्रगट करणां ।

४ परम गुरू सो प्रांण हमारा । सब सुष देवै सारा ।
दादू षेलै अनंत अपारा । अपारा सारा हमारा ॥

राग केदारौ

८:० सिरजनहार थै सब होइ ।
उतपति परलै करै आपै । दूसर नांहीं कोइ ॥ टेक ॥
१ आप होइ कुलाल करता । बूंद थैं सब लोइ ।
आप करि अगोच बैठौ । दुंनीं मन कौं मोहि ॥
२ आप थैं उपाइ बाजी । त्रिषि देषै सोइ ।
बाजीगर कूं यहु भेद आवै । सहज सौंज समोइ ॥
३ जे कुछ किया सु करै करता । एह उपजै मोहि ।
दादू रे हरिं नांव सेती । मैल कुसमल धोइ ॥

राग सोरठि

६:० रथ कौ चतुर चलांवनहारौ ।
षिण हाकै षिण ऊभौ राषै । नहीं आंन कौ सारौ ॥ टेक ॥
१ जब रथ रहै सारही थाकै । तब को रथहि चलावै ।
नाद बिनोद सबैहीं थाके । मन मंगल नहीं गावै ॥
२ पंच तत कौ यहु रथ साज्यौ । अरधैं उरध निवासा ।
चरण कवल ल्यौ लाइ रह्यौ है । गुण गावै रैदासा ॥

३३ जंत्र बजाया साजि करि । कारीगर करतार ।
पंचूं का रसना दहै । दादू बोलणहार ॥

राग रांमग्री

१०:० जंत्री जंत्र अनूपम बाजै । ताकौ सबद गगन मैं गाजै ॥ टेक ॥
१ सुर की नालि सुरति का तूंबा । सतगुरि साज बनाया ।
सुर नर गंण गंध्रप ब्रह्मादिक । गुर बिन तिनहूं न पाया ॥
२ जिह्वा तांति नासिका करही । माया का मैंण लगाया ।
गंमां बतीस मोरणां पांचूं । नींका साज बनाया ॥
३ जंत्री जंत्र तजै नहीं बाजै । तब बाजै जब बावै ।
कहै कबीर सोई जन साचा । जंत्री सूं प्रीति लगावै ॥
११:० रांम राइ तूं जंत्री मैं तांति गुसांई । ज्यूं बावै त्यूं बाजूं ।
जिहि जिहि गंवाधरौ कर अंगुली । सोई सोई राग निवाजूं ॥ टेक ॥
१ जल की नालि अष्ट का तूंबा । पवन घोड ली साजी ।
जिनि जिनि धुंनि तुम षुसी होत हौ । तैं बाई मैं बाजी ॥
२ तूं तूं करै बजावसि तूंहीं । तूंहीं घटि घटि डोलै ।
एक कन सुरमैं राग बतीसौं । नांनां बांणीं बोलै ॥
३ चत्र कुलाल रच्यौ अपस्वारथ । मटियां काबस काहा रे ।
नापा नांव काढि दियौ पडदौ । इनि आंटैं भूला रे ॥
१२:० बाजै जंत्र बजावै गुर्नीं ।
रांम बिनां सब भूली दुनीं ॥ टेक ॥
१ रज गुन सत गुन तम गुन तीनि ।
पंच तत ले साज्या बींन ॥
२ तीनि लोक पूरा पेषतां ।
नांच नचावै एकै जनां ॥
३ कहै कबीर संसा करि दूरि ।
तृभुवननाथ रह्या भरपूरि ॥

साषी

३४ दादू करणहार जे कुछ किया । सोई हूं करि जांणि ।
जे तूं चतुर सयांनां जांन राइ । तौ याही परवांणि ॥
३५ दादू जिनि मोहनि बाजी रची । सो तुम्ह पूछौ जाइ ।
अनेक एक थैं क्यूं किये । साहिब कहि समझाइ ॥
३६ दादू करता करै त निमष मैं । कीडी कुंजर होइ ।
कुंजर कूं कीडी करै । तौ मेटि न सकै कोइ ॥
३७ दादू करता करै त निमष मैं । राई मेर समांन ।
मेर कूं राई करै । तौ को मेटै फुरमांन ॥
३८ दादू करता करै त निमष मैं । जल मांहैं थल थाप ।
थल मांहैं जलहर करै । अैसा संम्रथ आप ॥
३९ दादू करता करै त निमष मैं । ठाली भरै भंडार ।
भरिया गहि ठाली करै । अैसा सिरजनहार ॥
४० दादू धरती कूं अंबर करै । अंबर धरती होइ ।
निस अंधियारी दिन करै । दिन कूं रजनीं सोइ ॥
४१ दादू गुपत गुन प्रगट किये । प्रगट गुपत समाइ ।
पलक मांहि भांनैं घडै । ताकी लषी न जाइ ॥
४२ एकूं लेइ बुलाइ करि । एकूं देइ पठाइ ।
दादू अदबुद साहिबी । क्यौं हीं लषी न जाइ ॥
४३ कबीर एक पुकारैं नां लहैं । और षडा बिललाइ ।
सांई मेरा सुलषणां । सूंतां देइ जगाइ ॥
४४ दादू सोई मही स्याबति हुवा । जा मस्तकि कर देइ ।
गरीब निवाजै देषतां । हरि अपणां करि लेइ ॥
४५ जुगें जोष्यौं जति । बोहिथ बाताडा थयंनि ।
मिहरि तुंहंजीतति । मुकरिया भी पारवंनि ॥
४६ आहर अलाहार कोई मला हौ कडि कडि हीं ।
ब्या काज हप्याव बडि आंणीं दोबडौ धणीं ॥
४७ कबीर वारचा । कीया राई लूंण ।
जिसहि चलावै पंथि तूं । तिसहि भुलावै कूंण ॥
४८ कूं से कूं पलनीं पजै टाढे बन दाहे ।
अकल गैब अलाहदा । अलाए हाण ॥
४९ अंनांई पंनां करै । पंनां अंनमंझाव ।
राज तु हंजौ राजिया । रावोई राव ॥
५० कबहूं हरिया बन करै । कबहूं पीला पात ।
कबहूं राती कूं पलां । नांनिक भेष फेरै आप ॥
५१ अलाही अंदरि किया । हेडे मध्ये हीर ।
षीर न गडै रत मैं । रतन गडै षीर ॥
५२ हुणे हुं दाहि कुडा हुंणि फांणूं भीहि कु ।
पैदा करि फानीं करी । के ही उपजी सिष ॥
५३ नियरे प्यौं दूरि प्यौं नियरा ।

रांम चरि ब्रान जांनियैं जायरा ।
सीतै थैं अगनि फुंनि होई ।
रबि थैं ससि ससि थैं रवि सोई ॥
४४ सीत थैं अगनि पर जरई ।
थल थैं निधि निधि थैं थल करई ।
बज्र थैं तिण षिण बीतरि होई ।
तिण थै कुलस करै फुनि सोई ।
४५ गिरवर बार बार गिर होई ।
अबिगत गति जांणैं नहीं कोई ॥
४६ जैमल पांणीं कूं पाहृण करै । पांहण पांणीं होई ।
फेरि उगावै सूर ससि । अैसा संम्रथ सोइ ॥
४७ करमांणंद कां करि कवल । जो हरि करै त होइ ।
हरि कीडी थैं हाथि यौ । करै त अचिरज कोइ ॥

कबित
४८ जहां नांदी जल बहल । तहां थल बिमल उपटै ।
तिमर घोर अंधार मंझि रवि किरणि प्रगटै ॥
राव करीजै रंक । रंक सिरि बत्र धरीजै ।
अलूतास बेसास आस किजै सुमि रिजै ॥
चष्यल हैं अंध पंगो चलण । बंक सुध्य अंमृत बयण ।
तूव करतां किंनहो वै क्रिश्न । नारांइन पंकज नयण ॥
४९ नारांइन तूं साच । झूठ चिंत चिंती जै ।
करता करै सहोइ । तो प्रांणीं न पती जै ॥
बास सास मांडै घणीं । दिसि त्यागै औ दिसि गंमैं ।
माली बाडी केल वै । वो सींचै प्रभु सूक वै ॥
सूकवि हीं नीला करै । एक भरै एक रीच वै ।
रांम राइ भांनैं घडै । कहै परस साचौ चवै ॥
५० के रता के गुलाल । के चित्रा चंगां किया ।
मिटी नांहिम जाल । जे कींचये कुलाल के ॥
५१ दादू डोरी हरि के हाथि है । गल मांहैं मेरै ।
बाजी गर का बांदरा । भावै तहां फेरै ॥
५२ कबीर कूता रांम का । मुतिया मेरा नाव ।
गलै रांम कीजे वडी । जित षै चैतित जांव ॥
५३ कबीर क्या मैं चित बौं । क्या मेरे चिंतयैं होइ ।
आम न चिंत्या हरि करै । जो तोहि चिंत न होइ ॥
५४ दादू जे हम चिंत वैं । मोक बू न होवै आइ ।
सोई करता सति है । कुछ औरै करि जाइ ॥
५५ पीपा परमेस्वरतणां । मता न जांणैं कोइ ।
आरंभिया यौं हीं रहै । और अच्यंत्या होइ ॥
५६ जीव चित वै औरै कछू । सइयां कछू सुहाइ ।
जगंनाथ मनि चिति नहीं । अणबंछी ह्वै जांइ ॥
५७ जीव बांछैं आसाघणीं । जगंनाथ नहीं होइ ।
अणबंछी सांई करै । सोगति लषै न कोइ ॥
५८ करणम तै त्यूंहीं करै । ज्यूं साहिब भावै ।
ताथैं जन जगदीस का । जगंनाथ ल्यौ लावै ॥
इति साषीभूत संम्रथाई कौ अंग सम्पूर्ण भवेत्

६५ हैरांन कौ अंग

१ रतन एक बहु पारिषू । सब मिलि करैं बिचार ।
गुंगि गहले बावरे । दादू वार न पार ॥
२ केते पारिष पचि मुये । की मति कही न जाइ ।
दादू सभि हैरांन है । गूंगे का गुड षाइ ॥
३ सबहीं ग्यांनीं पंडिता । सुर नर रहे उरझाइ ।
दादू गति गोबिंद की । क्यूं हीं लषी न जाइ ॥
४ वार पार को नांल है । की मति लेषा नांहि ।
दादू एकै नूर है । तेज पुंज सब मांहि ॥
५ पाया पाया सब कहैं । केतक देहु बताइ ।
की मति कि नहीं नां कहीं । दादू रहु ल्यौ लाइ ॥
६ अपनां भंजन भरि लिया । उहां उता ही जांनि ।
अपनीं अपनीं सब कहैं । दादू बिड द बषांनि ॥
७ पार न देवै आपणां । गोपि गूझ मन मांहि ।
दादू कोई नांल है । केते आंवहि जांहि ॥
८ तिरि ते रूथा के सबै । लहै न कोई पार ।
बषनां बेहद हद नहीं । बिण की मति करतार ॥
९ बेद कते बूं कागदूं । लिष्या न अवै ग्यांनि ।
पंषी उडघा अकास कूं । सह अपणैं उनमांनि ॥
१० दादू एकजी भके ताकहूं । पूर्न ब्रह्म अगाध ।
बेद कते बामि तिनही । थकित भये सब साध ॥
११ दादू के ते कहि गये । अंत न आवै वोर ।
हम भी कहि ते जात हैं । के ते कहि सींहोर ॥
१२ दादू केती चलि गए । थके बहु सुजांन ।
वातौ नांव न निकले । दादू सभि हैरांन ॥
१३ दादू नां कहीं दिठानां सुण्यां । नांको अषणहार ।
नांको उतौं थी फिरघा । नांउर वार न पार ॥
१४ नहीं मृतक नहीं जीवता । नहीं आवै नहीं जाइ ।
नहीं सूता नहीं जागता । नहीं भूषा नहीं षाइ ॥
१५ नतहां चुप न बालणां । मैं तैं नांहीं कोइ ।
दादू आपा पर नहीं । नतहां एक न दोइ ॥
१६ एक कहूं तौ दोइ हैं । दोइ कहूं तौ एक ।
यूं दादू हैरांन है । ज्यूं है त्यूंहीं देष ॥
१७ देषि दिवानैं ह्वै गये । दादू षरे सयांन ।
वांर पार को नांल है । दादू है हैरांन ॥
१८ कबीर पंडित सेती कहि रहे । कह्यौ न मांनैं कोइ ।
वो अगाध एका कहैं । भारी अचिरज होइ ॥
१९ कबीर अैसा अदबुद जिनि कथौ । अदबुद राषि लुकाइ ।
बेद कुरांनूं गंमि नहीं । कह्यां न को पतियाइ ॥

राग गौडी
१:० अैसा रांम हमारै आवै ।
वार पार को अंत न पावै ॥ टेक ॥
१ हल का भारी कह्यां न जाइ ।
मोल माप नहीं रह्या समाइ ॥

२ कीमति लेषा नहीं प्रवांण ।
सब पचिहारे साध सुजांण ॥
३ आगौ पीछौ परिमिति नांहीं ।
केते पारिष आंवहि जांहीं ॥
४ आदि अंति मधि कहै न कोइ ।
दादू देषै अचिरज होइ ॥

राग रांमग्री

२:० लाधौ है कछू लाधौ है । ताकी पारिष कोन लहै रे ।
अबरण एक अकल अबिनासी । घटि घटि आप रहै रे
॥ टेक ॥
१ तोल न मोल माप कछू नांहीं । गिणती ग्यांन न होई ।
नां सोभारी नां सोहलव । ताकी पारिष लषै न कोई ॥
२ जामें हम सोई हम मांहीं । नीर मिलें जल एक हुवा ।
यौं जांणैं तौ कोई न मरिहैं । बिन जांणें थैं बहुत मुवा ॥
३ दास कबीर प्रेम रस पाया । पीवणहार न पांऊं ।
बिध नां बचन पिबांनत नांहीं । तौ कहु का काढि
दिषांऊं ॥

राग आसावरी

३:० एहूं बूझि रही पीव । जैसा है तैसा कोन कहै ।
अमग अगाध अपार अगोचर । सुधि सुधि कोई न लहै रे ॥
टेक ॥
१ वार पार कोई अंत न पावै । आदि अंति मधि नांहीं रे ।
षेरे सयानें भये दिवानें । कैसा कहां रहै रे ॥
२ ब्रह्मा बिश्न महेस्वर बूझे । केता कोई बातावै रे ।
सेष मसाइ पीर पैकंबर । है कोई अगह गहै रे ॥
३ अंबर धरती सूर ससि बूझे । बाव बरण सब सोधे रे ।
दादू चक्रित है हैरानां । है को करम दहै रे ॥

४:० अबिगति की गति कोन लहै । सब अपनां उनमांन कहै ॥
टेक ॥
१ केते ब्रह्मा बेद बिचारैं । केते पंडित पाठ पढें ।
केते अनभै आतम षोजैं । केते सुर नर नांव रटैं ॥
२ केते ईस्वर आसंनि बैठे । केते जोगी ध्यांन धरैं ।
केते मुनियर मन कूं मारैं । केते ग्यांनीं ग्यांन करैं ॥
३ केते पीर केते पैकंबर । केते पढैं कुरांनां ।
केते काजी केते मुलां । केते सेष सयांनां ॥
४ केते पारिष अंत न पांवैं । वार पार को नांहीं ।
दादू कीमति कोई न जांणें । केते आंवहि जांनीं ॥

राग नट नारांइण

५:० हम थैं दूरि रही गति तेरी ।
तुम्ह हौ तैसे तुम्ह हीं जांनौं । का बपुरी मति मेरी ॥
टेक ॥
१ मन थैं अगंम द्रिष्टि अगोचर । मनसा का गंमि नांहीं ।
सुरति समाइ बुधि बल थाके । बचन न पहुंचै तांहीं ॥
२ जोग न ध्यांन ग्यांन गंमि नांहीं । संमझि संमझि सब
हारे ।
उनमनीं रहत प्रांन घट साधें । पार न गहत तुम्हारे ॥
३ षोजिपरे गति जाइ न जांनीं । अगह गहन कैसैं आवै ।
दादू अबिगत देइ दया करि । भाग बडे सो पावै ॥

राग बिलावल

६:० अबिगति गति का बरनियैं । गति बरनीं न जाई ।
अपरंपार परतें परै । परमिति नहीं पाई ॥ टेक ॥
१ स्यौ सनकादिक सेस मुनि । जाकौ पार न पायौ ।
निगंम बिरंचि थकित भए उनि । अगंम बतायौ ॥
२ सब मैं तूं तुम मैं सबै । सबनि ते न्यारा ।
तेरीं तेरीं गति तूंहीं जांनैं । का मैं बरनूं बिचारा ॥
३ अनिल लघु महि अगाध । अगिनत गुन तोरे ।
अकल आदि असंष तूं । जीव न धन मोरे ॥
४ सुंनि अगोचर अगंम पद । निज निकट अहिलाद ।
रांणें प्रभु तो कूं नमसकार । बिसमैं बिसमाद ॥

साषी

२० निकटि न देषूं दूरि न कहिबा । गुरू न कथिबा ग्यांनं ।
नंदी न कूप नीर बिन निर्मल । मेरा तिस दरिया स्नांनं
२१ जीवता देषियै मुवा न कहिबा । मुष नासिका न स्वासं ।
दृष्टि न देषिबा सुरति न सुणिबा । मेरा किंचित तहां
निवासं ॥
२२ तहां जोगन जुगति । भोग न भुगति । हरता करता नए
दोइ ।
कहि प्रिथीनाथ मन तहां बिलंबे । जहां पूरि रहे भरि
सोइ ॥

राग षंभाइची

७:० मेरा साषी सब दबिजंनां । हरि पद बूझैं तै ॥ टेक ॥
१ एक अचिरज सुनि रे ग्यांनीं । यहु अचिरज क्या हैरांनीं ।
बिसमकि मैं बौरांनां । मेरा जप तप सब बिसरांनां ।
हरि पद बूझैं थैं ॥
२ मैं सागर डुबकी षाई । सब सुधि बिसरी मेरे भाई ।
मन मगन भया बहुरि न जाई । मन कतहूं गया हिराई ।
हरि पद बूझैं तैं ॥
३ जहां न दीन सागर पांनीं । तहां कोई मर जीवरा ग्यांनीं ।
मैं तहां देष्या कछू नांहीं । मेरा मन बूडा तिस मांहीं ।
हरि पद बूझैं तैं ॥
४ जाइ बूडै सोध रैंनि सांनीं । बहुरि न निकसै प्रांनीं ।
जात जात जित जांहीं । फिरि आंव न की सुधि नांहीं ।
हरि पद बूझै तैं ॥
५ एकै चिहन प्रवांनीं । जो यहु बूझै सो बिग्यांनीं ।
जहा अति न पैद होइ जांनां । हरि सागर मर जीवरा
कांन्हां । हरि पद बूझैं तैं ॥

राग आसावरी

८:० थकित भयौ मन कह्यौ न जाई ।
सहज समाधि रह्यौ ल्यौ लाई ॥ टेक ॥
१ जे कुछ कहिये सोच बिचारा ।
ग्यांन अगोचर अगंम अपारा ॥
२ सायर बूंद कैसैं करि तोलै ।
आप अबोल कहा कहि बोलै ॥
३ अनल पंषि परै पर दूरि ।
अैसौ रांम रह्यौ भरपूरि ॥
४ इब मन मेरा अैसैं रे भाई ।
दादू कहिबा कहण न जाई ॥

राग गौडी
९:० बाट न घाट पंथ सिवांन ।
पाव पंष बिन सुरति समांन ॥ टेक ॥
१ ज्यूं आकासि अधरचौ पांनीं ।
यौं सुर्ति निर्ति जाइ सहजि समांनीं ॥
२ ज्यूं नाले रनि पैठी गरी ।
यौं सुर तिनि रति जहां तहां संचरी ॥
३ अकथ कथा यहु अगंम कहांनीं ।
कहि नापा सिध साधिक जांनीं ॥
१०:० इक मुष मनिष कहा गुण गावै ।
जाकौ सेस सहंस मुष पार न पावै ॥ टेक ॥
१ ब्रह्मा चारि बेद धुनि कीन्हां ।
सोई सासा हूं उतपंनां ॥
२ नौ ब्याकरण अठारह पुरांन ।
हरि गए कथि उनमांन ॥
३ कहै नापा बीनती सुनि रांम ।
मैं नांहीं सब तेरे कांम ॥

राग रांमगरी
११:० अलष तोर गुन माधवे कोई पार न पावै ।
संकर अहि निसि चिंतवै रिषि नारद गावै ॥ टेक ॥
१ चारि बेद ब्राह्मा कूं दीया । तेऊ राषि न जांनां ।
बलि आगैं सुमृत कथै । तिनि प्रभू न पिछांनां ॥
२ एक कहैं औतार लोकेंस्यां भू ध्यावैं ।
के सिव सकती ओलौं प्रभू पार न पावैं ॥
३ रसनां हरि गुन गाइ लै । अपणीं मति सारै ।
भगत बबल कहिये हरी । यौं परस पुकारै ॥

राग टोडी
१२:० तुम्हारी गति तुमहीं हरि जांनौं ।
तुम्हारा अंग कूं तुम्हे पिछांनौं ॥ टेक ॥
१ सिध साधिक मुनि धरि हरि ध्यांनं ।
थकित भये उपजत ब्रह्म ग्यांनं ॥
२ कोटि जनम लग षोजत मांहीं ।
आदि अंति तेऊ जांनत नाहीं ॥
३ उतपति छाया नहीं तहां माया ।
नहीं तहां कर्म नहीं तहां काया ॥
४ अबिगत रांम अगाध निवास ।
मगन तिहां जगजीवनदास ॥

राग रांमगरी
१३:० गोबिदि मैं मैं सार ध्यांन धरतहूं ।
तूं अदबुद मैं हलुका ।
चींटी कहा करै बल पोरिष ।
नांऊं चवै गिर मुलका ॥ टेक ॥
१ तूं सायर मैं चिडी चंच भरि ।
गुण जल पीय सच पाये ।
बीतौ कहा बूंद मैं तेरै ।
मोसे बहुत जिवाये ॥
२ तेरे बडे बडे पंषी ब्रह्मा ।
सुष संकर उडत ध्यांन अभ्यासा ।
तिनहूं वार पार नहीं पायौ ।
नापा नांइ बेसासा ॥

साषी
२२ दादू राम अगाध है । परमिति नांहीं पार ।
अबरण बरण न जाणियै । दादू नांइ अधार ॥
२३ दादू रांम अगाध है । अबिगत लषै न कोइ ।
निर्गुण सर्गुण का कहै । नांइ बिलंब न होइ ॥
२४ दादू रांम अगाध है । बेहद लष्या न जाइ ।
आदि अंति नहीं जांणियै । नांव निरंतरि गाइ ॥
२५ दादू रांम अगाध है । अकल अगोचर एक ।
दादू नांइ बिलंबियै । साधू कहैं अनेक ॥

राग गौडी
१४:० गोबिदे तुम्हारी बिवोग संकर अजहूं बिवोगी ।
भूषन भोजन अंबर त्यागैं । रहत जैसैं सोगी ॥ टेक ॥
१ जास पुलंदर देव दांनव पूजत द्यौ हारी ।
सोई सिवन गन मगन । षोजत बनवारी ॥
२ षोजत षोजत कलप बीते । अषंड मंडल सांई ।
असलागि ध्यांन धरत । निरधन की नांई ॥
३ भाव न जांनूं भगति न जांनूं । कैसैं करूं तुम सेव ।
स्वांमीं मोहि सिषाइ लीजै । लाघु परमांनंद देवो ॥

२६ तूं सकल गहगरा । सफ सफा दिलदार दीदार ।
तेरी कु दरति किनहू न जांनीं । पीर मुरीद का जी मुसलमांनीं ।
२६ देवी देव सुर नर गण गंधप । ब्रह्मा देव महेस्वर ।
तेरी कुदरति तिनहूं न जांनीं ॥

राग सोरठि
१५:० रांम राइ मोकूं अचिरज आवै । तेरा पार न कोई पावै ॥ टेक ॥

१ ब्रह्मादिक सनकादिक नारद । नेति नेति जे गावै ।
सरणि तुम्हारी रहैं निसबासुरि । तिनकूं तूं न लषावै ॥
२ संकर सेस सबै सुर मुनिजन । तिनकूं तू न जणावै ।
तीनि लोक रटैं रसनां भरि । तिनकूं तूं न दिषावै ॥
३ दीन लींन रांम रंगि राते । तिनकूं तूं संगि लावै ।
अपनैं अंग की जुगति न जांनैं । सो मनि तेरे भावै ॥
४ सेवा संजम करैं जप पूजा । सबद न तिनकूं सुनावैं ।
मैं अछोप हीन मति मेरी । दादू कूं दिषलावै ॥

राग सारंग

१६:० दीन मांग नौं धारै गावै ।
आंगैं जन आंवन नहीं पावै ॥ टेक ॥
१ रे परिदार गुदारै मोही ।
कौंन जुगति हरि भेटों तोही ॥
२ नारद तुं बर करैं कैवार ।
तनहूं कै लागैं बेता प्रहार ॥
३ परमांनंददास जौ आवै ।
बांह पकरि जगनाथ बुलावै ॥

साषी

२७ सुर नर थाके मुनि जनां । जहां न कोई जाई ।
मोटे भाग कबीर के । तहां रह्या घर बाइ ॥
२८ दादू सेषम साइक औलिया । पैकंबर सब पीर ।
दरसंन सूं परसंन नहीं । अजहूं वैली तीर ॥
२९ कबीर मारग कठिन है । कोई न सकई जाइ ।
गए ते बहु डे नहीं । कुसल कहै को आइ ॥
३० कबीर मारग अगंम है । सब मुनि जन बैठे थाकि ।
तहां कबीर चलि गया । गहि सतगुर की साषि ॥
३१ कबीर कुब करणीं कुब करम गति । कुब पूर बजन मका लेष ।
जाकौ महल मुनि लहैं । सो दोस्त कीया बेष ॥
३२ कबीर जहां न चींटी सकै । राई नांठ हराइ ।
मन पवन की गमि नहीं । तहां पहूंचे जाइ ॥
३३ जन कबीर का सिषर घर । बाट सलैली सैल ।
पाव न टिकै पपीलका । लोग निलादे बैल ॥

(राग धनाश्री)

३४ गोबिंदि तेरैं दरबार । मेरी कौंन बात चलावै ।
ब्रह्म निगम नेति नेति । महलौ न पावै ॥
३५ नारद सनकादि सांकर । ते ऊदास कहावै ।
सार दबि छेद बांनीं । संतत गुन गावै ॥
३६ परमांनंद दींन दास । है कोई गुदरावै ।
भगत बछल बिरुद तेरौ । इहै भरोसौ आवै ॥

राग भैरूं

१७:० तहां मुझ गरीब की को गुदरावै ।
मजलसि दूरि महल को पावै ॥ टेक ॥
१ सतरि सहंस मिलार जाकै ।
असी लाष पैकंबर ताकै ।
सेष जु कहियें सहंस अठासी ।
छपन कोडि षेलिबे सीषी ॥
२ कोडि ते तीसूं अरु षिला षांनां ।
चौरासी लष फिरैहि दिवांनां ।
बाबा आदम पैं नजरि दिलाई ।
नवी भिस्त घणेरी पाई ॥
३ तुम्ह साहिब हम कहा भिष्यारी ।
देत जबाब होत बजगारी ।
जन कबीर तेरी पनह समांनां ।
भिस्ति नजीक राषि रहिमांनां ॥

१८:० तहां मुझ कमींन की कौंन चलावै ।
जाकौ अजहूं मुनि जन महल न पावै ॥ टेक ॥
१ सिव बिरंचि नारद जस गावै ।
कौंन भांति करि निकटि बुलावै ॥
२ देवा सकल ते तीसूं कोडि ।
रहे दरबारि ठाढे कर जोडि ॥
३ सिंध साधिक रहे ल्यौ लाइ ।
अजहूं मोटे महल न पाइ ॥
४ सब थैं नींच मैं नांव न जांनां ।
कहि दादू क्यूं मिलै सयांनां ॥

राग टोडी

१९:० माधौ अगिनत गुन तेरे सेस कहै ।
सुर नर मुनि कोऊ अंत न लहै हो माधौ ॥ टेक ॥
१ सेस सहंस दूनी रसनां रढै । संकर समाधि लागी ।
ब्रह्मा जुपढै हो माधौ ॥
२ सर सुति निसदिन लिषत हारी । नारद कीरति करै ।
निगम चारी हो माधौ ॥
३ सिव सनकादिकनि संतनि गायौ ।
गोपाल पतित तेरे सरनि आयौ हो माधौ ॥

राग भैरूं

२०:० रांम राइ कछू कह्या न जाइ ।
बिन मुषसी सद सूं दिसि षाइ ॥ टेक ॥
१ गोल गाल बपु गोबिंद राइ ।
न जांणा तेरा सीस कहूं दिसि पाइ ॥
२ नैंन नांसिका नांहीं कांन ।
बिन घट ब्रह्म धरूं कत ध्यांन ॥
३ पेटना पीठि चार नहीं पार ।
सब सच राच रउ दर अहार ॥
४ जो जैसी परतीति मनि धरै ।
कहि नापा काज तैसा करै ॥

साषी

३७ हसत पाव नहीं सीस मुष । श्रावन नेत्र कहूं कैसा ।

दादू सब देषै सुणैं । कहै गहै है अैसा ॥

राग भैरूं

२१:० अैसौ अलष अनंत अपार । तीनि लोक जाके बिसतार ॥टेक ॥
१ निर्मल सदा सहज घरि रहै । ताकौ पान कोई लहै ।
निर्गुण निकट सब रहस समाइ । निहचल सदा न आवै जाइ ॥
२ अबिनासी है अपरंपार । आदि अनत रहै निरधार ।
पांवन सदा निरंतर आप । कला अतीत लिपत नहीं पाप ॥
३ संम्रथ सोई सकल भरपूरि । बाहरि भीतरि नेडा न दूरि ।
अकल आप कलै नहीं कोइ । सब घटि रह्या निरंजन होइ ॥
४ अब रण आपैं अजर अलेष । अगम अगाध रूप नहीं रेष ।
अबिगत की गति लषी न जाइ । दादू दींन ताहि चित लाइ ॥

२२:० अैसौ राजा सेऊं ताहि । और अनेक सब लागे जाहि ॥टेक ॥
१ तीनि लोक ग्रिह धरे रचाइ । चंद सूर दोइ दीपक लाइ ।
पवन बुहारै ग्रिह अंगनां । बपन कोडि जल जाके घरां ॥
२ राते सेवा संकर देव । ब्रह्मा कुलाल न जानैं भेव ।
कीरति करणां चारचूं बेद । नेति नेति न बिजानैं भेद ॥
३ सकल देव पति सेवा करैं । मुनि अनेक एक चित धरैं ।
चित्र बिचित्र लिषैं दरबार । ध्रम राइ ठाढे गुन सार ॥
४ रिधि सिधि दासी आगैं रहैं । चारि पदारथ जी जी कहैं ।
सकल सिध रहे ल्यौ लाइ । सब पर पूरण अैसौ राइ ॥
५ षल कष जीनां भरे भंडार । ता घरि बरतै सब संसार ।
पूरि दिवांन सहजि सबदे । सदानि रंजन अैसौ हे ॥
६ नारद गांइ न गुन गोबिंद । सारदा करै सब छंद ।
नटवर नाचै कला अनेक । आप न देषै चरित अलेष ॥
७ सकल साध बाजैं नीसांन । जै जैकार्न मेटैं आंन ।
मालनि पुहप अठारह भार । आप न दाता सिरजनहार ॥
८ अैसौ राजा सोई आहि । चौदह भवन मैं रह्यौ समाइ ।
दादू ताकी सेवा करै । जिनि यहु रचिले अधर धरै ॥

राग गुंड

२३:० सेइये गोपाल राइ । अकल निरंजन ।
भगति कौ दांन दीजै । जाचै हो भगत जन ॥ टेक ॥
१ जाचै घरां दृग दसा सिराइचा । बैकुंठ सी चित्रसाली ।
सप्तलोक साहिबांन । पूरि ले लिषमीं पियारी ।
चंद सूर जाचै दीवला । कंद्रप काल जांणैं बापुला ।
कोटवाल सुक्र सा घरी । अैसौ राजा है नर हरी ॥
२ जाचै घरां कुलाल वी ब्रह्मा ।
चत्रमुषा दावणां जिनि बिस्व संसार रचीला ।
जगत्र तणां दातार । जाचै ईस्वर मंत्री बावला ।
तंत मंत अंम्रित भाषिला । पाप पुनि जाचै डांगीया ।
द्वारै चित्र बित्र लेषिया । ध्रम राइ पौली प्रहिहार ।
अैसौ राजा श्री गोपाल ॥
३ जाचै घरां गंइण चत्र बेदा । गंध्रब जन ढाढिया ।
अष्टादस पुरांण नागरिया । सर्ब सास्त्र बहुरूपिया ।
तंत मंत बोलै आछिया । त्रेता पुरी मंझि काछिया
चवरढार जाचै घरि पवनां । चेरी सकति जीति ले तीन्यौं भवनां ।
अंड टूक जाचै बसुमती । अैसौ राजा कवलापती ॥
जाचै घरां कूरम सा पालिका । सेसनाग सा सेजवालिया ।
४ अठारह भार बनासपती मालनि । छपन कोडि मेघमाला ॥
जास घरि पनिहारिया । नष प्रसेद जाचै सुरसरी ।
सात समंद जास बिस्तरी । सर्ब जीव जाचै बरतणीं ।
अैसौ राजा त्रिभुवन धणीं ।
५ जाचे घरां सनक सनंदन संत कुवार ।
सनकादिक अंबरीष सुष सु प्रहिलाद बभीषण हणवंत ।
नारद ध्रूव उधव अंकूर । अंनंत कोटि सिध साध पाहरू ।
एती बरतणि जाचै घरी । सकल बियापक अंतरि हरी ।
नांमदेव प्रणवैं ताकी आंन । सकल भगत जाके नीसांण ॥

राग भैरूं

२४:० जौ जाचौं तौ केवल रांम ।
आंन देव सूंनांहीं कांम ॥ टेक ॥
१ जाकै सूरिज कोटि करैं प्रकास । कोटि महादेव गिर कबिलास ।
ब्रह्मा कोटि बेद उचरैं । दुरगा कोटि जाकै मरदन करैं ॥
२ कोटि चंद्र मांग हैं चिराक । सुर तेतीसूं जीवैं पाक ।
नौ ग्रह कोटि ठाढे दरबार । धरमरा पौली प्रतिहार ॥
३ कोटि कु मेर जाकै भरैं भंडार । लिषिमीं कोटि करैं सिंगार ।
कोटिक पाप पुंनि ब्यौहारैं । इंद्र कोटि की सेवा करैं ॥
४ जग्य कोटि जाकै दरबार । गंध्रप कोटि करैं जैकार ।
बिद्या कोटि सबै गुन कहैं । पारब्रह्म कौ पार न लहैं ॥
५ बासिग कोटि सेज बिसतरैं । पवन कोटि चौ बारै फिरैं ।
कोटि समुंद्र जाकै पणिहार । रोमावली अठार भार ॥
६ असंषि कोटि जाकै जंमावली । रांवण सेन्यां जाथैं चली ।
सहंसबाह के हरे परांन । जर जोध न घाल्यौ षै मांन ॥
७ बांवन कोटि जाकै कुटवाल । नंग्री नंग्री षेत्रपाल ।
लट छूटी षेलैं बिकराल । अनंत कला नटवर गोपाल ॥
८ कंद्रप कोटि जाकै लांवनि करैं । घट घट भीतरि मनसा हरैं ।
दास कबीर भजि सारंग प्रांन । देहु अभैपद मांगूं दांन ॥

राग मारू

२५:० वो घर वो लगी उलिगांणां ।
जिनि ध्रू प्रहिलाद निवजिया । बैकुठ तणां दीया थाणां ॥

टेक ॥
१ जिहि घरि नींव घणेरी । अैरां तैं अधि केरी ।
जिहि थंभ षंभ नहीं लाया । बिणथं भै गगन छाया ॥
२ जाकै दीपक चंदर सूरा । तेज सरूपी पूरा ।
जाकी जोति अलेषै । संसार सबाय देषै ॥
३ भरिया भरपूर भंडारा । उहांलि षमीं अंत न पारा ।
चारि पदारथ सारा । जिहि घरि टचौं जी कारा ॥
४ जहा रिधि सिधि दोऊ दासी । जहां साधू करैं षवासी ।
जहां नारद सारद गावै । जहां अणहद बेण बजावै ॥
५ जाकै बैकुंठ सी चित्रसाली । सुष सेज्या बनमाली ।
कलप बृछ की छाया । जहां मोहन ब्यापै माया ॥
६ जहां लिपै पुंनि न पापै । करम सबाया कायै ।
मुकति ओलग्यां आंपै । करि आप सरीषौ थापै ॥
७ अठारह भार बनमाला । गुणचास कोटि धर चाला ॥
परबत मेर सुमेरा । जहां बाव बरण बहुतेरा ॥
८ जाकै सात समंद बिण थाघा । ते कारन लोपैं आघा ।
बपन कोडि मेघमाला । सह वैंहि घरि पांणींवाला ॥
९ जाकै ब्रह्मा बिष्न महेसा । सुर नर संकर सेसा ।
तेतीस कोडि देव दांनां । सह वैंहि घर का उलिगांणां ॥
१० जाका तीनि लोक बिसतारा । सारूं का पूरणहारा ।
जीव जंत सहराया । ते वैंहि घरि पलता आया ॥
११ जाकै नष सुर सुरी धारा । जिहि का अंत न आवै पारा ।
चारि बेद मुषि बांणीं । जाकी गति जाइ न जांणीं ॥
१२ जाकै भींव भींब हणवंता । अैसा जोधा एक अनंता ।
धरम राइ पडदारा । द्वारै चित्र बिचित्र लेषारा ॥
१३ जाकै सुष देव जै देवा । करैं भाव की सेवा ।
अंबरीष हितकारी । जिनि द्रोप अहल्या तारी ॥
१४ जाकै नांमां सेन कबीरा । पीपा धनां अहीरा ।
सूरदास रैदासा । सगलां की पुरवी आसा ॥
१५ भगति सिरोमणि सारा । जहां दीसै दै दै कारा ।
ज्यां मांहैं रांम बिराजै । जहां सदा बधावा बाजैं ॥
१६ जिहि घरि बरतणि एती । सो जांणीं जाइ न जेती ।
सेस सहंस मुषि गावै । ते पणि पार न पावै ॥
१७ सो तीनि लोक कौ राजा । घण हरसा बाजैं हि बाजा ।
अबिनासी राजा कहिये । बषनां तिहि घरि वो लग रहिये ॥

राग जंगली गौरी

२६:१ जाकूं षोजैं असंष । मुनीं अनेक तपे । ब्रह्मे कोटि अराधैं ।
ग्यांनी जाप जपैं । जपत पसंज मकरी पूजा अनेक सोधन बंदनां ।
करि गवन बसुधा तीरथ मैं जन । मिलन कूं निरंजनां ।
मांनूं षबन तिन पसू पंषी । सकल तुझै अराधते ।
मिलि दयाल लाल गोबिंद नांनिक । साध संगति ह्वै गते ॥
२ कोटि बिष्न अवतार । संकर जटा धार ।
वै चाहैं तुझ दयाल । मनि तनि रुचैं अपार ।
अपार अगिनत अथाह ठाकुर । सकल पूण प्रभु धणीं ।
अपार सुर सिध गंण गंध्रप ध्यांवैं । जिह्नि किंनर गुन भणीं ।
कोटि इंद्र अनेक देवा जपैं स्वांमीं जै जै करैं ।
अनाथ नाथ दयाल नांनिक साध संगति मिलि उधरैं ॥
३ कोटि देवी जाकूं सें वैं लिघिमीं अनेक भांति ।
गुपत प्रगट जाकूं अराधैं । पवन पांणीं दिवस राति ।
नषियत ससि हर सूर ध्यांवैं । बसुधा गगन गांव हीं ।
चारि षांणीं चांरि बांणीं । सदा सदा हरि ध्यांवहीं ।
सुम्रित पुरांण चत्रु बेदा । षट सास्त्र जाकूं जपैं ।
पतित पांवन भगति बछ्ल । नांनिक मिलि अघ कपैं ।
४ जेती प्रभु जणाई । रसनां ते तभणीं ।
अणजांणत जो सेवैं । ते तन जाइ गिणीं ।
अबिगत अगिणत अथाह ठाकुर । सकल मंझे बाहरा ।
सर्ब जाचिक एक दाता । नहीं दूरि संगी जाहरा ।
बसि भगति थीया मिले जीया । तिन की उपमां के तगिणीं ।
यहु दांन मांन नांनिक पावै । सीस साधां धरै चरणीं ॥

निरंजन हैरांन ग्रंथ

१ सुंनि सायर जहां । असंष दल कंमल तहां ।
पद्म दल थांन जहां । अनंत देवं ।
वोउंकार किरणीं महां । अनंत ऊंकार तहां ।
महा वोउंकार मध्य रंध्र भेवं ॥
२ मधि कोसं रहै । बास भमरा लहै ।
अनेक हैरांन करि सर्ब ध्यांवैं ।
अनंत आपैं रहै । अनादि साधू कहैं ।
अनंत षोजंत नहीं पार पांवैं ॥
३ तहां अनंत सूरज तपै । प्रकास जोती दिपै ।
अनंत चंद्रय चिराक़ जोवै ।
अनंत तारा बहै । अनंत रैंणीं रहै ।
अनंत प्र द्रबार ढोवै ॥
४ अनंत ब्रह्मा रहै । अनंत बेद कहै ।
अनंत बिष्न औतार थावै ।
अनंत दुरगा पडी । अनंत सक्ती षडी ।
अनंत महेस्वरं ध्यांन लावै ॥
५ अनंत बिद्या पढै । अनंत सारद रढै ।
अनंत गणेंस्व सिधि बिधि बोधै ।
अनंत सिंधी षडी । अनंत निंधी जडी ।
अनंत इंद्र बहु सेव सोधै ॥
६ अनंत तूंबर रहै । अनंत गंधप कहैं ।
अनंत राग गुण गीत गावैं ।
पुरांण अनंतैं कहैं । अनंत दरसंण रहैं ।
अनंत नीसांण धुंनि नाद बावै ॥
७ बरुण अनंतैं भरै । सर्ब अग्या करै ।
अनंत कुंमेर भंडार पूरं ।
जंम अग्या फिरैं । ब्रह्मांड सोधी करैं ।

अनंत सबद रंकार तूरं ॥
८ अनंत च्यंतमणीं । अनंत लिषमीं घणीं ।
अनंत कांमधेनि बहु कांम थाई ।
अनंत सिध्यवली । अनंत बुध्यवली ।
अनंत ब्रिषसर्ब कलप जाई ॥
९ अनंत भूतावली । अनंत मंत्रावली ।
अनंत झोटिंग द्रबार जोवै ।
अनंत बीरावली । अनंत जंमावली ।
अनंत जंमदूत बहु जोध सोवै ॥
१० अनंत किंनर रहै । अनंत राकिस बहै ।
अनंत जै दैंत बिस्तार सोधै ।
अनंत दांणव गहै । जषि अनंतैं रहै ।
अनंत मींच जुरा सेत क्रोधै ॥
११ अनंत धारा धरै । अनंत पांणीं भरै ।
अनंत अगनीं बहु पाक पूरं ।
भंडार पूरा जहां । अनंत सिधा तहां ।
अनंत अंनदेव है है हजूरं ॥
१२ अनंत देवं फिरै । अनंत जीवं तिरै ।
अनंत पवनं बहु चवर ढोलै ।
अनंत कूरम घरै । सुंनि सेज्या धरै ।
अनंत बनावली । पहुप षोलै ॥
१३ अनंत जग्य धुंनि करैं । अनंत बेदी धरैं ।
अनंत अस्वमेध बहु पाप षावै ।
अनंत हाहू रढै । रिषि अनंतैं पढैं ।
अनंत आकास मंडप छावै ॥
१४ अनंत बाचा फुरै । अनंत मेघा झुरै ।
अनंत समुंद्र गंभीर धीरं ।
अनंत बाणीं गुणैं । अनंत षांणीं चुणैं ।
अनंत कोटि बांव न बीरं ॥
१५ अनंत जोगिणि लवैं । अनंत रावल रवैं ।
अनंत नंग्री षेत्रपाल थानं ।
अनंत ब्रह्मा गढै । बहु जीव भांडा बढै ।
अनंत ब्रह्मांड बिग्रैह मानं ॥
१६ अनंत पापं बला । अनंत पुंन्यं कला ।
अनंत धमराइ द्रबार सेवै ।
अनंत कंद्रप रहै । अनंत तीर्थ बहै ।
अनंत हिमवंत निहकंप केवै ॥
१७ अनंत सिधा रहै । अनत साधू चहै ।
अनंत बासि गरंकार सारं ।
अनंत पीरं भरं । अनंत पैकंबरं ।
अनंत वोउंकार नहीं वार पारं ॥
१८ अनंत जुग बहै । अनंत सुनार है ।
अनंत बैकुंठ अतिदेव थानं ।
अनंत मुनेस्वरं । अनंत जोगेस्वरं ।
अनंत भैरूं दिसि मेक ध्यानं ॥
१९ अनंत ग्यानं जहां । अनंत ध्यांन तहां ।
अनंत मुक्ति द्रबार ठाढी ।
अनंत काला रहै । मोषि अनंतैं बहै ।
अनंत सिधांन धुंनि बुगाढी ॥
२० दिवांण अैसा रहै । महल बिरला लहै ।
द्रबार अनंत अनंत सेवं ।
अचिरज कहा कहै । सर्ब ध्यांनं रहै ।
हैरांन हैरान हैरांन देवं ॥
२१ कौंण उपमां धरूं । कहा सेवा करूं ।
तुम गति मैं मैं न जांणूं ।
पार को नां लहै । न जांनां मिसर्बै कहै ।
कथंत दादू कहा कहा बषांणूं ॥

ब्रह्म स्तुति

२२ अगाध अबाध कहै सब साध । अतीत अजीत कहैं सब रीत ॥
अनंत गंन कहैं सब संत । अगाहु अथाहु । कहैं जु अलाहु ॥
२३ अलेष अदेष कहैं सुर सेष । अभेद अछेद कहैं सब बेद ॥
अपार अधार कहैं निरकार । अडोल अतोल कहैं अमोल ॥
२४ अद्वैत अभीत कहैं गुन गीत । अजाप अथाप कहैं जु अमाप ॥
अदेह अछेह कहैं जु अग्रेह । अनंत असंग अभंग अभंग ॥
२५ सेसु पार पावै नहीं निगम नेति जसु गाइ ।
र रंकार कूं स्यौ जपै अस्तुति करी न जाइ ॥

गुन निरंजन नामौं

२६ सुर नर मुनि जोगी जती । संकर लहैं न भेव ।
आदि अंति मधि मूल बिन । नमो निरंजन देव ॥
२७ तात न मात न बंध भ्रित । स्याम पीत नहीं सेत ।
अजन रहित निरंजनहि । निगम कहत पुनि नेत ॥

चौपाई

२८ तौ अंजन रहित निरंजन देवा । कहा कोऊ रूप बषांनैं जू ।
षोजत षोजत कलप बीचि गए । सिव बिरंचि नहीं जांनैं जू ॥
२९ मन वुधि मनसा अगम अगोचर । मूंदिर हे मुष लोई जू ।
दृष्टि न मुष्टि दूरि नहीं नियरा । कहा बरनैं गति कोई जू ॥
३० झोरी डंडा का षु अधारी । अंगु बिभूति लगाई जू ।
जोगी जती तपी सिंन्यासी । तुव गति किनहूं न पाई जू ॥
३१ सेस महेस गनेस चंडिका । सुर नर मुनि सब धावैं जू ।
मन बुधि मनसा अगम अगोचर । परमिति कोउ न पावै जू ॥
३२ श्रुग लोक पाताल पुहमि पर । सिव बिरंचि से कोहे जू ।
जोगी जती तपी संन्यासी । नांवहि सुनि सब मोहें जू ॥
३३ करमी डहि पचि तांहि रैंनि दिन । कहां जांहि कत धांवीह जू ।
कु तब गौस पीर यै कंबर । दोस दोस बिललांवहि जू ॥
३४ सरब सजा बौलयौ चुराई । सो कैसैं सुष सोवै जू ।

आतुर अधिक चैंन चितु नांहीं । निस बासुरि उठि रोवै जू ॥
३५ नारद सारद सेस सहंस मुषि । गुन गोबिंद के गावहि जू ।
भटकत फिरैंहि त्रिषावंत म्रिगलौं । पिय दरसन नहीं पांवहि जू ॥
३६ जटा जूथ करु किंनरु लीनीं । अंगि बिभूति लगाई जू ।
अलष निरंजन अहि निसि धांवहि । पूत पिता तजि माई जू ॥

दोहरा
३७ अंगि बिभूति लगाइ कैं । जढाब कींनीं सीस ।
निसबासुरि मारग बहैं । लहैं न ब्रह्मा ईस ॥

छंद
३८ तौ ब्रह्मा ईस जटा करि सीस । लगाइ बिभूति फिरैं इहि सूति ॥
लहैं नहीं भेव निरंजन देव । महासुर मुनि गए सिर धुंनि ॥
३९ धरैं नहीं धीर पेकंबर पीर । पुकारहि तुझ । लहैं नहीं गुझ ॥
गहैं कैसैं पाइ निरंजन राइ । रहे कर जोरि तेतीस ब कोरि ॥
४० निहारहि मग षरे इक पग । महामुनि सेष कीयैं बहु भेष ।
भये लै लींन जैं गुन तीन । त्रिकुटी यट टनिहारहि बट ॥
४१ रहैं मुष मौंन पलटहि पौंन । महामन मस्त गए करि कस्त ॥
परैं नहीं हाथ निरंजन नाथ । तपै दिन रैंन न देषहि नैंन ॥
४२ चलै नहीं चित निहारहि नित । सहैं बहु सुल । लहैं नहीं मूल ॥
निरंजन देव लहैं नहीं भेव । सके न बिचारि गए पचिहारि ॥

दोहरा
४३ तौ पचिहारे परमिति बिनां । पार न पावैंहि लोइ ।
अकल सकल गुन तैं रहित । ध्यांन धरैं कहा कोइ ॥
४४ सुर नर मुनि षोजत षपे । पार न पावैहि तोर ।
जन बाजीद कहा कहै । मन बुधि पैली वोर ॥
४५ चित्रहरन चेटक बरन । तरन बिरध नहीं सोइ ।
जन बाजीद निरंजनहि । दृष्टि न देषै कोइ ॥
४६ बाजीद जदपि दृष्टि न देषिये । तदपि कीजै नेह ।
नांव न कबहूं बिसरिये । परम सयांनप एक ॥
४७ बाजीद जाति बरन को कहि सकत । मन बुधि गम अलेष ।
नांवहि लगि लगि निस्तरे । जोगी जंगम सेष ॥

अरिल
४८ तौ जोगी जंगम सेष निस्तरे नांवहीं ।
एक जीव को कहाठ धरे गांवहीं ।
४९ जब लग सास सरीर बिलंबन कीजिये ।
परिहां जन बाजीद बिचारि रैंनि दिन लीजिये ॥

दोहा
५० परमिति पषैं पार कुंण पावै । नांऊं उडल भरिये आभ ।
अहि निसि रांम रसांइन पीजै । आपां हैं अतरौही लाभ ॥
गुन निरंजन नामौं संपूर्ण समापतः ॥
इति हैरांन कौं अंग संपूर्ण भवेत् ॥

६६ आंनदेव तसकार कौ अंग

राग भैरूं
१:० आंन न जांणूं देवी न देवा ।
जत जत प्रांणत तहि तेरी सेवा ॥
१ तूं सुष सागर आगर दाता ।
तूंहीं मेरे प्रांन पिता गुर माता ॥
२ नांमौं भणैं मेरे सब कुछ सांई ।
मनसा बाचा दूसर नांहीं ॥

राग टोडी
२:० रांम जुहारि न और जुहारौ ।
जीवनि जाइ जनम कत हारूं ॥ टेक ॥
१ आंन देंव सूं दींन न भाषूं ।
रांम रसांइन रसनां चाषूं ॥
२ थावर जंगम कीट पतंगा ।
सतिरांम सबहिन के संगा ॥
३ भणत नांमदेव जीवनि रांमां ।
आंन देव फोकट बेकांमां ॥

साषी
१ आंन देव कौ नांहि भरोसौ । बातनि बिंजन लाष परोसौ ।
जीवनि कद्या त्रिपति किनि पाई । म्रिग तृश्नां किंनहूं न बुझाई ॥
२ असे आंन देव फल दाइक । हरि बिन कौंन छुडांवन लाइक ।
धम्रराइ कहै सुंनि कृत हारी । तैं कीरति क्यूं बिसुध बिसारी ॥
३ ग्रभ अगनि रछ्या जिनि कीनीं । संकुट मोचि अभै ता दीनीं ।
हरन चरन लोचन नासा मुष । रुधिर बूंद तैं लाभि इतौ सुष ॥
४ सो सुष तैं सुपिनैं न पिछांन्यूं । प्रांननि दाता निकट न जांन्यूं ॥

राग धनाश्री

३;० गोबिद से पति पाइ कहा मन अनत हिलावै ।
भगवंत भजन बिन सुष नहीं । जौ चहूं दिसि धावै ॥ टेक ॥
१ फल की आस करै भरै । जे बिरष बढावै ।
गहामूंढ मूलै तजै । साषा जल नावै ॥
२ बसै सुरसुरी तीर । मंद मति कू पष नावै ।
जैसैं स्वांन कुलाल कौ । संग लाग्यौ धावै ॥
३ आंन पुरिष की सेव करै । धन कुलहि लजावै ।
गनिका ते उतपनि पुत्र । कौंन कौ कहावै ॥
४ आंन देव जौ भजै तजै । हरि आंनहि गावै ।
सूरदास हरि पति बिनां । सोभा क्यौं पावै ॥

साषी

५ हरि सा हीरा छाडि करि । करैं आंन की आस ।
जैते नर जंमपुरि जाइसें । सति भाषै रैदास ॥
६ कबीर रांम पियारा छाडि करि । करैं आंन का जापा ।
बेस्वां केरा पूत ज्यूं । कहैं कौंण सूं बाप ॥
७ षंड षंड करि ब्रह्म कूं । पषि पषि लीया बांटि ।
दादू पूरण ब्रह्म तजि । बंधे भ्रर्म की गांठि ॥
८ दादू सब थे एक के । सो एक न जांनां ।
जणें जणें के ह्वै गए । यहु जगत दिवांनां ॥
९ जैमल जिनि तुम्ह सिर जे सो कहां । को तुम्ह किस के आहि ।
सो किंन चीन्हौं प्रांनियां । अंध भया कित जांहि ॥
१० जैमल जनम भोमि कहां जीव की । कहां अलू झे आइ ।
सो साचा घर बाडि करि । केती ठौर बिकाइ ॥
११ जैमल कहां जीव उतपति भया । कहां लिया बिश्राम
आया थाक्या कौल करि । लागा है किस कांम ॥
१२ जैमल अणहूं ताकी आस करि । हूं ते सूं नहीं हेत ।
बीज बिहूणां बाहिया । सो कदे न निपजै षेत ॥
१३ जैमल आपा तिस कौं सौंपिए । आपण अस्थिर होइ ।
आपणही अस्थिर नहीं । ताहि सौंप्यें क्या होइ ॥
१४ पीपा थोडै अंतरै । घणीं बिगुती लोइ ।
महामाइ मारया पणां । तरचौ नांहीं कोइ ॥
१५ उरैं परैं आगा लग जोई । पाई नहत न उधरयौ कोई ।
त्रिषिनि हारि न्यारि निसि जोई । मारचौ उघडै पणि तारचौ न कोई ॥
१६ तां बौकण जौ मेलि करि । देवी एक उपाई ।
भली घडी सुनार कै । देषिवा की सकलाई ।
घर मैं आंणीं मोल दे । जणीं पांच सात मिलि राति जमाई ।
आगैं मेल्ही लिडकची । सुषाइ गई बिलाई ॥
भोपी धूजै धुड हडै । पवन उबासी षाइ ।
परस कहै हरि नांव बिन । सो नर परलै जाइ ॥
१७ क्रमहींन जे माया ध्यावैं । बिघ्न भगति बिन मुकति न पावैं ।
दुर्गति फिरैं नही दिसि काई । पहलै भै पूजी महा माई ॥

राग टोडी

४;० कहा करूं जग देषत अंधा ।
तजि आंनंद बिचारैं धंधा ॥ टेक ॥
१ पांहण आगैं जीव काटीला । वाकौ पांण नहीं । वाकी पूज रचीला ॥
२ आंगणि देव पिबो कडि पूजा । पांहण पूजि भया नर दूजा ॥
३ नांमदेव कहै सुणौ रे धगडा । आतम देव न पूजौ दगडा ॥

राग रांमग्री

५;० जग अंधा नैंन न सूझै । जिनि सिर जेताहि न बूझै ॥ टेक ॥
१ पांहन की पूजा करैं । करि आतमा घाता ।
निर्मल नैंन न आवई । दोजग दिसि जाता ॥
२ पूजैं देव दिहाडियां । महामाई मांनैं ।
प्रगट देव निरंजनां । ताकी सेव न जांनैं ॥
३ भैरूं भूत सब भरम के । पसुप्रांणीं ध्यावैं ।
सिरजनहारा सबनि का । ताकूं नहीं पावैं ॥
४ आप सुवारथ मेदनीं । का का नहीं करई ।
दादू साचे रांम बिन । मरि मरि दुष भरई ॥

राग गौडी

६;० संतौ कासूं कहिये सब जग अंधा । कोई न दीसै सारा ।
परम अटल निधि रांम न पूजैं । किहि बिधि होइ निस्तारा ॥ टेक ॥
१ के कुलदेव देवली नाडा । के मढ भोपां लागा ।
सीलै स्वांन सकल धुरिला रिण । पहले भौजे भागा ॥
२ श्रपसीं दरि आपैं कीया । भ्रम दुनीं ज्यूं मांनैं ।
भूत पिसाच पितर जिषि राकस । ढही ढिगारै कांनै ॥ टेक ॥
३ दोस बराज बिथा दोऊ दीरघ । जनम मरण भौभारी ।
कहै हरदास रांम पद पाषैं । व्रकि पडैं नर नारी ॥

राग सोरठि

७;० धोषा छाडि दे रे मनां । हरि बिन नेटि निपूसा रे ।
आंन देव थैं मोष्य न मुकती म्रितक मूंसा रे ॥ टेक ॥
१ जे अणहेती कीजै षेती । ना जन लूंबा रे ।
तीर्थ व्रत सब देई देवा । कर कस चूंबा रे ॥
२ नाव लष गऊ चराई पाई । सांड न संगी रे ।
बादि गई बेगारि दूध बिना रिति न रंगी रे ॥
३ प्रणवंति नापा चीन्हिले आपा । जोमति भ्यासी रे ।
जागत सोवत जहां कलपनां । सो तहां जासी रे ॥

साषी

१८ दादू जे कुछ कीजिये । अबिगत बिन आराध ।
कहिबा सुनिबा देषिबा । करिबा सब अपराध ॥

१९ तब हीं कारा होत है । हरि बिन चितवत आंन ।
का कहिये संमझै नहीं । दादू सिषवत ग्यांन ॥
२० पांचूं इंद्रीं भूत हैं । मनवां षेत्र पाल ।
मनसा देवी पूजिये । दादू तीन्यूं काल ॥
२१ जीवत लूटै जगत सब । मृतक लूटै देव ।
दादू कहां पुकारिये । करि करि मूये सेव ॥
२२ करमांणंद लोकां तणौं । गति बाहिरौ गियांन ।
लहुडां देवाला पसी । भजैं नहीं भगवांन ॥
२३ प्रथम प्रभु पद पंक जप मंकि । जे संचरचा संसारि ।
भवणि भवंता भवन ज्यूं । पगो न पडिया पारि ॥
२४ पडिया पडिया ही रह्या । पडि पडि जेम पडेणि ।
जिणि पडियां पडि जै नहीं । पंथि न पडिया तेणि ॥
२५ षत्री बइस्य सुद्र बिप्र बिधि । लोक बेद कुल प्रीति ।
हिंदू तुरक बंधे क्रम धमां । तजैं नहीं रह रीति ॥
२६ देवी देवल मूरति मांनैं । देव दिहाडी लिंग बषांनैं ।
भैरूं सील गुसांई बाबू । पाबू बहुत मनावैं ।
२७ प्रीति न तोरैं जीव बापु रे । अंति कछू नहीं पांवैं ॥
ग्यारसि चौदसि फल दत्यौ करैं । आठैं चैंथि उपवास करि
मरैं ।
२८ अणत अग्यांन मूंढ नर सेवैं । तजि जग देव भ्रम दिल देवैं ।
माला तिलक पर दष्णिां देवैं । करैं डंडोत प्रतिमां सेवैं ।
२९ पूजा जाप आचार दिढावैं । तंन मंजन करि भोजन पावैं ॥
तीनि बार आरती करैं । क्रम कथा सुनि कष्ट तउ हरैं ।
३० षिजिष सि़र हे काज नहीं सरैं । धिग संसार झूठ
बिस्तरैं ॥
पढैं पुरांन जने ऊधारैं । करैं न्यौ रता जीव संघारैं ।
३१ साहिब सूं बेमुष भए भाई । तजि करतार भ्रम दिल लाई ॥
तप करै तीरथां भटकैं । सिरजनहार सदा संगि घट मैं ।
३२ ज्यूं जननीं पुत्र बिसर्जन भई । चारि पहर दुष करि करि
मूई ॥
जै को साध दिढावै जाइ । सब करत सिष्टि कौ राइ ।
३३ कथा कहै रांम रस मेलि । तऊ न सुलझै तां तू बेलि ॥
यौं भ्रंम्यूं संसार । साच सति सूझै नहीं ।
३४ कहां करै करतार । जीव जढ बूझै नहीं ॥
ऊ जू करैं निवाज गुजारैं । रोजा करैं रुत सबी धारैं ।
३५ ईदि बकरीदि मसीतिहि मांनैं । अला अलष की घबरि न
जानैं ॥
मका मदीनांउ रस बषांनैं । हजम काम कन पुरमांनैं ।
३६ काजी मुलां जिंदा जोगी । भ्रंम दिढावैं भारी ।
बकरी मारि कंदूरी कीजै । नवी कहैं राह गति न्यारी ॥
३७ जग कौ मत ज्यूं चालनीं । जन कौ मत बुहारी सूप ।
भरम भुस कूं दूरि उडावैं । राषैं तत अनूप ॥
३८ जे को बंदा जाइ सुनावै । अलष अलह की बात ।
ऐसे जीव दोजगी गदे । कहै भ्रंम्यूं तूं जात ॥
३९ देषि जु भूले जीव करणहार पूजै नहीं ।
पायौ नहीं जु पीव । दिल अंदरि सूझै नहीं ॥
४० ज्यूं ये लागे भ्रमसूं । त्यूं साधू लागे नांइ ।
ज्यूं मींन अपूठौ तिरि चलै । यौं हरि कारनि जन जांइ ॥
४१ साधू उलटि साच सूं लागे । लोक बेद कलि जुग थैं भागे ।
राते नांइ निरंजन देव । अलष पुरिस की करहि जु सेव ॥
४२ साहिब जी कै सरणैं गए । भ्रिंगी कीट देषतां भये ।
प्रीति करत पति भए पांवन । मिटे जनम जोनि जग
आंवन ॥
४३ गुर कृपा थैं पाईये । रांम नांम बेसास ।
आंन देव प्रसै नहीं । पीव मिलण की आस ॥
इति आंनदेव तसकार कौ अंग सम्पूर्ण भवेत् ॥

६७ किस्तूरिया म्रिघ कौ अंग

राग धनाश्री
१ गोबिंद गोबिंद आषियै । गोबिंद किती एक दूरि जी ।
तोरा दरसण कारणैं नैंण मरत हैं झूरि जी ।
नैंण मरत हैं झूरि गोबिद । तोरा दरसन कारणैं ।
भगत बछल बिडद तेरौ । और संत उधारणैं ॥
कांम क्रोध कलेस काया । ए मोहि मारैं चूरि जी ।
चव बहमल एही अंदेसा । नेडा बसहु कि दूरि जी ॥
२ अंतिरस भूलै बावरे माया मोह जंजाल जी ।
तिहूं लोकां मैं बसौं । सरगमि रत पयाल जी ॥
सरग म्रित पयाल गोबिंद । तिहूं लोकां जांनि हूं ।
जो मोकूं नीकां पिछांणैं । ताहि मैं र पिछांनि हूं ।
तिहूं लोकां सकल बसुधा । मैं रह्या भरपूरि जी ।
सुनौं बहमल नहीं अंदेसा । नेडा बसौं हजूरि जी ॥
३ सब जग सिरज्यौ हो गोबिंदा । तुझ बिन और न कोइ जी ।
तैं अब किसका डर कीया । रह्या अपरबन होइ जी ।
रह्या अपरबन होइ गोबिंद । तैं अब किस का डर कीया ।
षांण पांणीं रिजक रोजी । तिहूं लोकां कां तैं दिया ।
दालिद्र षंडण रोर भंजन । नरक थैं र निवारणां ।
चवै बहमल एही अंदेसा । छिपि रह्या किस कारणां ॥
४ नहीं छिप्यौ नहीं छिप्यौ बावरे । जित तित बसूं
हजूरि जी ।
नेडै जिनि कै मैं बसौं । पांचूं राष्या हैं चूरि जी ।
पंच अपणां चूरि राष्या । ताहि मैं रपि बांनि हूं ।
पंच अपनां चूरि न राष्या । जंमां पानि पठाइ हूं ।
कांमींर क्रोधी और लोभी । ए नहीं मेरे घरां ।
सतियां कै संगि बहमल । अस्तियां कूं जंमपुरा ॥

राग गौडी
६:० क्यूं करि मिलै मोकूं रांम गुसांई ।
यहु मनसा मेरे बसि नांहीं ॥ टेक ॥
१ यहु मन मेरा दह दिसि धावै ।
नियरे रांम न देष न पावै ।
२ जिभ्या स्वाद सबै रस लागे ।

इंद्री भोग बिषै कुं जागे ॥
३ श्रवन हुं साच कदे नहीं भावै ।
नैंन रूप तहां देषि लु भावै ॥
४ कांम क्रोध कदे नहीं छीजैं ।
लालचि लागि बिषै रस पीजै ॥
५ दादू देषु मिलै क्यूं सांई ।
बिषै बिकार बसै मन मांहीं ॥
१०:० षालिक जागै जीयरा सोवै । क्यूं करि मेला होवै ॥ टेक ॥
१ सेज एक नहीं मेला । तार्थं प्रेम न षेला ॥
२ सांई संग न पावा । सोवत जनम गंवावा ॥
३ गाफिल नींद न कीजै । आव घटै तन छीजै ॥
४ दादू जीव अयांनां । झूठे भरमि भुलांनां ॥

साषी
४२ दादू हूं सुषि तीसुं सुंदरी । जागै मेरा पीव ।
क्यूं करि मेला होइगा । जागै नांहीं जीव ॥
४३ कबीर सोवंता निरफल गया । जागै सो फल लेइ ।
षालिक हक न मेटइ । जे बंदा सेव करेइ ॥

राग केदारौ
११:० रांम गति पार न पावै कोई ।
च्यंतामणि प्रभु निकटि बाडि करि । भ्रंमि भ्रंमि मति बुधि षोई ॥ टेक ॥
१ तीरथ बरत जपै तप करि करि । बहुत भांति हरि सोधै ।
सकति सुहाग कहौ क्यूं पावै । अछता कंत बिरोधै ॥
२ नारी पुरिष बसैं इक संगा । दिन दिन जाइ अवोलै ।
तजि अभिमांन मिलै नहीं पीय कूं । ढूंढत बन बन डोलै ॥
३ कहै कबीर हरि अकथ कथा है । बिरला कोई जांनैं ।
प्रेम प्रीति बेधी अंतरगति । कहूं काहि को मांनैं ॥

राग देवगंधार
१२:० सरणि तुम्हारी आइ परे ।
जहां तहां हम सब फिरि आये । राषि राषि हम दुषित षरे ॥ टेक ॥
१ कसि कसि काया । तप ब्रत करि करि । भ्रंमत भ्रंमत हम भूलि परे ।
कहीं सीतल कहीं तपति दहे तन । कहूं हम करवत सीस धरे ॥
२ कहूं बन तीरथ फिरि फिरि थाके । कहूं गिर परबत जाइ चढे ।
कहूं सिषर चढि परे धरंनि परि । कहूं हति आपा प्रांन हरे ॥
३ अंध भए हम निकट न सूझै । तार्थं तुम्ह तजि जाइ जरे ।
हाहा हरि अब दींन लीन करि । दादू अपराध भरे ॥

साषी
४४ दूरि देषि आराधते । करते आस उमेदं ।
नेडा ही सिव पाइया । जब लाधा गुर मुषि भेदं ॥

राग सोरठि
१३:० रांम राइ जांन तहूं तूं नेरा ।
चरण कदल भजि भै भ्रंम भागा । अब न तजै मन मेरा ॥ टेक ॥
१ पांनां पोथी पढि पढि सब भूला । मैं बड साथ समाया ।
मांझि रिदा की दून्यूं फूटी । बाहर कूं जग धाया ॥
२ जे तुम्ह दूरि हुता देही थैं । तौ या रचनां किनि राषी ।
यहु संसा मेरा सोइ भांनौं । आंणि कहै को साषी ॥
३ परचा पषैं बिगूचत हैं सब । यहु दुष कासूं कहिये ।
अब हरदास जांणि जीय अपणैं । रांम रटन क्यूं रहिये ॥

राग रांमग्री
१४:० अवधू अनहद सबद सुनाया । तहां निरगुण रांम राया ॥ टेक ॥
१ मंदिर एक द्वारदस जाकै । रचिया अलष बिनाणीं ।
सुंन्यं मंडल मैं दीपक जोया । निरष्या पद निर्बाणीं ॥
२ अंतरि रहै कहै सब कोई । पंडित होइ सु बूझै ।
जन प्रिथीराज चरण अबिनासी । गुर क्रिपा थैं सूझै ॥

राग नट नारांइण
१५:० जब लग सति सरूप न सूझत ।
तब लग मणि मनूं कंठि बिसारें । फिर तस कल बन बूझत ॥ टेक ॥
१ अपणौं हीं मुष मलीं न मंद मति । देषै दर्पन मांहीं ।
ता कालिमां मेटि बेकारणि । पचत पषालत छांहीं ॥
२ तेल तूल पावक पुट भरि धरि । नांहि न प्रगट प्रकासैं ।
कहत बनाइ दीप की बातैं । कैसैं धू तम नासै ॥
३ सूर भलौ मत आइ बन्यौं है । वै दिन गए अलेषै ।
का जानैं दिनकर की महिमां । अंध न इन बिन देषै ॥

श्लोक
४५ कुच वोदर मध्यस्तं बिसर्जति जननीं सुतह ।
जथा रुदंति पुत्रार्थी आतमार्थी इदं जगत्र ॥

राग गौडी
१६:० सकल रंमि रह्या तूं मोहन । जहां देषूं तहां तूंहीं सोइ ।
जीव जंत अरु जल थल माहैं । मूरिष लोक न जांनैं कोइ ॥ टेक ॥
१ घट घट माहैं अंतरजांमीं । पै माहैं घ्रित अैसैं जाणि ।
काष्ट माहैं जैसैं पावक । सब ठां अैसैं जोति पिछांणि ॥
२ सब मैं ब्रह्म ब्रह्म मैं सब हैं । है परिगुन ब्यापै नहीं कोइ
इहि बिधि रहै निरंतर सब थैं । सति रूप सो करता

कै यहु रचि ले जीव उधरणां ॥
२ कै यहु तुम्ह कौं सेवग जांनैं ।
कै यहु रचि ले मन के मांनैं ॥
३ कै यहु तुम्ह कूं सेवग भावै ।
कै यहु रचि ले षेल दिषावै ॥
४ कै यहु तुम्ह कूं षेल पियारा ।
कै यहु भावै कीन्ह पसारा ॥
५ यहु सब दादू अकथ कहांनीं ।
कहि समझावो सारंगप्रांनीं ॥

साषी ज्वाब की

१४ दादू कहै षालिक षेलै षेल करि । बूझै बिरला कोइ ।
लें करि सुषिया नां भया । दे करि सुषिया होइ ॥
१५ दादू देबे की सब भूष है । लेबे की कुछ नांहीं ।
सांई मेरे सब किया । संमझि दषि मन मांहि ॥
१६ दादू परमारथ कूं सब किया । आप सवारथ नांहि ।
परमेस्वर परमारथी । कैसा धूकलि मांहि ॥
१७ जाकै किसहीं बोल की चाहा । सो तौ नांहीं बेपरवाहा ।
पूर्न ब्रह्म षालि नहीं काई । परमार्थ कूं सिष्टि उपाई ॥
१८ ज्यूं पारस कै कांमु न कोई । लोहा परसैं कंचन होई ।
बिन स्वार्थ परमारथ कीया । पारसि कछू हाथि नहीं छीया ॥
१९ वो उंकार करि बिस्व उपाया । इंछ्या रहित रची सब माया ।
गुण आतीत करै अरु न्यारा । सब बिधि संम्रथ किया पसारा ॥
२० ज्यूं चंदन कै चाह न कोई । सब बनराइ सुगंधी होई ।
अैसैं एक अनेक उपाया । करता काहू गुणि न बंधाया ॥
२१ चंबक मनसा कछू न कीन्हीं । सुई सजीवनि सब करि लीन्हीं ।
क्रितम मैं अैसी अधिकाई । अबिगत की का कहैं बडाई ॥
२२ साषीभूत गुननि थैं न्यारा । सब मैं ब्यापक सिरजनहारा ।
सरोवर रूप रांम सबैंगी । ता बिचि कवल जीव बहुरंगी ॥
२३ जल दिसि पीठि सनमुषा चंदा । ससि देषें बिगसैं आंनंदा ।
हरि जल निधि सूं प्रीति न लाई । माया बसि बिगसै मुरझाई ॥
२४ मोहन आतमरांम का । सतगुरि कह्या बिचार ।
करमनि कैं बसि जीव है । करम रहित करतार ॥

श्लोक

२५ नांहं जनम जुह्वा म्रित्या । नांहं कर्म सुभासुभः ।
जे जांनंति जथा मही । प्रपंची दीप नांम धारिकः ॥
२६ चित्रीव अरु चितानंदः । बिनां किंच न चल्यतेः ।
लिपते न पूर्नमयो गुणः । बिबर्जित त्रिगुणो ॥
२७ त्रिलिप्त जोगं निहस्वादी स्वाद समीप ।
भुगत कर्म करता न मन्येत । अर्चिज असंभ भावनां ॥
२८ पर्म तत्व तत्वं अतीत । वोउं अरत सकलं करोति ।
भषिते न तास भछिते न तस्य बिनां । ना क्रम होइ न प्रस्यते ॥
२९ एको ब्रह्म जगत सर्बे । अष्यलं भ्यासते रविः ।
अस्तितं श्रब भूतेषु । जीवनि मुकति स उच्यते ॥
३० श्रबतः पांनि पादातं श्रबतोष्य सिरोमुषः ।
श्रबतः श्रुतिम लोके श्रबमाश्रब न्रिवर्तकः ॥
३१ करि अण इंछनि णंमै मंदिर ज्यूं । अर्भक कर्म अरंभित षोवै ।
त्यूं ब्रह्मंड षंड बिमलानंद । चित्र निरेह निरंतर जोवै ।
३१ ज्यूं मकरी मुष काढि गुनं चढि । षेलि सकेलि उदर हीं गोवै ।
त्यूं बिस्तार संचारि सयल जगु । अंति अनंत अंत करि सोवै ॥
३२ दादू राजस कीर उतपति करै । सातिग करि प्रतिपाल ।
तांमस करि प्रलै करै । निर्गुण कौतिगहार ॥

राग नट नाराइण

५:० पहलैं हूं करैहीं हो जब एक ।
अमल अकल अजभेद बिबर्जित । सुनि बिधि बिमल बमेक ॥ टेक ॥
१ सोई हूं एक अनेक भांति ह्वै । सोभित नांनां भेष ।
ता पीछैं या त्रिगुण गए ते । रहिहूं सोई सेष ॥
२ हूं गज मसी मध्य ते न्यारौ । प्रगट पंच भै भूत ।
अैसैं हूं सबहिनि मैं दरिसि । तज्यूं मनि ग्रंथित सूत ॥
३ झूठी ते साची लागत है । मम माया जीय जांनि ।
ससि अरु राहु संजोग सति करि । लीज तुहै मन मांनि ॥
४ प्रथम ग्यांन बिग्यांन दुतिय पद । त्रितिय भगत कैं भाइ ।
सूरदास प्रभू सब धटि समिता । दुहित दुसील नसाइ ॥

राग बसंत

६:० माधौ माली एक सषांनां । अंतरगति रहै लुकांनां ॥ टेक ॥
आपै बाडी आपै फूला । कली कली करि जोडै ।
१ पाका काचा काचा पाका । मनि भावै ते तोडै ॥
आपैं पवन आपहीं पांनीं । आपैं बरिषै मेहा ।
२ आपैं सत रज तम तीन्यूं गुण । धरै न करै सनेहा ॥
आपै चंद सूर पणि आपैं । आपैं धरणि अकासा ।
३ रचनहारि बिधि अैसी रची है । प्रणवैं नांमदेव दासा ॥

राग आसावरी

७:० मेरा गुरू आप अकेला षेलै ।
आपैं देवै आपैं लेवै । आपैं द्वै करि मेलै ॥ टेक ॥
१ आपैं आप उपावै माया । पंच तत करि काया ।
जीव जनम ले जग मैं आया । आया काया माया ॥
२ धरती अंबर महल उपाया । सब जग धंधे लाया ।
आपै अलष निरंजन राया । राया लाया उपाया ॥
३ चंद सूर दोइ दीपक कीन्हां । राति दिवस करि लीन्हां ।
राजिक रिजक सबनि कूं दीन्हां । दीन्हां लींन्हां कीन्हां ॥

होइ ॥

३ तिल मैं तेल बीज मैं अंकूर । कस्तूरी ज्यूं कुंडल मांहि ।
केलि कपूर सीप मैं मोती । गरीबदास यौं गोबिंद ठांइ ॥

साषी

४६ दादू जल मैं गगन गगन मैं जल है । फुनि वै गगन निरालं ।
ब्रह्म जीव इहि बिधि रहै । अैसा भेद बिचारं ॥
४७ ज्यूं द्रपन मैं मुष देषिये । पांणीं मैं प्रतिबिंब ।
अैसैं आतम राम है । दादू सब हीं संग ॥
४८ दादू जीयैं तेलु तिंलिनि मैं । जीयैं गंध फुलंनि ।
जीयैं मषुन षीर मैं । ईयैं रबु रुहंनि ॥
४६ दादू ईयैं रबु रुहंनि मैं । जीयैं रुह रगंनि ।
जीयैं जीयरौ सूर मैं । ठंढो चंद्र बसंनि ॥
५० ज्यूं अगनि मांहि धूंम का बासा । सबद मांहि अछिर प्रकासा ।
सूरज किरंणि निरंतर रहै । जहां स्वास थिति तहां प्रगट लहै ।
५१ रोम रोम गऊ मैं षीर । अस्थन बिनां न पइये नीर ।
नाभ अस्थांन मूल महाराज । तिहि ढां सुमिरि सरैं सब काज ॥

राग रांमग्री

१७:० अैसैं जांनिबौ जुगति करि । सेइबौ बिबधि परि ।
लघु तप करै । कछू षिमां हीं गहै । कांम नां क्रोध तजै ।
एकैंहीं भाइ भजै । निर्गुन रांम नांम हिरदैई रहै ॥ टेक ॥
१ ज्यूं पै घृत दार जैसैं पावक । दर्पन बिंब जैसैं प्रगट रहै ।
तिम घटि घटि आतमां प्रमआतमां । गुर के ग्यांन बिन कोई न लहै ॥
२ ज्यूं तिल तेल पवन जैसैं गगनहि । पहुप मधें जैसैं गंध बसैं ।
ज्यूं जल मध्य ब्यौम सुतनि मसै । दिब्य चषि इन मैं सर्ब दरसै ॥
३ आंनंद सहित कथा कीरतन । तहां तत्व ग्यांनैं मंजन करै ।
भणंत सिवश्रमदास । अनभै होइ प्रकास । सहज सुभाइ जन मुकत फिरै ॥

राग भैरूं

१८:० आप आपन मैं षो रे भाई । बस्त अगोचर गुरू लषाइ ॥ टेक ॥
१ ज्यूं मही बिलोयैं मांषन आवै । त्यूं मन मथियां तैं तत पावै ॥
२ काष्ट हुतासन रह्यौ समाई । त्यूं मन मांहि निरंजनराई ॥
३ ज्यूं अवनीं मैं नीर समांनां । त्यूं मन मांहैं साच सयांनां ॥
४ जौ दर्पन कै नहीं लागै काई । तौ मूरति मांहैं निरषल षाई ॥
५ सहज मन मथियां तैं तत पाया । दादू उनि तौ आप लषाया ॥

५२ दादू नीका नांव है । हरि हिरदै न बिसारि ।
मूरति मन मांहीं बसै । सासैं सास संभारि ॥
५३ सासैं सास संभालतां । इक दिन मिलि है आइ ।
सुमिरण पैंडा सहज का । सतगुरि दिया दिषाइ ॥

राग केदारौ

१६:० देहुरे मंझैं देव पायौ । बस्त अगोच लषायौ ॥ टेक ॥
१ अति अनूप जोति मति सोई । अंतरि आयौ ।
प्यंड ब्रह्मंड समतुलि दिषायौ ॥
२ सदा प्रकास निवास निरंतर । सब घट मांहि समायौ ।
नैंन निरषि नेरौ । हिरदै हेत लगायौ ॥
३ पूरब भाग सुहाग सेज सुष । सो हरि लैं न पठायौ ।
देव कौ दादू पारन जानैं । अहो पैंउ नहीं चितायौ ॥

राग मारू

२०:० मन बावरे हो अनंत जिनि जाइ ।
तौ तूं जीवै अंमींरस पीवै । अंमरफल काहे न षाइ ॥ टेक ॥
१ रहु चरन सरन सुष पावै । देषहु नैंन अघाइ ।
भाग तेरे पीव नेरे । थीरथां न बताइ ॥
२ संगि तेरें रहै घेरें । सहजैं संगि समाइ ।
सरीर मांहीं सोधि सांई । अनहद ध्यांन लगाइ ॥
३ पीव पासि आवै सुष पावै । तन की तपति बुझाइ ।
दादू रे जहां नाद उपजै । पीव पासि दिषाइ ॥

राग रांमग्री

२१:० संसार मोह कौ झल । वोप मां इंद्र से जाल ।
पेष पेष प्रांणींत जौरै जंजाल ।
करता एक बिसन जांण । ब्रह्म ग्यांन सो प्रवांण ।
जहां रे आतमां रूप । तहां चित चेति रे ॥ टेक ॥
१ अैसैं हीं मूल गढनि रोधै । षट चक्र जांण बेधै ।
त्रिकुटी कुटी मैं राजै । चितवन करै अैसैं ।
हीं जोग जुगति भ्यासै । निर्गुण नेह निर्वासै ।
सहंश्रदल तहां कवल प्रकासै । अैसैं हीं मन पवन साजै ॥
२ अनहद बेन बाजै । तिहि सबद करि गगन गाजै ।
प्रकीरति न्यारी करै । पुरष कूं पिछांणैं ।
आंतमां संजोग प्रआतमां प्रवांणैं ॥
३ अणबायौ तूर बावै । उलटा आप मैं आवै ।
कंठ चक्र पैसि हिरदै ताली लावै ।

अैसैं हीं तत कूं जांणैं । आतमां रूप पिछांणैं ।
सहज समाधि लागै । गोबिंदा आगैं ॥
४ सुंनि मैं सरूप ध्यावै । ताही सूं लै मन लावै ।
अचल न चलै थिर रहावै । कहै प्रिथीराजदास ।
सिर ऊपरि कृश्नदास । पायौ रे परमपद वोपमां बेसास ॥

राग केदारौ

२१:० पावै रे यूं तन षोजे तब पावै ।
उलटी चाल चलै जे प्रांणीं । सो सहजैं घरि आवै रे ॥ टेक ॥
१ बारह मारग बहता रोकै । तेरह ताली लावै ।
चंद सूर सहजैं संमि राषै । अनहद बेंन बजावै ॥
२ तीन्यूं गुण चौथै घरि राषै । पांच पचीस समावै ।
नऊं निरति सूं और बहतरि । रोम रोम धुंनि धावै ॥
३ मैला निर्मल करै ग्यांन सूं । सतगुर कहि संमझावै ।
गरीबदास अभै घटि उपजै । तब जाइ जोति लषावै रे ॥

२२:० साध कहैं उपदेस बिरहनीं ।
तन भूलै तब पाइये । निकट भया परदेस बिरहनीं ॥ टेक ॥
१ आतम अंतरि ते बसै । तहां रहै करि बास बिरहनीं ।
तहां ढूंढै पीव पाइये । जीवनि जीय के पास बिरहनीं ॥
२ परमदेस तहां जाइये आत्मलींन उयाइ बिरहनीं ।
एक अंगि अैसैं रहै । ज्यूं जल जलहि समाइ बिरहनीं ॥
३ सदा संगाती आपणौं । कबहूं दूरि न जाइ बिरहनीं ।
परम सनेही पाइये । तन मन लेहु लगाइ बिरहनीं ॥
४ जागे जगपति देषिये । परगट मिलि है आइ बिरहनीं ।
दादू सनमुष ह्वै रहै । आनंद अंगि न माइ बिरहनीं ॥

राग भैरूं

२३:० हाजिरां हजूरि सांई । है हरि नडा दूरि नांहीं ॥ टेक ॥
१ मनीं मेटि महल मैं पावै । काहे षोजन दूरि जावै ॥
२ हिरस न होइ गुसा सब षाइ । ताथैं संइयां दूरि न जाइ ॥
३ दुई दूरि दरोग न होइ । मालिक मन मैं देषै सोइ ॥
४ अरिग पंच सोधि सब मारै । तब दादू देषै निकटि बिचारै ॥

राग माली गौडी

२४:० बंदे हाजिरां हजूर वे । अलह आले नूर वे ।
आसिकां रह सिदक स्याबति । तालिबां भरपूर वे ॥ टेक ॥
१ औजूद मैं मौजूद है । पाक पर वदिगार वे ।
देषि ले दीदार कूं । गैब गोता मारि वे ॥
२ मोजूद मालिक तषत षालिक । आसिकां रा अैंन वे ।
मुदर करि दर मगज भीतरि । अजब है यहु सैंन वे ॥
३ अरस ऊपरि आप बैठा । दोसत दांनां यार वे ।
षोजि करि दिल कबज करि ले । दरूंनैं दीदार वे ॥
४ हुसियार हाजिर । चुस्त करि दंम । मींरां मिहरवांन वे ।
देषि ले दरहाल दादू । आप है दीवांन वे ॥

राग आसावरी

२५:० जन रे जपि सजीवनि रांम ।
अगम बोध अनाथबंधू । कथित पुरवन कांम ॥ टेक ॥
१ नाभि पदम सुन्यानिं नरहरि । सुनि श्रीपति देव ।
बिबिधि ब्रह्म बिचारि बचनें । सकल हरि गुण सेव ॥
२ अति सकोमल कवल भतिरि । अनंत भुज भगवांन ।
बास परिमल भाव पूजा । प्रेम मधु कर पांन ॥
३ सुरति सरवर निर्ति मंडल । जोति जल जगदीस ।
हरि दल हरिदास हरि बिचि । बसै बिसवा बीस ॥

राग भैरूं

२६:० रांम रंमत है देषै न कोइ ।
जे देषै सो पांवन होइ ॥ टेक ॥
१ बाहरि भींतरि नेडा न दूरि ।
स्वांमीं सकल रह्यौ भरपूरि ॥
२ जहां देषूं तहां दूसर नांहि ।
सब घटि रांम समांनां मांहि ॥
३ जहां जाऊं तहां सोई साथ ।
पूरि रह्या हरि त्रिभुवननाथ ॥
४ दादू हरि देषें सुष होइ ।
निसदिन निर्षन दीजै मोहि ॥

राग केदारौ

२७:० कोई जानैं रे मरम माधइया केरौ ।
कैसैं रहै करै का सजनीं प्रांन मेरौ ॥ टेक ॥
१ कौंन बिनोद करत का सजनीं । कवननि संगि बसेरौ ।
संत साध गंमि आए उनके । करत जु प्रेम घणेरौ ॥
२ कहां निवास बास कहां सजनीं गवन तेरौ ।
घट घट माहैं रहे निरंतर । ए दादू नेरौ ॥

राग गौडी

२८:० है हजूरि है हजूरि है हजूरि देवा ।
चमर दृष्टि ग्यांन भिष्टि । जांनत नहीं भेवा ॥ टेक ॥
१ जटिल कुटिल मूंढ मूरिष । करत आंन आसा ।
दुरमती बसि कूप षन । सुरसुरी जल पासा ॥
२ कउक छाडि काच लेत । अैसे मद भागी ।
चरन कवल साच छाडि । झूठैंहि ल्यौ लागी ॥
३ कैसैं कैरि तोहि मिलूं । बिचित्रि बिधि गुन निभारे ।
दीपस्वांमि परसंन के । राछ रहत न्यारे ॥

श्लोक

५४ बासदेव परं तज्यं । आंनदेवमुपासितं ।
गंगात्परेषु जे मूंढा । कूपो षनंति दुर्मती ॥

राग रांमग्री

२९:• गुरदेव स्यंभ देव सरीर भीतरियै । आतमां उतिम देव ।
ताही की न जांनैं सेव । आंनदेव पूजि पूजि मरिये ॥
टेक ॥
१ नवं द्वारं नवैं नाथ । त्रिबेणीं जगंनाथ ।
दसवैं द्वार केदारं ॥ योग युगति सार ।
२ तौ भौ तिरिये पार । कथै गोरष बिचार ॥

राग आसावरी

३०:• जपि हरि कै नांइ तिरे पसु पाषांण । तत्व तीर्थ मन
मांहीं रे ।
मुसक बिलाई कै घट भींतरि । झाड ढंढो लै कांही रे ॥
टेक ॥
१ गंगा ग्यांन सुरति सरस्वती । नरबदा घटि नरमाई रे ।
दया द्वारिका कीरति कासी । इतनां तैं फल पाई रे ॥
२ प्रेम पिराग प्यास पिर थोतिग । गुरू क्यां म केदारो रे ।
करि करणीं कुरषेतं मेरे मन । पावै मुकति दुवारो रे ॥
३ घटि बिचार करि बेणीं संगम । बदरी बुधि प्रकासी रे ।
रांम नांम जपि जगंनाथ मन । सचु समंद निवासी रे ॥
४ पांच तत पच तीरथियां मन । पहुकर पति प्रकासा रे ।
हरि गुन गांवण गया बसेषत । पाप दोष भौ नासा रे ॥
५ नगर कोटि नव निधि समीपी । अंतरि मनसा माई रे ।
देह देहुरा मनवां मूरति । सो है सरबस मांहीं रे ॥
६ त्रिष्नां कांम क्रोध झूठ निंद्या । बिषिया मूल मन
मांहीं रे ।
देवी पूजी पांणीं न्हांतैं । ए पसु पाप न जांहीं रे ॥
७ सहजु सचु संतोष धारि मन । लिवै ध्यांन मैं न्हाइये ।
साधा संगति सतगुर परसें । तास परम पाइये ॥
८ हरि निज भगति प्रेम भाव करि । चूकै आंवण जांणीं ।
रांणां बदत आथि प्रभु नेडै । हरि भजि अंम्रत बांणीं ॥

राग बिलावल

३१:• आसंण रंमिता रांमदा । इथां अबिगत आप वे ।
काया का सीवंजणां । हरि इथैं पूजा जाप वे ॥ टेक ॥
१ महादेव मुनि देवते । सिधैं दाबि श्राम वे ।
श्रग सुषा संणकुलणे । हरि इथो आतम रांम वे ॥
२ अंमीं सरोवर आतमां । इथांई आधार वे ।
अंमरथांन अबिगत रहै । हरि इथैं सिरजनहार वे ॥
३ सब कुछ इथैं आव वे । इथां परिमांनंद वे ।
दादू आपा मूरि करि । हरि इथांई आंनंद वे ॥

३२:• अरस इलाही रबु दा । ला इथांई रहिमांन वे ।
मका बिचि मुसा फिरी । ला मदीनां मुलितांन वे ॥
१ नबी नालि पैकंबरे । पीरैं हंदा थांन वे ।
जन तहु ले हिकसां । ला इथां भिस्त मुकांम वे ॥
२ इथां आब जमाजंमं । ला इथांई सुबहांन वे ।
तषत रवांनीं कंगुरे । ला इथांई सुलितांन वे ॥
३ सब इथां अंदरि आव वे । ला इथांई ईमांन वे ।
दादू आप वंजाइ ले । ला इथाई आसांन वे ॥

४४ दादू तौ तूं पावै पीव कूं । जे जीवत मृतक होइ ।
आप गंवां यै पीव मिलै । यौं जांनत है सब कोइ ॥
४५ दादू तौ तूं पावै पीव कूं । जे आपा कछू न जांणि ।
आपा जिस थैं ऊपजै । सोई सहजि पिछांणि ॥
४६ दादू तौ तूं पावै पीव कूं । जे मैं मेरा सब षोइ ।
मैं मेरा सहजैं गया । तब केवल दरसंन होइ ॥
४७ पहली पांणवं जाइ । पांणवं जायैं सु लहै ।
तन अंदरि मुहुं पाइ । ताहूं अंदरि सुपिरि ॥
४८ पहली पांण परष । पिरी परषण साषडा ।
दरभी सोई रष । जिथी धका न लहै ॥
४९ दिल अंदरि दरियाव । पुछै क्या समंद्र कल ।
मांणिक इहि सरि आव । चोषे न षिणैं ॥
५० दादू हिण दरियाव । मांणिक मंझेई ।
टुबी डेई पांण मौं डिठो हंझेई ॥
५१ कायौ मुंहडेई । पेठा जे दरियाव मौं ।
पसंदा सेई । मांणिक अंषडियंन से ॥

राग आसावरी

३३:• धीरौ रे धीरौ मन अहीं ठै सै जोइ लौ ।
काया मांहैं गुरि दिषायो । तिहीं ठाहरि होइ लौ
॥ टेक ॥
१ ग्यांन कै उजालै देषि । दीपक बालि रे ।
बाहरि क्यां न्हैं ढूंढै । घर ही मैं न्हांलि रे ॥
२ जहां बासंण तहां आसंण । रह्यौ भरपूरि रे ।
गुर गंमि बाहिरौ । नेडा ही थैं दूरि रे ॥
३ अहं कै पैलै कांनौं । धरती कै बेव रे ।
वै लै कांनैं गुण गली । पैलै कांनैं देव रे ॥
४ जहां जीव तहां सीव । एकणि बासि रे ।
ब्रह्म बतायौ गुरि । सास कै पासि रे ॥
५ पांणीं पाषै कवल फूल्यौ । चांद कै परगासि रे ।
दसवैं दुवारि देषी । हरि की रहासि रे ॥
६ लिपै नांहीं छिपै नांहीं । सब थैं न्यारौ ।
घटि घटि रमि रह्यौ । सो रांम हमारौ ॥
७ जे बाहरि सो भींतरि जांणि रे ।
बषनां बिनांणीं बाबौ । लै नैं पिछांणि रे ॥

राग रांमग्री

३४:• राजा रांम कवन रंगै । जैसैं परिमल पहुप संगै ॥ टेक ॥
१ पंच्ह तत ले कीन्ह बंधानं । चौरासी लष जीव समान ॥
२ बेगर बेगर राषिले भाव । तामैं कीन्ह आप कूं ठांव ॥
३ जैसैं पावक भंजन का बसेष । घट उनमांनं कीया
परवेस ॥
४ कह्यौ चाहूं कछू कह्यौ न जाइ । जल जीव जल नहीं
हो बिगराइ ॥
५ सकल आतमां बरते जे । बल बल कउ सब चीन्ह बसे ॥

६ चीन्हियत चीन्हियत चीन्हि लेसे । तिहि चींन्हिय लधूं
का करके ॥
७ आपा पर सब एक समांन । तब हम पाया पद न्रिबांन ॥
८ कहै कबीर मनि भया संतोष । मिले भगवंत गया दुष
दोष ॥

राग भैरूं
३५:० हरि नांव लै रे हरि नांव लै ।
अष्ट महासिधि नौ निधि है ॥ टेक ॥
१ काहे रे तसकर इत उत भरमैं ।
तूं चाहै सो तेरे ई घरमैं ॥
२ घरमैं हीरौ बाहरि ढूंढै ।
अैसैं जनम गंवायौ मूंढै ॥
३ बबरे बादि बात कत राती ।
सतगुर सुमरि बतावै थाती ॥
४ कहै हरदास क्रिपा जे चाहै ।
गोबिंद के गुण जिभ्या निरबाहै ॥

राग टोडी
३६:० वो लै ऊबरि बौहरि थारै ।
कलि की बालि झको लौ मारै ॥
१ बनषंडि जांहि गुफा मैं बासा ।
तीर्थ ब्रत न पूजै आसा ॥
२ दूधा धारी पवन अहारी ।
हरि बिन हुई बिगूचनि भारी ॥
३ नगिन अंगीठी बाह मास ।
मूंनीं करैं मिंत्र की आस ॥
४ तुम तजि औरैं वोलैं जांहीं ।
सो बालि अछूता मेल्या नांहीं ॥
५ जप तप करणीं दाहै बाली ।
अलगांहीं थैं दीसै काली ॥
६ जहां जांऊं तहां वोलौ नांहीं ।
झीणीं बालि झकोलै मांहीं ॥
७ बषनैं बूझ्या त्यांहं संमझायौ ।
ताकि तुम्हारै वो लै आयौ ॥

राग कनडौ
३७:० धोषैं हीं धोषैं डहकायौ ।
संमझि न परी बिषै रसि गीधौ । हरि हीरा घर मांझ
गंवायौ ॥ टेक ॥
१ ज्यूं कुरंग जल देषि म्रिबन कूं ।
प्यास न मिटी चहू दिसि धायौ ।
जनमि जनमि बहु करम कीये ।
पै तिन पैं आपु न जांनि बंधायौ ॥
२ ज्यूं सैं बर सुक सेइ आस गहि ।
निसबासुरि चित हठहि लगायौ ।
रीतौ परचौ जबै फल चाष्यौ ।
उडि गयौ तूल तवालौ आयौ ॥
३ ज्यूं कपि डोरि बांधि बाजीगर ।
कनककूं चौहटैं नचायौ ।
सूरदास भगवंत भजन बिन ।
काल ब्याल पैं जांनि डसायौ ॥

राग नटनारांइण
३८:० जब लग मनु मन कूं नहीं पावत ।
तौ लग तन नटवर हंठ करि करि । बनचर बुधि न
चावत ॥ टेक ॥
१ केहरि कू प्रग जासिला स्वांन रंग । काच भुवन बैसारे ।
इहै अबुधि उपजी आपन तो । आंन आंन करि मारे ॥
२ ज्यूं गरीब सिर डीब सोइ करि । निसपति यूं निधि
जोई ।
अैसैं सूर सुषनि चाहत है । सुपिनौं साच न होई ॥

राग सोरठि
३९:० मन रे तूं देषै सो नांहीं ।
है सो अगंम अगोचर मांहीं ॥ टेक ॥
१ निसि अंधियारी कबूं न सूझै । संसै श्रप दिषावा ।
अैसैं अंध जगत नहीं जांनैं । जीव जेवडी षावा ॥
२ म्रिगजल देषि तहां मन धावै । दिन दिन झूठी आसा ।
जहां जहां जाइ तहां जल नांहीं । निहचै मरै पियासा ॥
३ भरम बिलास बहुत बिधि कीन्हां । ज्यूं सुपिनैं सुष
पावा ।
जागत झूठ तहां कबु नांहीं । फिरि पीछैं पछितावा ॥
४ जब लग सूता तब लग देषै । जागत भ्रंम बिलांना ।
दादू अंति इहां कछु नांहीं । है सो सोधि सयांनां ॥

राग सोरठि
४०:० भाई रे भरम गया भौ भागा ।
तेरा जन जहां का तहां जाइ लागा ॥ टेक ॥
१ बाजीगर डां कब जाई । सब दुनीं तमासै आई ।
बाजीगर षेल सकेला । तब आपैं रहै अकेला ॥
२ रांम राइ माया लाई । सब दुनियां सौदै आई ।
सब दुनियां सौदा कीन्हां । काहू आतम रांम न चीन्हां ॥
३ म्रिघ षेत बिझूका देषै । भैचकि भैचकि पेषै ।
निकटि गयां सुधि पाई । अडवा थैं कहा डराई ॥
४ इहां म्रिघ न षेत बिझूका । गई संक्या मन ढूका ।
नांमदेव सतगुर ह्वै संमझावै । याही थैं कहा बतावै ॥
४१:० भाई रे बाजीगर नट षेला । अैसैं आपैं रहै अकेला ॥
टेक ॥
१ यहु बाजी षेल पसारा । सब मोहे कौतिगहारा
यहु बाजी षेल दिषाबा । बाजीगर किनहूं न पावा ॥
२ इहि बाजी जगत भुलांनां । बाजीगर किनहूं न जांनां ।
कछू नांहीं सो पेषा । है सो किनहूं देषा ॥
३ कछू अैसा चेटक कीन्हां । तन मन सब हरि लीन्हां ।

बाजीगर भुर की बाही । काहू पैंल षीन जाई ॥
४ बाजीगर प्रकासा । यहु बाजी झूठ तमासा ।
दादू पावा सोई । जोइ हि बाजी लिपत न होई ॥

साषी
६२ दादू बाजी चिहर रचाइ करि । रह्या अपर बन होइ ।
माया पट पडदा दिया । तार्थे लषै न कोइ ॥
६३ बाजी मोहे जीव सब । हमकूं भुरकी बाहि ।
दादू कैसी करि गया । आपण रह्या छिपाइ ॥

राग गुंड
४२:० बाजीगर कौ आवै हासौ । जिहि यहु कीयौ बडौ
तमासौ ॥ टेक ॥
१ बाजीगर कल धरी बणाइ । आपैं बाजी होती जाइ ॥
२ नानां बिधि बाजी यहु फूली । ताकूं देषि दुंनीं
सब भूली ॥
३ इहि बाजी सब जीव नचाया । भानैं घडै सु नजरि न
आया ॥
४ बाजीगर अंतरगति रहै । माहैं बैठौ सब कुछ कहै ॥
५ टीला बाजीगर सूं लागै । तौ इहि बाजी सूं मन भागै ॥

६४ दादू केते जलि मुये । इस जोगी की आगि ।
दादू दूरैं बंचिये । जोगी के संगि लागि ॥

राग टोडी
४३:० बाजी रची बाप बाजी रची ।
मैं बलि ताकी जिनि रू बंची ॥ टेक ॥
१ बाजी जांमण बाजी मरनां ।
बाजी लागि रह्यौ रे मनां ॥
२ बाजी मन मैं सोचि बिचारी ।
आपैं सुरति आपैं सुत्रधारी ॥
३ नांमदेव कहै मैं तेरी सरणां ।
मेटि हमारे जांमण मरणां ॥

राग आसावरी
४४:० माधवे नट बिद्या मांडी ।
सब जग मेल्यौ माया बांधी ॥ टेक ॥
१ नां कोई पुरिष नहीं कोई नारी ।
नां कोई दाता न कोई भिष्यारी ॥
२ नां कोई रांक नहीं कोई रांणां ।
लघु दीरघ झूठ करि जांणां ॥
३ प्रणवंत पीपा सब जग पेष्या ।
बाजीगर घट भींतरि देष्या ॥

राग रांमग्री
४५:० ऐसौ कबू अनभै कहतन आवै ।
साहिब मेरौ मिलै तको बिगरावै ॥ टेक ॥

१ सब मैं हरि है हरि मैं सब है । हरि आप न पौ जिनि
जांनां ।
अपनीं आप साषि नहीं दूसर । जांन न हार समांनां
२ बाजीगर सूं रहनि रहीजै । बाजी का मरम इब जांनां ।
बाजी झूठ साच बाजीगर । जांनां मन पतियांनां ॥
३ मन थिर होइ तौ कोंइ नहीं सूझै । जांनैं जांन न हारा ।
कहै रैदास बिमल बमेक तत । सहज सरूप संभारा ॥

राग सोरठि
४६:० माधौ भ्रम कैसैं न बिलाइ । तार्थैं दुती भाव दर्साइ
॥ टेक ॥
१ कनक कुटक पट सुत्रदार । गज रज भुजंग भ्रंम जैसा ।
जलत रंग पांहण प्रतिमां ज्यूं । ब्रह्म जीव दुति अैसा ॥
२ बिमल एक रस उपजै न बिनसै । उदै अस्त दोऊ नांहीं ।
बिगता बिगत गता गत नांहीं । षिमां बसै सब मांहीं ॥
३ निहचल निराकार अजीत अनूपम । त्रिभै गंमि गोबिंदा ।
अगंम अगोचर अष्यर अंतरक । न्रिगुंण नित आंनंदा ॥
४ सदा अता तग्यां न घंन न्रजित । न्रिबिकार अबिनासी ।
कहै रैदास सहज सुंनि सति । जीवनि मुक्ति निधि
कासी ॥
४७:० माधवे का कहिए भ्रंम अैसा । तुम्ह कहिय तहौ हन
जैसा ॥ टेक ॥
१ न्रिपति एक सेज सुष सूता । सुपिनैं भया भिष्यारी ।
अबतराज बहुत दुष पायौ । सागति भई हमारी ॥
२ जब हम कुते तबैं तुम्ह नांहीं । अब तुम्ह हौ मैं
नांहीं ।
सलिता गवन कीयौ लरि महोदधि । जल केवल मांहीं ॥
३ रज भुजंग रजनीं प्रकासा । अस कबू मरम जनावा ।
समझि परी मोहि कनक अल्पंक्रित । अब कबू कहत
न आवा ॥
४ करता एक भाइ जुगि भुगता । सब घटि सब बिधि सोई ।
कहै रैदास भगति इक उपजी । सहजैं होइ सु होई ॥
४८:० मन मेरे सोई सरूप बिचारं ।
आदिर अंति अनंत परमपद । संसै सकल निवारं ॥ टेक ॥
१ जस हरि कहियै तस तौ नांहीं । है अस जस कबू तैसा ।
जांनत जांनत जानि रह्यौ मन । ताकौ मरम कहूं निज
कैसा ॥
२ कहियत आंन अनभुवत आंन । रस मिल्यान बेग रहोई ।
बाहरि भीतरि गुपत प्रगट । घट घट प्रीति और न कोई ॥
३ आदि ही एक अंति सोए कै । मध्य उपाधिसु कैसैं ।
है सो एक भ्रंम तैं दूजा । कनक अलिंक्रित जैसैं ॥
४ कहै रैदास प्रकास परमपद । किं जप तप ब्रत पूजा ।
एक अनेक अनेक एक हरि । करूं कवण बिधि पूजा ॥

राग अंडाणौ
४९:० भाई रे तब का कथिसि गियांनां ।
जब दूसर नांहीं आंनां ॥ टेक ॥

१ जब ततहि तत समानां । जहां का तहां ले सांनां ॥
२ जहां का तहां मिलावा । ज्यूं था त्यूं होइ आवा ॥
३ संधें संधि मिलाई । जहां तहां थिति पाई ॥
४ सब अंग सबहीं ठांई । तब दादू दूसर नांहीं ॥

राग सोरठि

५०:० जहां तहां तिल्यौ सोई । ताथैं कहै सुनैं कोई ॥ टेक ॥
१ अभेदें अभेद मिल्यौ । भेदें मिल्यौ भेदू ।
सहज सोई सहजैं मिल्यौ । षेलैं मिल्यौ षेलू ॥
२ दुष सोई दुषैं मिल्यौ । सुषैं सुष समानां ।
ग्यांन सोई ग्यांनैं मिल्यौ । ध्यांनैं मिल्यौ ध्यांनां ॥
३ देष्यौ कहूं तौ निपट झूठा । सुणीं कहुं तौ झूठा रे ।
नांमदेव कहै जे अगंम भणौं । तौ पूछ्या हीं
अणपूछ्या रे ॥

साषी

६५ कबीर दीठा है तौ कस कहूं । कह्यां न को पतियाइ ।
हरि जैसा है तैसा रहौ । तूं हरषि हरषि गुण गाइ ॥
६६ दादू श्रगुण निर्गुण ह्वै रहे । जैसा है तैसा लींन ।
हरि सुमिरण ल्यौ लाइ ले । का जांणूं का कीन्ह ॥

राग सोरठि

५१:० रांम राइ भवरौ कवल न पावै ।
ताथैं जनम जनम डह कावै ॥ टेक ॥
१ दादुर एक बसै पडवणि तलि । स्वाद कुस्वाद न पावै ।
पहुप बास कौ लुबधी भौंरी । सौ जो जन फिरि आवै ॥
२ महणारंभ होत घट भीतरि । रव ससि नेत बिलोवै ।
ओ हालै ओ ठौर न पावै । ताथैं भवरौ जुगि जुगि
रोवै ॥
३ उपजी भगति पचीसूं परहरि । बहुरि न भौ जलि आवै ।
अषंड मंडल निराकार मैं । दास नांमदेव गावै ॥

राग टोडी

५२:० तैसी चूकली रे जग जीवनां ।
अणभवल्या बिना लषी न असी कृष्णा ॥
१ पारब्रह्मा ची गोडी नैंणंती ।
बापुडी पडी ते संकडै बिषिया संगे ।
२ सिलेस घातले बैसाचे बेरणे ।
ते च बिधिने नेतया रसाले ।
३ कमलनीं दुर्दुरा एकै जु बिटा ।
परमल मधुकर घिवन गैला ॥
४ थानां चया दूधा नहोसी बरपडा ।
असूध सेवतां गूचडा जनम गैला ॥
५ नांमौं भणैं तैसी चूकली तुंझी तुंझ देषतां ।
अंमृत सेवतां चवि नैंणंती ॥

साषी

६७ सर हेकडै बसंनि । जर मैं जीवन गंडियौ ।
सार न सालूं रंनि । मथै कवल फुलारियौ ॥
६८ जे सालू रौ सुधिल है । कवरां संदी काइ ।
तौ पेयौ पताल मैं । कुंदन मिटी षाइ ॥
६९ कंन्हड नाभि भुजंगमणि । तिम आतम पासि अनंत ।
गंध गहणि बंनि बंनि भमैं । पाथर भ्रांति भमंत ॥
७० कबीर किस्तुरी कुंडलि बसै । म्रिघ ढूंढै बन मांहिं ।
असैं घटि घटि रांम है । परि दुनियां देषै नांहि ॥
७१ कबीर कहै दैंषै कोई संतजन । जाकै पंचूं हाथ ।
जाकै पंचूं बसि नही । ता हरि संगन साथ ॥
७२ दादू कदि यहु आपा जाइगा । कदि यहु बिसरै और ।
कदि यहु सूषिम होइगा । कदि यहु पावै ठौर ॥
७३ दादू घटि किस्तूरी म्रिघ के । भ्रंमत फिरै उदास ।
अंतरगति जांणै नहीं । ताथैं सूंघै घास ॥
७४ किस्तूरी करमांणंदा । नाभि कवल हरि नांम ।
नर ढूंढै प्रांमैं नहीं । गुर बिन ठांवैं ठांम ॥
७५ परापरी पासैं रहै । कोई न जांणैं ताहि ।
सतगुरि दिया दिषाइ करि । दादू रह्या ल्यौ लाइ ॥
७६ जिनि हम सिरजे सो कहां । सतगुर देहु दिषाइ ।
दादू दिल अरवाह का । तहां मालिक ल्यौ लाइ ॥
७७ दादू जीवन जांणैं रांम कूं । रांम जीव के पास ।
गुर के सबदूं बाहिरा । ताथैं फिरै उदास ॥
७८ दादू केई दौडे द्वारिका । केई कासी जांहि ।
केई मथुरा कूं चले । साहिब घट ही मांहि ॥
७९ बस्तर ही पछिम दिसा । दे पूरब कूं दौर ।
मोहन सो सूझै नही । अबिनासी जिहि ठौर ॥
८० पूरब दौडे पछिम दौडे । दौडे दषिण उतरा ।
जगंनाथ दौडे दिसि सबहीं । रह्या रांम उर अंतरा ॥
८१ न सोलाहू न सिरो । न उरवार न पार ।
मूढिव तें तिनके । सो मन मंझि निहारि ॥
८२ सरवर भरिया दह दिसा । पंषी प्यासा जाइ ।
दादू गुर प्रसाद बिन । क्यूं जल पीवै आइ ॥
८३ दादू उलटि अपूठा आप मैं । अंतर सोधि सुजांन ।
सो ढिग तेरी बावरे । तजि बाहर की बांन ॥
८४ इहांनीं आछै इहांहीं अलोप । इहांहीं रचिले तीनि
त्रिलोक ।
आबे संगे रहै जूवा । ता कारणि अनंत सिधा जोगेस्वर
हूवा ।
८५ बाहरा न भीतरा । नेडा न दूरि । षोजत रहे ब्रह्मा अरु
सूर ।
सेत फटक मन हीरै बीधा । इहि परमारथ श्री गोरषनाथ
सीधा ॥
८६ हीरा मन परि राषिये । तब दूजा चढै न रंग ।
दादू यौं मन थिर भया । अबिनासी के संग ॥
८७ गगन मन बाकिलै । त्रिबिधि दुषिया ढाकिलै ।
थाकिलै बल पंच भूतं । हरि रस पागि लै ॥
८८ भाषंत सति सिव अवधूतं । जनम भौ भागि लै ।

सिव सकति गुरू क्रुपाई । मांणिक लाभि लै ॥
८६ हाजरां कूंह जूरि गाफिलां कूं दूरि । बिरला जांणत
निज तत ग्यांनीं ।
मुसक नाभी च बसै म्रिघा षबरि न लहै । भाषंत सिव
सति बांणीं ॥
६० दादू दूरि कहैंते दूरि है । रांम रह्या भरपूरि ।
नैंनहुं बिन सूझै नहीं । ताथैं रवि कत दूरि ॥
६१ घटि घटि रांम रतंन है । दादू लषै न कोइ ।
सतगुर सब दौं पाइये । सहजै हो गंमि होइ ॥
६२ कबीर ज्यूं नैंनहुं मैं पूतली । त्यूं षालिक घट मांहि ।
गहिला लोक न जांणहीं । बाहरि ढूंढण जांहि ॥
६३ पूजणहारे पासि है । देही मांहै देव ।
दादू ताकूं बाडि करि । बाहरि मांडी सेव ॥
६४ दादू यहु मसीति यहु देहुरा । सतगुरि दिया दिषाइ ।
भीतरि सेवा बंदिगी । बाहरि काहे जाइ ॥
६५ दादू मंझें वेला मंझि गुर । मंझें ही उपदेस ।
बाहरि ढूंढैं बावरे । जटा बधायें केस ॥

राग सूहौ
स्वामी दादूजी कायाबेली ग्रंथ
४३:० साचा सतगुर संम मिलावै ।
सब कुछ काया मांहि दिषावै ॥ टेक ॥
१ काया मांहैं सिरजनहार । काया मांहैं ऊंकार ॥
२ काया मांहैं है आकास । काया मांहैं धरती पास ॥
३ काया मांहैं पवन प्रकास । काया मांहैं नीर निवास ॥
४ काया मांहैं ससि हर सूर । काया मांहैं बाजहि तूर ॥
५ काया मांहैं तीन्यूं देव । काया मांहैं अलष अभेव ॥
६ काया मांहैं चारचौ बेद । काया मांहैं पाया भेद ॥
७ काया मांहैं चारे षांनीं । काया मांहैं चारे बांनीं ॥
८ काया मांहैं उपजै आइ । काया मांहैं मरि मरि जाइ ॥
६ काया मांहैं जांमैं मरै । काया मांहैं चौरासी फिरै ॥
१० काया मांहैं ले अवतार । काया मांहैं बारंबार ॥
११ काया मांहैं राति दिन । उदै अस्त इकतार ।
११ दादू पाया परमगुर । कीया एकंकार ॥
४४:० काया मांहैं षेल पसारा । काया मांहैं प्रांन अधारा ॥
१ काया मांहि अठारह भारा । काया मांहि उपांवनहारा ॥
२ काया मांहैं सब बनराइ । काया मांहैं रहे घरबाइ ॥
३ काया मांहैं कंदलि बास । काया मांहैं है कविलास ॥
४ काया मांहैं तरवर छाया । काया मांहैं पंषी माया ॥
५ काया मांहैं आदि अनंत । काया मांहैं है भगवंत ॥
६ काया मांहैं त्रिभुवन राइ । काया माहैं रह्या समाइ ॥
७ काया मांहैं चौदह भुवन । काया मांहैं आवागवन ॥
८ काया मांहैं सब ब्रह्मंड । काया मांहैं है नवषंड ॥
६ काया मांहैं लोक सब । दादू दिये दिषाइ ।
१० मनसा बाचा क्रमनां । गुर बिन लष्या न जाइ ॥
४५:० काया मांहैं सागर सात । काया मांहैं अबिगत नाथ ॥
१ काया मांहैं न दियां नीर । काया मांहैं गहर गभीर ॥
२ काया मांहैं सरवर पांणीं । काया मांहैं बसै बिनांणीं ॥
३ काया मांहैं नीर निवांण । काया मांहैं हंस सुजांण ॥
४ काया मांहैं गंग तरंग । काया मांहैं जमुनां संग ॥
५ काया मांहैं सरस्वती । काया मांहैं द्वारा मती ॥
६ काया मांहैं कासी थांन । काया मांहैं करै स्नांन ॥
७ काया मांहैं पूजा पाती । काया मांहैं तीर्थ जाती ॥
८ काया मांहैं मुनियर मेला । काया मांहैं आप अकेला ॥
६ कया मांहैं जपिये जाप । काया मांहैं आपैं आप ॥
१० काया नगर निधांन हैं । मांहैं कौतिग होइ ।
११ दादू सतगुर संगि ले । भूलि पडै जिनि कोइ ॥
४६:० काया मांहैं बिषमीं बाट । काया मांहैं औघट घाट ॥
१ काया मांहैं पटण गांउं । काया मांहैं उतिम ठांउं ॥
२ काया मांहैं मंडप बाजे । काया मांहैं आप बिराजे ॥
३ काया मांहैं महल अवास । काया मांहैं निहचल बास ॥
४ काया मांहैं राज दवार । काया मांहैं बोलनहार ॥
५ काया मांहैं भरे भंडार । काया मांहैं बस्त अपार ॥
६ काया मांहैं नव निधि होइ । काया मांहैं अठ सिधि
सोइ ॥
७ काया मांहैं हीरा साल । काया मांहैं निपजैं लाल ॥
८ काया मांहैं मांणिक भरे । काया मांहैं ले ले धरे ॥
६ काया मांहैं रतन अमोल । काया माहैं मोल न तोल ॥
१० काया मांहैं करतार है । सो निधि जांणैं नांहि ।
११ दादू गुरमुषि पाईये । सब कुछ काया मांहि ॥
४७:० काया मांहैं सब कुब जांणि । काया मांहैं लेहु
पिछांणि ॥
१ काया मांहैं बहु बिस्तार । काया मांहैं अंत न पार ॥
२ काया मांहैं अगम अगाध । काया मांहैं निपजे साध ॥
३ काया मांहैं कह्या न जाइ । काया मांहि रहे ल्यौ लाइ ॥
४ काया मांहैं साध न सार । काया मांहैं करै बिचार ॥
५ काया मांहैं अमृत बांनीं । काया मांहैं सारंग प्रांनीं ॥
६ काया मांहैं षेलै प्रांन । काया मांहैं पद निरबांन ॥
७ काया मांहि मूल गहि रहै । काया मांहैं सब कुछ लहै ॥
८ काया मांहैं निज निरधार । काया मांहैं अपरंपार ॥
६ काया मांहैं सेवा करै । काया मांहैं नीझर झरै ॥
१० काया मांहैं बास करि । रहे निरंतर छाइ ।
११ दादू पाया आदि घर । सतगुरि दिया दिषाइ ॥
४८:० काया मांहैं अनभै सार । काया मांहैं करै बिचार ॥
१ काया मांहैं उपजै ग्यांन । काया मांहैं लागै ध्यांन ॥
२ काया मांहि अंमर अस्थांन । काया मांहैं आतम रांम ॥
३ काया मांहैं कला अनेक । काया मांहैं करता एक ॥
४ काया मांहैं लागै रंग । काया मांहैं सांई संग ॥
५ काया मांहैं सरवर तीर । काया मांहैं कोकिल कीर ॥
६ काया मांहैं कछिब नैंन । काया मांहैं कुंजी बैंन ॥
७ काया मांहैं कवल प्रकास । काया मांहैं मधुकर बास ॥
८ काया मांहैं नाद कुरंग । काया मांहैं जोति पतंग ॥
६ काया मांहैं चातृग मोर । काया मांहैं चंद चकोर ॥
१० काया मांहैं प्रीति करि । काया मांहि सनेह ।

११ काया मांहैं प्रेमरस । दादू गुरमुषि एह ॥
५९;० काया मांहैं तारणहार । काया मांहैं उतरे पार ॥
१ काया मांहैं दूतर तारै । काया मांहैं आप उबारै ॥
२ काया मांहैं दूतर तिरे । काया मांहैं ह्वै उधरे ॥
३ काया मांहैं निपजे आइ । काया मांहैं रहे समाइ ॥
४ कागा मांहैं षुले कपाट । काया मांहि निरंजन हाट ॥
५ काया मांहैं है दीदार । काया मांहैं देष न हार ॥
६ काया मांहैं रांम रंगि राते । काया मांहैं प्रेमरसमाते ॥
७ काया मांहैं बिचल भए । काया मांहैं निहचल रहे ॥
८ काया मांहैं जीवै जीव । काया मांहैं पाया पीव ॥
९ काया मांहैं सदा अनंद । काया मांहैं परिमांनंद ॥
१० काया मांहैं कुसल है । सो हम देष्या आइ ।
११ दादू गुरमुषि पाईये । साध कहैं संमझाइ ॥
६०;० काया मांहैं देष्या नूर । काया मांहि रह्या भरपूर ॥
१ काया मांहैं पाया तेज । काया मांहैं सुंदर सेज ॥
२ काया मांहैं पुंज प्रकास । काया मांहैं सदा उजास ॥
३ काया मांहैं झिलिमिलि सारा । काया मांहैं सब थै न्यारा ॥
४ काया मांहैं जोति अनंत । काया मांहैं सदा बसंत ॥
५ काया मांहैं षेलैं फाग । काया मांहैं सब बन बाग ॥
६ काया मांहैं षेलैं रास । काया मांहैं बिबिधि बिलास ॥
७ काया मांहैं बाजहि बाजे । काया मांहि नाद धुनि साजे ॥
८ काया मांहैं सेज सुहाग । काया मांहैं मोटे भाग ॥
९ काया मांहैं मंगल चार । काया मांहैं जै जै कार ॥
१० काया अगंम अगाध है । मांहीं तूर बजाइ ।
११ दादू प्रगट पीव मिल्या । गुरमुष रहे समाइ ॥
इति किस्तूरिया मृघ कौ अंग संपूर्ण समाप्त ॥

६८ घट मैं निरंजन की रहासि कौ अंग प्रमातमां कौ परचौ

राग धनाश्री
१;० रांम तहां प्रगट रहे भरपूर ।
आतमां कवल जहां परमपुरिष तहां । झिलिमिलि झिलिमिलि नूर ॥ टेक ॥
१ चंद सूर मध्य भाइ । तहां बसै रांम राइ । गंग जमुन के तीर ।
त्रिबेणी संगम जहां । निर्मल बिमल तहां । निरिषि निर्षि निज नीर ॥
२ आत्मां उलटि जहां । तेज पुंज रहै तहां । सहज समाइ ।
अगंम निगंम अति । तहां बसै प्रांन पति । परसि परसि निज आइ ॥
३ कोमल कसम दल । निराकार जौति जल । वार न पार ।
सुंनि सरोवर जहां । दादू हंसा रहै तहां ।
बिलसि बिलसि निज सार रांम तहां ॥

राग आसावरी
२;० पीव पीव आदि अंति पीव ।
परसि परसि अंग संग पीव तहां जीव ॥ टेक ॥
१ मन पवन भुवन गवन । प्रांन कवल मांहि ।
निधि निवास बिधि बिलास । राति दिवस नांहि ॥
२ सास बास आस पास । आत्म अंगि लगाइ ।
अैंन बैंन निर्षि नैंन । गाइ गाइ रिझाइ ॥
३ आदि तेज अंति तेज । सहजि सहजि आइ ।
आदि नूर अंति नूर । दादू बलि बलि जाइ ॥

राग रांमग्री
३;० मधि नैंन निरषूं सदा । सो सहज सरूप ।
देष तहीं मन मोहिया । है तत अनूप ॥ टेक ॥
१ त्रिबेणीं तटि पाइया । मूरति अबिनासी ।
जुगि जुगि मेरा भांवता । सोई सुषरासी ॥
२ तारुणीं तटि देषि हुं । तहां अस्थांनां ।
सेवग स्वांमीं संगि है । बै वे भगवांनां ॥
३ निरभै थांन सुहात सो । तहां सेवग स्वांमीं ।
अनेक जतन करि पाईया । मैं अंतरजांमीं ॥
४ तेज तार परिमिति नहीं । अैसा उजियारा ।
दादू पारम पाइये । सो सरूप संभारा ॥

राग जंगली गौडी
४;० मैं मेरे मैं हेरा । मधि मांहि पीव नेरा ॥ टेक ॥
१ जहां अगंम अनूप अवास । तहां महापुरिष का बास ।
तहां जांनैंगा जन कोई । हरि मांहि समांनां सोई ॥
२ अषंड जोति जहां जागै । तहां रांम नांम ल्यौ लागै ॥
तहां रांम रहे भरपूरा । हरि संगि रहै नहीं दूरा ॥
३ त्रिबेणीं तट तीरा । तहां अंमर अमोलिक दीरा ।
उस हीरे सूं मन लागा । तब भरम गया भौभागा ॥
४ दादू देषु हरि पावा । हरि सहजैं संगि समावा ।
पूरण परम निधांना । निज निरषत हूं भगवांनां ॥
५;० मेरे मनि लागा सकल करा । हम निसदिन हिरदै सो धरा ॥ टेक ॥
१ सम हिरदै मांहीं हेरा । पीव प्रगट पाया नेरा ।
सो नेरैं हीं निज लीजै । तब सहजैं अम्रित पीजै ॥
२ जब मनहीं सूं मन लागा । तब जोति सरूपी जागा ।
जब जोति सरूपी पाया । तब अंतर मांहि समांया ॥
३ जब चितहि चित समांनां । हम हरि बिन और न जांनां ।
जांनां जीवनि सोई । इब हरि बिन और न कोई ॥
४ जब आतम एकै बासा । परआतमां हि प्रकासा ।
प्रकासा पीव पियारा । सो दादू मींत हमारा ॥

साषी
१ दादू षोजि तहां पीव पाइये । सबद उपनैं पास ।

तहां एक एका तहै । तहां जोति प्रकास ॥
२ दादू जहां जगत गुर रहत है । तहां जे सुरति समाइ ।
तौ इनहीं नैंनौं उलटि करि । कौतिग देषै आइ ॥
३ दादू अंष्यूं पसण के पिरी । भिरे उलथौ मंझ ।
जिते बेठो मा पिरी । निहारीं दो हुंझ ॥
४ अपने नैंनौं आप कूं । जब आतम देषै ।
तहां दादू परआतमां । ताही कूं पेषै ॥
५ दादू बिन रसनां जहां बोलिये । तहां अंतजांमी आप ।
बिन श्रवनहुं सांई सुणैं । जे कुछ कीजै जाप ॥
६ ग्यांन लहरि जहां थैं उठै । बांणी का प्रकास ।
अनभै जहां थैं ऊपजै । सबदैं कीया निवास ॥
सो घर सदा बिचार का । तहां निरंजन बास ।
तहां तूं दादू षोजि ले । ब्रह्म जीव के पास ॥
७ जहां तन मन का मूल है । उपजै ऊंकार ।
अनहद सेझा सबद का । आतम करै बिचार ।
भाव भगति लै ऊपजै । सो ठाहर निज सार ।
तहां दादू निधि पाईये । निरंतर निरधार ॥
८ एक ठौर सूझै सदा । निकट निरंतर ठांव ।
तहां निरंजन पूरि ले । अजरावर तिहि नांव ।
साधूजन क्रिला करैं । सदा सुषी तिहि गांउं ।
चल दादू उस ठौर की । मैं बलिहारी जांउं ॥
९ दादू पसु पिरंनि के । ये ही मंझि कलूब ।
बेठो आहे बिच में । पांणं जौ महबूब ॥
१० जहां आतम तहां रांम है । सकल रह्या भरपूर ।
अंतर गति ल्यौ लाइ रहु । दादू सेवग सूर ॥
११ दादू पांच तत के पांच हैं । आठ तत के आठ ।
आठ तत का एक है । तहां निरंजन हाट ॥
१२ दादू जहां मन माया ब्रह्मथा । गुण इंद्री आकार ।
तहां मन बिरचै सबनि सूं । रचि रहु सिरजनहार ॥
१३ काया सुंनि पंच का बासा । आतम सुनि प्रांन प्रकासा ।
परम सुंनि ब्रह्म सूं मेला । आगै दादू आप अकेला ॥
१४ दादू जहां थैं सब ऊपजे । चंद सूर आकास ।
पांणीं पवन पावक किए । धरती का प्रकास ।
काल करम जीव ऊपजे । माया मन घट सास ।
तहां रहिता रमिता रांम है । सहज सुंनि सब पास ॥
१५ दादू सहज सुंनि सब ठौर है । सब घट सब ही मांहि ।
तहां निरंजन रमि रह्या । कोई गुण ब्यापै नांहि ॥
१६ दादू कहै ब्रह्म षुंल तहां क्या रहै । आतम के असथांन ।
काया असथलि क्या रहै । सतगुर कहै सुजांन ॥
१७ दादू काया के असथलि रहैं । मन राजा पंच प्रधांन ।
पचीस प्रकीरति तीनि गुन । आपा गर्ब गुमांन ॥
१८ दादू आतम के असथांनि हैं । ग्यांन ध्यांन बिसवास ।
सहज सील संतोष सत । भाव भगति निधि पास ॥
१९ ब्रह्म सुंनि तहां ब्रह्म है । निरंजन निरकार ।
नूर तेज तहां जोति है । दादू देष न हार ॥
२० दादू नूरी दिल अरवाह का । तहां बसै ना बूदं ।
तहां बंदे की बंदिगी । जहां रहै मौजूदं ॥
२१ दादू नूरी दिल अरवाह का । तहां षालिक भरपूरं ।
आले नूर अलाह का । षिजमति गार हजूरं ॥
२२ दादू नूरी दिल अरवाह का । तहां दंष्या करतारं ।
तहां सेवग सेवा करै । अनंत कला रवि सारं ॥
२३ दादू नूरी दिल अरवाह का । तहां निरंजन बासं ।
तहां जन तेरा एक पग । तेज पुंज प्रकासं ॥
२४ दादू तेज कवल दिल नूर का । तहां रांम रहिमांनं ।
तहां करि सेवा बंदिगी । जे तूं चतुर सुजांन ॥
२५ तहां हंजूरी बंदिगी । नूरी दिल मैं होइ ।
तहां दादू सिजदा करै । जहां न देषै कोइ ॥
२६ दादू देही मांहैं दोइ दिल । इक षाकी इक नूर ।
षाकी दिल सूझै नहीं । नूरी मंझि हजूर ॥
इति घट मैं निरंजन की रहासि कौ अंग सम्पूर्ण भवेत् ॥
प्रमातमां कौ परचौ

६९ श्रबंग रहासि कौ अंग हैरान परचौ

सेवग उबाच
राग गौडी
१:० अलष देव गुरदेवहु बताइ ।
कहां रहै त्रिभुवनपति राइ ॥ टेक ॥
१ धरती गगन बसहु कविलास । त्रिहूं लोक मैं कहां निवास ॥
२ जल थल पवनां पावकू पूरि । चंदा सूर निकटि कि दूरि ॥
३ मंदिर कौंण कौंण घर बार । आसण कौंण कहौ करतार ॥
४ अलष देव गति लषी न जाइ । दादू पूछै कहि संमझाइ ॥

श्री भगवान उबाच
१ दादू मुझही मांहैं मैं रहूं । मैं मेरा घरबार ।
मुझहीं मांहैं मैं बसौं । आप कहै करतार ॥
२ दादू मैं हीं मेरा अरस मैं । मैं हीं मेरा थांन ।
मैं हीं मेरी ठौर मैं । आप कहै रहिमांन ॥
३ दादू मैं हीं मेरे आसिरै । मैं मेरे आधार ।
मेरे तकिये मैं रहूं । कहै सिरजनहार ॥
४ दादू मैं हीं मेरी जाति मैं । मैं हीं मेरा अंग ।
मैं हीं मेरा जीव मै । आप कहै परसंग ॥
सेवग वोबाच
२:० मैं नहीं जांनूं सिरजनहार ।
ज्यूं है त्यूं हीं कहौ करतार ॥ टेक ॥
१ मस्तक कहां कहां कर पाइ ।
अबिगत नाथ कहौ संमझाइ ॥
२ कहां मुष नैंनां श्रवनां सांई ।
जान राइ सब कहौ गुसांई ॥
३ पेट पीठि कहां है काया ।
परदा षोलि कहौ गुर राया ॥
४ ज्यूं है त्यूं कहि अंतरजांमीं ।

दादू पूछै सतगुर स्वांमीं ॥

साषी

५ दादू सबै दिसा सारिषा । सबै दिसा मुष बैंन ।
सबै दिसा श्रवनहूं सुनैं । सबै दिसा कर नैंन ।
सबै दिसा पग सीस है । सबै दिसा मन चैंन ।
सबै दिसा संनमुष रहै । सबै दिसा अंग अैंन ॥
६ बिन श्रवन हुं सब कुछ सुनैं । बिन नैंन हुं सब देषै ।
बिन रसनां मुष सब कुछ बोलै । यहु दादू अचिरज पेषै ॥
७ सब अंग सब हीं ठौर सब । श्रबंगी सब सार ।
कहै गहै देषै सुनैं । दादू सब दीदार ॥
८ कहे सब ठौर । गहै सब ठौर । रहै सब ठौर ।
जोति परवांनैं ।
नैंन सब ठौर । बैंन सब ठौर । अैंन सब ठौर ।
सोई भल जांनौं ।
सीस सब ठौर । श्रवन सब ठौर । चरन सब ठौर ।
को यहु मानैं ।
अंग सब ठौर । संग सब ठौर । सबै सब ठौर ।
दादू ध्यानैं ॥
९ दादू तेज हीं कहणां । तेज हीं गहणां । तेज हीं रहणां
सारे ।
तेज हीं बैंनां । तेज हीं नैंना । तेज हीं अैंन हमारे ।
तेज हीं मेला । तेज हीं षेला । तेज अकेला । तेज हीं
तेज संवारे ।
तेज हीं लेवै । तेज हीं देवै । तेज हीं षेवै । तेज हीं
दादू तारे ॥
१० दादू नूर हीं का धर । नूर हीं का घर । नूर हीं का
बरु मेरा ।
नूर हीं मेला । नूर हीं षेला । नूर अकेला । नूर हीं
मंझि बसेरा ।
नूर हीं का अंग । नूर हीं का संग । नूर हीं का रंग
नेरा ।
नूर हीं राता । नूर हीं माता । नूर हीं षाता दादू
तेरा ॥
११ दादू अलष अलाह का । कहु कैसा है नूर ।
दादू बेहद हद नहीं । सकल रह्या भरपूर ॥
१२ वार पार नहीं नूर का । दादू तेज अनंत ।
कीमति नहीं करतार की । अैसा है भगवंत ॥
१३ निसंध नूर अपार । तेज पुज सब मांहि ।
दादू जोति अनंत है । आगौ पीछौ नांहि ॥
१४ दादू हीरे हीरे तेज के । सो त्रिषै त्रिय लोइ ।
को ईक देषै संतजन । और न देषै कोइ ॥
१५ दह दिसि दीपक तेज के । बिन बाती बिन तेल ।
चहुं दिस सूरज देषियैं । दादू अदभुत षेल ॥
१६ सूरिज कोटि प्रकास हैं । रोम रोम की लार ।
दादू जोटि जगदीस की । अंत न आवै पार ॥
१७ ज्यूं रबि एक अकासि है । अैसे सकल भरपूर ।
दादू तेज अनंत है । अला आले नूर ॥
१८ दादू अैसा बडा अगाध है । सूषिम जैसा अंग ।
पहुप बास थैं पतला । सो सदा हमारे संग ॥

राग केदारौ

३:० अरे मेरे सम्रथ साहिब रे अला । नूर तुम्हारा ॥ टेक ॥
१ सब दिसि देवै सब दिसि लेवै ।
सब दिसि वार न पार रे अला ॥
२ सब दिसि करता सब दिसि हरता ।
सब दिसि तारणहार रे अला ॥
३ सब दिसि बकता सब दिसि सुरता ।
सब दिसि देषनहार रे अला ॥
४ तूंहै तैसा कहियै अैसा ।
दादू अनंद होइ रे अला ॥

राग आसावरी

४:० नूर नूर अवलि आषिर नूर ।
दांइम कांइम कांइम दांइम । हाजिर है भरपूर ॥ टेक ॥
१ असमांन नूर जिमीं नूर । पाक परवदि गार ।
आब नूबाद नूर ! षूब षूबां यार ॥
२ जाहिर बातिन । हाजिर नाजीर । दांनां तूं दीवांन ।
अजब अजाइब नूर दीदंम । दादू है हैरांन ॥

सवइयै

१९ सबही नीकैं निहारै । सब की बात बिचारै । सबही मैं
बसै सब कहूं भरपूरि है ।
सबै बिद्या बेद आप । सबही कौ माइ बाप सबही को
प्रान सब प्रांन निकू मूरि है ।
सबही सदा अनंद । सबही के कांम कंद । सबहीं कैं साथ ।
नाथ देषि बेकौं दूरि है ।
सबही सदा प्रगास जहां नहां जांनि । ब्यास अैसौ प्रभू
सूझि काहे कौं बिसूरि ये ॥
श्रबंग रहासि कौ अंग हैरान परचौ सम्पूर्ण भवेत् ॥

७० निरंजन का ध्यांन की बिंधि कौ अंग

राग सोरठि

१:० इहि बिधि रांम सूल्यौ लाइ ।
चरण पाषैं निरति करि । जिभ्या बिनां गुण गाइ ॥ टेक ॥
१ जहां स्वांति बूंदन सीप सायर । सहज मोती होइ ।
उन मोतियन मैं नीर पोयौ । पवन अंबर धोइ ॥
२ जहां धरणि बरिषै गगन भीजै । चंद सूरिज मेलि ।
दोइ मल तहां जुरण लागे । करत हंसा केलि ॥
३ इक बिरष भीतरि न दीवाली । कनक कलस समाइ ।

पंच सुवटा आइ बैठे । उदै भई बनराइ ॥
४ जहां कौ बिछुट्यौ तहां लागौ । गगन बैठौ आइ ।
जन कबीर बटाउवा । जिनि मारग लीयौ चाइ ॥

राग भैरूं

२;० अजपा जाप जपै जे कोइ । नर नारी नारांइण होइ ॥टेक ॥
१ अरधकैं उरधैं धरैं समाधि । मन पवन ले उनमनि साधि ॥
२ धूंनि मैं पैसि रु धरै धियांन । निह्चल होइ गगन अस्थांन ॥
३ सुष सागर मैं करै स्नांन । पावै निर्मल परम निधांन ॥
४ ब्रह्म अग्नि ब्रह्म ले राचै । काल कलपनां बंधन बाचै ॥
५ पषि अपषि दोऊ दिसि त्यागै । रहै निराला त्रिगुण लागै ॥
६ सतगुर सबद सदा उरि राषै । मगन होइ रांम रस चाषै ॥
७ ससि हर सूर दोऊ समि करै । ब्रह्म जोति ले हिरदै धरै ॥
८ आसा तृष्ना सहजै जरै । दास परस सोई दूतर तिरै ॥

राग टोडी

३;० सो तत सहजैं सुष मन कहनां ।
पेड पकरि मन जुगि जुगि रहणां ॥ टेक ॥
१ प्रेम प्रीति करि नींकां राषै ।
बारंबार सहजि नर भाषै ॥
२ मुषि हिरदै सो सहजि सभारै ।
तिहि तति रहणां कदे न बिसारै ॥
३ अंतरि सोई नीकां जांणैं ।
निमष न बिसरै ब्रह्म बषांणैं ॥
४ सोई सुजांण सुधा रस पीवै ।
दादू देषु जुगैं जुगि जीवै ॥

४;० तनहीं रांम मनहीं रांम । रांम रिदै रंमि राषी ले ।
मनस रांम सकल पूरण सहजि सदा रस चाषी ले ॥ टेक ॥
१ नैंनां रांम बैंनां रांम । रसनां रांम सभारी ले ।
श्रवनां रांम संनमुष रांम । रमिता रांम बिचारी ले ॥
२ सासैं रांम सुरतैं रांम । संबदैं रांम समाई ले ।
अंतरि रांम निरंतरि रांम । आतम रांमा ध्याई ले ॥
३ श्रबैं रांम संगैं रांम । रांम नांम ल्यौ लाई ले ।
बाहरि रांम भीतरि रांम । दादू गोबिंद गाई ले ॥

राग भैरूं

५;० मन पवन ले उनमनि रहैं । आगंम निगंम मूल सो लहै ॥ टेक ॥
१ पंच बाइ जे सहजि समावै । ससि हर कै घरि आनैं सूर ।
सीतल सदा मिलै सुषदाई । अनहद सबद बजावै तूर ॥
२ बंक नालि सदा रस पीवै । तब यहु मनवौं कहीं न जाइ ।
बिगसै कवल प्रेम जब उपजै । ब्रह्म जीव की करै सहाइ ॥
३ बैठि गुफा मैं जोति बिचारै । तब ताहि सूझै त्रिभुवन राइ ।
अंतरि आप मिलै अबिनासी । पद आनंद काल नहीं षाइ ॥
४ जांमणं मरणउ जाइ भौ भाजै । अबरण कै घरि बरण समाइ ।
दादू जाइ मिलै जगजीवन । तब यहु आवागवन रहाइ ॥

राग धनाश्री

६;० मनसा मन सबद सुरति । पंचौ थिर कीजै ।
एक अंगि सदा संगि । सहजैं रस पीजै ॥ टेक ॥
१ सकल रहित मूल गहित । आपा नहीं आंनैं ।
अंतरगति निर्मल रति । एकै मन मांनैं ।
२ ह्रिदै सुध बिमल बुध । पूर न प्रकासै ।
रसनां निज नांव न्रिषि । अंतरगति बासै ॥
३ आतम मति पूरन गति । प्रेम भगति राता ।
मगन गलित अरस परस । दादू रसि माता ॥

साषी

१ सबद सुरति लै सांनि चित । तन मन मनसा मांहि ।
मति बुधि पंचौं आतमां । दादू अनंत जाहि ॥
२ दादू तन मन पवनां पंच गहि । ले राषै निज ठौर ।
जहां अकेला आप है । दूजा नांहीं और ॥
३ दादू यहु मन सुरति समेटि करि । पंच अपूठे आंणि ।
निकटि निरंजन लागि रहु । संगि सनेही जांणि ॥
४ मन चित मनसा आतमां । सहज सुर्ति ता मांहि ।
दादू पंचौं पूरि ले । जहां धरती अंबर नांहि ॥
५ तन मन पवनां पंच गहि । निरंजन ल्यौ लाइ ।
जहां आतम तहां पर आतमां । दादू सहजि समाइ ॥
६ सहज सुंनि मन राषिये । इन दून्यूं के मांहि ।
लै समाधि रस पीजिये । तहां काल भै नांहि ॥
७ दादू जिहि आसणि पहीली प्रांणथा । तिहि आसंणि ल्यौ लाइ ।
जे कुछ था सोई भया । कछू न ब्यापै आइ ॥
८ सुरति अपूठी फेरि करि । अंतर मांहैं आंन ।
लागि रहै गुरदेव सूं । दादू सोई सयांन ॥
९ सहज जोग सुष मैं रहै । दादू त्रिगुण जांणि ।
गंगा उलटी फेरि करि । जमुनां मांहैं आंणि ॥
१० मन पवनां गहि सुरति । दादू पावै स्वाद ।
सुमिरण मांहैं सुष घणां । छाडि देहु बकबाद ॥
११ नांव सपीडा लीजिये प्रेम । भगति गुण गाइ ।
दादू सुमिरण प्रीति सूं । हेत सहित लै लाइ ॥
१२ प्रांन कवल मुषि रांम कहि । मन पवनां मुषि रांम ।
दादू सुरति मुषि रांम कहि । ब्रह्म सुंनि निज ठांम ॥
१३ दादू कहतां सुंणतां रांम कहि । लेतां देतां रांम ।
षातां पीता रांम कहि । आतम कवल बिश्रांम ॥
१४ सुचि भूमि आमंण करै । बांनां पद मूलैं धरै ।
समि काया समि ग्रीवां मेर ?

राग भैरूं

७:० अैसा ध्यांन धरूं बनवारी ।
मन पवन डिढ सुष मन नारी ॥ टेक ॥
१ सो जप जपूं जु बहुरि जपनां । सो तप तपूं जु बहुरि न तपनां ।
सो गुर करूं जु बहुरि न करनां । अैसैं मरूं जैसैं बहुरि न मरनां ॥
२ उलटी गंग जमुन मैं ल्यांऊं । बिनहीं जल संजम ह्वै आंऊं ।
लोचन भरि भरि बिंब निहारूं । जोति बिचारि न और बिचारूं ॥
३ प्यंड परें जीव जिस घरि जाता । सबद अतीत अनाहद राता ।
जापरि क्रिपा सोई भल जानैं । गूंगौ साकर कहा बषानैं ॥
४ सुंनि मंडल मैं मेरा बासा । ताथैं जीय मैं रहूं उदासा ।
कहै रैदास निरंजन ध्यांऊं । जिस घरि जांऊं जु बहुरि न आंऊं ॥

८:० अैसा ध्यांन धरू नरहरी । सबद अनाहद चिंतवन करी ॥ टेक ॥
१ पहली षोजौं पंचूं बाइ । बाइ बिंद ले गगन समाइ ।
गगन जोति तहां त्रिकुटी संधि । रवि ससि पवनां मेल्हौ बंधि ॥
२ मन थिर होइ तौ कवल प्रकास । कवला मांहि निरंजन बास ।
सतगुर संपट षोलि दिषावै । निगुरौ होइ तौ कहां बतावै ॥
३ सहज लषिन लेत जौ उपाधि । आसण द्रिढनिं द्रापणि साधि ।
पहुप पत्र जहां हीरामणीं । कहै कबीर तहां त्रिभुवन धणीं ॥

राग रांमग्री

९:० रोकि ले मूल द्वार । मनहीं मन बिचार ।
निर्मल ध्यांन धरि निर्मल काया ॥ टेक ॥
ससि सूर जहां मिलै । एक डांडी सूर चलै ।
त्रिहूं थानां दीसै । त्रिलोक राया ॥ टेक ॥
१ छ्याडि रे जीव जंजाल । बांचिलै औघट काल ।
मन पवनैं प्यंडैं प्रांणीं परचा जांणीं ।
चेति नैं चिताइ चित । जीति लै मन की थिति ।
उचरसि रांम नांम अंम्रित बांणीं ॥
२ त्रिकुटी कै संग त्राट । तहां लै गगन बाट ।
चंद सूर एक जोति जहां बिगसै ।
सबद अतीत भाइ । करत आपैं लषाइ ।
जहां उठै वोउंकार तहां बिलसै ॥
३ षग संग मन जाइ । तहां जौ रहै समाइ ।
षग संग मन जाइ अचभ करै ।
जहां बोलै चारि बेद । पांचमां बेद का भेद ।
मनह पपीहरो चिहर करै ॥

४ काष्ट एकैं पषांण । ब्रह्म चीटी सब समांन ।
सूछिम सरीर सर्ब एकै ही देषै ।
भणंत सिवश्रमदास । ब्रह्म ग्यांन का प्रकास ।
आतमां कै संगि परम आतमा पेषै ॥

राग गुंड

१०:० मेर सिषर चढि बोलि मन मोरा ।
रांम जल बरिषै सबद सुणि तोरा ॥ टेक ॥
१ आरति आतुर पीव पुकारै ।
सोवत जागत पंथ निहारै ।
२ निस बासुरि कहि अंमृत बांनीं ।
रांम नांमैं ल्यौ लाइ ले प्रांनीं ॥
३ टेरि मन भाई जब लग जीवै ।
प्रीति करि गाढी प्रेम रस पीवै ॥
४ दादू औसरि जे मन जागै ।
रांम घटा दल बरिष न लागैं ॥

१४ दादू सब तजि गुन आकार के । निहचल मन ल्यौ लाइ ।
आतम चेतनि प्रेम रस । दादू रहे समाइ ॥
१५ दूजा नैंन न देषिये । श्रवनहुं सुनै न जाइ ।
जिभ्या आंन न बोलिये । अंगि न और सुहाइ ।
१६ चरनहुं अनंत न जाइए । सब उलटा मांहि समाइ ।
उलटि अपूठा आप मैं । दादू रहु ल्यौ लाइ ॥
१७ दादू माटी के मुकांम का । सब को जांणैं जाप ।
एक आधर अरवाह का । बिरला आपैं आप ॥
१८ दादू जब नांहीं सुरति सरीर की । बिसरै सब संसार ।
आतम न जांणैं आप कूं । तब एक रह्या निरधार ॥
१९ यौं मन तजै सरीर कूं । ज्यूं जागत सोइ जाइ ।
दादू बिसरै देषतां । सहजि सदा ल्यौ लाइ ॥
२० बाडे सुरति सरीर कूं । तेज पुंज मैं आइ ।
दादू अैसैं मिलि रहै । ज्यूं जल जलहि समाइ ॥
२१ अलष नांव अंतरि कहै । सब घटि हरि हरि होइ ।
दादू पांणीं लूंण ज्यूं । नांव कही जै सोइ ॥
२२ सुर्ति रूप सरीर का । पिय के परसें होइ ।
दादू तन मन एक रस । सुमिरण कहिये सोइ ॥
२३ जहां आतम रांम संभालिये । तहां दूजा नांहीं और ।
देही आगैं अगम है । दादू सूषिम ठौर ।
२४ रांम कहत रांमहि रह्या । आप बिसरजन होइ ।
मन पवनां पंचौं बिलै । दादू सुमिरण सोइ ॥
२५ तन मन बिलै यूं कीजिये । ज्यूं घृत लागै घांम ।
आतम कवल तहां बंदिगी । दादू प्रगट रांम ॥
२६ दादू तन मन बिलै यौं कीजिये । ज्यूं पांणीं मैं लूंण ।
जीव ब्रह्म एकैं भया । तब दूजा कहिये कूंण ॥
२७ कोमल कवल तहां पैसि करि । जहां न देषै कोइ ।
मन थिर सुमिरण कीजिये । तब दादू दरसंन होइ ॥
२८ नष सष सब सुमिरण करै । अैसा कहिये जाप ।
अंतरि बिगसै आतम तब । दादू प्रगटै आप ॥

२६ जब अंतरगति हरि हरि करै । तब मुष कीहा जति नांहि ।
सहजैं धुंनि लागी रहै । दादू मनहीं मांहि ॥
३० सूतां पीछैं सुरति निर्ति सूं । बालक पै रस पीवै ।
अैसैं अंतरि लगणि नांव सूं । आतम जुगि जुगि जीवै ॥

सवइयै

३१ निंद्रा हूं कै बसि प्रांन भयौ जबहीं । सास सुमीर चलतन थाकौ ।
ज्यूं ससि राह की छाया मलीन ह्वै । चलिबौ रोकि सक्यौ नहि ताकौ ।
३२ ज्यूं दिज डारि गही पग जागत । नींद मैं छाडै नहीं मन वांकौ ।
मोहन देह कै जीव भयौ बसि । लै न थकी चित नांव सूं जाकौ ॥

राग गुंड

११:० मेरे मन के मन सूं मन लागा ।
चित के चित सूं नाद बागा ॥ टेक ॥
१ श्रवन के श्रवन सुनि सुष पाया ।
नैंन के नैंन सूं निरषि राया ॥
२ प्रांन के प्रांन सूं षेलि प्रांणीं ।
मुष के मुष सूं बोलि बांणीं ॥
३ जीव के जीव सूं रंगि राता ।
सबद के सबद सूं प्रेम माता ॥
४ सीस के सीस कूं सीस मेरा ।
देषि ले दादू भाग तेरा ॥

साषी

३३ दादू सबदैं सबद समाइ ले । परआतम सूं प्रांन ।
यहु मन मन सूं बंधि ले । चितैं चित सुजांन ॥
३४ दादू सहजैं सहज समाइ ले । ग्यांनैं बंध्यांन ।
सुत्रैं सुत्र समाइ ले । ध्यांनैं बंध्या ध्यांन ॥
३५ दादू द्रिष्टैं दृष्ति समाइ ले । सुतैं सुर्ति समाइ ।
समझैं समझि समाइ ले । लै सूं लै ले लाइ ॥
३६ दादू भावैं भाव समाइ ले । भगतें भगति समांन ।
प्रेमैं प्रेम समाइ ले । प्रीतें प्रीति रस पांन ॥
३७ दादू सुरतैं सुरति समाइ रहु । अरु बैंनहुं सूं बैंन ।
मनहीं सूं मन लाइ रहु । अरु नैंनहुं सूं नैंन ॥
३८ दृष्टि अग्रे दृष्टि लुकाइबा । सुरति लुकाइबा कांनं ।
नासिका अग्रे पवन लुकाइबा । तब रहि गया पद त्रिबांनं ॥
३९ दादू मन चित असथिर कीजिये । तौ नष सिष सुमिरण होइ ।
श्रवण नेत्र मुष नासिका । पंचौं पूरे सोइ ॥
४० जहां रांम तहां मन गया । मन तहां नैंनां जाइ ।
जहां नैंनां तहां आतमां । दादू सहजि समाइ ॥
निरंजन का ध्यांन की बिधि कौ अंग सम्पूर्ण भवेत् ॥

७१ प्रीति सूरति सनेह स्याबति ध्यांन कौ अंग

१ लाए लांम अलि फसां । काति बलि षे जीय ।
मूंहियडौ पिरीं यांन सैं । लगौ आहे तीय ॥
२ अवधू सुरति मुषि बैठै । सुरति मुषि चलै ।
सुरतिं मुषि बोलै । सुरति मुषि मिलै ।
सुरति निरति मैं निरभै रहै ।
अैसा बिचार मछिंद्र कहै ॥

राग भैरूं

१:० अैसी सुरति रांम ल्यौ लाइ ।
हरि हिरदै जिनि बीसरि जाइ ॥ टेक ॥
१ छिन छिन मात संभालै पूत । बिंद राषै जोगी अवधूत ।
त्रिया क रूप रूप कौं रढै । नटनीं निरषि बांस ब्रत चढै ॥
२ कछिब दृष्टि धरै धियांन । चातृग नीर प्रेम की बांनि ।
कूंजी कुरलि संभालै सोइ । भृंगी ध्यांन की टकूं ह्वोइ ॥
३ श्रवनां सबद ज्यूं सुनैं कुरंग । जोति पतंग न मोरै अंग ।
जल बिन मींन तलपि ज्यूं मरै । दादू सेवग अैसैं करै ॥

राग कल्याण

२:० अैसैं मन लाइ लै रांम सनां ।
कपट भगति कीजै कौंन गुनां ॥ टेक ॥
१ ज्यूं मृग नादैं बेध्यौ आइ ।
प्यंड परैवा कौ ध्यांन न जाइ ॥
२ जैसैं मींन जलहि हित जांनि ।
प्रांन तजै बिसरै नहीं बांनि ॥
३ भृंगी कीट रहै ल्यौ लाइ ।
ह्वै लै लीन भृंगी ह्वै जाइ ॥
४ रांम नांम निज अंमृत सार ।
मुहडै बांध्यौ सरै गंवार ॥
५ कहै कबीर दासनि कौ दास ।
अब नहीं बाडू चरन निवास ॥

राग टोडी

३:० अैसैं मन रांम नांमैं बेधिला ।
जैसैं कनक तुला चितरा षिला ॥ टेक ॥
१ आंणिलै कागद साजिलै गुडी । आकास मंडल बोडिला ।
पंच जनां सूं बात बतवा । चित सूं दोरी राषिला ॥
२ आंणिलै कुंभ भराइलै उदिक । राज कवारि पुलंदरिए ।
हस्त बिनोद देत करताली । चित सूं गागरि राषिला ॥
३ मंदिर एक द्वार दस जाकै । गऊ चरांवण चालिला ।
पांच कोस थैं चरि फिरि आवै । चित सूं बाछा राषिला ॥
४ भणंत नांमदेव सुणों त्रिलोचन । बालिक पालणि पौढिला ।

अपणैं मंदिर काज करंती । चित सूं बालिक राषिला ॥

राग सोरठि

४;• देवा नटणीं कौ तन मन । बंसां बरनां मांहि रे ।
अनेक राजिंद्र बैठे । तिनहीं सूं चित नांहि रे ॥ टेक ॥
१ सुमति सरीर संवारै । नटणीं निहारै रे ।
रांम नांम नींसांण बाजै । इहि तति पाव धारै रे ॥
२ एक मन एक चित । षेलीलै षेला रे ।
मरकट मूंठी छाडि दे । ज्यूं मुकति भैला रे ॥
३ धरणीं धर सूं ध्यांन लागौ । अंतर जांगी रे ।
नांमदेव नटवा ह्वै नाच्यौ । तौ रीझ्यौ स्वांमीं रे ॥

राग गुंड

५;• अैसैं रांम अैसैं हेरौ । रांम छाडि चित अनत न फेरौ ॥
१ ज्यूं बिषई हेरै परनारी । कौडा डारत हिरै जुवारी ॥
२ ज्यूं पासा डारै पसवारा । सोनां गटतां हिरै सुनारा ॥
३ जहां देषूं तहां तूं हीं रांमां । चित चिहुंट्या प्रणवैं नांमां ॥

राग भैरूं

६;• नांमदेव प्रीति नरांइण लागी ।
सहज सुभाइ भयै बैरागी ॥ टेक ॥
१ जैसैं भूषै प्रीति अनाज । त्रिषावंत जल सेती काज ।
मूरिष नर जैसैं कुटंब परांइण ।
अैसी नांमदेव प्रीति नरांइन ॥
२ जैसैं परपुरिषा रत नारी ।
लोभी नर धन कौ हितकारी ।
कांमीं पुरिष कांम रत नारि ।
अैसी नांमदेव प्रीति मुरारि ॥
३ जैसी प्रीति बालिक अरु माता ।
अैसैं यहु मन हरि सूं राता ।
नांमदेव कहै मेरी लागी प्रीति ।
गोबिंद बसैहि हमारे चीति ॥

राग गुंड

७;• पांनिया बिन मींन तलपै ।
अैसैं रांम नांम बिन बापुरौ नांमां ॥ टेक ॥
१ तन लागि लै ताला बेली । बबा बिन गाइ अकेली ॥
२ जैसैं गाइ का बाबा बूटिला ।
थन लागि ले मांषण घूंटिला ॥
३ माषण मेल्हि ले ताती घांमां ।
अैसैं रांम नांम बिन बापुरौ नांमां ॥
४ जैसैं बिषई चित परनारी ।
अैसैं नांमदेव हेत बनवारी ॥

राग रांमग्री

८;• त्यूं तुम्ह कारणि केसवे । अंतरि ल्यौ ल्यौ लागी ।
एक अनूंपम अनभई । किम होइ बिभागी ॥ टेक ॥
१ इक अभिमांनीं चातृगा । बिचरत जग मांहीं ।
जदपि जल पूरण मही । कहूंवां रुचि नांहीं ॥
२ जैसैं कांमीं देषें कांमिनीं । हिरदै सूल उपाई ।
कोटि बेद बिधि उचरै । वाकी बिथा न जाई ॥
३ जो जिहि चाहै सो मिलै । आरति गत होई ।
कहै रैदास यहु गोपि नहीं । जांणैं सब कोई ॥

राग गुंड

९;• इहि बिधि बेध्यौ मोर मनां ।
ज्यूं लै भृंगी कीट तनां ॥ टेक ॥
१ चातृग रटतां रैंनि बिहाइ ।
प्यंड परै वै बांनि न जाइ ॥
२ मरै मींन बिसरै नहीं पांनीं ।
प्रांन तजे उंनि और न जांनीं ॥
३ जरै सरीर न मोडै अंगा ।
जोति न छाडै पडै पतंगा ॥
४ दादू दूब थैं अैसैं होइ ।
प्यंड पडै नहीं छाडू तोहि ॥

राग धनाश्री

१०;• लागि रह्यौ मन रांम सूं । अब अनतैं नहीं जाये रे ।
मनहीं सूं मन थिर भयौ । सकै न चित डुलाये रे ॥ टेक ॥
१ ज्यूं फुनिंग चंदन रवैं । परमलि रह्यौ लुभाये रे ।
यौं मन मेरा रांम सूं । अब की बेर अघाये रे ॥
२ भवर्न छाडै बास कूं । कवल हिरद्यौ बंधाये रे ।
यौं मन मेरा रांम सूं । बेधि रह्यौ चित लाये रे ॥
३ जल बिन मींन न जीवई । बिछुरत ही मरि जाये रे ।
त्यूं मन मेरा रांम सूं । अैसी प्रीति बनाये रे ॥
४ ज्यूं चातृग जल कूं रटै । पीव पीव करत बिहाये रे ।
यूं मन मेरा रांम सूं । जन दादू हेत लगाये रे ॥

३ सब घट श्रवणां सुरति सूं । सब घट रसनां बैंन ।
सब घट नैंनां ह्वै रहे । दादू बिरहा अैंन ॥

राग परजीयौ

११;• लागी जनम जनमनीं प्रीति ।
चिति नहीं बीस रूं रे चीति नहीं बीस रूं ॥ टेक ॥
१ जेन्हौं मुषडौ दीवैं सुष होइ । तेन्हौं कोई जई कहौ रे ।
जासूं मन बांधी प्रीति अपार । अपरछन थइ रह्यौ रे ॥
२ भरचौ सरवर लहरचां जाइ । धायौ नहीं बापिह्यौ रे ।
तेन्हैं घण बिन त्रिपति न थाइ । जोवौ तेन्हौं नेहडौ रे ॥
३ दोइ लष चंदल दूरि । कमोदनी बीगसै रे ।
जन नांमदेव नौं स्वांमीं दयाल । ते बेद न लहै रे ॥

४ कहां ससि कहा कमोदनीं । कहां रवि कहां कमलु ।
कहि मुकंद हरि नांव का । लागा प्रांण अमलु ॥

राग मारू

१२:॰ कांन्हां प्रीति लागी हो ।
अंतरि अघ बिया पिया । तुम्ह सुप्रिति भागी हो ॥ टेक ॥
१ हूं तेरी गति न जांनूं तूं मेरी जीव की जीव नियां ।
तूं मेरे सीस कौ सेहुरौ । हूं तेरे पाव की पांन हियां ॥
२ हंस सरोवरि रै करै । जैसैं पांणीं जीवै मींन ।
न्रिधन कै धन बाल हौ । तेरे दरसंन की आधींन ॥
३ भवरन बाडै बास कूं । जैसैं दीपक जोति पतंग ।
तन मन पियारे रांम कूं । ज्यूं भींनौं नादहु रंग ॥
४ हिरदा मंझै यौं बसैं । जैसैं चातृग प्रेम पियास ।
निसदिन नांव न बीसरै । बलिहारी बोहिथदास ॥
इति प्रीति सूरति सनेह स्याबति घ्यांन कौ अंग सम्पूर्ण भवेत् ॥

७२ बिरह कौ अंग

राग सोरठि

१:॰ बिरहनि फिरै हो नाथ अधीरा ।
उपजी बिनां कछू संमझि न परई । बांझ न जांनैं पीरा ॥ टेक ॥
१ या बड बिथा सोई भल जांनैं । रांम बिरह सर मारी ।
कै सो जांनैं जिनि यहु लाई । कै जिनि चोट सहारी ॥
२ संग की बिछुरी मिलण न पावै । सोच करै अरु क्राहै ।
जतन करै अरु जुगति बिचारै । रटै रांम कूं चाहै ॥
३ दीन भई बूझै सषियन कूं । कोई मोहि रांम मिलावै ।
दास कबीर मींन ज्यूं तलपै । मिलैं भलैं सचु पावै ॥
२:॰ बिरहुंनि बपु न संभारै ।
निसदिन तलपै रांम कै कारनिं । अंतरि एक बिचारै ॥
१ आतुर भई मिलन कै क़ारनिं । कहि कहि रांम पुकारै ।
सास उसास निमष नहि बिसरै । जित तित पंथ निहारै ॥
२ फिरै ऊदास चहूं दिसि चितवत । नैंन नीर भरि आवै ।
रांम बिवोग बिरह की जारी । और न कोई भावै ॥
३ ब्याकुल भई सरीर न समझै । बिषम बांन हरि मारे ।
दादू दरसन बिन क्यूं जीवै । रांम सनेही हमारे ॥

राग गौडी

३:॰ बिरहुंनि कूं सिंगार न भावै ।
है कोई अैसा रांम मिलावै ॥ टेक ॥
१ बिसरे अंजन मंजन चीरा ।
बिरह बिथा यहु ब्यापै पीरा ।
२ नौसत थाके सकल सिंगारा ।
है कोई पीर मिटांवनहारा ॥
३ देह ग्रेह नहीं सुधि सरीरा ।
निसदिन चितव चातृग नीरा
४ दादू ताहि न भावै आंन ।
रांम बिनां भई म्रितक समांन ॥

राग गुंड

४:॰ आवहु रांम दया करि मेरे ।
बारबार बलिहारी तेरे ॥ टेक ॥
१ बिरहनि आतुर पंथ निहारै ।
रांम रांम कहि पीड पुकारै ॥
२ पंथी बूझै मारग जोवै । नयन नीर जल भरि भरि रोवै ॥
निसदिन तलपै रहै उदास । आतमराम तुम्हारे पास ।
३ बपु बिसरें तन की सुधि नांहीं ।
दादू बिरहुनि म्रितक मांहीं ॥
५:॰ गोबिंद कबहूं मिलै पीव मेरा ।
चरन कवल क्यूंहीं करि देषूं । राषौं नैंनहुं नेरा ॥ टेक ॥
१ निरषन का मोहि चाव घणेरा । कब मुष देषूं तेरा ।
प्रांन मिलन कूं भये उदासी । मिलि तूं मीत सवेरा ॥
२ ब्याहुल तार्थें भई तन देही । सिर परिजंम का हेरा ।
दादू रे जन रांम मिलन कूं । तपई तन बहुतेरा ॥

राग धनाश्री

६:॰ मेरे जीय की जांनैं जांन राइ ।
तुम्ह थैं सेवग कहा दुराइ ॥ टेक ॥
१ जल बिन जैसैं जाइ जीय तलपत ।
तुम्ह बिन तैंसैं हम बिहाइ ।
तन मन ब्याकुल होइ बिरहनीं । दरस पियासी प्रांन जाइ ॥
२ जैसैं चित चकोर चंद मन । अैसैं मोहन हमहिं आहि ।
बिरह अगनि दहत दादू कूं । दरसंन परसंन तन सिराइ ॥

राग कनडौ

७:॰ दे दरसंन देषन तेरा । तौ जीय जक पावै मेरा ॥ टेक ॥
१ पीव तूं मेरी बेद न जांनैं । मैं कहा दुराऊं छांनैं ।
मेरा तुम्ह देषें मन मांनैं ॥
२ पीव करक कलेजे मांहीं । सो क्यूंहीं निकसै नांहीं ।
पीव पकरि हमारी बांहीं ॥
३ पीव रोम रोम दुष सालै । इन पीडू पंजर जालै ।
जीव जाता क्यूंहीं वालै ॥
४ पीव सेज अकेली मेरी । मुझ आरित मिल नैं तेरी ।
धन दादू वारी फेरी ॥

राग गुंड

८:॰ तूं आपैं हीं बिचारि । तुम्ह बिन क्यूं रहूं ।
मेरे और न दूजा कोइ । दुष किस कूं कहूं ॥ टेक ॥
१ मींत हमारा सोइ । आदैं जो पिया ।
मुझै मिलावै कोइ । वै जीवनी जिया ॥
२ तेरे नैंन दिषाइ । जीऊं जिस आसिरै ।

सोधन जीवै क्यूं । नहीं जिस पासिरे ॥
३ पंजर माहैं प्रांन । तुम्ह बिन जाइसी ।
जन दादू मांगैं मांन । कब घरि आइसी ॥

राग केदारौ
९:० हाल असां जौ लालडे । तो कंसब मालूमडे ॥ टेक ॥
१ मंझैं षांमां मंझि बरालां । मंझै लगी भाहिडे ।
मंझैं मेडी मुच ध्यौला । कैं दरि करियां धाहिडे ॥
२ बिरह कसाई मुं गरेला । मंझैं बढै माहडे ।
सीकूं करै कबाब जीला । इयं दादू जे ह्याडे ॥
१०:० वाल्हा आया हमारे ग्रेह रे । तुम्ह बिन दुषिया देह रे ॥ टेक ॥
१ सब को कहै तुम्हारी नारी । मोकूं इहै अंदेह रे ।
एक मेक ह्वै सेज न सोवै । तब लग कैसा नेह रे ॥
२ आंन न भावै नींद न आवै । ग्रिह बन धरै न धीर रे ।
ज्यूं कांमीं कूं कांम पियारा । ज्यूं प्यासे कूं नीर रे ॥
३ है कोई अैसा पर उपगारी । हरि सूं कहै सुनाइ रे ।
अैसे हवाल कबीर भए हैं । बिंन देषें जीव जाइ रे ॥

राग गौडी
११:० जीयरा मेरा फिरै रे उदास ।
रांम बिन निकसि न जाई सास । अजहूं कवन आस ॥ टेक ॥
१ जहां जहां जाऊं रांमहि मिल वै न कोई ।
कहौ संतौ कैसैं जीवन होई ॥
२ जरै सरीर यहु तन कोई न बुझावै ।
अनल दहै निस नींद न आवै ॥
३ चंदन घसि घसि अंमिल गाऊं ।
रांम बिनां दारन दुष पाऊं ॥
४ संत संगति मन करि धीरा ।
सहज जांनि रांमहि भजे हो कबीरा ॥

राग मारू
१२:० कोई कहौ रे मारहा नाथ नैं ।
नारी नैंन निहारै बाट ॥ टेक ॥
१ दींन दुषी यहु सुंदरी । करुनां बचन कहै रे ।
तुम्ह बिन नाह बिरहनीं ब्याकुल । क्यूं करि नाथ रहै रे ॥
२ भूधर बिन भावै नहि कोई । हरि बिन और न जांणैं ।
देह ग्रेह तेन्हैं आपूं । जे कोई गोबिंद आंणैं ॥
३ जगपति नैं जो बानैं काजैं । आतुर थई रही रे ।
दादू नैं देषाडौ स्वांमीं । ब्याकुल होइ गई रे ॥

राग केदारौ
१३:० पिय हूं कहा करू । पाइ परूं कै प्रांन हरू रे ।
इब हू मरणैं नांहीं डरूं रे ॥ टेक ॥
१ गालि मरूं कै जालि मरूं रे । कै हूं करवत सीस धरूं रे ॥
२ षाइ मरूं कै घाइ मरूं रे । कै हूं कत हूं जाइ मरूं रे ॥
३ तलपि मरूं कै झूरि मरूं रे । कै हूं बिरही रोइ मरूं रे ॥
४ टेरि कह्या मैं मरण गह्या रे । दादू दुषिया दींन भया रे ॥

१४:० कबहूं अैसा बिरह उपावै रे ।
पीव बिन देषैं जीव जावै रे ॥ टेक ॥
१ बिपति हमारी सुनहुं सहेली ।
पिय बिन चैंन न आवै रे ।
ज्यूं जल मींन भिंन तन तलपै ।
पिय बिन ब्रज्र बिहावै रे ॥
२ अैसी प्रीति प्रेम की लागी ।
ज्यूं पंषी पीव सुनावै रे ।
त्यूं मन मेरा रहै निसबा सुरि ।
कोई पिव क्यूं आंनि मिलावै रे ॥
३ तौ मन मेरा धीरज धरई ।
कोई आगंम आंनि जणावै रे ।
तौ सुष जीय दादू का पावै ।
पल पीय जी आप दिषावै रे ॥

राग मारू
१५:० पंथीडा बकै बिरहनीं कहि नैं पीव की बात पंथीडा ।
कब घरि आवै कब मिलै । जोऊं दिन अरु रात पंथीडा ॥ टेक ॥
१ कहां मेरा प्रीतम कहां बसौ । कहां रहें करि बास पंथीडा ।
कहां ढूंढौं कहां पाइये । कहां रहे किस पास पंथीडा ॥
२ कवन देस कहां जाईये । कीजे कौंन उपाइ पंथीडा ।
कौंन अंग कैसैं रहै । कहा करै संमझाइ पंथीडा ।
३ परम सनेही प्रांन का । सोकत देहु दिषाइ पंथीडा ।
जीवनि मेरे जीव की । सो मुझ आणि मिलाइ पंथीडा ॥
४ नैंन न आवै नींदडी । निसदिन तलपत जाइ पंथीडा ।
दादू आतुर बिरहनीं । क्यूं करि रैंनि बिहाइ पंथीडा ।

राग केदारौ
१६:० कोई कहियौ रे मेरे मींत सदेसा । पीव परदेसि लुभांनां कैसा कोई ॥ टेक ॥
१ जब थैं संईयां तुम्ह थैं बिछोही ।
रोइ रोइ सब मैं सुधि बुधि षोई । इन दोइ नैंनहूं चलिया लोही ॥
२ इक जीय रहता दोइ घट मांहीं । बिच मैं हार समाता नांहीं । वै दिन सालैं मेरे हियडें मांहीं ॥
३ जोई जोई हूं कहती सोई पीव करता । औगुण मेरे मन मैं न धरता । वै दिन एदिन अंतर केता ॥
४ महमूंद प्यारा किया मेरी माई । साहिब न फरि कै सीस गाई । कर्म करौ तौ तेरी बडाई ॥

राग केदारौ

१७:॰ मरिये मींन बिछोहै । जीयरा जाइ अंदोहै ॥ टेक ॥
१ ज्यूं जल बिछुरें मींनां । तलपि तलपि जीव दीन्हां ।
यौं हरि हम सूं कीन्हां ॥
२ चातृग मरै पियासा । निसदिन रहै उदासा ।
जीवै किहि बेसासा ॥
३ जल बिन कवल कुमिलावै । प्यासा नीर न पावै ।
क्यूं करि त्रिषा बुझावै ॥
४ मिलि जिनि बिछुरै कोई । बिछुरें बहु दुष होई ।
क्यूं जन जीवै सोई ॥
५ मरणां मीत सुहेला । बिछुरन षरा दुहेला ।
दादू पीय सूं मेला ॥

राग बिावल

१८:॰ जो मोहि बेदन कासनि आषूं ।
हरि बिन जीव न रहै । कैसें करि राषूं ॥ टेक ॥
१ जीय तरसै इक दंग बसेरा ।
करहु संभालन सुरि जन मेरा ।
बिरह तपे तनि अधिक जरावै नींदडी न आवै ।
भोजन नहीं भावै ॥
२ सषी सहेली गरब गहेली ।
पीव की बात न सुनहुं सहेली ।
मैं र दु हागनि अधिकर जांनीं ।
गया सु जोबन साध न मांनीं ॥
३ तूं दानां सांई साहिब मेरा ।
षिजमतिगार बंदा मैं तेरा ।
कहै रैदास अदेसा एही ।
बिन दरसन क्यूं जीवैं हो सनेही ॥

राग धनाश्री

१९:॰ आइ मिलि रे सुरि जन मेरा रे ।
मुझ बिरह संतावै तेरा रे ॥ टेक ॥
१ पीव इतनीं जीय मैं जांणीं रे । ज्यूं मबली रहै बिन
पांनीं रे । मुझ तप तारैं निबि हांनीं रे ॥
२ पीव हसि मुष दरसन दीजै रे । इस अबला सूं इतनी न
कीजै रे । इस धन की आहि न लीजै रे ॥
३ काजी महमूंद मन मैं भाया रे । सांई का अंत न पाया
रे । ज्वांनीं गई रे बुढापा आया रे ॥

राग केदारौ

२०:॰ हो बलिया ल्यूं कब देषूंगी तोहि ।
अहि निसि आतुर दर्शन कार्नि । अैसी ब्यापै मोहि
॥ टेक ॥
१ नैंन हमारे तुम्ह कूं चांहैं । रती न मांनैं हारि ।
बिरह अगनि तन अधिक जरावै । अैसी लेहु बिचारि ॥
२ सुनहुं हमारी दादि गुसांई । अब जिनि करहु बधीर ।
तुम्ह धीरज मैं आतुर स्वांमीं । काचै भांडै नीर ।
३ बहुत दिनन के बिछु रे माधौ । मन नहीं बंधै धीर ।
देह बतां तुम्ह मिलहु क्रिपा करि । आरति वंत कबीर ॥

राग आसावरी

२१:॰ कब देषूं मेरे रांम सनेही ।
जा बिन दुष पावै मेरी देही ॥ टेक ॥
१ हूं तेरा पंथ निहारूं स्वांमीं ।
कब रमि लहुगे अंतरजांमीं ॥
२ जैसें जल बिन मींन तलपै ।
अैसें हरि बिन जीयरौ कलपै ॥
३ निसदिन हरि बिन नींद न आवै ।
दरस पियासी रांम क्यूं सच पावै ॥
४ कहै कबीर इब बिलंबन कीजै ।
अपनौं जांनि मोहि दर्शन दीजै ॥

२२:॰ सो मेरे रांम कबैं घरि आवै ।
जा देषे मेरौ जीय सचु पावै ॥
१ बिरह अगनि तन दियौ रे जराई ।
बिन दर्शन क्यूं होइ सिराई ॥
२ निसबासुरि मन रहै उदासा । जैसैं चातृग नीर
पियासा ॥
३ कहै कबीर अति आतुर ताई । हम कूं बेगि मिलौ
रांमई ॥

राग केदारौ

२३:॰ वै दिन कब आवैंहिगे माइ ।
जा कारणि हम देह धरी है मिलिबौ अंगि लगाइ ॥ टेक ॥
१ हूं जांनूं जेहिलि मिलि षेलूं । तन मन प्रांन समाइ ।
या कांमनां करौ पर पूरण संम्रथ हौ रांम राइ ॥
२ मांहि उदासी माधौ चाहैं । चितवत रैंनि बिहाइ ।
सेज हमारी स्यंघ भई है । जब सोऊ तब षाइ ॥
३ या अरदासि दास की सुनियैं । तन की तपति बुझाइ ।
कहै कबीर मिलै जे सांई । मिलि करि मंगल गाइ ॥

राग बसंत

२४:॰ तूं घरि आवै नैं माहै रे । हूं जांऊं वारणैं ताहै रे ॥
टेक ॥
१ तिलतिल हूं तौ ताह्ही बाटडी जोऊं ।
एणीं रे आंसूडे वाल्हा । मुषडौ धोऊं ॥
२ रैंणि दिवस मूंनैं निरषंतां जाई ।
बैल्हौ थई घरि आवी रे वाल्हा । हू आकुल थाई ॥
३ ताहरी दया करी घरि आवी रे वाल्हा ।
दादू तौ ताहरौ बै रे । मंकरि टाला ॥

साषी

१ कबीर सुंदरि यौं कहै । सुंनि हो कंत सुजांन ।
बेगि मिलौ तुम्ह आइ करि । नहीं तर तजौं परांन ॥
२ यारि तिवंती सुंदरी । पल पल चाहै पीव ।

दादू कारंनि कंतके । तालाबेली जीव ॥

राग गौडी

२५:॰ अजहूं न निकसै प्रांन कठोर ।
दर्शन बिनां बहुत दिन बीते । सुंदर प्रीतम मोर ॥ टेक ॥
१ चारि पहर चारयूं जगु बीते । रैंनि गंवाई भोर ।
अवधि गई अजहूं नहीं आये । कतहूं रहे चित चोर ॥
२ कबहूं नैंन न्रिषि नहीं देषे । मारग चितवत तोर ।
दादू अैसैं आतुर बिरहनीं । जैसैं चंद चकोर ॥

राग गौडी

२६:॰ सलूनैं हावा तेरा वे । तेरे मुषडे की मोहि साध ॥
टेक ॥
१ निसदिन ऊभी आंगणैं रे । पीव पीव करूं पुकार ।
मिलहु तजाऊं वारणैं । नय नय करूं जुहार ॥
२ दुरिजन पासैं झूंपडा रे । कहि न सकूं इक बात ।
आला लूबि दिन गया । तारा गिणतां राति ॥
३ एक बींनती मनि घरि सुरिजन । बिन वैं महमूंद दास ।
जिस सिर ऊपरि तूं धनीं । सो क्यूं होइ निरास ॥

राग धनाश्री

२७:॰ मनमोहन हो कठिन बिरह की पीर । सुंदर दरस
दिषाइये ॥ टेक ॥
१ सुनहुं न दींनदयाल । तुव मुष बैंन सुनाइए ।
२ करुणां मैं क्रिपाल । सकल सिरोमनि आइये ।
३ मम जीवनि प्रांन अधार । अबिनासी उर लाइये ॥
४ अब हरि दर्शन देहु । दादू प्रेम बढाइए ॥
२८:॰ कतहूं रे हो बदेसि । हरि नहीं आए हो ।
जनम सिरांनौं जाइ । पीव नहीं पाये हो ॥ टेक ॥
१ बिपति हमारी जाइ । हरि सूं को कहै हो ।
तुम्ह बिन नाथ अनाथ । बिरहनि क्यूं रहै हो ॥
२ पिय के बिरह बिवोग । तन की सुधि नहीं हो ।
तलपि तलपि जीव जाइ । म्रितक ह्वै रही हो ॥
३ दुषित भई हम नारि । कब हरि आवै हो ।
तुम्ह बिन प्रांन अधार । जीव दुष पावै हो ॥
४ प्रगटहु दीनदयाल । बिलबन कीजिये हो ।
दादू दुषित बेहाल । दरसंन दीजिये हो ॥

राग मलार

२९:॰ पीव के बचन सुहावंने । कब सुनि हूं चित लाइ प्यारे ।
ब्याकुल ताथैं हूं भई । असंन बसन न सुहाइ प्यारे ॥
टेक ॥
१ निसदिन जीयहि अंदेस ए । कबहि मिलैंहिगे मोहि
प्यारे ।
नैंन सरवैं घन नीर ज्यूं । कब निरषूं मुष तोहि प्यारे ॥
२ चातृग ज्यूं टेरू सदा । पीव पीव लागी प्यास प्यारे ।
निमष टरै नहीं जीव थैं । चित कूं इहै अभ्यास प्यारे ॥
३ सांवन सर सब संत रति । तरवर लैहि अंकूर प्यारे ।
कूं पल तैं कंठिक भए । मेरैं बिरहा सूर प्यारे ॥
४ आइ मिलौ करुणामई । कहा अंतु अब लेहु प्यारे ।
गरीबदास करुणा करै । हिलिमिलि सुष रस देहु प्यारे ॥

राग मारू

३०:॰ पीव घरि आव आव आव । आव हो पिय पंथ निहारत
नारी ।
सुंदर रूप तुम्हारे कारंन । नैंन नीर तन कारी ॥ टेक ॥
१ निस नहीं नींदसूल अंतरगति । भूष र त्रिषा बिसारी ।
घरबन पीर धीर नहीं तुम्ह बिन । बिरह अनल अति
जारी ॥
२ बैद न और बिथा यहु अैसी । क्रिपा करौ दुष टारी ॥
जनगोपाल दयाल दरस परि । बेर बेर बलिहारी ॥

राग मलार काफी

३१:॰ मोहन मूरति सूरति मो मन भांई है ।
लोकलाज कुल कांनि सबै बिसरांई है ॥ टेक ॥
१ मात पिता पति पुत्र सुबंध बिसारे हैं ।
घाइ लघूं मत अंग बिरह सर मारे हैं ॥
२ अंजन मंजन चीर सुगंध न भांवहीं ।
भूष न भोजन सेज न अंगि सुहांवैं हीं ॥
३ म्रिघमद चंदन चंद सबै बिलागैं हीं ।
बिरहनि अति बेहाल । अहो निस जागैं हीं ॥
४ घरबन फिरै उदास मनों पिक टेरैई ।
कब बरिषै सो स्वांति । सदा मघु हेरै ही ॥
५ जनगोपाल दयाल दर्शन दीजिये ।
अबला अति आधीन बिलंब न कीजिये ॥

राग सहांनौं सूहौं

३२:॰ सहोयार बेयारां ।
पीव पियारां । हूं बलि कीती तेर डे ॥ टेक ॥
१ तुझ सूरति मन मांहि रही चुभि । कहूं चित न चलै ।
जीव की जीवनि मेर डे ॥
२ हूं रंगि राती प्रेम की माती । तूं आव रे साथी मिलि
मुझ आइ सवेर डे ॥
३ रैंनि अकेली संगि न षेली । पीव दुहेली । एता क्या
अंतर नेर डे ॥
४ हूं बलि जाऊं जे तुझ पाऊं । अंगि लगाऊं । संगि गोपाल
बसेर डे ॥

राग बिलावल

३३:॰ मेरे लाल हो दर्शन द्यौ क्यूं नांहीं ।
जैसैं जल बिन मींन तलपै । यौं हूं तेरे तांई ॥ टेक ॥
१ बिन देषौं तन तालाबेली । बिरहनि बारामासी ।
दिल मेरी का दरद पियारे । तुम्ह मिलियौ थे जासी ॥
२ रैनि निरासी होइ छ मासी । तारा गिणत बिहासी ।

दिन बिरहनि कूं बाट तुम्हारी । सदा उडी कत जासी ॥
३ जल थल पेषूं परबत देषूं । बनि बनि फिरूं उदासी ।
बूझूं कोई उहां थैं आया । ठाव मोहि बतासी ॥
४ फिरि फिरि सबै सयाणें बूझे । हूं तौ आस पियासी ।
बषना कहै कहौ क्यूं नांहीं । कब साहिब घरि आसी ॥

राग रांमग्री
३४:• कब आवैगा कब आवैगा । पीव प्रगटि आप दिषावैगा ।
मिठडा मुझकूं भावैगा ॥ टेक ॥
१ कंठडै लागि रहूं रे । नैंनहूं मैं बाहि धरूं रे ।
पीव तुझ बिन झूरि मरूं रे
२ पांऊं मसतक मेरा रे । तनमन पीवजी तेरा रे ।
हूं राषौं नैंनहूं नेरा रे ॥
३ हियडै हेत लगांऊं रे । अब कै जे पीव पांऊं रे
तौ बेर बेर बलि जांऊं ॥
४ सेजडियें पीव आवै रे । तब आंनंद अंगि न मावै रे ।
तब दादू दर्श दिषावै रे

राग गौडी
३५:• सो दिन कबहूं आवैगा । दादूडा पीव पावैगा ॥ टेक ॥
१ क्यूंहीं अपनैं अंगि लगावै । तब सब दुष मेरा जावैगा ॥
२ पीव अपनें बैन सुनावैगा । तब आनंद अंगि नमावैगा ॥
३ पीव मेरी प्यास मिटावैगा । आपही प्रेम पिलावैगा ॥
४ पीव अपनां दरस दिषावैगा । तब दादू मंगल गावैगा ॥

राग धनाश्री
३६:• प्रेम भगति बिन रह्यौ न जाई ।
प्रगद दर्शन देहु अघाई ॥ टेक ॥
१ तालाबेली तलपै मांही ।
तुम्ह बिन रांम जीयरै जक नांहीं ॥
२ निस बासूरि मन रहै उदासा ।
मैं हूं न ब्याकुल सास उसासा ।
३ एकमेक रस होइ न आवै ।
तार्थं प्रांन बहुत दुष पावै ।
४ अंग संग मिलियहु सुष दीजै ।
दादू रांम रसांइन पीजै ॥

राग टोडी
३७:• तूं साचा साहिब मेरा ।
कर्म करीम क्रिपाल निहारौ । मैं जन बंदा तेरा ॥
१ तुम्ह दीवांन सबहिन की जांनौं । दीनांनाथ दयाला ।
दिषाइ दीदार मौज बदे कूं । कांइम करहु निहाला ॥
२ मालुम सबै मुलिक के सांई । सम्रथ सिरजनहारा ।
षैर षुदाइ षलक मैं षेलत । दे दीदार तुम्हारा ॥
३ मैं सकिस्ता दरिगह तेरी । हरि हजूर तूं कहिये ।
दादू द्वारै दीन पुकारै । काहे न दरसन लहिये ॥
इति बिरह कौ अंग संपूर्ण भवेत् ॥

७३ परचा कौं अंग ॥

राग कनडौ
१:• नूर नैंन भरि देष न दीजै ।
अंमीं महारस भरि भरि पीजै ॥ टेक ॥
अंमृत धारा वार न पारा ।
निर्मल सारा तेज तुम्हारा ॥
२ अजर जरंता अंमीं करंता । तार अनंता बहु गुंनवंता ॥
३ झिलिमिलि सांई जोति गुसांई । दादू मांहीं नूर रहांई ॥

राग परजियौ
२:• नूर रह्या भरपूर अंमींरस पीजिये रे ।
रस मांहैं रस होइ लाहा लीजिये रे ॥ टेक ॥
१ प्रगट तेज अनंत पार नहीं पाईए रे ।
झिलिमिलि झिलिमिलि होइ । तहां मन लाइये रे ॥
२ सहजैं सदा प्रकास जोति जल पूरिया रे ।
तहां रहैं निज दास सेवग सूरिया रे ॥
३ सुष सागर वार न पार हमारा बास है रे ।
हंस रहैंता मांहि । दादू दास है रे ॥

राग कनडौ
३:• तौ काहे की परवाह हमारै ।
राते माते नांइ तुम्हारे ॥ टेक ॥
१ झिलिमिलि झिलिमिलि तेज तुम्हारा ।
प्रगट षेलै प्रांन हमारा ॥
२ नूर तुम्हारा नैंन हुं मांहीं ।
तन मन लागा छूटै नांहीं ॥
३ सुष का सागर वार न पारा ।
अंमीं महारस पीव न हारा ॥
४ प्रेम मगन मति वाला माता ।
रंगि तुम्हारे दादू राता ॥

राग कल्याण
४:• जग सूं कहा हमारा देष्या नूर तुम्हारा ॥ टेक ॥
१ परम तेज घर मेरा । सुष सागर मांहि बसेरा ॥
२ झिलिमिलि झिलिमिलि अति आनंदा । राया परमांनंदा ॥
३ जोति अपार अनंता । षेलै फाग बसंता ।
४ आदि अंति अस्थांनां । दादू सो पहिचांनां ॥

राग कनडौ '
५:• अैंन येक सो मींठा लागै ।
जोति सरूपी ठाढा आगै ॥ टेक ॥
१ झिलिमिलि करणां । अजरा जरणां । नींझर जरणां । तहां मन धरणां ॥
निज निरधारं । निर्मल सारं । तेज अपारं प्रांन अधारं ॥

२ अगहा गहणां । अलहा लहणां । अकहा कहणां । तहां
मिलि रहणां ॥
त्रिसंध नूरं । सकल भरपूरं । सदा हजूरं । दादू सूरं ॥

राग आसावरी

६:॰ झिलिमिलि झिलिमिलि झिलिमिलि तारा ।
सो तारा त्रिहूं लोक पियारा ॥ टेक ॥
१ रहै अकास परै नहीं दृष्टी ।
पकड्या जाइ न आवै मुष्टी ॥
२ दीपक पर्षै तेल बिन बाती ।
जोति सरूपी बछै दिन राती ॥
३ भणत नांमदेव अमर पद परस्या ।
प्यंड भया मुकति तया तत दरस्या ॥

राग कनडी

७:॰ जोति प्रकास सकल उजियारौ ।
संतजननि सुषदाइक नाइक । बहु बिधि पूरिक जीवनि
प्रांन अधारौ ॥ टेक ॥
१ झिलिमिलाट जग जोति दसूं दिसि । बरन रहित मो सब
गुननि कौ भारौ ॥
२ ग्यांन ध्यांन ताही कौ सुमरन । उर अंतर मैं आंनि
बिचारौ ।
३ सकल सिरोमनि गरीबदास कहि । प्रगट पुंज पगारौ ॥

राग जैतश्री

८:॰ काहू देषेरी अनभूत अनूपम । अकल अभेद मुरारी ।
अमर अजर अबिगत अबिनासी । वा मूरति की बलिहारी
॥ टेक ॥
१ झिलिमिलाट चकमक सौ दीसै । जैसैं जल मैं चंदा ।
गहण मतौं पणि गह्यौ न जाई । अैसे परिमांनंदा ॥
२ जैसे तुम्ह कहियत । तैसे तुम्ह नांहीं । अबिगत लष्या
न जाई ।
रूप न रेष बरण बपु नांहीं । जन अंगद बलिहारी ॥

राग टोडी

९:॰ सुंदर रांम राया ।
परम ग्यांन परम ध्यांन । परम प्रांन आया ॥ टेक ॥
१ अकल सकल अति अनूप । बाय नहीं माया ।
निराकार निराधार । वार पार न पाया ॥
२ गंभीर धीर निधि सरीर । निर्गुन निरकारा ।
अषिल अमर परम पुरिष । निर्मल निज सारा ॥
३ परम नूर परम तेज । परम जोति प्रकासा ।
परम पुंज परापरं । दादू निज दासा ॥

राग जैतश्री

१०:॰ गोबिंद पाया मन भाया । अंमर कीए संग लीये ।
अषै अभै दांन दीए । छाया नहीं माया ॥ टेक ॥
१ अगम गगन अगम नूर । अगंम चंद अगंम सूर ।
काल झाल रहै दूर । जीवन हीं काया ।
आदि अंति नहीं कोइ । राति दिवस नहीं होइ ।
उदै अस्ठ नहीं दोइ । मनहीं मन लाया ॥
२ अंमर गुरू अंमर ग्यांन । अंमर पुरिस अमर ध्यांन ।
अमर ब्रह्म अमर थांन । सहज सुंनि आया ।
अंमर नूर अंमर बास । अंमर तेज सुषनिवास ।
अंमर जोति दादू दास । सकल भुवन राया ॥

११:॰ रांम की राती भई माती । लोक बेद बिधि न षेद ।
भागे सब भरम भेद । अंम्रित रस पीया ॥ टेक ॥
१ लागे सब काल झाल । छूटे सब जग जंजाल ।
बिसरे सब हाल चाल । हरि की सुधि पाई ।
प्रांन पवन तहां जाइ । अगम निगम मिले आइ ।
प्रेम मगन रहे समाइ । बिलसै बपु नांहीं ॥
२ परम नूर परम तेज । परम पुंज परम सेज ।
परम जोति परम हेज । सुंदरि सुष पावै ।
परम पुरिष परम रास । परम लाल मुषनिवास ।
परम मंगल दादू दास । पीय सूं मिलि षेलै ॥

राग बसंत

१२:॰ तहां षेलूं पीय सूंनि तहीं फाग ।
देषि सषी री मेरे भाग ॥ टेक ॥
१ तहां दिन दिन अति आनंद होइ । प्रेम पिलावै आप सोइ ।
संगियन सेती रमैं रास । तहां पूजा अरचा चरन पास ॥
२ तहां बचन अमोलिक सब हीं सार । बरतै लीला अति
अपार ।
उमंगि देइ जब मेरे भाग । तिहि तरवर फल अंमर लाग ॥
३ अलष दव कोई जांणैं भेव । तहां अलष देव की कीजै सेव ।
दादू बलि बलि बार बार । तहां आप निरंजन
निराधार ॥

राग बिलावल

१३:॰ ए गन गेरा पीब यूं । गौरगि सूं गांहीं ।
पिव बिन पलहि न जीव सूं । ए उपजै मांहीं ॥ टेक ॥
१ देषि देषि सुष जीव सूं । तहां धूप न छांहीं ।
अजरांवर मन बंधिया । तार्थैं अनत न जांहीं ॥
२ तेज पुंज फल पाइया । तहां रस षांहीं ।
अंमरबेलि अंम्रित झरै । पीव पीव अघांहीं ॥
३ प्रांन पती जहां पाइया । तहां उलटि समांहीं ।
दादू पीव परचा भाया । हेरैं हित लांहीं ॥

१ दादू पांणीं माहैं पैसि करि । देषै दृष्टि उघारि ।
जला बिंब सब भरि रह्या । अैसा ब्रह्म बिचारि ॥

राग सीधूडौ

१४:॰ हंस सरोवर तहां रमैं । सुभ र हरि जल नीर ।
प्रांणीं आप पषालिये । निर्मल सदा हो सरीर ॥ टेक ॥

१ मुकताहल मन मांनियां । चुगैं हंस सुजांन ।
मधि निरंतर झूलिये । मधुर बिमल रस पांन ॥
२ भवर कवल रस बासनां । रातौ रांम पीवंत ।
अरस परस आनंद करै । तहां मन सदा हो जीवंत ॥
३ मींन मगन मांहैं रहै । मुदित सरोवर मांहि ।
सुष सागर क्रिला करै । पूरण परमिति नांहि ॥
४ निरभै तहां भै को नहीं । बिलसै बारंबारं ।
दादू दर्शन कीजिये । संनं मुष सिरजनहार ॥

१५:॰ सुष सागर मैं झूलिबौ रे । कुसमल झडै हो अपार ।
निर्मल प्रांणीं होइबौ । मिलिबौ सिरजनहार ॥ टेक ॥
१ तिहि संजमिं पांव न सदा । पंक न लागै प्रांन ।
कवल बिगासै तिहि तर्णौं । उपजै ब्रह्म गियांन ॥
२ अगंमनि गंम तिहां गंमि करै । तंतहि तंत मिलांन ।
आंसनि गुर कै आइबौ । मुकतै महलि समांन ॥
३ प्रांणीं परि पूजा करै । पूरै प्रेम बिलास ।
सहजैं सुंदर सेइये । लागी लै कविलास ॥
४ रैंनि दिवस दीसै नहीं । सहजैं पुंज प्रकास ।
दादू दरसन देषिये । इहि रसि राता हो दास ॥

राग भैरूं

१६:॰ जीवनि मूरी मेरे आतम रांम ।
भाग बडे पायौ निज ठांम ॥ टेक ॥
१ सबद अनाहद उपजै जहां । सुष मन रंग लगावै तहां ।
तहां रंग लागै निर्मल होइ । एत तपजै जांनैं सोइ ॥
२ सरवर तहां हंसा रहै । करि अस्नांन सबै सुष लहै ।
सुषदाई कूं नैंनहुं जोइ । त्यूं त्यूं मनि अति आंनंद होइ ।
३ सो हंसा सारनागति जाइ । सुंदरि तहां पषा लै पाइ ।
पीवै अंमृत नींझर नीर । बैठे तहां जगत गुर पीर ॥
४ तहां भाव प्रेम की पूजा होइ । जा परि क्रिपा जांनैं सोइ ।
क्रिपा करि हरि देइ उमंग । ता जनि पाया त्रिभै संग ॥
५ तब हंसा मनि आनंद होइ । बसत अगोच लषै रे सोइ ।
जाकूं हरी लषावै आप । ताहि न लिपै पुंनि पाप ॥
६ तहां अनहद बाजै अद बुद षेल । दीपक जरै बाति बिन तेल ।
अषंड जोति भयौ प्रकास । फाग बसंत बारह मास ॥
७ त्री अस्थांन निरति निरधार । तहां प्रभू बेठे संम्रथ सार ।
नैंनहुं निरषूं तौ सुष होइ । ताहि पुरिष कूं लषै न कोइ ॥
८ अैसौ है हरि दीन दयाल । सेवग की जानैं प्रतिपाल ।
चलि हंसा तहां चरन समांन । तहां दादू पहुंचे परवांन ॥

राग ललित

१७:॰ रांम तूं मोरा हूं तोरा । पांई न परत निहोरा ॥ टेक ॥
१ एकै संगैं बसा । तुम्ह ठाकुर मैं दासा ॥
२ तन मन तुम्ह कूं देबा । तेज पुंज हम लेबा ॥
३ रस मांहैं रस होइबा । जोति सरूपी जोबा ॥
४ ब्रह्म जीव का मेला । दादू नूर अकेला ॥

राग भैरूं

१८:॰ तहां जौ रांम नांम ल्यौ लागै ।
तौ जुरा मरण छूटै भ्रंम भागै ॥ टेक ॥
१ अगम निगंम गढ रचिले अवास । तहुंवां जोति कर प्रकास ।
चंमकै बिजुरी तार अनंत । तहा प्रभू बैठे कवला कंत ॥
२ अषंड मंडल मंडित मंड त्रि अध्यांन करै त्रीषंड ।
अगंम अगोचर अबि अंतरा । ताकौ पार न पावै धरणीं धरा ॥
३ अरध उरध बिचि लाइ ले अकास । तहुंवां जोति करै प्रकास ।
टारचौ टरै न आवै जाइ । सहज सुंनि मैं रह्यौ समाइ ॥
४ अबरण बरण स्यांम नहीं पीत । हा हू जाइ न गावैंहि गीत ।
अनहद सबद उठै झणकार । तहां प्रभू बैठे सम्रथ सार ॥
५ कदली पहुप दीप प्रकास । रिदा पंकद मैं लियौ निवास ।
द्वादस दल अभि अंतरि मींत । तहां प्रभू पाइसि करि लै चींत ॥
६ अमिलन मिलन घांम नहीं बांहां । दिवस न राति नहीं तहां ।
तहां न ऊगै सूर चंद । आदि निरंजन करै अनंद ॥
७ ब्रह्मंडे सो पिंडे जांन । मांनसरोवर करै अध्यांन ।
सोहं हंसा जाकौ जाप । ताहि न लिपै पुंनि न पाप ॥
८ काया मांहैं जांनैं कोइ । जो बोलै सो आपैं होइ ।
जोति मांहि जे मन थिर करै । कहै कबीर सो प्रांणीं तिरै ॥

राग रांमग्री

१९:॰ पावघे पावघे सहजै मुरारी ।
सबद अनाहद घंटा बाजै । बमेक बिचारी बीठला ॥ टेक ॥
१ बेणीं संजम मंजन करिहूं । मतैं बुझाया ।
नैंन कुसम करि चरचूं चितै । चंदन लाया बीठला ॥
२ पाती प्रीति ध्यांन ले धूपं । दीपक ग्यांनां ।
अजपा जपूं अपूज्या पूजूं । अजरांवर थांनां बीठला ॥
३ जहां कछू नांहीं तहां कुछ देषा । जियरा लोभांनां ।
आतगा केरे तेज मंधे तेज दीपांनां ॥
४ अनेक सूरज मिलि उदै किये हैं । अैमी जोति प्रकासी ।
तहां निरंजन अंजन षोले । बैकुंठ बासी बीठला ॥
५ करम सकल कौ भेष धरचौ है । बिषई बिकारा ।
चवर पवन गुन अषित करिहूं । सारंग धारा बीठला ॥
६ बिनां बिप्र बेद धुंनि उचरै । अधिक रसाला ।
बिनां तुंबर नारद नाचै । गांबहि बाजहि ताला बीठला ॥
७ रूप अतीत सकल गुन रहिता । गगनैं समांनां ।
तहां थैं अधिक लय लागी । अंतरि ध्यांनां बीठला ॥

८ बिष्नदास नामां इया संगैं । भेटीला सोई ।
हरि हरि हरि हरि कीरतंन करंता । इहि बिधि आनंद होई बीठला ॥

इति परचा कौ अंग सम्पूर्ण भवेत् ॥

७४ सेवा पूजा आरती कौ अंग

१ सतिरांम आतमां बैष्नौं । सुबुधि भोमि संतो षथांन ।
मूल मंत्र मन माला । गुर तिलक सति संजम सील मुच्या ।
ध्यांन धोवती । काया कलस प्रेम जल । मनसा मंदिर निरजन देव ।
आतमां पाती । पहुप प्रीति । चेतनां चंदन ।
नवधा नांव । भाव पूजा मति पात्र । सहज समरपन ।
सबद घंटा । आनंद आरती । दया प्रसाद ।
अनिन एक दसा । तीरथ सतंग । दांन उपदेस ।
ब्रत सुमिरण । षट गुण ग्यांन । अजपा जाप ।
अनभै आचार । मर जादा रांम । फल दरसन ।
अभि अंतरि । सदा निरंतरि । सति सौंज दादू ब्रतते ।
आतमां उपदेस अंतरगति पूजा ॥
२ सहज बरत संतोष तीरथ । ग्यांन ध्यांन अष्नांन ।
दया देवता षिमां जप माली । ते मांनिष परधांनं ।
सुरति चौ का जुगति धोती । तिलक करणीं होइ ।
भाव भोजन नांनिका । बिरला बूझै कोइ ॥

श्लोक
३ सरधा नीरं शुर्ति संनानं । ध्यांन धूपं मन पहुपं । ग्यांन
दीपं बिषिया त्यागी बत्व संगी । सो पूजा परमेस्वरं ॥

राग धनाश्री
१;० बाबा इहि बिधि आर्ती रांम की कीजै ।
आतमां अंतरि वारणां लीजै ॥ टेक ॥
१ तन मन चंद न प्रेम की माला ।
अनहद घंटा दीन दयाला ॥
२ ग्यांन का दीपक पवन की बाती ।
देव निरंजन पंचूं पाती ॥
३ आनंद मंगल भाव की सेवा ।
मनसा मंदिर आतम देवा ॥
४ भगति निरंतर मैं बलिहारी ।
दादू न जानैं सेवा तुम्हारी ॥
२;० अैसी आरती त्रिभुवन तारै ।
तेज पुंज तहां प्रांण उतारै ॥ टेक ॥
१ पाती पंच पहुप करि पूजा ।
देव निरंजन और न दूजा ॥
२ तन मन सीस समरपन कीनां ।
प्रगट जोति तहां आतम लीनां ॥
३ दीपक ग्यांन सब धुंनि घंटा ।
परम पुरिष तहां देव अनंता ॥
४ परम परकास सकल उजियारा ।
कहै कबीरा दास तुम्हारा ॥
३;० आरती जग जीवन तेरी ।
तेरे चरन कवल परिवारी फेरी ॥ टेक ॥
१ चित चांवरी हेत हरि द्वारै ।
दीपक ग्यांन जोति बिचारै ॥
२ घंटा सब अनहद वाजै ।
आनंद आरती गगन गाजै ॥
३ धूप ध्यांन हरि सेती कीजै ।
पहुप प्रीति हरि भांवरि लीजै ॥
४ सेवा उगर आतम पूजा ।
देव निरंजनं और न दूजा ॥
५ भाव भगति सूं आरती कीजै ।
इहिबि दादू जुगि जुगि जीजै ॥
४;० गोपाल राइ नैं आरती ए । करैं हैं संत ल्यौ लाइ ॥ टेक ॥
१ मन करि घृत काया करि थाली । ब्रह्म ग्यांन करि बाति ॥
पंच तत ले दीपक जोया । बलै है अषंड दिन राति ॥
२ चित स चंदन ध्यांन सुगंधन । अनहद घंट बजाइ ।
अजपा धुनि भाव धरि भोजन । मनसा भोग लगाइ ॥
३ चव रस पवनं अषित गवनं । नव कपाट लगाइ ।
भीतरि द्वारि पूजि परमेस्वर । आतम पुहप चढाइ ॥
४ संष मृदंग गहर धुनि उपजै । अनहद बाजै बींन ।
ब्रह्मा बिश्न महेस्वर नारद । सकल साध लै लीन ॥
५ काल निकंदन सुर नर मंडन । संतन प्रांन अधार ।
कहत कबीर भगति इक मांगूं । आवागवन निवार ॥
५;० संत उतारैं आरती देव सिरोमणीं ए ।
उर अंतर तहां पैसि । बिन रसनां भणीं ए ॥ टेक ॥
१ मनसा मंदिर मांहिं धूप धूपाइए ए ।
प्रेम प्रीति की माल । रांम चढाइए ए ॥
२ चहुं दिसि दिवला बालि । जिगिमिगि होइ रह्यौ ए ।
जोति जोति समि जोति । जोतिहि मिलि रह्यौ ए ॥
३ तन मन आतम वारि । सदा हरि गाइए ए ।
भणंत जन रैदास । तुम सरणाइए ए ॥
६;० आरती करि हरि की मनां ।
सुफल होइ ज्यूं थारा दिनां ॥ टेक ॥
१ सुरति सबद ले सनमुष कीजै । ता सेती अंमृत रस पीजै ॥
२ प्रांन मगन हरि आगैं नाचै । काल बिकाल सबै हीं बांचै ॥
३ नष सष सौं जस कल ही वारै । तबही देषत रांम उधारै ॥
४ गुर दादू यहु मति सिषावै । टीला कै कहैं होइ न आवै ॥

साषी
४ आतम नांहैं रांम है । पूजा ताकी होइ ।
सेवा बंदन आरती । साध करैं सब कोइ ॥
५ परचै सेवा आरती । परचै भोग लगाइ ।
दादू उस परसाद की । महिमा कही न जाइ ॥

६ मांहि निरंजन देव है । गाहैं पूजा होइ ।
मांहि उतारैं आरती । दादू सेवग सोइ ॥
७ आदि अंति आगैं रहै । एक अनूपम देव ।
निराकार निज निर्मला । कोई न जानैं भेव ॥
८ अबिनासी अपरंपरा । वार पार नहीं छेव ।
सो तूं दादू देषिले । उर अंतर करि सेव ॥
९ घट परचै सेवा करै । प्रतषि देषै देव ।
अबिनासी दरसन करै । दादू पूरी सेव ॥
१० दादू भीतरि पैसि करि । घट के जडे कपाट ।
सांई की सेवा करै । दादू अबिगत घाट ॥
११ अवधू सुंनि सो मंदिर मनसा देव । बैसि निरंतरि कीजै सेव ।
पांचू पाती उनमनि रहै । अैसा बिचार मछिंद्र कहै ॥
१२ गगन मंडल मैं घंटा बाजौ । सुंनि मंडल हरि देवं ।
मनसा मंदिर आरती रचीलै । कहि प्रिथीनाथ यौं सेवं ॥
१३ तहां मन पूजा बिधि करै बिबिधि परि । पवन सनांन क धूप ध्यांन ।
दीपक ग्यांन रसौता घंता । परम पुरिष पूजा समांन ॥
१४ सर्ब आतमां ब्यापी क केसौ । प्रणवंत सोझौ जोडि भुज ।
देवल धजा बोलियौ बांइस । सर्ब जन कीन्हीं तास पुज ॥
१५ दादू देव निरंजन पूजिये । पाती पंच चढाइ ।
तन मन चंदन चरचियै । सेवा सुरति लगाइ ॥
१६ दादू सेवा सुरति सूं । प्रेम प्रीति सूं लाइ ।
जहां बिनासी देव है । तहां सुरति बिनां को जाइ ॥
१७ पंच पदारथ मन रतन । पवनां मांनिक होइ ।
आत हीरा सुरति सूं । मनसा मोती पोइ ॥
१८ आ जब अनूपम हार है । सांई सरीषा सोइ ।
दादू आतमरांम गलि । जहां न देषै कोइ ॥
१९ दादू काया कचोला दूध मन । प्रेम प्रीति सूं पाइ ।
हरि साहिब इहि बिधि अंचवै । बेगा बार न लाइ ॥

राग धनाश्री

७;० अबिचल आरती देव तुम्हारी ।
जुगि जुगि जीवनि रांम हमारी ॥
१ मरण मींच जंम काल न लागै ।
आवागवन सकल भ्रंम भागै ॥ टेक ॥
२ जोती जीव जनमि नहीं आवै ।
निरभै नांव अंमरपद पावै ॥
३ कलि बिष कुसमल बंधन कापै ।
पारि पहूते थिर करि थापै ॥
४ अनेक उधारे तैं जन तारे ।
दादू आरती नरक निंवारे ॥
८;० तेरी आरती ए । जुगि जुगि जै जै कार ॥ टेक ॥
१ जुगि जुगि आतमरांम । जुगि जुगि सेवा कीजिये ॥
२ जुगि जुगि लंघे पार । जुगि जुगि जगपति कूं मिले ॥
३ जुगि जुगि तारणहार । जुगि जुगि दरसन देषिये ॥
४ जुगि जुगि मंगल चार । जुगि जुगि दादू गाई ए ॥

९;० आरती पति देव मुरारी ।
चवर ढुलैं बलि जाउं तुम्हारी ॥ टेक ॥
१ चहुं जुगि आरती जुगि पूजा ।
चहुं जुगि रांम अवर नहीं दूजा ॥
२ आरती कीजै अैसैं जैसैं ।
धू प्रहिलाद करी सुष तैसैं ॥
३ आनंद आरती आतम पूजा ।
नांमदेव भणैं मेरै दैव न दूजा ॥

राग माली गौडी

१०;० ए सब चरित तुम्हारे मोहनां । मोसे सब ब्रह्मड षंडा ।
मोहे पवन पांनीं परमेस्वर । सब मुनि मोहे रवि चंदा ॥ टेक ॥
१ सायर सपत मोहे धरणीं धरा । अष्ट कुली परबत मेर मोहे ।
तीनि लोक मोहे जगजीवनां । सकल भुवन तेरी सेव सोहे ॥
२ सिव बिरंचि नारद मुनि मोहे । मोहे सुर सब सकल देवा ।
मोहे इंद्र फुंनिंग सब मोहे । मुनि मोहे तेरी करत सेवा ॥
३ अगंम अगोचर अपार अपरंपरा । को यहु तेरे चरित जानैं ।
ए सोभा तुम कूं सोहैं । सुंदर बलि बलि जाऊं दादू न जानैं ॥

राग धनाश्री

११;० निराकार तेरी आरती ए । अनंत भुवन के राइ ॥ टेक ॥
१ सुर नर सब सेवा करैं । ब्रह्मा बिसन महेस ।
देव तुम्हारौ भंव न जानैं । पार न पावैं सेस ॥
२ चंद सूर आरती करैं । नमो निरंजन देव ।
धरनि पवन आकास अराधैं । सबै तुम्हारी सेव ॥
३ सकल भुवन सेवा करैं । मुनियर सिध समाधि ।
दींन लींन ह्वै रहे संत जन । अबिगत के आराधि ॥
४ जै जै जीवनि रांम हमारी । भगति करैं ल्यौ लाइ ।
निराकार की आरती कीजै । दादू बलि बलि जाइ ॥
१२;० कैसी आरती करां निरंजनां तेरी ।
अनाहदा सबद बाजंत भेरी ॥ टेक ॥
१ गगन महथाल रबि चंद दीपक बनें ।
तारिका मंडला जनक मोती ।
धू बलिवंडनि पवन चवरू करै ।
सकल बनराइ फूलंत जोती ॥
२ असंष तोहि नैंन अरु नैंन नहीं तोहि कूं ।
असंष मूरतीन एक तूंहीं ।
असंष पद बिमल ।
एक पद गंध बिन ।
असंष गंधू तेरे चरित मोही ॥

३ सर्ब मैं जोति है ।
जोति मैं सोई ।
जा सकै चांदिणां होई ।
गुर प्रसादि जोति प्रगट भई ।
जातैं भांणीतां आरती होई ॥
४ हरि चरण मकरंद भजि लोभ करि तो मनां ।
अन दिनां मोहिया ईत आसा ।
क्रिपा जन नांनिक करहु सारंगधर ।
होइजा चूति ते नांइ बासा ॥
१३:० हरि जू की आरती बनीं ॥ टेक ॥
अति बिचित्र रचनां रुचि जाकी । परत भगि रागनीं ॥
१ कब बजनु आसंन अनूप अति । डांडी सेस फनीं ।
दीपक राव सपत सागरु धृतु । बाती सै लै बनीं ॥
२ रवि ससि जोति जगत पर पूरन । हरि तति मरु रजनीं ।
उडत तफु ल्यंग अमल उडगन मांनूं । अंजन घटा घनीं ॥
३ सिव सुका दिसन कादि प्रजापति । सुर नर अस्वर अंनीं ।
जाकैं उदित नांचत नानां बिधि । गति अपनीं अपनीं ॥
४ काल करम अरू गुन समत तु के । प्रभू इंछ्या जांनीं ।
सूरदास प्रभू क्रितम धातु मय । अति अनूप सजि आंनीं ॥
१४:० कहाले आरती दास करैं ।
तीनि लोक जाकी जोति फिरैं ॥ टेक ॥
१ सात संमद जाकै चरण निवासा ।
कहा भयौ जल कुंभ भरैं ॥
२ अठारह भार जाकै बनमाला ।
कहा भयौ कर पहुप धरैं ॥
३ कोटिं भांन जाकै नष की सोभा ।
कहा भयौ कर दीप फिरैं ॥
४ अनंत कोटि जाकै बाजा बाजैं ।
कहा घंटा झणकार करैं ॥
५ चौरासी लष ब्याप करांमां ।
केवल हरि जस गावै नांमां ॥
१५:० आरती क्या ले करि जोवै ।
सेवग दास अचंभै होवै ॥ टेक ॥
१ बांवन कंचन दीप घडावै ।
जडि बैरागर द्रिष्टि न आवै ॥
२ कोटि भान जाकी सोभा रूं मैं ।
कहा आरती अगनि र धूंमैं ॥
३ पंच तत त्रिगुणीं माया ।
जो दीसै सो सकल उपाया ॥
४ कहै रैदास मैं देष्या मांहीं ।
सकल जोति रूंम समि नांहीं ॥

श्लोक

२० मेरा राष्म कलपनं सुरतरो कौपीन षंडार्पनं बागी ससि
गिरार्चनं । जलनिध्ये रंभौ भ्यरा स्वासनं भानो रावर्नं
करेन । मर्तावांर्वलै रबि जनं स्वथं हतंम मोउ पचा कुबधे
लोका त्रांण पुर ॥

२१ तुया जात्रा सर्बगता हताते । ध्यानिन चेतः प्रता हताते ।
अस्तुत्या न पावा कुप्रता हताते । षिमसु सर्ब ममदेव देव ॥

राग भैरूं

१६:० अबिगत नाथ निरंजन देवा ।
मैं का जांनूं तूंम्हारी सेवा ॥ टेक ॥
१ बांधू न बंधन छांउं न छाया ।
तुम्ह हीं सेऊं निरंजन राया ॥
२ चरण पाताल सीस असमांनं ।
सो ठाकुर कैसैं संपटि समांनां ॥
३ सिव सनकादिक अंत न पाया ।
षोजत ब्रह्मा जनम गवाया ॥
४ तोडूं न पाती पूजूं न देवा ।
सहज समाधि करूं हरि सेवा ॥
५ नष प्रसेद जाकै सुरी धारा ।
रोमावली अठारह भारा ॥
६ चारि बेद जाकै सुमृत सासा ।
भगति हेत गावै रैदास ॥

राग धनाश्री

१७:० किहि बिधि आरती रांम की गाऊं ।
पारब्रह्म कौ पार न पाऊं ॥ टेक ॥
१ रांम कहै तौ आरती साची ।
आप न बोलै तौ सब काची ॥
२ लोक दिषाई जीवन धीजै ।
भोग लगाइ र पाछौ लीजै ॥
३ बाहरि जोती धांम उजियालौ ।
अंतरि आंधा क्यूं पग टालौ ॥
४ कहै हरदास किसी परिपाटी ।
दीवा बाती कू करि चाटी ॥

राग गुंड

१८:० जत्र जाऊं तत्र बीठल भैला ।
बीठलियौ राजा रांम देवा ॥ टेक ॥
१ आंणिलै कुंभ भराइलै उदिक । बाल गोबिंदहि न्हांण रचूं ।
पहली नीर जु मंछ बिताल्यौ । झूठणि भैला कांइ करूं ॥
२ आंणिलै केसरि सूकडि । सम सर बाल गोबिंदहि षौलि रचूं ।
पहली बास भुवंगम लीन्हीं । जूठणि भैला कांइ करूं ॥
३ आंणिलै पहुप गूंथिले माला । बाल गोबिंदहि हार रचूं ।
पहली बास भवरा लीन्हीं । जूठणि भैला कांइ करूं ॥
४ आंणिलै घृत जोइ ले बाती । बाल गोबिंदहि जोति रचूं ।
पहली जोति जु नैंनौं देषी । जूठणि भैला कांइ करूं ॥
५ आणिले अग्र षेइ ले धूपा । बाल गोबिंदहि धूप रचूं ।
पहली बास नासिका आई । जूठणि भैला कांइ करूं ॥

६ आंणिले तंदुल रांधि ले षीरो । बाल गोबिंदहि भोग रचूं ।
पहली दूध जु बछ बिटाल्यौ । जूठणि भैला कांइ करूं ॥
७ आऊं तौ बीठल जाऊं तौ बीठल । बीठल ब्यापक माया ।
नामां का चित हरि सूं लागा । तार्थैं परमपद पाया ॥

राग कल्यांण

१६:० आरती प्रभू पुरातम देवा ।
आतम भगत तुम्हारी सेवा ॥ टेक ॥
१ गगन मंदिर मैं बाजन बाजे ।
सुंनि सिंघासन ब्रह्म बिराजे ॥
२ दीपक अनंत गहर धुंनि गावैं ।
सहज समाधि दरसंन पावैं ॥
३ जब लग भगवंत तब लग भगता ।
कील्ह करण महारस मंता ॥
इति सेवा पूजा आरती कौ अंग संपूर्ण भवेत् ॥

७५ निहिकम भगति कौ अंग

राग भैरूं

१:० जाइ बौ हो कवल नैंन राजा रांम कै पहाऊ ।
मांगत दांन देत कछू अनभै । सो प्रसाद लै आंऊं ॥ टेक ॥
१ भींतरि महल हुते कवलापति । ततहां जाइ मैं गावा ।
सोवत थे प्रभू चमकि उठे । कोऊ दास बंदगी आवा ॥
२ करि मनुहारि महिमां सूं पठवो । कछू दास कू दीजै ।
हम नांहीं स्वार्थ के लोभी । भगति दान मोहि दीजै ॥
३ बाद पकरि भींतरि लै आवा । सब अस्थांन दिषावा ।
भगति क बाइ तिलक दै माला । जन कबीर पहरावा ॥

साषी

१ सा लोक संगति रहै । सांमींप संनमुष सोइ ।
सारू पसारीषा भया । सा जोज एकै होइ ॥
२ दादू रांम रसिक बांछैं नही । परंम पदारथ चार ।
अठ सिधि नौ निधि का करै । राता सिरजनहार ॥
३ दादू अंमली रांम का । रस बिन रह्या न जाइ ।
पलक एक पावै नहीं । तौ तबहीं तलपि मरि जाइ ॥
४ दादू राता रांम का । पीवै प्रेम अघाइ ।
मतिवाला दीदार का । मागै मुकति बलाइ ॥
५ दादू दूजा कुछ नहीं । एक सति करि जांणि ।
दादू दूजा क्या करै । जिनि एक लिया पहिचांणि ॥
६ कोई बांछै मुकति फल । कोई अंमरापुरि बास ।
कोई बांछै परम गति । दादू रांम मिलण की प्यास ॥
७ दादू प्रेम पियाला रांम रस । हमकूं भावै एह ।
रिधि सिधि मांगैं मुकति फल । चाहैं तिनकूं देह ॥
८ कोटि बरस क्या जीवणां । अंमर भयैं क्या होइ ।
प्रेम भगति रस रांम बिन । का जीवन दादू सोइ ॥
९ जब लग सेवग तन धरै । तब लग दूसर आहि ।
एक मेक ह्वै मिलि रहै । तौ रस पीवण थैं जाइ ।
६ ए दून्यूं अैसी कहैं ! कीजै कौंण उपाइ ।
नांमैं एक न दूसरा । दादू रहु ल्यै लाइ ॥
१० कबीर आप सुवारथ मेदनीं । भगति सुवारथ दास ।
कबीरा रांम सवारथी । जिनि छाडी तन की आस ॥

राग सोरठि

२:० रे मैं रांम अषंडित पाया । सहजैं हीं तिमर नसाया ॥
१ रांम भगति एक रन कहत हैं । मैं पुंनि भगति न करि हूं ।
ए प्रांणीं बपु धरन कहत हैं । मैं बपु बहुरि न धरि हूं ॥
२ जैसा जाप जपैं नर प्रांणीं । तैसा मैं न प्रमांणं ।
बिण बणियां बिण सूत करांह बिण । होइ जाप सो जांणं ॥
३ एक र बीस सहंस षट सै का । होइ जाप अणकीया ।
ग्यांन त्रिलोक गुर मिल्या सिषर मैं । बिघन टल्या तब जीया ॥

साषी

११ कछू न कीजै कांमनां । सर्गुन निर्गुण होइ ।
पलटि जीव थैं ब्रह्म गति । सब मिलि मांनैं मोहि ।
घट अजरांवर ह्वै रहै । बंधन नांहीं कोइ ।
मुकता चौरासी मिटै । दादू संसै सोइ ॥
१२ पहनां अगनिहि बैंघर बांधा । भोजन सार कराई ।
सगले दुष अंमृत करि पीवा । धरती हकि चलाई ।
धरि तराजू अंबर तोलां । पिछैं इकै टंक चढांई ।
जेती संग पवै तिन दरगह । करीभी आषि करांई ।
आगै नांव पवै बाजारी । दरगह थांह न पांई ।
नांनिक दास निदास बीनवैं । सचु नांइ वडियाई ॥
१३ पंषी हो वांउ डरां । सै आका सैं जांउं ।
न जरें किसें न आंवहीं । नां कुछ पिऊं न षांउं ।
भीं तेरी कींमति नां पवै । बाबा तेरा केवड अषां नांउं ।
सचा निराकार निज ठांव ॥
१४ फल कारंनि सेवा करैं । जाचैं त्रिभुवन राव ।
दादू सो सेवग नहीं । षेलैं अपणां डाव ॥
१५ सह कांमीं सेवा करैं । मांगैं मुगध गंवार ।
दादू अैसे बहुत हैं । फल के भूंचनहार ॥
१६ तन मन ले लागा रहै । राता सिरजनहार ।
दादू कुछ मांनैं नहीं । ते बिरला संसार ॥
१७ सुत बित चाहैं बावरे । साहिब सी निधि मेलि ।
दादू वै निरफल गए । जैसैं नागर बेलि ॥
१८ स्वारथि सेवा कीजिए । तासूं भला न होइ ।
दादू ऊसर बाहि करि । कोठा भरै न कोइ ॥
१९ कबीर जब लग भगति सकांमता । तब लग निर्फल सेव ।
कहै कबीर वै क्यूं मिलैं । निहिकांमीं निज देव ॥

२० निकटि निरंजन लागि रहु । जब लग अलष अभेव ।
दादू पीवै रांम रस । निहिकांमीं निज सेव ॥
२१ दादू रांम रटणि छाडै नहीं । हरि लै लागा जाइ ।
बीचैं हीं अटकै नहीं । जे कला कोटि दिषलाइ ॥
२२ उरैं हीं अटकै नहीं । जहां रांम तहां जाइ ।
दादू पावै परम सुष । बिलसै बस्त अघाइ ॥
२३ दादू उरैं हीं उरझे घणें । मुये गल दे पास ।
अैंन अंग जहां आप था । तहां गए निज दास ॥
२४ दादू बाहे देषतां । ढिग हीं ढौरी लाइ ।
पीव पीव करते सब गए । आपा देन दिषाइ ॥

राग केदारौ
३:॰ धरणीं धरि बाह्या धूतारै । अंग परस नहीं आपै रे ।
कह्यौ अम्हारौ कांई न मांनैं । मनि भावै ते थापै रे ॥
टेक ॥
१ वाही वाही नैं सर्ब सली धूं । अबला कोई न जांणैं रे ।
अलग रहै एणीं परि तेडै । आपण डै घरि आंणै रे ॥
२ रमीं रमीं नैं राम रंजावी । केन्हैं अंत न दीधूं रे ।
गोपि गूझते कोई न जांणैं । ए ह्लौं अचिरज की धूं रे ॥
३ माता बालिक रुदन करंतां । वाही वाही नैं राषै रे ।
जे ह्लौं छैते ह्वै आपण पौ । दादू ते नहीं दाषै रे ॥

साषी
२५ सेवा का सुष प्रेम रस । सेज जुहाग न देइ ।
दादू बाहै दास कूं । कहै दूजा सब लेइ ॥
२६ कबीर पूत पिया रे पिता के । गौहति लागा धाइ ।
लोभ मिठाई हाथि दे । आपण गया भुलाइ ॥
२७ कबीर डारी षांड पटकि करि । अंतरि रोस उपाइ ।
रोवत रोवत मिलि गया । पिता पिया रे जाइ ॥

सेवग उवाच
राग मारू
४:॰ गोबिंदा गाइबा दे रे गाइ बादे । आडडी आंन निवारि
रे ।
गोबिंदा गाइ बादे । अनदिन अंतरि आंनंद कीजै ।
भगति प्रेम रस सार रे । गोबिंदा गाइ बादे ॥ टेक ॥
१ अनभै आतम अभै एक रस । निरभै कांइ न कीजै रे ।
अंमीं महारस अंम्रित आपै । अमे रसिक रस पीजै रे ॥
२ अबिचल अंमर अषै अबिनासी । ते सं कांइ न दीजै रे ।
आतमरांम अधार अम्हारौ । जनम सुफल करि लीजै रे ॥
३ देव दयाल क्रिपाल दमोदर । प्रेम बिनां किम रहिये रे ।
दादू रंग भरि रांम रंमाडौ । भगत बछल नूं कहिये रे ।
गोबिंदा गाइ बादे ॥
५:॰ गोबिंदा जोइबा दे रे जोइ बादे । जे बरजैं ते वारि रे ।
आदि पुरिष ते अछै अम्हारौ । कंत तुम्हारी नारि रे ।
गोबिंदा जोइ बादे ॥ टेक ॥
१ अंगैं संगैं रंगैं रंमियैं । देवा दूरि न कीजै रे ।
रस माँहैं रस इम थइ रहियै । ए सुकष अम्हनैं दीजै रे ।
गोबिंदा जोइ बादे ॥
२ सेजडियैं सुष रंग भरि रंमियैं । प्रेम भगति रस लीजै रे ।
एक मेक रस केलि करंतां अम्हे अब लाइम जीजै रे ।
गोबिंदा जोइ बादे ॥
३ संम्रथ स्वांमीं अंतरजांमीं । बार बार कांइ बाहे रे ।
आदैं अंतैं तेज तुम्हारौ । दादू देषै गायै रे ।
गोबिंदा जोइ बादे ॥
६:॰ तुम सरसी रंगि रंमाडि ।
आप अपरछन थई करि । मूं नैंम भ्रंमाडि ॥ टेक ॥
१ मूंनैं भोल विकांइ थई बेगलौ । आपण पौ दिषाडि ।
किंम जीऊं हूं एकली । बिरहुंनियां नारि ।
२ मूंनैं बाहि सिमां अलगौ थई । आतमां उधारि ।
दादू सूं रंमियैं सदा । एणीं परि तारि ॥

साहिब उवाच
राग रांमग्री
७:॰ भगति न आपूंरे भगति न आपूं । अषिल अवनीं चौ राज
आपूं ।
आपणां अंगनी श्री आपूं । आप सरीषौ करीनैं थापूं ॥
१ श्रग नूं सुष रिधि सिधि आलूं । लोक आपूं जे षरौं
वाल्हूं ।
जीवनां जनम नांबिघ न टालूं ॥
२ भव संसार मैं नहीं नांषूं । अंमर अबिचल करूं अटल
राषूं ।
तेहनीं कीरति आप भाषूं ॥
३ मूंढ ते मांनवीं कांई बाछै । अगिनां न ते बापुडा
मुकति जाचै ।
नरसीई नागरौ भगति राचै ॥

२८ बिनां मिंताई मित पहि । चित जु चाहै और ।
जिते बुरे संसार महि । तिनहुं इक सिरि मौर ॥

सेवग उवाच
राग रांमग्री
८:॰ भगति मांगूं बाप भगति मांगूं । मूं नैं ताहरा नाम
नौं प्रेम लागुं ।
सिवपुर ब्रह्म पुर सर्ब स्यूं कीजियै । अमर थावा
नहीं लोक मांगूं ॥
१ आपि अवलंबन ताहरा अंग नो । भगति सजीवनीं रंगि
राचूं ।
देह नैं ग्रेह नैं बास बैकुंठ तणौं । इंद्रासंण नहीं
मुकति जाचूं ॥
२ भगति वाल्ही षरी । आपि अबिचल हरी । निमलौ नाम
रसपांन भावै ।
रिधि नैं सिधि नैं राज रूडूं नहीं । देव पद माहरै
काजि नावै ॥

३ आतमां अंतरि सदा निरंतरि । तांहरी बापजी भगति दीजै ।
कहै दादू हिवैं कोडि दत आपै । तुम्ह बिनां ते अम्हे नहीं लीजै ॥

२९ आसिकां मस्तांन आलंम । षुरदनीं दीदार ।
चंद दह चिकार दादू । यार मां दिलदार ॥

राग काफी

९:० अला आसिकां ईमांन ।
भिस्त दोजग दींन दुनियां । चिकारे रहिमांन ॥
१ मीर मीरी पीर पीरी । फरेस्तां फुरमांन ।
आब आतस अरस कुरसी । दीदनीं दीवांन ॥
२ हरदु आल्मं षलक षांनां । मोमिनां इसलांम ।
हजा हाजी कजा काजी षांन तूं सुलितांन ॥
३ इलम आलंम मुलिक मालुम । हाजते हैरांन ।
अजब यारां षबरिदारां । सूरते सुबहांन ॥
४ भवलि आषिरि एक तूं हीं । जिंद है कुरबांन ।
आसिकां दीदार दादू । नूर का नींसांन ॥

३० दादू कहै जे कुछ दीया हम कूं । सो सब तुम्ह हीं लेहु ।
तुम्ह बिन मन मांनैं नहीं । दरस आपणां देहु ॥
३१ दूजा कुछ मांगैं नहीं । हम कूं दे दीदार ।
तूं है तब लग एक रस । दादू के दिलदार ॥

राग गुंड

१०:० दरसंन दे दरसन दे ।
हूं तौ थारी मुकति न मांगूं रे ॥ टेक ॥
१ सिधि न मांगूं रिधि न मांगूं ।
तुम्ह हीं मांगूं गोबिंदा ॥
२ जोग न मांगूं भोग न मांगूं ।
तुम्ह हीं मांगूं रांम जी ॥
३ घर नहीं मांगूं बन नहि मांगूं ।
तुम्ह हीं मांगूं देव जी ॥
४ दादू तुम्ह बिन और न मांगूं ।
दरसन मांगूं देहु जी ॥

साषी

३३ मांगन हारन भगत कहावै । अंत कालि जाचिग पद पावै ।
स्यंघ स्वांन की बृति कहावै । वहु डेले वहु षसमहि धावै ॥
३४ दादू सब सुष सर्ग पयाल के । तोलि तराजूं बाहि ।
हरि सुष एक पल कका । ता समि कह्या न जाइ ॥
३५ अनंत कोटि ब्रह्माड कौ । पावै बिभौ बिलास ।
तऊ रांम भगति संमि नां तुलै । सुकहि जगजीवनदास ॥
३६ जौ नहीं देषूं बदन छबि । हूं बैकुठि न जांउ ।
इंद्रपुरी किस कांम है । जौ मिंत नहीं जिस ठांउ ॥

३७ कबीर दोजग तौ हम आंगम्यां । यहु डर नांहीं मुझ ।
भिस्ति न मेरे चाहिये । बाझ पियारे तुझ ॥
३८ कबीर सरग नरक थैं हूं रह्या । सतगुर के परसादि ।
चरन कवल की मौज मैं । रहिस्यूं अंतरि आहि ॥

राग धनाश्री

११:० मांगूं न ठाकुर नांउं ।
और कछू मेरे संगि नहीं चलणां । करि किरपा गुन गाऊं ॥ टेक ॥
१ राज माल अनेक भोग रस । सकल तरवर की छांह ॥
२ बिन गोबिंद और कछू चाहै । सकल बात काची षांम ॥
३ ध्यावत कूं ध्यावै बहु बिधि करि । सकल निराफल कांम ॥
४ जन नांनक साधू रेणि मांगै । मेरा मन पावै बिश्रांम ॥

राग रांमग्री

१२:० नांम देहु निरंजन तेरा । हरि हरषि जपै जीव मेरा ॥ टेक ॥
१ भाव भगति हेत हरि दीजै । प्रेम उमंगि मन आवै ।
कोमल बचन दीनता दीजै । रांम रसांइन भावै ॥
२ बिरह बैराग प्रीति मोहि दीजै । हिरदै साच सति भाषूं ।
चित चरणौं चिंतामणि दीजै । अंतरि दिढ करि राषूं ॥
३ सहज सील संतोष सब दीजै । मन निहचल तुम्ह लागै ।
चेतनि चिंतन सदा निवासी । संगि तुम्हारे जागै ॥
४ ग्यांन ध्यांम मोहन मोहि दीजै । सुरति सदा संगि तेरे ।
दीन दयाल दादू कूं दीजै । परम जोति घटि मेरे ॥

साषी

३९ दादू कहै दिन दिनन उतम भगति दे । दिन दिनन उतम नांउ ।
दिन दिनन उतम नेह दे । मैं बलिहारी जांउ ॥
४० सांई सत संतोष दे । भाव भगति बेसास ।
सिदक सबूरी साच दो । मागै दादू दास ॥
४१ सांई साचा नांव दे । ज्याल झाल मिटि जाइ ।
दादू निरभै ह्वै रहै । कबहूं काल न षाइ ॥

राग गौडी

१३:० अम्हां मनि बारौ रे बारौ । हूं नैं माहरौ बारौ ।
तूंहीं निरंजन स्वांमीं हिरदै बसौ ए ॥ टेक ॥
१ अम्हा मनि बारौ रे बारौ । कूड कुबधि बारौ ।
सुबधि आपौ त्रिभुवन धणीं ए ॥
२ अम्हां मनि बारौ रे बारौ । मन पर अस्त्री जाता बारौ ।
नांम राचूं परब्रह्म ताहरौ ए ॥
३ अम्हां मनि बारौ रे बारौ । बिषै स्वाद बारौ ।
नांम आपौ जपूं ताहरौ ए ॥
४ अम्हां मनि बारौ रे बारौ । बैरंणि निद्रा बारौ ।

नांमभंग करै ताहरौ ए ॥

५ अम्हां मनि आपौ रे आपौ । भगति नौं भाव आपौ ।
रव करौ स्वांमीं तुम्ह सूं ए ॥

६ अम्हां मनि आपौ रे आपौ । बैराग बिसवास आपौ ।
आस पूरौ स्वांमीं तणीं ए ॥

७ अम्हां मनि आपौ रे आपौ । संतनीं संगति आपौ ।
बिगति फीटी स्वांमीं तुम्हं सूं ए ॥

८ अम्हा मनि बींन वैं रे हरि तणौं दास ।
बास मांगूं ताहरा चरण नूं ए ॥

ज्वाब कौ पद

राग रांमग्री

१४:१ नांम नांम के हरी । ते तुम्ह अघ ऊंदरां ऊपरि स्यूं
प्रेरौ रे ।
रवि नैं मंडलि अस्त न दीसै । ग्यांनैं मन हेरो रे ॥

२ कू हूंतणां कू कस नैं साटै । रतन अमोल न आपौ रे ।
कर्णौं कुठार लांपनीं सैलीं । नष सूं कांइ न कापौ रे ॥

३ कीडी ऊपरि सैं न समाहले । सो कैसी परि कीजै रे ।
बीसौ भर्णै अस्त बप ऊपरि । रांम रष्या स्यूं दीजै रे ॥

राग सूहौ

१५:० तुम्ह बिचि अंतर जिनि परै माधव । भावै तन धंन लेहु ।
भावै नरक सर्ग रसातल । भावै करवत देहु ॥ टेक ॥

१ भावै बिपति देह दुष संकुट । भावै संपत्ति सुष सरीर ।
भावै घर बन राव रंक करि । भावै सागर तीर ॥

२ भावै बंधि मुकति करि माधव । भावै तृभुवन सार ।
भावै सकल दोष धरि माधव । भावै सकल निवार ॥

३ भावै धरनि गगन धरि माधव । भावै सीतल सूर ।
दादू निकटि सदा संगि माधव । तूं जिनि होवै दूर ॥

साषी

४२ दादू जहां रहूं तहां रांम सूं । भावै कंदलि जाइ ।
भावै गिर परबति रहूं । भावै ग्रिह बसाइ ।
भावै जाइ जल हरि रहूं । भावै सीस नवाइ ।
जहां तहां हरि नांव सूं । हिरदै हेत लगाइ ॥

राग गौडी

१६:० तेरी कौं न भगति जि तु मिलहि तूं हीं ।
सोई भगति बाबा दीजै मूं हीं ॥ टेक ॥

१ तपु रे करते देवा बैकुंठि जांहीं ।
सोई बैकुंठ तुम्ह पैं बाबा मांगत नांहीं ॥

२ दांन रे करते देवा मुकति जांहीं ।
सोई मुकति तुम्ह पैं बाबा मांगत नांहीं ॥

३ तीर्थ करते देवा जनम नांहीं ।
सोई जनम तुम्ह पैं बाबा मांगत नांहीं ॥

४ आपा मांधे आपा जांण्यां आपाहीं मांहीं ।
आतमां प्रकासि लै । कांन्हां अंतर नांहीं ॥

१७:० बाबा भगति तिन्हां जिनि बडे भाग । प्रेम भाइ लै
लीनां ।
जांणैं सार स्वाद जिनि पाया । यहु मन मांनि पतीनां ॥
टेक ॥

१ तन धन जोबन राग भोग रस । इत संसारि बडाई ।
कीजै पाप दोष ह्वै उपजैं । अंति न किसै सषाई ॥

२ सुकृत दांन पुनि जब कीजै । बिती पाठलै ठौरा ।
अब का दीया पुनरंपि पाइये । पणि रांम मिलण गति
औरा ॥

३ ब्रत नेम तप अधिक कठिन करैं । श्रुति लोक बिश्रांम
लहै ।
इक पल मेलि रांम समि नांहीं । बरिष कोटि बैकुंठ रहै ॥

४ परबी कलप कोटि करै मंजन । हुईये तीर्थ वासी ।
इन सूं मुकति सुमंन नहीं मांनैं । जब न मिलै अबिनासी ॥

५ बांवन बिरष मेलि जैसैं चंदन । जलत रंग जल पांणीं ।
रांणे रांम ब्रह्म आतमां । रांम रमसि रमि प्रांणीं ॥

राग गुंड

१८:० देवा तेरी भगति नमो पैं होई जी ।
जिहि सेवा साहिब भल मांनैं । करिहूं न जांनैं कोई जी ॥
टेक ॥

१ सुम्रित कथा हो तन हीं मोपैं । कथू तौ होइ अभिमांन
जी ।
जोई जोई कथूं उलटि मोहि बांधै । त्राहि त्राहि भगवांन
जी ॥

२ जामैं सकल जीव की उतपति । सकल जीव मैं आप जी ।
माया मोह करि जगत भुलायौ । घट घट ब्यापक
बाप जी ॥

३ सो बैकुंठ कहौ धूं कैसा । प्यंड परें जहां जाइये ।
यहु परतीति मोहि नहीं आवै । जीवत मुकति न पाइये ॥

४ मैं जन जीव ब्रह्म तूं माधौ । बिन देषें दुष पाइये ।
राषि समींप कहै जन नांगौं । संगि मिलें गुण गाइये ॥

१९:० भगति आपि मोरे बाबुला ।
तेरी मुकति न मांगूं हरि बीठुला ॥ टेक ॥

१ भगति न आपै तौ तन आदूं ।
कोटि करै तो भगति न छादूं ॥

२ अनेक जनम भर्म तौ फिरचौ ।
तुम्हारौ नांव ले ले उधरचौ ॥

३ नांमदेव कहै तुं जीवनि मोरा ।
तूं साय मैं मंछा तोरा ॥

४३ दादू हरि का नांव जल । मैं मींनता मांहि ।
संगि सदा आनंद करैं । बिछुरत हीं मरि जांहि ॥

४४ दादू ज्यूं जल पैसै दूध मैं । ज्यूं पांणीं मैं लूंण ।
असैं आतमरांम सूं । मन हठ साधै कूंण ॥

राग टोडी

२०;० भगति अपार करैं इक होइ ।
पै पांनीं ज्यूं नांहीं दोइ ॥ टेक ॥
१ ज्यूं प्रांण समींप सकल निज अंग । ग्यांन ध्यांन न मति भ्यंनत रंग ।
यौं साहिब सेवग ह्वै नांहि । रस पीवैं रस रूपी मांहि ॥
२ ज्यूं मन मैं अष्यर गुंन गांन । बांनी ब्यौरा फुनि समांन ।
यौं आतम पर आतम संग । भाइ नियारे एकै रंग ॥
३ ज्यूं सूरिज किरनि सूंर सूं एक । लगी अंगि पुनि भिंन बमेक ।
सोषै पोषै ताकै साथ । यौं जन भजैंहि निरंजन नाथ ॥
४ अैसैं सेवा सुमिरण सार । दई सजीवनि सिरजनहार ।
मोहन हुई तेज मै देह । गुर दादू हरि दीरघ नेह ॥

राग भैरूं

२१;० हरिजन मींन भगति रस झूलैं ।
संगति सरोवर नैंक न भूलैं ॥ टेक ॥
१ जीवन मरन झषहिं रुचि पांनीं ।
तैसैंहि दास रांम रतिमांनीं ॥
२ बारि बिवोग मकर नहि सहई ।
इहि बिधि भगत भजन अनुसरई ॥
३ सफरी प्रीति सलिल सूं जैसी ।
अगरदास उपजै जौ अैसी ॥

४४ यहु पूजा सेवा इहै । शदा निरंतर लींन ।
प्रीति करै हरि नांव सूं । ज्यूं जल सेती मींन ॥
४५ दादू रांम बिसारि करि । जीवैंहि किहि आधार ।
ज्यूं चातृग जल बूंद कूं । करै पुकार पुकार ॥

राग गुंड

२२;० संत प्रवेणीं भगति आपिला ।
नहीं आपिला तौ प्रांण त्यागिला ॥ टेक ॥
१ हमची थाती तुम्ह बसि भइला ।
अम्हचा जीवल्म किमचि लागिला ॥
२ चारि मुकति आठूं सिधि आपूं ।
भगति न आपूं दास नमईया ॥
३ नांमदेव बीठल सनमुष बोलिला ।
भगति आपिला मुकति त्यागिला ॥

राग गौडी

२३;० रांम मोहि तारि कहां लै जै हौ ।
सो बैंकुंठ कहौ धूं कैसा । करि पसाव मोहि दै हौ ॥ टेक ॥
१ जे मेरे जीय दोइ जांनत हौ । तौ मोहि मुकति बतावो ।
एकमेक रमि रह्या सबनि मैं । तौ काहे भरमावो ॥
२ तारण तिरण जबै लाग कहियै । तब लग तत न जांनां ।
एक रांम देष्या सबहिन मैं । कहै कबीर मनमांनां ॥

राग टोडि

२४;० भगति तेरी जीवनि मेरी ।
एक लैं आनंद होइ मंझा देवा ॥ टेक ॥
१ रांक बापुडै रतन पायौ । हेत करि करि हिरदै लायौ ॥
२ पंच पदार्थ हीरै जडिया । प्रणवंत पीपा हाथि चढिया ॥

२५;० रांम राइ उलगू और न जाचूं ।
सरीर अनत जाउ भलैं जाउ ॥ टेक ॥
१ जोग जुगति कछु मुकति न भाषूं ।
हरि नांव हरि नांव हिरदै राषूं ॥
२ रांम नांम नांमदेव अनाहद आंछै ।
भगति प्रेम रस गावै नाचै ॥

४७ दादू सबद अनाहद हम सुण्यां । नष सष सकल सरीर ।
सब घटि हरि हरि होत है । सहजैं हीं मन थीर ॥

राग गौडी

२६;० हिंडोलनां तहां झूलैंहि आतमां रांम ।
प्रेम भगतिहिं डोलनां सब संतनि कौ बिश्रांम ॥ टेक ॥
१ चंद सूर दोइ षंभवा बंक नालि की डोरि ।
झूलैं पंच पियारियां । तहां झूलै जीय मोर ॥
२ द्वादस गंमि के अंतरा रे । तहां अंमृत कौ सास ।
जिनि यहु अंमृत चाषिया । सो ठाकुर हम दास ॥
३ सहज सुंनि कौ नेहरौ । गगन मंडल सिरि मौर ।
दोऊ कुल हम आगरी । जौ हम झूलै हिंडोल ॥
४ अरध उरध की गंगा जमुनां । मूल कवल कौ ।
घाट षट चक्र की गागरी । त्रिबेणीं संगम बाट ॥
५ नाद बिंद की नाव री रांम नांम क निहार ।
कहै कबीर गुंन गाइलै । गुर गंमि उतरौ पार ॥

सेवग उबाच

राग गौडी

२७;० कौंन सबद कौंन परषनहार ।
कौंन सुरति कहि कौंन बिचार ॥ टेक ॥
१ कौंन सुग्याता कौंन गियांन ।
कौंन मु उंनमनि कौंन धियांन ॥
२ कौंन सहज कहु कौंन समाध ।
कौंन भगति कहि कौंन अराध ॥
३ कौंन जाप कहुं कौंन अभ्यास ।
कौंन प्रे कहि कौंन पियास ॥
४ सेवा कौंन कहौ गुरदेव । दादू पूछै अलष अभेव ॥

ज्वाब कौ पद

राग टोडी

२८;० अषिल भाव अषिल भगति । अषिल नांमदेवा ।
अषिल प्रेम अषिल प्रीति । अषिल सुरति सेवा ॥ टेक ॥
१ अषिल अंग अषिल संग । अषिल रंग रांमां ।

अषिला रत अषिला मत । अषिला निज नामां ॥
२ अषिल ग्यांन अषिल ध्यांन । अषिल आनंद कीजै ।
अषिल लालै अषिला मै । अषिला रस पीजै ॥
३ अषिल मगन अषिल मुदित । अषिल गलित सांई ।
अषिल दरस अषिल परस । दादू तुम्ह मांहीं ॥

साषी

४८ दादू सांई सरीषा सुमिरण कीजै । सांई सरीषा गावै ।
सांई सरीषी सेवा कीजै । तौ सेवग सुषं पावै ॥
४९ दादू सेवग सेवा करि डरै । हम थैं कछू न होइ ।
तूं है तैसी बंदिगी । करि नहीं जांणैं कोइ ॥

राग रांमग्री

२९:० कैसैं करूं भगति रांम भैव नींकाया ।
काल रूपी धाइ लागै मोहनीं माया ॥ टेक ॥
१ मन पवनं एक भवनं उदिक मध्ये जांनि लवनं ।
श्रब भू आतमां रंमनं अंतरि आतमां ।
जांनि चमकै बिंद ज्वाला कोटि मंधो दीप माला ।
जोति ज्यूला होइ परचै परम आतमां ॥
२ इला प्यंगुलायौ र मध्ये सुष मनां बैराग निध्ये ।
पंच भू आतमां राषै सुई कै छिद्रा ।
मिलै प्रांन प्रांन प्रांनं । उदिक ले समांन ग्यांनं ।
कोटि मध्ये एक पावै । उनमनीं मुंद्रा ॥
३ ब्रह्म रंध सुथां न बाटी । निरालंभ निरा घाटी ।
निराकारं निराधारं । निरवसी काया ।
मूल गहि आकास गाजै । पंच सोवे एक जागै ।
देषि रे देषि तहां चंदा बिलाया ॥
४ म्रित पिंड सनेह अैसा । तिणां अग्रे बिंद जैसा ।
उहै बिंद जै गगन राषै । तत्व तिनि पाया ।
मन पवनं जोति लावै । अनाहद जे सबद बावै ।
बेणींदास निवास सरणं । त्रिभुवनराया ॥

श्लोक

५० पुजता पुजेत सर्बे । पंच तीर्थे च दुरलभं ।
दुर्लभ अर्जुन भक्तिश्च । ब्रह्मा बिश्न महेस्वरं ॥
५१ कबीर भगति दुहेली रांम की । जैसी अगनि की झाल ।
डाकि पडे ते ऊबरे । दाधे कौतिगहार ॥
५२ कबीर भगति दुहेली रांम की । जैसी षाडे की धार ।
जै डोलै तौ कटि पडै । नहीं तौ उतरै पार ॥

राग गौडी

३०:० हरि की भगति षडग की धार ।
बिन परतीति न चढिये गंवार ॥ टेक ॥
१ जै दृष्टि मुष्टि इक चित आतमां ।
बुधि बल सहित चली सम समां ॥
२ पांच सेल साधिसि नव धार ।
ताहि अभैपद हरि दातार ॥
३ जै घटि बधि ह्वै बांवैं दांहिणैं ।
तौ चूकि सिकला नापइयौ भणैं ॥

३१:० भगति बाट कांम क्रोध बट पारा ।
तकि तकि बेधी भागै डारा ॥ टेक ॥
१ गिरवर गरब अबुधि बहु बनां ।
तामैं तसकर पंचूं जंनां ॥
२ ध्यांन धन क पेम पणिच चहोडि ।
ग्यांन नाद तूटै न बहोडि ॥
३ नांव नालि सुमिरण केसरा ।
तामैं भेद भालि तीषा तुंवरा ॥
४ औघट घाट पयांनां दूर ।
नापा नगरि गया ते सूर ॥

३२:० भगति न रहै भाव बिन बिमल ।
हिरदै प्रीति नहीं जौ तिर्मल ॥ टेक ॥
१ पहुंप न सहै निमष षावक झल ।
नैंनन सहैं होइ भींतरि मल ॥
२ नीर न रहै गरब गिरवर थल ।
नापिया रे नीचैं नींचैं भरे रांम जल ॥

५३ पीपा पांणीं रहणि बिणि । रहै न ऊंचै ठांइ ।
रांम भगति निज दास कूं । जतन करंतां जाइ ॥

राग केदारौ

३३:० रांम रिसालू है रे ।
मालुम सबै सकल नष सष की । कासिल कछू न सहै रे ॥
टेक ॥
१ ऊपर की कछू अंगि न आवै । देषै अंतर मांहीं ।
रज मांहैं तज काढत है रे । झूठ सुहावै नांहीं ॥
२ निरषि निरषि निज ठौर निहारैं । अैसा दांनां सांई ।
रोम जिती ही दूजी देषै । तब लग राषै नांहीं ॥
३ सौंज सबई स्याबति राषै । तन मन सौंपे मांहीं ।
दादू तबहि पीव भल मांनैं । कब हूं रिसावै नांहीं ॥

राग गौडी

३४:० जांनत हैं रांम जांनत हैं ।
अपनैं भगत कूं जांनत हैं ।
प्रेम भगति मन मांनत हैं ॥ टेक ॥
१ प्रेम भगति उपजत कठिनाई ।
कहा भयौ झूठैं कीयैं बडाई ॥
२ जाहि संसारी लोग सराहै ।
ता मांहीं हरि नैंक न चा है ॥
३ मतिसुंदर अैसी मन मांनैं ।
नांहींनैं केवल रांम अयांनैं ॥

५४ लोग बडा तिस कूं कहै । नां कुछ पिवै न षाइ ।
पवन भुवंगम ले रह्या । तौ क्या मिल्या षुदाइ ॥

राग रांमग्री

३४;० तब रांम नांम कहि गावैगा ।
रर‍ंकार रहित सबहिन थैं । अतरि मेल मिलावैगा ॥ टेक ॥
१ लोहा समि करि कंचन समि करि । भेद अभेद समावैगा ।
जे सुष होइ पांवक कैं परसें । सो सुष का कहि गावैगा ॥
२ गुर परसादि भई अनभै मति । बिष अंम्रित समि धावैगा ।
कहै रैदास मेटि आपा पर । तब वा ठौरहि पावैगा ॥

३६;० नरहरि चंचल मति मोरी । कैसैं भगति करूं रांम तोरी ॥ टेक ॥
१ तूं मोहि देषै हूं तोहि देषूं । प्रीति परसपर होई ।
तूं मोहि देषै हूं तोहि न देषूं । इहि मति सब बुधि षोई ॥
२ सब घट अंतरि रंमसि निरंतरि । मैं देषतहीं नहीं जांनां ।
गुन सब तोर मोर सब औगुन । क्रित उपगार न मांनां ॥
३ मैं तैं मोर मोरी असमझिसि । कैसैं करि निस्तारा ।
कहै रैदास क्रिश्न करुनांमैं । जै जै जगत अधारा ॥

राग बसंत

३७;० तारे अनंत लीला है मुकंद ।
जिनि मांन बाडि गायौ गोबिंद ॥ टेक ॥
१ बिनांह नीर ग्रिह अंध कूप ।
बनि ताज भुजंग कराल रूप ।
२ तामैं सुर नर मुनि जन भये अधीर ।
हरि भगति बिनां पांवैं न तीर ॥
३ करि साधसंगति संमौ निवारि ।
चिति आत्म रांम कथा बिचारि ।
४ जन बालमीक कै इहै नेम ।
ग्रिह अंध कूप मैं भजन प्रेम ॥

४४ दादू कै दूजा नहीं । एकै आतम रांम ।
सतगुर सिर पीरि साध सब । प्रम भगति बिश्रांम ॥
४६ जा देषें घिणि ऊपजै । नरक कुंड मैं बास ।
प्रेम भगति तैं उधरे । प्रगट जन रैदास ॥

राग रांमग्री

३८;० संतौ अनिन भगति यहु नांहीं ।
जब लग सत रज तम पांचूं गुन । ब्यापत हैं या मांहीं ॥ टेक ॥
१ सोई आंन अंतर करै हरि सूं । अपमारग कूं आंनैं ।
कांम क्रोध मद लोभ मोह की । पल पल पूजा ठांनैं ॥
२ सकति सनेह इष्ट अंगि लावै । असथलि असथलि षेलै ।
जे कुछ मिलै आंन अषित । ज्यूं सुत दारा सिरि मेलै ॥
३ हरि जन हरि बिन और न जांनैं । तजै आंनत न त्यागी ।
कहै रैदास सोई जन निर्मल । निसदिन निज अनरागी ॥

४७ भगति भगति सब को कहै । भगति न जांनैं कोइ ।
दादू भगति भगवंत की । देह निरंतर होइ ॥

राग आसावरी

३९;० न्यारी रे न्यारी गोबिंदा की भगति न्यारी ।
क्यांहीं क्यांहीं निर्मली ह्रिदै धारी ॥ टेक ॥
१ मांहैं मैलौ मनि कालै । ऊपरां पांणीं पषालै ।
सुचि इसी हस्ती न्हवालै । तिती पाछैं धूलि रालै ॥
२ बिषै गावै बिषै सुनावै । बिषै की देसी दिषावै ।
बेद नैं साषी बुलावै । क्यां न्हैंया प्रिथी भ्रमावै ॥
३ बकता जो बकि सुनाई । सो सुर ताकै हिरदै आई ।
तिहि मैं जांण न दीन्हीं काई । मन मांहैं राषी सबाई ॥
४ आंधा की बांह आंधै झाली । तिहि कै संगि सब दुनीं चाली ।
लेड बोई बिषै मांहीं । नींसर तौ को दीसै नांहीं ॥
५ तीनि गुण थैं निर्मल न्यारी । सो परमेस्वर नैं भगति प्यारी ।
बषनां साधां बिचारी । बेदो गति गीता पुकारी ॥

साषी

४८ जो पद कथ्या जोग बासिष्ट घरि । यहु रामां औतारा ।
तिस भी आइ करि गुर किया । तिरिबे कूं संसारा ॥
४९ सहंस नांम संकर कथ्या । ब्रह्म ग्यांन सुष देव ।
गीता होइ क्रिष्नैं कथी । भगति भजन कै भेव ॥
५० बेद होइ ब्रह्मा कथ्या । नार्द कथ्या सुकांइ ।
जिनि उपदेसैं धू भया । प्रगटचा सब जुग मांहि ॥
५१ प्रिथीनाथ नांमदेव कहु क्या कथ्या । क्या बोल्या हणवंत ।
जिस करणीं थैं पद भया । षिण मैं पहुता लंक ॥
५२ राजा जनक भया तिनि क्या कथ्या । क्या प्रहिलाद कबीर ।
सो पद काहे न षोजिये । जिहि उधरै सरीर ॥
५३ मारकंडेव मुनि क्या कथ्या । क्या पद गोरषनाथ ।
जिस करणीं पूरण भया । ताथैं तन मन आया हाथ ॥
५४ इहै भगति भगवंत बसि । पुरिष भये सब पार ।
प्रिथीनाथ अनंत मुनि । इनमैं किनधूकथ्या सिगार ॥
५५ जिस करणीं थैं दूबिये । यहु मन तन थैं भंग ।
कहि धूं गोबिंद कब किया । परनारी सूं संग ॥
५६ प्रतंग्या जमुनां दई । जाकी बहै अप्रबल धार ।
इहै भगति करि मांनियैं । घरि घरि कथैं सिंगार ॥

राग रांमग्री

४०;० भाई रे भरम भगति सु जांनि ।
जौ लौं नहीं साच सूं पहिचांनि ॥ टेक ॥
१ भर्म नाचण भर्म गांइण । भर्म जप तप दांन ।
भर्म सेवा भर्म पूजा । भर्म सूं पहिचांनि ॥
२ भर्म षट क्रम सकल सहिता । भर्म ग्रिह बन मांनि ।
भर्म करि करि कर्म कीयै । भर्म की यहु बांनि ॥

३ भर्म इंद्री निग्रह कीयां । भर्म गुफा मैं बास ।
भर्म तौ लौं जांनियैं । सुंनि की करै आस ॥
४ भर्म सुध सरीर जौ लौं । भर्म नांव बिनांव ।
भर्म भणि रैदास तौ लौं । जौ लौं चाहै ठांव ॥
४१:० भगति दुर्लभ सुनहुं रे भाई । लोक बेद का कियैं बझाई ॥
कहा भयौ नाचैं अरु गांयैं । कहा भयौ तप कीन्हैं ॥ टेक ॥
१ कहा भयौ जे चरण पषाले । जौ परम तत नहीं चीन्हैं ॥
कहा भयौ जे मूंड मुंड्यौ । बहु तीरथ ब्रत कीन्हैं ।
२ स्वांमीं दास भगत अरु सेवग । जे परम तत नहीं चीन्हैं ॥
कहै रैदास तेरी भगति दूरि है । भाग बडे सो पावै ।
३ तजि अभिमांन मेटि आपा पर । पिपलक होइ चुणि पावै ॥

६७ हरि भयौ षांड रेत मैं बिषरचौ । हस्ती चुग्यौ न जाइ रे ।
कहि नापा कुल जाति पांति तजि । चींटी होइ सुषाइ रे ॥

राग रांमग्री
४२:० भगति अैसी है सुनहुं रे भाई । भगति आई तब गई बडाई ॥
१ भगति न रसदांन । भगति न ब्रह्म ग्यांन ।
भगति न बन मैं गुफा षुदाई ॥
भगति न अैसी हासि । भगति न आसा पासि ।
भगति न यहु सब कुल कांनि गाई ॥
२ भगति न इंद्री बांधैं । भगति न जोग साधै ।
भगति न अहार घटांयै । ए सब करम कहाई ।
भगति न निंद्रा साधैं । भगति न बैराग बाधैं ।
भगति नहीं यहु सब बेद बडाई ॥
३ भगति न मूंड मुडांयैं । भगति न माला दिषांयैं ।
भगति न चरन धुवांयैं । ए सब गुनीं जन कहाई ।
भगति नहीं जांनीं । जौ लौं आपु कूं आपु बषांनीं ।
जोई जोई करै सोई सोई करम बडाई ॥
४ आपौ गयौ तब भगति पाई । अैसै है भगति भाई ।
रांम मिल्यौ आपौ गुण षोयौ । रिधि सिधि सबै जु गंवाई ।
कहै रैदास छूटी आस । तब हरि ताहि कैं पास ।
आतमां अस्थिर तब सब निधि पाई ॥
४३:० अब कछु मरम बिचारा हो हरि ।
आदि अंति औसांण रांम बिन । कोई न करै निरवारा हो हरि ॥ टेक ॥
१ जल तै पंक पंक अंम्रित जल । जलहि सुध होइ जैसैं ।
अैसैं करमि धरमि जीव बांध्यौ । छूटै तुम्ह बिन कैसैं होइ हरि ॥
२ जप तप बिधि न षेद करुणांमैं । पाप पुनि दोऊ माया ।
अस मोहित मन गत बिमुष धन । जनमि जनमि डहकाया हो हरि ॥
३ ताडण छेदण त्रपण षेदण । बहु बिधि करिले उपाई ।
लूंण षडी संजोग बिनां । जैसैं कनक कलंक न जाई ॥

४ भणैं रैदास कठिन कलि केवल । काउ पाव इब कीजै ।
भौ बूडत भैभीत भगत कूं । कर अवलंबन दीजै ॥

राग गुंड
४४:० बंदे की बंदि छोडि बनवारी ।
असरण सरण रांम कहे बिन । आइ पडै जम धारी ॥ टेक ॥
१ कोई बांधे जोग जप करि केई तीर्थ दांनां ।
केई बांधे नेमां बरता । तेरे हाथि नाथ भगवांनां ॥
२ रांम देव तेरी दासी माया । नाटी का पट कीन्हां ।
थावर जंगम जीति लिया है । आपा पर नहीं चीन्हां ॥
३ नांमदेव भणैं मैं तुम थैं छूटौं । जे तुम्ह छूडावो गोपाल जी ।
तुम्ह बिनां मेरे गाहक नांहीं । दींनां नाथ दयाल जी ॥
इति निहिकम भगति कौ अंग संम्पूर्ण भवेत् ॥

७६ अणकरता साषीभूत कौ अंग

राग बिलावल
१:० दया तुम्हारी दरसन पइये ।
जांन तहौ तुम्हा अंतरजांमीं । जांन राइ तुम्ह सूं का कहिये ॥ टेक ॥
१ तुम्ह सूं कहा चतु राई कीजै । कौंन करम करि तुम्ह पाये ।
कोई नहीं मिलै प्रांन बलि अपनैं । दया तुम्हारी तुम्ह आए ॥
२ कहा हमारौ आंनि तुम्ह आगैं । कौंन कला करि बसि कीये ।
जीते कौंन बुधि बल पौरिष । रुचि अपनीं तैं सरनि लीये ॥
३ तुम्हहीं आदि अंति फुनि तुम्हहीं । तुम्ह करता त्रीलोक मंझार ।
कुछ नांहीं थैं कहा होत है । दादू बलि पावै दीदार ॥

साषी
१ दादू कहै तुम्ह थैं तबहीं होइ सब । दरस परस दर हाल ।
हम थैं कबहूं न होइगा । जे बीचैं जुग काल ॥
२ दादू कहै तुम्हहीं थैं तुम्ह कूं मिलै । एक पलक मैं आइ ।
हम थैं कबहूं न होइगा । कोटि कलप जे जाइ ॥
३ कबीर नां कुछ कीया न करि सक्या । नां करणैं जोग सरीर ।
जे कुछ कीया सु हरि कीया । तार्थैं भया कबीर कबीर ॥
४ हम थैं हुवा न होइगा । नां हम करनैं जोग ।
ज्यूं हरि भावै त्यूं करै । दादू कहैं सब लोग ॥
५ दादू दादू कहत है । आपैं सब घट मांहिं ।
अपनीं रुचि आपैं कहै । दादू तैं कुछ नांहि ॥

६ दादू केई उतारैं आरती । केई सेवा करि जांहि ।
केई आइ पूजा करैं । केई षुलावैं षांहि ।
केई सेवग ह्वै रहे । केई साधू संगति मांहि ।
केई आइ दरसन करैं । हम थैं होता नांहि ॥
७ नां हम करैं करावैं आरती । नां हम पीवैं पिलावैं नीर ।
करै करावै सांईयां । दादू सकल सरीर ॥
८ आप अकेला सब करै । औरूं के सिरि देइ ।
दादू सोभा दास कूं । अपणां नांव न लेइ ॥
९ आप अकेला सब करै । घट मैं लहरि उपाइ ।
दादू सिरि दे जीव के । यौं न्यारा ह्वै जाइ ॥

२;० तूं है तूं है तूं है तेरा ।
मैं नहीं मैं नहीं मैं नहीं मेरा ॥ टेक ॥
१ तूं है तेरा जगत पाया । मैं मैं मेरा धंधै लाया ॥
२ तूं है तेरा षेल पसारा । मैं मैं मेरा कहै गंवारा ॥
३ तूं है तेरा सब संसारा । मैं मैं मेरा तिनि सिरि भारा ।
४ तूं है तेरा काल न षाइ । मैं मैं मेरा मरि मरि जाइ ॥
५ तूं है तेरा रह्या समाइ । मैं मैं मेरा गया बिलाइ ॥
६ तूं है तेरा तुम्ह हीं मांहि । मैं मैं मेरा मैं कुछ नांहि ॥
७ तूं है तेरा तूं हीं होइ । मैं मैं मेरा मिल्या न कोइ ॥
८ तूं है तेरा लंघै पार । दादू पाया ग्यांन बिचार ॥

१० कबीर मेरा मुझ मैं कुछ नहीं । जे कुछ है सु तेरा ।
तेरा तुझ कौं सौं पतां । क्या लागै मेरा ॥

राग भैरूं

३;० माहरौ स्यूं जे हूं आपूं ।
ताहरौ छै तूं नैं थापूं ॥ टेक ॥
१ श्रब जीवनौ तूं दातार । तैं सिरज्या नैं तूं प्रतिपाल ॥
२ तन धन ताहरौ तैं दीधूं । हूंता हरौं नैं तैं की धूं ॥
३ सहुवै ताहरौ साचौ ए । मै नैं माहरौ झूठौ ते ॥
४ दादू नैं मनि और न आवै । तूं करता नैं तुहीं जु भावै ॥

साषी

११ चंद सूर पाक पवन । पांणीं का मत सार ।
धरती अंबर राति दिन । तरवर फलैं अपार ।
१२ छाजन भोजन परमारथी । आतमदेव अधार ।
साधू सेवग रांम के । दादू पर उपगार ॥

राग जैतश्री

४;० हब कुछ करत न कहु कुछ कैसैं ।
गुन बिधि बहत रहत ससि जैसैं ॥ टेक ॥
१ द्रपन गमन अनील अलेप जस ।
गंध जलध प्रतिबिंब देषि तस ॥
२ सब आरंभ अकांम अनेहा ।
बिधि नषेध कीयौ अनकेहा ॥
३ यहु पद कहत सुनत नही आवै ।
कहै रैदास सक्रित को पावै ॥

१३ दादू कहै संम्रथ सो सेरी समझाइ नैं । करि अणकरता होइ ।
घटि घटि ब्यापक पूरि सब । रहै निराला हो ॥
१४ करता ह्वै करि कुछ करै । तामां हि बंधावै ।
दादू उस कूं पूछिये । ऊतर नहीं आवै ॥
१५ बांम्हणि मारी बाछडी । मांनि लिया मनि पाप ।
पुंनि करतां कहै मैं किया । बंधणीं आया आप ॥
१६ जिस का तिस कूं दीजिये । सुक्रित पर उपगार ।
दादू सेवग सो भला । सिरि नहीं ले वै भार ॥
१७ सेवा सुकृत सब गया । मैं मेरा मन मांहि ।
दादू आपा जब लगैं । साहिब मांनैं नांहि ॥
१८ षिजमति द्वाज बाजीद सी । कौंण करैगा कोइ ।
मैं मैं करतांर भई । फिरि पछितांनां सोइ ॥

राग भैरूं

५;० जब यहु मैं मेरी मिटि जाइ ।
तब देषत बेगि मिलै रांम राइ ॥ टेक ॥
१ मैं मैं मेरी तब लग दूरि ।
मैं मैं मेटि मिलै भरपूरि ॥
२ मैं मैं मेरी तब लग नांहिं ।
मैं मैं मेटि मिलै मन मांहि ॥
३ मैं मैं मेरी न पावै कोइ ।
मैं मैं मेटि मिलै जन सोइ ॥
४ दादू मैं मैं मेरी मेट ।
तब तूं जांनि रांम सूं भेट ॥

६;० ऐसा ग्यांन बिचारी मनां ।
रांम न सुमिरै दुष भंजनां ॥ टेक ॥
१ जब लग मै मैं मेरी करै ।
तब लग काज एक नहीं सरै ॥
जब यहु मैं मेरी मिटि जाइ ।
तब हरि काज संवरै आइ ॥
२ जब लग सिंघ रहै बन मांहि ।
तब लग यहु बन फूलै नांहि ।
उलटि स्याल सिंघ कूं षाइ ।
तब यहु फूलै सब बनराइ ॥
३ जीत्या दूबै हारयौ तिरै ।
गुर प्रसादि जीव तहीं मरै ।
दास कबीर कहै समझाइ ।
केवल रांम रहौ ल्यौ लाइ ॥

राग गौडी

७;० ऐसा ग्यांन गोपालहि भावै ।
म्रितक समांन होइ जौ आवै ॥ टेक ॥

१ दुष अरु सुष दोऊ संमि करि जांनैं ।
संपति बिपति न हिरदै आंनैं ॥
२ अस्तु तिनिंह्या आसा छाडै ।
इनि पंचनि सूं झगरौ मांडै ॥
३ कांम क्रोध की बात न चालै ।
अह निसि भगति नेम ब्रत पालै ॥
४ सब्र घटि रांम एक करि लेषै ।
अंगद कहै सुपरम पद देषै ॥

८:० काहे री नलनी तू कुमिलांनी ।
तेरैंहि नालि सरोवर पांनी ॥ टेक ॥
१ जल मैं उतपति जल मैं बस ।
जल मैं नलनीं तोर निवास ॥
२ ना तलि तपति न ऊपरि आगि ।
तोर हेत कहि का सनि लागि ॥
३ कहै कबीर जे उदिक समांन ।
ते नहीं मुये हमारे जांन ॥

राग सोरठि

९:० सरवर तटि हंस णींति साई ।
जुगति बिनां हरि जल पीयौ न जाई ॥
१ पीया चाहै तौ लै षग सारी ।
उडि न सकै दोऊ पर भारी ॥
२ कुंभ लयैं ठाढी पणिहारी ।
गुण बिन नीर भरै कैसैं नारी ॥
३ कहै कबीर गुरि एक बुधि बताई ।
सहज सुभाइ मिले रांम राई ॥

राग गौडी

१०:० दूभर पनियां भरनां न जाई ।
अधिक तृषा हरि बिन न बुझाई ॥ टेक ॥
१ ऊपरि नीर लेजत रहा री ।
कैसैं नीर भरै पनिहारी ॥
२ उधरयौ कूप घाट भयौ भारी ।
चली निरास पंच पंनिहारी ॥
३ गुर उपदेस भरी लें नीरा ।
हरषि हरषि जल पीवै कबीरा ॥

१९ एक अचंभा असा हूंवा । गागरि मांहि उतारचा कूवा ।
वोछी लेज पहूंचै नांहीं । लोक पियासा मरि मरि जांहीं ॥

राग रांमग्री

११:० क्रिष्ण कहै अरजन सांभलौ । जा लगैं गुण नहीं जाइ ।
ता लगैं निर्गुण नहीं मिलै । लिंग नौं भग नहीं थाइ ॥
टेक ॥
१ अरजन ग्यांन आब्यौं किम जांणियैं । ते नौं केहूं
सहिनांण रे ।
ता सिरि पद मन पेषिये । इम कहै भगवान रे ॥
२ पंच साषा ब्रिष ऊगिया । लागी पत्रांनीं कोडि रे ।
सहजैं उपजै सहजैं षपै । केन्हैं दीजै षोडि रे ॥
३ एक दीयौ अंतज गृहे । बीजौ कासी मांहि रे ।
दीवां बेऊ गत हुवा । जोतैं हि जोति समाई रे ॥
४ साध परपंच नैं पेषै नहीं । देषै सब घटि आप रे ।
मांहैं थकौ अल गौर है । लिपै पुंनि नहीं पाप रे ॥
५ अरजन बंन रे गयां नहीं छूटिये । तजिये बस्तर नैं अंन
रे ।
घरमां कोई रे बंध्यण नहीं । जौ छै निर्मलौं मन रे ॥
६ अरजन तेलनीं कडाही जिम कल कलै । मांहैं देषिये चंद
रे ।
मांहैं थकौ दाझै नहीं । एदू अलगूं गोबिंद रे ॥
७ अरजन सारीषा नैं सारीषौ मिलै । इम कहै भगवांन रे ।
रांम बिनां नहीं छूटिये । जाल गैं उपजै नहीं ग्यांन रे ॥
८ अर्जन जल रे मांहैं जिम कमोदनीं । उदिक नौं प्रसंग
नहीं थाइ रे ।
बिन रे षाधां कर ले पिये । जिभ्या कहूं न लिपाइ रे ॥
९ अर्जन बेदनां कर्म सगला करै । रहै त्रिबेंणीं मांहि रे ।
आतमां तत चीन्हैं नहीं । ताथैं फेर डाषांहि रे ॥
१० अर्जन जीव नैं ब्रह्म जौंला नहीं । मनैं टालि ज्यौं
भेद रे ।
बिष्णदास नैं स्वांमीं इम भणौं । इम बोल्या छैं बेद रे ॥

साषी

२० बंन बंन हृढि मुकति होइ । तौ पसु पंषी सैं वार ।
माया मैं जे दूबिये । तौ जनक भया क्यूं पार ॥

राग रांमग्री

१२:० सब भूले हो पाषंडि रहे ।
तेरा बिरला जन कोई रांम कहै ॥ टेक ॥
१ होइ आरोगि बूंटी घसि लावै । गुर बिन जैसैं भ्रमत
फिरै ।
है हाजिर परतीति न आवै । सो कैसैं परताप धरै ॥
२ ज्यूं सुष त्यूं दुष मन दिढ राषै । एकादसी इकतार
करै ।
द्वादसी भरमैं लष चौरासी । ग्रभवासी आवै सदा मरै ॥
३ मैं तैं तजै तजै अप मारग । चारि बरण उपरांति चढै ।
ते नहीं दूबे पार तिरि लंघे । निर्गुण सर्गुण संगि
करै ॥
४ होइ मगन रांम रंगि राचै । आवागवण मिटै धापै ।
तिनहीं उछाह मोग नहीं ब्यापै । कहै कबीर करता
आपै ॥

१३:० हरि रांम बिनां सब भ्रंमि गए । कोई जन तेरा साच
गहै ॥ टेक ॥
१ पीवै नीर त्रिषा तनि भाजै । ग्यांन गुरू बिन कोन लहै ।
प्रगट पूरा संमझि न आवै । ताथैं सो जल दूरि रहै ॥
२ हरिष सोग दोऊ समि करि राषै । एक एक कै संगि

निब है ।
अनत जाइ तहां दुष पावै । आपहि आपां आप दहै ॥
३ आपा परभ्रंम सब छाडै । तीनि लोक परि ताहि धरै ।
सोई जन सही साच कूं परसै । अंमर मिलै नहीं कबहूं
मरै ॥
४ पारब्रह्म सूं प्रीति निरंतर । रांम रसांइन भरि पीवै ।
सदा अनंद सुषी साचे सूं । कहि दादू सो जन जीवै ॥

राग सारंग

१४:० अैसैं ग्रिह मैं क्यूं न रहै । मनसा बाचा रांम कहै ॥
टेक ॥
१ संपति बिपति नहीं मैं मेरा । हरिष सोक ह्वै नांहीं ।
राग दोष रहित सुष दुष थैं । बैठा हरि पद मांही ॥
२ तन धन माया मोहन बंधै । बैरी मींत न कोई ।
आपा पर समि रहै निरंतर । निज जन सेवग सोई ॥
३ सरवर कवल रहै जलि जैसैं । दधि मथि घ्रित करि
लींन्हां ।
जैसैं बंन मैं रहै बटाऊ । काहू हित नहीं कीन्हां ॥
४ भाव भगति रहै रसि माता । प्रेम मगन गुन गावै ।
जीवत मुकति होइ जन दादू । अमर अभैपद पावै ॥

कबित्त

२१॥ कवल सीप जल जुदे । बसहि मणि ज्यूं मुष मांहीं ।
बडवानल पुनि बीज । बारि मधि भीजहि नांहीं ।
दरपन मैं प्रतिबिंब । सुंनि सबहीं घट न्यारी ।
लोई रंगैं न सूत । देषि अचिरज है भारी ।
अठार भारं अग नींर हित । सूर सलिल ले दे जुदा ।
यूं रजब साधू सकति । मिले अमिल पाया मुदा ॥

श्लोक

२२ धात्री बाले अस्त्री नाश्रे । पदमिणीं जल बारिवत् ।
रज दग धंइ दंभ्या संति । एवं तिष्टंति कुरवते ॥

२३ दादू गुण निर्गुण मन मिलि रह्या । क्यूं बेगर ह्वै जाइ ।
जहां मन नांहीं सो नहीं । जहां मन चेतनि सो आहि ॥
२४ दादू नाल कवल जल ऊपजै । क्यू जुदा जल मांहि ।
चंदा हित चित प्रीतडी । यौ जल सेती नांहि ॥
२५ कवल बारि इक ठौर है । कुंमद लिपै जल नांहि ।
रांम सनेहीं यौं रहै । देह ग्रेह जग मांहि ॥
२६ जल मध्ये जथा पदमं । पदमं जलं न लिपते ।
यौं संसारं उतपतते साधू । साधू संसार न लिपते ॥

राग सोरठि

१५:० पर्मगुर देषहु रिदै बिचारी ।
कछू करहु सहाइ हमारी ॥ टेक ॥
१ लवा नालि तंति एक संमि करि । जंत्र एक भल राजा ।
सति असति कछू नहीं जांनूं । जैसैं बजाया तैंसैं बाजा ॥
२ चोर तुम्हारा तुम्हारी आग्या । मुसियत नग्र तुम्हारा ।
इनके गुनह हमहि का पकरौ । का अपराध हमारा ॥
३ सेई तुम्ह सेई हम एकै कहियत । जब आपा पर नहीं
जांनां ।
ज्यूं जल मैं जल पैसि न निकसै । कहै कबीर मन मांगां ॥

राग भैरूं

१६:० माधौ सोई सोई रे । मन सकलप बिकलप कलपनां
॥ टेक ॥
१ तन कै क्रिति नहीं मैं करता । नां मै जोग न भोगी ।
नां मैं बंध नहीं मैं मुकता । नां मैं प्रेम बिवोगी ॥
२ नां मैं बाहरि नां मैं भीतरि । नां मोहि उभै भियासै ।
नहीं तन नहीं मन अंगद नांहीं । केवल ब्रह्म प्रकासै ॥

राग धनाश्री

१७:० हम बैरागी माई रांम बिवोगी ।
अब कछू संमझि परी जीय मेरैं । छूटि गए सब संसै
सोग ॥ टेक ॥
१ केवल अमल कलंक कछू नांहीं । श्रुति सुमृति सब देषे
जोइ ।
आसा छाडि निरास परमपद । संकलप बिकलप
मिटि गए दोइ ॥
२ नां हम बंध मुकति हम नांहीं । नां हम जोगी नां हम
भोग ।
कहै भुवन ग्रिह बंन दोऊ नांहीं । नां दुर्म बेली नां
ए लोग ॥

२७ साहरि आषिम आपदा । सा संपदा म संपि ।
जिणि आंयां तूं बीसरै । बुधि बुझावै झंपि ॥
२८ बिपति देहु तौ सिरि सहूं । संपति नहीं अभिमांन ।
ईसर लागा नांव सूं । संपति बिपति समांन ॥

राग आसावरी

१८:० तुझा चरन अरिबिंद भवर मंन ।
पांन करत पायौ पायौ मैं रांम धन ॥ टेक ॥
१ संपति बिपति पटल माया धंन ।
तामैं मगन होइ कैसैं तेरौ जन ॥
२ कहा भयौ जे गत तन छिन छिन ।
प्रेम जाइ तौ डरै तेरौ निज जन ॥
३ प्रेम रजा ले राषू ह्रिदै धरि ।
कहै रैदास छूटिबौ कवन परि ॥

साषी

२९ आसिक एक अलाह के । फारिक दुनिया दीन ।
तारिक इस अवजूद थैं । दादू पाक अकींन ॥
३० बोलत बाबा जिंदपीर । हमें तहां अलेष ।
हमे न दुनियां दोस्त दारां । हमे न माजर पजर ।

मैं भिस्त दोजग तलब नेस । फिरत फारिक मुलक मैं ।
दिल दस्त कमर बस्त । अगर सेर ज्वांनां ।
जिसका पीर अकलिवद । तिसका मुरीद भीदुर सदांनां ॥
३१ दरसणीं मंधो दरसणीं भणीं ज्यूं । पंडित माहि पढि सांणां ।
मूरिष मांहि मूरिष होइ प्रगटे । इसि बिधि जगत मांणां ॥

राग आसावरी

१६:० बाहरि सुत्र सकल सूं मौला ।
अलिपत रहै जैसैं जल मैं कवला ॥ टेक ॥
१ मुष की बात सब इन सूं करता ।
जीव प्रांण अपनैं प्रभु धरता ॥
२ ऊभा दीसै आवत बीहाला ।
यहु मन सकल चरन की राला ॥
३ जन नानक थिर सतगुर पाया ।
बाहरि भीतरि एकधि पाया ॥

साषी

३२ चौपा संगैं ऊछरैं । राषै अपणां अंग ।
मांणस कबहूं नांचरैं । घास पसु वन कैं संग ॥
३३ साध देह सूं यौं रहे । ज्यूं घोडा सूं असवार ।
जैमल डेरा भी जुदा । अर जुदा जुदा आहार ॥
३४ देह रहै संसार मैं । जीव रांम के पास ।
दादू कुछ ब्यापै नहीं । काल झाल दुष त्रास ॥
३५ काया की संगति तजै । बैठा हरि पद मांहि ।
दादू निरभै ह्वै रहै । कोई गुन ब्यापै नांहि ॥
३६ काया मांहैं भैघणां । सब गुण ब्यापैं आइ ।
दादू निरभै घर किया । रहे नूर मैं जाइ ॥
३७ दादू इस आकार थैं । दूजा सूषिम लोक ।
तिस थैं आगैं रहै । जहुंवां हरिष न सोक ॥
३८ दादू हद छाडि बेहद मैं । निरबै न्रिपष होइ ।
लागि रहै उस एक सूं । जहां न दूजा कोइ ॥
३९ दादू दूजै अंतर होत है । जिनि आंणैं मन मांहि ।
तहां ले मन कूं राषिये । जहां कुछ दूजा नांहि ॥
४० जब निराधार मन रहि गया । आत के आंद ।
दादू पीवै रांम रस । भेटे परमांनंद ॥
४१ निराधार घर कीजिये । जहां नहीं धरनि अकास ।
दादू निहचल मन रहै । त्रिगुण के बेसास ॥
४२ कबीर अनल अकासां घर कीया । मधि निरंतर बास ।
बसुधा ब्यौम बिकत रहैं । बिन ठाहर बेसास ॥
४३ अधर चाल कबीर की । आसंघी नहीं जाइ ।
दादू डाकैं म्रिग ज्यूं । उलटि पडैं भुंइ आइ ॥
४४ दादू रहणि कबीर की । कठिन बिषम यहु चाल ।
अधर एक सूं मिलि रह्या । जहां न ऊपजै काल ॥
४५ नां घरि रह्या न बनि गया । नां कुछ कीया कलेस ।
दादू मनहीं मन मिल्या । सतगुर के उपदेस ॥
४६ काहे दादू घरि रहै । काहे बंनषडि जाइ ।
घर बन रहिता रांम है । ताही सूं ल्यौ लाइ ॥
४७ दादू जिनि प्रांणीं करि जांणियां । घर बन एक समांन ।
घर मांहैं बंन ज्यूं रहै । सोई साध सुजांन ॥
४८ सब जग मांहैं एकला । देह निरंतर बास ।
दादू कारनि रांम के । घर बन मांहि उदास ॥
४९ घर बन मांहैं सुष नहीं । सुष है सांई पास ।
दादू तासौं मन मिल्या । इन थैं भया उदास ॥
५० नां घर भला न बन भला । जहां नहीं निज नांव ।
दादू उनमनि मन रहै । भला त सोई ठांव ॥
५१ बैरागी बन मैं बसै । घर बारी घर मांहि ।
रांम निराला रहि गया । दादू इन मैं नांहि ॥
५२ दादू जब समझ्या तब सुर झिया । उलटि समांनां सोइ ।
कछू कहावै ज लगैं । तब लग संमझि न होइ ॥
५३ कछू न कहावै आप कूं । का दूसंग न जाइ ।
दादू निरपष ह्वै रहै । साहिब सूं ल्यौ लाइ ॥
५४ कछू न कहावै आप कूं । सांई कूं सेवै ।
दादू दूजा छाडि सब । नांव निज लेवै ॥
५५ मति मोटी उस साध की । ह्वै पष रहित समांन ।
दादू आपा मेटि करि । सेवा करै सुजांन ॥
५६ आपा मेटीला । सतगुर षोजीला ।
५७ न करि बाजोग जुगति काहेला ।
गुरमुषि डोरी षैंचीला । तब सहज जोति का मेला ॥
५८ कबीर गुर गो बिद तौ एक है । दूजा यहु आकार ।
आपा मेटि जीवत मरै । तौ पावै करतार ॥

राग आसावरी

२०:० सुष दुष संसा दूरि किया ।
तब हम केवल रांम लिया ॥ टेक ॥
१ सुष दुष दोऊ भूंम बिचारा ।
इन सूं बंध्या है जग सारा ॥
२ मेरी मेरा सुष कै तांई ।
जाइ जन मन रचे तै नांहीं ॥
३ सुष कै तांई झूठा बोलै ।
बांधै बंध न कबहूं न षोलै ॥
४ दादू सुष दुष संगि न जाई ।
प्रेम प्रीति पीव सूं ल्यौ लाई ॥
५ सुष दुष मनि मानैं नहीं । रांम रंगि राता ।
दादू दूजा छाडि सब । प्रेम रसि माता ॥
६ दादू सुष दुष मनि मानैं नहीं । आपा परसमि भाइ ।
सो मन मन करि सेइए । सब पूरन ल्यौ लाइ ॥

राग गौडी

२१:० प्यारे रांम मनहीं मनां ।
कासूं कहूं कहण कूं नांहीं । दूसर और जनां ॥ टेक ॥
१ ज्यूं द्रपन प्रतिब्यंब देषिये । आप दुवा सू सोई ।
संसौ मिटचा एक कौ एकै । महाप्रलै जब होई ॥
२ जौ रिझऊं तौ महाक- नहै । बिन रिझयैं थैं सब षोटी ।

कहै कबीर तरक दोइ साधै । ताकी मति है मोटी ॥
अणकरता साषीभूत कौ अंग संर्म्पूण भवेत् ॥

७७ जरणांलांबी कौ अंग

राग गौडी

१:० गुरमुषि पाईयै रे । ऐसा ग्यांन बिचार ।
समझि समझि समझ्या नहीं । लागा रंग अपार ॥ टेक ॥
१ जांनि जांनि जांन्यां नहीं । ऐसी उपजै आइ ।
बूझि बूझि बूझ्या नहीं । ढौरी लागा जाइ ॥
२ लें ले ले लीया नहीं । हौं सरही मन मांहि ।
राषि राषि राष्या नहीं । मैं रस पीया नांहि ॥
३ पाइ पाइ पाया नहीं । ते जैं ते संमाइ ।
करि करि कुछ कीया नहीं । आतम अंगि लगाइ ॥
४ षेलि षेलि षेल्या नहीं । संनमुष सिरजनहार ।
देषि देषि देष्या नहीं । दादू सेवग सार ॥

साषी

१ प्रांन न षेलै प्रांन सूं । मन न षेलै मन ।
सबद न षेलै सबद सूं । दादू रांम रतंन ॥
२ चित न षेलै चित सूं । बैंन न षेलै बैंन ।
नैंन न षेलै नैंन सूं । दादू प्रगट अैंन ॥
३ पाक न षेलै पाक सूं । सार न षेलै सार ।
षूब न षेलै षूब सूं । दादू अंग अपार ॥
४ दादू नूर न षेलै नूर सूं । तेज न षेलै तेज ।
जोति न षेलै जोति सूं । दादू एकै सेज ॥

राग गौडी

२:० रमइया यहु दुष सालै मोहि ।
सेज सुहाग प्रीति प्रेम रस । दरसन नांहीं तोहि ॥ टेक ॥
१ अंग प्रसंग एक रस नांहीं । सदा समीप न पावै ।
ज्यूं रस मैं रस बहुरि न निकसै । अैसैं होइ न आवै ॥
२ आतम लींन नहीं निस बासुरि । भगति अषंडित सेवा ।
संनमुष सदा परसपर नांहीं । तायैं दुष तोहि देवा ॥
३ मगन गलित महारसि माता । तूं है तब लग पीजे ।
दादू जब लग अंत न आवै । तब लग देष न दीजे ॥

साषी

५ दादू कहै ज्यूं आपै देषै आप कूं । सो नैंनां दे मुझ ।
मीं रांमे रामि हरि करि । दादू देषै तुझ ॥
६ दादू कहै जैसा है तैसा नांव तुम्हारा । ज्यूं है त्यूं कहि हांई ।
तूं आपै देषै आप कूं । तहां मेरा गंमि नांहीं ॥

ज्वाब

७ केते पारिष अंत न पावैं । अगम अगोचर मांहीं ।
दादू कीमति कोई न जांणैं । षीर नीर की नाई ॥
८ दादू जीयरे जक नहीं । बिश्रांम न पावै ।
आतम पांणीं लूंण ज्यूं । अैसैं होइ न आवै ॥
९ साहिब सूं मिलि षेल ते । होता प्रेम सनेह ।
दादू प्रेम सनेह बिन । षरी दुहेली देह ॥
१० दादू बेषूद षबरि हुसियार बासिद षुद षबर पैमाल ।
बेकीमते मस्तांन गलितां नूर प्याले ष्याल ॥

श्लोक

११ मदा अग्नीप्रवाहो जस्य । तदा सुरति बबेकिनां ।
परग्या निरंतरो जस्य । ब्रह्म बेत्वा स्य उच्यते ॥
१२ दादू माता प्रेम का । रस मैं रह्या समाइ ।
अंत न आवै जब लगैं । तब लग पीव ता जाइ ॥
१३ पीया ते ता सुष भया । बाकी बहु बैराग ।
अैसैं जन थाकै नहीं । दादू उनमनि लाग ॥
१४ लै बिचार लागा रहै । दादू जरता जाइ ।
कबहूं पेट न आफरै । भावै ते ता षाइ ॥
१५ कबीर काया कमंडल भरि लिया । उजल निर्मल नीर ।
तन मन जोबन भरि पीया । प्यास न मिटी सरीर ॥
१६ दादू हरिरस पीवतां । कबहूं अरुचि न होइ ।
पीवत प्यासा नित नवा । पीव न हारा सोइ ॥
१७ ज्यूं ज्यूं पीवै रांम रस । त्यूं त्यूं बढै पियास ।
अैसा कोई एक है । बिरला दादू दास ॥
१८ राता माता रांम का । मति वाला मैं मंत ।
दादू पीवता क्यूं रहै । जे जुग जांहि अनंत ॥
१९ रोम रोम रस पीजिये । एती रसनां होइ ।
दादू प्यासा प्रेम का । यौं बिन त्रिपति न होइ ॥
२० जैसे श्रवनां दोइ हैं । अैसे हूंहिं अपार ।
रांम कथा रस जिये । दादू बारंबार ॥
२१ जैसे नैंनां दोइ हैं । अैसे हूंहि अनंत ।
दादू चंद चकोर ज्यूं । रस पीवै भगवंत ॥
२२ ज्यूं रसनां मुष एक है । अैसे हूंहि अनेक ।
तौ रस पीवैं सेस ज्यूं । यौं मुष मींठा एक ॥
२३ ज्यूं घट आतम एक है । अैसें हूंहि असंष ।
भरि भरि राषैं रांम रस । दादू एकै अंग ॥
२४ दादू मीठा रांम रस । एक घूंट करि जांउं ।
पुण गन पीछे कूं रहै । सब हिरदे मांहि समांउं ॥
२५ दादू चिडी चंच भरिले गई । नीर निघटि नहि जाइ ।
अैसा बास न नां कीया । सब दरियां मांहि समाइ ॥
२६ सुमिरण का संसा रह्या । पछितावा मन मांहि ।
दादू मीठा रांम रस । सगला पीया नांहि ॥
२७ दादू जैसा नांव था । तैसा लीया नाहि ।
हौं सर ही यहु जीव मैं । पछितावा मन मांहि ॥

राग नट नारांइण

३:० लाल सूं काहे की पहिचांनि ।
निमष निमष वह प्रीति न वह सुष । रति कीजै जिहि

जांनि ॥ टेक ॥

१ निरषत रहत निरंतर निसदिन । मन मति सौं चि सांनि ।
एकौं पल सोभा की सींवा । सकति न उर मैं आंनि ॥
२ समझि न परत प्रगटहीं परषत । आनंद की निधि षांनि ।
सषी यह बिरह संजोग किसम रस । सुष दुष लाभ कि हांनि ॥
३ घट तन घृत कैं होम अगनि रुचि । सूर सुलोचन बांनि ।
उत सोभा इत उमंगि अधिक रुचि । कोऊ नर हत मिति मांनि ॥

२८ दादू दिन दिन राता रांम सूं । दिन दिन अधिक सनेह ।
दिन दिन पीवै रांम रस । दिन दिन द्रपन देह ॥
२९ दादू दिन दिन भूलै देह गुन । दिन दिन इंद्री नास ।
दिन दिन मन मनसा मरै । दिन दिन होइ प्रकास ॥

राग गूजरी

४;० बौरी तूं बार बार बौरांनीं ।
सषी सुहाग न पावै अैसें । कैसें भ्रंमि भुलांनीं ॥ टेक ॥
१ चरनौं चेरी चित नहीं राष्यौ । पति ब्रत नांहि न जान्यौं ।
सुंदरि सेज संग नहीं जांनैं । पिय सूं मन नहीं मांन्यौं ॥
२ तन मन सबै सरीर न सौंप्यौ । सीस नवाइ नहीं ठाढी ।
इक रस प्रीति रही नहीं कब हूं । प्रेम उमंगि नहीं बाढी ॥
३ प्रीतम अपनौं परम सनेही । नैंन निरषि न अघांनी ।
निसबासुरि आंनि उर अंतरि । परम पुज्य नहीं जांनीं ॥
४ पतिबरत आगैं जिनि जिनि कीन्हौं । सुंदरि तिनि सब छाजै ।
दादू पिय बिन और न जांनैं । ताहि सुहाग बिराजै ॥

राग धनाश्री

५;० कब देषिबे मदसूदंन बदन गुंन सदन नैंनता पहरन ।
कवला रवंन प्रभू चित्र धरंन भगत भैहरंन ॥ टेक ॥
१ चरंन सुभ करंन अैसे रांम पतित पावंन ॥
कब होइ है हरि भजन छाडि बौ लोका रंजन ।
सहिबौ देहा गंजन गलित मांन प्रेम मगन मन ।
पुलिक पुरित तंन हरि कौ सुजस कब सुनिबौ श्रवन ॥
२ कब गाइबौ गुनां न बाद पाइबौ परम स्वाद ।
तजिबौ बादबिबाद भगति आस आनंद सुंदर रूप ।
श्री जगताथ अनूप भवन गवन कब होइ है माधौदास ॥

राग गौडी

६;० मन मूरिषा तैं क्या किया ।
कुछ पीय कारंनि बैराग न लीया । रे तैं जप तप साधी क्या दिया ॥ टेक ॥
१ रे तैं करवत कासी कदि सह्या ।
रे तूं गंगा मांहीं नां बह्या । रे तैं बिरहनि ज्यूं दुष नां सह्या ॥
२ रे तूं पालै परबति नां गल्या ।
रे तैं आपहि आपा नांदह्या । रे तैं पीव पुकारी कदि कह्या ॥
३ होइ प्यासै हरि जल नां पिया ।
रे तूं बज्र न फाटौ रे हिया । धिग जीवन दादू ए जिया ॥

३० सो कुछ हम थैं नां भया । जापरि रीझै रांम ।
दादू इस संसार मैं । हम आये बेकांम ॥
३१ दादू पछितावा रह्या । सके न ठाहर लाइ ।
अरथि न आया रांम कै । यहु तन यौंहीं जाइ ॥

राग माली गौडी

७;० मुझ थैं कछु न भया रे । यहु यौंहीं गया रे ।
पछितावा रह्या रे ॥ टेक ॥
१ मैं सीस ना दीया रे । भरि प्रेम न पीया रे ।
मैं क्या कीया रे ॥
२ हूं रंगि न राता रे । रसि प्रेम न माता रे ।
नहीं गलित गाता रे ॥
३ मैं पीव न पाया रे । कीया मन का भाया रे ।
कछू होइ न आया रे ॥
४ हूं रहूं उदासा रे । मुझ तेरी आसा रे ।
कहै दादू दासा रे ॥

जरणांलांबी कौ अंग संम्पूर्ण भवेत् ॥
इति श्रीचौरासी अंगां की सरह संम्पूर्ण समाप्तः ८४ ॥
आगैं और प्रसंग का सबद

७८ करुणां बीनती कौ अंग । गुंण संबूह की पुकार ॥

राग रांमग्री

१;० माधौ भीतरि मरहु हेली ।
अबला कौ बल कहा गुसांई । परतषि जाइ न पेली ॥ टेक ॥
१ ए अनेक मैं एक गुसांई । कहौ कहा बसु मेरा ।
षेत की पहूंचि कहां लूं राषै । षसम न करई फेरा ॥
२ तुम्ह शो बैद न वोषदि औरै । मंत्र और नहीं जांनां ।
ब्याधि असाधि अगाध दयानिधि । पचि पचि गये सयांनां ॥
३ जिन कूं तुम्ह हरि कारी कीन्हीं । बिथा और नहीं ब्यापी ।
नामदेव कहै नहीं बसु मेरा । क्रिपा करौ दुष कापी ॥

२;० मैं तेरी सरना गता । सुनि त्रिभुवन नाथ ।
माया निरति करै नटी । ब्रदत मम माथ ॥ टेक ॥
१ ऊपरि संत सबै कहै । अंतहकरण बिकार ।
कठिन ब्याधि कलि केसवा । किहि करूं पुकार ॥

२ मैं अकेल जन दुवला । बैरी बलिवंत ।
रष्या करौ करुणामई । भगवंत अनंत ॥
३ कांम क्रोध मद मंछरा । अभिमांन सहाइ ।
अनेक एक कूं पीडवै । दुष सह्या न जाइ ॥
४ घर बन स्वर्ग नर्क मैं । मोहि तुम्हारी आस ।
जमंनाथ जिनि बीसरौ । कहै माधौ दास ॥

राग धनाश्री

३:• कैसैं कै आंऊं सरन । दींननि अभै करन ।
बैरी हैं बहुत । सुनियैं दुष हरन ॥ टेक ॥
१ रसनां रसहि करत अपनैं बस ।
माया नहीं देति नैंकु तुम ज्यूं पग धरन ।
सगुन सबद साधि श्रवन । राषत बांधि नासिका सुगंध ।
छरचौ चाहत छरनि ॥
२ लोचन बिषै मैं सांनि । परस्यौं कांमि निकांम ।
कूप मैं लाग्यौ पर न दींन हूं बैरी सबर ।
भटक्यौ चौरासी घर पूरौ दीजै ।
ए ते पर सूर हैं चरन ॥

राग आसावरी

४:• सु कछुकरौ हो सु कछुकरौ ।
सु कछुकरौ प्रभुदीनदयाल ।
जिहि बिधि जनु छिन चरन न बिसरै ।
करुना सागर हो गोपाल ॥ टेक ॥
१ इंद्री अजित अबुधि बिषिया रत ।
मन की अनु दिन उलटी चाल ।
कांम क्रोध मद लोभ महामत ।
निसदिन नाथ फिरूं बेहाल ॥
२ जग्य जोग जप तप तीर्थ ब्रत ।
इन मैं एकौ अंकु न भाल ।
कहा करूं किहि भांति रिझांऊं ।
तुम्ह कूं सुंदर श्री हरिलाल ॥
३ तुम सरबग्य सकल बिस्व पूरन ।
असरन सरन जगत प्रतिपाल ।
क्रिपा निधांन सूर की यह गति ।
का सूं क्रिपन कहूं इहि काल ॥

राग रांमग्री

५:• रांम राइ का सनि करूं पुकारा ।
अैसे तुम्ह साहिब जांन निहारा ॥ टेक ॥
१ इंद्री सबल निबल मैं माधौ । बहुत करैं बरियाई ।
ले धरि जांहि तहां दुष पइये । बुधि बल कछू न बसाई ॥
२ मैं बपुरौ कहा अलप मूढ मति । कहा भयौ जे लूटे ।
मुनि जन सती सिध अरु साधिक । तेऊ न यापै छूटे ॥
३ जोगी जती तपी सिन्यासी । अहिनिसि षोजैं काया ।
मै मेरी करि बहुत बिगूते । बिषै बाधि जगु षाया ॥
४ एकत छाझि जांहि घर घनीं । तिन भी बहुत उपाया ।
कहै कबीर कछू संमझि न परई । बिषम तुम्हारी माया ॥

राग केदारौ

६:• मैं जन भूलौ तूं समझाइ ।
चित चंचल रहै न अटक्यौ । बिषै बन कूं जाइ ॥ टेक ॥
१ संसार सागर मांहि भूलौ । थक्यौ करत उपाइ ।
मोहनी माया बाघनीं थैं । राषिलै रांम राइ ॥
२ गोपाल सुनि इक बीनती । सुमति तनि ठहराइ ।
कहै कबीर यहु कांम निरप है । मारै सब कूं ढाइ ॥

राग रांमग्री

७:• कहा करूं कैसैं तिरूं । भौजल अतिभारी ।
तुम्ह सरनागति केसवे । राषि राषि मुरारी ॥ टेक ॥
१ घर तजि बन षंडि जाइये । षनि षइये कंदा ।
बिषै बिकार न छूटई । अैसा मनं मंदा ॥
२ बिष बिषिया की बासनां । तजूं तजी न जाई ।
अनेक जतन करि सुरझि हूं । फुंनि फुंनि उरझाई ॥
३ जीव अबुत जोबन गया । कछू कीया न नीका ।
यहु हीरा निरमोलि का । कौडी बर बीका ॥
४ कहै कबीर सुनि केसवे । तूं सकल बियापी ।
तुम समांन दाता नहीं । हम से नहीं पापी ॥

राग धनाश्री

८:• है सही बिषै बिष प्रांन पति प्रीति मेरी ।
कहत हूं सुनत गोबिंद गुन रटत नहीं ।
दुर्ग दुर्बासनां हिर्द केरी ॥ टेक ॥
१ चोर बटपार ठग रोकि दह दिसि रहे ।
बोल बोलत सबै लेत घेरी ।
जांउ जिह वोर तिहि ठौर कुछ कुसल नहि ।
ग्यांन धन हीं न पांऊं न सेरी ॥
२ काल गति गहन गति देषि हूं तजत नहि ।
देह ग्रेहादि सुष दुष ढेरी ।
भूलि भव बंन परचौ पार पांऊं नहीं ।
अरझि नष सिष रही करम जेरी ॥
३ कहत बुज ऊंच करि स्वांमि श्रीरांम मुनि ।
दूरि मो तेरही भगति तेरी ।
देषि परमांनंद हाल अैसे भये ।
एक संत संग बिन बूड बेरी ॥

राग केदारौ

९:• माधौ कब करि हौ दया ।
कांम क्रोध अहंकार ब्यापै । नां छूटै माया ॥ टेक ॥
१ उतपति बिंद भयौ जा दिन थैं । कब हूं सच नहीं पायौ ।
पंच चोर संगि लाइ दिये हैं । इन संगि जनम गवायौ ॥
२ तन मन डस्यौ भुजंग भांमिनीं । लहरी वार न पारा ।
सो गारडू मिल्यौ नहीं कब हूं । पसरचौ बिष बिकराला ॥

३ कहै कबीर यहु कासूं कहिये । यहु दुष कोई न जांनैं ।
देहु दीदार बिकार दूरि करि । तब मेरा मन मानैं ॥

राग मलार

१०:० गोबिंद राष हु अपनी वोट ।
कांम क्रोध भये बट पारे । तकि मारैं उर चोट ॥ टेक ॥
१ बैरी पांच सबल संगि मेरे । मारग रोकि रहे ।
काल अहेडी बधिक ह्वै लागे । ज्यूं जीय बाज गहे ॥
२ ग्यांन ध्यांन हिरदै हरि लीन्हां । संगि हीं घेरि रहे ।
समझि न परई बाप रमईया । तुम्ह बिन सूल सहे ॥
३ सरणि तुम्हारी राषहु गोबिद । इन सूं संग न दीजे ।
इनकै संगि बहुत दुष पाया । दादू कूंगहि लीजै ॥

राग केदारौ

११:० हमारे तुम्हीं हौ रषि पाल ।
तुम्ह बिन और नहीं को मेरे । भौ दुष मेटनहार ॥ टेक ॥
१ बैरी पांच निमष नहीं न्यारे । रोकि रहे जम काल ।
हा जगदीस दास दुष पावै । स्वांमीं करहु संभाल ॥
२ तुम्ह बिन रांम दहैं ए दूंदर । दसूं दिसा सब साल ।
देषत दींन दुषी क्यूं कीजे । तुम्ह हौ दीन दयाल ॥
३ निरभै नांव हेत हरि दीजै । दरसन परसन लाल ।
दादू दींन लींन करि लीजे । मेटौ सबै जंजाल ॥

राग बसंत

१२:० मोहन दुष दीरघ तूं निवार ।
मोहि संतावै बार बार ॥ टेक ॥
१ कांम कठिन घट रहै मांहि ।
ताथैं ग्यांन ध्यांन दोऊ उदै नांहि ।
गति मति मोहन बिकल मोर ।
ताथैं चीति न आवै नांव तोर ॥
२ पंचूं दूंदर देह पूरि ।
ताथैं सहज सील सत रहै दूरि ।
सुधि बुधि मेरी गई भाजि ।
ताथैं तुम्ह बिसरे महाराजि ॥
३ क्रोध न कबहूं तजै संग ।
ताथैं भाव भजन का होइ भंग ।
समझि न काई मन मझारि ।
ताथैं चरन बिमुष भये श्री मुरारि ॥
४ अंतरजामीं करि सहाइ ।
तेरौ दीन दुषित भयौ जनम जाइ ।
त्राहि त्राहि प्रभू तूं दयाल ।
कहि दादू हरि करि संभाल ॥

१३:० माधौ दारन दुष सह्यौ न जाइ ।
मेरी चपल बुधि तातैं कहा बसाइ ॥ टेक ॥
१ तन मन भींतरि बसै मदन चोर ।
ग्यांन रतन हरि लीन्ह मोर ।
मैं अनाथ प्रभू कहूं काहि ।
अनेक बिगूचे मैं को आहि ॥
२ सनक सनंदन सिव सुकादि ।
आप न कवलापति भए ब्रह्मादि ।
जोगी जंगम जटाधार ।
अपनैं औसरि गए हैं हारि ॥
कहि कबीर रहु संग साथ ।
अभिअंतरि हरि सूं कहु बात ।
३ मन ग्यांन जांनि कर करि बिचार ।
रांम रमति भौ तिरि बौ पार ॥

१४:० उकरी डर क्यौं न करौ गुहारि ।
तुव बिन पंचाननि श्री मुरारि ॥ टेक ॥
१ तन भीतरि बसै मदन चोर ।
तिनि श्रबस लीन्हौं छोरि मोर ।
मांगैं देइ न बिनैं मांन ।
तजि मारैं रिदा मैं कांम बांन ॥
२ मैं किहि गुह रांऊं आप लागि ।
उकरी डर बडे बडे गये हैं भागि ॥
ब्रह्मा बिष्न अरु सुर मयंक ।
किहि किहि नहीं लावा कलंक ॥
३ जप तप संजम सुचि ध्यांन ।
बंदि परे सब सहित ग्यांन ।
कहि कबीर उबरे ह्वै तींन ।
जी परि गोबिंद कृपा कीन्ह ॥

१५:० निर्मल नांव न लीयौ जाइ ।
जाके भाग बडे सोई फल षाइ ॥ टेक ॥
१ मन माया मोह मदिमाते ।
कर्म कठिन ता मांहि परे ।
बिषै बिकार मांनि मन मांहीं ।
सकल मनोरथ स्वाद षरे ॥
२ कांम क्रोध ए काल कलपनां ।
मैं मैं मेरा अति अहंकार ।
त्रिष्णां त्रिपति न मांनैं कबहूं ।
सदा कुसंगी पंच बिकार ॥
३ अनेक जोध रहैं रषवाले ।
दुर्लभ दूरि फल अगंम अपार ।
जाके भाग बडे सोई भलैं पावै ।
दादू दाता सिरजनहार ॥

राग भैरूं

१६:० का जांनूं रांम को गति मेरी ।
मैं बिषई मनसा नहीं फेरी ॥ टेक ॥
१ जे मन मांग्या सोई दीन्हां ।
जाता देषि फेरि नहीं लीन्हां ॥
२ देवा दूंदर अधिक पसारे ।
पंचौं पकरि पटकि नहीं मारे ॥
३ इन बातनि घट भरे बिकारा ।
तृष्नां तेज मोह नहीं हारा ॥

४ इनहि लागि मैं सेवा न जांनीं ।
कहि दादू सुनि कर्म कहांनीं ॥

राग टोडी

१७;० मैं अपराधी बाप सैं अपराधी ।
साचिली तुम्हची भगति न साधी ॥ टेक ॥
१ घणौं अग्यांन आगिनां भंगी ।
कीया कांम कुसंगा संगी ॥
२ यहु अग्यांन इहां परिघाठौ ।
निषरक माई न छूटै नाठौ ॥
३ कीया षूंन गोबिंद सब जांनैं ।
पौढा प्रबत मेर प्रावांनैं ॥
४ नर निरदोष नराइंण नांमीं ।
ए सब बंक अम्हंचा स्वांमीं ॥
५ नरक निवारण नर हरि नांमां ।
कीले मेक सरांहूं कांमां ॥

राग धनाश्री

१८;० मेरे गुन औगुन न बिचारौ ।
धरि जीय लाज सरन आए की ।
रवि सुत त्रास निवारौ ॥ टेक ॥
१ जौ गिरपति मसि घोलि उदधि मैं ।
लै सुरत रुनीं हाथ ।
मम कृत दोष लिषै बसुधा भरि ।
तऊ नहीं मिति नाथ ॥
२ जोग जग्य जप तप नहीं कीन्हौं ।
बेद बिमल नहीं भाष्यौ ।
आसिकु भयौ स्वान जू वनि लौं ।
अनत नही मनु राष्यौ ॥
३ कपटी कृपन कुचील कु दरसन ।
अपराधी मति हींन ।
नांहि नाथ बियौ को कुसम्रथ ।
जाहि भजौं हूं दींन ॥
४ तुम्ह अषिल अनंत दयाल देव मुनि ।
अबिनासी सुष रासि ।
सजन प्रताप नांहि नैं जांनत ।
बंध्यौ मोह की पासि ॥
५ जहीं जहीं जोनि फिरचौ भ्रंमि संकट ।
तहीं तहीं इहै कमायौ ।
कांम क्रोध मद लोभ ग्रसित ह्वै ।
बिष परम बिष षायौ ॥
६ तुम कृतग्य सबहीं बिधि संम्रथ ।
असर्न सरन मुरारि ।
क्रिपा निधांन सूर बूडत है ।
लीजै भुजा पसारि ॥

राग गौडी

१९;० मेरी कौंन गति साांई । तुम जगत भरन देवा ।
जनमहींन करम छींन । भूलि गयौ सेवा ॥ टेक ॥
१ बडौ पतित पतित नमैं । गज गनिका गांमीं ।
और पतित जगत प्रगट । तिन मैं हूं नांमीं ॥
२ तुम दयाल मैं गरीब । टेरि कह्यौ रांमां ।
दींन जांनि बिनती मांनि । गावै दास नांमां ॥

राग धनाश्री

२०;० नाथ जी अब कै मोहि उबारौ ।
पतितनि मैं बिष्यात प्रगट हूं । पांव न नांव तुमारौ ॥
टेक ॥
१ बडे बडे प्रतित पा संग नहीं मेरैं । अजामेल कौंन
बिचारौ ।
बागे नर्क नांव सुनि मेरौ । जंमनि दियौ हट तारौ ॥
२ छुद्र पतित कूं तारि रमांपति । अब न करौ जीय गारौ ।
सूर पतित कूं ठौर कहूं नहीं । है हरि नांव सहारौ ॥

२१;० मो सौ पतित न और गुसांई ।
ए औगुन मोपै छूटत नांहि न । बहुत पच्यौ अब तांई ॥
टेक ॥
१ जनम जनम यौंहीं डहकायौ । कपि गुंजा की नांई ।
परसत सीत जात नहीं कब हूं । लै लै निकटत पांई ॥
२ मोह्यौ जाइ कनक कांमिनि रस । ममिता मोह बडाई ।
जिभ्या स्वाद मींन ज्यूं दौरचौ । सूझी नहीं फंदाई ॥
३ सोवत मुदित फिरचौ सुपिनैं मैं । पाई निधि पराई ।
जागि परैं कछू हाथ न चढई । आंन देव प्रभुताई ॥
४ से ए नहीं चरन हरि जी के । बहुत करी अपतांई ।
सूर पतित कूं ठौर नहीं कहूं । राषि लेहु सरनांई ॥

राग कनडौ

२२;० दीन जन कैसैं आवै सरन ।
भूल्यौ भ्रमत सकल जल थल मघ सुनहुं ताप त्रय हरन ॥
टेक ॥
१ परम अनाथ बबेक नैंन बिन । निगम मैंन नहीं भावै ।
पद पद प्रति निज कू पघ सन मैं । को करि कृपा बचावै ॥
२ कर्नहिं लकुट भगति सत संगति । ता अधार अनु सारै ।
प्रबल प्रसिध मोहनीं दह दिसि । कहौ धूं कहा बिचारै ॥
३ अषुटत रहत सभीत सुसंक्रित । सुक्रित सबद नहीं भावै ।
सूरदास प्रभु नष प्रकास बिन । कैसैं तिमर नसावै ॥

राग बिलावल

२३;० अपनैं जांनि मैं बहुत करी ।
कौंन भांति है भगति तुम्हारी । सो स्वांमीं समझी न
परी ॥ टेक ॥
१ गये दूरि दरसन कै तांई । ब्यापक की प्रभुता बिसरी ।
जो मूरति मन बचन अगोचर । सो मूरति नहीं ध्यांनि
धरी ॥
२ नहीं गुण नांव रूप नहीं रेषा । रांम रांम कहि रांम

हरी ।

कीजै कृपा अपराध अमित अति । सूरदास थैं सब बिगरी ॥

राग धनाश्री

२४:० मैं का जांनौं देव मैं का जांनौं । मन माया कै हाथि बिकांनौं ॥ टेक ॥

१ चंचल मनवां चहुं दिसि धावै । पांचौं इंद्री थिर न रहावै ।

तुम्ह तौ आहि जगत गुर स्वांमीं । हम कहियत कलि जुग के कांमीं ॥

२ लोक बेद मेरी सुकृत बडाई । लोक लीक मोपैं तजी न जाई ।

इनि मिलि मेरौ मन जु बिगारयौ । दिन दिन हरि जी सूं अंतर पारयौ ॥

३ सनक सनंदन महामुनि ग्यांनीं । सुष नारद ब्यास इहै जु बषांनीं ।

गावत निगम उंमांपति स्वांमीं । सेस सहेस मुष कीरति गांमीं ॥

४ जहां जहां जाऊं तहां दुष की रासी । जौ न पतियाइ । निगम हैं साषी ।

जंमदूतनि बहु बिधि करि मारयौ । तऊ निलज अजहूं नहीं हारयौ ॥

५ हरि पद बिमुष आस नहीं छूटै । ताथैं तृष्णां दिन दिन लूटै ।

बहु बिधि कर्म लीयैं भटकावै । तुमहि दोस हरि कवन लगावै ।

६ केवल रांम नांम नहीं लीया । संत बिषैं स्वाद चित दीया ।

कहै रैदास कहां लग कहिये । बिनु रघुनाथ सदा दुष सहिये ॥

राग रांमग्री

२५:० तुम्ह थैं कहा दुराऊं नाथ ।

मम कृत दोष पुरातन न उतम । सबै तुम्हारै हाथ ॥ टेक ॥

१ परधन परदारा परनिंद्या । एही अबिद्या कीन्ह ।

सैंति सैंति कृपन की निधि ज्यूं । काहू बांटि न दीन्ह ॥

२ कहै कछू और करै कछू और । होत आंन की पोच ।

सुपिनैं हूं हरि गुर कौ सुमिरन । कब हूं न आंन्यूं सोच ॥

३ तुम्ह तजि और कौंन पैं जाऊं । को सहिबेकूं आंन ।

घोष समंद मैं परयौ परमानंद । राषहु कृपा निधांन ॥

२६:० माधौ मैं अैसा अपराधी । तेरी भगति हेत नहीं साधी ॥ टेक ॥

१ कारनि कौंन आइ जुगि जनम्यां । जनमि कवन सचु पाया ।

भौजल तिरण चरण चिंतामणि । ता चित घडी न लाया ॥

२ परनिंद्या परधंन परदारा । परउपवादैं सूरा ।

ताथैं आवागवन होइ फुंनि फुंनिहीं । ता परसंग न चूरा ॥

३ कांम क्रोध माया मंद मंछर । ए संतनि हम मांहीं ।

दया धम ग्यांन गुर सेवा । ए प्रभू सुपिनैं नांहीं ॥

४ तुम्ह कृपाल दयाल दमोदर । भगत बछल भौहारी ।

कहै कबीर धीर मति राषहु । सा सति करहु हमारी ॥

साषी

१ दादू महा अपराधी एक मैं । सारे इहि संसार ।
औगुन मेरे अति घणें । अंत न आवै पार ।
बेमरजादा मिति नहीं । अैसे किये अपार ।
मैं अपराधी बाजी मेरे । तुम्हहीं एक अधार ॥

२ दोष अनेक कलंक सब । बहुत बुरा मुझ मांहि ।
मैं कीए अपराध सब । तुम्ह थैं छांनां नांहि ।
गुनहगार अपराधी तेरा । भाजि कहां हम जांहि ।
दादू देष्या सोधि सब । तुम बिन कहीं न समांहि ॥

३ आदि अंति लौ आइ कारि । सुकृत कछू न कीन्ह ।
माया मोह मद मंछरा । स्वादि सबै चित दीन्ह ।
कांम क्रोध संसै सदा । कबहूं नांव न लीन्ह ।
पाषंड परपंच पाप मैं । दादू अैसैं कीन्ह ॥

राग देवगंधार

२७:० बिनती कैसैं कै करौं ।

मैं औगुन परिपूर्न कीनें । सुक्रित न एक धरौं ॥ टेक ॥

१ जो जो इंद्री जब जब मांग्यौ । तब मुरझाइ परौं ।

चौस होत अरु नेत्र अछत हीं । कूवा धस देई परौं ॥

२ अपनैंहीं अभिमांन अहंकृत । या मैं अधिक जरौं ।

बिनहीं बहनि लगाइ चहू दिसि । अपनैं निजहि घरौं ॥

३ जौ कोऊ सीष बदत । ताहूं सूं तमकि लरौं ।

अब जम त्रास भयां नक सुनि कैं । या तैं अधिक डरौ ॥

४ पतित उधार न बिरद जांनि कैं । द्वारैं रटत परौं ।

सूरदास कृपाल कृपा करि । भव जल सिंध तरौं ॥

राग धनाश्री

२८:० तुम्ह सूं कहा कहूं करु नांमैं । जो करनीं मैं कीनीं ।

अपंथ चाल की अपंथ कथा सुनि । एकौ अंग नहींनीं ॥ टेक ॥

१ जो जस हुतौ पुरांन पुरातन । सुर लेषनि लिषि लींनीं ।

अपनौं तन पापनि की पोथी । मैं जम कै कर दींनीं ॥

२ काटी कटै जरै नहि जारी । भे ये जात न भींनीं ।

सूरदास भगवंत भजन ते । ह्वै हैं दिन दिन छींनीं ॥

२९:० हरि जू मोते को कैसौ पापी ।

घातकु कुटिल चवाई कपटी । महाक्रोध संतापी ॥ टेक ॥

१ लंपट धूत पूत दमरी कौ । बिषम बांम जप जापी ।

कांम बिबस कांमि नींकैं संग मिलि । मन अरु मन सा
थापी ॥
२ भछे अभछि अपीये पांन बहु । करि न ल्हा ल्हा साधापी ।
मन बच क्रम दुष्ट सबहिन सौं । कटुक बचन आलापी ॥
३ जेते पतित उधारे तुम्ह प्रभु । तिनकी गति मैं मापी ।
सागरु सूर बिकार जल भरचौ । बधिक अजामेल बापी ॥
३०:० हो हरि सु कहा जु मैं न कीयौ । जौपैं तुम सोई सोई
चित धरि हौ ।
पतित पांवन बिरद प्रगट । कौंन भांति करिहौ ॥ टेक ॥
१ जब तें जग जनम आइ जीव नांम पायौ ।
तब ते अपराध बिनां । और न करि आयौ ॥
२ संत निंदक स्वाद लंपट । कपटी गुर द्रोही ।
जेतक अपराध भरे । लागत सब मोही ॥
३ सुकृती जन सेवग सुवग सुठि । काहे न जीय भावै ।
प्रभु की प्रभुताइ है । जु भीतु सरन पावै ॥
४ स्वांमि सुंदर कमल नैंन । सकल अंतरजांमीं ।
बिनती कहा करै सूर । कूर कुटिल कांमीं ॥

राग टोडी

३१:० ते मैं की धलां रांम जी ।
जे तैं वरचां मारग मेल्हि अमारग अणसरि अक्रम क्रम
हरे । टेक ॥
१ साधू नौ संग छाडी नैं । असंगति अणसरियौं ।
सुक्रित मूंकि अबिद्या साधी । बिषिया बिसतरियौं ॥
२ आंन कथ्यौं आंनसां भलियौं । नैंणें आंन दीठूं ।
अंमृत कडवौं बिषइम लागूं । षातां अति मींठू ॥
३ रांम रिदै थैं बिसारी मैं । माया मन दीधूं ।
पांचे प्रांणीं गुरमुषि बरज्यां । ते दादू की धूं ॥

राग आसावरी

३२:० माधौ किसौ मुंहु ले मिलन आंऊं । अधिक तनि अपराध ।
ताप तृष्नां लुबध्य लागी । संगति त्यागी साध ॥ टेक ॥
१ नैंन जित तित पाप निरषैं । श्रवणौं सबद अकाज ।
मन मनोरथ पाहि पसरी । गलित गुण गई लाज ॥
२ सुत कलित कुल पासि पग मैं । सुरति स्वाद सलोभ ।
रसन रुचि दिन राति दगधै । सकल बिधि सुष सोभ ॥
३ जठर पसु गति पूरि दह दिसि । पहुप परिमल नास ।
कांम अनंत कुसंग इंद्री । दुषित दोइ दस मास ॥
४ भगति निधि भगवांन भौ रिप । भजन सुडिढ सूभाइ ।
एक रस हरदास हरि पद । प्रगट प्रफुलित गाइ ॥
३३:० माधौ अबिद्या हित कीन्ह ।
ताथैं मैं तोर नांव न लींन ॥ टेक ॥
१ म्रिघ मींन भ्रिंग पतंग कुंजर । एकइ दोष बिनास ।
इता पंच ब्याध्य असाधि इहि तनि । कौंन ताकी आस ॥
२ जलि थलि जीव जंत जहां तहां । करम पासा जाइ ।
मोह पासि अबध बाधा । करिए कौंण उपाइ ॥
३ त्रिजुग जोनि अचेत समभ्रंमि । पाप पुनि न सोच ।
मांनिषा औतार दुलंभ । तिहूं संकुट पोच ॥
४ रैदास उदास बन भव । जाप न तप गुर ग्यांन ।
भगत जन भौ हर न करियत । अैसे परम निधांन ॥

राग बसंत

३४:० मोहि तारि माधौ अब की बार ।
तेरी भगति बिनां भ्रम्यौं अनेक बार ॥ टेक ॥
१ अंबरीष सुणि कृष्न ब्यास ।
निज परम कथा है अतिनि वास ।
जन श्रवन सुनत भए ग्यांन दीप ।
प्रहिलाद आदि राषे हरि समींप ॥
२ मैं मातंग अबिमन्य कांमी बिरूप ।
भै देषि बिलंब्यौं गहर कूप ।
बाहर मुष त-न घुलैं घाइ ।
ग्रिह अंध कूप मैं परचौ आइ ॥
३ मैं स्यंघ बाघ सू कर सियाल ।
षग अंड जोति सारस मराल ।
जल मंछ कछ जीव जंत कोटि ।
क्रिम कीट भ्रमत भावै न टोटि ॥
४ मैं जोगी आसंण करि बिभूति ।
सिध प्रसाद ह्वै जगत धूति ।
जटाजूट पाषंड डंड ।
तेरी भगति बिनां भ्रम्यौं षंड षंड ॥
५ मैं कोटि जनम लयौ सिन्यास ।
या मन बिन जीत्यां टूटी न आस ।
उदरनि मैं त भ्रंम्यौं निकाज ।
तेरी भगति बिनां फीटौ निलाज ॥
६ मैं कोटि जनम लीयौ पुन्यास ।
तप तीरथ लौंका ह्वै निवास ।
बरत चौबीसौं कीया आदि ।
जल मल पीवत गयौ जनम बादि ॥
७ मैं बेद बिधि छाडचौ सरीर ।
निर्प राज बल सुभट बीर ।
मैं बड मैं बड करतां गयौ बिलाइ ।
तेरी भगति बिनां बैकुठं राइ ॥
८ मैं बनषंड रोही तरल ताड ।
साषा संबूह फल अतिर साल ।
बंनषंड कर्म कीये कुढार ।
तन षंड षंड कीयौ अनेक बार ॥
९ मैं चंदन उपज्यौ गिरि निवास ।
बहु परिमल तर अति सुबास ।
घसि कबहूं न चरचे स्वांमि अंग ।
तेरी भगति बिनां रहे सर पसंग ॥
१० सुक नल- बंध क्रंम पास ।
आंन उपाधि उपज्यौ दुरास ।
मिलि चंद सूर बिंदि बंद ।
बिन करनीं क्यूं मिलै मुकंद ॥

११ उहां बिधि निषेध नहीं पाप पुंनि ।
चरन कवल ल्यौ परम सुंनि ।
तेरी झूठी माया लिप्यौ निकांम ।
तेरी भगति बिनां आतमरांम ॥
१२ तेरे चरन कवल हिरदा मंझारि ।
भजि रांम नांम अब कै उधारि ।
त्राहि त्राहि भये कबीर दास ।
मेटहु नर हरि संत त्रास ॥

राग धनाश्री

३५:० तुझा देव कवलापती सरनि आया ।
मंझा जनम संदेह ब्रत छेदि माया ॥ टेक ॥
१ अतिर संसार अपार भौसागरा ।
तामैं जांमण मरण संदेह भारी ।
कांम भ्रंम क्रोध भ्रंम लोभ भ्रंम मोह भ्रंम ।
अनंत भ्रंम छेदि मम करिस्य पारी ॥
२ पंच संगी मिलि पीढियौ प्रांणियौं ।
जाइ न सकौं बैराग भागा ।
पुत्र बर्ग कुला बंध ते भारज्या ।
भषैं दसूं दिसा सिरि काल लागा ॥
३ भगति चिंतौ तौ मोह दुष ब्यापै ।
मोह चिंतौ तौ तेरी भगति जाई ।
उभै संदेह मोहि रैंनि दिन ब्यापै ।
दींन दाता करूं कूंण उपाई ॥
४ चपल चेत्यौ नहीं बहुत दुष देषियौ ।
कांम बसि मोहियौ करम फंदा ।
सकति सनबंध कियौ ग्यांन पद हरि लियौ ।
ह्रिदै बिस रूप तजि भयौ अंधा ॥
५ परम परकास अबिनास अघमोचनां ।
निरषि निज रूप बिश्रांम पाया ।
बदंत रैदास बैराग पद चितता ।
जयौ जगदीस गोबिंद राया ॥

३६:० जयौ रांम गोबिंद बीठल बासदेव ।
हरि बिष्न बैकुंठ मधुकीट भारी ॥ टेक ॥
कृष्न केसौ रिषी कैस कवलाकंत ।
अहो भगवंत त्रिबिधि संतापहारी ॥
१ अहो देव संसार तौ गहर गंभीर । भीतरि भ्रमंत ।
दिसि बिदिसि दिसि कछून सूझै ।
बिकल ब्याकुल षेद प्रणवंत परम हेत ।
ग्रसत मति मोहि मारग न सूझै ।
देवहि औरसरि आंन कौंन संख्या समांन ।
देव दीन उधरंन चरन सरंन तेरी ।
नहीं आंन गति बिपति कौं हरन और ।
श्रीपति सुनसि । सीष संभाल प्रभू करहु मेरी ॥
२ अहो देव कांम केसरि काल । भुजंग भांमिनीं भाल ।
लोभ सूकर क्रोध बरबार नौं ।
गर्ब गैंडा महा मोह टटनीं ।
बिकट निकट अहंकार आरनौं । जल मनोरथ ऊरमीं ।
तरल त्रिश्नां मकर पर इंद्री । जीव जंत्र मांहीं ।
समक ब्याकुल नाथा तस बिषादिक पंथ ।
देव देव बिश्रांम नांहीं ॥
३ देव सबै असंगति मेर मध्य फूटा भेरा नांव नव का बडै
भागि पाई ।
बिन गुर करण धीर डोलै न लागै तीर ।
बिषै प्रवाह औगाह जाई ।
देव किहि करूं पुकार कहां जाऊं कासूं कहूं ।
का करूं अनुग्रह दास की त्रासहारी ।
इहि ब्रत मांनि और अवलंबन नहीं ।
तो बिन त्रिबिधि नाइक मुरारी ॥
४ अहो देव जेते कहियैं अचेत ।
तूं सरबगि । मैं मैं न जांनूं ग्यांन ध्यांन तेरौ ।
सति सति म्रिद पर पन मनसा ममल ।
मन क्रम बचन अवर अवलंबन नहीं मेरे ।
कठिन कलि काल जंजाल जुग जमंनि का ।
ग्यांन बैराग डिढ भगति नांहीं ।
मलिन मति रैदास । निषल सेवा अभ्यास ।
प्रेम बिन प्रीति सकल संसै न जांहीं ॥

३७:० जौ जगि और बियौ कोऊ पाऊं ।
तौ हूं बार बार बिनती करि । कत हरि तुम्हहि
सुनाऊं ॥ टेक ॥
१ सिव बिरंचि सुर असुर नाग मुनि । सबनि जाचि जनु
आयौ ।
भूल्यौ भ्रम्यौं म्रिग त्रिष्नां लौं । काहूं श्रमु न गंवायौ ॥
२ अति अगाध भव मगन महासठ । तजि पद कूल रह्यौ ।
गिरा रहित बृक ग्रसित अजालौं । अंतक आंनि गह्यौ ॥
३ पौरिष रहित अजित इंद्री बस । मनौं गज पंक परचौ ।
बिषियासकत न टीके कपि लौं । जोई जोई कह्यौ
सुकरचौ ॥
४ अपनैं हींया नैंन दोष ते । रवि अलूकन मांनैं ।
अतिसै दुषित अमित अघ ब्याकुल । बृथा अमित रज
छांनैं ॥
५ सकल अपंथ चाहि चाहि चक्रित चित । भ्रम्यौं औघट
मति मंद ।
थकित भयौ रथहींन चक्र लौं । निरषि करम गुन फंद ॥
६ सुणि त्रै ताप हरन करुनांमैं । संम्रथ दीन दयाल ।
सूर कुटिल राषहु सरनागत । इहि ब्याकुल कलि काल ॥

३८:० माधौ ताहूं सकुच सरन आये की । होत जु निपटनि
काज ।
जदपि बुधि बल बिभै बिहूंनौं । करत क्रिपा ते लाज ॥
टेक ॥
१ त्रिन जड सलिल बहत बपुरा षत । गहत जु न रू?कर
जाइ ।
कै कुल कूल मूल आश्रित ह्वै । तजत आप अनु- लाइ ॥
२ तुम प्रभु अजित अनंत लोक पति । मैं अनाथ मति हींन ।

नहि कछ होत निकट देषत मो । मगन होत जन दीन ॥
३ प्रसहि प्रबल सूल निसबासुर । ताते यह कहि आई ।
सूरिजदास क्रिपाल क्रिश्न भजि । सु को बजिहि गति पाई ॥

राग आसावरी

३६:० हरि बिन कौंन लगै गुहारि ।
दस चोर मोर बमेक मांनिक । हरत हैं परचार ॥ टेक ॥
१ सब लोक देषत द्यौस मैं । घर फोरि करि नौ द्वार ।
जो कछू हुतौ बिग्यांन धंन । सो ले चले बट पार ॥
२ मद लोभ मोह सहाइ इनकैं । मिल्यौ मनु कूट वार ।
मोहि अंध करि भ्रंम कूप मैं । मेलि चले चपल चंडार ।
३ भव बंध मोचन बिनां मेरे । आंन को रषि पार ।
जगंनाथ संम्रथ अघ हरन । माधौदास सरन तुम्हार ॥

४०:० हरि बिन कौंन मोहि समझाइ ।
कांम हत मन बिषै ब्याकुल । बिबधि मारग धाइ ॥टेक ॥
१ सुनें बेद पुरांन संतति । भजन केसौ सार ।
लोभ मोह तैं बिक्रत करि ले । आप तहां रषि पार ॥
२ ग्यांन क्रम न भगति मोपैं । नां बैराग न धरम ।
कौंन बिधि भौ तिरूं । चरन सरोज पाऊं सरन ॥
३ कृष्म बिष्म कुलाल तूं । सुर सुरी परमांनंद ।
त्राहि माधौदास गावै । प्रगटि करुनां कंद ॥

राग रांमग्री

४१:० नरहरि प्रगटिसि नां हो प्रगटिसि नां ।
दीनांनाथ दयाल नरहरि ॥
१ जन मैं तोही थैं बिगरांन । कछू बूझत हूं रसयांन ।
परिवार बिमुष मोहि लाग । कछू समझि परत नहीं जाग ॥
२ इक भंभ देस कलि काल । अहो मैं आइ परचौ जंमजाल ।
कबहूं कैं तोर भरोस । जौ मैं न कहूं तौ मोरौ दोस ॥
३ अस कहिये तेऊ न जांन । अहो प्रभू तुम्ह सरबंग सयांन ।
सुतौ सेवग सदा असोच । ठाकुरहि पितहि सब सोच ॥
४ रैदास बिनवैं कर जोरि । अहो स्वांमीं तुम्ह नांहिन षोरि ।
४ सु तौ पूरिबला अक्रंम मोर । बलि जाऊं करौ जिनि और ॥

राग धनाश्री

४२:० जन के उपजत दुष किन काटत ।
जैसैं प्रथम अषाढ क वैचिनि । उलहत कपि जु उपाटत ॥ टेक ॥
१ ज्यूं किलि किला मींन द्रिष्टि राषत । अैसैं रहौ प्रभु दाटत ।
सुनहुं स्वांमि अब सिंध बढत है । सूर षार किन पाटत ॥

राग मारू

४३:० निरजन राषि लीजै हो ।
सेवग माहैं चूक ह्वै तौ । नाषि न दीजै हो ॥ टेक ॥
१ यहु घट काचा चांम का । मांहैं जीव आया हो ।
साहिब कूं जांणैं नहीं । भारी दुष पाया हो ॥
२ गुणहीं सूं गहि बंधिया । कहि कौंन बुडावै हो ।
दसूं दिसा कूं घेरिये । क्यूं तुम्ह पैं आवै हो ॥
३ साहिब सेती बींनती । अब कै चित धारौ हो ।
गुर दादू प्रसाद थैं । टीलौ निस्तारौ हो ॥

राग धनाश्री

४४:० हाथ दे हो रांमां । तुम्ह सब पूर्न कांमां ।
हूं उरझि रह्यौ संसारि ॥ टेक ॥
१ अंध कूप ग्रिह मैं परचौ । मेरी करौ संभाल ।
तुम्ह बिन दूजा को नहीं । मेरे दीनां नाथ दयाल ॥
२ मारग को सूझै नहीं । दह दिसि माया जाल ।
काल पासि कसि बांधियौ । कोई न छुडां वनहार ॥
३ रांम बिनां छूटै नहीं । कीजै बहुत उपाइ ।
कोटि कीयां सुरझै नहीं । अधिक अरूझत जाइ ॥
४ दीन दुषी तुम्ह देषतां । भौ दुष भंजन रांम ।
दादू कहै कर हाथ दे । तुम्ह सब पूर्न कांम ॥

राग केदारौ

४५:० माह्ला नाथ जी तारूहू नांव लिवाइ रे ।
रांम रतन रिदिया मैं राषे ।
माह्ला वाल्हा जी बिषिया थौं वा रे ॥ टेक ॥
१ वाल्ह वांणीं नैं मन मांहैं मांह रै ।
चितवन ताहरौं चिति राषे ।
श्रवण नेत्रयां इंद्री नां गुण ।
माहरा मांहिला मल ते नाषे ॥
२ वाल्हा जीवाडे तां रांम रमाये ।
मो नैं जीया नौ फल ए आये ।
ताहरा नांव बिनां जिहां जिहां बाधौ ।
जन दादू ना बंधन कापे ॥

राग आसावरी

४६:० ता भै थैं मन लागौ रांम तोही ।
करहु क्रिपा जिनि बिसरहु मोही ॥ टेक ॥
१ जननीं जठुर बहुत दुष भारी ।
सो संक्या नहीं गई हमारी ॥
२ दिन दिन तन बीजै जुह्वा जणावै ।
केस गहैं काल म्रिदंग बजावै ॥
३ कहै कबीर करुणांमैं आगै ।
तुम्हारी क्रिपा बिनां बिपति न भागै ॥

राग बिलावल

४७:० मालिक मिहरवांन करींम ।

गुनहगार हर ह रोज हर दंम । पनह राषि रहींम ॥ टेक ॥
१ अवलि आषिर बंद गुनहीं । अमल बद बिसियार ।
गरक दुनियां सितार साहिब । दरद वंद पुकार ॥
२ फरामोस नेकी । बदी करदंम । बुराई बद फैल ।
बकसंद तूंव अजाब आषिर । हुकम हाजिर सैल ॥
३ नांव नेक रहींम राजिक । पाक प्रव्रदिगार ।
गुनाह फिल करि देहु दादू । तलब दर दीदार ॥

राग आसावरी
४८:० षालिक हरि कहीं दरहाल ।
० पंजर जसि करद दुसमन । मुरद करियै माल ॥ टेक ॥
१ भिस्ति हुस कां दोजगां । दुंदर दराज दिवाल ।
पहनांम पर दाईत आतस । जहर जंगम जाल ॥
२ हम रफत रहबे रहसुमां । षुरदां सुमां बिसियार ।
हम जिमीं असमांन षालिक । गुंद मुसि कलि काल ॥
३ असमांन म्यांनैं लहंग दरिया । तहां गुसल करदां बूद ।
करि फिकरि दद साल कजसम । जहां सतहां मौजूद ॥
४ हमचि बूदनि बूद षालिक । गरक हम तुम्ह पेस ।
कबीर पनह षुदाइ की । रह दिगर दावा नेस ॥

राग गौडी
४९:० यार मां एक तूं दानां । तेरा आदू बैष्णौं ।
तूं सुलितांन सुलितांनां । बंदा सकति रजांनां ॥ टेक ॥
१ मैं बेदियांनत बदनजर दे । जरबंद बरषुरदार ।
बेअदब बदबषत बीरा । बेअकलि बदकार ॥
२ मैं गुनहगार गरीब गाफिल । कमदिलां करतार ।
तूं दरकदर दरिया जिहांवन । मैं हेसिया हुसियार ॥
३ यहु तन हस्त षस्त षराब षातिर । अंदेसा बिसियार ।
रैदास दासहिं डोल साहिब । देहु अब दीदार ॥

राग बिलावल
५०:० यार बजिगर दर तूंव नांम ।
गलितां गुद स्वांगरी बा । हम पनहगीर गुलाम ॥ टेक ॥
१ दरिया दुनीं दिल ददांइम । बेकरारी जीव ।
बदकार फैनें फिकार भूले । फहम कीया न पीव ॥
२ हाईल हवाल हसें बषिस्तां । अवलि करदप स्यंद ।
जालिंम दिवांन षरांब षातिर । राषि राषि दिहंद ॥
३ स्याह्री सपेदी अदेस आषिर । दहन दोजगयादि ।
नरसिंघ देहु दीदार रोजी । दरद वंद फिरि यादि ॥

राग गौडी
५१:० कैसैं नगरि करूं कुट वारी ।
चंचल पुरिष बिच षिन नारी ॥ टेक ॥
१ बैल बिवाइ गाइ भई बंझा ।
बछरा दूझै तीन्यूं संझा ।
२ मकरी घरि माषी छछिहारी ।
मास पसारि चील्ह रष वारी ॥
३ मूसा षेवट नाव बिलईया ।
मींडक सोवै साप पहरईया ॥
४ नित उठि स्याल स्यंघ सनि झूझै ।
कहै कबीर कोई बिरला बूझै ॥

राग बिलावल
५२:० कौंन आदमीं कमींन बिवारा ।
किस कूं पूजै गरीब पिंजारा ॥ टेक ॥
१ मैं जन एक अनेक पसारा ।
भौजल भरिया अधिक अपारा ॥
२ एक होइ तौ कहि संमझांऊं ।
अनेक अरु झे क्यूं सुरझांऊं ॥
३ मैं हौं निबल सबल ए सारे ।
क्यूं करि पूजूं बहुत पसारे ॥
४ पीव पुकारूं समझत नांहीं ।
दादू देषु दसूं दिस जांहीं ॥

राग गौडी
५३:० संईयां मेरे साजि दई एक डोली ।
हस्त लोक अरु मैं तैं बोली ॥
१ इक झंझर सम सूत षटोला ।
त्रिष्नां बाव चहूं दिसि डोला ॥
२ पंच कहार का मरम न जांनां ।
एकनि कह्या एक नहीं मांनां ॥
३ भू भर घांम उहार न छावा ।
नैं हरि जात बहुत दुष पावा ॥
४ कहै कबीर बर बहु दुष सहिये ।
रांम प्रीति करि संगहीं रहिये ॥

राग गुंड सारंग
५४:० निरंजन काइर कंपै प्रांनियां । देषि यहु दरिया ।
वार पार सूझै नहीं । मन मेरा डरिया ॥ टेक ॥
१ अति अथाह ए भौजला । आसंध नहीं आवै ।
देषि देषि डरपै घणां । प्रांनीं दुष पावै ॥
२ बिष जल भरिया सागरा । सब थके सयांनां ।
तुम्ह बिन कहु कैसैं तिरूं । मैं मूढ अयांनां ॥
३ आगैं हीं डरपे घणें । मेरी का कहिये ।
कर गहि काढौ केसवा । पार तौ लहिये ॥
४ एक भरोसा तोर है । जे तुम होहु दयाला ।
दादू हु कैसैं तिरै । तूं तारि गुपाला ॥

राग माली गौडी
५५:० गोबिंदे कैसैं तिरियै ।
नाव नांहीं षेव नांहीं । रांम बिमुष मरियै ॥ टेक ॥
१ ग्यांन नांहीं ध्यांन नांहीं । लै समाधि नांहीं ।
बिरहा बैराग नांहीं । पंचौं गुन मांहीं ॥
२ प्रेम नांहीं प्रीति नांहीं । नांव नांहीं तेरा ।

नांव परगट कीजै ॥

राग धनाश्री

७४:० देव भ्रंमत भ्रंमत तेरे हूं संरणैं आयौ ।
सरणाई बिजै पंजर राषिलै रांमइया राइ ॥ टेक ॥
१ लोह कौ संकल पाइ । तूंटै हो घण चैघाइ ।
मोह कौ संकल कैसैं छूटै हो रांमइया राइ ॥
२ देषी बिद्या देष्यौ दांन । देषी काया कृतम तन ।
साध संगति बिन । मेरौ कहीं न मांनैं मंन ॥
३ देष्यौ पुंनि देष्यौ पाप । सकल जग देष्यौ संताप ।
प्रणवंत पीपौ नरहरि उधारी लै आपैं आप ॥

७५:० जन कूं तारि तारि तारि बाप रमइया ।
कठिन फंद परचौ पंच जमइया ॥ टेक ॥
१ तुम्ह बिन सकल देव मुनि ढूंढै ।
कहूं न पायौ जम पासि छुडइया ॥
२ हमसे दीन दयाल न तुम्ह से ।
चरन सरन रैदास समइया ॥

७६:० त्राहि त्राहि त्राहि त्रिभुवनपति पांवन ।
अतिसै सूल सकल बलि बांवन ॥ टेक ॥
१ कांम क्रोध लंपट मन मोर । कैसैं भजन करौ मैं तोर ॥
२ बिषम बिष्याधि बिहंडनकारी । असरन सरन चरन भौहारी ॥
३ देव देव दरबारि दुवारै । रांम रांम रैदास पुकारै ॥

श्लोक

४ कर चर कृतं बा कायजंक्रंमज वा । श्रवन नैंन जिह्वा मनसं
वा । अप्राधं बिदति मवित्वा श्रबमेतत्वं । षिमसु पते
गोपतें भूप ते ॥
५ मतसमो नास्ति पापातमां । तत्रसमो नास्ति पापहा ।
एवं संच्यत गोबिंदं जथेछस्प तथा कुर ॥
६ दादू कहै तुम हौ तैसी कीजियौ । तौ छूटेंगे जीव ।
हम हैं ऐसी जिनि करौ । सदिकै जांऊं पीव ॥
७ जदपि कुपि तो नाथ । तदपि हंसर्णं तुयं ।
भू मौस षलित पादा नां भूमरेवायलंबन ॥

राग गौडी

७७:० तूं जिनि छाडै केसवा ।
मेरे वोर निबांहन हार हो ॥ टेक ॥
१ औगुन मेरे देषि करि । तूं नां करि मैला मंन ।
दीनानाथ दयाल हौ । अपराधी सेवग जंन हो ॥
२ हम अपराधी जनम के । नष सष भरे बिकार ।
मेटि हमारे औगुनां । तूं गरवा सिरजनहार हो ॥
३ मैं जन बहुत बिगारिया । इब तुमहीं लेहु संवारि ।
संम्रथ मेरा सांईयां । तूं आपैं आप उधारि हो ॥
४ तूं न बिसारीं केसवा । मैं जन भूला तोहि ।
दादू वोर निबाहिलै । अब जिनि छाड हु मोहि हो ॥

राग सारंग

७८:० तौ निबहै जन सेवग तेरा ।
ऐसैं दया करि साहिब मेरा ॥ टेक ॥
१ जौ हम तोरैं तौ तूं जारैं ।
हम तोरैं पै तूं नहीं तोरै ॥
२ हम बिसरैं पै तूं न बिसारै ।
हम बिगरै पैतूं न बिगारै ॥
३ हम भूलैं तूं आंनि मिलावै ।
हम बिछुरैं तूं अंगि लगावै ॥
४ तुम्ह भावै सो हम पैं नांहीं ।
दादू दरसन देहु गुसांई ॥

राग गौडी

७९:० क्यूं हम जीवहि दास गुसांई ।
जे तुम्ह छाड हु संम्रथ सांई ॥ टेक ॥
१ जे तुम्ह जन कूं मनहि बिसारा ।
तौ दूसर कौंन संभालनहारा ॥
२ जे तुम्ह परहरि हौ निनारे ।
तौ सेवग जाइ कौंन के द्वारे ॥
३ जे जन सेवग बहुत बिगारै ।
तौ साहिब गरवा होस निवारै ॥
४ संम्रथ सांई साहिब मेरा । दादू दास दींन है तेरा ॥

राग धनाश्री

८०:० जिनि छाडै हों रांम जिनि छाडै ।
हमहि बिसारि जिनि छाडै । जीय जात न लागै बार
जिनि छाडै ॥
१ माता क्यूं बालिक तजै । सुत अपराधी होइ ।
कब हूं न छाडै जीव तैं । मति दुष पावै सोइ ॥
२ ठाकुर दीन दयाल है । सेवग सदा अचेत ।
गुण औगुन हरि नां गिणैं । अंतरि तासूं हेत ॥
३ अपराधी सुत सेवगा । तुम्ह हौ दींन दयाल ।
हम थैं औगुन हो तहै । तुम्ह पूरण प्रतिपाल ॥
४ जब मोहन प्रांनीं चलै । तब देही किहि कांम ।
तुम्ह जांनत दादू का कहै । अब जिनि छाडौ रांम ॥

राग सारंग

८१:० रांम क्रिपा करि होहु दयाला ।
दरसन देहु करहु प्रतिपाला ॥ टेक ॥
१ बालिक दूध न देई माता ।
तौ वै क्यूं करि जीवहि बिधाता ॥
२ गुन औगुन सब कछू न बिचारै ।
अंतिरि हेत प्रीति करि पालै ॥
३ अपनौं जांनि करै प्रतिपाला ।
नैंन निकटि उरि धरै गुपाला ॥
४ दादू कहै नहीं बस मेरा ।
तुम्ह माता मैं बालिक तेरा ॥

८२:० हरि जननीं मैं बालिक तेरा ।
काहे न औगुन बक सहु मेरा ॥ टेक ॥
१ सुत अपराध करै दिन केते ।
जननीं कै चिति रहैं न तेत ॥
२ कर गहि केस करै जौ घाता ।
तऊ न हेत उतारै माता ॥
३ कहै कबीर एक बुधि बिचारी ।
बालिक दुषी दुषी महितारी ॥

राग नट नारांइण

८३:० अपनैं कौं कौंण न आदर दे ।
कोटि अपराध करै जौ बालिक । मात न मारै रे ॥ टेक ॥
१ ते बेली कैसैं सूं कत हैं । जे अपनैं रस भे ।
ज्यूं संकर सब रतन त्यागि करि । बिषहि कंठि लाइ ले ॥
२ जननीं जांनि षीर सुत मर्दत । अजा कंठि कुच से ।
जदपि सूर हम महा पतित हैं । पतित पांवन तुम्ह ते ॥

८४:० माधौ जौ जन ते बिगरै ।
सुनि क्रिपाल करुनामय केसौ । प्रभु नां जीय धरै ॥ टेक ॥
१ जदपि बिटप जर हत न हेत ह्वै । कर कुठार पकरै ।
तऊ सुसील सुभाइ सहंस गुन । रवि तन ताप हरै ॥
२ ज्यूं सिसु जननीं जठर अंतर बसि सतु अपराध करै ।
तौ तन एतन तोषि पोषि सुष । बिकुचसि अंक भरै ॥
३ द्विज रसनां जब दरित होत मुष । तब रिस कहा सरै ।
बिमबत बीर बाभ उचित लै । लियैं समीप संचरै ॥
४ निज बप ब्याधि बिषै मति ब्याकुल । जीव जातनां जरै ।
करि सुतंत उपचार बिबिधि बिधि । जीव न दोष समरै ॥
५ धरनि ध्वंसि हति हर न कृषि बल । बारि बीज बिथुरै ।
सहि सनमुष कुसससि सतगुन ह्वै । श्रवि सब फल निफरै ॥
६ तुम अषिल अनंत दयाल देव मुनि । अप भय दींन डरै ।
इहि कलि काल गुपाल भजन बिन । सूर सरन उबरै ॥

राग टोडी

८५:० अनाथ सरन आयौ । अपनें बिंडद की बहौ लाज ॥ टेक ॥
१ तुम्ह तारन अरु पतित उधारन । हम असोच नष सषलूं बिष सूं भरे ।
जनम मरन भौ ताप हरे ॥
२ तुम्ह कृपाल करु नामैं केसौ । पतित पांवन हरि नांव तेरौ ।
गरीबदास की इहै बीनती । राषौ चरनौं नेरौ ॥

राग धनाश्री

८६:० नाथ हाथ तैं न छाडियै । राषिये नित नेरौ ।
जनमि जनमि जोग्यि जांनि । अपनूं करि चेरौ ॥ टेक ॥
१ तुम्हहीं संगि रंगि रंग्यौ । बहुत भांति केरौ ।
अब तुम्हारी ससरणि आयौ । अपनौं करि हेरौ ॥
२ आदि अंति मध्य रांम । राषौ मन मेरौ ।
बछनागर प्रभू रांम । अब कै जिनि फेरौ ॥

राग गौडी

८७:० दास नहीं बाडियै हो । तेरौ जन जै अपराधी होइ ॥ टेक ॥
१ अंमृत अनूप सरोदिका । संतति भीं तति बास ।
एक बूंद प्रापति नहीं । जन क्यूं पावै बिसवास ॥
२ हूं तुम्ह कारंनि बींनऊं । निसदिन षरौ उदास ।
उदिक तीर पसु बांधियौ । बिन षस महि मरै पियास ॥
३ और नहीं अवलंबनां । जन सैंन कहै समझाइ ।
तुम्ह ठाकुर मैं सेवगा । क्रिपा करौ रघुराइ ॥

८८:० दे हो अवलंबन माधौ ते ते चरण कवल रुचि होई ।
मैं अनाथ प्रभू आस तुम्हारी मेरे अवरन दूजा कोई ॥ टेक ॥
१ ऊंबर मैं जैसैं भुनिका माधौ ।
आंन ब्रह्मंड न जांनैं ।
अस भयौ कूप मोर मन दादुर ।
थोरैं हीं जलि रुचि मांनैं ॥
२ जाचिक कला बहुत दिषलावै ।
क्रिपन कै मनि नहीं मांनैं ।
आगैं ठाढौ ताहि न सूझै ।
तुम्ह अस जिनि करहु निदांनैं ॥
३ सुषानंद ल्यौ लाइ रहे हैं ।
पुर वहु मेरी आसा ।
तुम्ह जल हर मैं चातृग माधौ ।
मेरी बेगि न हरहु पयासा ॥

राग कनडौ

८९:० मया करिए क्रिपाल प्रतिपाल ।
संसार उदधि जंजार ते पारंपार ॥ टेक ॥
१ काहू कैं चंडिका काहू कैं महेस । काहू कै नरेस देस एक को । प्रभू गैरैं तो तुमहीं आधार ॥
२ दीन दयाल दया करि धरि जीय । हरि अपराध अगाध । जैसैं मेरे सब दुरि जांहि बिकार ।
३ सूरदास मदन मोहन पिय तुम्ह । अंतरजामीं जगत के स्वांमीं । तो सौं कहूं कहा बारंबार ॥

राग टोडी

९०:० अब कछ रांम दया करि हम कूं ।
तन मन हम सौं प्याहै तुम्ह कूं ॥ टेक ॥
१ स्यांम पलटि सेत सब आये ।
तुम्ह कूं छाडि अवर कूं धाये ॥
२ ब्रिध हुये कछू होइ न आवै ।
मन चंचल यहु अधिक संतावै ॥
३ मनसा बाचा कहूं पुकारी ।
साहिब संम्रथ लेहु उबारी ॥

४ गुर दादू एक तूंहीं बतायौ ।
टीलौ बंदौ सरणैं आयौ ॥
६१:० बीनती सुनि सेवग केरी ।
तुम्ह दाता दुष दूरि निवारन । बाजी थैं लेहु फेरी ॥ टेक ॥
१ अनेक जनम भ्रंमि भ्रंमि दुष पायौ ।
सोई गुन ब्याप्यौ देही गेरी ।
संम्रथ सांई राषहु डिढ करि ।
देहु भगति तुम्हहीं सूं नेरी ॥
२ आदि अंति मधि एकमेक रस ।
दिन दिन उतम बधै घणेरी ।
सुरति सदा सनमुष तुम्ह तांई ।
कब हूं न तुम तजि जाइ अनेरी ॥
३ अैसी बिधि जे लेहु क्रिपा करि ।
मनसा बाचा बिनती मेरी ।
गरीबदास कूं यहु दत दीजै ।
सुदृष्टि नैं कु अपनौं करि हेरी ॥

राग बिलाबल
६२:० पांऊं एक पसाव पर गुर । सुन जरि इतनी कीजै ।
जे जे लछिन तुम्ह कूं भावै । ते करुनांमै दीजै ॥ टेक ॥
१ भाव भगति दे नांउ बिरह रुचि ।
प्रेम प्रीति रस प्रगट पीजै ।
ग्यांन ध्यांन धीरज धुनि उपजै । देषि देषि सुष जीजै ॥
२ लै बिचार बेसास दया करि । सू रातनि सत साच रहीजै ।
जोग जुगति मति बुधि सुधि बांणीं । रसनां रांम रटीजै ॥
३ अंग ससंग संनमुष निसबासुर । परगट अंमृत धार झरीजै ।
गरीबदास गुण मेटि सकल ही । एकमेक करि लीजै ॥

राग धनाश्री
६३:० मेरी प्रीति गोपाल सूं जिनि घटै ।
मैं मोलि मौहगी लई तन सटै हो ॥ टेक ॥
१ हिरदै सुमिरण करौं नैंन आलोकनां ।
श्रवणां हरि कथा पूरि राषूं ।
मन मधकर करौं चरणा चित धरौं ।
रांम रसांइन रसन चाषूं ॥
२ साध संगति बिनां भाव क्यूं ऊपजै ।
भाव बिन भगति क्यूं होइ तेरी ।
बदंत रैदास रघुनाथ सुनि बींनती ।
गुर प्रसादि क्रिपा करौ मेरी ॥

राग कल्यांण
६४:० अब धनवारि फेरि डारी । सुंदर पीव सुजांन ।
संतनि तारंन दुरित निवारन । सुषसागर गुन आगर प्यारे । देहु भगति निज दांन ॥ टेक ॥
१ दया दींनता करुनामैं हरि । दीजै पूर्न ग्यांन ।
प्रेम प्रीति आरति निसबासुरि । हरि दर्शन कौ ध्यांन ॥
२ सुमिरन भज नर भागत हित । आरतिवंत अपार ।
तालाबेली प्रांन करै अति । बिन देषें दीदार ॥
३ बांनीं बिमल निर्मल गुन गाऊं । श्रवन कथा अंमृत रस पांन ।
मोहन दास आस हरि गुर की । सुजस सुन्यौं श्रुति कांन ॥
करुणां बीनती कौ अंग ।
गुंण संबूह की पुकार संम्पूर्ण भवेत् ॥

७६ मन कौ अंग

राग गौडी
१:० मन थिर रहै न घर ह्वै मेरा ।
इन मन घर जा रे बहुतेरा ॥ टेक ॥
१:१ घर तजि बन बाहरि कीयौ बास ।
घर बन देषूं दोऊ निरास ॥
१:२ जहां जांऊं तहां रोग संताप ।
जुरा मरण कौ अधिक बियाप ॥
१:३ कहै कबीर न तोहि बंदा ।
घर मैं घर टे परमांनंदा ॥

साषी श्लोक
१ चंचलो हि मनं कृश्नं संघारं कुरुते जगत् ।
निःश्चलो हि भवे जत्र तत्र कालो भयं कुतः ॥
२ सुस्थितं च मनं कृत्वा । मनसा आत्मां नां पस्यंति ।
आतमां नां यत्र पस्यंति । तत्र कालो न गछंति ॥
३ प्रकीर्त्य श्रमनारंभं । मनारंभं च मैथुनं ।
मैंथुनं च बलसंघारं । बायुबिंदुसमं प्रभु ॥
४ मनसाग्रे बस्यते बिंदु । बिंदु त्रैलोक्यद्रपनं ।
बायुबिंदु समाधारं । बिनां बिंदु न सिध्यंति ॥
५ जब लग यहु मन थिर नहीं । तब लग परस न होइ ।
दादू मनवां थिर भया । सहजि मिलैगा सोइ ॥
६ जावत्भ्रंमते चितं । तावत तत्व न बिंद्य ते ।
बिंद्यते तत्वंपरमतत्वं । तन बोहिथ मन काकवत ॥
७ श्रवन मूंदि नैंनां ढकै । हाथ पाव इक ठौरै ।
जगंनाथ मनवां नहीं निहचल । भरमैं दह दिसि दौरै ॥
८ पगां उबांहणां । माथै उघाडा । एक गुदडी लीयैं ।
निसबासुरि मन भरमत डोलै । तौ कहा भयौ यूं कीयैं ॥
९ फरीदा गुदडि मेषां मारियां । मन हुं न मारी मेष ।
बारी आपो आपणीं । चले मसाइक सेष ॥
१० पदहि न लौंचहि लौंचहि केस । सीस लौंचायां कहा उपदेस ।
जब लग मन मन साथि रु नांहि । कवण भरोसा दरसंण मांहि ॥
११ मन जीते बिन तप नहीं होइ । धोषै मुकति न पहुंता कोइ ।

जब लग चंचल निःश्चल नांहि । ए कवण काजि बनषंड
तप जांहि ॥
१२ स्वांति समाधि न होइ । पंथ इत उत के गाहौ ।
मन कूं जीति न सकैं । मुकति बातनि हीं चाहौ ॥
१३ केई कासी करवत लेइ । धूंम पंचाअग्नि साधहि ।
तौ भी मन बसि नांहि । जै रु नव ग्रह आराधहि ॥
१४ भावैं झंपा पातु लेई । सीस केदार चढावैं ।
तौभी यहु मन कठिन । गुरु बिणां ठांण न आवैं ॥
१५ प्रिथीनाथ अनंत मुनि । कोटि केई पचिहारे ।
इनि मन सब जग गिल्या । कहा पंढित बेचारे ॥
१६ काया बनषंडयोर्मध्ये । मनो ब्याघ्र महाबली ।
षाइ तेस क्लांष्टश्चीच । देव गंधबमांनवा ॥
१७ मनो ब्रह्मा मनो बिष्न । मनो इंद्र रुद्र देवता ।
कल्पना सिष्टि संघारेन । अस्थिरं ब्रह्मकेव ॥
१८ दादू यहु मन मारै मोमिनां । यहु मन मारै मीर ।
यहु मन मारै साधिकां । यहु मन मारै पीर ॥
१९ दादू मनि मारे मुनियर बडे । सुर नर किये संघार ।
ब्रह्मा बिश्न महेस सब । राषै सिरजनहार ॥
२० दादू मनि बाहे मुनियर बडे । ब्रह्मा बिश्न महेस ।
सिध साधिक जोगी जती । दादू दे सब देस ॥
२१ मन के घाले भीषं बिलंबे । छाडी सुंदर काया ।
राज पाट तजि दर्शण लीया । मन का अंत न पाया ॥
२२ कांन फडांवहि मूंढ मुंडांवहि । जीवत अगनि समांहीं ।
मन के घाले आप गमांवहि । बूडि मूवा ज़ल मांहीं ॥
२३ यहु मन चोर जार भी यहु मन । यहु मन सुध ठगारा ।
मन मन करतां सुर नर बिनसे । मन का लष्या न द्वारा ॥
२४ यहु मन सक्ती यहु मन सीव । यहु मन पंच तत्व का जीव ।
यहु मन ले उनमन नर है । तौ तीनि लोक की बातैं कहै ॥
२५ मन के घालें सब जग बिनस्या । मन न बिनासै कोई ।
जब मन मनसा एक करैगा । तबहीं निरंजन होई ॥
२६ ग्यारसि करि करि बांभण भूले । मुसलमांन धरि रोजा ।
तीर्थ भंगि भंगि गूगे दर्सनीं । तन मन किनहूं न षोजा ॥
२७ बंकी भोमि मै वासा जीत्या । जीति लिया गढ भारी ।
जब लग थैं गा मनहि न जीतै । तब लग सपतंग हारी ॥
२८ केई बांधैं हस्ती घोडा । को धंन करि भरै भंडारं ।
कहि प्रिथीनाथ इस मनहि न जीतहि । जिनि डहक्या
सकल संसारं ॥
२९ हस्त कहा मैमंत । सीसु जिनि अंकुस लीया ।
अलप जीव आदिमीं । तिनि बंधि आपनैं बसि कीया ॥
३० ताथैं उदमत मन मैमंत । कंठिन काहू बसि हूवा ।
किनहीं जीति न सक्या । जगत सब कलपत मूवा ॥
३१ मन षंषी पंषी पंजर मांहि । पंष रूं प्यंड रहित तिहि ।
चंच चर न बिन सोई । रगत रग रे तनहीं जिहि ।
नैंन बिबर जत होइ । श्रवन जिभ्या बिन आछै ।
पंच स्वाद बहु करै रंग । बहुते दिन काछै ।
पलक मांहि प्रिथमीं फिरै । अस्थिर कैसैं होइ तब ।
गरीबदास पंषी कहै । बूझौ अरथ सुजांन सब ॥

३२ जिनि यहु चंचल सिकिया । तातैं हि बडा न कोइ ।
ते स्यंभू रूप पूरण कला । जिनि मन जीत्या होइ ॥

श्लोक

३३ स सूरो सुधात्माश्चैव । सर्बग्यं स च पंडिता ।
स जोगी स च बद्वां सो । जस्य निःश्चलतो मन ॥

राग बिलावल

२:० मन चंचल मेरौ कह्यौ न मांनैं । दसौं दिसा दौरावै रे ।
आवत जात बार नहीं लागै । बहुत भांति बौरावै रे ॥
टेक ॥

१ बेर बेर बरजत या मन कूं । किंचित सीष न मांनैं रे ।
अैसैं निकसि जाइ या तन थैं । जैसैं जीव न टजानैं रे ॥
२ कोटिक जतन करत या मन कूं । निहिचल निमष न
होई रे ।
चंचल चपल चहूं दिसि भर मैं । कहा करै जन कोई रे ॥
३ सदा सोच रहत घट भीतरि । मन थिर कैसैं कीजै रे ।
सहजैं सहज साध की संगति । दादू हरि भजि लीजै रे ॥

साषी

३४ दादू साध सबद सौं मिलि रहै । मन राषै बिलंबाइ ।
साध सबद बिन क्यूं रहै । तबहीं बीषरि जाइ ॥
३५ एक निरंजन नांव सूं । साधू संगति मांहि ।
दादू मन बिलंबाइये । दूजा कोई नांहि ॥
३६ चंचल चहुं दिसि जात है । गुर बाइ कसूं बंधि ।
दादू संगति साध की । पारब्रह्म सूं सुधि ॥
३७ हरि सुमिरण सूं हेत करि । तब मन निहचल होइ ।
दादू बेध्या प्रेम सर । बीष न चालै सोइ ॥
३८ जब अंतरि उरझ्या एक सूं । तब था केस कल उपाइ ।
दादू निहचल थिर भया । तब चलि कहीं न जाइ ॥
३९ जहां थैं मन उठि चलै । फेरि तहां हीं राषि ।
तहां दादू लै लींन करि । साध कहैं सब साषि ॥
४० दादू थोरैं थोरैं हट कियै । रहैगा ल्यौ लइ ।
जब लागा उंनमंन सूं । तब मन कहीं न जाइ ॥

राग गौडी

३:० थिर न है चित थिर न रहै । चिंतामनि तुम्ह कारंनि हो ।
मन मैले मैं फिरि फिरि आइ हूं । तुम्ह सुनहुं न दुष
बिसरंव न हो ॥ टेक ॥

१ प्रेम षटोलवा कसि कुसि बांध्यौ । बिरह बांन तिहि लागू
हो ।
तिहि चढि इंदऊ करत गवसिया । अंतरि जमुवां जागू हो ॥
२ महरू मंछा मरि न जांनैं । गहरै पैठा धाई हो ।
दिन एक मगर मंछ लैषै है । तब को रषि है बंधन भाई
हो ॥
३ महरू नांम हरइये जांनैं । सबद न बूझै बौरा हो ।
चारै लाइ सकल जग षाया । तऊ न भेटि निसहरा हो ॥

४ जौ महाराज चाहौ महरई ए । तौ नाथौ ए मन बौरा हो ।
तारी लाइ कैं सिष्टि बिचारौ । तब गहि भेटि निसहरा हो ॥
५ टिकुरी भई कान्ह कै कारंनि । भ्रंमि भ्रंमि तीर्थ कीन्हां हो ।
सो पद देहु मोहि मदन मनोहर । जिहि पदि हरि मैं चीनहां हो ॥
६ दास कबीर कीन्ह अस गहरा । बूझै कोई महरा हो ।
यहु संसार जात मैं देषूं । ठाढा रहूं किनि हुरा हो ॥

राग भैरूं

४;० मन मैला मनहीं सूं धोइ । उनमनि लागै न्रिमल होइ ॥ टेक ॥
१ मनहीं उपजै बिषै बिकार । मनहीं न्रिमल त्रिभुवन सार ।
२ मनहीं दुबिध्या नांनां भेद । मनहीं संमझै दोइ पष छेद ॥
३ मनहीं चंचल चहुं दिसि जाइ । मनहीं निहचल रह्या समाइ ॥
४ मनहीं उपजै अगनि सरीर । मनहीं सीतल निर्मल नीर ॥
५ मन उपदेस मनहीं संमझाइ । दादू यहु मन उनमन लाइ ॥

४१ दादू निर्मल सुध मन । हरि रंगि राता होइ ।
काहे दादू पचि मरै । पांणीं सेती धोइ ॥

राग गौडी

५;० मन निर्मल तन निर्मल भाई ।
आंन उपाइ बिकार न जाई ॥ टेक ॥
१ जौ मन कोइला तौ तन कारा ।
कोटि करै नहीं जांहि बिकारा ॥
२ जौ मन बिसहर तौ तन भुवंगा ।
करै उपाइ बिषै फुंनि संगा ॥
३ मन मैला तन उजल नांहीं ।
बहुत पचिहारे बिकार न जांहीं ॥
४ मन निर्मल तन निर्मल होइ ।
दादू साच बिचारै कोइ ॥

राग भैरूं

६;० रहु रे रहु मन मारूंगा । रती रती करि डारूंगा ॥ टेक ॥
१ षंड षंड करि नाषूंगा । जहां रांम तहां राषूंगा ॥
२ कह्या न मांनैं मेरा । तौ सिर भांनूंगा तेरा ॥
३ घर मैं कदे न आवै । बाहर कूं उठि धावै ॥
४ आतमरांम न जांनैं । मेरा कह्या न मांनैं ॥
५ दादू गुर मुषि पूरा । कोई मन सूं झूझै सूरा ॥

राग आसावरी

७;० धीरौ मेरे मनवां तोहि धरि टांगूं ।
तैं तौ कीयौ मेरे षसम सौं षांगूं ॥ टेक ॥
१ प्रेम जेवरीया तेरे गलि बांधूं ।
तहां ले जाऊं जहां मेरौ माधौ ॥
२ तुम्ह रे औगुन हरि पैं सारूं ।
लै षांडा तोहि गरदनि मारूं ॥
३ काया नंग्री पैसि कीया मै वा ।
हरि रस छाडि बिषै रसि माता ॥
४ कहै कबीर तन मन का वोरा ।
भाव भगति हरि सूं गठ जोरा ॥

राग केदारौ

८;० ए मन माधौ बरजि बरजि ।
अति गति बिषिया सूं रत । उठत जु गरजि गरजि ॥ टेक ॥
१ बिषै बिलास अधिक अति आतुर । बिलसत संक न मांनैं ।
षाइ हलाहल मगन माया मैं । बिष अंम्रित करि जांनैं ॥
२ पंच न के संगि बहत चहूं दिसि । उलटि न कबहूं आवै ।
जहां जहां काल ए जाइ तहां तहां । म्रिघ जल ज्यूं मन धावै ॥
३ साध कहैं गुर ग्यांन न मांनैं । भाव भजन न तुम्हारा ।
दादू के तुम्ह सजन सहाई । कछु न बसाइ हमारा ॥

राग आडांणौ

९;० बाबा मन अपराधी मेरा । कह्या न मांनैं तेरा ॥ टेक ॥
१ माया मोह मदि माता । कनक कंमिनीं राता ॥
२ कांम क्रोध अहंकारा । भावै बिषै बिकारा ॥
३ काल मींच नहीं सूझै । आतम रांम न बूझै ॥
४ संम्रथ सिरजनहारा । दादू करै पुकारा ॥

राग जंगली गौडी

१०;० कैसैं होइगा मिलावा हरिसनां ।
रे तूं बिषै बिकार न तजि मनां ॥ टेक ॥
१ रे तैं जोग गति जांन्यां नहीं ।
तैं गुर का सबद मांन्यां नहीं ॥
२ गंदी देही देषि न फूलिये ।
संसार देषि न भूलिये ॥
३ कहै कबीर मन बहु गुनीं ।
हरि भगति बिनां दुष फुनि फुनी ॥

राग गुडी

११;० सुकरि मेरौ मन अनत न जाइ ।
तहां राषि जहां तेरे पाइ ॥
१ अलंष निरंजन न्रमल हरी ।
तहां राषि जहां न्रिभै पुरी ॥
२ सकल निरंतर सब घटि स्वांमीं ।
अंत कालि हरि अंतरजांमीं ॥
३ पीपौ प्रणवैं परम निधांन ।
भगति चिंतामणि द्यौ हरि दांन ।

राग भैरूं

१२:० यहु मन माह्लौ बरजौ रांम ।
भजन बिनां मेटहु सब कांम ॥ टेक ॥
१ त्रिष्नां मेटहु तजै बिकार ।
तौ जीव चलै तुम्हारी लार ॥
२ गुण मेटहु गोबिंद गुण गावे ।
संत संगति मांहैं सुष पावै ॥
३ गुर दादू के सरणैं आयौ ।
टीलौ मनि जी बहुत संतायौ ॥

राग गुंड

१३:० मेरे तुम्ह हीं राषनहार दूजा को नहीं ।
यहु चंचल चहुं दिसि जाइ । काल तहीं तहीं ॥ टेक ॥
१ मैं केते किये उपाइ । निहिचल नांर है ।
जहां बरजूं तहां जाइ । मदिमातौ बहे ॥
२ जहां जांणैं तहां जाइ । तुम्ह थैं नां डरै ।
तासूं कहा बसाइ । भावै त्यूं करै ॥
३ सकल पुकारैं साध । मैं केता कह्या ।
गुर अंकुस मानैं नांहि । निरभै ह्वै रह्या ॥
४ तुम्ह बिन और न कोइ । इस मन कूं गहे ।
तूं राषै राषनहार । दादू तौ रहै ॥

४१ दादू कहै राषनहारा राषि तूं । यहु मन मेरा राषि ।
तुम्ह बिन दूजा को नहीं । साधू बोलैं साषि ॥

राग बसंत

१४:० मेरे मोहन मूरति राषि मोहि ।
निसबासुरि गुंन रमौं तोहि ॥ टेक ॥
१ मन मींन होइ ज्यूं स्वादि षाइ । लालचि लागौ जल थैं जाइ ॥
२ मन हस्ती मातौ अपार । कांम अंधग जल है न सार ॥
३ मन पतंग पावकि परै । अगनि न देषै ज्यूं जरै ॥
४ मन म्रिघा ज्यूं सुनैं नाद । प्रांन तजै यौं जाइ बादि ॥
५ मन मध कर ज्यूं लू बधि बास । कवलि बंधावै होइ नास ॥
६ मनसा बाचा सरनि तोर । दादू कूं राषौ गोबिंद मोर ॥

राग गुंड

१५:० तुम्ह बिन रांम कवन कलि मांहीं । बिषिया थौं कोई बारै रे ।
मुनियर मोटा मन वैं वाह्या । एन्हां कौंण मनोरथ मारै रे ॥ टेक ॥
१ छिन एक वौं प्रकट माह्लौ । घर घर बार न चावै रे ।
छिन एक मन वौं चंचल माह्लौ । छिन एक घर मैं आवै रे ॥
२ छिन एक मन वौं मींन अम्हारौ । सचराचर मैं धावै रे ।
छिन एक मन वौं उदमदिमातौ । स्वादैं लागौ षावै रे ॥
३ छिन एक मन वौं जोति पतंगा । भ्रंमि भ्रंमि स्वादैं दाझै रे ।
छिन एक मन वौं लोभैं लागौ । आपा पर मैं बाझै रे ॥
४ छिन एक मन वौं कुंजर माह्लौ । बन बन मांहि भ्रमाडै रे ।
छिन एक मन वौं कांमीं माह्लौ । बिषिया सूरंग रमाडै रे ।
५ छिन एक मन वौं म्रिघ अम्हारौ । नादैं मोह्यौ जाये रे ।
छिन एक मन वौं माया रातौ । छिन एक अम्ह नैं बाहे रे ॥
६ छिन एक मन वौं भमर अम्हारौ । बासैं कवलि बंधांणौं रे ।
छिन एक मन वौं चहु दिसि जाये । मनवां नैं कोई आंणौं रे ॥
७ तुम्ह बिन राषै कौंण बिधाता । मुनियर साषी आंणौं रे ।
दादू म्रितक छिन मैं जीवै । मनवां नाचरि तन जांणौं रे ॥

१६:० आछे आछे मही रे मंडल कोई सूरौ ।
माह्ला मनवांनैं समझावै रे लो ।
देवता नैं दांणव इणैं मनवैं ब्याप्या ।
माह्ला मनवांनैं कोई ल्यावै रे लो ॥ टेक ॥
१ जोति देषि देषि पडै रे पतंगा । नादैं लींन कुरंगा रे लो ।
इहि रसि लुबधी मैंगल मातौ । स्वाद पुरिष ते भवरा रे लो ॥
२ घडी एक मनवौ जती रे सिन्यासी । घडी एक मैं गल्य मातौ रे लो ।
घडी एक मनवौ ऊंनथ गोधि लौं । घडी एक बिषिया रातौ रे लो ॥
३ इंद्री बांध्या जोगी जती न होइबा । जब लग मनवौ न बाधै रे लो ।
पाषांण पांयैं गाढेडां लोहडां । तेऊ तौ कालैं रांसे षाधा रे लो ॥
४ समुंद्र नींल हस्यां पार पाइये । मनवां नींल हूरियां पार न पाइये रे लो ।
आदिनाथ नाती मंछिंद्र नाथ पूता । सती कणेरी इम बोल्या रे लो ॥

राग गौडी

१७:० मनवौं मांनत नहीं मति मेरी ।
सतगुर सबद हिरदै न बिचारत । चितवत बात अनेरी ॥ टेक ॥
१ पलक क प्रेम सहित पद गावै । पलक क स्वाद संभारै ।
पलक क ध्यांन धरी हरि सुमिरै । पलक क सबै बिसारै ॥
२ पलक क मनवौ कांमीं क्रोधी । पलक क पंडित ग्यांनीं ।
पलक क महा संत ह्वै बैठै । पलक क अति अभिमांनीं ॥

३ पलक क माया कूं मन चाहै । पलक क माया छाडै ।
पलक क धीरज धरि घरि बैठै । पलक क धौं कल मांडै ॥
४ दादू सतगुर दया करै । तौ ए मन उनमनि आवै ।
अति आनंद महा मंगल बरतै । तेजानंद सुष पावै ॥

राग भैरूं

१८:० अैसें रंग मन करै हमारा ।
कबहीं बूढा कबहीं बारा ॥ टेक ॥
१ कबहीं स्यांमर कबहीं सेत ।
कबहीं मांनस कबहीं परेत ॥
२ कबहीं दुबल कबहीं मोटा ।
कबहीं साहूकार कबहीं तोटा ॥
३ कबहीं कुरकटी टूकै टालै ।
कबहीं बहु बिधि भोजन न्हालै ॥
४ कबहीं चाहै षासा कापड ।
कबहीं वोढै टूटा तापड ॥
५ कबहीं मींनीं की मति आवै ।
कबहीं तपसी घ्यांन लगावै ॥
६ कबहीं कोकिल कबहीं कगुला ।
कबहीं हंसा कबहीं बगुला ॥
७ इस मनवां के बहु रंग रूप ।
ताथैं परै नरक के कूप ॥
८ दीनदयाल दुषी जगंनाथ ।
मन गुन मेटि र पकरौ हाथ ॥

राग गौडी

१६:० हुसियार रहीं मन मारौगा । सांई सतगुर तारैगा
॥ टेक ॥
१ माया का सुष भावै । मूरिष मन बौरावै ॥
२ झूठ साच करि जांनां । इद्री स्वादि भुलांनां ॥
३ दुष कूं सुष करि मांनैं । काल झाल नहीं जांनैं ॥
४ दादू कहि संमझावै । यहु औसर बहुरि न आवै ॥

४२ जगंनाथ जीय कूं सदा । मन मारै भरि तीर ।
बाजीगर की चोट ज्यूं । टालै बांवन बीर ॥

राग बिलावल

२०:० हूं तौ हारी रे मन । तुम्ह सूं कहि कहि ।
जोई जोई बात न भावत मेरे पीय कूं ।
सोई सोई लागत प्यारी रे मन ॥ टेक ॥
१ करत बिकार संक नहीं मांनत । महा मूंढ अहंकारी रे ।
साध कहैं सो संमझत तांहीं । अंत होत है द्वारी रे
मन ॥
करहु बिचार जांनि जीय अपनैं । गुर कौ सौ सबद उरि
धारी रे ।
२ टीला सरण गहौ गोबिंद कौ । अब कै लेइ उबारी रे ॥

राग गूजरी

२१:० मन मूरिषा यौंहीं जनम गंवायौ ।
सांई केरी सेवा न कींनीं । इहि कलि काहे कूं आयौ ॥
टेक ॥
१ जिनि बातनि तेरौ छूटिक नांहीं । सोई मनि तेरे भायौ ।
कांमीं होइ बिषिया सूं लागौ । रोम रोम लपटायौ ॥
२ कछू एक चेति बिचारि देषौ । कहा पाप जीय लायौ ।
दादू दास भजन करि लीजे । सुपिनैं जग डहकायौ ॥

राग सीधूडौं

२२:० रे मन साथी माहरा । तूं समझायौ कै बारो रे ।
रातौ रंगि कसूंभ कै । बीसारचौ आधारो रे ॥ टेक ॥
१ सुपिनैं सुष कै कारनैं रे । फिरि पीछै दुष होई रे ।
दीपक दृष्टि पतंग ज्यूं । यौं भ्रंमि जरै जिनि कोई रे ॥
२ जिभ्या स्वारथि आपणैं । मींन मरै तजि नीरो रे ।
मांहैं जाल न जांणयौं । ताथैं उपनौं दुष सरीरो रे ॥
३ स्वादैं हीं संकुटि परचौ । देषत हीं नर अंधो रे ।
मरकट मूंठी बाडि दे । होइ रहौ निरबंधो रे ॥
४ मांनि सिषांवनि माहरी । हरि भजि मूल महारी रे ।
सुष सागर सो सेइये । जन दादू रांम संभारी रे ॥

राग कल्यांण

२३:० मन कछू भी चेति गंवार ।
पीछैं फिरि पछितावहिगा रे । आवै न दूजी बार ॥ टेक ॥
१ काहरे मन भूलौ फिरत है । काया सोचि बिचारि ।
जिनि पंथौं चलनां है तुझ कूं । सोई पंथ संवारि ॥
२ आगै बाट जु बिषमीं मन रे । जैसी षडि धार ।
दादू दास तूं सांई सूत करि । कूडे कांम निवारि ॥

राग सोरठि

२४:० रे मन माछला संसार समदे तूं चित्र बिचत्र बिचारि रे ।
जिहि गालै गिलि यांहीं मरिये सो संग दूरि निबारि रे ॥
टेक ॥
१ जम छै डिगणिं डोरि छै कंकण परत्रिय गालौ जांणि रे ।
होइ रस लूध रैं यौं मूरिष मन पछितावै न्यांणि रे ॥
२ पाप गुल्यौ छै धरम निबौलीं तूं देषि देषि फल चाषि रे ।
रतृय संग भलौ जे होवै तौ रांणौं रांवण दाषि रे ॥
३ कहै रैदास रतंन फल कारणि गोबिंद के गुंण गाइ रे ।
काचौ कुंभ भरचौ जल जैसें दिन दिन घटतौ जाइ रे ॥

राग गौडी

२५:० संमझि मन बौरा रे बिषै बांचि हरि राचा सुंणी मन
बौरा रे । टेक ।
बालौं जग कौ नेहरौ मन बौरा रे तामैं सोग संताप ।
१ निरमै होइ न हरि भज्यौ मन बौरा रे ताथैं जरत
आपहीं आप ॥
२ कालबूत की हस्तनीं । मन बौरा रे चरित कीयौ

जगदीस ।

काम अंध गज बसि परचौ मन बौरा रे ताथैं अंकुस षायौ सीस ।

३ ज्यूं सुवटौ न लांनी गह्यौ मन बौरा रे अैसौ भर्म बिचारि ।

मरकट मूंठी स्वाद की मन बौरा रे ताथैं नाच्यौ धर घर बारि ॥

४ तन मन कौ कहा गरबिये मन बौरा रे किरम भरम जाकौ साज ।

बिण पांणी ही डूबणौं मन बौरा रे ह्यौ न रांम जिहाज ।

५ न्हाइबे कूं तीर्थ घणां मन बौरा रे पूजन कूं बहु देव ।

कहि नापा जग भरमि यौं मन बौरा रे छूरि सिहरि जी की सेव ॥

२६:० मोह्यौ मृघ देषि बंन अंधा ।
सूझत नहीं काल के फंधा ॥ टेक ॥
१ फूल्यौ फिरत सकल बंन मांही ।
सिरि सांधें सर सूझत नांहीं ॥
२ उदमदि मातौ बन कै ठाट ।
छाडि चल्यौ सब बारह बाट ॥
३ फंध्यौ न जांनैं बन कै चाइ ।
दादू स्वादि बंधांनौं आइ ॥

२७:० रंजसि मींन देषि बहु पांनीं ।
काल जाल की षबरि न जांनीं ॥ टेक ॥
१ गारैं गरब्यौ औघट घाट ।
सो जल छाडि बिकांनौं हाट ।
२ बंध्यौ न जांनैं जल उदमादि ।
कहै कबीर मोहे सब स्वादि ॥

राग गुंड

२८:० कांइ रे मन बिषिया बन जाइ
देषत ही ठगमूरी षाइ ॥ टेक ॥
१ मधुमाषी संचियौ अपार मधु लीन्हौं मुष दीनीं छार ॥
२ गऊ बछ कूं संचै षीर गलै बांधि दुहि लेइ अहीर ॥
३ जैसैं मीन पांणी मैं रहै काल जाल की सुधि न लहै ॥
४ जिभ्या स्वारथ निगल्यौ लोह कनक कांमिनीं बांध्यौ मोह ॥
५ माया काज बहुत क्रम करै सो माया ले ऊंडै धरै ॥
६ अति अयांन जांनैं नहीं मूढ धन धरती अंचला भयौ धूड ॥
७ कांम क्रोध तृष्ना अति जरै साध संगति कबहूं नहीं करै ॥
८ प्रणवंत नांमदेव ताकी आंन त्रिभै होइ भजौ भगवांन ॥

राग गौडी

२९:० काहे रे मन दह दिसि ध्यावै ।
बिषिया संगि संतोष न पावै ॥ टेक ॥
१ जहां जहां कलपै तहां तहां बंधनां ।
रतन कौ थाल कियौ तैं रंधनां ॥
२ जौ पैं सुष पइयत इन मांहीं ।
तौ राज छाडि कत बन कूं जांहीं ॥
३ आंनंद सहित तजौ विष नारी ।
अब क्या झींषै पतित भिष्यारी ॥
४ कहै कबीर यहु सुष दिन चारि ।
तजि बिषिया भजि चरन मुरारि ॥

राग गौडी

३०:० काहे रे मन भूलौ फिरई ।
चेतनि रांम चरन चित धरई ॥ टेक ॥
१ नरहरि नरहरि जपि रे जीयरा ।
अवधि काल दिन आवै नीयरा ॥
२ तूं जिनि जांनैं ग्रेही ग्रेहा ।
बिनसत बार कछू नहीं देहा ॥
३ पुत्र कलित्र धन चित बिसासा ।
छाडि मनां सब झूठी आसा ॥
४ भणत नांमदेव झूठी देही ।
तौ साची जे रांम सनेही ॥

राग गौडी

३१:० काहे रे मन रांम बिसारै ।
मनिषा जनम जाइ जीव हारै ॥ टेक ॥
१ मात पिता को बंधन भाई ।
सबहीं सुपिनां कहा सगाई ॥
२ तन धन जोबन झूठा जांणी ।
रांम रिदै धरि सारंगप्रांणी ॥
३ चंचल चित बित झूठी माया ।
काहे न चेतै सो दिन आया ॥
४ दादू तन मन झूठा कहियै ।
रांम चरण गहि काहे न रहियै ॥

राग आसावरी

३२:० मंन रे बांचि बिषै बिलास ।
चरण हेत सुकाज हरि भजि गधग तजि सब आस ॥ टेक ॥
१ सार सरगुण सनेह नर निधि संगि सदा बिचारि ।
अबध बाधौ पासि परबल गयौ गाफिल हारि ॥
२ जीव एक अनेक औगुन जतन मोह जंजाल ।
बिनां परचै मुगध मुवौ षूचि षोटी साल ॥
३ ग्रहि ग्यांन अग्यांन आंधा उलटि आतम सोधि ।
साच श्रीपति निकटि निर्गुण परसि मंन परमोधि ॥
४ संमझि सीतल देषि दर्शन भ्रंम गंमि भौ ताप ।
निरषि पद हरदास निर्भै सहजि सोहं जाप ॥

राग आसावरी

३३:० मंन की मूलि ब्रिति न जाइ ।

कहां भयौ नित क्रम निहचै लुबधि लपटी लाई ॥ टेक ॥
१ कांम क्रोध कलेस काया लोभ लालच पूरि ।
समझि चूकौ चोट लागी होइसि चकनांचूरि ॥
२ त्रिबिधि ताप संताप सहिता अवधि दिन कत ओर ।
प्रीति करि भौ पासि काटण रांम रटि रिणछोड ॥
३ फूलि मां मति फेरि भूला कपट करणीं काल ।
पसरिगो पगि लागि मूरिष मोह माया जाल ॥
४ धन मीत पूत कले सैं जुगति क्रिपा चाहै कूड ।
नीपजै क्यूं भगति निर्मल आडौ सकल स्वारथ सूड ॥
५ सोचि एक सचेत सुंदर सच श्रीपति सार ।
मुषि सरस हरदास मिश्री बिलसि बारंबार ॥

राग धनाश्री

३४;० रे मन छाडि बिषै कौ रचिबौ ।
कत तूं होत सूवासै बर कौ । अंत कि पासि न बचिबौ ॥
टेक ॥
१ अनंत तरंग कनक कांमिनि कैं । हाथ रहैगौ पचिबौ ।
तजि अभिमानु रांम कहि बवरे । नांतर ज्वाला तचिबौ ॥
२ सतगुर कहै कहत हौं तोसौं । रांम नांम धनु सचिबौ ।
सूरदास प्रभू हरि सुमिरन बिनु । जोगी के कप लौं
नचिबौ ॥

राग गौडी

३५;० रे मन अजहू न तू पतितो तन धरणां ।
जुगि जुगि फिरचौ षंडषंड फिरचौ पुरपुर फिरचौ
फिरचौ धरणां ॥ टेक ॥
१ जहां जहां फिरचौ तहां कनक कांमनि भज्यौ ।
तिनि कीयौ तेरी ग्यांन हरणं ॥
२ अकल विमुष भयं संगहीं दीष गयूं । न मिटै जनम मरणं ।
जौ ज्यूं बिषई बिषै मत सुणौं सुणौं हित ॥
३ तौ ज्यूं सुपिनैं हूं नहीं तिरंणं ।
कील्ह कहै तिरै तब त्रिबिधि ताको चरणं ॥

साखी

४३ दादू बिषै बिकार सूं जब लग मन राता ।
तब लग चीति न आवई त्रिभुवनपति दाता ॥

राग धनाश्री

३६;० अजहूं न छूटै हो मेरे मन के बिषै बिलास ।
ताथैं जोगि जनन की जीवनि हम थैं भये उदास ॥ टेक ॥
१ जिनि जिनि बेग गहे इंद्रियन के ज्यूं कूरम निज अंग ।
तिन सूं कृपा करी तुम्ह माधौ हमारौ कौंन प्रसंग ॥
२ धीर निकुर जित चरन कवल चित कहा हम चपल
सरीर ।
माधौदास हंस तहां निमस जहां निपंकल नीर ॥

राग धनाश्री

३७;० या सब मेरी एकु मति ।
अपनैं हीं अभिमांन देह दुष पावत है जु अति ॥ टेक ॥
१ जैसैं केहरि उकति कूप मैं देषी निजु प्रति ।
परचौ कूपि कछु बिरमु न लाग्यौ भई है सो गति ॥
२ जैसैं गजपति फटिक सिला मैं दसननि हति ।
असैं सूर सुषनि चाहत है बिषै अनरति ॥

धनाश्री

३८;० फिरि फिरि सोई है करत ।
जैसैं प्रेम पतंग रूपकं पावक हीर्जरत ॥ टेक ॥
१ भव सुष कूप ग्यांन दीपक कर देषत प्रग परत ।
काल व्याल रज तम बिष ज्वाला कत जड जंत्र जरत ॥
२ अविहत स्वाद बिबाद सकल मैं तिन मिलि भेष धरत ।
इहि बिधि भ्रंमत भ्रंमत सब दिन गत कछू न काज सरत ॥
३ अगंम स्यंध भव तंन नवका करि हठि क्रम भार भरत ।
सूरदास कैं इहै बरत है हरि भजि भव जलधि तिरत ॥

राग गौडी

३६;० मेरे विषम करम महरि बिन को काटै मेटै पीर हमारी ।
हरि सौहि तू और नहीं देषूं आयौ सरनि तुम्हारी ॥
टेक ॥
१ जनम मरन दुष बिषै अलप सुष इहि सुषि जीव बहायौ ।
नट के कपि ज्यूं देखि पूतरी सरबस तहां गंवायौ ॥
२ श्रग रसातल भू मंडल मैं जड सुष जडनि बताये ।
मैं अग्यांन अधिक आतुर ह्वै ठग के लड्वा षाये ॥
३ सुर नर अस्वर फिरचौ मैं दरदर कहूं श्रम न गंवायौ ।
तेऊ बिकल बिनां हरि सुमिरन संतनि तूंहीं बतायौ ॥
४ मन सीतल कहूं नैंक भयौ नहीं सकल लोक फिरि आयौ ।
दादू गुरु क्रिपा साध की संगति मोहन मन बिलमायौ ॥

राग गौडी

४०;० असैं ही करत अनेक जनम गये मन संतोषु न पायौ ।
दिनदिन दीन दुरांसा लागी सकल बिस्व फिरि आयौ
॥ टेक ॥
१ सुनि सुनि सरग रसातल भूतल जहीं तहीं उठि धायौं ।
कांम क्रोध मद लोभ अगनि मैं जरत न काहू जुडायौ ॥
२ श्रिकु चंदन बनिता बिनोद रस यहु सुष जडनि बर्तयौ ।
मैं अग्यांन अकुलाइ अधिक ह्वै जरत मांझ घ्रित नायौ ॥
३ भ्रंमि भ्रंमि भ्रंमि हारचौ हियरा ते विरह अनल जग
छायौ ।
तुम्हारी क्रिपा बिनां सूर पै यह श्रम कैसैं जात नसायौ ॥

राग सारंग

४१;० माधौ मोहि काहे की लाज ।
जनम जनम यौंहीं भ्रंमि आयौ अभिमांनीं बेकाज ॥ टेक ॥
१ जल थल जीव जिते जगजीवन दुषित भयौ दिन देव ।
अवगन की कछु संक न मांनीं परि आई यह टेव ॥

२ निसि सोवत जागत उठि दौरत भ्रमत भुसत नहीं सोच ।
लालच लकुट लगत नहीं कबहूं षिन पुलकित षिन पोच ॥
३ सरबस षाइ रहै नहीं अटक्यौ राषौ बांधि बिचारि ।
सूर स्वांन के पालनहारहि आवत है दिन गारि चारि ॥

राग सारंग

४२:० रसना एक सकल जग जाच्यौ ।
तुम्ह सूं ब्यौरि कहूं करुनामैं चारि बरन मैं कोई न बाच्यौ ॥ टेक ॥
१ पर बस भयौ जठर कैं घालैं घरघर घार दीन ह्वै नाच्यौ ।
देहु देहु मन बारबार कहा कितौ क बोझ मूड परसा राच्यौ ॥
२ बोझिल भयौ उस्वासन आयौ तऊ न तदपि यह कर षाच्यौ ।
सूरदास मन सूंढ इहां लौं दह दिसि फिरत लोभ रंग राच्यौ ॥

४३:० मेरौ मनु मतिहींन गुसांई ।
सब सुषनिधि पद कमल बिसरि श्रम करत स्वान की नांई ॥ टेक ॥
१ फिरत वृथा भंजन अवहेलित सून सदन सममांन ।
तिहि लालचि कबहूं कैसैं करि त्रिपति न पावत प्रांन ॥
२ जहां जहां जाइ तहां तहां त्रासित अस मन लकुट पद त्रांन ।
कौर कौर कै काज कुबुधि सठ किते सहत अपमांन ॥
३ तुम सरबगि बिश्व परिपूरन अषिल ह्रिदै निज नाथ ।
तिनहि छाडि यह सूर महा सठ भ्रंमत भ्रंमनि कैं साथ ॥

राग धनाश्री

४४:० कहां लौं बरनौं याकी भांति ।
मन जु फटक जिहि जिहि रंग धरियत प्रगटत सोई सोई क्रांति ॥ टेक ॥
१ ग्यान रंग राचत नहीं कबहूं धंनि सुभाव तुव जाति ।
परहरि हंस श्रेन मुकता भभि करत काग की पांति ॥
२ ज्यूं नागा इच्छ्या कानंन बन रहत महादि माति ।
करत घात अकुलात धरनि दुर्म अह निसि यां हीं तांति ॥
३ ज्यूं बसिली मुष कुसंम पुंज भ्रंमि परम लोल नहीं स्वांति ।
सूरदास प्रभू चरन कवल बिन कहूं न त्रिषा बुझांति ॥

राग नट

४५:० माधौ मन सबहीं बिधि पोच ।
अति उनमतु निरकुसइ भुलौं संतत रहत असोच ॥ टेक ॥
१ महा मोह अग्यांन तिमर मैं मुदित भयौ सुष जानि ।
तेली के बरधा ज्यूं भ्रंमि भ्रंमि भज्यौ न सारंगपानि ॥
२ गीधौ धीठ हेम तसकर ज्यूं अति आतुर दति मंद ।
जैसैं मीन लुबध आमिषमुष अवलोकत नहीं फंद ॥
३ ज्वाला प्रगट देषि दीपक की हठि पतंग बपु जारयौ ।
तैसैं हीं न अघन ब्याकुल ह्वै तब ते कछु न संभारयौ ॥
४ सैंबरि पहुप सुरंग देषि कैं मुदित भयौ षग भूप ।
परसत चौंच भूल जिनि उधृत त्रिन छाढै पसु कूप ॥
५ ज्यूं कपि सीत हनन हित गुंज सिमट होत लवलीन ।
जैसैं मूढ न छाडै चौंड्यौ होत बिषै आधींन ॥
६ कहां कहां लौं कहूं क्रिपानिधि या तन के कृत काज ।
सूर पतित तुम पतित उधारंन बहौ बिरद की लाज ॥

४६:० नांहि नैं छाडत मनु मंदभागी ।
जिहि रंग बनि आयौ बहु रूपनि सोई सोभ ल्यौ लागी ॥ टेक ॥
१ फोरत बिकार बेलि बिषिया मन भवर बिकल बिष षायौ ।
अतिरु न अमल अंबुज हरि पद पिऊष बिसरायौ ॥
२ कहि गुंन ग्यांन ग्रंथ पचि हारे सुपिनैं हूं सुगमु नायौ ।
अति कांमनां अंध अपमारग स्वाद स्वाद सुष पायौ ॥
३ नांहीं और अनाथ बंधु कोइ जिहि यह बिपत सुनाऊं ।
सूर सु दीनदयाल नांमु लै बारबार गुन गाऊं ॥

४७:० मन रे निपट निलज अनीत ।
जीवत की का चलत मरत हूं तजत बिषै न प्रीत ॥ टेक ॥
१ स्वांन कुब जस षंज कांनौं श्रवननि पुंछाहीं ।
भगन भंजन कंठ क्रिमसिर कांमनीं आधीन ॥
२ निपट निधड कलियैं आवध करत तीछन धार ।
अजा नायक मगन क्रीलत जलपि बारंबार ॥
३ भई देह कि षेह छिन मैं दृष्टि देषत लोग ।
सूर हरि बिन ए सकल सुष सती के से भोग ॥

४८:० मन तोसौं कोटिक बार कही ।
समझि न चरन गहे गोबिंद के उर अघ सूल सही ॥ टेक ॥
१ छाडि अमोलिक कनक रतन मनि काच की किरच गही ।
जांनि बबेक चतुर चतुराई तजि पै पीवत मही ॥
२ सुमिरन ग्यांन कथा गुर सेवा यह येकौ न गही ।
लोभी लंपट बिषै बिकारी यह तेरी निबही ॥
३ इंद्रादिक ब्रह्मादिक अर सिव सोधे सुर सबही ।
सूरदास प्रभू चरण कमल बिनु सुष तिहूं लोक नहीं ॥

४९:० रे मन माधौ नांम अधारं ।
कलिकाल कलुष मोचन भव जलधि तरन सुष सारं ॥ टेक ॥
१ चिंतसि चरन कमल दल लोचन परहरि बिषै सनेहं ।
श्रृकु चंदन बनिता ममिता सुष बंधु सषा सुत गेहं ॥
२ नहि जांनसि मूरिष मन माधव पारस परस न भेवं ।
सुब सुष लहसि दहसि दुष दोषहि करसि कमल पद सेवं ॥
३ असंत संगति तजि भजि सत संगति बिष तजि अंमृत षासी ।
सुमरि सूर अवसि करुनामैं श्री गुपाल सुषरासी ॥

राग गौडी

५०:० मन बस होत नहीं जीय मेरे ।
जिन बातनि ते बह्यौ फिरत है सोई लै लै घेरे ॥ टेक ॥
१ कैसें कहूं कह्यौ इतौ जस औरहि औषं चेरे ।
तुम तौ दोस लगावत क्यूं सिर बैसे देषहु नेरे ॥
२ कहो करौं ए चरचौ बहुत दिन बिन अंकुसहि मुकेरे ।
अब कै सूरदास प्रभु इहां लगि परचौ द्वार हौं तेरे ॥

कबित

१ हौं मन कूं थिर करूं मन ब मोहि दौरावै ।
हौं चित चंचल तजौं चित चहूं दिस कूं धावै ।
हौं कहुं रसना रांम रसन बोलै मषि गारी ।
हौं श्रवननि जस सुनौं श्रवनहु बुधि हितकारी ।
कहि कबि न नाद किम निस्तरौ करत न अपराध धन डरौं ।
बींनती सुनहुं हरि दीन की सुबसि इंद्री कैसें करौं ॥

राग भैरूं

५१:० फिट रे फिट रे मन अपराधी ।
हरि रस छाडी बिषै ही साधी ॥ टेक ॥
१ साध कहैं सो होइ न आयौ कांम क्रोध हों कै संगि धायौ ।
करै कुसंग कलेस उठावै तातैं कुमति ऊपजि आवै ॥
२ कह्यौ सुन्यौं तेरे चिति न आयौ रांम भजन बिन जनम गंवायौ ।
गुर दादू कहि कहि समझायौ टीला मन कै अंगि न आयौ ॥

राग धनाश्री

५२:० कौंण भगति थैं रहै प्यारौ पाहुंनौं रे ।
घरि घरि देष्यौ रे मैं अजक अभांवनौं रे ॥ टेक ॥
१ मैला मैला कापडा केता एक धोउं ।
आवै आवै नीदडी कहां लूं सोउं ॥
२ ज्यूं ज्यूं जोडौं त्यूं त्यूं फाटै ।
झूठै सै बणजि उठि गयौ हाटै ।
कहै रैदास परचौ जब लेषौ ।
जोई जोई कीयौ रे सोई सोई देषौ ॥

इति मन कौ अंग संम्पूर्ण भवेत् ॥

८० मन की मूल तिथि बिश्रांम का बिचार कौ अंग उपदेश चिंतावनी

१ एक राज छोडि करि जोगी हूए । एक जोग छोडि घरवासं ।
हस्ती छूटा बन कूं जावै । स्वांन करंक के पासं ॥
२ मन मनसा का भाव है । अंति फलैगा सोइ ।
जब दादू बानिक बन्यां । तब आसै आसं न होइ ॥
३ जप तप करनीं करि गए । श्रगि पहूते जाइ ।
दादू मन की बासनां । नरकि पडे फिरि आइ ॥
४ पाका काचा ह्वै गया । जीत्या हारै डाव ।
अंतकालि गाफिल भया । दादू फिसले पाव ॥
५ कबीर मन पंषी भया । बहुत चढया आकासि ।
उहां हीं थैं गिरि पडया । मन माया कै पासि ॥
६ कबीर काटी कूटीम बली । छींकै धरी चहोडि ।
कोई एक अषिर मनि बस्या । दह मैं पडी बहोडि ॥
७ बैरा मारे मरि गए । चित थैं बिसरे नांहि ।
दादू अजहूं साल है । संमझि देषि मन मांहि ॥
८ कबीर मृतक कूं धीजूं नहीं । मेरा मन बीहै ।
बाजे बाव बिकार की । भी मूवा जीवै ॥
९ मूवा मन हम जीवत देष्या । जैसैं मड हट भूत ।
मूंवां पीछैं उठि उठि लागै । असा मेरा पूत ॥
१० मुये सरीषे ह्वै रहे । जीवण की क्या आस ।
दादू रांम बिसारि करि । बांछैं भोग बिलास ॥
११ भावै जाइ बन षंडि रहै । गिरि सिरि आसंण मंडै ।
भावै षोदि गुफा में पैसै । परि जगंनाथ मन भंडै ॥
१२ ददू जीवै पलक । मरतां कलप बिहाइ ।
दादू यहू मन मसकरा । जिनि कोई पतियाइ ॥
१३ निहिचल करतां जुग गए । चंचल बही होइ ।
दादू पसरै पलक मैं । यहु मन मारै मोहि ॥
१४ दादू यहु मन मींड का । जल सूं जीवै सोइ ।
दादू यहु मन रिंद है । जिनि र पतीजै कोइ ॥
१५ दादू मांहैं सूषिम ह्वै रहै । बाहरि पसारै अंग ।
पवन लागि पौढा भया । काला नाग भुवंग ॥
१६ मन मनसा दोऊ बसि कीये । काया गुण नर जीव ।
जगंनाथ कांमणि कनक । मिले होइ सर जीव ॥
१७ सूई ज्यूं निहचल चलैं । चंबक देषि पषांण ।
यौं जगंनाथ कांमणि कनक । देषत जगैं परांण ॥
१८ सिव सकती सूं रूसि करि । ध्यांन धरै बन मांहि ।
माया भीलणि देषतां । मन जीया छिन मांहि ॥
१९ ईस्वर जोग षरा जब लीन्हां ।
टरचौ ध्यांन तप षंड न कीन्हां ।
सिध साधिक उन थैं कहु कोई ।
मन चित अस्थिर कहु कैसैं होइ ॥
२० पारास्वर की सकति का । बल कछु कह्या न जाइ ।
मूवा जीया पलक मैं । मन माया घरि आइ ॥
२१ पहली ग्यांन दिढाइ करि । साध मता की बात ।
पीछैं उलझ्यौ गुंमट मैं । देषौ मन की घात ॥
२२ देह बिदेही तप कीया । ब्रह्म बन मैं जाइ ।
पुत्री देषी नैंन भरि । पल मैं जीया आइ ॥
२३ बिल मंगल बन मांहैं बैठा । नांव निरंजन लेवै ।
माया देषी नैंन भरि । कैठैं कैठैं होवै ॥
२४ उदाल करषी स्वर हरि भजैं । जोरि तप हैरांन ।

बिंद गया तौ जांण दे । पणि देषौ मन का ग्यांन ॥
२५ पांचूं इंद्री मत थिर मनसा । भजन सील सत कीया ।
पिंगुल कीन्हीं नाय का । मूवा पल मैं जीया ॥
२६ पंडित पूरा बुधि बल सुरा । देषौ वा का हीया ।
अगनि हुता संन आपा होम्यां । मन थिति दूंम घरि बीया ॥
२७ यहु मन पंगुल पंच दिन । सब किसहीं का होइ ।
दादू उतरि अकास तैं । धरती आया सोइ ॥
२८ कबीर वो मन कत गया । जो मन होता काल्हि ।
दूगर बूठा मेह ज्यूं । गयौ निवांणां चालि ॥
२९ उपजी होइ तौ मन क्यूं भाजै । पांहण लिष्या सु सारं ।
मेढचा मिटै न भीज्या बिनसै । अैसा तत बिचारं ॥
३० अैसा कोई एक मन । मरै सुजीवै नांहि ।
दादू अैसे बहुत हैं । फिरि आवैं कलि मांहि ॥
३१ धंनि जु निकस्या धूंम ज्यूं । रह्या सुंनि करि सीर ।
रजब तीर कमांन ज्यूं । निकसि फिरैं बहु बीर ॥
३२ निसरैं पणि बिसरैं नहीं । तौ नीसरि जे कांइ ।
पहली षाइ उषाल करि । पीछैं लीजै नांहि ॥
३३ रजब त्यागी घर घणि । परनारी न सुहाइ ।
अहि अपणीं तजि कांचुली । का की पहरै जाइ ॥
३४ देषा देषी सब चले । पारि न पहुंच्या जाइ ।
दादू आसंनि पहल कै । फिरि फिरि बैठे आइ ॥
३५ कबीर देषा देषी पाकडै । जाइ अपरचै छूटि ।
बिरला कोई ठाहरैं । सतगुर सां महीं मूठि ॥
३६ कबीर देषा देषी भगति है । कदे न चढई रंग ।
बिपति पड्यां यौं छाडि सी । ज्यूं कंचुली भुवंग ॥
३७ जब लग ल्यौ लागत नहीं । बेध तही रहिं हीर ।
देषा देषी कहि क्यूं बनैं । भाव भगति गंभीर ॥
३८ बदेसि रमतां सदा बैरागी । सास्त्र बैरागी पंडिता ।
बाल कंन्यां बृध बैरागी । ग्यांन बैरागी राजा भरथरी ॥
३९ मन बैरागी धुंधू कार । सोग बैरागी क्रोध अपार ।
पेट बैरागी कांधै भार । ग्यांन बैरागी त्रिभुवन सार ॥
४० सोग बिपति त्रास बैराग ।
ग्यांन भजै तौ पूरण भाग ॥
४१ दादू आपा उरझें उरझिया । दीसै सब संसार ।
आपा सुरझें सुरझिया । गहु गुर ग्यांन बिचार ॥
४२ दादू अंतरि सुरझै समझि करि । फिरि न अरूझै जाइ ।
बाहरि सुरझै देषतां । बहुरि अरूझै आइ ॥
४३ भवरा छेदै का ठकूं । पहुपैं पास्या आइ ।
जैमल जासूं मन मिलै । ताकै हाथि बिकाइ ॥
४४ जैमल काठ कवल भौंरा तजै । निरबंधण ल्यौ लाइ ।
सूषि मोटा परहरै । तौ मन कहीं न जाइ ॥
४५ स्वांग सती का पहरि करि । करै कुटंब का सोच ।
बाहरि सूरा देषिये । दादू भीतरि पोच ॥
४६ तीर तुपक चहुं दिसि बहैं । बिगरि जाइगा चांम ।
मरदहुं के मैदांन मैं । कायर का क्या कांम ॥
४७ बिन उपजणि बैरागयौं । ज्यूं कायर रिण मांहि ।
अणीं जुडचा पग डगमगै । फिरि आवैं कुल मांहि ॥
४८ मनसा बाचा ऊपजै । बैराग दसा मन मांहि ।
सूर बीर जगनाथ सो । छत्रपती तहां जांहि ॥
४९ सूरा चढि संग्रांम कूं । पाछा पग क्यूं देइ ।
साहिब लाजै भाजतां । धिग जीवन दादू तेह ॥
५० जे निकसै संसार थैं । सांई की दिसि धाइ ।
जे कबहूं दादू बाहुडै । तौ पीछैं मारचा जाइ ॥
५१ आघा चलि पीछा फिरै । ताका मुहम दीठ ।
दादू देषें दोइ दल । दे करि भागै पीठि ॥
५२ दादू मरणां मांडि करि । रहै नहीं ल्यौ ला ।
कायर भाजै जीव ले । आरणि छाडचें जाइ ॥
५३ इन कौं लो द्यौं नां बणैं । साहिब जी की सौंह ।
साध सती अर सूर का । दई- फेरी मौंह ॥
५४ कबीर तूटी बरत अकास थैं । कोई न सकै झड झेल ।
साध सती अर सूर का । अणीं ऊपिला षेल ॥
५५ सूर सती एकै पलक । छाडै तन की आस ।
कहि जगजीवनदास कूं । जलनां बारह मास ॥
५६ कबीर जिहि घटि जांण बिनांण । तिहि घटि आवटणां घणां ।
बिण षंडै संग्रांम । नित उतिम न सूंझू झणां ॥
५७ कबीर जांण भगत का नित मरण । अणजांणें का राज ।
सर अपसर संमझै नहीं । पेट भरण सूं काज ॥
५८ फरीदा जिन्हि तु छुन बुझिया । तिन सुष रैंनि बिहाइ ।
मैं र अबुझी बुझिया । चपरिई बलाइ ॥
५९ कबीर अणरता सुषि सोवणां । रतै नींद न आइ ।
ज्यूं जल तूटै मंछली । यौ बेलंतां बिहाइ ॥
६० जब मन वैसा होइगा । तब कहियेगी बात ।
अब तौ मन पांनीं भयौ । सब रंग मैं मिलि जात ॥
६१ पावैंहिगे उस ठौर कूं । लंघैंगे यहु घाट ।
दादू क्या कहि बोलिये । अजहूं बिचिहीं बाट ॥
६२ कबीर पहुंचैंगे तौ कहैंगे । अंमडैंगे उस ठांइ ।
अजहूं भेला समंद मैं । बोलि बिगूचै कांइ ॥
६३ भिरणांण संदीज पुरी । न उरवार न पार ।
न लाहू लहरंनि मैं । न तिडनां पातालि ॥
६४ बिज बदल गैंबाब । द्रिजमल हुरी लगियां ।
सधर सौं हां जाव । बेडी दूबण नांहि भौ ॥
६५ जे तूं तारो पांण । तां भी पुछि तिडंनि कल ।
तहूं घणां सुजांण । वंजी कपर आहला ॥
६६ पषरियां द्रिजंन्हि । भौ भलां हीं न लहै ।
जिते साथ मुसंनि । अजे सुल कन लंघियौ ॥
६७ दादू लंघण के लहु घणां । कपर चाटूं डीन्ह ।
अला पांधी पंध मैं । बीहंदा आहींन ॥
६८ मर्द मर्दां कि जन जनां । अंत कालि कहैंगे बाबा ।
जब पहुंचैगा पौहनां ॥
६९ मारग बिष मांधार परि । बिचि दूतनि की मार ।
जगंनाथ पहुचै तबै । लै लागै इकतार ॥
७० नजरि न रहिये नांनका । रहिया बारि बरजि ।

नजरि बिचारी क्या करै । जे षधा लोडै रजि ।
रजि षाइ जे पंचे मारै । गुर मुषि रहै सहजि ।
भरिया भांडा भावदा । भौ बिचि रषै कजि ।
साहिब दै दरि हछा पुणियैं । छूटौगे कि तपजि ।
घणीं निहंपकि नांनका । जांइयं झपई दरि वजि ॥
७१ कूबा काचा भगत का । आठूं पहर उदेग ।
करणीं चालै पहल की । करै पुरांणां नेग ॥
७२ तारे जियें तरेज । मप सायेम मोलिया ।
पटू मल जाये । तैं सचे दीयांण मैं ॥
७३ जिन्हीं कमें नांहि गुण । ते कमडे निवारि ।
मति सरमीं दाथी पवै । रबांणें दरबारि ॥
७४ कूडे मकरि कूडियां । सचे सांई सांण ।
तोडीं -दो घरु बषुरी । बोडीं ईदो पांण ॥
७५ सचा सांई सचु पियारा । तासूं कूंडन षेली ।
जंगल बिचि बसेरा होसी । तिथि न कोई बेली ॥
७६ तो बह करीं न बाहुडे । बाहुडि तो बकरींन ।
के ही सादी हठ मैं । रघी उजाडीन ॥
७७ पाप कमावै बारंबार । अहटै नांहीं एक लगार ।
जाट गंदौडा षा तौ जाइ । त्राहि तो बातौ ह्वै न राहाइ ॥
७८ पंजें सुबें तुल हडागा । फिल छो न बधोइ ।
जडीं लहरीं गड थई । तडीं संभारचौइ ॥
७९ जे तुल तुटौ तुल हडे । सायर मंझ थयांह ।
तौ करि बांहां पांणे चियां । मकरि सद बियांह ॥
८० भोरी भगौ जति । मांणिक असा रे पई ।
कोहन रूनौं तति । तूं बेऊ गचो हथि करि ॥
८१ भोरी भगौ जाव । मांनिक असा रे पई ।
सुरी सराफी आव । बेई गचो हथि करि ॥
८२ दादू सब काहू कै होत है । तन मन पसरै जाइ ।
अैसा कोई एक है । उलटा मांहि समाइ ॥
८३ क्यूं करि उलटा आणियैं । पसरि गया मन फेरि ।
दादू डोरी सहज की । यूं आणैं घरि घेरि ॥
८४ पिड चलंतां सब को देषै । प्रांण चलंतां बिरला ।
प्रांण चलंतां जे नर देषै । तास गुरू मै चेला ॥
८५ मन जाइ परि मैं नहीं जाउं ।
ताथैं गझरष मेरा नांउं ॥
८६ कबीर काया देवल मन धजा । बिषै लहरि फर राइ ।
मन चाल्यां देवल चलै । ताकौ सर्बस जाइ ॥
८७ प्रिथीनाथ साची जुगति बिण । झूठे सबै उपाइ ।
इंद्री बंधी क्या करै । जै प्रांण पुरिस चलि जाइ ॥
८८ मन मैं धोषा इंद्री कसैं । रांडी कै डरि बंनषंड बसैं ।
उमटै बिंद मूल नहीं रहै । फाटै को पीरा त्यूं बहै ॥
८९ परम हंस कूं चीन्हैं नांहि । इंद्री बंधि चले बनमांहि ।
मं -ास क्रीम न मैं हसै । कहा भयौ जे बनषंड बसै ॥
९० मुष सूं माता मन मैं राता । कहै बिष अंमृत करि षाता ॥
मूंड मुडाइ करै हरि हाई । यहु तौ भगति न होइ रे भाई ।
घट मैं कांम क्रोध की घाई । माता गिणैं न बहनीं बाई ॥
९१ आंष्यौं अैंन अनंग मघ । मुष सूं बाई मात ।
मन सूं मिहरी करि गया । रजब मन की घात ॥
९२ मा बेठी मन कै नहीं । बाई बहण न कोइ ।
जन रजब पसु की बिरति । सब करि देषै जोइ ॥
९३ माइ बहन मुष सेती कहै । मांहैं बिरति पसू की रहै ।
बिषिया भुगतै बहु बिधि भोग । मूरिष कहैं हम
साधै जोग ॥
९४ चैंन बिषै रत प्रांणियां । नांनां भांति अनंत ।
इसी कमाई करत हैं । तूं जांणैं भगवंत ॥
९५ कबीर जैसी उपजै पेड थैं । अैसी निबहै वोडि ।
पैकौ पैकौ जोडतां । जुडिसी लाष करोडि ॥
९६ कबीर गिरही तौ चिंता घणीं । बैरागी तौ भीष ।
दुहु का त्यां बिचि जीव है । ह्यौ हनैं संतौ सीष ॥
९७ कबीर बैरागी बिर कत भला । ग्रिही चितां उदार ।
दुहुं चूकांरी तापडै । ताकूं वार न पार ॥
मन की मूल तिथि बिश्रांम का बिचार कौ अंग
उपदेश चिंतावनी संम्पूर्ण भवेत् ॥

८१ कर्म नषेद बिचार कौ अंग

अर्जुन उबाच ।
१ गर्भवासं जुरा म्रित्यु । किमर्थं भर्मते नरा ।
किमर्थं क्रित्वा जनमं । कथं कस्य जनार्दनं ॥
श्री भगवान उबाच ।
२ मांनवा अंध मूढस्य । संसार?ट यद्रिस्यते ।
आसमेकं न तजंति । जीवनं धन संपदा ॥
३ न चेतते नरां मूढा । न जानांति भक्ति पार्थ ।
अग्यांन बुधि रता प्रांणीं । पचति दुष मोद्यते ॥
अर्जुन उबाच ।
४ किं ध्यांनं स्तप तीर्थं । किं जग्य धर्म सुचि कृया ।
किं भस्म चर्चिता देहे । किं मोक्शं दांन कंचनं ॥
श्री भगवांन उबाच ।
५ न मोष्यांन धरे नित्यं । न मोष्यं अंन परं तजेत् ।
न मोष्यं कंद मूलेषु । मोष्यं ग्यांन इंद्री निग्रहं ॥
६ न मोष्यं पदा भर्मने । न मोष्यं भस्मलेपनं ।
न मोष्यं चर्परी ध्यानि । मोष्यं ग्यांन इंद्री निग्रहं ॥
७ न मोष्यं पठते सास्त्रं । न मोष्यं आचार सुचि ।
न मोष्यं कर्म धर्मेषु । मोष्यं ग्यांन इंद्री निग्रहं ॥
८ न मोष्यं जग्य कृया जापं । न मोष्यं दांन कंचनं ।
न मोष्यं पित्र कार्जेषु । मोष्यं ग्यांन इंद्री निग्रहं ॥
९ न मोष्यं नग्न मूनेषु । न मोष्य डंड यटा धरे ।
न मोष्यं बनबासेषु । मोष्यं ग्यांन इंद्री निग्रहं ॥
१० न मोष्यं स्तपकृते कोटि । न मोष्यं दांन गज हयं ।
न मोष्यं दांन मही दत्वा । मोष्य ग्यांन इंद्री निग्रहं ॥
११ दादू जीवत छूटैं देह गुण । जीवत मुकता होइ ।
जीवत काटै कर्मस । मुकति कहावै सोइ ॥
१२ जावत् बुधि बिकारेन । आतम तत्व न बिंदते ।

तावत् ग्यांन न चैतन्यौ । जावन्न चिन्तन स्थिरं ॥
कर्म नषेद बिचार कौ अंग संम्पूर्ण भवेत् ॥

८२ सूषिम जन्म कौ अंग

१ दादू चौरासी लष जीव की । पर कीरति घट मांहि ।
अनेक जनम दिन के करै । कोई जांणैं नांहि ॥
२ दादू जेते गुण ब्यापैं जीव कूं । तेते हीं औतार ।
आवागण यहु दूरि करि । संम्रथ सिरजनहार ॥
३ सब गुण सबहीं जीव के । दादू ब्यापैं आइ ।
घट मांहैं जामैं मरै । कोई न जांणैं ताहि ॥
४ कबीर प्रांण प्यंड कूं तजि चलै । मुवा कैं सब कोइ ।
जीव छतां जामैं मरै । सूषिम लषै न कोइ ॥
५ कबीर सूषिम सुरति का । जीवन जांणैं जाल ।
कहै कबीरौ दूरि करि । आत्म आदृष्टि काल ॥
६ जीव जनम जांणैं नहीं । पलक पलक मैं होइ ।
चौरासी लष भोगवै । दादू लषै न कोइ ॥
७ अनेक रूप दिन के करै । यहु मन आवै जाइ ।
आवागवन मन का मिटै । तब दादू रहै समाइ ॥
८ निसबासुरि यहु मन चलै । सूषिम जीव संघार ।
दादू मन थिर कीजिये । आतम लेहु उबारि ॥
९ दादू कबहूं पावक कबहूं पांनीं । धर अंबर गुन बाइ ।
कबहूं कुंजर कबहूं कीडी । नर पसुवा ह्वै जाइ ॥
इति सूषिम जन्म कौ अंग संम्पूर्ण भवेत् ॥

८३ जीव सुरति की थिति बिश्रांम कौ अंग

राग गौडी

१।० संतौ धागा तूटा गगन बिनसि गया । सबद जु कहां समाई ।
ए संसा मोहि निसदिन ब्यापै । कोई न कहै संम काई ॥टेक ॥
१ नहीं ब्रह्मंडि प्यंडि पुंनि नांहीं । पंच तत भी नांहीं ।
इला प्यंगुला सुषमन नांहीं । ए गुन कहां संमांहीं ॥
२ नहीं ग्रिह द्वार कछू नहीं तहियां । रचनहार पुनि नांहीं ।
जोवनहार अतीत सदा संगि । ए गुन तहां समांहीं ॥
३ तूटै बधै बधै पुनि तूटै । जब तब होइ बिनासा ।
तब को ठाकुर इब को सेवग । को का कैं बिसवासा ॥
४ कहै कबीर यहु गगन बिनसै । जौ धागा उनमांनं ।
सीषें सुनें कहें का होई । जौ नहीं पदहि समांनं ॥

साषी

१ ग्यांन निगम आगैं कथैं । करैं अगम कूं दौर ।
मांहैं जोथी बासनां । जीव रह्या तिहि ठौर ॥
२ दादू अपनैं अपनैं घरि गये । आपा अंगि बिचारि ।
सहकांमीं माया मिले । निहिकांमीं ब्रह्म संभारि ॥
३ इहां का उपनांइ हां बिलांनां । बोलनहारा कहां समांनां ।
कहै नारांइण सुणि जन नांमां । जहां सुरति तहां पुरवन कांम ॥
४ कबीर संसा दूरि करि । जांमण मरण भरंम ।
पंच तत ततही मिले । सुरति समांनां मन ॥
५ दादू जागे कूं आया कहैं । सूते कूं कहैं जाइ ।
आंवण जांणां झूठ है । जहां का तहां समाइ ॥
श्री धूलमेष उबाच ।
६ स्वांमीं मुवांहि प्रांण एकहां लुकैगे जीवत कहां निवासं ।
धूंधू कार अंधेरा सब घट । तब कहां करै प्रकासं ॥
७ श्री प्रिथीनाथ उवाच ।
अवधू घट फूटैं धुनि घटहि समांनीं । जीव निरंतर बासं ।
धूंधू कार अंधेर अचेतहि । संमझे प्यंड निवासं ॥
८ जे कबहूं बिरहनि मरै । तौ सुरति बिरहनीं होइ ।
दादू पीव पीव जीवता । मुवां भी टेरै सोइ ॥
९ पहली थासो अब भया । अब सो आगैं होइ ।
दादू तीन्यूं ठौर की । बिरला बूझैं कोइ ॥
१० अगम अगोचर लषी न जाइ ।
जहां का सहज फिरि तहां समाइ ॥
११ कर्म करौ कोई परसरांम । कोई सुमिरौ हरि नांव ।
मारगि ताकै चालियै । सोई आवै गांव ॥
१२ जैमल जिहि दिसि सनमुष जीव है । देषैगा सोई ।
पूठि दिसा सूझै नहीं । जांणैं सब कोई ॥
१३ प्रणवंत नापा चीन्हि ले आपा । जोमति भ्यासी रे ।
जागत सोवत जहां कलपनां । सो तहां जासी रे ॥
१४ दादू जिस की सुरति जहां रहै । तिस का तहा बिश्रांम ।
भावै माया मोह मैं । भावै आतम रांम ॥
१५ जहां मन राषैं जीवतां । मरतां तिस घरि जाइ ।
दादू बासा प्रांण का । जहां पहली रह्या समाइ ॥
१६ सांवान हारया दोषये । मन चित ध्यांन लगाइ ।
दादू केते जुग गये । तौभी हरया न जाइ ॥
१७ ग्वाल एक जंगल मैं मूवा । गोरषनाथि जिवाया ।
मूल थिति मैं कंबल लाठी । सोई सुरति मंगाया ॥
१८ जहां सुरति तहां जीव है । जहां नांहीं तहां नांहि ।
गुण निर्गुण जहां राषिए । दादू घर बन मांहि ॥
१९ जहां सुरति तहां जीव है । आदि अंति अस्थांन ।
माया ब्रह्म जहां राषिये । दादू तहां बिश्रांम ॥
२० जहां सुर्ति तहां जीव है । जीवण मरण जिस ठौर ।
बिष अंमृत तहां राषिये । दादू नांहीं और ॥
२१ जहां सुरति तहां जीव है । जहां जांणैं तहां जाइ ।
गंम अगंम जहां राषिये । दादू तहां समाइ ॥
२२ जागत जहां जहां मन रहै । सोवत तहां तहां जाइ ।
दादू जे जे मनि बसै । सोई सोई देषै आइ ॥
२३ जागत जगपति देषिये । पूरण परमांनंद ।

सोवत भी साई मिलै । दादू अति आनंद ॥
२४ दादू जे जे चिति बसै । सोई सोई आवै चीति ।
बाहरि भीतरि देषिये । ताही सेती प्रीति ॥
२५ बहुत हेत जिस बस्त सूं । जागत महुक होइ ।
जगंनाथ तिहि सोवतां । अरस परस मैं सोइ ॥
२६ हरि हित माया महुबती । जागत सोवत मांणि ।
जीवत मरतां सो गती । जगंनाथ सति जांणि ॥
२७ दादू सुपिनां तब लग देषिये । जब लग चंचल होइ ।
जब निहचल लागा नांव सूं । तब सुपिनां नांहीं कोइ ॥
२८ जागत जीव जंजाल मैं । सोवत भरमैं सोइ ।
जगंनाथ थिर जागतां । सोवत अस्थिर होइ ॥
२९ जब लग मन जागत भ्रंमैं । तब लग सुपिनैं जाइ ।
जगंनाथ मन बसि करै । सुपिनैं सहजि बिलाइ ॥
३० पवन गवन फिरि बैसतां । चितवनि बिसरै नांहि ।
जगंनाथ सुपिनां मिटै । अघदार न दुष जांहि ॥
३१ सांहि मनोरथ मन करै । जिस ठाहर रटि नांम ।
जगंनाथ धुनि ऊपजै । प्रगटै आतम रांम ॥
इति जीव सुरति की थिति बिश्रांम कौ अंग संम्पूर्ण भवेत् ॥

८४ मनसा गावत्री

राग आसावरी

१:० मेरी मनसा अंमर भई ।
यह नित नई मनोरथ भोगी । जड पाता लगई ॥ टेक ॥
१ देह बिवोग बिवोग नया कौ । अघट एक रस रीति ।
जिहि जिहि जोनि तहीं तहीं आगैं । हठि बांधत दृढ प्रीति ॥
२ बीज अषीज बज कौ कणिका । ब्यापि रह्यौ संसार ।
अगरदास थावर जंगम मैं । सब याकौ बिस्तार ॥

राग धनाश्री

२:० माधौ नैंक हट कौ गाइ ।
भ्रंमत निसबासुरि अपंथ पंथ । अगह गही नहीं जाइ ॥ टेक ॥
१ छुधित अति न अघात क्यूं हूं । निगम दुर्म दलि षाइ ।
अष्टदस घट नीर निजवति । तउ न त्रिषा बुझाइ ॥
२ छहूं रस जे धरूं आगैं । तऊ गंध न सुहाइ ।
और अहित अभछि भछिता । गिरा बरनीं न जाइ ॥
३ ब्यौम धर्निधि सैल कांनन । इते चरि न अघाइ ।
दिन चतुर दस षेत षूंदत । सुया कहां समाइ ॥
४ नील षुर उर अरु न अतिसै । सिंग सेत सुभाइ ।
धीठ निडर न डरत काहू । त्रिजुग ह्वै समुदाइ ॥
५ हये बिधि नष दलन दांनव । सुर निसी सच ढाइ ।
रचि बिरचि मुष भूंह छबिलै । चपल चित चुराइ ॥
६ नारदादि सुकादि सनकस । थकै करत उपाइ ।
ताहि अति सठ सूर अब कहि । क्यूं बस कै चराइ ॥

राग केदारौ

३:० माधौ जू मेरी एक गाइ ।
अब आजु ते आपु आगै दै । लै आइबी चराइ ॥ टेक ॥
१ है अति हरिहाई हटकत हूं । बहुत अमारग जाति ।
फिरत बेद बनरूषउ पारत । सब दिन अरु सब राति ।
२ हितु करि हिलै लेहु प्रिथीपति । अपनैं गोधन मांह ।
सुष सोऊं सुनि बचन तुम्हारौ । देहु दींन कूं बांह ॥
३ निषरक कौ सूरदासहि प्रभु । जिनि पूछहु फुनि फेरि ।
मनु ममता रुचि सूं रषवारी । पहलैं लेहु न बेरि ॥

राग गौडी

४:० अवधू कांमधेन गहि बांधी रे ।
भांडा भंजन करै सबहि नर का । कछू न सूझै आंधी ॥ टेक ॥
१ जौ ब्यावै तौ दूध न देई । ग्या भण अंमृत सरवैं ।
कौली घाल्यां बीडरि चालै । ज्यूं घेरूं त्यूं दरवैं ।
२ तिहि धेन थैं इंछ्या पूगी । पाकडि षूंटै बांधी ।
ग्वाड़ा माहैं आंनद उपनौं । षूंटै दोउ षाधी ॥
३ साई माइ सास पुनि साई । साई घर की नारी ।
कहै कबीर परमपद पाया । संतौ लेहु बिचारी ॥
५:० अवधू कांमधेनि गहि राषी ।
बसि कीन्हीं तब अंमृत सरवैं । आगैं चारि न नाषी ॥ टेक ॥
१ पोषतां पहली उठि गरजै । पाछैं हाथि न आवै ।
भूषी भली दूध नित दूणां । यौं या धेन दुहावै ॥
२ ज्यूं ज्यूं षींण पडै त्यूं दूझै । मुकती मेल्यां मारै ।
घाटा रोकि घेरि घरि आंणीं । बांधी कारिज सारै ॥
३ सहजैं बांधी कदेन छूटै । करम बंधन छुटि जाई ।
काटि करम सहज सूं बांधी । सहजैं मांहि समाइ ॥
४ छिन छिन मांहि मनोरथ पूरै । दिन दिन होइ अनंदा ।
दादू देषत सोई पावै । कलि अजरांवर कंदा ॥

राग आसावरी

६:० गावडी राषौ हरि हावडी करती ।
बरजौ राति पसर ऊछरती ॥ टेक ॥
१ अहनिसि षेत पराया षाइ ।
नीसरि जाइ बडी हरि हाइ ॥
२ बाछा बाछी लीयां संगि धावै ।
माहैं सांड दड़ू कतौ आवै ॥
३ जैनीं जूं तौ न्यांणौ तोडै ।
लाता मारि दुहांवणौं फोडै ॥
४ ठीगैं मारी सो पसवावै ।
षूंटै बांधी धेन दुहावै ॥
५ अंम्रित सरवै भूषा मरती ।
जांणम तद्यौ जैठै पहली चरती ॥
६ बषनौं घेरि घारि घरि आंणैं ।

नीसरि जाइ सु परमेस्वर जांणैं ॥

७:• बांधौ बांधौ बछरा पीवौ पीवौ षीरं ।
कलि अजरांवर होइ सरीरं ॥ टेक ॥
१ आकास धेनु बछा जाया । तिनीं धेनि कै पूंछन पाया ॥
२ बारह बछा सोलह गाई । धेनि दुहावत रैंनि बिहाई ॥
३ अचरा चरै धेनि बछला न षाई ।
पांच ग्वाल्यां कूं मारण धाई ॥
४ इहि धेनि काहू धजु मीठा ।
पीवै गोरषनाथ गगन बईठा ॥

अजपा गाइत्री ग्रंथ

८:• गाइत्री अजपा कथूं । सुणि सिधा भए अपार ।
किंचित रस हिरदै रहै । ताका सेवग सब संसार ॥ टेक ॥
१ हंस चढी मुष सारदा । नेत्र दृष्टि बिसाल ।
जाकै रूप बरण गुण क्या कथूं । घर तजि चले भुवाल ॥
२ अमीं महारस थनि चुवै । रवि ससि तपै लिलाट ।
जाकी पूंछ गहैं बैकुठ पद । पवन सवारै बाट ॥
३ महापुरिष घरि संचरै । अनत नहीं यहु माइ ।
फिरि बांधी कालहि चरै । नातरि भूषी जाइ ॥
४ पसु गाइ बांधी चरै । वा गाइ स्यंघ गरासै जाइ ।
तिहूं लोक मैं संचरै । अचर चरै वहु गाइ ॥
५ ब्रह्मा ले संझ्या थपी । काजी थपी निमाज ।
पुरिष भए जिनि दुहि पाई । तिन सब सिधि हूवा काज ॥
६ हिंदू तौ पालि न सकी । तुरक न सकी षाइ ।
षद दर्शन थैं चापरी । लषी न बंधी जाइ ॥
७ हिंदू लषी न रांम कहि । तुरकूं लषी न षुदाइ ।
गावत्री अजपा बिषम । गुपत गही नहीं जाइ ॥
८ रवि का तेज न संचरै । नां चंद्रमां चकोर ।
प्रगट होइ तौ पाइये । बसै अंधारै घोर ॥
९ अनंत सिधूं मैं प्रगटी । गुपत रही संसार ।
स्वर्ग म्रित पाताल है । निराकार आकार ॥
१० कहि प्रिथीनाथ ए कठिन पद । बिन संग्रामैं जूझ ।
समझे कू दर्शन न हुवा । कलपत मूये अबूझ ॥

इति मनसा गावत्री संम्पूर्ण भवेत् ॥

८५ माया कौ अंग

राग आसावरी

१:• माधौ जी माया मिलण न देई ।
जन जीवै त्यूं करौ हो सनेही ॥ टेक ॥
१ माया जलध मीर मन माछी ।
नीर बिनां क्यूं जीवैं हो पियासी ॥
२ जे मोडूं मूल बिनासा ।
बोझ पड्यां नहीं आवै सासा ॥
३ भणत नांमदेव दीन दयाला ।
निरधारनि के तुम्हहीं आधारा ॥

राग गौडी

२:• माया तजूं तजी नहीं जाइ ।
फिरि फिरि माया मोह लपटाइ ॥ टेक ॥
१ माया आदर माया मांन । माया नहीं तहीं ब्रह्म गियांन ॥
२ माया रस काया कर जांण । माया कारणि तजै परांण ॥
३ माया जप तप माया जोग । माया बंधे सबहीं लोग ॥
४ माया जल थल माया आकास । माया ब्यापि रही चहूं पास ॥
५ माया माता माया पिता । अति माया अस्त्री सुता ॥
६ माया मारि करै ब्यौहार । कहै कबीर मेरे रांम अधार ॥

साषी

१ कबीर जग कां को कहै । भौजलि बूडैं दास ।
पारब्रह्म कूं छाडि करि । करैं मांनि की आस ॥
२ कबीर माया तजी तौ का भया । मांनि तजी नहीं जाइ ।
मांनि बडे मुनियर गिले । मांनि सबनि कूं षाइ ॥

सवइये

३ निरास रहैं अरु नम्र न सूंहित । देषौ महंतनि माया जु त्यागी ।
कोपी न टोपी की नांहि कछू मांन । प्रीति प्रचंड बजा जहं लागी ।
अति गति ध्यांन धना डिसूं कीजिये । लोग सुनाइ न कौडी हूं मांगी ।
हो रजब स्यंद कपट छिपावत । साधन कूं सबदी सत नागी ॥
४ बिक्रत भेष धरचौ बपु बाहरि । भीतरि भूष अनंत बिराजी ।
ऊपर तै पनहीं पुंनि त्यागी जु । मांहि त्रिषाति हुं लोक की साजी ।
कपट कला करि लोक रिझायौ हो । रोटी कूं ठौर करी देषौ ताजी ।
रजब रूप धरचौ ठगिबे कूं । साध लषैं सबला षीर पाजी ॥
५ कबीर सब आसंण आसा तणां । न्रिब्रति कै को नांहि ।

न्रिव्रति कै नेहै नहीं । परव्रति पर पंच मांहि ॥
६ दादू घट माँहैं माया घणीं । बाहरि त्यागी होइ ।
फाटी कंथा पहरि करि । चिहन करै सब कोइ ॥
७ काया राषै बंद दे । मन दह दिसि षेलै ।
दादू कनक रु कांम मनीं । माया नहीं मेलै ॥
८ दादू मन सूं सींठी मुष सूं षारी ।
माया त्यागी कहैं बाजारी ॥
९ कबीर बाडि चढंती बेलि ज्यूं । उलझे आसा फंध ।
तूटै पणि छूटै नहीं । भए जु बाचा बंध ॥
१० काया माया ह्वै रही । जोधा बहु बलिवंत ।
दादू दूतर क्यूं तिरैं । काया लोक अनंत ॥
११ दादू काया लोक अनंत सब । घट मैं भारी भीर ।
जहां जाइ तहां संगि सब । दरिया पैली तीर ॥
१२ धूंई तापि करि भगवां बस्तरा आपदा । का लीया ग्रिह तैंन सदा ।
देस छोडि परदेस कूं धाया । पुनि पंच चंडाल नालि आया ॥
१३ काया माया सारिषी । आतमां आपा ऐंन ।
जब लग जीव मैं रहै । तब लग परै न चैंन ॥

राग रांमग्री
३:० नको नको रे संसार महाजड ।
छाडि परपंच कलपनां महा कड ॥ टेक ॥
१ मल मुत्रा चैया भांडे । तामैं पांच बसैया भांडे ॥
२ पांच मद भूत गुण त्रिबिधा ।
तामैं भ्यंन्न परकूरति अष्टधा ॥
३ नांमदेव भणैं एणीं माया । चौंरासी लष भरमाया ॥

राग कनडौ
४:० काहू तेरा मरम न जांनां रे । सब भये दिवांनां रे ॥ टेक ॥
१ माया के रसि राते माते । जगत भुलांनां रे ।
को काहू का कह्या न मांनैं । भये अयांनां रे ॥
२ माया मोहे मुदित मगन । षांन षांनां रे ।
बिषिया रस अरस परस । साच ठांनां रे ॥
३ आदि अंति जीव जंत । सब किया पयांनां रे ।
दादू सब भरंमि भूलि । देषु दांनां रे ॥

राग आसावरी
५:० मन माया रातौ भूले ।
मेरी मेरी करि करि बौरे । कहा मुगध नर फूले ॥ टेक ॥
१ माया कारंनि मूल गंवावै । संमझि देषि मन मेरा ।
अंतकाल जब आइ पहुंचै । कोई तहीं तब तेरा ॥
२ मेरी मेरी करि नर जांणैं । मन मेरी करि रहिया ।
तब यहु मेरी कांमि न आवै । प्रांन पुरिस जब गहिया ॥
३ राव रंक सब रांनां राजा । सब इन कूं बौरावै ।
छत्रपति भूपति तिनहूं कै संगि । चलती बेर न आवै ॥
४ चेति बिचारि जांनि जीय अपनैं । माया संगि न जाई ।
दादू हरि भजि संमझि सयांनां । रहौ रांम ल्यौ लाई ॥
६:० माया मोहि हित कीन्ह । ताथैं मेरौ ग्यांन धन हरि लींन्ह ॥ टेक ॥
१ जगजीवन अैसा सुपिन जैसा । माया सुपिन् समांन ।
साच करि नरि गांठि बांध्यौ । छाडि परम निधांन ॥
२ नैंन नेह पतंग हुलसै । पसू न पेषै आगि ।
काल पासि जु मुगध बांध्यौ । कनक कांमिनि लागि ॥
३ करि बिचार बिकार परहरि । तिरण तारण सोइ ।
कहै कबीर रांम नांम भजि नर । दुती नांहि न कोइ ॥

राग कनडौ
७:० माया मोहिला कांन्ह । मैं जन सेवग तेरा ॥ टेक ॥
१ संसार परपंच मैं ब्याकुल परमांनंदा ।
त्राहि त्राहि अनाथ गोबिंदा ॥
२ रैदास बिनव कर जोरी । अविगत नाथ कवन गति मोरी ॥

राग आसावरी
८:० केसवे बिकट माया तोर । ताथैं बिकल गति मति मोर ॥ टेक ॥
१ सुबिष डसन कराल अहि मुष । ग्रसियत सुढल सुभेष ।
निरषि माषी बकत ब्याकुल । लोभ काल न देष ॥
२ इंद्रियादिक दुष दारुन । असंष्यादिक पाप ।
तोहि भजत रघुनाथ अंतरि । ताहि त्रास न ताप ॥
३ प्रतंग्यां प्रतिपाल चहूं जुगि । भगत पूर्न कांम ।
आस तोर भरोस है । रैदास जै जै रांम ॥

राग टोडी
९:० बींहूं बींहूं तेरी सबल माया ।
आगैं इणैं अनेक भर माया ॥ टेक ॥
१ माया कै अंतरि ब्रह्म न दीसै ।
ब्रह्म कै अंतरि माया न दीसै ॥
२ भणत नांमदेव आप बिधांनां ।
दहुं घोडां न चढाइ हो कांन्हां ॥

राग देवगंधार
१०:० बींनती सुनौं दीन की चितु दै । कैसैं तुव गावै ।
माया नटी सटी कर लीनैं । कोटिक नाच नचावै ॥ टेक ॥
१ दर दर लोभ लागि लीयैं डोलै । नांनां स्वांग बनावै ।
तुम सूं कपट जमुनि का दीयैं । बल मम बुधि भरमावै ॥
२ मन अभिलाषा रंग असंगति । मिथ्या निसा जगावै ।
सोवत सुपिनैं मैं कर संपति । लै दिषाइ बौरावैं ॥
३ मोह रूप मोहनीं मोहि मन । अपमारगहि दिषावै ।
ज्यूं दुती बर बधू भोरि पीय । तजि पर पुरिष बतावै ॥
४ मेरे तो तुम पति गति । तुम समांन को पावै ।
सूरदास प्रभू तुम्हारी कृपा बिन । को मम दुष

बिसरावै ॥

राग आसावरी

११:० बरजि हो बरजि बीठुले । माया जग षाया ।
महाप्रबल सबहीं बसि कीये । सुर नर मुनि भरमाया ॥
टेक ॥
१ बालक बृधि तरुन अति सुंदरि । नांनां भेष बनाया ।
जोगी जती तपी सिन्यासी । पंडित रहण न पाया ॥
२ बाजीगर की बाजी कारंनि । सब को कौतिग आया ।
जो देषै सो भूलि रहै । वाकै चेलै मरम जु पाया ॥
३ षंड ब्रह्मंड लोक सब जीते । इहि बिधि तेज जनाया ।
स्यंभू कौ चित चोरि लियौ । वाकैं पीछैं लागा धाया ॥
४ इन बातनि सुकचिनि मरियतु है । सब को कहै
तुम्हारी ।
नैंकु अटकि किनि राषौ केसौ । मेटहु बिपति हमारी ॥
५ कहै रैदास उदास भयौ मन । भाजि कहां अब जइये ।
इत उत तुम्ह गोबिंद गुसांई । तुम्हहीं मांहि समाइये ॥

१४ दादू जोगनि ह्वै जोगी गहे । सोफनि ह्वै करि सेष ।
भगतनि ह्वै भगता गहे । करि करि नांनां भेष ॥
१५ दादू घर के मारे बन कं मारे । मारे सुर्ग पयाल ।
सूषिम मोटा गूंथि करि । मांरचा माया जाल ॥

राग सीधूडौ

१२:० कांम आगैं कायर ह्वै चल्या । क्रोध आगैं चल्या हारी ।
सूरातण कौ छेवडौ आयौ । जब माया मनि बिचारी
॥ टेक ॥
१ महादेव रहै हरि रंगि राता । मोहणीं देषण मांगै ।
अधिक छलावो आगैं कीयौ । तब मोथी दीन्हीं नागै ।
महामुनि नारद निहकांमीं । हरि सूं लाई तारी ।
हरि की माया देषण मांगी । तौ साठि पुत्र की धारी ॥
२ सींगी रिषि अंनपांणीं रहता । रन मैं रहै माता ।
ज्यूं ज्यूं माया न जरि पडी । तब डिग्यां कांम का छाता ।
अरस परस मिलि षेलण लागा । तौ पुत्र ले संगि जाता ॥
३ कृश्न देव औतार कहावै । सो जलंध कै घरि जावै ।
आपण बिटंबै और बिटंबावै । कांम बसि दुष पावै ॥
४ असा सूरिवां आगैं चाल्या । मेरी कौंण चलावै ।
एक भरोसा अबिनासी की । जगिया जन कूं आवै ॥

१६ ब्रह्म सरीषा होइ करि । माया सूं षेलै ।
दादू दिन दिन देषतां । अपनैं गुनि मेलै ॥
१७ माया के संगि जे गए । ते बहुरि न आए ।
दादू माया डाकणीं । इनि केते षाये ॥
१८ बुधि बमेक बल हरनि । त्रिय ताप उपांवनि ।
अंगि अगनि पर जालि । जीव घर बारि न चांवनि ।
नांनां बिधि कें रूप धरि । सब बंधे भांमनि ।
जग बिटंबि परलै किया । हरि नांव भुलांवनि ॥

१९ परमारथ कै घाटि ह्वै । परस्या सेषडि गाया ।
अजा जील मन माया मिलि करि । षुर षोज सबै गंवाया ॥
२० कहौ कहां लौं उबरै जीयरा । माया बहुत अपार ।
इहि बाजी बिस्तार बिषै मैं । राषै सिरजनहार ॥
२१ माया मुषि बोलै नहीं । सदार है चुप चार ।
रजन सब बकते फिरै । इस मूंनिनि की लार ॥
२२ बाजीगर की पूतली । ज्यूं म्रकट मोह्या ।
दादू माया रांम की । सब जगत बिगोया ॥

श्लोक

२३ छेदंति भेदंति तुटंति । षंड षंड सरीरेषु ।
नटवर बुधि बिचित्र । न मांनंत नट पुत्र बुधई जन ॥

राग आसावरी

१३:० मारूं मारूं सांपनीं । बिमल जलप ईठी ।
त्रिभुवन डसती गोरषनाथ दीठी ॥ टेक ॥
१ मारौ मारौ सांपणीं । जगाइ ल्यौ भूंरा ।
सांपनीं मारी ताकौ क्या करै जूंरा ॥
२ इहि सांपनीं आगैं कोई न उबरिया ।
ब्रह्मा बिष्न महादेव छलिया ॥
३ सापनीं कहै मैं अबला बलीया ।
गंण गंधप मुनेस्वर छलीया ॥
४ माती माती सांपनीं दह दिसि धावै ।
गोरषनाथ गारडी पवन बेगि ल्यावै ॥
५ आदिनाथ नाती मंछिंद्रनाथ पूता ।
सांपनीं मारी गोरष अवधूता ॥

२४ माया सांपनि सब डसे । कनक कांमिनीं होइ ।
ब्रह्मा बिश्न महेस लूं । दादू बंचै न कोइ ॥
२५ सांपनि एक सब जीव कूं । आगैं पीछैं षाइ ।
दादू कहि उपगार करि । कोई जन ऊबरि जाइ ॥
२६ दादू षाये सांपनीं । क्यूं करि जीवैं लोग ।
रांम मंत्र जन गारडू । जीवैं इहि संजोग ॥

राग रांमग्री

१४:० तूं माया रघुनाथ की बौरी । षेलण चढी अहेड ।
चतुर छिकारा चुंणि चुंणि मारचा । कोई न छोडचा
वोलै ॥ टेक ॥
१ मुनि जन पीर डिगंबर मारे । जतन करंता जोगी ।
जंगल महिके जंगम मारे । भोग करंता भोगी ॥
२ बेद पढंता ब्राह्मंण मारचा । सेवा करंता स्वांमीं ।
अरथ करंता मिसरप छाडचा । तूंर फिरै मै मंती ॥
३ साषित कै तूं हरता करता । हरि भगतन कै चेरी ।
दास कबीर रांम कै सरणैं । ज्यूं लागी त्यूं तोरी ॥

२७ दादू सुर नर मुनियर बसि कीये । ब्रह्मा बिश्न महेस ।
सकल लोक कै सिरि षडी । सो साधू के पग हेठ ॥

२८ दादू माया चेरी संत की । साषित की सिर ताज ।
साषित सेती भांडणीं । संतौ सेती लाज ॥

राग रांमग्री

१४:० पुरिष बिहूणी नारि जिनि । जग मोह्या सारा ।
कोई एक ऊबरिया अवधू । निज तत हिरदै धारा
॥ टेक ॥
१ जिनि जिनि प्रीति करी इनि सेती । ते दुषिया दिसि भूले ।
अंध गूंग बहरे कर टूटे । देह सुंनि पग लू ले ॥
२ ग्रिह मांहै ते गहि करि बैठी । बनि बसते बसि कीन्हां ।
सूर बीर महाजोग तपसी । हाथ जोरि भए लीनां ॥
३ सकल लोक मैं पसरी बेली । फल बिन फूल सुरंगा ।
निरषत मगन भए मुनि सुर नर । परसत प्रांन पतंगा ॥
४ तीनि चवदह सूं लै ऊंची । एक बीस परि षेला ।
जगंनाथ निरभै सोई । जीव सीव घरि मेला ॥

राग परजियौ

१६:० जांनां नैं जोसी जोवौ बिचारी ।
पहलां पुरिष कैं नारी जी ॥ टेक ॥
१ बाइ नहीं तहुवां बादल नहीं ।
नहीं तेज न तारा जी ।
बिन थंभूं बाबुल मंड परचीया ।
तहुंवां आप उपांवनहारा जी ॥
२ पिता न होता तहूवां हूं बैठ नडै ।
माता बाल कुवारी जी ।
पीव नैं पौढचौ माह्यौ पाल नडै ।
तहूवां हूं जहीं डोलनहारी जी ॥
३ ब्रह्मा नैं बिश्न आदि महेस्वर ।
ए त्रीन्यूं मैं जाया जी ।
इन त्रिह्वांनीं हूं घर घरणीं ।
द्विकर मोरी माया जी ॥
४ गंग जमुन माह्वी षाट लडी हंसा गंवन तु लाई जी ।
आभ पछेवडौ नैं धरणि पाथ नौं ।
तौ ऊसौ डन माई जी ॥
५ षांडत डां माह्यौ जनम बदीतौ ।
सांवल सांबन लागी जी ।
मंछिंद्र प्रसादैं जती गोरष बोल्या ।
ए तत लेहु बिचारी जी ॥

राग आसावरी

१७:० अवधू अैसा ग्यांन बिचारी ।
तार्थैं भई पुरिष थैं नारी ॥ टेक ॥
१ नांहूं ब्याही नांहूं कारी । पूत जणौं द्यौं हारी ।
काली मूंडि कौ कोई न छोडचौ । अज हूं अकन कवारी ॥
२ बांम्हण कै बभनेटी कहियौं । जोगी कै घरि चेरी ।
कलमां भरि भरि भई तुरकनीं । अजहूं फिरूं अकेली ॥
३ पीहरि जांउं नरहू सास रै । पुरिषहि अंगि न लांऊं ।
कहै कबीर सुंनहुं रे संतौ । अंगैं अंग न छांऊं ॥

श्लोक

२९ जनम कालेषु माता कहियौ । भोजन कालेषु पारबती ।
रिति कालेषु अस्त्री कहियौ । अंत कालेषु कालिका ॥
३० ऊभा मारूं बैठा मारूं । मारूं जागत सूता ।
तीनि लोक भग जाल पसारचा । कहां जाइगा पूता ॥
३१ ऊभा षंडूं बैठा षंडूं । षंडूं जागत सूता ।
तीनि लोक थैं रहूं निरंतर । तौ गोरष अवधूता ॥
३२ दादू ऊभा सार बैठा बिचारं । संभारं जागत सूता ।
तीनि लोक तत जाल बिडारण । तहां जाइगा पूता ॥

राग आसा

१८:० लावो बाबा आगि जरावो घरा रे ।
ता कारंनि मन धंधै परा रे ॥ टेक ॥
१ इक डांइनि मेरे मन मैं बसै रे ।
नितं उठि मेरे जीय कूं ग्रसै रे ॥
२ या डांइनि केलरि का पांच रे ।
निरादिन मोहि नचावैं नाच रे ॥
३ कहै कबीर हूंता का दास रे ।
डांइनि कै संगि रहै उदास रे ॥

३३ एकै पीय सूं षेल । दूजा दिल सूं दूरि करि ।
तनि तिल नांहीं तेल । जामैं जीव जगत के ॥
३४ दादू जणें जणें की रांम की । घर घर की नारी ।
तिब्रता नहीं पीव की । सो माथै मारी ॥

राग बिलावल

१९:० एक सुहागनि जगत पियारी ।
सकल जीव जंत की नारी ॥ टेक ॥
१ षसम मरै वहु नारि न रोवै । उस रषवाला औरै होवै ।
रषवाले का होइ बिनास । उतहि नरक इत भोग
बिलास ॥
२ सुहागनि -लि सोहै हार । संतनि बिष बिलसै संसार ।
पीछैं लागी फिरै पचिहारी । संत की ठठकी फिरै
बिचारी ॥
३ संत भजैवा पाछी परै । गुर के सबदू मारचौ डरै ।
साषित कै वहु पिंड परांइनि । हमारी दृष्टि परै जैसी
डांइनि ॥
४ इब हम इस का पाया भेव । होइ क्रिपाल मिले गुर देव ।
कहै कबीर इब बाहरि परी । संसारी कै आंचलि टिरी ॥

३५ स्वांन बिटाली बिष्टा कीन्हीं । हंडिया रे वडि राषी ।
रसोई मैं कोई न ल्यावै । यूं हम माया नाषी ॥
३६ पंचां अंमृत भोजन षाया । ग्यांन गुरू का माषी ।
उषाल किया तब षाइ न कोई । यौं हम माया नाषी ॥
३७ उषाल कीया कूं अंधावै । सूकर स्वांन बिलाव ।

स्यंघ न सूंघै सत जन । जिनि जीत्या अपणा डाव ॥
३८ मंझें मावौ नांहि की । पसण के घाटी ।
दुंनीं कसूं भेरंग ज्यूं । बीं दोई बाटी ॥
३९ मांतां यें सोवंनि । है जर पोस जर करणौं ।
बये बटाये वंनि । कह लगैं कारौ थ्यौ ॥
४० गुंजा बन मैं देषि करि । कपि करि लीन्हीं गागि ।
मोहन मन माया बंध्यौ । कनक कांमिनीं लागि ॥

राग सोरठि
२०:० नैंक निहारि हो माया बींनती करै ।
दींन बचन बोलैं कर जोरैं । फुंनि फुंनि पाइ परै ॥
टेक ॥
१ कनक लेहु जेता मनि भावै । कांमनि लेहु मन हरनीं ।
पुत्र लेहु बिद्या अधिकारी । राज लेहु सब धरनी ॥
२ अष्ट सिधि लेहु तुम्ह हरि के जनां । नऊं निधि तुम्ह आगैं ।
सुर नर सकल भुवन के भूपति । तेऊ लहैं न मांगैं ॥
३ तैं पापणीं सबै संघारे । काकौ काज संवारचौ ।
जिनि जिनि संग कीयौ है तेरौ । को बेसासि न मारचौ ॥
४ दास कबीर रांम कै सरणैं । छाडी झूठी माया ।
गुर परसादि साध की संगति । तहां परम पद पाया ॥

४१ माया मीठा बोलणीं । नैनै लागै पाइ ।
दादू पैसै पेट मैं । काढि कलेजा षाइ ॥

राग आसावरी
२१:० मींठी मीठीं माया रे तजणीं न जाइ ।
अग्यांनीं पुरिष कूं भोले भोले षाई ॥ टेक ॥
१ निर्गुण सर्गुण नारी संसारि पियारी ।
लषमण त्यागी गोरष निवारी ॥
२ कीडी कुंजर मैं रही समाई तीनि लोक जीत्या ।
माया किन हूं न षाई ॥
३ कहै कबीर पद लेहु बिचारी ।
संसारी आइ माया किन हूं न कही षारी ॥

राग गौडी
२२:० याही रे माया के धाले । जनमि जनमि दुष पायौ ।
पसू पंषिरू जीव जंत ह्वै । नांनां जोनि फिरायौ ॥ टेक ॥
१ कबहूं कैं पूत भयौ काहू कौ । कबहूं कैं पिता कहायौ ।
कबहूं कैं कृपन रांन ह्वै बैठौ । घर घर टूक मंगायौ ॥
२ श्रवननि कथा सुनीं नहीं कबहूं । मुषि रांम नहीं गायौ ।
माधौदास धिग धिग अैसौ जीयौ । जननीं ता तल जायौ ॥

राग सारंग
२३:० माया बादली मन चंदा छाया ।
मोह सिषर निज रूप भुलाया ॥ टेक ॥
१ दामणि क्रोध कुब धिका लेहणि ।
कांम बूंद घन बरिष न आया ।
दुष दादुर सुषमीं न सयल सर ।
तरकि मुवा परि नीर न पाया ॥
२ ब्रह्य ग्यांन रवि अनभै उडगनि ।
त्रिबिधि तम परताप नसाया ।
समझि न परै बाट कछू औघट ।
मनिषा जनम धरि बादि गंवाया ॥
३ यहु मरन मेरा मेरा मेघ कूं तरफै ।
चित चकोर हरि चंदन धाया ।
पांचूं अगनि जरै यहु सब जग ।
कहि नापा हरि भजन बुझाया ॥

राग गौडी
२४:० हड हड हड हड हस्ती है । दिवांनपनां क्या करती है ।
आडी तिरछी फिरती है । क्या च्यौं च्यौं म्यौं म्यौं करती है माटी मिटिया मिलती है ॥ टेक ॥
१ क्या तूं रंगी क्या तूं चंगी । क्या सुष लोडै कीन्हां ।
मीर मुकदम सेर दिवांनीं । जंगल केरष जीनां ॥
२ भूले भरम कहा तुम्ह राते । क्या मदु माते माया ।
रांम रंगि सदा मतिवारे । माया होइ न काया ॥
३ कहत कबीर सुहाग सुंदरी । हरि भजि ह्वै निसतारा ।
सारा षलक षरा बकिया है । मांनस कहा बिचारा ॥

राग आसावरी
२५:० नकटी कौठि न गिन बांडांडूं ।
कुणैं सपूतैं कीटी तूं ॥ टेक ॥
१ काटचौ ना कब हुत सुष भयौ । अधिकौ मास बलाइ ले गयौ ।
हूं नकटी मेरौ षसम उतार । कूंणैं ऊपरि करूं सिंगार ॥
२ एक पतर भरि उरकट कुरकट । एक पतर भरि पांनीं ।
गारि गासि सन रावल बैठे । बीचि न कटा दे रांनीं ॥
३ सागरां ध्या पातरां ध्या । रांधे बन के लउवा ।
नकटा दे रांनीं जीव न बैठी । नाक ले गये कउवा ॥
४ कहै कबीर भली परिपाटी । नाक रहौ ठस बड कै काटी ॥

इति माया कौ अंग सम्पूर्ण भवेत् ॥

८६ माया कौ त्याग सील कौ डिढाव सीलवंत साध कौ अंग

राग सोरठि
१:० तुम्ह घरि जांउ हमारी बहनां ।
बिष लागैं तुम्हारे नैंनां ॥ टेक ॥

१ अंजन छाडि निरंजन राते । जां किसही का देनां ।
बलि जांउं ताकी जिनि तुम्ह पठाई । एक माइ एक
बहनां ॥
२ राती षांडी देषि कबीरा । देषि हमारा सिंगारो ।
सर्ग लोक थैं हम चलि आई । करण कबीर भरतारो ॥
३ सरग लोक मैं क्या दुष पडिया । तुम्ह आई कलि मांहीं ।
जाति जुलाहा नांव कबीरा । अजहूं पती जौ नांहीं ॥
४ तहां जाहु जहां पाट पटंबर । अगर चंदन घसि लैंनां ।
आइ हमारै कहा करौगी । हम तौ जाति कमींनां ॥
५ जिनि हम साजे साजि निवाजे । बांधे काचै धागै ।
जे तुम्ह जतन करहु बहुतेरा । पांणीं आगि न लागै ॥
६ साहिब मेरा लेषा मांगै । लेषा क्यूं करि दीजै ।
जे तुम्ह जन करहु बहुतेरे । तौ पांहण नीर न भीजै ॥
७ जाकी मैं मंछी सो मेरा मंछा । सो मेरा रषवालू ।
टूक एक तुम्हारै हाथ लगाऊं । तौ राजा रांम रिसालू ॥
८ जाति जुलाहा नांव कबीरा । बंनि बंनि फिरूं उदासी ।
आसि पासि तुम्ह फिरि फिरि बैसौ । एक माइ एक
मासी ॥

१ गोरष गैलै सिरि षडा । दुबटा है द्वै पंथ ।
एक दिसा कूं बाघणीं । एक दिसा कूं नंथ ॥

राग भाणमली

२:० नैंण बांण सांधैं अपछरा । कौंण सूर जेसां म्हौं रहै ।
लोचन अंपीं तणैं उपाडै । इंद्र अम्हरा बनां बहै ॥ टेक ॥
१ हूं सुष देव केन्हैं बसि नांऊं ।
रंभा भूर भमैं तिहां जाव ।
ग्यांन गदा मेल्हिसि अभि अंतरि ।
तूं चू किसि ताह्यौ घर ठांव ॥
२ कूं कूं चंदन नैं मोती माहुटै ।
सिमथी सिंदूर सिरि टोप कसी ।
भोंह धन कतु चकरि षेडी ।
सुरगथी सुष मनीं धसी ॥
३ रांम रंगावलि हरि हाथौ टौ ।
जीव रषी जगपती जांणि ।
त्रीकम टोप नैं मुकंद माहुटै ।
टांकी न लागै ताहरैं बांणि ॥
४ बेणीं डंड कनक मन मधुकर ।
कुंडल चक्री जीता कोडि ।
अहंकार सबदै अनेक उथेडया ।
पाय पडै जोगी तप छोडि ॥
५ षिमिया षडग भाव करि भालौ ।
तप षेडी का छकुर बांण ।
धीरज धनक नैं बुधि बांणांवली ।
रंभा दलि पाडू भगांण ॥
६ कंकण चूडि नैं कठि मेघला ।
माहै सिरि बाजैं पंच तूर ।
अधर अंग अंमृत नां बाह्या ।
रिण संग्रांम पाडूं बहु सूर ॥
७ चौरासी आसंण बसि कीधा ।
इला पिंगुला सुषमनां जेह ।
सुंनिमंडल नां बाजा सुमिरूं ।
और पूरणा किसौ सनेह ॥
८ ऊक रस कस अंग ना बाह्या ।
त्रिबेणीं न षित्र त्रिसूल पटौ ।
चीर चोली नैं मेल करंतां ।
अम्ह सूं जी पैं कौंण सुभटौ ॥
९ कांम क्रोध मोह मद मंछर ।
मंछर तणौं जीत्यौ अहंकार ।
षुध्या त्रिषा नैं निद्रा निवारी ।
पांचूं इंद्री कीयौ प्रहार ॥
१० इंद्रादिक ब्रह्मादिक मोह्या ।
अम्हे कहियें किंसतूरी पात्र ।
मचगंधा पारास्वर मोह्या ।
और बीजा नींके ही मात्र ॥
११ पेट चीरी नैं पर्मल द्राषव्यौं ।
ब्रास्या जे नली धूं बास ।
सोम भणौं स्वांमीं सप्रांणौं ।
जाई नैं रंभा बींनवैं ब्यास ॥

श्लोक

सुषदेव वाच ।
२ ब्रण सुषमसुगंधं । पूति चर्मा वंणधं ।
कृमि कुलस्तकीरणं । मूत्र मिष्टात पूरणं ।
बिधेश्च पसुभिर भछिं । सर्ब रोगाध्यबासं ।
धूव मर्णमन्यंत्यं । क्यं तुव मोहात प्रसक्तं ॥
३ जै नां पस्यति सुजलां । सति बाक्यं मुक्ता फलं ।
ब्रण मुष्ययं धर्मो उपहांर्णिं । लाल मूत्र पुरष ।
दगध जघ्रेन बस्त्रेन संछादितं । नारी नांम ।
नरस्य मोहन लता । श्रुगस्य मारग अर्गला ॥
४ अमेध्य घोरमूल मुत्रकं । नर्कं रुधि दुर्गंध पूरकं ।
तथापि त्वया रमंति मूर्षा । न रवंति पंडिता सर्बजोग्यं ॥
रंभा उवाच ।
५ बसंत ह्रदये मम गर्भं । दृष्टा नष बिदार करोति चः ॥
प्रगट सुगंध ध्वनि मधु पालोलंति सुषदेवस्य संसय ॥
सुषदेव उवाच ।
६ त्वमेव जननी मम गर्भ गधारिता ।
सारं षीरु मुष पांन कृत्वा । कंठ प्रसुतेसु केठ निंद्रा ॥
७ सूका काष्ट किमर्थे सींचंति । न भवंति पहुपं फलं ।
तथापि अहं त्वं किमर्थ भोग्यं । बाद न कृत्वा मम देव देवं ॥
रंभा उवाच ।
८ उभयो पांन्य संपुष्टं । चरणं प्र:त्वा ततष्याणं ॥
षिमां होत त्रस्या देव । तप राज्य नमस्तते ॥
९ तप श्रेष्ट त्वयं बाला । न रवंति देवत्वं सर्बयोग्यं ।

रमंति मूर्षा सर्ब दुष भारी । तजंति पंडिता ग्यांन बिचारी ॥

१० त्रिया सकति कांम कर लई । जाइ बिचार सू संनमुष भई ।
कांमक है तूंया सूं लागि । कहै बिचार आहि यहु आगि ॥

११ कांमुक है तूंया तन चाह । कहै बिचार यहु नागि आहि ।
कांमुक है तूंया सूंराचि । कहै बिचार बिष फल करि बांचि ॥

१२ कांमुक है देषि छबि गाता । कहै बिचार पापी यहु माता ।
याही तैं उपज्यौ संसार । मगन भयौं फिरि बिनां बिचार ।

राग आसावरी

३;० थांन दे गोरिये गोरष बाला । माय बिनां थानें प्यालां जी ।
गिनां न चीडा लीलां बिला पाल कू । गोरष बाला पौटिलां जी ॥ टेक ॥

१ देव लोकीया देव कंन्यां । मृत लोकी चीया नारी ।
प्रताल लोकी चीया नाग कंन्या । गोरष बाला भारी जी ॥

२ माया मारू ली माउ सिया तजीला । तजीलां सहोदर भाई जी ।
सहंश्र दल कमल तिहां गोरष बाला जिंहांर हेल्यौ लाई जी ॥

३ आसा तजीली मनसा तजीली । तजीला कुटंब परिवारं जी ।
नव षंड प्रिथ्वी फेरे नैं आलूं । गोरष आदि बिचारं जी ॥

राग बिलावरी

४;० इनि कांमिनि घर घाले रे ।
प्रीति लगाइ प्रांन सब सोषे । बिन पावक जीव जाले रे ॥ टेक ॥

१ अंगि लागाइ सार सब लेवै । इन थैं कोई न बांचै रे ।
यहु संसार जीति सब लीया । मिलण न देई साचै रे ॥

२ हेत लगाइ सबै धन लेवै । बाकी कछू न राषै रे ।
मांष न मांहि सौधि सब लेवै । छांछि छिया कारि नाषै रे ॥

३ जे जन जांनि जुगति सूं त्यागैं । तिनकूं निज पद परसै रे ।
काल न षाइ मरै नहीं कबहूं । दादू तिनकूं दरसै रे ॥

१३ जे नर कांमिनि परहरैं । ते छूटे ग्रभ वास ।
दादू ऊंधे मुषि नहीं । ते सदा निरंजन पास ॥

राग रांमग्री

५;० गुर देव ऐसा कर्म कीजै । ताथी अंमीं महारस छीजै ॥

१ दिवस बाघणीं मांनिक मोहै । राति सरोवर सोषै ।
जांण बूझि रे मूरिष लोका । घरि घरि बाघणीं पोषै ॥

२ नदी तीर बृषा नारी ढिग पुरिषा । अलप जीवन की आसा ।
मन की उपजनि मेरु षिस पडई । ताथी कंध बिनासा ॥

३ गोड भये डग मग पेट भयौ टीला । सिर बगुला की पांषी ।
अंमीं महारस बाघणीं षाया । घोर मथन जैसी आंषी ॥

४ बाघनीं कूंनीं दिलै बाघणीं कूं बंदि लै । बाघणीं हमारी काया ।
बाघणीं घोषि घोषि सुंदर षाया । बदंत गोरष राया ॥

६;० बाघणि लोबट पाडलो ।
हेत करैं घट भींतरि पैसै । सोषि ले इन वना डीलो ॥

१ जिंद बिंद जिनि दोऊ सोषे । तीजी सोषी काया ।
जे जन जांनि रहैं रहिता सूं । मैं तिनके बंदूं पाया ॥

२ कांमणि मींनीं जिनि जिनि त्यागी । तिनका अषिल सरीरं ।
सतगुर सबदूं जे जन चालैं । तिनकूं प्रणवंत हणवंत बीरं ॥

राग रांमग्री

७;० रूपे रूपे कुरूपे गुरदेव । बाघणीं भूले भोले ।
जिनि जननीं संसार दिषाल्या । ताकूं लेसू ते षोले ॥ टेक ॥

१ गुरू षोजौ गुरदेव गुरू षोजौ । बदंत गोरष ऐसा ।
पुष ते होइ तुम्हे बंध पडिया । ए जोग है कैसा ।
चांमहीं चांम घसंतां गुरदेव । दिंन दिन छीजै काया ।
होठ कंठ तालू सोष्या । काढि मिजा लू षाया ॥

२ दीपक जोति पतंगा गुरदेव । ऐसी भग की छाया ।
बूढे होइ तुम्ह राज कमाया । न तज्या मोहन माया ॥

३ बदंत गोरषनाथ सुनौं मछिंद्र । तुम्हे ईस्वर के पूता ।
ब्रह्म झरंतां जे नर राषै । सो बोलूं अवधूता ॥

राग रांमग्री

८;० सुणौं मछिंद्र गोरष बोलै । अगम गवन कहूं हेला ।
निरति करी नैंनी कां सुणि ज्यौ । तुम सतगुर मैं चेला ॥ टेक ॥

१ कांमणि बहतां जोग न होई । भग मुष प्रलै कंता ।
जिहां थी उपजै हां फिरि अवटै । चिंतामणि चित एता ॥

२ द्वादस षोडष टांणां नव रस । जीव सीवनां बासा ।
चव दह ब्रह्मांड नौ एक दम है । इमहीं जाइ निरासा ॥

३ पवन का नीर ले अंबर धोवौ । स्वास उस्वासैं ज आया ।
बदंत गोरष इम होइ निरंतरि । बीजैं बटक समाया ॥

९;० छाटैं तजौ छाटैं तजौ तजौ लोभ माया ।
आतमां परीचै गुरदेव राषौ सुंदर काया ॥ टेक ॥

१ कांन्हीं पाव भेटीला गुरू बिद्या नंम्रिसैं ।
ते थैं मैं पाईलां गुरू तुम्हारा उपदेसैं ॥

२ एतैं कछू कथीलौं गुरू श्रबैं भैला भोलैं ।
श्रबैं रस षोईलां गुरू बाघणीं चै षोलैं ॥

३ नाचंत गोरषनाथ घूघरी चै घातैं ।
श्रबै कमाई षोई गुरू बाघणीं चै हाथैं ॥

४ रसक सबहि गईला रहि गईली छोई ।

बदंत मछिंद्रनाथं जोग न होई ॥
५ रसक सबहि गईला रहि गईला सारं ।
बदंत गोरषनाथ जोग अपारं ॥
६ आदिनाथ नाती मछिंद्रनाथ पूता ।
षटपदी भणींली गोरष अवधूता ॥

१४ सकल छत्रपति बसि कीये । अपनैं हीं बलिबाल ।
मूरिष लोग सबल सूं । अबला कहत जमाल ॥

राग आसावरी
१०;० माधौ जी मोहि बाधी देह ।
कठिन छूटण गर्ब गुल गंठि । सकल बिषै सनेह ॥ टेक ॥
१ निरषि नारी सुमति हारी । नैंन सहजि सकांम ।
लोभ लागी जलणि जागी । भजन भूलौ रांम ॥
२ तात माता कुरसि राता । कुल कुटंब सूं हेत ।
सबनि मैं कुछ संमझि नांहीं । जाइ जगत अचेत ॥
३ साक सुत धन मगन मिलि करि । गोपि उन सूं गूझ ।
ग्यांन पार्षें जहर चार्षें । इसा अरथि अबूझ ॥
४ करण कारण तिरण तारण । प्रथमि पुरवन आस ।
ताहि गावै भगति भावै । हित सहित हरदास ॥

राग गुंड
११;० नारी नेह न कीजिये । जे तुझ रांम पियारा ।
माया मोह न बंधिये । तजिये संसारा ॥ टेक ॥
१ बिषिया रंगि राचै नहीं । नहीं करै पसारा ।
देह ग्रेह परिवार मैं । सब थैं रहै न्यारा ॥
२ आपा पर उरझै नहीं । नांहीं मैं मेरा ।
मनसा बाचा क्रमनां । सांई सब तेरा ॥
३ मन इंद्री असथिर करै । कतहूं नहीं डोलै ।
जग बिकार सब परहरै । मिथ्या नहीं बोलै ॥
४ रहै निरंतर रांम सूं । अंतरगति राता ।
गावै गुण गोबिंद का । दादू रसि माता ॥

राग कनडौ
१२;० जो नर नारी कैं बसि होइ ।
ताकौ मरण होइ जौबन मैं । सूकर स्वांन न मूंघें कोइ ॥
टेक ॥
१ देषौ दसाउ तांन पात की । बालक रूप चल्यौ बनि रोइ ।
त्रिया कै बसि धर्म न राष्यौ । बैठौ जनम अब्रिथा षोइ ॥
२ धू राजा जिनि अबिचल करि थाप्यौ । प्रगट सुजस जांनैं
सब लोइ ।
परमांनद प्रभु तुम्हारैं कारन । मन राष्यौ मनि का सौ
पोइ ॥

राग रांमग्री
१३;० अवधू अैसा ग्यान बिचारं ।
जिहां झिलिमिलि जोति उजियारं ॥ टेक ॥
१ जिहां जोग तिहां रोग न व्यापै । अैसा परषि गुर करणां ।
तन मन सूं जे परचा नांहीं । तौ काहे कूं पचि मरणां ॥
२ काल न मिटचा जंजाल न छूटा । तप करि भया न सूरा ।
कुल का नास करै मति कोई । जै गुर मिलै न पूरा ॥
३ सपत धात का काया पंजरा । ता मैं जुगति बन सूवा ।
सतगुर मिलै तौ उबरै रे बाबू । नहीं तौ परलै हूवा ॥
४ कंद्रप रूप काया का मंडन । बृथा कांइ उलींचौ ।
गोरष कहै सुणौं रे भूंदू । अरंड अमीं कत सींचौ ॥

राग आसावरी
१४;० भोगिया सूते अजहूं नहीं जागे ।
भोग नहीं रे रोग अभागे ॥ टेक ॥
१ भोगिया कहैं भल भोग हमारा ।
मन समीं नांरि कीया तन धारा ॥
२ एक बूंद नर नारी रीधा ।
ताहीं मैं सिध साधि कसीधा ॥
३ भोगिया सोई जोग गथैं न्यारा ।
राजस तांमस करै न द्वारा ॥
४ बदंत गोरषनाथ सुणौं नर लोई ।
कथणीं बदणीं जोग न होई ॥

१५ प्रिथीनाथ रांडी के बांधे मरै । छाडि न सकहीं साथ ।
गलिबां दर कै जेवडी । ज्यूं बाजीगर कै हाथ ॥

राग आसावरी
१५;० भगरा कसि लोभ गरा कसि लो । बिण दंतै जगु षाया ।
ग्यांनीं हुता सुग्यांन मुष रहिया । जीव लोक आपैं
आप बंधाया ॥ टेक ॥
१ दिन दिन बाघ नीसींय लागी । रात्री सरीरैं सोषै ।
बिषै लुबधी तत्व न बूझै । घर ले बाघणीं पोषै ॥
२ चांमैं चांम घसंतां आलंगन चूंमतां । दिन दिन छीजंत
काया ।
आपा परचै गुरू मुष नहीं चीन्हैं । पाडि पाडि बाघणीं
षाया ॥
३ बाघणीं उपाया बाघणीं निपाया । बाघणीं पाली
काया ।
बांघणीं टाकरै जूंरीया पाषरै । अनभणीं गोरष राया ॥

राग बिलावल
१६;० मन पतंग चेलै नहीं । जल अंजुरी समांन ।
बिषिया लागि बिगूचिये । दाझियै निदांन ॥ टेक ॥
१ काहे नैंन अनंदिये । सूझत नहीं आगि ।
जनम अक्यारथ षोइये । सांपनि संगि लागि ॥
२ कहै कबीर चित चंचला । गुरि कह्यौ संमझाइ ।
भगतिहींन जरई जरै । भावै तहां जाइ ॥

राग गौडी

१७:० भाई रे चूंन बिलूंटा षाई ।
बाघनि संगि भई सबहिन कैं । षसम न भेद लहाई ॥टेक ॥
१ सब घर फोरि बिलूंटा षायौ । कोई न जांनैं भेव ।
षसम निपूतौ आंगणि सूतौ । रांड न देई लेव ॥
२ गाढौ संनि गणि भई निरांणीं । मांहि हुई घर घालै ।
पंच सषी मिलि मंगल गावैं । यहु दुषया कूं सालै ॥
३ द्वै द्वै दीपक घरि घरि जोया । मंदिर सदा अंधारा ।
घर घे हर सब आप सुवारथ । बाहरि किया पसारा ॥
४ होत उजाड सबै को जांनैं । सब काहू मनि भावै ।
कहै कबीर मिलै जौ सतगुर । तौ यहु चूंन छुडावै ॥

१८:० बिषिया अजहूं सुरति सुष आसा ।
हूंण न देई हरि के चरण निवासा ॥ टेक ॥
१ सुष मांगैं दुष पहली आवै ।
ताथैं सुष मांग्या नहीं भावै ॥
२ जा सुष थैं सिव बिरंचि डरानां ।
सो सुष हम हूं साच करि जांनां ॥
३ सुष छाडया तब सब दुष भागा ।
गुर के सबदि मेरा मन लागा ॥
४ निसबासुरि बिषै तणां उपगार ।
बिषई नर किन जातां बार ॥
५ कहै कबीर चंचल मति त्यागी ।
तब केवल रांम नांम ल्यौ लागी ॥

राग रांमकली

१६:० गोरष जोगी तोला तोलै ।
भीडि भीडि बंधि लै रतन अमोलै ॥ टेक ॥
१ आछे आछे बिंदन पडिबा कंध ।
कोटि तोलां मोल जावै एक षिसै बिंद ॥
२ जैसी मन उपजै तैसा क्रंम करै ।
कांम क्रोध लोभ मोहले ।
संसार सूंनां मरै ॥
३ गगन सिषर आछै अंबर पांणीं ।
मरतां मूंढा लोका षबरि न जांणीं ॥
४ पूंन्यूं मैं लावंदा जिम नारी संगैं रहणां ।
ग्यांन रतन हरि लीया परांणां ॥
५ आदिनाथ नांती । मंछिंद्रनाथ पूता ।
कोटि तोलैं बिंद राषै । गोरष अवधूता ॥

राग टोडी

२०:० देषौ होया कैसा जोगी ।
जहीं ठै मैं जन मींला । तही ठामैं भोगी ॥ टेक ॥
१ बापाचा रूप धरावी ले बेगैं ।
मायाचा सुष भोगई लागैं ॥
२ स्वांडी ली किरिया जाला निष्टू ।
माव सिये संगैं लावीला पाटू ॥
३ लाडैं कोडैं ले की पाली ली पाहे ।
तेई तैं घेऊ नूं रहिला आहे ॥
४ भोगूं नूं त्यागी न्यागूं नूं भोगी ।
बेलिया नंद थैं सहजैं जोगी ॥

१६ पुरिष पलटि बेटा भया । नारी माता होइ ।
दादू को समझै नहीं । बड़ा अचंभा मोहि ॥
१७ जस्य माता तस्य राता । जस्य पीवता तस्य म्रदता ।
है है रे लोका दुराचारी । बैरागी ह्वै किं न जाइता ॥
१८ जस्य माया तस्य जाया । तस्य सूं क्यूं रे बिषै भुंचते काया ।
है है रे लोका दुराचारी । निज तत्व तजि लोही चांम चित लाया ॥

राग रांमग्री

२१:० चारि पहर आलंगन निंद्रा । संसार जायै बिषिया बाही ।
ऊभी बांहूं गोरषनाथ पुकारै । तुम्हे मूल महारौ माह्रा भाई ॥ टेक ॥
१ अमावस पडिवा मन घट सूंनां । सूंनां ते मंगलवारं ।
पढंता गुणंता ब्राह्मण बेद बिचारं । दसमीं दसे दोष हारं ॥
२ पडिवा आंन देबी जस चंदे । पांचूं ल्यो तुम्हे पाली ।
आठम चवदस ब्रत एकादसी । तुम्हे अंग न लावो बाली ॥
३ समीं सांझैं सोइबा । मंझैं जागिबा त्रिसंधि दे बाप हरा ।
तीनि पहर ऊपरैं दोइ घटि जाइबा । तहां है काल का हेरा ॥
४ बांमैं अंगैं सुइबा । जंम चा भोगेबा । संगि न पीवनां पांणीं ।
यौं अजरांवर होइबा मंछिंद्रनाथ । गोर्ष बोल्या बांणीं ॥

राग रांमग्री

२२:० मम सांधिस्य रे नर नैंण बांण सर ।
षाष गूल छै पर रवणि ।
अंध कूप कलि कांइ पडै द्रहि ।
नर बंवर महु रुष कव चिणि ॥ टेक ॥
१ पर रवणि रूपम पेषि सिरें नर । सुकृत जनम तन छीजैला ।
इहि मति गैले पडै जंम दांणीं । आगैं ले षा लीजैला ॥
२ पररवणि हवाल सुणीं नर रे रे । वालि रांवण रांमि बिरोधि लडिला ।
इंद्र सरीर सहंस भग कीन्हां । रुद्र लिंग तब झडि पडिला ॥
३ असैं जांणि तजौ पररवणीं । रांम गाइ तन साटै तूं ।
भणैं त्रिलोचन । सुमिरि सनेही । भौ के बंधन काटै ज्यूं ॥

राग बसंत

२३:० छाडौ रे पीयडा पर दारा ।

सदा ही भजिये भरतारा ॥ टेक ॥
१ कंत सिषावण द्यौं इक सारी । पाप बहुत भजतां परनारी ।
संगम सरीर तणौं बल जाये । को जांणें तौ कलि बिगुवाए ॥
२ ग्रभ गलै तौ हत्या थाए । जीवतां जीव नौं जार पुछाये ।
प्रेम दातणीं बुधि पांनीं । एकै बात न राषै छांनीं ॥
३ सरोवर सांम्हूं जाये पांणीं । एक इकी सूं बांधै तांणीं ।
घरि घरि कंत मडासी जोणौं । एक जारनैं अनेक बिगोणौं ॥
४ जे जांणैं तौरा जाडंडै । जिनि सिरज्या सो तत षिण छंडै ।
घरि हांणि नैं बाहरि हासौ । पनवत कोई न बोलै पासौ ॥
५ मात पिता सहोदर लाजै । बुरवे बचने बैरी गाजै ।
अरू कल हट कल हट बोलि सिनांन्हूं । पाड पडौ सणि देसी तान्हूं ॥
६ तैं जांण्यूं क्रम की धूं छानैं । चित्र बिचित्र मडावसी पानैं ।
लेष लिषै जे पीवै पांणीं । नाठौ नहीं छूटिसि नर बांणीं ॥
७ दिबि करै तौ दाझै देह । चढचौ कलंक न उतरै एहा ।
यहु अपघाट करी क्यूं छूटै । तिहां गयां जंम क्यूं कर कूटै ॥
८ तुरी थकौ हथौडै कूटै । बैल थकौ बहु पीडा छूटैं ।
छैल थकौ ह्वै रहियें कांमीं । ता कारंणि भजि सोम चौ स्वांमीं ॥

साषी
१९ पैंरी कडे सार दे । तपै सूर अकास ।
पोता लूपति उतरै । परत्रीय रता मास ।
थंभां नालि गाइये । कोई न आवै पास ।
लाइये लाइ बिछोडिये । तो बकरै फिरि यादि ।
औगण गारे नानंका । सभो कोई बादि ॥
२० गुनहीं बंधि चलाइया । जे ते किये बिकार ।
गुणां संदि पोटली । उच किन सकै भार ॥
अगै सागर धुंधली । पिछै सिरि जिंदार ।
कउवा मारै सिसि चढि । सिरि बरसंनि इंग्यार ।
कनै कोल्हू चालिये । नासी बहै ग्यंध्यार ।
नानंक कि धरि न सियें । जांहु कम कराये मार ॥

राग रांमग्री
२४:० मनां चेति बिचारि परनारि संगु जिनि करै ।
जौ पैं चहियै कछू भगति मुकतं ।
लोक अरु बेद संसार निंदत षरी ।
चेति गुर बचन सुनि इहै जुगतं ॥ टेक ॥
१ कनक मैं सापुरी सकल सुर बसि किये ।
सीस दस बीस कर सीय आंनीं ।
सकल कुल ष्यौ भयौ ।
राज रांवण गयौ ।
भई रांमांइण यहु जग कहांणीं ॥
२ गोतमीं नारि बिचारि सुरपति चल्यौ ।
रिषि कै अस्यांनि मंजार भाई ।
इंद्र अंग सहंस भग भोग बिन भोगवै ।
अजहूं पर सिधि कथा जगति गाई ॥
३ दिबिकै देत तौ देह पुनि दाधई ।
बांधई राइ सब जगत छाडै ।
होइ हत्या जौपैं ग्रभ ग्रभैं गलैं ।
जीव तैं जीव कहि को न भांडै ॥
४ जहां न तूं देषई तहां हरि पेषई ।
तेरे देष तैं हरि क्यूं न देषै ।
धरनि अरु गगन ससि सूर पांनीं पवन ।
रैंनि अरु दिवस सुर साषि लेषै ॥
५ पर त्रिया परहरी जपे जिन नरहरी ।
संतजनन की सुणीं साषी ।
अंमर अबिचल भये ।
लोका हरि कैं गये । दादू गुर क्रिपा गोपाल भाषी ॥

राग मारूं
२५:० मूरिष लाज न आवै रे ।
साहिब माध देषैं षडा । क्यूं बुरा कमावै रे ॥ टेक ॥
१ धरती अंबर चंद र सूर । प्रगट देषै रे ।
रे मूरिष मति बाहरा । क्यूं चलै अलेषै रे ॥
२ देषि तूं राजा भरथरी । जाकै सात सै रांणीं रे ।
संत सांई लज्या उपजी । माता करि जांणीं रे ॥
३ और देषि गोपी चंद राजा सो लासै आई रे ।
संत सांई लज्या मनि धरी । तब कहिली माई रे ॥
४ देषि बलक कौ पातिसाह । सोला सहंस जमां रे ।
सरम सांई की चिति धरी । तब कहिली मां मां रे ॥
५ गोरष सुषदेव कबीर जी । लज्या साही रे ।
लषमण लज्या पाकडी । कही सीतां माई रे ॥
६ नौ जोगेस्वर लज्या मांनी । सर्ब माता करि जांनीं ।
दत्त र दादू औघड हणवंत सांई सरम पिछांनीं ॥
७ नेम अरहंत बीत राग । संत सांई लज्या मांनीं ।
जेन्हैं गय थाप रणिबा । सो माता करि जांनीं ।
८ साचा जतीसे कहियैं । जिनि श्रब एकै करि मांनीं ।
नांमदेव पीपा सोझा । हरदास लज्या मांनीं ।
९ और देषि तूं घूस्वांमीं । प्रगट नांहीं छांनीं ॥
सब संतां की लज्या आवै । तौ सांई मनि भावै ।
१० गुर दादू प्रसाद थैं । जगिया ऐसैं गावै ॥

साषी श्लोक
रांमचंद्र उबाच ।
२१ अग्नि कुंड समो नारी । घृत कुंड समो नरा ।

जंघ जोड प्रसंगानां । क्यं निःश्चल मीं मनः ॥
लषमण उवाच ।
२२ मनो धावंति ब्रह्मंड षंडं । उदमदं मेघं जलं जथा ।
ग्यांन अंकुस मनो हस्ती । ईयं निःश्चलं मो मनं ॥
२३ नारी पुरिषा देषि करि । पुरिषा नारी होइ ।
दादू सेवग रांम का । सीलवंत है सोइ ॥
२४ बहन बीर सब देषियें । नारी अरु भरतार ।
परमेस्वर के पेट का । दादू सब परिवार ॥
२५ तुरक कै सूर ज्यूं हंदू कै गाई ।
बहण कै भाई त्यूं जोगी कै सर्ब माई ।
सत्य सत्य भाषंत श्रीबाल गुंनाई ।
एतौ तीन्यूं अभष रे भाई एतौ भष्या न जाई ॥
२६ पर घर परहरि आपणीं । सब एकै उणहार ।
पसु प्रांणीं समझै नहीं । दादू मुगध गंवार ॥
२७ क्या घर की क्या पार की । नारी नरक समांन ।
नाथ कहै ते ऊबरचा । ज्या पाया ब्रह्मा गियांन ॥
२८ कबीर नारि पराई आपणीं । भुगत्यां नर कहि जाइ ।
आगि आगि सब एक है । तामैं हाथ न बाहि ॥
२९ अपणां पराया षाइ बिष । देषत ही मरि जाइ ।
दादू को जीवै नहीं । इहि भोरैं जिनि षाइ ॥
३० फरीदा रंचक एक लवं दियां । ह्वै बिस हर बेहाल ।
सडो जेनि लवनियां । तिन दे कौंण हवाल ॥
३१ ग्यांन गाइ तैं लैत दुहि । दुर्लभ धीरज षीर ।
त्रिय कटाछि कांजी परत । बिगरत तुरत गंभीर ॥
३२ ग्यांन हरै गुरदेव कौ । ध्यांन धरै कहि कौंन ।
माया कौ मुष देषतैं । पघरि जाइ ज्यूं लौंन ॥
३३ ग्यांन ध्यांन धीरज धर्म । बुधि बबेक हराइ ।
देषत हीं द्रिग कांमिनीं । वोलें ज्यूं गरि जाइ ॥
३४ दृष्टेत ग्यांन हरनीं । सब देत बुधि हरनी ।
प्रसनेत तेज हरनीं । रे रे त्रिया राकसनी ॥
३५ नास्ति मति त्रिया सगे । बुधि बिकारं च जावते ।
जथा काष्ट अग्नि मधे । कुबुधी ग्रिह यंछिते ॥
३६ उतंग सैल स्तनः पर्बत बनै रोमावली ।
भूहर क्यंचित क्यां च न क्यकनीं । हस्तव कर हारावली ॥
बागुरि भू चापि सकट तिछनः कंद्रपो दावानलं ।
बाला षेलंति पाधीं निधि तन । कांमीं मृगा बाघवत् ॥
३७ अस्त नंत तूंबीर्फलं छविस्य कंकिनीं तंतूं र सोभा ।
चित कई ब्रत हा हारे मन मंछा । तजस्य रे जलध रुपनीं
रम्यंस्य छछंदृ मुक्ता ॥
३८ अस्त्री जोनीं दीयते बिंदं । कोटि पूजा बिनस्ते ।
वर्त्त भंजन तप षंडन । ब्रह्म हत्या पदे पदे ॥
३९ सुरा पीवंन बिप्रानां । कांम ढालंति जोगिना ।
सर्गे रोवंत पित्राना । ब्रह्महत्या पदे पदे ॥
४० जती न निग्रहंति इंद्री । राग द्वेष कृते पुनः ।
तेन पापे श्रुणु पार्थ । जनम भवंति अधोमुषं ॥
४१ कबीर मन न मारचा मन करि । सक्या न पंच प्रहारि ।
सील साच सरधा नहीं । इंद्री अजहूं उधारि ॥
४२ गंधबि गंध। मूंता षाड । पसुवा पडि पडि तोडैं हाड ।
बंचि न सक्या अंगुल चारि । चरपट कहै ते माथै मारि ॥
४३ जल की भींति पवन का थंभा । देवल देषि भया अचंभा ।
बाहरि भींतरि गंध बिगंधा । काहे भूलौ पसुवा अंधा ॥
४४ चांम की कोथली चांम का सूवा । तास की प्रीति करि
जगत सब मूवा ।
देव गंध्रव मुनि मांनवा जेता । उबरचा एक को । गुरु
मुषि चेता ॥
४५ कबीर रज बीरज की कली । तापरि साज्या रूप ।
रांम नांम बिन डूबि है । कनक कांमिनीं कूप ॥
४६ ते नर सिकले ढिग कबहूं परे । जु तरुनि रंगनि मंझैं ।
बाहु कि नारचा जल जुबन । मछि कटाछि सिर कच कझैं
लोचन चक ।
बिये कुच टपूव दंत बलाक । सिपी नष सझैं ।
भौंह भौर उर धार कमच कहि । प्रेम प्रवाह दहे दुष दझैं ॥
४७ किंम देषि सुंदरी भोग बषांणी । नहीं सुष प्रतषि हांणीं ।
रमंति मूंढा संसार भारी । तजंति बैरागी ग्यांन बिचारी ॥
४८ सुष बिंद राई मात्रेण । दुषंत गिरवरमेव चः ।
कुरंगा षुरी मात्रेण । बंधे भवनं त्रीयं लोका ॥
४९ तिल सुष कारनि दुष अस मेरु । चौरासी लष कीन्हां
फेरु ।
अलप सुष दुष आहि अनंता । मंन मैंगल भूले मैंमंता ॥
५० जेयं स्वांन चूसते नरी । अपनें रुध के स्वादं ।
एयं अमित अग्यांन । दुषं सुष रति मनिते ॥
५१ फरीदा ए बिष गंदलां । धरियांर बसं वारि ।
ज्यां ज्यां नांहीं चषियां । तांतां हौं हिहि जार ॥
५२ करमांनंद जे हरि रता । परनारियां बिरत ।
तीह नरां लागैं नहीं । जरा मरण जंमलत ॥
५३ कबीर कांमणि अंग बिरकत भया । रत भया हरि नांइ ।
साषी गोरषनाथ ज्यूं । सिध भया कलि मांहि ॥
५४ कबीर कांम मिलावै रांम कूं । जे कोई जांणैं राषि ।
कबीर बिचारा क्या कहै । जाकी सुषदेव बोलै साषि ॥
५५ जत बड प्रिथी अत बड कांइ । संमझि होइ तौ दूरि न
जांइ ।
अठ सठ तीर्थ एकैं घाट । संजम करतां षुलै कपाट ॥
५६ पीपा परनारी परतषि छुरी । बिरला बंचे कोइ ।
नांऊं पेटि संचारिये । जे र सोनां की होइ ॥
५७ पीपा धोषा नजरि का । जती सती कूं होइ ।
मन अरु नैंन बिगूचतां । बिरला राषै कोइ ॥
५८ कबीर जदि बिषै पियारी प्रीति सूं । तब अंतरि हरि
नांहि ।
जब हरि जी अंतरि बसे । तब बिषिया सूं चित नांहि ॥
५९ पिरी बिसारण त्री रवण । कु बुधिडै करंनि ।
कंचन रासि गंवाइ करि । बुकै धूडि पवंनि ॥
६० कबीर कहता जात हूं । चेतै नहीं गंवार ।
बैरागी गिरही कहा । कांमीं वार न पार ॥
६१ कबीर अंधा नर चेतै नही । कटै न संसै सूल ।

और गुनह हरि बकसिसी । कांमीं डाल न मूल ॥
६२ दादू जेती बिषिया बिलसिये । तेती हत्या होइ ।
प्रतषि मांनस मारिये । सकल सिरोमनि सोइ ॥
६३ कबीर कोटि कर्म पल मैं करैं । यहु मन बिषिया लागि ।
सतगुर सबद न मांनहीं । जनम गवाया बादि ॥
६४ जे यहु बूंद अपरचै झरै । तौ काहे न जीव अनंत हीं मरै ।
एक बूंद की कीमति नांहि । जाथैं महापुरिष निपजै जग मांहि ॥
६५ जतन करंतां जाइ सुजाव । भग देषि जिनि घालौ घाव ।
कोटि बरस लूं बधै तुम्हारी आव । सत्य सत्य भाषंत श्री चरपट राव ॥
६६ नारी नाग निराकसी । बाघ निबडी बलाइ ।
दादू जे नर रत भये । तिन का सर्ब सषाइ ॥
६७ दादू नारी नैंन न देषिये । मुष सूं नांव न लेइ ।
कांनूं कांमनि नां सुनैं । यहु मन जांन न देइ ॥
६८ दादू बाबा बाबा कहि गिलै । भाई कहि कहि षाइ ।
पूत पूत करि षी गई । पुरिषा जिनि पतियाइ ॥
६९ सरूपं पितरं दृष्ट्वा । भ्रातं वा सुतं वा ।
बिलैते मन स्त्रीनां । अबु पात्र निमांभ्यास एत्र ॥
७० जाच्यं तया मिसति तं । मईसा बिकता: सपिनिमीछति जनो: ।
सजनो अतह सक्र असु मतु कृते च । परितुिषिति काचदन्या ।
धृकुतां च: तं च मदनं च । इमां च मां च ॥
७१ एताह संति रुदंति च: कार्य हेता । न बिस्वासयंति नरं त च बिस्वासयंति ।
तसमां नर्णे कुल सील समं नि: । तेन नार्या चमसा न घटिका ॥
७२ कोटी दुनियांल टकै बहुरंगी । कोई जीव जिनि लावै इस सेती ।
करि घूंघटे घणें छेत्रे हैं । निरबांह न कीया किस सेती ।
दिन दोइ का चटका मटका है । लटपट मैं टप दे घटि जासी ।
तुम्हचेतते रहियौ चांदिणां जी । नहीं चेतौ तौ पछितायस्यौ जी ॥
७३ मूंवां गयां पलेइणां । जलि बलि रषथियां ।
जटक है ते पंतरचा । जे बेसासि यात्रिया ॥
७४ मुबां महलां मंदियां । छलियां न छलियंनि ।
हटो घिनि न बकरी । झुगे उंट मगंनि ॥
७५ हटु बिसाहे लूंण । कस्तूरी झुगें घुरे ।
सचा देसा बूंण । अंदर अछा न करे ॥
७६ मक्यं रोदृसा रे मंडका । षंडी कृत्वा न त्वं बनीं ।
रांमस्य रामणो मुजादि । रामा को को न षंडिता ॥
७७ मक्यं रोदृस्य रे जंत्रक: । भ्रांमणीं भ्रमजो मयं ।
कटाछि षिन मात्रेण कर । लगनस्य किं कथा ॥
इति माया कौ त्याग सील कौ डिढाव सीलवंत साध कौ अंग सम्पूर्ण भवेत् ॥

८७ बिक्रताई कौ अंग

राग गौडी

१:• ग्रिह जिनि जांनौं रू रौ रे ।
कंचन कलस उठाइ ले मंदिर । रांम कहे बिन धूरौ रे ॥ टेक ॥
१ इनि ग्रिह मन डहके सबहिन के । काहू कौ परचौ न पूरौ रे ।
राजा रांनां राव छत्रपति । जरिये भसम कौ कूरौ रे ॥
२ सब थैं नीकी संत मंडलि । हरि भगतनि कौ भेरौ रे ।
गोबिंद के गुन बैठे गइ हैं । षैहैं टूकौ टेरौ रे ॥
३ अैसैं जांनि जपहु जग जीवन । जम सूं तिन का तोरौ रे ।
कहै कबीर रांम भजिबे कूं । एक आध को सूरौ रे ॥

राग सारंग

२:• तजि न सकत नर अैसौ ग्रेह ।
जीरण तिण संकुट कुसना सति । आंनंद हन दारन दुष एह ॥ टेक ॥
१ काली नारि कुचिल अरु कांनी । कुटक भाषनीं सूं रुचित सनेह ।
भीष मांग्यवै पेट भरत हैं । कदे न करत क्रिश्न उनकी देह ॥
२ घर मैं नहीं हंडि का षांडी । पंडित मांन करत अहंमेव ।
परमांनंद वै रांम बिमुष नर । अटत फिरत सिर घालैं षेह ॥

१ दादू गतं ग्रिहं गतं धनं । गतं दारा सुत जोबनं ।
गतं माता गतं पिता गतं बंधू सजनं ।
गतं आपा गतं पर: गतं संसार कत रंजनं ।
भजिसि भजिसि रे मन परब्रह्म निरंजनं ॥
२ दादू झूठे तन के कारनैं । कीये बहुत बिकार ।
ग्रिह दारा धन संपदा । पूत कुटंब परिवार ।
ता कारंनि हति आतमां । झूठ कपट अहंकार ।
सो माटी मिलि जाइगा । बिसरचा सिरजनहार ॥
३ दादू जनम गया सब देषतां । झूठी के संगि लागि ।
साचे प्रीतम कूं मिले । भागि सकै तौ भागि ॥
४ राज तजे बारे पूता पाट तजेबा । तजेबा हस्ती घोडा ।
सत्य सत्य भाषंत माता मैंणांवंती । रे पूता कलि मैं जीवन थोडा ॥
५ राजा कै घरि रांणीं होती । हम घरि होती माई ।
सात षणें चौ बारै बैठी । यहु ग्यांन कहां थी ल्याई ॥
६ गुरू हमारे गोरष बोलिये । चरपट है गुर भाई ।
एक सबद हम कूं गुरू गोरष दीया । तें वो लष्या मैंणांवंताई ॥
७ सो लासै रांणीं नैं बारा सै कंन्यां । बंगाल देस बड भोगी ।

बारा बरस हम कूं राज करण दै माता । पीछैं हूंगा जोगी ॥
८ आज आज करतां । काल्हि काल्हि करतां ।
काया झरै ज्यूं कलाल की भाठी । सत्य सत्य भाषंत माता मैंणांवती ।
९ रे पूता यहु तन जलि बलि होइगा मसांण की माटी ॥
जोगन हो सार पूता । भोग नहीं सी । नसी कसी जल बिंब की काया ।
सत्य सत्य भाषंन माता मैंणावती । भरमि न भूलौ रे भाया ॥
१० मरैंगे मरिजाहुगे । मसांण होहुगे फिरि छारं ।
कछ एक परमतत्व चीन्हौं राजा गोपी चंद । ज्यूं उतरौ संसार भौपारं ॥
११ कौंण हम कूं भात षुलावै । कौंण पषालै पाइ ।
कहां सुमेरै मैडी मंदिर । कहां तू मैंणावंती माइ ॥
१२ धरती तुम्ह कूं भात षुलावै । गंग पषालै पाइ ।
रूष बृष तेरै मैडी मंदिर । घरि घरि मैंणावंती माइ ॥
१३ माता कै उपदेस करि । तजीला देस बंगालं ।
गोपी चंद गुरू कै सरणैं । भेटत भागा कालं ॥
१४ छाड्या राजपाट पुर पटण । छाड्या भोग बिलासं ।
गोपीचंद धौ लागि रस बहीं । छाडि गह्या बनवासं ॥
१५ रांणीं सकल कंन्यां सुत सबहीं । हाहाकार भईला ।
राव तरै तितुरी गज गल । बाल राजा गोपीचंद कहां गईला ॥
१६ जलंद्री पाव हाथि दे डीबी । गोपी चंद षंदाया ।
मंदिर महल पौलि जहां भीतरि । तहां अलेष जगाया ॥
१७ माय बहन कहि भिष्या मांगी । पूरचा सींगी नादं ।
सांभलि साद मिले सब रांणीं । आइ कीयौ संबादं ॥

संबादौ

राग रांमगरी

३:० बाहुडौ नैं बाहुडौ गोपीचंद राजा । बाहुडि धौ लागि र आवौ जी ।
इंछ्या नैं भोजन मन चिंत्या राजा । भाव भगति सूं पावो जी ॥ टेक ॥
१ पालिकि निंद्रा न आवै रे रांणीं । माह्रौ मन राज न भावै जी ।
जोग जुगति नैं राज अम्हारै । अबिचल कंधू थावै जी ॥
२ अगर चंदन नींमढी बंधाऊं । सो नांनां तुम्ह नैं तु बंजी ।
कहौ तौ रूपाना पत्र घडाऊं । सो नाना सींगी नादं जी ॥
३ गगन मंडल मैं मढी अम्हारी । चंद सूरनां तूं बाजी ।
सहज सीलनां पत्र अम्हारै । अनहद सींगी नादं जी ॥
४ कूर कपूर तुम्हे जी मता हो राजा । भगरडी किम भासे जी ।
ऊपरि पांनना बीडा आरोगता । बेली नांपां न किम षासे जी ॥
५ कूर कपूर माह्रे सास उसासं । कुरकट अंमृत प्यालं जी ।
ग्यांन ध्यांन नापां न अम्हारै । सुबुधि षिमिया पालं जी ॥
६ सेज तुलाई तुम्हे पौढ ताहो राजा । साथ रडै किम सो स्यौ जी ।
गींद सिरांणैं सब दिसि संवग । षपरडै किम षास्यौ जी ।
७ सांथरि सो स्यांनैं षपरि षास्यां । ईट उसी सै देस्यां जी ।
सौडि तुलाई मांह्रे सतगुर बांणीं । भोमीं सेज्या करिस्यां ज ।
८ कूंण तुम्हारा राजा चरण पषालि सें । कौंण करै तत बातं जी ।
कौंण तुम्हारी राजा सेज पाथर स्यें । कौंण पुरवि स्यें भातं जी ॥
९ गंगा अम्हारा रांणीं चरण पषालि स्यें । मनसा करै तत बातं जी ।
कंथा अम्हारी सेज पाथर स्ये । अलष पुरवि स्यें भातं जी ॥
१० सो लासै रांणीं नैं बारा सै कंन्यां । तेन्हौं निसासडौ पडिज्यौ जी ।
जेणैं माह्रा राजा नौ राज छूडाव्यौ । ते तौ जोगी मरिज्यौ जी ॥
११ जलंद्री प्रसादैं राजा गोपीचंद बोल्या । गुर नैं गालि न दीज्यौ जी ।
सतगुर माह्रा मस्तक ऊपरि । और भलेरडा कीज्यौ जी ॥

राग रांमग्री

४:० कहै राजा गोपीचंद सुणौंरी बाई ।
सत्य की भिष्या देसु मैंणावंती माई ॥ टेक ॥
१ बाट घाट की थे गली माह्रे पाट पटोला ।
मसांण कीठी करी थालक चोला ॥
२ तूटी फाटी कंथा मैं फिरूं उदासा ।
लूषौ सूकौ टूकडौ रूषे बृषे बासा ॥
३ धरणि पलंगडा सांथरि सेजं ।
परबत मढली भोग सुरेजं ॥
४ तजीला बंगाल देस मैंणावंती माई ।
जलंधी प्रसादैं गोपीचंद चौपदी गाई ॥

राग प्रज्यौ

५:० नहीं आऊं कांमणीं नहीं आऊं लो ।
नहीं आऊं राज भार ले बातौर ॥ टेक ॥
१ मन पवन माह्रे हस्ती नैं घोडा ।
ग्यांन ते अषै भंडारं जी ।
बर कांमनि लेषो लै बैठा । ताथी षरा डरांऊं जी ॥
२ रावां नैं रांकां कौंण बसेषां कांई ।
मरि बाना एक जमाघं जी ।
हूं तोहि पूछं पढिया रे पंडिता ।
कांई मरणैं नां भौ भागं जी ॥
३ बूढा थाते बालक हूवा । इब मैं कंई कंई जांणं जी ।
सतगुर सबदां राजा भरथरी सीधा ।
गुरू गोरष बचन प्रवांणं जी ॥

श्लोक

१८ भोमीत सिज्या निज भुज गलिताः गंडुकं षंभितानंः ।
दीपस्य चंद्रह सुमति बनिताः सिबमाने सहाइ ।
द्रिगं कंन्याभिपवन च वरई । दिसोपि कूलं ।
भिष्या सती न्रिपई सुषीः तिक्त श्रब बिघनोपि ॥

१९ चोरो नासंति डंड पतनीं । ना त्रासंति प्रिथीपति ।
निसापि गवंनं निसंक सिज्या । मारगे मारगं गता ।

२० एते दोषा मिटंति भरथरी । धंन्य धंन्य दालिद्रं मम प्रिय ॥
छत्रं जोजन पंच सतितं जस्य अंबरो न दृष्टते ।
इदं सर्ब तज्यता बैराग्य गछिता ॥

कबित

२१ ग्रांम कोडि छिनवै । सहंस बांहां बर परिवर ।
अठासी लष गुडे । गुरू हैं वर पाप रहवर ।
मौड बंध छतीस लाष । तीस उचरैं कहंतां ।
अति वरि चौसठि लाष । सहंस घरि रवणि रमंता ।
षट त्रिण षंड चौदह भुवन । पुर पाटण नव निधि पही ।
परहरे प्रहा सहच कवै । जब संत नाथ संजम गही ॥

२२ सोला सहंस सहे लियां । तुरी अठारह लष ।
सांई अपणां कारणैं । छोडचौं सहर सहर बंलष ॥

राग सोरठि

६:० माधवे चरण कवल अनरागी ।
वै न्रिप कहा बावरे होते । परहरि भुवन भये वैरागी ॥
टेक ॥

१ सुष संपति धंन राज परिग्रह । नौ जोबन चत्रु नारी ।
कनक अवास पुहप पट सेज्या । सब तजि भये भिष्यारी ॥

२ हस्ती घोडा छत्र सिंघासंण । राज बिलास सब त्यागे ।
नरंद नरेस नरापति होते । जांनि बनां कूं भागे ॥

३ जिनि हरि ध्याया तिनि सचु पाया । माया जीति भये
मनि जोगी ।
परमांनंददास वै मधु बृति । सदा आनंद रस भोगी ॥

राग गौडी

७:० ता सुष कूं कहौ क्या कीजै ।
जाथैं पल पल ए तन छीजै ॥

१ आसंण कुंजर सिरि छत्र धरीजै ।
ताथैं फिरि फिरि दुष सहीजै ॥

२ सेज संवांरि सुंदरि संगि रंमींजै ।
षाइ हलाहल भरमि मरीजै ॥

३ बहु बिधि भोजन मांनि रुचि लीजै ।
स्वादैं संकुट भ्रंम पासि परीजै ॥

४ ए तजि दादू प्रांण पतीजै ।
सब सुष रसनां रांम रमींजै ॥

२३ जुरत दृग दसा गजं बाजो । न सुणंत सबद आपा परं ।
धूरि लोपंत भांणं । इव निजीवंनि तजि न जीवनि ।
समि जुरत मैंदांनि स्वांनं ॥

२४ सुर मंदिर तर मूल निवास । भिष्या भोजन परम उदास ।
सकल प्रग्रह भोग तियाग । तौ किंन सुष करत बैराग ॥

२५ न च सुषं देव लोक । न च सुषं पृथीपति ।
सेका सुषी बीतरागी । इकंति बसंति जोगिनां ॥

२६ दुषी राजा दुषी परजा । दुषी बांभन बांणियां ।
सुषी एक राजा भरथरी । जिनि गुर का सबद प्रवांणियां ॥

२७ कबीर दाध बली तौ सब दुषी । सुषी न दीसै कोइ ।
जहां कबीरा पग धरै । तहां टुक धीरज होइ ॥

२८ कबीर दाझ बली ता सब दुषी । सुषी न दीसै कोइ ।
को पुत्रां को बंधवां । को धनहींणां होइ ॥

२९ दुष दरिया संसार हैं । सुष का सागर रांम ।
सुष सागर चलि जाइये । दादू तजि बेकांम ॥

३० आवट कूटा होत है । औसर बीता जाइ ।
दादू करि ले बंदिगी । राषणहार षुदाइ ॥

३१ जिहि घरि रोइ पईठिए । अंति भी चलिये रोइ ।
कहि संमन ता मंडल मैं । सुष कहां थैं होइ ॥

३२ दुष बिचि जांमण दुष मरण । दुष बरत संसार ।
दुष किस अगै आषिये । पढी भी करनि पुकार ।
दुष बिचि जीव जलाइया । दुषिया चल्या रोइ ।
दुष की पंडां षोलियंनि । सुष न निकलै कोइ ।
नांनक हरि की भगति बिन । फिरि दुष दारण होइ ॥

३३ कबीर सुषा कूं जाइथा । आगैं मिलिया दुष ।
जाह सुष घरि आपणैं । मजांणैं अर दुष ॥

राग सोरठि

८:० अरे सुष इब मोहि बिष भरि लागा ।
इहि सुष डहके बडे बडे भूपति राजा ॥ टेक ॥

१ उपजै बिनसै जाइ बिलाई । संपति काहू कै संगि न जाई ॥

२ धन जोबन गरब्यौ संसार । यहु तन जरि बरि ह्वै है
छारा ॥

३ चरन कवल मन राषिलै धीरा ।
रांम रंमत सुष कहै कबीरा ॥

राग आसावरी

९:० इक हरि सुष और सबै दुषदाई ।
कहा कही येक छू कह्यौ न जाई ॥ टेक ॥

१ सैं बलडाल फूल डे फूले ।
मधु कर देषि कवन भ्रंम भूले ॥

२ जैसैं कंचनालि फल फीके ।
चाषत जहर न जरि के नीके ॥

३ रहौ रहौ श्रीरंग हरि की सरणां ।
हरि बिन जनम अक्यारथ भरणां ॥

१०:० हरि बिनहां हो कहूं सचु नांहीं ।
देषत जाइ बिषै फल षांहीं ॥ टेक ॥

१ रस रसनां के मींन मन भीरा ।
जलथैं जाइ यूं दहै सरीरा ॥
२ गज कै ग्यांन मगन मदि माता ।
आंकुस डोरि गहैं फंध गाता ॥
३ मरकट मूंठी मांहि मन लागा ।
दुष की रासि भ्रंमि भ्रंमि भागा ॥
४ दादू देषु हरी सुषदाता ।
ताकूं छाडि कहां मन राता ॥

राग मारू

११:० सूवा जिनि सैं बल सेवै रे ।
सैं बल मैं कहा षाइगौ । उडिजा हरि मेवै रे ॥ टेक ॥
१ मेवा नांव मुरारि का । हरि जन क्यैं तारै रे ।
नष सष घडि पैदा कीया । ताकूं कांइ बिसारै रे ॥
२ सैं बल फूल्या मैं सुण्यां रे । सुणि सैं बल की साषि ।
पीछैं हीं पछिताइगौ । जब फल देषैगौ चाषि ॥
३ सूवै सैं बल सेइया । आस करी छह मास ।
कडक लगाई चंच की । निकसि गया कपास ॥
४ पारग्रांमीं प्रांण पति तैं भज्यौ न पीया रे ।
करम लिषत पंजरि पड्यौ । यूंहीं पचि मूवा रे ॥
५ सुमरि सनेही आपणौं । तन ताप सावै रे ।
परमांनद भू केसवे । सुमिरचां सचु पावै रे ॥

राग केदारौ

१२:० मन बरज्यौ सौ बार । सुवा जिनि होइ सैं बर कौ ।
मारी चांच बकल फल चाष्यौ । उडि गयौ तूल दीनौं जब ठर कौ ॥ टेक ॥
१ पहुप देषि सूव टौरि भुलांनौं । कछू गंमायौ बर कौ ।
पांष संवारि ऊढि परबत कौं । नहीं तौ नास होइगौ पर कौ ॥
२ यहु संसार चिहर नट बाजी । जैसैं मोती जर कौ ।
कहै कबीर तुम हरि किन सुमिरौ । उतपति परलै होइ न नर कौ ॥

राग ललित

१३:० रांम अैसौ हीं जानि पहु नरहरी ।
माधव मदसूदन बनवारी ॥ टेक ॥
१ अनदिन ग्यांन कथैं घरियार ।
धूंवां धोर हर है संसार ॥
२ जैसैं नदी नाव कर संग ।
अैसौही मात पिता सुत अंग ॥
३ सेवहि नल दुल मल फल कीर ।
जल उदबुदा अैसौ आहि सरीर ॥
४ जिभ्या रांम नांम अभ्यास ।
कहै कबीरं तजि ग्रभैं बास ॥

राग आसावरी

१४:० हरि बिन जीव जलि बलि जाव ।
आपणां गुर पूछि देष्या । नहीं आंन उपाव ॥ टेक ॥
१ धरती तही रे लाल जडती । लालप लिंग जडाव ।
मोहनीं नुष मनीं सोहै । रंग करै पसाव ॥
२ मोती मंदिर ऊसरैं । रत नेत होइ जडाव ।
अगर चंदन लेपनां । मति देषि आवै चाव ॥
३ हाथी त घोडे पाइगा । नौ बति नीसांण घाव ।
मति देषि भूलूं बीसरूं । तेरा चिति न आवै नांव ॥
४ सिध होऊं स्यध्य लाऊं । रिधि आषूं आव ।
गुपत प्रगट होइ बैठू । लोक राषैं भाव ॥
५ पातिसाह होऊं मेलि लस कर । तषति राषूं पाव ।
हुकम हासिल करूं बैठा । नानका सब बाव ॥

राग धनाश्री

१५:० ए षूह पए सब भोग बिलासंन ।
तैं सह बाझूं छत्र सिंघसंन ॥ टेक ॥
१ जनत हूरा भिस्ति न भावै । लाल पलिंग क्या कीजै ।
भाहि लगे इहि सेज सुषासंन । मेकूं देषन दीजै ॥
२ बैकुठ मुकति सरग क्या कीजै । सकल भुवन नहीं भावै ।
भठ पए सब मंडप छाजे । जे घरि कंत न आवै ॥
३ लोक अनंत अभै क्या कीजै । मैं बिरही जन तेरा ।
दादू दरसंन देषन दीजै । ए सुनि साहिब मेरा ॥

१६:० अला भठि पए सब रत डे मंजे । कंडे भये इन फूल डे हंजे ॥ टेक ॥
१ रूप रंग सब सारे सजे । नैंननि भावनि कजल अंजे ॥
२ बिहुथी लगनि मन न रंजे । काजी महमूंद डूरौं भंजे ॥

राग गौडी

१७:० रांम कै नांइ हरचौ मन मेरा ।
मांगि भीष जन ह्वै हूं तेरा ॥ टेक ॥
१ इक लष हस्ती नवल के कांण ।
मूंवां पीछैं गोर मसांण ॥
२ चतुराई न चतुर भुज पइये ।
अहंमेव थैं नर किसि धइये ॥
३ परहरि चिर कटा हरि गुन गावै ।
अंगद कहै सु परमपद पावै ॥

राग सोरठि

१८:० तायैं निकु छूरे संसार ।
हमारै रांम कौ नांव अधारा ॥ टेक ॥
१ गुड का चींटा मुड षाई । गुड मांहैं हीं उलझि जाई ।
गुड रती एक मींठा होई । पीछैं दुष पावै सोई ।
२ सुपिनंतर राजा होईये । नांनां बिधि के सुष लहिये ।
अैसे सुष क्यूं सुष होई । जागूं तौ झूठा सोई ॥
३ मैं मेरी ग्यांन नसावै । तायैं आतमां समाधि न पावै ।
रांमांनंद गुर गंमि गावै । तायैं भ्यंन्य भ्यंन्य संमझावै ॥

१९:० अरजन सुपिनवत संसार ।

तिह नौं मकरि मनि अहंकार ॥ टेक ॥
१ एक भिछिक प्रातडै ऊठि करि । भूंमियौं सारौ गांम ।
तर छाया जाई बीस यौं । कीयौ छिन एक बिश्रांम ।
ते तलैं तिहि एक सुपिन लाधौ । अषिल अवनीं राज ।
सिरि छत्र धरिया चवर ढरिया ॥ सरचा सगला काज ।
२ गजर थतुरी सिघासंन । सेनि नौ नहीं पार ।
पदमिणीं कोडी कोडी पासै । करि रहीं सिंगार ।
बदेसी बे भूप जीत्या । नहीं किहि नौं बांक ।
जागे नैं ज्यारैं जोइयौ । त्यारैं रांक नौं ते रांक ॥
३ एक मूरष जढ सुपन माहैं । गयौ बिद्या पारि ।
सकल सास्त्र पुरांण पाठा । उचारचा निगम चारि ।
पंझित कोडा कोडि जीत्या । करचा बिबिधि बषांण ।
जागे नैं ज्या रैं जोइ यौ । त्यारैं षिरचा मुष पाषांण ॥
४ एक बंझा श्री दुष धरती । लाधौ एक सुषन । पुत्र पौतै पासियौ ।
हरिष हूंवौ मन धणियैं बहु दांन दीधां धूंम माल्यूं बारि ।
जागे नैं ज्यारैं जोइयौ । त्यारैं केन्हैं धवारै बाल ॥
५ एक त्रिधन सुपिन माहैं प्रांमियौं निज भंडार ।
कडाहि यांनीं कोडि देषैं कल सनौं नहीं पार ।
बदेस केरा बांहन पूरचा । करचा बिबिधि बसेष ।
जागे नैं ज्यारैं जोइयौ । त्यारैं नीसांणीं नहीं एक ॥
६ अर्जन चारि सुपिनां एकद्या । पांच मौं मृघ जल जांणि ।
धूंम बाच कस कल मिथ्या सेइ सारंगप्रांणि ।
जो दीसै सै सो बिनसि सी । तूं मकरि तेन्हीं आस ।
त्रिभैं ह्वै गोबिंद भजि । यौं कहै नरसईदास ॥

साषी श्लोक

३४ दादू माया का सुष पंच दिन । गरब्यौ कहा गवार ।
सुपिनैं पाया राज धन । जातन लागै बार ॥
३५ दादू सुपिनैं सूता प्रांणियां । कीये भोग बिलास ।
जागत झूठा ह्वै गया । ताकी कैसी आस ॥
३६ दादू यौं माया का सुष मन करै । सेज्या सुंदरि पास ।
अंतकालि आया गया । ताथैं होह उदास ॥
३७ कबीर सुपिनैं रैंनि कै । ऊघडि आए नैंन ।
जीव पडचा बहु लूटि मैं । जागूं तौ लैंण न दैंन ॥
३८ यहु सब माया मृघ जल । झूठा झिलिमिलि होइ ।
दादू चिलका देषि करि । सति करि जांनां सोइ ॥
३९ छलावा छलि जाइगा । सुपिनां बाजी सोइ ।
दादू देषि न भूलिये । यहु निज रूप न होइ ॥
४० दादू जतन जतन करि राषिये । दिढ गहि आतम मूल ।
दूजा दृष्टि न देषिये । सबहीं सैंबल फूल ॥
४१ दादू नैंनहु भरि नहीं देषिये । सब माया का रूप ।
तहां ले नैंनां राषिये । जहां है तत अनूप ॥
४२ दादू हस्ती हैं वरधंन देषि करि । फूल्यौ अंगि न माइ ।
भेरि दमांमां एक दिन । सबहीं छाडैं जाइ ॥
४३ दादू माया बिहडै देषतां । काया संगि न जाइ ।
क्रितम बिहडै बावरे । अजरांवर ल्यौ लाइ ॥
४४ माया देषें मन षुसी । हिरदै होइ बिगास ।
दादू यहु गति जीव की । अंति न पूजै आस ॥

श्लोक

४५ गगन कलनईरं संगमै बलभांनां । जलध पट तोयं ।
धनं वा जोबनं वा सुत सरीर परग्रिहं ।
छिनकमई बै जुलिता । इति श्रबे पिसुपिनवत्र ।
४६ गावंति रुदनस्य ग्रांममेकं । निसाना इमिपघातयं ।
भ्रमं निसा सुपिनातु । क्यं बिनास किंमोदयं ॥
४७ राजितं पहुप बासं । अंति सुनील छाया । पंषि पंथी बिश्रांमं ।
न रवंति तत्व भेदी । रितु गतः पुनः उदासए ॥
४८ ज्यं बीर्ज किंचि तु बिस्तारमेकं । नाना सरूपी तटवाधि अनेकं ।
पृमूट माया संसार सुपिनां । न रवंति ग्यात्वा । मई मूढ मगंना ॥
४९ बिक्तजोति जथा रात्र ईव । अभ्रछाया जथा वि? ।
तथा सुपिन संसार । जलस्य बुदबुदा एवं नरः ॥
५० आवर्त नीर सलिता समांन । चारि मध्ये रोरं जथा ।
तथा बिस्व निहकांम रांम । सुभ असुभ क्यं मन्यते ॥
५१ जथा चक्री नेति गढ सब्द सषा स्योपितं ।
नांनां सावकमेकबर्णं । नाटिक लघु सेवक प्रभू ॥
५२ जदपि दृस्यते क्यं चिंत्र । तन अस्थि कि असफुटः ।
जथा गंधप नग्रेणि । तथा बारि मुर्स्थलः ॥
५३ यहु जगु धूंम धुवरि घनु जैसी । सीत कोट जल फेहा ।
पाटल नीर पहुप सैंबल के । बालू मंदिर जेहा ॥
५४ संसारं सागर रूपेणि । मींन रूपंणि मांनवा ।
माया जाल रूपेणि । काल रूपेणि झींवरा ॥
५५ जीवं जल बुंद समं । संपति यं तरंगरं लोलवो ।
सुपिनं समं च पेमो । ज्यं जांणैं त्यंक्र जासु ॥
५६ सुष तलप गतो जेन । सुदेहो न द्रिगत टांण ।
प्रभर्मस्य हे रांम सुदेहो तिक्त सांप्रत ॥
५७ क्यं करोति कत्र गछ्यामि । क्यं ग्रहणांमि तजांमि कं ।
पूर्ते आतमां ब्रह्म । महाकल्प अंबु जथा ॥
५८ करो मिंत्र मनोबस्य । गछित्ते उतिमां गती ।
ग्रहणांमि सतगुरू बाक्यं । लोभ मोह तजामि कं ॥
५९ एकस्यगे कस्य न बेदो बहो जनः । अहो लोक भ्रंम भ्यास । दुकुला गज भांमिनीं ॥
६० दिबि आरण फलं गुंजा । मांनते कपिठष्लवत ।
इदं बंध इदं मुक्त । माया अर्सपर्सपर ॥
६१ जेयं स्वांनं चूसंत नरी । अपने रूध के स्वादं ।
एयं अमित अग्यांन दुषं सुष रति मनिते ॥
६२ नलनि लज कुसीर कीर । आपा बध पतनं भवेत् ।
लोभ नृष्लां स्वादं । ज्यं कपि रिप मर्दते कपिहि ॥
६३ मंक्री सुत्र संच्यते जाल । ग्रेहा संतति कारिजं ।
मोहमत अग्यान । चक्र काल त्रिषत कुतः ॥

६४ आदितस्य गतागतै । रहि रहि संषीयते ।
जीवितं र ब्यापारई बहु । कर्म भार गुर्भ्यकालो न
बिग्यायेते ॥
६५ दृष्टवा जनम जरा बिपति मर्ण त्रासस्वनो ।
तदित्ये पित्व मोहमै प्रमादि मदिरा ।
मन मन्त तुल्याः मासाः निज गुन गुनै मधु माध वाह्या ।
अयहुष्ट याति दिननाथ गतागस्ते ।
तत्व ग्यः ततु मधु नाना कथं भजेथा ॥
६६ भवारण्यां भीमंत नुगृमिदं छिद्र बहुलंब ।
लीकालश्चौरो नियति मसिता मोह रजनीं ।
ग्रिहीत्वा ग्यानाबिर्ति फलकं ।
सीलकवच समाधानं क्रित्वा स्थिरतरु दृसौ जागृत् जनाः ॥
६७ जथा चंद्र मुदयौ रात्रियौ । मही श्रबत्र जो न भये ।
लोभ मोहस्तथा देहो ग्यांन दीयेन बिनस्ते ॥
६८ जस्य सरीर कांम बाघ्रऊ । त्रिश्नपर्णी बर्तते ।
रिपमध्ये ग्रिहबासं । तस्य सरीर आसा कुतः ॥
६९ आंगणि बांबी घरि कलह । बैरचां वाडै बास ।
नदी कराडै रूषडा । जब तब होइ बिणांस ॥
७० चिंता चिता समानं जालंति आतम ततयो ।
चिता दहिते न्रिजीवं । श्रजीवं जालंति चंताः ॥
७१ चिंतायां दीर्घ रोगिनां । संसारस्य दुष्ह सागरं ।
आतमां हलल किलोलं । क्यं मोष्यंत मांनवा ॥
इति बिरकताई कौ अंग सम्पूर्ण भवेत् ॥

८८ महाबिक्रताई मिठास मन उटाव कौ अंग

राग रांमग्री प्रज्यौ
१:० चलौ पांचूं भाईला । तिन्हैं बन जाईला ।
जिहां सुष दुष नांव न जांनियला ॥ टेक ॥
१ षेती करूं तौ मेह बिण सूकै ।
बणिज करुं तौ पूंजी तूटै ॥
२ अस्त्री करूं तौ घर भंग ह्वैला ।
मिंत करूं तौ बिरा हर गैला ॥
३ जूवा षेलूं तौ बैठडौ हारूं ।
चोरी करूं तौ प्यंडडा पाडूं ॥
४ बनषंड जाऊं तौ बृष न फलनां ।
नंग्री मैं आऊं तौ भिष्या न मिलनां ॥
५ बोल्या गोरषनाथ मछिंद्र का पूता ।
छाडी माया भया अवधूता ॥

१ कबीर हरि चरणूं चल्या । माया मोह थैं टूटि ।
गगन मंडल आसंण किया । काल गया सिर कूटि ॥

राग रांमग्री
२:० चलौ मन माहरा ।
जहां मिंत्र अम्हारा ।
जहां जांमन मरन न जांणियैं ॥ टेक ॥
१ जहां मोहन माया मेरा न तेरा ।
आवागवन नहीं जमु फेरा ॥
२ जहां प्यंड पडै नहि प्रांन न छूटै ।
काल न लागै आव न षूटै ॥
३ अंमर लोक जहां अषिल सरीरा ।
ब्याधि बिकार न ब्यापै पीरा ॥
४ रांम राज को भिडै न भाजै ।
अस्थिर रहणां बैठा बाजै ॥
५ जहां अलष निरंजन और न कोई ।
मिंत्र अम्हारा दादू सोई ॥

२ कबीर जहां जुरा मींच ब्यापै नहीं । मुवा न सुणिये कोइ ।
चलि कबीर तिहि देसडै । जहां बैद बिधाता होइ ॥
३ एक देस हम देषिया । तहां रुति नहीं पलटै कोइ ।
हम दादू उस देस के । जहां सदा एक रस होइ ॥
४ एक देस हम देषिया । तहां बस्ती ऊजड नांहि ।
हम दादू उस देस के । सहज रूपता मांहि ॥
५ एक देस हम देषिया । नहीं नेडै नहीं दूरि ।
हम दादू उस देस के । रहे निरंतर पूरि ॥
६ एक देस हम देषिया । जहां निसदिन नांहीं घांम ।
हम दादू उस देस के । जहां निकटि निरंजन रांम ॥
७ बार हमासी नीपजै । तहां कीया परवेस ।
दादू सू कानां पडै । हम आये उस देस ॥
८ कबीर तरवर तास बिलंबिया । जे बारह मास फलंत ।
सीतल छाया गहर फल । पंषी केलि करंत ॥

राग रांमग्री
३:० चलु रे मन जहां अंमृत बनां । निर्मनी के संत जनां
॥ टेक ॥
१ त्रिगुण गांव पाण अगंम अपार । संतनि जीवनि प्रांन
अधार ।
२ सीतल छाया सुषी सरीर । चरन सरोवर निर्मल नीर ॥
३ सुफल सदा फल बारह मास । नांनां बांनीं धुनि प्रकास ॥
४ जहां बास बसि अंमर अनेक । तहां चलि दादू इहै बमेक ॥

राग सारंग
४:० चलु चलु रे मन तहां जाइये । चरन बिन चलिबौ ।
श्रवन बिन सुनिबौ । बिन कर बैंन बजाइयै ॥ टेक ॥
१ तन नांहीं जहां मन नांहीं तहां प्रांन नहीं तहां आइयै ।
सबद नहीं जहां जीव नहीं तहां । बिन रसनां मुष गाइये ॥
२ पवन पावक नहीं धरनि अंबर नहीं । उभै नहीं तहां
लाइयें ।
चंद नहीं जहां सूर नहीं तहां । परम जोति सुष पाइये ॥
३ तेज पुंज सो सुष का सागर । झिलिमिलि नूर न्हाइये ।

तहां चलि दादू अगंम अगोचर । तामैं सहजि समाइये ॥

राग केदारौ

५:० चलौ सषी जाइये जहां । तहां गयैं पाइये परमांनंद ॥टेक ॥

१ यहु मन आनंदू मनौं । मेरौ तन छीजै नित जाइ ।
चिंतामनि चित चोरियौ । ताथैं कछू न सुहाइ ॥
२ सुनि सषी सुपिनां की गति अैसी । हरि आये हम पास ।
सोवत हीं जगाइया । जागत भये उदास ॥
३ चलु सषी बिलंबन कीजिये । जब लग सास सरीर ।
मिलि रहिये जगनाथ सौं । यौं कहै दास कबीर ॥

राग बिलावल

६:० चकई री चलि चरन सरोवर । जहां न पेम बिवोग ।
जहां भ्रंमनि सहो तनहीं कबहूं । वह सायर सुष जोग ॥ टेक ॥

१ जहां सनक सहंस मींन सिव मुनि जन । नष रवि प्रभा प्रकास ।
प्रफुलित कमलनि मषु नहीं ससि डरु । गुंजित निगम सुबास ॥
२ जिहि सर सुभंग मुकति मुकताफल । सुकृत अंमृत रस पीजै ॥
सो सर छाडि कुबधि बिहंगम । इहां कहा रहि कीजै ॥
३ जहां श्री सहित करत नित क्रीडा । सोभित सूरिजदास ।
अब न सुहाइ बिषै जल छीलर । वास मुद्र की आस ॥

राग सोरठि

७:० मेरे प्रांन बिहंगम राया ।
पंक पषलि रांम सागर मैं । छाडि बिषै तजि माया ॥टेक ॥

१ छीलर कलि मल तजस्य बिहंगम । पंषी रहै न नीरा ।
परमहंस चलिमांन सरोवर । चुगि मुकताहल हीरा ॥
२ माया मोह लोभ अर तिश्नां । मंगन होइ जिनि जांनीं ।
परमांनंद स्वांमीं सुष सागर । षीर पीयौ तजि पांनीं ॥

राग गौडी

८:० बहुरि हम काहे कूं आंवहिगे ।
बिछुरैं पंच तत की रचनां । तब हम रांमहि पांवहिगे ॥ टेक ॥

१ प्रिथी का तत पांनीं सोष्या । पांनीं तेज मिलांवहिगे ।
तेज पवन मिलि पवन सबद मिलि । सहज समाधि लगांवहिगे ॥
२ जैसैं बहु कंचन के भूषन? । एकैहि गालि तवांवहिगे ।
अैसैं हम लोक बेद के बिछुरं । सुंनिहि मांहि समांवहिगे ॥
३ जैसैं जलहि तरंग तरंगनीं । अैसैं हम दिषलांवहिगे ।
कहै कबीर स्वांमीं सुष सागर । हंसहि हंस मिलांवहिगे ॥

९:० कबीरा संत नदी गयौ बहिरे ।
ठाढी माइ कराडे टेरै । है कोई ल्यावै गहिरे ॥ टेक ॥
१ बादल बांणीं रांम घन उनयौं । बरषै अंमृत धारा ।
सषी नीर गंग भरि आया । पीवै प्रांण हमारा ॥
२ जहां बहि लागे सनक सनंदन । रुद्र ध्यांन धरि बैठे ।
स्वयं प्रकास आंनंद बमेक मैं । घन कबीर ह्वै पैठे ॥
इति महाबिक्रताई मिठास मन उटाव कौ अंग सम्पूर्ण भवेत् ॥

८६ न्रिमोह बेप्रवाह बिक्रताई कौ अंग

राग रांमग्री

१:० रांम सुष सेवग जांनैं रे । दूजा दुष करि मांनैं रे ॥ टेक ॥

१ और अगनि की झाला । फंध रोपे हैं जम जाला ।
समि काल कठिन सर पेषै । यहु सिंघ रूंप सब देषै ॥
२ बिष सागर लहरि तरंगा । यहु अैसा कूप भुवंगा ।
भैभीत भयांनक भारी । रिप करवत मींच बिचारी ॥
३ यहु अैसा रूप छलावा । ठग पासी हारा आवा ।
सब भैसा देषि बिचारे । ए प्रांन घात बटपारे ॥
४ अैसा जन सेवग सोई । मनि और न भावै कोई ।
हरि प्रेम मगन रंगि राता । दादू रांम रमैं रसि माता ॥

साषी

१ पहलैं प्रीति देह सूं तोरै । जाकै लीयैं जगत सूं जोरै ।
छाडै तीनि लोक की आसा । निहचै ब्रह्म करै प्रकासा ॥
२ मन मनसा माया रती । पंच तत प्रकास ।
चौदह तीन्यूं लोक सब । दादू होइ उदास ॥

बैत

३ तरक दुनियां रास कुल इबा दुतं हु ब दुनियां ।
रास कुल षतीयतं ॥
४ तालिब दुनियां व मुषं नसी । तालिब उकबे वम वंनसी ।
तालिब मौलेव मु जकरी ॥
५ दुनियां दिल न बंद दहर कि मस दस ।
कि दुनियां सरबस र अंदोह दरदस ॥
६ दादू इस संसार सूं । निमष न कीजै नेह ।
जांमण मरण अवटणां । छिन छिन दाझै देह ॥
७ काला मुह संसार का । नीले कीये पाव ।
दादू तीनि तला कदे । भावैती धरि जाव ॥
८ दादू बातनि की एक है । दुनियां सूं दिल दूरि ।
सांई सेती संग करि । सहज सुरति लै पूरि ॥
९ सारा दिल सांई सूं राषै । दादू सोई सयांन ।
जे दिल बंदहि आपणीं । ते सब मूंढ अयांन ॥
१० दादू सारौं सूं दिल तोडि करि । सांई सूं जोडै ।
सांई सेती जोडि करि । काहे कूं तोडै ॥
११ थकि जु रहे उरवार । जिनि सिरि भारी भारथा ।
अहमद उतरे पार । भार झो कि सब भार मैं ॥

१२ कबीर कलि जुगि आइ करि । कीये जु बहु ले मिंत ।
जिनि दिल बंध्या एक सौं । ते सोवहि सुषनि चिंत ॥
१३ तज्य अनेक इक हिर वैं । संमन ते चित धीर ।
बहु बागी निकलि निरमैं । अलि न ??षपी? ।
१४ बाजीद संसार सूं अमिलत भले । मिलहि टूट ते बूंट ।
नांकी बंध्या बहि मुवा । ज्यूं कतार का ऊंट ॥
१५ बाजीद मरि मटिये तौ बहुत सुष । नांव न लीया जाइ ।
कुंण माया मुरदार कूं । दर दर धके षाइ ॥
१६ बाजीद दरिजक रांम कै हाथ । दुनियां देइ बहु दुष ।
जेता अहटै जगत सूं । तेता जीय कूं सुष ॥
१७ संसारी सूं मन डरै । करै मूल महि हांनि ।
मिलि बाति सहीं का भला । आवै भगवंत जांनि ॥
१८ बाजीद मिलिये सुष कूं । फिरि दुष दूनां होइ ।
द्वारै देइ कि वार तूं । बांनि मिलौ ए सोइ ॥
१९ अब कै जौ मन कर चढै । तौ बहुरि न काहू दैंउं ।
कौंन सयांन पसैदनां । चित दै चिंता लैंउं ॥
२० मन जोगी म्रिघ श्रिंग जिंम । उरबंधे हरि नांम ।
छूटिसि बिष्या मांग तौ । जांमण मरण बिरांम ॥
२१ दादू एक रांम की टेक गहि । दूजा सहज दुभाइ ।
रांम नांम छाडैं नहीं । दूजा आवै ताइ ॥
२२ रांम नांम छाडैं नहीं । छाडैं सकल बिकार ।
दूजा सहजैं होइ सब । दादू कामत सार ॥
२३ दादू जिनि कोई हरि नांव मैं । हमकूं हांनां बाहि ।
तार्थे तुम थैं डरत हौं । क्यूंहीं टलै बलाइ ॥
२४ दादू कांम धणीं के नांव सूं । औरां सूं कुछ नांहि ।
औरां सूं मन ऊपली । मन की मनहीं मांहि ॥
२५ दादू हम चाहैं सोनां मिलै । साहिब का दीदार ।
दादू बाजी बहुत है । नांमां रंग अपार ॥

राग गौडी

२:० हूं तौ भारी भूलौ रे ।
गत संसार जैसैं भोडल के छीलक ॥ टेक ॥
१ गैं जांयूं सयाही मैं भेदक ।
याही लागि रहे सूं । सो तन जात है मुधरैं पीलक ॥
२ बाल तरुन बिधि भटकत घरीये अटक्यौ न कबहूं ।
रांम रस सीलक ।
तारन के प्रभू की अबिगति को धूं जांनैं ।
के ते सुर नर गये पलकहूं मींनक ॥

राग धनाश्री

३:० दुनियां बावरी रे बाबू बाद निवारि ।
झूठं कूं क्या गरबिये । जीवणां है दिन चारि ॥ टेक ॥
१ दर वेसां कूं कैसा बाबू चोवा चंदन फूल ।
जेसहु का सुष लोडियें । मति दुनियां करै कबूल ॥
२ जे चाहै दीदार कूं ए । चारयूं बस्त निवारि ।
जोवा चोरी मुकबरी । और बिरांनी नारि ॥
३ कोई सोवै साथ रै कोइ सोवै षाट ।
सेष बहावदी सोवै गोर मैं । कूजा ढलैं कि माट ॥

राग रांमग्री

४:० जग सूं प्रीति न कीजिये संमझि मन मोरा ।
स्वादि हेति लपटाइया कौ निकसै कोरा ॥ टेक ॥
१ एक कनक अरु कांमणीं जग मैं दोइ फंदा ।
इन पैं जो न बंधावई ताका मैं बंदा ।
२ एक एक सूं मिलि रह्या तिनिहीं सचु पाया ।
प्रेम मगन लै लीन मन सो बहुरि आया । ?
२ कहै कबीर निहचल भया निरभै पद पाया ।
संसाता दिन का गया । सतगुरि संमझाया ॥
५:० दिन दुहुं चुहु कै कारनैं । जैसैं सैंबल फूले ।
झूठी सूं प्रीति लगाइ करि । साचे कूं भूले ॥ टेक ॥
१ सो रस गौ सो परहरयौ । बिड रातौ प्यारे ।
आस तिकहूं न देषिहूं । बिन नांव तुम्हारे ॥
२ साची सगाई रांम की । सुनि आतम मेरे ।
नरकि पडैं नर बापुडे । जम गाहक तेरे ॥
३ हंसु उडयौ चित चालियौ । सगपण कुछ नांहीं ।
माटी सूं माटी भेलि करि । पीछैं अंनषांहीं ॥
४ कहै कबीर जग अंधला कोई जन सारा ।
जिनि हरि मरम न जांनियां । तिनि कीया पसारा ॥

राग गौडी

६:० इन मैं क्या लीजै क्या दीजै । जनम अमोलिक छीजै
॥ टेक ॥
१ सोचत सुपिनां होई । जागे थैं नहीं कोई ॥
२ म्रिघ तृष्नां जल जैसा । चेति देषि जग अैसा ॥
३ बाजी भ्रंम दिषावा । बाजीगरि डहकावा ॥
४ दादू संगी तेरा । कोई नहीं किस केरा ॥
७:० रे यामैं क्या मेरा क्या तेरा ।
लाज न मरहि कहत घर मेरा ॥ टेक ॥
१ चारि पह निस भौरा । जैसैं तरवरि पंषि बसेरा ॥
२ जैसैं बनियैं हाट पसारा । सब जग का सो सिरजनहारा ॥
३ ए ले जारे वै ले गाडे । इनं दुषि इनि दोऊ घर छाडे ॥
४ कहत कबीर सुनहुं रे लोई । हम तुम बिन सिर हैगा
सोई ॥

८:० तन राषनहारा को जांहीं ।
तुम्ह सो बिचारि देषौ मन मांहीं ॥
१ जोर कुटंब अपनौं करि पारयौ ।
मूंड ठोकि बाहरि ले जारयौ ॥
२ दगाबाज लूंटैं अरु रोवैं ।
जारि बारि षुर षोजहि षोवैं ॥
३ कहत कबीर सुनहुं रे लोई ।
हरि बिन राषनहार न कोई ॥

राग केदारौ

९:० सुमरि रे मन रांम सनेही ।

झूठी रे संगि चलै न देही ॥ टेक ॥
१ ग्रिह दारा सुत सजन संगाती ।
आइ मिले जैसैं तीर्थ जाती ॥
२ तूं जिनि जांनैं यहु कछु मेरा ।
तरवरि पंषी लिया बसेरा ॥
३ हरि चंद पुरी जुड्या हट वाडा ।
सब स्वारथी मिले बट पाडा ॥
४ पूर्न कहै समझि मन मेरा ।
गुर गोबिंद बिनां को तेरा ॥

राग धनाश्री

१०:० मुलक हरी कौ रे अपनौं को नहीं । सब जग देष्यौ जोइ ।
रांम सनेही बाहिरा । बिथा न बूझै कोइ ॥ टेक ॥
१ जल मांहैं जीव ऊपजै । जल बिन जीवन होइ ।
सो जल पीवो प्रांणीं छांणि करि । मल नहीं लागै कोइ ॥
२ झूठी जग की प्रीतडी । झूठी जग की आस ।
भगति बिनां भगवंत की । क्यूं करि मिटै पियास ॥
३ हावडि धावडि रे गंदौ नर करै । हारि पूजा न सुहाइ ।
पडी ठगौरी माया मोह की । बांध्यौ जम पुरि जाइ ॥
४ यहु मन जांणें जुग मैं थिर रहूं । करिस्यूं भै ता बिलास ।
यहु जग देष्यौ जातौ नैंन भरि । जीयरौ फिरै उदास ॥
५ साची करणीं राजा रांम की । जै करि जांणैं कोइ ।
यहु नर गंदानां करै । करता करै सु होइ ॥
६ कहै जन छीतम बीनती । हरि मेरे प्रांन अधार ।
जब र मिलैगौ प्रीतम आपणौं । काटै सकल बिकार ॥

११:० रांम मन बावरौ भयौ । यहु जग तीरथ कौ सौ मेला ॥ टेक ॥
१ पंथी एक तषत पुर पाटण । संझ्या आइ बसाइ ।
पाहूंणौं पर घर रिधि न मानैं । भोर भयें तजि जाइ ॥
२ तरवर एक बसैं बहु पंषी । संकट सर्णि रहाइ ।
बहुरि न संकट होइ सयांनीं । बासुरि दह दिसि जांइ ॥
३ श्रीरंग हरि कौ ध्यांन धरीजै । गिणियैं न बेर कुबेर ।
झूठे बंधणि कांइ बंधावै । तूं काकौ को तेरा ॥

राग टोडी

१२:० हूं तेरा कछू न तूं मेरी को ।
संसार सार बट उवालो ॥ टेक ॥
१ एकल आइबौ एकल जाइबौ ।
एकल मंडल मंझि समाइबौ ॥
२ मो तनि तो तनि पूत उषाया ।
नहीं सो पूत नहीं सो माया ॥
३ कहै त्रिलोचन सुणिहे नारी ।
हरि बिन मुकति न होइ गंवारी ॥

त्रिमोह राजा का श्लोक

२६ दासी मेक बृछं समारूढा । नाना पंषि ब्रिहंगमा ।
मरभाते दसूं दिसा जांति । को कस्य पर बर्लभः ॥
राजा ।
२७ रिणसन बंधर थोपि । पुत्र दारा परसोति कः ।
रिण छिन छिन जांति । को कस्य पर बर्लभः ।
२८ अचिंतोपि माया लुबंध । अचिंतोपि रहसंगमं ।
संजोगे आवंति बिजोगे जांवत । को कस्य पर बर्लभः ॥
स्त्री ।
२९ इदं काष्टं उदं काष्टं । नदी बहंत संगमं ।
संजोगे आवंत बिजोगे जांत । को कस्य पर बर्लभः ॥
३० कबीर इस संसार का । झूठा माया मोह ।
जिनि घरि जिता बधावणं । तिहि घरि तिता अंदोह ॥
३१ दादू मोह संसार कूं । बिहरै तन मन प्रांन ।
दादू छूटै ग्यांन करि । कोई साधू संत सुनांन ॥

राग गौडी

१३:० रांम रस पाइया रे । ताथैं बिसरि गए रस और ॥ टेक ॥
१ रे मन तेरा को नहीं । षैंचि लेइ जिनि भार ।
बिरष बसेरा पंषि का । आया माया जार ॥
२ और मरत कत रोइये । जौ आपा थिर न रहाइ ।
जो उपज्या सो बिनसि है । ताथैं दुष करि मरै बलाइ ॥
३ जहां उहांज्या तहां फिरि रच्या रे पीवत मरद न लाग ।
कहै कबीर चित चेतिया ताथैं रांम सुमरि बैराग ॥

राग केदारौ

१४:० संमझि मन नित निर्मल जस गाइ ।
गोबिंद प्रभू के चरन सरण तजि । अनत कहूं जिनि जाइ ॥ टेक ॥
१ यहु संसार संघन बन बिष का । तामैं दुष दंद लाइ ।
रूप रसन के लालचि लागौ । पतंग पडै जिनि जाइ ॥
२ कांम कलेस प्रथम जग पासी । कोई न गयौ सचु पाइ ।
तामैं चैंन कहा तूं चाहै । सुणि पूछूं सत भाइ ॥
३ सदा संताप नहीं नर निहचल । क्यूं छूटिसि कू काइ ।
कहै हरदास मांनि भजि माधौ । यहु दिसि आवै दाइ ॥

१५:० रे हूं क्यूं संमझाऊं आतमां । तेरे अंतरगति नहीं ग्यांन रे ।
कोटि बार तुझ सूं कह्या । तूं परहरि दूजा आंन रे ॥ टेक ॥
१ हरि भजि निर्मल ह्वै रहै । नष सष सोधि सरीर ।
बडवानल मैं जो पड्या । सो भसम हुवा सब नीर रे ॥
२ स्वारथ स्वाद सरीर मैं । दीसै दोजग लाइ ।
दीपक दृष्टि पतंग ज्यूं । डोकि परै जरि जाइ रे ॥
३ धन जोबन ऐसा सकल । जैसा धूंवरि मेह ।
द्यौस चारि कै कारनैं । का सूं कीजै नेह रे ॥
४ ए माया मृघ भाडली रे । अंति न पूजै आस ।
प्रांण पतंग न धोषै जलै । कहि जगजीवनदास रे ॥

राग आसावरी

१६:० इतनां काज कूं दुनियां दाधै ।
रांम रसांइन कोई न साधै ॥ टेक ॥
१ उपजै षपै ईट ह्वै माटी ।
रांम रटण करि कुबधि न काटी ॥
२ माया मोह पासि मैं मूवा ।
हारि गए ज्यूं जीती जूवा ॥
३ भाई बंध कुटंब अति प्यारा ।
भजन न होई गोबिंद न्यारा ॥
४ कहै हरदास पासि सो सारै ।
रांम चरण रज जो सिरि धारै ॥

राग गौडी

१७:० भाई रे मेरी मेरी सब जग करता । मोह मछर तन धरता ।
आगैं मीर मुकदम होता । वै भी गये यौं करता ॥ टेक ॥
१ किस कीम मांचचा पुनि किस का । किस का पुंगडा जोई ।
यहु संसार बाजार मड्या है । जानैंगा जन कोई ॥
२ मैं परदेसी कहि पुकारूं । इहां नहीं को मेरा ।
यहु संसार ढूंढि सब देष । एक भरोसा तेरा ॥
३ षांहि हलाल हरांम निवारैं । भिस्ति तिनहूं कूं होई ।
पंच तत की मरम न जानैं । दो जगि पडैगा सोई ॥
४ कुटंब कारणि पाप कमावै । तूं जांणैं घर मेरा ।
ए सब मिले हैं आप सवारथ । इहां नहीं को तेरा ॥
५ सायर उतरौ पंथं संवारौ । बुरा न किस का करणां ।
कहै कबीर सुनहूं रे संतौ । ज्वाब षसम कूं भरणां ॥

राग सोरठि

१८:० मन रे तेरा कौंन गंवारा । जपि जीवनि प्रांन अधारा ॥ टेक ॥
मात पिता कुल जाती । धन जोबन सजन संगाती ।
१ रे ग्रिह दारा सुत भाई । हरि बिन सब झूठा ह्वै जाई ॥
रे तूं गंति अकेला जावै । काहू के संगि न आवै ।
२ रे तूंनां करि मेरी मेरा । हरि रांम बिनां को तेरा ॥
रे तूं नेतिन देषै अंधा । यहु माया मोह सब धंधा ।
३ रे काल मींच सिरि जागै । हरि सुमिरनि काहे न लागै ॥
यहु औसर बहुरि न आवै । फिरि मनिषा जनम न पावै ।
४ इब दादू ढील न कीजै । हरि रांम भजन करि लीजै ॥

श्लोक

ईस्वरोबाच ।

३२ कस्य माता पिता कस्य । कस्य भ्राता सहोदरं ।
कस्य पुत्र स्त्रियो भृत्याः । नरानां कर्मबंधनं ॥
३३ एकोपि जायते गर्भे । मृत्युरेको भविषिति ।
पापपुन्यं भवेकृत्वा । को कस्य प्रतिबेदना ॥
३४ श्रुर्गबास मनंछानां । ब्यापारे म्रितमंडलं ।
पाप पुंनि बणं ज्यानां । जोदद्या सो भुंच्यसी ॥
३५ भ्राता भग्नी पिता पुत्र । बिभयौ सर्बबिबस्थितं ।
अंत सगि न गछंति । मेकस्यग बितेपुनः ॥
३६ कबीर तेरा संगी को नहीं । सब स्वार्थ बंधी लोइ ।
मन परती तिन ऊपजै । जीय बेसास न होइ ॥
३७ कबीर माय बिडाणीं बाप बिड । हम भीमंझि बिडांह ।
षेवटिया की नाव ज्यूं । संजोगें मिलि यांह ॥
३८ किस का बेटा किस की बहू । आप सुवारथ मिलिया सहू ।
जेता पूला तेती झाल । चरपट कहै सहु आल जंजाल ॥

राग गौडी

१६:० हरि ठगि जग कूं ठगौरी लाई ।
हरि कै बिवोग कैसैं जीऊं मेरी माई ॥ टेक ॥
१ कौंन पूत को काकौ बाप । कौंन मरै कौंन करै संताप ॥
२ कौंन पुरिष को काकी नारी । अभि अंतरि तुम्ह लेहु बिचारी ॥
३ कहै कबीर ठग सूं मन मांनां । गई ठगौरी ठग पहिचांनां ॥

३६ कोई हमारा न हम किस ही के । जगरह पीरां बाधा ।
तन त्याग्यां फिरै तत वादी । कोई अंमरपद लाधा ॥
४० मन बच क्रंम कवि कल्ह कहि । को काहू कै नांहि ।
पार पहूंती नाव ज्यूं । आठ बाट ह्वै जांहि ॥
४१ यहु संसार सराइ । धोषा नांहीं मल्ह कहि ।
सब को उतरै आइ । राति बसै दिन उठि चलै ॥

श्लोक

४२ बृछं छनिं फलं तजंति बिहंगा । सूकं सरंति सारिसं ।
ना द्रबि पुरिषा तजंति गनिका । भृष्टं न्रिपती सेवका ।
पहूपं न्रिगंध तजंति मधुपा । दगधं बनं ते म्रिगिनां ।
इति सर्बेपि स्वारथ प्रजनोपि रमंति भर्थरी ।
कहि कस्य को बर्लभः ॥
४३ काज्यार्थी भजंति लोका । न कोपि कः रचित प्रियः ।
बछा षीर छयं दुष्टवा । सयं तजंति मात्रा ॥
४४ सनेहं सोकभयं सुषं दुषभयं । भोगं रोगभयं ।
गीतं रागभयं दांन मांनभयं । बिद्या बादभयं ।
राजं तेजभयं जोषिता रूपभयं ।
इति श्रबांनि भयांनि भर्थरी । ग्यांनं पदं च न्रिभव ॥
४५ धंधा धोषा सब पर हरौ । बंधण काटि अबंध्या फिरौ ।
रहि एका एकी जनहु उपाधि । सहज नृपष द्रिढ करि साधि ॥
४६ अधिक तत गुरू । मधि तत ते गुर भाई । हींण तत ते चेला ।
मन मांनैं तौ संगहीं रमौं । नहीं तौ रमूं अकेला ॥
४७ एकलौ बीर दूसरौ धीर । तीसरौ षटपट ।
चौथौ उपाधि । दस पंच तहां बाद बिबाद ॥
४८ एकाएकी सिधानां । द्वि रमंत साधवा ।
चारि पंच कटूंबानां । दस बीस ते लसकरा ॥
४६ बहुतांनि बहुचिंतांनि । नियां पास बंधनं ।

एकाएकी महासुषी । ज्यूं कुवारी हाथ कंकनं ॥
५० मन सरीषा मे लून मिलिया । चित सरीषा चेला ।
ग्यांन सरीषा गुरू न मिलीया । ताथी गोरष फिरै अकेला ॥
५१ जे जे बेली मैं किये । सो सो मुझ नथ यांह ।
उस चंगि दीवांन मैं । सभे मुकरियां ॥
५२ नांनक कडे राजा । कूडे परजा । कूडे हूए सनेहा ।
कूडे जती सती भी कूडे । तार्थं कूडे बरसै मेहा ॥
५३ कूड तषड कूड पलव कूड तोलणहार ।
कूड लेवण कूड देवण कूड दा ब्यौहार ।
कूड मीयां कूंड बीबी कूड सब संसार ।
कासनि कीजे बाबा नांनक दोसती । मिलि कूड हूवा छार ॥

श्लोक
५४ धर्म नष्टं पदं । तप प्रचल्यतं । सत्यं च दूरं गता ।
प्रिथ्वी मद फला जनस्य कुटिला ।
५५ लवल्या स्तथा ब्राह्मणां । राजा डंड धरा । सुधर्म रहिता ।
पुत्रो पिता दुषिता । भारज्या बंध बिरोधनीं ।
५६ नीचस्य चपलं गती । हा कलि कृश्न धृग जीवनं ।
धन्यं नरा जे मृता ॥
५७ काल: सांप्रत बर्तते कलिजुगे । सत्यां नरा दुर्लभा ।
देसाश्च प्रलयं गता । करभरई र लोभं गता ।
५८ पारथिवाना ना चौरंगना । मुसति प्रिथ्वी र ।
साधू जन: षीयते । पुत्रस्यापि न संलतस्य पितं ।
५९ कष्टं जुगं बर्तति ॥

६० यहु कलंक अगिम भयौ । सुक्रित सत भजियौ ।
सील सीला पन छडच्यौ । प्रेम प्रीति नहीं रही ।
६१ पुंनि पातालहि गडच्यौ । क्रिया दांन बल हरे ।
देव दांनव ब? हरियौ । चलत सिंध जल सुक्यौ ।
६२ इंद्रलै परबसि करियौ । तदपि जोध महि जदि परि ।
ठकुर सयौ अंध ग्रब संक्यौ नहीं । यहु कलंक अगि भयौ ॥
६३ कलि की गऊ ज नरकहि षाई । बांह्मण आफू भंगि चबाई ।
कलि मैं अैसा ह्वैगा पाप । बेटी बेचि षाइगा बाप ।
६४ कलि मैं अैसा ह्वैगा देवा । सासू करै बहू की सेवा ॥
कलि मैं अलप बरषि हैं मेहा । हाली भीजै आधी देहा ॥
इति न्रिमोह बेप्रवाह बिक्रताई कौ अंग सम्पूर्ण भवेत्

६० आतमां कौ बिश्रांम अधार आदि घर कडूबा ईमान कौ अंग

राग गौडी
१:० अब हम षूब वतन घर पाया । ऊंजा षैर सदा मेरे भाया ॥ टेक ॥
१ बेगमपुर सहर का नांव । फिकर अदेंस नहीं तिहि ठांव ॥
२ नहीं तहां सीस षला तन भार । हैफ न षता न तरस जवाल ॥
३ आंव न जांन रहम महसूर । जहां गनियाव । बसै माबूद ॥
४ जोई सैल करै सोई भावै । महरंम महल मैं को अटकावै ॥
५ कहै रैदास षलास चमारा । जो उस सहरि सो मीत हमारा ॥

साषी
१ जहां थैं उतपति जीव की । जनम भोमि सोई ठांम ।
जगजीवन माता पिता । हरि जन कै हरि नांम ॥
२ जनम भोमि है हमारी । काया नग्री मांहि ।
जगजीवन माता पिता । हरि बिन दूजा नांहि ॥

राग हुसेनी बंगाली
२:० है दांनां है दांनां है दांनां । दिलदार मेरे कांन्हां ।
तूंहीं मेरे जांन जिगर । यार मेरे षांनां ॥ टेक ॥
१ तूंहीं मेरे माजर पजर । आलंम बेगांनां ।
साहिब सिरताज मेरे । तूंहीं सुलितांनां ॥
२ दोस्त दिल तूंहीं मेरे । किस का षिलषांनां ।
नूर चसम ज्यंद मेरे । तूंहीं रहिमांनां ॥
३ एकै अस नाव मेरे । तूंहीं हम जांनां ।
जांनिब आजीज मेरे । षूबष जांनां ॥
४ नेक न जरि मिहरि मीरां । बंदा मैं तेरा ।
दादू दरबारि तेरे । षूब साहिब मेरा ॥

३ दादू रोजी रांम है । राजिक रिजक हमार ।
दादू उस परसाद सूं । पोष्या सब परिवार ॥
४ दादू साहिब मेरे कपडे । साहिब मेरा षांण ।
साहिब सिर का ताज है । साहिब प्यंड परांण ॥

बैत
५ सु बरोज दर षियाल । मकसूद मन तूंहीं ।
कुलि आलंम बेगांनां । अस नाव मन तूंहीं ॥
६ हूंण दिल लगाहि कसां । मेकूं एहा ताति ।
दादू कं मु षुदाइ दे । बंठाडी हैं राति ॥

राग धनाश्री
३:० अला तेरा जिकर फिकर करते हैं ।
आसिक मुस्तर्क तेरे । तरसि तरसि मरते हैं ॥ टेक ॥
१ षलक षेसहि गरनेस । बैठे दिन भरते हैं ।
दांइम दरबारि तेरे । गैर महल डरते हैं ॥
२ तन सहीद मन सहीद । राति दिवस लरते हैं ।
ग्यांन तेरा ध्यांन तेरा । इसक आगि जरते हैं ॥
३ जांन तेरा जिंद तेरा । पांऊं सिर धरते हैं ।
दादू दीवांन तेरे । जर षरीद घर के हैं ॥

७ तन भी तेरा मन भी तेरा । तेरा प्यंड परांन ।
सब कुछ तेरा तूं है मेरा । यहु दादू का ग्यांन ॥

राग गौडी

४:० सईयां तूं है साहिब मेरा । मैं हूं बंदा तेरा ॥
१ बंदा बरदा चेरा तेरा । हुकमीं मैं बेचारा ।
मीरां मिहरवांन गुसांई । तूं सिर ताज हमारा ॥
२ गुलांम तुम्हारा मुलांजादा । लौंडा घर का जाया ।
राजि करि जक जीवतैं दीया । हुकमि तुम्हारे आया ॥
३ सादील बै हाजिरबंदा । हुकम तुम्हारे मांहीं ।
जबहीं बुलाया तबहीं आया । मैं मैवासी नांहीं ॥
४ षसम हमारा सिरजनहारा । साहिब संम्रथ सांई ।
मीरां मेरा मिहर मया करि । दादू तुम्ह हीं तांई ॥

८ सब सुष मेरे सांईयां । मंगल अति अनंद ।
दादू सजन सब मिले । जब भेटे परमांनंद ॥

राग ललित

५:० मेरैं ग्रिह आव हो गुर मेरा । मैं बालिक सेवग तेरा ॥ टेक ॥
१ मात पिता तूं अम्हंचा स्वांमीं । देव हमारे अंतरजांमीं ॥
२ अम्हंचा सजन अम्हंचा बंधू । प्रांन हमारे अम्हचा जिंदू ॥
३ अम्हंचा प्रीतम अम्हंचा मेला । अम्हंची जीवनि आप अकेला ॥
४ अम्हंचा साथी संग सनेही । रांम बिनां दुष दादू देही ॥

राग कनडौ

६:० तूंहीं तूं आधार हमारे । सेवग सुत हम रांम तुम्हारे ॥ टेक ॥
१ माया बाप तूं साहिब मेरा । भगतिहींन मैं सेवग तेरा ॥
२ मात पिता तूं बंधव भाई । तुमहीं मेरे संजन सहाई ॥
३ तुमहीं तातं तुमहीं मातं । तुमहीं जातं तुमहीं नातं ॥
४ कुल कटुंब तूं सब परिवारा । दादू का तूं तारणहारा ॥

६ दादू कुल हमारै केसवा । सगात सिरजनहार ।
जाति हमारी जगत गुर । परमेसुर परिवार ॥

राग भैरूं

७:० तूं मेरे माता तूं मेरे पिता ।
तूं मेरे सकल सहोदर जिता ॥ टेक ॥
१ तूं मेरे बंध कुटंब परिवार ।
तूं मेरे संम्रथ प्रांन अधार ॥
२ भली भई जु तुम्ह घरि पाये ।
नहींतर नाथ अबिथा आए ॥
३ अब सुंदर तेरी सरनाई ।
जनमि न छाडं मैं नौ निधि पाई ॥
४ कहै हरदास रांम सुणि लीजै ।
सरणैं आयौ भ्रित काढि न दीजै ॥

राग टोडी

८:० माइ तूं मेरे बाप तूं । कडूंबी मंझा बीठला ॥ टेक ॥
१ हरि है हम चीनावरी । हरी उतारै पैली तिरी ॥
२ साध संगति मिलि षेई चार । केसौ नांमदेव चा दातार ॥

राग रांमग्री

६:० हूं गुलांम गोबिंद का । लौंडा हरि केरा ।
जीव जनम मुझ कूं दिया । सो साहिब मेरा ॥ टेक ॥
१ हूं रहित बार मिता रांम का । हाली हरि केरा ।
मसकति मजूरी दीजिये । मोहि दर्शन तेरा ॥
२ हूं मंझेला महाराजि का । छौहरा छत्रपति का ।
महाराजि मोटा धणीं । दर्शन द्यौ नितका ॥
३ हू चोटी कटा चिंतामणि केरा । टोपरिया हरि तेरा ।
संइयां बाडि बसाइये । दर्शन थैं नेरा ॥
४ मैं महीं न दार महा जोध का । बांदा बुधिवंत का ।
छाजन भोजन सास बास । मोहि देवै नित का ॥
५ अैसा संम्रथ को नहीं जासूंया कहिये ।
जहां तुम्ह राषौ रांम जी । जगिया तहां रहिये ॥

राग आसावरी

१०:० औवगुण देषि रहे रिसाइ ।
सुत तुम्हारौ तुमहि कीनौ । तुमहि बाप रमाइ ॥ टेक ॥
१ तन तुम्हारौ मन तुम्हारौ । तुमहि तारौ आइ ।
तुमहि एक अनेक रचनां । सकल रहे समाइ ॥
२ बिषम बाजी जीव राषी । भ्रमैं भूलौ जाइ ।
मरन सतगुर राषि लीजै । भगति कीजै भाइ ॥
३ महामूरिष सठ अग्यांनी । बह्यौ गोता षाइ ।
कहि जगजीवनदास कर गहि । काढि लीजै राइ ॥

साषी

१० कोई नहीं करतार बिन । प्रांण उधारनहार ।
जायरा दुषिया राम बिन दादू इहि संसार ॥
११ कबीर रांम नांम करि बूंहडा । बांहीं बीज अघाइ ।
अंतकलि सू कौ पडै । निरफल तऊ न जाइ ॥
१२ जगंनाथ जग देषि करि । प्रीति करीम न बीर ।
दुहिली बरियां हरि धणीं । जगत न बांटै पीर ॥
१३ ए सजन दुरिजन भये । अंतकाल की बार ।
दादू इन मैं को नहीं । बिपति बंचावणहार ॥
१४ संगी सजन आपनां । साथी सिरजनहार ।
दादू दूजा को नहीं । इहि कलि इहि संसार ॥
१५ कबीर सब जग हंडिया । मंदल कंधि चढाइ ।
हरि बिन अपणां को नहीं । सब देषे ठोकि बजाइ ॥
१६ दादू एक सगा संसार मैं । जिनि हम सिरजे सोइ ।
मनसा बाचा क्रमनां । और न दूजा कोइ ॥
१७ कबीर सिरजनहार बिन । मेराहि तूं न कोइ ।

गुणि औगुणि बिहडै नहीं । स्वार्थि बंधी लोइ ॥
१८ काजी महमूंद सुमिरै सांइयां । जिस थैं भाजै भीड ।
सुषिया दुष न जांणहीं । जिस बेद न तिस पीड ॥
१९ कबीर स्वार्थ कौ सब को सगौ । जग सगलौ ही जांणि ।
बिन स्वार्थ आदर करै । हरि की प्रीति पिछांणि ॥
२० दादू आप सुवार्थ सब सगे । प्रांन सनेही नांहि ।
प्रांन सनेही रांम है । कैसा धू कलि मांहि ॥
२१ सुष का साथी जगत सब । दुष का नांहीं कोइ ।
दुष का साथी सांईयां । दादू सतगुर होइ ॥
२२ सगे हमारे साध हैं । सिर परि सिरजनहार ।
दादू सतगुर सो सगा । दूजा धंध बिकार ॥
२३ कबीर सतगुर सवांन को सगा । सोधी संई न दाति ।
हरि जी सवां न कोहि तू । हरिजन संई न जाति ॥
२४ जगंनाथ गुर बिन नहीं । इहि कलि दूजा और ।
दुष दौं सेती काढिक रि । राषे सीतल ठौर ॥
२५ नांनक सेवियै तौ स्वांमि दर । सेवग कीजै मिंत्र ।
जे जिमाइये तौ परम गति । जे जीमियैं त पवित्र ॥
२६ कबीर मेरे संगी द्वै जणां । एक बैश्नौं एक रांम ।
वोहै दाता मुकति का । वौ सुमिरावै रांम ॥
२७ कबीर साथी सो कीया । जाकै सुष दुष नांहीं कोइ ।
हिलिमिलि होइ करि षेलि स्यूं । कदे बिछोह न होइ ॥
२८ दादू संगी सोई कीजिये । जे कलि अजरांवर होइ ।
नांव हु मरै न बीछुडै । नां दुष ब्यापै कोइ ॥
२९ दादू संगी सोई कीजिये । जे अस्थिर इहि संसार ।
नांवहु षिरै न हम षपै । अैसा लेहु बिचारि ॥
३० दादू संगी सोई कीजिये । जे सुष दुष का साथी ।
दादू जीवण मरण का । सो सदा संगाती ॥
३१ दादू संगी सोई कीजिये । जे कबहूं पलटि न जाइ ।
आदि अंत बिहडै नहीं । तासंनि यहु मन लाइ ॥
३२ दादू माया बिहडै देषतां । काया संगि न जाइ ।
क्रित्म बिहडै बावरे । अजरांवरि ल्यौ लाइ ॥
३३ दादू अबिहड आप है । अंमर उपांवनहार ।
अबिनासी आपैं रहै । बिनसै सब संसार ॥
३४ दादू अबिहड आप है । साचा सिरजनहार ।
आदि अंति बिहडै नहीं । बिनसै सब आकार ॥
३५ दादू अबिहड आप है । अबिचल रह्या समाइ ।
निहचल रमिता रांम है । जे दीसै सो जाइ ॥
३६ दादू अबिहड आप है । कबहूं बिहडै नांहि ।
घटै बधै नहीं एक रस । सब उपजि षपैं उस मांहि ॥
३७ अबिहड अंग बिहडै नहीं । अपलट पलटि न जाइ ।
दादू अघट एक रस । सब मैं रह्या समाइ ॥
इति त्रिमोह बेप्रवाह बिक्रताई कौ अंग सम्पूर्ण भवेत् ॥

९१ बेप्रवाह निर्दावा कौ अंग

राग गौडी

१:० जब लग मन निरदावै रहै । भर्म कर्म वाकी फैट न गहै ॥
टेक ॥
१ दावा का दृष्टांत दिषाइ । पकडि कडछ अपनैं ले जाइ ॥
२ दैंनां होइ काहू कापै का । तब लग जीव रहै वा संका ॥
३ कहि नापा मोहि आगंम सूझै । बिन परहिचांन कोई बात न बूझै ॥

साषी

१ षाइ परई षीचडी । अब क्यूं लाभै जांण ।
गलि दावा की जेवडी । षैंच्यां डोलै प्रांण ॥
२ कबीर दावै दाझणि होत है । निरदावै र निसंक ।
जे नर निरदावै रहैं । ते गिणैं इद्र कूं रंक ॥
३ जो बाहै सो आप कूं । धरती कूं कुछ नांहि ।
दावा करि दुष मति सहै । तोहि कहा पराए मांहि ॥
४ देह देह न भाषै धरनीं । नांनां कारन लेवै ।
बेप्रवाहि परम सुष जोगी । अलष निरंजन सेवै ॥
५ नांनक दावा दूरि करि । बेदावै दिल कटि ।
केते सौदा करि गये । इस ब्योपारी कै हटि ॥
६ कबीर जग हटवाडौ स्वाद ठग । माया बेस्वां लाइ ।
रांम चरण नींकां गही । जिनि जाइ जनम ठगाइ ॥
७ जैमल उमति अलाह की । महमद का कुछ नांहि ।
वैं भीबारी आपणीं । षेलि गये जग मांहि ॥
८ नीति करण धर धीरवण । हम आये कलि मांहि ।
गाडा तैला का स्वांन ज्यूं । संम्रथ सूझै नांहि ॥
९ चक वै राजा मंडलीक । प्रिथी थभण राव ।
जैमल केते चलि गये । करि पेद्या का पाव ॥
१० जैमल मैं मेरी कै मा मलै । दल बल कीया जोडि ।
माया करंक कदी महै । केते गए चचोडि ॥
११ करंक कनारा दे चलै । सिंघ साध जहां होइ ।
जा का सद अहार है । पड्या न षावै सोइ ॥
१२ मुह मैं आवै बाल बूइ । वाकी अजक न जाइ ।
गाडर का साचा टनां । जग सूं जीवन लाइ ॥
१३ पतिष्टा सूंकरी बिष्टा । आतम तत बिनासनीं ।
राग दोष उदेग जननीं । त्समात प्रबर्जएत्र ॥
१४ ब्यास बडाई लोक की । कू कर की पहिचांनि ।
हेत कीयें मुह चा टिसी । बैर कियां तन हांनि ॥
१५ अंमरपद अलष पद । निर्मल जोग छंदा न बंदा ।
जे काहू मांनि ले लोग । कड कडंती बोलूं ।
कोई ठाहरै नांहि । संमझि करि साधै ।
तौ बैकुंठ मांहि ॥
१६ जैमल गुर सूं जिनि फिरै । औरनि सूं फिरि जाह ।
सनमुष रहु गुर देव सूं । जग सूं बेपरवाह ॥
१७ कहा जगत कै रूसणैं । तूठैं सरै न कांम ।

जिहि रूठैं मरिये परसरांम । सो जिनि रूठौ रांम ॥
१८ दादू रहता राषिये । बहता देइ बहाइ ।
बहिते संगि न जाइये । रहते सूं ल्यौ लाइ ॥
१९ जाता दिसैं न जोइ । जे जातौ जोवै नहीं ।
भरि भरि नैंण न रोइ । करि कायर का ठौहि यौ ॥
२० जेठी बेठे दूजणें । आडी लष मिडनि ।
भड पेहंनि भडंनि कलंनि । हींणें स्वांमि छुटंनि ॥
२१ एक न जइयौ जाव सब । जीवन सूं कहा कांम ।
केते बिछुडे फिरि मिलैं । जगजीवन जिहां रांम ॥
२२ रांम रह्या तौ सब रह्या । गया सु आवै जाइ ।
जगजीवन इस अंग कूं । कलपै कौंण बलाइ ॥
२३ कबीर जांणां है सो जाहु सब । तेरी दसा न जाइ ।
षेवटिया की नाव ज्यूं । घणां मिलैं ला आइ ॥
२४ तरवर पत अनंत । पतहि तरवर को नहीं ।
ताथैं बेपरवाह । पतहि पीडा सो नहीं ॥
२५ बाजण देह बजंतडी । कलि जंतडी मछेडि ।
तुझै पराई क्या पडी । तूं अपणीं नबेडि ॥
२६ दादू अपणां नीका राषिये । मैं मेरा दिया बहाइ ।
तुझ अपनें सेती काज है । मैं मेरा भावैति धरि जाइ ॥
२७ कबीर चित चेतनि ह्वै गरक मै । चेति न देषै मंत ।
कत कत की सलि पाडिये । गल बल सहर अनंत ॥
२८ जीऊं का संसा पड्या । को काकूं तारै ।
दादू सोई सूरिवां । जे आप उबारै ॥
२९ आपा उधारि लै यहु मत नीका ।
रांम नांम जपि प्रणवैं पीपा ॥
३० जंबक बूडां मांड सब । बूडीही करि जांनि ।
आप तिरचें सब जग तिरचा । इहै सति करि मांनि ॥
३१ दादू घट मैं सुष आनंद है । तब सब ठाहर होइ ।
घट मैं सुष आनंद बिन । सुषी न देष्या कोइ ॥
३२ अंतर सीतलता मांह तौ जगत सब सीतलं ।
अंतर त्रिश्नां तपता मांहि । तौ त्राहि त्राहि जगत्रमयं ॥
३३ कबीर इस मन कूं बिस मिलि करूं । दीठा करूं अदीठ ।
जे सिर राषूं आपणां । तौ पर सिरि जलौ अंगीठ ॥
३४ आप सूं षेल तूं बडा न बेल । गुरू चेलै संधि बिचार ।
अपणी करणीं उतारिबा पार ॥
३५ कबीर नीर पिलावत क्या फिरै । सायर घर घर बारि ।
जो त्रिषावंत होइगा । सो पीवैगा झष मारि ॥
३६ हंसां कूं सर कित ले । कित कूं हंस झुरंनि ।
हंस झिड कां तौ सहंनि । जौ उडिनां जणंनि ॥
३७ हंसा कूं सायर घणां । कुसम घणां भौंरांह ।
सगुणां नैं साथी घणां । देस बदेस गयां ॥
३८ पांन पदारथ सुघड नर । अण तोलिया बिकांहि ।
ज्यूं ज्यूं पर भोमि संचरैं । त्यूं त्यूं महिगा मोलि लहांहि ॥
३९ चंद न मोती साध गुण । उतन छूटें पियार ।
ए माधौ उतन रहै । तौ गुण जाइ अकार ॥
४० बाल गोठिया अस्तीरी । मातपिता गुरदेव ।
सुत कन्यां कुल कांठिला । एता लहैं न भेव ॥
४१ जांण अजांणि न जांणि यूं । तौ नांऊं जांण अजांण ।
चंपौ भौरै परहरचौ । तौ नांऊं मुद्यौ मांण ॥
४२ सोभा षोई आपणीं । गज अलि दिये उडाइ ।
मोहन मधुप चवगणै । कवलि बिराजे जाइ ॥
४३ साध सूर पंषी अरु पंडित । दुष सहै किहि काज ।
जहां रहैं तहां आदर महिमां । सद बिद्या सहु साज ॥
४४ स्यंघ भोमि सौ रै नहीं । श्रप चिंत कुछ नांहि ।
यौं रिजक रहाइसि मिलाप की । साधन सोचै मांहि ॥
४५ देह कृत का पथरा । अंतकाल की हांडी ।
उरि आया सो लिया काहू पलै न बांधी ॥

राग भैरूं

२:० अैसी जुगति जे हरि कहि जांणैं ।
गुर कै सरणै ह्वै यहु जीय आंणैं ॥ टेक ॥
१ भूषां जतन करि राषै रे भाई ।
जीमि चलै तब फोडै सोई ॥
२ जीमि जूठि मुष पूछै हाथ ।
दुरि गै बांनीं तूं तजि साथ ॥
३ सोचि साचि चितवै या मांहीं ।
या कौ ऊत्तर धायौ नांहीं ॥
४ कहै हरदास षुध्या तब भाजै ।
रांम चरण गहि निसदिन राजै ॥

श्लोक

४६ ब्रह्मचारी त्रिणा नारी । दातारो लषिमीं त्रिणः ।
सूरा नामेन मर्णं त्रिणा । त्यूं जती नांजत्र त्रिणां ॥
४७ ब्रह्मचारी कुतो नारी । मुल्य अहारी कुतो ब्रत ।
अल्पनिंद्रा कुतो जागर्णं । लयलीनं कुतो मंत्र ॥
इति बेप्रवाह निर्दावा कौ अंग सम्पूर्ण भवेत् ॥

९२ बेसास कौ अंग

राग बिलावल

१:० जिनि सत छाडै बावरे । पूरि कहै पूरा ।
सिरजे की सब चिंत है । देबे कूं सूरा ॥ टेक ॥
१ ग्रभवास जिनि राषिया । पावक थैं न्यारा ।
जुगति जतन सूं सींचिया । दे प्रांन अधारा ॥
२ कुंज कहां धरि संचरै । तहां को रषवारा ।
हे महरत जिनि राषिया । सो षसम हमारा ॥
३ जलि थलि जीव जिते किते । सो सब कूं पूरै ।
संपट सिला मै देत है । काहे नर झूरै ॥
४ जिनि यहु भार उठाइया । न्रिबाहै सोई ।
दादू छिन न बिसारिये । ताथैं जीवनि होई ॥

राग भैरूं

२:० रे चित चिंतिसि दींनदयालहि । हरि बिन और न कोई ।

जे धावहि ब्रह्मंड षंड लौं । करता करै सुहोई ॥ टेक ॥
१ जिनि जननी के उद्र उदिक थैं । प्यंड कीयौ दस द्वारा ।
दियौ अधार अगनि मुष राषे । अैसा षसम हमारा ॥
२ कू रमीं अंड धरै जल अंतरि । षीर पंक तहां नांहीं ।
पूरिक परमानंद पयौधर । चिंति चिंति तिहि ठाई ॥
३ पांहन मैं कीट गोपि सबहिन थैं । मारग कतहूं नांहीं ।
कहै धनौं जाकौ हरि पूरिक । तूं कांइ जीव डरांहीं ॥

कवित

१ अंडे कूंजी अनल । पोष कैसी बिधि पांवहि ।
असम कीट अहि करंड । असन कहि ठाहर आंवहि ।
पहलैं थतहुं सुषीर । पुनह पीछैं ह्वै बाला ।
अजिगर ठौर अहार । देहि अैसे प्रतिपाला ॥
धर अंबर पहराइयहि । भार अठार आभे अनंत ।
मूरति मुरदे पट लहैं । रजब गहि बेसास मत ॥
२ कबीर जिनि नर हरि जठ रांह । उदिक थैं पिंड प्रगट कियौ ।
सिरिजे श्रवण कर चरन जीव जीभ मुष तास दियौ ।
अर्ध पाव उर्ध सीस बीस पषांइम रषियौ ।
अंन पांन जहां जरैं । तहां तैं अंनल न चाषियौ ।
इहि भांति भयांनक उद्र मैं उद्र न कबहूं छंछरैं ।
क्रिश्न क्रिपाल कबीर कहि । इब प्रतिपालन ककरै ॥
३ दादू जिनि पहुं चाया प्रांण कूं । उदर उरध मुष षीर ।
जठर अगनि मैं राषिया । कोमल कया सरीर ।
४ सो संम्रथ संगी संग रहै । बिकट घाट घट भीर ।
सो सांई सू गह गहीं । जिनि भूलै मन बीर ।
५ कबीर चिंता न करि अचिंत रहु । सांई है सम्रथ ।
पसू पषेरू जीव जंत । तिनकी गांठी किसा गरथ ॥
६ दादू चिंता रांम कूं । संमरथ सब जांणैं ।
दादू रांम संभालिये । च्यंता जिनि आंणैं ॥
७ दादू चिंता कीयैं कुछ नहीं । चिंता जीय कूं षाइ ।
हूंणां है सो ह्वै रह्या । जांणां है सो जाइ ॥
८ नांनक च्यंता न करि । च्यंता उपजै रोग ।
जिनि ए भांडे साजिये । सोई पूरण जोग ॥

राग बिलावल

३:० रे चित चिंता जिनि करै । हरि चिंता करसी ।
भांडा घड मुहडा किया । सोई भलैं भरिसी ॥ टेक ॥
१ उठर अगनि मैं जीव की । जिनि करी भाला ।
अब नाऊं नांहीं करै । वो दींनदयाला ॥
२ आगैंहीं आगा लगूं । वो करता आया ।
भुवंग पिटारे मोहि था । भष मारग पाया ॥
३ है गै नर गैंवर गुडचा । भारथ बहुतेरा ।
आंडा अंतरि राषिया । सो साहिब मेरा ॥
४ सरा जांम सब लोक का । ताकै करि छाडा ।
सो साहिब छिट का वसी । बषनैं मुहुं मांडचा ॥

९ कबीर भूषा भूषा क्या करै । कहा सुणावै लोग ।
भांडा घडि जिनि मुष किया । सोई पूर्न जोग ॥
१० कबीर रचनहार कूं चीनि करि । षैबे कूं कहा रोइ ।
दिल मंदिर मैं पैसि करि । ताणि पछेवडा सोइ ॥
११ गुफा षोदि करि बंदा बैठा । नांव निरंजन लेवै ।
बनिजारा कै घटि ह्वै । रिजक रांम जी देवै ॥
१२ जंगल मांहैं चारि घट । मरण मतै ह्वै आया ।
रिजक की बेलां रांम जी । लाडू चारि षंदाया ॥
१३ बिषम कहर दरियाव मैं । अमली कूं दीया अमल ।
अगंम सुगम सब जाइगा । पालै सारा जुमल ॥

राग बिलावल

४:० जिनि कायर ह्वै प्रांणियां । काहे दुष पावै ।
रांम रिजक सब मांड कूं । पल मैं पहुंचावै ॥ टेक ॥
१ अंनल पंषि कूं पूरवै । जहां ठौर न ठाहर ।
गरथ कहां थैं काढि करि । भषि लेवै नाहर ॥
२ पै पंषवाह कछू नहीं । कुरमीं का पालै ।
हेमा जल कूं कुंज का । कैसी बिधि टालै ॥
३ प्रगट गुप्त जे जीव हैं । सो सकल संभारै ।
पावै कीट पषांन मैं । क्यूं तोहि बिसारै ॥
४ जैमल जीय कूं जठर मैं । कैसी बिधि पोषै ।
रोजी नां राषै नहीं । सो सकल संतोषै ॥

१४ दादू हूं बलिहारी सुरति की । सब की करै संभाल ।
कीडी कुंजर पलक मैं । करता है प्रतिपाल ॥
१५ कबीर पहु फाटी पमडौ हुवौ । जागी जीवा जूं नि ।
संम्रथ मेरा सांईयां । देन्हीं चांच संवाणीं चूंनि ॥
१६ दादू राजिक रिजक लीयैं षडा । देवै हाथूं हाथ ।
पूरिक पूरा पासि है । सो सदा हमारे साथ ॥
१७ दादू पूर्न हारा पूरिसी । जे चित रहसी ठांम ।
अंतर थैं उमंगिसी । सकल निरंतर रांम ॥
१८ दादू पूरिक पूरा पासि है । नांहीं दूरि गंवार ।
सब जांनत है बावरे । देबे कूं हुसियार ॥
१९ कबीर चिंतामणि चित मैं बसै । सोई चित मैं आंणि ।
बिण चिंता चिंता करै । इहै प्रभू की बांणि ॥

राग बिलावल

५:० च्यांता संम्रथ रांम कूं । जिनि सब जग कीन्हां ।
चौरासी लष सिरजि करि । रोजी तां दीन्हां ॥ टेक ॥
१ कीडी कूं कण देतु है । कुंजर मण आवै ।
सकरषोर पंषी जहां । सकर हीं पावै ॥
२ सौदागर बांध्यौ ठगनि । जंगलि ले जाई ।
षग कै घरि ह्वै नांन द्वै । दिन दिन पहुंचाई ॥
३ प्रगट गुप्त जे जीव हैं । सब कूं हरि पोषै ।
अलष हस्त संम्रथ धलीं । सब हीं संतोषै ॥
४ जांण राइ जग पालणां । गति बिरलै जांनीं ।
मोहनदास हरि सुमिरिये । गुर आग्या मांनीं ॥

२० हिरदै रांम संभालि ल्यौ । मनि राषौ बेसास ।
दादू संम्रथ सांईयां । सब की पूरै आस ॥

राग धनाश्री
६:० आतमां न डोलिये हो । जाकौ पूरण परम दयाल ।
लष चौर। चिंत करण । मो क्रिपा करण गोपाल ॥ टेक ॥
१ बाहरि भीतरि सर्ब निरंतरि । भजि भजि श्री भगवंत ।
जल थल सर्गनर्क गर्भ माँहैं । पोषै सबहीं जंत ॥
२ बिचि कीडी बिचि कुंजरै । जाका अनंत लोक बिस्तार ।
सो रांम रिदा न मेल्ह जै । मुकति भगति दातार ॥
३ जिनि पांणीं थैं प्यंड उपायौ । लोही नैं अरु मास ।
सब सैं धानां जोडि करि । माँहैं मेल्हि यौ हांस ॥
४ हरि तजि और पदार्थ चाहै । ते सब झूठी आस ।
काल्हा अंन कौंण परिपूरचौ । गर्भ संकटि दस मास ॥
५ कोई होइ अवरैं कीन्है । षिण आवै षिण जाइ ।
कहै डूंगर हूं और न जाचूं । चूं जगपति राइ ॥

कवित
२० हरि बिसास नर निस्तरै ।
धन बिसास देषतां होइ षिण मांहि पराया ।
कचा पिंड बिसास । सुभी रज मंझि समाया ।
झूठा तरुणि बिसास । लोभ फंध मिलि मिलि षंचै ।
दल बल बहुत बिबास । काल पैं कोई न बंचै ।
मन मछली माया जल मिल्यौ । भणि भैरूं गुण बिसतरै ।
अबिसास सकल संसार मैं । हरि बिसास नर निस्तरै ॥

राग गौडी
७:० गोबिंदौ जिनि बीसरै रे ।
चंचल माया रहौ भावै जाहु ॥ टेक ॥
१ माया बिष की बेलडी रे । कुसम बिषै बिकार ।
यहु चितवंनि जाकै चिति रहै । जाकूं भाई सुष दुष बारंबार ॥
२ एक कनक अरु कामनी सू । करैं अधिक पियार ।
यौं कबहूं नर हरि भजै । ताकै दरसंनि पर उपगार ॥
३ अष्ट सिधि नौ निधि सदा । हरि भगत कै आधीन ।
कहै गतिगुंबर सोई आतमां । जाकौ भाई चित हरि चरणां सूं लींन ।

राग भैरूं
८:० छाडि दे रे मन हम ता ममिता ।
सब घटि रांम रह्यौ रमि रमिता ॥
१ आसा करि जाइये जहियां ।
रांम बिनां सुष नांहीं तहियां ॥
२ जन की प्रीति अगम पियारी ।
ज्यूं जल त्रिषि भरै पनिहारी ॥
३ भणैं नांमदेव सब गुण आगर ।
भजि हरि चरण क्रिपा सुष सागर ॥

राग आसावरी
६:० गोबिंदि नांव तेरा । तूंहीं जौ साहिब मेरा ॥ टेक ॥
१ जिनि बिन अधार गगन राष्यौ । उतिम उपाई ।
जाकौ रिजक लिष्यौ रांम राजा । सुमेंटणौं न जाई ॥
२ रांम नांम जपै नाहीं लोक मूरिष अंधा ।
प्रिथीराज कहै अलष ध्यावौ । और सकल धंधा ॥

राग गौडी
१०:० तननां बुननां तज्या कबीर ।
रांम नांम लिषि लिया सरीर ॥ टेक ॥
१ जब लग भरूं नली का बेह ।
तब लग टूटै रांम सनेह ॥
२ ठाढी रोवै कबीर की माइ ।
ए लरिका क्यूं नीवहि षुदाइ ॥
३ कहै कबीर सुनहूंरी माइ ।
पूर्नहारा त्रिभुवन राइ ॥

२२ छाजनंभोजनश्चैव । बृथा कुरबंति बैष्नवा ।
तस्य पूर्न बिस्वंभरो । किंभक्तिमयपृछस्य ॥
२३ दादू एक बिसास बिन । जीयरा डांवां डोल ।
निकटि निधि दुष पाइये । च्यंतामणीं अमोल ॥
२४ दादू बिन बेसासी जीयरा । चंचल नांहीं ठौर ।
निहिचै निहिचल नांर है । कछू और की और ॥
२५ मैंरू से रहिमांण सूं । षीजे षेह थया ।
के पांणंहीं पातला । देषे दोस भया ॥
२६ सांई हूंदे गोठडे । षजीनौं अपार ।
बंदौ टूंटै न लहै । को बंदा मंझि बिकार ॥
इति बेसास कौ अंग सम्पूर्ण भवेत् ॥

६३ बषत लिषंत बेसास कौ अंग

१ जा दिन पतिते बिंदं । मातगर्भेषु निर्मयं ।
ता दिन लिषते दई बहांणि बृधि सुषं दुषं ॥
२ असन बसन तब का दिया । गर्भि पड्या जब बिंद ।
जगंनाथ घटि बधि नहीं । जे लिषिया गोबिंद ॥
३ कबीर कर्म करींमां लिषि रह्या । अब कछू लिष्या न जाइ ।
मासा घटै न तिल बधै । जौ कोटिक करै उपाइ ॥
४ कबीर जाकूं जेता निर्मया । ताकूं तेता होइ ।
रती घटै न तिल बधै । जौ सिर कूटै कोइ ॥
५ मिहरवांन ह्वै बोलिया । हुकम कीया करतार ।
कठिहारे का कर्म की । छापन मिटी लगार ॥
६ कर्म कबीर जु हरि लिष्या । नर सिरि भाग अभाग ।
जे बहु चिंता चिंतवै । तऊ स आगैं आग ॥
७ दादू हूंणां था सो ह्वै रह्या । जे कुछ कीया पीव ।

पल बधै न छिन घटै । असी जांणीं जीव ॥
८ दादू हूंणां था सो ह्वै रह्या । और न होवै आइ ।
लेणां था सो ले रह्या । और न लीया जाइ ॥
९ दादू हूंणां था सो ह्वै रह्या । जिनि बांछै सुष दुष ।
सुष मागें दुष आइसी । पै पीव न बिसारीं मुष ॥
१० दादू हूणां था सो ह्वै रह्या । श्रगन बांछी धाइ ।
नरक कहां थी नाडरी । हुवा सु होसी आइ ॥
११ श्रग लोक न बंछिये । डरिये न नर्क निवास ।
हूंणां था सो ह्वै रह्या । मनह न कीजै झूठी आस ॥
१२ कबीर मनह मनोरथ छाडि दे । तेरा किया न होइ ।
पांणीं मैं घीनी सरै । तौ लूषा षाइ न कोइ ॥
१३ संपति देषि न हरषियै । बिपति देषि न रोइ ।
ज्यूं संपति त्यूं बिपति है । करता करै स होइ ॥
१४ दादू ज्यूं रचिया त्यूं होइगा । काहे कूं सिरि लेह ।
साहिब उपरि राषियै । देषित मासा एह ॥
१५ दादू सहजैं सहजैं होइगा । जे कुछ रचिया रांम ।
काहे कूं कलपै मरै । दुषी होत बेकांम ॥

राग गौडी

१:० साहिब जी सति मेरा रे । लोक झषैं बहुतेरा रे ॥ टेक ॥
१ जीव जनम जब पाया । मस्तकि ले षलि षाया रे ॥
२ घटै बधै कुछ नांहीं । कर्म लिष्या उस मांहीं रे ॥
३ बिधाता बिधि कीन्हां । सिर जिस बनि कूं दीन्हां रे ॥
४ संम्रथ सिरजनहारा । सो तेरे निकटि गंवारा रे ॥
५ सकल लोक फिरि आवै । दादू दीया पावै रे ॥
६ रिजक रांम जे निर्मया । पावै पूर्ब लेष ।
जगंनाथ इत हंट करि । आंन दीप फिरि देष ॥
७ तोडे वंजि न रूंम । नांहि न सीबो अगरो ।
सोई मांनीं थूंम । जे लिषी लोह कलंम मैं ॥
८ जांजे तूं ताति तलूं । धंन जोबन ब्यौसाव ।
त्यां नौं तेतौ सांपजै । भावै तेथी जाव ॥
९ कंत चले जिहाज चढि । सायर पैली पार ।
कहि मुंनिंद्र सोई पाइ है । जो बिधनां लिष्या लिलार ॥
१० देषि बिरांणां लाड । मन न डुलाइये जी ।
११ लिष्यौ हरी कौ होइ । सो परि पाइए जी ।
१२ लिष्यौ हरी कौ सो परि पावै । अधिका कछू न होई ।
१३ राजा रांणां सुणि सक बंधू । गरब न कीजै कोई ।
१४ जिनि जीव दीया । सो रिजक अंमडावै पूर्ण है
अबिनासी ।
१५ दासनि दास कहै जन छीतम । काटै जंम की पासी ॥

राग गौडी

२:० मन रे अहरषि बाद न कीजै ।
अपनां सुक्रित भरि भरि लीजै ॥ टेक ॥
१ कुभरा एक कमाई माटी । बहु बिधि जुगति बनाई ।
एकनि मैं मोती मुकताहल । एकनि ब्याधि लगाई ॥
२ एकनि दीन्हां पाट पटंबर । एकनि सेज निवारा ।
एकनि दीन्हीं गलै गूदरी । एकनि सेज पयारा ॥
३ साची रही सूंम की संपति । मुगध कहै यहु मेरी ।
अंतकाल जब आइ पहूंता । छिन मैं कीन्ह न बेरी ॥
४ कहै कबीर सुनहुं रे संतौ । मेरी मेरी झूठी ।
चडा चीरडा चूहडा ले गया । तणीं तण गती तूटी ॥

कवित

१६ एकनि कैं धन कोरि । एक मांगैं तौ षाई ।
एकनि कुटंब परिवार । एक कैं बंधन भाई ।
एकनि दुनियां दींन । एक तौ एक न पावैं ।
एकनि अंगि बिभूति । एक घसि चंद न लावैं ।
सुष दुष बिभौ बिलास कौ । जो झूरै सो कूर ।
रंचक घटै न तिल बधै । जो कछू लिष्यौ अंकूर ॥
१७ क दिन कोडि बनिजि जै । क दिन पै कौनहि पावै ।
क दिन बृष बिश्रांम । क दिन मालिया मंडावै ।
क दिन करै करतार । हस्ति हींदै द्वारंतरि ।
कहू काल रांम जी । हाथि कच्च कोल देई हरि ॥
क दिन पंच भोजन रसन । क दिन कूरी हूं नास्ति करै ।
जगंनाथ जेम बावै पुडौ । तिणि औसरि नाचौं सरै ॥
१८ कबहूं कनक समि कनक कबहुं अंन कनक तन कनहि ।
कबहूं द्वार भट भीर कबहुं द्वारांह भट कट महि ।
कबहूं कुसम परिसैंन । कबहुं कुस सैंन जु कियौ ।
कबहूं धरनि सिरि भार । कबहुं धरनीं सिरि लिजै ।
पर सिध राइ इम कबित गुनि । कर्म बंद जोइ जोइ करै ।
अंग वै पुरिष अति धीरवै । जब अवस्थ जदि न परै ॥

राग जैतश्री

३:० रे मन गोबिंद के ह्वै रहिये ।
दुष सुष क्रित क्रंम फल अपनौं । आइ परें सब सहिये ॥
टेक ॥
१ अगम अगोचर अकथ कहांनीं । यहु दुष कासूं कहिये ।
सूरदास प्रभू रांम जपत हैं । अंतकाल कूं चहिये ॥

१९ अंग चंग परि न कुछ । न कुछ उजल धौलापण ।
न कुछ बहन बंधवां । न कुछ सगौ सगापण ।
न कुछ राज घरि जनम । न कुछ कुल मोटै आयां ।
न कुछ स्वांमि समरथ । न कुछ निर्प भोज भनाया ।
बंदिये जके बषतां बली । कहै षेम सोई बंदिए ।
बिन बषत संष सायर सुतन । देषि धाह घरि घरि दिए ॥
इति बषत लिषंत बेसास कौ अंग सम्पूर्ण भवेत् ॥

९४ अजाचीक बेसास कौ अंग

श्लोक

१ दीनादीन मुष ईसद ईस सकईराकृष्टः जीर्णं बराक्रोसदभः ।
षुधितई र नरई र बिधुरा दृस्येत चेद ग्रेहनीः ।

याचन्या भंग भवेन गदगद ल्यत्वं त्रुटिद्विलोनाप्यरः ।
को देहेत बदेत तब स्वदृग्ध जठरस्वार्थे मनस्वी पमानः ॥

साषी

२ दादू छाजन भोजन सहज में । सांई देइ सु लेइ ।
तार्थें अधिका और कुछ । सो तूं कांइ करेइ ॥
३ दादू टूका सहज का । संतोषी जन षाइ ।
म्रितक भोजन गुर मुषी । काहे कलपै जाइ ॥
४ दादू भाडा देह का । तेता सहज बिचारि ।
जेता हरि बिचि अंतरा । तेता सबै निवारि ॥
५ दादू जल दल रांम का । हम लेवैं परसाद ।
संसार का समझै नहीं । अबिगति भाव अगाध ॥
६ कबीर मीठा षांण मधु करी । भांति भांति का नाज ।
दावा किसही का नहीं । बिण बिलाइ तिबड राज ॥
७ दादू अणबंछित टूका षात हैं । मरमहि लागा मन ।
नांव निरंजन लेत हैं । यौं निर्मल साधू जन ॥
८ अंणबंछ्या आगैं पडै । पीछैं लेइ उठाइ ।
दादू कै सिरि दोस यहु । जे कुछ रांम र जाइ ॥
९ अणबंछ्या आगैं पडै । षिरच्या बिचारि षाइ ।
दादू फिरै न तोडता । तरवर ताकि न जाइ ॥
१० षर भिष्या गति षलक की । भवरा स्वादि बंधाइ ।
हंस साध निर्मल चुगै । सग ज्यूं सदन रहाइ ॥
११ बैसाषे भिष्या परहरौ । मन पवन ले उनमनि धरौ ।
जाचि न मरै न जीवै आस । ब्रह्म ध्यांन करि निःश्चै
बास ॥
१२ अजाचीक भिष्या आइ बीथानं ।
गुरू मछिंद्रनाथ नी सिष्या पहरि बीकानं ।
अच्यंत फुरणां गगन गरास ।
बोलंत घोड चोली मछिंद्र का दास ॥

राग गौडी

१:० पूरि रह्या परमेस्वर मेरा । अणमांग्या देवै बहुतेरा ॥
टेक ॥

१ सिरजनहार सहज मैं देइ । तौ काहे धाइ मांगि जन लेइ ॥
२ बिस्वंभर सब जग कूं पूरै । उद्र काजि नर काहे झूरै ॥
३ पूरिक पूरा है गोपाल । सब की चिंता करै दर हाल ॥
४ संम्रथ सोई है जगनाथ । दादू देषु रहै संग साथ ॥

१३ सती न पीसै पीसणां जै पीसै तौ रांड ।
हरि जन कदे न मांगहीं । जै मांगै तौ भांड ॥
१४ मागें भली न होइगी । मागें होइ सुरम ।
घरि घरि फिरत न सोहई । पातिसाह की हरम ॥

राग भैरू

२:० काहे कूं हरिजन घरि घरि जाचै ।
जै मन लागै श्रीपति साचै ॥ टेक ॥
१ जौ पैं जगत पिता कूं जांणें ।
तौ भूष मरण का भै क्यूं आंणैं ॥
२ जाकै चरन कवल निधि चेरी ।
ताकौ दास फिटी करि फेरी ॥
३ जिहि बिधि पूर्न बिस्व कूं पूरै ।
सो क्यूं रहसी दास अधूरै ॥
४ कहै हरदास दास जे मांगै ।
ऊंचा कुल कूं लंछण लागै ॥

१५ कबीर उस संम्रथ का दास हूं । कदे न होइ अकाज ।
पतिब्रता नागी रहै । तौ उसही पुरिष कूं लाज ॥

राग रांमग्री

३:० तार्थें हूं नहीं मांगि हूं अैसी जीय जानी ।
जे मन कलपै लछि बेर । दधि लहरि समांनीं ॥ टेक ॥
१ अणमांगीहीं आपदा आयैं भरपूरि ।
ता भगवंतहि संपदा कहि किती एक दूरि ॥
सो ठाकुर कत सेइये । मागि लूं राषै ।
मांगैं जनपद जात है । परमांनंद भाषै ॥

साषी

१६ साहिब कूं मालूंम सब । अब न और सूं अषि ।
मांम रतन न्रिमोल है । बहुत जतन करि रषि ॥
१७ मांण ममूं किसि पणि मरिसि । मरिसि ममूं किसि मांण ।
ता कवि तू कवि तोलियौ । तऊ मोलि महंगौ मांण ॥
१८ मम मूं किसि मांन रतंन । मम जाचिसि मधि मंजनं ।
अजाच्यं आइते म्रित्यं जथा म्रित्यं तथा धनं ॥

१९ सांई सिरज्या जीव कूं । सो घर बैठां पाइ ।
जगंनाथ बेसास बिन । देह देह दिन जाइ ॥
२० बिनहीं मांगैं बीर । सबै कोऊ लहत है ।
तूं काहे कूं दौरि । दुनीं सूं कहत है ।
देह बचन बाजीद बुरौ है लोइ रे ।
परिहांपा मांगि सफौ धर्म रहत नहि कोइ रे ॥

सवइयौ

२१ हाथी पैन हाथी लेइ घोरा पैन घोरा लेइ ।
इहै जी बिचारि छाडि जै बौ दर दर कौ ।
पसु पंषी कीट कोउ जाचै न परसपर बेही काजैं ।
होत हथ वोडा नर नर कौ ।
कहै कबि गंग दीनां नाथ बिन कौं न मेटै ।
करत रक रकी बौदी बौ करत रकौ ।
होइ गोघरीक मैं दरिद्र रा डराई काई ।
करैगौ सुदामां हाई राइ इति हूं लोक कौ ॥
२२ कबीर मांगण मरण समांन है । बिरला बंचै कोइ ।
कहै कबीर गोबिंद सूं । जिनि र मंगावै मोहि ॥
२३ मरण भलौ नथमल कहै हाथ पसारि न मंगिए ॥
हलवापण गुण गलि न देह दझिण हींणतन ।

बपु काया परवेस षिसै गवरी गवरातण ।
ईव उठि नां मिलै मीत मंग्यां मुह गोवै ।
सांई करि सेइए सुपरि सांम हौ न जोवै ।
ऊतरी कला कदिनैं चढै जो आपहु आपउ मंगिए ।
मरण भलौ नथमल कहै हाथ पसारि न मंगिये ॥
२४ कबीर मांन महातम प्रेम रस । गरवा तन गुण नेह ।
ए सबहीं अहला गया । जब र कह्या कुछ देह ॥
२५ मागि एती हांणि है । कहि कील्हा समझाइ ।
अणमागि परबत तुलै । मागि तूल तुलाइ ॥
२६ जब लग मींत न मांगई । तब लग अधिक सनेह ।
कडवा लागानी बसा । जब र कह्यौ कुछ देह ॥
२७ सब थैं हलवा मांगणां । संमन इहै बिचार ।
मांगण की मनसा करैं । फूक न उडैं पहार ॥
२८ मध्यम कांम छै मांगणौं । मांगै ते मधम ।
संतोषो कहै देवै नहीं । ते तौ कहियैं अधम ॥
२९ त्रिश्नां धावत्र अग्रेणं लज्या कुक्ष॰त प्रिष्टतः ।
लज्या त्रिश्नायोर्मधे हिडोलो भवति जाच्यकाः ॥
३० त्रिणांदपि सूष्यामंतूलं । तूलादपि च जाच्यकः ।
वायो नाक्यंनीतोसऊ । मामपि प्रारथिष्यति ॥
३१ सत समांन नहि मिंत्र को । सत्र न लोभ समांन ।
सत तौ पति तिहूं लोक मैं । लोभ घटावत कांनि ॥
३२ सत केच नांच बाइयेंहि । तजि ब अस्तकी दाष ।
जौ पंचनि महिपति रही । तौ जांनौं पायौ लाष ॥
३३ भाव सहित भाजी भली । जल दल षांन रुपांन ।
पंचा अंम्रित भाव बिन मोहन बिष समांन ॥
३४ भोजन भाव बिनां बिष लागै ।
षीर षांड घृत तंदुल मेवा । जर जो धन का त्यागैं ॥
३५ मीठा सोजे सहजैं पावा । अति कलेस थैं करू कहावा ॥
३६ समन कहूं न जाइये । मांगण कूं पर द्वार ।
मति कबहूं किस मति घटै । सांई के दरबार ॥
३७ बहुत गई थोडी रही । ताहू मांझ घटाइ ।
समन एते काज कूं । को काहू कै जाइ ॥
३८ रे मन पिय की प्रीति करि । थकि नर है तिहि ठौर ।
जोई चाहै सोई पाइ है । जिनि भर मैंहि कत और ॥
३९ जे हरि संनमुष सूर जिम । छांह जेम श्री साथ ।
बिमुष भयौ धावत फिरै । नैंक न आवत हाथ ॥
४० निरीहीर निधानांनां । प्रकास एत कासबी ।
अंगप्रजंग बालानां । न गोपियेत्य कांमिनी ॥
४१ कबीर जिनि की दिल मैं हरि बसै । सो जन कलपैं कांइ ।
एकै लहरि समंद की । दुष दालि दस बजांहि ॥
४२ तन क टूक कैं कारनैं । स्वांन पाइ परि जाइ ।
संकर धार जकैं धरैं । मन भरि हाथी षाइ ॥
४३ घरि घरि फिरते नाल हैं । सुनहां और मंजार ।
कहि गुपाल बांधें लहै । कुंजर उद्र अहार ।
४४ मंदिर मांहि मंजार । नित आंवहि नित मारियेंहि ।
कुंजर रहैं दुवार । मांन न घटई मल्ह कहि ॥
इति अजाचीक बेसास कौ अंग सम्पूर्ण भवेत् ॥

६५ पतिब्रत बेसास कौ अंग

राग बिलावल
१:० दरमादे ठाढे दरबार ।
तुझ बिन सुर्ति करै को मेरी । दरसन दीजै षोलि किवार ॥ टेक ॥
१ तुम धन धनीं उदार तियागी । श्रवननि सुन्यूं सुजस तुम्हार ।
मांगूं कहा रंक सब देषे । तुम थैं है मेरौ निस्तार ।
२ जै देव नांमां बिप्र सुदांमां । तिनकूं क्रिपा भई अपार ।
कहै कबीर तुम्ह संम्रथ दाता । चारि पदारथ देत न बार ॥

साषी
१ चारण चए लगु । ओ लग उंनड जांम षे ।
जिहि दरऊ भोजगु । डीहा डीडा तूं लहै ॥

राग बिलावल
२:० हम दारवेस दुनीं सूं क्या है । बहुत जंजाल न करणां रे ।
जैसा बणिज करै बणिजारा । तैसा ऊतर भरणां रे ॥ टेक ॥
१ दूजी करै दांम दिल बांधै । दीन द्वार क्यूं पावै रे ।
काजी ह्वै जब लेषा मांगै । तब क्यूं जीव छुडावै रे ॥
२ षरच षुदाइ जी नां षाजे । कपड अलह ठढावै रे ।
सिर जीचांच चूंणि कै तांई । रिजक मीरां अमडावै रे ॥
३ सेष बहावदी स्याबति बोलै । साचा कहि समझावै रे ।
जे कुछ कलम क पालि तुम्हारै । तामैं कौंन मिटावै रे ॥

२ जैमल क्या जौ मनिष मया करी । क्या जे भया करूरि ।
सारै रिजक षुदाइ कै । रह्या सब निकूं पूरि ॥
३ दया तुम्हारी जीजिये । सबहिन कूं प्रतिपाल ।
जैमल ऊंणां आपही । सो क्या हूंहि दयाल ॥
४ दादू मनसा बाचा क्रमनां । साहिब का बेसास ।
सेवग सिरजनहार का । करै कौंण की आस ॥

अरिल
५ कीरी कुंजर आदिसु सकल समांन है ।
हाथ पाइ औसीस सबनि कैं कांन है ।
५ रचनां जो कुछ जगिसु पांनीं पौंन की ।
परिहां जब जीव लग्यां पीव आस तब कौंन की ॥
६ पढिबा गुनिबा ग्यांन ध्यांन कोऊ किनि धरै ।
पुनिदांन द्यौ बहुत ताप तन क हरै ।
जप तप तीर्थ ब्रत मुकति सहि पाइए ।
परिहां जब जीव लग्या पीव अनंत कहां जाइए ॥
७ कबीर आसा एक जु रांम की । दूजी आस निरास ।
पांनीं मांहैं घर करैं । ते भी मरैं पियास ॥

८ कबीर आसा काई धन करूं । मनसा करूं बिभूति ।
जोगी फेरी फिल करूं । यौं बिन न आवै सूति ॥
९ आसा दासस्य जे लोका । तेन दास जगत्रयं ।
आसा दासी क्रिता जेन । तस्य दास जगत्रयं ॥
१० फरीदा आधी रोटी अरस दी । सारी बहुत संताप ।
जे चाहैगा चोपडी । तौ बहुत करैगा बाप ॥
११ फरीदा राती भीबडियां । धषि धषि उठई पास ।
भठि तिन्हौं दा जीवणां । जे करैं बिणीं आस ॥
१२ हरि परहरि करि और सूं । जास बिलुधी बांणि ।
तरछडें लगी लता । पथर कै गलि जांणि ॥
१३ निसपति पद निरासा जोग । आसा लागि सुवा सब लोग ।
आसा पासि न षंडी जाइ । अनेक बिणसे बसुधा आइ ॥
१४ आसा पासि जु बिंबजल । बुडि बुडि मरैंहि बयल ।
पडवनि पांन पत्यंग ज्यूं । पग धरि गये छ्यल ॥
१५ आसा पासा दूरि करि । पसरंत निवारि ।
सिध साधिक सूं संग करि । सतगुर ग्यांन बिचारि ॥
१६ नाथ सूं धुंनि निरंतर बासा । चिंतवण चिंतणां सबद गहि सासा ।
आगिली आस पीछला सांसा । अज गैब बैठा देषि तमासा ॥
१७ सेऊ सजन सीप समि । बस्त कछू नहीं लैंहि ।
स्वांति बूंद कौ पांन करि । सोभ समंदहि दैंहि ॥
१८ कबीर सीप समंद की । रटै पियास पियास ।
समंदहि तणि का बडि गिणैं । स्वांति बूंद की आस ॥
१९ संमन जाति पपीहरा । पीवै न छीलर नीर ।
कै जलू मांगै इंद्र पैं । कै दुष सहै सरीर ॥
२० बरुषि परुषि पांहन पयद । पंष भई टक टूक ।
तुरसी परी न चाहिये । चत्रु चात्रिगहि चूकू ॥
२१ जैमल भगरि भली भरतार की । पर मिष्टांन बलाइ ।
पतिब्रता तापर पुरिष का । षाटच्या कदे न षाइ ॥

राग मारू
३:० जीव की जीवनि स्वांमीं हो तुम्हारे दरसंन की आस ।
सागर नदी निवान भरे जल । चातृग चिंता उदास ॥ टेक ॥
१ मांनसरोवर दूरि गुसांई । कैसैं केलि करांइ ।
हंस न मोती पांवहि माधौ । तौ कत ज्वारि चु गांइ ॥
२ जौ लष लंघन हूंहि गुसांई । केहरि क्यूं तिन षांइ ।
भोजन भाव भुगति हैं माधौ । नहीं तौ प्रांनत जांइ ॥
३ सीप समंद न जांनहीं नेरैं । जदपि बास बसांइ ।
बरिषें मोती नीपजैं माधौ । नहीं तौ निर्फल जांइ ॥
४ नौ लष तारे उदै भये अंबर । त्यूं सुकुचैं मुरझांइ ।
जनगोपाल कमोदनि माधौ । ससि बिगसें बिगसांइ ॥

२२ कबीर जीवत मृतक ह्वै रहै । तजै जगत की आस ।
तब हरि सेवा आपण करै । मति दुष पावै दास ॥
२३ कबीर मन मृतक भया । दुर्बल भया सरीर ।
तब पैडै लागा हरि फिरै । कहत कबीर कबीर ॥
२४ जहां सेवग तहां साहिब बैठा । सेवग सेवा मांहि ।
दादू सांई सब करै । कोई जांणैं नांहि ॥
२५ जन अच्यंत च्यंता करै । परमेस्वर प्रतिपाल ।
जगंनाथ च्यंता अच्यंत । ज्यूं माता हित बाल ॥
इति पतिब्रत बेसास कौ अंग सम्पूर्ण भवेत् ॥

९६ भरोसा बेसास कौ अंग

राग टोडी
१:० रांम सौ धन ताकैं कहा बथोरौ ।
अठ सिधि नव निधि करत निहोरौ ॥
१ हरणांकसिब बध करि अधपति देई ।
इंद्र कौ बिभौ प्रहिलाद न लेई ॥
२ देव दांणव जाहि संपदा करिमां मैं ।
गोबिंद सेवग ताहि आपदा करि जांनैं ।
३ अर्थ धर्म कांम की कहा मोहि मांगै ।
दास नांमदेव प्रेम भगति अंतरि जौ जागै ॥

साषी
१ दादू चारि पदार्थ मुकति बापुरी ।
अठ सिधि नौ निधि चेरी ।
माया दासी ताकै आगैं । जहां भगति निरंजन तेरी ॥
२ हिरदै रांम रहै जा जन कै । ताकैं ऊरौ कौंन कहै ।
अठ सिधि नौ निधि ताकै आगैं । संनमुष सदा रहै ।
बंदत तीन्यूं लोक बापुरा । कैसैं दरस लहै ।
नांव नीसांन सकल जग ऊपरि । दादू देषत है ॥
३ कबीर माया चेरी संत की । ऊभी देइ असीस ।
बिलसी अरु लातां छडी । सुमरि सुमरि जगदीस ॥
४ दादू ज्यूं आवै त्यूं जाइ बिचारी ।
बिलसी बितडी माथै मारी ॥
५ रोक न राषै झूठ न भाषै । दादू षरचै षाइ ।
नदी पूर परिवाह ज्यूं । माया आवै जाइ ॥
६ कबीर संतन बांधै गांठडी । पेट समांणीं लेद ।
सांई सूं सनमुष रहै । जहां मांगै तहां देइ ॥
७ दादू सब जगनी धनां । धनवंता नहीं कोइ ।
सो धनवंता जांणियैं । जाकै रांम पदार्थ होइ ॥

राग बिलावल
२:० कहा थोरो जाकै रांम धनी ।
मनसा नाथ मनोरथ पूरन । सुष निधांन की बात घनी ॥ टेक ॥
१ कहा भयौ असंत कैं संपति । कहत फिरत अपनीं अपनीं ।
षरचै न षाइ देत नहीं काहू । ज्यूं भुवंग सिरि राषि मनीं ॥
२ अनुदिनु मगन रांम गुन गावै । पाप पुंनि की काटि तनी ।
जास प्रीति अंतरगति इछ्या । कहै सूर सो साध मुनी ॥

राग गौडी

३:॰ रांम धन षात न षूटै रे ।
अपरंपार पार नहीं आवै । आथि न तूटै रे ॥ टेक ॥
१ तसकर लेइ पावक जारै । प्रेम न छूटै रे ।
चहुं दिसि पसर्‌यौ बिन रषवालै । चोर न लूटै रे ॥
२ हरि हीरा है रांम रसांइन । सरस न सूकै रे ।
दादू और आथि बहुतेरी । तुस नर कूटै रे ॥

राग रांमग्री

४:॰ रसनां मांझर सांइ न जिनि कैं । तिनकै बिपति सु कैसी ।
अष्ट सिधि नव निधि दास कैं । रहत द्वार नैं बैसी ॥ टेक ॥
१ हां आस पास मांनिक अरु मोती । मधि त्रिमोलिक हीरा ।
सनकसनंदन जैदेव नांमां । बिन ज्यौ दास कबीरा हो ॥
२ हां पावक जरै न जल महि डूबै । तसकर ताहि न लूटै ।
संम्रथ साहिब दीयौ षजीनां । षरचत षात न षूटै हो ॥
३ हां सुष कैं काज लाज तजि लोभी । लषि करवत ले कासी ।
जिहि माया सकल जग मोह्यौ । हरि दासनि की दासी हो ॥
४ हां जन बाजीद सोई धन संचै । जो आगा कूं होई ।
माया मूंड मुकट धरै हम । जात न देष्यौ कोई ॥

राग भैरू

५:॰ रांम नांम मेरे पूंजी धनां । ता पूंजी मेरौ लागौ मनां ॥ टेक ॥
१ यहु पूंजी है अगम अपार । अैसा कोई न साहू कार ॥
२ साह की पूंजी आवै जाइ । कबहूं आवै मूल गवाइ ॥
३ जाली जलै न काई षाइ । राजा डंडै न चोर ले जाइ ॥
४ अलष निरंजन दीन दयाल । नांमदेव कै धन श्री गोपाल ॥

राग टोडी

६:॰ रांम नांम षेती रांम नांम बारी ।
हमारै धन बाबा बनवारी ॥ टेक ॥
१ या धन की देषहु अधिकाई । तसकर हरै न लागै काई ॥
२ दह दिसि रांम रह्यौ भरपूरि । संतनि नीयरै साकत दूरि ॥
३ नांमदेव कहै मेरै करसन सोई । कूत मसाइति करै न कोई ॥

राग भैरू

७:॰ सो धन मेरे हरि कौ नांव ।
गांठि न बांधूं बेचिन षाऊं ॥ टेक ॥
१ नांव मेरे षेती नांव मेरे बारी ।
भगति करूं साहिब सरनि तुम्हारी ॥
२ नांव मेरे माया नांव मेरे पूंजी ।
तुम्ह बिन और न जांनूं दूजी ॥
३ नांव मेरे बंधव नांव मेरे भाई ।
अंतकी बरियां नांव सहाई ॥
४ नांव मेरे त्रिधन ज्यूं निधि पाई ।
कहै कबीर जैसैं रंक मिठाई ॥

राग गुंड

८:॰ सांचौं रे धन रांम नांम ।
आदि अंति जे आवै कांम ॥ टेक ॥
१ साधू जन की सेवा करौ । रांम नांम सूं कोठा भरौ ॥
२ रांम नांम है अैसा बली । लष चौरासी षड भड टली ॥
३ परस कहै रिण मोटौ टल्यौ । जंम दांणीं नौ कागद वल्यौ ॥

राग धनाश्री

९:॰ मन रे मायौ रांम षजीनौं ।
षरचत षात लेत देत नहीं निघटत । अगम गरथ गुरि दीनौं ॥ टेक ॥
१ स्वार्थ छाडि पकरि परमार्थ । निकल्यौ द्रब क दीनौं ।
लागी जोति अमोलि कही रै । तब मेरौ प्रांन पतीनौं ॥
२ सतगुर सबद सुन्यौ जीव रुचि धरि । साध संगति हरि चीन्हौं ।
घाटमदास कहै जन तेरौ । अधम जाति कौ मींनौं ॥

८ पीपै परमार्थ कथ्या । सुष सागर का मूल ।
स्वार्थ सू कौ रूंषडौ । छांह बिहूंणौं सूल ॥
इति भरोसा बेसास कौ अंग सम्पूर्ण भवेत् ॥

९७ बेपरवाह बेसास कौ अंग

१ जैमल रांक छत्रपति आदि दे । दोइ कपडा अंन सेर ।
काया कै संगि नांच लै । ए माया का ढेर ॥
२ पदम संष लौं लछिमीं । उदै अस्त लौं राज ।
मूसन जौ निज मरन है । तौ यह सब किहि काज ॥
३ बाजीद आसंन कुंजर छत्र सिरि । गढ गूड रक्या गांव ।
न जरि न आंनैं नरपती । बैठा किसहीं ठांव ॥
४ कबीर सतगंठी कोपीन है । साधन मांनैं संक ।
रांम अमलि माता रहै । गिणैं इंद्र कौं रंक ॥
५ सिव पुर कूं बांछै नहीं । ब्रह्म लोक नहीं चाह ।
जगंनाथ जगदीस जन । इन सूं बेपरवाह ॥
६ बिश्न पुरी बरतणि सबै । संक्र सिंघासंण सुष ।
जगनाथ जगदीस बिचि । परदा पूरा दुष ॥
७ हरि जन लागा नांव सूं । कछू कांमनां नांहि ।
जगंनाथ दीदार की । इहै कलपनां मांहि ॥
८ करामाति कलंक है । जाकै हिरदै एक ।
अति आंनंद बिभचारणीं । जाकै षसैम अनेक ॥
९ हौंस न करई हरि भगत । माया धारी देषि ।

पतिब्रता होइ न बेसवां । कुलटा कौ बित पेषि ॥
१० कंबल बोढन भैं डरान । क्रिश्न चरन चित ठांइ ।
दर दर डोलन मल्ह कहि । हाथी चढचौ तिकांइ ॥
११ जे कंता कुंजरि चढै । कनक कचोला हथ ।
जे भिष्या मोती पडै । तौ भी जनम अकथ ॥
१२ कबीर रहैगे गैंवर सघन घन । छत्र धजा फरराइ ।
ता सुष थैं भिष्या भली । जे हरि सुमिरत दिन जाइ ॥
१३ नांनक जरदी पीलियां । चुंनां उजल भाव ।
भहि लगौ उनधौल हर । जहां नांहीं हरि का नांव ॥
१४ नांनक भली सुहाई छपरी । जिहि हरि गुण गाए ।
भाहि लगौ उन धौ लहर । जिहां हरि चिति नहीं आए ॥
१५ कबीर रांम जपत दालिंद्र भलौ । तूटी घर की छांनि ।
ऊंचे मंदिर जालि दे । जहां भगति न सारंगप्रांनि ॥
१६ दादू बिपति भली हरि नांव सूं । काया कसौटी दुष ।
रांम बिना किस काम का । दादू संपति सुष ॥
१७ धणीं बिहूंणें पाट पटंबर । भांहीं सेती जाले ।
धूडी बिचि लुडंदी सोहां । नांनक तैं सहु नाले ॥
१८ जिनि महबति मन मैं । ते मैं लेई सो भंनि ।
तन मैं बलै मुसा हला । सदा सो पिरियंनि ॥
१९ भत्ता भक्ति कुचीलया । षित्रियो मुष षंडिता ।
दातारो बस्त्रहींनस्य । बिनां सोभा बिराजतं ॥
२० बैमेव समदिष्टायः । नर बसेषं बसेषाय ।
दालिद्रं हींन चितस्य । अति बिसाल त्रिष्नंव ॥
२१ बिपदो बिपदो न ईव । संपदो नई संपदा ।
बिपदो बिसुमिरंण बिश्न । संपद हरिमिर्णं ॥
२२ सेऊ संपति पीय मिलन । बिपति ज दिन बिवोग ।
संपति बिपति जुहम कही । और कहौ कुछु लोग ॥
२३ दादू साहिब मिल्या त सब मिले । भेटैं भेटा होइ ।
साहिब रह्या त सब रहे । नहीं त नांहीं कोइ ॥
२४ नहीं इंद्रासंनु ब्रह्मपुर । नहीं बैकुंठांह सोज ।
जो भावंता पंथ सिरि । पग पग हुं तपि रोज ॥
२५ मन बच क्रंम कवि मल्ह कहि । जौ चित उपजै चेत ।
सांई कौ बिरहा भलौ । नां सषियंनि कौ हेत ॥
२६ सांई हूं तुझ बाहिरौ । कौडी हूं न लहांउ ।
जे सिर ऊपरि तूं षरा । तौ लषी मोल करांऊं ॥
२७ सांई सतगुर सेया साध । भजन सील सत सांच ।
यहु अषै अंमर धन संगि चलै । ताती लगै न आंच ॥
२८ गुर गोबिंद अरु भाव भगति हित । प्रेम प्रीति आरति ल्यौ लार? ।
ग्यांन ध्यांन बैराग बिरह रुचि । दीनदया धम सुमिरण सार ॥
इति बेपरवाह बेसास कौ अंग सम्पूर्ण भवेत् ॥

९८ संजम साध कौ अंग

चितांवणी उपदेस

१ जल मल भरीला नल । अग्नि न बलै ना भकै तल ।
अग्नि न बलै न पसरै किरण । ता कारण पारबती जगत्र का मरण ॥
२ अहूंठ हाथ कंथडी । जल मल भरीली ।
नासिका का पवन न षेलै ना भकी तली । उलटै न पवनां गगनेस माइ ।
ता कारण पारबती । ए पसुवा मरि मरि जाइ ॥
घृत षांड गोहूं अंमृत भोग । तहां सिर जिलै चौसठि रोग ।
३ ना भकै तलैं अग्नि न पर जलै । उगवै नहीं भांण ।
ता कारणि संसार का मर्ण प्रवां । नल भरिलै मल ।
संसार नल है कल । मन हमस्त हाथी जीति बादल ।
भणत महादेव जब पहुंता अस्थल ॥
४ अति अहर इंद्री बल करै । नासै ग्यांन मैंथुन चित धरै ।
ब्यापै निंद्रा झंपै काल । ताकै हिरदै सदा जंजाल ॥
५ अवधू निंद्रा कै घरि काल जंजाल । अहार कै घरि चोरं ।
मैथुन कै घरि जुरा गरासै । अर्ध उर्ध ले जोडं ॥
६ अहार निंद्रा भै मैथुनांनि । समांन से पसु भी नरा ।
ग्यांनं बसेषं नरानां । ग्यांन बिहुनस्य पसू समांन ॥
७ देव कला ते संजमि रहिबा । भूत कला ते अहारं ।
मन पवन ले उनमनि धरिबा । ते जोगी तत सारं ॥
८ बैराग्यं नाम तस्य छुध्या मांन मर्दते ।
रहतस्यनिःकलप । मनस्यंधमीन भवंति ॥
९ जोगी सुछिमहारं । नास्ति ब्यंद मनस्थिरं ।
बाहरि अंतरि पूर्णं । तत्र बाय नलिपते ॥
१० अहारंषीयते जोगी । कृश्न पषेषुचंद्रमा ।
सुकल पषे जथा चंद्रः । जोगी ग्रासंत अंम्रत ॥

गोपीचंद कहै स्वांमीं

११ बस्ती रहूं तौ कंद्रप ब्यापै । जंगल रहूं तौ षुध्या संतापै ।
आसण रहूं तौ लागै माया । पंथ चलूं तौ छीजै काया ।
मीठा षाऊं तौ बढै रोग । कहौ किसी परि साधूं जोग ॥
१२ अवधू संजम अहार कंदर्प नहीं ब्यापै । बाई आरंभु षुध्या न संतागै ।
सिध आसण न लागै माया । नाद पयाणैं न छीजै काया ।
जिह्वा स्वाद न कीजै भोग । मन पवन ले साधौ जोग ॥
१३ स्वांमीं बंनषंड जाऊं तौ षुध्या ब्यापै ।
नग्री आऊं माया । भरि भरि षाऊं तौ बिंद बियापै ।
क्यूं सीझंत गुरू गोरषनाथ जल बिंब की काया ॥
१४ धापै न षाइबा भूषां न मरिबा । इहि बिधि लेइबा ब्रह्म अग्नि का भेवं ।
हठ न करि बापडे नरहि बा । यौं बोल्या गोरष देवं ॥
१५ दा बेन मारिया षाली न राषि बा । जांणिबा अगनि का भेवं ।

बूढीही थी गुर्बणीं होइगी । सत्य सत्य भाषंत श्री गोरष देवं ॥
१६ षाये भी मरिये बिण षाये भी मरिये ।
गोरष कहै पूता संजमहीं तिरिये ॥
१७ थोडौ षाइ तौ कलपै झलपै । घणौं षाइ तौ रोगी ।
दहूं पषां की संधि बिचारै । ते को बिरला जोगी ॥
१८ थोडा बोलै थोडा षाइ । ता घटि पवनां रहै समाइ ।
गगन मंडल मैं अनहद बाजै । प्यंड पडै तौ सतगुर लाजै ॥
१९ कल:कारण हरष सोकं । बिद्या बाद तथीव च: ।
अहारं निंद्रा मैथुनं । सेवत सेवत बृधते ॥
२० मारौ भूष रसाधौ निंद । सुपिनैं जाता राषौ बिंद ।
जुरा पलटै षंडै रोग । चरपट कहै धनि यहु जोग ॥
२१ अहार निंद्रा बैरी काल । कैसैं करि राषिबा गुरू का भंडार ।
अहार तोडौ निंद्रा मोडौ । सिव सकती ले डिढ करि जोडौ ॥
२२ प्रलै काल जुरा की घाटी । तहां बज्र का ताला ।
आलस निंद्रा बिषै बडी तनि । ए पंच गुरिष रषवाला ॥
२३ प्रथम बलिया पंचौं चूरौ । प्रलै सोष्या बाई ।
जंम कूं मारि निरंजन भेटै । तब मन कहीं न जाई ॥
२४ अवधू अहार तोडौ निंद्रा मोडौ । कबहूं न होइगा रोगी ।
नाग बंग बना सपती । ज्यूं कोई बिरला जोगी ॥
२५ जल कै संजमि अटल अकास । अंनकै संजमि जोति प्रकास ।
पवनां संजमि लागै बंद । बिंद कै संजमि थिर ह्वै कंध ॥
२६ पवन थिरं तांम न थिर । मन थिरंतां बिंद ।
बिंद थिरतां कंध थिर । यौं भाषंत गोपीचंद ॥
२७ नांव लगनि पवनांथं भै । मन थिर सहजैं होइ ।
जगंनाथ तब जल रहै । अजरांवर कंध सोइ ॥
२८ इंद्री थिर साध न सकल । मन पवन समि दोइ ।
जगंनाथ सबहीं सधैं । जे लगनि नांव की होइ ॥
२९ दादू सहैं मनसा मन सधै । सहै जैं पवनां सोइ ।
सहजैं पंचूं थिर भये । जे चोट बिरह की होइ ॥
३० पंद्रह तत कूं साधतां । नव तत साधे जांहि ।
तब जगंनाथ पचीसवां । षड बीस वैं समांहि ॥
३१ आसंण द्रिढ अहार द्रिढ । जे निंद्रा द्रिढ होइ ।
गोर्ष कहै रे चेलनां । मरै न बूढा होइ ॥
३२ आसंण दिढ करि बैसण जांणि । जाग्रत निंद्रा थिति परवांणि ।
आहार ब्यौहार जुगति करि जांणि । संकर बोलंत संजम बांणि ॥
३३ सहज जुगति ले आसंण करौ । तन मन पवनां दिढ करि धरौ ।
संजमि चित वो जुगति अहार । निंद्रा तजौ जीवनि का काल ॥
३४ आसंण बैसिबा पवन निरोधिबा । थांन मांन सब धंधा ।
बदंत गोरषनाथ आतमां बिचारंत । ज्यूं जल मध्ये चंदा ॥
३५ सूवत आडां ऊभा ठाढा । अग्नी बिंद न बाई ।
नि:श्चल आसंण पवनां ध्यांनां । अग्नी बिंद न जाई ॥
३६ जिभ्या स्वारथ तन न षोजै । हेला करै गुर बाचा ।
आग्नि बिंहूंणां बंधन लागै । ढलकि जाइ रस काचा ॥
३७ अवधू मनसा उतपंनां अहारं । अहारं उतपंनीं निंद्रा ।
निंद्रा उतपंनां कालं ॥
३८ अजुक्तं कृतं आहरं । ब्यापिते रसना टिका: ।
निंद्रा काल स्वरूपेन । प्रांणस्य तरते कथं ॥
३९ पेट की अमि बिबर्जित । दृष्टि की अग्नि षाया ।
ग्यांन गुरू का आगैं होता । पणि बिरलै अवधू पाया ॥
४० आई न छाडूं लेण न जांउं । ताथी मेरा चरपट नांउं ।
आई भी छोडिये लेण भी जाइये । कहै गोरषनाथ पूता ।
४१ बिचारि बिचारि षाइये ॥
भरि भरि षाइ टलि टलि जाइ । जोग नहीं पूता या बडी बलाइ ॥
४२ पसुवा की नांई भरि भरि षाइ । ब्याधि घणेरी बधती जाइ ।
पसुवा की नांई करै अहार । दादू बाढै रोग अपार ।
रांम रसांइन भरि भरि पीवै । दादू जोगी जुगि जुगि जीवै ॥
४३ जतन करै नहीं जीव का । तन मन पवनां फेर ।
दादू महगे मोल का । ह्वै दोइटी एक सेर ॥
४४ एक सेर का ठांवडा । क्यूंहीं भरया न जाइ ।
भूष न भागी वकी । दादू केता षाइ ॥
४५ भरतां भरतां जुग गया । उद्र न अजहूं पूर ।
जगंनाथ इस जीव की । भूष न मिटी अऊर ॥
४६ पेटा मैं परबत गिलैं । पसरयां नांहीं पार ।
कहि जगजीवनदास नर । क्यूंसिमटयांहीं आधार ॥
४७ बडे पेट कौ बडौ दुष । करि संतोष निहाल ।
दांत काटि हाथिनि दये । बडे पेट ए हाल ॥
४८ बडे बडे कू ले मोट पेट । नांहीं रे पूता गुर सूं भेट ।
षड षड काया निर्मल नेत । हूई अवधू गुर सूं भेट ॥
४९ टूका षाया मगर मंचाया । जैसा सहर का कूता ।
जोग जुगति की षबरि न जांणीं । कांम फडाइ बिगूता ॥
५० जोग न जोग्या: भोग न भोग्या । अहला गया जमारं ।
ग्रामे गादह जंगलि सूकर । फिरि फिरि ले अवतारं ॥
५१ जोग भोग द्वैदीप रस । मल महाव्रत एह ।
नांतप तप्या न सहरयां । बादि बिगारी देह ॥
५२ स्वाद धवणि ज्यूं नीकसै । मन थिर नहीं लगार ।
ताथैं जीव जांमैं मरै । जगंनाथ जम मार ॥
५३ कबीर स्वांग पहरि सोहरा हुवा । षायो पीयौ षूंदि ।
जिहि सेरी साधू नीकल्या । सो तौ मेल्ही मूंदि ॥
५४ माया की दिसि चालणां । साहिब की दिसि पैल ।
कहण सुणण कूं स्वांमीं बापडा । पणि संसारचा की गैल ॥
५५ दादू पैडै पग चालै नहीं । होइ रह्या गलियार ।
रांम थिनि बहै नहीं । षै बेकूं हुसियार ॥
५६ षाइ षेलि सोवै षुसी । षुसी लेत सिरि भार ।
जगंनाथ हरि बीसरया । किया रतन तन द्वार ॥

४७ रैंणि पसू ज्यूं पडि है। दिवस पसू ज्यूं षाइ।
जगंनाथ जीव दो जगी। रांम न सुमिरया जाइ॥

४८ अंनपांणीं चोपड गिल्या। रे अपराधी जीव।
रैंणि गई सब सीवतां। जागि न सुमिरया पीव॥

४९ गुदा मार्गिबा कस गया। इंद्री निकस्या तत।
षूं नरह्या सिरि जीव कै। लागा पाप अनंत॥

५० छाजन भोजन देह धम। दीया सिरजनहार।
षाइ पहरि सुमिरण करै। तौ सिर सूं उतरै भार॥

५१ धरती गगन पवन पांणीं प्रभु। चंद सूर सब साज।
इतननि मिलि पैदा कियौ अंन। एक मनिष कैं काज॥

५२ अंनपांणीं भषि भजन करि। भजन बिमुष जिनि षाइ।
जिनि सिर ज्यासो राषि सिरि। नहीं और कहूं बसि
जाइ॥

५३ जेता तो कूं न्रिमया। तिस परि रह्या न जाइ।
तौ करि सांई की बंदगी। और उदिम करि षाइ॥

५४ जहां न देषै सांईयां। तहां तूं पाप कमाइ।
सर्ब लोक नैंनौं महै। हरि सब मैं रह्या समाइ॥

५५ रसनां स्वाद गंध नासिका। नैंनां रूप दिषाइ।
श्रवन नाद इंद्री बिषै। मन दीया मुक लाइ।
निसदिन दो जग क्रंम करि। माया मगन पमाइ।
जगंनाथ जीव बिकि गया। गोबिंद गुण बिसराइ॥

५६ दादू चारै चित दिया। चिंतामणि कूं भूलि।
जनम अमोलिक जात है। बैठे मांझी फूलि॥

५७ दादू षाठा मीठा षाइ करि। स्वादि चित दीया।
इन मैं जीव बिलंबिया। हरि नांव न लीया॥

५८ अवधू षारै षिरंत। षाटै झरंत मीठै उपजंत रोगं।
गोर्ष कहै सुणौं रे पूता। अंनैं पांणीं जोगं॥

५९ षाठा मीठा चरपरा। रसनां सब रस लेइ।
कुतिया चोरूं मिलि गई। कहि को पहरा देइ॥

७० कबीर नांनां भोजन स्वाद सुष। नारी सेती रंग।
बेगि छाडि पछिताग। ह्वै है मूरति भंग॥

७१ भगति न जांणैं रांम की। इंद्री के आधींन।
दादू बंध्या स्वाद सूं। ताथैं नांव न लीन्ह॥

७२ इंद्री का आधीन मन। जीव जंत सब जाचै।
तिणैं तिणै कै आगै दादू। त्रिहूं लोक फिरि नाचै॥

७३ इंद्री अपणीं बसि करै। सौ काहे जाचण जाइ।
दादू अस्थिर आतमां। आसंणि बैसै आइ॥

७४ पंच संतोषे एक सूं। मन मतिवाला मांहि।
दादू भागी भूष सब। दूजा भावै नांहि॥

७५ इंद्रयार्थेषु बैराग्यं। मन अहंकार मे वचः।
जन मृत्यु जुरा ब्याधी। दुष सुषां निदर्सनं॥

७६ उद्रार्थी नमो जती। संसार मोह हित कारणं।
जीता जेन इंद्रियाग्रामं। सो सूरो उचते बुधी॥

७७ इंद्रियार्थे मनो यांति। संसारो मोह कारणात्।
जीता जेनद्रियाग्रामं। स सूरो प्रोच्यते बुधै॥

श्री भगवांन उबाच।

७८ दुर्लभ च ईंद्रीयाग्रामं। तृश्नां लोभेषु बर्तते।
केन बुधी निर्जीत्वा। ग्रामं च इंद्रीया रिपु॥

ईस्वरोबाच।

७९ एकांति स्थितौरण्यं च। जनो यत्र न दृस्यते।
दिवारात्रौ न जानामि। तत्र ध्यानं करिष्यत्यं॥

८० मोहन बंधि बामन परमोधि बा। बिष्याते ग्यांन
बिचारं।
पाच स्याबति करिये कसूं राषिबा। तो यूं उतरिबा पारं॥

८१ मंटी न बंधि बास तीन प्रमोधिबा। भिष्या न षाइबा
अस्थूलं।
पंच घर चिताइबा। एकंत रहिबा। ए जीव का मूलं॥

८२ सनेहं दुषं मूलांणि। रस मूलांणि ब्याधि कः।
लोभांणि पाप मूलांणि। त्रिबिधि तिकत्वा ते सुषी॥

८३ अवधू संजम रहै तौ क्या करै रोगं। संतोष आया तौ
क्या करै भोग।
आतमां जांणंत तौ क्या कथै ग्यांनं। पर्म आतमां षोजंत
तौ क्या धरै ध्यांनं॥

८४ गऊ मैं षीर होइ पालंत भरपूर षीरं। संजम पालै तौ मन
होइ थीरं।
साध कूं सेवै तौ सुकति की आसा। आतमां बिंदै तौ
बैकुंठि बासा॥

८५ कै भल होइ साध सेवा। कै भल सांई भजियां।
जगंनाथ जिय दोऊ नांहीं। तौ कहा होइ घर तजियां॥

८६ काहे न अपनीं बाट संवारै। संजमि रहणां सुमिरण
करणां।
गहला दादू गर्ब न कीजै। यहु संसार पंच दिन भरणां॥

८७ रथा करपट नृघन कंथा। भेद अभेद बिबर्जित पंथा।
स्वाद बिबाद बिबर्जित टुंड। तौ सुष मैं जीवै मुडित
मुंड॥

८८ षीरं सक्रं तथापि घृत। साकां सालोदनं।
मैपास्य मांनि मन्यतें। ग्यांनीं उभयौ स्वाद बिबर्जितं॥

८९ भर्थर चरपट गोपीचंद। बिंदौ आतग परमांनंद।
छोडौ षीर षांड बहू भोग। राषौ आतम राधौ जोग॥

९० चावल मैदा चूरिवां। षाइ षट रस भोगो रे।
चेतनि रहु चूकै रषे। जासी आयौ जो गो रे॥

९१ कडवा तूंबा नालि केलि। मन मति चाषै मीत।
आगैं वोषदि का नहीं। जब रु पडैंला पीत॥

९२ रस गोरस गोहूं गरी। दुनियां चरता चीजो रे।
को रै आंबरि काट कीं पडि मारै ली बीजो रे॥

९३ अगति जांहि लौ आंधला। दीठैं मारगि चालो रे।
भाजै करक भुवां लगूं। निकसि जाइ नट सालो रे॥

९४ साल सूल सब स्वाद का। सकल सरीरी मांहै रे।
निसबासुरि नेडी धषै। भीतरि भरमैं भाहैं रे॥

९५ षांनि षसेरी पर जलै। पावक प्रगटी झालो रे।
मेरी करि मूवौ। बहसि बुलायौ कालो रे॥

९६ दौंदा धा दुष पूरिया। दो जगि दीन्हां आंणि।

लाज नहीं अति लालच्यां । तऊ सतो बातांणि ॥
९७ अगनि बुझांवण कंमता । घृत न्यौंडै मांहीं ।
जैमल पावक क्यूं बुझै । जल जांण्यौं नांहीं ॥
९८ अंनु छोडि करि तपे कहावैं । रस कस स्वाद सबै कुछ षावैं ।
षावैं सकर तै बादांम । तिन परि लगनि बहुते दांम ।
षावैं डोडे भी अषरौट । षावैं गिरी छुहारे कौट ।
षावैं पांन प्यंडा लू घणां । कंद मूल अरु केते गिणां ।
राति दिवस पसू ज्यूं चरैं । पाषंड करैं पेट यूं भरैं ।
अैसे तपे न पावैं जोग । तिनि देषि भूला अंधा लोग ।
एक सेर का करै अहार । तिस परि कोई न धरै पियार ।
घर मैं छोडैं अपणां देव । बाहरि करैं बिरांणीं सेव ।
अैसे मूंट बसैं कलि मांहि । चेहां मारि अंनु नहीं षांहि ।
नांनक जपिये एकै नांउं । सचे साहिब की मैं बलि जांउं ॥
९९ मनि मैले कपडि उजले । चरै हरांम अणोंस ।
पया पेट पसारि करि । मिठा स्वाद लगोस ।
जंमपुरि बंधि चलाया । फाही ज्यूं सहगोस ।
उथैं आंणि उतारिया । तां अषी उघडि योस ।
इथै जो रहसे बदरि । लिषिया बहि मिलि योस ।
फेडे कारणि मारिए । नांनक षसमहि केहा दोस ॥
१०० ईषैं रस कस कढिये । दे भौंराई भार ।
षाणां पीणां भोगणां । मनद षुसी षुवार ।
यहु तन इंद्री गालिया । बधे जंमु दुवार ।
हथौं पैरौं चकरी करनि कराई कार ।
जबां पुकारै दरि षडी । चषि चषि सद बिकार ।
नसां लोइण मुकरां । अंन्हें दै सिरि मार ।
कंनभी देंइ उगांहियां । मन झूठा कूडचार ।
मन थाउ लेषा मंगिये । जिनि किता ब्यौहार ।
एक हरि के नांव बिन । नांनक नां उरवार न पार ॥
१०१ अंध अघोर मांहि जीव दीयौ । हरि थैं बिमुष भयौ षूंषाइ ।
गर्भवास दस मास न्रक मैं । झूलि झूलि दुष लियौ कमाइ ।
जहां जहां जांनि जो पाई । तहां तैंसे अघ किये अघाइ ।
जंम दूतनि कैं बसि परि नाच्यौ । ज्यूं कपि बाजीगर कर आइ ॥
१०२ कबीर मन मृघा भया । षेत बिरांनां षाइ ।
सूला करि करि सेकिबौ । जब षसम पहूंचै आइ ॥
१०३ कबीर मन बिकरै पड्यौ । गयौ स्वाद कै साथि ।
गल का षाया बरजतां । अब क्यूं आवै हाथि ॥
१०४ दादू पंचौ का मुष मूल है । मुष का यहु मन होइ ।
यहु मन राषै जतन करि । साध कहावै सोइ ॥
१०५ साषा इंद्री मूल मुष । रसना स्वाद सुनीर ।
मन बृष पोष मनोरथ चाहै । हाथि न आवै बीर ।
मुष मांड हौ तांणि रंग राषै । ता पतणीं न पसारै ।
कहै हरदास हाथ तब छूटै । बिषै मनोरथ मारै ॥
१०६ जिभ्या इंद्री एकै नाल । जे रषै तौ बंचै काल ।
बोलंत ईस्वर महादेव सत्य सरूप । तत बिचारै तौ रेष न रूप ॥
१०७ साध सदासंजमि रहै । मैला कदे न होइ ।
दादू पंक परसै नहीं । कर्म न लागै कोइ ॥
१०८ त्रैमण दांणां हस्तीदा षाणां ।
फुकै ढुकै छार उडावै । षसमैं चित न पाइ ।
अरध गलो लाचि डीदा षाणां । गैंण उरैं बिललाइ ।
चिडी पियारी नांनका करै षुदाइ षुदाइ ॥
१०९ फरीदा रोटी कठ दी । लांवण मैं डाभुष ।
जिन्हां षाई चोपडी । ते बहुत सहैंगे दुष ॥
११० फरीदा रुषी सुषी षाइ करि । ठंढा पांणीं पीव ।
देषि पराई चोपडी । नत रसांई जीव ॥
१११ जंगलि जाइ बिलास करि । भुष न साडि सरीर ।
भोजन सेष फरीदा । जाले जंड करीर ॥
११२ भिष्या हमारी कांम धेन बोलिये । संसार हमारी बाडी ।
गुर परसादैं भिष्या षाई । तौ अंतकाल न होइगी भारी ॥
११३ सूरा का पंथ हारचा का बिश्रांम । षुरता लेहु बिचारी ।
अंन परचै प्यंड भिष्या मांगै । अंतकाल होइगी भारी ॥
११४ बिनहीं परचै भिष्या षाइ । जरै न उद्र ठाइ ।
जांणै लौ अंत कै कालि । चेति रे अहेल जंजाल जीव कौ काल ।
सुकालं करै दुकाल । नेडौही परमपद करि लै कि लोल केलि ॥

श्लोक

११५ प्रांणं भुजते नित्यं । जावत ब्रह्म न बिद्यते ।
तस्य भिष्या महापापं । गौहत्या च पदे पदे ॥
११६ दसो स्वांन समो चक्री । दसो चक्री समो ध्वजः ।
दसो ध्वजः समो बिस्वां । दसो बिस्वां समो न्रिपः ॥
११७ राजा बेस्वां ध्वजः चक्री । तीर्थ क्रीया बिधो बिधा ।
अष्ट भिष्या महाभारं । जतीनां बिबर्जिते ॥
इति संजम साध कौ अंग चितांवणी उपदेस सम्पूर्ण भवेत् ॥

९९ लोभ त्रिश्नां कौ अंग

१ जन रजब तत ताल मैं माया मेघ जल जांहि ।
सो सरवर सू कौ सदा । त्रिश्नां बांबी मांहि ॥
२ बडवानल त्रिष्नां बसै । मन समंद्र के सीर ।
रजब सोषै मांड कौं । माया रूपी नीर ॥
३ स्वांमीं कह्यौ सुनौं यहु बाता । ज्यूं हम छाडे लोग संगाता ।
सिरजनहार जीव जब कीनौं । सब काहू कूं इतनौं दीनौं ॥
४ सेरै अंन दोवटी दोई । राजा रांकु कोई किनि होई ।
इहि जीव त्रिश्नां बहुत पसारी । त्रिपति न होइ अचंभौ भारी ॥
५ जब हैं दस तब मांगै बीसा । हैं पचास तब सौकी रीसा ।
सहंस लाष तब कहै करोरी । ज्यूं ज्यूं बाढै त्यूं त्यूं

थोरी ॥

६ पहलैं कहै प्रिथी सब पांऊं । पीछैं सरग लोक चलि जांऊं ।
इंद्रलोक सिव ब्रह्म पतारु । इतनौं कब दैहै करतारु ।
जब यहु सकल कलपनां जाई । तब सब लोक तजे सुनि भाई ॥

७ कबीर त्रिश्नां सीची नां बुझै । दिन दिन बधती जाइ ।
जवा साका रूष ज्यूं । धण मेहां कु मिलाइ ॥

८ जैमल लांबी त्रिश्नां क्यूं बुझै । दिन दिन प्रजलै सोइ ।
साध संगति हरि नांव बिन । कदे न सीतल होइ ॥

श्लोक

९ आसानां नदी मनोर्थ जला: तृष्नां तरंगा कुला राग ग्राहवती ।
बितर्ग बिहंगा धर्ईर्ज दुर्म बिध्वंसिनी ।
मोहावर्त्त सुदूस्तराति गहनां प्रत्तुच्यंता तटी
तस्या: परंगता बिसुध । मनसो नंदं योगेस्वारा: ॥

१० माया के दरियाव मैं । सब को झूलण जाहि ।
त्रिष्नां भुवन महाबली । फिरि फिरि गोते षांहि ॥

११ एकं दृष्टो द्वयं दृष्टो । दृष्टो पंच सतांनि च: ।
अति त्रिश्नां न कर्तव्यं । चक्रं भ्रमंति मस्तके ॥

१२ अष्ट मासे भवै कुंजर । मास एक धनक धर: ।
रैंणि दिवस श्रपानां । क्यूं छेद्दंत गुंण तंतिक: ॥

१३ अति लोभति गतं चित: । धन संचते जे नरा ।
ते नरा त्यूं जायंति । ज्यूं मुण छेदंत जंबक: ॥

१४ जगजीवन भूषी दुनी । क्यूंहीं धापै नांहि ।
सकल लोक की संपदा । जे आवै घर मांहि ॥

१५ चारि षूंट का पातिसाह । हुकम मांहि सब लोइ ।
जंगनाथ नांव बिन त्रिपति । न क्यूंहीं होइ ॥

१६ दुनियां जोडी दुष । जात लगै दुष ।
नांनक सचे नांव बिन । किसै न लथी भुष ॥

श्लोक

१७ राजा धनं न त्रिपता: । श्रवण न त्रिपता दानं ।
गुंणियां गुणे न त्रिपता । मूरष न त्रिपता बादं ॥

१८ नेत्र न त्रिपतं बहु दीप दपं । श्रवण न त्रिप्तं बहु नाप गीरां ।
नासिका न त्रिपतं बहु पहुप बासं ।
जिह्वा न त्रिपतं बहु षट रस स्वादं ।
इंद्री न त्रिपतं बहु रूप नारी । राजा न त्रिपतं षंडिते छेदं ।
बिप्रा न त्रिपते पढिते बेदं ।
रे रे मन दुराचारी बैराग्यां क्यं न गछिते ॥

१९ अग्नि बिप्र जमो राजा । उदरं सागरं ग्रहं ।
त्रिपता नई जातबिं । अत्रिपता दिने दिने ॥

२० देवी देवा लोभ करांहां । बलि के बांधे भूतल जांहीं ।
मुयौ पित्र मांगै जु सराधैं । मांगैं प्यंड भूत आराधैं ॥

२१ सती अऊलजु पूजा मांगै । जीवत क्यूं छूटैं मो अमैं ।
जोगी रिधिकाली सिधि साधैं । सिन्यासी सबहीं आराधैं ॥

२२ अर्थ धर्म कांमनां मुकती । बाछैं भगत करैं जे भगती ।
श्रुर्ग लोभ क्यूं जग्य करांहीं । फल भुगतैं फुंनि नरक परांहीं ॥

२३ पंडित चारचौं बंद बषांनैं । जगु संमझावै आप न जांनैं ।
सतिब्रह्म झूठी सब माया । बाहुरि मन पूजा मैं आया ॥

२४ राग रूप कुल सील जसु । बिद्या सब गुन रासि ।
लोभ लाइ लागी जबहि । तबहि गए सब नासि ॥

२५ स्वांग भेष पष पंथ सब । डिंभ करहि मम काज ।
प्रभुता पूजा मांनि सुष । निसबासुरि तन साज ॥

२६ स्वांमीं सेवग सिष गुर । तंत मंत सब दाव ।
हस्त चिकार जु बैद की । कहै गोपाल उपाव ॥

२७ करवत लै पति साही लैहीं । राजा राज का जसि रुदैं हीं ।
परजा मरै लोभ कै साटै । भइया कौ भइया सिरु काटै ॥

२८ हत्यारे पैलैंहि अकोर । अन्याई दै छूटै चोर ।
घर फोरै बाट पुनि मारै । काटै गांठि रुपासी डारै ॥

२९ मो कारंन काका नहि करई । अनरथ बोलि नर कते परहीं ।
ब्रह्मग्यानं रसायणं सुर धरं । बेदं सातथा जोतिकं ।
व्याकरर्णई धनुक धरं । जलति रंको क बाज बांहनं ।
नट बिदं चामो धरं । बैदस्य यां चोरितं ।
क्रितबिद्यानाम । चतुर्दसं कुर्बंत नो मंगलं ॥

३० उतषातं निध्यसं कया षित्पतलं । धाताम्रेरधातै निस्तीर्णः ।
सरितांपति निंपत योजने न संसे चित: ।
मंत्राराधनं ततपरेण । मनसा नीता समसानि न साप्राप्त: ।
कोपि बराटकोप न मया त्रिष्ने धुनां मुच मां ॥

३१ भ्रातं देसमनेक द्रुंग बिषमं प्राप्तं नं किंचा तु फलं ।
तिकत्वा जाति कुलाभ्य मांनं । मुच्यते सेवा कृया नृफलं: ।
भुक्ता मांन आदरो बिबर्जत: । प्रगृहे संसय काया ककवत्र ।
हे हे तृश्नां दुर्मती अद्यापि पाप क्रमाणि । अचंभि नां संतुष्टिते ॥

३२ कुचित कर्त ग्यानं क्वापि निरतं कथं बा । कुचित कर्त सेवा ।
प्रस्ते न च ब्रिती । कुचित कर्त लज्या । हींनता दीन भाषितं ।
इति सर्वे जतपूरणांय बृति । भरथरी किं किं न कुर्बंति गुरसा ॥

३३ मांन मुचिते सेविते अभिनजनई । दीनजन भाषितं ।
कृत्वा कर्त बिचारणं । मुच्यते सतक्रिया: । भंडते बिद्यादिकं ।
त्रितिकं कला गीतं । कुलाहल कौतूहलं ।
दुह परपूर्णा उदराय मिपसदाय । किं किं न क्रियते जनह ॥

३४ दादू रूप राग गुण अनसरे । जहां माया तहां जाइ ।
बिद्या अषिर पंडिता । तहां रहे घर छाइ ॥

कबित

३५ षेट काज तजि लाज । हेरि हु नर सब साजे ।

षट दर्शन पुनि पाठ । निरति नर राग निवाजे ।
नाज काज भोपति । नर हुं नर सीस नवांवहि ।
भूष भोज पतिसाह । लेण धरणीं कौं धांवहि ।
सुत कन्यां सिरदेहि सब । अंन काजि अंनि अंनि करै ।
रजब औंडा उद्र अति । करणहार बिन को भरै ॥
३६ उद्र काजि जलनि रहि । उद्र कारणि घर छंडहि ।
उद्र काजि बंनि बसहि । उद्र कारनि सतषंडहि ।
उद्र काजि नाटि कः । उकति सूं अधिक करहि नर ।
उद्र काजि करि भगल । उद्र बसि तरुणि तजहि बर ।
उदिम एक पाषंड बहु । उद्र काजि अतनां करै ।
एक भजौ भगवंत नर । जो उद्र मांहि ओद्र भरै ॥
३७ आदू रूप बिनासनीं क्रिसह करी ग्यांन मदकरी । तप छय करी ।
धर्म समूल नीं पुत्रा भ्राता म्यंतर कलित्र भेद करी । लज्या कुल छेदनीं ।
३८ श्रब दोष जननीं । प्रांण प्रहारनीं । हे हे षुध्या पापनीं ॥
केन लोकं बसी जातं । मुषं प्यंडे न पूरितं । म्रिदंग मुष लेपेनं । करोति मधुर धुनीं ॥
३९ क्यं गीतं नाद बिनोद छंद पंडितं । क्यं तांबोलं गंध कटछि करणं ।
क्यं राजा राज रतन गज तुरंगई भोगं । एवं श्रब निनार्थकं । मेकं अनं बिनां ॥
इति लोभ तृश्नां कौ अंग सम्पूर्ण भवेत् ॥

१०० कबित माया त्रिष्ना कौ अंग का

१ सुधि बुधि सब हरि लई जांन पन्यौं रहत न दीयौ ।
कहौं कहां लौं दुष कै दिहौं भारी कीयौ ।
अहनिसि इहै ब आस आंनि कोऊ न कछू देई ।
त्रिपति न होई मन जन जीय पहि उठि लेई ।
कौडी कौडी कारनैं । जात समदहि तीर ।
माया बोरैं मारई । धनी बंधावहु धीर ॥
२ माया काया मिलि गई क्यूं कीजै न्यारी ।
जल थल जीव जगत लगत सबहि न कौं प्यारी ।
पल जौ अंतर होइ रोइ देत षिन लोई ।
सुर नर मुनि संसारि बच्यौं नहि यापहि कोई ।
परगट तन मैं पैठि कैं । मन हरि लीनौं नाथ ।
मांनहुं मनि बिन श्रप पनि । भटकत डोलहि माथ ॥
३ पलक न सुमिरै पीव जीव सेवा ब्रत त्याग्यौ ।
हरि बिमुषनि सूं संग रंग माया कौ लाग्यौ ।
भुर की मेली मूंड जांन कहुं अनत न पावै ।
ज्यूं मृग ऊंचौ फांदि अंति धरती ही आवै ।
जदपि सर सनमुषि लग्यौ । तदपि न मोरचौ अंग ।
कनक कांमिनीं जोति महि । जग सब भयौ पत्यंग ॥
४ धनी न आवत यादि रहत मोहि निसदिन धरकौ ।
या माया बलिवंत कीयौ हौं तिन तैं हरकौ ।
कौर कौर कैं काज लाज तजि दह दिसि डोलौं ।
बुधि बल गयौ सरीर दींन ह्वै सब सूं बोलौं ।
दया बिनां दीवांन की । चित रहत नहि चैंन ।
पर घर ह्वै रैं स्वांन ज्यूं । भटकत हौं दिन रैंन ॥
५ लोक लाज कुलकांनि सुतौ तन रहन न पावै ।
सुधि बुधि जाइ सरीर मौज माया की आवै ।
आक बाक मुष कहै रहै नहि सीतल बांनीं ।
पाप करै दिन रैंन धरम कौं देइ बकांनी ।
भाई भाई कौं हतै । बापहि मारत पूत ।
माया प्रबल दीवांन जू । जीय न बनैं किहि सूत ॥
६ या माया कैं जोर करत कारिज सब मंदा ।
ऊबट चलत बनित चित नहि चेतत गंदा ।
कनक कामिनीं साथ सुतौ निसबासुरि जागै ।
तजि बांई दांहिनीं पंथ नहि सीधै लागै ।
नैंन अछतहीं आंधरौ । जरे पलक के पाट ।
बाहर भई न बूंबहीं । बोरचौ गहरैं घाट ॥
७ रसि बसि कीनैं जीव पीव पुनि सुरति न आवै ।
माया पहियां षरो रहत हैं एकै पावै ।
जित भेजैं तित जांहि नांहि नर कोऊ न करई ।
आग्याकारी लोइ डाकि कूंवा महि परई ।
जिहि कीनैं जल बूंद तै । तिहि सूं बैसे तोरि ।
जीव जंत जल थल जिते । मारै अैंठि मरोरि ॥
८ दहि दिसि दूंकत सीह बीह कैं अटि न रहई ।
तीर तुपक तरवारि हाथ पुनि बरछी गहई ।
माया कैं बसि भयौ फेर कछू करत न आवैं ।
राति हीं उठि कैं चलै द्यौंस ज्यूं रहन पावै ॥
पिता बंध पर जन सजन । रोवति घर की जोइ ।
पीछैं फिरिहि न देषई । आगैं होइ सुहोइ ॥
९ याही माया काज होत पुनि पर कौ बंदा ।
याही माया काज देव देही दुष दंदा ।
याही माया काज सेल लै सनमुषि धावै ।
याही माया काज बैंन मधुरैं सुर बावै ।
माया मेरे षसम की । मोहे जग के जीव ।
अहनिसि उबट लै चली । रहे किनारैं पीव ॥
१० याही माया काज सीस पांइनि तर राषै ।
याही माया काज दीन तास बसूं भाषै ।
याही माया काज मूंड नर बदी बिसाहै ।
याही माया काज जाइ सर सलिता थाहै ।
माया काया मिलि गई । ज्यूं आटे महि लूंन ।
साहिब साहिब बाहिरा । कहु निरवारै कौंन ॥
११ याही माया काज षनैं पोषरि अर कूवा ।
याही माया काज रैंनि दिन षेलत जूवा ।
याही माया काज करत सबहिन सूं आंटी ।
याही माया काज जीयहि बधि बांहत बांटी ।
अह निसि उठि अनरथ कीयो । लियौ न हरि कौ नांव ।
जनम अनेक न उधरै । पहुचायौ तिहि ठांव ॥
१२ याही माया काज मैल पर कौ दे धोई ।

याही माया काज बाट पारत उठि लोई ।
याही माया काज कहत पंचनि महि कूरी ।
याही माया काज जाइ नर चटई सूरी ।
अकरम करम किते किये । मूरिष माया काज ।
मन हरि लीनौं मोंहनीं । नौं कन आई लाज ॥
१३ त्रिपति न होई मन जन जौ बिट वै कोरी ।
जात समंदहि पार बंध्यौ पापनि की डोरी ।
हावडि धावडि करत सुतौ निसबासुर षोवै ।
षसम न आंवहि ह्रिदैं नींद सुष कैसैं सोवै ।
जीव जंत जल थल जिते । तिते सुकी नैं कैद ।
माया रोग असाधि यहु । बूंटी जरी न बैद ॥
१४ कलम करै बनराइ जोति सायर सब लोई ।
याके औगुन अनंत कहां लौं लिषई कोई ।
दुष कौ सागर बीर तीर तिरि कोऊ न लागे ।
राजा रांनां राइ सकल पांइ निहीं पागे ।
बर भलौ पै बास बिन । जैसौ सैंबर फूल ।
जन बाजीद सु बावरौ । रह्यौ देषि कैं भूल ॥
१५ सुर नर मुनि सब छरे न कोऊ यापहि छूटे ।
सिव बिरंचि नारद षेत महि षूबैं कूटे ।
राजा रांनां राइ सु बोलैं ।
जोगी जंगम तपसी । कुतब गौस कहा पीर ।
जन बाजीद न कोऊ बचे । मारे जे महाबीर ॥
१६ बुधि बल कछू न बसाइ बीर सुनि मनसा बाचा ।
वोरे ज्यूं घरि जाइ निरषि कैं जीयरा काचा ।
षनि षाते कंद मूरि षल कर्तैं रहू ते टेढे ।
देषे अपनी दीठि बेलि मांनहुं तरु बेढे ।
पसु पंषी मुनि देवता । गन गंध्रप कहा लोइ ।
या माया बलिवंत पहि । निहचै बंच्यौ न कोइ ॥
१७ बाजीद कहत इक बात राषि यहु मनहीं महियां ।
चल्यौ द्यौस अरु रैंनि अंति सो घांनी पहियां ।
तेली केरौ बैल जगत सब ऐसौ लोई ।
कनक कांमिनीं बिनां ठौर नहिं दूसर कोई ।
जहां तहां यहु बिसतरी । कहां जाइ ए भागि ।
हरि सौहि तू बिसारिए । सांपनि कै संग लागि ॥
१८ कांम क्रोध अर लोभ मोह माया मन लूटे ।
पर्यौ पाप कै फंदि जीव यहु जनमि न छूटे ।
निसदिन बोलै झूठ साच मुषि कबहूं न भाषै ।
अंम्रित तजि हरि नांव बिषै फल मूरिष चाषै ।
चित चंचल चहुं दिसि फिरै । रहै न गाढे चरन गहि ।
बाजीद पतित परमिति बिनां । सु क्यूं उधरि है प्रभु कहि ॥
१९ जल थल महि के जीव पीव नैंन न्यनहि दीसे ।
कोऊ हते हैं हाथ कोऊ पांइनि तरि पीसे ।
गहिब गुरू कौ ग्यांन ध्यांन हरि कौ नहि कीनौं ।
वो छा अपत उतार दुष सबहिन कौं दीनौं ।
देस बिरांनौं दुरि घर । आडे डूंगर बिचि बनीं ।
औगुंन किये अनंत मैं । त्राहि त्राहि त्रिभुवन धनीं ॥
२० धर्म दिसा परि त्यागि पाप कैं पैंडैं धावै ।
जौ कहिये बर बीस एकहूं हिरदै न आवै ।
अहनिसि उठ हित रंग चैंन चित कैसैं रहई ।
कहूं हाथ कि हूं पाइ धार महियां सो बहई ।
त्रिश्नां ते परबल नंदी । पार न पावै जीव ।
माया कौ संग्र हु करै । छाडि आपनौं पीव ॥
२१ भूल्यौ माया जार भगति नहि हरि की कीनी ।
ग्यांन ध्यांन धम नैंम सौं जस बहीं हरि लीनीं ।
चक्रित चित उदास सुतौ निसबासुर डोलै ।
कनक कांमिनीं बिनां रस न मुष और न बोलै ।
माया प्रबल दीवांन की । चलन न पावै बाट ।
पहलैं थाह दिषाइ कैं । बोरै गहरैं घाट ॥
इति कबित माया त्रिष्ना कौ अंग का सम्पूर्ण भवेत् ॥

१०१ सुक्रित प्रताप महिमा कौ अंग

१ बेसा रत मास अहारी दुक्रित दीरघ भारी ।
रिण मोडा गउ मार देण दौं । परत्रिय भोग बिकारी ।
कूडी साषि क्रित क्रंम कूडा जीव हत्या मल धारी ।
एक फूल का सुक्रित से तीलां बी मींच निवारी ॥
पाप प्रबत से दूरि करि । साहिब करी सहाइ ।
सुक्रित का प्रताप सूं । छाया होती जाइ ॥
२ जंगल मैं कठिहारा बैठा नांव लेण कूं भाई ।
प्रमार्थ करि प्रांणियां तुर तक माई पाई ॥
कूती भूषी देषि करि बंदे करी सहाइ ।
रिजक षुवाया आणां सांई लिया बुलाइ ॥
मका मनांवण जाइ था । बिचि करि लीया सूल ।
धणीं निमति षरची दई । सो हूई षैर कबूल ॥
३ सुकृत सूं साहिब षुसी जे कुछ कीया जाइ ।
छाक षुवाई साध कूं सो महिमां कही न जाइ ॥
द्रोपती कूं दन्त फल्या न्हावत दीया चीर ।
दवा पहूंती साध की निंमल रह्या सरीर ॥
सेवा कीन्ही साध की । माता निर्मल भाइ ।
सुकृत का प्रताप देषौ । बिवांणि बैठी जाइ ॥
४ काठी बेचि र सेवा कीनीं देषौ सिष का भाव ।
कमाई बलि काया निर्मल धरनहि लागै पाय ॥
सेवा करी तिन्हूं फल पाया । साहिब जी कार जमां आया ।
जनम मरण की जीवै त्रास । सुषसागर मैं होवै बास ॥
षिजमति कबूल हसि ।
५ ह्वै मूंठी दे भांग की । रोटी दोइ षुलाई ।
तासु क्रित का यहु फल देषौ । सात साहिबी पाई ॥
रिजक षुलाया साध कूं । साह सुबुधी आप ।
सुक्रित साबति राषिया । हरि माया दीन्ही बाप ॥
मा बेटी का भाव परि । साध पधारे आइ ।
सेवा का प्रताप यहु । दुष दालिद्र सब जाइ ॥
६ प्रमार्थ सुक्रित फल्या । पथरि लिया बिगास ।
रांम रतन धननी कस्या । कहि जगजीवनदास ॥

७ सुक्रित अहलानां पडै । अहटिर ह्यौ जिनि कोइ ।
बींद बाई का काल कूं । सुक्रित आडा होइ ॥
८ सुक्रित अहलानां पडै । मन बच क्रंम यहु जोइ ।
लौंडी छानैं जो दिया । सुमीयां आडा होइ ॥
९ सुक्रित अहलानां पडै । भला जीव का होइ ।
हाथ कटाया आइया । पुत्र भी आया सोइ ॥
१० जगंनाथ नहीं जाइ । धूलि मंझि जो भोलिए ।
सो क्यूं निफल जाइ । संत तणैं मुषि मेल्हिए ॥
११ सुकृत करतां साह कूं । मेल्ह्या जंगलि जाइ ।
बरजत माया भाजि गई । देतां हुई सहाइ ॥
१२ सुकृत माया मेल है । बृछ रूपांणीं मेल ।
सू किचलें पांणीं चल्या । इहै सुमाया षेल ॥
१३ मौलै भाइ बस्त ह्वै मौली । तिहि कौंण दिसावरि जावै ।
बषनां बस्त भाव परि चालि । सौ को सांथैं आवै ॥
१४ कबीर सत न छाडिये । सत छाडें बित जाइ ।
सतकी दासी लिछमीं । जदि तदि मिलिसी आइ ॥
१५ सुक्रित की याही भला । दिन प्रति ठौर लगाइ ।
सुद्र जीव की गाइ ज्यूं । माया कूदि रजाइ ॥
१६ अहट्यां भद्रक का नहीं । सुक्रित बडी सहाइ ।
कूवा केरी सीर ज्यूं । माया नीकलि जाइ ॥
१७ कबीर धंन चाहै तौ धम करि । धर्म बिन धंन नहि होइ ।
देषौ संतौ कूंप जल । काटें दूणौं होइ ॥
१८ जाइ बृछ का षेल है । क्रिषि कूवा कूं जोइ ।
चणां बूंट ज्यूं चूंटिये । त्यूं त्यूं मोटा होइ ॥
१९ मांच मूंच माया बुरी । काढत होइ स होइ ।
पांणीं न उलींचै नाव का । तौ बूडि जाइ सब कोइ ॥

श्लोक

२० पुरातनं भुंछ्यते तात । नउतमं न द्रिस्यते ।
पुरातनं नउतमं जत्र त्रिष्टंति तत्र गछ्यामि मुनेस्वरः ।
२१ ष्वाजे षिजमति करि लई । षवास षांह करि षैर ।
करणहि कंचन दांन दे । नांव कीया फजर पहैर ॥
२२ धूंई पांणीं नाथ करि । सुकल हंस करि सेव ।
कबीरजी कूं सत माहैं । ह्वै मिले निरंजन देव ॥
२३ दादूजी दत दे करि पाया । दिया पईसा जाइ ।
सुक्रित करतां साहिब साधू । दून्यूं मिलिया आइ ॥
२४ हरिचंदजी सूं हठ किया । सत परष न कैं काज ।
सत रोप्यां साहिब षुसी । सदा गरीबनिवाज ॥
२५ सत न छोडया साह जी । देषौ सठ सु काल ।
जे माग्या सोई दिया । प्रगटे दीन दयाल ॥
२६ हरि मारगि मस्तक दिया । रही नांव की टेक ॥
साका बंध सुक्रित करि लीया । राजा भोज बिक्रंम क्रंन कीया ।
२७ सुकल सेठ हरि चंद जस लीया । आंनां षवा सषाह बलि दीया ।
बाबा बूढा बाबा दादू धनां कबीरहि देष ।
सुक्रित करतां सेन सारिषा । प्रगट कीया भेष ॥
२८ दया धर्म जहां रांम है । अंतर तहां बिस्तार ।
जौ लग तांई दूध गऊ मैं । तौ लग बाछा लार ॥
२९ दया धर्म का रूषडा । सत सूं बधता जाइ ।
संतोष सूं फूंलै फलै । दादू अंमरफल षाइ ॥
३० सत जत सो दूध रूप । सुमिरण जांवण होइ ।
दरसउ लूंणीं पाइये । जे मही बिरोलै कोइ ॥
३१ गास बास उपदेस करि । छाजन भोजन प्रांणीं ।
दीन गरीबीः क्रिपाः दयाः दत्त । बोलै मींठी बांणीं ।
परतृय माय बहण करि देषै । चोरी जुवा न हांणीं ।
जीव दया मद मास छाडि दे । तिनि गोबिंद गति जांणीं ॥
३२ त्रिबैरी निहिक्रोध स्वांत सत । कूडी साषि न बोलै ।
निंद्या न औगुण झूठ नचावथि । परतृय संगि न डोलै ।
गालि न बोलै चोट न घालै । गांठि गुझ डस षोलै ।
संत पियारा सेवा सुमिरण । तिनकूं उहां सुहेलै ॥

राग मारू

१:० मंदिर कोई नर हसी रे । सब जासी छेवडौ झाडि ।
मैं कहियौ बूंबट पाडि ॥ टेक ॥
१ जिनि लाष करोडचा जोडे । थरि बंधे हसती घोडे ।
वै रु ले तिन हुं के रोडे ॥
२ आगल रहि रहि मूल षणावैं । दांमौं पाथर ल्यावैं ।
जली ईट मैं कहु क्या देष्या । एता मरम न पावैं ॥
३ काजी महमूंद कारण बूझ्या । ए धंधा सब कूडा ।
एक अतीत की जीव संतोषै । तौ कोडि मंदिर थै रूडा ॥

हदीस

३३ अलसषीह बीबुलाव लौं कांन फासिका ।
अलबकी उदू अला । वलौ कांन जाहिदा ॥
इति सुक्रित प्रताप महिमा कौ अंग संपूर्ण भवेत् ॥

१०२ सुक्रित उपदेस कौ अंग

श्लोक

१ संबलं कुर जतनेन । गवणं च धूनिःश्चयं ।
असाध देस गंवब्यं । न च साथी न च संबलं ॥
२ झर घाटे बींदाव । संबर कि ज्यौ साथि यो ।
ताडी पव दी ताष के । तां आंव नांलहं दाव ॥
३ पलै होइ सुहथि करि । हथि होइ सुदेह ।
अगै हट न बांणियां । लेणां होइ सुलेह ॥
४ षाह कछू षुलाव । अबहि अलप रही आव ।
धन सुधरचौ धूरि होइ । संगुलै न जांत कोइ ॥
५ बाजीद बिकट बाट । अगै पुरन पटन हाट ।
अबहि इहै भलै दाव । कछू संबलौ चलाव ॥
६ षैर तो साहसि बषैर बषील हसि । आव किरषि दिन ऊंबरा ।
सुक्रित बीज सुफाल । जहं जहां कर काठौ करै । तेती

पडि गई ठाल ॥
७ ब्यौम वर कूं सांमहां । हूंहि सबनि के हाथ ।
धर दिसि कर सनमुष करै । ते बिरला जगंनाथ ॥
८ उश्नकाले जलं दद्यातू । सीतकाले हुतासनं ।
बरषाकाले मंदिरं दानं । सर्बकालेषु भोज्नं ॥
९ साहिब देतौ बेबो कीजै । जो देवै सो पावै ।
बषनौं कहै दुहेली बेलां । दीयौ आडौ आवै ॥
१० कै दीयौ कै कीयौ करायौ । सोई आडौ आवै ।
मनसा बाचा क्रमनां । साषी कर्न बुलावै ॥
११ दादू दीया है भला । दीया करौ सब कोइ ।
घर मैं घरचा न पाइये । जे कर दीया न होइ ॥
१२ जैं दिता जैं जिता । रस पिता यूं किता ।
बारचा ते हारचा । कहु सेष फरीद पियारचा ॥
१३ पठ मला गोबिंद चेति रे । झडै सरीरो पाप ।
ते नर जांनिसि भिस्ति मैं । जांनि ठगांवनि आप ।
षाया सोई भठि पड्या । दीया सोई लभ ।
आजि काल्हि मरि जांहिगे । को जीवैगा कब ॥
१४ कबीर सोध न लीजिये । जे आगा कूं होइ ।
सीस चढांयें पोटली । ले जात न देष्या कोइ ॥
१५ दादू सोध न लीजिये । जे तुम्ह सेती होइ ।
माया के बंधे केई मुए । पूरा पड्या न कोइ ॥
१६ कबीर पांणीं हौद कौ । दह दिसि गयौ बिलाइ ।
यहु सब यौं हीं जाइगा । सकहु तौ ठाहर लाइ ॥
१७ अंजुरी ज्यूं जल जीव है । यौं हीं जाइ अकथ ।
कै पायौ कै पी लियौ । सोई संबल सथ ॥
१८ यहु माया काकै रही । चली कौंन कै साथि ।
मोहन सोई ऊबरी । जो षरची अपनैं हाथि ॥
१९ षरची मैं ब्यौरौ घणौं । हिरदै देषि बिचारि ।
एक षुलांचें साध कूं । एक मिलावैं छारि ॥
२० कबीर यहु तन जात है । सकहि तौ लेहु बहोडि ।
नागे हार्थौं ते गये । जिन कै होती लाष करोडि ॥
२१ कबीर यहु तन जात है । सकहि तौ ठाहर लाइ ।
कै सेवा करि साध की । कै गुन गोबिंद के गाइ ॥
२२ दादू निराकार मन मन सुरति सूं । प्रेम प्रीति सूं सेव ।
जे पूजै आकार कूं । तौ साधू प्रतषि देव ॥
२३ दादू भोजन दीजे देह कौं । लीया मन बिश्रांम ।
साधू के मुषि मेल्हि । पाया आतम रांम ॥
२४ पीछैं इक संग्रथ कैं । सबै दस गुन सुंन ।
कोटि न हौंहीं काज के । इके बरन बिहुंन ॥
२५ नाराइन सूं नेह करि । हरिजन सेती प्रीति ।
जगंनाथ निज नांव लै । और सकल बिपरीति ॥
२६ झूठी संगति घासिये । ऊसरि बाहौ कोइ ।
गौहूं चाव लई षबणि । बोवै सु न्रिफल होइ ॥
२७ साची संगति कीजिये । सेवा साचै भाइ ।
साचै मारगि चालतां । साहिब करै सहाइ ॥

श्लोक

२८ इंद्रीयार्थी परस्यं स्यार्थी । सर्बस्यमपि दीयते ।
धर्मेण ग्रास मात्रेण दाणाणि मर्णाधिकं ॥
२९ मषणमाकिरंनि को मुला कुटीषंनि ।
पीछक ढीबी तिन्ह के । होजे र बुधुरंनि ॥
३० हेतार्थं बंधव । दानं । सौभा दानं नट नाटिकं ।
मोष्यार्थं अतीता दानं । राजा दानं भै कंपिता ॥
३१ कीर्त्य दान पुंनि सुष पावै । पाप नर्क भोगवै तांम ।
पद निर्बांण बंछि सिरे प्राणी । तौ मन भजिसि रांम
नांम ॥
३२ पर्मार्थ कूं राषिये । कीजै पर उपगार ।
दादू सेवग सो भला । निरंजन निरकार ॥
३३ बूबक सेठ बषील नर । जोडी छपन कोडि ।
जगजीवन हरि नांव बिन । अंति मुवा सिर फोडि ॥

राग गौडी

१:० माया का रस षांण न पाया ।
तब लग जंम बिलवा है धाया ॥ टेक ॥
१ अनेक जतन न करि गाडि दुराई ।
काहू सांची कहू षाई ॥
२ तिल तिल करि यहु माया जोरी ।
चलती बेर तिणां ज्यूं तोरी ॥
३ कहै कबीर हूंता का दास ।
माया माहैं रहै उदास ॥
२:० काहे कूं माया दुष करि जोरी ।
हाथि चूंन गज पांच पिछोरी ॥ टेक ॥
१ नां को बंधन भाई साथी । बांधे रहे तुरंगम हाथी ॥
२ मेडी महल बावडी छाजा । छाडि गए सब भूपति राजा ॥
३ कहै कबीर रांम ल्यौ लाई । धरी रही माया काहू षाई ॥
३:० रांम थोरे दिनन कूं का धन करणां ।
धंधा बहुत निहा इति मरणां ॥ टेक ॥
१ कोडी धज साह ।
हस्ती बंध राजा ।
क्रिपन कौ धन कौंनैं काजा ॥
२ धन कै ग्रब रांम नहीं जांनां ।
नागा होइ जंम पैं गुद रांनां ॥
३ कहै कबीर चेतहु रे भाई ।
हंस गया कछू संगि न जाई ॥
४:० का मांगूं कछू थिर न रहाई ।
देषत नैंन चल्या जगु जाई ॥ टेक ॥
१ इक लष पूत सवा लष नाती ।
ता रांव न घरि दीवान बाती ॥
२ लंका सा कोट समंद सी षाई । ता रांवन की षबरि
न पाई ॥
३ आवत संग न जात संगाती । कहा भयौ दरि बांधे हाथी ॥
४ कहै कबीर अंत की बारी ।
हाथ झारि जैसैं चले जुवारी ॥

साषी

३४ जट कहै जगि आइ करि घणीं कमाई अथि ।
एक भरो टाल कडी षोषी हांडी हथि ॥
३५ कोडी धजक माइयां संग न चल्या अढु ।
जब षोडि छडै हंसडा तब सब को अषै कढु ॥
३६ कहै प्रिथीनाथ क्यूं संमझि न आवै धंन कूं सब को ध्यावै ।
अर्थ दरब कूं ताला कूंची देह सरूप लुटावै ॥
३७ मंझैं कुसल कहैं नित मरणां लषि धरी घर मांहीं ।
षरचि न सकहि अधिक धरि संचहि हाड गयैं पछितांहीं ॥
३८ ए मरि मरि जांहि राज कूं लागे मूरिष संचहि माया ।
अनेक नर छत्रपति बिनसे किंनहि न यहु धंन षाया ॥
३९ कोई न रहे केते होइ बीते जे जग करते क्रेला ।
कहि प्रिथीनाथ तेई नर न्रिभै जिनहु निरंजन मेला ॥

राग गौडी

५:० दुंनियां सबै तुम्हारी रांम ।
और सबै कहैं बेकांम ॥ टेक ॥
१ अकबर कहै दुनीं सब म्हारी । दीन्हीं पावै सब को थारी ॥
२ राजा कहैं गांव गट म्हारौ । प्रांण चलैं तब नहीं असारौ ॥
३ रांणों सबै देस अपणावै । जब रचलै कछू संगि न आवै ॥
४ सब काहू कौ तूं हरता करता । मैं मैं करैं सुदीसै मरता ॥
५ गुर दादू क्रिपा थैं जांणीं । टीला तासूं लावो प्रांणीं ॥
६:० म्हारौ रे यहु म्हारौ रे । कैं ठाल्यायौ थारौ रे ॥ टेक ॥
१ नागौ आवै नागौ जाइ । ताथैं साहिब सूं ल्यौ लाइ ।
२ चलतां कछू न आवै साथि । ताथैं दीजै अपनैं हाथि ॥
३ लेषौ जोषौ काहे करै । तूं तौ बात कहत हीं मरै ॥
४ टीला मूरिष चेतै नांहि । यूंहीं जनम गंवावै कांइ ॥

राग टोडी

७:० मरियें तौ धंन काहें कूं करियें ।
औंडा ले ले यौहीं धरियें ॥ टेक ॥
१ पातिसाह ले भरचौ भंडार । मरतां रती न चाल्या लार ॥
२ लीजै दीजै षाजै बांटि । आगां नैं थारी गांठि ॥
३ साधां सगलां कह्यौ पुकारि ।
रांम बिनां जीव चाल्यौ हारि ॥
४ टीला चेति र कीयौ बिचार ।
त्यांन्हैं तिरतां नांहीं बार ॥

४० षटिष जीनां गडिया । सोषधा नांहीं ।
बागुलि होइ बिलंबिया । तकैं धर मांहीं ॥
४१ काया माया उभियां । जे नहि सके षाइ ।
ते जल बिहरै आडि जिम । छती लगी भाइ ॥
४२ कण सांचें कू कस भषैं । करैं पेट सूं बांणि ।
मडहटि दियौ उलांहणौं । कोई सूंम उतारचौ आंणि ॥
४३ इंद्री का मुकता हाथ का जती । ह्रिदा का सूंमडा ।
सबद करि सती
दस्त को तै जबां दराज । जाइ जंमपुरि होइ अकाज ॥
४४ दांन अट कणदौं दिवण । रिण मोडा गऊ मार ।
एता कदे न उधरैं । रे जर जोधनां गंवार ॥
४५ पत्तर देषि अतीत का । कुला लरद्यौ करत्तांणि ।
पूरण पूरै सबनि कूं । उनि करी आप कै हांणि ॥
४६ संतनि कै संपति सदा । आवै त्यूं षरचाइ ।
सुध बुध सो सेवा करै । मूरिष नर रीसाइ ॥
४७ देजा कूं चीन्हैं नहीं । औगुन ह्रिदै रहाइ ।
हांणि सहै मांहैं कुमति । सो न जीव की जाइ ॥

श्लोक

४८ आपदार्थे धनं रष्यं । श्रीवंतो कुतो आपदा ।
कदाचि कोपते दईव । संचतोपि बिनसते ॥
४९ कबीर आसा जीवै जगु मरै । लोग मरे मरि जाइ ।
सोई बूडे जु धंन संचिते । सोई उबरे जे षाइ ॥
५० यहु तौ हथ जुग बिसवा बीस । दाता कौ दाता जगदीस ।
आंषिनि देषै कांननि सुनैं । बिन बोयैं ब कह्या लुनैं ॥
५१ पर उपगार न करि सक्यौ गहरी राषी गाडि ।
दाता दै पैले गयौ । सूंम चल्यौ सब छाडि ॥

श्लोक

५२ न च दातामो क्रिपणीं । म्रित्यं प्रीति न मुचिते ।
न च क्रिपण समो त्यागी । म्रित्यं प्रीति न मुचिते ॥
५३ जैसें मधु माषी संच्यौ । मरम न जान्यौं मूरि ।
लोग बटाऊ लै गये । मुष महि मेल्ही धूरि ॥
५४ दई न सांई जांनि करि । किरपन संची कोरि ।
ताल जबहि सू भर भरचौ । पाल हुं लै गयौ फोरि ॥

उपषांनां कुंडलिया ।

५५ यहु घर आज न काल्हि । जांनि मिथ्या सब माया ।
षरचा षाइ लाइ ठौर । सीष सुनि कहि संमझाया ।
जो रत करि बहु जतन और काहू कैं काजैं ।
रषवारौ रहत लेत नांहि न सुष आजैं ।
जन माधौ दीयौ लियौ । सुक्रित संबल नालि ।
मारि बफंती षीचरी । यहु घर आज न काल्हि ॥
५६ जो नीकलै सु लाभ । समझि परमारथ कीजै ।
पेट कुटंब कैं काम । धाम धन देषत छीजै ।
कढत हरी कैं हेत । सोई ऊबरि है भाई ।
हाथ परै जौ कछू । सुधम मारग लै धाई ॥
जन माधौ बिन सर बस्त । रहत अवनि नहीं आभ ।
आगि बल तैं झूंपरा । जो निकलै सु लाभ ॥
५७ लाइ मांहि कौ छाज । उबरचौ जोई काढचौ ।
रहि थाकौ घर बिभौ । सुतौ दृग देषत डाढचौ ।
कर चढै सुगहि भाजि । अंध जिनि होइ अचेता ॥
लै आतम मुष मेलि । देहि हरि जी कै हेता ।

जन माधौ सुकृत करत । सरत जीव कौ काज ।
जो निकलै सोई भलौ । लाइ मांहि कौ छाज ॥
५८ पीसनहारी के सुतहि । चाबत लाहौ बीर
चाबत लाहौ बीर करहु । सुक्रित जीय जांनीं ।
आपहु अपनैं हाथि । आंथि नित साथि सुप्रांनीं ।
षरचहु पर उपगार । सो धन रहत सही घर ।
और अब्रिथा जत । बात सति सुनहुं सकल नर ।
जन माधौ मन बच कर्म रहै न माया थीर ।
पीसनहारी के सुतहि चाबत लाहौ बीर ॥
५९ बहतै पांनीं प्रांनियां । लीजै हाथ पषालि ।
लीजै हाथ पषालि जिन्य जांनैं यहु मेरी ।
मति रोकहि ह्वै सूंम । रंक माया नहीं तेरी ।
महाराजि कौ माल अरथि चाही कैं लाई ।
जन माधौ यहु द्रब । बंटि गोबिंद सगाई ॥
धरहि सुका कौ धांम । छाडि चलसि तत कालि ।
बहतै पांनीं प्रांनियां । लीजै हाथ पषालि ॥
६० गर बंध्यौ निकरेइ । द्रब लै रहै रिनाई ।
रोग बाइदौ उपजि । पसू अैसैं मरि जाई ।
अगनि जरै दुज हरै । पकरै राजा डंडै ।
हंस चलत छिटकाइ । धरच्यौ धरती महिछंडै ।
जन माधौ अैसी जुगति । सूंम अबसि सब देइ ।
कूवा पांनीं क्रिप धन । गर बंध्यौ निकरेइ ॥

श्लोक
६१ लछिमी चतुरभ्रा । धर्म अगिनि तसकरो न्रिपः ।
जत्र जेष्टो न मंन्यते । तत्र कन्यष्ट प्रवर्तेते ॥
६२ कबीर कटक अली तौ राज डंड । चोर मुसै मीर जाइ ।
इतनां डंड दुंनियां सहै । परिहरि डंड सह्या न जाइ ॥
६३ पंषी कपि अरु कापुरिस । कर सूं कहे न देहि ।
बधिक तसकर अगनि मुष । संच्यौ होइ सुलेंहि ॥
६४ कीडी कडछी मूंसमषि । हल षडि मरै बयल ।
यौं क्रिपन सब तजि गये । जस ले गये छयल ॥
६५ यौं क्रिपन धन देइ । बिषै बारुनीं जू वापंन ।
कुब निज तूटै द्रब । बिथा बसि बैद ठगै धंन ।
सुत दारा कैं हेत । देत तन मन र माया ।
कै कोई ठगि लेइ । परै पर तरुनीं छाया ।
कहि जन माधौ करि सुधम सठ नर सुजस न लेइ ।
गर काटै पहिरन नींकसै । यौं क्रिपन धन देह ॥
६६ छाती परि धरि द्रब जात लै कोऊ देषे ।
कांननि काहू सुन्यौं । छाडि जाते सुने पेषे ।
कोरी धज धनवंत । साह राजा अधिकारी ।
अंतकालि तलि आथि । गए केते कर झारी ।
जन माधौ हरि हेत दिय । संकट महिसंग सोइ ।
मरत न माया लै गयौ । छाती परि धरि कोइ ॥
६७ भाडि लै लै जाव । पलक महि भए पराए ।
बसन असन धन धांम । बहुत भंडार भराए ।
देस माल गढ भुंमि । सेनि रुनी हय हाथी ।
सजन सनेही मिंतु । सुतौ कोऊ संग न साथी ।
जन माधौ देही छुटैं । थाकें सकल उपाव ।
बीतौ ब्याहु कुंभार कौ । भांडे लै लै जाहु ॥

सवईया
६८ साथी छाडे साथ के हथ्यार छाडे हाथ के ।
हाथी हथ सार छाडे घोरें घुर सार मैं ।
षेल के षिलौंनां छाडे पलकैं बिछौंनां छाडे ।
पलनां मौं छौं नां छाडे सो रहौ परिवार मैं ।
दल बल भोमि गढ षेम घर कोऊ ल्यौ ।
सीति कौ सौ अंड बर बिभूति हूं भंडार मैं ।
देषतही देह गई नेह गयौ ठौर ठौर ।
कांमिनीं कुरंग नैंनी छाडी छिन बार मैं ॥
६९ कहां गए दुर्ग कहां गए दौलति ।
कहां गए देस कहां गए दांमैं ।
कहां गए हस्त कहां गए हैंवर ।
कहां गए माल कहां गए मांमैं ।
कहां गए जोर कहां गए जुबन ।
कहां गए जनमु कहां गए जांमैं ।
यहु बड हांनि कमच कवियन कहि ।
जब हरकत होत हरी जू कैं नांमैं ॥

राग धनाश्री
८:० हरि भजिला हौ लीजै रे ।
थारौ जनम सुफल सौ होइ रे । तूं अहिलौ यौंहीं न षोइ
रे ॥ टेक ॥
१ लाहौ भगती सेइयां रे लाहौ भगति कियां ।
जीवनि अंमरपद पाइये भाई हरि जी कौ नांव लिया ॥
२ हरि भगतां सूं गोष्टडी । थारा कोटि कटैं अपराध ।
धनि र दिहाडौ आजि कौ । म्हारै आंगनि आया साध ॥
३ धन जोबन छे पाहुंनां आइ मिल्यौ दिन दोइ ।
फिरती फिरती छांहली भाई वलता बार न होइ ॥
४ नैंनां बैंनां श्रवनां रे रसनां रमइयौ गाइ ।
जनम सुफल करि आपणौं । भाई बषनां बार न लाइ ॥

राग सोरठि
६:० जो दिन आजिसु काल्हि नहीं रे ।
करण मतै सो होइ न कबहूं । औसर है अबही रे ॥ टेक ॥
१ बलि कूं देण कह्यौ इंद्रासंण । इंद्र पताल मही रे ।
रांवणि करि नल ईसमये । संसै सूल रही रे ॥
२ बीसल बीस न पूगी कबहूं । जहां की तहां रही रे ।
आंनां तीस तुरतहीं पूगी । कीरति बहुत लही रे ॥
३ काल्हि करै सो आजि न करही । आजि सु इबहीं सहीं रे ।
जनगोपाल सीष सतगुर की । निसदिन रांम कही रे ॥

७० रांम भजन का सो चक्या । करतां होइ सुहोइ ।
दादू रांम संभालिये । फिरि बूझिये न कोइ ॥

७१ कबीर आजि कहै हरि काल्हि भजौंगा । काल्हि कहै हरि काल्हि ।
आजिहीं काल्हि करंतडां । औसर जासी चालि ॥
७२ अजं कल्हं पुरं पुरारं पुर साचिंत अंतर पंथेणं ।
आव गई अंजुली जल बित्वां सुकृत संबल लिया न सथं ॥
७३ काल्हि करंता सु आजि करि । आजि करतासु आताल ।
मीयनां टील न कीजिये । मौत परी है ष्याल ॥

अरिल

७४ बेगि करहु पुंनि दांन बेर क्यूं ब न तहै ।
द्यौंस घरी पल जांम सुजौ रांग न तहै ।
मुष पर दै है थाप सौं जस ब लूटि है ।
परिहां जम जालि महै बीर । जीवनहि छूटि है ॥

श्लोक

७५ अधमेषु बिलबिषु । बिलबिषु बंधू बिग्रह ।
परदाराय बिलबिषु । धरमस्यतुरंती गत्य: ॥
७६ भजन सुकृत उरि ऊपजै । ताकौ सोचन बारा रे ।
स्वासग बन पहली मता । केई हूंहि अपारा रे ॥
७७ जे उपजै हरि भजन बिन । ताकौ सोच बिचारी रे ।
संतनि कं भावै नही । सो सबै निवारी रे ॥

कवित

७८ आलस कज बिणांस भंजि गुंण गारहि ग्रबै ।
जल लूंण: धन जुवा जनेहं गढम गढ भेदयं ।
अदया ध्रम लज्या बणिज परतृय रतामन ।
संदेसै ओलग चढै बिण हाथि करसण जलधनि ।
बेसरि बंस बिस फलनि कालि बिण सति जिम ।
रणधौल मणि इम उचरै दांन बिलंब्या होइ तिम ॥
७९ सुक्रित आडा जोध बहु । करतां बिलंब न लाइ ।
बांवां सेती दांहिणैं । लेतां मन फिरि जाइ ॥
८० सुकृत कूं पल ऊपनीं । धनीं उपाई आप ।
प्रांणीं पुंनि न करि सक्या । यौही मोटौ पाप ॥
८१ दुक्रित कूंपल ऊपनीं । मनि मांनि लई रुचि जीव ।
सुक्रित सेरी मुदि गई । ज्यूं दूध बिणंठा घीव ॥
८२ सुक्रित सील सरूप कूं । धका बहुत संसार ।
जतन जतन करि चालिये । तौ उतरिए पार ॥

श्लोक

८३ कोटि धनं धर जोगानां तार्ध नांम केसव: ।
तार्ध नांम धर्मानां । कथं पार हो पार्थ: ॥
८४ गहरी राषी गोइ कहौ किहि कांम कौं ।
यहु माया बाजीद समर पहु रांम कौं ।
८५ कांनि अंगुरियां मेलि पुकारहि दास रे ।
परिहां फूल धूल महि धरें न फूटत बास रे ॥
८६ दे कछू अंन धंन बसन धनी कैं नांव रे ।
बिलै न जैहै बीर रहैगौ ठांव रे ।
८७ सुफल होइ बाजीद समरप्यौ पीब कौं ।
परिहां आडौ बांकी बेर आइ है जीव कौं ॥
८८ बाजीद कहत पुकारि । साषि यहु सुंनि रे ।
आडौ बांकी बेर आइ है पुंनि रे ।
८९ अपनौंई पेट अयांन बडौ क्यूं कीजिये ।
परिहां सारी महि तैं कौर और कूं दीजिये ॥
९० परमेस्वर के जीव प्रीति सूं पूजि रे ।
अतीत अभ्यागत देषि न आंनीं दूजि रे ।
९१ गरद मांझ ह्वै मरद फेर नहि चुषि रे ।
परिहां अपनीं सकति समांन मेलि कछु मुष रे ॥
९२ धन सोई तूं जांनि धन कैं अरथ है ।
बाकी माया बीर पाप अनरथ है ।
९३ ज्यूं बलगी त्यूं तोरि भरहि जिनि भौंन रे ।
परिहां चढि पांहन की नाव पारगौ कौंन रे ॥
९४ माया मुकती राषि बांधई कौंन कौं ।
बाजीद मुठी इक धूरि लगी है पौंन कौं ।
९५ कैद करत है दांम कांम किहि आइ है ।
परिहां लोग बटाऊ बीर षोदिकैं षाइ है ॥
९६ जौ ब होइ कुछ गांठि षोलि कैं दीजिये ।
सांई सब महि आप नांहि क्यूं कीजिये ।
९७ जाकौ ताकौं सौंपि क्यूं न सुष सोईये ।
परिहां अंति लुनैं बाजीद षेत जो बोइए ॥

सवईया

९८ जाकी लछि होइ साधनि मुषि ताकौं दई सुधारचौ लो रै ।
प्रथमि कथा आपनीं सुनावै साची प्रीति प्रेम रस जो रै ।
अहनिसि करै साध की संगति सहजि सहजि बिषियाहि निछोरै ।
बड बिचित्र किसवा कौ स्वांमीं दाइ उपाइ दलिद्रहि तोरै ॥
१०० जो कौ करऊं चौन करावै ताकौ दई उजारचौ लोरै ।
परषै गनैं धरै धरती मैं कौडी पै कौ करि धन जोरै ।
१०१ राषत रहै सूंम रषवारौ काकी षाइ मारि मुह तोरै ।
साधनि देषि स्वांन ज्यूं घूरै । कहि किसवा कौडी न बिछोरै ॥

कबित

१०२ संग्रह्यौ किसु उदइ राज कहि । जौ सो भाग न संग्रह्यौ ।
नंदि निधि संग्रही सुतौ रही जल मंझि जलो जलि ।
१०३ मधु माषी संग्रह्यौ मणु हले गया मुहि मलि ।
सुमे धन संग्रह्यौ । किही क्रित कारणि नायौ ।
१०४ कोई गहि बागुलि हुवा । कोई अहरू होइ आयौ ।
संग्रह्यौ जितौ जासी सहू । दीधो सो उभो रह्यौ ॥
इति सुक्रित उपदेस कौ अंग संपूर्ण भवेत् ॥॥

१०३ गर्ब गंजन चिंतावणी काल कौ अंग

१ दादू सब जग कंपै काल थैं । ब्रह्मा बिश्न महेस ।
सुर नर सुनि जन लोक सब । श्रगि रसातलि सेस ।
चंद सूर धर पवन जल । ब्रह्मंड षंड परवेस ।
सोई काल डरै करतार थैं । जै जै तुम्ह आदेस ॥
२ दादू पवनां पांनीं धरती अंबर । बिनसैं रवि ससि तारा ।
पंच तत सब माया बिनसै । मानिष कहा बिचारा ॥
३ दादू बिनसैं तेज के । माटी के किस मांहि ।
अंमर उपांव न हार है । दूजा कोई नांहि ॥

राग रांमग्री

१:० ए दुनियां को थिर नहीं । चित चेतिहि यारे ।
नहीं थिर अंबर मेदनीं । ससि सूरिज तारे ॥ टेक ॥
१ छत्र सिंघासंन बैठते सम्रथ जे साजे ।
हैगै पार न पावते प्रिथीपति राजे ।
उनकूं सब को मांनता सिरि छत्र धराते ।
वै भी षाली हाथ ह्वै मैं देषे जाते ॥
२ जिनकै मंदिर मांडियां कोडी धज होते ।
पलिंग तु लाइयां पौढते वै जाइ जंगलि सूते ।
वै तन गलि माटी दुवा को कहै न सारा ।
उस माटी का सुणि सषी घट घडै कुंभारा ॥
३ जिस घर मांहैं बैठते हसि करते बाता ।
मन कीर लियां माल्हते जोबन भरि जाता ।
वै घर पडि पाध रहु ये कोई न कहै ठाटा ।
ऊठे साज न हेस षीचले अपनीं बाटा ॥
४ जिहि सर सार सक्रीलते निर्मल जल मांहां ।
जिहि सर हंस पुकारते तहां सीतल छांहां ।
जिहि सर कवल बिगास ते सजल जल जेहा ।
सो सर सू के थल चढे तहां ऊडी षेहा ।
५ जिहि बन कोकल कुहकते दस हूं दिसि ठांहां ।
जिहि बन चंदन महकते भार अठारह मांहां ।
जिहि बन म्रिघा क्रीलते बेली रस षांहां ।
ते बन सूकि प्रलै हुवा वै को किलकांहां ॥
६ काजी महमूंद कहै फनां फनीं चित चेतौ भाया ।
आज है सो कल्ह नहीं या फिरती छाया ।
इस दुनियां संसार मैं सब सौदै आया ।
कोई एकला भजु ले चले किनहीं मूल गंवाया ॥

४ न ते तरवर न ते छांहरी । न ते सरवर न ते पारि ।
न ते सजन न ते दींहरा । रहे संभारि संभारि ॥

राग आसावरी

२:० जिंदवां जांण्यौं रे संसार । मूरिष नींदडी निवार ॥ टेक ॥
१ जिन सूं हसि करि बोलते । द्यौ हाडी कै बार ।
सो साजन माटी रल्या । भांडा घडै रे कुंभार ॥
२ हाथूं परबत तोल तारे । समदां घूंट भरे ।
ते भी माटी मिलि गये । मूरिष तूं क्या र गरब करे ॥
३ जन जांणैं दिननीं गमूरे । दिन जांणैं जन जाइ ।
आंष्यां तणैं फरूकडै । घडि ये घड ऊथल थाइ ॥
४ काजी महमूंद सुमिरै सांइयां रे । कजि की फिरती छांहि ।
आजि कहै सो काल्हि नांहीं । तुम्ह चेतौ रे हियडे मांहि ॥

राग धनाश्री

३:० यहु तन नां रहै रे पांहु नडौ दिन चारि ।
चेतनहारे चेति ल्यौ । सतगुरि कह्यौ बिचारि ॥ टेक ॥
१ इक राजा रंणां और छत्रपति तेऊ थिर न रहाई ।
इक दस और तार क्रिश्न औतरिया तेऊ गए बिलाई ।
इक लंकापति रांवण से जोंधा षबरि न तिनकी पाई ।
भीषम करण द्रुवन जरजोधन गिनती गिनें न जाई ॥
२ इक रूंषां बिरषां कंदलि रहते । करते बाद बिबादं ।
इक जटा धार बनषंड मैं रहते तेऊ जरिए कादं ।
इक अरजन भींम निकुल अर सहदेव छपन कोडि जहां तादं ।
केते कहूं कहां लग बरनूं । अदबुद षेल अगाधं ॥
३ इक मौंनीं मूंनि साधि करि बैठे अंगि बिभूति लगाई ।
इक माया त्यागि भये बैरागी जाइ कुटी बन छाई ।
इक सेष सयांनां काजी पंडित बहु बिधि कथा कराई ।
जोगी जंगम सिध अरु साधिक काल सबंनि कूं षाई ॥
४ मनिषा जनम भाग बड पइये । सुनहु सकल संसारा ।
यहु तन धन सुपिनें की संपै जात न लागै बारा ।
झूठी माया झूठी काया झूठा गर्ब गंवारा ।
रंगी कहै रांम धंन संचै । और धन जात न चलिसी लारा ॥

राग आसावरी

४:० मंन मंझा तूं गोबिंद चरन चित लाइ रे ।
हरि तजि आन न ध्याइ रे ॥ टेक ॥
१ बलि राजा धुंध मार । न जीवै को जुग च्यार ।
मेरी मेरी करते ते भी गए रे मन मंझा ॥
२ रे मन मछिंद्रनाथ राहंस पौरंगी होते ।
ते भी देषत कालि लिये रे मन मंझा ॥
३ रवि ससि दोऊ भाई । फिरते गगन लाई ।
असैं भूला भ्रम सब जाई रे मन मंझा ॥
४ अहंकार दिन दसा । राषिलै दिन चारि ।
पसूडा नैं मुकति न होई रे मन मंझा ॥
५ नांमदेव छींपै चौपई गाई । जाकूं जैसा भाव ।
तिनि तैसी सिधि पाई रे मन मंझा ॥

राग गौडी

५:० गरब न कीजिये रे । गरबैं होइ बिनास ।
गरबैं गोबिंद नां मिलै । गरबैं नरक निवास ॥ टेक ॥
१ गर्ब रसातलि जाइये रे । गरबैं घोर अंधार ।
गबैं भौजलि बूडिये । गर्बैं वार न पार ॥

२ ग्रबैं पार पार न पाईये रे । ग्रबैं जम पुरि जाइ ।
ग्रबैं को छूटै नहीं । ग्रबैं बंधे आइ ॥
३ ग्रबैं भाव न ऊपजै रे । ग्रबैं भगति न होइ ।
ग्रबैं पीय क्यूं पाइये । ग्रब करै जिनि कोइ ॥
४ ग्रबैं बहुत बिना सहै रे । ग्रबैं बहुत बिकार ।
दादू ग्रब न कीजिये । सनमुष सिरजनहार ॥

राग धनाश्री

६:० हमारै करता रांम सनेही ।
काहे रे नर गरब करत हौ । बिनसि जाइगी देही ॥ टेक ॥
१ ऊंडी षणि षणि नींव दिवाई । ऊंचे मंदिर छाये ।
मारकंडे थैं कौंण बडौ है । तिण दे द्यौं सब लाए ॥
२ मेरी मेरी कै रूं करते । जरजोधन से भाई ।
बारा जोजन छत्र चलत सिरि । देही गिरझनि षाई ।
३ बीस भुजा दस मसतक होते । अस्वर स्वर आग्या कारी ।
सोई मारि कीयौ धरनीं समि । रांवण थौ अहंकारी ॥
४ दुर्बासा सूं करत ठगौरी । जादौं सबै षपाये ।
गर्ब प्रहारी है प्रभू मेरौ । नांमदेव हरि जस गाए ॥

राग आसावरी

७:० मनिषा ग्रब न कीजै ।
तिल तिल जाइ अवधि दिन आवै । आवघटै तन छीजै ॥ टेक ॥
१ एकैं घूंट समंद जिनि सोष्यौ । हाथा परबत ल्याए ।
लंका छोडि पर लंका पहुते । ते भी कालैं षाये ॥
२ धरि चंपी धर गई पयालां । एक डाढ परि ल्याये ।
जिहि की मापी एक डग हूई । ते भी कालैं षाये ॥
३ लंका सा कोट समद सी षाई । मंदोदरि सी रांणीं ।
मस्तक दस बीस भुज जाकै । मारि कीया धूलि धाणीं ॥
४ दाणौं देषि दलै बेह बैठी । रांवण तणां घरांह ।
इहि कै माथै किनि लिष्यौ । यहु लिषती औरांह ॥
५ चंद कलंक समंद पणि षारौ । सीता रांम बिजोगा ।
ग्रब काहू कौ रहण न पावै । ग्रब न कीजै लोगा ॥
६ बडां बडी कौडै रू बाजै । बेद पुरांणां साषी ।
क्रिश्न देव की गोपी लूटी । अर्जन सक्यौ न राषी ॥
७ कै कूं कहां कहां पांचौं पांडूं । भार्थ भिडता भाई ।
दिन ह्वै चारि आपणीं नौबति । केते गए बजाई ॥
८ सुर नर मुनि जन पीर पैकंबर । चंद सूर भी गहिये ।
बषनां ठाकुर गर्ब प्रहारी । तार्थैं डरता रहिए ॥

साषी

५ प्रांण पवन ज्यूं पतला । काया करै कमाइ ।
दादू सब संसार मैं । क्यूंहीं गह्या न जाइ ॥
६ दादू नूर तेज ज्यूं जोति है । प्रांण प्यंड यौं होइ ।
दृष्टि मुष्टि आवै नहीं । साहिब कै बसि सोइ ॥
७ उदालक रषीस्वर जंगल मैं ।
जिहि की लछि बरस लूं आव रांम रंगि रातौ रहै ।
सीह संबर बंदैं पाइ ।
पणि देषौ गति अबिगति की पहली सुत अर पीछैं ब्याह ॥
८ सींगी रिषिसा सूरिवां । जग मैं बिरला कोइ ।
पणि देषौ गति अबिगति की । तिहि कै पुत्र सुहोइ ॥
९ धूंम रषीस्वर ध्यांन मैं । जे क्यूं करै सो होइ ।
पणि देषौ गति अबिगति की । कांम बसि हूवा सोइ ॥
१० नारद नैं सब सूझई । तीनि लोक की बात ।
पणि देषौ गति अबिगति की । झींवर कै घरि जात ॥

राग टोडी

८:० देषौ रे अलष की करणीं । कौंण कौंण आदमीं बिगोये ।
षा सेषवा सक सेकसि पहुते । और दुनीं के मोहे ॥ टेक ॥
१ दसरथ के रे दोइ पुंगडे । औरत ले बन चाले ।
लंका भीतरि भई लडाई । रांवण के घर घाले ॥
२ सौ ला सहंस आठ पट रांणीं । एती कान्हडि आंणीं ।
बडा बजीर पड्या पाटण मैं । तिसकी हरम लुटांणीं ॥
३ हरिचंद चाल्या हरम? बेचणैं । पुंगडा षाया सापैं ।
उसकी अमांज लांवण चाली । जालन न दीया बापैं ॥
४ बकाल बिचारा अनाज बेचता । तिसका पूत मराया ।
सीस काटि षांडणैं षंडाया । तौ भी षांण न पाया ॥
५ पांच पांडवां छठी द्रोपती । षरा बिगोणां कीता ।
हाड जाइ हिंवालै लागे । सोम भणैं जस जीता ॥

राग धनाश्री

९:० डरिये रे डरिए । देषि देषि पग धरिये ।
तारें तिरिए । मारें मरिए । तार्थैं गर्ब न करिए ॥
१ देवै लेवै संम्रथ दाता । सब कुछ छाजै रे ।
तारै मारै गर्ब निवारै । बैठा गाजै रे ॥
२ राषें रहिए बाहें बहिये । अंत न लहिए रे ।
भानैं घडै संवारै आपैं । ऐसा कहिए रे ॥
३ निकटि बुलावै दूरि पठावै । सब बनि आवै रे ।
पाके काचे काचे पाके । ज्यूं मनि भावै रे ॥
४ पावक पांनीं पांनीं पावक । कीर दिषलावै रे ।
लोहा कंचन कंचन लोहा । कहि संमझावै रे ॥
५ ससि हर सूर सूर थैं ससि हर । प्रगट षेलै रे ।
अंबर धरती धरती अंबर । दादू मेलै रे ॥

श्लोक

११ जातत्र ब्रह्म कुलागृयौ । धनपत्यत्व कुंभ कर्णानुजः ।
पुत्रो सक्रजितः अहंससिरः पूर्णभुजा व्यसंति
दयत्य कांमचरार्थस्य ।
१२ बिजै पारेसमुंद्र गृहं । श्रबे निर्फलताः चरित्र बिधनाः।
दइवाय तस्मई नमः ॥ यत्राषंडल दंतदंतः मुसलान्याकुंठितां
आहबेधारा यत्र पिनाकः पांनि फरसोः ।
१३ अकुंठिता बक्षस्य तनमेवावदरोः । नर्स्यघ करवजै
व्याधिर्जतः सांपृतिः देईविदुर्य नतां मतीः ।
भ्रिणमपिः प्रजेन ब्रजायते ॥

कबित

१४ अनकही भली कहत न बनैं । सु का कहिये करतार समि ।
करु न किरंनि मारिये । बलि कि बंधिये कसनि ।
सीय कि बन कढिए । नलु कि दिजिए बिवोगसि ।
जलु कि भरै हरिचंदु । चकि अहम नु कि जु झिय ।
हनु कि संगि दलिद्र । बंदि बस देव कि बुझय ।
कहि कमच मघु भुषहि मरै । पंडव बसहि अरंनि इम ।
अनकही भली कहत न बनैं । सु का कहिये करतार सिम ॥

सवइयौ

१५ रांवन सौ नांहीं महरांवन सौ नांहीं ।
भयौ कंस उसौ नांहीं भयौ कहा चित चावरे ।
बेन बांन हूं सौ नांहीं सहंसबाह ।
सौ हूं नांहीं मांन धाता उसौ नांहीं बिधाता दीयौ आव
रे ।
सु कबि निहाल ते उति नुका ज्यूं तोरि डारे ।
नूं धौं किहि गनती मौं डावाडूल डावे रे ।
राजीव लोचन राजा रा रांम राइ नांहीं भजे ।
राजसाज धंन धांम कौं न काजा बावरे ॥

साषी

१६ लषमण सुनां लषमण रुपा । लष सांहौं सिरिसाह ।
लषु लषु नेजे लषु लषु बाजे । लष घोडीं पातिसाह ।
अगै भौजल लंघणां । अगनि पांणीं असगाह ।
कंढीह थन अपडै । धांहीं पडै कहा हद रिही गयें
जांणियैं ।
नांनक केई साह केई पातिसाह ॥
१७ कडि कटारा बंकुडा । रे बंके असवार ।
नांनक गर्ब न कीजिये । मति सिरि आंवनि भार ॥
करौं लषीणें मूंदडे । गलौं लषीणें हार ।
नांनक जिहि तनि पहरिये । सो तन होइ जाइ छार ॥
१८ दादू कहां सुम हमद मीरथा । सब न बियौं सिरि ताज ।
सोभी मरि माटी हूवा । अमर अलह का राज ॥
१९ केते मरि माटी हुये । बहुत बडे बलिवंत ।
दादू केते ह्वै गए । दांना देव अनंत ॥
२० दादू धरती करते एक डग । दरिया करते फाल ।
हा कौं परबत फाडते । ते भी षाये काल ॥
२१ जिनका इंद्रलोकि भै मांनता । डरता सेस पतालि ।
जैमल अैसे महाबली । ते भी षाये कालि ॥
२२ पांणीं सिलाति रावते । परभैं लेते जाइ ।
जैमल अगजी गाजते । ते भी गए बिलाइ ॥
२३ जिन दीदर गह बडियां । भेरी गुहरच्यूं सड ।
ते लेटे छीयां न तजि । छीये गरीबां गड ॥
२४ धारि जु आई दइय की । मारे मैं गल मल्ल ।
चंद न जें हे मुह कटे । दीये सुमाटी तल ॥
२५ दुनिया बेकूडां इयां । फूलां देबा गाति ।
ए सूरति छिपि जाहिगी । नांनक ज्यूं तारे पर भाति ॥
२६ बाव भरी इस षल का । झूठा ग्रब गुमांन ।
दादू बिनसै देषतां । तिसका क्या अभिमांन ॥
२७ दादू हम तौ मुये मांहि है । जीवण कार भरंम ।
झूठे का क्या गारिबा पाया मुझ मरम ॥
२८ कबीर कहा गरबियौ । इस जोबन की आस ।
कं सू फूले दिवस चारि । षंषर भये पलास ॥
२९ कबीर कहा गरबियौ । देही देषि सुरंग ।
बीछडियां मिलिबौ नहीं । ज्यूं कां चली भुवंग ॥
३० कबीर कहा गरबियौ । ऊंचे देषि अवास ।
काल्हि परच्यूं भैं लेटणां । ऊपरि जामैं घास ॥
३१ कबीर कहा गरबियौ । चांम पले टे हड ।
हैंवर ऊपरि छत्र तलि । तौ भी दे बाषड ॥
३२ मांणस जल का बुद बुदा । पांणीं का पोटा ।
दादू काया कोट मैं । मै वासी मोटा ॥
३३ सांवत सूर झुझार नर । नेजै पडण चोट ।
जैमल हरि का नांव बिन । सब कागद का कोट ॥
३४ छत्र सिंघासंन गज तुरी । कुलि आलंम का राज ।
जैमल निरभै नांव बिन । सरचौ कौंन कौ काज ॥
३५ जैमल कहौ कवण थैं क्या सरचा । मोटा नांव धराइ ।
चकवै राजा मंडलीक । ह्वै ह्वै गए बिलाइ ॥
३६ चहुं दिसि पका कोट था । मंदिर नंगर मंझारि ।
षिडकी षिडकी पाहरू । गज बंधे दरबारि ।
दसूं दिसा जोधा षडा । हथि लीयें तरवारि ।
जैमल सबहीं देषतां । काल ले गया मारि ॥
३७ जैमल सेवा करते बहुत नर । षंड प्रषंडां आंण ।
सेज सुषासंण सुंदरी । सब तजि भये मसांण ॥
३८ जैमल चहुं दिसि पवन झकोलते । न सुहावती गरंम ।
महल छंटाइर पौढ ते । ते नर भये भसंम ॥
३९ जैमल हुकम न कोई मेटता । जी जी करता सोइ ।
जब बासौ मडहटि भयौ । तब बात न बूझै कोइ ॥
४० जैमल छत्र सिंघासंण बैसता । चहुं दिसि चवर ढुलांहि ।
कूढी दीसैं राष की । तेऊ जंगल मांहि ॥
४१ फरीदा ढेरी दीसैं राष दी । ऊपरि ढीं हरियांह ।
सो भीहुं दे मांनवी । जुमांणं दे रलियांह ॥
४२ फरीदा षेडै दीसैं ठिकरी । अधर लाऊ हड ।
इहि धर ऊपरि मांनवीं । केते करि गए लड ॥
४३ फरीदा इनहीं लोइणां । जग सभोही दिठ ।
अंषस लाई न सहै । पंषी आइ बइठ ॥
४४ कबीर मंदिर आपणैं । बैठौ करतौ आलि ।
मडहट देषें डरपतौ । सुचौडै दीन्हौं बालि ॥
४५ कबीर मंदिर मांहि झबूकती । दीवा कीसी जोति ।
हंस बटाऊ चलि गया । तब काढो घर की छोति ॥
४६ बाहरि न षन दिषावती । पडदा चलता संगि ।
जैमल हंसा उडि गया । तब मेल्ही चौडै दंगि ॥
४७ जैमल बुरा भला संसार का । कदे न सुणती कांनि ।
पडदै रहती पदमणीं । ढेर भई मैदांनि ॥

४८ फरीदा गोरि पुकारी सदि करि । नींघरिया घरि आव ।
सर पर मैं थैं आंवणां । तूं मर गौंहनां सर माव ॥
४९ दादू मडा मसांण का । केता करै डफांन ।
म्रितक मुरदा गोर का । बहुत करै अभिमांन ॥
५० राजा रांणां राव मैं । मैं षांनौं सिरि षांन ।
माया मोह पसारै एता । सब धरती असमांन ॥
५१ पंच तत का पूतला । यहु प्यंड संवारा ।
मंदिर माटी मास का । बिनस्त नहीं बारा ॥
५२ हाड चांम का प्यंजरां । बिचि बोलनहारा ।
तामैं दादू पैसि करि । बहु कीया पसारा ॥

सवईयौ
५३ न्यारे चौ कचौ षंडीर सोई कोठे बैठ कउ ।
सारे दरबार चौफ कासौं मन मांन्यौ है ।
हर न हवेलियौं हमां महथ सार कोट सिलह ।
भंढार केते तऊ न अघांन्यौं है ।
नगर समात नांहि बाह रे बगर कीनें ।
बाग बांई सकर ईत ऊन समांन्यौं है ।
रती भरी बूंद तैं बढायौ षेम असी जिनि अैसे ।
सुष मांहि वैसौ नाथ न पिछांन्यौं है ॥

५४ केतक आव धौं चेति चितै हरि चेतहि तौ हरि जू अपनौं है ।
केतक राज किती पर जाइसि केतक ताप कितौ तपनौं है ।
केतक मांन सकौ घट का चौरे अंतके अंत उहै जपनौं है ।
काहे कूं भूलि जनम गंवावत केती करा तिकि तौ सुपिनौं है ॥
५५ का अस के रस का गज के रस का रसं कंचन संचन का रस ।
का पित के रस मात कहा रस का रस बंधवू पुत्र दिनां दस ।
का त्रिय के रस का गृह के रस का रस भोजन का पर का कस ।
तूं ममिता रस राचि रह्यौ मन रांम हुतैं कछू और भलौ रस ॥

कबित
५६ क्या तन क्या मन क्या जुबन क्या बहु बस्त्र पहरिये सिंगार ।
क्या बहु भोग अधिकही षांणां सबही सिमटि होइगा छार ।
काचा कपट कसूंभे का रंग यहु संसार न्रिषतांनीं का ।
भैरूं भणैं भेद मैं पाया क्रिश्न बिनां सब तन है फीका ।
५७ निपट अग्यांन सब छाडि दै अयांन पन भजि भगवांन आंन झूठ मेर ते रहै ।
न कछू सनेह देह ग्रेह सूं बढाइ जिनि जियल लचाइ पर पंच उरझे रहै ।
जाकै अभिमांन मन फूलि फूलि बैठ तहै । सोई कछू नांहि यह बात ईहि फेर है ।
धूंवां केसे धौर हर पौंन की पोट पुनि पांनीं के से प्यंड गरि जात कहा बेर है ।
५८ जौ लौं न करत सुधि तौ लौं सूधैं पंथ ।
चलि काहे कौं करत अभिमांन मन माल कौ ।
बारि के बुद बुदा बिलात ज्यूं बिलंबु नांहीं ।
असैंहीं बिलैहै तन काल बूत षाल कौ ।
नीकें मैं तूनी की बिधि रांम नांम लेत ।
किनि कहै हरि रांम तिहूं लोक प्रतिपाल कौ ॥
बिभौ बिलोकि कत फूलत भूलत वौ रे ।
तेरौ तौ कलेवर कले उहै रे काल कौ ॥
५९ तेरी चारचौं चषि फूटी रे अंध रे न सूझै नैंन ।
जंमहु जमा तिलै जाइ घर हूं मैं घेरैगौ ।
धन दारा पुत्र बंध कोऊ न करैगौ ।
बीच नैं कहूं न बिलंब होत बाजीसी बषेरैगौ ।
सुपनौ सौ साच जांन्यूं लोभ मोह रह्यौ ।
भूलि जांन्यूं नहीं रांम नांम कहि धौं कोन बेरैगौ ।
रतन सौ नर देह पाइ बादिहीं चल्यौ ।
गंवाइ लाला कहै सुनि रे अयांन जाइ काकौ मुष हेरै गौ ॥
६० पाइयन हांसौं बांधे गोडनि इजार बांधी ।
कंटि पटु कासौं बाधी रय्यौ हठि हीयां ।
कंचन की मुंद्रा कांनि गाढी कैं अंगुरी बांधी ।
पेट पीठि बांह बांधी कसिकैं टकौंचियां ॥
सिर सेती पाग बांधी बारंनि सौं बार बाधे ।
ब्रह्म भनैं मन बांधौ कनक तन त्रिया ।
एते पर मन मांन्यौं जांन्यौं न जगतपति ।
अंधकूप औंधे परचौ हाथ लीयैं द्वै दियां ॥
६१ अतिहीं चत्रु पाग बांधत बनाइ टेढी पारि ।
पारि पेच सीस सोहत संवारि कैं ।
चोवा की चभोरी चोरी चंद न चढायैं देही ।
चलत गुमांन टेढौ छइयां जू निहारि कैं ।
पांचौं ही हथ्यार बांधैं हाथ मैं कमांन सांधै ।
अति ही मदन मातौ भूलौ नेह नारि कैं ।
आइ गयौ अचांनक काल यौं दमांन कदै ।
लाल कहै लाष मैं अचांनक गयौ मारि कै ॥
६२ पाग जर कसि कसि बांधत हैं पेचन सौ ।
टेढी कैं बनायैं पाग देषत हैं आरसी ।
भीगेई रहत हैं फुलेल तेल फूल न मैं ।
ए सुष बिनोद कछू आवत संभारसी ।
तीसरी धरनि परिगीं दसे लेहे हूं डोलत हैं ।
काल कौ चौ गांनौं षेल्यौ षेल हूं न हारसी ।
इहै तौ बुन्यादि षेम सैंति कौ चवाव छाडि ।
भावै सूधी बात कहि भावै कहि षार्सी ॥
६३ जैमल जो रावर छाडै नहीं । जिनि यहु घडिया घाट ।
दिन द्वै चारि डफांण करि । सब उठि लागे बाट ॥
इति गर्ब गंजन चिंतावणी काल कौ अंग संपूर्ण भवेत् ॥

१०४ काल कौ अंग

राग टोडी

१:॰ काल भै बापा सह्या न जाइ । महा भैभीत जगत्र कूं षाद
॥टेक ॥

१ अनेक मुनेस्वर झूझैं जाइ । सुर नर थाके करत उपाइ ॥
२ कंपैं पीर पैकंबर देव । रिषि कंपैं चौरासी जेव ॥
३ चंद सूर धर पवन अकास । पांणीं कंपै अगनि गरास ॥
४ कंपैं लोक लोकं नरषंड । ते भी कंपैं अस्थिर प्यंड ।
५ अबिचल अभै न रांइ न देव । नांमदेव प्रणवैं अलष अभेव ॥

साषी

१ काल कहर सब ऊपरैं । कीया मिरदार ।
देषि पयादा रांम का । जैसा धुं धूकार ।
धरनि पवन आकास सूर ससि पड्या सबौ की लार ।
गंण गंध्रप मुनि देवता काहू नहीं उबार ।
सब कोई सौंप्या काल कूं जेता गुण आकार ।
राजा रांणां छत्रपति पडै सबौं सिरि मार ।
काल सबनि कूं दहत है काल दहण करतार ।
जैमल कोई न ऊबरै बिणां सिरजनहार ॥

राग मारू

२:॰ आदि काल अंति काल मधि काल भाइ न
जनम काल जुरा काल काल संगि सदाई ॥ टेक ॥
१ जगत काल सोवत काल । काल झंपै आई ।
चलत काल फिरत काल । कबहूं ले जाई ॥
२ आवत काल जात काल । काल कठिन षाई ।
लेत काल देत काल । काल ग्रसै धाई ॥
३ कहत काल सुनत काल । करत काल सगाई ।
कांम काल क्रोध काल । काल जाल छाई ॥
४ आगैं काल पीछैं काल । काल मंझि संमाई ।
काल रहित रांम गहित । दादू ल्यौ लाई ॥

राग गौडी

३:॰ अवधू मरणां भौ काल आगैं । छूटि है न कोई ।
बारंबार बिचारि देषौ । जाता जुगा जोई ॥ टेक ॥
१ पवन साधै इंद्री बांधैं । बिडवा रस पीवै ।
जी बेकारणि जतन करैं । अंति तऊ न जीवैं ॥
२ सिव संनकादिक अरु ब्रह्मादिक । तिन हूं न राषी काया ।
जोगी जंगम जटा धारी । अंति ते ऊस माया ॥
३ जदि तदि तन होइ बिनास । सीहा सोच न कीजिये ।
छिन छिन न मैं बारंबार । रांम रसांइन पीजिये ॥

राग सोरठि

४:॰ जीयरा करि रे कोई उपाया । तातैं बैद मिलै रांमराया ॥
टेक ॥
१ षणि षणि मूली षइये । भ्रंमि भ्रंमि तीरथ न्हईए ।
कोटि बैद संगि फिरिये । तऊ देषतां मरिये ॥
२ केई राजा केई रांनां केई पातिसाह सुलितांनां ।
बहु नाईक जौ सरिये । तऊ देषतां मरिए ॥
३ ऊंचा कोट मरोडा । जहा नहीं धन थोडा ।
दरि बंधिलै घोडा हाथी । कछू संगि न चालै साथी ॥
४ पीपौ प्रणवैं अंतरजांमीं । तूं जनमि जनमि मेरा स्वांमीं ।
मेटि जनम का पासा । तूं ठाकुर मैं दासा ॥

५:॰ मन रे कहा भूलौ मति हींणां ।
तूं काहू कौ नां कोई तेरा । ज्यूं उपनां त्यूं षीणां ॥
टेक ॥
१ राजपाट अबला बहुतेरी । होते घोडा हाथी ।
परमहंस जब दिया पयांणां । बीचि रहें सब साथी ॥
२ जे नर छांह छत्र की चलते । दुनीं मांन महिरांणां ।
नवणि करति जालण लामे । जब तन भया बिरांणां ॥
३ पीपौ कहै पदारथ पाया । अंध न जांणैं कोई ।
अंम्रित नांव रांम का मीठा । मैं पीऊंगा रस सोई ॥

राग केदारौ

६:॰ हरि बिन कौंण उबारै रे मनां ।
आवत जात सबै जग भरम्यां । आपा पर न संभारै रे मनां
॥ टेक ॥
१ त्रिहूं लोक कौ महाराज ह्वै है । कहूं नहीं सुष लेसा ।
जांमण मरण प्रवाह परचौ हौ । तामैं बहुत कलेसा ॥
२ अधम अनीति कहा न लग रब्यौ । बिनसि जाइ षिण
मांहीं ।
पुत्र कलित्र देह धन माया । सबै काल बसि जांहीं ॥
३ ब्रह्म रुद्र इंद्रादिक अस्वर स्वर । सतगुण नांमां जांहीं ।
छूटै देह जगत अंधियारा । तिनहूं की सुधि नांहीं ॥
४ सुपिनां पाइ ब्रह्मं दुझल कौ । पराब्रह्म थैं भ्यासै ।
अंगद एक अबिगत अबिनासी । आपहीं आप प्रकासै ॥

राग बिलावल

७:॰ कुसल षेम अरु सही सलामति । ए द्वै काकूं दीन्हां रे ।
आवत जात दहूंघा लूटे । श्रब तत हरि लीन्हां रे ॥ टेक ॥
१ माया मोह मद मैं पीया । मुगध कहै यहु मेरी रे ।
द्यौस चारि भलै मन रंजै । यहु नांहीं किस केरी रे ॥
२ सुर नर मुनि जन पीर औलिया । मीरां पैदा कीन्हां रे ।
कोटिक भये कहां लूं बरनूं । सबनि पयांनां दीन्हां रे ॥
३ धरती वन अकास जाइगा । चंद जाइगा सूरा रे ।
हम नांहीं तुम्ह नांहीं रे भाई । रहे रांम भरपूरा रे ॥
४ कुसलहि कुसल करत जग षीणां । पडे काल भैपासी रे ।
कहै कबीर सबै जग बिनस्या । रहे रांम अबिनासी रे ॥

८:॰ हरि बिन निहचल कहीं न देषूं । तीनि लोक फिरि सोधा
रे ।
जे दीसै सो बिनसि जाइगा । अैसा गुरि परमोधा रे

॥ टेक ॥
१ धरती गगन पवन अरु पांनीं । चंद सूर थिर नांहीं रे ।
रैंनि दिवस रहत नहीं दीसै । एक रहै कलि मांहीं रे ॥
२ पीर पैकंबर सेष मसाइक । सिव बिरंचि सबदे वारे ।
कलि आया सो कोई न रहसी । रहसी अलष अभेवा रे ॥
३ सवा लाष मेर गिर परबत । समद नर हसी थीरा रे ।
नदी निवांण रहत नहीं दीसै । रहसी अकल सरीरा रे ॥
४ अबिनासी वो एक रहैगा । जिनि यहु सब कुछ कीन्हां रे ।
दादू जाता शब जग देषूं । एक रहित सो चीन्हां रे ॥

राग गौडी
९;॰ काहे रे नर करहु झफांण । अंतकालि घर गोर मसांण
॥ टेक ॥
१ पहले बलिवंत गए बिलाइ । ब्रह्मा आदि महेसुर जाइ ॥
२ आगै होते मोटे मीर । गए छाडि पैकंबर पीर ॥
३ काची देह कहा गबांनां । जे उपज्या सो सबै बिलांनां ॥
४ दादू अंमर उपांवनहार । आपहीं आप रहै करतार ॥

राग आसावरी
१०;॰ कौंण कौंण गया रांम कौंण कौंण जासी ।
पडिसी काया घट माटी थासी ॥ टेक ॥
१ इंद्र सरीषे गए नर कोडी । पांचूं पांडूं सरषी जोडी ॥
२ धू अबिचल नर हती तारा । चंद सूर का आवसी बारा ॥
३ कहै कबीर जग देषि संसारा । पडिसी घट रहसी
निरकारा ॥

राग रांमग्री
११;॰ चेतिम चेत कांम रस बह्यौ । जोबनडौ दिन चारि ।
जिम जांमण तिम मरण संघाती ।
घडी घडी दिन जाइ ॥ टेक ॥
१ अं?षा आव ब्रह्मानौ घटियौ ।
बारा इंद्रमां को न रह्यौ ।
पांच पांडूं भारथि भिडि भागा ।
रांमांइन कीयौ ते रांम गयौ ॥
२ सात बार जु सकती मूई ।
जिनि ईस्वर सरि षौ पुरिष कियौ ।
नौ बार नारांइण हेला ।
हेल मात्र मैं आवी गयौ ॥
३ अनेक गया आपुण वली जास्यां ।
ए अरथ जे ह्यौह दांन ।
भणैं संवलियो नाथ नारांइण ।
अंतरीष ओलषौ आतमां रांम ॥

राग गौडी
१२;॰ देवा नटवर गति नाचि गए दुनिया मैं केते ।
भूपति भोवा लग्वाल मीर मलि कहो ते ॥ टेक ॥
१ जाकै बाइ अगनि तेजु पुंज । चलते दल भारी ।
सो लंकापति हारि गयौ । रांवण अहंकारी ॥
२ ममिता गति ओट भई । षेलसा ज्यौ माया ।
भरम जडी बाइडै रूं बाजीगरि बाह्या ॥
३ लघा षोहणि षीजि गए । कैरूं पांडू लरते ।
बसुधा किनि जीती सीहा । दोऊ गरब करते ॥

राग आसावरी
१३;॰ रहसी एक उपांवनहारा । और चलिसी सब संसारा
॥ टेक ॥
१ चलिसी धरनि गगन पुनि चलसी । चलसी पवन रु पांनीं ।
चलिसी चंद सूर पुनि चलिसी । चलिसी सबै उपांनीं ॥
२ चलिसी दिवस रैंनि भी चलिसी । चलसी जुग जमवारा ।
चलसी काल ब्याल भी चलिसी । चणिसी सबै पसारा ॥
३ चलिसी स्वर्ग नर्क पुनि चलिसी । चलसी भूंचनहारा ।
चलिसी सुष दुष पुनि चलिसी । चलिसी कर्म बिचारा ॥
४ चलिसी चंचल निहचल रहसी । चलिसी जे कुछ कीन्हां ।
दादू देषु रहै अबिनासी । और सकल घट षीनां ॥

राग भैरू
१४;॰ नांहीं र हम नांहीं रे । सतिरांम सब मांहीं रे ॥ टेक ॥
१ नांहीं धरनि अकासा रे । नांहीं पवन प्रकासा रे ।
नांहीं रवि ससि तारा रे । नहीं पावक पर जारा रे ॥
२ नांहीं पंच पसारा रे । नांहीं सब संसारा रे ।
नहीं काया जीव हमारा रे । नहीं कौतिगहारा रे ॥
३ नांहीं तरवर छाया रे । नहीं पंषी नहीं माया रे ।
नांहीं गिरवर बासा रे । नहीं समंद निवासा रे ॥
४ नांहीं जल थल षंदा रे । नांहीं सब ब्रह्मंडा रे ।
नांहीं आदि अनंता रे । दादू रांम रहंता रे ॥

राग आसावरी
१५;॰ रे मन मरणैं कहा डराई ।
आगैं पीछैं मरणां रे भाई ॥ टेक ॥
१ जे कुछ आवै थिर न रहाई । देषत सबै चल्या जुग जाई ॥
२ पीर पैकंबर कीया पयांनां । सेष मसाइक सबै समांनां ॥
३ ब्रह्मा बिश्न महेस्व महाबलि । मोटे मुनिजन गए सबै
चलि ॥
४ जिहि चल सदा सोई मन लाइ । दादू हरषि रांम गुण
गाइ ॥

१६;॰ तार्थैं सेइये नारांइणां ।
प्रभू मेरौ दीन दया करणां ॥ टेक ॥
१ जे तुम्ह पंडित आगम जांणौं । बिद्या ब्याकरणां ।
तंत मंत सब ओषदि जांणौं । अंति तऊ मरणां ॥
२ जोगी जती तपी सिन्यासी । बहु तीर्थ भ्रमणां ।
लुंचित मुंडित मोनि जटाधर । अंति तऊ मरणां ॥
३ राज पाट सिंघासंण आसंण । बहु सुंदरि रमणां ।
चंदन चीर कपूर बिराजित । अंति तऊ मरणां ॥
४ सोचि बिचारि सबै जग देष्या । कहूं न ऊबरणां ।

कहै कबीर सरणांई आयौ । मेटि जनम मरणां ॥

राग जंगली गौडी

१७:० हक मरणां गोवलि चरणां ।
तुम्ह करि ल्यौ रांम सुमिरणां ॥ टेक ॥
१ कोई नौसी पहरौ पंजई पहरौ । पहरौ मलमल षासा वे ।
बींदी दे चौतारा पहरौ । भी मरणैं दीआ सावे ॥
२ कोई बीस भीषटौ तीस भीषटौ । षटौ कोडि पचासा वे ।
अर्ब षर्ब बहुतेरे षटौ । भी मरणैं दी आसा वे ॥
३ कोई बीस भी जीवौ तीस भी जीवौ । जीवौ बरस पचासा वे ।
अंतकालि बरसां सौ जीवौ । भी मरणैं दी आसा वे ॥
४ किस दी धिया किस दा पूता । किस दाय घर वासा वे ।
नांनक कहै थिर रहणां नांहीं । जंगलि ह्वैगा बासा वे ॥

२ भूली दुनियां चेतै नांहीं । आषै सरस पठांनां ।
जेसौ बरियां जीवनां । तऊ दरि गह तेरी जांनां ॥

१८:० मुझ कूं डर है रे उस दिन का ।
काल करा फिरै फंधक ज्यूं । म्रिग पडै जैसैं बन का ॥ टेक ॥
१ काची माटी काचा भांडा । फूटत लागै ठन का ॥
२ जंम के आंवें बंधि भलावैं । सारा नांहीं तिन का ॥
३ नांनक कहै यहु लेषा पूगा । ज्यूं माला कामणि का ॥

राग बिलावरी

१९:० सुनि मेरी मनसा मनहीं मांहि । सति देषि बिचार ।
सिध साधिक जोगी ग्रिही । तजि गये घर बार ॥ टेक ॥
१ म्रित मंडल जग साजियौ । बालू घर बार ।
बिणसत बार न लागई । कागद बूंदार ॥
२ कहां सभाई मींत है । देषि नैंन पसारि ।
एक चले हो र चल सनीं । सब अपनीं बार ॥
३ जैसा सुपिनां रैंनि का । तैसा संसार ।
दृष्टि मांन सब बिन ससी । कत लग हू गंवार ॥
४ पूरा प्रभू जिनि सेविया । से अस्थिर हरि द्वारि ।
नानक हरि कौ दास है । पैज राषि मुरारि ॥
इति गर्ब गंजन चिंतावणी काल कौ अंग संपूर्ण भवेत् ॥

१०५ सजीवनी कौ अंग

राग गौडी

१:० हम न मरैं मरि है संसारा ।
हम कूं मिल्या जिलांवनहारा ॥
१ साकत मरैं संतजन जीवैं ।
भरि भरि रांम रसांइन पीवैं ॥
२ अब नहीं मरूं मरनैं मन मांनां ।
तेई मुये जिनि रांम न जांना ॥
३ हरि मरि है तौ हम हूं मरिहैं ।
हरि न मरै हम काहे कूं मरिहैं ॥
४ कहै कबीर मन मनहि मिलावा ।
अंमर भये मुष सागर पावा ॥

२:० रांम बिमुष जग मरि मरि जाइ ।
जीवहि संत रहे ल्यौ लाइ ॥ टेक ॥
१ लीन भये जे आतम रांमां । सदा सजीवंनि कीये नांमां ॥
२ अम्रित रांम रसांइन पीया । तार्थैं अंमर कबीरा कीया ॥
३ रांम रांम कहि रांम समांनां । जन रैदास मिले भगवांनां ॥
४ आदि अंति केते कलि जागे । अंमर भये अबिनासी लागे ॥
५ रांम रसांइन दादू माते । अबिचल भये रांम रंगि राते ॥

३:० जब घटि प्रगट रांम मिले ।
आतम मंगल चार चहूं दिसि । जनम सुफल करि जीति चले ॥ टेक ॥
१ भगति मुकति अभै करि राषे । सकल सिरोमनि आप किये ।
निर्गुण रांम निरंजन आपैं । अजरांवरि उरि लाइ लिये ॥
२ अपनैं अंगि संगि राषे । निर्भै नांव नींसांन बजावा ।
अबिगत नाथ अंमर अबिनासी । परम पुरिष निज सो पावा ॥
३ सोई बडभागी सदा सुहागी । प्रगट प्रीतम संगि भये ।
दादू भाग बडे बर बरि करि । सो अजरांवर जीति गये ॥

१ दादू फल पाका बेली तजी । छिट काया मुष मांहि ।
सांई अपणां करि लीया । सो फिरि ऊगै नांहि ॥

राग गौडी

४:० रस के रसिया लींन भये । सकल सिरोमनि तहां गये ॥ टेक ॥
१ रांम रसांइन अंम्रित माते । अबिचल भये नर किनहीं जाते ॥
२ रांम रसांइन भरि भरि पीवैं । सदा सजीवंनि जुगि जगि जीवैं ॥
३ रांम रसांइन त्रिभुवन सार । रांम रसिक सब उतरे पार ॥
४ दादू अमली बहुरि न आए । सुष सागर ता मांहि समाये ॥

२ दादू जब दिल मिली दयाल सूं । तब अंतर कुछ नांहि ।
ज्यूं पाला पांनीं कूं मिल्या । त्यूं हरिजन हरि मांहि ॥

राग गौडी

५:० कौंण मरै कौंण जन मैं जाई । श्रग नर्क कौनैं गति पाई ॥ टेक ॥
१ पंच तत अबिगत थैं उतपंनां । एकैं किया निवासा ।
बिछरे तत फिरि सहजि समाने । रेष रही नहीं आसा ॥
२ जल मैं कुंभ कुंभ मैं जल है । बाहरि भीतरि पांनीं ।

फूटा कुंभ जल जलहि संमांनां । यहु तत कथौ गियांनीं ॥
३ आदैं गगनां अंतैं गगनां । मधें गगनां भाई ।
कहै कबीर करम किस लागैं । झूठी संक उपाई ॥

राग भैरू

६:० हम सब मांहि सकल सम मांहीं ।
हम थैं और दूसरा नांहीं ॥ टेक ॥
१ तीनि लोक मैं हमारा पसारा । आवा गवन सब षेल हमारा ॥
२ षट दरसन हम कहियत भेषा । हमहीं अतीत रूप नहीं रेषा ॥
३ हमहीं आप कबीर कहावा । हमहीं अपणां आप लषावा ॥

३ दादू आडा आतम तन धरै । आप रहै ता मांहि ।
आपैं षेलै आप सूं । जीवां सेती नांहि ॥

राग गौडी

७:० मैं सबनि मैं और न मैं हूं सब । मेरी बिलगि बिलगि बिलगाई हो ।
कोई कहौ कबीर कोई रांमराई हो ॥ टेक ॥
१ नां हम बार बूढ नांहीं हम । नां हम रैं चिलकाई हो ।
पठयैं तन जाऊं रवा नहीं आऊं । सहजि रहूं हरि आई हो ॥
२ वोढन हमारैं एक पछेवरा । लोक बोलैं अक ताई हो ।
जुलहै तनि बुनि बांनन पावल । फारि बुनी दस ठांई हो ॥
३ त्रिगुण रहित फल रमि हम राषल । तब हमारौ नांव रांमराई हो ।
जग मैं देषूं जग न देषै मोहि । इहि कबीर कछु पाई हो ॥

राग टोडी

८:० रांम मनां मांनां महीं रांमां ।
तुम्ह साहिब मैं सेवग स्वांमां ॥ टेक ॥
१ हरि सरवर जनत रंग कहावै ।
सेवग हरि तजि कहु कत जावै ॥
२ हरि तरवर जन पंषी छाया ।
सेवग हरि भजि आप गंवाया ॥
३ नांमौं कहै मैं नरहरि पाया ।
रांम रंमि रांम समाया ॥

साषी

४ रांम सरीषे ह्वै रहे । यहु नांहीं उणहार ।
दादू साधू अंमर हैं । बिनसै सब संसार ॥
५ रांम रसांइन पीवतां । जीव ब्रह्म ह्वै जाइ ।
दादू आतमराम सूं सदा । रहै ल्यौ लाइ ॥
६ जे कोई सेवै रांम कूं । सो रांम सरीषा होइ ।
दादू नांम कबीर ज्यूं । साषी बोलैं सोइ ॥
७ सांई सनमुष जीवतां । मरतां म संनमुष होइ ।
दादू जीवन मरन का । सोच करै जिनि कोइ ॥
८ अरथि न आया सो गाया । आया सो क्यूं जाइ ।
जिस का था तिस कूं मिल्या । दादू रह्या समाइ ॥

राग टोडी

९:० सहजैं सहजैं सब गुंन जइला ।
भगवंत भगता ए थिर रहिला ॥ टेक ॥
१ मुकति भएला ।
जाप धायेला ।
यौं सेवग स्वांमी संगि रहैला ॥
२ अंम्रित सुधा तजि अनत न जइला ।
पीवंत प्रांण रस कदे न अघइला ॥
३ रांम नांमां मिलि संगि रहैला ।
जब लग रस तब लग पीवैला ॥
१०:० हरि रस माते मगन भये ।
सुमरि सुमरि भये मतिवाले । जांमन मरन सब भूलि गए ॥ टेक ॥
१ निर्मल भगति प्रेम रस पीवैं । आंन न दूजा भाव धरैं ।
सहजैं सदा रांम रंगि राते । मुकति बैकुंठैं कहा करैं ॥
२ गाइ गाइ रस लींन भए हैं । कछू न मांगैं संत जनां ।
और अनेक देहु दत आगैं । आंन न भावै रांम बिनां ॥
३ इकटग ध्यांन रहैं ल्यौ लागे । छाकि परे हरि रस पीवैं ।
दादू मगन रहैं रसि माते । ऐसैं हरि के जन जीवैं ॥
११:० नांमदेव पायौ नांम हरी ।
जंम आइ का करि हैं बौरे । इब मोरी छूटि परी ॥ टेक ॥
१ भाव भगति नांनां बिधि कीनीं फल का को न करी ।
केवल ब्रह्म निकट ल्यौ लागी । मुकति कहा बपुरी ॥
२ नांव लेत सनकादिक तारे । पार न पायौ तास हरी ।
नांमदेव कहै सुनहु रे संतौ । इब मोहि समझि परी ॥

राग धनाश्री

१२:० जन कौ जम क्या करै रे । जाकौ रांम चरण चित लागौ ।
जे नर नांम लेइ नारांइण । जांमण मरण भौ भागौ ॥ टेक ॥
१ अंबीरष राजा रुषमंगद । उसके बंधन काटे ।
प्रहिलाद पाप प्रछेद करीनैं । ध्रू अबिचल करि थापे ॥
२ जे जन नांम लेइ नारांइण । ते नर ती कूं तारे ।
औघट घाट किया जिनि गनिका । आधे नांइ उबारे ॥
३ आगैं भगत सदा उधरिया । भूधर भगतां प्यारौ ।
डूंगर भणैं स्वांमीं सुषदाता । आवागवण निवारौ ॥

राग गौडी

१३:० कथता बकता सुरता सोई ।
आप बिचारै सुग्यांनीं होई ॥ टेक ॥
१ जैसैं अगनि पवन का मेला ।
चंचल चपल बुधि का षेला ।

नौ दरवाजा दसवां द्वार ।
बूझि रे ग्यांनीं ग्यांन बिचार ॥
२ देही माटी बोलै पवनां ।
बूझि रे ग्यांनीं मुवास कवनां ।
मुई सुरति बाद अहंकार ।
वहु न मुवा जो बोलनहार ॥
३ जा कारणि तप तीरथ जांहीं ।
रतन पदारथ घटहीं मांहीं ।
पढि पढि पंडित बेद बषांणैं ।
भीतरि हूंती बस्त न जांणैं ॥
४ हूं न मूवा मेरी मुई बलाइ ।
सो न मुवा जे रह्या समाइ ।
कहै कबीर गुरि ब्रह्म दिषाया ।
मरता जाता नजरि न आया ॥
१४:० जे कोई मरै मरण है मीठो ।
गुरि परसादि जिनिहीं मरि दीठो ॥ टेक ॥
१ मुवौ करता मुई जु करणीं ।
मुई नारि सुरति बहु धरणीं ॥
२ मुवौ आपौ मुवौ मांन ।
पर पंच ले मुवौ अभिमांन ॥
३ रांम रंमे रंमि जे जन मुये ।
कहै कबीर अबिनासी हूये ॥

साषी

९ कबीर जोगी बनि बस्या । षनि षाये कंद मूल ।
नां जांनू किस जडी थैं । अंमर भया अस्थूल ॥
१० कबीर घर जालूं घर ऊबरै । घर राषूं घर जाइ ।
एक अचंभा देषिया । मडा काल कौं षाइ ॥
११ दादू सब कूं संकट एक दिन । काल गहैगा आइ ।
जीवत मृतक ह्वै रहै । ताके निकटि न जाइ ॥
१२ दादू कहां जंम जौंरा भंजिये । कहां काल कूं डंड ।
कहां मींच कूं मारिये । कहां जुरा सत षंड ॥
१३ अंमर ठौर अबिनासी आसंन । तहां निरंजन लागि रहे ।
दादू जोगी जुगि जुगि जीवै । काल ज्याल सब सहजि गए ॥
१४ रोम रोम लै लाइ धुंनि । अैसैं सदा अषंड ।
दादू अबिनासी मिलै । तौ जम कूं दीजै डंड ॥
१५ जुरा काल जांतण मण । जहां जहां जीव जाइ ।
भगति परांइन लींन मन । ताकूं काल न षाइ ॥
१६ रहिते सेती लागि रहु । तौ अजरांवर होइ ।
दादू देषि बिचारि करि । जुदा न जीवै कोइ ॥

राग सूहौ

१५:० इब हम रांम सनेही पाया ।
आगम अनहद सूं चित लाया ॥ टेक ॥
१ तन मन आतम ताकौं दीन्हां ।
तब हरि हम अपनां करि लीन्हां ॥
२ बांनीं बिमल पंच परांनां ।
पहली सीस मिले भगवांनां ॥
३ जीवत जनम सुफल करि लीन्हां ।
पहली चेते तिनि भल कीन्हां ॥
४ औसरि आपा ठौर लगावा ।
दादू जीवत ले पहुंचावा ॥

राग गौडी

१६:० निकटि निरंजन लागि रहे ।
तब हम जीवत मुकत भये ॥ टेक ॥
१ मरि करि मुकति जहां जग जाइ ।
तहां न मेरा मन पतियाइ ।
२ आगैं जनम लेहि औतारा ।
तहां न मानैं मन हामारा ॥
३ तन छूटैं गति जो पद होइ ।
म्रितक जीव मिलैं तब कोइ ॥
४ जीवत जनम सुफल करि जांना ।
दादू रांम मिले मनमांनां ॥

साषी

१७ जीवत दीसै रोगिया । कहैं मुवां पीछैं जाइ ।
दादू दुहुं के पाढ मैं । अैसी दारू लाइ ॥
१८ जीवत रांम न भयौ प्रकासा ।
भणत नांमदेव मुवां कैसी आसा ॥
पढि देषि पंडिता ब्रह्म गियांन ।
मुवां मुकति न बैकुंठ थांन ।
१९ गाडचा जाल्या चौरासी मैं जाइ ।
सत्य सत्य भाषंत श्री गोरषराइ ॥
जीवत मेलानां भया । जीवत परस न होइ ।
२० जीवत जगपति नां मिले । दादू बूडे सोइ ॥
जीवत दूतर नां तिरे । जीवत लंघे न पार ।
२१ जीवत निर्भै नां भया । दादू ते संसार ॥
२२ जीवत प्रगट नां भया । जीवत परचा नांहि ।
जीवत न पाया पीव कूं । बूडे भौजल मांहि ॥
२३ जीवत पद पाया नहीं । जीवत मिलै न जाइ ।
जीवत जे छूटे नहीं । दादू गए बिलाइ ॥
२४ दादू छूटै जीवतां । मूंवां छटै नांहि ।
मूंवां पीछैं छूटिये । तौ सब आये उस मांहि ॥
२५ जीवत भागे भर्म सब । छूटे कर्म अनेक ।
जीवत मुकति सदगति भये । दादू दरसन एक ॥

बैत

२६ वर्ग रे जां साष बिनसां नींचि सूद ।
रुइ वो अक नूं बिगरदां नींचि सूद ॥
२७ जांमीं घियाल रूइ तो बाषुद बगोर बुर्द ।
चूं मोर दांनया बदो जे रे जिमीं रवद ॥
२८ बिरह अगनि का दाग दे । जीवत म्रितक गोर ।
दादू पहली घर कीया । आदि हमारी ठौर ॥

२९ हमौं हमारा करि लिया । जीवत करणीं सार ।
पीछैं संसा को नहीं । दादू अगम अपार ॥
३० जंबुक क्या षाइ अगनि क्या जालै । धरती गडै सु कूंण ।
दादू जी मिले दयाल कूं । ज्यूं पांणीं मैं लूंण ॥

अर्जुन उवाच ।
३१ जत्र कत्र मरते बैष्नवा । भषिते स्वांन काकवत ।
निद्यते सकल संसार । ब्रूहि मुकति किं केसवा ॥
श्री भगवांन उवाच ।
३२ जत्र कत्र मरते बैश्नवा । कृया करते पंषि देवता ।
परम अस्थांनं गता प्रांनं । मुक्तिरेवा न संसयः ॥
३३ कबीर मरण तहां जौ पाइये । जहां अपणां न होइ ।
अहमष भषै जनावरा । मुवां न रोवै कोइ ॥
३४ हरि भजि साफिल जीवणां । पर उपगार समाइ ।
दादू मरणां तहां भला । जहां पसु पंषी षाइ ॥
३५ साध सूर सोहै मैंदानां । तिनकै नांहीं गोर मसांनां ।
साहिब के मारग मैं मुये । सो सहजैं हीं सदगति हुये ॥
३६ च्यारि दाग चहुं जुग के । चतुर बेद की साषि ।
जालि गाडि परवाह जलि । भावै चौडै राषि ॥
३७ चौडै राष्यां बहुत गुण । जाल्यां जीव जलाइ ।
गाड्यां गंड पडैं मरैं । जल मैं जल सडि जाइ ॥
३८ क्या जौ गाड्या जालिया । क्या जल जंगल मांहि ।
भजन सील सत साच बिन । कोटि करौ गति नांहि ॥
इति सजीवनी कौ अंग संपूर्ण भवेत् ॥

१०६ चिंतावनी का सबद मारच । श्री गुन उतपति नांमौं

दोहा
१ सतगुर के बंदौ चरन । करन मुकति जगजीव ।
जौ जन बिसरै एक पल । पुनि सुमिरावै पीव ॥

चौपई
२ तौ प्रथम लगौं सतगुर के पाइ । सीधौ मारग दियौ दिषाइ ।
राज पंथ रहित कौ मूल । पहुचे म जल न कोउ भूल ॥
३ कुसकंट क कोउ चुभै न पाइ । सौंनां निसक उछारत जाव ॥
कोस कोस परिबस्ते गांव । इछ्या परै रहौ तिहि ठांव ॥
४ पिय कैं पंथि जबहि उठि लाग्यौ । जनम मरन संसौ सब भाग्यौ ।
उपज्यौ भाव भगति जीय आई । दुरी बस्त सो परगट पाई ॥
५ निरभै भयौ न मंनैं संक । उदै भयौ पूरि बिले अंक ।
पाप पुंनि दोऊ अब पेले । सतगुर सुषसागर महि मेले ॥
६ जनम मरन संसौ भयौ दूरि । प्रांपति भई सजीवनि मूरि ।
पुनि सतगुर पहि आइसि पांऊं । लीला निराकार की गांऊ ॥

दोहा
७ निराकार निरंजनां । नांतिहि वार न पार ।
लीला मांत्र कहन कूं । प्रगट की यौ संसार ॥

चौपई
८ तौ प्रथम प्रभू जिय असी आंनीं ।
चरन कवल तैं काढ्यौ पांनीं ।
जाजल तैं उपज्यौ इकु अंड ।
पुंनि सो बिहरि कीयौ द्वै षंड ॥
९ तातैं धरनि गगन लै कीनौं । पंच तत ऊपरि मन दीनौं ।
इन तैं कारिज करि हैं गाढे । पंच तत तिन महि तैं काढे ॥
१० आप तेज प्रिथी आकास । पंच तत महि दीनां बास ।
पंच तत सकल के मूल । भवर बास कली कहा फूल ॥
११ अबरन बरन बिरध कहा बारा । पंच तत लै कीन्ह पसारा ।
बिधनां चरित न केहू जांनां । पवन पकरि पांनीं महिसांनां ॥

दोहा
१२ आप तेज अकास प्रिथमीं । पवन सु प्रेरनहार ।
पंच ततु करि एकठे । रच्या सकल संसार ॥

चौपई
१३ तौ जो दीसै सो हरि की माया ।
रज बीर जलै कीनीं काया ।
रु हिर मास कौ गुटिका कीनौं ।
नर लै नरक कुंड महि दीनौं ॥
१४ नौ नारी बहतरि कोठा । दस नर सनमुष दीनैं होठा ।
पांच मास गऐं सांस संचारा । पीव न लग्या अषंडित धारा ॥
१५ ?ीस पाष पेट महि रह्यौ । भलौ बुरौ कछू सुन्यौं न कह्यौ ।
इहि बिधि बीचि गए दस मास । हीयौ रुधै न आवै सास ॥
१६ अरधैं सीस उरध कौं पाइ । कीनौं कैद न निकस्यौ जाइ ।
द्यौस रैंनि छांह नहीं धूप । जिय महि डरचौ परचौ अंध कूप ॥
१७ हाहा हौं बलि बेरु न लांई । त्राहि त्राहि अब काढि गुसांई ।
यह निज बिपति निवारहु मेरी । गांऊंगौ कलि कीरति तेरी ॥
१८ बालापन तैं ह्वै हौं जती । साहिब सो न बिसरि हौं रती ।
अब कै जीय दांन दै मोहि । निसबासुरि सुमिरौंगौ तोहि ॥

दोहा
१९ निसबासुरि आठैं पहिर । पलक न बिसरौं तुझ ।
अंतरजांमीं जगत गुर । करि षलास अब मुझ ॥

चौपई

२० तौ कौल बोल करि बाहरि आयौ । लागत पवन षसम बिसरायौ ।
इहां इहां सु कह्यौ बर दोई । गूगि सैंन न संमझ्यौ कोई ॥
२१ माया लगी ठौर वह भूल्यौ । बारिक भयौ पिघूरैं झूल्यौ ।
मात पिता कैं उपज्यौ मोद । लयौ उछंगि आए नींगोद ॥
२२ दृष्टि मांझ तैं करहि न न्यारौ ।
मातहि पितहि पुत्र अतिप्यारौ ।
निसदिन रहैं पैं मु सूं पागे ।
हाथैं हाथ षिलांवन लागे ॥
२३ भयौ पुष्ट पीयौ कछू षायौ ।
आपैं हु लसि धरनि कूं धायौ ।
निरभै भयौ भरम ब भाग्यौ ।
घर आंगन महि षेल न लाग्यौ ॥
२४ उठि न सकै तौ घुटरंनि धावै ।
मन की लहरि न को उपावै ।
नैंन्हौं निपट न समझै सुष मैं ।
भलौ बुरौ सब मेलै मुष मैं ॥
२५ ढांक्यौ उघरचौ नैंक न बूझै ।
जांन पर्न्यौं सब राषै गूझै ।
जौ पै जननीं होइ न साथ । दौरि अगनि पहिमेलै हाथ ॥
२६ षेरा षत्री मौंह मैं मूंछू । का रे नाग की पकरी पूंछ ।
पलक पलक महि पीवै षीर । जननी बिन जिय धरै न धीर ॥
२७ धाप्यौ पाइ पसारैं सोवै । भूष होइ निमष मैं रोवै ।
दुषी सुषी हस्यौ कहूरोयौ । बालापन सब इहि बिधि षोयौ ॥

दोहा

२८ बालापन इहि बिधि गयौ । जिहि बिधि जाहु न कोइ ।
सेवा संजम बिधि बरत । सुमिरन भजन न होइ ।

चौपई

२९ तौ तरुन बयैं चित उपज्यौ नेत । जुबती रोती कीन्हौ हेत ।
प्रांन तजै परि होइ न जूवा । नलनीं मांनहूं बंध्या सु सूवा ॥
३० ज्यूं ज्यूं तन तरुनापा चढै । त्यूं त्यूं कांम कलपनां बढै ।
बदन बिलोकत त्रिपति न होई । इहि बिधि पुरिस भयौ बसि जोई ॥
३१ नष सष रौंम रौंम रस भीनौं । सरबसु लै जुवती कौं दीनौं ।
भयौ निलज न मांनैं संक । मेटि चल्यौ बिधनां के अंक ॥
३२ बतलायैं तौ नैंक न बोलै । गलियारनि महि अैंठचौ डोलै ।
टेढी पाग उकासैं बांह । चलतैं फिरि फिरि देषै छांह ॥
३३ गारैं अपनैं गिनैं न कोई । हंम बड हम बड हम बड लोई ।
सुत दारा मेरौ धन धांम । छूटि न सकै कीयौ बसि कांम ॥
३४ टेढौ चलै र पाग बनावै । आपु न देषै और दिषावै ।
बीरा षाइर पहरै बागौ । हाथ आरसी निरषन लागौ ॥
३५ हम कुलींण पंडित परबीनां । और जीव बापु रे दीनां ।
देस गांव गढ भूंमि हमारैं । चारचूं दिसा हमारैं सारै ॥
३६ मैरी मंदिर साल रसोई । हमारी सर भरि का पैं होई ।
कुवा निवांन बावरी बागा । सनहीं ठौर हमारी जागा ॥
३७ बहु बिधि अंनधंन हाथी घोरे । भइया बंध न मेरैं थो रे ।
बिद्या किरषि बनि जु बल भूकै । निहचलु पद पायौ मांनौं धूकौ ॥
३८ अर्थ दरब कूं लाग्यौ सेवा । पूनि सक्यौ निरंजन देवा ।
मूरिष मन माया लै दीनौं । भजन सुकृत संग न कीनौं ॥
३९ बिषै बिकार बहुत रुचि मांनीं ।
अबिगत की गति एकु न जांनीं ।
बहुत बहुत करि दह दिसि धायौ ।
जोई कछू लिष्यौ सोई परि पायौ ॥
४० परमार्थ कोउ एक न सारचौ ।
स्वार्थ लगि जीत्यौ कहूं हारचौ ।
ज्यूं मन कह्यौ त्यौंहीं त्यौं षेल्यौ ।
तरुना पौहूं इहि बिधि पेल्यौ ॥

दोहा

४१ तरुना पैं भयौ आंधरौ । सक्यौ न बस्त पिछांनि ।
सोवत हीं सब निस गई । जुरा बिलंबी कांनि ॥

चौपई

४२ तौ सोवत भयौ स्यांम तैं सेत ।
अजहूं न उपजत हरि स्यौं हेत ।
केस भेस बदली मुष बांनीं ।
नैंन सु आंव न लाग्यौ पानी ॥
४३ पति सु पंच लोग महि गई ।
सकल संवंग्यां औरै भई ।
संध बंध सकल भये हैं ढीले ।
मांनहुं रहैं भुवंगम की ले ॥
४४ अंन न रुचै भूष हूं भागी । जोंबन कहां जुरा जब लागी ।
जोबन गयौ जुरा जब झांप्यौ । श्रबन न सुनैं सांस करु कंप्यौ ॥
४५ जुर आयें जोबन गयौ दूरि । नैंननि कौ हरि लीनौं नूर ।
जब इहि जोबन दीनी पीठि । मग अमग न सूझै डीठि ॥
४६ पलकनि के लागे दोऊ पाट । जैसौ औघट तैसौ घाट ।
जोवन रतन हाथ तैं षोयौ । बिरधु भयौ नर निहिचैं रोयो ॥
४७ मिटचौ मुटायौ बदली बांनीं । जब यहु जोबन दै गयौ कांनीं ।
कमरि करग ताल कुटी हाथ । डग डग डोलन लागा माथ ॥
४८ पाइ अटपटे कर दोऊ कपैं । लोग कटूंबी छांह न चंपैं ।
लोग कटूंबनि तोरचा तागा । मन का मोर सबाया भागा ॥

४९ कौंन बिपति दीनीं यहु सांई । संगी सकल चले दै बांई ।
बिरध भयौ तब छोडी आसा । बारौ री महि दीनौं बासा ॥
५० घर के काज करत सब डोलैं । बतलायैं तैं नैंक न बोलैं ।
याकी बुधि तौ बिधनां हरी । बकतौ रहै न एक्वै घरी ॥
५१ सब मिलि संतरचौ राष्यौ नांव ।
ढिग सुन बैसैं लागै पांव ।
पर जन सजन कहैं बंध भाई ।
मांच तोर सुमरि हुं न जाई ॥
५२ पंचनि गहि तैं परि गया जूवा ।
निहचैं नर सु येक दिन मूवा ।
जिहि कुटंब अपनौं करि पारचौ ।
मूंड ठोकि बाहरि लैं जारचौ ॥
५३ राष हु ऊपरि दीनैं भाठे । प्रेत प्रेत करि संगी नाठे ।
तूं मेरौ कछू न हौं तेरौ कोऊ । जन बाजीद बटाऊवा दोऊ ॥

दोहा

५४ यहु तेरी उतपति प्रलै । मैं सुल षाया भेव ।
जब लग सास सरीर मैं । तब लग करि हरि सेव ॥
इति श्री गुन उतपति नांमौं संपूर्ण समाप्तः ॥

१०७ बिकल बुढापा कौ अंग

श्लोक

१ गात्रं सुक चिंतं गतिरि बिगलितं । दंत्ताश्चिना संगता ।
दृष्टिर नस्ति रूपमेव हस्ति बक्रं चला लाइ ते ।
बाइ क्यं न करोति बंधव जने नारी न सुसरषिते ।
हा कष्टं जुहरा बिभूति पुरुषः पुत्रं न बिगाइते ॥
जावत बित मुपारज सकतः । तावत निज परिवारो रकतः ।
जदपि जरिया जरजर देहे । बार्ता प्रिछिसि कोपि न केहे ॥

राग सारंग

१:० सबनि सनेहौ छाडि दयौ ।
हा गोबिंद जुरा तन ग्रास्यौ । प्रति ज्यूं उतरि गयौ ॥ टेक ॥
१ सोई तिथि बार न छित्र लग । न ग्रहा सोई जिनि ठाट ठयौ ।
तिनि अंकनि कोई फेरि न बांचत । गत स्वार्थ समयौ ॥
२ सोई धन धांम नांम कुल सोई । सोई जिनि सब बिढयौ ।
सोई अब तिनकौ बदन स्वांन ज्यूं । चितवत दूरि भयौ ॥
३ बरिस दिवस प्रति होत पुरातन । फुनि फिरि लिषत नयौ ।
संतति दोष बिचारि सूर प्रभु । तब तो सरनि गयौ ॥
२:० जोबन काहे कूं ब गयौ ।
अब य देषि देषि दुष लागै । हरि सूं बीच भयौ ॥ टेक ॥
१ सकुचत गात बात नहि आवै । केस पलटि भयवांनीं ।
लोचन तिमर पंथ नहि सूझै । छल बल बुधि मंदांनीं ॥
२ तीनि अवसथा करी बिधाता । तामैं यह गति पोच ।
परमांनंद बिरहनीं आतम । बार बार जीय सोच ॥

राग आसावरी

३:० देह बुढांनीं है मैं जांनीं ।
मेरी अबिद्या अजौं न बुढांनीं ॥ टेक ॥
१ सीस चरन कर कंपन लागे । तनकी दसा हिरांनीं ।
आंन कहत आंनैं कहि आवत । नैंन नाक बहै पांनीं ॥
२ जन कूं सूधा बोल न आवै । बचन अटपटी बांनीं ।
बूढी देह जुहीसी फूली । चहु दिसि चरम झु लांनीं ॥
३ मिटि गई दमक चमक अंग अंग की । चितवत द्रिष्टि सिरांनीं ।
सूर स्यांम बिन अंति बिगूचंनि । भजि लै सारंग प्रांनीं ॥
४:० देषत हीं दिन आइ गये । पलटि केस सब सेत भये ॥ टेक ॥
१ आई जुरा मींच अरु मरणां । आया काल अबैं क्या करणां ॥
२ श्रवनूं सुरति गई नैंनन सूझै । सुधि बुधि नाठी कह्या न बूझै ॥
३ मुष थैं सबद बिकल भई बांनीं । जनम गया सब रैंनि बिहांनीं ॥
४ प्रांन पुरिस पछितांवन लागा । दादू औसरि काहे न जागा ॥

राग सोरठि

५:० मन रे अंतकाल दिन आया । तार्थैं यहु सब भया परा ॥ टेक ॥
१ श्रवन हुं सुनैं न नैंन हुं सूझै । रसनां कह्या न जाई ।
सीस चरन कर कंपन लागे । सो दिन पहुंता आई ॥
२ काले धौले बरन पलटचा । तन मन का बल भागा ।
जोबन गया जुरा चलि आई । तब पछितांवन लागा ॥
३ आव घटै घट छीजै काया । यहु तन भया पुरानां ।
पंचूं थाके कह्या न मानैं । ताका मरम न जांनां ॥
४ हंस बटाऊ प्रांन पयां । संमझि देषि मन मांहीं ।
दिन दिन काल गरासै जीयरा । दादू चेतै नांहीं ॥
६:० मन रे रांम रटत कयूं रहिये ।
यहु तत बार बार क्यूं न कहिये ॥ टेक ॥
१ जब लग निभ्या बांनीं । तौ लौ जपिलै सारंगप्रांनीं ।
जब पवनां चलि जावै । ए तब प्रांनीं पछितावै ॥
२ जब लग श्रवनां सुनींजै । तौ लौं साध सबद सुनि लीजै ।
श्रवनां सुरति सत्र जाई । ए तब का सुनि है भाई ॥
३ जब लग नैंनहूं पेषै । तौ लौं चरन कवल किन देषै ।
जब नैंनहूं कछू न सूझै । ए तब मूरिष का बूझै ॥
४ जब लग तन मन नीका । तौ लौं जपिलै जीवनि जीय का ।
जब दादू जीव आवै । तब हरि कै मनि भावै ॥

राग गुंड सोरठि

७:० जोबनि यांनी जोरी रे मांहैं । गोपालौ नहीं ध्यांयौ रे ।

आजि काल्हि करतां घट जा जरियौ । बेलां टली त्यारैं
बाह्यौ रे ॥ टेक ॥
१ साजैं घटि सोधी नहीं कीधी । धांम स धूंम स लागौ रे ।
पंजर मां पांव कत्र जलियौ । त्यारैं कूप षणेंबा लायौ रे ॥
२ स्यंम्हां सरोवरि झूलिबा पैठौ । बिषिया पार न पावै रे ।
बूडंतौ प्रांणीं बिलषांणौं । त्यारैं तिरिना नैंनूं बणि
बावै रे ॥
३ संसार रमणीं रमि आव्यौ । आतमां अजहूं न जागै रे ।
भीतरि घाव पड्या घा घलियौ । त्यारैं अवसैं आगौं
मांगै रे ॥
४ पांनीं पहली पालि न बांधी । हरि सूं हेत न लायौ रे ।
कहै सांवलियौ भोमि भुलायौ । त्यारहैं मुषडे रांम न
आयौ रे ॥

राग आसावरी

८:० मेरी मेरी करतां जनम गयौ । जनम गयौ परि हरि न
कह्यौ ॥ टेक ॥
बारह बरस बालापन षोया । बीस बरस कछू तप न
कियौ ।
१ तीस बरस कैं रांम न सुमरयौ । फिरि पछितांनौं बिरध
भयौ ॥
सूकै सरवरि पालि बंधावै । लुणैं षेति हठि बाडि करै ।
२ आयौ चोर तुरंगम ले गयौ । मोरी राषत मुगध फिरै ॥
सीस चरण कर कंपणां लागे । नैंन नीर असराल बहै ।
३ जिभ्या बचन सुध नहीं निकसत । तब सुकृत की बात
कहै ॥
कहै कबीर सुनहुं रे संतौ । धंन संच्यौ सोधरनि मिल्यौ ।
४ आई तलब गोपाल राइ की । मैडी मंदिर छाडि चल्यौ ॥

साषी

३ जैमल सूवौं बिलाई ले गई । पीछैं पंजर देइ ।
सू बस सौंपि सक्या नंहीं । रीता रांम न लेइ ॥
४ सौ मैं सोवत गई पचासा । बारह बरस बालापनि नासा ।
कांम केलि कैं ग्रिहारा । रांम भगति बिसरयौ संसारा ॥
५ कुछ षातां कुछ षेलतां । कुछ सोवत दिन जाइ ।
कुछ बिषिया रस बिलसतां । दादू गये बिलाइ ॥
६ बालक तात मात रस रातौ । तरुन त्रिया जोबन मदि
मातौ ।
तीजै पनि बहु चिंत बढांनीं । फुनि तन कष्णे? नैंननि
पांनीं ।
चारयौं पहर भगति बिन षोये । रांम बिमुष नर जुगि
जुगि रोये ॥

राग धनाश्री

९:० अजहूं मन मांनत नांहि न हारि ।
पलित केस अरु दसन गए गिरि । अंतरि सोचि बिचारि
॥ टेक ॥
१ श्रवण क्रिया बल छाडि गए हैं । चष्य फूटी सब चारि ।
माया मोह बढी ममिता आति । कनक प्रीति कै नारि ॥
२ अंत दसा आई है नीरी । दुरबामनां निवारि ।
अगरदास यह दावते रहौं । चूकै जिनि यह सारि ॥

राग सारंग

१०:० अजहूं अंध हरि नांव न लेत ।
माया मोह भ्रमत सूझत नहीं बूझत । आए नर सीस
सिरोरह सेत ॥ टेक ॥
१ सुकिचित अंग उतंग भंग दिज ।
द्रिग जल श्रवत जुराहत हेत ।
करि सुतंत मंजार आषलौं ।
क्रीडत काल नहीं लषत अचेत ॥
२ म्रिग बिझुकंन कै काजि मन जैसे ।
मांनूं रचे बिझू का षेत ।
सूरदास भगवंत भजन बिन ।
परैं मूंड मुदिगर जंम बेत ॥

राग धनाश्री

११:० दादा डोकरा हो अजहूं न चेतै कांइ ।
चौरासी लष जोनि फिरै लौ । छूटिसि हरि कै नांइ
॥ टेक ॥
१ था राथा का नैंन बैंन कर श्रवणां । जुरा पहूंती आइ ।
माया मोह सकल थैं तूटौ । अब गोबिंद गुण गाइ ॥
२ सदा लवै अणबोल्यौ नर है । चेतै नहीं गंवार ।
धरमराइ की मार पडैली । तब तूं लहै लौ सार ॥
३ थारी ना कच वै नैंन जल छाया । सबद न सुनई कांनि ।
अंतकालि बहु दुष पावै लौ । कह्यौ हमारौ मांनि ॥
४ पल पल करत जनम सब बीतौ । आइ पहूंतौ काल ।
परस कहै हरि सुमिर्पनौ । ता सुष सागर गोपाल ॥

साषी

७ कबीर रांम कह्यौ तिनि कहि लियौ । जुरा पहूंती आइ ।
मंदिर लागी द्वार थैं । तब कुछ काढणां न जाइ ॥
८ कबीर मैं अकेल ए द्वै जणां । छेती नांहीं काइ ।
जे जम आगां ऊबरूं । तौ जुरा पहूंती आइ ॥
९ फरीदा इन जंघडियां । बन सगलो फिरियौ ।
मंझम सीतां कुंजडां । सौ को सांथयौ ॥
१० देषि फरीदा जो थया । तेरी डाढी हूई भूर ।
अगू नेडौ आइयौ । पिछै रहियौ दूर ॥
११ करमांणंद पंडर हुवा । बीठू इहै बिचारि ।
बारह देठा लै दुई । इबैं हरि हथियार संभारि ॥
१२ दादू ए दिन बीते चलि गए । वै दिन आए धाइ ।
रांम नांम बिन जीव कूं । काल गरासें जाइ ॥
१३ जे दिन जाइसु बहुरि न आवै । आव घटै तन छीजै ।
अंतकाल दिन आइ पहूंता । दादू ढील न कीजै ॥
१४ दादू औसर चलि गया । बरियां गई बिहाइ ।

करछि टंकें कत पाइये । जनम अमोलिक जाइ ॥
१५ कबीर बरियां बीती बल गया । बरण पलट भया और ।
बिगडी बात न बाहुडै । कर छूटां कत ठौ ॥
१६ कबीर बरियां बीती बल गया । अर बुराक माया ।
हरि जिनि छाडै हाथ थैं । दिन नेडा आया ॥
१७ दादू देषत हीं भया । स्यांम बरण थैं सेत ।
तन मन जोबन सब गया । अजहूं न हरि सूं हेत ॥
१८ हरि कूं चल्यौ न पैंड द्वै । हांढ्या देस बदेस ।
मन न भयौ कहूं उजरौ । भये उजरे केस ॥
१९ केसहुं भेस पलटिया । संधि बंध नाठी ठौर ।
वह बनिजारा लदि गया । आंनि उलथ्या और ॥
२० केस कनौती उजले । कहु समन किस भाइ ।
मौति सदि सादे न कौं । कांनि बिलगे आइ ॥
२१ कग कलूली करि गए । बग बैठे सिरि मलि ।
संबलु घिनु फरीद तूं । बंजण अजिकि कल्हि ॥
२२ दादू जेतैं इब जांण्यां । रांम नांम निज सार ।
तौ फिरि पीछैं पछिताइगा । रे मन मूंढ गंवार ॥
२३ दादू रांम संभालि ले । जब लग सुषी सरीर ।
फिरि पीछैं पछिताइगा । जब तन मन धरै धीर ॥
२४ थक थक थथरसि । लक लल रसि लड थड ।
पै पै पै पंत रसि । अै अै अंत रसि अड बड ।
२४ गै गै गै गूगलणि । कय कय कहस्य कहंती ।
तै तै तै तिण बार । रै रै रै रहसिर हंती ।
२४ जब रहसि बहसि तुव संकडी । बहु नांमीं रे बापडी ।
मो कली बहंतीं मह महण । जपि नाराइण जीहडी ॥

सोरठा
२५ औसर गऐं जु आव । सुपिनैं संपति जौ मिलै ।
थाही न दियां नाव । कौंन काज कहि मालिया ॥
२६ सांई सेवन करि सकी । जब थी बालै वेस ।
मन पछितावा रहि गया । पेडर भयेति केस ॥
२७ नैंन बैंन कर उर चरन । छिन निरषत कछू आंन ।
मैं न नग्र सब उजरग । रहे ठौर सहनांन ॥
२८ देषण तैंहि नेत्र गए । सुणिबे तहि गयै कांन ।
देही की सोभा मिटी । जब तूटते चले त प्रांन ॥
२९ जोति मिटी मंडल रहे । यहु मंडल धरै न कोइ ।
तब यहु मंडल फिरि बसै । जब गुरू पूरा होइ ॥
३० छबि छूटैं फुटैं तिमर । मति जु गयें पतिहांनि ।
मूंस न प्रांन जु रहत हैं । कौंन भलपन जांनि ॥
३१ नैंननि जोति झिलिमिली । श्रवन निसूंनां सूंन ।
रसनां डसन जु लटपटे । त्रिश्नां दूनां दूंन ॥
३२ अंगं गलितं पलितं मुंडं जातं दसनं विहिनं तुंडं ।
ब्रिधो जांति ग्रिहीत्वा डंडं तदपि न मुचित्या प्याप्यंडं ॥
३३ देषि बुढापा झंझरा । तरुना पौ चलियौ रूसि ।
धावो लोकौ पाकडौ । चोर चल्या घर मूसि ॥
३४ बिरधि निहारा तमघ चलत । जांनत हौ लगि काहि ।
जुबन नग धरती गिरचौ । पग पग ढूंढत ताहि ॥
३५ बूढा थीया फरीदा । कंपण लगी देह ।
दंत सुपारी फोडदा । सु पापंड हींन फुटेह ॥
३६ पीरी चुबम नरसीद । जौ कंम कम सुद ।
दस्तम बउ सागिर फत । पुस्तम षंम सुद ।
दु आंई नैं दाष्न मकि जहां मेदी ?।
जंगाल गिरफत । रोस नाई कम सुद ॥
इति बिकल बुढापा कौ अंग संपूर्ण भवेत् ॥

१०८ चिंतावनी का पदो कौ अंग

काया प्रांण संवाद
राग सारंग
१:० यहु ठग ठग तस कल जग डोलै ।
गवन करै तब मुषहि न बोलै ॥ टेक ॥
१ तूं मेरौ पुरिषा हूं तेरी नारी ।
तुम्ह चलतैं पाथर थैं भारी ॥
२ बालपनां के मींत हमारे ।
हमहि छाडि कत चले हो निनारे ॥
३ हम सूं प्रीति न करि री बौरी ।
तुम्ह से केते लाए ढौरी ॥
४ हम काहू संगि गए न आये ।
तुम्ह से गढ हम बहुत बसाए ॥
५ माटी की देही पवन सरीरा ।
ता ठग सूं जनं डरै कबीरा ॥

राग आसावरी
२:० आवै संगैं जाइ अकेला । ताथैं गोर्ष रांम रमेला ॥ टेक ॥
१ काया हंस संगि ह्वै आया । जाता जोगी किनहूं न पाया ॥
२ जीवत जनमैं मूवां मसांणां । प्रांण पुरिस कित कीया पयांणां ॥
३ जांमण मरणां बहुरि बिवोगी । ताथैं गोर्ष भैला जोगी ॥

राग सारंग
३:० माया संसार की सब झूठी ।
माता पिता सब उभे भाई । तिनही देषत लूटी ॥ टेक ॥
१ जब लग जय काया मैं थारे । षिण बेठी षिण ऊठी ।
हंस जथा सो षेलि गया रे । तब थैं संगति छूटी ॥
२ ए दिन पूगे आव घटांणीं । तब निच्यंत ह्वै सूती ।
दादू दास कहै अैसी काया । जैसी गगरिया फूटी ॥

राग बसंत
४:० चलि चलि रे भवरा कवल पास ।
भवरी बोलै अति उदास ॥ टेक ॥
१ तैं अनेक पहुप कौ लीयौ भोग ।
सुष न भयौ तन बढ्यौ रोग ।
हूं जक हति तो सूं बारबार ।

मैं सब बन सोध्यौ डार डार ॥
२ दिनां चारि के सुरंग फूल ।
तिनहि देषि कहा रह्यौ है भूलि ।
या बनासपती मैं लगैगी आगि ।
तब तुम जैहौ कहां भागि ॥
३ पहुप पुरानिं भये सूक ।
तब भवरहि लागी अधिक भूष ।
उड्या न जाइ बल गयौ है छूटि ।
तब भौरी रूंनीं सीस कूटि ॥
४ दह दिसि रोवै मधुपराइ ।
तब भवरी लै चले सिर चढाइ ।
कहै कबीर मन कौ सुभाव ।
रांम भगति बिन जम कौ दाव ॥

राग जंगली गौडी

५:० भीयादि मेरे तूंहीं । मिलणां नहीं बिछोहा ॥ टेक ॥
१ कपड कोट बणाइ करि । ऊपरि चित्रमि चित्रा ।
माटी माटी मेलि करि । ले लेला तूं गूंदा ॥
२ माय कहै मेरा पूतो । बहन कहै मेरा बीरो ।
ले करि गोरउ सारिया । पीछै पडी बही रो ॥
३ कुंजडियां कुर लांइयां । सारस कुरली तालवे ।
एक बिछोहा भी मरण । तिसदा कौंण हवालवे ॥
४ सींधू पारि जुलिया । मे कूंल्या ईचूडा ।
दास कबीरा यौं कहै । मेरा तेरा मिलणां कूडा ॥

राग आसावरी

६:० हरि आराधी लै रे । पायौ मैं भ्रमतां भ्रमत संजोग ।
बालक भांनैं घर कुन्यां । ताकौ हरिष न सोग ॥ टेक ॥
१ पांच मास पीय तैं बडी । रहती प्रेम समाइ ।
कूड सनेही कपटिया । बिछरत बार न लाइ ॥
२ मैं तूं कंता बरजियौ । जिनि रप राए जाइ ।
जे घर राषै आपणौं । नांऊं दाझै तंम की लाइ ॥
३ रहि रहि मूंध गहेलडी । अैसी न करि बहोडि ।
हूं अबिनासी तूं कारवीं । थारा कारीगर नैं षोजि ॥
४ दिन दस बेलि रलू कले । सो धन षरी लडाइ ।
सोझा साजन मो कल्या । अब लोभ न करणौं जाइ ॥

साषी

१ दादू साहिब राषै तौर है । काया मांहैं जीव ।
हुकमीं बंदा उठि चलै । जबहि बुलावै पीव ॥

राग धनाश्री

७:० मुक लाउ आए । डंडिया पहरैं धन षडी न षडी ॥ टेक ॥
१ सासू दीया मोहि घडा । मैं सिरि धरि रोई ।
पंथ निहारूं पंथी का । संगि मिल्या न कोई ॥
२ एक अंधारी कूवरी । कर ले जू छोटी ।
नैंन हमारे यूं झुरैं । मांनूं गागरि फूटी ॥
३ दिवस चारि रही बाप कै । सासु रै दिन भरणां ।
बांह पकडि मोहि ले चल्या । ऊत्तर क्या करणां ॥
४ जाइ उतारी बींझ बन । संगी बौराये ।
जाहु सषी घरि आपणां । हम भये पराए ॥
५ सुणहुं हु स्यारी लोग हौ । बहुरचौं नहीं मरणां ।
सेष बहावदी गूं कहै । इहां क्या कहि रहणां ॥

राग गौडी

८:० प्रथम परम गुर गाइये । जाकौ नाव अनंता जी ।
निमष न कोऊ बीसरौ । पारब्रह्म भगवंता जी ॥ टेक ॥
१ नर नारी सब सुमिरियौ । मन क्रम बचन बिचारी जी ।
छूटनु हरि जू कैं नांव है । तार्न तिर्न मुरारी जी ।
कलि जुग पाप बिनासनां । अघ मोचन सुषरासी जी ।
दुष दारन सब परहरै । काटै जंम की पासी जी ।
जम पासि काटैं सेव साटैं । सदा जन राषै सुषी ।
गोपाल जन जगदीस सुमिरौ । बहुरि नहीं ह्वै हौ दुषी ॥
२ बर कांमिनि मेलौ भयौ । गर्भ रहे दस मासा जी ।
बहुरच्यूं बाहरि आइये । जग मैं भया तमासा जी ।
मातपिता आंनंदिये । बाढचा सुष अपारा जी ।
देषै सो अचिरजु करै । धंनि धंनि सिरजनहारा जी ।
क्यूं करि चित्रु बनाइयौ । एक बूंद जल नीरा जी ।
निरमोलिक नग पाइकैं । साज्यौ सकल सरीरा जी ।
साज्यौ सरीरा एकु हीरा । मोल कहत न आवई ।
गोपाल जन जगदीसु सुमिरैं । बहुरि दुष न पावई ॥
३ यहु संसारु बाजारु है । जग हटवारौ जोई जी ।
सौदा कारनि आइये । बनिज करन सब कोई जी ।
पाप पुंनि दोऊ बनिजियौ । मन बनिजारौ होई जी ।
एकनि कुछ लाहौ लियौ । बहुतनि पूंजी षोई जी ।
सौदा सबै बिकाइया । लियौ सु आयौ हाथा जी ।
सो लै बांध्यौ गांठडी । अंति चलैगौ साथा जी ।
साथि जाई जो कमाई । बयौ लुंनियैं आपनौं ।
गोपाल जन जगदीस सुमिरैं । जंमकी लाइ न तापनौं ॥
४ कंता भये चला चलू । कांमिनि मनहि अंदेसौ जी ।
काहे पीय हम परपहरौ । तुम बचले परदेसौ जी ।
मैले तुम उजल कीये । बांनी गलट न लागै जी ।
किहि गुनि राचे बल मां । अब किहि औगुन भाजे जी ।
हम तुम अैसी प्रीतडी । पल भरि रह्यौ न जाई जी ।
अब काहें तुम तजि चले । कहौ न सो समझाइ जी ।
समझाइ मोहि सुजांन सुंदर । कौंन दुष बिछोहिये ।
गोपाल जन जगदीस सुमिरौ । आंन बाट न मोहिये ॥
५ कंतु कहै सुनि कांमिनीं । मति कछू करौ पसारा जी ।
तजि अंचलु अब चल न दै । हमकूं होइ अवारा जी ।
जिहि हम आदि मिलाइये । तिहि रबि छोहे आई जी ।
हमकूं हुकम पठाइयौ । अब क्यूं रहनौं जाई जी ।
जिहि रु रचाये प्रीति सूं । तिहि बिरचाये बौरी जी ।
तासूं क्यूं चारौ चलै । क्यूं रहिए इहि ठौरी जी ।
अबहि कहि क्यूं जाइ रहनौं । सबल साहिबु लाइये ।

गोपाल जन जगदीस सुमिरौ । नहीं तौ बहुत डुलाइये ॥
६ तब कांमिनि पिय सूं कहै । कंतकि छाडैं देहू जी ।
जौ तुम भये दिसंतरी । हमहि समीप न लेहू जी ।
क्यूं करि मारग चालि हौ । भूष प्यास सुष दुषा जी ।
संगी साथी को नहीं । नहीं छाया नहीं रूंषा जी ।
दुभर पंथ डरावनौं । बिषम सु औघट घाटा जी ।
संबलुकछू न करि लियौ । क्यूं र चलहुगे बाटा जी ।
गांटि गरथु न हाट लेषौ । बाट कैसैं चालिये ।
गोपाल जन जगदीस सुमिरौं । त्रिबिधि ताप न जालिये ॥
७ इतनैं हीं पीय उठि चले । जब हरिषैं चीडोरी जी ।
धन षर हरि धरती परी । गए त गासौ तोरी जी ।
मात पिता भइया मिले । कहि कहि स्वारथ बोला जी ।
मूंड मिलावो करि गए । घडी एक कागा रौला जी ।
सब रोवैं सुष आपनैं । ताहि न रोवैंहि भाई जी ।
किहि मारग ह्वै आइयौ । किहि मारग ह्वै जाई जी ।
किहि बाट जाई कित समाई । ताहि कोऊ न रोवई ।
गोपाल जन जगदीस सुमिरैं । जुरा जमहि न जोवइ ॥
८ धन पीय कौ पाछौ कीयौ । नां अंन भष्यौ र पांनीं ।
संगु चल्यौ हूं क्यूं रहूं । सुनहुं न सषी सयांनीं जी ।
घर तजि बन बाहर चली । चढि चतुरंगै ताजी जी ।
अरथ दरब सब परहरे ह्वै । सांई सूं राजी जी ।
काठलिये पीय संग जली । सती नारि सो होई ।
सांचु हरी सब धंधु है । जौ जांनैं जनु कोई जी ।
जांनि मांनि सुजांन मन तूं । हरि बिनां मिथ्या सबै ।
गोपाल जन जगदीस सुमिरैं । जाहि संसै बहि सबै ॥

राग धनाश्री

९:१ औंध उदर मैं रे । मासा दस रह्यौ ।
प्यंडि दुष पायौ रे । मुषि संकट सह्यौ ।
मुषि सह्यौ संकट उदर अंतरि । चिंतवै चिंता घणीं ।
जै ऊबरूं अब की बेर कबहूं । भगति साधूं हरि तणीं ।
उदर अंतरि बोल बोल्या । बहुरि जुगि जांमण भयौ ।
संसार कौ जब बाव लागौ । मुगध सब बीसरि गयौ ॥
२ बालिक बिकल भयौ । चेति न सांभल्यौ ।
भाष अभाषी रे । अंतर नां लह्यौ ।
नां लह्यौ अंतरभाष अभाषी । लाल मुषि अंबि रल चवै ।
पडै लोटै धरणि ऊपरि । रोइ करि अस्थन पिवै ।
मूत बिष्टा रहै बेढ्यौ । सुक्रित नां कीया किवैं ।
बीस स्यौ हरि की भगति भूंडा । बाला पण षोयौ इवैं ॥
३ जोबनि मातौ रे नर चहुं दिसि भवै ।
परधन पर तृया रे । देषि र मन रवैं ।
मन रवैं परधन देषि पर त्रिय । चित ठौर न राषई ।
अंम्रित तजि करि पीवै बिष हल । बिषै बिष सूं राचई ।
कांम माया मोह मातौ । पारब्रह्म बिसारियौ ।
बीसरचौ हरि की भगति भूंदूं । ब्रिथा जोबन हारियौ ॥
४ जुरा बुढापौ रे जांणौं आइयौ ।
सुधि बुधि नाठी रे फिरि पछिताइयौ ।
फिरि पछिताइयौ जब सुधि नाठी । श्रवण सबद न बूझई ।
जीबा कारंनि करै लालच । नैंन जगत न सूझई ।
इस भणैं छीतम सुणहुं रे नर । मोहि माता क्यूं फिरौ ।
कीज्यौ भाव सेती भगति हरि की । भौसागर दूतर तिरौ ॥
१०:० नल पछिताहुगे रे अंधा ।
चेति देषि नल जमपुरि जैहै । क्यूं बिसरचौ बिंदा ॥
टेक ॥
१ ग्रभ कुंड नल जब तूं बसता । उरध ध्यांन ल्यौ लाया ।
उरध ध्यांन म्रित मंडलि आया । नरहरि नांव भुलाया ॥
२ बाल बिनोद छहूं रस भींनौं । छिन छिन मोह बियापै ।
बिष अंमृत पहिचांन न लागौ । पांच भांति रस चाषै ॥
३ तरण तेज पर त्रिय मुष जोवै । सर अपसर नहीं जांनैं ।
अति उद मादि महा मदि मातौ । पाप पुंनि न पिछांनैं ॥
४ पंडर केस कुसम भये धौला । सेत पलटि गई बांनीं ।
गयौ क्रोध मन भयौ जु पावस । कांम पियास मदांनीं ॥
४ तूटी गांठि दया ध्रम उपज्यौ । काया कवल कु मिलांनां ।
मरती बेर बिसूरण लागौ । फिरि पीछैं पछितांनां ॥
६ कहै कबीर सुनहुं रे संतौ । धन माया कछू संगि न गया ।
आई तलब गोपाल राइ की । धरती सैंन भया ॥

बणजारिया लिष्या

राग जंगली गौडी

११:० पहलै पहरै रैंणि दै बणजारिया । तेरा हुकम पया गर्भवास वे ।
उरध तपु अंदरि करै । बणजारिया षसम सेती अरदास वे ।
१ षसम सेती अरदासि बणावै । उरध ध्यांन ल्यौ लागा वे ।
नां मरजाद भया कलि अंदरि । बाहुडि जासी नागा वे ।
जेही कलम लिषी इत मसतकि । तेही जीवडे पास वे ।
कहु नांनक प्रांणीं पहलै पहरै । हुकम पया गर्भवास वे ॥
२ हाथूं हाथ षिलाइया बजारिया । ज्यूं जस वै घरि कांन्ह वे ।
दूजै पहरै रैंनि दै बण जारिया । तूं बिसरि गया सब ध्यांन वे ।
हाथूं हाथ षिलाया प्रांणीं । मात कहै सुत मेरा वे ।
चेति अचेत मूंदिल अंदरि । अंति नहीं कुछ तेरा वे ।
जिनि रच रच्या तिसहि न चेतै । मन अंदरि करि ग्यांन वे ।
कहु नांनक प्रांनीं दूजै पहरै । बिसरि गया सब ध्यांन वे ॥
३ तीजै पहरै रैंणि दै बणजारिया । तेरा धन जोबन सूं चित वे ।
हरि का नांव न चेतहीं बणजारिया । बंध्यां छूटै जितु वे ।
हरि का न चेतै प्रांणीं । बिकल भया संगि माया वे ।

धन सूं रता जोबन मता । अहला जनम गवाया वे ।
धर्म सेती ब्यौपार न कीता । रांम न कीता म्यंतु वे ।
कहु नांनक प्रांणीं तीजै पहरै । तेरा धन जोबन सूं चितु वे ॥
४ चौथै पहरै रैंणि दै बणजारिया । तेरा लाई आया षेतु वे ।
जां जंमि पकडि चलाइया बणजारिया । किससीं न दीया भेतु वे ।
भेत सेत करि किसहीं न मिलिया । जां जंमि पकडि चलाया वे ।
झूठा रुदन भया है द्वालै । छिन मैं भया पराया वे ।
सोई बस्त परा पति हुई । जासूं लाया हेतु वे ।
कहु नांनक प्रांणीं चौथै पहरै । तेरा लाई आया षेतु वे ॥

राग जंगली गौडी

१२:१ पहलै पहरै रैंणि दै बणजारिया । साथ उलथडा आइ वे ।
जनम पदारथ पाइ करि बणजारिया । चले धुर हुं लदाइ वे ।
जनम पदारथ धुर हुं पहूंता । संभलि ग्यांन बिचारी ।
करि बाचा बंध निर्मल हरि सूं । चूका भौसंसारी वे ।
जिनि ग्यांन गंवाया मोहे माया । चले मूल गवाइ वे ।
जन कहै रहुवा पहलै पहरै । साथ उलथडा आइ वे ॥
२ दूजै पहरै रैंणि दै बणजारिया । जोबन डीता लूर वे ।
रतन पदारथ लुटिये बणजारिया । कांम पया घट चोर वे ।
कांम कठिन घटि चोर पहूंता । निरभै संक न मांनई ।
पर तरणीं रता जोबनि मता । पाप पुंनि न पिछांनई ।
दुक्रितम निधारचा । मरण बिसारचा । ज्यूं परधन निस चोर वे ।
जन कहै रहो वा दूजै पहरै । जो बनडीता लूर वे ।
३ तीजै पहरै रैंणि दै बणजारिया । तेरें ढिलडे थए परांण वे ।
तन झींणां जगि हुंढणां बणजारिया । सभो निषूटे बांण वे ।
सब बांण निषूटे जुरा चहूंटे । जजर हूई सु देहा ।
कपे कर चरण श्रवण सुणि थके । चुके सबद सनेहा ।
बांणीं मुषि बिकल सकल बुधि नाठी । चंद्र बदन कु मिलांण वे ।
जन कहै रहो वा तीजै पहरै । तेरें ढिलडे थए परांण वे ॥
४ चौथै पहरै रैंणि दै बणजारिया । नीर ढुलक्या नैंणि व ।
सुता अंध न जा गई बणजारिया । सबै बिहांणीं रैंणि वे ।
सब रैंणि बिहांणीं अजहूं न जांणीं । सोवत गई बिहाइ वे ।
धंन संधी लेती द्यौंस गणेती । ते मुक लाऊ आए वे ।
मुषि साध बचन उपदेस ग्यांन मति । हरि जपि जपि मुषि बैंणि वे ।
जन कहै रहो वाचौ थै पहरै । नीर ढुलक्या नैंणि वे ॥

राग जंगली गौडी

१३:१ यहु कच कोटा रांम का बणजारिया । हट नाले मन मांहि ।
इत गढच बस्त अनंत है बणिजारिया । ब्यौपारी आंवहि जांहि वे ।
ब्यौपारी आंवहि जांहि कि बणिज करांहि । तिन्हां क्यूं पाइये ।
इत गढि बस्त अनंत भरे अगिण्यंत । फिरैं मैंमंत चहूं दिसि धाये ।
देषि बणिंज करींन्ह अऊरा लीन्ह । बहुतां दींन्ह तिन्हां भौ नाहि वे ।
यहु कच कोटा रांम का बणजारिया । हट नाले मन मांहि वे ॥
२ मोटे ठाकुरि सदिया बणजारिया लेषा देणा तुझ वे ।
साहिब अदलि करैगु । जीय छांणैं पांणीं दुध वे ।
दुध पांणीं छांणि इवैं करि जांणि । क्रित तब षांणि तई गढ लुटिया ।
साहिब अदलि करैगु लेषा लेगु । तदैं तूं घुटिया ।
बैठा तूं गढमां संमझै नांहि । कि केलि करांहि जिंदारी रुध वे ।
मोटे ठाकुरि सदिया बणजारिया । लेषा देणां तुध वे ॥
३ बिचहूं नाइक षेलिया बणजारिया । डेरै छडी गूंणि वे ।
बणज बणौ ता करि गया बणजारिया । रही अलूंणैं लूंणि वे ।
रही अलूंणैं लूंणि पई तंन सूंणि । रहौ को झूंणि न मोडै पास वे ।
चली उठाये ठोडि रमींथी कोडि । गया सब छोडि धरती बास वे ।
बहुत कि का गारौलि अंध दुंनीं मैं धंध । पियारे बंध चले सिर झूंणि वे ।
बिचहु नाइक षेलिया बणजारिया । डे रै छडी गूंणि वे ॥
४ भव जल न दीड रांवणीं बणजारिया । बिष मैं औघट घाट वे ।
संगी साथी चलि गये बणजारिया । षरी दुहेली बाट वे ।
षरी दुहेल बगें जंम सेल । कि पीछा पेल घसीटण चार वे ।
जिनि कुछ कीया पुंनि । न जाई सुंनि । धिया या रांम सुलंघे पार वे ।
ठाकुर कै दीवांणि । किले गु पिछांणि । चव्या पठांणि । बगे जंम टाट वे ।
भव जल न दीड रांवणीं बणजारिया । बिष मैं औघट घाट वे ॥

राग जंगली गौडी

१४:१ पहलै पहरै रैंणि दै बणजारिया । तूं आया इहि संसार वे ।

माया दा रस पीव न लागा । बिसरचा सिरजनहार वे ।
सिरजनहार बिसारा किया पसारा । मात पिता कुल नारि वे ।
झूठी माया आप बंधाया । चेतै नहीं गंवार वे ।
गंवार न चेतै औगुण केते । बंध्या सब परिवार वे ।
दादू दास कहै बनिजारा । तूं आया इहि संसार वे ॥
२ दूजै पहरै रैंणि दै बणजारिया । तूं रता तरुणीं नालि वे ।
माया मोह फिरै मतिवाला । रांम न सक्या संभालि वे ।
रांम न संभाले रता नाले अंध न सूझै काल वे ।
हरि नहीं ध्याया जनम गंवाया । दह दिसि फूटा ताल वे ।
दह दिसि फूटा नीर निषुटा । लेषा डेवण साल वे ।
दादू दास कहै बनिजारा । तूं रता तरणीं नाल वे ॥
३ तीजै पहरै रैंणि दै बजारिया । तैं बहुत उठाया भार वे ।
जो मनि भाया सो करि आया । नां कुछ किया बिचार वे ।
बिचार न कीया नांव न लीया । क्यूं करि लंघै पार वे ।
पार न पावै फिरि पछितावै । दुबण लगा धार वे ।
डुबण लगा भेरा भगा । हथि न आया सार ते ।
दादू दास कहै बणजारा । तैं बहुत उठाया भार वे ॥
४ चौथै पहरै रैंणि दै बणजारिया । तूं पका हूवा पीर वे ।
जोबन गया जुरा बियापी । नांहीं सुधि सरीर वे ।
सुधि न पाई रैंनि गंवाई । नैंनहु आया नीर वे ।
भौजल भेरा डुबण लगा । कोई न बंधै धीर वे ।
कोई धीर न बंधै जंम के फंधै । क्यूं करि लंघै तीर वे ।
दादू दास कहै बनिजारा । तूं पका हूवा पीर वे ॥

राग जंगली गौडी

१४:१ पहलै पहरै रैंणि दै बणजारिया । तैं जनम लीया संसार वे ।
सेवा चूका रांम की बणिजारिया । तेरी बालिक बुधि गंवार वे ।
बालिक बुधि गंवार न चेत्या । भूला माया जाल वे ।
कहा होइ पीछैं पछितांयैं । जल पहली न बंधी पाल वे ।
बीस बरस का भया अयांनां । थंभि न सक्या भार वे ।
जन रैदास कहै बणिजारा । तैं जनम लीया संसार वे ।
२ दूजै पहरै रैंणि दै बणिजारिया । तूं निरषत चल्या छांह वे ।
हरि न दमोदर ध्याइया बणिजारिया । तूं लेइ न सक्या नांव वे ।
नांव न लीया औगुण कीया । इस जोबन कै तांण वे ।
अपणीं पराई गिणीं न काई । मंदि कांम कंमांण वे ।
साहिब लेषा लेसी । तूं भरि देसी । भीड पडै तुझ तांह वे ।
जन रैदास कहै बणिजारा । तूं निरषत चल्या छांह वे ॥
३ तीजै पहरै रैंणि दै बणिजारिया । तेरे ढिलडे पडे पराण वे ।
काया रवंनीं क्या करै बणिजारिया । घट भीतरि बसै कुजांण वे ।
इक बसै कुजांण काया गढ भींतरि । अहला जनम गंवाइया ।
इब की बेर न सुकृत कीया । बहु न यहु गढ पायया ।
कंपी देही काया गढ षीणां । फिरि लगा पछितांण वे ।
जन रैदास कहै बणिजारा । तेरे ढिलडे पडे पराण वे ॥
४ चौथै पहरै रैंणि दै बणिजारिया । तेरी कंपण लगी देह वे ।
साहिब लेषा मांगिया बणिजारिया । तूं छाडि पुरांणां थेह वे ।
छाडि पुरांणां ज्यंद अयांणां । बालिदि हकि सवेरियां ।
जंम के आये बंधि चलाये । बारी पूगी तेरियां ।
पंथि चलै अकेला होइ दुहेला । किस कूं देइ संदेह वे ।
जन रैदास कहै बणिजारा । तेरी कंपण लागी देह वे ॥

राग जषडी । राग रांमगरी

१६:१ द्यौस रैंनि कमाइडा ।
सु आया माथै । तिस पासि लुकांइ दडा ।
सु देषै संगि देषै करणहारा । कांइ पाप कमाइये ।
सुक्रित कीजै नांव लीजै । नरकि मूलि न जाइये ।
आठा पहर हरि नांव सुमिरौ । चुलै तुम्हारै हाथै ।
भजि साध संगति सदा नांनक । मिटै पाप कमाते ॥
२ बलवंच करि उदर भरि रे । मूरिष गंवारा ।
सब कुछ देइ रह्या प्रभू देवणहारा ।
देवणहारु दाता रु सदा दयाल स्वांमीं । कांइ मन हुं बिसारिये ।
भजि साध संगे जपि निसंगे । कुल सबूवा तारिये ।
सिध साधिक देव मुनि जन भगति नांव अधारा ।
बिनवंत नांनिक सदा जपिये । एक करणहारा ॥
३ षोट न कीजै प्रभू परषनहारा । कूड कपटु कमावंदाडे ।
मरिजन में संसार संसार सागर तिनहि तिरिया । जिन्हि एकु ध्याया ।
तजि कांम क्रोध अन्यंदन्यंदा । तजि प्रभू सरनैं आया ।
जलि थलि महियलि रम्यां रवांमीं । ऊंचा भगम भपारा ।
बिनवंत नांनक टेक जन की । चरन कवल धारा ॥
४ पेषि हरि चंदौर डियां । प्रांणीं असां थिर किछु नांहीं ।
माया के रंग रूप । तेरे संगि न जांहीं ।
संग साथी सदा तेरै । द्यौस रैंणि संभालिये ।
उस एक बिन को नाहि दूजा । भाव दुतिया जालिए ।
मींतु जोबन मालु सब रस । एकु करु मन मांहीं ।
बिनवंत नांनक बड भागि पाइए । सहज सुष समांहीं ॥

राग जंगली गौडी

१७:० भगत उधारण गाइये । संत उधारण गाइये ॥ टेक ॥

१ रांम भगति छडि भजिए । कुल वंस सभोई लजिये ।
भै तिरिये पापि न नर जिये । उझड होइ मति चलणां ।
चित अंधा मन समझाइये ॥
२ रांम रसांइण चेतिये । करि बाडि सत्रांणीं षेतिये ।
भजि गोबिंद राजा छेतिये । क्या भरवासा देह दा ।
कल्हेई मरि जाइये ॥
३ नांमु अमुला लूटिये । जंम त्राट दुषा लग छुटिये ।
जंम पंथ पिछां कटि सुदिये । भौजल बिषडा लंघणां ।
निरभै नांव धियाइये ॥
४ के कूडी षे उतांणियैं । जम छड तांपरि जांणियैं ।
केवे हा मांण न मांणियैं । अगा पिछा देषि कै ।
ते वेही पंड उठाइए ॥
५ साहु रडै घरि जांवणां । फिरिवत न पेइये आंवणां ।
जेहा दिता षांवणां । अगै दाय जु संभालिये ।
के बेहाले करि जाइये ॥
६ षर चस त्रांणै चलिये । बहि दरि गह दापिडु मलिये ।
साधू होवै किनि उथलिये । सांई दासा सचु कहु ।
क्यूं भगति बिनां सचु पाइये ॥

१८:० अब दिन थोर डे थके । इब रंग मांणिलै ।
कि हरि रस जांणिलै । मेरी जिंदु डिये ।
भयावै पुरांणां मैं डा चोला चोलणां वे ॥ टेक ॥
१ धंन जोबन नवहु लणें । पाहुं नडे दिन चारि वे ।
पडवणि केरे पात ज्यूं । मैं डी अमांवणीं ।
भुरि भुरि थइ चलनहार वे ॥
२ जे जांणां तिल दुलणां । सांवरि गोद भरे ऊवे ।
जे जांणां जग छडणां । मैंडी अमांवणीं ।
इस तनि थोडा थोडा मांन करे ऊवे ॥
३ निहुडि ए इक सिष सुणि । सासू केरी सोइ वे ।
मैं भींवं जां जाहु रे । मैंडी अमांवणीं ।
नितनि पेइयानि पेइया होइ वै ॥
४ सजन मैंडा रगुला जाइ लथै सीलैंण वे ।
मैं भी आंमण दूंमणीं मैंडी अमांवणीं ।
कू की सगली रैंणि वे ॥
५ नांनक सुती पेइये । देषि बरती संधि वे ।
गुणहि गंवाई गंठडी । मैंडी अमांवणीं ।
औगुण चली पलै बंधि वे ॥

१९:० हुसियार मनवां म्यंता ।
हरि हित करौ नांव जिनि बिसरौ । देषि लेहु जग जंता ॥
टेक ॥
१ मात पिता सुत बालहा । कंत पियारी जोइ इवे ।
जा सूं कहतौ आपणौं मन म्यंता मेरां अंति बिछोहा होइ
वे ॥
२ रीतू हाथूं चलणां । तेरा संगी नांहीं कोइ वे ।
सजन कुटंब भाई षडा । मन म्यंता मेरा अंति बिछूटै
गारोइ वे ॥
३ बादि बक तबै बीचि गई । बाल तर्ण ह्वै साल वे ।
तीजै हुकम तजे तियौ । मन म्यंता मेरा । पडी है जनम
की ठाल वे ॥
४ दंम पूजैं दांइम घटैं । छसै सहंस इक बीस वे ।
षसम पिछांण्यां बाहिरौ । मन म्यंता तेरा । किसहि न
वा? सीस वे ॥
५ जिस घरि पीछैं चलणां । पहली तकी सोइ वे ।
बोहिथदास तहां बसौ । मन म्यंता मेरा बहुरि न फेरा
होइ वे ॥

१०९ दूसरौ अंग चिंतावनी

सवईया

१ मेरौ सुत मेरी यहु संपति मेरौ घरु मेरी यहु घोरी ।
मेरौ ऊंट सलीता मेरौ मेरौ बरध मेरी यहुं डोरी ।
मेरौ षेत कूवा यहु मेरौ मेरी सींव कहौ किहि फोरी ।
मेरी य तेरी य मूंढ करत रह्यौ । जन बाजीद बीचि गई
होरी ॥

राग गौडी

१:० मेरी मेरी करत जग षीणां । देषत हीं चलि जावै ।
कांम क्रोध त्रिश्नां तनि जारै । तार्थें पार न पावै ॥ टेक ॥
१ मूरिष ममिता जनम गंवावै । भूलि रहैं इहि बाजी ।
बाजीगर कूं चीन्हैं नांहीं । जंनम गंमावै बादी ॥
२ परपंच पंच करै बहुतेरा । काल कुटंब के तांई ।
बिष के स्वादि सबै ए लागे । तार्थें चीन्हत नांहीं ॥
३ एता जीय मैं जांनैं नांहीं । आइ कहां चलि जावै ।
आगैं पीछैं संमझै नांहीं । मूरिष यौं डहकावै ॥
४ ए सब भ्रम भांति भल पावै । सोधि लेहु सो सांई ।
सोई एक तुम्हारा साजन । दादू दूसर नांहीं ॥

२:० मैं मैं करत सबै जगु जावै । अजहूं अंध न चेते ।
यहु दुनियां सब देषि दिवांनीं । भूलि गए हैं केते ॥
टेक ॥
१ मैं मेरे मैं भूलि हेरे । साजन सोई बिसारा ।
आया हीरा हाथि अमोलिक । जनम जुवा ज्यूं हारा ॥
२ लालच लोभैं लागि रहे रे । जांनत मेरी मेरा ।
आपहि आप बिचारत नांहीं । तूं काकौ को तेरा ॥
३ आवत है सब जाता टीसै । इन मैं तेरा नांहीं ।
इन सूं लागि जनम जिनि षोवैं । संमझि देषि सचु मांहीं ॥
४ निहिचल सूं मन मांनैं मेरा । सांई सूं बनि आई ।
दादू एक तुम्हारा साजन । जिनि यहु भर की लाई ॥

३:० मेरा मेरा छाडि गंवारा । सिर परि तेरे सिरजनहारा ।
अपनैं जीव बिचारत नांहीं । क्या ले गइला बंस तुम्हारा
॥ टेक ॥
१ तब मेरा कत करता नांहीं । आवत हरि हकारा ।
काल चक्र सूं षरी परी है । बिसरि गया घर बारा ॥
२ जाई तहां का संजम कीजै । बिकट पंथ गिरधारा ।
दादू रे तन अपनां नांही । तौ कैसैं भया संसारा ॥

राग रांमग्री

४:० मेरा मेरा काहे कूं कीजै । जे कुछ संगि न आवै ।
अनंत करीनैं धन धरीला । तेऊ तौ रीता जावै ॥ टेक ॥
१ माया बंधन अंध न चेतै । मे र माहैं लपटाया ।
ते जानैं हूं एह बिला सूं रे । अनंत बियाधैं षाया ॥
२ आप सुवारथ एह बिलू धारे । आगम मरम न जांणैं ।
जंम कर माथै बांण धरीला । ते तौ मनि नहि आंणैं ॥
३ मन बिचारी सारी ते लीजै । तिल माहैं तन पडिबा ।
दादू रे तिहां तन ताडी जै । जेणैं मारगि चढिबा ॥

५:० चेतौ नैं भाया मेल्हौ नैं माया । तुम्ह भोलमि कांमनि आंनौं रे ।
घडी घडी दिन वो छौ थाए । जग सुषनंतरि जांनौं रे ॥ टेक ॥
१ केन्हूं ते ताहरौं केन्हूं ते माहरूं । केन्हूं नहीं बलि कोई रे ।
भाई बंधू पुत्र ते केन्हूं । ए सब देषे जोई रे ॥
२ अस्त प्रथमीं थिर कां जांणौं । अस्त नषित्र माला रे ।
जासें घट नैं रहसी करनीं । तौ नींद निवारौ रे वाला रे ॥
३ काजी महमूंद जपै एक जोगेस्वर । और नहीं मनि च्यंता रे ।
आपैं मुकत नैं छोडै बंधन । सेवो अलष अनंता रे ॥

राग सोरठि

६:० प्रीतडी परसोतम सेती । कीजै सर सै भाइ ।
भौसागर तिरिबा कै कारणि । रांम चरण चित लाइ ॥ टेक ॥
१ कठिन करि धन मेलियौ । काहू करमां तणैं संजोग ।
तन बिहिड्या धन बिहडिसी । कोई माहैं मांहि बिजोग ॥
२ जब लग बहु संपति माया । तब लग निज परिवांर ।
ब्रिध भयौ तब जरजर थाकौ । कोई न बूझै सार ॥
३ अंतकालि सब ऊभौ मेल्हिसि । सुन कलि तनिज देह ।
भीम भणैं एक बिहडै नांहीं । श्रीपति तणौं सनेह ॥

७:० जिनि थोथरा पिछोरै कोई । जोर पिछोरौ जिहि कण होई ॥ टेक ॥
१ झूठौ रे यहु तन झूठी माया । झूठा हरि बिन जनम गंवाया ॥
२ झूठा रे मंदिर भोग बिलासा । कहि संमझावै जन रैदासा ॥

राग धनाश्री

८:० जपि जपि रे जीयरा गोबिंदो । हित चित परमांनंदो रे ।
बिरही जन कौ बाल हौ । सब सुष आनंद कंदो रे ॥ टेक ॥
१ धंन धंन झंषत तन गयौ । सोधंन मिल्यौ न आये रे ।
ज्यूं बन फूली माल ची । जनम अब्रिथा जाए रे ॥
२ प्रांणीं प्रीति न बंधिए । इहि झूठै संसारो रे ।
धूंवां केरा धौ लहर । जात न लगौ बारो रे ॥
३ माटी केरा पूतला । काहे गरब कराये रे ।
दिवस चारि कौ पेषणौं । फिरि माटी मिलि जाए रे ॥
४ कांमीं रांम न भावई । भावहि बिषै बिकारो रे ।
लोहना पांहन भरी । बूडत नांहीं बारो रे ॥
नांम न मुवौ न मरि गयौ । नां तिरि उतरयौ पारो रे ।
५ कबीरौ कंचन गहि रह्यौ । काच गह्यौ संसारो रे ॥

राग सोरठि

९:० रे मन न पडि भोला प्यंजरै । संसार माया जाल ।
एक दिन मैं तीनि फेरा । तो कूं सदा झंपै काल ॥ टेक ॥
१ धन रूप जोबन देषि करि रे । गरब्यौ कहा गंवार ।
कुंभ काचौ नीर भरियौ । बिनसता नहीं बार ॥
२ कपूर भोजन सब किये । नित नवां सिंणगार ।
हंस कावडि छाडि चाल्यौ । देह ह्वैली छार ॥
३ ते पिता जननीं आथि लिछिमीं पूत सौह परिवार ।
इता ऊभा मेल्हि करि । एकलौ जाहि गवार ॥
४ भणत नांमदेव सुणौं त्रिलोचन । घटि दया धर्म पालि ।
अम्है पांहुणां दिन चारि का । सुक्रित रांम संभालि ॥

१०:० धंन धंधौ ब्यौहार सब । माया मिथ्या बाद ।
पांणीं नीर हलूर ज्यूं । हरि नांव बिनां अपवाद ॥ टेक ॥
१ इक रांम नांम निज साचा । चित चेति चतुर घट काचा ।
इस भ्रंमि न भूलिसि भोली । बिधना की गति है ओली ॥
२ जीव ते कूं मारण धावै । मरते कूं बेगि जिलावै ।
जाकै हूंहि जंम से बैरी । सो क्यूं सोवै नींद घणेरी ॥
३ जिहि जागत नींद उपावै । तिहि सोवत कौंन जगावै ।
जल जंत न देषिसि प्रांनीं । सब दीसै झूठनि दांनीं ॥
४ तन देवल ज्यूं धज आछै । पडियां पछितावै पाछै ।
जीवतहीं कुछ कीजै । तब रांम रसांइंन पीजै ॥
५ रांम नांम निज सार है । माया लागि न होइ ।
अंतकालि सिर पोटली । ले जात न देष्यौ कोइ ॥
६ कोई ले जात न देष्या । बलि बिक्रम भोज ग्रष्या ।
काहू कै संगि न राषी । दीसै बीस लकी साषी ॥
७ जब हंस पवन ल्यौ षेलै । पसरयौ हाटक जब मेलै ।
मांनिष जनम औतारा । नांऊं ह्वै है बारंबारा ॥
८ कबहूं ह्वै किसा बिहांणां । तर पंषी जेम उडांणां ।
सब आप आप कूं जाई । को काहू मिलै न भाई ॥
९ मूरिष मनिषा जनम गवाया । बर कौडी ज्यूं डहकाया ।
जिहि तन धन जगत भुलाया । जग राष्यौ परहरि माया ॥
१० जल अंजुरी जीवन जैसा । ताका है किसा भरोसा ।
कहै कबीर जग धंधा । काहे न चेतहु अंधा ॥

राग धनाश्री

११:० न कछू रे न कछू रांम बिना ।
सरीर धरे की इहै परमगति । साध संगति रहनां ॥ टेक ॥

१ मंदिर रचत मासं दस लागे । बिनसत एक छिनां ।
रंचक सुष कै कारंनि प्रांनीं । परपंच करत घनां ॥
२ तात मात सब लोक कुटंब मैं । फूल्यौ फिरत मनां ।
कहै कबीर रांम भजि बौरे । छाडि सकल भ्रंमनां ॥

राग आसावरी

१२:० मन रे अपनां रांम संभाली । मन रे चल्या बजावत
ताली ।
मुयें घडी एक रहण न पावै । देहि जंगल महिजाली ॥
टेक ॥
१ माटी षोदै महल उठावै । लोक कहै घर मेरा ।
हंसा रावल षेलि गया । तब नहीं घर मेरा न तेरा ॥
२ जब लग तेल दिवा मैं बाती । तब सूझै सब कोई ।
जंलि गया तेल सिरांनीं बाती । सूंनां मंदिर होई ॥
३ कोऊ वोढै पाट पटंबर । कोऊ चीतर सारी ।
काहू कै सिरि कां बरिया नांहीं । कोऊ सोवै भर सारी ॥
४ काकी मात पिता न काहू कौ । कौंन पुरिष को जोई ।
घट छूटैं कोई बात न पूछै । काढौ काढौ होई ॥
५ कहत कबीर सुनहु रे संतौ । भरमि परौमति कोई ।
सब घट मधे रांम बिचारौ । ढूंढि लेहु निज सोई ॥

१३:० झूठा लोक कहैं घर मेरा ।
जाघर मांहैं बोलै डोलै । सोई नहीं तन तेरा ॥ टेक ॥
१ बहुत बध्या परिवार कुटंब मैं । कोई नहीं किस केरा ।
जीवत आंषि मूंदि किन देषौ । संसार धंध अंधेरा ॥
२ बास्ती मैं थैं मारि चलाया । जंगलि किया बसेरा ।
घर कूं षरच षबरि नहीं भेजी । आप न कीया फेरा ॥
३ हस्ती घोडा बैल बांहणीं । संग्रह किया घणेरी ।
भींतरि बीबी हरम महल मैं । माल मियां का डेरा ॥
४ बाजी की बाजीगर जांनैं । कै बाजीगर का चेरा ।
चेरा कबहूं उझषि न देषै । चेरा अधिक निवेरा ॥
५ नौ मण सूत उरझि नहीं सुरझै । जनमि जनमि
उरझेरा? ।
कहै कबीर एक रांम भजहु रे । बहुरि न ह्वैगा फेरा ॥

राग आसावरी

१४:० हाथडि थापडि जनम गंवावै ।
कबहूं न रांम चरण चित लावै ॥ टेक ॥
१ जहां जहां दांम तहां मन धावै ।
अंगुरी गिणतां रैंनि बिहावै ॥
२ त्रिया का बदन देषि सुष पावै ।
साध की संगति कबहूं न आवै ॥
३ सरग के पंथि जात सब लोई ।
सिर धरि पोट न पहुंच्या कोई ॥
४ कहै कबीर हरि कहा उबारै ।
अपणैं पाव आप जौ मारै ॥

१५:० चेति न देषै रे जग धंधा ।
रांम नांम का मर्म न जांनैं । माया कौ रसि अंधा
॥ टेक ॥
१ जनम तही रु कहा ले आयौ । मरत कहा ले जासी ।
जैसैं तरवर बसत पंषेरू । द्यौंस चारि के बासी ॥
२ आपा थापि अवर नहीं जांण्यौ । जनम तही जड काटी ।
हरि की भगति बिनां यहु देही । धब लौटै ही फाटी ॥
३ कांम क्रोध मोह मद मंछर । पर अपवादन सुनियैं ।
कहै कबीर साध की संगति । रांम नांम गुण भणियैं ॥

१६:० जाइ रे दिनहीं दिन देहा ।
करि लै बौरी रांम सनेहा ॥ टेक ॥
१ बालापन गयौ जोबन जासी ।
जुरा मरन भै संकुट आसी ॥
२ पलटे केस नैंन जल छाया ।
मूरिष चेति बुढापा आया ॥
३ रांम कहत लज्या क्यूं कीजै ।
पल पल आव घटै तन छीजै ॥
४ लज्या कहै हूं जमकी दासी ।
एकै हाथि मुदिगर दूजै हाथि पासी ॥
५ कहै कबीर तिन्हूं सब हारच्या ।
रांम नांम जिनि मनहूं बिसारच्या ॥

१७:० जाह जंती नांव न लीया । फिरि पछितावै गौरे जीया ॥
टेक ॥
१ धंधौ करत चरन कर घाठे । आवघटी तन षीनां ।
बिषै बिकार बहुत रुचि मानी । माया मोह चित दीन्हां
रे ॥
२ जागि जागि नर काहे सोवै । सोइ सोइ कब जागैगा ।
जब घट भीतरि चोरं पडैंगे । तब अंचलि किस कै
लागैगा ॥
३ कहैत कबीर सुनहुं रे संतौ । करि ल्यौ जे कछू करनां ।
लष चौरासी जोनि फिरौगे । बिनां रांम के सरनां रे ॥

१८:० जौ मैं ग्यांन बिचार न पाया ।
तौ मैं यौंहीं जनम गंवाया ॥ टेक ॥
१ यहु संसार हाट करि जांणौं । कोई बणिजण आया ।
चेति सकै सो चेतौ रे भाई । मूरिष मूल गवाया ॥
२ थाके नैंन बैंन भी थाके । थाकी सुंदर काया ।
जांमण मरण एऊ द्वै थाके । एक न थाकी माया ॥
३ चेति चेति मेरे मन चंचल । जब लग घट मैं सासा ।
भगति जाव परि भाव न जइयौ । हरि के चरण न
वासा ॥
४ जे जन जांनि जपैं जग जीवन । तिन का ग्यांन न नासा ।
कहै कबीर वै कबहूं न हारैं । जांनि ढारैं पासा ॥

१९:० प्रांणीं काहे कै लोभि लागि । रतन जनम षोयौ ।
बहुरि हीरा हाथि न आवै । रांम बिनां रोयौ ॥ टेक ॥
१ जल बूंद थैं जिनि प्यंड बांध्या । अगनि कुंडि रहाया ।
दस मास माता उदरि राष्या । बहुरि लागी माया ॥
२ एक पल जीवन की आस नांहीं । जम निहारै सासा ।
बाजीगर संसार कबीरा । जांनि ढारौं पासा ॥

राग सीधूडौ

२०:० सुणि तूं मनां रे । मूरिष मूंढ गंवार ॥ टेक ॥
१ आवै लहरि बिहांवणीं । दवैं देह अपार ॥
२ करिबौ है तिम कीजिये रे । सुमरि सो आधार ॥
३ चरण बिहूंणौं चालि बौरे । संभारी ले सार ॥
४ दादू तेह जु लीजिये रे । साचौ सिरजनहार ॥

राग धनाश्री

२१:० काल कया गढ भेलिसी । छीजैं दसौं दुवारो रे ।
देषं तति लूटिये । होसी हाहाकारो रे ॥ टेक ॥
१ नाइक नगर नैं मेल्हसी । एक लडौते जाए रे ।
संग न साथैं को आसे । तहां को जांणैं किम थाये रे ॥
२ सत जत साधौ माह्रा भाईडा । कांई सुकृत लीजै सारो रे ।
मारगि बिष मैं चालिबौ । कांई लीजै प्रांन अधारो रे ॥
३ नीर निवाणां ठाह रै । तिम साजी बांधौ पालौ रे ।
संम्रथ सोई सेइये । तौ काया न लागै कालो रे ॥
४ दादू मन थरि आंणियैं । तौ निहचल थिर थाये रे ।
प्रांणीं नैं पूरौ मिलै । तौ काया नैं मेल्हि न जाये रे ॥

२२:० चलि मेरी सषी हे वो लग रांमराया ।
जब तब काल बिनासै काया ॥ टेक ॥
१ जब लग लोभ मोह की दासी ।
तीरथि बरति न छूटै जम की पासी ॥
२ आवैं गेवै जंम के घालैंगे बांटी ।
यहु तन जरि बरि होइगौ माटी ॥
३ कहै कबीर जे हरि रंगि राता ।
पायौ राजा रांम परमपद दाता ॥

राग सीधूडौ

२३:० जीव कमेडा बापडा तूं । काल पासि लपटाये रे ।
कृश्न कपच गहि बाहिलै । रांम बांण कर साहे रे
॥ टेक ॥
१ कौंण सरि चुगतौ हंसडा । कौंण सरि बैठो आई रे ।
कौंण सरि पांणीं पीवतौ । कौंण पिता कौण माई रे ॥
२ पर सरि चुगण न जाइये । काल पासि भौभारी ।
इंद्री द्रिढ करि राषिनैं । ब्रिथा जनम न हारी रे ॥
३ पंच पंषे रूपी हरू । तरवरि बांध्या भोला रे ।
पालि छाडि हंसा चल्यौ । बिछुरत मिलनहु हेला रे ॥
४ लष चौरासी तूं फिरै । कहूं न मांडी आसा रे ।
प्रणवंत सोझौ केसवा । मेरा मेटि जनम का पासा रे ॥

राग गौडी

२४:० सुवटा डरपत रहु रे भाई । तोहि डराई दैंत बिलाई ।
तीनि बार रूंधै एक दिन मैं । कबहूं कैं षता षदाई ॥
टेक ॥
१ या मंजारी मुगधि न मांनैं । सब दुनियां डहकाई ।
रांणां राव रंक कूं ब्यापै । करि करि प्रीति सवाई ॥
२ कहत कबीर सुनहुं रे सुवटा । उबरैंगौ हरि सरनाई ।
लाषूं मांहि तैं लैत अचांनक । काहू न दैंत दिषाई ॥

राग आसावरी

२५:० सूवारे मींनीं डर करणां ।
बाला गिर्णैंन बूढ तरणां ॥ टेक ॥
१ जब यहु मींनी सू येकूं षाइ ।
तब यहु पिंजरा बीषरि जाइ ॥
२ जे यहु पिंजरा लोह जडांऊं ।
हुकम धणीं कै रहण न पाऊं ॥
३ या मींनीं सूं कुछ न बसाई ।
बउ तला थै लै लै जाई ॥
४ भाई बंधर मींत राहेला ।
ले लेहु करि काढैंहि बहला ॥
५ सेष बहावदी कहि समझावै ।
अलह रांम बिन कौंण छुडावै ॥

राग केदारौ

२६:० करि मन संत जनन सूं हेत ।
रांम नांम की बारि रे । ज्यूं ऊबरै तेरौ षेत ॥ टेक ॥
१ मन सू बात न पिंजरा । बंध्यौ तामैं नेत ।
काल रूपी मंजार डोलै । अब घरी तोहि ? ॥
२ बिषै बंचि बिचार करि रे । उतरि सायर सेत ।
सूर हरि कौ भजन करि रे । गुर बतायें देत ॥

साषी

१ कबीर षेत किसांण का । म्रिगौं षाया झाडि ।
षित बिचारा क्या करै । जौ षसम न करैई छाडि ॥
२ कबीर बिन रषवाली बाहिरा । चिडियां षाया षेत ।
आधा परधा ऊब? चेति सकै तौ चेत ॥
३ नांनक बाडी उजडी । गया बले दाषाइ ।
राह दीहुं दीबाडि करि । मति कछू पलै पाइ ॥

राग केदारौ

२७:० तैं मन मूरिष जनमु गंवांयौ ।
अति अभिमांन बिषै रस मातौ । स्वांमि सरन नहि
आयौ ॥ टेक ॥
१ यहु संसार फूल सैं बरि कौ । ललित देषि लु भायौ ।
चाष न ?ई उडांनीं । हाथ कछू नहीं आयौ ॥
२ होइ कहा पीछैं पछितांये । पहलैं कछु न कमायौ ।
सूरदास भगवंत भजन बिन । माथौ धुनि पछितायौ ॥

राग गौडी

२८:० मन रे रांम बिनां तन छीजै रे ।
जब यहु जाइ मिलै माटी मैं । तब कहु कैसैं कीजै ॥
टेक ॥
१ पारस परसि कंचन करि लीजै । सहजि सुरति सुष दाई ।
माया बेलि बिषै फल लागै । तापरि भूलि ? भाई ॥

२ जब लग प्रांण प्यंड है नीका । तब लग ताहि जिनि भूलै ।
यहु संसार सैंबल के सुष ज्यूं । तापरि तूं जिनि फूलै ॥
३ औसर एह जांनि जगजीवन । समझि देषि सचु पावै ।
अंग अनेक आंन मति भूलै । दादू जिनि डहकावै ॥

२९:० जीयरा हो मेरे सुमरि सार । कांम क्रोध मद तजि बिकार ॥ टेक ॥
१ तूं जिनि भूलै मन गंवार । सिरि भार न लीजै मां निहार ॥
२ सुणि संमझायौ बार बार । अजहूं न चेतै हो हुसियार ॥
३ करि तैसैं भौ तिरिये पार । दादू इब तैं ए बिचार ॥

३०:० जीयरा चेति रे जिनि जारै ।
हे जैं हरि सौं प्रीति न कीन्हीं । जनम अमोलिक हारै ॥ टेक ॥
१ बेर बेर संमझायौ रे जीयरा । अचेत न होहु गंवार ।
यहु तन है कागद की गुडिया । कछू एक चेति बिचारे ॥
२ तिल तिल तुझ कूं हांनि होत है । जे पल रांम बिसारे ।
भौ भारी दादू के जीय मैं । कहु कैसैं करि डारै ॥

३१:० जियरा तेरे गुनहगार । जियरा अपराधी गुनहिगार ।
मनिषा जनम नहीं बार बार ॥ टेक ॥
१ जोनि छाडि जब जग मैं आयौ ।
लागत पवन षसम बिसरायौ ॥
२ सुषिनां कै सुषि कहा भुलांनौं ।
जैसौ तेरौ आंवनौं तैसौही तेरौ जांनौं ॥
३ गरब्यौ कहा मनिष मल धारी ।
कांम क्रोध तजि जपिलै मुरारी ॥
४ नापा जे दिन हरि बिन बीते ।
औंध कुंभ जल बरिष तरीते ॥

३२:० जौ तैं रसनां रांम न कह्या बे ।
तौ उपहूत बिनसत भ्रमत रह्या बे ॥ टेक ॥
१ जैसी देषि तरवर की छाया ।
प्रांण गयें कहु काकी माया ॥
२ जीवत कछु न कीया परवांनां ।
मुवां मरम को का कर जांनां ॥
३ कंध काल सुष कोऊ न सोवै ।
राजा रंक दोउ मिलि रोवै ॥
४ हंस सरोवर कवल सरीरा ।
रांम रसाइन पीवै कबीरा ॥

३३:० रांम न जपहु कहा भये अंधा ।
रांम बिनां जंम मेलैगौफंधा ॥ टेक ॥
१ सुत दारा का कीया पसारा ।
अंत की बेरा भये तटपारा ॥
२ माया ऊपरि माया मांडी ।
साथि न चलै षोषरी हांडी ॥
३ जपौ रांम ज्यूं अंति उबारै ।
ठाढी बांह कबीर पुकारै ॥

३४:० इब क्या सोचै आइ बणीं ।
सिर परि साहिब रांम धणीं ॥ टेक ॥
१ दिन दिन पाप बहुत मैं कीनां ।
नहीं गोबिंद की संकमनीं ।
लेटचौ भोग़? हुत पछितांनौं ।
लालचि लागौ करत घनीं ॥
२ छूटी फौज आणि गट? ।
?रचौ उडि गयौगू डर छाडि तनीं ।
पकरचौ हंस जंम ले चाल्यौ ।
मंदिर रोवैं नारि घनीं ॥
३ कहै कबीर रांम किन सुमिरत ।
चीन्हत नांहि न एक चिनीं ॥
जब जाइ आइ परौसी घेरचौ ।
छाडि चल्यौ तजि पुरष पनीं ॥

राग टोडी

३५:० नेटि रे माटी मैं मिलणां ।
मोरि मोरि देही काहे कूं चलणां ॥ टेक ॥
१ काहे कूं अपणां मन डुलावै ।
यहु तन अपनां नींकैं धरणां ।
कोटि बरस तूं काहे न जीवै ।
बिचारि देषि आगैं है मरणां ॥
२ काहे न अपनीं बाट संवारै ।
संजमि रहणां सुमिरण करणां ।
गहिला दादू गर्ब न कीजै ।
यहु संसार पंच दिन भरणां ॥

राग मलार

३६:० हरि गुण सुमरि रे नर प्रांणीं ।
० जतन करत पतन ह्वै जैहै । भावैं जांणि मजांणीं ॥ टेक ॥
छीलरि नीर रहै धूं कैसैं । को सुपिनैं सच पावै ।
१ सूझि कपां न परत तरवर थैं । उलटि न तरवरि आवै ॥
जल थल जीव डहके इनि माया । कोई जन उबरण पावै ।
२ रांम अधार कहत हैं जुगि जुगि । दास कबीरा गावै ॥

राग भैरू

३७:० कागा रे करंक परि बोलै ।
षाइ मास अरल गहीं डोलै ॥ टेक ॥
१ जात न कूं ले अधिक संवारा ।
सो तन ले माटी मैं डारा ॥
२ जात न देषि अधिक नर फूले ।
सो तन छाडि चले रे भूले ॥
३ जात न देषि मन मैं गरबांनां ।
मिलि गया माटी तजि अभिमांनां ॥
४ दादू तन की कहा बडाई ।
निमष मांहि मांटी मिलि जाई ॥

३८:० काहे कूं भींति बनावत टाटी ।
का जानूं कहां परिहै माटी ॥ टेक ॥
१ काहे कूं मंदिर महल चिणाऊं ।

मूंवां पीछैं घडी एक रहण न पांऊं ॥
२ काहे कूं छांऊं ऊंच उंचेरा ।
साढी तीनि हाथ घर मेरा ॥
३ कहि कबीर नर गरब न कीजै ।
जेता तन तेती भवैं लीजै ॥

३९:० रैंनि गई मति दिन भी जाइ ।
भवर उडे बग बैठे आइ ॥ टेक ॥
१ काचै भांडै रहै न पांनीं ।
हंस उडया काया कु मिलांनीं ॥
२ थरहर थरहर कंपै जीव ।
नां जानूं का करि है पीव ॥
३ कहै कबीर कछु कीया न होइ ।
तौ दरगह पंलान पकरै कोइ ॥

राग गौडी

४०:० बिनसि जाइ कागद की गुडिया ।
जब लग पवन तबैं लग उडिया ॥ टेक ॥
१ गुडिया कौ सबद अनाहद बोलै ।
षसम लीयैं कर डोरी डोलै ॥
२ पवन थक्या गुडिया षह रांनीं ।
सीस धुनि धुं रोवै प्रांनीं ॥
३ कहै कबीर भजि सारंगप्रांनीं ।
नहींतर ह्वै है षैंचातांनीं ॥

४१:० मन रे तन कागद का पुतरा ।
लागै बूंद बिनसि जाइ छिन मैं ।
गरबु करै क्या इतरा ॥ टेक ॥
१ मांटी षोदहि भींति उसारंहि ।
अंध कहै घर मेरा ।
आवै तलब बांधि लै चालै ।
बहुरि न करि है फेरा ॥
२ षोट कपट करि परि हु धनु जोरचौ ।
लै धरती मैं गाडचौ ।
रो क्या घटु सास नहीं निसरै । ठौर ठौर सब छाडचौ ॥
३ कहै कबीर नट नाटि कथा के । मंदरा कौन बजावै ।
गये पिषनियां उझरी बाजी । को काहू कै आवै ॥

राग सोरठि

४२:० रे कारंनि कौंन संवारै देही ।
यहु तन जरि बरि ह्वै है षेही ॥ टेक ॥
१ चोवा चंदन चरचत अंगा ।
सो तन जरत काठ के संगा ॥
२ बहुत जतन करि देह सुटियाई ।
अगनि जरै कै जंबुक षाई ॥
३ जा सिरि रचि रचि बांधत पागा ।
ता सिरि चंच संवारत कागा ॥
४ कहै कबीर सुनहुं मन मेरे ।
एई हवाल हूंहिगे तेरे ॥

राग गौडी

४३:० देषहु यहु तन जरता है ।
घडी पहर बिलंबौ रे भाई जरता है ॥ टेक ॥
१ काहे कूं एता किया पसारा ।
यहु तन जरि बरि ह्वै है छारा ॥
२ नव तन द्वादस लागी आगी ।
मुगध न चेतै नष सष लागी ॥
३ कांम क्रोध घट भरचौ बिकारा ।
आपहि आप जरै संसारा ॥
४ कहै कबीर हम म्रितक समांनां ।
रांम नांम छूटे अभिमांनां ॥

४४:० नर जांगौं अंमर मेरी काया ।
घर घरवा तहु पहरी छाया ॥ टेक ॥
१ मारग छाडि कुमारग जोवै ।
आपण मरै और कूं रोवै ॥
२ कछू एक किया कछू एक करणां ।
मुगध न चेतै निहिचै मरणां ॥
३ जल बुद बुद जैसा संसार ।
उपजत बिनसत लगै न बारा ॥
४ पंच पंषुरी एक सरीरा ।
क्रिश्न कवल दल भवर कबीरा ॥

११० तीसरौ अंग चिंतांवनी कौ

राग अडांणौं

१:० भाई रे यौं बिनसै संसारा । कांम क्रोध अहंकारा ॥ टेक ॥
१ लोभ मोह मैं मेरा । मद मछर बहुतेरा ॥
२ आपा पर अभिमांनां । केता गर्ब गुमांनां ॥
३ तीनि तिमर नहीं जांहीं । पंचौं के गुन मांहीं ॥
४ आतम रांम न जांनां । दादू जगत दिवांनां ॥

राग गौडी

२:० कौंन जनम कहां जाता है ।
रांम छाडि कहा राता है ॥ टेक ॥
१ मैं मैं मेरी इन सूं लागि ।
स्वादि पतंग न सूझै आगि ॥
२ बिषिया सूं रत गर्ब गुमांन ।
कुजर कांम बंधे अभिमांन ॥
३ लोभ मोह मद माया फंध ।
ज्यूं जल मींन न चेतै अंध ॥
४ दादू यहु तन यौंहीं जाइ ।
रांम बिमुष मरि गए बिलाइ ॥

३:० ऐसा औसर बहुरि न आवै ।
रांम मिलै पूरौ जन पावै ॥ टेक ॥
१ जनम अनेक गया अरु आया ।

कौ बेगारि न भाडा पाया ॥
२ भेष अनेक एक धूं कैसा ।
नानां रूप धरे नट जैसा ॥
३ दांन एक मागूं कवलाकंत ।
कबीरा के दुष हर न अनंत ॥
४:० अैसा जनम अमोलिक भाई ।
जामैं आइ मिलै रांमराई ॥ टेक ॥
१ जामैं प्रांण प्रेम रस पीवै ।
सदा सुहाग सेज सुष जीवै ॥
२ आतम आइ रांम सूं राती ।
अषिल अंमर धंन पावै थाती ॥
३ प्रगट परसंन दरसंन पावै ।
परम पुरिष मिलि मांहि समावै ॥
४ अैसा जनम नहीं नर पावै ।
सो क्यूं दादू रतन गंवावै ॥

साषी

१ रतन एक बहु मोल का । नहीं अैसा इहि लोइ ।
किहि संजोगि करि पाइया । सब थैं उतिम सोइ ।
जतन करे नहीं राषिया । मूरिष बैठा षोइ ।
कंम बषती ता सारिषौ । जगंनाथ नहीं कोइ ॥
२ जैसैं बिलु षोदत धनु फब्या । पसुवा यहु निधि न जांणैं ।
तातहि अधिका पसू । देह कूं झूठ बषांणैं ॥
३ प्रिथीनाथ आंधा घट तेहु । जिन पहि अणसमझे का बोल ।
इह पसू हाथि मांणिक परे । तौ क्या जांनहि मोल ॥
४ देही बिनां न धर्म । देह बिणां न को बड दाता ।
देही बिनां न धनुं । देह बिण बंध न भ्राता ॥
५ देही बिणां न सिंगार । हार कवनहि गलि मेलै ।
देही बिणां न बंसु । कवन घरि आंगनि षेलै ॥
६ देही बिणां न तप । कवन कहियें सिंन्यासी ।
देही बिणां न राज । कवण पुर पटण बासी ॥
७ जबही जनम बगाइये । मरै तौ पूरा रोज ।
जिस देह धरचां बैकुंठ पद । तिसका कांइ बिसार हु षोज ॥
८ या देही बिणां जप तप नहीं । देही बिणां न ध्यांनं ।
देह गयां सुणि पंडित । कहौ हु कहां भगवांनं ॥
९ या नर देही नागा नहीं । संमझे कूं कविलास ।
तब लग डाव न चूकिये । जब लग पंजर स्वास ॥

राग बिलावल

५:० बार बार तन नहीं बावरे । काहे कूं बादि गंवावै रे ।
बिनसत बार कछ नहीं लागै । बहुरि कहां को पावै रे ॥ टेक ॥
१ तेरे भाग बडे भाव धरि कीन्हां । क्यूं करि चित्र बनावै रे ।
सो तन लेइ बिषै मैं डारै । कंचन छार मिलावै रे ॥
२ तूं मति जांणौं बहुरि पाइये । अब कै जिनि डहिकावै रे ।
तीनि लोक की पूंजी तेरे । बनजि बेगि सो आवै रे ॥
३ जब लग घट मैं सास बास है । तब लग काहे न धावै रे ।
दादू तन धरि नांव न लीया । सो प्रांनीं पछितावै रे ॥

राग सारंग

६:० मूरिष चेति रे बहुरि न पावै मनिषा देह ।
कांम क्रोध अरु लोभ मोह तजि । रांम भजन करि लेह ॥ टेक ॥
१ अैसौ जनम अमोलिक तेरौ । कौडी समि क्यूं हारै ।
मरकट कूं माला पहराई । तौरि कंठ तैं डारै ॥
२ बार बार नहीं अैसा औसर । रांम नांम चित लाइ ।
निर्मल जल अंजुरी मैं जैसैं । जनम अमोलिक जाइ ॥
३ सकल सिरोमनि मनिषा देही । बांछै सुर नर देवा ।
यहु दत आप क्रिपा करि दीन्हौं । गरीबदास करि सेवा ॥

राग आसावरी

७:० हरि की कथा सुणि रे कर्म हींणां । कौंण औसर जाइ ।
भर्म मार्ग छाडि भूंदू । रसन रमि रघुराइ ॥ टेक ॥
१ आप बिधनां उचित दीन्हां । परषि नग नर देह ।
सु प्रभू बासुरि रैंणि बांणीं । सुफल करि किनि लेह ॥
२ चेति मुगध बिचारि मन मैं । अपस अषरिम चाल ।
सकल सिरोमणि सौंज सौंपी । निपट कियौ निहाल ॥
३ सब लोकपालक पुहम पूरण । सुरत्य स्यंध निधांन ।
भजिसि निज बडभागि पायौ । अंध तजि अभिमांन ॥
४ नैंन नासा समझि सासा । श्रवण सिर कर पाव ।
देषि कहै हरदास दुसरां । अैसा दुलंभ डाव ॥

साषी

१० कबीर हरि की भगति करि । तजि बिषिया रस चोज ।
बार बार नहीं पाइये । मनिष जनम की मौज ॥
११ कबीर मनिषा जनम दुलंभ है । देह न बारंबार ।
तरवर थैं फल झडि पड्या । बहुरि न लागै डार ॥
१२ बारबार यहु तन नहीं । नर नारांइन देह ।
दादू बहुरि न पाइये । जनम अमोलिक एह ॥
१३ कबीर रांम नांम जपि लीजिये । जब लग सास सरीर ।
जनम अमोलिक जात है । ज्यूं अंजुरी कौ नीर ॥
१४ कबीर अंजुरी जल बहुरचौं नहीं । बहुरि न सती सिंगार ।
कदली फल बहुरचौं नहीं । यौं तन नहीं बारंबार ॥

राग भांणमली

८:० मुकति द्वार मांनवनीं देही ।
महगे मोल चढी रे जोइ ।
पामर प्रांम्यौं छेली पग थी ।
वेल्ही ममूकि बिमासी जोइ ॥ टेक ॥
१ फोकट फेरा धांम्यौं धूंम्यौं ।
किहूं न प्रांम्यौं ठरचा नौ ठांम ।
बीजी देही यें इम कि मल हसि ।
गोबिंद किष्न रिदै धरि रांम ॥

२ षरौ चाल षांडानीं धारैं ।
वेह्ला देहडी न लाभै बारंबार ।
भणैं चत्रभुज च्यंतवि नारांइण ।
जे प्राम्यौं मांनिष अवतार ॥

राग काल्हेरौ

९:॰ वारी वार कहूं रे गहिला ।
रांम नांम कांइ बिसारचूं रे ।
जनम अमोलिक प्रांमियौं ।
ए ह्वौं रतन कांइ हारचूं रे ॥ टेक ॥
१ बिषिया बाद्यौ नैंति ह्यां धायौ ।
कीधौं नहीं मांहरौं वारचूं ।
माया धन जोई नैं भूलौं ।
षरथई एणैं हारचूं रे ॥
२ गर्भवास देह वंतौ प्राणीं ।
आश्रंम तेह संभारचूं रे ।
दादू रे जन रांम भणींजै ।
नहीं तौ जथा बध हारचूं रे ॥

राग आसावरी

१०:॰ रे मन गोबिंद गाइ रे गाइ ।
तेरौ जनम अबिथा जाइ रे जाइ ॥ टेक ॥
१ अैसा जनम न बारंबारा ।
ताथैं जपिलै रांम पियारा ॥
२ यहु तन अैसा बहुरि न पावै ।
ताथैं गोबिंद काहे न गावै ॥
३ बहुरि न पावै मनिषा देही ।
ताथैं करि लै रांम सनेही ॥
४ अब कै दादू किया निहाला ।
गाइ निरंजन दीन दयाला ॥

राग टोडी

११:॰ जाइ रे तन जाइ रे ।
जनम सुफल करि लेहु रांम रंमि । सुमरि सुमरि गुन गाइ रे ॥ टेक ॥
१ नर नारांइन सकल सिरोमनि । जनम अमोलिक आहि रे ।
सो तन जाइ जगत नहि जांनैं । सकै तौ ठाहर लाइ रे ॥
२ जुरा काल दिन जाइ गरासें । तासूं कछू न बसाइ रे ।
छिन छिन छीजत जाइ मुगध नर । अंतकाल दिन आइ रे ॥
३ प्रेम भगति साध की संगति । नांव निरंतरि ध्याइ रे ।
जे सिरि भाग तौ सौंज सुफल करि । दादू बिलंम न लाइ रे ॥

१२:॰ कछु चेति रे कहु क्या आया ।
इन मैं बैठा फूलि करि । तैं देषी माया ॥ टेक ॥
१ तूं जिनि ज्ञानैं तन धन मेरा । मूरिष चेति लुभाइ ।
आज काल्हि जरि जावै देही । अैसी सुंदर काया ॥
२ रांम नांम जपि लीजिये रे । मै कहि समझाया ।
दादू हरि की सेवा कीजे । सुंदर साज मिलाया ॥

राग बिलावल

१३:॰ रांम बिसारचौ रे जगनाथ ।
हीरा हारचौ देषत हीरे । कौडी कीन्हीं हाथ ॥ टेक ॥
१ चहुता कंचन करि जांनैं । भूलौ रे भ्रम पास ।
साचे सूं पल परचा नांहीं । करि काचे की आस ॥
२ बिष ताकौं अंम्रित करि जांनैं । संग न आवै साथ ।
सैंबल के फूल न परि फूल्यौ । चूकौ अब की घात ॥
३ हरि भजि रे मन सहजि पिछांनीं । ए सुनि साची बात ।
दादू रे इब थैं करि लीजे । आव घटै तन जात ॥

१४:॰ रांम बिसारचौ रे अभिमांन ।
है गै कनक कांमनी सुंदरि । देषि देषि मन मांन ॥ टेक ॥
१ को षेती को लेवा देवी । इहि परपंच भुलांन ।
को करै भंगति को सुनैं भागवत । हमारै काज दिवांन ॥
२ नीकैं करि वै पाग बनावत । लागे बीरा षांन ।
सारी कै प्रभू बिन अंति बिगूचांनि । आयौ काल नियरांन ॥

१५:॰ जनम पदार्थ बादि जात रे ।
सुमिर भजन करौ किन हरि कौ ।
जब लग नांहि न गलित गात रे ॥ टेक ॥
१ ए सब संगी द्यौंस चारि के ।
धन दारा सुत पिता मात रे ।
बिछुरैं मिलन बहुरि नहीं ह्वै है ।
ज्यूं तरवर के छींन पात रे ॥
२ तब कैसें हरि नांव लेहुगे ।
कंठ गहैं कफ सीत बात रे ।
काल कराल फिरत सिर ऊपरि ।
आइ अचांनक करत घात रे ॥
३ चेतै नहीं अलप मति मूरिष ।
छाडि अंम्रित फल बिषै षात रे ।
बिद्या दास आस तजि औरै ।
श्री गोपाल कै रंगि राच रे ॥

राग कनडौ

१६:॰ घरी घरी घरियार रटतं । संमझि तेरी आवघटत ।
अटत क्यूं न बिकारते ॥ टेक ॥
१ पाप पूर्न होत जात । दोषन के रंध्र गात ।
बेली ज्यूं भरि बूडत । क्रंम क्रंम जल भारते ॥
२ माला के मनि का ज्यूं काल दिन तरहत सदा ।
टेरि टेरि बोलत जंम मोगरी प्रहारते ॥
३ सूरदास मदन मोहन । भजहु तजहु आलस रे ।
भगत जर दै छूटत । जठर नाद जंजारते ॥

राग बिलावल

१७:० हरि तजि कुमति चलत कत ऊबट ।
ज्यूं जल बिमल अछत अंध प्रानीं ।
कूप षनत सुर सुरी सुभगतट ॥ टेक ॥
१ त्रिष्नां लोभ बिषै बन कारन ।
निसिबासुर तोहि परी इहै रट ।
संत सीष मान तनहीं भैसैं ।
अंबु बूंद षसि जात तेल घट ॥
२ मांनहुं अजाष टीक बस परी ।
काल भुजाग है फिरत सदा लट ।
ब्याली मृति बदन मैं बासौ ।
निगलत बेर न लागैगी गट ॥
३ ससा अंधेरी कियैं भली नहीं ।
मूंडप बेरी बैठैगी षट ।
अगरस्वांमि के चरन सरन गहि ।
भौसागर की पार होह पट ॥
१८:० कहि हरि की सुधि क्यूं बिसराई ।
सिर परि मींच नींच नहीं सूझै ।
मांन हुं देह मुका तैं पाई ॥ टेक ॥
१ आषु अचेत अजिगर घर मांहीं ।
कूदत फादत चहुं दिसि धाई ।
प्रेत काल बिडाल छिनक मैं ।
दांत चांप्यले चल्यौ पराई ॥
२ नहीं आस फिरि स्वास लैंन की ।
तैं मनसा त्रिभुवन फै लाई ।
अंतक उगर बदन मैं बासौ ।
नर मैंडुक कछु बल न बसाई ।
३ मन क्रंम बचन कहत हित तेरौ ।
अगरस्वामि की गहि सर नाई ॥

राग कनडौ

१९:० हरि बिन काहे कूं जनम गवावहु ।
यहु संसार चिहर नट नाटी ।
पंच चोर नंगर कूं लूटैं ।
द्यौंस चारि पीछैं बारा बाटी ॥ टेक ॥
१ धंधौ करत सबै दिन षोये ।
रजनीं सकल सोइ करि काटी ।
धंन सुत झंषत जनम गयौ रे ।
इहि मति मूंड परै जंम लाठी ॥
२ जठर अगनि मैं जिनि प्रतिपाल्यौ ।
जल की बूंद तैं रचनां ठाटी ।
जनगोपाल रांम किन सुमिरौ ।
ज्यूं लंघि जाहु दुष की घाटी ॥
२०:० रे जिय बातनि जनम गंवायौ ।
संग हीं सदा रहै हरि तेरे ।
तासूं मन नहीं लायौ ॥ टेक ॥
१ लटकत फिरत घरैं घर डोलत ।
इत उत चितवत धायौ ।
सेयौ नहीं निरंजन साहिब ।
ताकौ जस नहीं गायौ ॥
२ जिभ्या स्वादि श्रवन रस लागौ ।
कीयौ है इंद्रीनि कौ भायौ ।
टीला गुर दादू समझायौ । तासूं चित नहीं लायौ ॥
२१:० हांम न रांम न भज्यौ ।
बिष न तज्यौ तैंहीं जनम गंवायो ॥ टेक ॥
१ माया मोह मांहि लपटायौ ।
साध संगति नहीं आयौ ॥
२ हेत सहित हरि नांव न गायौ ।
बिष अंमृत करि षायौ ॥
३ सतगुरि बहुत भांति संमझायो ।
सब तजि तन नहीं लायो ॥
४ गरीबदास जनम जे पायो । करि लै पिय कौ भायो ॥

राग धनाश्री

२२:० बहुरि न पाइ बौरे डनिषा जनम गंवार ।
हरि की भगति बिनां रे प्रांणीं । कांइ करै तन छार ॥ टेक ॥
१ और मरत जग जात न जांन्यौं । रे मूरिष मति हींन ।
पसू पंषेरू जीव जंत सब । जनमि आइ कहा कीन ॥
२ आंधा नैं आरसी दिषायैं । कहि बहिरा सूं बात ।
ग्यांनीं होइ सूरिष समझावै । सांम्हौं होइ संताप ॥
३ सीहा सोचि देषि घट भीतरि । कितौ एक थिर संसार ।
तेल घट्यौ बाती बुझी । तब मंदिर भयौ अंधार ॥
२३:० हरि बिन बैल पराये ह्वै हौ ।
चारि पाव दोइ सींग गूंग मुष । तब कैसैं गुन गै हौ ॥ टेक ॥
१ लादत जोत तडैंगा परि हैं । तब कत मूंड दुरै हौ ।
सीत घांम घन बिपति बहुत बिधि । भार तरैं मरि जै हौ ॥
२ चारि पहर दिन बन बन फिरि हौ । तऊ न पेट अघै हौ ।
हरि साधनि कौ कह्यौ न मांन्यौं । कियौ आपनौं पै हौ ॥
३ टूटे कां धन फूटे नां कनि । कोदौं कौ भुस षैहौ ।
सूरदास भगवंत भजन बिन । जनमि जनमि दुष पैहौ ॥
२४:० सबै दिन गए बिषै कै हेत ।
देषतहीं तीन्यूं पन षोये । केस भये सिर सेत ॥ टेक ॥
१ नैंननि अंध सुनत नहीं श्रवननि । थाक्यौ चरन सहेत ।
रांम नांम बिन क्यूं छूटहुगे । राह गह्यौ जैसैं केत ॥
२ गंगोदिक तजि पीवत कूप जल । हरि तजि पूजत प्रेत ।
सूरदास कछू गरथ न लागत । रांम नांम मुष लेत ॥
२५:० सबै दिन एक से नहीं जात ।
सुमिरन भजन करहु किन हरि कौ । जब लग तन कुसरात ॥ टेक ॥
१ या देही कौ ग्रबु बावरे । बहुत कहा इतरात ।
हम बड हम बड कहत फिरत सब । सूधे कहत न बात ॥
२ बाल बिनोद सबै दिन बीते । सोवत षेलत षात ।

जोग जुगति कछ ध्यांन न जांन्यूं । बिरध भयौ पछि
तात ॥
३ माया मगन कछू नहीं सूझत । काल फिरै कुर षात ।
सूरदास प्रभू तुम्हारे भजन ते । पाए परम न तात ॥

१११ चौथौ अंग चिंतांवणी कौ

राग गौडी

१:० कैसैं जीवियै रे । साईं संग न पास ।
चंचल मन निहचल नहीं । निसदिन फिरै उदास ॥ टेक ॥
१ नेह नहीं रे रांम का । प्रीति नहीं प्रकास ।
साहिब कौ सुमिरन नहीं । करै मिलन की आस ॥
२ जिस देषें तूं फूलिया रे । पांणीं पिंड बंधांणां मास ।
सोभी जलि बलि जाइगा । झूठा भोग बिलास ॥
३ तौजी ये मैं जीवणां । सुमिरण सासैं सास ।
दादू प्रगट पीव मिलै । तौ अंतरि होइ उजास ॥

२:० अवधू बैठा का गति नांहीं रे ।
भजन बिमुष मति जांणैं छूटण । पसरि सोवै घर मांहीं ॥
टेक ॥
१ चली जमाति साथ के आगैं । तूं कांइ पाछैं धीरा ।
बिन रघुनाथ नहीं को तेरौ । और सहाई भीरा ॥
२ जिन सूं प्रीति करै माधौ तजि । तिन मैं कहि को तेरा ।
जोगी बेटा कदे न ऊंघै । जा का बाट बसेरा ॥
३ जब लग सुष चाहै देही का । तब लग सातौं काची ॥
आइस ऊठि न देषै घर मैं । रांम चरण निधि साची ॥
४ नौ घर मांगि कुरकटी धायौ । इनहीं सूं रुचि मांनीं ।
कहै हरदास चलै जौ दस वैं । तौ सति महिमां जांनीं ॥

३:० अवधू सूतां कौ धंन छीजै रे ।
नींद करै मति बैठौ राषी । चोर चहूं घां लीजै ॥ टेक ॥
१ राषण मतै सु रांम न भूलै । भूलै तौ बितहारै ।
इहि औसरि जे चूकौ अब कै । तौ जांमैं मरै झष मारै ॥
२ ऊंघि ऊंघि यौंहीं जग षींणां ॥ जागि न किनहीं जोया ।
घर भूला बाहरि सब ढूंढै । आपा पर मैं षोया ॥
३ मुहर पदारथ हीरा मोती । हरि भजि गांठि संभालै ।
कहै हरदास काल का डर की । मांणस मींच जु टालै ॥

४:० अवधू नर नर वै सब जासी रे ।
रांम भजन बिन भारी होसी । हारि गयां की हासी
॥ टेक ॥
१ चूकौ दाव चपल मति बिचरी । चेतनि चौपडि फाटी ।
सारी संमझि चरन नहीं दींन्हां । बिषम बुरी सब घाटी ॥
२ जूवा षेलि जुगति जे जांणैं । तौ बिबिधि बिगूचणि टालै ॥
मांगीं मूंठि ढलणि बिण ढांढौ । गरभि पडचौ पसु गालै ॥
३ कहै हरदास कठिन क्यूं कटि सें । कुबुधि कर्म कुल पासा ।
रटतौ रहै एक रसि रातौ । कोई देषैगौ दास तमासा ॥

राग आसावरी

५:० मन रे सोवत रैंनि बिहांनीं । तैं अजहूं जात न जांनीं ॥
टेक ॥
१ बीती रैंनि बहुरि नहीं आवै । जीव जागि जिनि सोवै ।
चारचौं दिसा चोर घरि लागे । जागि देषि क्या होवै ॥
२ भोर भयैं पछितांवण लागा । मांहि महल कछु नांहीं ।
जब जाइ काल कया कर लागा । तब सोंधै घर मांहीं ॥
३ जागि जतन करि राषौ सोई । तब तनि तत न जाई ।
चेतनि पहरै चेतत नांहीं । कहि दादू संमझाई ॥

राग केदारौ

६:० सजनीं रजनीं घटती जाइ ।
पल पल छीजै अवधि दिन आवै । अपनौं लाल मनाइ
॥ टेक ॥
१ अतिगति नींद कहा सुषि सोवै । यहु औसर चलि जाइ ।
यहु तन बिछुरें बहुरि कहां पावै । फिरि पीछैं
पछिताइ ॥
२ प्रांनपति जागै सुंदरि क्यूं सोवै । उठि आतुर गहि पाइ ।
कोमल बचन करुणां करि आगैं । नष सष रहु लपटाइ ॥
३ सषी सुहाग सेज सुष पावै । प्रीतम प्रेम बढाइ ।
दादू भागि बडे पीव पावै । सकल सिरोमनि राइ ॥

राग मारू

७:० जागि रे किस नींदडी सूता ।
रैंनि बिहाई सब गई दिन आइ पहूंता ॥ टेक ॥
१ सो क्यूं सोवै नींदडी । जिस मरणां होवै रे ।
जौरा बैरी जागणां । जीय तूं क्यूं सोवै ॥
२ जिस के सिर परिजम षडा । सर सांधें मारै रे ।
सो क्यूं सोवै नींदडी । कहि क्यूं न पुकारै रे ॥
३ दिन प्रति निसकाल झंपै । जीव न जागै रे ।
दादू सूता नींदडी । उस अंगि न लागै रे ॥

८:० जागि रे सब रैंनि बिहांनीं ।
जाइ जनम अंजुरी कौ पांनीं ॥ टेक ॥
१ घडी घडी घडियाल बजावै ।
जो दिन जाइसु बहुरि न आवै ॥
२ सूरिज चंद कहैं संमझाइ ।
दिन दिन आव घटंती जाइ ॥
३ सरवर पांनीं तरवर छाया ।
निसदिन काल गरासै काया ॥
४ हंस बटाऊ प्रांन पयांनां ।
दादू आतम रांम न जांनां ॥

राग भैरू

९:० जागि रे जीव कहा भुलांनौं ।
आगैं पीछैं जांनौं ही जांनौं ॥ टेक ॥
१ दिवस चारि कौ गोवलि बासौ ।
तामैं तोहि क्यूं आवै हासौ ॥
२ इहि भ्रंमि लागि कहा तूं सोवै ।

काहे कूं जनम बादिहीं षोवै ॥
३ कहा तूं सोचै बारंबारा ।
रांम नांम जपि लेहु गंवारा ॥
४ भणत नांमदेव चेति अयांनां ।
औघट घाट अरु दूरि पयांनां ॥
१०:० जपि रांम नांम मंत्रावला । कलि जुग मरणां उतावला ॥ टेक ॥
१ दिवस गवायौ ग्रिह ब्यौहार । राति ज आई अंधाकार ॥
२ दूरि पयांनां औघट घाट । क्यूं निसतरिबौ संग न साथ ॥
३ भणत नांमदेव औघट तिरी । अरधैं नांइ उबारै हरी ॥
११:० जागि रे जीव जागि रै । इब क्या सोवै जागि रे ।
चोर न कौ डर बहुत कहत हैं । उठि उठि पहरै लागि रे ॥ टेक ॥
१ ररौ करि षोल मर्मौं करि बगतर । ग्यांन रतन करि षाग रे ।
अैसैं जौ अजराइल मारै । मस्तकि आवै भाग रे ॥
२ अैसी जागणीं जै को जागै । ता हरि देइ सुहाग रे ॥
कहै कबीर जाग्यौ ही चहिये । का ग्रिह का बैराग रे ।
१२:० जागहु रे नर सोवहु कहा । जंम बटपारे रूंधे पहा ॥ टेक ॥
१ जागि चेति कछू करहु उपाइ । मोदा बैरी है जंमराइ ॥
२ सेत काग आए बन मांहि । अजहूं रे नर चेतहु नांहि ॥
३ कहै कबीर तबैं नर जागै । जब जम के डंड मूंड महि लागै ॥
१३:० जाग्यौ रे जन नींद नसाई । चित चेत्यौ च्यंतामनि पाई ॥ टेक ॥
१ सोवत सोवत बहुत दिन बीते । जन जाग्या तसकर गए रीते ॥
२ जन जागे का ए सहिनांण । बिष से लागैं बेद पुरांण ॥
३ कहै कबीर अब सोऊं नांहि । रांम रतन पाया घट मांहि ॥

राग सूहौ
१४:० मन बनिजारा जागि न सोई । लाहा कारनि मूल न षोई ॥ टेक ॥
१ लाहा देषि कहा गरबांनां । गर्बन कीजै रे मूरिष अयांनां ॥
२ जिनि धंन संच्या सो पछितांनां । साथि चलि गए हम भीजांनां ॥
३ निस अंधियारी जागहु बंदे । छूटण लागे सबहीं संधे ॥
४ किस का बंधू किस की जोई । चल्या अकेला संगि न कोई ॥
५ ढहि गए मंदिर टूटे बंसा । सूके सरवर उडि गए हंसा ॥
६ पंच पदारथ बरि हैं षेहा । जरि बरि जाइगी कंचन देहा ॥
७ कहत कबीर सुनहु रे लोई । रांम नांम बिन और न कोई ॥

राग बिलावल
१५:० जागहु जियरा काहे सोवै ।
सेइ करी मांतौ सुष होवै ॥ टेक ॥
१ जाथैं जीवनां सोतैं बिसारा ।
पछिम जांनां पंथ न संवारा ।
मैं रे री करि बहुत भुलांनां ।
अजहूं न चेतै दूरियांनां ॥
२ सांई केरी सेवा नांहीं ।
फिरि फिरि डूबे दरिया मांहीं ।
वोर न आवै पार न पावै ।
थोरा जीवनां बहुत भुलावै ॥
३ मूल न राष्या ला न लीया ।
कौडी बदलै हीरा दीया ।
फिरि पछितांनां संबल नांहीं ।
हारि चल्या क्यूं पावै सांई ॥
४ इब सुष कारनि फिर दुष पावै ।
अजहूं न चेतै क्यूं डहकावै ।
दादू कहै सीष सुनि मेरी ।
कहु करीम संभालि सवेरी ॥
१६:० क्या तूं सोवै जागि दिवांनां ।
झूठा सा जीवनां साच करि जांनां ॥
१ जिनि जीव दीया सो रिजक अमडावै ।
घट घट भीतरि रहट चलावै ।
करि बंदिगी छाडि मैं मेरा ।
हिरदै करीम संभालि सवेरा ॥
२ जो दिन आवै सो दुष मैं जाई ।
कीजै कूच रह्यां सचु नांहीं ।
संग चल्या है हम भी चलनां ।
दूरि गवन सिर ऊपरि मरनां ॥
३ जो बोईये लुंनियेंगा सोई ।
तामैं फेरफार कछू न होई ।
छाडि अंकूर भजनहु हरि चरणां ।
ताका मिटै जनम अरु मर्णां ॥
४ आगैं पंथ षरा है झींणां ।
षांडा धार जिसा है पैंनां ।
तिस ऊपरि है मारग तेरा ।
पंथी पंथ संवारि सवेरा
५ क्या तैं षरच्या क्या तैं षाया ।
चलि दरहाल दिवांनि बुलाया ।
साहिब तो पैं लेषा लेसी ।
भीड पडें बंदे भरि भरि देसी ॥
६ जनम सिरांनां कछू पंथ न संवारा ।
सांझ परी चहुं दिसि अंधियारा ।
कहै रैदास अग्यांन दिवांनां ।
अजहूं न चेतैं दुंनियां फंद षांनां ॥

राग माली गौडी

१७:० दादू दास पुकारै रे । सिरि काल तुम्हारै रे ।
सर सांधे मारै रे ॥
१ जंम काल निवारीं रे । मन मनासा मारीं रे ।
यहु जनम न हारी रे ॥
२ सुष नींद न सोई रे । अपनां दुष रोई रे ।
मन मूल न षोई रे ॥
३ सिरि भार न लीजीं रे । जिसका तिस दीजीं रे ।
इब ढील न कीजीं रे ॥
४ यहु औसर तेरा रे । पंथी जागि सवेरा रे ।
सब बाट बसेरा रे ॥
५ सब तरवर छाया रे । धन जोबन माया रे ।
यहु काची काया रे ॥
६ इस भरम न भूलीं रे । बाजा देषि न फूलीं रे ।
सुष सागर झूली रे ॥
७ रस अंमृत पीजीं रे । बिष का नांव न लीजीं रे ।
कह्या सु कीजीं रे ॥
८ सब आतम जांणीं रे । अपणां पीव छांणीं रे ।
यहु दादू बांणीं रे ॥

राग भैरू

१८:० भजि गोबिंद भूलि जिनि जाहु ।
मनिषा जनम कौ एही लाहु ॥ टेक ॥
१ गुर सेवा करि भगति कमाई ।
जौ तैं मनिषा देही पाई ।
या देही कूं लोचैं देवा ।
सो देही करि हरि की सेवा ॥
२ जब लग जुरा रोग नहीं आया ।
जब लग काल ग्रसै नहीं काया ।
जब लग हींण पडै नहीं बांणीं ।
तब लग भजि मन सारंगप्रांणीं ॥
३ अब नहीं भजसि भजसि कब भाई ।
आवैगा अंत भज्या नहीं जाई ।
जे कछ करै सोई तत सार ।
फिरि पछितावोगे वार न पार ॥
४ सेवग सो जो लागै सेवा ।
तिनहीं पायौ निरंजन देवा ।
गुर मिलि तिन के षुले कपाट ।
बहुरि न आवै जोनीं बाट ॥
५ यहु तेरी औसर यहु तेरी बार ।
घटहीं भीतरि सोचि बिचार ।
कहै कबीर जीति भावै हारि ।
बहु बिधि कह्यौ पुकारि पुकारि ॥

१९:० जपि गोबिंद बिसरि जिनि जाइ ।
जनम सुफल करियै ल्यौ लाइ ॥ टेक ॥
१ हरि सुमिरन सूं हेत लगाइ ।
भजन प्रेम जस गोबिंद गाइ ।
मनिषा देह मुकति का द्वारा ।
रांम सुमिरि जग सिरजनहारा ॥
२ जब लग बिषम ब्याधि नहीं आई ।
जब लग काल काया नहीं षाइ ।
जब लग सबद पलटि नहीं जाई ।
तब लग सेवा करि रांम राई ॥
३ औसरि रांम कहसि नहीं लोई ।
जनम गयौ तब कहै न कोई ।
जब लग जीवै तब लग सोई ।
पीछैं फिरि पछितावा होई ॥
४ सांई सेवा सेवग लागै ।
सोई पावै जे कोई जागै ।
गुर मुषि तिमर भ्रम सब भागै ।
बहुरि न उलटै मारगि लागै ॥
५ अैसा औसर बहुरि न तेरा ।
देषि बिचारि संमझि जीव मेरा ।
दादू हारि जीति जगि आया ।
बहुत भांति कहि कहि संमझाया ॥

राग आसावरी

२०:० चोषौ बणिज ब्यौपार करीजै रे ।
आई नैं दिवारि रे । रांम जपिला हौ लीजै रे ॥ टेक ॥
१ जब लग देषौ हाट पसारा ।
उठिम न बांणियां रे । करि लै बणिज संवारा रे ॥
२ बेगे हो तुम्ह ला दल दानां ।
औघट घाटा रे चलनां दूरि पयांनां रे ॥
३ षरा न षोटा नांपरि षांनां ।
लाहा कारंनि रे सब मूलहि रांनां रे ॥
४ सकल दुनीं मैं लोभ पियारा ।
मूलज राषै रे सोई बणिजारार ॥
५ देस भलौ परि लोक बिरानां ।
जन द्वै चारि न रे पूछौ साध सयांनां रे ॥
६ सायर तीर न वार न पार । कहि संमझावै रे कबीर
बणिजारा रे ॥

राग रांमग्री

२१:० नर देही बहुरि न पाईये ।
ताथैं हरषि हरषि गुण गाइये । ताथैं सुमरि सनेही
ध्याइए ॥ टेक ॥
१ जौ मन नहीं तजै बिकारा । तौ क्यूं तिरै भौपारा ।
जब मन छाडै कुटिलाई । तब आइ मिलै रांमराई ॥
२ ज्यूं जांमण त्यूं मरणां । पछितावा कछू न करणां ।
जांणि मरै जे कोई । तौ बहुरि न मरणां होई ॥
३ गुर बचनां मंझि संमावै । तब रांम नांम ल्यौ लावै ।
जब रांम नांम ल्यौ लागा । तब भरम गया भौभागा ॥
४ ससि हर सूरज आवा । तब अनहद बेन बजावा ।
जब अनहद बाजा बाजै । तब सांई संगि बिराजै ॥

५ हो हसंत जनन के संगी । मन राचि रहौ हरि रंगी ।
धरौ चरन कवल बिसवासा । ज्यूं होइ निरभै पद बासा ॥
६ यहु काचा षेल न होई । जन षरतर षेलै कोई ।
जब षरतर षेल मचावा । तब गगन मंडल मठ छावा ॥
७ चित चंचल निहिचल कीजे । तब रांम रसांइन पीजै ।
जब रांम रसांइन पीया । तब काल मिट्या जन जीया ॥
८ यौं दास कबीरा गावै । ताथैं मन कूं मन समझावै ।
जब मनहीं मन संमझाया । तब सतगुर मिलि सचु पाया ॥

राग केदारौ

२२:० हरि कौ टांडौ लाद्यें जाइ रे । मैं बणिजारा रांम का ॥ टेक ॥

१ औघट घाट घनें घनां रे । निर्गुण बैल हमार ।
रांम नांम हम लादियौ । ताथैं बिष लाद्यौ संसार रे ॥
२ अनतहि धरती धन धरच्यौ रे । अनतहि ढूंढण जाइ ।
अनत कौ धरच्यौ नहीं पाइये । ताथैं चाल्यौ मूल गंवाइ रे ॥
३ रैंणि गंवाई सोइ करि रे । द्यौस गंवायौ षाइ ।
हीरा यहु तन षाइ करि । कौडी कै बदलै जाइ रे ॥
४ साध संगति पूजी भई रे । बस्त लई निरमोल ।
सहज बल दिया लादि करि । चहुं दिसि टांडौ मेल रे ॥
५ जैसा रंग पतंग का रे । तैसा यहु संसार ।
रमइया रंग मजीठ कौ । ताथैं भणि रैदास बिचार रे ॥

१ कबीर गुदरी बीषरी । सौदा गया बिकाइ ।
षोटा बांध्या गांठडी । अब कुछ लिया न जाइ ॥

राग सोरठि

२३:० तब काहे भूलौ बणिजारे ।
अब आयौ चाहै संगि हमारे ॥ टेक ॥
१ जब हम बनजी लौंग सुपारी ।
तब तुम काहे बनिजी षारी ॥
२ जब हम बनिजी प्रमल कस्तूरी ।
तब तुम काहे बनिजी कूरी ॥
३ अंम्रित छाडि हलाहल षाया ।
लाभ लाभ करि मूल गंवाया ॥
४ कहै कबीर हम बनिज्या सोई ।
जाथैं आवा गवन होई ॥

राग बसंत

२४:० मेरे अैसे बनिज सौं कौंन काज ।
मूल घटै सिरि बंधै ब्याज ॥ टेक ॥
१ नाइक एक बणिजा रे पांच । बैल पचीस कौ संग साथ ।
नौ बहियां दस गूंनि आहि । कसंनि बहतरि लागी ताहि ॥
२ सात सूत मिलि बनिज कींन्ह । करम पयादौ संगि लीन्ह ।
तीनि जगाती करत रारि । चल्यौ है बनिज वाबन ज झारि ॥
३ बनिज षुटांनौं पूंजी तूटि । षाडू दह दिसि गयौ फूटि ।
कहै कबीर यहु जनम बादि । सहज समांनौं रही लादि ॥

राग सोरठि

२५:० आतमां रे लोभी बणिजारा । हरि जी सूं बणिज करीजै रे ।
हरि की कथा साध की संगति । मिलि चरणोदिक पीजै रे ॥ टेक ॥
१ नायण नांव बणिज नहीं जांण्यौं । श्रीरंग कां इन रातौ रे ।
हाकत बैल जनम सब बीतौ । लोभ मोह मदिमातौ रे ॥
२ घणीं बार बणिज्यौ बनिजारा । काच सरोवर काया रे ।
अब कै बणिज्यार तन पदारथ । गुण गोबिंद का गाया रे ॥
३ उबट बाट उमाहा मारग । ते मारग परहरि ज्यौ रे ।
आगैं मिलैंहि चोर बटपाडा । जंम किंकर सूं डरि ज्यौ रे ॥
४ पंच बलद हरि कीरति लाद्या । मन के मतै न चालै रे ।
आगैं मिलै गोपाल राइ दांणीं । जिम मांगौ तिम आलै रे ॥
५ बैकुंठां नैं मारगि माल्हतां । सबल धणीं नौं टांडूं रे ।
परस कहै सब दांणीं पेल्या । हरिनीं भगति न छाडूं रे ॥

राग धनाश्री

२६:० बुधि बणिजारडी हे । टांडौ उतरचौ पैली पार ।
थारौ बिचिहीं नाइक षेलि गयौ । टांडै भई अवार ॥ टेक ॥
१ रांमराइ की चौकी मेढ्यां दूंणौं लागै दांण ।
जंम राजा के आइ पहूंते । अब क्यूं लाभै जांण ॥
२ पांचूं सातौं दसौं पचीसूं । सब बणिजारी साथ ।
बाल दिसूं कारिज नहीं । नाइक सेती हाथ ॥
३ कांहीं बणिज्यौ कां सौतां बौ कांहीं मैंण मजीठ ।
भुवनैं कंचन बनजियौ । सांवां हूवा नीठ ॥

११२ पांचवौ अंग चिंतांवनी कौं

राग बसंत

१;० बहुरि न कीजै कपट कांम ।
हिरदै जपिये रांम नांम ॥ टेक ॥
१ हरि पाषैं नहीं कहीं ठांम ।
पिय बिन षड भड गांउ गांउ ।
तुम्ह राषहु जीयरा अपनीं मांम ।
अनतहि जिनि जाइ रह्यौ बिश्रांम ॥
२ कपट कांम नहीं कीजै हांम ।
रहु चरन कवल कहु रांम नांम ।
जब अंतरजांमीं रहै जांम । अषै पद जन दादू प्रांम ॥

राग धनाश्री

२;० डरिये रे डरिये । परमेस्वर थैं डरिये ।
लेषा लेवै तूं भरि देवै । ताथैं बुरा न करिये रे ॥
टेक ॥
१ साचा लीजीं साचा दीजीं । साचा सौदा कीजी रे ।
साचा राषीं झूठा नांषी । बिष न पीजीं रे ॥
२ निर्मल गहिये निर्मल रहिये । निर्मल कहिये रे ।
निर्मल लीजीं निर्मल दीजीं । अनत न बहिए रे ॥
३ साह पठाया बनिज न आया । जिनि डहकावै रे ।
झूठ न भावै फेरि पठावै । कीया पावै रे ॥
४ पंथ दुहेला जाइ अकेला । भार न लीजीं रे ।
दादू मेला होइ सुहेला । सो कुछ कीजीं रे ॥

राग मारू

३;० मन वाल्हा हो कछू बिचारी षेल ।
पडिसी रे गढ भेल ॥ टेक ॥
१ बहु भांतैं दुष देइ गारे वाल्हा । ज्यूं तिलमां लीजै
तेल ।
करणीं ताहरी सो धसी रे । होसी रे सिर हेल ॥
२ इबहीं थैं करि लीजिये रे वाल्हा । सांई सेती मेल ।
दादू संग न छाडीं पीव का । पाई है गुन की बेल ॥
४;० तो कूं केता कहूं मन मेरे ।
षिन एक मांहैं जाइ अने रे । प्रांन उधारी ले रे ॥ टेक ॥
१ आगैं है मन षरी बिमासण । लेषा मांगै दे रे ।
काहे सोवै नींद भरी रे । क्रित बिचारै तेरे ॥
२ ते परि कीजै मन बिचारे । राषै चरनूं नेरे ।
रती एक जीवन मोहि न सूझै । दादू चेति सवेरे ॥

राग गौडी

५;० मन रे कागद कीरि परायौ ।
कहा भयौ ब्यौपार तुम्हारे । कल तर बढै सवायौ ॥ टेक ॥
१ बडे बौहरे सांठौ दीन्हौं । कल तर काढचौ षोटै ।
चारि लाष अरु असी ठीक दे । जनम लिष्यौ सब चोटै ॥
२ अब की बेरे न कागद कीरचा । तौ धर्मराइ सूं तूटै ।
पूंजी बितडि बंदिलै दे हैं । तब कहैं कौन कैं छूटैं ॥
३ गुर देव ग्यांनीं भयौ लगनियां । सुमिरन दीन्हौं हीरा ।
बडी निसरणीं नांव रांम कौ । चढि गयौ कीर कबीरा ॥

राग धनाश्री

६;० जीयरा रांम भजन करि लीजै ।
साहिब मेरा मांगै गारे । उतर कैसैं दीजै ॥ टेक ॥
१ आगैं जाइ पछितांवण लागौ । पल पल यहु तन छीजै ।
ताथैं जीव संमझाय कहूं रे । सुकृत अब थैं कीजै ॥
२ रांम जपत जंम काल न लागै । संग रहैं जन जीजै ।
दादू दास भजन करि लीजै । हरि जी कीरा सिर मीजै ॥
७;० मेरी माई री अपनौं पतिब्रत कीजै ।
कवलनयन के गुन किन गावै । जब लग जग मैं जीजै ॥
टेक ॥
१ बिषिया मूल बात तजि औरै । चित चरनूं तन दीजै ।
गांठि न बीचै गर थन लागै । सींति सुधा रस पीजै ॥
२ सुणि लै सीष संमझि मति मेरी । आव घटै तन छीजै ।
कहै हरदास अनघि दिन आवै । रांम रटण करि लीजै ॥

राग केदारौ

८;० दिन दस लेहु गोबिंद गाइ ।
बिनां हरि के चरन चितवन । बादि जीव न जाइ ॥ टेक ॥
१ अैसैं हीं अभिमांन आलस । काल ल ग्रासै आइ ।
कूप षनि कत सींचिये नर । जलत भुवन बुझाइ ॥
२ जुरा ताप बिकार ब्यापै । चलत इंद्री धाइ ।
आप कूं कल्यांन करि नर । मांनिषा तन पाइ ॥
३ पांनीं केरा बुद बुदा नर । देषत गया बिलाइ ।
देह गंदी जनम झूठौ । स्वांन काग न षाइ ॥
४ धन रूप जोबन सकल मिथ्या । देषि जिनि गरबाइ ।
सूर हरि कौ भजन न कीजै । जांमन मरण नसाइ ॥
९;० रे मन रांम नांम संभारि ।
माया कै भ्रमि कहा भूलौ । चलैगौ कर झारि ॥ टेक ॥
१ देषि धूं इहां कौंन तेरौ । सगौ सुत नहीं नारि ।
तोरि तंग सब दूरि करि हैं । दैंहिगे तन जारि ॥
२ प्रांन गयै कहु कौंन तेरौ । देषि मोचि बिचारि ।
बहुरि इहि कलि काल मांहीं । जीति भावै हारि ॥
३ यहु माया सब थोथरी । हरि भगति कौ प्रतिपाल ।
कहि रैदास सति बचन गुर कौ । सो न जीय थैं टाल ॥
१०;० मन रे रांम नांमहि जांनि ।
थरहरी थूंनीं परचौ मंदिर । सूतौ षूंटी तांनि ॥
टेक ॥
१ सैंन तेरी कोन संमझै । जी भए करी आंनि ।
पांच गज दो वटी मांगी । चूंत लीयौ सांनि ॥
२ बैसंदर षोषरी हांडी । चल्यौ लादि पलांनि ।
भाई बंध बौलाइ बहुरे । काज कीनौं आंनि ॥
३ कहै कबीर या मै झूठ नांहीं । छाडि जीय की बांनि ।

राम नाम निसंक भजि रे । नां करि कुल की कांनि ॥

१ कबीर दुनियां कै दोषै मूवा । चलैं जु कुल की कांणि ।
तब कुल कौंण काला जिसी । जब लें धरच्या मसांणि ॥

राग केदारौ

११:० प्रांणीं लाल औसर चल्यौ रे बजाइ ।
मुठी एक मटियां मुठी एक कठियां । संगि काहू कै न जाइ ॥ टेक ॥
१ देहली लग तेरी मिहरी सगी रे । फलसा लग सगी माइ ।
मरहट लौं सब लोक कटूंबी । हंस अकेलौ जाइ ॥
२ कहांवै लोक कहां पुर पटण । बहुरि न मिलिबौ आइ ।
कहै कबीर जगनाथ भजहु रे । जनम अक्यारथ जाइ ॥

१२:० बटाऊ चलनां आजि कि काल्हि ।
संमझि न देषै कहा सुष सोवै । रे मन रांम संभालि ॥ टेक ॥
१ जैसें तरवरि बिरष बसेरा । पंषी बैठे आइ ।
अैसें यहु सब हाट सारा । आप आप कूं जाइ ॥
२ कोई नहीं तेरा सजन संगाती । जिनि षोवै मन मूल ।
यहु संसार देषि जिनि भूलै । सबहीं सैंबल फूल ॥
३ तन नहीं तेरा धंन नहीं तेरा । काहा रह्यौ इहि लागि ।
दादू हरि बिन क्यूं सुषि सोवै । काहे न देषै जागि ॥

१३:० अरे परदेसी पीव पिछांणि ।
कहा भयौ तो कूं समझि न परई । लागी कैसी बांणि ॥ टेक ॥
१ भोमि बिडाणीं मैं कहा रातौ । कहा कियौ कहि मोहि ।
लाहा कारनि मूल गंवावै । संमझावत हूं तोहि ॥
२ निसदिन तोहि क्यूं नींद परत है । चितवत नांहीं ताहि ।
जंम से बैरी सिर परि ठाढे । परहथि कहा बिकाइ ॥
३ झूठे परपंच मैं कहा लागौ । ऊठे नांहि न चालि ।
कहै कबीर कछू बिलंब न कीजे । कौंणें देषी काल्हि ॥

राग रांमग्री

१४:० साथी सावधांन ह्वै रहीये ।
पलक मांहि परमेसुर जांनैं । कहा होइ का कहिये ॥ टेक ॥
१ बाबा बाट घाट कछ समझि न परई । दूरि गवन हम जांनां ।
परदेसी पंथि चलै अकेला । औघट घाट पयांनां ॥
२ बाबा संग न साथी को नहीं तेरा । यहु सब हाट पसारा ।
तरवर पंषी सबै सिधाये । तेरा कौंण गंवारा ॥
३ बाबा सबै बटाऊ पंथि सिराने । अस्थिर नांहीं कोई ।
अंतकालि को आगैं पीछैं । बिछरत बार न होई ॥
४ बाबा काची काया कौंन भरोसा । रैंनि गई का सोवै ।
दादू संबल सुकृत लीजै । सावधांन किन होवै ॥

राग केदारौ

१५:० भयौ रे मन पांहुं नडौ दिन चारि ।
आजिक काल्हि कमाहि चलैगौ । लेकिन हाथ सवारि ॥ टेक ॥
१ सौं जप राई जिनि अपणा वै । अैसी सुणि किन लेह ।
यहु संसार इसौ रे प्रांणीं । जैसैं धूंवरि मेह ॥
२ तन धंन जोबन अंज कौ पांनीं । जात न लागै बार ।
सैंबल के फूल निपरि फूल्यौ । गरब्यौ कहा रे गंवार ॥
३ षोटी साटै षरा न लीया । कछ न जांणीं साटि ।
कहै कबीर कछ बनिज न कीयौ । आयौ थौ इहि हाटि ॥

राग रांमग्री

१६:० मन रे बहुरि न अैसैं होई ।
पीछैं फिरि पछितावैगा रे । नींद भरे जिनि सोई ॥ टेक ॥
१ आगम सारै संच करीलै । तौ सुष होवै तोही ।
प्रीति करी पीव पाईये रे । चरनूं राषै मोही ॥
२ संसार सागर बिषम अति भारी । जिनि राषौ मन मोही ।
दादू रे जन रांम नांम सूं । कुसमल है सो धोई ॥

राग माली गौडी

१७:० ए रिझाइ प्रांन निपति पांइ न परिकैं । संमझि सीष चित लाइ ।
अह निसि आव घटत जल अंजुरी ज्यूं । जोवन जल छीजत छिन छिन ।
करि लै इहै उपाइ ॥ टेक ॥
१ मांनु छाडि अरु दीन होहु तूं । करि करुणां अति भाइ ।
गरीबदास प्रभु सकल सिरोमनि । ता सूं चित अटकाइ ॥

राग धनाश्री

१८:० मन मेरा पाहुंणा रे । साचौ साहिब सेइ ॥ टेक ॥
१ चेतनहारे चेत ल्यौ । यहु मुकता मैंदान ।
पीछैं हूं पछिताहुगे । जब कडि बुलावै रांम ॥
२ केते हुये होइ जांहिगे । याही कलि जुग मांहि ।
केते गए निरास हीं । जिनि साहिब जान्यूं नांहि ॥
३ यहु माया मन मोहनीं । सब जग मेल्यौ मोहि ।
जैसौ सुपिनौं रैंनि कौ । कहि संमझाऊं तोहि ॥
४ रांम नांम जपि लीजिये । पीछैं हूं पछिताइ ।
कहत अलम देसा धह्यौ । हंस अकेलौ जाइ ॥

अथ चिंतांवनी का ग्रंथ कबीरजी सतवदी चंदांइणी ग्रंथ

राग सूहौ

१९:१ कहन सुनन कूं जिहिं जग कीन्हां । जग भुलांन सो किनहूं न चींन्हां ।
सत रज तम थैं कीन्हीं माया । आपण मंझैं आप छिपाया ।
ते तौ आहि अनंद सरूपा । गुन पलव बिस्तार अनूपा ।
साषा तत थैं कुसम गियांनां । फल सो आछा रांम का

नामां ॥
सदा अचेत चेति जीव पंषी । हरि तरवर करि बास ।
झूठे जगि जिनि भूलसि रे जियरे । कहन सुनन की आस ॥
२ सूक बिरष यहु जगत उपाया । समझि न परै बिषम तेरी माया ।
साषा तीनि पत्र जुग चारी । पल दोइ पाप पुंनि अधिकारी ।
स्वाद अनेक कथ्या नहीं जांहीं । कीया चरित सोइ नमैं नांहीं ।
ते तौ आहिनि नार निरंजनां । आदि अनादि नहीं आंन ।
कहन सुननकूं कीन्ह जग । ए आपैं आप भुलांन ॥
३ जिहि नटवै नट सारी साजी । जो षेलै सो दीसै बाजी ।
मो बपराथैं जोगति ढीठी । सिव बिरंचि नारद नहीं दीठी ।
आदि अंदि जे लींन भये हैं । सहजैं जांनि संतोषि रहे है ।
सहजैं रांम नांम ल्यौ लाई । रांम नांम कहि भगति दिढाई ।
रांम नांम जा काम न मांनां । तिंनि तौ निज सरूप पहिचांनां ।
निज सरूप निरंजनां । निराकार अपरंपार अपार ।
रांम नांम ल्यौ लाइ सिरे जीय रे । जिनि भूलै बिस्तार ॥
४ करि बिस्तार जग धंधै लाया । अंध कया थैं पुरिष उपाया ।
जिहि जैसी मन सातिहि तैसा भावा । ताकूं तैसा कीन्ह उपावा ।
ते तौ माया मोह भुलांनां । षसम रांम सो किनहूं न जांनां ।
जिनि जांन्या ते निर्मल अंगा । नहीं जांन्यां ते भये भुजंगा ।
ता मुषि बिष आवै बिष जाई । ते बिषहीं बिष मैं रहे समाई ।
माता जगत भूत सुधि नांहीं । भ्रंमि भूले नर आवैं जांनीं ।
जांनि बूझि चेतैं नहीं अंधा । कर्म जठर कर्म के फंधा ।
कर्म कौ बाध्यौ जीयरे । अहि निसि आवै जाई ।
मनिषा देही पाइ करि । हरि बिसरै तौ फिरि पीछैं पछिताइ ॥
५ तौ करि त्राहि चेति जा चंधा । तजि पर कीरति भजि चरण गोबिंदा ।
उदर कूप तजौ ग्रभवासा । रे जीव रांम नांम अभ्यासा ।
जगजीवन जैसैं लहरि तरंगा । षिन सुष कूं भूलसि बहु संगा ।
भगति कौ हींन जीवन कुछ नांहीं । उतपति परलै बहुरि समांहीं ।
भगतिहींन अस जीवनां । जनम मरण बहु काल ।
आश्रंम अनेक करसि रे जीयार । रांम बिनां कोई न करै प्रतिपाल ॥
६ तौ सोई उपाव करि यहु दुष जाई । ए सब परहरि बिषै सगाई ।
माया मोह जरै जग आगी । ता संगि जरसि कवन रस लागी ।
त्राहि त्राहि करि हरिहीं पुकारा । साध संगति मिलि करहु बिचारा ।
रे रे जीव नहीं बिश्रांमां । सब दुष षंडण रांम कौ नांमां ।
रांम नांम संसार मैं सारा । रांम नांम भौतार्णहारा ।
सुम्रित बेद सबै सुण्यां । नहीं आवै क्रित काज ।
नहीं जैसैं कुंडल बनित मुष । मुष सोभित बनराज ॥
७ अब गहि रांम नांम अबिनासी । हरि तजि जिनि कतहूं कै जासी ।
जहां जाइ तहां तहां रे पतंगा । अब जिनि जरसि समझि बिष संगा ।
चोषा रांम नांम मन लीनां । भृंगी कीट भिंन नहीं कीनां ॥
भौसागर अति वार न पारा । ता तिरिबे का करहु बिचारा ।
मनि भावै अति लहरि बिकारा । नहीं गंमि सूझै वार न पारा ।
भौसाग्र अथाह जल । तामैं बोहिथ रांम अधार ।
कहै कबीर हम हरि सरन । तब गोपद षुर बिसतार ॥

हरदासजी की तीसपदी ग्रंथ
राग सूहौ
२०:० उदिम संजै ज्यूं आरसी । थारै हाथि सदा जौ होई रे ।
बदन बिलोकै आपणौं । थारै काटन लागै कोई रे ॥ टेक ॥
१ साज न सुनि रे सीष द्यौ । मांनि लै मींठी बातो रे ।
जागि दिवांनां जीव जुलि । करि लै कासी जातो रे ॥
२ समझि सयांनां समंडी रे । सौं जस कल ले बांधी रे ।
हलई चालै हेत सूं । करतां सो रही कांधी रे ॥
३ ग्यांन षरच गुर गांठि करि । हांजि रहो हुसियारो रे ।
परदेसी पडि सोइ मां । तसकर ताकैं लारो रे ॥
४ चावल मैदा चूरिवां । षाइम षटरस भोगी रे ।
चेतनि रहु चूकै रषे । जासी आयौ जोगो रे ॥
५ कडवा तूं बा नालिकेलि । मन मति चाषै मींत ।
आगैं ओषदि का नहीं । जब रुप डैंला पीत ॥
६ रस गोरस गो हूं गरी । पुनियां चरता ची जो रे ।
कोरै आंबरि काट की । पडि मारै लीबी जो रे ॥
७ अगति जांहि लौ आंधला । दीठै मारगि चालो रे ।
भाजैं करक भुवां लगूं । निकसि जाइ नट सालो रे ॥
८ साल सूल सब स्वाद का । सकल सरीरी माहैं रे ।
निसबासुरि नेडा धषै । भीतरि भर मैं भाहैं रे ॥
९ षांनि षसेरी पर जलै । पावक प्रगटी झालो रे ।

मेरी करि करि बलि मुवा । बहसि बुलायौ कालो रे ॥
१० दौं दाधा दुष पूरिया । दो जगि दीन्हां आंणि ।
लाज नहीं अति लालच्यां । तऊ सतो बातांणि ॥
११ मुकति षेत निधि मोतियां । सिव पुर सागर सीपो रे ।
तापरि प्रांणीं पाव दे । परहरि दूजा दीपो रे ॥
१२ सांचा सीसा सांइसी । सोघी सुर ढासा को रे ।
अवलि अबी धौरहि इहां । है हरि नीडा ना को रे ॥
१३ आवण जांणां ऊपरैं । ऊंघण याही धूडे रे ।
पारधी पास पसारियौ । कुरंग पडै जिनि कूडे रे ॥
१४ जारी चोरी चाकरी । बेद बनिज ब्यौपारो रे ।
ब्याज बडाई कृषि ऊंम । कुलि बोया करतारो रे ॥
१५ नैं नष दीयां नर बहै । सगलै याही साषि ।
सूई धागौ क्यूं सरै । पष बिण बीधौ पहलै पाषि ॥
१६ सूं नापां सू सार की । मुगध न मानैं सांको रे ।
नीं मांणां निहरौ रहै । निरषि निलाडी आंको रे ॥
१७ अषिर ओली परसी । सुणिलै बांवन बीरो रे ।
नाभि सरोवर निरति जल । पीयां पैली तीरो रे ॥
१८ मति मसि कागद कांमता । देही दरिया दोते रे ।
लेषणि ल्यौतर कर कवल । दिनकर दीदा जोते रे ॥
१९ रिण दे होई ऊजलौ । सहजि प्रकासै सूरौ रे ।
निभसौं नांवौं छे कतां । तिन घरि बाजैं तूरौ रे ॥
२० जुगि जुगि छांनां क्यूं रहैं । जिनि जस जीन्यौ नीसांण ।
सांचौ अंतरि सीलतां । त्यांह की साषि भरै लौ भांण ॥
२१ बाचा षूली बल लह्यौ । जन जांनैं सब डावो रे ।
आपैं आतुर ऊघड्या । बैरागर बड घावो रे ॥
२२ बाकुल मणियां बाहि दे चुणि हसि हीरा चो जो रे ।
धारा नग्री निकट धन । भेदी राजा भोजो रे ॥
२३ चवदह बिद्या चालवणि । गाहा गुणां निधांनो रे ।
कौडी केल विलाष करि । दीजै दीरघ दींनो रे ॥
२४ सूवा कठिन कठां जरौ । पूठी परबतराजो रे ।
कुबधि बिलाई वो लषै । तौ तूं सब पंष्यां सिरताजो रे ॥
२५ राती चंचा चोल रंग । चवतां चोषी चास ।
ररौ ममौ पढि रूसिमां । प्रीतम पंजरि बास ॥
२६ सतजुग सेह राजे रहै । साधत मरदत कांमो रे ।
केवल कांटा बाहिरा । रती न जांणैं रांमो रे ॥
२७ भूला भूंद स्वादि सुष । दिल दीन्हीं मुक लागे रे ।
परलै जासी परसती । पाछी लै पछितायें रे ॥
२८ निगुसां वांनीं ठाह बिण । जड जो लै षर षेतो रे ।
वोछी परधति प्यंड पडै । बेगि बलै सिरि रे तो रे ॥
२९ मन माला मग हर मतौ । अडिग जु अजपा जापो रे ।
सुर्ति सुमिरण संगि सील ब्रत । काटण कलि बिष पापो रे ॥
३० दर्शण दीठा देव का । पूगी पूर्ण भेट ।
जगि हरदास न जनमई । जिनि पै भरि पीया पेट ॥

छीतमजी की जषडी
राग मारू

२१:१ सुष कौ सागर रांम । कांइ बिसारियौ जी ।
तेरी भगति बिनां भगवांन । जनम जूवा हारियौ जी ॥
टेक ॥
जनम जूवा हारचौ । रांम बिसारचौ ।
चेत्यौ नहीं अभागे । तिल तिल आवघटै तन छीजै ते दिन आंवन लागे ।
इक आवा गवन रच्यौ बनमाली । इहां नहीं कोई तेरा ।
दास निदास कहै जन छीतम । रांम रमौं मन मेरा ॥
२ अति कौ लोभ निवारि ममिता मोडिये जी ।
हरि सूं प्रीति लगाइ । जंम सूं तोडिये जी ।
हरि सूं जोडौ जंम सूं तोडौ । छाडौ सकल बिकारा ।
यहु संसार चिहर की बाजी । जातन लगै बरा? ।
को बोयौ सो लुणि रे प्रांनी । करि लै जे कछू करणां ।
दास निदा कहै जन छीतम । रहौ रांम कै सरणां ॥
३ कोई अमर नहीं कलि मांहि । सुणौं नर नारियां जी ।
तेरी भगति बिनां भगवांन । जंम डर भारियां जी ।
जमडर भारी जपहु मुरारी । प्यंड परत नहीं बारा ।
तन धंन जोबन दारा दौलति । या महि कहा तुम्हारा ।
न्रिभै नांव जपौ नरहरि कौ । अंमर नहीं कलि कोई ।
दासनिदास कहै जन छीतम । बहुरि संजोग न होई ॥
४ इक तरणीं अरु ज्वांन । जोबन बालियां जी ।
बिषिया कौ रस चाषि । भई मतिवालियां जी ।
भई मतिवाली जोबन बाली । बिषिया कौ रस चाषि धनां ।
घूंमति फिरैं नैंन नहीं सूझै । घुलि रही माया कीरतनां ।
सांई सेती नेह न कीयौ । जनम गवायौ आले ।
छीतम कहै जागि बर सुंदरि । हरि कौ नांव संभाले ॥
५ कांम क्रोध अहंकार । कांइ न जालियौ जी ।
तेरे गलै पड्यौ जंम जाल । पसू पुकारियौ जी ।
पसू पुकारचौ मुदिगर मारचौ । चींटी मींटी अंगा ।
भाई मात पिता सुत बंधू । कोई न आवै संगा ।
दह दिसि धावै कोई न छुडावै । पावै दुष अपारा ।
छीतम कहै सेइ धरणीं धर । जीवनि मुकति दातारा ॥
६ बहु बकवाद निबारि । रांमहि रांम कहि जी ।
कोई पूती बोले बिषडा बोल । अंगि सुहाइ लै जी ।
बिषडा बोल सहै जे कोई । जीवन अमरपद पावै ।
हरि कौ नांव जपै निसबासुरि । हरषि हरषि गुन गावै ।
जांन बिनांन तजहु चतुराई । तन मन हरि कूं दीजै ।
दासनिदास कहै जन छीतम । रांम रसांइन पीजै ॥
७ देषि बिरांनौं लाड मन न डुलाइये जी ।
लिष्यौ हरी कौ होइ । सो परि पाइये जी ।
लिष्यौ हरी कौ सो परि पावै । अधिका कछू न होई ।
राजा रांणां सुणि सक बंधू । गरब न कीजै कोई ।
जिनि जीव दीया स रिजक अंमडावै । पूर्न है अबिनासी ।
दासनिदास कहै जन छीतम । काटै जम की पासी ॥
८ झूठे सै झंझटि लागि जनम गोईयौ जी ।

भज्यौ नहीं भगवांन । तन धन षोईयौ जी ।
तन धन षोयौ जनम बिगोयौ । पायौ नहीं बिचारा ।
माया मगन भयौ मेरे जीयरा । चेत्यौ नहां गंवारा ।
सोवै कहा जागि मेरे जीयरा । जनम न जूवै हारी ।
दासनिदास कहै जन छीतम । जिनि भूलै संसारी ॥
६ भौजल यहु संसार देषि न भूलिये जी ।
भेषि बिरांनैं लागि । मुगध न फूलिये जी ।
भेष बिरांनैं मुगध न फूली । या मैं कहु क्या तेरा ।
ज्यूं सौदागर सौदै आया । दिन दस लिया बेरा ।
उतपति परलै हरि की करणीं । देषौ हिरदै बिचारी ।
काच मांहि तैं कंचन काढै । छीतम ता बलिहारी ॥
१० नर नाइक औतार । बहुरि न पाईये जी ।
बिनसि जाइ पल मांहि । फिरि पछिताइये जी ।
फिरि पछितावै बहुरि न पावै । नर नाइक औतारा ।
अपणां सुष कै कारणि प्रांणीं । रचिले भेष अपारा ।
सोचि बिचारि कछू नहीं तेरा । रांम रांम कहि लीजै ।
हरि की भगति बिनां जन छीतम । कहा आइ जग कीजै ॥
इति पांचवौ अंग चिंतावनी कौ संपूर्ण भवेत् ॥

११३ सजन द्रुजन का मिलाप की पारष कौ अंग

चांणक उपदेश
१ बाजीद संसारी सूं मन डरै । करै मूल महि हांनि ।
मिलि बाति सहीं का भला । आवै भगवंत जांनि ॥
२ मिलि बाति सही का भला । सेवै अरु सुष देइ ।
ऊरम आपा मैं जलै । संगति रहि दुष लेइ ॥
३ बाजीद मिलिये सुष कूं । फिरि दूनां दुष होइ ।
द्वारै देइ किवार तूं । तांनि पिछोरा सोइ ॥
४ काटे की करतुति गहि । चरनां रह्यौ तकांइ ।
दुषदाई दहिबौ करै । लगै न हरि के नांइ ॥
५ महदी मींहीं होइ करि । परसे पाव सुभाइ ।
तपति हुडी अरु रंग दिया । अपणां आप पिसाइ ॥
६ नैंननि मैं की पूतली । किरि किरि परसी आइ ।
दुष देवै अरु संगि रहै । संगि रहैं न राष्या जाइ ॥
७ कजलि सुर मैं सुष दीया । सोभा पाई नैंन ।
सेवग स्वांमीं सो भला । बोलै मींठा बैंन ॥
८ पथर ही पथर मिलैं । तहां अगनि भडका होइ ।
माटी माटी सूं मिलै । संधि न लषई कोइ ॥
९ उटकण जवा भुरट ज्यूं । आइ मिल्या सिष साथ ।
कंटक बांणीं कुटिल मति । तिहि जिनि मेलौ नाथ ॥
१० ज्यूं ज्यूं दुष देबो करै । किसै कांमि वो संग ।
आप जलै हति जोति कूं । जैसैं दीप पतंग ॥
११ बाजीद हमारे ईह थियार ले । हम सूं मांडे कंक ।
गुझ न दीजै आपनां । कीजै तिस की संक ॥
१२ आंषनि चरबी फिरि गई । नैक न सूझै कोइ ।
पीपी पांनीं कीच कौ । मैंडक मातौ लोइ ॥
१३ चींचड रह्या समींप ही । भडि पड्या दुष देइ ।
अंग बिहरै आतम दहै । गुण सो दूध न लेइ ॥
१४ गुरू धेनि क्रिपा करै । पै श्रवैं ढिग लेइ ।
बछरा चेला ग्यांन बिन । काटै अर दुष देइ ॥
१५ अैसी भांति मिला पका । कहौ कौंण सुष होइ ।
हेत न समझै साच न बांटौ । संगि रहैं न राषैं कोइ ॥
१६ दादू जिनि कोई हरि नांव मैं । हम कूं हांनां बाहि ।
ताथैं तुम्ह थैं डरत हैं । क्यूंहीं टलै बलाइ ॥
१७ जैमल जांण्यां रे जग है जिसा । देष्या सबै बिचारि ।
परस लगावै आपणां । सकै तौ रांम संभालि ।
१८ मीर मलिक रावत कहा राजा । काग किर्म कूकर के षाजा ।
सब तन मन निरवार हु अपनां । जग कूं जांनि रैनि का सपनां ॥
१९ मोट पराई सिर क्यूं बहिये । हरि बिन हाथ न केहू कौ गहिये ।
जनम मरन जाकूं है लोई । तास नम बांधे कहा कोई ॥
२० मन सरीषा मेलू न मिलै । चित सरीषा चेला ।
ग्यांन सरीषा गुरू न मिलै । ताथी गोर्ष फिरै अकेला ॥
२१ बहुतांनि बहु चिंतांनि । दुतिया पास सबं धनं ।
एका एकी महासुषी । ज्यूं कुवारी हाथि कंकनं ॥
२२ एका एकी लाष का । दोइ मिले तब आध ।
बाजीदा बात बारी कहै । समझै कोई साध ॥
२३ एकलौ बीर दूरौ धीर । तीसरौ षट पट ।
चौथौ उपाध । दस पंच तहां बाद बिबाद ॥
२४ एका एकी सिधानां । द्विर मंत साधवा ।
च्यारि पंच कटूंबानां । दस बीस ते लसकरा ॥
२५ भूषौ रूठौ नागौ रोगी ।
गोरष कहै सुणौ रे पूत । एता न कीजै जोगी ॥
२६ न कीजै भुष मरा । न कीजै रुलाक । न कीजै गोला ।
न कीजै चाक । एता संगि न जाइये हेला । ऊभा है गुरू बैठा है चेला ॥
२७ कबीर स्वांमीं हूंणां सो रहा । दोह्रा हूंणां दास ।
गाडर आंणीं ऊंन कूं । बांधी चरै कपास ॥
२८ आप पुजावैं पूजि ह्वै । भजन न गुर की सेव ।
दुनीं मिलै तिन सूं मन लावैं । ह्वै पाथर का देव ॥
२९ सुक्रित सेवा भज कूं । पैलड ह्वै गलियार ।
षांणां सोणां देह सुष । बोलण कूं हुसियार ॥
३० सूकडि कामत जगत कूं देवै । आपण पाथर रूप ।
अषिर लीया लेण का । छोड्या तत अनूप ॥
३१ कै भल होइ साध की सेवा । कै भल सांई भजियां ।
जगनाथ जीय दोऊ नांहीं । तौ कहा होइ घर तजियां ॥
३२ माया की दिसि चालणां । साहिब की दिसि पैल ।
कहण सुणण कूं स्वांमीं बापडा । संसारचां की गैंल ॥
३३ भलौ भेड कौ तबहि ज्यूं । जब ज्यूं चलत न पाइ ।

बडौ भयैं तैं बिगरई । रौरी बिष्टा षाइ ॥
३४ माता पिता सेव बहु कीन्हीं । तिन सूं जीव तुडाया ।
निगुर्णैं नेह नारि सूं कीन्हीं । ताकै हाथि बिकाया ॥
३५ पहली चाहि गुरू की हूई । गुर मिलि पार लंघाया ।
पीछै चाहि दुनीं की आई । तिनि सूं लागि गंवाया ॥
३६ कुलवंती बनिता तजी । पति बरता कौ संग ।
कुलटा जूठनि जगत की । तासूं लायौ अंग ॥
३७ सु भोमि सार निज रूप जीव निपजै ता मांहीं ।
कपलबृछ की छाह दंद दुष लागै नांहीं ।
सूरलोक परकास तिमर तहां रहण न पावै ।
निधि नर पूर्ण कांम हाथि तहां सब कुछ आवै ।
अनेक जोनि का दुष टलैं अवागवन नसाइ ।
अैसी संगति छाडि करि । जीव दुनियां हाथि बिकाइ ॥

सवईयौ
३८ मोटे अभाग उदै भये जीव के ।
साध समास गम सूं लय छूटी ।
मन गढ गाढ सूं घेरि परे अरि ।
द्रुंग मैं नीर की सीरनि षूटी ।
रोग अपार महा दुष संकट ।
ताहू मैं गांठि गई षुलि बूटी ।
हो रांम भजन बिनांसत ।
संगति रजब षांनि मैं धाहसी तूटी ॥
३९ मन मुषि ह्वै सतसंग तजै । सो जगनाथ ठगाइ ।
ज्यूं दमडा घडिये ठौर बिण । यौं गैर साल ह्वै जाइ ॥
४० पैंम सरोवर मांझ परि । जिनि तिरित की तीर ।
निकसि मींन ज्यूं दुष सह्यौ । तब सचु जांन्यूं नीर ॥
४१ मीठे जल कूं छाडि करि । गल सूं हूवा लींन ।
माया मनि बिचार तां । परच्या जाल मैं मींन ॥
४२ याहि बुलांवैं आप तन । सीटी दै दै पीव ।
कोऊ जांनैं किहि स्वादि लगि । परचौ जाल महि जीव ॥

अरिल
४३ परचा गलंनि मैं पावन काढचा जाइ रे ।
माया कै गलि बंध्या सु गोता षाइ रे ।
पीय कूं तीगैं गीति भाला क्यूं होइगा ।
परिहां लष चौरासी जोनि भटकत रोइगा ॥
४४ सूरिज की दिसि पीठि करि । छाया पकरन धाया ।
मूल नफा दून्यूं गयैं । सूरिज होइ न छाया ॥
४५ गुर गोबिंद है सूरिज रूपी । छाया रूपी माया ।
मनिषा देही मूल का । भजन सु त्रिभुवनराया ॥
४६ सूरिज सूं संनमुष ह्वै चालै । छाया मन सूं नाषि ।
गुर गोबिंद की सेवा कीजै । मूल नफायौं राषि ॥
४७ पूरी गति पाई नहीं । रहे अधूरी संग ।
कुसमां केरी साष ज्यूं । फरडि दिषाया अंग ॥
४८ पूरब बाई पाप का । झोला बह्या अपार ।
हाली कूं हांनां हुवा । जांणैं नहीं गंवार ॥

अरिल
४९ कथा कीरतन ग्यांन गुरू कीया नहीं ।
सत जत षिमां संतोष नहीं हीया महीं ।
जिमीं रूप जीव होइ कसौटी नांसही ।
परिहां बिन निपनी वहु साषनि गोडी यौं रही ॥
५० कथा कीरतन ग्यांन गुरू बरिषै सही ।
सत जत षिमां संतोष जीव हरिषै महीं ।
नांनां भांति अनंत कसौटी सहि रह्या ।
परिहां सुग सांई यहु साषनि पाइ रले रह्या ॥
५१ श्री गुर राजा रंक सिरि । ले दीनौं कर एक ।
परसा सनमुष साध सो । पूठा पसू अनेक ॥
५२ गुर तरवर सिष पांन हैं । मौलै भाइ कसोभ ।
नई कूप लीन वा भाव सूं । दोऊ जन कूं सोभ ॥
५३ सिष तूंटा भमैं चौरासी । पांन सु गया बिलाइ ।
मनिष जनम मैं लाभ यहु । मरणां तीषै भाइ ॥
५४ गुर तरवर गोबिंद जल । सिष है फल प्रमांण ।
भाव बींट लागा रहै । षोजी ते नर जांण ॥
५५ फल तूटै जल मैं पडै । षोजी मिटै न प्यास ।
यौं गुर तजि गोबिंद भजै । निहचै नरक निवास ॥
५६ गुर गोबिंद के भाव मैं । ताहि न गंजै कोइ ।
बिमुष भाव गुर थैं कीयैं । मोहन भला न होइ ॥
५७ जैमल गुर सूं जिनि फिरै । और न सूं फिरि जाह ।
सनमुष रहु गुर देव सूं । जग सूं बेपरवाह ॥
५८ जैमल गुर के चरन की । रे निबंदि नित ऊठि ।
सदा सनमुष सेइये । कदे न दीजै पूठि ॥
५९ परस रांम बिधि आप दिसि । का कूं लेत निहोरि ।
सब परि सहजि सुधा श्रवैं । लीनौं मांनि चकोरि ॥
६० गुर सूं अंतर राषतां । सिष न निपजै कोइ ।
पारस पडदेसूं छुवैं । कंचन कदे न होइ ॥
६१ सिषतां बाजौ धाह ह्वै । गुर पारस परसंत ।
तौ मोहन पलटै नहीं । जौ संगि सदा रहंत ॥
६२ पारस गुरू निर्मला । निर्मल सांई साध ।
आप न निर्मल होइये । भजि गुर चर्न अगाध ॥
६३ भांति भांति की जडी बैद कै । रोगी चितवनि कीन्हीं ।
गुरू बैद कूं दूसण नांहीं । जो चाही सो लीन्ही ॥
६४ गुरू बैद की मांनैं नांहीं । जो भावै सो षावै ।
कुपछ कलपनां छोडै नांहीं । गुर कौं दोस लगावै ॥
६५ गुर कूं दोस लगायां द्रुमति आवै । पाप कमावै भारी ।
कायर होइ क नारा दीयां । होइ पुरिष थैं नारी ॥
६६ घासि पीसि उतरचा नहीं । भाव भगति गहि डोरी ।
सांई सतगुर सेया नांहीं । चोर हुवा दिलि चोरी ॥
६७ सांई सूं संतोष न राषै । दिल का साच न दीया ।
गुर का गुण ले पार न उतरैं । कहैं भला हम कीया ॥
६८ ग्यांन न आया ध्यान न आया । सील संतोष न आया ।
भेष लीयौ परि भगति न लीन्ही । हौंसां मूंड मुडाया ॥
६९ कबीर सतगुर नां मिल्या । सुणीं अधूरी सीष ।

मूंड मुंडावैं मुकति कूं । चालि न सकहीं बीष ॥
७० कबीर सतगुरनां मिल्या । रही अंधूरी सीष ।
स्वांग जती का पहरि करि । घरि घरि मांगैं भीष ॥
७१ कबीर स्वांग पहरि सोह्या हूवा । षायौ पीयौ षूंदि ।
जिहि सेरी साधू नीसरया । सो तौ मेल्हीं मूंदि ॥
७२ सो दसा कतहूं रही । जिहि दिसि पहुंचे साध ।
मै ते मूरिष गहि रहे । लोभ बडाई बाद ॥
७३ फरीदा काली तेरी कांबली । मैंला तेरा भेस ।
गुनहीं भरिया तूं फिरै । लोक कहैं दरवेस ॥
७४ दादू रांम बिसारि करि । कीये बहु अपराध ।
लाजौं मारे संत सब । नांव हमारा साध ॥
७५ बेरी बोरी धार मैं । सही सु अपनीं लोइ ।
जोग लयौ परि जुगति बिन । कारिज सरचौ न कोइ ॥

अरिल

७६ तौ कारिज सरचौ न कोइ सही सूं जन कौ ।
ज्यूं कौ त्यूंही बीरम तौ है मन कौ ।
नाथ साथ नहि जाइ जगत तन धावई ।
परिहां बिन बेली बाजीद सुष कहां पावई ॥
७७ दादू बासण बिषै बिकार के । तिनकूं आदर मांन ।
संगी सिरजनहार के । तिनसूं गर्ब गुमांन ॥
७८ कबीर हरि जन सेती रूसनौं । संसारी सूं हेत ।
ते नरक कदे न नीपजै । ज्यूं कालर का षेत ॥
७९ कबीर दीन गंवाया दुनीं सूं । दुनी न चाली साथि ।
पाइ कुहाडा मारिया । गाफिल अपनैं हाथि ॥
८० दुनियां कै पीछैं पडचा । दौडचा दौडचा जाइ ।
दादू जिनि पैदा किया । ता साहिब कूं छिटकाइ ॥
८१ जीवां मांहैं जीव रहै । असा माया मोह ।
सांई सूधा सब गया । दादू नहीं अंदोह ॥
८२ कबीर पाय पदारथ पेलि करि । कंकर लीया हाथि ।
जोडी बिछुटी हंस की । पडचौ बगां कै साथि ॥
८३ दादू हीरा पग सूं ठेलि करि । कंकर कूं कर लींन ।
पारब्रह्म कूं छाडि करि । जीवन सूं हित कींन ॥
८४ कबीर जीव बिलंब्या जीव सूं । अलष न लषिया जाइ ।
गोबिंद मिलै न झल बुझै । रही बुझाइ बुझाइ ॥
८५ कबीर रांमहि थोडा जांणि करि । दुनियां आगैं टीन ।
जीऊं सूं राजा कहै । माया के आधीन ॥
८६ कबीर इहि र उदर कै कारनैं । जग जाच्यौ निस जांम ।
स्वांमीं पणौं जु सिरि चढचौ । मरचौ न एको कांम ॥
८७ कोटि सयांनप सहंस बुधि । संमन सबै अकथं ।
चित चिहुंद्या मित सूं । जीव भया परहथ ॥
८८ कबीर जै मन लागै एक सूं । तौ निरवाल्या जाइ ।
तूरा दुहुं मुषि बाजणां । न्याइ नमां चा षाइ ॥
८९ जण जण कैं उठि पीछैं लागै । घरि घरि भर्मत डोलै ।
ताथैं दादू षाइ तमाचे । तूरा पुहि सुषि बोलै ॥
९० उबायौ चयौ न जे । सो न कियौ ऊकंनि ।
तौ पयौ परियांन सौं । घंघल घात्र डंनि ॥
९१ लोकां नौं उपदेसण लागा । मूंड मुंडायां मूंछ ।
कांम धेनि का पूंछ तनि । धरनि पडचा ले भूंछ ॥
९२ नांमदेव कहै सुरही परहरिये ।
भेड पूंछ कैसैं भौजल तिरिये ॥
९३ कबीर इस संसार कूं । संमझाऊं कै बार ।
पूंछ जु पकडै भेड की । जतरचौ चाहैं पार ॥
९४ मनिषा देही बादि हीं । बकतां गई बिहाइ ।
जीवन जांणैं बापडा । गुड कूं माषी षाइ ॥
९५ सिष साषा संसार सूं । आपा दिया घसाइ ।
गाडर की सी गति भई । बैठे रोम षुसाइ ॥
९६ जग परमोध्या जुगति सूं । करि बहुडाव उपाव ।
बांदी की ज्यूं पडि रह्या । बिण धोया ही पाव ॥
९७ काया माया मांनि हित । लोक बडाई नेह ।
चांदली का ठांव ज्यूं । हरि जी हूवा न एह ॥
९८ गुर गोबिंद साधु तज्या । लोगनि लागी आस ।
गीदड थैं दून्यूं गया । मंछला अरु मास ॥
९९ गुर गोबिंदसा प्रीतम छाडचा । चले जगत की लार ।
रांणीं थैं दून्यूं गये । भरतारो अरु जार ॥
१०० हरि साहि तू बिसारि करि । किया रतन तन ष्वार ।
दूंन्यूं षोई बूबनैं । आदेसी र जुहार ।
१०१ या वो लष्या नही । ओ पाया नहीं । ए न आया हाथ ।
दोन्यूं गमाया धीगडै । यौं बोल्या गोरषनाथ ॥
१०२ दादू जाता देषिये । लाहा मूल गंवाइ ।
साहिब की गति अगंम है । सो कछू लषी न जाइ ॥
१०३ सांण पकरि संसार सूं । गुर गोबिंद सूं पूठि ।
साधनि सेती बैरता । मनि माया की मूंठि ॥
१०४ निसदिन चितवनि चाहि की । जागत सोवत ध्यांन ।
मुहडै टाटी सबद की । मांहि बधिक का ग्यांन ॥
१०५ जोग जुगति हरि ध्यांन की । कहि संमझावैं ठौर ।
बाहरि दांत दिषांण का । मिहीं करण का और ॥
१०६ मींहीं करणां चाहि का । तकि तकि मारै तीर ।
मांहैं षोटी षांण कूं । बाहरि बाबा बीर ।
१०७ की करि केरा बीज ज्यूं । बाहरि कोमल संत ।
देही द्रूबल दीनता । मांहैं सूल अनंत ।
१०८ ऊंन्हा लै ज्यूं अवंनि अंग । यौं बाहरि देही षीज ।
मेह पडैं सब ऊल हैं । मांहि मनोरथ बीज ॥
१०९ मांहैं इंद्री कलपनां । बाहरि षोजा हीज ।
ऊपरि सीला साध गति । मांहि बांस का बीज ॥
११० दुनियां आगैं दीन ह्वै । साधौं सेती जोर ।
संसारी सूं हित करैं । हरि साधनि का चोर ॥
१११ मींनीं कीमति मन मैं राषैं । घरि घरि पीवत षात ।
संसांरी सूं एकमेक मिलि । महापुरिष की घात ॥
११२ दूंदर ता दिल मांहैं राषैं । भेष सांड का कीया ।
आंकिल ह्वै अपराध कमावैं । हरि हाई मत लीया ॥
११३ षेत पराया षूंदत डोलैं । साहिब का डर नांहीं ।
दोजग भरचा जांण दोजग कूं । लबधि लेण की मांहीं ॥
११४ बडा कहावैं बुधि का ऊरा । एता मरम न पावैं ।

दीयां ध्रम पाप है लीया । संमझि अपूठा नावैं ॥
११५ जो बाहैगा लुंणि है सोई । परमार्थ धरती कूं ।
मांगणहारा मांडि महोछा । मुहु बायौ मरती कूं ॥
११६ जगजीवन सूं जीवन लावैं । चाहैं जग का हेत ।
बीज बिहूंणां ऊसर बाहैं । कदे न निपजै षेत ॥
११७ सेवैं नांहीं चाहैं सेवा । गुर गोबिंद सूं दूजा ।
परमेस्वर सूं प्रीति न लावैं । क्यूं करि होवै पूजा ॥
११८ पूजियैं जे पूजैं हरि कूं । सेवैं ताकी सेवा ।
साचि रहैं सूं सब साचा । देव जांणैं ते देवा ॥
११९ हेत करैं हरि नांव सूं । गुर साध न कूं जांनैं ।
आतम सूं अंतर नहीं । हेत रज तब मांनैं ॥
१२० दादू भगत कहांवै आप कूं । भगति न जांनैं भेव ।
सुपिनैं हीं संमझैं नहीं । कहां बसै गुर देव ॥
१२१ दादू सेवग नांव बुलाइये । सेवा सुपिनैं नांहि ।
नांव धरांयैं का भया । जे एक नहीं मन मांहि ॥
१२२ नांव धरावैं दास का । दासा तण थैं दूरि ।
दादू कारिज क्यूं सरै । हरि सूं नहीं हजूरि ॥
१२३ भगत न होवै भगति बिन । दासातण बिन दास ।
बिन सेवा सेवग नहीं । दादू झूठी आस ॥
१२४ दादू रांम भगति भावै नहीं । अपणीं भगति का भाव ।
रांम भगति मुष सूं कहैं । षेलैं अपणां डाव ॥
१२५ बषनां अस्थनि धेनि कै । दोइ बिलगा आइ ।
जिसका थाति सकौं मिल्या । लागा था जिहि भाइ ॥
१२६ भंजन भाव समांनि जल । भरि देसा गर पीव ।
जैसी उपजै तनि तृषा । ते तौ पीवै जीव ॥
१२७ जैसा सोच बांटिये हरि सूं । ते ताही सुष आवै ।
कांमधेनि दूझै सदा । भंजन समि भरि पावै ॥
१२८ जेता जीव संभालै हरि कूं । तेता रांम संभारै ।
जौ लग मुष राषै द्रपन मैं । तौ लग बिंब निहारै ॥
१२९ समिता रूपी रांम जी । सब सूं एकै भाइ ।
जाकै जैसी प्रीति है । तैसी करै सहाइ ॥
१३० सांई कीये जीव जे । एक नजरि सब कोइ ।
षिजमति जैसी कीजिये । तैसा मन सब होइ ॥
१३१ दह दिसि अंमृत रांग रस । पीवैं जे जनग सत ।
जैसी पूंजी गांठडी । तैसी बनिजै बस्त ॥
१३२ जैसा कंण बाहै धरती मैं । तैसा ही निपजावै ।
गुर गोबिंद सूं जैसा हित है । तैसा ही फल पावै ॥
१३३ गुर गोबिंद र साध दिल । चिंतामणि है भाई ।
औगुण बांछ्यां औगुण आवै । गुण बांछ्यां गुण दाई ॥
१३४ भाव भगति है सूरिज रूपी । तिमर नसावै दूरि ।
जबहीं सूरिज अंथवै । तबहि तिमर भरपूरि ॥
१३५ औगुन आंयां बिघन बहु । गुण मैं निधि अनंत ।
द्रपन कूं दूस नहीं मुह्व जैसा दरसंत ॥
१३६ गुर गोबिंद अर साध दिल । एही दर्पन रूप ।
एही तेरा सजन संगाती । औगुणि काल सरूप ॥
१३७ भाव भजन गुन गांन सूं । चारचौं सजन सहाइ ।
औगुण निंद्या कुटिलता । इन सूं नरकि पडाइ ॥

राग टोडी

१;० निकमौ बैठौ नांव ले नांहीं ।
औरै घाट घडै घट मांहीं ॥ टेक ॥
१ घट मैं झांषै आल जंजाल ।
कबहूं पातां कबहूं डाल ॥
२ कुबधि कुदाली घटहीं मांही ।
कूप षणैं पडि बाकै तांई ॥
३ क्यांहीं कै जाइ क्यांहीं नैं आंणैं ।
गली पांगली सब्हीं जांणैं ॥
४ घट मैं घडै जिसीही बात ।
ज्यांह बातां थैं नरकहि जात ॥
५ घाट घडं तांहीं दिन जावै ।
बषनां हरि गुन कबहूं न गावै ॥

श्लोक

१३८ ततयौ न तत भवति । जतयौ दग्धस्य आतमां ।
गुरू र सब्दबनीं बिनां । ततयौ न तत परांइणं ॥

गुंन गोरूनांमां ग्रंथ

१ षाइ पिवै अरु परि रहै । सुमिरण भजन न होइ ।
ग्यांन बिहूंनौं आदमीं । गोरू सर भरि लोइ ॥
२ याहि बुलावैं आप तन । सीटी दै दै पीव ।
को जांनैं किहि स्वाद लगि । परचौ जाल महि जी ॥

चौपई

३ तौ परे जाल महिरंक रु राऊ । जीव पीव तन धरैं न पाऊ ।
माया सन मन बांध्यौ लोइ । परमेस्वर न पिछांनैं कोइ ॥
४ हरि ठाकुर कूं गहैं न हाथ । माया सन मन बांध्यौ नाथ ।
गिनत गिनत ही सब दिन ताइ । औरै दे इन आपु न षाइ ॥
५ अर बषर बजोरै जे जंन । त्रिपति तऊ न होई मंन ।
माया मांनस लागी गीठी । जीव पीव कै बैंहि जु पीठी ॥
६ घित भिया पावक परि चढै । झाल अगनि की दूंनीं बढै ।
झूठै सुनैं झूठ ही कहैं । झूठे कमनि झूठौ रहै ॥
७ साच पगनि सुं डारचौ पेल । झूठ कियौ झूठ सूं मेल ।
जंन के मनि आवै नहीं सांई । पति अपनें कूं दीन्ही बांई ॥
८ एक दोइ कहा सारौ जगा । भूल्यौ भिया न पावै मगा ।
ल्यावै ल्याव रैंनि दिन कहै । दूजी बात न मुष मैं रहै ॥
९ सौ मन सौं नौं जौ ह्वै पास । तऊ नर करै और की आस ।
भरत हीं भिया आव सब बीती । त्रिश्नां गागरि अजहूं
रीती ॥

दोहरा

१० कनिंक कांमिनी रूप मैं । नष सष डुबै लोइ ।
पै सुपिनैं पांन्यौं पियौ । त्रिपति भयौ न कोइ ॥

चौपई

११ तौ सलिता सागर सोषे कूंवां । जन का मन तऊ क्रिपति न हूवा ।
माल मुलक सब आवै हाथ । राजा रांनां फिरई साथ ॥
१२ कलपबृछ सौ द्वारै रूष । तऊ सजन के मन महि भूष ।
हाथी हर मगांव गढ घोरे । को जानैं कलि कितेक जोरे ॥
१३ बेटा लाष कोरि हैं जोइ । आत्म त्रिपति तऊ न होइ ।
सुनि सुनि पुत्र कलित्र के बैंन । गुर की मांषी भयौ बर्ग्रैन ॥
१४ दरसन देषें त्रिपति न होइ । जन कौ मन बसि कीयौ जोइ ।
बहुत बात कहूं कहा बीर । बारि फेरि कैं पीवत नीर ॥
१५ जब तब कांम आइ हैं मोरे । चाकर कोटि हूंहिं त अथोरे ॥
और ठौर चलै नहिं चित । मेरैं ही द्वार रहत हैं नित ॥
१६ जांहिं कहां चरननि के चेरे । हूंइ न कौ भईया ऐ मेरे ।
मेरे प्रांन जीवनि ऐ लोइ । बांकी बरियां मोकूं होइ ॥
१७ आगि पराये घर की आंनि । मूरिष घुरसी अपनी छांनि ।
जरत अंगा रे पकरै हाथ । सो प्रांनीं तौ जरई साथ ॥
१८ सुष सागर कैं रह्यौ न तीर । दुष दरिया महिं बूड्यौ बीर ।
छाड्यौ साच झूठ लगि जीव । म्रिगत्रिश्नां जल कहु किनि पीव ॥
१९ बाल संगाती अपनौं भूल्यौ । बिर लोगनि कैं संग भयौ डूल्यौ ।
जै सेई संगि सोई ही लोइ । तौ सौ ही जन्यौं कहै सब कोइ ॥

दोहरा

२० पीव आपनौं परहरै । जीव देइ किहूं और ।
ता प्रांनीं कूं बिया हौ । तीनि लोक नही ठौर ॥

चौपई

२१ सोवत सुपिनैं संपति लहै । नांथ हाथ गाढी करि गहै ।
जागे तैं झूठी ह्वै लोइ । ताकूं तन मन देइ कहा कोइ ॥
२२ पंषी तर पर बैठे आंगि । कुटंब बंध धंध सब जांनि ।
देषन भिया न भूली दिनि । म्रिगत्रिश्नां जल पीयौ किनिं ॥
२३ जन के करिया तौ हैं पीव । और सकल स्वारद के जीव ।
कहा फिरि बिरलोगनि साथ । तन मन दीजै हरि के हाथ ॥
२४ तन मन अपनौं दीयौ कूर । त्रिफल ब्रिष तैं भयौ महूर ।
सूर्वे सैं बरसे यौ सेष । हाथ पलै कछू परचौ न देष ॥
२५ इक आवै दूजैं उठि जाइ । करमीं डै मूरिष पछिताइ ।
काचै बास न रहै न नीर । झूठंहिं लागि बिगूच्यौ बीर ॥
२६ को जानैं कै जुग की रांड । राव रंक सब कीयें भांड ।
जीव पीव कौ बौरौ होइ । जन कैं मनि सुधि रहै न कोइ ॥
२७ सब अनरथ लागे या बांम । जदपि रूप तदपि किहि कांम ।
जहर लपेट्यौ गुर है लोइ । बिष के षायें जीवत नहीं कोइ ॥
२८ जो देषै सो धूंनई माथ । महामोहनी सिरजी नाथ ।
मीर मुलिक राव कहां रांनां । माया रस बस कीये जांनां ॥
२९ रांनां राव कहूं कहा बीर । माया मोहे मुनि जन पीर ।
परिया अंति केहू की न हूई । सब सूं मिलै सबनि सूं जूई ॥
३० काहू कूं तौ बिरचि बिगोवै । काहू साथ जाइकैं सोवै ।
दई राषि यौ यातैं दूरि । दास पास सुष लहै न मूरि ॥
३१ महा कपटनी देइं न अंग । दूरैं जांनि जदपि है संग ।
आंषिनि रोवै हिरदै हसै । मांनिस कौ घर कहु क्यूं बसै ॥
३२ मन महिं आंन मुष परि और । जीव पीव के कीनें चौर ।
माया भली न जांनौं नाथ । सिर काटै पग पकरै हाथ ॥
३३ अंग संग भरि लीनें गाडे । ते कतौ इनि रोवत छाडे ।
मजलि न कोऊ पहुंच्यौ पीव । सार्ग मांझ पीठि दै जीव ॥
३४ ज्यूं भईया अरट की घरी । कबहूं छूछी कबहू भरी ।
षिन हीं नेरी षिन हीं दूरि । अस्थिर कबहूं रहै न मूरि ॥
३५ अति ही चंचल फिरई सर की । या माया छाया है तर की ।
भूप भिष्यारी छिन मैं होइ । मागें लहै न दमका दोइ ॥
३६ बादर छांह ओस कौ पांनीं । सुष संपति तूं अैसी जांनीं ।
लाभै भिया तौ न कुछ लीजै । निहिं स्वारथ आपै दुष दीजै ॥
३७ निसबासुर तु सकूटै नाथ । छाले पर हीं दोऊ हाथ ।
सांवन के भुंनिं का ज्यूं लोइ । गोरी कहा गुरांयौ होइ ॥

अरिल

३८ तु सकूटै दिन रैंनि भया सोई बावरौ । का के भाई बंध कौंन कौ डावरौ ।
नीर नाव संजोग मिलेहै आंनि रे । परिहां कुटंब बंध सब धंध जीव मैं जांनि रे ॥
३९ देषे फटकि पिछोरि नहीं कोई अपनां । तात मात बंध भिर्त रैंनि का सुपनां ।
झूठे सनमन देइ साच कूं भूलई । परिहां बागुरि ह्वै बाजीद उर्ध मुष झूलई ॥
४० हाथ हथकरी गरैं जंजीर । कहु किन परई मेरे बीर ।
बंदा किया आनैं काजैं । भूंदू भया षसम सूं लाजैं ॥
४१ तन मन दियौ जाइकैं बांम । षिजमति करई आठूं जांम ।
ठाकुर तजै भजै जाइ जोइ । ता नर कूं सुष कैसैं होइ ।
४२ गरैं जेवरी पकरचा गाढा । कबहूं बैठा कबहूं ठाढा ।
भठि परै किन अैसा जीया । बाजीगर का बनचर कीया ॥
४३ मूंह पराये ताकत डोलै । बांधी गांठि भया को षोलै ।
ग्यांन ध्यांन ध्रम रह्यौ न मूल । हरु कौ हूवौ जैसौ फूल ॥
४४ जीव पीव कौ लग्यौ काट । पंचौं फूटि गये दस बाट ।
माया तन मन दौरै नित । रांम नांम क्यूं चढई चित ॥
४५ ऐक जीव बहुतनिं कूं दीयौ । स्वांमीं सो अपनौं नहिं कीयौ ।
महा दुषित जग भीतरि जांनीं । षातैं षांन न पीतैं पांनीं ॥

४६ तुरी अमोलिक छाडी हाथ । षर पर चढ्यौ बरजतैं नाथ ।
बिमुष होइ ठाकुर तैं लोइ । मजलिन पहुंच्यौ भईया कोइ ॥

४७ प्रांनी चूक्यौ भारी घात । तातैं दुष पावै दिन रात ।
चौरासी मैं निसदिन बहै । हरि बिन हाथ न कोऊ गहै ॥

४८ दह दिसि देषै लहै न मगा । तातैं फिरि फिरि आवै जगा ।
बिमुष जीव ठाकुर तैं लोइ । हम तौ अस्थिर सुन्यौ न कोइ ॥

दोहरा

४९ ठौरैं हुती न जीव की । हाड मांस कहां चांम ।
नापैद निपैदा करै । अैसौ संम्रथ रांम ॥

५० ता साहिब कूं दर्यौं न सीसू । क्रितघनी है बिसवाबीसू ।
दरिसन देषें लागैं पापू । मुष रसनां नहीं हरि कौ जापू ॥

५१ कहा भयौ जो मांनिस कीनौं । केवल हरि कौ नांव न लीनौं ।
जिनि सिर ज्यौ ताहि लग्यौ न चितू । ताकौ जनम मरन है नितू ॥

५२ हाथ हथकरीं पग महि बेरी । जंम के दूतनि राष्यौ घेरी ।
भाव भगति भिया हौ भूल्यौ । बागुरि होइ जुगे जुग झूल्यौ ॥

५३ हरि कौ नांव न हित सूं लीनौं । पीव जीव गहि बनचर कीनौं ।
गरैं डोरि मुष तैं कहा बोलै । बाजीगर कैं संग भयौ डोलै ॥

५४ रै बारी कै भयौ ब ऊंटू । बांध्यौ रहई घर की कूंटू ।
अर रावत ही लादंहिं लोइ । आहा दई करै नहिं कोई ॥

५५ राजा कैं घर भई बबांदी । पांनीं भरत परी सिरि चांदी ।
चाकी की ढिग बैठी य दीसै । को जांनैं पुनि कितौ ऐक पीसै ॥

दोहरा

५६ एक रांम के नांव बिन । ए फर लागे लोइ ।
लष चौरासी जूंनि मैं । जीव फिरै ज्यूं गोइ ॥

५७ बाजीद बिधनां रूठौ आप । सूकर कूकर कीयौ साप ।
बरियां चूकौ बार न पावै । जोनी संकटि फिरि फिरि आवै ॥

५८ करिये कहा दुषित अति हूवा । मांनौं परचौ पीजरै सूवा ।
फिरि देषै भइया सौ भौंन । हरि बिन मुकति करै कहु कौंन ॥

५९ अरधैं सीस उरध कूं पाव । कौतिग देषै रांनां राव ।
धर हरिया की करै न कोइ । जीव पीव के हसई लोइ ॥

६० ज्यूंथी त्यूं बक ही है सेष । या मैं भया मींन नहि मेष ।
आंष्यौं देषै कांनौं सुनैं । जैसा बाहै तैसा लुंनैं ॥

अरिल

६१ तौ हम या सीधी कही न बोली पारसी ।
जौ कंकन ह्वै हाथ तौ बकहा आरसी ।
माया तन मन लाइ न गोब्यंद गाइये ।
परिहां बोवै बीज बंबूर आंब कहां पाइये ॥

६२ घट पट अंतरि राषि भगति भया रांम की ।
भली न जांनी मूरि चाह धंन धांम की ।
द्वै षाडे बम्यांन मांझि को गेलई ।
परिहां झूठै बाहरि काढि साच सूं षेलई ॥

६३ हरि मिलिबे कीहौ सजौ बहै जीव कूं ।
तौ और झौर सब छाडि हिरदैं धरि पीव कूं ।
जहां दुनीं तहां दीन न जांनीं मूरि रे ।
परिहा साच कहत बाजीद झूठ तैं दूरि रे ॥

६४ तौ ब भयानी की सुष मौंन । बहुत बके तैं टूटै पौंन ।
पसु के आगैं राषै फूल । बरध सुबास न लेई मूला ॥

६५ जनम गयौ गोबर कैं साथ । गुबरौं डा फूलनि कहा हाथ ।
ढोरंहि देषै भागै लोइ । काग कपूर न षाई कोइ ॥

६६ जोति पुलां नींर ही न देही । अंधरे कूं ब आरसी कीही ।
बहरे आगैं गावै गीतू । ऐकहु अषिर चढै न चीतू ॥

६७ आगैं अंधरौ बांट तजांइ । पीछै रस री बछा षाइ ।
यह तौ बात भिया अब जांनीं । चलनीं भीतरि रहै न पांनीं ॥

६८ सूके काठंहि सींचै नीर । सो तौ महामूरिष है बीर ।
साह चोर कूं देई सीष । संगन जाई ऐकै बीष ॥

६९ अंतकालि मूंड ही धुंनैं । ऊसरि बीज बोइ कहा लुनैं ।
यह तौ मतौ न नीकौ बीर । बृथां गवाइऐ अपनौं षीर ॥

७० कागै दूध पषारै कोइ । तौ बांइसि कहा उजरौ होइ ।
ए भइया बात न की बात । साध संगति बैठौ दिन रात ॥

७१ निसदिन रहै नीर मैं लोइ । तौ पांहन कहा भीजै कोइ ।
घट पट अंतरि नांहिं न पवन । कहौ भईया क्यूं करई गवन ॥

७२ चाबक चुटकौ रंक र राव । तुरी काठ की चलै न पाव ।
जाति सुभाव न जाई मूरि । नष सिष मांझ रह्यौ भरपूरि ॥

भूमि करै केसरि की लोइ । तामैं लहसन बोवै कोइ ।
७३ गंध तऊ नहिं जाई नाथ । कहा जौ रही अग्र कै साथ ॥
७४ बुरे मनिष सूंनी की बात । कबहूं न कहिऐ दिन अरु रात ।

श्रपहि दूध पिलावै सेष । सो तौ सही जहर ह्वै देष ॥
७५ आवत जात बटाऊ न डाटै । बिन हीं बैर पाव कौं काटै ।
कहा जौ कू करन्हा ऐं गंग । द्रुमति ज्यूं की त्यूं हीं संग ॥
७६ जीव पीव भरमाऐ जगा । कहि क्यूं सीधौ पावै मगा ।
अहनिसि ऊबट धरई पाव । सीधौ पंथ नहि रहै आव ॥
७७ भाव भगति कूं दीन्हीं पीठि । माया मोह बिलोकै दीठि ।
सुमिरन भजन न ह्रदै आनैं । झूठी बात साच करि जानैं ।
हरि के चरनूं रहै न चित । माया सन मन बांध्यौ नित ।
सुधि अरु बुधि साहिब हरि लीन्हीं । और झौर तजि भगति न कीन्हीं ॥

७८ जे उनि आप हते हैं लोइ । ते मांनि सक्यूं ज्यावै कोइ ।
ऐसौ संम्रथ कोऊ नांहिं । पीय पै पकरि छुडावै बांहिं ॥

दोहरा

७९ माटी माटी मिलि गई । पौंन गयौ मिलि पौंन ।
बाजीद बिधनां के हते । मनिष जिवावै कौंन ॥

अरिल

८० तौ मनिष जिवावै कौंन दुहाई रांम की ।
या प्रांनीं की आस करी किहिं कांम की ।
प्रगट कहत पुकारि बेद या गाथ रे ।
परिहां जीव न मरन रिजक धनीं के हाथ रे ॥

चोपई

८१ नाथा हाथ सब कीहै डोरि । सुत्र ऐक बंधे हैं कोरि ।
जीव काठ की पुतरी लोइ । प्रेरक याकौं औरै कोइ ॥
८२ पीव की सकति जीव मैं आव । हाथनि पकरै चलई पाव ।
जौ यहु पवन न प्रेरै पात । तौ यह थिर जोनी दिन रात ॥
८३ तीनि लोक कौ ठाकुर आपै । केहू उथ पौके हू थापै ।
केई हसें कोऊ दे रोइ । भलौ बुरौ सबनि तैं होइ ॥
८४ पोट पराई धरी न सीस । हलचल हरि तैं बिसवाबीस ।
जन लोहा चंब कहै पीव । सकति उन्हूं की फिरई जीव ॥
८५ लाल नाल तैं न्यारौ होइ । तब तौ हलै चलै नहि कोइ ।
जकि थकि रहे रंक अरु राव । गुडी उडी है कहूं बिन बाव ॥
८६ जोति अपनीं लैं हीं रांम । प्रांनी करि न सकै कुछ कांम ।
जकि थकि रहे जहां तहां देष । नाव नीर बिन चलै न सेष ॥
८७ कुसर तबै ज्यूं जब ज्यूं साथ । गरमैं गरौ हाथ मैं हाथ ।
जीव पीव न्यारौ होइ । कौडी भिया लहत नहि कोइ ॥

दोहरा

८८ जीव बंधे सब पीसूं । मुकति नही कोऊ मूरि ।
बाजीद कलपलनां परै । नाथ साथ तैं दूरि ॥

इति श्री गुरूनांमां संपूर्ण समाप्त ।
सजन द्रुजन का मिलाप की पारष कौ अंग
चांणक उपदेश संपूर्ण भवेत् ॥

११४ तीसपदी ग्रंथ चिंतांवणी वींनती

राग मारू

१:० वहला पधारौ ग्रेह हो माह्ला नाथ जी ।
सुरिजन आवो हो आतम अंगि लगाडौ स्वांमीं ।
ईअंमीं महारस पावो हो माह्ला नाथ जी ॥ टेक ॥
१ जल अंजुरी जिम जाइ अवध्या । पांणीं प्रिथमीं षावै हो ।
आंवण जांण सास ए पांहुणा । अंति उठे चलि जावै हो माह्ला नाथ जी ॥
२ पूंन्यूं पछैं चंदनीं सोभा । दिन दिन कला घटावै हो ।
सरवर नीर सीर सब जीवै । तेल नूं जोति जलावै हो माह्ला नाथ जी ॥
३ इक सू भर इक षाली घडियां । कूवै नीर छिजावै हो ।
घडियैं घडियैं कहै घडावलि । निसदिन घटता जावै हो माह्ला नाथ जी ॥
४ साकर लूंण गल्या जल माहि । गया ते किम करि पावै हो ।
कोटि उपाइ करै अपघातक म्रितक बाहुडि नावै हो माह्ला नाथ जी ॥
५ बै जावै बिरहनि मुरझावै । ते दिन नेडूं आवै हो ।
दादू दींन दयाल रांम बिन । जलती कौंण बुझावै हो माह्ला नाथ जी ॥
६ सूर तेज जिम ओला गलि गया । कागद बूंद गलावै हो ।
भूड भूवन परि मेह पडैं जिम । तिम षिण मैं देह ढहावै हो माह्ला नाथ जी ॥
७ काच ठांमडा जुडै न क्यूं ही । तरवर पात झडावै हे ।
काचा कुंभ पडचा जल माहे । बिगसत बार न लावै हो माह्ला नाथ जी ॥
८ सीत कोट ओसनां पांणीं । बाडी फूलि फुलावै हो ।
रवि उगे तम तार बिलांणां । सुपिनां सुष नसावै हो माह्ला नाथ जी ॥
९ बाजी बुदबुद बादल छाया । तरवर छांह ढलावै हो ।
सीत उश्न बरिषा जिम पलटै । छलावा छलि जावै हो माह्ला नाथ जी ॥
१० छलावा छलि जाइगा । सुपिनां बाजी होइ ।
दादू देषि न भूलिये । यहु निज रूप न होइ ॥
११ त्यौरी तिरवर भोडल चिलवा । बिकत जोति चिलकावै हो ।
बीजल चमका बूंद र गोली । गुमटि कहां ठहरावै हो माह्ला नाथ जी ॥
१२ सती सिंगार सूरनां आंगाव लेज को पहरावै हो ।
रतन जल्या जब जोति घटांणीं । अढडी हूं नल हांवै हो माह्ला नाथ जी ॥
१३ षेल बिझांणीं बालक षेलै । चित्र चितै रबणावै हो ।
धूंवां महल मेह धूंवरिना । जल फोहा उडि जावै हो माह्ला नाथ जी ॥
१४ नदी नाव तरवर परि पंषी । हटवाडा जुडि जावै हो ।
तीर्थ संग सराइ बास नर । पंथी छांहत जावै हो माह्ला नाथ जी ॥
१५ बेगि बटाऊ पंथ सिरि । इब बिलंबन कीजै ।
दादू बैठा क्या करै । रांम जपि लीजै ॥
१६ पंथी बासा गोवलि वासा । गुढाडा गांव बसावै हो ।
म्रितक संगि सजन मिलि चाल्या । बाहुडि बीषडि जावै हो माह्ला नाथ ॥
१७ कागा रौलि काग करि उडिया । बणिजारा लदि जावै हो ।
पंथि चलंतां साथ मिल्या बहु । को केन्ही पीड मिटावै

हो माह्रा नाथ जी ॥
१८ दौं लागे पंषी जिम नाठैं । को केन्हूं आदि अणावै हो ।
कटक अली तै आपणीं । बुधि बल सब बिसरावै हो
माह्रा नाथ जी ॥
१९ बिगसी नाव डूबणैं लागा । केन्हूं कौंण तिरावै हो ।
धाडि पहूतें धडा धडी सब । आप आप कूं जावै हो
माह्रा नाथ जी ॥
२० दादू फूटी नाव समंद मैं । सब डूबण लागे ।
अपणां अपणां जीव ले । सब कोई भागे ॥
२१ रसनां रसि कमींन बसि हूवा । मरकट स्वादि बंधावै
हो ।
सुक सैं बल नलनी लपटांनां । सूर्लभ जोति जलावै
हो माह्रा नथ जी ॥
२२ श्रवणां नाद कुरंगा मूवा । भमरा बास भुलावै हो ।
सू का अस्थ स्वांन जिम चूसै । आपण मुष तुडावै
हो माह्रा नाथ जी ॥
२३ बोझ उतार तप सुवा भाजै । मूसा बाति चुरावै हो ।
अस अगनि मां बाहरि काढै । फिरि फिरि आइ जरावै
हो माह्रा नाथ जी ॥
२४ मकडी मूंदि जाल मैं बैठी । बीजा मां उरझावै हो ।
कुरंग कूदि फंद मांहैं पडिया । बगू सिंधौ र झुलावै
हो मांह्रा नाथ जी ॥
२५ कठिन फंध परचौ माया कौ । तोरचौ जाइ न तट कैं ।
नांहरि भजन न साध समागम । रह्यौ बीचि ही लटकैं ॥
२६ दादू कहै बूडि रह्या रे बापुरे । माया ग्रिह के कूप ।
मोह्या कनक अरु कांमनीं । नांनां बिधि के रुप ॥
२७ काठ पूतली प्रकट जैसैं । म्रिगजल देषि डुलावै हो ।
गुंजा अनल करी कपि बन मैं । यौं जीव भ्रंमि भुलावै
हो माह्रा नाथ जी ॥
२८ फटक सिला कागद नी सूंडनि । हस्ती आप हतावै हो ।
डाकि पडचा के हरि कूवै मैं । अैसैं यहु डहकावै
हो माह्रा नाथ जी ॥
२९ छाया देषि लटूंरा बालक डरपि मरै दुष पावै ।
काच भवन मैं सुनहां भुसि भुसि आपा पर न लहावै
हो माह्रा नाथ जी ॥
३० सप्त बटाऊ संक्या मूवा । रज भुजंग उपजावै हो ।
षेत बिझूका तरवर छाया । मृगा देषि डरावै हो
माह्रा नाथ जी ॥
३१ झूठा झिलिमिलि म्रिगजल । पांणीं करि लीया ।
दादू जग प्यासा मरै । पसु प्रांणीं पीया ॥
इति तीसपदी ग्रंथ संपूर्ण समापतह

कबीरजी की रमैंणीं अष्टपदी ग्रंथ
२:१ एक बिनां नीरच्या बिनांनं । सब अयांन वो आपै जांनं ।
सत रजत मथैं कीन्हीं माया । चारि षांनि बिस्तार
उपाया ।
पंच तत ले कींन्ह बंधांनं । पाप पुंनि मांन अभिमांनं ।
अहंकार कीन्हीं माया मोहू । संपति बिपति दीन्हीं सब
काहू ।
भले रे पोच अकुल कुलवंता । गुणीं न्रिगुणीं धननी
धनवंता ।
भूषि पियास अनहित हित कीन्हां । हेतैं मोर तोर करि
लीन्हां ।
पंच स्वाद ले कीन्हां बंधू । बंधे करम ओ आहि अबंध ।
अवर जीव जंत जे आही । संकट सोच बियापै ताही ।
न्यंद्या अस्तुति मांन अभिमांनं । इहि झूठै जीव हत्या
गियांनं ॥
बहु बिधि करि संसार भुलावा । झूठै दो जगि साच
लुकावा ।
माया मोह धंन जोबनां । इन बंधे सब कोइ ।
झूठे झूठ बियापिया । कबीर अलष न लई कोई ॥
२ झूठनि झूठ साच करि जांनां । झूठनि मैं सब साच
लुकांनां ।
धंध बंध कीन्ह बहुतेरा । क्रम बिबरजित रहै न नेरा ।
षट दर्शन आश्रम षट कीन्हां । षट रस षाटि कांम रस
लीन्हां ।
चारि बेद छह सास्त्र बषांनैं । बिद्या अनंत कथैं को
जांनैं ।
तप तीर्थ कीन्हें ब्रत पूजा । धर्म नेम दांन पुंनि दूजा ।
और अगम कीन्हें ब्यौहारा । नहीं गमि सूझै वार न
पारा ।
लीला करि करि भेष फिरावा । ओट बहुत कछू कहत न
आवा ।
गहन बिंद कछू नहीं सूझै । आपुनु गोपि भयौ आगम
बूझै ।
भूलि परचौ जिय अधिक डराई । रजनीं अंध कूप ह्वै आई ।
माया मोह उनहि भरपूरी । दादूर दांमिनि पवनां पूरी ।
तरफै बरिषै अषंड धारा । रैंनि भांमिनीं भया अंधियारा ।
तिहि बिवोग तजि भये अनाथा । भूलि परे नहीं पांवहि
पंथा ।
बेद न आहि कहूं को मांनैं । जांनि बूझि मैं भयो
अयांनैं ।
नट बहु रूप षेलै सब जांनैं । कला केर गुन ठाकुर
मांनैं ।
ओ षेलै सब हीं घट मांहीं । दूसर कै लेषै कछू नांहीं ।
जाके गुन सोई पै जांनैं । और को जांनैं पार अयांनैं ।
भले रे पोच औसर जब आवा । करि सनमांन पूरिज
पावा ।
दांन पुंनि हम दुहुं निरासा । कब लग रहूं नटारंभ
काछा ।
फिरत फिरत सब चरन तुरानैं । हरि चरित अगम कथै
को जांनैं ।
गंण गंध्रप मुनि अंत न पावा । रह्यौ अलष जग धंधे
लावा ।

इहि बाजी सिव बिरंचि भुलानां । और बपुरा को
किंचित जांनां ।
त्राहि त्राहि करि कीन्ह पुकारा । राषि राषि सांई इहि
बारा ।
कोटि ब्रह्मंड गहि दीन्ह फिराई । फल कर कीट जनम
बहुताई ।
ईस्वर जोग षरा जब लीन्हां । टरचौ ध्यांन तप षंड न
कीन्हां ।
सिध साधि कउ न थैं कहु कोई । मन चित अस्थिर कहु
कैसें होई ।
लीला अगम कथैं को पारा । बस हु समीप कि रहहु
निनारा ।
षग षोज पीछैं नहीं । तुव तत अपरंपार ।
बिन परचै कां जांनियैं । कबीर सब झूठे अहंकार ॥
३ अलष निरंजन लषै न कोई । निरभै निराकार है सोई ।
मुंनि असथूल रूप नहीं रेषा । दृष्टि अदृष्टि छिप्यौ
नहीं पेषा ।
अबरन बरन कथ्यौ नहीं जाई । सकल अतीत घटि रह्यौ
समाई ।
आदि अंति ताहि नहीं मधे । कथ्यौ न जाई आहि अकथे ।
अपरंपार उपजै नहीं बिनसै । जुगति न जांनियें तौ
कथियैं कैसें ।
जस कथिये तस होत नहीं । जस है तैसा सोइ ।
कहत सुनत सुष ऊपजै । कबीर अरु परमारथ होइ ॥
४ जांनसि नहीं कस कथिसि अयांनां । हम निर्गुन तुम
सर्गुन जांनां ।
मति कर हीं न कवन गुन आही । लालच लागि आसिरै
रहाई ।
गुन अरु ग्यांन दोऊ हम हींनां । जैसी कुछ बुधि बिचार
तस कीन्हां ।
हम मति हीं न कछू जुगति न आवै । जे तुम्ह दरवौं तौ
पूरिज न पावै ।
तुम्हारे चरन कवल मन राता । गुन निर्गुन के तुम
निजदाता ।
जहुंवां प्रगटि बजावहु जैसा । जस अनभै कथिया तिनि
तैसा ।
बाजै जंत्र नाद धुनि होई । जो बजावै सो औरै कोई ।
बाजी नाचै कौतिग देषा । जो नचावै सो किनहूं न पेषा ।
आप आप थैं जांनियैं । है परिनां हीं सोइ ।
कबीर सुपिनैं केरधन । जागत हाथि न होइ ॥
५ जिनि यहु सुपिनां फुर करि जांनां । और सबै दुष
आदिन आंनां ।
ग्यांन हीं न चेतैं नहीं सूता । मैं जाग्या बिषहर
भैभूता ।
पारधी बांन रहै सर साधे । बिषम बांन मारै बिष
बांधें ।
काल अहेडी संजि सिकारा । सावज सुसा सकल संसारा ।
दावानल अति जरै बिकारा । माया मोह रोकि लै जारा ।
पवन सहाइ लोभ अति भइया । जम चरचा चहुं दिसि
फिरि गइया ।
जम के चर चहुं दिसि फिरि लागे । हंस पंषेरू वाइ ब
कहां जाइबे ।
केस गहे कर निसदिन रहई । जब धरि अैंचै तब धरि
चहई ।
कठिन पासि कछू चलै न उपाई । जमहु वार सीझे सब
जाई ।
सोई त्रास सुनि रांम न गावै । म्रिगतृश्नां झूठी दिन
धावै ।
मृत काल किनहूं नहीं पेषा । दुष कूं सुष करि सब
हीं लेषा ।
सुष कर मूल न चीन्हिसि अभागी । चीन्हें बिनां रहैं
दुष लागी ।
नीबकीट रस नीब पियारा । यौं बिचकूं अंम्रित कहै
संसारा ।
बिष अंमृत एकै करि सांनां । जिनि चीन्हां तिन हीं
सुष मांनां ।
अछत राज दिन दिनहि सिराई । अंम्रित पर हरि करि
बिष षाई ।
जांनि अजांनि जिन्हैं बिष षावा । परे लहरि पुकारहि
धावा ।
बिष के षायें का गुन होई । जा बेद न जांनैं परि सोई ।
मुरछि मुरछि जीव जरि है आसा । कांजी अलप बहु
षीर बिनासा ।
तिल सुष कारंनि दुष असमेरू । चौरासी लष कीन्हां फेरू ।
अलप सुष दुष आहि अनंता । मन मैं गल भूल्यौ मैमंता ।
दीपक जोति रहैं इक संगा । नैंन नेह मांनूं परहि पतंगा ।
सुष बिश्रांम किनहूं नहीं पावा । परहरि साच झूठ दिन
धावा ।
लालच लागे जनम सिरावा । अंतकाल दिन आइ
उतरावा ।
जब लग है यहु निज तन सोई । तब लग चेति न देषै कोई ।
जब निज चलि करि कीया पयांनां । भयौ अकाज तब
फिरि पछितांनां ।
म्रिगतृश्नां दिन दिन इसी । इब मोहि कछु न सुहाइ ।
अनेक जतन करि टारियै । कबीर करम पासि नहीं जाइ ॥
६ रे रे मन बुधिवंत भंडारा । आप आप हीं करहु बिचारा ।
कवन सयांन कवन बौराई । किहि सुष पइये किहि दुष
जाई ।
कवन हरिष को बिष मैं जांनां । को अनहित को हित
करि मांनां ।
कौंन सार को आहि असारा । को अनहित को आहि
पियारा ।
कवन साच कवन है झूठा । कौंन करू को लागै मीठा ।
किहि जरिये किहि कीजै अनंदा । कवन मुकति को गल के

फंदा ।
रे रे मन मोहि ब्यौरि करि । हूं तत बूझूं तोहि ।
संसै सूल सबै भई । कबीर संमझाई कहि मोहि ॥
७ सुनि हंसा मैं कहूं बिचारी । त्रिजुग जोनि सबै अंधियारी ।
मनिषा जनम उतिम जौ पावा । जांन्यूं रांम तौ सयांन कहावा ।
नहीं चेतै तौ जनम गंवावा । परचौ बिहांन तब फिरि पछितावा ।
सुष कर मूल भगति जौ जांनैं । तौ और सबै दुष आदि न आंनैं ।
अंम्रित केवल रांम पियारा । और सबै बिष के भंडारा ।
हरिष आहि जौ रमियैं रांमां । और सबै बिसमां के कांमां ।
सार आहि संग तिनि र बांनां । और सबै असार करि जांनां ।
अनहित आहि सकल संसारा । हित करि जांनियैं रांम पियारा ।
साच सोई जो थिरहि रहाई । उपजै बिनसै झूठ ह्वै जाई ।
मीठा सो जे सहजैं पावा । अति कलेस थैं करू कहावा ।
नां जरिये नां कीजै मैं मेरा । तहां अनंद जहां रांम निहोरा ।
मुकति सोई जु आपा पर जांनैं । सो पद कहा जाहि भरि भुलानैं ।
प्रांन नांथ जग जीवनां । दुर्लभ रांम पियारा ।
सुत सरीर धन प्रग्रेह । कबीर जियरा तरवर पंषि बसेर ॥
८ रे रे जीय अपनां दुष न संभारा । जिहि दुष ब्याप्यौ सब संसारा ।
माया मोह भूले सब लोई । किंचित लाभ मांनिक दीयौ षोई ।
मैं मेरी करि बहुत बिगूता । जननी उदर जनम के सूता ।
बहुतैं रूप भेष बहु कीन्हां । जुह्रा मरण क्रोध तन षीनां ।
उपजै बिनसै जोनि फिराई । सुष कर मूल न पावै चाही ।
दुष संताप कलेस बहु पावै । सो न मिलै जे जरत बुझावै ।
जिहि हित जीव राषि है भाई । सो अनहित ह्वै जाइ बिलाई ।
मोर तोर करि जरै अपारा । म्रिगत्रिश्नां झूठी संसारा ।
माया मोह झूठ रह्यौ लागी । का भयौ इहां का ह्वै है आगी ।
कछ कछू चेति देषि जिय अब हीं । मनिषा जनम न पावै कबहूं ।
सार आहि जे संगि पियारा । जब चेतै तब हीं उजियारा ।
त्रिजुग जोनि जे आहि अचेता । मनिषा जनम भयौ चित चेता ।
आतमां मुरछि मुरछि जरि जाई । पिछ ले दुष कहतां न सिराई ।
सोई त्रास जे जांनैं हंसा । तौ अजहूं जीव न करै संतोसा ।
भौसागर अतिवार न पारा । ता तिरिबेका करहु बिचारा ।
जा जल कौ आदि अंति नहीं जांनियैं । ताकौ डर काहे नहीं मांनियैं ।
को बोहिथ को षेवट आही । जिहि तिरिये सो लीजे चाही ।
संमझि बिचारि जीव जब देषा । यहु संसार सुपिन करि लेषा ।
भई बुधि कछू ग्यांन निहारा । आप आप हीं कीया बिचारा ।
आप न मैं जे रह्या संमाई । नेडै दूरि कथ्या नहीं जाई ।
ताके चीन्हें परचौ पावा । भई समझि ता सूंल्यौ लावा ।
भाव भगति हित बोहिथा । सतगुर षेवनहार ।
अलप उदिक तब जांनियैं । कबीर गोपद षुर बिस्तार ॥

११५ गुण झूलनां उपदेस के अंग का

१ अरथ धर्म कांम मोछि । दैत राजा रांम रे ।
नर सोवत कहा जागि बौरे । भौजल तैं भागि ॥
२ तजहु आंन आस । भजहु भाव सहित तास ।
ताकौ तिहूं लोक नांव । नर हिरदै अजब ठांव ॥
३ यहु दुनियां दै पीठि । दरस देषहि ज्यूं डीठि ।
सुपिय दूरि नहीं पास । जैसैं फूलनि मैं बास ॥
४ इक रांम नांम सति । कहत सुनत होत गति ।
ग्रब श्रब सौं ज त्यागि । सु तू रांम नांम लागि ॥
५ जिहि दीये नैंन बैंन । षांन पांन चित चैंन ।
चरन चांपि करहु सेव । सुतौ देवनि कौ देव ॥
६ जपिये जगदीस । अबहि सेत भयौ सीस ।
सुनहु करत हाइ हाइ । लोका जाइ जनम जाइ ॥
७ करि साहिब सूं नेह । बौरे बिनसि जै है देह ।
देषि परचौ भौजल मांझ । सुतोहि सुष न भोर सांझ ॥
८ सीस कहूं पाइ परचौ । कहा गोता षाइ ।
षसम क्यूं न करत आदि । जनम जातु है सुबादि ॥
९ अंनधन नही और । अंति साहिब कौ चोर ।
चरन रह्यौ न चित लागाइ । सु नर क्यूं न षता षाइ ॥
१० लै रांम नांम एक । कहा करत मूढ टेक ।
टका चारि तौ किहि कांम । जात पंचनि महिमांम ॥
११ यह सकल सुष त्यागि । तुरत प्रगट देषि आगि ।
अबहि उलटि अंमी पीव । अमर होइ जुगनि जीव ॥
१२ आप तेज बाइ । प्रिथी उपजि कैं समाइ ।
सुत नरु हिरमास अस्त । कहा मूंढ भयौ मस्त ॥
१३ यहु दुनियां सब धंध । धनी रे नर अंध ।
कहा देषि रह्यौ भूलि । भरम तजि न बैंसि फूलि ॥
१४ मीर मलिक षांन पांन । दरि गह दीवांन ।

दुनी लै न चलै सथु । सु तू देषि दोऊ हथु ॥
१५ बिषई बहु जीव । जप्यौ नैंक नहीं पीव ।
जनम गये जूवा हारि । जिनहि दै तु दुनी गारि ॥
१६ कलि अमर नहीं कोइ । कहां हस्त दै रोइ ।
सुजरि जांतु जैसैं कषु । रहत नैं कहूं नरषु ॥
१७ हौं बकहूं नित । कछू क्यूं न करैं चिंत ।
कहा मूढ रह्यौ सोइ । सुतौ जीव न दिन दोइ ॥
१८ षाह कछू षुलाव । अबहि अलप रही आव ।
धन मुधरचौ धूरि होइ । संगु लैन जात कोइ ॥
१९ बाजीद बिकट बाट । अगै पुरन पटन हाट ।
अबहि इहै भलौ दाव । कछू संबलौ चलाव ॥
गुण झूलनां उपदेस के अंग का संपूर्ण समाप्त ॥

११६ मेहाला होरीजी कौ ग्रंथ चिंतावणीं

१ मन गाफिल कुजा गुफती । दिल अजष बरदार दनेस ।
हंमे पनाह दुनियां कुलि जिमीं पेस ॥
२ पाकलती फतूं करतार । तूं बे अैब सिरजनहार ।
३ रांम रहींम तूं बजार । दुनियां बादि तूं सतार ।
४ आदम षाक तैं कीया । इलाही सब रतैं दीया ।
५ रिजक मौति अला लिषि लीया । घट मै जीवतैं आंन्यां ।
६ षुदाइ बंद हक करि जांन्यां । जांन्यां बंदगी थापी ।
६ हंमे पनाह दुनियां हमारा यार भींषा की ।
७ तौ अप सो सक्या कीजै । किला हा जीव तैं लीजै ।
८ जूवा जनम तौ हारचा । ऊमर गई संभारचा ।
९ रंगी ली गई यतौ ज्वांनीं । सपेदी मौति नीसांनीं ।
१० यारौ जीवनां थोरा । का सूं कहतौ मोरा ।
११ नर हसैं मंदिरो हाथी । नर हसैं यार को साथी ।
१२ नर हसैं ऊंटनां घोरा । नर हसैं जांन को भोरा ।
१३ नर हसैं परबतो दरिया । नर हसैं को ऊब न हरिया ।
१४ नर हसैं धूवसा भारी । नर हसैं प्रिथमीं सारी ।
१५ नर हसैं चंदनां तारे । नर हसैं सजनां प्यारे ।
१६ नर हसैं मुलांन काजी । नर हसैं तुरियां ताजी ।
१७ नर हसैं बंभनां पोथी । नर हसैं बात सब थोथी ।
१८ नर हसैं बेदनां कतेब । किनहूं न लह्या सहूका भेद ।
१९ नर हसैं तंबुवां तानें । नर हसैं जोइ सीस्यानें ।
२० नर हसैं पतले झीनें । नर हसैं सौंधई भींनें ।
२१ नर हसैं राग हीं माते । नर हसैं पांन हीं षाते ।
२२ नर हसैं षांन सुलितांनां । ते भी षाक ह्वै जांनां ।
२३ नर हसैं चोर बटपारे । नर हसैं बाहरू सारे ।
२४ नर हसैं सेष संन्यासी । नर हसैं जंगलैं बासी ।
२५ नर हसैं कूपनां बारी । नर हसैं फूल फूलवारी ।
२६ नर हसैं अंबुनी डारी । नर हसैं सूरत्यां सारी ।
२७ नर हसैं जोर जम धारी ।
२७ नर हसैं कूपनां पांनीं । नर हसैं कपटनीं बांनीं ।
२८ नर हसैं तरवरैं पंछी । नर हसैं सरवरैं मछी ।
२९ नर हसैं थली नांहि रनां । नर हसैं जोग जुग फिरनां ।
३० नर हसैं सहर ऐ गंदाल । ते भी हूं हिगे पै माल ।
३१ सांई करै अैसा ष्याल । बहुरचौं फेरि करै निहाल ।
३२ सांई तूं बडा समृथ । तुझ पैं सकल ओडैं हथ ।
३३ रिजक षल कूं सब देइ । सब कूं मारि सांई लेइ ।
३४ सांई करै सोई होइ । लेष मेटि न सकै कोइ ।
३५ यहु तौ धंध सब जगु जाइ । रहसी आप पाक षुदाइ ।
३६ रहैगा ऐक हीं सांई । दूजा रहै को नांहां ।
३७ रहैगा ऐक ही करतार । बंदार है सांई लार ।
३८ यहु जग छोडि कैं जांनां । हक हलाल करि षांनां ।
३९ नर हसैं बाल ही बूढा । नर हसैं माल के कूढा ।
४० नर हसैं मरद को ज्वांनां । नर हसैं पातिसाह षांनां ।
४१ करैं थे जीवनैं आसा । आई मौत बेसासा ।
४२ मौत अचांनक करि आई । गाफिल षबरि नहीं पाई ।
४३ आई सिर भया भारी । कंपी देह तौ सारी ।
४४ कंपी देह परिया षाट । छूटा दुनियां का हाट ।
४५ प्रीत्म षबरि कूं आवैं । कहैं कछू षांन कूं ल्यावैं ।
४६ यारौ कौन दुष परिया । यहु कछू अल्हानैं करिया ।
४७ तुम तौ यार थे मेरे । न आवो दुष मैं नेरे ।
४८ राहाइ सूं कछू न कीया जाद । हमारा नहीं कछू बराद ।
४९ लागा लींन ऊपरि सास । छाडी जीवनैं की आस ।
५० फुरमांन फरेस्ता ल्याये । जीव कौं लैं नहीं आये ।
५१ जीव तूं निकसि घट ही मांहि । तुम कौं हूकम रहनैं नांहि ।
५२ जब लग हुकम था रहिया । अब तौ जाइ क्या कहिया ।
५३ रोवैं बाप माई जोइ । कांपैं कछू नांहीं होइ ।
५४ पांनीं गरम हीं कीया । तन कूं गुसल हीं दीया ।
५५ लोगौं कफ नहीं आंन्यां । सीयें र करि अंग सूं बांन्यां ।
५६ रोटी लई लारा चार । मिलि चाले भाई यार ।
५७ ले करि मजलि उतारचा । जिनि जाइ गोर उदारचा ।
५८ गुदराइ ले भाई यार । तब हीं गोर करी तयार ।
५९ गोर लहंगी र भई भारी । किया राषू बसंवारी ।
६० ले करि गोर मैं दीया । दरो गजु भाइ यौं कीया ।
६१ भाई चिस मैं भरि रोवैं । किमिटी षुब करि तोवैं ।
६२ मिटी तोइ सब घरि जांहि । कोई पासि पैठैं नांहि ।
६३ यारौ गोर है अंधेर । ऊपरि परी मिटी ढेर ।
६४ मिटी गई सब तन षाइ । रहे अस्त पीछैं आइ ।
६५ उजले दंत थे चगे । ते भीषाक मैं रंगे ।
६६ आछे नैंन थे षूबां । तिन परिजांमीं है दूबां ।
६७ लंबे बाल थे काले । कि सोभी षाक मैं डाले ।
६८ जिनतैं फील डरते सर । ते भए माटी ढेर ।
६९ मेहा कहत गरीब । जंनजीव तौ थिर नांहिं ।
७० अनेक भांति तन राषिये । आषरि माटी मा मांहि ।
७१ बोलौ भया रांम । सरैं सब कांम । बिसरि जिनि जाव षता मति षाव ।
७२ जो नर सुणैं सहज मन लाइ । होइ पुनि पाप ष्यौ जाइ ॥
मेहाला होरीजी कौ ग्रंथ चिंतावणीं संपूर्ण भवेत् ॥

११७ कबीरजी की साषीकाल कौ अंग

१ कबीर झूठे सुष कूं सुष कहैं । मानत हैं मन मोद ।
षल कच बीणौं काल कौ । कुछ मुष मैं कुछ गोद ।
२ कबीर आजिक काल्हि कनि सह मैं । मारगि माल्हंतां ।
काल सिचांणौं नर चिडौ । औझड औचिंतां ॥
३ कबीर कालसि ह्वांणैं यौं षडा । जागि यिया रे मिंत ।
रांम सनेही बाहिरौ । तूं क्यूं सोवै न चिंत ॥
४ कबीर सब जग सूता निसभरि । संतन आवै नींद ।
काल षडा सिर ऊपरैं । जांणि कतोरणि आया बींद ॥
५ कबीर आजि कहै हरि काल्हि भजूंगा । काल्हि कहै फिरि काल्हि ।
आजि हीं काल्हि करंतडां । औसर जासी चालि ॥
६ कबीर पल की सुधि नहीं । करै काल्हि का साज ।
काल अचींत्या झड पसी । ज्यूं तीर कूं बाज ॥
७ कबीर टग टग चोघतां । पल पल गई बिहाइ ।
जीव जंजाल न छाडई । जमि दीया दमांमां आइ ॥
८ कबीर मैं अकेल ए द्वै जणां । छेती नांहीं काइ ।
जे जम आगैं ऊबरूं । तौ जुरा पहूंती आइ ॥
९ कबीर बारी बारी आपणीं । चले पिया रे मिंत ।
तेरी बारी रे जीया । नेडी आवै निंत ॥
१० कबीर माली आवत देषि करि । कलियां करी पुकार ।
फूले फूले चुणि लिये । काल्हि हमारी बार ॥
११ कबीर पात झडंतैं यौं कह्या । सुणि तरवर बणराइ ।
अब के बिछरे नां मिलैं । कहीं दूरि परैंगे जाइ ॥
१२ कबीर जो ऊग्या सो आंथ वै । फूल्या सो कुमिलाइ ।
जो चुणियां सोढहि पडै । जो जाया सो जाइ ॥
१३ जो पहरचा सो फाटिंसी । नांव धरचा सो जाइ ।
कबीर सोई तत गहि । जो गुरि दीया बताइ ॥
१४ कबीर निधडक बैठा रांम बिन । चेति न करै पुकार ।
यहु तन जल का बुदबुदा । बिनसत नां हीं बार ॥
१५ कबीर पांणीं केरा बुदबुदा । इसी हमारी जाति ।
एक दिनां नंदि जांहिगे । ज्यूं तारा परभाति ॥
१६ कबीर पंच पंषे रवा । राषे पोष लगाइ ।
एक जु आयौ पारधी । ले गयौ सबै उडाइ ॥
१७ कबीर यहु जग कुछ नहीं । षिण षारा षिण मीठ ।
काल्हि जु दीठा मैं डियां । आजिम सांणां दीठ ॥
१८ कबीर मंदिर आपणैं । बैठौ करतौ आलि ।
मड हट देष्यां डरपतौ । सु चौडै दीन्हौं बालि ॥
१९ कबीर मंदिर मांहि झबूकती । दीवा कीसी जोति ।
हंस बटाऊ चलि गया । तब काढौ घर की छोति ॥
२० कबीर ऊंचा मंदिर धौल हर । मांडी चित्री पौलि ।
एक रांम के नांव बिन । जम पाडैगा रौलि ॥
२१ कबीर कांइ चिणावै मालिया । लांबी भीति उसारि ।
घर तौ साढा तीनि हाथ । घणौ तौ पौंणें चारि ॥
२२ कबीर कांइ चिणावै मालिया । चूनां माटी लाइ ।
मीच सुणैंगी पापणीं । उदारै ली आइ ॥
२३ कबीर कांइ गरबियौ । काल गहैं कर केस ।
नां जांणौं कहीं मारसी । कै घर कै परदेस ॥
२४ कबीर इहि र अभागी मांछली । छापरि मांडी आलि ।
डाबरडा छूटै नहीं । सकै तौ समंद संभालि ॥
२५ कबीर कहै पांणीं महिला मंछला । सकै तौ पाकडि तीर ।
कडी षटू की जाल की । आइ पहूंता कीर ॥
२६ कबीर सू कण लागौ केवडौ । तूटी अरहट माल ।
पांणीं की कल जांणतौ । गयौ ज सींचणहार ॥
२७ कबीर जंत्र न बाजई । तूटि गये सब तार ।
जंत्र बिचारा क्या करै । जे चले बजांवणहार ॥
२८ कबीर धवणि धवंती रहि गई । बुझि गये अंगार ।
अहरणि रह्या ठमं कडा । जब उठि चले लुहार ॥
२९ कबीर हरणीं दूबली । इस हरिया लै तालि ।
लाष अहेडी एक जीव । किती एक टालूं भालि ॥
३० कबीर पंथी ऊभा पंथ सिरि । बुगचा बांध्या पूठ ।
मरणां मुह आगैं षडा । जीवण का सब झूठ ॥
३१ कबीर यहु जीव आया दूर थैं । अजौं भी जासी दूरि ।
बिच कै बासै रमि रह्या । काल रह्या सरपूरि ॥
३२ कबीर रांम कह्यौ तिनि कहि लियौ । जुरा पहूंती आइ ।
मंदिर लागा द्वार थैं । तब कुछ काढणां न जाइ ॥
३३ कबीर बरियां बीती बलु गया । बरण पलटचा और ।
बिगडी बात न बाहुडै । कर छूटां कत ठौर ॥
३४ कबीर बरियां बीती बल गया । अरु बुराक माया ।
हरि जिनि छाडै हाथ थैं । दिन नेडा आया ॥
३५ कबीर गाफिल क्या फिरै । सोवै कहा न चीत ।
एवडा मांहां ले चल्या । अज्याप करि षटीक ॥
३६ सांई सुमरि मढी लकरि । जां सुमिरैं तांलाहु ।
मति औझ कैं काढिये । हुड ज्यूं बगम झाहु ॥
३७ कबीर हरि सूं हेत करि । कूडै चितम लाव ।
बांध्या बारिष टीक कै । तापसु किती एक आव ॥
३८ कबीर बिष के बन मैं घर कीया । श्रप रहे लपटाइ ।
ताथैं जीयरै रं गह्या । जागत रैंनि बिहाइ ॥
३९ कबीर सब मुष रांम है । और दुषां की रासि ।
सुर नर मुनियर अस्वर सब । पडे काल की पासि ॥
४० कबीर काची काया मन अथिर । थिर थिर कांम करंत ।
ज्यूं ज्यूं नरनि धडक फिरै । त्यूं त्यूं काल हसंत ॥
४१ कबीर बेटां जाया तौ का भया । कहा बजावै थाल ।
आंवण जांणां ह्वै रह्या । यूं कीडी का नाल ॥
४२ कबीर रोवणहारे भी मुये । मुये चलावणहार ।
हाहा करते ते मुये । का सनि करूं पुकार ॥
४३ कबीर जिनि हम जाये ते मुये । हम भी चलणहार ।
जे हम कूं आगैं मिले । तिनि भी बंध्या भार ॥

११८ स्वांमीं दादूजी की साषी काल कौ अंग

१ दादू नमो नमो निरंनं । नमसकार गुरदेवतह ।
बंदनं सर्ब साधवा । प्रणांमं पारंगतह ॥
२ काल न सूझै कंध परि । मन चितवै बहु आस ।
दादू जीव जांणैं नहीं । कंठि काल की पास ॥
३ दादू काल समारे कंध चढि । सदा बजावै तूर ।
काल हरन करता पुरिष । क्यूं न संभालै सूर ॥
४ जहां जहां दादू पग धरै । तहां काल का फंध ।
सिर ऊपरि सांधे षडा । अजहूं न चेतै अंध ॥
५ दादू काल गरासंन का कहिये । काल रहित कहि सोइ ।
काल रहित सुमिरण सदा । बिनां गिरा स न होइ ॥
६ दादू मरिये रांम बिन । जीजै रांम संभाल ।
अंम्रित पीवै आतमां । यौं साधू बंचैं काल ॥
७ दादू यहु घट काचा जल भरचा । बिनसत नां हीं बार ।
यहु घट फूटा जल गया । संमझत नहीं गंवार ॥
८ फूटी काया जाजरी । नौठा हर कांणीं ।
ता मैं दादू क्यूं रहै । जीव सरीषा पांणीं ॥
९ बाव भरी इस षाल का । झूठा गर्ब गुमांन ।
दादू बिनसै देषतां । तिसका क्या अभिमांन ॥
१० दादू हम तौ मुये मांहि हैं । जीवन कार भरंम ।
झूठे का क्या गार बा । पाया मुझ मर्म ॥
११ यहु बन हरिया देषि करि । फूल्यौ फिरै गंवार ।
दादू यहु मन म्रिघला । काल अहेडी लार ॥
१२ सब ही दीसैं काल मुषि । आपैं गहि कर दीन्ह ।
बिनस घट आकार का । दादू जे कुछ कीन्ह ॥
१३ काल कीट तन काठ कूं । जुरा जनम कूं षाइ ।
दादू दिन दिन जीव की । आव घटंती जाइ ॥
१४ काल गरासै जीव कूं । पलं पल सासैं सास ।
पग पग मांहैं दिन घडी । दादू लष न तास ॥
१५ पाव पलक की सुधि नहीं । सास सबद क्या होइ ।
कर मुष मांहं मेल्हतां । दादू लष न कोइ ॥
१६ दादू काया कारवीं । देषत ही चलि जाइ ।
जब लग सास सरीर मैं । रांम नांम ल्यौ लाइ ॥
१७ दादू काया कारवीं । मोहि भरोसा नांहि ।
आस न कुंजर छत्र सिरि । बिनसि जाइ छिन मांहि ॥
१८ दादू काया कारवीं । पडत न लागै बार ।
बोलनहारा महल मैं । सो भी चालनहार ॥
१९ दादू काया कारवी । कदेन चालैं संग ।
कोटि बरस जे जीवणां । तऊ होइला भंग ॥
२० कहता सुणता देषता । लेता देता प्रांण ।
दादू सो कतहूं गया । माटी धरी मसांण ॥
२१ सींगी नाद न बाज हीं । कत गये सु जोगी ।
दादू रहत मढी मैं । करते रस भोगी ॥
२२ दादू जीयरा जाइगा । यहु तन माटी होइ ।
जे उपज्या सो बिनसि है । अमर नहीं कलि कोइ ॥
२३ दादू देही देषतां । सब किस ही की जाइ ।
जब लग सास सरीर मैं । गोबिंद के गुन गाइ ॥
२४ दादू सब को पांहुणां । दिवस चारि संसार ।
औसरि औसरि सब चले । हम भी इह बिचार ॥
२५ दादू सब को बैठ पंथ सिरि । रहे बटाऊ होइ ।
जे आए ते जांहिगे । इहि मारगि सब कोइ ॥
२६ बेगि बटाऊ पंथ सिरि । इब बिलंबन कीजै ।
दादू बैठा क्या करै । रांम जपि लीजै ॥
२७ संझ्या चलै उतावला । बटाऊ बन षंड मांहि ।
बरियां नां हीं ढील की । दादू बेगि घरि जांहि ॥
२८ दादू कर हपलांणि करि । को चेतनि चढि जाइ ।
मिलि साहिब दिन देषतां । संझ पडै जिनि आइ ॥
२९ पंथ दुहेला दूरि घर । संग न साथी कोइ ।
उस मारगि हम जांहिगे । दादू क्यूं सुषि सोइ ॥
३० लंघण केल कुघणां । कपर चाटू डीन्ह ।
अला पांधी पंध मैं । बीहंदा आ हींन ॥
३१ दादू हम सतां रोवतां पांहुणां । काहू छाडि न जाइ ।
काल षडा सिर ऊपरैं । आंवणहारा आइ ॥
३२ दादू जौरा बैरी काल है । सो जीवन जांणैं ।
सब जग सूता नीदडी । इस तांणैं बांणैं ॥
३३ दादू करणीं काल की । सब जग परलै होइ ।
रांम बिमुष सब मरि गए । चेतिन देषै कोइ ॥
३४ साहिब कूं सुमिरैं नहीं । बहुत उठावैं भार ।
दादू करणीं काल की । सब परलै संसार ॥
३५ सूता काल जगाइ करि । सब पैसैं मुष मांहि ।
दादू अचिरज देषिया । कोई चेतै नांहि ॥
३६ दादू सब जीव बिसांहैं काल कूं । करि करि कोटि उपाइ ।
साहिब कूं संमझै नहीं । यौ परलै ह्वै जाइ ॥
३७ दादू कारनि काल के । सकल संवारैं आप ।
मींच बिसांहैं मरण कूं । दादू सोग संताप ॥
३८ दादू अंम्रित छाडि करि । बिषै हलाहल षाइ ।
काल बिसांहैं जीव कूं । मूंढा मरि मरि जाइ ॥
३९ निर्मल नांव बिसारि करि । दादू जीव जंजाल ।
नहीं तहां थी करि लीया । मनसा मांहैं काल ॥
४० दादू सब जग छेली काल कसाई । कर दलीयैं कंठ काटै ।
पंच तत की पंच पंषुरी । षंड षंड करि बांटै ॥
४१ दादू सब जग सूता नींद भरि । जागै नांहीं कोइ ।
आगैं पीछैं देषिये । प्रतषि प्रलै होइ ॥
४२ काल झाल मैं जग जलै । भाजि न निकसै कोइ ।
दादू सरणैं साच के । अमर अभैपद होइ ॥
४३ ए सजन दुर्जन भये । अंतकाल की बार ।
दादू इन मैं को नहीं । बिपति बंचावनहार ॥
४४ संगी सजन आपनां । साथी सिरजनहार ।
दादू दूजा को नहीं । इहि कलि इहि संसार ॥
४५ दादू ए दिन बीते चलि गए । वै दिन आये धाइ ।

रांम नांम बिन जीव कूं । काल गरासें आइ ॥
४६ जे उपज्या सो बिनसि है । जे दीसै सो जाइ ।
दादू निर्गुन रांम जपि । निहचल चित लगाइ ॥
४७ जे उपज्या सो बिनसि है । कोई थिर न रहाइ ।
दादू बारी आपणी । जे दीसै सो जाइ ॥
४८ दादू सब जग मरि मरि जात है । अमर उपांवनहार ।
रहिता रमिता रांम है । बहिता सब संसार ॥
४९ दादू कोई थिर नहीं । यहु सब आवै जाइ ।
अमर पुरिस आपैं रहै । कैसा धूल्यौ लाइ ॥
५० यहु जग जाता देषि करि । दादू करी पुकार ।
घडी महूरत चालनां । तूं राषै सिरजनहार ॥
५१ दादू बिष सुष माहैं षेलतां । काल पहूंच्या आइ ।
उपजे बिनसै देषतां । यहु जग यौं हीं जाइ ॥
५२ रांम नांम बिन जीव जे । केते मुये अकाल ।
मींच बिनां जे मरत हैं । ताथैं दादू साल ॥
५३ श्रप स्यंघ हस्ती घणां । राकस भूत परेत ।
तिस बन मैं दादू पडचा । चेतै नहीं अचेत ॥
५४ पूत पिता ताथैं बीछुडचा । भूलि परचा किस ठौर ।
मरै नहीं उर फाटि कीर । दादू बडा कठोर ॥
५५ जे दिन जाइ सु बहुरि न आवै । आव घटै तन छीजै ।
अंतकाल दिन आइ पहूंता । दादू ढील न कीजै ॥
५६ दादू औसर चलि गया । बरिया गई बिहाइ ।
कर छिटकें कहां पाइये । जनम अमोलिक जाइ ॥
५७ दादू गाफिल ह्वै रह्या । गहिला हुवा गंवार ।
सो दिन चीति न आवई । सोवै पाव पसारि ॥
५८ दादू काल हमारा कर गहै । दिन दिन षैंचत जाइ ।
अजहूं जीव जागै नहीं । सोवत गई बिहाइ ॥
५९ सूता आवै सूता जाइ । सूता षेलै सूता षाइ ।
सूता लेवै सूता देवै । दादू सूता जाइ ॥
६० दादू देषत ही भया । स्यांम बरण थैं सेत ।
तन मन जोबन सब गया । अजहूं न हरि सूं हेत ॥
६१ दादू झूठे के घर देषि करि । झूठे पूछे जाइ ।
झूठें झूठा बोलते । रहे मसांणौं आइ ॥
६२ दादू प्रांन पयांनां करि गया । माटी धरी मसांण ।
जालणहार देषि करि । चेतै नहीं अजांण ॥
६३ केई जाले केई जालियें । केई जालन जांहि ।
केई जालान की करैं । दादू जीवन नांहि ॥
६४ केई गाडे केई गाडियें । केई गाडण जांहि ।
केई गाडण की करैं । दादू जीवन नांहि ॥
६५ दादू कहै उठि रे प्रांणीं जागि जीव । अपनां सजन संभाल ।
गाफिल नींद न कीजिये । आइ पहूंता काल ॥
६६ संम्रथ का सरणां तजै । गहै आंन की ओट ।
दादू बलिवंत काल की । क्यौं करि बंचै चोट ॥
६७ अबिनासी कै आसिरै । अजरांवर की ओट ।
दादू सरणैं साच कै । कदेन लागै चोट ॥
६८ मूसा भागा मरण थैं । जहां जाइ तहां गोर ।
दादू श्रग पयाल मैं । कठिन काल का सोर ॥
६९ सब मुष माहैं काल के । मांड्या माया जाल ।
दादू गोर मसांण मैं । झंषै श्रग पयाल ॥
७० दादू मडा मसांण का । केता करै डफांन ।
म्रितक मुरदा गोर का । बहुत करै अभिमांन ।
७० राजा रांण राव मैं । मैं षांनौं सिरि षांन ।
माया मोह पसारै एता । सब धरती असमांन ॥
७१ पंच तत का पूतला । यहु पिंड संवारा ।
मंदिर माटी मास का । बिनसत नहीं बारा ।
७१ हाड चांम का पिंजरा । बिचि बोलनहारा ।
ता मैं दादू पैसि करि । बहु कीन्ह पसारा ॥
७२ मांणस जल का बुदबुदा । पांणीं का पोटा ।
दादू काया कोट मैं । मै वासी मोटी ॥
७३ बाहरि गढ निरभै करैं । जी बे के तांई ।
दादू माहैं काल है । सो जानैं नांहीं ॥
७४ दादू साचै मतै साहिब मिलै । कपटि मिलैगा काल ।
साचै परमपद पाईये । कपट कया मैं साल ॥
७५ दादू मन हीं माहैं मींच है । सारौं के सिरि साल ।
जे कुछ ब्यापै रांम बिन । दादू सोई काल ॥
७६ दादू काल रूप माहैं बसै । कोई न जांणैं ताहि ।
एकूडी करणीं काल है । सब काहू कूं षाइ ॥
७७ दादू बिष अंम्रित घट मैं बसै । दून्यूं एकै ठांव ।
माया बिषै बिकार सब । अंमृत हरि का नांव ॥
७८ दादू कहां स महमद मीर था । सबन बियौं सिरिताज ।
सो भी मरि माटी हुवा । अमर अलह का राज ॥
७९ केते मरि माटी हुये । बहुत बडे बलिवंत ।
दादू केते ह्वै गये । दांनां देव अनंत ॥
८० दादू धरती करते एक डग । दरिया करते फाल ।
हा कूं परबत फाडते । ते भी षाये काल ॥
८१ दादू सब जग कंपै काल थैं । ब्रह्मा बिश्न महेस ।
सुर नर मुनि जन लोक सब । श्रग रसातलि सेस ।
चंद सूर धर पवन जल । ब्रह्मंड षंड प्रवेस ।
सो काल डरै करतार थैं । जै जै तुम्ह आदेस ।
८२ दादू पवनां पांनीं धरती अंबर । बिनसैं रवि ससि तारा ।
पंच तत सब माया बिनसै । मांनिष कहा बिचारा ॥
८३ दादू बिनसैं तेज के । माटी के किस मांहि ।
अमर उपांवनहार है । दूजा कोई नांहि ॥

११९ काल कौ अंग

बाजीद कौ दोहरे

१ काल नाल निसदिन न रहत । जन जांनत है दूरि ।
मौति बिसारी बीरनां । नीकी करी मूरि ॥

चौपई

२ काल गाल भीतरि सुष सोवै । उठि कैं भिया मनिषन रोवै ।
द्वै पाटनि मैं परि कैं लोइ । सारौ जात न देष्यौ कोइ ॥

३ यहु तौ हम नीकैं करि ताकी । काल नहीं परिहरि की चाकी ।
जल थल के कोऊ जांन न दीये । पीसि पीसि सब मैदा कीये ॥
४ दुरै बजाइ छत्र की छांहीं । तहां हुंतौ नर छूटत नांहीं ।
हाथ कमांन कर्म मैं तीरू । तकि तकि मारत जे महा मीरू ॥
५ जौं रागि नत जीव के सासा । सूवा आइ बिरष परबासा ।
भोर भयैं उडि गयौ बलोई । पंषी तर पर रहत न कोई ॥
६ काल सिचानौं जन ऐचरीं । पांच सात चुगि बकूं घिरी ।
आइ औचकैं पकरी हाथा । चूं चूं करती चली बसाथा ॥
७ जो रैन तौ जरब कछु लोई । जंम जालिम जांनत सब कोई ।
हाथ हथकरी गरमहि डोरी । घीस्यौ मनिष देषतैं कोरी ॥

दोहरा
८ हाथ हथकरी मलि कैं । गरमहि बाही डोरि ।
काल नाल भिया लै गयौ । मनिष देषतैं कोरि ॥
९ तौ बीस भुजा जाकैं दस माथा । अस्वर अनेक डोलते साथा ।
जौंरा जाइ गह्यौ जब दांवन । तब तौरहि न सक्यौ वह रांवन ॥
जौ लौ भिया जगत महि जीजै । तौ लौं रांम नांम हीं लीजै ।
यहु संसार सराइ ब लोई । कहि जौ कलि महि थिर है कोई ॥
१० ऐक जीव दूजे कूं दीयौ । अंम्रित तज्यौ हलाहल पीयौ ।
सैंबर फूल कहा जौ राता । दुनी सबाई दुष की दाता ॥
११ पुत्र कलित सब झूठी माया । काचै चांम लपेटी काया ।
उडि गयौ हंस काया कुमिलाई । काकौ बाप कौंन की माई ॥
१२ षोदि षोदि धंन गहरैं गाडचा । चलतैं जहां कौ तहां ही छाडचौ ।
इक हांडी अरद्वै कल करी । जातैं नाथ हाथ ऐ पकरी ॥
१३ ज्यूं है त्यूं देषै नहीं अंधा । दमरे चमरे सूं दिल बंधा ।
जो आया सो निहचैं मूवा । तन अरु धन कहु किस का हूवा ॥

दोहरा
१४ द्यौंस दोइ हरी भरी । कहा सावन की बूंद ।
दमरी चमरी छाडि कैं । दिल बांधौ महबूब ॥

चौपई
१५ तौ जम सौ बैरी डोलै साथा । सर धन हीं पुनि लीयैं साथा ।
पंथी मारग महियां लोई । पाइ पसारि न सोवत कोई ॥
१६ द्यौस बिहांनौं परि गई सांझा । पंथी सुतौ ब मारग मांझा ।
तरैं कीच ऊपरि है मेहा । वा बपुरे कूं सुष कहु केहा ॥
१७ बूढा गनां न तौ वह बारी । दस हूं द्वार दै गये तारा ।
जन तन भींतरि लहत नसेरी । जंम के दूत रहे घर घेरी ॥
१८ टूटैं संध बंध फूटैं हाडा । लोग कटूंबी षोदहि षाडा ।
जब वहु जोति प्यंड तैंह षेली । माटी लै माटी महि मेली ॥
१९ पांनी लै कैं धोये हाथा । कहि को जाइ मुये के साथा ।
कागा रौला दिन द्वै कीया । फिरि बपुरे का नांव न लीया ॥
२० काचे भाडि भिया हौ फूटे । तब सब बंध न जिय के छूटे ।
अवधि बितांनी पूजिसि साका । यह किसही कानां कोऊ याका ॥
२१ सुपिनैं भयौ रंक तैं राऊ । है दल पैदल पीछैं धाऊ ।
जौ वह जागि देषि श्रीनाथा । गरमहि गुदरी षपरा हाथा ॥
२२ पांष आंनि परेवा कीया । बाजीगर कर अपनैं लीया ।
झूठीय जांनि होहि जिनि राजी । यह भिया सब ठग की बाजी ॥
२३ आगैं मांनिसि पीछैं जौरा । जहां जहां फूल तहां तहां भौंरा ।
पंडित सूर गुनी कहा ग्यांनी । काल गाल भींतरि सब जांनी ॥

दोहरा
२४ लकरी पकरी हाथ मैं । पनहां पहरी पाव ।
काल नालस उठि चले । रांनां रहे न राव ॥

अरिल
२५ तौ रांनां रहैं न राव सही सूं जाग मैं ।
लकरी पकरी हाथ पांन हीं पग मैं ॥
२६ जल थल के बाजीद करत हैं गौंन रे ।
परिहांया फांनी संसार बसै कहि कौंन रे ॥
इति दोहरा संपूर्ण भवेत् ॥

गुंनतूती नांमां
दोहरा
१ अवधि बिचारै दिन गनैं । कब धूं मेला होइ ।
मिनौं सूवा षांन कौं । बैठी है मुष धोइ ॥
२ यह पंषे रूपां हुंनौं । साच हूं सुनि मित ।
बिलीहिली मास की । सूवा छाडै कित ॥
३ तौ बिलीहिली न छाडै सूवा । तोता बपुरा जब तब मूवा ।
मोर चकोर कबूतर कग । कहि जौ कोऊ बांचे जग ॥
४ चिरी कमेरी सारो सूये । काल गाल मैं मैदा हूये ।
जौंरा फिरै जीव के साथ । पैंनी छुरी पकरि कैं हाथ ॥
५ मुनि सै गनै न तौ वह जोइ । धर परतं सिर काटै लोइ ।
नाहर गाइ दोऊ इक साथ । कुसर कहां कहु मोरे नाथ ॥
६ बल न बसाइ भिया अति गाढौ । जहां जइये तहां आगैं ठाढौ ।
काल न कबहूं छाडै केरौ । तातैं चित चक्रित है मेरौ ॥

७ सास गनैं निसबासुर लोइ । जल थल मांझ न रहई कोइ ।
दौरें जाते देषे दीठि । लोग कटूंबी दीनी पीठि ॥
८ जीव बटाऊ पनहां पाव । रंकै रहै न तौ कौऊ राव ।
घोरे ऊंट बरध कहा गाडे । जातैं जहां के तहां हीं छाडे ॥
९ पाट पटंबर काकी कोरि । चलतैं लयौ त गाहूं तोरि ।
काया छाडि आतमां षेली । बांकी बर कोई भयौ न बेली ॥
१० प्रांन पुरिस उठि मारग लाग । सूनें मंदिर बासैं काग ।
बीबी बांदीनां संग चेरे जाइ । कीयौ जंगल महिडेरौ ॥
११ हर कौ हूवौ फूल सौ लोइ । आगैं पीछैं मनिष न कोइ ।
तीतर लउ वे मुरगी मोर । चुगि पीबन मैं करते सोर ॥
१२ जब वा परबत दौं दई लोइ । तब तौ पंषी रह्यौ न कोइ ।
पुरिष भिया हौ लाग्यौ बाट । तीया सोवत छाडी षाट ॥
१३ नेह देह सूं करैं न मूरि । कन लीयौ तुस डारे दूरि ।
षेती कहूं भई बिन मेह । जौ लौं दम तौ लौ ही देह ॥

साषी
१४ प्रांनी पोषै प्यंड कूं । करि नांना बिधि भोग ।
जगंनाथ थिर ना रहै । जदि तदि होइ बिजोग ॥
१५ माया मदन गुमांन मद । अहंड्च भगज चाल ।
जगंनाथ मैमंत नर । उचकि ले गयौ काल ॥
१६ नैंन रूप बहु देषतौ । श्रवनां सुनतौ राग ।
रस न स्वाद सुष सेज त्रीय । सिर परि टेढी पाग ।
१६ नासा बास फुलादि सब । सैल कर न कूं बाग ।
जगंनाथ जी बकल बसि । देही ठूंगें काग ॥

चौपई
१७ प्रांन गयें प्यंड रहै न मूल । तोरचौ तगा बिषरि गए फूल ।
परमल अंग टूट ते भौंर । महारसि करा जाके कौंर ॥
१८ कांन हुं कुंडल टोड र हाथ । गाडे पकरि गरीबौं साथ ।
लोग कटूबिनि तोरचौ नेह । माटी मांझ मिलि गई देह ॥
१९ जा सरीर लाव तहे बास । ढोर चरत तात न परघास ।
जीव पीव केल षैंन मूरि । गरव गुमांन गयौ मिलि धूरि ॥
२० चींटी मीटी लागी अंग । रूपै रह्यौ न तौ वह रंग ।
?दल्यौ घाट भयौ कछू ओरै । मांनिस की कहूं रही न ठौरै ॥
२१ प्यंड पांन सूं करते नेह । सौंनैं सर भरि होती देह ।
इक हांसी अरु दूजैं रोज । तिनके तौ कहूं षुरै न षोज ॥
२२ जौलौं घट मैं बोलै बाव । तौलौं ताईं रांनां राव ।
जनके तन तैं उडि गयौ पौंन । लागे करवा कौंडा हौंन ॥
२३ मनिष जूंनि की बातैं छांडी । कोऊ कहैं चपनीं कोऊ कहैं हांडी ।
हम नैं मांनौं बूझौ बीये । अैसे हाल काल नैं कीयै ॥
२४ पौंन गौंन भिया जब कीन । तब कहा पांनीं करई मीन ।
रांव न रांम क्रिश्न कहा कंस । सरवर सू क्यौ उडि गयौ हंस ॥

दोहरा
२५ भलो बुरौ पहिचांनई । भाव भगति हू होइ ।
जौलौं घट मैं प्रांन है । तौ लौं नीकैं लोइ ॥

अरिल
२६ तौ जब लौं घट मैं पांन तबहि लग षूब हैं ।
दे लेष रचै षाइ हृदै अति ऊब है ।
जीव गयैं बाजीद देह किहि कांम की ।
परिंहां भांडे गढै कुं भार दुहाई रांम की ॥

दोहरा
२७ भांडे तेरे तन के । जौ लौं घरे न लोइ ।
तौ लौं रसनां रांम कहि । छेटी पारि न कोइ ॥
२८ काया काचौ चांमरौ । बोलनहार सुबाव ।
बाजीद बैठें क्यूं बनैं । उठि गोब्यंद कौं गाव ॥
२९ काल भवैं सिर ऊपरै । नांव लेत क्या ढील ।
अचांनक ले जाइगा । मही दषि ज्यूं चील्ह ॥
३० पांणीं पहली पालि । प्रांणीं जौ बांधी नहीं ।
मींच ढूकडी न्हालि । जोबन कालें जाइसी ॥
गुंनतूती नामां संपूर्ण भवेत् ॥
इति काल का अंग की साषीग्रंथ दोहरा संपूर्ण भवेत् ॥

१२० कांम कौ अंग

कबित
१ कांम रांम हलचल कांम रांवन घर षोये ।
अनग जुई स्वर ठगे बीज ब्रह्मा जु बिगोये ।
कांम कचर कीचक इंद्र गोतम घरि आए ।
मैंण मछिंद्र मोडि । साठि सुत नारद जाये ।
भरथर भरम्यां दूब भषि । कहु सुंनति कैसैं चली ।
रजब मारे धोम रिष । अति गति मदन महाबली ॥

साषी
२ हूं सब के मन मैं बसौं । मनमथ मेरा नांव ।
मैं सब जीते मल्ह कहि । हूं किहि जीत्या जांव ॥
३ नाच्यौ संकर अकूव कहि । ले सिर ऊपरि गंग ।
पिषि मइथुन म्रिग कौ । आपन भयौ कुरंग ।
आपन भयौ कुरंग करी गौरज्या कुरंगनि ।
कीयौ मांन जिनि त्रिया देव नाच्यौ आल्यंगन ।
नव नाटिक जिनि धिरच्या सुरनि सुरपति थैं बच्या ।
या मनमथ कै लियैं । अकूव संकर यूं नच्या ॥
४ सलिता हार पहारे कुच । षेलत कांम सिकार ।
हूं सीष देत द्रिग म्रिगनि कौं । मति कोऊ जाहु गंवार ॥
५ मन मनमथहि मल्ह कहि । बुनत उधेरत जाइ ।
जौ मन सौ पैरी चढैं । तौ मनमथ देइ गिराइ ॥

श्लोक

६ भिछ्यासनं तदपि नई रसमेकबारं । सिज्या च भू प्रजने
निज देह मात्रं । बस्त्रं जीर्णं सत षंड मई च कंथा । हा हा
तथापि बिषिया न प्रतजंति ॥
७ क्रिसह काण षंज श्रवन रहितो । पूछ बिर्लो बिन पो यह
किलिनिः । क्रिमि कुलस्तई राभिर्ति तन छुध्या छ्यामो
जीर्णं । पिठिर कपालोर्पित गलह । सुनीमने तु तमपि हंते
मदनह ॥
८ बिषै बुरी संसार मैं । बडा पाप करि जांणि ।
मोहन मन कूं चोरि ले सुमिर्ण मैं ह्वै हांणि ॥
९ घट घट मैं जीव बसि किये । बिषिया चुडि लच कोरि ।
मोहन हरि गुरया सिरै । सो चित सकै न चोरि ॥
१० दादू कांम कठिन घटि चोर है । घर फोडै दिन रात ।
सोवत साह न जागई । तन बस्त ले जात ।
११ दादू कांम कठिन घटि चोर है । मूसै भरे भंडार ।
सोवत ही ले जाइगा । चेतनि पहरे चार ॥
१२ ज्यूं घुण लागै काठ कूं । लोहै लागै काट ।
कांम किया घट जाजरा । दादू बारह बाट ॥
१३ दादू राह गिलै ज्यौं चंद कूं । गहण गिलै ज्यूं सूर ।
कर्म गिलैं यौं जीव कूं । नष सष लागे पूर ॥
१४ मन नहि छाडै बिषै । बिषै नहीं छाडै मन कौं ।
इनकौ इहै सुभाव पूरि लागी जुगि जन कौं ।
षडित मूल बिनास कहौ किम बिग्रह कीजै ।
ज्यूं जल में प्रतिबिंब त्यौं सकल रांमहि जांणीं जै ।
सो तन सो मन सो बिषै । सो त्रिभुवनपति कहूं कस ।
कहि कबीर बिंदौ नरा । ज्यूं जल पूरे सकल रस ॥

श्लोक
१५ मतेभ कुंभ दलनाइ । भव संति सूरा ।
किंचित प्रचंड म्रिघराजः बधेपि दछ्या ।
क्यौं स्त्रबिवीमि बलनांः प्रतष्या प्रसिज्या ।
इपि कंप्र पिद्रपि दलनाइ । ते बिरला मनछ्या ॥
१६ रण संग्रामे सुभट नर कणां । मद उतारै हस्ती तणां ।
कंद्रप द्रप दल जीतै जे । बसुधा बिरलौ दीसै ते ॥
१७ ग्यांन षडग द्रिढं क्रित्वा । बैराग्यं मन चर्बनीं ।
दुर्लभं योग संग्रांमं । कोटिमधे मेकैकसूरा ॥
१८ रिणं जित्वा न सूरै । बिद्यायं न च पंडिता ।
न वकता वाकि पटलौ । न दाता दांन कर्मसः ।
इंद्रीयाणां अजं सूरै पंडिता धर्म चारणं ।
सत्यवादी भवे बक्ता दाता पर हितो नरा ॥
इति कांम कौ अंग संपूर्ण भवेत् ॥

१२१ बुधि प्रंकास कौ अंग

१ बुधिर्जस्य बलो तस्य निरबुधी कतो बल ।
बन मधे हतो स्यंघ ससा स्यंघ निपातते ॥
२ बुधि करि चारचूं बसि कीये । धर्म धजा बल जास ।
साहि रीझि सरबस दिया । कहि जगजीवनदास ॥
३ सहबाज बाज थीयौ । पंषी न मारे ।
अंषी षोडे अरस मैं । लुडे मुनारे ॥
४ मष दूंम बहावदी । मष दूंम जहां नियां ।
सेष फरीद अरु सहबाजा ।
बुधि करि चारचौं ऊबरे । दुनियां दगाबाजा ॥
५ दाऊद बुधि बल ऊबरे । हन्यरचौ परनारि ।
साच सही सिर आसंघ्या । कोई न संकै मारि ॥
६ लुकमांन हकींम की जिहाज डोलतां । कीया अजब उपाव ।
बुधि प्रकास थैं उबरी । समंद डूबती नाव ॥
७ सायर रूप तरंग छबि । नासिक सद जुसाहि ।
बिरही बोहिथ बचन लग । डोलत कल मुकताहि ॥
८ अपणां जीव उबारिया । मोती न ऊगै कोइ ।
साह सबुधि बल ऊबरे । काजी का घर षोइ ॥
९ कोटि कबूतर ऊबरे । बुधि बल के प्रसादि ।
बुधि बबेक बिन फंध मैं । मारे होते बादि ॥
१० राजा कौ चित डोल्यौ भइया । देषि पराई नारि ।
कुंडल दियौ द्रवांन कौं । राजा सोचि बिचारि ॥
११ राजा गयौ प्रधांन घरि । माता बुधिवंत सोइ ।
आंब किये पंच रंग के । एक स्वाद सब कोइ ।
राजा कूं ऊतर भयौं । फिरि करि चलिया रोइ ।
कुंडल दे रे पौलिया । मेरौ काज न होइ ॥
१२ राजा कुंडल हारियौ । पछितायैं कहा होइ ।
गवायेरि पांनीं दई । पीवो न पीवो कोइ ॥
१३ बुधि प्रकास करि ऊबरचा । प्रकट पांनीं मांहि ।
रे मंछक ले जारू षपरि । संगि सु राषैं नांहि ॥
१४ बुधि आहि परि कहिये काहि ।
पांणीं मैं ले जाइ तौ भेभेषा ।

कबित सील का
१५ टारे टरैंहि नरंच भरि । जे नर सील समथ ।
सील न टारैंहि दुष सहैं जब लग लागैं परहथ ।
जब लागैं परहथ सतपुरिष तण मांडैंहि ।
मरण अंति आंग वैं । सगुण सुणि सील न षांडैंहि ।
सेठ सुदरसण रूप पेषि परनारि हकारचौ ।
करि प्रपंच ते ऊबरचौ । अकू जिनि सील न टारचौ ॥
१६ मम पडिसि मम पडिसि रे अंबा औंड द्रह ।
पर तरणि जगि कूप बिषै जल अधिक निवधा ।
चे जारै करि त्रहाड पथर जडबधा ।
रक्त रेत सींवाल । मांहि गारि अहार अजगल ।
लोभ मोह तां तुवा । मांहि बिसहर मन चंचल ।
मुषम जोइ कांनैं टली दृष्टि चूकि मति जांहि ढहि ।
मम पडिसि मम पडिसि रे अंबा औंड द्रहि ॥
१७ नैंन बिधाता निर्म ए निर्षण कौं संसारि ।
और सबै कछु निरषि ये ममम न्रिषौ परनारि ।
मम निर्षहु परनारिया र भारया बिषहु ।
तंन कमंग परहरौ । चितम मदिढ करि रषहु ।

जे पालैं दिढ सील ते र कहिये सिव ग्याता ।
अकू निरषै चलिये । नैंण त्रिमए बिधाता ॥
१८ लाल अचंभौ दिठ मैं चहूंनैंणां नर अंध ।
कर दीपक कूवै पडैं रमैं बिरांणीं मुध ।
रंमैं बिरांणीं मुध बंधि नर निकां कुटैं ।
इक मरि जांहि तुरत इक दमडा दे छुटैं ।
इक कीजैं हिंन कसांन दुषी दीसैं बेहालम ।
ए फल जपैं अकू कहत सुंदरि मेरे लालन ॥
१६ ठग मूली संसार मैं मूरिष मकरि बिसास ।
बिषै बिरांणीं सेवतां निहचै नरक निवास ।
निहचै नरक निवास पासि गलि भींतरि दिजै ।
मुष स्याही सिर मूंडि चाढि षुबैं कीजै ।
जीवन इन बिधि होइ जे ग्रिह दीजै सूली ।
कहै अकू संसार मैं प्रेम पासि ठग मूली ॥
२० सुंदरि सील न षंडि ए जौ चाहिये तमोष ।
पर पीव सेज चढंतडां कुल लाजै अर दोष ।
मांन भंगै अर आदर सत संजम जस जाइ ।
जिम जल सुकें दादर । कहै अकू संसारि सही निसबासुरि मंदिर ।
सकल दोष मनि जाइ सील पालै सो सुंदरि ॥
२१ ढोला ईष अतिवरी बिषै बिरांणीं अंक ।
अज्या सुत ज्यूं अंबह नर सग पण गिर्णैं न संक ।
सगपण गिर्णैं न संक कांम बसि अंधा होवै ।
पति पांणीं तप तेज रुति रवणीं सूं षोवै ।
दुषी करै दीवांन रती तहा रहै न ओला ।
कहै अकू संसारि ईष अपणी हो ढोला ॥
२२ दिढ कछा कर बरसणां । चित चोषा मुष मिठ ।
पर त्रिय पिषे पर मुहां ते मैं बिरला दिठ ।
ते मैं बिरला दिठ पेषि पर रवणि बिरता ।
जहां सजन तहां दुर्जन सयल रहैं सभा सुजंता ।
बित सुबिलसैं बिभौ बोल बोलैं ते अछा ।
तन परि बंदे कू नीर निर्मल दिढ कछा ॥
२३ घण हर जिम घोरंहि बिषै जबहि संभालैं सूर ।
घडी एक मन बसि कियां । सुष पांवहि भरपूरि ।
सुष पांवहि भरपूरि दूरि दुष दुरी पनासै ।
भुग यां किमहि छुटिये । भुमियैं पर त्रिय हासै ।
अगनि अधिक उदमलति । पिषि चंचल थन हर जिम ।
कहै अकू संसारि धनि जेन । घोरैंहि घण हर जिम ॥
२४ चतुर न किजै चपल मन पेषि पराई नारि ।
कौडी कारनि सील सौ रतन नई गंवार ।
रतन न गई गंवार सार संसारहि मंझि गिनि ।
तप अनेक जे करै सिधि नवि लहिये सील बिन ।
दुष पावहु परलोक लोक बिसतरहि बिसहि पुरि ।
कहै अकू संसारि सील बिन बादि चतुर नर ॥
२५ पर त्रिय पिषि न नैंन भरि । जे जाणं पण एह ।
भेलहि या लीन पेषिये मन मो कला न देह ।
मन मोकला न देह चित कूं पाछा लिजै ।
कौंण बंस कुल कवण जितो छजे । जोई किजै ।
दस गिर दस सिर छंडि छंडि लंका रघपति लई ।
अकमल ते न रधंनि । जे न भोग वैं पर त्रई ॥
२६ गरवा जे गुणि अगला जे नर सील समथ ।
सील बिनां संसार मैं और सबै अकयथ ।
और सबै अकयथ तत सील ब्रत जांणीं ।
तजि न सकैं आपणीं तऊ मम रवि सिबि रांणीं ।
दुष पा मिसि परलोक लोक पंचा मैं हलवा ।
कहै अकू संसारि सील पालैं ते गरवा ॥
२७ षर जेहा तहा नरा जे नहि पालैं सील ।
बिनांरयौ पद नहीं । चतुर न किज्यौ ढील ।
चतुर न किज्यौ ढील लह्यौ भौभलौ अधिक तन ।
सुष बिषिया पल बीस तीस दुष मेर अधिक समि ।
पति पांणि पर्धन धरम जाइ पर रवणि सनेहा ।
इहि कुभाइ कहि अकू ते नर गिणियैं षर जेहा ॥
इति बुधि प्रंकास कौ अंग संपूर्ण भवेत् ॥

१२२ विषई नर कौ अंग

१ कबीर कांमणि काली नागणीं । तीन्यूं लोक मंझारि ।
रांम सनेही ऊबरे । बिषई षाये झारि ॥
२ कबीर कांमणि मींनीं षांण कूं । जे छेडूं तौ षाइ ।
जे हरि चरणां राचिया । तिन कै निकटि न जाइ ॥
३ नारी नागणि राकसी । बाघणि बडी बलाइ ।
दादु जे नर रत भया । तिनका सरबस षाइ ॥
४ नारी नागनि जे डसे । ते नर मुये निदांन ।
दादू को जीवै नहीं । पूछौ सबै सयांन ॥
५ स्यंघ रूप संसार मैं । कहण सुणण कूं नारि ।
जैमल हरि का नांव बिन । केते षाये मारि ॥
६ जैमल मुष सूं मीठा बोलणीं । चालै मुधरी चाल ।
जे नर बैठे नेह करि । तिनके बुरे हवाल ॥
७ नांनक राता बस्त रप हरि करि । काठा बाध्या केस ।
हाथा महदी लाइ करि । बाघणि मारया देस ॥
८ सुंदर षाये सापनीं । केते इहि कलि मांहि ।
आदि अंति इनि सब डसे । दादू चेतै नांहि ॥
९ दादू पैसे पेट मैं । नारी नागनि होइ ।
दादू प्रांणीं सब डसे । काढि न सकै कोइ ॥
१० दादू ब्रह्मा बिश्न महेस लौं । सुर नर उरझाया ।
बिष का अंम्रित नांव धरि । सब किन हीं षाया ॥
११ ब्रह्मा बिश्न महेस की । नारी माता होइ ।
दादू षाये जीव सब । जिनि रप तीजै कोइ ॥
१२ कबीर त्रीया त्रिश्नां पापणीं । तासूं प्रीति न जोडि ।
पैडी चढि पाछा पडै । लागै मोटी षोडि ॥

चौपई

१३ सब अनरथ लोग या बांम । जदपि रूप तदपि किहि कांम ।

जहर लपेटचौ गुर है लोइ । बिष के षायें जीवत नहीं
को ॥
१४ जो देषै सो धुनई माथ । महा मोहनीं सिरजी नाथ ।
मीर मलिक राव कहा रानां । माया रस बस कीये जांनां ॥
१५ रानां राव कहूं कहा बीर । माया मोहे मुनि जन पीर ।
परिया अंति केंहूं की न हूई । सब सूं मिलै सबन सूं जूई ॥
१६ काहू कौं तौ बिरचि बिगोवै । काहू साथ जाइ कैं सोवै ।
दई राषियौ यातैं दूरि । दास पास सुष लहै न मूरि ॥
१७ महा कपटनीं देइ न अंग । दूरैं जांनि जदपि हसंग ।
आंषिनि रोवै हिरदै हसै । मांनिस कौ घर कहु क्यूं बसै ॥
१८ मन मैं आंन मुष परि और । जीव पीव के कीने चौर ।
माया भली न जानूं नाथ । सिर काटै पग पकरै हाथ ॥
१९ षेचर मेघा म्रिघ ज्यूं । बोलै मीठा बैंन ।
संगि मिलि हतै सरीर कौं । ताकौं तूं मति धीजे चैंन ॥
२० दादू माया पासी हाथि ले । बैठी गोपि छिपाइ ।
जे कोई धीजै प्रांणियां । ताही के गलि बाहि ॥
२१ दादू पुरिषा पासी हाथि करि । कांमनि के गलि बाहि ।
कांमनि कटारी कर गहैं । मारि पुरिष कूं षाहि ॥
२२ नारी बैरणि पुरिष की । पुरिषा बैरी नारि ।
अंतकालि दून्यूं गए । दादू देषि बिचारि ॥
२३ नारि पुरिष कूं ले मुई । पुरिषा नारी साथि ।
दादू दून्यूं पचि गये । कछू न आया हाथि ॥
२४ दादू भवरा लुबधी बास का । कवलि बांधांनां आइ ।
दिन दस मांहै देषतां । दून्यूं गए बिलाइ ॥
२५ नारी पीवै पुरिष कौं । पुरिष नारि कूं षाइ ।
दादू गुर के ग्यांन बिन । दून्यूं गये बिलाइ ॥
२६ दादू माया बेरणि जीव की । जिनि को लावै प्रीति ।
माया देषै नरक करि । यहु संतन की रीति ॥
२७ कबीर बुगली नीर बिटा लिया । सायर चढया कलंक ।
और पंषे रूपी गए । हंस न बोई चंच ॥
२८ कबीर नर नारी सब नर कहै । जब लग देह सकांम ।
कहै कबीर ते रांम का । जे सुमिरैं निहि कांम ।
२९ जीव गहला जीव बावला । जीव दिवांनां होइ ।
दादू अंमृत छाडि करि । बिष पीवै सब कोइ ॥
३० बिषै हलाहल षाइ करि । सब जग मरि मरि जाइ ।
दादू मुहांरा नांव ले । रिदै राषि ल्यौ लाइ ॥
३१ दादू कहै जिनि बिष पीवै बावरे । दिन दिनि बाढै रोग ।
देषत हीं मरि जाइगा । तजि बिषिया रस भोग ॥
३२ कबीर हरि की भगति करि । तजि बिषिया रस चोज ।
बारबार नहीं पाइये । मंनिष जनम की मौज ॥
३३ का कडी कर्म करंतां अवधू । बाई चलै असरालं ।
सूंनै देवल चोर पईसै । चेतौ र चेत न हारं ॥
३४ पीपा माया नारी परहरै । चित सूं धरै उतारि ।
ते नर गोरषनाथ ज्यूं । अंमर भया संसारि ॥
३५ करमांणंद जे हरि रता । परनारियां बरत ।
तीह नरां लागैं नहीं । जरा मरण जम लत ॥
३६ कबीर परनारी राता रहैं । चोरी बिढ तौ षांहि ।
दिवस चारि सरसा रहैं । अंतिस मूला जांहि ॥
३७ जे चाहै दीदार कूं । तौ चारचौं बस्त निवारि ।
जूवा चोरी मुकरी । और बिरांणीं नारि ॥
३८ जिभ्या झूठ बोलियै । मुषां न कहियै मारि ।
चोरी चितां निवारिये । परहरिये परनारि ॥
३९ जैसी संतौ बिष की डरी । तैसी पर घर की सुंदरी ।
पर धन परदारा परहरी । तिनकै निकटि बसै नरहरी ॥
४० कपट कुटिल मति । भर्मंहि चपल चित । रांम नांम जाकै
हिरदै नहीं ।
पर जस नींदक पर त्रिया सूं लोभ मोह जमलोक तही ॥
४१ पर निंद्या जु आप परगासै । झूठी साषि सहजि टारै ।
पर त्रिया सूं रमैं रैंणि दिन । नेम धम दुवैं हारै ॥
४२ कबीर परनारी पर सुंदरी । बिरला बंचै कोइ ।
षातां मीठी षांडसी । अंतकालि बिष होइ ॥
४३ कबीर परनारी कै राचणैं । औगुण है गुण नांहि ।
षार समंद मैं मछला । केता बहि बहि जांहि ॥
४४ कबीर परनारी कौ राचणौं । जिसी ल्हसण की षांनि ।
पूंणैं बैसिर षाइसी । परगट होइ दिवांनि ॥
४५ पीपा परनारी परतषि छरी । बिरला बंचै कोइ ।
गांवहि पेटि संचारिये । जे रसनां की होइ ॥
४६ दादू जे बिष जारै षाइ करि । जिनि मुष सै मेल्है ।
आदि अंति परलै गये । जे बिष सूं षेलै ॥
४७ दादू जिनि बिष षाया ते मुये । क्या मेरा तेरा ।
आगि पराई आपणीं । सब करै न बेरा ॥
४८ दादू जिनि बिष षाया ते मूये । जीवै नांहीं कोइ ।
कूप पराया आपणां । मरण जी का होइ ॥
४९ दादू जिनि बिष षाया ते मुये । जीवण कदे न होइ ।
छुरी पराई आपणीं । मारि मरै सब कोइ ॥
५० दादू श्रप पराया आपणां । ताडि जीव कूं षाइ ।
लहरि चढै तब ही मरै । नारी नेह न लाइ ।
५१ अपणां पराया षाइ बिष । देषत हीं मरि जाइ ।
दादू को जीवै नहीं । इहि भोरै जिनि षाइ ॥
५२ कबीर नारि पराई आपणीं । भुगत्यां नरकहि जाइ ।
आगि आगि सब एक है । तामैं हाथ न बाहि ॥
५३ पर घर परहरि आपणीं । सब एकै उनहार ।
पसु प्रांणीं संमझै नहीं । दादू मुगध गवार ॥
५४ क्या घर की क्या पर की । नारी नरक समांन ।
नाथ कहै ते ऊबरे । जिनि पाया ब्रह्म गियांन ॥

हदीस
५५ लांनंति बरने कां । बदी रांचि गोइम ॥
५६ कबीर भग की प्रीतडी । केते गए गडंत ।
केते अजहूं जाइसी । नरक हसंत हसंत ॥
५७ कबीर नारी कुंड नरक का । बिरला थंभै बाग ।
कोई साधू जन ऊबरै । सब जग मूवा लाग ॥
५८ कबीर जोरू जूठनि जगत की । भले बुरे का बीच ।
उतिम ते अलगा रहैं । निकटि रहैं ते नींच ॥

५६ आंषि की टगटगी । नाक की डंडी ।
अहार की कोथली । नर्क की कुंडी ।
५६ मन का बासा तहां मांस का लूचा ।
सिष्टि का द्वार तहां केस का कूचा ।
५६ गंध बिगंध तहां जार बिजारी ।
चरपट चाल्या मात जुहारी ॥
६० अस्तु तुचान्म जामल षांनि । लो ही पीब दुर्गंधि बषांनि ।
लोल रेंटगी जर दोऊ आंषि । नऊ दुवार नर्क भंरि राषि ॥
६१ ताकौं दैंहि चंद की सोभा । काग कबीसुर अपनैं लोभा ।
ज्यूं करंक तैं सब कोऊ भाजै । क्रीला करै का गुन हीं लाजै ॥
६२ ज्यूं पतगु पावक मैं परई । बिन बिचार अैसें जगु जरई ।
भगति मुकति श्रर्ग की आड । पसुवा परैं नरक की षाड ॥
६३ हलाहल षांयैं मरै । जल मैं बूडै जीव ।
प्रमदा देषत हीं मरैं । जनगोपाल बिन पीव ॥
६४ कबीर सुंदरि थैं सूली भली । बिरला बंचै कोइ ।
लोह लिहाला आगि मैं । जलि बलि कोइला होइ ॥
६५ चरपट कहै सुणौं रे अवधू । कांमणि संग न कीजै ।
जिंद बिंद नौ नाडी सोषै । दिन दिन काया छीजै ॥
६६ कबीर नारि नसावै तीनि सुष । जान र पासैं होइ ।
भगति मुकति निज ग्यांन मैं । पैसि न सकई कोइ ॥
६७ कबीर नारी सेती नेह । बुधि बमेक सब हीं हरै ।
कांइ गवावै देहा । कारिज कोई नांसरै ॥
६८ कबीर नांनां भोजन स्वाद सुष । नारी सेती रंग ।
बेगि छाडि पछिताइगौ । ह्वै है मूरति भंग ॥

श्लोक

६६ द्वयं चक्री भ्रमति लोका । कनक कांमिनींस्तथा ।
उभयौपि यरं त्यागी । स: दिवतीयो परमेस्वरं ॥
७० काल कनक अरु कांमिनी । परहरि इन का संग ।
दादू सब जग जलि मूवा । ज्यूं दीपक जोति पतंग ॥
७१ कबीर एक कनक अरु कांमिणीं । बिष फल कीये उपाइ ।
देषें हीं थैं बिष चढै । षायैं सूं मरि जाइ ॥
७२ कबीर एक कनक अरु कांमणीं । दोऊ अगनि की झाल ।
देष्यां हीं तन प्रजलै । परस्यां ह्वै पैमाल ॥
७३ दादू जहां कनक अरु कांमिनीं । तहां जीव पतगे जांहि ।
आगि अनत सूझै नहीं । जलि जलि मूये मांहि ॥
७४ कबीर माया दीपक नर पतंग । भ्रंमि भ्रंमि इवैं पडंत ।
कहै कबीर गुर ग्यांन थै । एक आध उबरंत ॥
७५ मांहि मनोर्थ उपजि करि । कै द्रिग देषत रूप ।
जगंनाथ मनमथ षिसै । काया होइ करूप ॥
७६ बिन परसें अैसी बिपति । परसें होइ बिनास ।
जगंनाथ पीवण पनंग । यौ नारी सोषै स्वास ॥
७७ सहजि कांम अैसें गया । ज्यूं लोही नकसीर ।
रजब जो रूजेक गति । कसि काढै कण हीर ॥
७८ राज गये कूं राजा झूरै । बैद गया कूं रोगी ।
कंत गया कूं कांमणि झूरै । यूं बिंद गया कूं जोगी ॥

७६ जतन करंतां जाइ सुजाव । भग देषि जिनि घालौ घाव ।
कोटि बरस लौं बढै तुम्हारी आव । सत्य सत्य भाषंत श्री चरपट राव ॥
८० कबीर अंधा नर चेतै नहीं । कटै न संसै सूल ।
और गुनह हरि बकसि सी । कांमीं डाल न मूल ॥
८१ कबीर कहता जात हूं । चेतै नहीं गंवार ।
बैरागी ग्रि ही कहा । कांमीं वार न पार ॥
८२ दादू भावै साषित भगत ह्वै । बिषै हलाहल षाइ ।
तहां जन तेरा रांम जी । सुपिनैं कदे न जाइ ॥
८३ कबीर ग्यांनीं मूल गंवाइया । आप न भये करता ।
ताथैं संसारी भला । मन मैं रहै डरता ॥
८४ कबीर ग्यांनीं तौ नीडर भए । मांनैं नांहीं संक ।
इंद्री के बसि पड्या । भूंचै बिषै निसंक ॥
८५ कबीर भगति बिगाडी कांमियां । इंद्री केरे स्वादि ।
हीरा षोया हाथ थैं । जनम गंवाया बादि ॥
८६ कबीर कांमीं कूं अंमीं न भावई । बिषई कूं ले सोधि ।
कुबधि न जाई जीव की । भावै सिंभर हौ परमोधि ॥
८७ कबीर बिषै बिलंबी आतमां । ता काम न कण षाया सोधि ।
ग्यांन अंकूर न ऊगई । भावै निज परमोधि ॥
८८ नर जांणैं भुगतूं बिषै । बिषिया भुगतै तास ।
ज्यांन जीव जांणैं नहीं । जगंनाथ ह्वै नास ॥

श्लोक

८६ भोगं न भुत्वा बैमेव भुत्वा । तपो न तपता बैमेव तपता ।
कालो न जाता बैमेव जाता । त्रिश्नां न जीर्णं बैमेव जीर्णं ॥
६० सद पांणीं पाताल का । काढि कबीरा पीव ।
बासी पावस पडि मुयै । बिषै बिलबै जीव ॥
६१ दादू बासी पांणीं पीवतां । ब्याधी होइ बिकार ।
सेझे का जल पीवतां । प्रांन सुषी सुध सार ॥
६२ कबीर बिषै करम की कंचुली । पहरि हुवा नर नाग ।
सिर फोडै सूकै नहीं । को आगि लौ अभाग ॥
६३ कबीर कांमीं कदे न हरि भजै । जपै न केसौ जाप ।
रांम कह्यां थैं जलि मरै । को पूरि बलौ पाप ॥
६४ कबीर कांमीं लज्या ना करै । मन मांहैं अहिलाद ।
नींद न मांगै साथरौ । भूष न मांगै स्वाद ॥
६५ कांम अंध कुलकाणि तजि । किया कांमणीं संग ।
जगंनाथ नर यूं बुझ्या । जैसैं अगनि पतंग ॥
६६ कांमीं नर ज्यूं कू करौ । किरम गल तत निरोग ।
बिहंबल अति उठि नास कै । तऊ सकति संजोग ॥
६७ कबीर कांमीं थैं कू तौ भलौ । षोलै एक जु काछ ।
रांम नांम जांणैं नहीं । बांबी जे ही बाच ॥
६८ नर की काछ चिडौं चिडिया चित । पलकै पलक बिकारी ।
जनम सिरोमनि कंचन काया । सो ले बिष मैं डारी ॥
६६ अपनौं हीं रूप नैंन भरि देषै । कांमनि कौ संग भावै रे ।
बारंबार बिषै रुचि मांनैं । मरिबौ चीति न आवै रे ॥

१०० एक पसू प्यंड और जाति का । रिति कौ दांन बिचारै ।
जैमल जती स्वांन की सर भरि । कोई नहीं संसारै ॥

१२३ सील सिरोमणि अंग

१ रे मन रांम संभालिये । पापौं वार न पार ।
जब लग सास सरीर मैं । तब लग करौ पुकार ॥
२ कीमति बंधी आव की । हंक्षः अक्षिर दोइ ।
हं उठित क्ष बैठतां । एक सास यौं होइ ॥
३ छ सासौं की एक पल । साठि पलौं एक घडिया ।
साठि घडी के अष्ट पहर ए । पहरौं निसदिन जुडिया ।
३ रैंनि दिवस के सास की । कीमति करै सु साध ।
छ सै सहंस इकईस गहि । इन सूं भजै अगाध ॥
४ भजन करैं ते ऊबरे । बिषई कौं धर नांहि ।
बिषै स्वाद मैं क्रंम हैं । ते गिणती गिणें न जांहि ॥
५ दादू जेती बिषिया बिलसिये । तेती हत्या होइ ।
प्रतषि मांणस मारिये । सकल सिरोमनि सोइ ॥
६ जे यहु बूंद अपरचै झरै । तौ काहे न जीव अनंत ही मरै ।
एक बूंद की कीमति नांहि । ताथैं महापुरिष सीझे जग मांहि ॥
७ कबीर कोटि कर्म पल मैं करै । यहु मन बिषिया लागि ।
सतगुर सबद न मांन हीं । जनम गवाया बादि ॥
८ एक घडी की साठि पल । देषौ पाप अपार ।
एक पल मैं कोडि जीव की । बिषै स्वादि संघार ॥
९ जीव जीव मैं लषि चौरासी । सूषिम जीव अंकूर ।
बड का बीज बिचार करि । बिषै पाप का मूर ॥
१० एक बीज जे मर दिये । तौ मरद्या बड बिसार ।
एक बूंद मैं एता अनरथ । जे कोई करै बिचार ॥
११ ज्यूं सूरिज का एक घट । किण्यूं अंत न पार ।
त्यूं कांम सजीवनि बूंद मैं । सूषिम जीव अपार ॥
१२ किरण्यौं किरणि ऊपजै । बिंद थैं बिंद उपजाइ ।
एक कणूं का बृधि की । कीमति करी न जाइ ॥
१३ चकमक का चिंनगार का । कहा कहूं बिस्तार ।
दीप दीप सूं जोवतां । पतंग जलै सैं वार ॥
१४ जेता घट घट सेती उपनां । यहु बिषई कौं पाप ।
सुत कंन्यां वै हीं क्रित लागे । जे करि गए माई बाप ॥
१५ परला का बिस्तार करि । चलि चलि जावै जीव ।
जोनि जोनि मैं ए क्रंम लागे । कहीं मिलावा पीव ॥
१६ साध सिध गोबिंद गुर । रवि ससि पांनीं बाइ ।
अनल अंन आकास धर । धंम राइ रीसाइ ॥
१७ बिषै करत ए बेषुसी । मन सूं ऊतरि जाइ ।
करणीं सब षाली पडै । परला मांहि पडाइ ॥
१८ कबीर जे को सुंदरी । जांणि करै बिभचार ।
ताहि न कबहूं आदरै । परम पुरिष भरतार ॥
१९ कहा भयौ जे भेष बनाये । तप तीर्थ ब्रत कीन्हां ।
कहा भयौ सुनि बेद सुनाये । द्वादस दत्त बहु दीन्हां ॥
२० कहा भयौ छत्रपति राजा । कबि कोडी धज साह ।
कहा भयौ ध्रम दया दिढाई । कहा अरथ औगाह ॥
२१ चौरासी की बासनां । बिषै मोह मन मांहि ।
सब करणीं बेकांम की । जीव जकड बंध जांहि ॥
२२ कबीर बाडि चढंती बेलि ज्यूं । उलझी आसा फंद ।
तूटै पणि छूटै नहीं । भये जु बाचा बंध ॥
२३ कबीर कांम कांम सब को कहै । कांम न चींन्है कोइ ।
जेती मन मैं कांमनां । कांम कहीजै सोइ ॥
२४ सूषिम मोटी ग्रिह बन मांहीं । नांव बिनां उपजांहि ।
ए चौरासी की जीवा जोनी । लहरि उठैं मन मांहि ॥
२५ मन बुगला चुगिबो करै । राति दिवस उपजांहि ।
चौरासी के ताल की । पतरंग न मेटी जांहि ॥
२६ यहु सूषिम दरिया मांहिला । जहां चितवनि चिंतै जीव ।
इहि ध्यांन बिनां जो ध्यांन है । तहां आपनां पीव ॥
२७ दादू इस आकार थैं । दूजा सूषिम लोक ।
तिस थैं आगैं और है । जहुवां हरिष न सोक ॥
२८ दादू जब लग अस्थल देह का । तब लग सब व्यापै ।
निरभै अस्थल आतमां । आगैं रस आपै ॥
२९ दादू काया के अस्थलि रहैं । मन राजा पंच परधांन ।
पचीस पर कीरति तीनि गुन । आपा ग्रब गुमांन ॥
३० दादू आतम क अस्थांनि है । ग्यांन ध्यांन बिसवास ।
सहज सील संतोष सत । भाव भगति निधि पास ॥
३१ दादू ब्रह्म सुंनि तहां ब्रह्म है । निरंजन निरकार ।
नूर तेज तहां जोति है । दादू देषनहार ॥
३२ तिहि सरि ध्यांनीं संत जन । दूजी उपै नांहि ।
बिरह प्रेम की लहरि मैं । झूलैं नांव चुगांहि ॥
३३ घट चौरासी रूप है । माया मोह बिकार ।
जे उपजैं हरि नां बिन । ते तें ही औतार ॥
३४ सूषिम जीतै नांव ले । मन सू सबै उतारि ।
तिनकूं करम न फेरडा । नाव ऊतरी पारि ॥
३५ राव रंक सब दरसनीं । आसा पासी अंग ।
चौरासी के दीप मैं । उडि उडि पडैं पतंग ॥
३६ दादू रूप राग गुन अणसरे । जहां माया तहां जाइ ।
बिद्या अषिर पंडिता । तहां रहे घर छाइ ॥
३७ राजा रांणां साहि कबि । काजी पंडित मांहि ।
को ठेक करी षेलि मेल्हि सब । बिषै संगि ले जांहि ॥

जत की महमां

३८ रहति गुरू गोरष अनग जिनि अजर सुजारचा ।
लषमण लांग सुदिढ रहिति बलि रांवण मारचा ।
सुक्र जती आकासि आस्वर सारे सिरि राषहि ।
पतिरथ गरड बसेष बेद चारचौं मुष भाषहि ।
कत्र स्यांम मारै मद न बैर बहोडै बाप का ।
रहिति हेत हणवंत हद । रजब मोल न माप का ॥
३९ जत बड प्रिथी अत बडकांइ । संमझि होइ तौ दूरि न जाइ ।
अठ सठि तीर्थ एकैं घाट । संजम करतां षुलैं कपाट ॥

४० कांम मिलावै रांम कूं । जै कोई जांणैं राषि ।
कबीर बिचारा क्या कहै । जाकी सुषदेव बोलै साषि ॥
४१ जे नर कांमनि परहरैं । ते छूटे ग्रभ वास ।
दादू ऊँधै मुषि नहीं । ते सदा निरंजन पास ॥
४२ गुर गोबिंद क्रिपा करैं । हरि जन पकरैं हाथ ।
जीव जनम सूं रहति ह्वै । मिटै दुषूं का साथ ॥
४३ सील सिरोमणि ध्रम है । नांव उतारै पार ।
गुर सेवा सूं सब षुसी । साध संगति भू सार ॥
४४ रुपि रहिये ता धरंनि मैं । संत उतारैं पार ।
जहां कथा कीरतन ग्यांन नांव की बरिषा ह्वै अधिकार ॥
४५ निर्मल साध ग्यांन गुर निर्मल । निर्मल भगति अपार ।
निर्मल प्रांण बिकार सबै तजि । यौं जन उतरे पार ॥
४६ माहैं मन सूं झूझ करि । अैसा सूरा बीर ।
इंद्री अरि दल भांनि सब । यौ कलि हुवा कबीर ॥
४७ सांई कारणि सीस दे । तन मन सकल सरीर ।
दादू प्रांणीं पंच दे । यौं हरि मिल्या कबीर ॥
४८ न्यंन्यांणवै कोडि उधरे राजा । परहरि बिषै बिकार ।
माया मन मनोरथ मरद्या । जीति गये संसार ॥
४९ संत नाथ नेम नाथ जा । धंनि बलक का साहि ।
भरथर गोपीचंद जी । तजी बलती भाहि ॥

राग मारू
५० साधू जन जीते रे । जीत हैं रांम संभालि ।
जिनि आतम लई है उबारि ।
५१ प्रथमि प्रलै जांहि थे रे । जानत नांहीं भेव ।
नांव लेत फिरि उधरे । अजामल जैदेव ।
५२ पांच बरस कै तप कीयौं । बालक बालैं वेस ।
ध्यांन धरत धू उधरयौ । माता कै उपदेस ॥
५३ द्वादस बरष रह्यौ ग्रभ अंतरि । पीयौ कथा रस पांन ।
जनम धरत जग त्यागि यौ । सुषदेव सूर सुजांन ॥
५४ काछ बाछनि कलंक भयौ है । सती संतोषी साध ।
लष मसाल षाण बिचारतां । मिटे सकल अपराध ॥
५५ प्रीति लगी प्रहिलाद की । हरि हरि करत बिहाइ ।
बालक सब परमोधिया । छाडयौ आंन उपाइ ॥
५६ सकल सूर संसार मैं । गोरष गोपीनाथ ।
तन मन बारयौ आपणौं । कीये सकल गुण हाथ ॥
५७ नांम कबीरा जीतिया । पीपा अरु रैदास ।
पूर्ण परगट देषिये । जीते है दादू दास ॥
५८ पांचौं इंद्री मन गहि मनसा । सबद सुरति ल्यौ लाइ ।
दादू जन यौं उधरे । अषंड रांम कौं गाइ ॥
इति सील सिरोमणि अंग संपूर्ण भवेत् ॥

१२४ नांव महातम जन कौ अंग

१ स्वांमीं दादू साचा साहिब गुर गोबिंद । तुम्हारौ दरसन आदि अनंद ।
आतम मेरी उलटि चहौरि । तुमहि बतांवैं तेतीसौं कोरि ॥
२ ब्रह्मा बिश्न र संकर सेस । तुमहि बतांवें गौरि गणेंस ।
धरती गगन पवन अर पांनीं । तुमहि बतांवैं तूं बडा बिनांनीं ॥
३ रैंनि दिवस चंद अरु सूर । तुमहि बतांवैं तूं सकल हजूर ।
साध सिध पैकंबर पीर । तुमहि बतांवैं तूं भंजन भीर ॥
४ करामाति रिधि सिधि अरु माया । धर्मराइ पुनि तुम्हहि बताया ।
रिक्षीस्वर द्रिगपाल समंदा । तुमहि बतांवैं तूरी बंदा ॥
५ दोजग भिस्ति दीन कहै दुनियां । अधम उधार न तुम हीं सुनियां ।
स्वर्ग नर्क जोनि चौरासी । तुमहि बतांवैं तूं अकल अबिनासी ॥
६ हिंदू तुरक र चारयूं बरनां । तुमहि बतांवैं जांमन मरनां ।
बेद कतेब कुरांन पुरांन । तुमहि बतांवैं ग्यांन रु ध्यांन ॥
७ षटदर्शन भेष भ्रम बांनां । तुमहि बतांवैं तीरथ दांनां ।
पाप पुंनि ग्रिह बन हम धाये । सबनि देषि तुम सरनैं आये ॥
८ जांमन मरन तुम नर्क निवारंन । रिज कदें न घट जीव सवारंन ।
और कौंन कै सरनैं जाऊं । चहुं दिसि दौरयौ ठौर न पाऊं ॥

साषी
९ दादू कउवा बोहिथ बैसि करि । मंझि समंदां जाइ ।
उडि उडि थाका देषि तब । निहचल बैठा आइ ॥
१० भूत दैंत जौंरा भैरूं देवी तुमहि बतावै ।
पीपा मेरे रिधि है हरि बिन सिधि न पावै ॥
११ मसीति देहुरा मूरति पंडा । पंडित काजी बोले ।
माला तिलक मोहि समझावैं । हरि बिन भरमत डोलै ॥
१२ नौ औतार निरति करि पूछे । तिनि भी तुमहि बताया ।
करनहार की कला षेल का । दुनियां भेद न पाया ॥
१३ साहिब सब कूं पूछत हम फिरे । तुम हीं दिये बताइ ।
कहैं पतित उधारंन नांव है । अनत काहे कौं जाइ ॥
१४ सकल पसारा सकल मत । हम देषे औगाह ।
एक तुम्हारे नांव बिन । कोई न करै सहाइ ॥
१५ चोर तुम्हारा तुम्ह थैं उबरै । धरनि परे कूं धर ही ठांव ।
जहां गए तहां सब कहि ऊठे । षता बक सहै षालिक नांव ॥
१६ सुदिष्टि तुम्हारी मिहरि बिन । हमकूं कहीं धर नांहि ।
डांवांडला जनि करौ राषौ चरनौं मांहि ॥
१७ ऊंणां रति मेटण कूं माधौ दूजा कोई नांहि ।
सरनैं आइ करि । नांम हरू मन जांहि ॥
१८ साहिब सरनैं आइ करि । षाली रह्या न कोइ ।
जीव किया जिहि कांम कूं । सो कारिज तुम्ह थैं होइ ॥

१६ जुगि जुगि बिडद इहै चलि आयौ । संत बजे नींसांन ।
तुम नरक निवारन गई सुधारंन । पापहरन भगवांन ॥
२० तुम्ह सकल उधारन फेरि संवारन । मौ जी सदे दयाल ।
मिहरवांन हौ उमगणां । हम कूं करौ निहाल ॥
२१ ज्यूं मिहरि मौज करि पैदा कीया । ज्यूं मिहरि मौज करि दीये साध ।
त्यूं मिहरि मौज करि नांव लवावौ । उबरन मेरा करौ अगाध ॥
२२ स्यंघ षोज का सरन गहि । अजा उबरी आइ ।
षोज तुम्हारा नांव द्यौ । तुम्ह सरनैं उबरौं राइ ॥
२३ साहिब सुनि हो बीनती । गुर जी करौ सहाइ ।
आतम अंगि लगाइयै । गोपालदास बलि जाइ ॥
इति नांव महातम जन कौ अंग संपूर्ण भवेत् ॥

१२५ बिरह का अंग कौ पद

राग सोरठि
१:० जातनि बिरहा जांनैं जन सोई ।
सो राम रम र जांनैं रांम कोई ॥ टेक ॥
१ चांष बिन दिवस इसी है सझा ।
ब्यावरि पीर न जांनैं बंझा ॥
२ सूझै करक न लागै कारी ।
बैद बिधाता करि मोहि सारी ॥
३ कहै कबीर यहु दुष कासनि कहिये ।
अपनां तन की आप भल सहिये ॥
२:० तुम्ह बिन रांम कवन सूं कहिये ।
लागी चोट बहुत दुष सहिये ॥ टेक ॥
१ बेध्यौ जीव बिरह कैं भालै ।
राति दिवस मेरे उठि सालै ॥
२ को जांनैं मेरे तन की पीरा ।
सतगुर सबद बहि गयौ सरीरा ॥
३ तुम्ह से बैद न हमसे रोगी ।
उपजी ब्याथा कैसैं जीवै हो बिवोगी ॥
४ निसबासुरि मोहि चितवत जाई ।
अजहू न आइ मिले रांम राई ॥
५ कहत कबीर हमकूं दुष भारी ।
बिन दरसन क्यूं जीवैंहि मुरारी ॥

राग कनडौ
३:० द्वै नैंनौं साहिब देषूं ।
तेरे औगुन करि लेषूं ॥ टेक ॥
१ तन फूटे सौं सर भाले ।
उनि जांणि बूझि घाव घाले । इनि लोगनि मैं थैं टाले ॥
२ आण्यां बैद बुलाई । उनि देषत बांह डुलाई ।
उनि ढूंढत पीड न पाई ॥
३ पीव आव हमारी सेजैं । हूं दीषूं तेरें तेजै ।
काजी महमूंद सूं मिलि हेजैं ॥

राग रांमग्री
४:० पिरी तूं पांण पसाइडे । मूंतनि लगी भाहिडे ॥ टेक ॥
१ पांधी वींदो निकरीला । असां सांण गल्हाइडे ।
सांई सिकां सडुकेला । गुझी गाल्ह सुणाइडे ॥
२ पसां पाक दीदार जीला । सिक असां जीलाहिडे ।
दादू मंझि कलूब मैला । तोडे बियान काइडे ॥
५:० को मडी दो सजणां ।
सुहारी सूरति केला । लगे डीहु घणां ॥ टेक ॥
१ पिरि यांसंदी गाल्हडीला । पांधीडा पुछांह ।
कडी ईदो मूंगरेला । डींदो बांह असां ॥
२ आहे सिक दीदार जीला पिरी पूर पसांह ।
इयं दादू जे जिंदएला । सजण सांण रहां ॥

राग माली गौडी
६:० दरबारि तुम्हारे दर वंद । पीव पीव पुकारै ।
दीदार दरूंनैं दीजियै । सुनि षसम हमारे ॥ टेक ॥
१ तनहां के तनि पीर है । सुनि तूं हीं निवारै ।
करम करींमां कीजिये । मिलि पीव पियारे ॥
२ सूल सुलाकौं सो सहूं । तेग तन मारै ।
मिलि सांई सुष दीजिये । तूं हीं तूं हीं संभारै ॥
३ मैं सुहदा तन सोषता । बिरहा दुष जारै ।
जीय तरसै दीदार कूं । दादू न बिसारै ॥

राग सोरठि
७:० रे हूं क्यूं करि कागद लिषि र पठाऊं ।
लिषतां एकै गति न पाऊं ॥ टेक ॥
१ सषी यहु जो दुष लिषिया लोरूं ।
लिषत उसासनि सास जु छोरूं ।
तिहि रउ सास झार जो आवै ।
कागद लेषनि जरि बरि जावै ॥
२ भीमुझ लिषनैं केरी आसा ।
राषूं मुष भरि मूंदि उसासा ।
तौ नैंनां भरि नीर जु आवै ।
कागद लेषनि गरि जावै ॥
३ जै किस हीं पैं जाइ लिषाऊं ।
अपणां दुष सब तिसहि सुनाऊं ।
सुणतां सुधि बुधि सब बिसराई ।
जैसा हूं तैसा वो ही भाई ॥
४ कबीर पिया मनि दरद न आवै ।
छोडि बदेस समझि घरि आवै ।
कंठि लगाइ अंमीं रस पावै ।
तब बिरहनि का हब दुष जावै ॥

राग मारू
८:० अम्हे बिरहुणियां रांम तुम्हारडियां ।

तुम्ह बिन नाथ अनाथ । कांइ बिसारदिगां ॥ टेक ॥
१ अम्हनैं अंगि अंगि अनल परजालै । नाथ निकटि नहि आवै रे ।
दरसंन कारनि बिरहनि ब्याकुल । और न कोई भावै रे ॥
२ आप आपरछन अम्हनैं देषै । आपणपौ न दिषाडै रे ।
प्रांणीं पंजर लेई रह्यौ रे । आडा अंतर पाडै रे ॥
३ देव देव करि दरसंन मांगै । अंतरजांमीं आपै रे ।
दादू बिरहनि बंन बंन ढूंढै । ए दुष कांइ न कांपै रे ॥

राग केदारौ

९:० अरे मेरे अमर उपांवनहार रे षालिक ।
आसिक तेरा ॥ टेक ॥
१ तुम्ह सूं राता तुम्ह सूं माता ।
तुम्ह सूं लागा रंग रे षालिक ॥
२ तुम्ह सूं षेला तुम्ह सूं मेला ।
तुम्ह सूं प्रेम सनेह रे षालिक ॥
३ तुम्ह सूं लीणां तुम्ह सूं दीणां ।
तुम्ह हीं सूंरत होइ रे षालिक ॥
४ षालिक मेरा आसिक तेरा ।
दादू अनत न जाइ रे षालिक ॥
१०:० अरे मेरा सदा संगाती ।
कारंनि तेरे ॥ टेक ॥
१ कंथा पहरूं भसम लगाऊं ।
बैरागनि होइ ढूंढूं रे रांम ॥
२ गिरवर बासा रहूं उदासा ।
चढि सिर मेर पुकारूं रे रांम ॥
३ यहु तन जालूं यहु मन गालूं ।
करवत सीस चढाऊं रे रांम ॥
४ सीस उतारूं तुम्ह परि वारूं ।
दादू बलि बलि जाइ रे रांम ॥
११:० अरे मेरे मींत सलूंनैं रे अला ।
वारनैं हूं तेरे ॥ टेक ॥
१ गुण तेरे की कंथा पहरूं ।
जोगणि ह्वै जग ढूंढू रे अला ॥
२ बंन बंन ढूंढू परबत झांषूं ।
पंथियन कूं सुधि बूझूं रे अला ॥
३ काजी महमूंद कारनि तेरे ।
झुरि झुरि पंजर होइ रे अला ॥

राग टोडी

१२:० कहौ क्यूं जन जीवै सांईयां । दे चरन कवल आधार हो ।
डूबत हैं भौसागरा । कारी करौ करतार हो ॥ टेक ॥
१ मींन मरै बिन पांनियां । तुम्ह बिन एह बिचार हो ।
जल बिन कैसैं जीव हीं । इबतैं किती एक बार हो ॥
२ ज्यूं परै पतंगा जोति मैं देषि दे निज सार हो ।
प्यासा नीर न पावई बनि बनि करै पुकार हो ॥
३ निसदिन पीव पुकारई । तन की तपति निवार हो ॥
दादू बिगति सुनांन हीं । करि लोचन रांनगुष न्वारि हो ॥

राग केदारौ

१३:० मेरे पीय जी सेंती नेह नवेर ।
अति मींठा मोहि भावै रे ।
निसदिन देषूं बाट तुम्हारी ।
कब मेरे घरि आवै रे ॥ टेक ॥
१ आइ बनीं है साहिब सेती ।
तिस बिनति लक्यूं जावै रे ।
दासी कूं दरसन हरि दीजै ।
अब क्यूं आप छिपावै रे ॥
२ तिल तिल देषूं साहिब मेरा ।
त्यूं त्यूं आंनंद अंगि न मावै रे ।
दादू ऊपरि दया करीं कब नैंनहुं नैंन मिलावै रे ॥

राग धनाश्री

१४:० कोई आषौ कैसा रे । मेरा पीव देषणे जैसा रे ।
सारुं बाझूं सारि स्यूं तुझ बाझ न सारूं रे ।
जिस बाझूं मुझ नांसरै । तिसै क्यूं बिसारूं रे ॥ टेक ॥
१ लाड गहेला लाडिला सारूं मनि भाया रे ।
जिसकी राती मैं फिरूं । सो मैं सांई पाया रे ॥
२ मेरा पीव रूपवंत । सब लोकडा ताकै रे ।
महमूंद बिचारा क्या करै । नैंनौं मैं राषै रे ॥
१५:० जाकौं नांव लियैं सुष एता रे ।
मुझ मिलिसी तब सुष केता रे ॥ टेक ॥
१ जाकी बातैं सुणि सुणि मो ही रे ।
मैं सारी प्रिथमीं जोई रे ।
२ मुझ आंणि मिलावो कोई रे ।
काजी महमूंद चाहै पीव पाया रे ॥
३ मघ जोवत पलक न लाया रे ।
सतगुरि आंणि मिलाया रे ॥

राग केदारौ

१६:० माह्वा रे वाल्हा नैं काजैं । हूं रिदै जोई बानैं ध्यांन धरूं ।
आकुल थाए प्रांण अम्हारौ । कहूनैं के ही परि करूं ॥ टेक ॥
१ संभारचौ आवे रे वाल्हा । बेलां एहूं जोइ ठरूं ।
साथी जी साथैं थईनैं । पैली तीरै पार तिरूं ॥
२ पीय पाषैं दिन दुहिलां जाए । घडी बरसां सौ किम भरूं ।
दादू रे जन हरि गुन गातां । पूर्न स्वांमीं तेह बरूं ॥
१७:० वाल्हा हूं जांणूं जे रंगभरि रंमियैं ।
नाथ निमष नहीं मेल्हूं रे ।
अंतरजांमीं नाह न आव्यौ ।
ते दिन आयौ छेह लूं रे ॥ टेक ॥
१ वाल्हा सेज हमारी एक लडी ।

तिहां तुझनैं कांइ न प्रांमौं रे ।
अदत अम्हारौ पूरिबलौं रे ।
तेतौ आव्यौ सांम्हौं रे ॥
२ माह्वा रिदिया भीतरि कांइ न आवै ।
चरन बिलंब न दीजै रे ।
दादू तौ अपराधी ताह्वौ ।
नाथ उधारी लीजै रे ॥
१८:॰ तूं छै माह्वौ रांम गुसांई । पालवि ताहरै बांधी रे ।
तुझ बिनां हूं अनतर डवडियौं । कीधी कमाई लाधी रे ॥
टेक ॥
१ जीऊं जेतिल हरी बिनां रे । देहडी दुषै दाधी रे ।
एणीं अवतारैं कांई न जांणें । माथैं टाकर षाधी रे ॥
२ छूटिक माहरौ केही परि थासे । हूं सक्यौं न रांम
अराधी रे ।
दादू ऊपरि दया मया करि । हूं ताहरौ अपराधी रे ॥

राग धनाश्री
१९:॰ मो बिरहनि के नाह रे पीव । आवो नैंघ ।
आवघरे पीव लागि गरे ।
मुझ तन मन स्वांति षरे रे लाल ॥ टेक ॥
१ हूंतौ जो बनि षरी भरी रे ।
तुझ कारनि कंत हरी रे ।
कंत हरी पीव बिरह जरी रे ।
पीव कारंनि कांम लरी रे लाल ॥
२ हूंतौ पठऊंगी एक संदेसा रे ।
पीव आवोनैं अपनैं देसा रे ।
अपनैं देसा जुगिया भेसा ।
तुम्ह आइ करौ उपदेसा रे लाल ॥
३ हूंतौ पहरूंगी चोली सारे रे ।
पीव आवौनैं नगरि हमारे रे ।
नगरि हमारे पीव पिया रे ।
काजी महमूंद सरणि तुम्हारे रे लाल ॥

राग जैतश्री
२०:॰ प्रांननि प्यारे हो तुम्ह जिनि न्यारे हो ।
बिछुरत क्यौं सचु पावै देही ।
बिरह करत तन षेही ॥ टेक ॥
१ जैसैं तलबि न मींन तजै तन ।
बिरहनि यौं दुष पावै ।
च्यंतामनि चित थैं जब बिसरै ।
किहि बिधि मन बिलबावै ॥
२ जैसैं चात्रिग स्वांति बूंद कूं ।
पीव पीव करत बेहावै ।
तैसैं मो मन तुम्ह सूं रातौ ।
निसदिन आंन न भावै ॥
३ आदि अंति कबहूं जिनि बिछुरहु ।
तुम्ह सूं करत पुकारा ।
गरीबदास कै तुम्ह हीं जीवन ।
सनमुष दे दीदारा ॥

राग मारू
२१:॰ किहि बिधि पाइये हो म्हारै जीवनि प्रांन अधार ।
दरसन बिन दुष पावै बिरहनि । कोई मिलांवनहार
॥ टेक ॥
१ अति गति आतुर होइ मिलन कौं । दरसन बिन बेहाल ।
सनमुष होइ सदा सुष दीजै । सुनि प्रभु दीन दयाल ॥
२ कौंन उपाइ मिलै प्रीतम । सकल सिरोमनि सोइ ।
तन की तपति जाइ जिहि देषत । रोम रोम सुष होइ ॥
३ सो कोइ आंनि मिलावै मोकूं । जा देषत दुष जाइ ।
छिन छिन तन ताऊ परिवारूं । गरीबदास बलि जाइ ॥

राग रांमग्री
२२:॰ तूं घरि आवस जनियां मर डे । निस राति हूं जागी ।
जोऊं जोऊं ताह्वी बाटडी । माह्वी आंषि न लागी ॥ टेक ॥
१ हूं रंगि राती तेर डे । साथी तू मुझ भावै ।
बिरहा तेरा लाडिला । तिस कौंण संमझावै ॥
२ यहु मन मेरा बसि नहीं । का करौं सहेली ।
नेह बंधांणां पीव सूं । क्यूं रहूं अकेली ॥
३ यहु तन मेरा यौं जलै । ज्यूं दीवलै बाती ।
पीव मिलन कूं जीवत पै । आइ मिलि रे साथी ॥
४ महमूद जोवै बाटडी । तेरा पंथ निहारै ।
तनमन तुझ परिवार नैं । घरि आव हमारे ॥

राग आसावरी
२३:॰ अब ग्रह आव सुरिज न मेरा । औसर आज है रे ॥ टेक ॥
१ घन गरजै दांमिनि अति चंमकै । घोरि घोरि घन बरसै ।
पीव बिन सेज अकेली डरपूं । मिलनैं क्यूं जीवत रसै ॥
२ पीव पीव करीब पहिया बोलै । तिनि हूं षरी जु संताई ।
नींद न आवै भुवन न भावै । तुझ बिन रह्यां न जाई ॥
३ क्यूं तरसावै तूं मोहि भावै । तुझ बिन और न मेरे रे ।
एक बेर तुम्ह आवौ सुरिजन । बहुत भांति सुष तेरे रे ॥
४ कै उनि देसि पाव सरुति नांहीं । बिरह नारि दुष भारी ॥
बछनागर प्रभू आवस को रे । कठिन कठौर मुरारी ॥

राग केदारौ
२४:॰ अवधि के दिन हीं लागे जांन ।
पतियां नांहि संदेसौ नांहि न । दरसंन नांहि न कान्ह ॥
टेक ॥
१ यंद किरंनि लाग पावक ज्यूं । सीतल पवन समि भांन ।
म्रिग मद मलित सील बिषियन बिष । परसत दह तजु
प्रांन ॥
२ तन भयौ छीन मोह न मघु जोवत । एक पल बरिष
समांन ।
नायक के प्रभू जबहि मिलहुगे । दैहौ जीवनि दांन ॥

२५:० कांई करूं माह्रै घरि नाथ न आवै ।
माह्रो छिन छिन जो बनियौं जाइ रे माइ ।
तिल तिल पल पल घडी घडी रे । थोडौं थोडे रडूं थाइ रे माइ रे ॥ टेक ॥
१ जे कारंनि अम्हे बिरहुंणियां रे । जुरा देषि देषि बीहूं रे माइ रे ।
जे रस पहली न भवतां रे । ते रस पछं न थाइ रे माइ रे ॥
२ हुई बिधाता एस्यूं सिर ज्यूं । अंमर न सिर जी देह रे माइ रे ।
नरसई या चास्वांमीं सूंर मतां । पुनरपि जनम न थाइ रे माइ ॥

राग बसंत

२६:० आजु कि रैंनि मेरी अंषियां न लागी ।
आपनैं पीव माधौं कारंनि । रैंनि सबाई जागी ॥ टेक ॥
१ चारि पहर चारचूं जुग बीते । गिणत गगन के तारे ।
सीतल चंद मंद मलियागिर । फूंकि फूंकि तन जारे ॥
२ सबहिन के आधार रांम जी । तारण तिरण मुरारे ।
परमांनंद के स्वांमीं सुष सागर । तुम्ह कारंनि कौंन बिसारे ॥

राग केदारौ

२७:० कौंन कहै ससि सौं सषी सीरौ ।
सो रह कला सरद प्रकासत ।
जांनत नहीं पराई पीरौ ॥ टेक ॥
१ वे द्वै लछि अकास बस्त हैं ।
कहियत कहा बिरहनि तैं नीरौ ।
तुम्ह बिन कान्ह कली कुमिलांनीं ।
दैन गये प्रीतम मोहि धीरौ ॥
२ तलपत मींन मरत पांनीं बिन ।
पांनीं नहीं मींन की भीरौ ।
यहु मन बेध्या मुकंद भारथी ।
ज्यूं बेध्यौ कंचन संगि हीरौ ॥

राग गौडी

२८:० कवन बिधि पाईये रे । मींत हमारा सोइ ॥ टेक ॥
१ पासि पीव परदेसि है रे । जब लग प्रगटै नांहि ।
बिन देषें दुष पाइये । यहु सालै मन मांहि ॥
२ जब लग नैंन न देषिये रे । प्रगट मिलै न आइ ।
एक सेज संग हीं रहै । यहु दुष सह्या न जाइ ॥
३ तब लग नेरैं दूरि है रे । जब लग मिलै न मोहि ।
नैंन निकट नहि देषिये । तौ संग रहैं क्या होइ ॥
४ कहा करूं कैसैं मिलै । तलपै मेरा जीव ।
दादू आतुर बिरहनीं । कारंनि अपनैं पीव ॥

२९:० जीयरा क्यूं रहै रे । तुम्हारे दरसन बिन बेहाल ॥ टेक ॥
१ परदा अंतरि करि रहे । हम जीवहि किहि आधारच ।
सदा संगाती प्रीतमां । इब कै लेहु उबारि ॥
२ गोपि गुसांई ह्वै रहै । इब काहे न प्रगट होइ ।
रांम सनेही संगिया । दूजा नांहीं कोई ॥
३ अंतरजांमीं छिपि रहे । हम क्यूं जीवहि दूरि ।
तुम्ह बिन ब्याकुल केसवा । नैंन रहे जल पूरि ॥
४ आप अपरछन ह्वै रहे । हम क्यूं रैंनि बिहाइ ।
दादू दरसंन कारनैं । तलपि तलपि जीव जाइ ॥

राग धनाश्री

३०:० मोहन माधौ कब मिलै । सकल सिरोमनि राइ ।
तन मन ब्याकुल होत है । दरस दिषावौ आइ ॥ टेक ॥
१ नैंन रहे पंथ जोवतां । रोवत रैंनि बिहाइ ।
बाल सनेही कब मिलै । मोपैं रह्यौ न जाइ ॥
२ छिन छिन अंगि अनल दहै । हरिजी कब मिलि हैं आइ ।
अंतरजांमीं जांनि करि । मेरे तन की तपति बुझाइ ॥
३ तुम्हा दाता सुष देतहौ । हाहा सुनि दींन दयाल ।
चाहैं नैंन उतावले । हां हो कब देषूं लाल ॥
४ चरन कवल कब देषि हूं । सनमुष सिरजनहार ।
सांई संगि सदा रहै । हां हो तब भाग हमार ॥
५ जीवनि मेरी जब मिलै । हां हो मोकू तब हीं सुष होइ ।
तन मन मैं तूं हीं बसै । हां हो कब देषैं सोइ ॥
६ तन मन की तूं हीं लषै । हां हो सुनि चतुर सुजांन ।
तुम्ह देषें बिन क्यूं रहूं । हां हो मोहि लागे बांण ॥
७ बिन देषे दुष पाइये । हां हो इब बिलंब न लाइ ।
दादू दरसंन कारनैं । हां हो सुष दीजे आइ ॥

३१:० कहि माई माधौ कब मिलै ।
मेर हीयरा कौ प्रांन अधार ॥ टेक ॥
१ ऊंचे चढि चढि जोवती । हरि कौ रथ किती इक दूरि ।
मुष के बचनन सांभलौं । मेरे नैनां हो रहे जल पूरि ॥
२ साधनि हाथि संदेसरौ । कहियौ हो हरि जीसूं जाइ ।
तन छूटें जीव जात है । पीछैं हो का करि हौ आइ ॥
३ बास सुहाई केवडा । थारी रे सीतल छांह ।
तो तलि गोबिंद रमि रह्यौ । दीन्हीं मोहि अबिचल बांह ॥
४ आंगणि रमती गोपिका । मंगरी रे बांइस काग ।
उडि रे काग स लषणां । गोबिंदौ घरि आवै आज ॥
५ अगर चंदन करूं लेपनां । मोतियन हो चौक पुराइ ।
रतन करूं नौछावरी । मिलि है मोहि जगपति राइ ॥
६ आंगणि बाहूं ए लची । कौलै रे नागर बेलि ।
आवै अनंत भुज पाहूंणौं । मारा हियरा रे तूं कूंपल मेल्हि ॥
७ बिंद्रा बन रलि आंवणौं । रुडौ रे जमुनां कौ रे न ।
सहजैं गऊ चरावतौ । मुषह बजावै बेन ॥
८ बिंद्रा बन सब ढूंढियौ । ढूंढचौ हो जमुनां कौ तीर ।
रांम मिलण कै कारणैं । जन षोजत षोजत फिरै कबीर ॥

राग मारू

३२:० कवल नैंन आपनैं गुन मन हमारौ बांध्यौ माई ।
जैसैं ब्याधि जिभ्या स्वादि । बिषम बांना सांध्यौ षाई ॥

टेक ॥
१ तीष न तीर बेधि सरीर दूरि गए माई ।
लागत हम जांन्यौं नांहीं । अब न रह्यौ जाई ॥
२ तंत मंन ओषद करूं । तऊ पीर न जाई ।
है कोऊ पर उपगार करै । अधिक दरद माई ॥
३ निकट हौ तुम दूरि नांहीं । बेगि न मिलहु आई ।
सुषानंद स्वांमीं दयाल । तन की ताप बुझाई ॥

राग गौडी
३३:० रांम बांन अनियारे तीर ।
जाहि लागे सो जांनैं पीर ॥ टेक ॥
१ तन मन षोजूं चोट न पाऊं ।
ओषदि मूरी कहां घसि लाऊं ॥
२ एकहि रूप दीसैं सब नारी ।
नां जांनूं को पीयहि पियारी ॥
३ कहै कबीर जा मस्तकि भाग ।
नां जांनूं काहूं देइ सुहाग ॥
३४:० आस नहीं तूरिया रे । रांम बिन को क्रंम काटनहार ॥
टेक ॥
१ जल सर जल पर पूरिता । चातृग चितह उदास ।
मेरी बिषम करम गति ह्वै परी । ताथैं पियास पियास ॥
२ सिध मिलै सुधि नां मिलै । मिलै मिलावै सोइ ।
सूर सिध जब भेटिये । तब दुष न ब्यापै कोइ ॥
३ वोछै जलि जैसैं मछिका । उद्र न भरिये नीर ।
त्यूं तुम्ह कारनि केसवे । तालाबेलि कबीर ॥
३५:० रांम बिन तन की ताप न जाई ।
जल मैं अगनि उठी अधिकाई ॥ टेक ॥
१ तुम्ह जलनिधि मैं जल कर मींनां ।
जल मैं रहूं जलहि बिन षीनां ॥
२ तुम्ह प्यंजरा मैं सुवनां तोरा ।
दरसन देहु भाग बड मोरा ॥
३ तुम्ह सतगुर मैं नौतन चेला ।
कहै कबीर रांम रमूं अकेला ॥
३६:० गोबिंदि तुम्हारे दीदार बाझ । मूई हूं एती दरदा ।
नेक नजरि की न करौ । मरदनि के मरदा ॥ टेक ॥
१ जीवत रसै मिलि बेकूं । स्वांमि सुंदर फरदा ।
परमांनंद स्वांमि बिन । सूकि भई जरदा ॥

राग काफी
३७:० सजण जिंदु तपै तुझ बाझ ।
कांन्ह कहं दीहूं फिरूं । सटि दई सब लाज ॥ टेक ॥
१ देह दसा भूल कुडे । हुंण छड्यौ जल अरु नाज ।
रूप दिवांनीं हूं हुई । अगर स्वांमि कैं काज ॥

राग सारंग
३८:० अब कछु औरै है चली ।
एक गुपाल बिनां या तन की । सबै बात बदली ॥ टेक ॥
१ गृह कंदरा समांन सेज भई । स्यंघौ चाहि बली ।
कहियत है जु चंद अति सीतल । तातैं अधिक जली ॥
२ म्रिगमद मलय कपूर कुमां । सींचत आंन अली ।
एकौ क्रिया बिरह जुरते तन । लागत नहीं भली ॥
३ अंम्रित बेलि सूर के प्रभु बिन । बहु बिष फलनि फली ।
हरि बिधु मुष बिन कहूं न बिगसै । मनसा कुंमद कली ॥

राग बिलावल
३९:० हरि देषि बेकी साध मुई ।
उडियौ उडी फिरत नैंन निसंग । फल फूटै ज्यूं आक रुई ॥
टेक ॥
१ कछु वै कहत कछू कहि आवै । प्रेम उमंगि तन स्वेद चुई ।
जांनूं नहीं कहां ते आवति । वह मूरति मन मांझ उई ॥
२ बिन देषे की बिथा बिरहनीं । अति जुरति न जाति छूई ।
सूकति सूर धांन अंकुर लौं । बिनु बरषा जैसैं मूल
तुई ॥

१२६ बिरह बीनती का पद

राग गौडी
१:० मो धन पीय जी साजि संवारी ।
इब बेगि मिलौ तन जाइ बनबारी ॥ टेक ॥
१ साजि सिंगार कियां मन मांहीं ।
अजहूं पीव पतीजै नांहीं ॥
२ पीव मिलन कूं अहनिसि जागी ।
अजहूं मेरी पलक न लागी ॥
३ जतन जतन करि पथ निहारूं ।
पीव भावै त्यूं आप संवारूं ॥
४ इब सुष दीजै जांउं बलिहारी ।
कहै दादू सुनि बिपति हमारी ॥
२:० हरि मेरा पीव माई हरि मेरा पीव ।
हरि बिन रहि न सकै मेरा जीव ॥ टेक ॥
१ हरि मेरा पीव मैं हरि की बहुरिया ।
रांम बढे हम छुटक लहुरिया ॥
२ कीया सिंगार मिलण कै तांई ।
काहे न मिलौ राजा रांम गुसांई ॥
३ इब की बेर मिल्लण जौ पाऊं ।
कहि कबीर भौजलि नहीं आंऊं ॥
३:० तैं मन मोह्यौ मोर रे रहि न सकूं हूं रांमजी ॥ टेक ॥
१ तेरे नांइ चित लाइया रे । औरनि भया उदास ।
सांई ए समझाईया । हूं संग न छाडूं पास रे ॥
२ जांणूं तिलहि न बीछटूं रे । जिनि पछितावा होइ ।
गुण तेरे रसनां जपूं । सुणसी सांई सोइ रे ॥
३ भोरैं जनम गंवाइया रे । चीन्ह्यां नहीं सो सार ।
अजहूं ए अचेत है । और नहीं आधार रे ॥
४ पीय की प्रीति तौ पाइये रे । जौ सिरि होवै भाग ।

संगि सदी संनमुष रहूं । सांई देइ सुहाग ॥
४ अनतैं मन निवारिया । मोहि एकहीं सेती काज ।
अनत गयें दुष पाईये । माहि एक हीं सेती राज रे ॥
६ सांई सूं सहजैं रमूं रे । अवर नहीं आंन देव ।
तहां मन बिलंबिया रे । जहां अलष अभेव ॥
७ चरन कवल चित लाइये रे । भोरैं हीं ले भाव ।
दादू जन अचेत हैं । सहजैं हीं तूं आव ॥

४:० तौ लग तूं जिनि मारै मोहि ।
जौ लग मैं देषूं नहीं तोहि ॥ टेक ॥
१ इबकैं बिछुरें मिलन कैसैं होइ ।
इहि बिधि बहुरि न चीन्हैं कोइ ॥
२ दीन दयाल दया करि जोइ ।
सब सुष आनंद तुम्ह थैं होइ ॥
३ जनम जनम के बंधन षोइ ।
देषन दादू अह निसि रोइ ॥

५:० संग न छाडूं मेरा पांव न पीव ।
मैं बलि तेरे जीवनि जीव ॥ टेक ॥
१ संग तुम्हारे सब सुष होइ ।
चरन कवल मुष देषूं तोहि ॥
२ अनेक जतन करि पाया सोइ ।
देषौ नैनहुं तौ सुष होइ ॥
३ सरनि तुम्हारी अंतरि बास ।
चरन कवल तहां देहु निवास ॥
४ इब दादू मन अनत न जाइ ।
अंतरि बेधि रह्यौ ल्यौ लाइ ॥

६:० नहीं मेल्हं राम नहीं मेल्हूं ।
मैं सोधी लाधौं नहीं मेल्हूं ।
चित तुम्ह सूं बाध्यौ नहीं मेल्हूं ॥ टेक ॥
१ मैं तुम्ह काजैं तालाबेली ।
हिवैं किम मूंनैं जाइसि मेल्ही ॥
२ साहिसि तूं नैं मन सूं गाढौ ।
चरणि समांनू के ही परिकाढौ ॥
३ राषि सिरि दै तूं माहरौ स्वांमीं ।
मैं दुहिलैं प्रांम्यौं अंतरजांमीं ॥
४ हिवैं न मेल्हूं तूं स्वांमीं माहरौ ।
दादू संनमुष सेवग ता हारौ ॥

राग केदारौ

७:० मन बैरागी रांम कौ । संगि रहें सुष होइ हो ॥ टेक ॥
१ हरि कारनि मन जोगिया । क्यूं हीं मिलै मुझ सोइ ।
न्रिषन का मोहि चाव है । क्यूं हीं आप दिषावै मोहि हो ॥
२ हिरदे मैं हरि आव तूं । मुष देषूं मन धोइ ।
तन मन मैं तूं हीं बसै । दया न आवै तोहि ॥
३ न्रिषन का मोहि चाव है । ए दुष मेरा षोइ ।
दादू तुम्हारा दास है । नैंन देषन कूं रोइ हो ॥

राग गौडी

८:० रांम सुनहुं न बिपति हमारी हो ।
तेरी मूर्ति की बलिहारी हो ॥ टेक ॥
१ मैं ज चरन चित चाहनां । तुम्ह सेवग साधारनां ॥
२ तेरे दिन प्रति चरन दिषावंनां । करि दया अंतरि आंवनां ॥
३ जन दादू बिपति सुनांवनां । तुम्ह गोबिंद तपति बुझांवनां ॥

९:० कांन्ह कहो हौंनां अजहूं केते दिनां ।
जब होइ है प्रांण प्रभू तुम्ह लीनां ॥ टेक ॥
१ भव भ्रंमत अनेक जनम गया ।
तुम्ह दरसन गोबिंद छिन न भया ॥
२ भ्रमि भूलि परचौ भव सागरा ।
कछू न बसाइ हो बसो धरा ॥
३ कहै कबीर दुष भंजनां । करौ दया दुरतनिकंदनां ॥

राग रामग्री

१०:० हरि हां दिषावहु नैंनां ।
सुंदर मूरति मोहनां । बोलि सुनावहु बैंनां ॥ टेक ॥
१ प्रगटि पुरातन षंडनां । महीमांन सुष मंडनां ॥
२ अबिनासी अपरंपरा । दीनदयाल गगनधरा ॥
३ पारब्रह्म परपूरणां । दर्श देहु दुष दूरणां ॥
४ करि क्रिपा करूणामई । तब दादू देषै तुम दई ॥

राग कालेरौ

११:० वाल्हा हूं ताहरी तूं माहरौ नाथ ।
तुम्ह सूं पहली प्रीतडी पूर बलूं साथ ॥ टेक ॥
१ वाल्हा मैं तूं माहरौ वोलषियौ ।
राषिसि तूं नैं रिदा मंझारि ।
हूं प्रांमीं पीव आपणौं ।
त्रिभुवन दाता देव मुरारि ॥
२ वाल्हा मन माहरौ मन मांहीं राषिसि ।
आतम एक निरंजन न देव ।
चित मांहैं चित सदा निरंतर ।
एणीं परें तुम्हारी सेव ॥
३ वाल्हा भगति हेत हरि भजन तुम्हारौ ।
प्रेमैं पूरिसि कवल बिगास ।
अभिअंतरि आंनंद अबिनासी ।
दादू नीं हिवैं पूरवि आस ॥

राग भांणमली

१२:० माह्न वाल्हा रे ताहैं सरणि रहेस ।
बींनतडी वाल्हा नैं कहतां । अनंत सुष लहेस ॥ टेक ॥
१ स्वांमीं ताहरौ संग न मेल्हूं । बींनतडी कहेस ।
हूं अबला तूं बलिवंत राजा । ताहरा बनां बहेस ॥
२ संगि रहूं तां सब सुष प्रांम्यौं । अंतरथौं दहेस ।
दादू ऊपरि दया करीनैं । आव्ये एणीं वेस ॥

१३:० चरण दिषाडि तौ परमांन ।

स्वांमीं मांहरौ नैंनें । निरषूं मांगूं एहज मांन ॥ टेक ॥
१ जोऊं तुझनैं आस्या मुझनैं । लागौं एहजु ध्यांन ।
वाल्हा माहरौ मेलौ रे सहिये । आवैं केवल ग्यांन ॥
२ जेणें परें हूं देषूं तुझनैं । मुझनैं आलौं जाण ।
पीवतणीं परि नहीं जांणूं । दादू रे अजांण ॥
१४:० ते हरि मेलौ माहरौ नाथ ।
जोवानैं तन तलपैं माहरौ । के ही परि प्रांमौं साथ
॥ टेक ॥
१ जे कारणि आकुल ब्याकुली रे । ऊभी करूं बिलाप ।
स्वामीं माहरौ नैंणे निरषूं । तेहतणीं मूंनैं तात ॥
२ एक बार घरि आवै रे वाल्हा । नवि मेल्हूं कर हाथ ।
ए बींनतडी सांभलि स्वांमीं । दादू ताहरौ दास ॥
१५:० ते किम प्रांमियैं रे । दुरलभ जे आधार ।
ते बितारण को नहीं रे । किम उतरि ए पार ॥ टेक ॥
१ के ही परि कीजै आपणौं रे । तत्व ते छैसार ।
मन मनोरथ पूरै माहरा । तन चौताप निवार ॥
२ संभारचौ आवे रे वाल्हा । बेलाए अवार ।
बिरहनीं बिलाप करै । तिम दादू मनि बिचार ॥

राग गाली गौडी

१६:० पीव आव हमारे रे । मिलि प्रांन पियारे रे ।
बलि जाऊं तुम्हारे रे ॥ टेक ॥
१ सुनि सषी सयांनीं रे । मैं सेव न जांनीं रे ।
हूं भई दिवांनीं रे ॥
२ सुनि सषी सहेली रे । क्यूं रहूं अकेली रे ।
हूं षरी दुहेली रे ॥
३ हूं करूं पुकारा रे । सुनि सिरजनहारा रे ।
दादू दास तुम्हारा रे ॥
१७:० वाल्हा सेज हमारी रे । तूं आव हूं वारी रे ।
हूं दास तुम्हारी रे ॥ टेक ॥
१ तेरा पंथ निहारूं रे ।
सुंदर सेज संवारू रे । जीयरा तुम्ह परिवारूं रे ॥
२ तरा अंगडा पेषूं रे । तेरा मुषडा देषूं रे ।
तब जीवन लेषूं रे ॥
३ मिलि सुषडा दीजै रे । यहु लाहडा लीजै रे ।
तुम्ह देषें जीजै रे ॥
४ तेरे प्रेम की माती रे । तेरे रंगडै राती रे ।
दादू वारणैं जाती रे ॥

राग कनडौ

१८:० आव सलूनें देषन दे रे ।
बलि बलि जाऊं बलिहारी तेरे ॥ टेक ॥
१ आव पीया तूं सेज हमारी ।
निसदिन देषूं बाट तुम्हारी ॥
२ सब गुन तेरे औगुन मेरे ।
पीव हमारी आहि न लेरे ॥
३ सब गुनवंता साहिब मेरा ।
लाड गहेला दादू केरा ॥
१९:० आव वे सजण आव । सिर परि धरि पाव वे सजण आव ।
जांनीं मैंडा जिंद असाडे । तूं रावैं दा राव वे सजन
आव ॥ टेक ॥
१ इथां उथां जिथां किथां । हूं जीवां तुझ नालि वे ।
मीयां मैंडा आव असाडे । तूं लालूं सिरि लाल वे
सजण आव ॥
२ तन भीडे ठांम न भींडि वां । पिंड परांण वे ।
सचा सांई मिलइ थांई । जिंद करां कुरबांण वे सजण
आव ॥
३ तूं पाकौं सिरि पाक वे सजणं तूं षूबूं सिरि षूब ।
दादू भावै सजण आवै । तूं मीठी महबूब वे सजण आव ॥

राग रांमग्री

२०:० आव रे मेरे नैंन सलूनैं आव जी ।
सारी दुनियां मैं फिरी । तुझ बाझ सब फीके ।
मुझ तौ नीठौ तूं भावै । और कडवे फीके ॥ टेक ॥
१ सारूं कै मनि तूं बसै । उस थी मुझ भांणां ।
मुषडा तेरा देषतां । मेरा जीव लु भांनां ॥
२ काजी महमूंद आषै बींनती । सुणि संम्रथ सांईं ।
जे गुण हैं तुझ मैं । ओ औरै नांहीं ॥

राग कनडौ

२१:० आव पिया मुष देषूं तेरा ।
सब दुष जावै हियरे केरा ॥ टेक ॥
१ यहु दुष मोपैं सह्या न जावै ।
आप सुषिया मेरी पीर न पावै ॥
२ काजी महमूंद कहै सुणि बींनती मेरी ।
जेती है धनवारी फेरी ॥
२२:० दयाल अपनें चरननि ।
मेरौ चित लगावो नींकैं हीं करी ॥ टेक ॥
१ नष सिष सुरति सरीर तूं नांव रहौ भरी ॥
२ मैं अजांन मति हींन । जमकी पासिथैं रहत हूं डरी ॥
३ सबै दोष दादू के दूरि करि । तुम हीं रहौ हरी ॥

राग आसावरी

२३:० पीव घरि आवनैं ए । अहो मनि भावनैं ते ॥ टेक ॥
१ मोहन नीकौ री हरी । देषूंगी अंषियां भरी ।
राषूंगी उर धरी । प्रीति षरी ॥
२ मोहन मेरौ री माई । रहूंगी चरण धाई ।
आनंद बधाई । हरि के गुन गाई ॥
३ दां रे चरन गहिये । जाईनैं तिहांतौ रहिये ।
तन मन सुष लहिये । बींनती कहिये ॥
२४:० हो माई मेरौ रांम बैरागी । तजि जिनि जाइ ॥ टेक ॥
१ रांम बिनोद करत उर अंतर । मिलिहूं बैरागंनि धाइ ॥
२ जोगनि होइ करि पिरूंगी बदेसा । रांम नांम ल्यौ लाइ ॥
३ दादू कौ स्वांमीं हैरे उदासी । रहिहूं नैंन दोइ लाइ ॥

राग मारू

२८:॰ पीव बिछोहा क्यूं सहिये । मिलि हो माधौ मैं बलि जाउं ।

मेरी जीवनि तेरा नांव ॥ टेक ॥

१ प्रीति जु पीव पैलं चली । सो मेरे रहि गई चीति ।
प्रांण हमारे तहां गए । जहां गोबिंद मींत ॥

२ प्रीतम मेरा बहु गुणीं । जासूं मेरी प्रीति ।
एक निमष अंतर पडै । जांणूं जुग बीति ॥

३ गोबिंद नैंन दीस हीं । मनि धरी परतीति ।
कान्हां गोबिंद ढुरि मिले । बिछरन बिपरीति ॥

२६:॰ क्यूं बिसरै मेरा पीव पियारा ।
जीव की जीवनि प्रांन हमारा ।
क्यूं कीर जीवै मींन जल बिछुरें ।
तुम्ह बिन प्रांन सने ही ॥ टेक ॥
चिंतामनि जब करथैं छूटे । तब दुष पावै देही ॥

१ माता बालिक दूध न देवै । सो कैसैं करि पीवै ।
निर्धन का धन अनत भुलांनां । सो कैसैं करि जीवै ॥

२ बरिषहु रांम सदा सुष अंमृत । नीझर निर्मल धारा ।
प्रेम पियाला भरि भरि दीजै । दादू दास तुम्हारा ॥

राग टोडी

२७:॰ राइ रे राइ रे । सकल भुवनपति राइ रे ।
अंमृत देहु अघाइ रे ॥ टेक ॥

१ प्रगट राता प्रगट माता । प्रगट नूर दिषाइ रे ॥

२ अस्थिर ग्यांनां अस्थिर ध्यांनां । अस्थिर तेज मिलाइ रे ॥

३ अबिचल मेला । अबिचल षेला । अबिचल जोति समाइ रे ॥

४ निहचल नैंनां निहचल बैनां । दादू बलि बलि जाइ रे ॥

२८:॰ आदि है आदि अनादि मेरा । संसार सागर भगति भेरा ।
आदि है अंति है अंति है आदि है बडद तेरा ॥ टेक ॥

१ काल है झाल है झाल है काल है । राषि ले राषि ले प्राण घेरा ।
जीव का जनम का जनम का जीव का । आप हीं आप ले भांनि झेरा ॥

२ भ्रंम का कर्म का कर्म का भ्रंम का । आइबा जाइबा मेटि फेरा ।
तारि ले पारि ले पारि ले तारि ले । जीव सूं सीव है निकटि नेरा ॥

३ आतमां रांम है रांम है आतमां । जोति है जुगति सूं करहु मेला ॥
तेज है सेज है सेज है तेज है । एकरस दादू षेल षेला ॥

राग बिलावल

२९:॰ षालिक सिकस्ता मैं तेरा ।
देहु दीदार उमेदगार । बेकरार जीव मेरा ॥ टेक ॥

१ अवलि अषिर इलल आदंम । मौज फरेसता बंदा ।
जिस की पनह पीर पैकंबर । मैं गरीब क्या गंदा ॥

२ तूं हाजिरां हजूर जोग ए । अवर नहीं दूजा ।
जिस कै इसक आसिरां नांहीं । क्या निमाज क्या पूजा ॥

३ नालीदोज हनोज बेबषत । हम षिजमतिगार तुम्हारा ।
दरमादा दरिज्वाब न पावै । कहै रैदास बिचारा ॥

राग गुंड

३०:॰ हूं जोइ र ही रे बाट । तूं घरि आदिनैं ।
ताहरा दरसंनथैं सुष होइ । ते तूं ल्याविनैं ॥ टेक ॥

१ चरण जोबानीं षांतिं ते तूं दिषाडिनैं ।
तुझ बिनां जीव देइ । दुहेली कांमिणीं ॥

२ नैंन निहारूं बाट । ऊभी चांवनीं ।
अंतर थैं उह्रौ आवि देहा जांवनीं ॥

३ तूं दया करी घरि आव । दासी गांवनीं ।
जन दादू रांम संभालि । बैंन सुनांवनीं ॥

३१:॰ पिय देषें बिन क्यूं रहूं । जीव तलपै मेरा ।
सब सुष आनंद पाइये । मुष देषूं तेरा ॥ टेक ॥

१ पिय बिन कैसा जीवनां । मोहि चैंन न आवै ।
न्रिधन ज्यूं धन पाइए । जब आव दिषावै ॥

२ तुम्ह बिन क्यूं धीरज धरुं । जौलूं तोहि न पांऊं ।
सनमुष ह्वै सुष दीजिये । बलिहारी जांऊं ।

२ बिरह बिवोग नहि सकूं । काइर घट काचा ।
पांव न परसन पाईये । सुनि साहिब ताचा ॥

३ सुनियैं मेरी बीनती । इब दरसंन दीजै ।
दादू देष न पावई । तैसैं कुछ कीजै ॥

३२:॰ निरंजन क्यूं रहै । मूंनि गहें बैराग ।
केते जुग गये ॥ टेक ॥

१ जागै जगपति राइ । हरि बोलै नहीं ।
प्रगट घूंघट मांहि । पट षोलै नहीं ॥

२ सदिकै करूं संसार । सब जग वारनैं ।
छाडूं सब परिवार । तेरे कारनैं ॥

३ वारूं प्यंड परांन । पाऊं सिर धरूं ।
ज्यूं ज्यूं भावै रांम सो सेवा करूं ॥

४ दीनांनाथ दयाल बिलंब न कीजिये ।
दादू बलि बलि जाइ । सेज सुष दीजिये ॥

३३:॰ जगजीवन प्रांन अधार बाचा पालनां ।
हूं कहा पुकारूं जाइ मेरे लालनां ॥ टेक ॥

१ मेरे बेदन अंगि अपार । सो दुष टालनां ।
सागर ए निसतारि । गहरा अति घनां ॥

२ अंतर है सो टालि कीजै आपनां ।
मेरे तुम्ह बिन और न कोइ । इहै बिचारनां ॥

३ ताथैं करूं पुकार । यहु तन चालनां ।
दादू कूं दरसन देहु । जांहि दुष सालनां ॥

राग गुंड

३४:॰ तुझ बिन क्यूं जीऊं रे तुझ बिन क्यूं जीऊं ।

तूं मझा प्रांण अधार तुझै बिन क्यूं जीऊं ॥ टेक ॥
१ सारा तेरा नांम है । फूटा सब संसार ।
मनसा बाचा क्रमनां । कलि केवल नांव अधार ॥
२ दुनियां मैं दोजग घणां । दारण दुष अधिक अपार ।
चरण कवल की मौज मैं । मोहि राषहु सिरजनहार ॥
३ मोतो बिचि पडदा किसा । लोभ बडाई कांम ।
को एक हरिजन ऊबरै जिनि सुमिर्यौ निहचल रांम ॥
४ लोक बेद कै संगि बध्या । सलिल मोह की धार ।
जन नांमां नां स्वांमीं बीठला । मोहि षेइ उतारौ पार ॥
३५:॰ देहुजी देहुजी । प्रेम पियाला देहुजी ।
दे करि बहुरि न लेहुजी ॥ टेक ॥
१ ज्यूं ज्यूं नूंर न देषूं तेरा ।
त्यूं त्यूं जीयरा तलपै मेरा ॥
२ अंमीं महार नांव न आवै ।
त्यूं त्यूं प्रांन बहुत दुष पावै ॥
३ प्रेम भगति रस पावै नांहीं ।
त्यूं त्यूं सालै मन हीं मांहीं ॥
४ सेज सुहाग सदा सुष दीजै ।
दादू दुषिया बिलंब न कीजै ॥
३६:॰ बरिषहु रांम अंमृत धारा ।
झिलिमिलि झिलिमिलि सींचन हारा ॥ टेक ॥
१ प्रांन बेलि निज नीर न पावै ।
जलहर बिनां कवल कुमिलावै ॥
२ सूकै बेलि सकल बन राइ ।
रांम देव जल बरिषहु आइ ॥
३ आतम बेली मरै पियास ।
नीर न पावै दादू दास ॥

राग भैरूं

३७:॰ तुम्ह बिन कहि क्यूं जीवन मेरा ।
अजहूं न देष्या दरसन तेरा ॥ टेक ॥
१ होह दयाल दीन के दाता ।
तुम्ह पनि पूर सब बिधि साचा ॥
२ जो तुम्ह करौ सोई तुम्ह छाजै ।
अपनें जन कूं काहे न निवाजै ॥
३ अकरण करण अैसैं अब कीजै ।
अपनौं जांनि करि दरसन दीजै ॥
४ दादू कहै सुनहुं हरि सांई ।
दरसंन दीजै मिलहु गुसांई ॥

राग जैतश्री

३८:॰ तेरे नांउ की बलि गांउ । जहां रहै जिस ठांउं ॥ टेक ॥
१ तेरे बंनौं की बलिहारी । तेरे नैनौं ऊपरि वारी ॥
तेरी मूरति की बलि कींती । वारि वारि हूं दीती ॥
२ सोभित नूर तुम्हारा । सुंदर जोति उज्यारा ।
मीठा प्रांन पियारा । तूं है पीव हमारा ॥
३ तेज तुम्हारा कहिये । निर्मल काहे न लहिये ।
दादू बलि बलि तेरे । आव पिया तूं मेरे ॥

राग धनाश्री

३९:॰ गोबिद के चरनूं हीं ल्यौ लाऊं ।
जैसैं चातृग बन बांन बोलै । पीव पीव करि धाऊ ॥ टेक ॥
१ सुरजन मेरी सुनौं बीनती । मैं बलि तेरे जाउं ।
बिपति हमारी तोहि सुनाऊं । दे दरसंन क्यूं हीं पाऊं ॥
२ जात दुष सुष उपजत तन कूं । तुम्ह सरनागति आऊं ॥
दादू कूं दया करि दीजै । नांव तुम्हारौ गाऊं ॥
४०:॰ मुषि बोलि स्वांमीं अंतरजांमीं ।
तेरा सबद सुहावै रांमजी ॥ टेक ॥
१ धेनि चरांवन बेन बजांवन । दरस दिषांवन कांमनीं ॥
२ बिरह उपांवन तपति बुझांवन । अंगि लगांवन भांमिनीं ॥
३ संगि षिलांवन रास बनावन । गोपी भांवन भूधरा ॥
४ दादू तारण दुरत निवारण । संत सधारण रांमजी ॥
४१:॰ म्हारे कबै घरि आवै रांम जी । जाकै पिंड परांणो रे ।
यहु अचेते है आतमां । हरि है चतुर सुजांणो रे ॥ टेक ॥
१ नष सिष साजि षडी रही । ऊभी देषै बाटो रे ।
अरस परस सुष लीजिये । तब सुफल होइ सब गातो रे ॥
२ बिरहणि म्हारी आतमां । अब यहु करै पुकारो रे ।
जब ही देषूं नैंन भरि । तब ही होइ अधारो रे ॥
३ जीव डरै यहु काल थैं । निसदिन कंपत जाइ रे ।
क्यूं जीऊं हूं एकली । बेगा प्रगट हु आए रे ॥
४ दीन जांनि क्रिया करो । जीय की यहु अरदासि हो ।
टीलौ जीव चरणां रहै । सदा तुम्हारै पासि हो ॥

राग रांमग्री

४२:॰ जुगिया कूं ढूंढत जुग गये । नैंनौं अजहूं न देषा ।
कागद लषनि ले रह्या । मांगै गा लेषा ॥ टेक ॥
१ जुगिया आवत जो कहै । ताहि लाष बधाई ।
सब सषियन कौ भांव तौ । कोई मिलवै री माई ॥
२ उस जुगिया को कोलिया मैं । मांणिक मोती भरिया ।
देण मतै ताहि देत है । अैसा दिल दरिया ॥
३ आपै काजी ह्वै रह्या । आपै मस्त दिवांनां ।
जुगिया आसण ले रह्या । धरती असमांनां ॥
४ सेष बहावदी यौं कहै । कहि कहि समझावै ।
काया धोयैं क्या हुवै । दिल धोवै सो पावै ॥
४३:॰ औवगुण माहरा छै गुण ताहरा । मैं जांण्यौं कांई सू धूरे ।
माहरी करम गति मुझ नैं लागी । रुं रुं पाप बिलूं धूरे ॥ टेक ॥
१ कोठी धोतैं का दौं निसरै । ते किमथा ये चोषी रे ।
कोन्हूं कह्यौ कांई मन न धरियें । को दोषी को सोषी रे ॥
२ ए बात जाइ किस सूं आषूं । कोटी कोटी मीरा रे ।
तिन सूं एक तिल पूरौ न पडसी । सहसी मंझि सरीरा रे ॥
३ आषै महमूंद सेवग तेरा । सांई सेती रातौ रे ।
छोरू कुछोरू होइ एह्यां । माया न उतारै माता रे ॥

इति श्री सरबंगी पोथी नांम श्री च्यंतामणि सरह करत जोड गोपालदासजी संतदासजी कौ सिष्य ।
श्री स्वांमीं दादूदयालजी कौ पोता सिष्य । कसबा सुभस्थाने सांभरि । मिर्जाजुलकरयाजी राजे ।
समत्र १६८४ । सोला मैं चौरास्या बर्षे फागुण सुदि । पूणवासी कै दिन संपूर्न भवेत् ॥

गोपाल सैंतीस बरस के जब भए । सरह जोड हम कीन्हा जीव कहामति बाहिण यहु गुर गोबिंद दत दीन्हा
या पुस्तक कूं बांचंता । होइ अजांन सुजांन भर्म कर्म दुबिध्या मिटौ । उलझ्या सुलझै प्रांन
सब साधौं का ग्यांन मत । कीया एक ठा आंणि कोई चेतनि संमझै गुरमुषी । सति पुरिषां की बांणि ॥

इति श्री सरबंगी सरह च्यंतामणि संपूर्ण भवेत । संबत । १७८१ संबत सत्रा सै इक्यास्या बरषे मासे भादुं सुदी ।

सुभ बारे छनि छिरबारे सुभ तिथे एकमि सुकलपषे मध्यानकाले । पुस्तक संपूर्ण भवेत । लिषतं मोहन बाबा
किसनदासजी कौ सिष्य । श्री स्वांमीं जैतरांमजी कौ पोता सिष्य । षानेजादगुलांम चरन रेन ।

सबैं गहै अंमृत सार । बांचै बिचारै उतरै पार । भूलि चूकि कहूं के घटि बधि आई । सुत कौ हेत लषै सब माई ।
ररररररररररं । सुभस्थानि हंसारबाबा रांमचंदजी के अस्थलि । अमर सिंघ डूंगर मल सेवग ।
या पोथी नैं और जागा दे तिसनों स्वांमीजी की दुहाई और जगा ले जाइ तिसनो स्वांमींजी की दुहाइ ॥ ॥ ॥

लुवेण विश्वविद्यालये आदेश्वर व विनान्त संयोगात् पाठशोध संपूर्ण भवेत् । रामनवमी २४ मार्च १९९१ ॥ ररररं ॥